SSC

कर्मचारी चयन आयोग

कांस्टेबल (जी.डी.)

(पुरुष एवं महिला)

भर्ती परीक्षा

2026

कंप्यूटर आधारित परीक्षा (CBE)

SSC

कर्मचारी चयन आयोग

कांस्टेबल (जी.डी.)

(पुरुष एवं महिला)

भर्ती परीक्षा
2026

कंप्यूटर आधारित परीक्षा (CBE)

राजीव शर्मा

प्र
प्रभात
एग्जाम
www.prabhatexam.com

प्रकाशक

प्रभात एग्जाम

प्रभात प्रकाशन प्रा. लि. का उपक्रम

4/19 आसफ अली रोड, नई दिल्ली-110002

फोन— 23289555 • 23289666 • 23289777 • हेल्पलाइन/ 7827007777

ई-मेल : prabhatbooks@gmail.com ❖ वेब ठिकाना : www.prabhatexam.com

मूल्य

चार सौ पचास रुपए

अ.मा.पु.स. 978-93-5488-985-1

मुद्रक

संजय प्रिंटर, साहिबाबाद

SSC CONSTABLE (G.D.)
BHARTI PAREEKSHA-2026
COMPUTER ADHARIT PAREEKSHA (CBE)
by Rajiv Sharma

ISBN 978-93-5488-985-1

₹ 450.00

विषय-सूची

सामान्य बुद्धिमत्ता एवं तर्कशक्ति

सामान्य ज्ञान एवं सामान्य जागरूकता

प्रारंभिक गणित

General English

हिंदी

SSC कांस्टेबल (जी.डी.) भर्ती परीक्षा

सॉल्व्ड पेपर–2025

तारीख: 04/02/2025

समय: 9.00 AM 10.00 AM

भाग-I: सामान्य बुद्धिमत्ता एवं तर्कशक्ति

1. एक कागज को मोड़ने के क्रम और मोड़े गए कागज को काटने के तरीके को निम्नलिखित आकृतियों में दर्शाया गया है। खोलने पर यह कागज कैसा दिखाई देगा ?

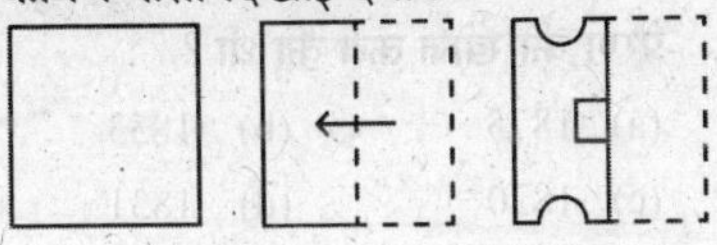

(a) 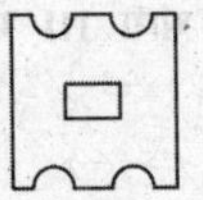 (b) 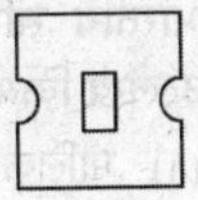

(c) 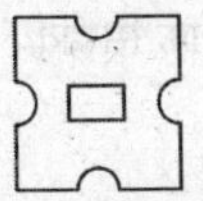 (d) 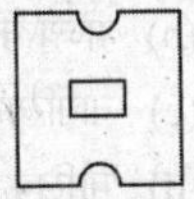

2. SBCF एक निश्चित तरीके से RADG से संबंधित है। NVMO उसी तरीके से MUNP से संबंधित है। उसी तर्क का अनुसरण करते हुए, GUAX निम्नलिखित में से किससे संबंधित है ?

(a) FTBY (b) FRCY

(c) FTCY (d) FTBZ

3. आठ व्यक्ति दो समानांतर पंक्तियों में बैठे हैं जिनमें से प्रत्येक पंक्ति में 4 व्यक्ति इस प्रकार बैठे हैं कि आसन्न व्यक्तियों के बीच की दूरी समान है।

पंक्ति 1 में – D, E, O और S बैठे हैं और उन सभी का मुख दक्षिण की ओर है।

पंक्ति 2 में – F, A, R और M बैठे हैं और उन सभी का मुख उत्तर की ओर है।

इस प्रकार, पहली पंक्ति के प्रत्येक व्यक्ति का मुख दूसरी पंक्ति के किसी अन्य व्यक्ति की ओर है।

केवल D, E के बाईं ओर बैठा है। केवल R, A के बाईं ओर बैठा है। A और F के बीच में केवल एक व्यक्ति बैठा है। D और O के बीच में केवल एक व्यक्ति बैठा है।

निम्नलिखित में से कौन-सा विकल्प एक-दूसरे के सम्मुख बैठे दोनों व्यक्तियों को दर्शाता है ?

(a) E और R (b) E और A

(c) E और M (d) E और F

4. दी गई श्रृंखला में प्रश्न चिह्न (?) के स्थान पर क्या आना चाहिए ?

4 6 10 18 34 ?

(a) 67 (b) 66

(c) 68 (d) 65

5. सात व्यक्ति L, M, N, O, P, Q और R, एक सीधी पंक्ति में उत्तर की ओर मुख करके बैठे हैं (परंतु जरूरी नहीं कि वे इसी क्रम में बैठे हों)। M, P के ठीक बाईं ओर बैठा है। O, Q के ठीक बाईं ओर बैठा है। R, P के ठीक दाईं ओर तथा L के ठीक बाईं ओर बैठा है। N, L के ठीक दाईं ओर तथा O के ठीक बाईं ओर बैठा है। N के बाईं ओर से दूसरे स्थान पर कौन बैठा है ?

(a) Q (b) P

(c) M (d) R

6. यदि दर्पण को नीचे दिखाए अनुसार MN पर रखा जाए तो दी गई आकृति के सही दर्पण प्रतिबिंब का चयन करें।

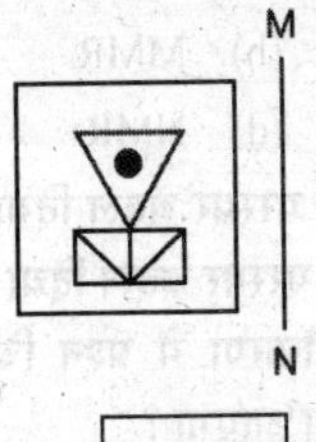

(a) 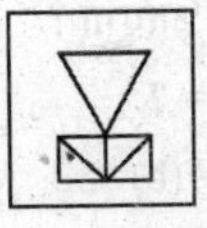 (b) 

(c) 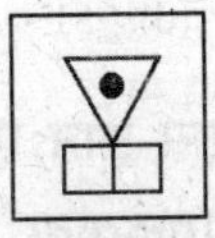 (d) 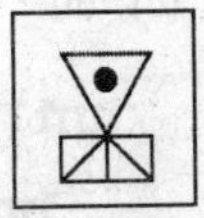

7. एक पासे के फलकों पर अक्षर E, R, A, L, O और T अंकित हैं। दिए गए चित्रों में पासे की दो स्थितियाँ दिखाई गई हैं। E के विपरीत कौन-सा अक्षर है ?

(a) L (b) O

(c) R (d) A

8. अक्षरों के उस संयोजन का चयन कीजिए जिसे दी गई श्रृंखला के रिक्त स्थानों में क्रमिक रूप से रखने पर तार्किक रूप से श्रृंखला पूर्ण हो जाएगी।

HKM O_NPRN_S UQT_XTW_

(a) JMRUX (b) LMQUY

(c) JKRVX (d) LKQVY

9. किसी निश्चित कूट भाषा में, 'BSGN' को '5-22-10-17' के रूप में कूटबद्ध किया जाता है और 'TAUE' को '23-4-24-8' के रूप में कूटबद्ध किया जाता है। दी गई कूट भाषा में 'PJDQ' को किस प्रकार कूटबद्ध किया जाएगा ?

(a) 19-13-7-20 (b) 15-11-5-19

(c) 16-12-8-18 (d) 17-13-6-20

10. किसी निश्चित कूट भाषा में, 'JAMB' को '5139' के रूप में कूटबद्ध किया जाता है और 'BALM' को '9521' के रूप में कूटबद्ध किया जाता है। दी गई कूट भाषा में 'L' के लिए कूट क्या होगा ?

(a) 1 (b) 9

(c) 2 (d) 5

11. दी गई श्रृंखला में प्रश्न चिह्न (?) के स्थान पर क्या आना चाहिए ?

208 190 163 127 82?

(a) 28 (b) 12

(c) 45 (d) 54

12. यदि शब्द GRACEFUL के प्रत्येक अक्षर को अंग्रेजी वर्णमाला क्रम में व्यवस्थित किया जाए, तो कितने अक्षरों का स्थान अपरिवर्तित रहेगा ?

(a) एक (b) एक का भी नहीं

(c) दो (d) तीन

13. एक निश्चित कूट भाषा में,
'X @ C' का अर्थ है कि 'X, C की पुत्री है',
'X $ C' का अर्थ है कि X, C का पति है,
'X = C' का अर्थ है कि X, C की माता है' और
'X * C' का अर्थ है कि 'X, C का पिता है'।
यदि 'N @ E $ J@s' है, तो उपरोक्त के आधार पर J का N से क्या संबंध है ?

(a) माता (b) पुत्री का पुत्र
(c) बहन (d) बहन की पुत्री

14. अंग्रेजी वर्णमाला क्रम के आधार पर, निम्नलिखित चार अक्षर-समूहों में से तीन एक निश्चित प्रकार से समान हैं और इस प्रकार एक समूह बनाते हैं। वह कौन-सा अक्षर समूह है जो उस समूह से संबंधित नहीं है ?
(ध्यान दें असंगत अक्षर समूह, उस अक्षर-समूह में व्यंजनों/स्वरों की संख्या या उनके स्थान पर आधारित नहीं है।)

(a) HJL (b) NPR
(c) SUV (d) FHJ

15. निम्नलिखित वर्गों के बीच संबंधों को सबसे उचित ढंग से निरूपित करने वाले वेन आरेख का चयन कीजिए।
महिला, कार्डियोलॉजिस्ट, इंजीनियर

(a) 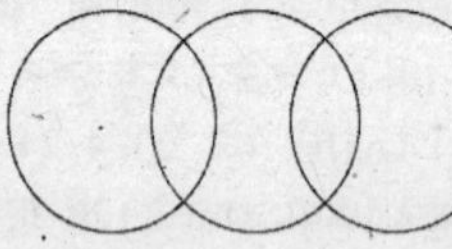

(b) 

(c) 

(d) 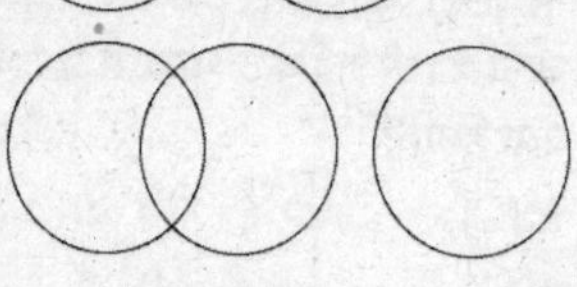

16. किसी तर्क के आधार पर, 'CLONE' को 'BLUKU' लिखा जाता है और 'BOUND' को 'AOAKT' लिखा जाता है। उसी तर्क का अनुसरण करते हुए, 'NICHE' को किस प्रकार लिखा जा सकता है ?

(a) MIIEU (b) NIIEU
(c) MIIET (d) NIIET

17. विकल्पों में दी गई उस आकृति की पहचान कीजिए जिसे प्रश्न चिह्न (?) के स्थान पर रखने पर श्रृंखला तार्किक रूप से पूर्ण हो जाएगी।

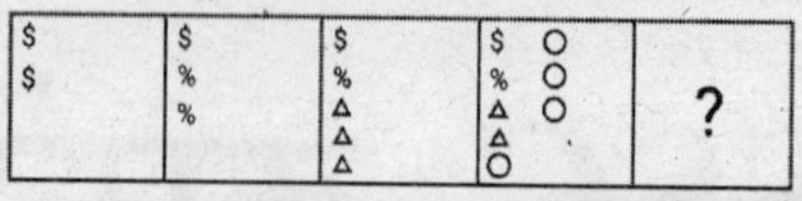

(a) 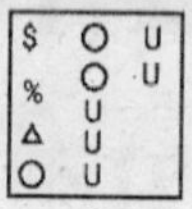 (b) 

(c)  (d) 

18. दिए गए कथनों और निष्कर्षों को ध्यानपूर्वक पढ़िए। यह मानते हुए कि कथनों में दी गई जानकारी सत्य है, चाहे वह सामान्यतः ज्ञात तथ्यों से भिन्न प्रतीत होती हो और निर्णय लीजिए कि दिए गए निष्कर्षों में से कौन-सा कौन-से निष्कर्ष कथनों का तार्किक रूप से अनुसरण करता है/करते हैं।
कथन:
सभी गैबियन, दीवार हैं।
सभी कंक्रीट, दीवार हैं।
सभी पुल, दीवार हैं।
निष्कर्ष:
(I) कुछ पुल, गैबियन हैं।
(II) कुछ कंक्रीट, पुल हैं।

(a) केवल निष्कर्ष (II) अनुसरण करता है
(b) निष्कर्ष (I) और (II) दोनों अनुसरण करते हैं
(c) न तो निष्कर्ष (I) और न ही (II) अनुसरण करता है
(d) केवल निष्कर्ष (I) अनुसरण करता है

19. अंग्रेजी वर्णमाला क्रम के आधार पर दी गई श्रृंखला में प्रश्न चिह्न (?) के स्थान पर क्या आना चाहिए ?
EHO HJP KLQ? QPS

(a) MNR (b) MMR
(c) NNR (d) NMR

20. यदि '÷' और '×' को परस्पर बदल दिया जाए तथा '+' और '–' को परस्पर बदल दिया जाए, तो निम्नलिखित समीकरण में प्रश्न चिह्न '(?)' के स्थान पर क्या आएगा ?
$50 - 9 \div 1 + 63 \times 7 = ?$

(a) 53 (b) 52
(c) 50 (d) 51

भाग-II: सामान्य ज्ञान एवं सामान्य जागरूकता

21. सार्वजनिक परीक्षा (अनुचित साधनों की रोकथाम) विधेयक, 2024 के अंतर्गत परीक्षा के दौरान अनुचित व्यवहार या अपराध में शामिल व्यक्तियों के लिए निर्दिष्ट जुर्माना राशि कितनी है ?

(a) एक लाख रुपये तक
(b) दस लाख रुपये तक
(c) ग्यारह लाख रुपये तक
(d) बीस लाख रुपये तक

22. वार्षिक मामल्लपुरम नृत्य महोत्सव (Mamallapuram Dance Festival), जिसमें भारतीय शास्त्रीय नृत्य भरतनाट्यम, कुचिपुड़ी, कथक, मोहिनीअट्टम, ओडिसी और कथकली के प्रदर्शन शामिल हैं, ______ आयोजित किया जाता है।

(a) कर्नाटक (b) महाराष्ट्र
(c) आंध्र प्रदेश (d) तमिलनाडु

23. माइकल फैराडे ने विद्युत ट्रांसफार्मर और जनरेटर के पीछे के सिद्धांत, विद्युत चुम्बकीय प्रेरण की खोज कब की थी ?

(a) 1875 (b) 1853
(c) 1820 (d) 1831

24. भारतीय संविधान के भाग III में किसका उल्लेख किया गया है ?

(a) मौलिक अधिकार
(b) राज्य के नीति निर्देशक सिद्धांत
(c) नागरिकता
(d) मौलिक कर्तव्य

25. 2 अक्टूबर, 2022 को गांधी जयंती के रूप में महात्मा गांधी की ______ जयंती मनाई गई।

(a) 153वीं (b) 155वीं
(c) 152वीं (d) 150वीं

26. पृथ्वी पर दो सबसे अधिक वर्षा वाले स्थान कौन-से हैं जहाँ एक वर्ष में 1,080 सेमी. से अधिक वर्षा होती है ?

(a) पासीघाट और अगुम्बे
(b) चेरापूंजी और मासिनराम
(c) गंगटोक और अंबोली
(d) महाबलेश्वर और नेरियामंगलम

27. हरित क्रांति, अर्थव्यवस्था के किस क्षेत्र से संबंधित है ?

(a) कृषि क्षेत्र (b) वित्तीय क्षेत्र
(c) औद्योगिक क्षेत्र (d) सेवा क्षेत्र

28. निम्नलिखित में से कौन-सा/कौन-से वाक्य सत्य है/हैं ?

i. वित्त वर्ष 2022-23 के लिए भारतीय कृषि क्षेत्र की अनुमानित वृद्धि दर (projected growth rate) 5.5% थी।
ii. वित्तीय वर्ष 2021-22 के दौरान, भारत का कृषि निर्यात लगभग 50.2 बिलियन अमेरिकी डॉलर तक पहुंच गया।

iii. खरीफ विपणन सीजन (Kharif Marketing Season) 2021-22 के दौरान, भारत में 581.7 लाख मीट्रिक टन चावल संगृहीत किया (procured) गया।

(a) केवल i (b) केवल ii और iii
(c) केवल ii (d) केवल I और ii

29. भारत में पहले एशियाई खेल कहाँ आयोजित किये गये थे?

(a) पटियाला (b) चेन्नई
(c) नई दिल्ली (d) ग्वालियर

30. भारत सरकार अधिनियम, 1919 का आधार बनी सिफ़ारिशों के पीछे प्रमुख व्यक्ति कौन-कौन थे?

(a) लॉर्ड लिनलिथगो और एडविन मोंटेग्यू
(b) लॉर्ड इरविन और एडविन मोंटेग्यू
(c) लॉर्ड चेम्सफोर्ड और एडविन मोंटेग्यू
(d) लॉर्ड कर्जन और एडविन मोंटेग्यू

31. भारतीय संविधान के कौन-से अनुच्छेद संघ लोक सेवा आयोग से संबंधित हैं?

(a) अनुच्छेद 330 से 338
(b) अनुच्छेद 315 से 323
(c) अनुच्छेद 300 से 320
(d) अनुच्छेद 210 से 219

32. वह एक कर्नाटक प्रसिद्ध गायिका थीं, जिन्होंने यूरोप, उत्तरी अमेरिका और संयुक्त राष्ट्र महासभा में गायन किया। वह कौन थीं?

(a) मदुरै षण्मुखवादिवु सुब्बुलक्ष्मी
(b) आशा भोसले
(c) बेगम अख्तर
(d) लता मंगेशकर

33. निम्नलिखित में से कौन-सा खेल, 11वें एशियाई खेल बीजिंग 1990 में एक विधा (discipline) के रूप में शामिल किया गया था?

(a) वॉलीबॉल (b) स्क्वाश
(c) कबड्डी (d) कुश्ती

34. भारत के राष्ट्रीय बहुआयामी गरीबी सूचकांक एक प्रगति समीक्षा 2023 के अनुसार, निम्नलिखित में से किस केंद्र शासित प्रदेश में बहुआयामी गरीबों का प्रतिशत सबसे अधिक है?

(a) दादरा और नगर हवेली तथा दमन और दीव
(b) दिल्ली
(c) पुदुचेरी
(d) चंडीगढ़

35. अगस्त 2024 में, सर्वोच्च न्यायालय को अलविदा कहने वाली महिला कौन हैं, जो तेलंगाना राज्य के लिए उच्च न्यायालय की प्रथम महिला मुख्य न्यायाधीश बनीं और भारतीय सर्वोच्च न्यायालय में पदोन्नत होने वाली नौवीं महिला थीं?

(a) हिमा कोहली (b) कुट्टी रामेश्वरम
(c) अदिति कपूर (d) उषा अय्यर

36. प्रधानमंत्री रोजगार प्रोत्साहन योजना ______ से क्रियान्वित की जा रही है।

(a) 2017 (b) 2016
(c) 2015 (d) 2014

37. निम्नलिखित में से किस पौधे को विशेष सहारे का उपयोग करके दीवारों पर चढ़ाया जा सकता है?

(a) कद्दू के पौधे (b) सूरजमुखी के पौधे
(c) गुलाब के पौधे (d) नींबू के पौधे

38. तीसरी पंचवर्षीय योजना (1961-1966) में उल्लेख की गई प्रमुख आर्थिक चुनौती क्या थी?

(a) युद्धकालीन व्यय और संसाधन आवंटन
(b) सेवा क्षेत्र का आरंभ करना
(c) डिजिटल प्रौद्योगिकी उन्नति पर ध्यान केन्द्रित करना
(d) अर्थव्यवस्था का उदारीकरण

39. एनबीपीडबल्यू (NBPW), जिसे लौह युग का सबसे व्यापक मृदभांडकर्म (pottery) माना जा सकता है, का पूर्ण रूप क्या है?

(a) नॉर्दर्न ब्लैक पॉलिशड वेयर (Northern Black Polished Ware)
(b) नॉर्दर्न ब्लू पॉलिशड वेयर (Northern Blue Polished Ware)
(c) नॉर्दर्न ब्रोंज पॉलिशड वेयर (Northern Bronze Polished Ware)
(d) नॉर्दर्न ब्राउन पॉलिशड वेयर (Northern Brown Polished Ware)

40. संगीत अकादमी (Music Academy) से प्रतिष्ठित नाट्य कलानिधि पुरस्कार से सम्मानित लक्ष्मी विश्वनाथन किस नृत्य शैली के लिए प्रसिद्ध थी?

(a) कथक (b) भरतनाट्यम
(c) ओडिसी (d) कुचिपुड़ी

भाग-III: प्रारंभिक गणित

41. एक व्यक्ति 9 km/hr की चाल से कोलकाता से अहमदाबाद जाता है तथा उसी मार्ग से 18 km/hr की चाल से कोलकाता वापस आता है। पूरी यात्रा के दौरान उसकी औसत चाल (km/hr में) ज्ञात कीजिए।

(a) 8 (b) 12
(c) 15 (d) 17

42. 210m और 140 m लंबाई वाली दो रेलगाड़ियाँ एक ही दिशा में क्रमश: 80 km/h और 150 km/h की चाल से गतिमान हैं। पीछे से आ रही तेज चाल वाली रेलगाड़ी द्वारा दूसरी रेलगाड़ी को पूरी तरह से पार करने में कितना समय (मिनटों में) लगेगा?

(a) 0.3 (b) 0.5
(c) 2 (d) 1

43. वार्षिक साधारण ब्याज की समान दर पर विपुल ₹5400 की राशि का निवेश करता है और विजय ₹9400 की राशि का निवेश करता है। यदि 5 वर्ष के अंत में, विजय को विपुल से ₹840 अधिक ब्याज प्राप्त होता है, तो वार्षिक ब्याज की दर (प्रतिशत में) ज्ञात कीजिए।

(a) 4.2 (b) 6.2
(c) 3.2 (d) 2.2

44. निम्नलिखित का मान ज्ञात कीजिए।

$$\left[(48 \div 8)\times\left\{\frac{49}{9}+\frac{40}{4}\times(7-3)\right\}\right]$$

(a) 282 (b) 284
(c) 273 (d) 286

45. दो संख्याएँ 4 : 9 के अनुपात में हैं। यदि उनका माध्यानुपाती 24 है, तो दोनों संख्याओं के बीच धनात्मक अंतर ज्ञात कीजिए।

(a) 25 (b) 30
(c) 15 (d) 20

46. मंदार के दो पोते केतन और तुषार हैं। 11 वर्षीय केतन को मंदार की संपत्ति से कुछ धनराशि मिलती है। और 12 वर्षीय तुषार को बाकी धनराशि मिलती है, लेकिन केतन और तुषार को धनराशि तभी मिलेगी जब वे 22 वर्ष के हो जाएंगे। तब तक धनराशि बैंक में जमा रहेगी और उस पर वार्षिक रूप से चक्रवृद्धि 8% वार्षिक दर पर ब्याज मिलेगा। जब दोनों 22 वर्ष के हो जाते हैं, तो उन्हें समान धनराशि मिलती है। यदि मंदार के पास कुल धनराशि ₹24700 थी, तो मंदार ने तुषार को शुरुआत में कितनी धनराशि (₹ में) दी थी?

(a) 13175 (b) 11875
(c) 12825 (d) 11625

47. 28, 60, 120 और 135 का लघुत्तम समापवर्त्य (LCM) ज्ञात कीजिए।

(a) 7560 (b) 7608
(c) 76261 (d) 7569

48. एक परीक्षा में, गणित के तीन पेपर, अंग्रेजी के दो पेपर और विज्ञान का एक पेपर था। सभी

पेपर 100 अंकों के थे। S को गणित में 60%, अंग्रेजी में 70% और विज्ञान में 50% अंक मिले। सभी पेपर में उसके अंकों का प्रतिशत कितना था ?

(a) 61.67% (b) 61.33%
(c) 60.67% (d) 60%

49. एक विद्यार्थी को एक पुस्तक की खरीद पर निम्नलिखित चार ऑफर मिल रहे थे:

I. 20% और 20% की दो क्रमिक छूट
II. 25% और 15% की दो क्रमिक छूट
III. 30% और 10% की दो क्रमिक छूट
IV. 5% और 35% की दो क्रमिक छूट

कौन-सा ऑफर विद्यार्थी को सबसे अधिक छूट प्रदान करता है ?

(a) IV (b) I
(c) II (d) III

50. दो संख्याओं का HCF, 11 है और उनका योग 132 है। यदि दोनों संख्याएँ 42 से बड़ी हैं, तो दोनों संख्याओं के बीच का अंतर ज्ञात कीजिए।

(a) 11 (b) 18
(c) 26 (d) 22

51. 16 और 48 का तृतीयानुपाती कितना है ?

(a) 144 (b) 121
(c) 135 (d) 169

52. उस वस्तु का क्रय मूल्य क्या है जो 8% लाभ के साथ ₹1,566 में बेची जाती है ?

(a) ₹1,420 (b) ₹1,400
(c) ₹ 1,450 (d) ₹1,390

53. एक संख्या को पहले 15% घटाया जाता है और फिर 20% बढ़ाया जाता है। इस प्रकार प्राप्त संख्या, मूल संख्या से 78 अधिक है। मूल संख्या ज्ञात कीजिए।

(a) 2600 (b) 5200
(c) 4500 (d) 3900

54. A किसी कार्य को 32 दिनों में और B उसी कार्य को 48 दिनों में पूरा कर सकता है। वे 8 दिनों तक एक-साथ कार्य करते हैं और फिर A कार्य करना छोड़ देता है। शेष कार्य का 60% भाग B कितने समय (दिन में) में पूरा करेगा ?

(a) $18\frac{2}{5}$ (b) $17\frac{3}{7}$
(c) $16\frac{4}{5}$ (d) $19\frac{3}{4}$

55. दो शंकुओं की ऊँचाइयों का अनुपात 4 : 3 है तथा उनके आधारों की त्रिज्याओं का अनुपात 1 : 2 है। उनके आयतनों का अनुपात ज्ञात कीजिए।

(a) 1 : 3 (b) 2 : 9
(c) 2 : 5 (d) 4 : 9

56. पेट्रोल के मूल्य में (प्रति लीटर) 85% की वृद्धि होती है। इसकी खपत में कितने प्रतिशत की कमी कर दी जाए कि इस पर होने वाले व्यय में केवल 48% की वृद्धि हो ?

(a) 18% (b) 82%
(c) 20% (d) 80%

57. यदि समान ब्याज दर पर, 2 वर्ष में, साधारण ब्याज ₹42 तथा चक्रवृद्धि ब्याज ₹51 है, तो मूलधन (₹ में) ज्ञात कीजिए।

(a) 49 (b) 53
(c) 42 (d) 44

58. एक बेईमान दुकानदार अपने सामान को क्रय मूल्य पर बेचने का दावा करता है। हालाँकि, वह एक ऐसे बाट का उपयोग करता है जिसका वजन वास्तव में उस पर लिखे वजन से 46% कम है। उसका लाभ प्रतिशत ज्ञात कीजिए।

(a) $84\frac{5}{27}\%$ (b) $87\frac{10}{27}\%$
(c) $86\frac{6}{27}\%$ (d) $85\frac{5}{27}\%$

59. गोपाल, अक्षय और अतुल का औसत भार 46 kg है। यदि गोपाल और अक्षय का औसत भार 40 kg है तथा अक्षय और अतुल का औसत भार 45 kg है, तो अक्षय का भार (kg में) ज्ञात कीजिए।

(a) 32 (b) 47
(c) 42 (d) 52

60. चार अंकों की सबसे बड़ी संख्या ज्ञात कीजिए जो 15, 25, 40 और 75 से पूर्णतः विभाज्य हो।

(a) 9975 (b) 9999
(c) 9600 (d) 9960

भाग-IV: हिंदी

61. 'खिन्न' का विलोम शब्द नीचे दिए विकल्पों में से चुनिए-

(a) अप्रसन्न (b) प्रसन्न
(c) मलाल (d) दुखी

62. 'तोता उड़कर पेड़ की ________ ।

निम्नलिखित में से 'देशज' शब्द युक्त विकल्प चुनकर वाक्य पूर्ण करें।

(a) शाखा पर बैठ गया
(b) टहनी पर बैठ गया
(c) फुनगी पर बैठ गया
(d) डाल पर बैठ गया

63. निम्न वाक्य में किस पद पर त्रुटि है? पहचानिए।

मेले में विद्यार्थियों की कई टोलीयाँ थीं।

(a) टोलीयाँ (b) मेले में
(c) कई (d) विद्यार्थियों की

64. निम्नलिखित में से बहुवचन से संबंधित वाक्य है-

(a) प्रेम तुम्हारे मामा हैं।
(b) देवराज अत्यंत वीर है।
(c) वह एक दाता है।
(d) प्रेम और हरि तुम्हारे मामा हैं।

65. रिक्त स्थान की पूर्ति सार्थक निरर्थक शब्द युग्म से करें-

जीवन में हमेशा मनुष्य को... रास्ते से गुजरना पड़ता है।

(a) सुगम (b) ऊपर- नीचे
(c) चलते-फिरते (d) टेढ़े-मेढ़े

66. 'विष्णु' के लिए पर्यायवाची शब्द होगा-

(a) नागेंद्र (b) राकेश
(c) जनार्दन (d) नागेश

67. निम्नलिखित में से विशेषण युक्त पद नहीं है।

(a) ऊँचा मकान (b) मोटा लड़का
(c) लाल कपड़ा (d) उतार-चढ़ाव

68. मेरे परीक्षा में अच्छे अंक आए हैं। वाक्य में प्रयुक्त रेखांकित एकार्थी शब्द के लिए उचित विकल्प है-

(a) नाटक के अंक (b) गिनती के अंक
(c) भाग्य (d) अध्याय

69. 'अनन्या स्नेहा को पत्र लिख रही है।' प्रेरणार्थक क्रिया का प्रयोग कर इस वाक्य को लिखिए -

(a) अनन्या स्नेहा से पत्र लिखवाती है।
(b) अनन्या स्नेहा को पत्र लिखेगी।
(c) अनन्या स्नेहा को पत्र लिख रही थी
(d) अनन्या स्नेहा को पत्र लिख सकती है।

70. निम्नलिखित में से उस विकल्प का चयन करें, जिस में उचित मुहावरे का प्रयोग नहीं किया गया है-

(a) तुमने मेरा इतना पैसा ले रखा है, लेकिन मुझे देखते ही कनी चाटने लगते हो।
(b) मैंने तो काम करने के लिए कमर कस ली है, अब सब कुछ करना है अपने परिवार के लिए।
(c) मैं चाहे कब्र खोदकर इतना पैसा लाऊँ, तुमसे क्या मतलब? तुम तो यह जमीन बेचने के लिए मान जाओ बस।
(d) तुमने मेरा इतना नुकसान किया है, अब मैंने भी तुम्हारे कपड़े न उतरवा लिए तो मेरा नाम नहीं।

71. 'छः महीने का समय'
उपरोक्त वाक्यांश के लिए एक शब्द होगा-
(a) छठी (b) छठवाँ
(c) छमाई (d) छमाही

72. निम्नलिखित वाक्यांश हेतु सार्थक शब्द की पहचान करें।
जिसकी उपमा नहीं दी जा सके
(a) अनादि
(b) अनन्य
(c) उपमा
(d) अनुपम

73. निम्नलिखित में से शुद्ध वाक्य का चयन कीजिए-
(a) मैं प्रात: काल के समय पढ़ता हूँ।
(b) मेरे पास केवल एक घड़ी है।
(c) इसके बाद क्या हुआ ?
(d) यह कैसे संभव हो सकता है।

74. यह वस्तु ग्राह्य है।
उपरोक्त वाक्य में 'ग्राह्य' शब्द का विलोम चयन कीजिए।
(a) भोज्य (b) आर्य
(c) अनाग्रह (d) त्याज्य

75. इनमें से किस वाक्य में त्रुटि नहीं है ?
(a) तुम्हारा गाँव किसका है ?
(b) मोहन का व्यवहार अच्छा नहीं है।
(c) आपकी बातें बहुत मीठा है।
(d) मोहन का व्यवहार अच्छी नहीं है।

निम्नलिखित गद्यांश में से कुछ शब्द हटा दिए गए हैं। दिए गए विकल्पों की सहायता से रिक्त स्थानों की पूर्ति कीजिए। प्रत्येक संख्या के लिए उपयुक्त विकल्प का चयन कीजिए-

एक युवक पत्थर की बेंच पर बैठकर टिफिन खाता हुआ। उससे कुछ दूर एक उम्रदराज मगर तंदुरुस्त आदमी शहनाई जैसा _____(1) - बैगपाइपर (bagpiper) जा रहा था। उसने काला लबादा गाउन पहन रखा _____ (2)। कपड़े-जूते ठीक-ठाक पहन रखे थे। हैट भी लगा रखा था। उसके सामने जमीन पर काठ और कपड़ों का बना संदूकनुमा बाक्स था। बाक्स में कुछ सिक्के थे। वह खड़ा होकर वाद्य _____ (3) रहा था। उसके गाल वाद्य बजाने के कारण फूल-फूल जा रहे थे जैसे हमारे यहाँ भी शहनाई बजाते समय या शंख फूँकते समय। लोग उसके सामने से अदब (4) से गुजर रहे थे। एक-दो लोगों ने उसे अभिवादन भी किया। कुछ लोग करीब जाते और झुककर बाक्स में पेंस (सिक्के) डाल देते। दूर से फेंकता कोई नहीं था। वह एक भिखारी था लेकिन यहाँ उसे स्ट्रीट आर्टिस्ट (सड़क कलाकार) कहा जाता है। भिक्षा या दान भी यहाँ कला के माध्यम से लिया जाता है। कोई माँगता या गुहार नहीं लगाता या तो चुप बैठा रहता है या संगीत कला या गायन के माध्यम से वह लोगों का ध्यान आकृष्ट करता है। यह दृश्य मुझे सुखद विस्मय से भर गया। मैं देर तक उसे वाद्य बजाते देखता - सुनता रहा। पास में पेन्स (सिक्के) (5) न होने का अफसोस हुआ। भिक्षा के लिए यहाँ हाथ फैलाने की परंपरा नहीं है।

76. उपरोक्त गद्यांश के आधार पर निम्नलिखित रिक्त स्थान की पूर्ति करें।
उससे कुछ दूर एक उम्रदराज मगर तंदुरुस्त आदमी शहनाई जैसा रहा था।
(a) बाज्य (b) वाद्य
(c) तरह का (d) समान

77. उपरोक्त गद्यांश के आधार पर निम्नलिखित रिक्त स्थान की पूर्ति करें।
उसने काला लबादा गाउन पहन रखा....।
(a) था (b) हैं
(c) थी (d) थीं

78. उपरोक्त गद्यांश के आधार पर मिम्नलिखित रिक्त स्थान की पूर्ति करें।
वह खड़ा होकर वाद्य
(a) बजाया (b) चल
(c) रो (c) गा

79. उपरोक्त गद्यांश के आधार पर निम्न चिन्हित शब्द का विपरीत शब्द पहचानें।
लोग उसके सामने से अदब (4) से गुजर रहे थे।
(a) बुरा अदब (b) बैअदब
(c) नज़रअंदाज़ (d) बेअदब

80. उपलब्ध विकल्पों में से कौन-सा विकल्प निम्नलिखित वाक्य के चिन्हित शब्द का पर्यायवाची शब्द नहीं है? पास में पेन्स (सिक्के) (5) न होने का अफसोस हुआ।
(a) रूपक (b) मुद्रा
(c) धाक (d) टंक

उत्तर (हल/संकेत)

1. (a) कागज को खोलने पर जो आकृति दिखाई देगी वह नीचे दिखाई गई है:

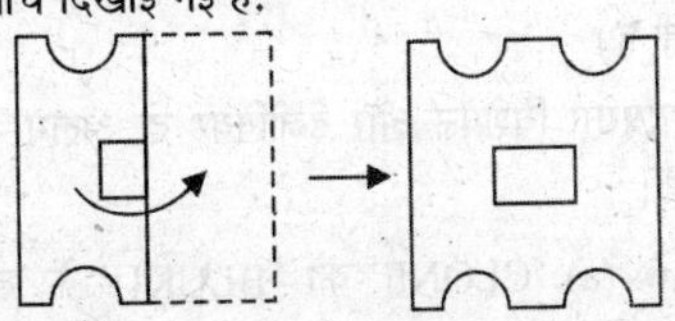

इस प्रकार, कागज को खोलने पर यह विकल्प आकृति (a) के समान दिखाई देगी।

2. (a)

S	B	C	F
19	2	3	6
↓ −1	↓ −1	↓ +1	↓ +1
R	A	D	C
18	1	4	7

और, NVMO का MNUP से संबंध है।

N	V	M	O
14	22	13	15
↓ −1	↓ −1	↓ +1	↓ +1
M	U	N	P
13	21	14	16

इसी प्रकार,

GUAX का संबंध इस प्रकार है।

G	U	A	X
7	21	1	24
↓ −1	↓ −1	↓ +1	↓ +1
F	T	B	Y
6	20	2	25

3. (c) उपरोक्त प्रश्न का अंतिम आरेख इस प्रकार बनेगा।

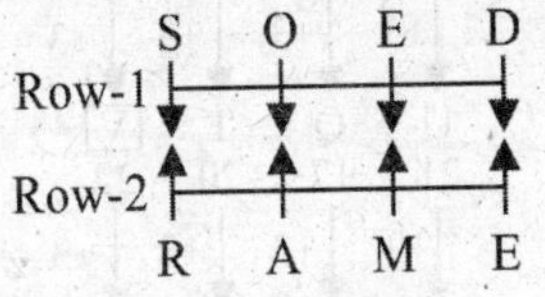

इस प्रकार, अंतिम व्यवस्था के अनुसार E और M एक-दूसरे के सम्मुख हैं।

4. (b)

4 → 6 → 10 → 18 → 34 → [66]
×2−2 ×2−2 ×2−2 ×2−2 ×2−2

5. (d)

इस प्रकार, अंतिम व्यवस्था के अनुसार R, N के बाईं और दूसरे स्थान पर बैठा है।

6. (b) जब दर्पण MN पर रखा जाता है, तो दी गई आकृति का सही दर्पण प्रतिबिंब नीचे दिखाया गया है।

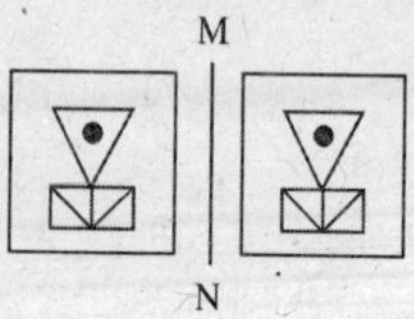

यहा, विकल्प आकृति 1 दी गई आकृति का दर्पण प्रतिबिंब दर्शाता है। इसलिए, सही उत्तर **"विकल्प 1"** है

7. (c) यहाँ अनुसरित तर्क निम्न है:-

दिए गए दो अलग-अलग पासों से आसन्न नीचे दिखाए गए हैं।

चूँकि R दोनों पासों पर उभयनिष्ठ है, यह स्पष्ट है कि L, T, O और A इसके आसन्न है और शेष अर्थात् E इसके विपरीत होगा।

विपरीत जोडे निम्न हैं:

L⟶O

T⟶A

R⟶E

इसलिए, "E" का विपरीत फलक "R" होगा।

8. (d) यहाँ अनुसरित तर्क निम्न है:

[L] 12	H 8	K 11	M 13
↓+3	↓+3	↓+3	↓+3
O 15	[K] 11	N 14	P 16
↓+3	↓+3	↓+3	↓+3
R 18	N 14	[Q] 17	S 19
↓+3	↓+3	↓+3	↓+3
U 21	Q 17	T 20	[V] 22
↓+3	↓+3	↓+3	↓+3
X 24	T 20	W 23	[Y] 25

9. (a) 'BSGN' को '5–22–10–17' के रूप में कूटबद्ध किया गया है,

B 2	S 19	G 7	N 14
↓+3	↓+3	↓+3	↓+3
5	22	10	17

और,

'TAUE' को '23–4–24–8' के रूप में कूटबद्ध किया गया है,

T 20	A 1	U 21	E 5
↓+3	↓+3	↓+3	↓+3
23	4	24	8

इसी प्रकार,

'PJDQ' को कूटबद्ध किया जाएगा

P 16	J 10	D 4	Q 17
↓+3	↓+3	↓+3	↓+3
19	13	7	20

10. (c)

K A M B ⟶ 5 1 3 9

B A [L] M ⟶ 9 5 [2] 1

इस प्रकार, 'L' के लिए कूट '2' है।

11. (a)

208 → 190 → 163 → 127 → 82 → [28]

–18, –27, –36, –45, –54

–9, –9, –9, –9

12. (b) दिया गया शब्द : GRACEFUL

प्रश्न के अनुसार, अंग्रेजी वर्णमाला क्रम में व्यवस्थित करने पर

दिया गया शब्द	G	R	A	C	E	F	U	L
अंग्रेजी वर्णमाला क्रम में व्यवस्थित	A	C	E	F	G	L	R	U

इस प्रकार, यदि दिए गए शब्द के प्रत्येक अक्षर को अंग्रेजी वर्णमाला क्रम में व्यवस्थित किया जाए, तो कोई भी अक्षर अपरिवर्तित नहीं रहता है।

13. (a)

	X है			
प्रतीक	@	S	=	*
अर्थ	पुत्री	पति	माता	पिता
	C की			

दिया गया है: N @ E S J @ S

N @ E ⟶ N, E की पुत्री है।

E S J ⟶ E, J का पति है।

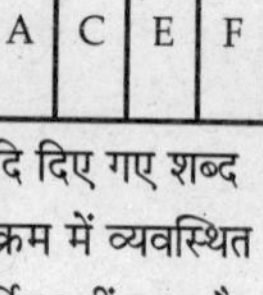

J @ S ⟶ J, S की पुत्री है।

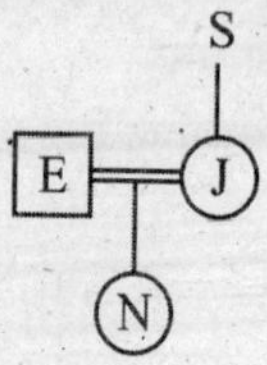

इस प्रकार, J, N की माता है।

14. (c) यहाँ अनुसरित तर्क निम्न है:

विकल्प (d) FHJ

F 6 ⟶ H 8 ⟶ J 10

+2, +2

विकल्प (c) SUV

S 19 ⟶ U 21 ⟶ V 22

+2, +1

विकल्प (a) HJL

H 8 ⟶ J 10 ⟶ L 12

+2, +2

विकल्प (b) NPR

N 14 ⟶ P 16 ⟶ R 18

+2, +2

इस प्रकार, सभी विकल्पों में से, 'SUV' भिन्न है। इसलिए, "विकल्प (c)" सही उत्तर है।

15. (a) दिए गए वर्गों के बीच संबंध को सर्वोत्तम रूप से दर्शानें वाला आरेख नीचे दिखाया गया है:

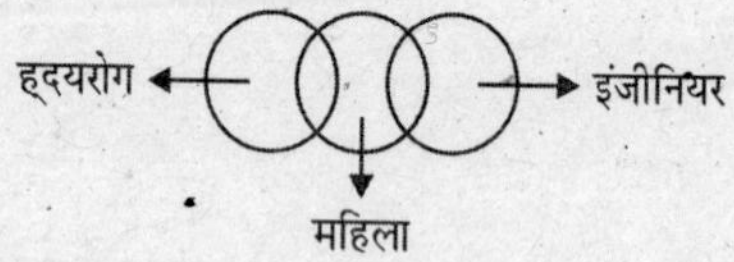

कुछ महिलाएँ, हृदयरोग विशेषज्ञ और इंजीनियर हो सकती है।

हृदयरोग विशेषज्ञ और इंजीनियर दो अलग-अलग पेशे हैं।

16. (a) 'CLONE' को 'BLUKU' के रूप में लिखा जाता है,

C 3	L 12	O 15	N 14	E 5
↓–1	↓	↓+6	↓–3	↓+16
B 2	L 12	U 21	K 11	U 21

और

'BOUND' को 'AOAKT' के रूप में लिखा जाता है,

B	O	U	N	D
2	15	21	14	4
↓ −1	↓	↓ +6	↓ −3	↓ +16
A	O	A	K	T
1	15	1	11	20

इसी प्रकार,

'NICHE' को लिखा जाएगा

N	I	C	H	E
14	9	3	8	5
↓ −1	↓	↓ +6	↓ −3	↓ +16
M	I	I	E	U
13	9	9	5	21

17. (d) इस प्रकार, अंतिम शृंखला निम्न है:

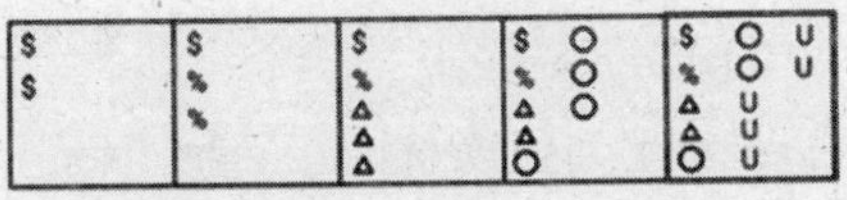

18. (c) दिए गए कथनों के लिए न्यूनतम संभव वेन आरेख नीचे दिखाया गया है:

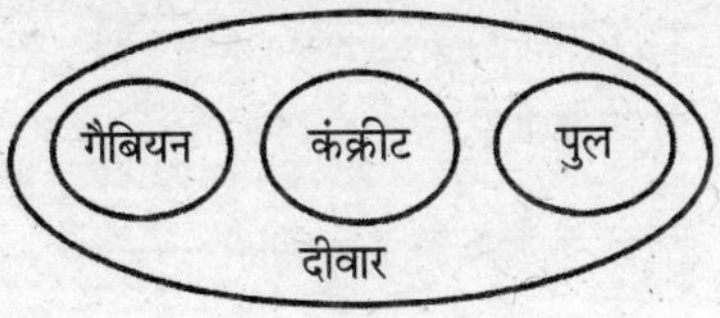

निष्कर्ष:

(I) कुछ पुल, गैबियन हैं → अनुसरण नहीं करता है (चूँकि सभी गैबियन, दीवारें हैं, सभी कंक्रीट, दीवारें हैं और सभी पुल, दीवारें हैं। इसलिए यह संभव है लेकिन निश्चित नहीं है)

(II) कुछ कंक्रीट, पुल हैं → अनुसरण नहीं करता है (चूँकि सभी कंक्रीट, दीवारें हैं और सभी पुल, दीवारें हैं। इसलिए यह संभव है लेकिन निश्चित नहीं है)

∴ यहाँ, न तो निष्कर्ष (I) और न ही (II) अनुसरण करता है।

19. (c) यहाँ अनुसरित तर्क निम्न है:

E	H	O
5	8	15
↓ +3	↓ +2	↓ +1
H	J	P
8	10	16
↓ +3	↓ +2	↓ +1
K	L	Q
11	12	17
↓ +3	↓ +2	↓ +1
N	N	R
14	14	18
↓ +3	↓ +2	↓ +1
Q	P	S
17	16	19

20. (c) प्रश्न के अनुसार, '+' और '−' को आपस में बदलने तथा '×' और '÷' को आपस में बदलने के बाद:

$50 - 9 \div 1 + 63 \times 7 = ? \Rightarrow 50 + 9 \times 1 - 63 \div 7 = ?$

$\Rightarrow 50 + 9 \times 1 - \underline{63 \div 7} = ?$

$\Rightarrow 50 + \underline{9 \times 1} = ?$

$\Rightarrow \underline{50 \div 9} - 9 = ?$

$\Rightarrow \underline{59 - 9} = ?$

21. (b) सार्वजनिक परीक्षा विधेयक परीक्षाओं के दौरान अनुचित प्रथाओं में शामिल व्यक्तियों के लिए दस लाख रुपये तक की दंड राशि निर्दिष्ट करता है। सार्वजनिक परीक्षाएँ (अनुचित साधनों की रोकथाम) विधेयक, 2024 का उद्देश्य सार्वजनिक परीक्षाओं में अनुचित प्रथाओं पर अंकुश लगाना है। यह उपाय परीक्षा प्रक्रिया की अखंडता और निष्पक्षता बनाए रखने के लिए है। विधेयक में व्यक्तियों को कुप्रथाओं में शामिल होने से रोकने के लिए कठोर दंड शामिल हैं।

22. (d) यह वार्षिक मामल्लपुरम नृत्य महोत्सव का आयोजन भारत के तमिलनाडु राज्य के एक शहर मामल्लपुरम में किया जाता है। नृत्य महोत्सव एक वार्षिक आयोजन है जो भारतीय शास्त्रीय नृत्य शैलियों का जश्न मनाता है। इस महोत्सव में भरतनाट्यम, कुचिपुड़ी, कथक, मोहिनीअट्टम, ओडिसी और कथकली सहित विभिन्न भारतीय शास्त्रीय नृत्य शैलियों का प्रदर्शन किया जाता है। यह आयोजन आमतौर पर दिसंबर और जनवरी के महीनों में होता है, जिसमें बड़ी संख्या में कलाकार और पर्यटक आते हैं। मामल्लपुरम, जिसे महाबलीपुरम के नाम से भी जाना जाता है, एक यूनेस्को विश्व धरोहर स्थल है जो अपने प्राचीन मंदिरों और चट्टानों को काटकर बनाई गई मूर्तियों के लिए जाना जाता है

23. (d) माइकल फैराडे ने वर्ष 1831 में विद्युत चुम्बकीय प्रेरण की खोज की थी। यह खोज महत्वपूर्ण है क्योंकि इसने विद्युत ट्रांसफार्मर और जनरेटर के विकास की नींव रखी। फैराडे के प्रयोग में एक कुंडली के माध्यम से एक चुंबक को घुमाना शामिल था, जिससे कुंडली के अंदर एक विद्युत धारा उत्पन्न हुई, जिससे विद्युत चुम्बकीय प्रेरण का सिद्धांत प्रदर्शित हुआ। विद्युत चुम्बकत्व और विद्युत इंजीनियरिंग के क्षेत्र में उनके विदयुत चुम्बकीय प्रेरण पर काम को सबसे महत्वपूर्ण योगदानों में से एक माना जाता है।

24. (a) भारतीय संविधान का भाग III मौलिक अधिकारों से संबंधित है, जो अनुच्छेद 12 से 35 तक निहित हैं। इन अधिकारों को व्यक्तियों के सर्वांगीण विकास के लिए आवश्यक माना जाता है और ये भारत के सभी नागरिकों पर लागू होते हैं। मौलिक अधिकार न्यायसंगत हैं, अर्थात् वे न्यायालयों द्वारा लागू किए जा सकते हैं और किसी भी उल्लंघन के मामले में व्यक्ति न्यायालयों का रुख कर सकते हैं। इनमें समानता का अधिकार, स्वतंत्रता का अधिकार, शोषण के विरुद्ध अधिकार, धर्म की स्वतंत्रता का अधिकार, सांस्कृतिक और शैक्षिक अधिकार संवैधानिक उपचारों का अधिकार शामिल हैं। ये अधिकार राज्य के किसी भी मनमाने कार्यों के विरुद्ध सुरक्षा के रूप में कार्य करते हैं और व्यक्तिगत स्वतंत्रताओं की रक्षा सुनिश्चित करते हैं।

25. (a) 2 अक्टूबर, 2022 को महात्मा गांधी की 153वीं जयंती मनाई गई। महात्मा गांधी, जिनका जन्म 2 अक्टूबर, 1869 को हुआ था, भारत में व्यापक रूप से "राष्ट्रपिता" के रूप में पहचाने जाते हैं। महात्मा गांधी के जीवन और योगदान का जश्न मनाने के लिए भारत भर में गांधी जयंती मनाई जाती है। यह दिन संयुक्त राष्ट्र द्वारा 2007 में घोषित अंतर्राष्ट्रीय अहिंसा दिवस के रूप में भी विश्व स्तर पर मनाया जाता है। उनकी विरासत का सम्मान करने के लिए प्रार्थना सेवाओं, स्मारक समारोहों और सांस्कृतिक कार्यक्रमों सहित विभिन्न कार्यक्रम आयोजित किए जाते हैं।

26. (b) चेरापूंजी और मासिनीराम पृथ्वी पर दो संबंध् अधिक वर्षा वाले स्थान हैं। चेरापूंजी और मासिनराम भारत के मेघालय राज्य में स्थित हैं। बंगाल की खाड़ी से नम हवा के पर्वतीय उत्थापन के कारण दोनों स्थानों पर भारी वर्षा होती है।

27. (a) हरित क्रांति कृषि क्षेत्र से संबंधित है। हरित क्रांति अनुसंधान, विकास और प्रौद्योगिकी हस्तांतरण पहलों का एक समूह है जो 1940 के दशक और 1960 के दशक के अंत के बीच हुआ, जिससे दुनिया भर में विशेष रूप से विकासशील देशों में कृषि उत्पादन में वृद्धि हुई। इसमें उच्च उपज वाली किस्म (HYV) के बीजों का परिचय शामिल था, खासकर गेहूँ और चावल जैसी फसलों के लिए। हरित क्रांति के कार्यान्वयन में रासायनिक उर्वरकों, कीटनाशकों और बेहतर सिंचाई तकनीकों का उपयोग शामिल था। इन प्रगतियों ने खाद्य उत्पादन में उल्लेखनीय वृद्धि की और भारत जैसे देशों को खाद्यान्न में आत्मनिर्भर बनाया। कृषि क्षेत्र को हरित क्रांति से बहुत लाभ हुआ, जिससे फसल की पैदावार और खाद्य सुरक्षा में वृद्धि हुई।

28. (b) कृषि निर्यात: वित्त वर्ष 2021-22 के दौरान, भारत का कृषि निर्यात लगभग USD 50.2 बिलियन तक पहुँच गया, जो इस क्षेत्र में महत्वपूर्ण वृद्धि को दर्शाता है। चावल की खरीद: खरीफ विपणन सीजन 2021-22 के दौरान, भारत ने लगभग 581.7 लाख मीट्रिक टन चावल की खरीद की, जो मजबूत खरीद नीतियों का संकेत देता है। वृद्धि दर : वित्त वर्ष 2022-23 के लिए भारतीय कृषि क्षेत्र की अनुमानित वृद्धि दर 5.5% नहीं थी, इसलिए, कथन I गलत है।

29. (c) पहले एशियाई खेल का आयोजन 4 मार्च से 11 मार्च, 1951 तक में भारत के नई दिल्ली में आयोजित किया गया था। खेलों का आधिकारिक उद्घाटन तत्कालीन भारत के राष्ट्रपति, डॉ. राजेंद्र प्रसाद ने किया था। पहले एशियाई खेलों में कुल 11 देशों ने भाग लिया, जिन्होंने 8 खेलों में 57 स्पर्धाओं में प्रतिस्पर्धा की।

30. (c) लार्ड चेम्सफोर्ड और एडविन मोटेंग्यू भारत सरकार अधिनियम, 1919 का आधार बनी सिफारिशों के पीछे प्रमुख व्यक्ति थे। लॉर्ड चेम्सफोर्ड ने 1916 से 1921 तक भारत के वायसराय के रूप में कार्य किया। एडविन मोटेंग्यू 1917 से 1922 तक भारत के राज्य सचिव थे। सुधारों का उद्देश्य "द्वैध शासन" के रूप में जाना जाने वाला प्रशासन की दोहरी प्रणाली शुरू करके शासन में भारतीय भागीदारी को बढ़ाना था। भारत सरकार अधिनियम, 1919 ने भारत में आगे के संवैधानिक विकास की नींव रखी।

31. (b) भारतीय संविधान के अनुच्छेद 315 से 323 संघ लोक सेवा आयोग (UPSC) से संबंधित हैं। अनुच्छेद 315 UPSC और राज्य लोक सेवा आयोगों की स्थापना का प्रावधान करता है। अनुच्छेद 316 UPSC के सदस्यों की नियुक्ति और कार्यकाल की रुपरेखा तैयार करता है। अनुच्छेद 320 UPSC के कार्यों को निर्दिष्ट करता है, जिसमें संघ की सेवाओं में नियुक्तियों के लिए परीक्षा आयोजित करना शामिल है। अनुच्छेद 323 UPSC की रिपोर्टों और उन पर की गई कार्रवाई से संबंधित है।

32. (a) मदुरै षण्मुखवादिवु सुब्बुलक्ष्मी कर्नाटक की प्रसिद्ध गायिका थीं, जिन्होंने युरोप, उत्तरी अमेरिका और संयुक्त राष्ट्र महासभा में गायन किया। वह 1966 में संयुक्त राष्ट्र महासभा में प्रदर्शन करने वाली पहली भारतीय संगीतकार थीं। सुबुलक्ष्मी ने यूरोप और उत्तरी अमेरिका में विभिन्न प्रतिष्ठित स्थानों पर गायन किया, जिससे दुनिया भर में भारतीय शास्त्रीय संगीत का प्रचार हुआ। उन्हें कई पुरस्कार और सम्मान मिले, जिसमें 1998 में भारत का सर्वोच्च नागरिक पुरस्कार भारत रत्न भी शामिल है।

33. (c) कबड्डी को 1990 में बीजिंग में आयोजित 11वें एशियाई खेलों में एक अनुशासन के रूप में शामिल किया गया था। यह पहली बार था जब कबड्डी को एशियाई खेलों में दिखाया गया था, जिसने अंतर्राष्ट्रीय मंच पर अपनी शुरुआत को चिह्नित किया। भारत ऐतिहासिक रूप से कबड्डी में प्रभावशाली रहा है, एशियाई खेलों के कई संस्करणों में इस खेल में स्वर्ण पदक जीते हैं। एशियाई खेलों में कबड्डी को शामिल करने से खेल को अंतर्राष्ट्रीय स्तर पर बढ़ावा देने और इसकी लोकप्रियता बढ़ाने में मदद मिली। कबड्डी एक पारंपरिक भारतीय खेल है जिसमें दो टीमें शामिल होती हैं, जहाँ खिलाड़ी अंक प्राप्त करने के लिए प्रतिद्वंद्वी के आधे हिस्से में छापा मारने के लिए बारी-बारी से खेलते हैं।

34. (a) भारत की राष्ट्रीय बहुआयामी गरीबी सूचकांक (MPI): 2023 की प्रगति समीक्षा के अनुसार, केंद्र शासित प्रदेशों में दादरा और नगर हवेली और दमन और दीव में बहुआयामी रूप से गरीबों का प्रतिशत सबसे अधिक है। MPI स्वास्थ्य, शिक्षा और जीवन स्तर में व्यक्तियों द्वारा झेली जाने वाली विभिन्न वंचनाओं के आधार पर गरीबी को मापता है। रिपोर्ट के अनुसार, दादरा और नगर हवेली और दमन और दीव में बहुआयामी गरीबी में रहने वाली जनसंख्या का प्रतिशत अन्य केंद्र शासित प्रदेशों की तुलना में काफी अधिक है। इस केंद्र शासित प्रदेश में उच्च गरीबी दर इन वंचनाओं को दूर करने के लिए लक्षित नीतिगत हस्तक्षेप की आवश्यकता को उजागर करती है।

35. (a) हिमा कोहली को 31 अगस्त, 2021 को भारत के सर्वोच्च न्यायालय के न्यायाधीश के रूप में नियुक्त किया गया था। वे 7 जनवरी, 2021 को तेलंगाना उच्च न्यायालय की पहली महिला मुख्य न्यायाधीश बनीं। हिमा कोहली भारत के सर्वोच्च न्यायालय में पदोन्नत होने वाली नौवीं महिला हैं। उन्होंने एक विशिष्ट करियर के बाद अगस्त, 2024 में सर्वोच्च न्यायालय को अलविदा कहा।

36. (b) प्रधानमंत्री रोजगार प्रोत्साहन योजना (PMRPY) 2016 में भारत सरकार द्वारा शुरू की गई थी। इस योजना का प्राथमिक उद्देश्य नए रोजगार सृजन के लिए नियोक्ताओं को प्रोत्साहन प्रदान करके रोजगार सृजन को बढ़ावा देना है। पीएमआरपीवाई के अंतर्गत, सरकार नए कर्मचारियों के लिए उनके रोजगार के प्रथम तीन वर्षों के लिए कर्मचारी पेंशन योजना (EPS) हेतु नियोक्ता के 8.33% अंशदान का भुगतान करती है। इस योजना का उद्देश्य सामाजिक सुरक्षा लाभ प्रदान करना तथा नियोक्ताओं को औपचारिक क्षेत्र में अधिक श्रमिकों को नियुक्त करने के लिए प्रोत्साहित करना है। पीएमआरपीवाई सभी क्षेत्रों पर लागू है, जिसमें विनिर्माण और सेवा क्षेत्रों पर विशेष ध्यान दिया गया है।

37. (a) कद्दू के पौधे को विशेष सहारे का उपयोग करके दीवार पर चढ़ाया जा सकता है। कद्दू का पौधा एक प्रकार की बेल है जिसे सहारे मिलने पर दीवारों और अन्य संरचनाओं पर चढ़ाया जा सकता है। कद्दू के पौधों में तंतु होते हैं जो उन्हें सहारे से चिपकने में मदद करते हैं, जिससे वे लंबवत् चढ़ सकते हैं। कद्दू के पौधों को सहारा देने से बगीचे की जगह का अधिकतम उपयोग होता है और बेहतर वायु संचार को बढ़ावा मिलता है, जिससे फंगल रोगों का खतरा कम होता है। ऊर्ध्वाधर सहारा प्रदान करने से कद्दू जमीन से दूर रहते हैं, जिससे सड़ने और कीटों के नुकसान की संभावना कम हो जाती है।

38. (a) तीसरी पंचवर्षीय योजना (1961-1966) में उल्लेख की गई प्रमुख आर्थिक चुनौती युद्धकालीन व्यय और संसाधन आवटंन थी।

39. (a) नॉर्दर्न ब्लैक पॉलिशड वेयर (NBPW) पूर्ण रूप है।

40. (b) लक्ष्मी विश्वनाथन भरतनाट्यम की एक सम्मानित कलाकार थीं, जो भारत के तमिलनाडु से उत्पन्न एक शास्त्रीय नृत्य-शैली है। उन्हें भरतनाट्यम में उनके व्यापक योगदान के लिए संगीत अकादमी से प्रतिष्ठित नट्य कलानिधि पुरस्कार मिला। अपनी असाधारण अभिनय (अभिव्यक्ति) और जटिल पैरों के काम के लिए जानी जाती हैं, उन्होंने पारंपरिक रूप में एक अनूठी शैली लाई। उन्होंने प्रसिद्ध गुरु के.एन. दंडायुदपाणि पिल्लई, एक प्रसिद्ध भरतनाट्यम शिक्षक के अधीन प्रशिक्षण लिया।

41. (b) हम जानते हैं कि औसत चाल = $\frac{2ry}{x+y}$

यहाँ = x = 9 kKm/h

y = 18 kM/h

औसत गति = $\frac{2\times9\times18}{9+18} = \frac{2\times9\times18}{27}$

$\Rightarrow = \frac{324}{17}$

औसत गति = 12 किमी/घंटा

42. (a) कुल दूरी = 210 मीटर + 140 मीटर = 350 मीटर

= 350/18 मीटर/सेकंड

समय = दूरी/सापेक्ष गति

$\Rightarrow$ समय = 350 मीटर/(350/18) मीटर/सेकंड

$\Rightarrow$ समय = 18 सेकंड = 18/60 मिनट

$\Rightarrow$ समय = 0.3 मिनट

43. (a) माना ब्याज r%दर प्रतिवर्ष है।

विपुल के लिए ब्याज = $5400\times\frac{r}{100}\times5$

विजय के लिए ब्याज = $9400\times\frac{r}{100}\times5$

प्रश्नानुसार ब्याज में अंतर = 9840

$= 9400\times\frac{r}{100}\times5-5400\times\frac{r}{100}\times5=840$

$\Rightarrow 5r\left(\frac{9400}{100}-\frac{5400}{100}\right)=840$

$\Rightarrow 5r(94-54)=840$

$\Rightarrow 5r\times40=840$

$\Rightarrow 200r=840$

$\Rightarrow r=\frac{840}{200}$

$\Rightarrow r=4.2$

इस प्रकार वाषिक 4.2% होगा।

44. (a)

$\left[(48\div8)\times\{(49)/(7)+(40)/(4)\times(7-3)\}\right]$

$\Rightarrow \left[(48\div8)\times\{(49)/(7)+(40)/(4)\times(4)\}\right]$

$\Rightarrow \left[(48\div8)\times\{(49)/(7)+(10)\times(4)\}\right]$

$\Rightarrow (48\div8)\times[7+40]$

$\Rightarrow [6\times47]$

$\Rightarrow 282$

45. (d) माना, दो संख्याएँ 4x और 9x हैं

मध्यानुमाती = $\sqrt{ab}$

यहाँ a = 4x, b = 9x

मध्यानुमाती = $\sqrt{(4x\times9x)}$

$\Rightarrow 24=\sqrt{(36x^2)}$

$\Rightarrow 24 = 6x$

$\Rightarrow x = 4$

पहली संख्या = 4x = 4 × 4 = 16

दूसरी संख्या = 9x = 9 × 4 = 36

दोनों में अंतर = 36 – 16 = 20

46. (c) मान लीजिए केतन का प्रारंभिक हिस्सा K है और तुषार का प्रारंभिक हिस्सा है।

K + T = 24700

केतन का धन प्राप्त करने का समय = 22 – 11 = 11 वर्ष

तुषार का धन प्राप्त करने का समय = 22 – 12 = 10 वर्ष

केतन द्वारा प्राप्त राशि = $K\left(1+\frac{8}{100}\right)^{11}$

तुषार द्वारा प्राप्त राशि = $T \times \left(1+\frac{8}{100}\right)^{10}$

दिया गया है कि उन्हें समान राशि प्राप्त होती है:

$\Rightarrow \quad K \times (1.08)^{11} = T \times (1.08)^{10}$

$\Rightarrow \quad K \times 1.08 = T$

पहले समीकरण में T को प्रतिस्थापित करें:

$\Rightarrow \quad K + 1.08K = 24700$

$\Rightarrow \quad 2.08K = 24700$

$\Rightarrow \quad K = \frac{24700}{2.08}$

$\Rightarrow \quad K = 11875$

अब T ज्ञात करें:

T = 24700 – K

$\Rightarrow \quad T = 24700 - 11875$

$\Rightarrow \quad T = 12825$

∴ मंदार ने तुषार को शुरू में ₹12825 दिए थे।

47. (a) अभाज्य गुणनखंड:

$28 = 2^2 \times 7$

$60 = 2^2 \times 3 \times 5$

$120 = 2^3 \times 3 \times 5$

$135 = 3^3 \times 5$

LCM = सभी अभाज्य संख्याओं की उच्चतम घात

$\Rightarrow LCM = 2^3 \times 3^3 \times 5 \times 7$

$= 8 \times 27 \times 5 \times 7$

$= 7560$

48. (a) गणित में कुल अंक = 3 × 60 = 180

अंग्रेजी में कुल अंक = 2 × 70 = 140

विज्ञान में कुल अंक = 1 × 50 = 50

प्राप्त कुल अंक = 180 + 140 + 50 = 370

कुल अधिकतम अंक = 300 + 200 + 100 = 600

⇒ कुल प्रतिशत = (370/600) × 100

⇒ कुल प्रतिशत = 61.67%

49. (a) I के लिए:

⇒ ED = 20 + 20 – (20 × 20)/100

⇒ ED = 40 – 4 = 36%

II के लिए:

⇒ ED = 25 + 15 – (25 × 15)/100

⇒ ED = 40 – 3.75 = 36.25%

III के लिए:

⇒ ED = 30 + 10 – (30 × 10)/100

⇒ ED = 40 – 3 = 37%

IV के लिए:

⇒ ED = 5 + 35 – (5 × 35)/100

⇒ ED = 40 – 1.75 = 38.25%

इस प्रकार ऑफर IV विद्यार्थी को सबसे अधिक छूट प्रदान करता है।

50. (d) 11x + 11y = 132

⇒ 11(x + y) = 132

⇒ x + y = 132/11 = 12

x + y = 12 होने वाले संभावित सह-अभाज्य युग्म (x, y) हैं: (1, 11) और (5, 7)

स्थिति 1: x = 1, y = 11

संख्याएँ हैं 11 × 1 = 11 और 11 × 11 = 121 है। (11, 42 से बड़ा नहीं है, इसलिए यह स्थिति अस्वीकार कर दी जाती है)

स्थिति 2: x = 5, y = 7

संख्याएँ हैं 11 × 5 = 55 और 11 × 7 = 77 है। (दोनों 42 से बड़े हैं)

अंतर = 15577|

अंतर = |22|

अंतर = 22

51. (a) दिया गया है:

पहली संख्या (a) = 16

दूसरी संख्या (b) = 48

प्रयुक्त सूत्र

तृतीयानुपाती (C) = $\frac{b^2}{a}$

गणनाएँ

$c = \frac{48^2}{16}$

$\Rightarrow \frac{2304}{16} = 144$

52. (c) दिया गया है:

विक्रय मूल्य (SP) = ₹ 1,566

लाभ प्रतिशत = 8%

क्रय मूल्य (CP) = $\frac{\text{विक्रय मूल्य}}{\left(1+\frac{\text{लाभ \%}}{100}\right)}$

$= \frac{1,566}{\left(1+\frac{8}{100}\right)} = \frac{1,566}{1.08}$

= ₹ 1,450

53. (d) मान लीजिए कि मूल संख्या x है।

15% घटाने के बाद, संख्या $x - 0.15x = 0.85x$ हो जाती है

20% बढ़ाने के बाद, संख्या $0.85x + 0.20\,(0.85x) = 0.85x + 0.17x = 1.02x$ हो जाती है

दी गई शर्त के अनुसार:

$1.02x = x + 78$

$\Rightarrow 0.02x = 78$

$\Rightarrow x = 78 / 0.02$

$\Rightarrow x = 3900$

54. (c) A और B द्वारा एक-साथ 1 दिन में किया गया कार्य = 1/32 + 1/48

⇒ (3+2)/965/96

A और B द्वारा 8 दिनों में एक-साथ किया गया कार्य = 8 x 5/96 = 40/96 = 5/12

शेष कार्य = 1 – 5/12 = 7/12

शेष कार्य का 60% = 60/100 × 7/12 = 7/20

B द्वारा 1 दिन में किया गया कार्य = 1/48

B द्वारा 7/20 कार्य को पूरा करने में लगा समय = (7/20) / (1/48)

⇒ 7/20 × 48 = 16 दिन = $16\frac{4}{5}$

55. (a) शंकु का आयतन = $\frac{1}{3}\pi r^2 h$

जहाँ r शंकु की त्रिज्या तथा h शंकु का ऊँचाई है।

पहले शंकु का आयतन = $\frac{1}{3}\pi r^2 h = \frac{1}{3} \times \pi r^2 \times 4$

$= \frac{4}{3}\pi$

दूसरे शंकु का आयतन = $\frac{1}{3}\pi r^2 h = \frac{1}{3}\pi r^2 \times 3$

$= 4\pi$

दोनों शंकु का आयतन का अनुपात

$= \frac{\frac{4}{3}\pi}{\pi} = \boxed{1:3}$

56. (c) माना कि वास्तविक मूल्य ₹ 1 प्रति लीटर है (सरलता के लिए)।

मूल व्यय = 100 × 91 = 100

नया मूल्य = 1 + 1 का 85% = 1 + 0.85 = 1.85

नया व्यय = 100 + 100 का 48%

= 100 + 48 = 148

नया व्यय = नया मूल्य कम खपत

$= 148 = 1.85 \times x$

$\Rightarrow \quad x = \frac{148}{1.85}$

$\Rightarrow x = 80$

इसलिए, खपत को 100 – 80 = 20% कम किया जाना चाहिए।

57. (a) दिया गया है:

साधारण ब्याज (SI) = ₹42

चक्रवृद्धि ब्याज (CI) = ₹51

समय (T) = 2 वर्ष

प्रयुक्त सूत्र:

SI = (P* R * T)/100

CI = P(1 + R/100) – P

42 = (P × R × 2)/100

⇒ PR = 42 × 50

⇒ PR = 2100 ...(1)

51 = $P(1 + R/100)^2 – P$

⇒ 51 = $P [(1 + R/100)^2 – 1]$

⇒ 51 = $P [1 + 2R/100 + (R/100)^2 – 1]$

⇒ 51 = $P [1 + 2R/100 + (R/100)^2 – 1]$

⇒ 51 = $P [R/50 + R^2/10000]$

⇒ 510000 = $P [200R + R^2]$

⇒ 510000 = $200PR + PR^2$ ... (2)

(1) को (2) में प्रतिस्थापित करने पर

⇒ 510000 = 200 × 2100 + 2100 × R

⇒ 510000 420000 + 2100R

900002100R

→ R = 90000/2100

⇒ R = 300/7

R को (1) में प्रतिस्थापित करने पर

= P × (300/7) = 2100

⇒ P = 2100 × (7/300)

⇒ P = 7 × 7 = 49

58. (d) मान लीजिए कि 1 किलो माल का क्रय मूल्य ₹ 100 है।

वास्तविक दिया गया वजन = 1 किलो 1 किलो का 46%

⇒ वास्तविक दिया गया वजन

= 1 किलो - 0.46 किलो

⇒ वास्तविक दिया गया वजन 0.54 किलो

0.54 किलो माल का विक्रय मूल्य = 100 (चूँकि वह क्रय मूल्य पर बेचने का दावा करता है)

0.54 किलो माल का क्रय मूल्य = 0.54 × 100

= 0.54 किलो माल का क्रय मूल्य = ₹ 54

लाभ = विक्रय मूल्य - क्रय मूल्य

= लाभ = 100 – 54

= लाभ = ₹ 46

लाभ प्रतिशत = (लाभ/क्रय मूल्य) × 100

⇒ लाभ प्रतिशत = (46/54) × 100

⇒ लाभ प्रतिशत = $85\frac{5}{27}\%$

59. (a) गोपाल, अक्षय और अतुल के वजन का योग

= गोपाल + अक्षय + अतुल

= 46 × 3 = 138 किग्रा ...(1)

= गोपाल + अक्षय = 40 × 2 = 80 किग्रा ...(2)

= अक्षय + अतुल = 45 × 2 = 90 किग्रा ...(3)

समीकरण 2 और 3 के योग में से समीकरण 1 घटाएँ

(गोपाल + 2 अक्षय + अतुल) – (गोपाल + अक्षय + अतुल) = 80 + 90 – 138

= अक्षय = 32 किग्रा

∴ अक्षय का वजन 32 किया है।

60. (c) अभाज्य गुणनखंड:

15 = 3 × 5

25 = 5^2

40 = $2^3 \times 5$

75 = 3×5^2

LCM = $2^3 \times 3 \times 5^2$ = 600

सबसे बड़ी चार अंकों की संख्या = 9999

⇒ 9999 ÷ 600 = 16.665

⇒ निकटतम पूर्णांक भागफल = 16

⇒ 600 से विभाज्य सबसे बड़ी चार अंकों की संख्या = 600 × 16 = 9600

61. (b) **'खिन्न'** शब्द का **विलोम** शब्द **'प्रसन्न'** होगा।

'खिन्न' का अर्थ - उदासीन, चिंतित, **अप्रसन्न,** नाराज, दुखी।

62. (c) 'तोता उड़कर पेड़ की **फुनगी पर बैठ गया**।' वाक्य में 'देशज' शब्द **'फुनगी'** होगा।

63. (a) गलत शब्द "टोलियाँ" है। सही रूप "तोलियाँ" होगा क्योंकि बहुवचन बनाने में 'याँ' का प्रयोग होता है, न कि 'इयाँ'। वाक्य का शुद्ध रूप होगा: "मेले में छात्रों की कई टोलियाँ थीं।

64. (d) "प्रेम और हरि तुम्हारे मामा हैं।" एक **बहुवचन** से संबंधित वाक्य है क्योंकि इसमें **दो व्यक्तियों** (प्रेम और हरि) का उल्लेख किया गया है और **"हैं"** सहायक क्रिया का प्रयोग हुआ है, जो **बहुवचन** को दर्शाता है।

65. (d) जीवन में हमेशा मनुष्य को टेढ़े-मेढ़े रास्ते से गुजरता पड़ता है।

66. (c) **'विष्णु'** का पर्यायवाची शब्द **'जनार्दन'** है।

'विष्णु' के अन्य पर्यायवाची शब्द - हरि, नारायण, माधव, केशव, अच्युत, चक्रपाणि, विश्वंभर, मुकुंद, हृषीकेश, दामोदर, गोविंद, लक्ष्मीपति।

67. (d) "ऊँचा मकान", "मोटा लड़का", "लाल कपड़ा" विशेष रूप से सहायक हैं। लेकिन "उतार-चढ़ाव" में कोई विशेषण नहीं है।

68. (b) मेरे परीक्षा में अच्छे अंक आए हैं। वाक्य में प्रयुक्त रेखांकित एकार्थी शब्द के लिए उचित विकल्प है- **गिनती के अंक**

69. (a) अनन्या स्नेहा को पत्र लिख रही है। इस वाक्य को प्रेरणार्थक क्रिया का प्रयोग करके इस प्रकार लिखा ज़ा सकता है। अनन्या स्नेहा से पत्र लिखवाती है।

70. (a) उचित मुहावरे का प्रयोग नहीं किया गया है - **तुमने मेरा इतना पैसा ले रखा है, लेकिन मुझे देखते ही कनी चाटने लगते हो।**

71. (d) "छमाही" का अर्थ छह माह की अवधि से होता है । "छमाई" बोलचाल में गलत होता है, शुद्ध रूप में "छमाही" है।

72. (d) जिसकी उपमा न दी जा सके - अनुपम।

73. (b) शुद्ध वाक्य है- **मेरे पास केवल एक घड़ी है।**

74. (d) **'ग्राहय'** शब्द का **विलोम** शब्द **'त्याज्य'** होगा। **'ग्राहय'** शब्द का अर्थ है - ग्रहण करने योग्य। **'त्याज्य'** शब्द का अर्थ त्यागने योग्य, जो छोड़ देने योग्य हो।

75. (b) (a) "तुम्हारा गाँव कौन सा है ?" अर्थहीन है।

(c) "आपकी बातें बहुत मीठी हैं।" "मीठा" की जगह "मीठा" होना चाहिए ।

"अच्छी" की जगह "अच्छा" होना चाहिए इसलिए केवल (b) शुद्ध (d) "मोहन का व्यवहार अच्छा नहीं है।" "अच्छी" की जगह "अच्छा" होना चाहिए । इसलिए केवल (b) शुद्ध वाक्य है।

76. (b) गद्यांश में स्पष्ट है कि मैन बैग पाइपर बजा रहा था, जो सहनाई जैसा वाद्य है।

77. (a) यहां क्रिया "था" उपयुक्त है क्योंकि गांव खींच रहा है और वाक्य भूतकाल में है।

78. (a) वाद्य यंत्र के साथ "बजाना" क्रिया सुसंगत है ।

79. (d) "अदब" का विपरीत अर्थ "बेअदब" है।

80. (a) वाक्य के चिन्हित शब्द का पर्यायवाची शब्द नहीं है- **रूपक**

❑❑❑

SSC कांस्टेबल (जी.डी.)
भर्ती परीक्षा
सॉल्व्ड पेपर–2025

तारीख: 04/02/2025

समय: 12.00 AM to 1.00 PM

भाग-I: सामान्य बुद्धिमत्ता एवं तर्कशक्ति

1. PSPN अंग्रेजी वर्णमाला क्रम के आधार पर एक निश्चित तरीके से OROM से संबंधित है। उसी तरीके से YBYW, XAXV से संबंधित है। उसी तर्क का अनुसरण करते हुए QTQO दिए गए विकल्पों में से किससे संबंधित है?

(a) PTOQ (b) PRON

(c) PSPN (d) PSON

2. एक निश्चित कूट भाषा में,
'A + B' का अर्थ है कि 'A, B की बहन है',
'A – B' का अर्थ है कि 'A, B का पिता है',
'A × B' का अर्थ है कि 'A, B का भाई है और
'A ÷ B' का अर्थ है कि 'A, B की माता है'।
यदि 'A ÷ B + C × D – E' है, तो A का D से क्या संबंध है?

(a) बहन की पुत्री (b) पुत्री की बहन

(c) पिता की माता (d) माता

3. अंग्रेजी वर्णमाला क्रम के आधार पर REMY एक निश्चित प्रकार से VHOZ से संबंधित है। ZFHU ठीक उसी प्रकार DIJV से संबंधित है। उसी तर्क का अनुसरण करते हुए LBSO दिए गए विकल्पों में से किससे संबंधित है?

(a) QDWR (b) PEUP

(c) OFVQ (d) RDWP

4. आठ व्यक्ति दो समानांतर पंक्तियों में बैठे हैं जिनमें से प्रत्येक पंक्ति में 4 व्यक्ति इस प्रकार बैठे हैं कि आसन्न व्यक्तियों के बीच की दूरी समान है।

पंक्ति 1 में - I, N, K और S बैठे हैं और उन सभी का मुख दक्षिण की ओर है।

पंक्ति 2 में - P, A, R और T बैठे हैं और उन सभी का मुख उत्तर की ओर है।

इस प्रकार, पहली पंक्ति के प्रत्येक व्यक्ति का मुख दूसरी पंक्ति के किसी अन्य व्यक्ति की ओर है।

R, A के ठीक दाईं ओर बैठा है। K और S के बीच में केवल दो व्यक्ति बैठे हैं। A, K के सम्मुख है। जो व्यक्ति N के सम्मुख है, वह P के ठीक बाईं ओर बैठा है। T किसी भी छोर पर नहीं बैठा है।

निम्नलिखित में से कौन-सा विकल्प, एक-दूसरे के सम्मुख बैठे दोनों व्यक्तियों को निरूपित करता है?

(a) N और P (b) S और R

(c) I और R (d) K और T

5. यदि शब्द JOSTLED के प्रत्येक अक्षर को अंग्रेजी वर्णमाला क्रम में व्यवस्थित किया जाए, तो कितने अक्षरों का स्थान अपरिवर्तित रहेगा?

(a) 1 (b) 2

(c) 3 (d) 0

6. ____________ को 9-18-12-6 के रूप में और 'TBRX' को '5-23-7-1' के रूप में ____________ भाषा में 'KAVO' के लिए कूट क्या है?

(a) 14-24-3-10 (b) 13-25-6-12

(c) 11-21-2-9 (d) 15-26-4-11

7. एक पासे के फलकों पर D, X, A, N, R और E अक्षर अंकित हैं। नीचे एक ही पासे की दो स्थितियाँ दी गई हैं। फलक A के विपरीत कौन-सा फलक है?

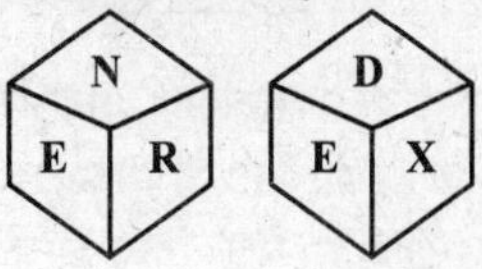

(a) D (b) R

(c) E (d) N

8. जब दर्पण को नीचे दर्शाए गए अनुसार MN पर रखा जाता है, तो दी गई आकृति के सही दर्पण प्रतिबिंब का चयन कीजिए।

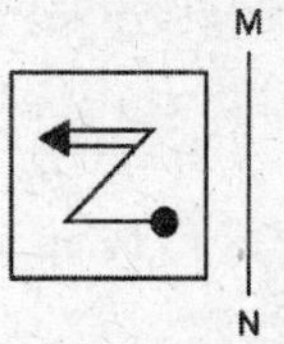

(a)  (b) 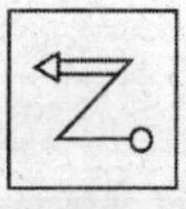

(c)  (d) 

9. एक पासे के फलकों पर I, L, O, V, A और F अक्षर अंकित हैं। नीचे एक ही पासे की दो स्थितियाँ दी गई हैं। फलक 0 के विपरीत कौन-सा फलक है?

(a) F (b) L

(c) V (d) A

10. दी गई श्रृंखला में प्रश्न चिह्न (?) के स्थान पर क्या आना चाहिए?
79 72 58 37 9 ?

(a) –27 (b) –25

(c) –26 (d) –24

11. अंग्रेजी वर्णमाला क्रम के आधार पर दी गई श्रृंखला में प्रश्न-चिह्न (?) के स्थान पर क्या आना चाहिए?
WUY KIM YWA MKO?

(a) AYC (b) BYC

(c) ZYC (d) CYC

12. निम्नलिखित चार अक्षर-समूहों में से तीन एक निश्चित प्रकार से समान हैं और इस प्रकार एक समूह बनाते हैं। वह कौन-सा अक्षर-समूह है जो उस समूह से संबंधित नहीं है?
(ध्यान दें: असंगत अक्षर समूह, उस अक्षर-समूह में व्यंजनों/स्वरों की संख्या या उनके स्थान पर आधारित नहीं है।)

(a) EIK (b) CGI

(c) PTV (d) GLM

13. निम्नलिखित वर्गों के बीच संबंधों को सटीक रूप से निरूपित करने वाले वेन आरेख का चयन कीजिए।
परिवहन, बस, हवाई जहाज

(a) 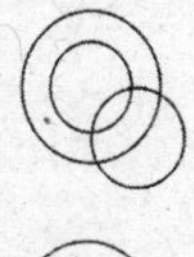 (b) 

(c) 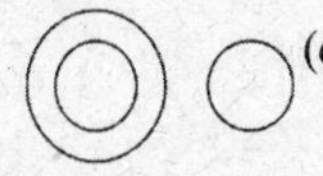 (d) 

14. दी गई श्रृंखला में प्रश्न चिह्न (?) के स्थान पर क्या आना चाहिए ?
14 23 42 71 110?

(a) 180 (b) 164
(c) 159 (d) 172

15. विकल्पों में दी गई उस आकृति की पहचान कीजिए जिसे प्रश्न चिह्न (?) के स्थान पर रखने पर श्रृंखला तार्किक रूप से पूर्ण हो जाएगी।

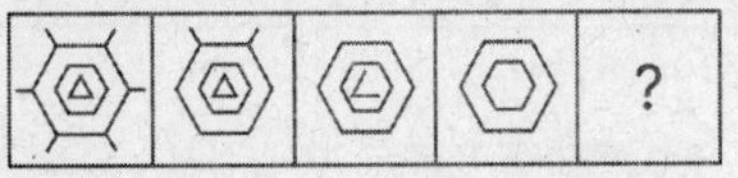

(a) 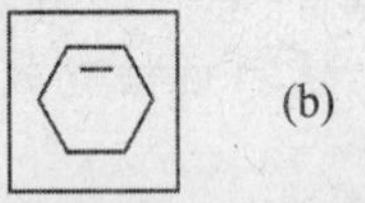 (b) 

(c)  (d) 

16. सात व्यक्ति P, Q R S T U और Y एक सीधी पंक्ति में उत्तर की ओर अभिमुख होकर बैठे हैं (परंतु जरूरी नहीं कि वे इसी क्रम में बैठे हों। V Q के ठीक दाईं ओर तथा R के ठीक बाईं ओर बैठा है। P, R के ठीक दाईं ओर तथा S के ठीक बाईं ओर बैठा है। U, S के दाईं ओर दूसरे स्थान पर बैठा है। U पंक्ति के किसी एक छोर पर बैठा है। S और U के बीच कौन बैठा है ?

(a) V (b) T
(c) P (d) R

17. यदि '+' और '–' को परस्पर बदल दिया जाए तथा '×' और '÷' को परस्पर बदल दिया जाए, तो निम्नलिखित समीकरण में प्रश्न चिह्न (?) के स्थान पर क्या आएगा ?
$18 \div 5 + 26 - 45 \times 5 = ?$

(a) 68 (b) 73
(c) 75 (d) 80

18. दिए गए कथनों और निष्कर्षों को ध्यानपूर्वक पढ़िए। यह मानते हुए कि कथनों में दी गई जानकारी सत्य है, चाहे वह सामान्यतः ज्ञात तथ्यों से भिन्न प्रतीत होती हो और निर्णय लीजिए कि दिए गए निष्कर्षों में से कौन- सा/कौन-से निष्कर्ष कथनों का तार्किक रूप से अनुसरण करता है/करते हैं।

कथन:
सभी तार, केबल हैं।
सभी तार, रस्सियाँ हैं।
कुछ रस्सियाँ, स्टील हैं।
निष्कर्ष:
(I) कुछ स्टील, तार हैं।
(II) कुछ रस्सियाँ, केबल हैं।

(a) केवल निष्कर्ष (II) अनुसरण करता है
(b) न तो निष्कर्ष (I) और न ही (II) अनुसरण करता है
(c) केवल निष्कर्ष (1) अनुसरण करता है
(d) निष्कर्ष (I) और (II) दोनों अनुसरण करते हैं

19. किसी निश्चित कूट भाषा में, 'TEDI' को '11' के रूप में कूटबद्ध किया जाता है और 'SUCBVO' को '13' के रूप में कूटबद्ध किया जाता है। दी गई कूट भाषा में 'YXJIAZL' को किस प्रकार कूटबद्ध किया जाएगा ?

(a) 14 (b) 9
(c) 10 (d) 12

20. उस विकल्प का चयन कीजिए, जो अक्षरों के उस क्रम को दर्शाता है, जिसे नीचे दिए गए रिक्त स्थानों में क्रमिक रूप से बाएँ से दाएँ रखे जाने पर दी गई अक्षर श्रृंखला पूरी हो जाएगी।
_K_UTO_L_TO__UTOKL__

(a) LOKUKTUL (b) OKLUKULT
(c) OLKUKLUT (d) OLKUKUTL

भाग-II: सामान्य ज्ञान एवं सामान्य जागरूकता

21. किसी राज्य की विधान सभा को भंग करने की शक्ति किसके पास निहित है ?

(a) राज्य के मुख्यमंत्री
(b) राज्य के राज्यपाल
(c) राज्य के मुख्य सचिव
(d) उच्च न्यायालय के मुख्य न्यायाधीश

22. संविधान (अनुसूचित जाति और अनुसूचित जनजाति) आदेश (संशोधन) विधेयक, 2024 का उद्देश्य निम्नलिखित में से किस भारतीय राज्य में अनुसूचित जाति और अनुसूचित जनजाति की सूची को संशोधित करना है ?

(a) उत्तर प्रदेश (b) राजस्थान
(c) महाराष्ट्र (D) ओडिशा

23. जून 2024 में, किसने अपनी वायनाड लोकसभा सीट से त्यागपत्र दे दिया ?

(a) मल्लिकार्जुन खड़गे
(b) प्रियंका गांधी वाड्रा
(c) राहुल गांधी
(d) सोनिया गांधी

24. भारतीय पैरा-एथलीट पारुल परमार किस खेल से संबंध रखती हैं ?

(a) निशानेबाजी (b) बैडमिंटन
(c) तैराकी (d) एथलेटिक्स

25. कपड़ा उद्योग में कपड़ों के श्वेतन (या रंग हटाने) के लिए किस रसायन का उपयोग किया जाता है ?

(a) कैल्शियम ऑक्सीक्लोराइड
(b) कैल्शियम क्लोराइड
(c) सोडियम कार्बोनेट
(d) सोडियम हाइड्रोजनकार्बोनेट

26. राष्ट्रीय बहुआयामी गरीबी सूचकांक 2023 के अनुसार, निम्नलिखित में से किस राज्य में सबसे तेजी से गरीबी में कमी आई है ?

(a) हरियाणा (b) मणिपुर
(c) कर्नाटक (d) उत्तर प्रदेश

27. निम्नलिखित में से कौन-सा वेद मुख्य रूप से बुरी आत्माओं और बीमारियों को दूर करने के लिए जादुई मंत्रों और आकर्षण का संग्रह है ?

(a) ऋग्वेद (b) सामवेद
(c) अथर्ववेद (d) यजुर्वेद

28. बांग्लादेश के संविधान के अनुसार, निम्नलिखित में से कौन-सा बांग्लादेश का राज्य धर्म है ?

(a) इस्लाम (b) ईसाई धर्म
(c) हिन्दू धर्म (d) बौद्ध धर्म

29. निम्नलिखित में से किस अधिकार को जीवन का अधिकार और व्यक्तिगत स्वतंत्रता के अधिकार का एक घटक माना जाता है ?

(a) अभिव्यक्ति की स्वतंत्रता का अधिकार
(b) समानता का अधिकार
(c) निजता का अधिकार
(d) संपत्ति का अधिकार

30. रानी मचैया _______ की एक उम्माथत (Ummathat) लोक नर्तकी हैं, जिन्हें कला (लोक नृत्य के क्षेत्र में पद्म श्री 2023 प्राप्त हुआ।

(a) केरल (b) तेलंगाना
(c) कर्नाटक (d) गोवा

31. लॉरेंशियम, एक रासायनिक तत्व जिसे एक्टिनाइड्स के अंतिम सदस्य के रूप में वर्गीकृत किया गया है, का परमाणु क्रमांक कितना है ?

(a) 108 (b) 103
(c) 101 (d) 99

32. 'कलिंग महोत्सव' किस राज्य में मनाया जाता है ?

(a) कर्नाटक (b) महाराष्ट्र
(c) ओडिशा (d) असम

33. 1947 में जब भारत को स्वतंत्रता प्राप्त हुई, तब ब्रिटिश प्रधानमंत्री कौन थे ?

(a) एंथनी ईडन (Anthony Eden)
(b) विंस्टन चर्चिल (Winston Churchill)
(c) क्लेमेंट एटली (Clement Attlee)
(d) रैमसे मैकडोनाल्ड (Ramsay MacDonald)

34. प्रथम पंचवर्षीय योजना (1951-1956) का मुख्य लक्ष्य क्या था ?
(a) तीव्र औद्योगीकरण
(b) कृषि विकास
(c) भारी उद्योगों का विकास
(d) उद्योगों का निजीकरण

35. पंचवर्षीय योजना का निम्नलिखित में से कौन-सा लक्ष्य सीधे जनता से संबंधित है ?
(a) समता (b) आत्मनिर्भरता
(c) विकास (d) आधुनिकीकरण

36. नीलगिरि सबसे पुरानी पर्वत श्रृंखलाओं में से एक है, यह किन तीन राज्यों के त्रि-सीमा पर स्थित है ?
(a) गुजरात, राजस्थान, हरियाणा
(b) तमिलनाडु, केरल, कर्नाटक
(c) उत्तरी यूपी, उत्तराखंड, हिमाचल प्रदेश
(d) असम, नागालैंड, त्रिपुरा

37. निम्नलिखित में से कौन रॉक 'एन' रोल (Rock 'n' Roll) को हिंदी धुनों में लाने वाले पहले संगीत निर्देशक थे ?
(a) राहुल देव बर्मन (b) हरिप्रसाद चौरसिया
(c) रवि शंकर (d) जाकिर हुसैन

38. दिए गए रंगों में से कौन-सा जूडो ग्रेड (judo grades) से संबंधित नहीं है ?
(a) लाल (b) सफ़ेद
(c) गुलाबी (d) नीला

39. ऐसी पहली पंचवर्षीय योजना कौन-सी थी जिसे पूरी होने से पहले ही समाप्त कर दिया गया और क्यों ?
(a) द्वितीय योजना, आर्थिक अस्थिरता के कारण
(b) तृतीय योजना, प्राकृतिक आपदाओं के कारण
(c) सातवीं योजना, राजनीतिक संघर्षों के कारण
(d) पाँचवीं योजना, सरकार में परिवर्तन के कारण

40. पद्म श्री पुरस्कार से सम्मानित शोभना नारायण किस भारतीय शास्त्रीय नृत्य शैली से संबंधित हैं ?
(a) मणिपुरी (b) कथक
(c) भरतनाट्यम (d) ओडिसी

भाग-III: प्रारंभिक गणित

41. सारंग ने HDFC में 4% वार्षिक ब्याज दर पर कुछ धनराशि का निवेश किया। यदि 2 वर्षों के बाद, सारंग को वार्षिक रूप से चक्रवृद्धि होने वाले चक्रवृद्धि ब्याज के रूप में ₹153 प्राप्त होता है, तो संगत साधारण ब्याज (₹ में) कितना होगा ?
(a) 165 (b) 150
(c) 145 (d) 160

42. एक ग्राहक किसी विशेष वस्तु को खरीदने के लिए 40% की छूट या 25% और 15% की दो क्रमिक बीच निर्णय नहीं ले पा रहा है। दोनों छूटों के बीच कितना अंतर है ?
(a) 3.75% (b) 2.75%
(c) 3.25% (d) 2.25%

43. एक दुकानदार के पास 7 cm त्रिज्या वाला एक गोलाकार लड्डू है। उसी सामग्री से 3.5 cm त्रिज्या वाले कितने लड्डू बनाए जा सकते हैं ?
(a) 4 (b) 6
(c) 12 (d) 8

44. 672 और 7056 का LCM ज्ञात कीजिए।
(a) 28224 (b) 42336
(c) 7056 (d) 14112

45. रचिन एक दूरी 2 घंटे तक 60 km/hr की चाल से और 80 km की दूरी 40 km/hr की चाल से तय करता है। रचिन की औसत चाल (km/hr में) ज्ञात कीजिए।
(a) 50 (b) 59
(c) 55 (d) 47

46. दो रेलगाड़ियों, जिनमें से प्रत्येक 180 m लंबी है, समानांतर पटरियों पर 50 km/hr और 70 km/hr की चाल से एक-दूसरे की ओर बढ़ रही हैं। कितने सेकंड में वे एक-दूसरे को पूरी तरह से पार कर जाएँगी ?
(a) 10.4 (b) 10.6
(c) 10.8 (d) 10.2

47. मूल्यांकन कीजिए: $(-9) - (-60)(-12) \div (-3) \times 9$
(a) −41 (b) −44
(c) −40 (d) −43

48. पेट्रोल के मूल्य में (प्रति लीटर) 60% की वृद्धि होती है। इसकी खपत में कितने प्रतिशत की कमी कर दी जाए कि इस पर होने वाले व्यय में केवल 12% की वृद्धि हो ?
(a) 36% (b) 30%
(c) 66% (d) 70%

49. राजेश्वर एक कार्य को 12 दिनों में विक्रम 6 दिनों में और टाइगर 15 दिनों में पूरा कर सकता है। वे सभी एक-साथ कार्य करना शुरू करते हैं, लेकिन राजेश्वर 2 दिन बाद कार्य करना छोड़ देता है और विक्रम कार्य पूरा होने से 3 दिन पहले कार्य करना छोड़ देता है। कार्य कितने दिनों में पूरा होगा ?
(a) $5\frac{4}{7}$ (b) $5\frac{5}{7}$
(c) $5\frac{6}{7}$ (d) $5\frac{3}{7}$

50. मूल्यांकन कीजिए- $16 + 10 \div 5 - 2 \times 3$
(a) 12 (b) 15
(c) 14 (d) 11

51. एक बेईमान दुकानदार अपने सामान को क्रय मूल्य पर बेचने का दावा करता है। हालाँकि, वह एक ऐसे बाट का उपयोग करता है जिसका वजन वास्तव में उस पर लिखे वजन से 26% कम है। उसका लाभ प्रतिशत ज्ञात कीजिए।
(a) $36\frac{6}{37}\%$ (b) $37\frac{10}{37}\%$
(c) $34\frac{5}{37}\%$ (d) $35\frac{5}{37}\%$

52. निम्नलिखित का मान ज्ञात कीजिए।
$$\left[(84 \div 6) \times \left\{\frac{91}{6} + \frac{16}{2} \times (8-6)\right\}\right]$$
(a) 400 (b) 426
(c) 409 (d) 406

53. दो ट्रेनें 60 km/h और 110km/h की चाल से विपरीत दिशाओं में गति कर रही हैं। एक ट्रेन की लंबाई 360 m है। उन्हें एक-दूसरे को पार करने में 21 सेकंड का समय लगता है। दूसरी ट्रेन की लंबाई (m में) दशमलव के 2 स्थानों तक ज्ञात कीजिए।
(a) 630.92 (b) 632.93
(c) 630.08 (d) 631.66

54. एक उम्मीदवार को 25% अंक प्राप्त होते हैं और वह 68 अंकों से अनुत्तीर्ण हो जाता है, जबकि एक-दूसरे उम्मीदवार, जिसे 50% अंक प्राप्त होते हैं, को परीक्षा उत्तीर्ण करने के लिए आवश्यक न्यूनतम अंकों से 42 अंक अधिक प्राप्त होते हैं। परीक्षा के लिए पूर्णांक (maximum marks) ज्ञात कीजिए।
(a) 440 (b) 400
(c) 430 (d) 410

55. वार्षिक साधारण ब्याज की समान दर पर अमित ₹5400 की राशि का निवेश करता है और गोपाल ₹9400 की राशि का निवेश करता है। यदि 4 वर्ष के अंत में, गोपाल को अमित से ₹480 अधिक ब्याज प्राप्त होता है, तो वार्षिक ब्याज की दर (प्रतिशत में) ज्ञात कीजिए।
(a) 5 (b) 3
(c) 2 (d) 4

56. एक दुकानदार ने ₹520 में एक वस्तु खरीदी। 10% लाभ प्राप्त करने के लिए उसे वस्तु को किस मूल्य (₹ में) पर बेचना चाहिए ?

(a) 584 (b) 468
(c) 560 (d) 572

57. एक कक्षा के 48 विद्यार्थियों की औसत आयु 22 वर्ष है। यदि शिक्षक की आयु भी सम्मिलित कर ली जाए, तो संपूर्ण समूह की औसत आयु 23 वर्ष हो जाती है। शिक्षक की आयु (वर्ष में) ज्ञात कीजिए।

(a) 68 (b) 70
(c) 71 (d) 60

58. एक किले में 150 पुरुषों के लिए 85 दिनों के भोजन का प्रबंध था। 15 दिनों के बाद, 25 पुरुष किले से चले गए। बचा हुआ भोजन कितने दिनों तक चलेगा ?

(a) 84 (b) 82
(c) 80 (d) 88

59. यदि 7A = 6B = 12C है, तो A : B : C ज्ञात कीजिए।

(a) 14 : 12 : 7 (b) 7 : 12 : 14
(c) 12 : 7 : 14 (d) 12 : 14 : 7

60. नितिन के पास ₹1617 हैं। उसने इसे अपने पुत्रों प्रवीण और ऋषि के बीच बांट दिया तथा उन्हें इसे वार्षिक रूप से चक्रवृद्धि होने वाले 10% ब्याज दर पर निवेश करने को कहा। यह देखा गया कि प्रवीण और ऋषि को क्रमश: 17 और 18 वर्ष बाद समान धनराशि प्राप्त हुई। नितिन ने प्रवीण को कितनी धनराशि (₹ में) दी थी ?

(a) 770 (b) 847
(c) 870 (d) 697

भाग-IV: हिंदी

61. 'रसोइये ने आज _______ ।'
उपयुक्त विदेशज शब्द से वाक्य पूर्ण करें-

(a) रसोई नहीं बनायी (b) सूप नहीं बनाया
(c) आटा नहीं गूँधा (d) रोटी नहीं बनायी

62. 'पड़ोसी देश में भूकंप और सुनामी से भारी क्षति हुई।'
उपरोक्त अशुद्ध वाक्य के शुद्ध रूप का चयन करें-

(a) पड़ोसी देश में भूकंप और सुनामी से भारी क्षति हुई।
(b) पड़ोसी देश में भूकंप और सुनामी से भारी क्षती हुई।
(c) पड़ोसी देश से भूकंप और सुनामी से भारी क्षति हुई।
(d) पड़ोसी देश में भूकंप और सुनामी से भारी क्षती हुई।

63. 'उल्लू सीधा करना' मुहावरे का उपयुक्त अर्थ क्या है ?

(a) उल्लू पालना
(b) भयभीत करना
(c) खुशामद करना
(d) अपना काम निकालना

64. निम्नलिखित वाक्य में रेखांकित पद के बदले कौन-सा विकल्प उपयुक्त होगा ? बूढ़ी काकी जूठी पत्तलों को <u>खाने</u> लगी।

(a) देखने (b) निगलने
(c) चाटने (d) चबाने

65. निम्नलिखित वाक्यांश के लिए सार्थक शब्द चुनिए-
जिसका कोई अंग भंग हो

(a) अपाहिज (b) भुजाहीन
(c) षडंग (d) चौपाया

66. निम्नलिखित वाक्यांश के लिए सार्थक शब्द चुनिए
बढ़ा-चढ़ाकर कही गयी बात

(a) अन्योक्ति (b) अनाशयोक्ति
(c) उपयुक्ति (d) अतिशयोक्ति

67. 'बिना सोचे समझे किसी भी बात पर विश्वास करना' के लिए निम्नलिखित में से उपयुक्त मुहावरा है-

(a) अत्यधिक विश्वास पात्र न होना
(b) कान का कच्चा होना
(c) अपना राग अलापना
(d) अत्यधिक गुणी होना

68. दिए गए शब्द का उचित विलोम शब्द चुनिए-
उन्नत

(a) उन्नति (b) अवनत
(c) पतन (d) सवनत

69. 'सत्कार' का विलोम शब्द है-

(a) तिरस्कार (b) आतिथ्य
(c) पुरस्कार (d) परमार्थ

70. निम्नलिखित में से 'दुराग्रह' के लिए विलोम शब्द है-

(a) आरंभ (b) आग्रह
(c) अवस्था (d) अवसान

71. रेखांकित शब्द के विलोम से दिया गया वाक्य पूर्ण करें-
सृष्टि का आरंभ ईश्वर से है तो _______ भी उसी की इच्छा से होगी।

(a) ध्वंस (b) विनाश
(c) निर्माण (d) प्रलय

72. कौन-सा तत्सम शब्द निम्न वाक्य के लिए उपयुक्त होगा ? चयन करके वाक्य पूर्ण कीजिए।
आप पहले ______ का मेल करें; फिर आगे बढ़िए।

(a) मंडली (b) निवृत्ति
(c) कौमुदी (d) कुंडली

73. निम्नलिखित में से कौन-सा वाक्य सकर्मक क्रिया की दृष्टि से अशुद्ध है ?

(a) राम बहुत रोता है
(b) मोहन रोटी खाता है
(c) शीला पत्र लिखती है
(d) उपासना दूध पीती है

74. निम्नलिखित वाक्य में वर्तनी संबंधी त्रुटि की पहचान करें। ज्योति लंबी समय पश्चात अपने गाँव वापस लौटी थी।

(a) पश्चात (b) गाँव
(c) ज्योति (d) लंबी

75. 'कहाँ राजा भोज, नहीं गंगू तेली।' वाक्य शुद्धि हेतु रेखांकित स्थान पर उचित क्रिया विशेषण होगा-

(a) इसलिए (b) कहीं
(c) कहाँ (d) तो

प्रश्न संख्या 76 से 80 तक के उत्तर दिए गए गद्यांश के आधार पर दीजिए।

राष्ट्रीय एवं अंतर्राष्ट्रीय स्तर पर _____ (76) महिलाओं के समक्ष भारत में बल्कि यह कहे कि सम्पूर्ण विश्व में एक समस्या सर्वाधिक _____ (77) है और वह यह कि इन महिलाओं को यौन उत्पीड़न का भी शिकार होना पड़ता है। पूर्व में केवल फिल्म जगत से जुड़े महिला कलाकारों के सम्बंध में ऐसी बातें उठती थीं, जबकि वर्तमान में _____ (78) के हर क्षेत्र में यह समस्या उत्पन्न होने लगी है _____ (79) लोगों द्वारा तो उन्हें सताया जाता ही था, अब तथाकथित शिक्षितों द्वारा भी उन्हें सताया जा रहा है। पंजाब के पूर्व पुलिस महानिदेशक और भारतीय हॉकी संघ के अध्यक्ष कँवरपाल सिंह गिल और भारतीय प्रशासनिक सेवा की _____ (80) श्रीमती बजाज के बीच विवाद को लेकर न्यायालय में जो मामला उठाया गया था वह यौन उत्पीड़न का ही मामला था।

76. गद्यांश के रिक्त स्थान की पूर्ति दिए गए विकल्पों में से उचित विकल्प से कीजिए-

(a) कामकाजी (b) घरेलू
(c) वृद्ध (d) अकेली

77. गद्यांश के रिक्त स्थान की पूर्ति दिए गए विकल्पों में से उचित विकल्प से कीजिए -

(a) सहज (b) सामान्य
(c) विशेष (d) जटिल

78. गद्यांश के रिक्त स्थान की पूर्ति दिए गए विकल्पों में से उचित विकल्प से कीजिए-

(a) विश्व (b) शहर
(c) समाज (d) संस्कृति

79. गद्यांश के रिक्त स्थान की पूर्ति दिए गए विकल्पों में से उचित विकल्प से कीजिए -

(a) बली (b) अशिक्षित
(c) गरीब (d) गँवार

80. गद्यांश के रिक्त स्थान की पूर्ति दिए गए विकल्पों में से उचित विकल्प से कीजिए-

(a) सहयोगी (b) नौकर
(c) पदाधिकारी (d) कर्मचारी

उत्तर (हल/संकेत)

1. (c) यहाँ अनुसरित तर्क निम्न है-

क्योंकि, PSPN का संबंध OROM से है-

16 19 16 14
P S P N
↓–1 ↓–1 ↓–1 ↓–1
O R O M
15 18 15 13

और YBYW का संबंध XAXV से है,

25 2 25 23
Y B Y W
↓–1 ↓–1 ↓–1 ↓–1
X A X V
24 1 24 22

इसी प्रकार, QTQO का संबंध PSPN से है-

17 20 17 15
Q T Q O
↓–1 ↓–1 ↓–1 ↓–1
P S P N
16 19 16 14

2. (d) 'A ÷ B + C × DE' व्यंजक को समझते हैं।

इन संबंधों को संयोजित करने पर

- A, B की माता है।
- B, C की बहन है, जिसका अर्थ है कि A, C की भी माता है।
- C, D का भाई है, जिसका अर्थ है कि A, D की भी माता है।
- D, E का पिता है।

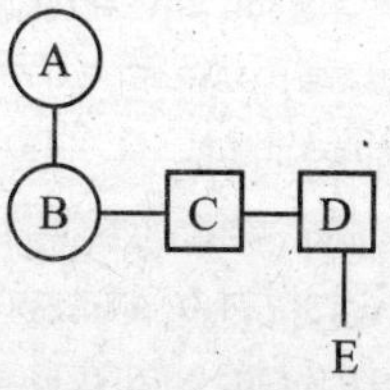

इसलिए, A, D की 'माता' है।

3. (b) REMY का संबंध VHOZ से है,

18 5 13 25
R E M Y
↓+4 ↓+3 ↓+2 ↓+1
V H O Z
22 8 15 26

और ZFHU का संबंध DIJV से है,

26 6 8 21
Z F H U
↓+4 ↓+3 ↓+2 ↓+1
D I J V
4 9 10 12

इसी प्रकार, LBSO का संबंध PEUP से है

12 2 19 0
L B S O
↓+4 ↓+3 ↓+2 ↓+1
P E U P
16 5 21 16

इसी प्रकार, सही उत्तर PEUP है।

4. (c) प्रश्नानुसार अंतिम आरेख इस प्रकार है-

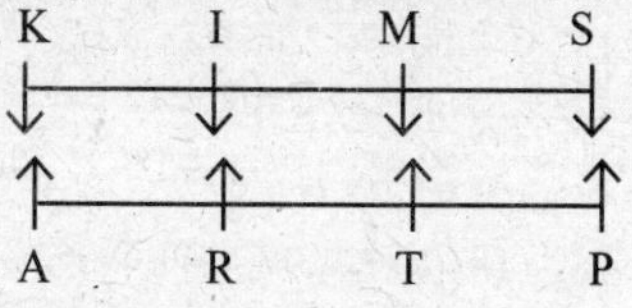

आरेख से, I और R एक-दूसरे के सम्मुख हैं।

5. (d) दिया गया शब्द: 'JOSTLED'

वर्णमाला क्रम में व्यवस्थित करने के बाद

मूल स्थिति	1	2	3	4	5	6	7
मूल अक्षर	J	O	S	T	L	E	D
वर्णमाला क्रम	D	E	J	L	O	S	T

मूल स्थिति और वर्णमाला क्रम की तुलना करने पर, हम पाते हैं कि कोई भी अक्षर नहीं है जिसकी स्थिति अपरिवर्तित रहे।

6. (a) यहाँ अनुसरित तर्क निम्न है-

'PGMS' को '9-18-12-8' के रूप में कूटबद्ध किया गया है।

P G M S
16 7 13 19
Place Value of Opposite ↕ ↕ ↕ ↕
11 20 14 8
↓–2 ↓–2 ↓–2 ↓–2
9 18 12 6

और 'TBRX' को '5-23-7-1' के रूप में कूटबद्ध किया गया है।

T Q R Y
20 2 18 24
Place Value of Opposite ↕ ↕ ↕ ↕
7 25 9 3
↓–2 ↓–2 ↓–2 ↓–2
5 23 7 1

इसी प्रकार, "KAVO" को '14-24-3-10' के रूप में कूटबद्ध किया गया है-

K A V O
11 1 22 16
Place Value of Opposite ↕ ↕ ↕ ↕
16 26 5 12
↓–2 ↓–2 ↓–2 ↓–2
14 24 3 10

7. (b) यहाँ अनुसरित तर्क निम्न है-

दिए गए दो अलग-अलग पासों से आसन्न फलक नीचे दिखाए गए हैं-

चूँकि E दोनों पासों पर उभयनिष्ठ है, यह स्पष्ट है कि N, R, X और D इसके आसन्न हैं और शेष संख्या अर्थात् A इसके विपरीत होगी।

विपरीत जोड़े निम्न हैं-

R → X
N → D
E → A

इसलिए, "A" का विपरीत फलक "E" होगा।

8. (a) सही दर्पण प्रतिबिंब निम्न है,

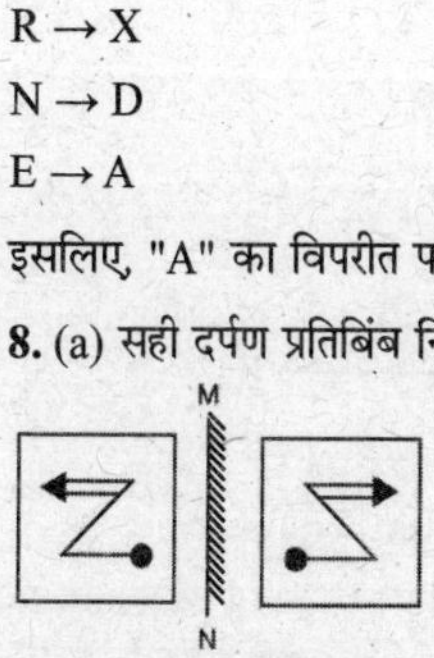

9. (a) चूँकि F दोनों पासों पर उभयनिष्ठ है, यह स्पष्ट है कि A, I, L और V इसके आसन्न हैं और शेष संख्या अर्थात् O इसके विपरीत होगी।

विपरीत जोड़े निम्न हैं-

I → V

A → L

F → O

इसलिए, "O" का विपरीत फलक "F" होगा।

इसलिए सही उत्तर "F" है।

10. (c) यहाँ अनुसरित तर्क निम्न है-

तर्क अगली संख्या में   के गुणा की कमी की जाती है।

79 72 58 37 9 –26

7 –14 –21 –28 –35

11. (a)

23	21	25
W	V	Y
↓+14	↓+14	↓+14
11	9	13
K	I	M
↓+14	↓+14	↓+14
25	23	1
Y	W	A
↓+14	↓+14	↓+14
13	11	15
M	K	O
↓+14	↓+14	↓+14
1	25	3
A	Y	C

इस प्रकार शृंखला के अगले क्रम में AYC होगा।

12. (d) यहाँ अनुसरित तर्क निम्न है-

विकल्प (a) CGI

C $\xrightarrow[+4]{}$ G $\xrightarrow[+2]{}$ I

3 7 9

विकल्प (b) GLM

G $\xrightarrow[+4]{}$ L $\xrightarrow[+1]{}$ M

7 12 13

विकल्प (c) PTV

P $\xrightarrow[+4]{}$ T $\xrightarrow[+3]{}$ V

16 20 22

विकल्प (d) EIK

E $\xrightarrow[+4]{}$ I $\xrightarrow[+2]{}$ K

5 9 11

सही उत्तर GLM होगा।

13. (d) प्रश्नानुसार न्यूनतम आरेख इस प्रकार है-

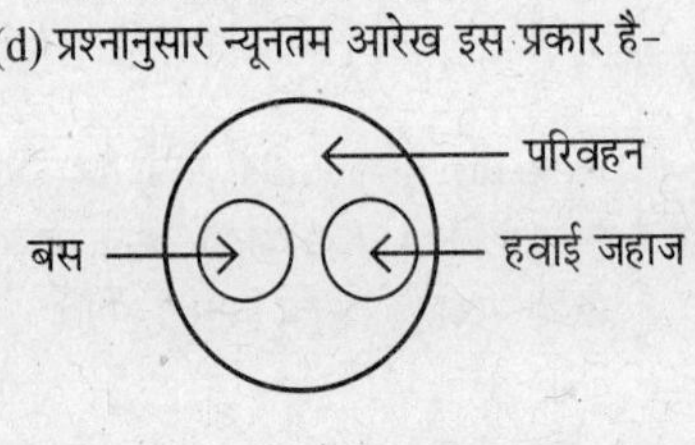

14. (c) यहाँ अनुसरित तर्क निम्न है-

14 23 42 71 110 159

+9 +19 +29 +39 +49

+10 +10 +10 +10

इस प्रकार (a) 159 होगा।

15. (c) यहाँ अनुसरित तर्क निम्न है-

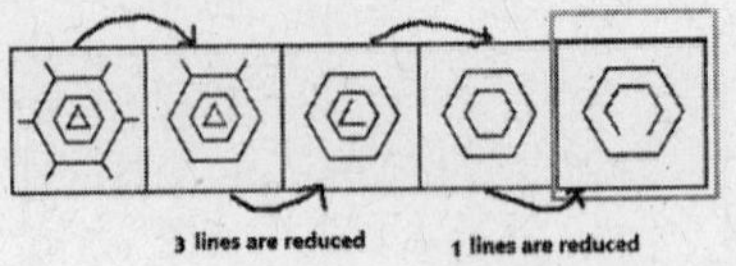

16. (b) प्रश्नानुसार अंतिम आरेख इस प्रकार हैं-

Q V R P S T U

↑ ↑ ↑ ↑ ↑ ↑ ↑

S और U के बीच में T बैठा है।

17. (b) दिया गया समीकरण 18 ÷ 5 + 26 – 45 × 5 = ?

अब, यदि '+' और '–' तथा '×' और '÷' को आपस में बदल दिया जाए, तो:

⇒ 18 × 5 – 26 + 45 + 5 = ?

⇒ 18 × 5 – 26 + 45 ÷ 5 = ?

⇒ 90 – 26 + 9 = ?

⇒ 64 + 9 = 73

18. (b) दिए गए कथनों के लिए न्यूनतम संभव वेन आरेख है-

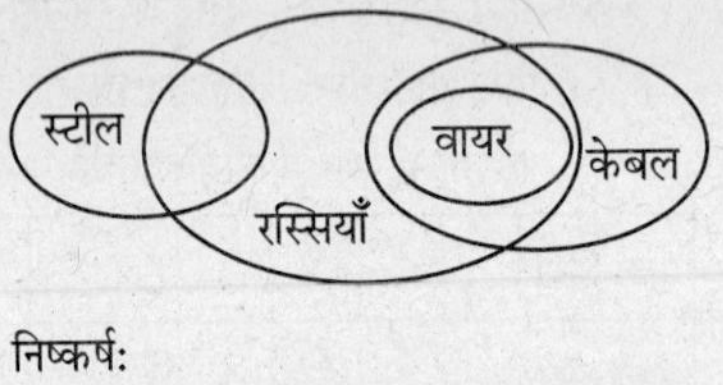

निष्कर्ष:

I. कुछ स्टील, तार हैं असत्य (वेन आरेख में, स्टील और तार को दर्शाने वाले वृत्तों के बीच कोई सीधा प्रतिच्छेदन नहीं है। यह दिए गए कथनों और न्यूनतम संभव अतिव्यापन के आधार पर एक निश्चित निष्कर्ष नहीं है।)

II. कुछ रस्सियों, केबल हैं सही (चूँकि सभी तार, केबल हैं और सभी तार, रस्सियाँ हैं, इसलिए तार का समुच्चय केबल और रस्सियाँ दोनों का उपसमुच्चय है। इसलिए, रस्सियों और केबल के बीच कुछ अतिव्यापन होना चाहिए। वास्तव में, सभी तार दोनों में समान है, जिसका अर्थ है कि कुछ रस्सियाँ, केवल हैं निश्चित रूप से सत्य है।)

19. (a) यहाँ अनुसरित तर्क निम्न है-

तर्क: कूट = अक्षरों की कुल संख्या +7

'TEDI' को '11' के रूप में कूटबद्ध किया जाता है,

TEDI में अक्षरों की संख्या = 4

कूट = 4 + 7 = 11

इसी प्रकार 'SUCBVO' को '13' के रूप में कूटबद्ध किया जाता है,

SUCBVO में अक्षरों की संख्या = 6

कूट = 6 + 7 = 13

इसी प्रकार, 'YXJIAZL' को कूटबद्ध किया जाता है,

YXJIAZL में अक्षरों की संख्या 7

कूट = 7 + 7 = 14

20. (c) विकल्प (c)

OLKUKLUT → O K L U T O K L U T O K L U T O K L U K L U T) → (यह कोई स्पष्ट दोहराव वाला पैटर्न दर्शाता है) →

O K L U T O K L U T O K L U T O K L U T O K L U T

21. (b) भारत में किसी राज्य के राज्यपाल के पास राज्य की विधान सभा को भंग करने की संवैधानिक शक्ति है। यह कार्यवाही मुख्यमंत्री और मंत्रिपरिषद् की सलाह पर की जा सकती है।

राज्यपाल भारतीय संविधान के अनुच्छेद 174 (2) (बी) के तहत यह शक्ति प्रयोग करता है।

22. (d) संविधान (अनुसूचित जाति और अनुसूचित जनजाति) आदेश (संशोधन) विधेयक, 2024 का उद्देश्य विशेष रूप से ओडिशा राज्य के लिए अनुसूचित जातियाँ और अनुसूचित जनजातियों की सूची को अद्यतन करना है। यह विधेयक नए समुदायों को शामिल करने और सटीक प्रतिनिधित्व सुनिश्चित करने के लिए मौजूदा सूचियों में समायोजन करने का प्रयास करता है। नए शामिल समुदायों को आरक्षण, शिक्षा और रोजगार के अवसरों का लाभ प्रदान करने के लिए संशोधन महत्वपूर्ण है। अनुसूचित जातियाँ और अनुसूचित जनजातियों की सूचियों में संशोधन करने की प्रक्रिया भारतीय संविधान के अनुच्छेद 341 और 342 द्वारा शासित है।

23. (c) जून 2024 में राहुल गांधी ने अपनी वायनाड लोकसभा सीट से इस्तीफा दे दिया। राहुल गांधी एक प्रमुख भारतीय राजनेता और भारतीय राष्ट्रीय कांग्रेस (INC) के सदस्य हैं। उन्होंने केरल में वायनाड लोकसभा क्षेत्र का प्रतिनिधित्व किया।

24. (b) पारुल परमार एक प्रमुख भारतीय पैरा-एथलीट हैं, जो बैडमिंटन में अपनी उपलब्धियों के लिए जानी जाती हैं। उन्होंने अंतर्राष्ट्रीय आयोजनों में कई पदक जीते हैं, जिनमें एशियाई पैरा-खेल और विश्व पैरा बैडमिंटन चैंपियनशिप शामिल हैं। उन्हें बैडमिंटन खेल में उनके योगदान के लिए अर्जुन पुरस्कार से सम्मानित किया गया है।

25. (a) कैल्शियम ऑक्सीक्लोराइड, जिसे आमतौर पर ब्लीचिंग पाउडर के रूप में जाना जाता है, का उपयोग कपड़ा उद्योग में कपड़े को ब्लीच करने के लिए व्यापक रूप से किया जाता है। इसके मजबूत ऑक्सीकरण गुण

कपड़ों से रंगों और दागों को प्रभावी ढंग से हटाने में मदद करते हैं। बड़े पैमाने पर अनुप्रयोगों में इसकी लागत प्रभावशीलता और दक्षता के कारण ब्लीचिंग पाउडर को प्राथमिकता दी जाती है। यह ब्लीचिंग प्रक्रिया के दौरान कपड़े को कीटाणुरहित करके दोहरा उद्देश्य भी पूरा करता है। कैल्शियम ऑक्सीक्लोराइड एक स्थिर यौगिक है जो धीरे-धीरे क्लोरीन छोड़ता है, जिससे लगातार ब्लीचिंग क्रिया सुनिश्चित होती है।

26. (d) राष्ट्रीय बहुआयामी गरीबी सूचकांक 2023 के अनुसार, उत्तर प्रदेश में गरीबी में सबसे तेजी से कमी दर्ज की गई है। वर्ष 2015-16 में राज्य की गरीबी दर 37.79% थी, जो 2019-21 में घटकर 22.93% रह गई। यह उल्लेखनीय गिरावट दर्शाती है कि शिक्षा, स्वास्थ्य और जीवन स्तर के क्षेत्रों में सुधार के कारण बहुआयामी गरीबी में उल्लेखनीय कमी आई है।

27. (c) यह मुख्य रूप से बुरी आत्माओं और बीमारियों से बचाव के लिए जादू के मंत्रों और आकर्षण का संग्रह है। अथर्ववेद प्राचीन भारतीय शास्त्रों के चार वेदों में से एक है। अथर्ववेद में विभिन्न उद्देश्यों के लिए भजन, मंत्र और मंत्र हैं, जिनमें उपचार और सुरक्षा भी शामिल है। यह अपने दैनिक जीवन और अनुष्ठानों के व्यावहारिक पहलुओं पर ध्यान केंद्रित करने के कारण अन्य तीन वेद (ऋग्वेद, यजुर्वेद और सामवेद) से अलग है।

28. (a) बांग्लादेश के संविधान के अनुसार, इस्लाम राज्य धर्म है। संविधान के अनुच्छेद 24 में इस्लाम को स्पष्ट रूप से राज्य धर्म के रूप में उल्लेख किया गया है। हालांकि इस्लाम राज्य धर्म है, संविधान अन्य धर्मों के अभ्यास में समान स्थिति और समान अधिकार सुनिश्चित करता है। बांग्लादेश व्यवहार में एक धर्मनिरपेक्ष राज्य है, जो विभिन्न धार्मिक समुदायों के बीच धार्मिक सद्भाव और सहअस्तित्व को बढ़ावा देता है।

29. (c) निजता का अधिकार को जीवन का अधिकार और व्यक्तिगत स्वतंत्रता के अधिकार का एक घटक माना जाता है।

30. (c) रानी मचैया कर्नाटक की एक उम्मावत लोक नर्तकी हैं, जिन्हें कला के क्षेत्र में पद्म श्री 2023 में प्राप्त हुआ। उम्मतथात कोडवा समुदाय का एक महत्वपूर्ण सांस्कृतिक नृत्य है, जो महिलाओं द्वारा पारंपरिक ढोल और झांझ की ताल पर किया जाता है।

31. (b) लॉरेंसियम एक रासायनिक तत्व है जिसका प्रतीक Lr और परमाणु क्रमांक 103 है। इसे एक्टिनाइड श्रेणी का अंतिम सदस्य माना जाता है। लॉरेंसियम को 1961 में पहली बार लॉरेंस बर्कले राष्ट्रीय प्रयोगशाला द्वारा संश्लेषित किया गया था।

32. (c) कालिंग महोत्सव ओडिशा में, विशेष रूप से भुवनेश्वर के पास धौली पहाड़ियों पर मनाया जाता है। यह त्योहार सम्राट अशोक द्वारा तीसरी शताब्दी ईसा पूर्व में लड़े गए कलिंग युद्ध की स्मृति में मनाया जाता है। यह एक प्रमुख त्योहार है जो ओडिशा की समृद्ध सांस्कृतिक विरासत और मार्शल आर्ट परंपराओं को प्रदर्शित करता है। इस आयोजन में विभिन्न प्रकार के प्रदर्शन शामिल हैं, जिसमें ओडिसी जैसे पारंपरिक नृत्य रूप और अन्य शास्त्रीय भारतीय नृत्य शामिल हैं। इस त्योहार का उद्देश्य शांति और अहिंसा को बढ़ावा देना है, जो कलिंग युद्ध के बाद सम्राट अशोक के परिवर्तन को दर्शाता है।

33. (c) क्लेमेंट एटली 1945 से 1951 तक ब्रिटिश प्रधानमंत्री थे। उन्होंने 1945 के आम चुनाव में लेबर पार्टी को जीत दिलाई और विंस्टन चर्चिल की जगह ली। एटली के नेतृत्व में, ब्रिटिश सरकार ने भारत को स्वतंत्रता देने का फैसला किया। भारतीय स्वतंत्रता अधिनियम 18 जुलाई, 1947 को पारित किया गया था और भारत को 15 अगस्त, 1947 को स्वतंत्रता मिली। एटली की सरकार ने भारत के विभाजन की भी देखरेख की, जिससे पाकिस्तान का निर्माण हुआ।

34. (b) भारत की प्रथम पंचवर्षीय योजना (1951-1956) मुख्य रूप से कृषि क्षेत्र के विकास पर केंद्रित थी। इस योजना का उद्देश्य खाद्य घाटे को दूर करना और बढ़ती जनसंख्या के लिए खाद्य सुरक्षा सुनिश्चित करने के लिए कृषि उत्पादकता में सुधार करना था। सिंचाई परियोजनाओं, भूमि सुधार और सामुदायिक विकास कार्यक्रमों में पर्याप्त निवेश किया गया था। कृषि अवसंरचना के विस्तार और फसल उत्पादन बढ़ाने के लिए आधुनिक खेती तकनीकों के उपयोग पर जोर दिया गया था।

35. (a) पंचवर्षीय योजनाओं के संदर्भ में समानता का अर्थ है आय और धन के वितरण में असमानता को कम करना। इसमें सभी नागरिकों को अपने जीवन स्तर में सुधार के लिए समान अवसर प्रदान करना शामिल है। समानता का उद्देश्य समाज के गरीब और हाशिए के वर्गों के कल्याण पर ध्यान केंद्रित करके सामाजिक न्याय स्थापित करना है। इसके प्रमुख उपायों में भूमि सुधार, प्रगतिशील कराधान और कमजोर वर्गों के समर्थन के लिए सामाजिक कल्याण कार्यक्रम शामिल हैं।

36. (b) नीलगिरी पर्वत श्रृंखला दक्षिणी भारत में तमिलनाडु, केरल और कर्नाटक राज्यों में स्थित है। यह पश्चिमी घाट का हिस्सा है, जो भारतीय प्रायद्वीप के पश्चिमी तट के समानांतर चलने वाली पर्वत श्रृंखला है। नीलगिरी पहाड़ियाँ अपनी समृद्ध जैव विविधता के लिए जानी जाती हैं और कई संरक्षित क्षेत्रों और वन्यजीव अभयारण्यों का घर हैं। नीलगिरी श्रेणी में सबसे ऊँची चोटी डोइडाबेट्टा है, जो 2,637 मीटर (8,652 फीट) की ऊंचाई पर स्थित है। नीलगिरी अपनी चाय की बागानों के लिए प्रसिद्ध हैं, जो भारत में कुछ बेहतरीन चाय का उत्पादन करती हैं।

37. (a) राहुल देव बर्मन, जिन्हें आर. डी. बर्मन के नाम से भी जाना जाता है, हिंदी फिल्म उद्योग में एक अग्रणी संगीत निर्देशक थे। उन्हें 1960 और 1970 के दशक के दौरान हिंदी फिल्म संगीत में रॉक 'एन' रोल लाने का श्रेय दिया जाता है। उनकी नवीन रचनाओं में पश्चिमी संगीत शैलियों, जिसमें रॉक, जैज़ और डिस्को शामिल हैं, को भारतीय सिनेमा में शामिल किया गया था। "तीसरी मंज़िल " (1966) जैसी फिल्मों पर आर. डी. बर्मन का काम विशेष रूप से इसके रॉक एन रोल प्रभाव के लिए जाना जाता है। उन्होंने किशोर कुमार और आशा भोसले जैसे प्रमुख गायकों के साथ बड़े पैमाने पर सहयोग किया, जिससे पश्चिमी और भारतीय संगीत शैलियों के संलयन को और लोकप्रियता मिली।

38. (c) गुलाबी रंग पारंपरिक रूप से जूडो ग्रेड से संबंधित नहीं है। जूडो बेल्ट के रंग में आम तौर पर सफ़ेद, पीला, नारंगी, हरा, नीला, भूरा और काला शामिल होता है। जूडो बेल्ट अभ्यासी के रैंक और विशेषज्ञता के स्तर को दर्शाते हैं, जिसमें सफ़ेद शुरुआती स्तर और काला उन्नत प्रवीणता का प्रतिनिधित्व करता है। विभिन्न जूडो संगठनों के बीच बेल्ट के रंगों में कुछ बदलाव हो सकते हैं, लेकिन गुलाबी एक मानक रंग नहीं है।

39. (d) पाँचवीं पंचवर्षीय योजना (1974-79) को गरीबी उन्मूलन और आत्मनिर्भरता पर केंद्रित किया गया था। लेकिन 1977 में सत्ता परिवर्तन के बाद नई सरकार ने इस योजना को बीच में ही समाप्त कर दिया और इसके स्थान पर वार्षिक योजनाएँ लागू कीं। इस प्रकार यह पहली पंचवर्षीय योजना बनी जिसे अपने निर्धारित समय से पहले ही रोक दिया गया।

40. (b) शोभना नारायण एक प्रसिद्ध भारतीय शास्त्रीय नर्तकी हैं, जो कथक में अपनी विशेषज्ञता के लिए जानी जाती हैं। उन्हें नृत्य के क्षेत्र में उनके योगदान के लिए प्रतिष्ठित पद्म श्री पुरस्कार से सम्मानित किया गया है। शोभना नारायण ने भारत और अंतर्राष्ट्रीय स्तर पर व्यापक रूप से प्रदर्शन किया है, वैश्विक मंचों पर कथक को बढ़ावा दिया है। उनकी शैली अपने जटिल पैरों के काम, सुंदर आंदोलनों और अभिव्यंजक कहानी कहने की विशेषता है। उन्होंने कई छात्रों को भी प्रशिक्षित किया है, कथक के संरक्षण और प्रचार में योगदान दिया है।

41. (b) मान मूलधन P है।

$$CI = P\left(1 + \frac{4}{100}\right)^2 - P$$

$$153 = P(1.04)^2 - P$$

$$153 = P(1.0816) - P$$

$$153 = P(1.0816 - 1)$$

$$153 = P(0.0818)$$

$$P = \frac{153}{0.0816}$$

$$P = 1875$$

अब, हमें समान मूलधन, दर और समय के लिए साधारण ब्याज (SI) की गणना करने की आवश्यकता है।

$$SI = \frac{(P \times r \times t)}{100}$$

$$SI = \frac{(1875 \times 4 \times 2)}{100}$$

$$SI = \frac{15000}{100}$$

SI = 150

इसलिए साधारण ब्याज 150 है।

42. (a) क्रमिक छूटों के लिए प्रभावी छूट:

Deff = 25% + 15% – (25% × 15%)

⇒ Deff = 0.25 + 0.15 (0.25 × 0.15)

⇒ Deff = 0.25 + 0.15 – 0.0375

⇒ Deff = 0.3625 या 36.25%

एकल छूट और प्रभावी क्रमिक छूट के बीच अंतर:

अंतर = 40% – 36.25%

अंतर = 40% – 36.25%

⇒ अंतर = 3.75%

43. (d) एक बड़े लड्डू का आयतन = $\left(\frac{4}{3}\right)\pi(7)^3$

एक छोटे लड्डू का आयतन = $\left(\frac{4}{3}\right)\pi(3.5)^3$

कुल छोटे लड्डू = $\frac{\text{एक बड़े लड्डू का आयतन}}{\text{एक छोटे लड्डू का आयतन}}$

⇒ कुल छोटे लड्डू = $\frac{\left[\left(\frac{4}{3}\right)\pi(7)^3\right]}{\left[\left(\frac{4}{3}\right)\pi(3.5)^3\right]}$

⇒ कुल छोटे लड्डू = $\left(\frac{7}{36}\right)^3$

⇒ कुल छोटे लड्डू = $(2)^3$

⇒ कुल छोटे लड्डू = 8

44. (d) सबसे पहले, 672 और 7056 का GCD ज्ञात कीजिए:

672 का अभाज्य गुणनखंडन: 25 × 3 × 7

7056 का अभाज्य गुणनखंडन: 24 × 32 × 72

GCD = 24 × 3 × 7 = 16 × 3 × 7 = 336

अब LCM की गणना कीजिए:

⇒ LCM (672, 7056) = (672 × 7056) / 336

⇒ LCM (672, 7056) = 14112

45. (a) पहले भाग की दूरी = 60 × 2 = 120 किमी

दूसरे भाग का समय 80 ÷ 40 = 2 घंटे

कुल दूरी = 120 + 80 = 200 किमी

कुल समय 2 + 2 = 4 घंटे

⇒ औसत गति = 200 ÷ 4 = 50 किमी/घंटा

∴ सही उत्तर 50 किमी/घंटा है।

46. (c) सापेक्ष गति = 50 किमी/घंटा + 70 किमी/घंटा

⇒ सापेक्ष गति = 120 किमी/घंटा

⇒ 120 किमी/घंटा = 120 × $\frac{(1000)}{3600}$ मीटर/सेकंड

⇒ 120 किमी/घंटा = 33.33 मीटर/सेकंड

कुल दूरी पहली ट्रेन की लंबाई + दूसरी ट्रेन की लंबाई

⇒ कुल दूरी = 180 मीटर + 180 मीटर

⇒ कुल दूरी = 360 मीटर

एक-दूसरे को पार करने में लगा समय कुल दूरी/सापेक्ष गति

⇒ लगा समय = 360 मीटर/33.33 मीटर/सेकंड

⇒ लगा समय = 10.8 सेकंड

47. (a) (–9) ÷ (–60) (–12) + (–3) × 9

⇒ (–9) – [(–60) ÷ (–12)] + (–3) × 9

⇒ (–9) –5 + (–27)

⇒ 9–5–27

48. (b) मूल्य में वृद्धि = 60%

व्यय में वृद्धि = 12%

यदि मूल्य x% बढ़ता है और व्यय y% बढ़ता है, तो खपत में आवश्यक कमी = $\frac{x-y}{100+x} \times 100\%$

$$\frac{60-12}{100+60} \times 100$$

⇒ $\frac{48}{160} \times 100$

⇒ 30%

∴ खपत को 30% कम किया जाना चाहिए।

49. (b) 12, 6 और 15 का LCM = 60

राजेश्वर की दक्षता = $\frac{60}{12} = 5$

विक्रम की दक्षता = $\frac{60}{6} = 10$

टाइगर की दक्षता = $\frac{60}{15} = 4$

राजेश्वर ने 2 दिन कार्य किया, इसलिए उसके द्वारा किया गया कार्य 5 × 2 = 10 इकाई

मान लीजिए कि कार्य पूरा होने में कुल 'x' दिन लगे।

विक्रम ने (x – 3) दिन कार्य किया है।

टाइगर ने x दिन कार्य किया है।

कुल किया गया कार्य = राजेश्वर का कार्य विक्रम का कार्य + टाइगर का कार्य

60 = 10 + 10 (x – 3) + 4x

⇒ 60 = 10 ÷ 10x – 30 + 4x

⇒ 60 = 14x – 20

= 80 = 14x

⇒ $x = \frac{80}{14} = \frac{40}{7} = 5 - 5$ दिन।

इसलिए, कार्य $\frac{40}{7}$ दिनों में या $5\frac{5}{7}$ दिनों में पूरा होता है।

50. (a) 16 + 10 ÷ 5 – 2 × 3

⇒ 16 + 2 – 6

⇒ 18 – 6

⇒ 12

51. (d) मान लीजिए कि 1 किलो का क्रय मूल्य (CP) 100 है।

चूँकि दुकानदार 26% कम वजन का उपयोग करता है, इसलिए उपयोग किया गया वजन 1 किलो का 74% है।

⇒ वास्तविक उपयोग किया गया वजन = 0.74 किलो

0.74 किलो का विक्रय मूल्य (SP) = 100 (क्योंकि वह 1 किलो के लिए क्रय मूल्य पर बेचने का दावा करता है)

लाभ = 0.74 किलो के लिए SP – CP

0.74 किलो के लिए CP = 0.74 × 100 = 974

लाभ = 100 – 74 = 926

लाभ प्रतिशत = $\frac{\text{लाभ}}{CP} \times 100$

⇒ लाभ प्रतिशत = $\frac{26}{74} \times 100$

⇒ $\frac{2600}{74} = 35\frac{5}{37}\%$

52. (d) $\left[(84-6) \times \left\{\frac{91}{7} + \frac{16}{2} \times 18 - 6\right\}\right]$

⇒ [(84 ÷ 6) × {(91 ÷ 7) + (16 ÷ 2) × (8 - 6)}]

⇒ [(84 ÷ 6) × { 13 ÷ 8 × 2 }]

⇒ [14 × {13+ 16}]

⇒ [14 × 29]

⇒ 406

53. (d) सापेक्ष गति = 60 किमी/घंटा + 110 किमी/घंटा = 170 किमी/घंटा

⇒ $170 \times \left(\frac{1000}{3600}\right) = 170 \times \left(\frac{5}{8}\right)$ मीटर/सेकंड

⇒ तय की गई कुल दूरी = सापेक्ष गति × समय

⇒ $170 \times \left(\frac{5}{8}\right)$ मीटर/सेकंड × 21 ≈ 991.66 मीटर

⇒ रेलगाड़ी 2 की लंबाई = तय की गई कुल दूरी रेलगाड़ी 1 की लंबाई

⇒ रेलगाड़ी 2 की लंबाई = 991.66 – 360

= 631.66 मीटर

54. (a) माना अधिकतम अंक = x

A द्वारा प्राप्त अंक = x का 25% = $0.25x$

B द्वारा प्राप्त अंक = x का 50% = $0.50x$

उत्तीर्णांक = A द्वारा प्राप्त अंक + 68 = $0.25x + 68$

उत्तीर्णांक = B द्वारा प्राप्त अंक – 42 = $0.50x - 42$

$\Rightarrow 0.25x + 68 = 0.50x - 42$

$\Rightarrow 68 + 42 = 0.50x - 0.25x$

$\Rightarrow 110 = 0.25x$

$\Rightarrow x = 110 \div 0.25$

$\Rightarrow x = 440$

∴ सही उत्तर 440 अंक है।

56. (b) अमित के लिए ब्याज I_A = ₹5400 × $\frac{r \times 4}{100}$

गोपाल के लिए ब्याज = I_G = ₹9400 × $\frac{r \times 4}{100}$

दिया गया है, $I_G - I_A = 480$

$\Rightarrow$ ₹9400 × $\frac{r \times 4}{100}$ – ₹5400 × $\frac{r \times 4}{100}$ = 480

$\Rightarrow$ ₹(9400 –5400) × $\frac{r \times 4}{100}$ = 480

$\Rightarrow$ ₹4000 × $\frac{r \times 4}{100}$ = 480

$\Rightarrow \frac{16000r}{100} = 480$

$\Rightarrow 160 = 480$

$\Rightarrow r = \frac{480}{160}$

$\Rightarrow$ r = 3%

56. (d) प्रश्नानुसार

क्रय मूल्य (CP) = 520

लाभ प्रतिशत = 10%

हम जानते हैं विक्रय मूल्य (SP) = CP × (1 + लाभ प्रतिशत/100)

SP = 520 × (1 + 10/100)

⇒ SP = 520 (1 ÷ 0.1)

⇒ SP = 520 × 1.1

⇒ SP = 572

इस प्रकार वस्तु का विक्रय मूल्य = 572 रुपए

57. (c) 48 विद्यार्थियों की कुल आयु = 22 × 48

⇒ 48 विद्यार्थियों की कुल आयु = 1056

49 लोगों (विद्यार्थी + शिक्षक) की कुल आयु = 23 × 49

⇒ 49 लोगों की कुल आयु = 1127

शिक्षक की आयु = 49 लोगों की कुल आयु 48 विद्यार्थियों की कुल आयु

⇒ शिक्षक की आयु 1127 – 1056

⇒ शिक्षक की आयु = 71

58. (a) प्रारंभिक भोजन प्रावधान = 150 आदमी × 85 दिन = 12750

15 दिनों के बाद 25 आदमी चले जाते हैं

15 दिनों में खाया गया भोजन = 150 आदमी × 15 दिन 2250 आदमी दिन

शेष आदमी = 150 – 25 = 125

शेष भोजन = 12750 - 2250 = 10500

भोजन के शेष दिन = 10500/125

= भोजन के शेष दिन = 84 दिन

59. (d) माना, 7A = 6B = 12C = k

तब,

$A = \frac{k}{7}$ $B = \frac{k}{6}$ $C = \frac{k}{12}$

$A : B : C = \frac{k}{7} : \frac{k}{6} : \frac{k}{12}$

भिन्नों को हटाने के लिए, प्रत्येक पद को हर (7, 6, 12) के LCM से गुणा करें, जो 84 है।

$A:B:C = \left(\frac{k}{7}\right) \times 84 : \left(\frac{k}{6}\right) \times 84 : \left(\frac{k}{12}\right) \times 84$

$A : B : C\ 12k : 14k : 7k$

A B C = 12 : 14 : 7

इसलिए A B C = 12 : 14 : 7

60. (b) चूँकि दोनों को अपनी-अपनी अवधि के बाद समान राशि मिलती है, हम उनकी राशियों की तुलना कर सकते हैं:

$P_1 (1 + 10/100)^{17} = P_2 (1 + 10/100)^{18}$

$\Rightarrow P_1(1.1)_{17} = P_2(1.1)^{18}$

$\Rightarrow P_1 = P_2(1.1)$

मान लीजिए $P_2 = x$

$P_1 = 1.1x$

कुल मिश्रधन = $P_1 + P_2$

$1617 = 1.1x + x$

$1617 = 2.1x$

$\Rightarrow x = 1617/21$

$\Rightarrow x = 770$

इसलिए, P_2 = ₹770

P_1 = 1. 1 × 770 = ₹847

61. (b) हिंदी में कई शब्द अंग्रेज़ी या अन्य भाषाओं से आए हैं जिन्हें विदेशज शब्द कहा जाता है। "सूप" अंग्रेज़ी का शब्द है जो हिंदी में प्रचलित है।

62. (a) शुद्ध वाक्य में सही वर्तनी और व्याकरण का प्रयोग होना चाहिए। "सुनामी" और "क्षति" ही शुद्ध रूप हैं।

63. (d) 'उल्लू सीधा करना' का अर्थ अपना काम निकालना।

वाक्य प्रयोग - आजकल व्यक्ति बहुत चालक होता जा रहा है, हर जगह अपना "उल्लू सीधा करने" की ही फिराक में रहता है।

64. (c) प्रेमचंद की कहानी बूढ़ी काकी में काकी भूख से विवश होकर जूठी पत्तलों को चाटने लगती हैं। यहाँ "चाटने" ही सबसे उपयुक्त शब्द है।

65. (a) हिंदी में "अपाहिज" शब्द का प्रयोग उस व्यक्ति के लिए होता है जिसका कोई अंग भंग हो या जो शारीरिक रूप से अक्षम हो।

66. (d) जब किसी बात को वास्तविकता से अधिक बढ़ाकर प्रस्तुत किया जाता है, उसे "अतिशयोक्ति" कहते हैं। यह अलंकार भी है और सामान्य बोलचाल में भी प्रयुक्त होता है।

67. (b) यह मुहावरा उस व्यक्ति के लिए प्रयोग होता है जो दूसरों की बातों पर तुरंत विश्वास कर लेता है और स्वयं विचार नहीं करता।

68. (b) "उन्नत" का अर्थ है ऊँचा, प्रगति की ओर बढ़ा हुआ। इसका विपरीत "अवनत" है, जिसका अर्थ है नीचे गिरा हुआ या पतन की ओर।

69. (a) "सत्कार" का अर्थ है सम्मानपूर्वक स्वागत करना। इसका विपरीत "तिरस्कार" है, जिसका अर्थ है अपमान करना या अनादर करना।

70. (b) "दुराग्रह" का अर्थ है हठपूर्वक गलत बात पर अड़े रहना। इसका विलोम "आग्रह" है, जिसका अर्थ है उचित बात पर विनम्रता से आग्रह करना।

71. (d) "आरंभ" का विलोम "अंत" होता है। यहाँ दिए गए विकल्पों में "प्रलय" सबसे उपयुक्त है क्योंकि सृष्टि का आरंभ ईश्वर से है तो उसका अंत भी उसी की इच्छा से होगा।

72. (d) विवाह या अन्य शुभ कार्यों में "कुंडली का मेल" किया जाता है। अत: यहाँ तत्सम शब्द "कुंडली" उपयुक्त है।

73. (a) "रोना" अकर्मक क्रिया है क्योंकि इसमें कोई कर्म नहीं है। बाकी वाक्यों में "रोटी खाना", "पत्र लिखना", "दूध पीना" सभी सकर्मक क्रियाएँ हैं।

74. (d) यहाँ "लंबी" का प्रयोग गलत है। सही शब्द "लंबे" होना चाहिए। वाक्य होगा: "ज्योति लंबे समय पश्चात अपने गाँव वापस लौटी थी।"

75. (c) 'कहाँ राजा भोज, नहीं गंगू तेली।' वाक्य शुद्धि हेतु रेखांकित स्थान पर उचित क्रिया विशेषण होगा- कहाँ

76. (a) यहाँ संदर्भ उन महिलाओं का है जो कार्यक्षेत्र में सक्रिय हैं। इसलिए "कामकाजी महिलाएँ" उपयुक्त है।

77. (d) यौन उत्पीड़न की समस्या भारत में ही नहीं, बल्कि विश्व स्तर पर एक जटिल समस्या है जो महिलाओं के लिए एक गंभीर चुनौती पेश करती है। यह समस्या सिर्फ अशिक्षितों तक सीमित नहीं है, बल्कि अब शिक्षितों में भी फैल गई है और इस समस्या का सामना करने के लिए विशेष प्रयासों की आवश्यकता है।

78. (c) यहाँ "समाज के हर क्षेत्र" का प्रयोग सबसे उपयुक्त है क्योंकि समस्या केवल किसी विशेष क्षेत्र तक सीमित नहीं है।

79. (b) पहले अशिक्षित लोगों द्वारा महिलाओं को सताया जाता था, अब तथाकथित शिक्षित लोग भी ऐसा करने लगे हैं।

80. (c) भारतीय प्रशासनिक सेवा की "पदाधिकारी" श्रीमती बजाज का उल्लेख यहाँ उचित है।

❑❑❑

SSC कांस्टेबल (जी.डी.)

भर्ती परीक्षा

सॉल्व्ड पेपर–2025

तारीख: 04/02/2025

समय: 3.00 PM 4.00 PM

भाग-I: सामान्य बुद्धिमत्ता एवं तर्कशक्ति

1. निम्नलिखित समीकरण में यदि (–) और (÷) को आपस में बदल दिया जाए और (×) और (+) को आपस में बदल दिया जाए तो प्रश्न चिह्न के स्थान पर क्या आएगा ?

$8 + 63 - 7 \times 7 \div 9 = ?$

(a) 69 (b) 68
(c) 71 (d) 70

2. अंग्रेजी वर्णमाला क्रम के आधार पर की गई शृंखला में ? के स्थान पर क्या आना चाहिए

TKF, UJG, VIH, WHI,?

(a) XLJ (b) ZJM
(c) JGX (d) XGJ

3. उस विकल्प का चयन कीजिए जिसमें दी गई आकृति निहित है (घूर्णन की अनुमति नहीं है)।

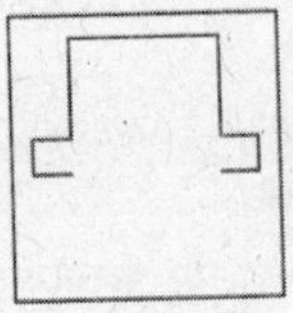

(a) 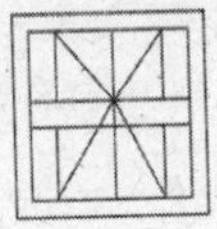 (b) 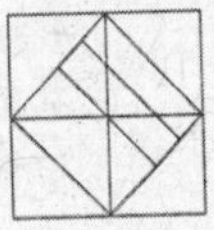

(c) 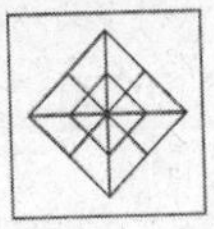 (d) 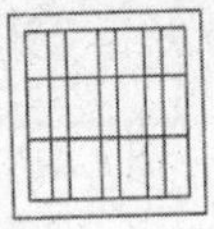

4. सात व्यक्ति, G, H, I, J, K, L और M, एक पंक्ति में उत्तर की ओर मुख करके बैठे हैं। (परंतु जरूरी नहीं कि वे इसी क्रम में बैठे हों)। M के दाईं ओर कोई भी नहीं बैठा है। M और K के बीच में केवल तीन व्यक्ति बैठे हैं। K और H के बीच में केवल दो व्यक्ति बैठे हैं। G, L के बाईं ओर तीसरे स्थान पर बैठा है। J, L के ठीक दाईं ओर बैठा है।

I और H के बीच में कितने व्यक्ति बैठे हैं ?

(a) एक (b) दो
(c) तीन (d) चार

5. अंग्रेजी वर्णमाला क्रम के आधार पर, MLTA एक निश्चित तरीके से QHXW से संबंधित है। उसी तरीके से, LNVB, PJZX से संबंधित है। समान तर्क का अनुसरण करते हुए, CWON, दिए गए विकल्पों में से किससे संबंधित है ?

(a) GSSJ (b) GSAR
(c) GSJS (d) GASR

6. किसी निश्चित कूट भाषा में, 'TDZM' को '8-24-2-15' के रूप में कूटबद्ध किया जाता है और 'KRIY' को '17-10-19-3' के रूप में कूटबद्ध किया जाता है। दी गई कूट भाषा में 'HAWP' के लिए कूट क्या होगा ?

(a) 20-27-5-12 (b) 19-8-5-14
(c) 23-25-6-11 (d) 22-9-7-13

7. एक निश्चित कूट भाषा में,

'A + B' का अर्थ है कि 'A, B की माता है,

'A – B' का अर्थ है कि 'A, B की पुत्री है',

'A × B' का अर्थ है कि 'A, B का पुत्र है और

'A ÷ B' का अर्थ है कि 'A, B का भाई है'।

यदि C – D ÷ E × F + G' है, तो F का C से क्या संबंध है ?

(a) पिंता की माता (b) पिता का भाई
(c) पुत्री का पुत्र (d) माता का पिता

8. उस विकल्प का चयन करें, जो अक्षरों के उस क्रम का प्रतिनिधित्व करता है, जिसे नीचे दिए गए रिक्त स्थानों में क्रमिक रूप से बाएँ से दाएँ रखे जाने पर दी गई अक्षर शृंखलापूरी हो जाएगी।

p_ _ uopqt_ _ _ q_uopq_u_

(a) qtouptto (b) tquoptto
(c) qtuoptto (d) tqouptot

9. अंग्रेजी वर्णमाला क्रम के आधार पर NRDF एक निश्चित प्रकार से PMFA से संबंधित है। SFJW ठीक उसी प्रकार UALR से संबंधित है। उसी तर्क का अनुसरण करते हुए GVKQ दिए गए विकल्पों में से किससे संबंधित है ?

(a) IQML (b) PGKY
(c) RGLB (d) KRCX

10. दी गई शृंखलामें प्रश्न चिह्न (?) के स्थान पर क्या आना चाहिए ?

10 11 13 17 25?

(a) 41 (b) 42
(c) 43 (d) 40

11. दिए गए कथनों और निष्कर्षो को ध्यानपूर्वक पढ़िए। यह मानते हुए कि कथनों में दी गई जानकारी सत्य है, चाहे वह सामान्यतः ज्ञात तथ्यों से भिन्न प्रतीत होती हो और निर्णय लीजिए कि दिए गए निष्कर्षों में से कौन-सा कौन-से निष्कर्ष कथनों का तार्किक रूप से अनुसरण करता है/करते हैं।

कथनः

सभी पायल, मोजे हैं।

सभी मोजे, फ्लैट हैं।

कुछ फ्लैट, ट्राउजर हैं।

निष्कर्षः

(I) सभी पायल, फ्लैट हैं।

(II) कुछ ट्राउजर, पायल हैं।

(a) दोनों निष्कर्ष (I) और (II) अनुसरण करते हैं।
(b) न तो निष्कर्ष (I) और न ही (II) अनुसरण करता है।
(c) केवल निष्कर्ष (II) अनुसरण करता है।
(d) केवल निष्कर्ष (I) अनुसरण करता है।

12. उस वेन आरेख का चयन कीजिए, जो निम्नलिखित वर्गों के बीच के संबंध को सर्वोत्तम रूप से दर्शाता है।

शर्ट, कॉटन, डेनिम

(a) 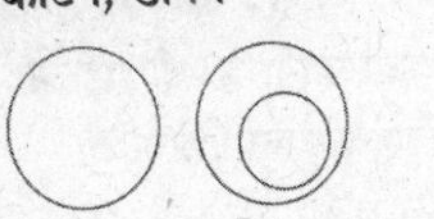

(b) 

(c) 

(d) 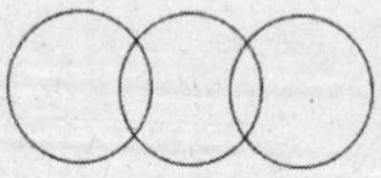

13. एक कागज को नीचे दर्शाए गए अनुसार मोड़कर पंच किया (punched) जाता है। खोले जाने पर यह कैसा दिखाई देगा ?

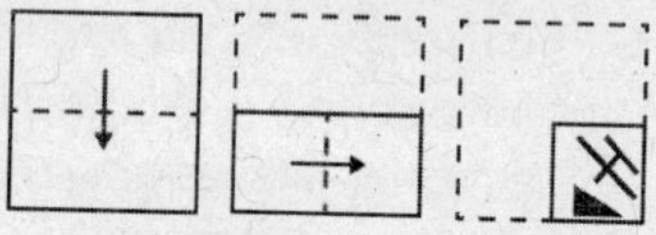

(a) 
(b) 

(c) 
(d) 

14. अंग्रेजी वर्णमाला क्रम के आधार पर, निम्नलिखित चार अक्षर-समूहों में से तीन एक निश्चित प्रकार से समान हैं और इस प्रकार एक समूह बनाते हैं। वह कौन-सा अक्षर-समूह है जो उस समूह से संबंधित नहीं है ?

(ध्यान दें असंगत अक्षर समूह, उस अक्षर समूह में व्यंजनों/स्वरों की संख्या या उनके स्थान पर आधारित नहीं है।)

(a) NYJ (b) TEP
(c) CNY (d) QZK

15. एक पासे के फलकों पर K, A, S, N, T और। अक्षर अंकित हैं। दी गई आकृतियों में एक ही पासे की दो स्थितियाँ दर्शाई गई हैं। फलक K के विपरीत कौन-सा फलक है ?

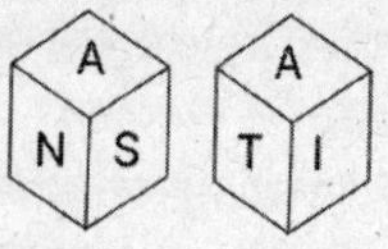

(a) T (b) A
(c) N (d) S

16. किसी निश्चित कूट भाषा में, 'BIGS' को '4593' के रूप में कूटबद्ध किया जाता है और 'SING' को '9432' के रूप में कूटबद्ध किया जाता है। दी गई कूट भाषा में 'N' के लिए कूट क्या होगा ?

(a) 4 (b) 3
(c) 9 (d) 2

17. विकल्पों में दी गई उस आकृति की पहचान कीजिए जिसे प्रश्न चिह्न (?) के स्थान पर रखने पर श्रृंखलातार्किक रूप से पूर्ण हो जाएगी।

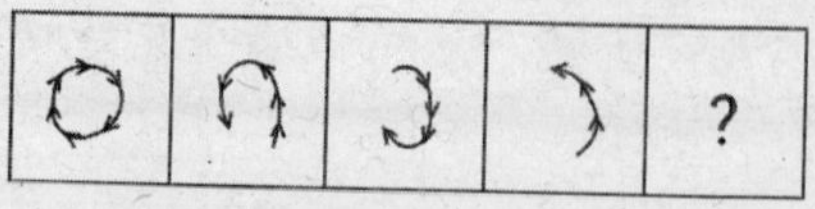

(a) 
(b) 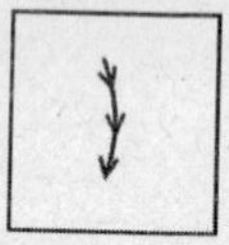

(c) 
(d) 

18. छह मित्र E, F, G, R, S और T एक वृत्ताकार मेज के चारों ओर मेज के केंद्र की ओर मुख करके बैठे हैं (परंतु जरूरी नहीं कि वे इसी क्रम में बैठे हों)। S, F के दाईं ओर दूसरे स्थान पर बैठा है। F, G के दाईं ओर दूसरे स्थान पर बैठा है। R और E के बीच केवल F बैठा है। E, S का निकटतम पड़ोसी है। R के दाईं ओर से गिनती करने पर T और R के बीच कितने व्यक्ति बैठे हैं ?

(a) दो (b) एक
(c) चार (d) तीन

19. यदि शब्द VARIABLE के प्रत्येक अक्षर को उल्टे अंग्रेजी वर्णमाला क्रम में व्यवस्थित किया जाए, तो कितने अक्षरों का स्थान अपरिवर्तित रहेगा ?

(a) तीन (b) एक
(c) चार (d) दो

20. दी गई श्रृंखला में प्रश्न चिह्न (?) के स्थान पर क्या आना चाहिए ?
65 86 114 149 191?

(a) 216 (b) 226
(c) 232 (d) 240 .

भाग-II: सामान्य ज्ञान एवं सामान्य जागरूकता

21. अभिनय कला (नृत्य और संगीत) से संबंधित प्रारंभिक ग्रंथ 'नाट्यशास्त्र' को किस ऋषि द्वारा संकलित किया गया था ?

(a) भरत (b) वाल्मिकी
(c) साक्य (d) अगस्त्य

22. वर्ष 1968 में मैक्सिकन सरकार द्वारा किसे उनकी कोरियोग्राफी के लिए स्वर्ण पदक से सम्मानित किया गया था ?

(a) मृणालिनी साराभाई
(b) शोवना नारायण
(c) रुक्मिणी अरुंडेल
(d) रेखा

23. 1906 में स्थापित अखिल भारतीय मुस्लिम लीग के प्रथम अध्यक्ष कौन थे ?

(a) नवाब सलीमुल्लाह खान
(b) मुहम्मद अली जिन्ना
(c) सर सुल्तान मुहम्मद शाह
(d) आगा खान तृतीय

24. बास्केटबॉल के खेल में, प्रत्येक बास्केट में 18" लंबाई के सफेद कॉर्ड नेट (white cord net) के साथ _______ आंतरिक व्यास वाली एक दाब-मोचन NBA-अनुमोदित (pressure-release NBA-approved) धातु सुरक्षा रिंग होगी।

(a) 20" (b) 19"
(c) 18" (d) 17"

25. एक चिकनी क्षैतिज मेज पर d दूरी तय करने वाली m द्रव्यमान की एक पुस्तक के लिए, गुरुत्वाकर्षण बल के द्वारा किया गया कार्य ज्ञात कीजिए-

(a) $m\,d\cos\theta$ (b) 0
(c) 3.0 (d) mgd

26. निम्नलिखित में से किसे जून 2024 में जनजातीय कार्य मंत्री के रूप में नियुक्त किया गया ?

(a) भूपेन्द्र यादव
(b) जुएल ओराम
(c) प्रह्लाद जोशी
(d) अश्विनी वैष्णव

27. वसंत त्योहार, अली-ऐ- लिगांग (Ali-Aye-Ligang), भारतीय राज्य ___________ में फागुन महीने के पहले बुधवार को मनाया जाता है।

(a) असम (b) गोवा
(c) केरल (d) हिमाचल प्रदेश

28. भारतीय शास्त्रीय संगीतकार और तालवादक येल्ला वेंकटेश्वर राव (Yella Venkateswara Rao) द्वारा कौन-सा संगीत वाद्ययंत्र बजाया जाता है ?

(a) नादस्वरन (b) मृदंगम
(c) घटम (d) पखावज

29. वह सबसे प्रसिद्ध शक शासक कौन था जो गिरनार में अपने शिलालेख के लिए जाना जाता है ?

(a) मिनांडर (b) डेमेट्रियस
(c) रूद्रदमन प्रथम (d) रुद्रभूति

30. निम्नलिखित में से कौन-सा वह प्रमुख कारक है जिसने वैश्वीकरण को सुगम बनाया है ?

(a) बढ़े हुए टैरिफ और व्यापार अवरोध
(b) प्रौद्योगिकी में तीव्र सुधार
(c) बहुराष्ट्रीय निगमों में गिरावट
(d) अलगाववादी नीतियां

31. निम्नलिखित में से किस पंचवर्षीय योजना का उद्देश्य आत्मनिर्भरता प्राप्त करना तथा 'स्थिरता के साथ वृद्धि' करना था?

(a) चतुर्थ योजना
(b) सातवीं योजना
(c) छठी योजना
(d) द्वितीय योजना

32. सितंबर 2024 तक की स्थिति के अनुसार, तमिलनाडु के मुख्यमंत्री कौन हैं?

(a) नायब सिंह सैनी
(b) भूपेन्द्र पटेल
(c) एम. के. स्टालिन
(d) हेमन्त सोरेन

33. निम्नलिखित में से किसने फिट इंडिया फ्रीडम रन (Fit India Freedom Run) 2.0 का राष्ट्रव्यापी कार्यक्रम लॉन्च किया?

(a) नरेंद्र मोदी (b) अनुराग ठाकुर
(c) अमित शाह (d) द्रौपदी मुर्मू

34. मच्छरों द्वारा फैलने वाले उस वायरस का नाम बताइए जो मस्तिष्क में शोथ (inflammation) उत्पन्न करता है?

(a) लिम्फैटिक फाइलेरियासिस (Lymphatic filariasis)
(b) पीत ज्वर वायरस (Yellow fever virus)
(c) फ्रांसिसेला दुलारेंसिस (Francisella tularensis)
(d) जापानी इंसेफेलाइटिस (Japanese encephalitis)

35. निम्नलिखित में से कौन-सा भारतीय अर्थव्यवस्था के तृतीयक क्षेत्रक (tertiary sector) से संबंधित है?

(a) विनिर्माण
(b) सार्वजनिक प्रशासन
(c) विद्युत आपूर्ति सेवाएँ
(d) वानिकी

36. 2011 की जनगणना के अनुसार, निम्नलिखित में से किस प्रवासन धारा (stream of migration) का प्रतिशत सबसे अधिक है?

(a) शहरी से ग्रामीण (b) शहरी से शहरी
(c) ग्रामीण से शहरी (d) ग्रामीण से ग्रामीण

37. भारतीय संविधान के किस संशोधन के अंतर्गत संपत्ति के अधिकार को मौलिक अधिकारों की सूची से हटा दिया गया?

(a) 52वें संशोधन
(b) 42वें संशोधन
(c) 44वें संशोधन
(d) 61वें संशोधन

38. धिवेही भारत के किस पड़ोसी देश की राजभाषा (official language) है?

(a) मालदीव (b) श्रीलंका
(c) म्यांमार (d) भूटान

39. निम्नलिखित में से क्या, भारत में किसी राज्य के राज्यपाल की शक्ति के अंतर्गत नहीं आता है?

(a) विधायी शक्ति
(b) कार्यपालक शक्ति
(c) अनिवार्य शक्ति
(d) विवेकाधिकार

40. निम्नलिखित में से कौन-सा सबसे खारा जल निकाय है जो पूर्व में जॉर्डन और पश्चिम में इज़राइल की सीमा से लगा हुआ है?

(a) डोन जुआन पॉण्ड (Don Juan Pond)
(b) ग्रेट साल्ट लेक (Great Salt Lake)
(c) मृत सागर (Dead Sea)
(d) विश्व महासागर (World Ocean)

भाग-III: प्रारंभिक गणित

41. ईंधन की कीमत क्रमागत तीन महीनों में 40%, 10% और 50% कम की गई है, लेकिन चौथे महीने में 50% वृद्धि की गई है। चौथे महीने में ईंधन की कीमत में उसकी मूल कीमत की तुलना में कितने प्रतिशत की वृद्धि कमी हुई है?

(a) 56.29% की वृद्धि
(b) 61.17% की कमी
(c) 57.3% की वृद्धि
(d) 59.5% की कमी

42. एक धारा की चाल 9 km/h है। एक नाव धारा के अनुकूल 56 km और धारा के प्रतिकूल 28 km की दूरी 7 घंटे में तय कर सकती है। स्थिर जल में नाव की चाल (km/h में) ज्ञात कीजिए-

(a) 20 (b) 16
(c) 9 (d) 15

43. यदि एक कैमरे का क्रय मूल्य उसके विक्रय मूल्य का 75% है, तो लाभ प्रतिशत कितना है?

(a) $16\frac{2}{3}\%$ (b) $33\frac{1}{3}\%$
(c) 24% (d) 25%

44. किसी मूलधन पर 6% की वार्षिक दर से 2 वर्ष की अवधि के लिए साधारण ब्याज ₹ 318 है। मूलधन (₹ में) ज्ञात कीजिए-

(a) 2656 (b) 2655
(c) 2651 (d) 2650

45. किसी जॉब से अर्जित धनराशि, किए गए कार्य के घंटों की संख्या के अनुक्रमानुपाती है। यदि 6 घंटे में ₹ 324 अर्जित होते हैं, तो 29 घंटे कार्य करने पर कितनी धनराशि (₹ में) अर्जित होगी?

(a) ₹ 1,655 (b) ₹ 1,676
(c) ₹ 1,585 (d) ₹ 1,566

46. 1200 प्रति सैकड़ा की दर से 400 सेब खरीदे गए और ₹ 800 के लाभ पर बेचे गए। प्रति दर्जन सेबों का विक्रय मूल्य (₹ में) ज्ञात कीजिए-

(a) 168 (b) 183
(c) 158 (d) 178

47. निम्नलिखित का मान ज्ञात कीजिए।

$$\left[(23\times5)\times\left\{6\div6\times\frac{(18-14)}{}\right\}\right]$$

(a) 106 (b) 115
(c) 104 (d) 96

48. 56, 30, 108 और 120 का लघुत्तम समापवर्त्य (LCM) ज्ञात कीजिए-

(a) 7549 (b) 7660
(c) 7471 (d) 7560

49. विजय के पास ₹1224 हैं। उन्होंने इसे अपने पुत्रों अजय और प्रकाश के बीच बांट दिया और उन्हें इसे वार्षिक रूप से चक्रवृद्धित 4% वार्षिक ब्याज दर पर निवेश करने को कहा। यह देखा गया कि अजय और प्रकाश को क्रमश: 18 और 19 वर्ष बाद समान धनराशि प्राप्त हुई। विजय ने प्रकाश को कितनी धनराशि (₹ में) दी थी?

(a) 624 (b) 450
(c) 600 (d) 724

50. दो संख्याओं का LCM और HCF क्रमश: 66 और 11 है। यदि उनमें से एक संख्या 33 है, तो दूसरी संख्या ज्ञात कीजिए।

(a) 20 (b) 25
(c) 19 (d) 22

51. यदि किसी गोले की त्रिज्या तीन गुनी कर दी जाए, तो मूल गोले के आयतन और नए गोले के आयतन का अनुपात कितना होगा?

(a) 27:1 (b) 9:1
(c) 1:9 (d) 1: 27

52. मुकुल से 1.35 km की दूरी पर एक बंदूक चलाई जाती है। वह तीन सेकंड के बाद इसकी ध्वनि सुनती है। ध्वनि किस चाल (m/s में) से यात्रा करती है?

(a) 525 (b) 675
(c) 500 (d) 450

53. रितु और मोना मिलकर एक घर की पेंटिंग 18 दिनों में कर सकती हैं। रितु को अकेले पेंटिंग पूरी करने में 27 दिन लगेंगे। मोना को अकेले पेंटिंग पूरी करने में कितना समय लगेगा ?
(a) 65 दिन (b) 60 दिन
(c) 44 दिन (d) 54 दिन

54. 153, 117 और 405 का HCF ज्ञात कीजिए।
(a) 9 (b) 6
(c) 12 (d) 2

55. यदि x का 4% = 72 है, तो x_____ के बराबर है।
(a) 1800 (b) 3600
(c) 1900 (d) 3700

56. दो संख्याओं के बीच का अनुपात 19: 24 है। यदि प्रत्येक संख्या में से 36 घटा दिया जाए, तो अनुपात 3 : 4 हो जाता है। संख्याओं का योग ज्ञात कीजिए।
(a) 305 (b) 295
(c) 238 (d) 387

57. यदि किसी वस्तु का अंकित मूल्य ₹ 7,895 है और दी जाने वाली छूट 4.2% है, तो विक्रय मूल्य (₹ में) ज्ञात कीजिए।
(a) 7,456.31 (b) 7,635.41
(c) 7,364.51 (d) 7,563.41

58. महेश के पास ₹ 1617 हैं। उसने इसे अपने पुत्रों विजय और अजय के बीच बांट दिया तथा उन्हें इसे वार्षिक रूप से चक्रवृद्धि होने वाली 10% ब्याज दर पर निवेश करने को कहा। यह देखा गया कि विजय और अजय को क्रमशः 13 और 14 वर्ष बाद समान धनराशि प्राप्त हुई। महेश ने विजय को कितनी धनराशि (₹ में) दी थी ?
(a) 697 (b) 770
(c) 870 (d) 847

59. एक कक्षा के 54 विद्यार्थियों की औसत आयु 37 वर्ष है। यदि शिक्षक की आयु भी सम्मिलित कर ली जाए, तो संपूर्ण समूह की औसत आयु 38 वर्ष हो जाती है। शिक्षक की आयु (वर्ष में) ज्ञात कीजिए ।
(a) 97 (b) 95
(c) 90 (d) 92

60. 7 खिलाड़ियों का औसत स्कोर शुरूआत में 55 दर्ज किया गया था। हालांकि, बाद में पता चला कि 35 का स्कोर गलती से 53 पढ़ लिया गया था। सही औसत स्कोर ज्ञात कीजिए। (दो दशमलव स्थानों तक पूर्णांकित)
(a) 42.08 (b) 52.43
(c) 54.31 (d) 32.43

भाग-IV: हिंदी

61. निम्न में से किस वाक्य में सम्बन्धवाचक सर्वनाम नहीं है ?
(a) जो सोएगा सो खोएगा।
(b) जिसकी लाठी उसकी भैंस।
(c) उसने कुछ नहीं खाया।
(d) वह कौन है जो जा रहा है।

62. 'सारे कलाकार ऊपर हैं।' उपर्युक्त वाक्य का सम्बन्ध किस क्रिया-विशेषण से है ?
(a) परिमाणवाचक क्रिया-विशेषण
(b) स्थानवाचक क्रिया-विशेषण
(c) कालवाचक क्रिया-विशेषण
(d) रीतिवाचक क्रिया-विशेषण

63. 'यहाँ किसी को भी इस कार्यालय का पता मालुम नहीं है'।
उपरोक्त वाक्य में वर्तनी सम्बन्धी अशुद्धि है। इसके शुद्ध रूप का चयन करें-
(a) यहाँ किसी को भी इस कर्यालय का पता मालूम नहीं है।
(b) यहाँ किसी को भी इस कार्यालय का पता मालूम नहीं है।
(c) यहाँ किसी को भी इस कार्यालये का पता मालूम नहीं है।
(d) यहाँ किसी को भी इस कार्यालय का पता मलूम नहीं है।

64. 'जलजीवन' पर्याय है-
(a) पानी का (b) समुद्र का
(c) मछली का (d) नदी का

65. निम्नलिखित विकल्पों में से कौन-सा एक विलोम युग्म सही नहीं है ?
(a) गमन- लाघव (b) गमन - आगमन
(c) गुप्त - प्रकट (d) खग-मृग

66. दिए गए वाक्य में शब्द या वाक्य खण्ड को बदलिए।
मेरे पीछे आप आये।
(a) मेरे पीछे ही आप आये।
(b) मेरे आने के पीछे आप आये।
(c) आप आये मेरे पीछे।
(d) मेरे बाद आप आये।

67. भारत गुटों से अलग रहने वाले देशों में शामिल है। गुटों से अलग रहने वाले' वाक्यांश के स्थान पर उचित शब्द होगा-
(a) स्वतंत्र (b) तटस्थ
(c) विकासशील (d) सापेक्ष

68. सरल वाक्य - 'दुर्भाग्य से वह परीक्षा में बैठ न सका।' निम्नलिखित विकल्पों में से इस वाक्य के लिए कौन-सा एक उचितसंयुक्त वाक्य होगा ?
(a) उसका दुर्भाग्य था और परीक्षा में पास न हुआ।
(b) उसका दुर्भाग्य कि परीक्षा में बैठ न सका।
(c) उसका दुर्भाग्य था और इसलिए वह परीक्षा में बैठ न सका।
(d) इसलिए वह परीक्षा में उसका दुर्भाग्य था और बैठ न सका।

69. निम्नलिखित वाक्य को ध्यानपूर्वक पढ़ें और बताएं कि चिन्हित वाक्यांश में किस प्रकार की त्रुटि है ?
वह बहुत ज्ञानी व्यक्ति है। उसने अनेकों ग्रन्थों की रचना की है।
(a) वचन (b) विशेषण
(c) अव्यय (d) लिंग

70. 'रिधिमा आज अपने घर-वर गयी होगी।' वाक्य में प्रयुक्त घर-वर किस प्रकार के शब्द युग्म के अंतर्गत आएँगे ?
(a) सार्थक निरर्थक (b) शब्द विलोम
(c) सार्थक सार्थक (d) निरर्थक निरर्थक

71. 'आसक्ति' का उपयुक्त एकार्थक शब्द है-
(a) घृणा (b) निपुण
(c) गहरी चाह (d) कुशल

72. 'हाथ का मैल होना मुहावरे का सही अर्थ इनमें से क्या होगा ?
(a) अत्यंत खट्टा होना
(b) अत्यंत तुच्छ होना
(c) अत्यंत मीठा होना
(d) अत्यंत बड़ा होना

73. दिए गए शब्द का सही पर्यायवाची शब्द पहचानिए-
ब्रह्मा
(a) पशुपति (b) महेश्वर
(c) नीलकंठ (d) लोकेश

74. दिए गए वाक्यांश के लिए एक शब्द होगा
किसी शुभ कार्य को विधि विधान और श्रद्धापूर्वक करना
(a) श्राद्ध (b) यज्ञ
(c) अनुष्ठान (d) अर्चना

75. 'आपने चाय-वाय पी ली होगी।' वाक्य में प्रयुक्त चाय-वाय किस प्रकार का शब्द युग्म है ?
(a) पर्यायवाची
(b) एकार्थी अनेकार्थी
(c) विलोम शब्द
(d) सार्थक निरर्थक

76. गद्यांश के आधार पर प्रश्न का उत्तर दें।
महात्मा ज्योतिबा फुले के मौलिक विचार गुलामगिरी शेखकरयांचा आसूड '[किसानों का प्रतिरोध]' सार्वजनिक सत्य धर्म आदि पुस्तकों में संगृहित है। उनके विचार अपने

समय से बहुत आगे थे। आदर्श परिवार के बारे में उनकी अवधारणा है जिस परिवार में पिता बौद्ध, माता ईसाई, बेटी मुसलमान और बेटा सत्यधर्मी हो, वह परिवार एक आदर्श परिवार है। 1888 में जब ज्योतिबा फुले को 'महात्मा' की उपाधि से सम्मानित किया गया तो उन्होंने कहा - "मुझे महात्मा कहकर मेरे संघर्ष को पूर्णविराम मत दीजिए। जब व्यक्ति मठाधीश बन जाता है तब वह संघर्ष नहीं कर सकता। इसलिए आप सब साधारण जन ही रहने दें, मुझे अपने बीच से अलग न करें।" महात्मा ज्योतिबा फुले की सबसे बड़ी विशेषता यह थी कि वे कहते थे, उसे अपने आचरण और व्यवहार में उतारते थे।

76. महात्मा फुले के अनुसार-जिस परिवार में पिता बौद्ध, माता ईसाई, बेटी मुसलमान और बेटा सत्यधर्मी हो, उस परिवार को किस प्रकार के परिवार की संज्ञा दी है?

(a) स्वतंत्र परिवार (b) शिक्षित परिवार
(c) परिपूर्ण परिवार (d) आदर्श परिवार

77. 'महात्मा' शब्द में किस संधि का प्रयोग हुआ है?

(a) महात्म+ आ (b) महा + अत्मा
(c) मह+ आत्मा (d) महा + आत्मा

78. महात्मा फुले को 'महात्मा' की उपाधि से कब सम्मानित किया गया?

(a) 1887 (b) 1889
(c) 1886 (d) 1888

79. ज्योतिबा फुले की सबसे बड़ी क्या विशेषता थी?

(a) जो सुनते थे वही अपने आचरण एवं व्यवहार में उतारते थे।
(b) जो कहते थे वह अपने आचरण एवं व्यवहार में कभी नहीं उतारते थे।
(c) जो कहते थे वही अपने आचरण एवं व्यवहार में उतारते थे।
(d) जो देखते थे वही अपने आचरण एवं व्यवहार में उतारते थे।

80. उपर्युक्त गद्यांश का उचित शीर्षक होगा?

(a) ज्योतिबा फुले के जाति सम्बन्धी विचार
(b) ज्योतिबा फुले के राजनीतिक विचार
(c) ज्योतिबा फुले के आदर्श विचार
(d) ज्योतिबा फुले के नारी सम्बन्धी विचार

उत्तर (हल/संकेत)

1. (d) प्रश्नानुसार, चिन्ह बदलने पर

$8 \times 63 \div 7 + 7 - 9$
$= 8 \times 9 + 7 - 9$
$= 72 + 7 - 9$
$= 79 - 9 = 70$

2. (d) यहाँ अनुसरित तर्क निम्न है-

20 11 6
T K F
+1 –1 +1
U J G
21 10 7
+1 –1 +1
V I H
22 9 8
+1 –1 +1
W H I
23 8 9
+1 –1 +1
X G J
24 7 10

अत: सही उत्तर "XGJ" है।

3. (a) दी गई आकृति में सन्निहित छवि नीचे दर्शाई गई है-

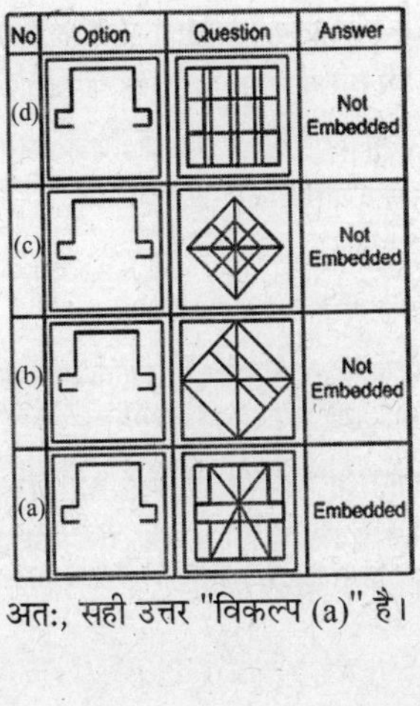

अत:, सही उत्तर "विकल्प (a)" है।

4. (c) दिया गया है-

सात व्यक्ति, G, H, I, J K L और M, एक पंक्ति में उत्तर के सम्मुख बैठे हैं।

(1) M के दायें कोई नहीं बैठा है।
(2) M और K के बीच केवल तीन व्यक्ति बैठे हैं।
(3) K और H के बीच केवल दो व्यक्ति बैठे हैं।

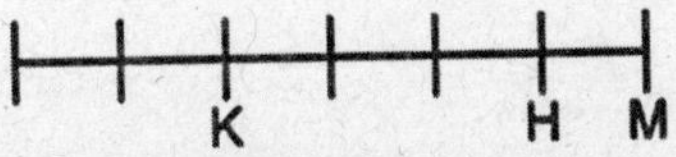

(4) G, L के बायें तीसरे स्थान पर बैठा है।
(5) J, L के ठीक दायें बैठा है।

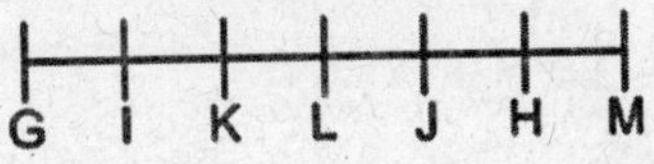

इसलिए, I और H के बीच 'तीन' व्यक्ति बैठे हैं।
इसलिए, सही उत्तर "विकल्प (c)" है।

5. (a) यहाँ अनुसरित तर्क निम्न है-

MLTA का संबंध QHXW से है

13 12 20 1
M L T A
+4 –4 +4 –4
Q H X W
17 8 24 23

LNVB का संबंध PJZX से है

12 14 22 2
L N V B
+4 –4 +4 –4
P J Z X
16 10 26 24

इसी प्रकार, 'CWON' को कूटबद्ध किया जाएगा:

3 23 15 14
C W O N
+4 –4 +4 –4
G S S J
7 19 19 10

इसलिए, सही उत्तर "GSSJ" है।

6. (a) 'TDZM' को '8-24-2-15' के रूप में कूटबद्ध किया गया है

20 4 26 13
T D Z M
Opp. Opp. Opp. Opp.
G W A N
7 23 1 14
+1 +1 +1 +1
8 24 2 15

और,

'KRIY' को '17-10-19-3' के रूप में कूटबद्ध किया गया है

11 18 9 25
K R I Y
Opp. Opp. Opp. Opp.
P I R B
16 9 18 2
+1 +1 +1 +1
17 10 19 3

इसी प्रकार,

'HAWP' को कूटबद्ध किया जाएगा:

8 1 23 16
H A W P
Opp. Opp. Opp. Opp.
S Z D K
19 26 4 11
+1 +1 +1 +1
20 27 5 12

इसलिए, सही उत्तर "विकल्प (a)" है।

7. (a)

A है				
प्रतीक	+	–	×	÷
अर्थ	माता	पुत्री	पुत्र	भाई
B का				

दिया गया व्यंजक : 'C – D ÷ E × F + G'

C, D की पुत्री है, D, E का भाई है, E, F का पुत्र है, F, G की माता है।

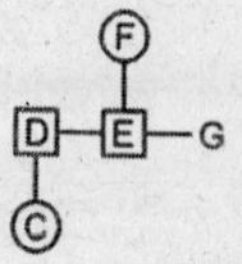

इसलिए, F, C के पिता की माता है।

इसलिए सही उत्तर 'विकल्प (a)' है।

8. (c) दिया गया अनुक्रम: p_uopat _ _ _ q _ _ _ u o p q _ u _

दिए गए रिक्त स्थानों में एक-एक करके अक्षर रखते हैं: (c) qtuoptto → p q t u o/p q t u o/p q t u o/p q t u o

यहाँ, 'विकल्प (c)' एक पैटर्न का अनुसरण करता है।

9. (a) NRDF का संबंध PMFA से है

14 18 4 6
N R D F
+2 −5 +2 −5
P M F A
16 13 6 1

SFJW का संबंध UALR से है

19 6 10 23
S F J W
+2 −5 +2 −5
U A L R
21 1 12 18

इसी प्रकार, 'GVKQ' को कूटबद्ध किया जाएगा:

7 22 11 17
G V K Q
+2 −5 +2 −5
I Q M L
9 17 13 12

इसलिए सही उत्तर "IQML" है।

10. (a) यहाँ अनुसरित तर्क निम्न है-

10 11 13 17 25 41
+1 +2 +4 +8 +16

इसलिए, सही उत्तर "विकल्प (a) " है।

11. (d) दिए गए कथन के लिए न्यूनतम संभव वेन आरेख है-

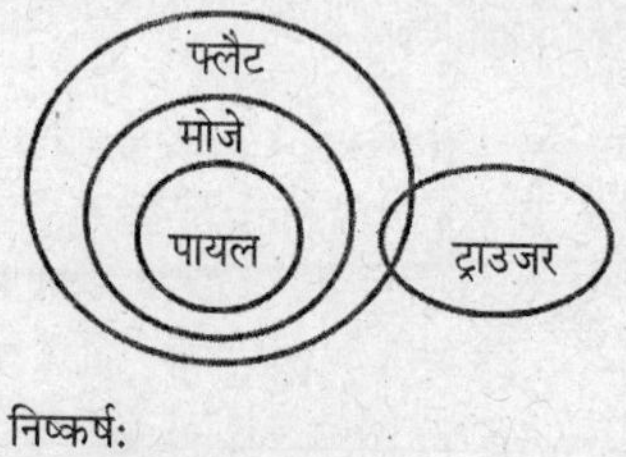

निष्कर्ष:

(I) सभी पायल, फ्लैट हैं

(II) कुछ ट्राउजर, पायल हैं

सत्य (क्योंकि सभी पायल, मोजे हैं और सभी मोजे, फ्लैट हैं, इसलिए सभी पायल भी फ्लैट हैं)

असत्य (क्योंकि ट्राउजर और पायल के बीच कोई प्रत्यक्ष संबंध नहीं दिया गया है, इसलिए यह संभव हो सकता है लेकिन परिभाषित नहीं है) इसलिए, केवल निष्कर्ष (I) अनुसरण करता है।

इसलिए, सही उत्तर "विकल्प (d)" है।

12. (d) दिए गए संबंध के लिए न्यूनतम संभव वेन आरेख नीचे दिखाया गया है-

- कुछ शर्ट, कपास से बनी होती हैं
- कुछ शर्ट, डेनिम से बनी होती हैं

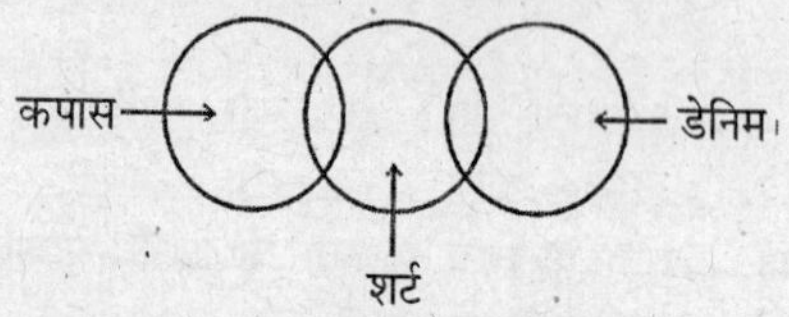

इसलिए, सही उत्तर "विकल्प (d)" है।

13. (b) कागज को खोलने पर प्राप्त आकृति नीचे दिखाई गई है-

अतः, 'विकल्प (b)' सही उत्तर है।

14. (d) यहाँ अनुसरित तर्क निम्न है-

विकल्प (d): QZK

Q Z K
+9 +11

विकल्प (a): NYJ

N Y J
+11 +11

विकल्प (c): CNY

C N Y
+11 +11

विकल्प (b): TEP

T E P
+11 +11

'QZK' को छोड़कर सभी समान पैटर्न का अनुसरण करते हैं।

अतः, "विकल्प (d)" भिन्न है।

15. (b) पासे की दी गई स्थितियाँ हैं:

पासे 1 और 2 की स्थितियों पर विचार करें। फलक 'A' दोनों स्थितियों के लिए उभयनिष्ठ है, उस फलक को स्थिर रखें और दक्षिणावर्त दिशा में घुमाएँ, हमें एक दूसरे के विपरीत फलक मिलेंगे।

पासे 1	A	I	T
पासे 2	A	S	N

इसलिए, K के विपरीत फलक A है।

इसलिए, सही उत्तर "विकल्प (b)" है।

16. (d) दिए गए कूट के अनुसार:

B [I G] [S] [4] 5 [9 3]

[S I] N [G] [9 4 3] 2

इसलिए, 'N' को '2' के रूप में कूटबद्ध किया गया है।

अतः, सही उत्तर "विकल्प (d) " है।

17. (b) तर्क इस प्रकार है-

- हर कदम पर एक-एक तीर घटता जाता है।
- तीर हर कदम पर अपनी दिशा बदलते हैं।

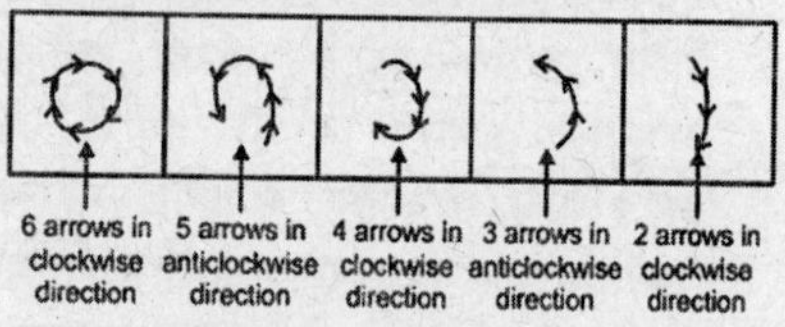

अतः, सही उत्तर "विकल्प (b)" है।

18. (d) प्रश्नानुसार अंतिम प्रारूप इस प्रकार है-

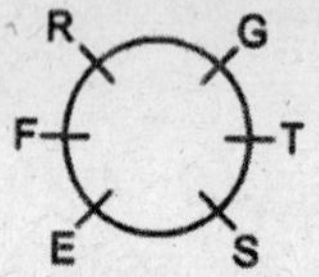

इसलिए, R के दायें से गिनने पर T और R के बीच 'तीन' लोग बैठे हैं।

इसलिए, सही उत्तर "विकल्प (d)" है।

19. (a) यहाँ अनुसरित तर्क निम्न है-

⇒ VARIABLE को उल्टे अंग्रेजी वर्णमाला क्रम में व्यवस्थित किया गया है

दी गई शृंखला	V	A	R	I	A	B	L	E
उल्टा क्रम	V	R	L	I	E	B	A	A

इस प्रकार, 'तीन' अक्षर अपरिवर्तित रहेंगे।

इसलिए, सही उत्तर "विकल्प (a)" है।

20. (d) यहाँ तर्क इस प्रकार है-

65 86 114 149 191 240
+21 +28 +35 +42 +49
+7 +7 +7 +7

इसलिए, सही उत्तर "विकल्प (d)" है।

21. (a) नाट्यशास्त्र प्रदर्शन कलाओं पर एक प्राचीन भारतीय ग्रंथ है। इसमें रंगमंच, नृत्य और संगीत सम्मिलित हैं।

यह ऋषि भरत मुनि द्वारा लिखा गया था, जिन्हें भारतीय नाट्य कला रूपों का जनक माना जाता है।

माना जाता है कि यह ग्रंथ 200 ईसा पूर्व और 200 ईस्वी के बीच लिखा गया था।

नाट्यशास्त्र में कुल 6000 श्लोकों (श्लोक) के साथ 36 अध्याय हैं।

यह मंच प्रदर्शन के विभिन्न पहलुओं का विस्तृत विवरण प्रदान करता है, जिसमें संगीत, नृत्य, मंच डिजाइन और अभिनय की कला सम्मिलित है।

22. (a) मृणालिनी साराभाई एक प्रसिद्ध भारतीय शास्त्रीय नर्तकी और नृत्य रचना-कार थीं।

उन्हें उनकी नृत्य रचना में असाधारण योगदान के लिए 1968 में मेक्सिकन सरकार द्वारा स्वर्ण पदक से सम्मानित किया गया था।

मृणालिनी साराभाई अहमदाबाद, भारत में दर्पण अकादमी ऑफ परफॉर्मिंग आर्ट्स की संस्थापक थीं।

उन्होंने भरतनाट्यम, कथकली और मोहिनीअट्टम में प्रशिक्षण प्राप्त किया था, जिसे उन्होंने अक्सर अपने कोरियोग्राफिक कार्यों में सम्मिलित किया।

23. (d) आगा खान तृतीय 1906 में स्थापित ऑल इंडिया मुस्लिम लीग के पहले अध्यक्ष थे।

ऑल इंडिया मुस्लिम लीग की स्थापना ब्रिटिश भारत में मुसलमानों के अधिकारों की वकालत करने के लिए की गई थी।

आगा खान तृतीय ने लीग के गठन और नेतृत्व में महत्वपूर्ण भूमिका निभाई, इसके शुरुआती कदमों और उद्देश्यों का मार्गदर्शन किया।

उनका नेतृत्व 20वीं सदी के आरम्भ में भारत में मुसलमानों के लिए राजनीतिक परिदृश्य को आकार देने में महत्वपूर्ण था।

लीग बाद में 1947 में पाकिस्तान के निर्माण के पीछे एक प्रेरक शक्ति बन गई।

24. (c) बास्केटबॉल में, बास्केटबॉल के छल्ले का मानक व्यास 18 इंच होता है।

हूप का व्यास रिम के अंदरूनी किनारे से विपरीत अंदरूनी किनारे तक मापा जाता है।

यह मानक आकार सभी NBA स्वीकृत खेलों में एकरूपता और खेल में निष्पक्षता सुनिश्चित करने के लिए बनाए रखा जाता है।

हूप एक दबाव-मुक्ति धातु सुरक्षा रिंग से बना होता है जो गेमप्ले के दौरान स्थायित्व और सुरक्षा को बढ़ाता है।

हूप से जुड़ा नेट 18 इंच लंबा है, जो स्थिरता के लिए हूप के व्यास के साथ संरेखित होता है।

25. (b) किसी बल द्वारा किया गया कार्य बल और बल की दिशा में विस्थापन के डॉट उत्पाद के रूप में परिभाषित किया गया है।

एक चिकनी क्षैतिज मेज पर, गुरुत्वाकर्षण बल लंबवत नीचे की ओर कार्य करता है, जबकि विस्थापन क्षैतिज है। गुरुत्वाकर्षण बल और क्षैतिज विस्थापन के बीच का कोण 90 डिग्री है।

90 डिग्री का कोसाइन 0 है, इसलिए क्षैतिज विस्थापन पर गुरुत्वाकर्षण बल द्वारा किया गया कार्य शून्य है।

26. (b) जून 2024 में जुएल ओराम को जनजातीय मामलों का मंत्री नियुक्त किया गया था।

वह पहले भी यह पदभार संभाल चुके हैं, प्रधानमंत्री नरेंद्र मोदी के मंत्रिमंडल में जनजातीय मामलों के मंत्री के रूप में सेवाएं दे चुके हैं।

वे भारत में जनजातीय समुदायों के कल्याण और विकास को बढ़ावा देने के अपने काम के लिए जाने जाते हैं।

जुएल ओराम भारतीय जनता पार्टी (भाजपा) के सदस्य हैं और कई बार ओडिशा के सुंदरगढ़ निर्वाचन क्षेत्र से सांसद के रूप में चुने गए हैं।

27. (a) अली-आये-लिगंग असम में मिसिंग समुदाय द्वारा मनाया जाने वाला एक महत्वपूर्ण वसंत उत्सव है।

यह उत्सव बुवाई के मौसम के आरम्भ का प्रतीक है और फागुन महीने (फरवरी-मार्च) के पहले बुधवार को मनाया जाता है। "अली-आये-लिगंग" नाम का अर्थ मिसिंग भाषा में "बीज बोना" है।

इस उत्सव के दौरान कृषि चक्र का जश्न मनाने के लिए पारंपरिक नृत्य, संगीत और भोज आयोजित किए जाते हैं।

यह एक महत्वपूर्ण सांस्कृतिक आयोजन है जो मिसिंग जनजाति की कृषि जीवन शैली और परंपराओं पर जोर देता है।

28. (b) येल्ला वेंकटेश्वर राव एक प्रसिद्ध भारतीय शास्त्रीय संगीतज्ञ और तालवादक हैं जो मृदंगम में विशेषज्ञता रखते हैं।

वे अपने असाधारण कौशल और मृदंगम वादन की कला में योगदान के लिए जाने जाते हैं।

येल्ला वेंकटेश्वर राव ने भारत और विदेश दोनों में कई प्रतिष्ठित संगीत समारोहों और उत्सवों में प्रदर्शन किया है।

उन्हें उनके कौशल और भारतीय शास्त्रीय संगीत के प्रति समर्पण को पहचानते हुए कई पुरस्कारों और उपाधियों से सम्मानित किया गया है।

29. (c) रुद्रदामन प्रथम एक प्रमुख शक शासक थे जिन्होंने पश्चिमी क्षत्रपों पर शासन किया था।

उनका शासनकाल गिरनार में प्रसिद्ध जूनागढ़ शिलालेख के लिए जाना जाता है, जो एक महत्वपूर्ण ऐतिहासिक स्रोत है।

संस्कृत में लिखा गया यह शिलालेख, उनकी उपलब्धियों और सुदर्शन झील की मरम्मत के बारे में विवरण देता है। रुद्रदामन के शासनकाल ने भारतीय उपमहाद्वीप में पश्चिमी क्षत्रपों की शक्ति और प्रभाव के चरम को चिह्नित किया।

संस्कृति और कला के प्रति उनके संरक्षण के कारण उन्हें पश्चिमी क्षत्रपों के सबसे महान शासकों में से एक माना जाता है।

30. (b) प्रौद्योगिकीय प्रगति ने परिवहन और संचार लागतों को काफी कम कर दिया है, जिससे वैश्विक व्यापार अधिक कुशल और सुलभ हो गया है।

इंटरनेट और डिजिटल तकनीकों ने दुनिया भर में त्वरित संचार और डेटा आदान-प्रदान की सुविधा प्रदान की है, जिससे अंतर्राष्ट्रीय व्यावसायिक संचालन में वृद्धि हुई है।

शिपिंग और रसद प्रौद्योगिकी में सुधार ने सीमाओं के पार माल ले जाने के समय और लागत को कम कर दिया है, जिससे अंतर्राष्ट्रीय व्यापार को बढ़ावा मिला है।

सूचना प्रौद्योगिकी में प्रगति ने कंपनियों को वैश्विक आपूर्ति श्रृंखलाओं का अधिक प्रभावी ढंग से प्रबंधन करने में सक्षम बनाया है, जिससे दुनिया भर में उत्पादन और वितरण का समन्वय किया जा सकता है। प्रौद्योगिकीय नवाचार ने नए उत्पादों और सेवाओं के विकास का भी नेतृत्व किया है, जिससे नए बाजार खुले हैं और आर्थिक वैश्वीकरण को गति मिली है।

31. (a) चौथी पंचवर्षीय योजना (1969-1974) का उद्देश्य आत्मनिर्भरता प्राप्त करना और भारत की अर्थव्यवस्था में स्थिरता के साथ विकास पर बल देना था।

इस योजना ने घरेलू उत्पादन को प्रोत्साहित करके औद्योगिक उत्पादन में वृद्धि और विदेशी आयात पर निर्भरता को कम करने पर ध्यान केंद्रित किया।

इसका उद्देश्य कृषि क्षेत्र को मजबूत करना था, साथ ही तकनीकी प्रगति को बढ़ावा देना था, खासकर भारी उद्योगों और बुनियादी ढांचे में।

लक्ष्य समग्र आर्थिक संरचना को मजबूत करना, गरीबी को कम करना और सामाजिक और औद्योगिक विकास में सुधार करना था।

32. (c) प्रश्नानुसार एमके स्टालिन तमिलनाडु के वर्तमान मुख्यमंत्री थे।

उन्होंने 7 मई, 2021 को पदभार ग्रहण किया।

वे द्रविड़ मुनेत्र कड़गम (DMK) पार्टी के नेता हैं।

एमके स्टालिन तमिलनाडु के पूर्व मुख्यमंत्री, एम. करुणानिधि के पुत्र हैं।

उनके नेतृत्व में, DMK ने 2021 के तमिलनाडु विधानसभा चुनावों में एक निर्णायक जीत प्राप्त की है।

33. (b) केंद्रीय मंत्री अनुराग ठाकुर ने 13 अगस्त, 2021 को फिट इंडिया फ्रीडम रन 2.0 आरम्भ किया।

यह आयोजन भारत के 75वें स्वतंत्रता दिवस के उपलक्ष्य में आरम्भ किया गया था।

फिट इंडिया फ्रीडम रन 2.0, फिट इंडिया मूवमेंट का भाग है। इसका उद्देश्य भारतीयों में फिटनेस और स्वास्थ्य को बढ़ावा देना है।

यह दौड़ 7.5 किमी की दूरी तय करती है, जो भारत की 75 वर्षों की स्वतंत्रता का प्रतीक है।

यह नागरिकों को शारीरिक गतिविधियों में भाग लेने और COVID-19 महामारी के बीच स्वस्थ रहने के लिए प्रोत्साहित करता है।

34. (d) जापानी इंसेफेलाटिस (JE) एक वायरल संक्रमण है जो मस्तिष्क की सूजन का कारण बनता है।

यह वायरस संक्रमित मच्छरों, मुख्य रूप से क्यूलेक्स प्रजाति के काटने से फैलता है।

जापानी इंसेफेलाटिस एशिया और पश्चिमी प्रशांत के ग्रामीण और कृषि क्षेत्रों में प्रचलित है।

जापानी इंसेफेलाटिस के लक्षणों में तेज बुखार, सिरदर्द, गर्दन में अकड़न, भटकाव, कोमा, दौरे और पक्षाघात सम्मिलित हैं।

जापानी इंसेफेलाटिस के लिए कोई विशिष्ट एंटीवायरल उपचार नहीं है; सहायक देखभाल प्राथमिक उपागम है।

35. (b) सार्वजनिक प्रशासन तृतीयक क्षेत्र का एक महत्वपूर्ण भाग है, जिसमें सरकार द्वारा अपने नागरिकों को प्रदान की जाने वाली सेवाएँ सम्मिलित हैं।

इस क्षेत्र में सार्वजनिक नीति का प्रशासन, कानून और व्यवस्था का रखरखाव और सामाजिक सेवाओं का प्रावधान जैसी गतिविधियाँ सम्मिलित हैं। सार्वजनिक प्रशासन सरकारी नीतियों और कार्यक्रमों के कार्यान्वयन में एक महत्वपूर्ण भूमिका निभाता है।

यह सरकारी संचालन के सुचारू संचालन और सार्वजनिक सेवाओं की डिलीवरी सुनिश्चित करता है।

सार्वजनिक प्रशासन समाज के कल्याण और सुरक्षा को बनाए रखने के लिए महत्वपूर्ण है, जो इसे तृतीयक क्षेत्र का एक अभिन्न अंग बनाता है।

36. (d) सही उत्तर ग्रामीण से ग्रामीण है।

2011 की जनगणना के अनुसार, भारत में आंतरिक प्रवासन का सबसे सामान्य प्रकार ग्रामीण क्षेत्रों से अन्य ग्रामीण क्षेत्रों में है।

इस प्रकार के प्रवासन में कुल आंतरिक प्रवासन का लगभग 47.4% भाग है।

ग्रामीण से ग्रामीण प्रवासन के प्रमुख कारणों में से एक विवाह है, खासकर महिलाओं में।

एक अन्य कारण काम की तलाश में कृषि मजदूरों का आवागमन है।

ग्रामीण से ग्रामीण प्रवासन कृषि और संबंधित क्षेत्रों में मौसमी काम से भी प्रेरित है।

37. (c) 1978 के 44वें संशोधन अधिनियम ने संपत्ति के अधिकार को मौलिक अधिकारों की सूची से हटा दिया।

संपत्ति का अधिकार मूल रूप से भारतीय संविधान के अनुच्छेद 31 के अंतर्गत प्रदान किया गया था।

संशोधन के बाद, संपत्ति का अधिकार अनुच्छेद 300A के अंतर्गत एक वैधानिक अधिकार बना दिया गया।

यह संशोधन अधिकार के दुरुपयोग पर रोक लगाने और भूमि सुधारों को सुविधाजनक बनाने के लिए प्रस्तुत किया गया था।

इस संशोधन का उद्देश्य व्यक्तिगत अधिकारों और सामाजिक-आर्थिक न्याय की आवश्यकता के बीच संतुलन बनाना था।

38. (a) धिवेही मालदीव की आधिकारिक भाषा है।

यह एक भारत आर्य भाषा है जो मालदीवी लोगों द्वारा बोली जाती है।

इस भाषा की जड़ें प्राचीन सिंहली भाषा में हैं।

धिवेही थाना लिपि में लिखी जाती है, जो दाएँ से बाएँ पढ़ी जाती है।

39. (c) भारत के संविधान के अनुसार राज्यपाल के पास कार्यपालक, विधायी और न्यायिक शक्तियाँ होती हैं।

कार्यपालक शक्ति राज्यपाल को राज्य सरकार के कार्य निष्पादन में सहायता करती है।

विवेकाधिकार शक्ति का प्रयोग राज्यपाल विशेष परिस्थितियों में स्वतंत्र रूप से कर सकते हैं।

विधायी शक्ति के अंतर्गत राज्यपाल विधान मंडल के सम्मेलनों को बुला सकते हैं और अध्यादेश जारी कर सकते हैं।

अनिवार्य शक्ति राज्यपाल की शक्तियों में सम्मिलित नहीं है, क्योंकि इस प्रकार की कोई शक्ति संविधान में नहीं दी गई है।

40. (c) मृत सागर एक खारे पानी की झील है जो पूर्व में जॉर्डन और पश्चिम में इज़राइल और फ़िलिस्तीन से घिरी हुई है।

यह दुनिया के सबसे खारे जल निकायों में से एक है, जिसकी लवणता 34.2% है, जो समुद्र से लगभग दस गुना अधिक है।

मृत सागर की उच्च लवणता के कारण यह पौधों और जानवरों के लिए कठोर वातावरण है, इसलिए इसका यह नाम पड़ा।

यह पृथ्वी की सतह पर शुष्क भूमि पर सबसे निचले बिंदु पर स्थित है, जो समुद्र तल से लगभग 430 मीटर नीचे है।

मृत सागर अपने खनिज युक्त पानी और चिकित्सीय गुणों के लिए प्रसिद्ध है, जो कल्याण और स्पा उपचार के लिए आगंतुकों को आकर्षित करता है।

41. (d) मान लीजिए कि ईंधन का वास्तविक मूल्य ₹100 है।

पहले महीने के बाद (40% कमी):

40% कमी के बाद मूल्य 100 × (1 – 140/100) = 100 × 0.60 = ₹60

दूसरे महीने के बाद (10% कमी):

10% कमी के बाद मूल्य = 60 × (1 – 110/100) = 60 × 0.90 = ₹54 तीसरे महीने के बाद (50% कमी):

50% कमी के बाद मूल्य 54 × (1 – 150/100) = 54 × 0.50 = ₹27

चौथे महीने के बाद (50% वृद्धि):

50% वृद्धि के बाद मूल्य 27 × (1 + 150/100) = 27 × 1.50 = ₹40.5

प्रतिशत परिवर्तन = [(अंतिम मूल्य वास्तविक मूल्य)/ वास्तविक मूल्य] × 100

प्रतिशत परिवर्तन [(40.5 – 100)/100] × 100

प्रतिशत परिवर्तन (–59.5/100) × 100 = –59.5%

इसलिए, वास्तविक मूल्य की तुलना में चौथे महीने में ईंधन के मूल्य में 59.5% की कमी आई है।

42. (d) माना स्थिर जल में नाव की गति x किमी/घंटा है।

धारा की दिशा में गति = $x + 9$ किमी/घंटा

धारा की विपरीत दिशा में गति = $x - 9$ किमी/घंटा

धारा के अनुकूल यात्रा में लिया गया समय = $56/(x+9)$

धारा के प्रतिकूल यात्रा में लिया गया समय = $28/(x-9)$

कुल समय = 7 घंटे

$\Rightarrow \quad 56/(x+9) + 28/(x-9) = 7$

दोनों पक्षों को $(x+9)(x-9)$ से गुणा करें:

$= 56(x-9) + 28(x+9) = 7(x+9)(x-9)$

$\Rightarrow 56x - 504 + 28x + 252 = 7(x^2 - 81)$

$\Rightarrow 84x - 252 = 7x^2 - 567$

$\Rightarrow 7x^2 - 84x - 315 = 0$

संपूर्ण समीकरण को 7 से विभाजित करने पर

$\Rightarrow x^2 - 12x - 45 = 0$

द्विघात समीकरण का गुणनखंडन करने पर

$\Rightarrow (x-15)(x+3) = 0$

$\Rightarrow x = 15$ या $x = -3$

चूँकि गति ऋणात्मक नहीं हो सकती, $x = 15$ किमी/घंटा

स्थिर जल में नाव की गति 15 किमी/घंटा है।

43. (b) मान लीजिए कि विक्रय मूल्य (SP) 100 है

क्रय मूल्य (CP) = SP का 75% = 75

लाभ = SP – CP = 100 – 75 = 25

$\text{लाभ\%} = \frac{25}{75} \times 100$

$\Rightarrow \text{लाभ\%} = \frac{1}{3} \times 100$

$\Rightarrow$ लाभ% = 33.33%

लाभ प्रतिशत 33(1)/(3) % है।

44. (d) SI = (P × R × T)/100

318 = (P × 6 × 2)/100

$\Rightarrow$ 318 = (12P)/100

$\Rightarrow$ 31800 = 12P

$\Rightarrow$ P = 31800/12

$\Rightarrow$ P = 2650

मूलधन राशि ₹2650 है।

45. (d) सबसे पहले, समानुपातिक स्थिरांक k ज्ञात कीजिए:

$k = M/H$

$\Rightarrow k = 324/6$

$\Rightarrow k = 54$

अब, 29 घंटे के कार्य के लिए अर्जित धन की गणना कीजिए:

$M = k \times H$

सबसे पहले, समानुपातिक स्थिरांक k ज्ञात कीजिए:

$k = M/H$

$\Rightarrow k = 324/6$

$\Rightarrow k = 54$

अब, 29 घंटे के कार्य के लिए अर्जित धन की गणना कीजिए:

$M = k \times H$

$\Rightarrow M = 54 \times 29$

$\Rightarrow M = 1{,}566$

29 घंटों में अर्जित धन की राशि ₹1,566 है।

46. (a) 400 सेबों का क्रय मूल्य (CP) = (1200/100) × 400 = ₹4800

विक्रय मूल्य (SP) = क्रय मूल्य + लाभ ₹4800 + ₹800 = ₹5600

400 सेबों में दर्जन की संख्या = 400/12 = 33.33 दर्जन

प्रति दर्जन विक्रय मूल्य = कुल विक्रय मूल्य/दर्जन की संख्या

प्रति दर्जन विक्रय मूल्य = ₹5600/33.33 = ₹168 इसलिए, सेब का प्रति दर्जन विक्रय मूल्य ₹168 है।

47. (b) दिया गया है-

व्यंजक: $\left[(23\times5)\times\left\{6\div6\times\frac{(18-14)}{4}\right\}\right]$

क्रियाओं का क्रम (BODMAS/BIDMAS): कोष्ठक, घात (यानी घात और वर्गमूल, आदि), भाग और गुणा, जोड़ और घटाव

गणना:

$\left[(23\times5)\times\left\{6\div6\times\frac{(18-14)}{4}\right\}\right]$

$\Rightarrow \left[(115)\times\left\{6\div6\times\frac{(4)}{4}\right\}\right]$

$\Rightarrow [(115)\times\{6\div6\times1\}]$

$\Rightarrow 115$

48. (d) अभाज्य गुणनखंडन:

$56 = 2^3\times7$

$30 = 2\times3\times5$

$108 = 2^2\times3^3$

$120 = 2^3\times3\times5$

$LCM = 2^3\times3^3\times5\times7$

$\Rightarrow LCM = 8\times27\times5\times7$

$\Rightarrow LCM = 216\times5\times7$

$\Rightarrow LCM = 1080\times7$

$\Rightarrow LCM = 7560$

56, 30, 108 और 120 का LCM, 7560 है।

49. (c) मान लीजिए कि अजय को दी गई राशि x है, और प्रकाश को दी गई राशि ₹ $(1224-x)$ है।

प्रश्न के अनुसार, अजय और प्रकाश को 18 और 19 वर्षों के बाद समान राशि मिली है, इसलिए हम उनकी राशियों के लिए समीकरण लिख सकते हैं:

$x(1+4/100)^{18} = (1224-x)(1+4/100)^{19}$

$= x(1.04)^{18} = (1224-x)(1.04)^{19}$

अब, दोनों पक्षों को $(1.04)^{18}$ से विभाजित करें:

$\Rightarrow x = (1224-x)(1.04)$

$\Rightarrow x = 1224\times1.04 - x\times1.04$

$\Rightarrow x + x\times1.04\ 1224\times1.04$

$\Rightarrow x(1+1.04) = 1224\times1.04$

$\Rightarrow x\times2.04 = 1224\times1.04$

$\Rightarrow x = (1224\times1.04)/2.04$

$\Rightarrow x = 1272.96/2.04$

$\Rightarrow x =$ ₹624

प्रकाश को दी गई राशि 1224624 = 600

इसलिए, विजय ने प्रकाश को ₹600 दिए थे।

50. (d) मान लीजिए दूसरी संख्या x है।

दो संख्याओं का गुणनफल = $33\times x$

दिया गया है, दो संख्याओं का गुणनफल = LCM × HCF

$\Rightarrow 33\times x = 66\times11$

$\Rightarrow 33\times x = 726$

$\Rightarrow x = 726/33$

$\Rightarrow x = 22$

दूसरी संख्या 22 है।

51. (d) आयतन को 3 से गुणा करने पर,

मूल गोले का आयतन = $\frac{4}{3}\pi r^3$

नए गोले का आयतन = $\frac{4}{3}\pi(3r)^3$

$\Rightarrow$ नए गोले का आयतन = $\frac{4}{3}\pi(27r^3)$

$\Rightarrow$ नए गोले का आयतन = $27\times\frac{4}{3}\pi r^3$

= नए गोले का आयतन = मूल गोले के आयतन का 27 गुना

मूल गोले के आयतन का नए गोले के आयतन से अनुपात = 1 : 27

सही उत्तर विकल्प (d) है।

52. (d) दिया गया है-

ध्वनि की गति = दूरी/समय

ध्वनि की गति = 1,350 मीटर/3 सेकंड

ध्वनि की गति = 450 मीटर प्रति सेकंड

इसलिए, ध्वनि की गति 450 मीटर/सेकंड है।

53. (d) कुल कार्य = LCM (18, 27) = 54 इकाई

रीतु और मोना की दक्षता 54/18 = 3

रीतु की दक्षता = 54/27 = 2

मोना की दक्षता = 3 – 2 = 1

मोना को अकेले पेंटिंग को पूरा करने में लगा समय 54/1 = 54 दिन

सही उत्तर विकल्प (d) है।

54. (a) **चरण 1:** 153 और 117 का HCF

153 = 1171 + 36

117 = 36 × 3 + 9

36 = 9 × 4 + 0

$\Rightarrow$ HCF (153, 117) = 9

चरण 2: चरण 1 के परिणाम और 405 का HCF

405 = 9 × 45 + 0

= HCF (9, 405) = 9

153, 117 और 405 का HCF, 9 है।

55. (a) x का 4% = 72

$4/100\times x = 72$

$\Rightarrow 4x/100 = 72$

$\Rightarrow 4x = 72\times100$

$\Rightarrow 4x = 7200$

$\Rightarrow x = 7200/4$

$\Rightarrow x = 1800$

सही उत्तर विकल्प (a) है।

56. (d) मान लीजिए कि दो संख्याएँ $19x$ और $24x$ हैं।

जब प्रत्येक संख्या में से 36 घटाया जाता है, तो अनुपात बन जाता है-

$\frac{19x-32}{23x-36} = \frac{3}{4}$

$4(19x-36) = 3(24x-36)$

$\Rightarrow 76x - 144 = 72x - 108$

$\Rightarrow 76x - 72x = 144 - 108$

$\Rightarrow 4x = 36$

$\Rightarrow\ = 9$

अब, दो संख्याएँ हैं:

$19x = 19\times9 = 171$

$24x = 24\times9 = 216$

संख्याओं का योग = 171 + 216

संख्याओं का योग 387 है।

57. (d) वस्तु का अंकित मूल्य = ₹7,895

दी गई छूट = 4.2%

प्रयुक्त सूत्र:

विक्रय मूल्य = अंकित मूल्य (1 (छूट %/100))

विक्रय मूल्य ₹7, 895 × (1 – (4.2/100))

विक्रय मूल्य = ₹7,895 (10.042)

विक्रय मूल्य = ₹7,895 × 0.958

$\Rightarrow$ विक्रय मूल्य = ₹7,563.41

वस्तु का विक्रय मूल्य ₹7,563.41 है।

58. (d) मान लीजिए कि महेश ने विजय को ₹x और अजय को ₹ $(1617-x)$ दिए हैं।

दी गई शर्त के अनुसार, विजय और अजय को 13 और 14 वर्षों के बाद समान राशि मिली, इसलिए हम उनकी राशियों के लिए समीकरण लिख सकते हैं:

$x(1+10/100)^{13} = (1617-x)(1+10/100)^{14}$

$\Rightarrow x(1.1)^{13} = (1617-x)(1.1)^{14}$

$(1.1)^{13}$ से दोनों पक्षों को विभाजित करें:

$\Rightarrow x = (1617-x)(1.1)$

$\Rightarrow x = 1617\times1.1 - x\times1.1$

$\Rightarrow x + x\times1.1 = 1617\times1.1$

$\Rightarrow x(1+1.1) = 1617\times1.1$

$\Rightarrow x\times2.1 = 1617\times1.1$

$\Rightarrow x = (1617\times1.1)/2.1$

$\Rightarrow x = 1778.7/2.1$

$\Rightarrow x =$ ₹846.43 = ₹847

इसलिए, महेश ने विजय को ₹847 दिए थे।

59. (d) 54 विद्यार्थियों की कुल आयु = 54 × 37

54 विद्यार्थियों की कुल आयु = 1998

55 सदस्यों (शिक्षक सहित) की कुल आयु = 55 × 38

55 सदस्यों की कुल आयु = 2090

शिक्षक की आयु = 55 सदस्यों की कुल आयु –54 विद्यार्थियों की कुल आयु

शिक्षक की आयु 2090 – 1998

शिक्षक की आयु = 92

शिक्षक की आयु 92 वर्ष है।

60. (b) कुल स्कोर औसत स्कोर × खिलाड़ियों की संख्या

कुल स्कोर = 55 × 7

सही कुल स्कोर = 385 – 53 + 35

सही कुल स्कोर = 367

सही औसत स्कोर = 367/7

सही औसत स्कोर = 52.43

सही औसत स्कोर = 52.43 है।

61. (c) 'उसने कुछ नहीं खाया।' वाक्य में अनिश्चयवाचक सर्वनाम है।

जिन सर्वनाम शब्दों से वस्तु, व्यक्ति, स्थान आदि की निश्चितता का बोध नही होता, वे अनिश्चयवाचक सर्वनाम कहलाते हैं।

जैसे कुछ, किसी, कोई आदि । कुछ, किसी, कोई आदि शब्दों में कोई भी निश्चित नहीं हैं अर्थात् अनिश्चितता का बोध हो रहा है।

इसलिए ये शब्द अनिश्चयवाचक सर्वनाम में आते हैं।

उदाहरण–

- तुम कुछ गा रहे थे।
- वहां कोई भी नहीं हो सकता है।

62. (b) 'सारे कलाकार ऊपर हैं।' इस वाक्य का सम्बन्ध स्थानवाचक क्रिया-विशेषण से है। इसमें 'ऊपर' शब्द स्थान का बोध कराता है और क्रिया 'हैं' को विशेषित कर रहा है। वे शब्द जो क्रिया के घटित होने के स्थान का बोध कराते हैं, उन्हें स्थानवाचक क्रियाविशेषण कहते हैं।

जैसे - यहाँ, वहाँ, कहाँ, जहाँ, सामने, नीचे, ऊपर, आगे, भीतर, बाहर, दूर, पास, अंदर, किधर, इस ओर, उस ओर, इधर, उधर, जिधर, दाएँ, बाएँ, दाहिने आदि ।

63. (b) मूल वाक्य में "मालुम" लिखा गया है, जबकि शुद्ध वर्तनी "मालूम" है।

अन्य विकल्पों में "कर्यालय", "कार्यालये" और "मलूम" अशुद्ध रूप हैं।

अतः शुद्ध वाक्य होगा: यहाँ किसी को भी कार्यालय का पता मालूम नहीं है।

64. (c) 'मछली' का पर्यायवाची शब्द 'जलजीवन' होगा।

'मछली' के अन्य पर्यायवाची शब्द मीन, मत्स्य, शफरी, मकर, झख, झष, जलीय जीव।

65. (a) 'गमन' शब्द का विलोम शब्द 'आगमन होगा।

'गमन' शब्द का अर्थ है - जाना या प्रस्थान ।

'आगमन' शब्द का अर्थ आना या पहुंचना ।

66. (d) अशुद्ध वाक्य मेरे पीछे आप आये।

दिए गये वाक्य में शब्द- अर्थ प्रयोग की त्रुटि है,

यहाँ 'पीछे आप' सार्थक शब्द नहीं है और इससे सही अर्थ प्रकट नहीं हो रहा।

अतः सार्थक शब्द 'बाद आप' होना चाहिए।

शुद्ध वाक्य- मेरे बाद आप आये ।

67. (c) भारत गुटों से अलग रहने वाले देशों में शामिल है। 'गुटों से अलग रहने वाले वाक्यांश के स्थान पर उचित शब्द होगा - तटस्थ

'गुटों से अलग रहने वाले वाक्यांश के लिए उपयुक्त शब्द 'तटस्थ'

68. (b) वाक्य 'दुर्भाग्य से वह परीक्षा में बैठ न सका।'

वाक्य का संयुक्त वाक्य रूपांतरण है– उसका दुर्भाग्य था इसलिए वह परीक्षा में बैठ न सका।

69. (a) अशुद्ध वाक्य - वह बहुत ज्ञानी व्यक्ति है। उसने अनेकों ग्रन्थों की रचना की है।

दिए गये वाक्य में वचन प्रयोग की त्रुटि है,

यहाँ 'अनेकों' सार्थक शब्द नहीं है और इससे सही अर्थ प्रकट नहीं हो रहा।

अतः सार्थक शब्द 'अनेक' होना चाहिए। जबकि 'अनेक' शब्द का प्रयोग सदैव बहुवचन में होता है।

शुद्ध वाक्य- वह बहुत ज्ञानी व्यक्ति है। उसने अनेक ग्रन्थों की रचना की है।

70. (a) "रिधिमा आज अपने घर वर गयी होगी।' वाक्य में प्रयुक्त 'घर-वर' के शब्द युग्म होगा - सार्थक निरर्थक

वाक्य में प्रयुक्त "घर-वर" शब्द युग्म सार्थक निरर्थक है। "घर" का अर्थ है निवास स्थान।

जबकि "वर" का अर्थ यहां निरर्थक है और इसका कोई सापेक्ष अर्थ नहीं निकलता।

71. (c) 'आसक्ति' का अर्थ- गहरी चाह

ऐसे शब्द जो केवल एक ही प्रकार का अर्थ प्रकट करते है, उन्हें एकार्थक शब्द कहा जाता है।

72. (b) 'हाथ का मैल होना' मुहावरे का सही अर्थ इनमें से होगा- अत्यंत तुच्छ होना

'हाथ का मैल होना' का अर्थ अत्यंत तुच्छ होना

वाक्य प्रयोग - अंबानी और अडानी के लिए तो पैसा "हाथ का मैल है", जो वस्तु चाहे खरीद ले।

73. (d) 'ब्रह्मा' का पर्यायवाची शब्द 'लोकेश' है।

'ब्रह्मा' के अन्य पर्यायवाची शब्द विधि, अज, स्वयंभू, पितामह, आत्मभू, विधाता, चतुरानन, कर्तार, कमलासन, नाभिजन्म, हिरण्यगर्भ।

74. (c) 'किसी शुभ कार्य को विधि विधान और श्रद्धापूर्वक करना' वाक्यांश के लिए एक शब्द होगा - अनुष्ठान

वाक्यांश के लिए उपयुक्त शब्द अनेक शब्दों के लिए एक शब्द को प्रयुक्त करना ही वाक्यांश के लिए एक शब्द कहलाता है।

75. (d) 'आपने चाय-वाय पी ली होगी।' वाक्य में प्रयुक्त 'चाय वाय' का शब्द युग्म है- सार्थक निरर्थक

- 'आपने चाय-वाय पी ली होगी।' इस वाक्य में प्रयुक्त 'चाय वाय' का शब्द युग्म सार्थक - निरर्थक है।
- 'चाय' एक सार्थक शब्द है जबकि 'वाय' निरर्थक शब्द के रूप में प्रयोग किया गया है।

76. (d) महात्मा फुले के अनुसार जिस परिवार में पिता बौद्ध, माता ईसाई, बेटी मुसलमान और बेटा सत्यधर्मी हो, उस परिवार को आदर्श परिवार की संज्ञा दी है।

77. (d) 'महात्मा' शब्द में संधि का प्रयोग हुआ है– महा + आत्मा

'महात्मा' शब्द का संधि विच्छेद- 'महा + आत्मा' (आ+ आ आ) होता है। 'महात्मा' शब्द में 'दीर्घ स्वर संधि' है।

78. (d) महात्मा फुले को 'महात्मा' की उपाधि से 1888 सम्मानित किया गया।

79. (c) ज्योतिबा फुले की सबसे बड़ी विशेषता थी जो कहते थे वही अपने आचरण एवं व्यवहार में उतारते थे।

80. (c) उपर्युक्त गद्यांश का उचित शीर्षक होगा– ज्योतिबा फुले के आदर्श विचार

❑❑❑

सामान्य बुद्धिमत्ता एवं तर्कशक्ति

1

अध्याय

सादृश्यता

सादृश्यता

सामान्यतः सादृश्यता का अर्थ होता है समानता। इस तरह के प्रश्नों में वस्तु, शब्द, अक्षर, संख्या के बीच आपस के संबंध को प्रदर्शित किया जाता है। सादृश्यता के परीक्षण में दो वस्तुओं के संबंध को प्रदर्शित करना होता है। जिसमें तीसरे के संबंध को चौथे से, विकल्पों के माध्यम से संबंध को प्रदर्शित करना होता है, इसमें तर्कशक्ति के आकलन पर आपस के संबंधों को परिलक्षित करना होता है।

1. अक्षर सादृश्यता

इसके अन्तर्गत अंग्रेजी वर्णमाला के अक्षरों अथवा अक्षर समूहों पर आधारित प्रश्न होते हैं–

- इन प्रश्नों में प्रथम दो अक्षर समूहों के संबंध को ज्ञात कर इसी आधार पर तीसरे अक्षर समूह को ज्ञात करना होता है।
- इस प्रकार के प्रश्नों के लिए अक्षर क्रम को जानना आवश्यक होता है। इसमें अक्षरों के स्वर, व्यंजन, बड़े अक्षर, छोटे अक्षर तथा अक्षरों के आवर्तन पर आधारित होता है।

उदाहरण 1. : यदि 'E' संबंधित है, 'BH' से उसी प्रकार से 'N' किससे संबंधित है?

(a) IP (b) KQ (c) LP (d) KR

हल : (b) जिस तरह,

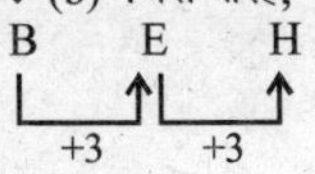

उसी प्रकार,

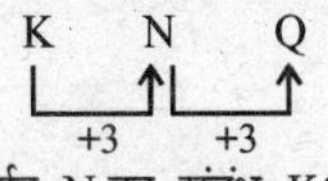

अर्थात् N का संबंध KQ से है।

उदाहरण 2. : SANDY : HZMWB : : CRATE : ?

(a) XINVG (b) XIZGV
(c) XIGZV (d) XZIGV

हल : (b) जिस तरह,

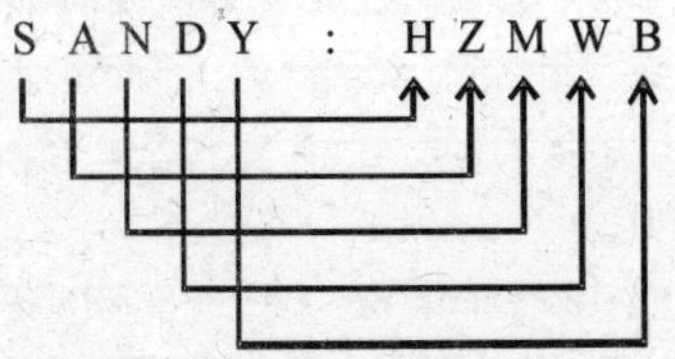

उसी प्रकार,

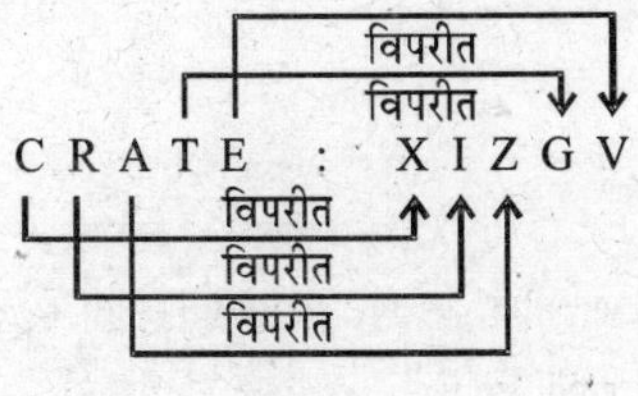

उदाहरण 3. : NJMP : PLOR : RTVZ : ?

(a) VTXZ (b) TVXZ (c) TVZX (d) SVZX

हल : (b) जिस तरह,

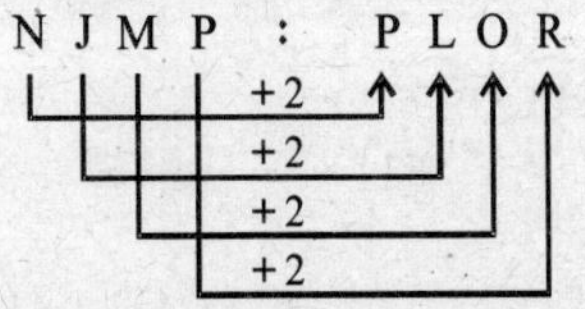

उसी प्रकार,

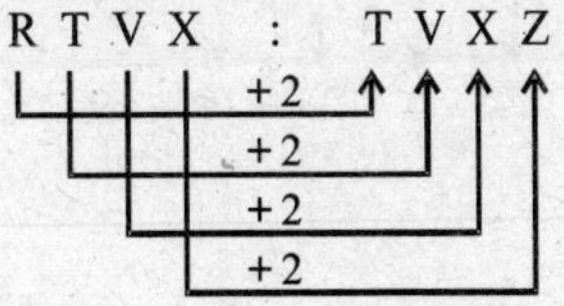

उदाहरण 4. : EJOT : ? : : YDIN : VAFK

(a) LQGB (b) BGLQ (c) QBGL (d) BGQL

हल : (b) जिस तरह,

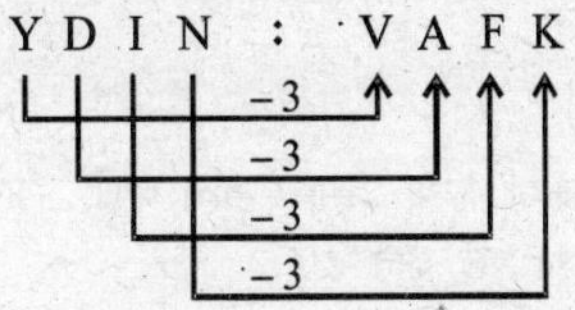

उसी प्रकार,

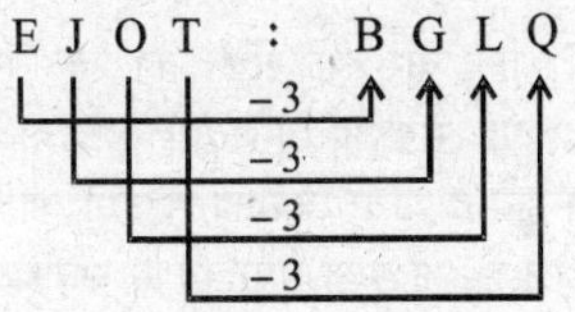

2. अक्षर-संख्या सादृश्यता

इस प्रकार के प्रश्नों में वर्णमाला अक्षर एवं संख्याओं के मध्य एक प्रकार का संबंध होता है। यह संबंध वर्णमाला अक्षर के साथ संख्याओं का भी संबंध होता है।

- अक्षर-संख्या का संबंध उसकी शृंखला पर आधारित होता है। जिसमें अक्षरों के वर्णमाला क्रम के आधार पर होता है।
- दिए गए प्रश्नों में : : चिह्न के बाईं ओर एक अक्षर युग्म एवं संख्याएँ तथा दाईं ओर एक अक्षर युग्म/संख्याएँ एवं एक प्रश्नवाचक चिह्न (?) दिया गया होता है, जिसमें उत्तर विकल्प से पता करना होता है कि कौन-सा युग्म सही है।

उदाहरण 1. : STAR : 1920118 ; MARS : 1311819 ; PARK : ?

(a) 1618111 (b) 1611811
(c) 1811611 (d) 1712812

हल : (b) जिस तरह,

S T A R → 19 20 1 18 ; M A R S → 13 1 18 19

(वर्णमाला क्रम)

उसी प्रकार,

P A R K → 16 1 18 11

उदाहरण 2. : DUCK : 69 : : BEST : ?

(a) 68 (b) 64 (c) 82 (d) 62

हल : (d) जिस तरह,

DUCK ⟶ W F X P

23 + 6 + 24 + 16 = 69

उसी प्रकार,

BEST —विपरीत→ Y V H G

25 + 22 + 8 + 7 ≐ 62

3. संख्या सादृश्यता

इस प्रकार के प्रश्नों में संख्याओं के क्रम भाज्य, अभाज्य तथा वर्णों, गुणनफल, जोड़, घटाव इत्यादि पर आधारित प्रश्न पुछे जाते हैं।

- इस प्रकार के प्रश्नों में गणितीय संक्रियाओं के आधार पर भी प्रश्न पूछे जाते हैं।
- इस प्रकार के प्रश्नों में संख्याओं (तीन, चार तथा पाँच) का एक समुच्चय दिया गया होता है, जिसमें दी गई संख्याएँ गणितीय संक्रियाओं के आधार पर एक-दूसरे से संबंधित होते हैं। उत्तर विकल्प में उसी आधार पर अन्य समुच्चय को ज्ञात करना होता है, जो प्रश्न समुच्चय से संबंधित होता है।

उदाहरण 1. : उस विकल्प का चयन करें जो तीसरे पद से उसी प्रकार संबंधित है, जैसे- पहला पद दूसरे पद से

29 : 13 : : 37 : ?

(a) 21 (b) 17 (c) 14 (d) 15

हल : (b) जिस तरह,

$$\frac{29-3}{2}=\frac{26}{2}=13$$

उसी प्रकार,

$$\frac{37-3}{2}=\frac{34}{2}=17$$

उदाहरण 2. : उस संख्या युग्म का चयन कीजिए जिसमें दोनों संख्याएँ आपस में उसी प्रकार संबंधित है, जिस प्रकार दोनों संख्याओं नीचे दिए गए संख्या युग्म में आपस में संबंधित है–

4 : 32

(a) 10 : 160 (b) 8 : 248 (c) 6 : 108 (d) 5 : 62

हल : (c) जिस तरह,

$$(4)^2\times\frac{4}{2}=16\times 2=32$$

उसी प्रकार,

$$(6)^2\times\frac{6}{2}=36\times 3=108$$

उदाहरण 3. : उस समुच्चय का चयन कीजिए जिसमें संख्याएँ उसी तरह आपस में संबंधित है, जिस प्रकार संख्याएँ नीचे दिए गए समुच्चय में आपस में संबंधित है–

(5, 13, 12)

(a) (15, 19, 13) (b) (13, 17, 11)
(c) (11, 15, 9) (d) (6, 10, 8)

हल : (d) जिस तरह,

$$\sqrt{(5)^2+(12)^2}=\sqrt{25+144}$$

$$=\sqrt{169}=13$$

उसी प्रकार,

$$\sqrt{(6)^2+(8)^2}=\sqrt{36+64}$$

$$=\sqrt{100}=10$$

उदाहरण 4. : विकल्पों में से संबंधित संख्या युग्म कौन है?

63 : 36 : : ? : ?

(a) 94 : 49 (b) 35 : 54
(c) 47 : 72 (d) 73 : 39

हल : (a) जिस तरह, उसी प्रकार,

6 3 — 3 6 9 4 — 4 9

4. शब्द सादृश्यता

इस प्रकार के प्रश्नों में दिए गए हिन्दी/अंग्रेजी शब्दों के संबंधों के आधार पर विकल्प उत्तर को ज्ञात करना होता है।

- दो शब्दों के संबंध के आधार पर तीसरे शब्द के संबंध को स्थापित करना।
- इसके अंतर्गत शब्द/शब्द समूहों की समानता पर आधारित प्रश्न होते हैं।
- इसमें एक ऐसा विकल्प चुनना होता है, जिसमें दो शब्दों के संबंध से तीसरा संबंध स्थापित हो जाय।

उदाहरण 1. : दिए गए विकल्पों में उस शब्द युग्म का चयन कीजिए जिसके दोनों शब्द आपस में उसी प्रकार संबंधित है, जिस प्रकार नीचे लिखे गए शब्द युग्म के शब्द आपस में संबंधित है–

पुस्तक : ज्ञानकोश

(a) सरीसृप : अजगर (b) टेनिस-बॉल
(c) वृक्ष : वन (d) फर्नीचर : लकड़ी

हल : (a) जिस प्रकार 'ज्ञानकोश' पुस्तक के अंतर्गत आता है, उसी प्रकार 'अजगर' सरीसृप के अंतर्गत आता है।

उदाहरण 2. : जिस प्रकार क्रिया का संबंध प्रतिक्रिया से है, उसी प्रकार 'उकसाना' .... से संबंधित है।

(a) दूरदृष्टि (b) प्रतिपुष्टि
(c) अनुक्रिया (d) स्वागत

हल : (c) जिस प्रकार क्रिया का विपरीत प्रतिक्रिया है, उसी प्रकार उकसाना का विपरीत अनुक्रिया होता है।

उदाहरण 3. : उस विकल्प का चयन करें जो तीसरे पद से उसी प्रकार संबंधित है, जैसे दूसरा पद पहले से संबंधित है।

प्रसन्न : आनंदित : : उदास :?

(a) संतुष्ट (b) आनंदपूर्ण
(c) विषादग्रस्त (d) विनोदपूर्ण

हल : (c) जिस प्रकार प्रसन्न का पर्याय 'आनंदित' है उसी प्रकार 'उदास' का पर्याय 'विषादग्रस्त' है।

उदाहरण 4. : निम्नलिखित प्रश्नों में तीन शब्द दिए गए हैं, जिनमें कुछ सामान्य विशेषता है। इन शब्दों के नीचे विकल्प दिए गए हैं, जिनमें से किसी एक में यह समान विशेषता है। सही उत्तर विकल्प को चुनिए–

खरगोश, चूहा, बकरी

(a) मांसाहारी (b) शाकाहारी
(c) अण्डज (d) गाय

हल : (d) प्रश्न में सभी शाकाहारी जानवर दिए गए हैं और गाय भी एक शाकाहारी जानवर है।

उदाहरण 5. : Editor : Magazine : : ?

(a) Novel : Writer (b) Poem : Poet
(c) Chair : Carpenter (d) Director : Film

हल : (d) जिस प्रकार Editor की Magazine में प्रमुख भूमिका होती है, उसी प्रकार Director की Film में प्रमुख भूमिका होती है।

प्रश्नमाला

1. उस विकल्प का चयन करें, जिसका तीसरे पद से वही संबंध है, जो दूसरे पद का पहले पद से है।

BLCM : FHGI : : KHWS : ?

(a) ODAO (b) OLAW
(c) ODSO (d) OLSO

2. उस विकल्प का चयन करें, जो तीसरे पद से उसी तरह संबंधित है, जैसे पहला पद, दूसरे पद से संबंधित है।

DFHJ : EHKN : : OQSU : ?

(a) PSVY (b) PQUY
(c) PRVX (d) PRVX

3. दिए गए विकल्पों में से उस अक्षर समूह के युग्म का चयन कीजिए, जिनके बीच में निम्नलिखित युग्म-सा संबंध हो।

BQZH : OGXI : : ?

(a) SQMN : UTYWZ
(b) PNML : STWN
(c) WBLK : RTID
(d) FLXR : YESM

4. उस विकल्प का चयन करें, जो तीसरे पद से उसी तरह संबंधित है, जिस तरह दूसरा पद, पहले पद से संबंधित है।

EFGH : VUTS : : JKLM : ?

(a) QNPO (b) QPNO
(c) QPON (d) QOPN

5. उस विकल्प का चयन कीजिए, जो तीसरे पद से उसी तरीके से संबंधित है, जिस तरह दूसरा पद, पहले पद से संबंधित है।

BILR : EFOO : : CJPT : ?

(a) FGSQ (b) QWNT
(c) MIEB (d) NODE

6. उस विकल्प को चुनें, जो तीसरे पद से उसी प्रकार से संबंधित है, जैसे पहला पद, दूसरे पद से संबंधित है।

BSTN : AQUP : : DNUC : ?

(a) BSTO (b) TSTB
(c) CLVE (d) TOUS

7. उस विकल्प का चयन कीजिए, जिसका तीसरे अक्षर-समूह से वही संबंध है, जो दूसरे अक्षर-समूह का पहले अक्षर-समूह से है।

MNTK : HIOF : : RUNA : ?

(a) MPJV (b) VZSF
(c) MPIV (d) NPIU

8. उस विकल्प का चयन कीजिए, जिसका तीसरे अक्षर-समूह से वही संबंध है, जो दूसरे अक्षर-समूह का पहले अक्षर-समूह से है।

COCK : FRFN : : HANG : ?

(a) KDQJ (b) JCOI
(c) COBH (d) IBOJ

9. उस विकल्प का चयन करें, जिसका तीसरे अक्षर-समूह के साथ वही संबंध है, जो दूसरे अक्षर-समूह का पहले अक्षर-समूह से है।

AEJ : ZVQ : : BFK : ?

(a) YUP (b) CGK
(c) LPT (d) TPL

10. उस विकल्प का चयन करें, जिसका तीसरे अक्षर-समूह के साथ वही संबंध है, जो दूसरे अक्षर-समूह का पहले अक्षर-समूह से है।

RAMO : SCPS : : VXMJ : ?

(a) WQZN (b) WQPN
(c) WPZN (d) WZPN

11. उस विकल्प का चयन करें, जिसका तीसरे पद से वही संबंध है, जो दूसरे पद का पहले पद से है।

L × V : 12 × 22 : : Q × Z : ?

(a) 18 × 10 (b) 12 × 14
(c) 17 × 26 (d) 11 × 15

12. उस विकल्प का चयन करें, जो तीसरे पद से उसी प्रकार से संबंधित है, जिस प्रकार दूसरा पद, पहले पद से संबंधित है।

INCH : 17 : : YARD : ?

(a) 38 (b) 48
(c) 26 (d) 24

13. उस विकल्प का चयन करें, जो तीसरी संख्या से उसी प्रकार संबंधित है, जैसे दूसरी संख्या, पहली संख्या से संबंधित है।

4 : 27 : : 25 : ?

(a) 30 (b) 216
(c) 36 (d) 125

14. उस विकल्प का चयन कीजिए, जो कि तीसरी संख्या से इस प्रकार संबंधित है, जिस प्रकार दूसरी संख्या, पहली संख्या से संबंधित है।

23 : 529 : : 27 : ?

(a) 625 (b) 676
(c) 729 (d) 576

15. 'चर्च', 'ईसाईयों' से उसी तरह संबंधित है, जिस तरह 'सिनेगोग (Synagonue)' '.........' से संबंधित है।

(a) यहूदियों (b) मुसलमानों
(c) जैनियों (d) पारसियों

16. दिए गए विकल्पों में से संबंधित संख्या ज्ञात कीजिए।

24 : 60 : : 120 : ?

(a) 160 (b) 220
(c) 300 (d) 108

17. उस विकल्प को चुनें, जो तीसरी संख्या से उसी तरह संबंधित है जैसे पहली संख्या, दूसरी से संबंधित है।

25 : 16 : : 41 : ?

(a) 32 (b) 30
(c) 51 (d) 31

18. उस विकल्प का चयन कीजिए, जिसमें दी गई संख्याओं के बीच वही संबंध है, जो दिए गए संख्या-युग्म में दी गई संख्याओं के बीच है।

11 : 132

(a) 9 : 93 (b) 7 : 61
(c) 6 : 48 (d) 8 : 72

19. वह विकल्प चुनें जो तीसरी संख्या से उसी प्रकार संबंधित हैं, जिस प्रकार दूसरी संख्या, पहली संख्या से और छठी संख्या, पाँचवीं संख्या से संबंधित हैं।

15 : 135 : :16: ? ::18 : 189

(a) 121 (b) 131
(c) 141 (d) 152

20. वह विकल्प चुनें जिसमें संख्याएँ एक-दूसरे से उसी तरह से संबंधित हैं जैसे नीचे दिए गए सेट की संख्याएँ एक-दूसरे से संबंधित हैं।

(15, 315, 7)

(a) (18, 486, 9) (b) (917, 401, 121)
(c) (11, 188, 6) (d) (14, 197, 4)

21. वह विकल्प चुनें जो चौथी संख्या से उसी प्रकार संबंधित है, जिस प्रकार दूसरी संख्या से पहली संख्या और छठी संख्या से पाँचवीं संख्या संबंधित हैं।

1008 : 8 : : ? : 6 : : 120 : 4

(a) 350 (b) 524
(c) 420 (d) 443

22. वह विकल्प चुनें जिसमें संख्याएँ एक-दूसरे से उसी तरह से संबंधित हैं जैसे दिए गए सेट की संख्याएँ एक-दूसरे से संबंधित हैं।

(541, 14, 737)

(a) (635, 18, 924)
(b) (697, 13, 866)
(c) (432, 25, 1108)
(d) (832, 8, 895)

23. वह विकल्प चुनें जो चौथी संख्या से उसी प्रकार संबंधित है, जिस प्रकार दूसरी संख्या से पहली संख्या और छठी संख्या से पाँचवीं संख्या संबंधित है।

12 : 136 : : ? : 188 : : 24 : 568

(a) 32 (b) 41
(c) 26 (d) 14

24. वह विकल्प चुनें जिसमें संख्याएँ एक-दूसरे से उसी तरह से संबंधित हैं जैसे नीचे दिए गए सेट की संख्याएँ एक-दूसरे से संबंधित हैं।

(7, 9, 252)

(a) (8, 11, 352) (b) (12, 10, 260)
(c) (6, 9, 188) (d) (6, 8, 212)

25. वह विकल्प चुनें जो तीसरी संख्या से उसी प्रकार संबंधित है, जिस प्रकार दूसरी संख्या, पहली संख्या से संबंधित है।

39 : 27 :: 43 : ?

(a) 38 (b) 12
(c) 20 (d) 6

26. वह विकल्प चुनें जिसमें संख्याएँ एक-दूसरे से उसी तरह से संबंधित हैं जैसे नीचे दिए गए सेट की संख्याएँ एक-दूसरे से संबंधित हैं।

(18, 24, 144)

(a) (16, 12, 109)
(b) (26, 15, 130)
(c) (22, 18, 246)
(d) (18, 20, 137)

27. वह विकल्प चुनें जो चौथी संख्या से उसी प्रकार संबंधित है, जिस प्रकार दूसरी संख्या से पहली संख्या और छठी संख्या से पाँचवीं संख्या संबंधित हैं।

83 : 3 :: ? : 5 :: 258 : 4

(a) 222 (b) 527
(c) 123 (d) 627

28. वह विकल्प चुनें जिसमें संख्याएँ एक-दूसरे से उसी तरह से संबंधित हैं जैसे नीचे दिए गए सेट की संख्याएँ एक-दूसरे से संबंधित हैं।

(5, 11, 275)

(a) (9, 15, 270)
(b) (8, 14, 490)
(c) (4, 16, 256)
(d) (6, 18, 180)

29. वह विकल्प चुनें जो चौथी संख्या से उसी प्रकार संबंधित है, जिस प्रकार दूसरी संख्या से पहली संख्या और छठी संख्या से पाँचवीं संख्या संबंधित हैं।

11 : 81 : : ? : 121: : 8 : 36

(a) 10 (b) 18
(c) 13 (d) 12

30. वह विकल्प चुनें जिसमें संख्याएँ एक-दूसरे से उसी तरह से संबंधित हैं जैसे नीचे दिए गए सेट की संख्याएँ एक-दूसरे से संबंधित हैं।

(12, 121, 169)

(a) (14, 196, 225)
(b) (11, 144, 196)
(c) (17, 256, 324)
(d) (16, 161, 256)

31. वह विकल्प चुनें जिसमें संख्याएँ एक-दूसरे से उसी तरह से संबंधित हैं जैसे नीचे दिए गए सेट की संख्याएँ एक-दूसरे से संबंधित हैं।

(4, 7, 359)

(a) (10, 3, 172)
(b) (6, 8, 548)
(c) (5, 4, 98)
(d) (3, 2, 71)

32. वह विकल्प चुनें जिसमें संख्याएँ एक-दूसरे से उसी तरह से संबंधित नहीं हैं जैसे नीचे दिए गए सेट की संख्याएँ एक-दूसरे से संबंधित हैं।

(64, 91, 118)

(a) (55, 82, 109)
(b) (48, 75, 102)
(c) (46, 73, 101)
(d) (72, 99, 126)

33. वह विकल्प चुनें जिसमें संख्याएँ एक-दूसरे से उसी तरह से संबंधित हैं जैसे नीचे दिए गए सेट की संख्याएँ एक-दूसरे से संबंधित हैं।

(12, 14, 143)

(a) (17, 12, 134)
(b) (16, 10, 235)
(c) (15, 19, 252)
(d) (12, 18, 246)

34. वह विकल्प चुनें जो तीसरी संख्या से उसी प्रकार संबंधित है, जिस प्रकार दूसरी संख्या पहली संख्या से संबंधित है।

23 : 531 : : 27 : ?

(a) 656 (b) 573
(c) 731 (d) 802

35. वह विकल्प चुनें जिसमें संख्याएँ एक-दूसरे से ठीक उसी तरह से संबंधित हैं जैसे नीचे दिए गए सेट की संख्याएँ एक-दूसरे से संबंधित हैं।

(12, 60, 84)

(a) (13, 65, 81)
(b) (15, 85, 105)
(c) (16, 80, 112)
(d) (14, 75, 98)

36. वह विकल्प चुनें जो तीसरी संख्या से उसी प्रकार संबंधित है, जिस प्रकार दूसरी संख्या पहली संख्या से संबंधित है।

9 : 91 : : 13 : ?

(a) 183 (b) 203
(c) 132 (d) 99

37. वह विकल्प चुनें जिसमें संख्याएँ एक-दूसरे से उसी तरह से संबंधित हैं जिस तरह से नीचे दिए गए सेट की संख्याएँ एक-दूसरे से संबंधित हैं।

(59, 118, 295)

(a) (10, 20, 37)
(b) (15, 34, 45)
(c) (9, 20, 25)
(d) (17, 34, 85)

38. वह विकल्प चुनें जिसमें संख्याएँ एक-दूसरे से उसी तरह से संबंधित हैं जिस तरह से

नीचे दिए गए सेट की संख्याएँ एक-दूसरे से संबंधित हैं?
(6, 14, 30)
(a) (4, 16, 28) (b) (7, 12, 22)
(c) (6, 12, 22) (d) (5, 12, 26)

39. उस विकल्प का चयन करें जिसका तीसरी संख्या से वही संबंध है जो दूसरी संख्या का पहली संख्या से और छठी संख्या का पाँचवीं संख्या से है।
72 : 108 :: 84 : ? :: 102 : 153
(a) 135 (b) 117
(c) 144 (d) 126

40. उस विकल्प का चयन करें, जिसमें संख्याओं का आपस में वही संबंध है, जो नीचे दिए गए समुच्चय की संख्याओं के बीच है।
(13, 65, 117)
(a) (12, 55, 109)
(b) (15, 75, 135)
(c) (14, 70, 127)
(d) (17, 85, 163)

41. उस विकल्प का चयन करें जिसका तीसरी संख्या से वही संबंध है जो दूसरी संख्या का पहली संख्या से हैं।
4 : 69 : : 11 : ?
(a) 198 (b) 1336
(c) 1029 (d) 176

42. उस विकल्प का चयन करें, जिसमें संख्याओं का आपस में वही संबंध है, जो नीचे दिए गए समुच्चय की संख्याओं के बीच है।
(7, 98, 196)
(a) (11, 154, 308)
(b) (20, 267, 520)
(c) (18, 185, 360)
(d) (15, 190, 380)

43. उस विकल्प का चयन करें, जिसका तीसरे पद के साथ वही संबंध है, जो दूसरे पद का पहले पद से है।
घड़ी : समय : : थर्मामीटर : ?
(a) बीमारी (b) तापमान
(c) बुखार (d) मौसम

44. उस विकल्प का चयन करें, जिसमें दिए गए शब्दों के बीच वही संबंध है, जो दिए गए शब्द-युग्म के शब्दों के बीच है।
प्रकाश संश्लेषण = सूर्य का प्रकाश
(a) प्रिंटर = डेस्कजेट
(b) पंखा = प्रकाश
(c) पुस्तक = पत्रिका
(d) लेखन = कलम

45. उस विकल्प का चयन करें, जिसका तीसरे पद के साथ वही संबंध है, जो दूसरे पद का पहले पद से है।
जीभ : स्वाद : : फेफड़े : ?
(a) स्वेदन (b) श्वसन
(c) परिसंचरण (d) संवेदन

46. उस विकल्प का चयन करें, जिसका चौथे शब्द से वही संबंध है, जो पहले शब्द का दूसरे शब्द से है।
कमीज : पतलून : : ? : मेज
(a) अलमारी (b) कुर्सी
(c) फर्नीचर (d) पलंग

47. उस विकल्प का चयन करें, जिसका तीसरे शब्द से वही संबंध है, जो दूसरे शब्द का पहले शब्द से है।
उत्तर प्रदेश : लखनऊ : : मध्य प्रदेश : ?
(a) ग्वालियर (b) इंदौर
(c) भोपाल (d) जबलपुर

48. उस विकल्प का चयन करें, जिसमें दिए गए शब्दों के बीच वही संबंध है, जो दिए गए शब्द-युग्म के शब्दों के बीच है।
किंगफिशर : पक्षी : : सेब : ?
(a) बिल्ली (b) शरीर
(c) गर्म (d) फल

49. उस विकल्प का चयन कीजिए, जो तीसरे शब्द से उसी प्रकार संबंधित है, जिस प्रकार दूसरा शब्द पहले शब्द से संबंधित है।
हिमाचल प्रदेश : धर्मशाला : : महाराष्ट्र : ?
(a) गुजरात (b) चण्डीगढ़
(c) कोलकाता (d) नागपुर

50. उस विकल्प का चयन कीजिए, जिसका तीसरे पद के साथ वही संबंध है, जो दूसरे पद का पहले पद से है।
कानून : आदेश : : अपराध : ?
(a) युद्ध (b) सजा
(c) शांति (d) अपराधी

51. उस विकल्प का चयन करें जो तीसरे शब्द से उसी प्रकार संबंधित है, जिस प्रकार दूसरा शब्द पहले शब्द से संबंधित है।
खेल : चेस : : उपकरण : ?
(a) कुर्सी
(b) अभियंता
(c) कम्प्यूटर
(d) अलमारी

52. उस विकल्प का चयन करें, जिसका तीसरे शब्द से वही संबंध है, जो दूसरे शब्द का पहले शब्द से है।
चिकित्सक : रोग : : पुलिस : ?
(a) अपराध
(b) कानून
(c) बल
(d) अनुशासन

53. पशु का प्राणी विज्ञान से वही संबंध है, जो बीमारी का .... से है।
(a) हृदय विज्ञान (b) वनस्पति विज्ञान
(c) रोग विज्ञान (d) ज्योतिष विज्ञान

54. जिस तरह 'भवन' 'मिस्त्री' से संबंधित है, उस तरह 'फर्नीचर' .... से संबंधित है।
(a) बढ़ई (b) लकड़ी
(c) डिजाइनर (d) ठेकेदार

55. 'वर्मपंखी' का 'रेंगना' के साथ वही संबंध है, जो 'गाय' का '..................' से है।
(a) चलना (b) तैरना
(c) रंभाना (d) कूदना

56. 'कहानी' का 'पाठक' के साथ वही संबंध है, जो '.........' का 'श्रोता' से है।
(a) गीत (b) गायक
(c) नृत्य (d) गीत के बोल

57. 'बैरा' का 'रेस्तरां' से वही संबंध है, जो 'कामगार' का '..........' से है।
(a) स्कूल (b) कारखाना
(c) घर (d) दुकान

58. दिए गए विकल्पों में से उस शब्द का चयन करें, जिसका 'कसाई' के साथ वही संबंध है, जो 'जूता' का 'मोची' से है।
(a) प्लास्टिक (b) मांस
(c) सब्जियाँ (d) लकड़ी

59. निम्नलिखित चार विकल्पों में से एक शब्द का चयन कीजिए जो 'दक्षिण अफ्रीका' से उसी प्रकार संबंधित है जैसे 'फारसी' शब्द 'ईरान' से संबंधित है।
(a) देश (b) पुर्तगाली
(c) अफ्रीका (d) अंग्रेजी

60. उस विकल्प का चयन कीजिए, जिसका तीसरे पद के साथ वही संबंध है, जो दूसरे शब्द का पहले शब्द से है।
न्यायाधीश : फैसला : : कोच : ?
(a) प्रशिक्षण (b) टीम
(c) खेल (d) खिलाड़ी

61. 'क्रिकेट' का 'बल्ले' से वही संबंध है, जो 'टेनिस' का .... से है।
(a) दस्ताने (b) स्टिक
(c) विकेट (d) रैकेट

62. 'चित्रकारी' (Painting) का 'तुलिका' (Brush) से वही संबंध है, जो 'पत्र' (Letter) का '..........' से है।
(a) कलम (b) स्याही
(c) डाकघर (d) लेखक

63. उस शब्द-युग्म का चयन करें, जिसका 'पैसा' ('Paisa') के साथ वही संबंध है, जो 'सेंटीमीटर' ('Centimetre') का 'मीटर' ('Metre') से है।
(a) पूँजी (b) सिक्का
(c) धन (d) रुपया

64. 'मिनट' का 'घंटे' से वही संबंध है, जो 'इंच' का ...... से है।
(a) मीटर (b) फुट
(c) माप (d) सेंटीग्रेड

65. 'आपूर्ति', 'माँग' से उसी प्रकार संबंधित है जिस प्रकार 'उत्पादन', ... से।
(a) कारखाना (b) मालसूची
(c) आय (d) उपभोग

66. 'प्रकाश' का 'अंधेरे' से वही संबंध है, जो 'पारदर्शी' का ...... से है।
(a) अर्द्ध-पारदर्शी (b) काँच
(c) अपारदर्शी (d) कागज

67. 'गाय', 'पशु' से वैसे संबंधित है जैसे 'गोरैया' '........' से संबंधित है।
(a) फूल (b) भोजन
(c) कीट (d) पक्षी

68. 'श्वेत क्रांति' जिस प्रकार 'दुग्ध उत्पादन' से संबंधित है, उसी प्रकार 'पीली क्रांति' का संबंध '........' से है।
(a) आलू (b) शहद
(c) तिलहन (d) अंडा

69. 'हृदय' का जो संबंध 'कार्डियोलॉजी' (Cardiology) से है वही संबंध 'वृक्क' का '............' से है।
(a) न्यूक्लियर मेडिसिन (Nuclear Medicine)
(b) नेफ्रोलॉजी (Nephrology)
(c) न्यूरोलॉजी (Neurology)
(d) रूमेटोलॉजी (Rheumatology)

उत्तर (हल/संकेत)

1. (a) B L C M
+4 −4 +4 −4
F H G I

उसी तरह

K H W S
+4 −4 +4 −4
O D A O

2. (a) D F H J
+1 +2 +3 +4
E H K N

उसी तरह

O Q S U
+1 +2 +3 +4
P S V Y

3. (d) B Q Z H :
2+17+26+8

O G X I
15+7+24+9

= 53 —+2→ 55

:: F L X R :
6+12+24+18

Y E S M
25+5+19+13

= 60 —+2→ 62

4. (c) EFGH : VUTS ::
(E–V विपरीत, F–U विपरीत, G–T विपरीत, H–S विपरीत)

JKLM : QPON
(J–Q विपरीत, K–P विपरीत, L–O विपरीत, M–N विपरीत)

5. (a) BILR : EFOO ::
(B +3 → E, I −3 → F, L +3 → O, R −3 → O)

CJPT : FGSQ
(C +3 → F, J −3 → G, P +3 → S, T −3 → Q)

? = FGSQ

6. (c) B S T N
−1 −2 +1 +2
A Q U P

उसी तरह

D N U C
−1 −2 +1 +2
C L V E

? = CLVE

7. (c) M N T K
−5 −5 −5 −5
H I O F

उसी तरह

R U N A
−5 −5 −5 −5
M P I V

8. (a) C O C K
+3 +3 +3 +3
F R F N

उसी प्रकार

H A N G
+3 +3 +3 +3
K D Q J

9. (a) AEJ : ZVQ :: BFK : YUP
(A–Z विपरीत, E–V विपरीत, J–Q विपरीत; B–Y विपरीत, F–U विपरीत, K–P विपरीत)

? = YUP

10. (d) R A M O :: V X M J
+1 +2 +3 +4 +1 +2 +3 +4
S C P S W Z P N

? = WZPN

11. (c) L × V
12 × 22
(अंग्रेजी वर्णमाला क्रमांक)

उसी प्रकार

Q × Z
↓ ↓
17 × 26
(अंग्रेजी वर्णमाला क्रमांक)

12. (d) I N C H
↓ ↓ ↓ ↓
$9+14+3+8 = \frac{34}{2} = 17$

(अंग्रेजी वर्णमाला क्रमांक)

उसी प्रकार

Y A R D
↓ ↓ ↓ ↓
$25+1+18+4 = \frac{48}{2} = 24$

13. (b) 4 : 27 :: 25 : 216
↓ ↓ ↓ ↓
$(2)^2$ $(2+1)^3$ $(5)^2$ $(5+1)^3$

14. (c) 23 : 529 :: 27 : 729
$(23)^2$ $(27)^2$

15. (a) जिस तरह ईसाईयों के पूजा घर को चर्च कहते हैं, उसी तरह सिनेगोग यहूदियों के पूजा घर को कहते हैं।

16. (c) $24 \times 2.5 = 60$
$120 \times 2.5 = 300$

17. (a)

25 : 16 :: 41 : [32]
−9 −9

18. (d)

11 : 132 :: 8 : 72
×11(+1) ×8(+1)

19. (d)

15 : 135 :: 16 : [152] :: 18 : 189
× 9.0 × 9.5 × 10.5

20. (a) $(15 \times 7) \times 3 = 105 \times 3 = 315$
उसी प्रकार विकल्प (a)
18, 486, 9
$(18 \times 9) \times 3 = 162 \times 3 = 486$

21. (c) $(8)^3 + (8)^3 - (8 \times 2) = 512 + 512 - 16$
$= 1024 - 16 = 1008$
तथा $(4)^3 + (4)^3 - (4 \times 2) = 64 + 64 - 8$
$= 128 - 8 = 120$
उसी प्रकार $(6)^3 + (6)^3 - (6 \times 2) = 216 + 216 - 12$
$= 432 - 12 = 420$

22. (b) $(737 - 541) = 196, \sqrt{196} = 14$
उसी प्रकार $(866 - 697) = 169, \sqrt{169} = 13$

23. (d) $(12)^2 - 8 = 144 - 8 = 136$
एवं $(24)^2 - 8 = 576 - 8 = 568$
उसी प्रकार
$(x)^2 - 8 = 188$
$x^2 = 188 + 8 = 196$
$x = \sqrt{196} = 14$

24. (a) $(7 \times 9) \times 4 = 63 \times 4 = 252$
उसी प्रकार
$(8 \times 11) \times 4 = 88 \times 4 = 352$

25. (b) $39 = 3 \times 9 = 27$
उसी प्रकार $43 = 4 \times 3 =$ [12]

26. (b) (18, 24, 144)
$18 \times (2 \times 4) = 18 \times 8 = 144$
उसी प्रकार 26, 15, 130
$26 \times (1 \times 5) = 26 \times 5 = 130$

27. (d) $(3)^4 + 2 = 81 + 2 = 83$
$(4)^4 + 2 = 256 + 2 = 258$
उसी प्रकार $(5)^4 + 2 = 625 + 2 =$ [627]

28. (c) (5, 11, 275)
$(5 \times 11) + 5 = 55 \times 5 = 275$
$(4 \times 16) \times 4 = 64 \times 4 = 256$

29. (c) $\sqrt{81} = 9 = 9 + 2 = 11$
$\sqrt{36} = 6 = 6 + 2 = 8$
उसी प्रकार
$\sqrt{121} = 11 = 11 + 2 =$ [13]

30. (c) 12 121 169
↓ ↓ ↓
12 $(11)^2$ $(13)^2$

17 256 324
↓ ↓ ↓
17 $(16)^2$ $(18)^2$

31. (b) (4, 7, 359)
$(4)^2 + (7)^3 = 16 + 343 = 359$
(6, 8, 548)
$(6)^2 + (8)^3 = 36 + 512 = 548$

32. (c) (64, 91, 118)
$64 + 27 = 91 + 27 = 118$
$46 + 27 = 73 + 28 = 101$

33. (c) (12, 14, 143)
$(12 \times 14) - (12 + 14) - 1$
$= 168 - 25 = 143$
$(15 \times 19) - (15 + 19) - 1$
$= 285 - 33 = 252$

34. (c) $(23)^2 + 2 = 529 + 2 = 531$
उसी प्रकार $(27)^2 + 2 = 729 + 2 = 731$

35. (c) (12, 60, 84)
$(12 \times 5 = 60$ एवं $60 + (12 \times 2) = 84$
(16, 80, 112)
$(16 \times 5) = 80$ एवं $80 + (16 \times 2) = 112$

36. (a) $(9)^2 + 9 + 1 = 81 + 10 = 91$
उसी प्रकार
$(13)^2 + 13 + 1 = 169 + 14 = 183$

37. (d) (59, 118, 295)
$59 \times 2 = 118$ एवं $59 \times 5 = 295$
उसी प्रकार (17, 34, 85)
$17 \times 2 = 34$ एवं $17 \times 5 = 85$

38. (d) $6 \times 2 + 2 = 14$
$14 \times 2 + 2 = 30$
उसी प्रकार
$5 \times 2 + 2 = 12$
$12 \times 2 + 2 = 26$

39. (d) $72 \times \frac{3}{2} = 108$
$102 \times \frac{3}{2} = 153$
उसी प्रकार $84 \times \frac{3}{2} = 126$

40. (b) (13, 65, 117)
$13 \times 5 = 65$
$13 \times 9 = 117$
उसी प्रकार
$15 \times 5 = 75$
$15 \times 9 = 135$

41. (b) $(4)^3 + 5 = 64 + 5 = 69$
उसी प्रकार
$(11)^3 + 5 = 1331 + 5 = 1336$

42. (a) (7, 98, 196)
$7 \times 14 = 98$
$98 \times 2 = 196$
$11 \times 14 = 154$
$154 \times 2 = 308$

43. (b) जिस तरह घड़ी, समय बताती है उसी प्रकार थर्मामीटर तापमान बताता है।

44. (d) जिस तरह सूर्य के प्रकाश से प्रकाश संश्लेषण होता है उसी प्रकार कलम से लिखने का कार्य होता है।

45. (b) जिस तरह जीभ से स्वाद लिया जाता है उसी तरह फफड़ों से श्वसन (श्वास) लिया जाता है।

46. (b) जिस तरह कमीज, पतलून के बिना अधूरी है (पूरक) उसी तरह कुर्सी, मेज के बिना अधूरी (पूरक) है।

47. (c) जिस तरह उत्तर-प्रदेश की राजधानी लखनऊ है उसी तरह मध्य प्रदेश की राजधानी भोपाल है।

48. (d) जिस तरह किंगफिशर एक पक्षी है उसी तरह सेब एक फल है।

49. (d) जिस तरह हिमाचल प्रदेश में धर्मशाला एक शहर का नाम है उसी तरह महाराष्ट्र में नागपुर एक शहर का नाम है।

50. (b) जिस तरह कानून बनाने के लिए आदेश पारित किया जाता है उसी तरह अपराध करने पर अपराधी को सजा दी जाती है।

51. (c) जिस तरह खेल के अन्तर्गत चेस है। उसी तरह उपकरण के अन्तर्गत कम्प्यूटर आता है।

52. (a) जिस तरह चिकित्सक रोग पर नियंत्रण करता है उसी तरह पुलिस, अपराध पर नियंत्रण करती है।

53. (c) जिस तरह पशु का प्राणी विज्ञान में अध्ययन किया जाता है उसी तरह बीमारी का रोग विज्ञान में अध्ययन किया जाता है।

54. (a) जिस तरह भवन मिस्त्री द्वारा बनाया जाता है उसी तरह फर्नीचर बढ़ई द्वारा बनाया जाता है।

55. (a) जिस तरह वर्मपंखी एक स्थान से दूसरे स्थान पर रेंगकर जाता है उसी तरह गाय एक स्थान से दूसरे स्थान पर चलकर जाती है।

56. (a) जिस तरह कहानी को पाठक के द्वारा पढ़ा जाता है उसी तरह गीत श्रोता के द्वारा सुना जाता है।

57. (b) जिस तरह रेस्तरां में बैरा (waiter) कार्य करता है उसी तरह कारखाना में कामगार (worker) काम करता है।

58. (b) जिस तरह मोची, जूतों से संबंधित रोजगार करता है उसी तरह कसाई माँस से संबंधित रोजगार करता है।

59. (d) जिस तरह ईरान की राष्ट्रीय भाषा फारसी है उसी तरह दक्षिण अफ्रीका की राष्ट्रीय भाषा अंग्रेजी है।

60. (a) जिस तरह न्यायाधीश का कार्य तर्क के आधार पर फैसला करना है उसी तरह कोच का कार्य खिलाड़ी को प्रशिक्षण देना है।

61. (d) क्रिकेट का बल्ले से वही संबंध है जो टेनिस का रैकेट से है क्योंकि क्रिकेट बल्ले से खेला जाता है और टेनिस रैकेट से खेला जाता है।

62. (a) जिस तरह चित्रकारी करने के लिए तुलिका (Brush) की आवश्यकता होती है उसी प्रकार पत्र लिखने के लिए कलम की आवश्यकता होती है।

63. (d) जिस तरह 100 सेंटीमीटर एक मीटर के बराबर होता है उसी तरह 100 पैसा एक रुपया के बराबर होता है।

64. (b) जिस तरह मिनट का संबंध घंटे से है (दोनों समय की इकाई है) उसी तरह इंच का संबंध फुट से है (दोनों लंबाई की इकाई) हैं।

65. (d) जिस तरह आपूर्ति माँग से संबंधित है उसी प्रकार उत्पादन उपभोग से संबंधित है।

66. (c) जिस तरह प्रकाश का विपरीत शब्द अंधेरा है उसी तरह पारदर्शी का विपरीत शब्द अपारदर्शी है।

67. (d) जिस तरह पशु के अन्तर्गत गाय आती है उसी तरह पक्षी के अन्तर्गत गोरैया आती है।

68. (c) जिस तरह श्वेत क्रांति, दुग्ध उत्पादन से संबंधित है उसी तरह पीली क्रांति तिलहन से संबंधित है।

69. (b) जिस तरह हृदय और उसके इलाज से संबंधित विज्ञान को कार्डियोलॉजी कहते हैं, उसी तरह वृक्क और उसके इलाज से संबंधित विज्ञान को नेफ्रोलॉजी कहते हैं।

❑❑❑

2

अध्याय

असमानता

असमानताओं की अभिव्यक्ति कथन और निष्कर्ष के माध्यम से होती है जो गणितीय आकलन पर आधारित होती है।

कथन : गणितीय अभिरुचि के संदर्भ में दी गई अभिव्यक्ति, जो आकलन कर प्रस्तुत करती है, कथन कहलाती है।

यहाँ पर चिन्हों या संकेतों के माध्यम से समीकरण को संयोजित कर व्यवस्थित किए जाते हैं, जोकि सांकेतिक कथन कहलाते हैं।

जैसे : $A > Q > P = R < S < T \neq J$

निष्कर्ष : कथनों में दी गई अभिव्यक्ति को जो संयोजित कर सत्यता की परख करती है, निष्कर्ष कहते हैं।

यहाँ A का संबंध J से नहीं है क्योंकि संयोजित कथनों में सभी का निर्दिष्ट आकलन अलग-अलग है।

प्रश्नों के प्रतीक (Symbols) का प्रयोग किया जाता है, जो इस प्रकार हैं:

- $A > B \Rightarrow$ यहाँ पर A, B से बड़ा है।
- $A < B \Rightarrow$ यहाँ पर A, B से छोटा है।
- $A \geq B \Rightarrow$ यहाँ पर A या तो B से बड़ा है या बराबर है।
- $A \leq B \Rightarrow$ यहाँ पर A या तो B से छोटा है या बराबर है।
- $A \neq B \Rightarrow$ यहाँ पर A, B के बराबर नहीं है।

ऐसे प्रश्नों को कोड के माध्यम से निरूपित करते हैं। इनमें संकेतों को कोडिंग के माध्यम से दिया जाता है जिससे गणितीय अर्थ को निकाला जाता है।

प्रतियोगी परीक्षाओं में दो या दो से अधिक अक्षरों एवं गणित के चिन्हों अथवा संकेतों के माध्यम से 'कथन' निरूपित होता है। जिसके साथ आधारित निष्कर्ष भी लिए होते हैं, जिनको संयोजित कर तर्कसंगत रूप से निष्कर्ष को निकाला जा सकता है।

(a) $P > Q, Q > R$

निष्कर्ष: P, Q से बड़ा है तथा $Q > R$ से बड़ा है अतः संयोजन करने पर $P > Q > R$

(b) $Q < P, Q \geq R$

निष्कर्ष: Q, P से छोटा है अर्थात् P, Q से बड़ा है तथा Q, R से बड़ा है या Q, R के बराबर है। $P > Q \geq R \,/\, R \leq Q < P$

(c) $P \geq Q, R < Q$

निष्कर्ष: P, Q से बड़ा है या P, Q के बराबर है R, Q से छोटा है अथवा Q, R से बड़ा है $P \geq Q > R \,/\, R < Q \leq P$.

(d) $P > Q, R > Q$

निष्कर्ष: P, Q से बड़ा है तथा Q, R से छोटा है $P > Q < R$, यहाँ पर P तथा R का कोई संबंध स्थापित नहीं होता।

(e) $P \geq Q, P < R$

निष्कर्ष: यहाँ पर P, Q से बड़ा है या P, Q के बराबर है P, R से छोटा है या R, P से बड़ा है। $R > P \geq Q$

(f) $Q \geq P, R \geq Q$

निष्कर्ष: Q, P से बड़ा है या बराबर है R, Q से बड़ा है या बराबर है। $R \geq Q \geq P \,/\, P \leq Q \leq R$

(g) $P \geq Q, Q \leq R$

निष्कर्ष: P, Q से बड़ा है या P, Q के बराबर है, Q, R से छोटा है या बराबर है R, Q से बड़ा है या बराबर है $P \geq Q \leq R$

(h) $Q \leq P, Q \geq S$

निष्कर्ष: P, Q से बड़ा है बराबर है, Q, R से बड़ा है या बराबर $P \geq Q \geq R$ अर्थात् P, Q से बड़ा है या बराबर Q, R से बड़ा है या बराबर अर्थात P, R से बड़ा है या बराबर $P \geq R$

(i) $P \geq Q, R \leq S$

निष्कर्ष: यहाँ पर किसी भी पद का कोई संयोजन नहीं हो सकता।

(j) $P \leq Q, T \geq Q$

निष्कर्ष: P, Q से छोटा है या बराबर T, Q से बड़ा है या बराबर अर्थात् $T \geq Q \geq P$ इसलिए T, P से बड़ा भी हो सकता है और बराबर भी $T \geq P$

निर्देश (प्र.सं. 1–5) : इन प्रश्नों में विभिन्न तत्त्वों के बीच संबंध कथनों में दिखाया गया है। इन कथनों के बाद दो निष्कर्ष दिए गए हैं– उत्तर दीजिए यदि:

(a) केवल निष्कर्ष I अनुसरण करता है।
(b) केवल निष्कर्ष II अनुसरण करता है।
(c) या तो निष्कर्ष I या II अनुसरण करता है।
(d) न तो निष्कर्ष I न ही II अनुसरण करता है।
(e) दोनों निष्कर्ष I तथा II अनुसरण करते हैं।

1. कथन: $P \geq Q = R > S > T$

निष्कर्ष: I. $P \geq T$
II. $T < Q$

हल: (b) **कथन:** $P \geq Q = R > S > T$

निष्कर्ष: I. $P \geq T$ असत्य
II. $T < Q$ सत्य है।

2. कथन: $L \leq M < N \geq O > P$

निष्कर्ष: I. $O < M$
II. $P \leq N$

हल: (d) कथन: $L \leq M < N \geq O > P$

निष्कर्ष: I. $O < M$ असत्य

II. $P \leq N$ असत्य

3. **कथन:** $A > B, B \geq C = D < E$

निष्कर्ष: I. $C < A$

II. $D \leq B$

हल: (e) **कथन:** $A > B, B \geq C = D < E$

$A > B$

निष्कर्ष: I. $C < A$ सत्य

II. $D \leq B$ सत्य

4. **कथन:** $H > J = K, K \geq I, > T, T < V$

निष्कर्ष: I. $K > T$ सत्य

II. $L \leq H$ असत्य

हल: (a) **कथन:** $H > J = K, K \geq I, > T, T < V$

निष्कर्ष: I. $K > T$ सत्य

II. $L \leq H$ असत्य

5. **कथन:** $A \leq B = C, D > C = E$

निष्कर्ष: I. $E > A$

II. $A < D$

हल: (b) **कथन:** $A \leq B = C,\ D > C = E$

$A \leq B = C = E,\ A \leq B = C < D$

निष्कर्ष: I. $E > A$ असत्य

II. $A < D$ सत्य

निर्देश (प्र.सं. 1 – 5) : इन प्रश्नों में प्रतीक @, #, $, * और © को निम्नानुसार अलग-अलग अर्थों में प्रयुक्त किया गया है–

- **'A @ B' का अर्थ है 'A, B से छोटा है'।**
- **'A # B' का अर्थ है 'A या तो B से छोटा या समान है'।**
- **'A $ B' का अर्थ है 'A, B से बड़ा है'।**
- **'A * B' का अर्थ है 'A, B से या तो बड़ा या समान है'।**
- **'A © B' का अर्थ है 'A न तो B से बड़ा है और न ही छोटा है'।**

प्रत्येक प्रश्न में संबंध दर्शाते हुए तीन कथन दिए गए हैं। उनके दो निष्कर्ष I और II दिए गए हैं। दिए गए कथनों को सही मानते हुए यह पता लगाइए कि कौन-सा/कौन-से निष्कर्ष निश्चित रूप से सत्य है/हैं?

उत्तर दीजिए:

(a) यदि केवल निष्कर्ष I सत्य है।

(b) यदि केवल निष्कर्ष II सत्य है।

(c) यदि या तो निष्कर्ष I अथवा II सत्य है।

(d) यदि न तो निष्कर्ष I न ही निष्कर्ष II सत्य है।

(e) यदि निष्कर्ष I और II दोनों ही सत्य हैं।

1. **कथन:** H # Q, Q @ F, L $ F

निष्कर्ष: I. L $ H

II. H # F

हल: (a) $H \leq Q$ ......(i)

$Q < F$ ......(ii)

$L > F$ ......(iii)

सभी को संयोजित करने पर, हमें प्राप्त होता है–

$H \leq Q < F < L$

अतः $L > H$ इस प्रकार निष्कर्ष I सत्य है।

लेकिन, $H \leq F$ अतः निष्कर्ष II ($H < F$) सत्य नहीं है।

2. **कथन:** J $ T, T @ V, V # M

निष्कर्ष: I. T # M

II. J © M

हल: (d) $J > T$ ......(i)

$T < V$ ......(ii)

$V < M$ ......(iii)

सभी को संयोजित करने पर, हमें प्राप्त होता है–

$J > T < V \leq M$

I. $T \leq M$ असत्य

II. $J = M$ असत्य

3. **कथन:** U # D, D @ R, R © T

निष्कर्ष: I. U @ R

II. T $ D

हल: (e) $U \leq D$ ......(i)

$D < R$ ......(ii)

$R = T$ ......(iii)

सभी को संयोजित करने पर, हमें प्राप्त होता है–

$U \leq D < R = T$

अतः $U < R$ इस प्रकार निष्कर्ष I सत्य है।

और $T > D$ इस प्रकार निष्कर्ष II सत्य है।

4. **कथन:** M * L, L $ K, K @ R

निष्कर्ष: I. M * R

II. M @ R

हल: (d) $M \geq L$ ......(i)

$L > K$ ......(ii)

$K < R$ ......(iii)

सभी को संयोजित करने पर, हमें प्राप्त होता है–

$M \geq L > K < R$

I. $M \geq R$ असत्य

II. $M < R$ असत्य

5. **कथन:** J @ N, N © W, W $ V

निष्कर्ष: I. J © V

II. J @ W

हल: (b) $J < N$ ......(i)

$N = W$ ......(ii)

$W > V$ ......(iii)

सभी को संयोजित करने पर, हमें प्राप्त होता है–

$J < N = W > V$

I. $J = V$ असत्य

II. $J < W$ सत्य

(i) तथा (ii) से, $J < W$ .... (iv)

अतः निष्कर्ष II सत्य है।

लेकिन (iii) तथा (iv) से, J तथा V के संबंध स्थापित नहीं किए जा सकते हैं। अतः निष्कर्ष I सत्य नहीं है।

प्रश्नमाला

निर्देश (प्र.सं. 1-5) : निम्नलिखित प्रश्नों में प्रतीक @, ©, %, $ और ★ का प्रयोग निम्नानुसार अर्थों में किया गया है–

'P © Q' का अर्थ 'P, Q से बड़ा नहीं है।'

'P ★ Q' का अर्थ 'P, Q से छोटा नहीं है।'

'P % Q' का अर्थ 'P, न तो Q से बड़ा और न ही समान है।'

'P $ Q' का अर्थ 'P न तो Q से छोटा और न ही समान है।'

'P @ Q' का अर्थ 'P न तो Q से बड़ा और न ही छोटा है।'

अब नीचे दिए गए प्रत्येक प्रश्न में दिए गए कथनों को सत्य मानते हुए यह पता लगाइए कि उनके नीचे दिए गए निष्कर्ष I, II और III में से कौन-सा/कौन-से निष्कर्ष निश्चित रूप से सत्य है/हैं?

1. **कथन:** J $ D, D © K, K % R
   निष्कर्ष: **I.** R $ J
   II. R $ D
   III. K $ J
   (a) कोई सत्य नहीं है।
   (b) केवल I सत्य है।
   (c) केवल II सत्य है।
   (d) केवल III सत्य है।

2. **कथन:** M ★ K, K @ R, R % N
   निष्कर्ष: **I.** R % M
   II. R @ M
   II. N $ K
   (a) केवल I सत्य है।
   (b) केवल II सत्य है।
   (c) केवल III सत्य है।
   (d) केवल या तो I या II और III सत्य हैं।

3. **कथन:** B % H, H $ J, J ★ M
   निष्कर्ष: **I.** B % J
   II. M % B
   III. H $ M
   (a) कोई सत्य नहीं है।
   (b) केवल I सत्य है।
   (c) केवल II सत्य है।
   (d) केवल III सत्य है।

4. **कथन:** Z © K, K % E, E @ R
   निष्कर्ष: **I.** R $ K
   II. Z % E
   III. R $ Z
   (a) केवल I सत्य है।
   (b) केवल I और II सत्य हैं।
   (c) केवल I और III सत्य हैं।
   (d) I, II और III सभी सत्य हैं।

5. **कथन:** W @ M, M © R, R $ F
   निष्कर्ष: **I.** F % M
   II. R ★ W
   III. W % F
   (a) कोई सत्य नहीं है।
   (b) केवल I सत्य है।
   (c) केवल II सत्य है।
   (d) केवल III सत्य है।

निर्देश (प्र.सं. 6-10) : निम्नलिखित प्रश्नों में प्रतीक δ, @, ©, % और ★ का प्रयोग निम्नानुसार अर्थों में किया गया है–

'P © Q' का अर्थ है 'P, Q से छोटा नहीं है।'

'P % Q' का अर्थ है 'P न तो Q से छोटा है न ही समान है।'

'P ★ Q' का अर्थ है 'P न तो Q से बड़ा और न ही समान है।'

'P δ Q' का अर्थ है 'P, Q से बड़ा नहीं है।'

'P @ Q' का अर्थ है 'P न तो Q से बड़ा और न ही छोटा है।'

अब नीचे दिए गए प्रत्येक प्रश्न में दिए गए कथनों को सत्य मानते हुए यह पता लगाइए कि उनके नीचे दिए गए निष्कर्ष I, II, III और IV में से कौन-सा/कौन-से निष्कर्ष निश्चित रूप से सत्य है/हैं?

6. **कथन:** R ★ K, K % D, D @ V, V δ M
   निष्कर्ष: **I.** R ★ D
   II. V ★ R
   III. D @ M
   IV. M % D
   (a) कोई सत्य नहीं है।
   (b) केवल III सत्य है।
   (c) केवल IV सत्य है।
   (d) केवल या तो III या IV सत्य है।

7. **कथन:** F % N, N © W, W δ Y, Y ★ T
   निष्कर्ष: **I.** F % W
   II. T % N
   III. N % Y
   IV. T % W
   (a) केवल I और III सत्य हैं।
   (b) केवल I और IV सत्य हैं।
   (c) केवल II और III सत्य हैं।
   (d) केवल I, II और IV सत्य हैं।

8. **कथन:** B © T, T ★ R, R % F, F @ K
   निष्कर्ष: **I.** B % R
   II. F ★ T
   III. R % K
   IV. K ★ T
   (a) कोई सत्य नहीं है।
   (b) केवल I सत्य है।
   (c) केवल II सत्य है।
   (d) केवल III सत्य है।
   (e) केवल IV सत्य है।

9. **कथन:** J @ F, F δ N, N % H, H © G
   निष्कर्ष: **I.** G ★ N
   II. N © J
   III. F ★ J
   IV. J δ G
   (a) केवल I और II सत्य हैं।
   (b) केवल I, II और III सत्य हैं।
   (c) केवल II, III और IV सत्य हैं।
   (d) I, II, III और IV सभी सत्य हैं।

10. **कथन:** D δ T, T @ R, R © M, M % K
    निष्कर्ष: **I.** R @ D
    II. R % D
    III. K ★ T
    IV. M δ T
    (a) केवल या तो I या II सत्य है।
    (b) केवल III और IV सत्य हैं।
    (c) केवल या तो I या II और III सत्य हैं।
    (d) केवल या तो I या II और III और IV सत्य हैं।

निर्देश (प्र.सं. 11-14): इन प्रश्नों में, कथनों में विभिन्न तत्त्वों के बीच संबंध दिखाया गया है। कथनों के बाद दो निष्कर्ष दिए गए हैं। उत्तर दीजिए–

(a) केवल निष्कर्ष I अनुसरण करता है।
(b) केवल निष्कर्ष II अनुसरण करता है।
(c) या तो निष्कर्ष I या निष्कर्ष II अनुसरण करता है।
(d) निष्कर्ष I और निष्कर्ष II दोनों अनुसरण करते हैं।

11. **कथन:** $A \geq B = C; B < D \leq E$
    निष्कर्ष: **I.** $D > A$
    II. $E > C$

12. **कथन:** $L > U \geq K; Z < U < R$
    निष्कर्ष: **I.** $L > Z$
    II. $K < R$

13. **कथन:** $Y < J = P \geq R > I$
    निष्कर्ष: **I.** $J > I$
    II. $Y < R$

14. **कथन:** $F \leq X < A; R < X \leq E$
    निष्कर्ष: **I.** $F \leq E$
    II. $R < F$

निर्देश (प्र.सं. 15-18): इन प्रश्नों के कथनों में विभिन्न तत्त्वों के बीच संबंध दर्शाया गया है। कथनों के बाद दो निष्कर्ष हैं।

उत्तर दीजिए–

(a) यदि केवल निष्कर्ष I सत्य है।

(b) यदि केवल निष्कर्ष II सत्य है।

(c) यदि या तो निष्कर्ष I या II सत्य है।

(d) यदि दोनों निष्कर्ष I और II सत्य हैं।

15. कथन: $H = I \le R;\ M \ge R < S$

निष्कर्ष: **I.** $M = I$
II. $M > I$

16. कथन: $D > H \ge N;\ S > I \le H$

निष्कर्ष: **I.** $N \le S$
II. $I < D$

17. कथन: $P \le O < I;\ P > Y > W$

निष्कर्ष: **I.** $Y \le I$
II. $O > W$

18. कथन: $A \ge B > C \ge F;\ Z < C \le D < E$

निष्कर्ष: **I.** $A > Z$
II. $F < E$

निर्देश (प्र.सं. 19-21): नीचे दिए गए प्रत्येक कथन को ध्यान से पढ़िए और प्रश्नों के उत्तर दीजिए।

19. यदि अभिव्यक्तियां '$E < J \le H > Z$', '$H \le Y$' और '$E > F$' सत्य हैं तो निम्न में से कौन-सा निष्कर्ष निश्चित रूप से गलत होगा?

(a) $F < Y$

(b) $Y > E$

(c) $F < H$

(d) सभी सत्य हैं

20. दी गई अभिव्यक्ति में प्रश्नचिह्न के स्थान पर निम्न में से कौन-सा प्रतीक आना चाहिए जिसमें अभिव्यक्ति '$K \le H$' और '$M > J$' निश्चित रूप से सत्य हो जाए?

$H \ge I = J\ ?\ K \le L < M$

(a) $>$ (b) $\ge$

(c) $\le$ (d) (e) $=$

21. निम्नलिखित में से किस अभिव्यक्ति में '$P > S$' अभिव्यक्ति निश्चित रूप से गलत है?

(a) $P > Q \ge R = S$

(b) $S \le R \le Q < P$

(c) $R = P > Q \ge S$

(d) $S > Q \ge R < P$

22. दी गई अभिव्यक्ति को इस तरीके से पूरा करने के लिए रिक्त स्थानों में क्रमशः (बाएं से दाएं उसी क्रम में) निम्न में से किस प्रतीक को रखा जाए कि '$N < K$' निश्चित रूप से सत्य हो?

K — L — M — N

(a) $\ge, =, >$ (b) $\le, <, =$

(c) $\ge, =, <$ (d) $>, \ge, <$

23. निम्नलिखित में प्रश्नवाचक चिह्न के स्थान पर कौन-सा प्रतीक लगाना चाहिए ताकि '$A > D$' तथा '$F \ge C$' निश्चित रूप से सही हो?

$A > B \ge C\ ?\ D \le E = F$

(a) $>$ (b) $<$

(c) $\le$ (d) $=$

उत्तर (हल/संकेत)

1. (c) $J > D$ ....(i)
$D \le K$ ....(ii)
$K < R$ ....(iii)

इन सभी के संयोजन से, $J > D \le K < R$

अतः R और J की तुलना नहीं की जा सकती है।

अतः निष्कर्ष I सत्य नहीं है, पर निष्कर्ष II ($R > D$) सत्य है। लेकिन J और K की तुलना नहीं की जा सकती है। अतः निष्कर्ष III सत्य नहीं है।

2. (d) $M \ge K$ ....(i)
$K = R$ ....(ii)
$R < N$ ....(iii)

इन सभी के संयोजन से, $M \ge K = R < N$

अतः $M \ge R$ या $R \le M$ जिसका अर्थ है या तो निष्कर्ष I ($R < M$) या निष्कर्ष II ($R = M$) सत्य है।

पुनः $N > K$ अतः निष्कर्ष III सत्य है।

3. (d) $B < H$ ....(i)
$H > J$ ....(ii)
$J \ge M$ ....(iii)

इन सभी के संयोजन से, $B < H > J \ge M$

अतः B और J या B और M की तुलना नहीं की जा सकती है, जिसका अर्थ है निष्कर्ष I और II सत्य नहीं है, लेकिन $H > M$

अतः निष्कर्ष III सत्य है।

4. (d) $Z \le K$ ....(i)
$K < E$ ....(ii)
$E = R$ ....(iii)

इन सभी के संयोजन से, $Z \le K < E = R$

अतः $R > K$

अतः निष्कर्ष I सत्य है।

पुनः, $Z < E$

अतः निष्कर्ष II सत्य है।

पुनश्च, $R > Z$ अतः निष्कर्ष III सत्य है।

5. (c) $W = M$ ....(i)
$M \le R$ ....(ii)
$R > F$ ....(iii)

इन सभी के संयोजन से, $W = M \le R > F$

अतः F और M, या F और W की तुलना नहीं की जा सकती है। इसलिए निष्कर्ष I और III सत्य नहीं है, लेकिन निष्कर्ष II ($R \ge W$) सत्य है।

6. (d) $R < K$ ....(i)
$K > D$ ....(ii)
$D = V$ ....(iii)
$V \le M$ ....(iv)

(i) और (ii) से, R और D की तुलना नहीं की जा सकती है।

अतः निष्कर्ष I और II सत्य नहीं हैं।

(iii) और (iv) से, $D = V \le M$ या $D \le M$

अतः या तो निष्कर्ष III ($D = M$) या निष्कर्ष IV ($M > D$) अनुसरण करता है।

7. (b) $F > N$ ....(i)
$N \ge W$ ....(ii)
$W \le Y$ ....(iii)
$Y < T$ ....(iv)

(i) और (ii) से, $F > N \ge W$ या $F > W$

अतः निष्कर्ष I सत्य है।

(ii) और (iii) से, N या Y की तुलना नहीं की जा सकती है।

अतः निष्कर्ष II और III सत्य नहीं हैं।

(iii) और (iv) से, $W \le Y < T$ या $T > W$

अतः निष्कर्ष IV सत्य है।

8. (d) $B \ge T$ ....(i)
$T < R$ ....(ii)
$R > F$ ....(iii)
$F = K$ ....(iv)

(i) और (ii) से, B या R की तुलना नहीं की जा सकती है।

अतः निष्कर्ष I सत्य नहीं है।

(iii) और (iv) से, $R > F = K$ या $R > K$

अतः निष्कर्ष III सत्य है।

9. (a) $J = F$ ....(i)
$F \le N$ ....(ii)
$N > H$ ....(iii)
$H \ge G$ ....(iv)

(iii) और (iv) से, $N > H \ge G$ या $G < N$

अतः निष्कर्ष I सत्य है।

(i) और (ii) से, $J = F \le N$ या $N \ge J$

अतः निष्कर्ष II सत्य है।

I और II से, G और J की तुलना नहीं की जा सकती है। अतः निष्कर्ष IV सत्य नहीं है।

10. (d) $D \le T$ ....(i)

$T = R$ ....(ii)

$R \ge M$ ....(iii)

$M > K$ ....(iv)

(i) और (ii) से, $D \le T = R$ या $D \le R$

अत: या तो निष्कर्ष I $(R = D)$ या निष्कर्ष II $(R > D)$ सत्य है।

(ii) और (iii) से, $T = R \ge M$ या $M \le T$

अत: निष्कर्ष IV सत्य है।

(iv) और (iv) से, $K < M \le T$ या $K < T$

अत: निष्कर्ष III सत्य है।

11. (b) $A \ge B = C < D \le E$

I. $D > A$ असत्य है।

II. $E > C$ सत्य है।

12. (d) उन सभी को अलग करने पर,

$L > U$ ....(i)

$U \ge K$ ....(ii)

$Z < U$ ....(iii)

$U < R$ ....(iv)

(i) और (iii) को संयोजित करने पर, हम पाते हैं, $L > U > Z$ या $L > Z$ अत: I सत्य है।

(ii) और (iv) को संयोजित करने पर, हम पाते हैं, $K \le U < R$ या $K < R$ अत: II सत्य है।

13. (a) $Y < J = P \ge R > I$

I. $J > I$ सत्य है।

II. $Y < R$ असत्य है।

14. (a) उन सभी को अलग करने पर,

$F \le X$ ....(i)

$X < A$ ....(ii)

$R < X$ ....(iii)

$X \le E$ ....(iv)

(i) और (iv) को संयोजित करने पर, हम पाते हैं, $F \le X \le E$ या $F \le E$

अत: I सत्य है।

(i) और (iii) से, R और F की तुलना नहीं की जा सकती है।

अत: II सत्य नहीं है।

15. (c) $H = I \le R \le M$

अत: $M \ge I$

I. $M = I$

II. $M > I$

या तो I या II सत्य है।

16. (b) $D > H \ge N$

$H \ge I < S$

$D > H \ge I < S, N \le H \ge I < S$

I. $N \le S$ असत्य है।

II. $I < D$ सत्य है।

17. (b) $W < Y < P \le O < I$

I. $Y \le I$ असत्य है।

II. $O > W$ सत्य है।

18. (d) $A \ge B > C \ge F$

$E > D \ge C > Z$

I. $A > Z$ सत्य है।

II. $F < E$ सत्य है।

19. (d) $F < E < J \le H \le Y$ और $Z < H$

20. (d) $H \ge I = J = K \le L < M$

21. (d) इस व्यंजक से हम P और S के बीच संबंधों के बारे में कोई परिणाम नहीं निकाल सकते हैं।

22. (a) $K \ge L = M > N$

अत: $N < K$ प्राप्त होगा।

23. (d) अभिव्यक्ति

$A > B \ge C ? D \le E = F$ में $A > D$ को सत्य बनाने हेतु

हम संकेत '>', '=' और '≥' को रख सकते हैं।

$F \ge C$ को सत्य बनाने हेतु इन संकेत '=' और '≤' को रख सकते हैं । दोनों अभिव्यक्तियों को सत्य बनाने हेतु हम एक उभयनिष्ठ संकेत '=' का प्रयोग करते हैं।

❑❑❑

3

अध्याय

स्थानिक कलन तथा स्थानिक अभिविन्यास

स्थानिक कलन

स्थानिक कलन (Spatial Reasoning) वह मानसिक प्रक्रिया है जिसके माध्यम से व्यक्ति वस्तुओं और उनके बीच के संबंधों को समझता है, उनकी स्थिति का अनुमान लगाता है, और उन्हें विभिन्न दृष्टिकोणों से विश्लेषित करता है। यह क्षमता किसी भी व्यक्ति को मानसिक चित्रण, वस्तुओं की कल्पना, और विभिन्न स्थानिक समस्याओं को सुलझाने में मदद करती है।

स्थानकि कलन के प्रमुख तत्व

1. आकृतियों की पहचान और माप

- **परिभाषा:** किसी आकृति या वस्तु की पहचान करना और उसका माप लेना।
  - ❖ **उदाहरण:** विभिन्न आकारों और मापों की वस्तुओं को पहचानना और उनके माप का सही अनुमान लगाना।

2. मानसिक रोटेशन

- **परिभाषा:** किसी वस्तु या आकृति को मानसिक रूप से विभिन्न कोणों से देखने और उसकी स्थिति को बदलने की क्षमता।
  - ❖ **उदाहरण:** एक बॉक्स को घुमाकर उसकी आंतरिक वस्तुओं की स्थिति को समझना।

3. स्थानिक संबंध

- **परिभाषा:** वस्तुओं और आकृतियों के बीच स्थानिक संबंधों को समझना।
  - ❖ **उदाहरण:** एक कमरे में विभिन्न वस्तुओं की स्थिति और उनकी आपसी दूरी का अनुमान लगाना।

4. स्पैटियल कल्पना

- **परिभाषा:** वस्तुओं की मानसिक छवि बनाना और विभिन्न परिदृश्यों में उनकी कल्पना करना।
  - ❖ **उदाहरण:** एक भवन की योजना को मानसिक रूप से देखना और उसके अंदर के कमरे और उनके संबंधों को समझना।

स्थानिक कलन का महत्व

1. समस्या सुलझाने में सहायक:

- स्थानिक कलन समस्याओं के समाधान में महत्वपूर्ण भूमिका निभाती है, जैसे कि पजल को हल करना और वस्तुओं की व्यवस्था को समझना।
  - ❖ **उदाहरण:** एक जटिल पजल को समझना और उसकी सही स्थिति पहचानना।

2. दृश्य और गणनात्मक कौशल:

- गणितीय समस्याओं और डेटा विश्लेषण में सहायता करती है, विशेषकर जब डेटा को चार्ट या ग्राफ़ के रूप में प्रस्तुत किया जाता है।
  - ❖ **उदाहरण:** ग्राफ़ पर डेटा को समझना और उसका विश्लेषण करना।

3. पेशेवर और शैक्षिक क्षेत्रों में उपयोग:

- इंजीनियरिंग, आर्किटेक्चर, डिजाइन, और अन्य तकनीकी क्षेत्रों में स्थानिक कलन का अत्यधिक महत्व है।
  - ❖ **उदाहरण:** एक इमारत की योजना बनाते समय उसकी त्रि-आयामी कल्पना करना।

स्थानिक कलन के प्रकार

1. थ्री-डायमेंशनल (3D) रोटेशन:

- वस्तुओं को विभिन्न कोणों से देखने और उनकी स्थिति को मानसिक रूप से बदलने की प्रक्रिया।
  - ❖ **उदाहरण:** एक 3D मॉडल को विभिन्न कोणों से देखना और उसकी सही स्थिति समझना।

2. मैप रीडिंग और नेविगेशन:

- मानचित्रों को पढ़ना और दिशा-निर्देशों को समझना।
  - ❖ **उदाहरण:** एक मानचित्र पर मार्ग का निर्धारण करना।

3. पजल और गेम्स:

- पजल और गेम्स जो मानसिक कलन को प्रोत्साहित करते हैं, जैसे कि टिक-टैक-टो, सॉडोकू।
  - ❖ **उदाहरण:** एक पजल को हल करना और उसके विभिन्न हिस्सों की स्थिति को समझना।

स्थानिक कलन के विकास के तरीके

1. प्रैक्टिस और एक्सरसाइज:

- नियमित अभ्यास और स्थानिक कलन से जुड़े एक्सरसाइज से क्षमता में सुधार होता है।
  - ❖ **उदाहरण:** 3D पजल्स, वर्ड पजल्स, और स्थानिक गेम्स।

2. शैक्षिक गतिविधियाँ:

- स्कूल और कॉलेज में स्थानिक कलन से संबंधित गतिविधियाँ और अभ्यास।
  - ❖ **उदाहरण:** गणितीय समस्याओं में स्थानिक कल्पना का उपयोग।

3. सॉफ्टवेयर और तकनीकी टूल्स:

- सॉफ्टवेयर और एप्लिकेशन जो स्थानिक विजुअलाइजेशन और कलन को प्रोत्साहित करते हैं।
  - ❖ **उदाहरण:** CAD सॉफ़्टवेयर, डिजाइन टूल्स।

निष्कर्ष

स्थानिक कलन एक महत्वपूर्ण मानसिक क्षमता है जो विभिन्न प्रकार की समस्याओं को सुलझाने और वस्तुओं की स्थिति को समझने में मदद करती है। यह क्षमता गणितीय, तकनीकी, और शैक्षिक क्षेत्रों में अत्यंत महत्वपूर्ण है। नियमित अभ्यास और उचित तकनीक के माध्यम से इस क्षमता को विकसित और सुधारा जा सकता है।

स्थानिक अभिविन्यास

स्थानिक अभिविन्यास (Spatial Orientation) वह मानसिक क्षमता है जिसके माध्यम से व्यक्ति अपने आप को और वस्तुओं को विभिन्न स्थानों और दिशा-निर्देशों में सही तरीके से पहचान सकता है। यह क्षमता यह समझने में सहायक होती हैं कि किसी वस्तु की स्थिति और दिशा क्या है, और व्यक्ति विभिन्न स्थानिक संदर्भों में अपने स्थान का सही अनुमान कैसे लगाए।

स्थानिक अभिविन्यास के प्रमुख तत्व

1. दिशा और स्थिति की पहचान

- **परिभाषा:** वस्तुओं और स्थानों की दिशा और स्थिति को पहचानना और उनका सही स्थान निर्धारित करना।
  - ❖ **उदाहरण:** एक मानचित्र पर दिशा का पता लगाना और किसी स्थान पर सही रूप से पहुंचना।

2. मानसिक मानचित्रण

- **परिभाषा:** किसी क्षेत्र, कमरे, या वस्तु की मानसिक छवि बनाना और उसकी स्थिति को समझना।
  - ❖ **उदाहरण:** किसी नए स्थान पर चलने के दौरान वहां की मानसिक छवि बनाना और दिशा सही करना।

3. वास्तविक और कल्पनात्मक दिशा

- **परिभाषा:** वास्तविक दिशा के साथ-साथ कल्पनात्मक दिशाओं को समझना और सही तरीके से अनुमान लगाना।
  - ❖ **उदाहरण:** एक गुमनाम गली में रास्ता ढूंढना और विभिन्न दिशा-निर्देशों को समझना।

4. दिशा और दूरी का अनुमान

- **परिभाषा:** वस्तुओं के बीच की दूरी और दिशा का सही अनुमान लगाना।
  - ❖ **उदाहरण:** मानचित्र पर दो स्थानों के बीच की दूरी का अनुमान लगाना और सही दिशा में चलना।

स्थानिक अभिविन्यास का महत्व

1. साधारण गतिविधियों में उपयोग

- रोज़मर्रा की गतिविधियों जैसे कि यात्रा, नेविगेशन, और स्थानिक दिशा-निर्देशों में महत्वपूर्ण भूमिका निभाती है।
  - ❖ **उदाहरण:** एक नई जगह पर जाना और वहां के रास्तों को समझना।

2. शैक्षिक और पेशेवर क्षेत्र

- शैक्षिक और पेशेवर क्षेत्रों जैसे कि आर्किटेक्चर, इंजीनियरिंग, और डिजाइन में आवश्यक होती है।
  - ❖ **उदाहरण:** एक भवन का डिज़ाइन बनाते समय उसकी दिशा और स्थिति का सही अनुमान लगाना।

3. सामान्य तर्क और समस्याओं का समाधान

- समस्याओं को हल करने में और तर्क के आधार पर निर्णय लेने में सहायक होती है।
  - ❖ **उदाहरण:** विभिन्न दिशाओं और स्थितियों को समझते हुए किसी समस्या का समाधान करना।

स्थानिक अभिविन्यास के प्रकार

1. दो-आयामी अभिविन्यास (2D Orientation)

- **परिभाषा:** एक सपाट सतह पर वस्तुओं और स्थानों की दिशा और स्थिति को समझना।
  - ❖ **उदाहरण:** एक 2D मानचित्र पर दिशा का निर्धारण करना।

2. तीन-आयामी अभिविन्यास (3D Orientation)

- **परिभाषा:** वस्तुओं और स्थानों की दिशा और स्थिति को तीन-आयामों में समझना।
  - ❖ **उदाहरण:** एक 3D मॉडल में वस्तुओं की स्थिति और दिशा का अनुमान लगाना।

3. मनोवैज्ञानिक अभिविन्यास

- **परिभाषा:** व्यक्ति की मानसिक स्थिति और दृष्टिकोण के आधार पर दिशा और स्थिति की समझ।
  - ❖ **उदाहरण:** किसी अनजान जगह पर जाने के दौरान मानसिक रूप से दिशा का अनुमान लगाना।

स्थानिक अभिविन्यास के विकास के तरीके

1. प्रैक्टिस और एक्सरसाइज

- नियमित अभ्यास और स्थानिक अभिविन्यास से जुड़े एक्सरसाइज से क्षमता में सुधार होता है।
  - ❖ **उदाहरण:** मानचित्रों को पढ़ना और दिशा-निर्देशों का पालन करना।

2. शैक्षिक गतिविधियाँ

- स्कूल और कॉलेज में स्थानिक अभिविन्यास से संबंधित गतिविधियाँ और अभ्यास।
  - ❖ **उदाहरण:** गणितीय और भौगोलिक समस्याओं में दिशा और स्थिति का उपयोग करना।

3. सॉफ्टवेयर और तकनीकी टूल्स

- सॉफ्टवेयर और एप्लिकेशन जो स्थानिक अभिविन्यास और दिशा को प्रोत्साहित करते हैं।
  - ❖ **उदाहरण:** GPS नेविगेशन, CAD सॉफ़्टवेयर।

निष्कर्ष

स्थानिक अभिविन्यास एक महत्वपूर्ण मानसिक क्षमता है जो किसी व्यक्ति को अपने आप को और वस्तुओं को विभिन्न स्थानों और दिशाओं में सही तरीके से समझने में मदद करती है। यह क्षमता रोज़मर्रा की गतिविधियों, शैक्षिक, और पेशेवर क्षेत्रों में महत्वपूर्ण होती है। नियमित अभ्यास और उपयुक्त तकनीकों के माध्यम से इस क्षमता को बेहतर बनाया जा सकता है।

प्रश्नमाला

1. निम्नलिखित में से कौन-सा दृश्य वस्तुओं की स्थानिक कल्पना का उदाहरण है?

(a) रंगों की पहचान करना
(b) वस्तुओं को विभिन्न कोणों से देखने और उनके आपसी संबंध समझने की क्षमता
(c) शब्दों का अर्थ समझना
(d) गाने के बोल याद करना

2. एक बॉक्स को घुमाने के बाद, बॉक्स के शीर्ष पर मूल चित्र की ओर क्या होगा?

(a) बदल जाएगा
(b) समान रहेगा
(c) उल्टा हो जाएगा
(d) धुंधला हो जाएगा

3. यदि एक तश्तरी को 90 डिग्री पर घुमाया जाए, तो उसके बाद उसका क्या रूप होगा?

(a) वह उसी तरह रहेगा
(b) उसका ओरिएंटेशन बदल जाएगा
(c) वह एक नई आकृति में बदल जाएगा
(d) वह अनुपस्थित हो जाएगा

4. **एक समांतर चतुर्भुज को दाएं से बाएं मोड़ने पर क्या होगा ?**
   (a) वह त्रिकोण में बदल जाएगा
   (b) उसकी स्थिति और आकार समान रहेगा
   (c) उसकी दिशा और आकार बदल जाएगा
   (d) वह एक वृत में बदल जाएगा
5. **निम्नलिखित में से कौन-सा आकृति के स्थिति का विश्लेषण नहीं है ?**
   (a) आकृति को घुमाना
   (b) आकृति को विस्तार देना
   (c) आकृति के आकार को बदलना
   (d) आकृति के रंग को पहचानना
6. **यदि एक प्रिज्म को 180 डिग्री घुमाया जाए, तो उसकी स्थिति में क्या बदलाव होगा ?**
   (a) वह अपनी स्थिति में वापस आ जाएगा
   (b) वह उल्टा हो जाएगा
   (c) वह एक नई आकृति में बदल जाएगा
   (d) उसकी स्थिति में कोई बदलाव नहीं होगा
7. **एक सहेज चित्र को दाएँ से बाएँ पलटने पर क्या होगा ?**
   (a) चित्र की ओरिएंटेशन बदल जाएगी
   (b) चित्र की स्थिति स्थिर रहेगी
   (c) चित्र की स्केलिंग बदल जाएगी
   (d) चित्र का रंग बदल जाएगा
8. **यदि एक घन को 45 डिग्री पर घुमाया जाए, तो उसके कोणों की स्थिति कैसी होगी ?**
   (a) सभी कोण समान रहेंगे
   (b) कुछ कोण बदल जाएंगे
   (c) सभी कोण विपरीत हो जाएंगे
   (d) कोण अस्पष्ट हो जाएंगे
9. **निम्नलिखित में से कौन-सा स्थानिक समस्या को हल करने के लिए आवश्यक नहीं है ?**
   (a) वस्तुओं के आकार का विश्लेषण
   (b) वस्तुओं के रंग की पहचान
   (c) वस्तुओं की स्थिति का विश्लेषण
   (d) वस्तुओं के आकार में बदलाव का विश्लेषण
10. **एक आकृति को एक दिशा में स्थानांतरित करने से क्या होता है ?**
   (a) आकृति का आकार और रंग बदलता है
   (b) आकृति की स्थिति बदलती है लेकिन आकार और रंग समान रहते हैं
   (c) आकृति की ओरिएंटेशन बदल जाती है
   (d) आकृति का रंग बदल जाता है
11. **निम्नलिखित में से किस प्रकार के प्रश्न में स्थानिक अभिविन्यास का परीक्षण किया जाता है ?**
   (a) शब्दावली और व्याकरण
   (b) चित्रों और आकृतियों की स्थिति और दिशा
   (c) गणना और अंकगणित
   (d) सामान्य ज्ञान और इतिहास
12. **एक वर्तुल को दाएँ से बाएँ मोड़ने पर उसके कोणों की स्थिति क्या होगी ?**
   (a) कोण अपरिवर्तित रहेंगे
   (b) कोण उलटे हो जाएंगे
   (c) कोण के आकार बदल जाएंगे
   (d) कोण एक नई स्थिति में चले जाएंगे
13. **यदि एक बॉक्स को 180 डिग्री पर घुमाया जाए, तो बॉक्स की ऊपरी सतह पर मूल चित्र क्या होगा ?**
   (a) बदल जाएगा
   (b) उल्टा हो जाएगा
   (c) जैसा था वैसा ही रहेगा
   (d) धुंधला हो जाएगा
14. **यदि एक आकृति को 90 डिग्री पर घुमाया जाए, तो आकृति की स्थिति में क्या बदलाव होगा ?**
   (a) आकृति का आकार बदल जाएगा
   (b) आकृति की दिशा बदल जाएगी
   (c) आकृति का रंग बदल जाएगा
   (d) आकृति का आकार बदल जाएगा
15. **एक बक्से को ऊपर से देखने पर उसके सभी हिस्से कैसे दिखेंगे ?**
   (a) सभी भाग समान दिखाई देंगे
   (b) केवल एक भाग दिखाई देगा
   (c) प्रत्येक भाग का अलग-अलग रूप दिखाई देगा
   (d) कोई भी भाग दिखाई नहीं देगा
16. **यदि एक आकृति को दाएँ से बाएँ पलटा जाए, तो उसकी स्थिति कैसी होगी ?**
   (a) आकृति की स्थिति उलट जाएगी
   (b) आकृति की स्थिति अपरिवर्तित रहेगी
   (c) आकृति का आकार बदल जाएगा
   (d) आकृति की दिशा बदल जाएगी
17. **यदि एक वस्तु को 45 डिग्री पर घुमाया जाए, तो उसकी स्थिति में क्या होगा ?**
   (a) वस्तु की स्थिति अपरिवर्तित रहेगी
   (b) वस्तु की दिशा और स्थिति बदल जाएगी
   (c) वस्तु का आकार बदल जाएगा
   (d) वस्तु का रंग बदल जाएगा
18. **एक समांतर चतुर्भुज को 90 डिग्री पर घुमाने के बाद क्या होगा ?**
   (a) उसकी दिशा बदल जाएगी
   (b) उसकी स्थिति और आकार बदल जाएगा
   (c) उसकी स्थिति अपरिवर्तित रहेगी
   (d) उसका रंग बदल जाएगा
19. **निम्नलिखित में से कौन-सा स्थानिक अभिविन्यास का अच्छा उदाहरण है ?**
   (a) शब्दों का अनुक्रम
   (b) वस्तुओं की स्थिति का विश्लेषण
   (c) गणितीय समीकरणों का समाधान
   (d) ध्वनि की पहचान
20. **एक वस्तु को 180 डिग्री पर घुमाने से क्या होता है ?**
   (a) वस्तु उल्टी हो जाती है
   (b) वस्तु का रंग बदल जाता है
   (c) वस्तु का आकार बदल जाता है
   (d) वस्तु की स्थिति बदलती नहीं है

उत्तरमाला

1. (b)	**2.** (a)	**3.** (b)	**4.** (c)	**5.** (d)	**6.** (a)	**7.** (a)	**8.** (b)	**9.** (b)	**10.** (b)
11. (b)	**12.** (b)	**13.** (c)	**14.** (b)	**15.** (c)	**16.** (a)	**17.** (b)	**18.** (a)	**19.** (b)	**20.** (a)

□□□

4

अध्याय

दृश्य स्मृति, भेदभाव एवं अवलोकन

दृश्य स्मृति

दृश्य स्मृति (Visual Memory) वह मानसिक प्रक्रिया है जिसके माध्यम से व्यक्ति ने जो कुछ देखा होता है, उसे याद रखने और पुन: कल्पना करने की क्षमता प्राप्त करता है। यह स्मृति किसी भी व्यक्ति को दृश्य जानकारी को सहेजने, उसे पुन: प्राप्त करने, और विभिन्न संदर्भों में उसका उपयोग करने में सक्षम बनाती है।

दृश्य स्मृति के प्रमुख तत्व

1. दृश्य जानकारी का संकलन

- **परिभाषा:** दृश्य जानकारी को त्वरित और प्रभावी ढंग से संकलित करना।
  - ❖ **उदाहरण:** एक चित्र को देखकर उसकी खासियतें याद रखना और उन्हें सही ढंग से पहचानना।

2. दृश्य पुन:प्राप्ति (Recall)

- **परिभाषा:** देखी गई वस्तुओं, चित्रों, या दृश्यों को पुन: याद करना।
  - ❖ **उदाहरण:** एक बार देखे गए कमरे की सजावट की कल्पना करना।

3. दृश्य पहचान (Recognition)

- **परिभाषा:** पहले देखी गई चीजों को पहचानना और उन्हें सही तरीके से वर्गीकृत करना।
  - ❖ **उदाहरण:** एक चित्र में पहले देखी गई किसी व्यक्ति या स्थान को पहचानना।

4. दृश्य साक्षात्कार (Visual Encoding)

- **परिभाषा:** दृश्य जानकारी को मानसिक रूप से कोड करना ताकि उसे लंबे समय तक याद रखा जा सके।
  - ❖ **उदाहरण:** एक मानचित्र को देखकर उसकी मार्गदर्शक रेखाओं को समझना और याद रखना।

दृश्य स्मृति का महत्व

1. शैक्षिक और पेशेवर क्षेत्र

- अध्ययन, शिक्षा, और पेशेवर कार्यों में दृश्य स्मृति महत्वपूर्ण भूमिका निभाती है।
  - ❖ **उदाहरण:** किसी पाठ को पढ़कर उसकी महत्वपूर्ण बातें याद रखना।

2. याददाश्त और पुनरावृत्ति

- दृश्य स्मृति किसी घटना, स्थान, या वस्तु की याददाश्त और पुनरावृत्ति में सहायक होती है।
  - ❖ **उदाहरण:** परीक्षा में चित्रों और ग्राफ्स की जानकारी का उपयोग करना।

3. सामान्य जीवन की गतिविधियाँ

- रोजमर्रा की गतिविधियों जैसे कि रास्ता जानना, शॉपिंग लिस्ट याद रखना आदि में भी इसका महत्व है।
  - ❖ **उदाहरण:** सुपरमार्केट में खरीदारी के दौरान वस्तुओं को पहचानना और याद रखना।

दृश्य स्मृति के प्रकार

1. शॉर्ट-टर्म दृश्य स्मृति

- **परिभाषा:** तात्कालिक दृश्य जानकारी को संक्षिप्त समय के लिए याद रखना।
  - ❖ **उदाहरण:** किसी चित्र को देखकर उसके विवरण को कुछ क्षणों तक याद रखना।

2. लॉन्ग-टर्म दृश्य स्मृति

- **परिभाषा:** दृश्य जानकारी को लंबे समय तक याद रखना और उसे भविष्य में पुन: प्राप्त करना।
  - ❖ **उदाहरण:** बचपन के किसी विशेष स्थान की याद रखना।

3. दृश्य कार्यात्मक स्मृति

- **परिभाषा:** दृश्य जानकारी का उपयोग कार्यात्मक समस्याओं को हल करने में।
  - ❖ **उदाहरण:** एक तकनीकी डिवाइस की योजना और उसकी कार्यप्रणाली को याद रखना।

दृश्य स्मृति को बेहतर बनाने के तरीके

1. प्रैक्टिस और ट्रेनिंग

- नियमित अभ्यास और दृश्य स्मृति से जुड़े एक्सरसाइज इस क्षमता को सुधार सकते हैं।
  - ❖ **उदाहरण:** चित्रों और पजल्स का अभ्यास।

2. ध्यान और फोकस

- देखने के दौरान ध्यान केंद्रित करना और दृश्य जानकारी को अच्छी तरह से अवशोषित करना।
  - ❖ **उदाहरण:** ध्यानपूर्वक किसी चित्र को देखना और उसकी खासियतों को समझना।

3. दृश्य सहायता (Visual Aids)

- चित्र और ग्राफ्स जैसे दृश्य सहायता का उपयोग करके स्मृति को बढ़ाना।
  - ❖ **उदाहरण:** शैक्षिक सामग्री में चित्रों का उपयोग।

निष्कर्ष

दृश्य स्मृति एक महत्वपूर्ण मानसिक क्षमता है जो व्यक्ति को दृश्य जानकारी को याद रखने और पुन: प्राप्त करने में मदद करती है। यह शैक्षिक, पेशेवर, और सामान्य जीवन की गतिविधियों में महत्वपूर्ण भूमिका निभाती है। नियमित अभ्यास और उचित तकनीकों के माध्यम से दृश्य स्मृति को विकसित और सुधारा जा सकता है।

भेदभाव

भेदभाव (Discrimination) एक सामाजिक और मानसिक प्रक्रिया है जिसमें एक व्यक्ति या समूह को आधारहीन रूप से किसी अन्य व्यक्ति या समूह के मुकाबले कमतर या अधिकतर समझा जाता है। यह विभिन्न प्रकार की भेदभावकारी कार्रवाइयों, विचारों और व्यवहारों में व्यक्त हो सकता है और यह समाज में समानता और न्याय के सिद्धांतों के खिलाफ होता है।

भेदभाव के प्रमुख तत्व

1. भेदभाव की परिभाषा

- **परिभाषा:** भेदभाव वह प्रक्रिया है जिसमें किसी व्यक्ति या समूह को उनकी जाति, लिंग, धर्म, आय, राष्ट्रीयता, या अन्य विशेषताओं के आधार पर भिन्न व्यवहार का सामना करना पड़ता है।
  - ❖ **उदाहरण:** एक नौकरी में उम्मीदवारों को उनकी जाति या लिंग के आधार पर अस्वीकार करना।

2. भेदभाव के प्रकार

- **प्रत्यक्ष भेदभाव:** जब किसी व्यक्ति या समूह के साथ स्पष्ट रूप से भेदभावपूर्ण व्यवहार किया जाता है।
  - ❖ **उदाहरण:** किसी महिला को उसकी जेंडर के कारण प्रोमोशन न देना।
- **अप्रत्यक्ष भेदभाव:** जब कोई नीतियाँ या प्रक्रियाएँ ऐसी होती हैं जो विशेष समूह को अप्रत्यक्ष रूप से नुकसान पहुंचाती हैं।
  - ❖ **उदाहरण:** ऐसे चयन मानदंड स्थापित करना जो किसी विशेष जाति या लिंग को अनदेखा करते हैं।
- **संस्थानिक भेदभाव:** जब भेदभावकारी व्यवहार या नीतियाँ संगठनों, संस्थानों या समाज की प्रणाली में व्याप्त होती हैं।
  - ❖ **उदाहरण:** शिक्षा प्रणाली में असमान अवसर प्रदान करना।

3. भेदभाव के कारण

- **सांस्कृतिक और ऐतिहासिक कारक:** समाज में लंबे समय से चली आ रही सांस्कृतिक और ऐतिहासिक धारणाएँ और पूर्वाग्रह।
  - ❖ **उदाहरण:** जातिवाद या लिंग भेदभाव की ऐतिहासिक धारणाएँ।
- **मानसिक पूर्वाग्रह:** व्यक्तियों की व्यक्तिगत पूर्वाग्रह और भ्रामक धारणाएँ जो भेदभाव का कारण बनती हैं।
  - ❖ **उदाहरण:** किसी विशेष धर्म के प्रति नकारात्मक धारणाएँ।
- **आर्थिक और सामाजिक असमानता:** समाज में आर्थिक और सामाजिक असमानताएँ जो भेदभाव को बढ़ावा देती हैं।
  - ❖ **उदाहरण:** गरीब वर्ग के लोगों के लिए कम अवसर।

4. भेदभाव के प्रभाव

- **व्यक्तिगत प्रभाव:** आत्म-सम्मान, मानसिक स्वास्थ्य, और जीवन की गुणवत्ता पर नकारात्मक प्रभाव।
  - ❖ **उदाहरण:** भेदभाव का शिकार व्यक्ति मानसिक अवसाद और आत्म-संशय का सामना कर सकता है।
- **सामाजिक प्रभाव:** समाज में असमानता, तनाव, और सामाजिक तनाव को बढ़ावा देना।
  - ❖ **उदाहरण:** भेदभावपूर्ण नीतियाँ समाज में विभाजन और असमानता को बढ़ा सकती हैं।
- **आर्थिक प्रभाव:** अवसरों की कमी और आर्थिक असमानता को बढ़ावा देना।
  - ❖ **उदाहरण:** नौकरी के अवसरों में भेदभाव आर्थिक असमानता को बढ़ा सकता है।

भेदभाव को समाप्त करने के उपाय

1. शिक्षा और जागरूकता

- लोगों को भेदभाव के बारे में शिक्षित करना और उनके बीच जागरूकता फैलाना।
  - ❖ **उदाहरण:** स्कूलों और संगठनों में भेदभाव विरोधी कार्यक्रम और वर्कशॉप्स का आयोजन।

2. नीतिगत परिवर्तन

- भेदभाव को समाप्त करने के लिए नीतियों और कानूनों का निर्माण और उनका प्रभावी कार्यान्वयन।
  - ❖ **उदाहरण:** समान अवसर कानून और विरोधी भेदभाव कानूनों का प्रभावी कार्यान्वयन।

3. सामाजिक समावेश

- समाज के विभिन्न वर्गों को समान अवसर प्रदान करना और सभी को समाविष्ट करना।
  - ❖ **उदाहरण:** कार्यस्थल पर समान अवसरों की नीति और विविधता को प्रोत्साहित करना।

4. संस्थानिक सुधार

- संगठनों और संस्थानों में भेदभावपूर्ण नीतियों और प्रथाओं को बदलना।
  - ❖ **उदाहरण:** भर्ती और पदोन्नति में पारदर्शिता और निष्पक्षता सुनिश्चित करना।

निष्कर्ष

भेदभाव एक महत्वपूर्ण सामाजिक समस्या है जो समानता और न्याय के सिद्धांतों के खिलाफ होती है। यह विभिन्न प्रकार के सामाजिक, व्यक्तिगत, और आर्थिक प्रभावों को जन्म देती है। भेदभाव को समाप्त करने के लिए शिक्षा, नीतिगत परिवर्तन, सामाजिक समावेश, और संस्थानिक सुधार जैसे उपायों को अपनाना आवश्यक है। इन उपायों के माध्यम से समाज में समानता और न्याय को बढ़ावा दिया जा सकता है।

अवलोकन

अवलोकन (Observation) एक महत्वपूर्ण मानसिक प्रक्रिया है जिसमें व्यक्ति अपने चारों ओर की दुनिया को देखता, सुनता, महसूस करता और अनुभव करता है। यह प्रक्रिया किसी भी घटना, वस्तु, या स्थिति की जाँच और समझ को शामिल करती है। अवलोकन का उपयोग विभिन्न क्षेत्रों में किया जाता है, जैसे कि विज्ञान, समाजशास्त्र, और रोजमर्रा की ज़िंदगी में निर्णय लेने के लिए।

अवलोकन के प्रमुख तत्व

1. ध्यान केंद्रित करना

- **परिभाषा:** अवलोकन के लिए व्यक्ति को पूरी तरह से एक विशेष घटना या वस्तु पर ध्यान केंद्रित करना होता है।
  - ❖ **उदाहरण:** किसी प्रयोग के दौरान परिणामों पर ध्यान देना।

2. डेटा संग्रहण

- **परिभाषा:** अवलोकन के दौरान प्राप्त जानकारी या डेटा को संकलित करना।
  - ❖ **उदाहरण:** प्रयोगशाला में विभिन्न पदार्थों के रिएक्शन को रिकॉर्ड करना।

3. विवेचना और विश्लेषण

- **परिभाषा:** अवलोकन से प्राप्त जानकारी का विश्लेषण करना और उससे निष्कर्ष निकालना।

❖ **उदाहरण:** एक प्रयोग के परिणामों का विश्लेषण करना और उनके आधार पर निष्कर्ष निकालना।

4. विवेक और निष्पक्षता

- **परिभाषा:** अवलोकन करते समय निष्पक्ष और बिना पूर्वाग्रह के व्यवहार करना।
  - ❖ **उदाहरण:** किसी घटना के सभी पहलुओं को बिना किसी पूर्वाग्रह के देखना और समझना।

अवलोकन के प्रकार

1. प्रत्यक्ष अवलोकन

- **परिभाषा:** व्यक्ति अपने स्वाधीन तरीके से किसी घटना या वस्तु को प्रत्यक्ष रूप से देखता है।
  - ❖ **उदाहरण:** कक्षा में शिक्षक द्वारा पढ़ाते समय छात्रों की प्रतिक्रियाओं को देखना।

2. अप्रत्यक्ष अवलोकन

- **परिभाषा:** व्यक्ति किसी घटना या वस्तु को सीधे देखे बिना उस पर आधारित जानकारी इकट्ठा करता है।
  - ❖ **उदाहरण:** किसी प्रयोग के परिणामों का अध्ययन करना, जिन्हें पहले से दर्ज किया गया हो।

3. सक्रिय अवलोकन

- **परिभाषा:** व्यक्ति अवलोकन के दौरान सक्रिय रूप से शामिल होता है और अपने कार्यों से घटना पर प्रभाव डालता है।
  - ❖ **उदाहरण:** एक प्रयोग में प्रतिभागी के रूप में शामिल होना और उस प्रक्रिया का अवलोकन करना।

4. निष्क्रिय अवलोकन

- **परिभाषा:** व्यक्ति अवलोकन करते समय घटनाओं में हस्तक्षेप किए बिना केवल देखता है।
  - ❖ **उदाहरण:** एक रिसर्च स्टडी में विभिन्न घटनाओं का निष्क्रिय अवलोकन करना।

अवलोकन का महत्व

1. ज्ञान प्राप्ति

- अवलोकन किसी भी अध्ययन या शोध में महत्वपूर्ण जानकारी प्रदान करता है और ज्ञान प्राप्त करने में सहायक होता है।
  - ❖ **उदाहरण:** वैज्ञानिक प्रयोगों के दौरान परिणामों की वास्तविक जानकारी प्राप्त करना।

2. समस्याओं की पहचान

- अवलोकन से समस्याओं और उनके कारणों की पहचान की जा सकती है।
  - ❖ **उदाहरण:** किसी उत्पादन प्रक्रिया में समस्याओं का अवलोकन करना और उन्हें सुधारना।

3. निर्णय लेने में सहायता

- सटीक अवलोकन से प्राप्त जानकारी निर्णायक निर्णय लेने में सहायक होती है।
  - ❖ **उदाहरण:** व्यवसायिक रणनीतियों के लिए बाजार के रुझानों का अवलोकन करना।

4. सामाजिक और सांस्कृतिक अध्ययन

- समाज और संस्कृति के अध्ययन में अवलोकन महत्वपूर्ण भूमिका निभाता है।
  - ❖ **उदाहरण:** किसी समुदाय के रीति-रिवाजों और व्यवहारों का अध्ययन करना।

अवलोकन की प्रक्रिया

1. लक्ष्य निर्धारण

- अवलोकन के उद्देश्य और लक्ष्यों को स्पष्ट रूप से परिभाषित करना।
  - ❖ **उदाहरण:** किसी विशेष घटना या प्रक्रिया का अवलोकन करने का उद्देश्य निर्धारित करना।

2. आवश्यक उपकरण और तकनीकों का चयन

- अवलोकन के लिए आवश्यक उपकरण और तकनीकों का चयन करना।
  - ❖ **उदाहरण:** कैमरा, नोटबुक, या रिकॉर्डिंग उपकरण का उपयोग।

3. डेटा संग्रहण

- अवलोकन के दौरान प्राप्त जानकारी या डेटा को संगठित और रिकॉर्ड करना।
  - ❖ **उदाहरण:** घटनाओं की टाइम-लाइन बनाना और महत्वपूर्ण बिंदुओं को नोट करना।

4. विश्लेषण और रिपोर्टिंग

- अवलोकन से प्राप्त जानकारी का विश्लेषण करना और रिपोर्ट तैयार करना।
  - ❖ **उदाहरण:** अवलोकन के परिणामों पर आधारित रिपोर्ट तैयार करना और निष्कर्ष प्रस्तुत करना।

निष्कर्ष

अवलोकन एक महत्वपूर्ण मानसिक और वैज्ञानिक प्रक्रिया है जो विभिन्न क्षेत्रों में जानकारी प्राप्त करने, समस्याओं की पहचान करने, और निर्णय लेने में सहायक होती है। यह प्रक्रिया जानकारी को समझने और विश्लेषित करने में मदद करती है और इससे हमें हमारे चारों ओर की दुनिया को बेहतर ढंग से समझने का अवसर मिलता है।

प्रश्नमाला

1. दृश्य स्मृति किस प्रकार की याददाश्त को संदर्भित करती है?

(a) ध्वनि आधारित याददाश्त
(b) चित्र और दृश्य आधार पर याददाश्त
(c) सुगंध आधारित याददाश्त
(d) संवेदनाओं की याददाश्त

2. दृश्य स्मृति के परीक्षण के लिए निम्नलिखित में से कौन-सा तरीका सामान्यतः उपयोग किया जाता है?

(a) शब्दों की सूची याद करना
(b) चित्र या आकृतियों को देखने के बाद उनकी पहचान करना
(c) गाने के बोल याद करना
(d) संख्या श्रृंखला को दोहराना

3. दृश्य स्मृति के अभ्यास से किस कौशल में सुधार होता है?

(a) गणितीय गणना
(b) भाषाई कौशल
(c) चित्र और आकृतियों की पहचान और याद रखना
(d) ध्वनि की पहचान

4. यदि एक चित्र को देखने के बाद आपकी याददाश्त उस चित्र को ठीक से पुनः प्रस्तुत कर सकती है, तो यह किस प्रकार की स्मृति का उदाहरण है?

(a) श्रवण स्मृति (b) दृश्य स्मृति
(c) स्पर्श स्मृति (d) गंध स्मृति

5. दृश्य स्मृति के विकास के लिए निम्नलिखित में से कौन-सा अभ्यास सहायक होता है?

(a) मानसिक गणना
(b) रंगों और आकृतियों की पहचान

(c) शब्दावली की समीक्षा
(d) संगीत सुनना

6. यदि आपको एक चित्र को 30 सेकंड के लिए देखा और फिर उसकी छवि को याद करके पुनः चित्रित करना है, तो यह किस प्रकार का परीक्षण है?
(a) श्रवण परीक्षण (b) दृश्य स्मृति परीक्षण
(c) गणना परीक्षण (d) भाषाई परीक्षण

7. दृश्य स्मृति की शक्ति को बढ़ाने के लिए कौन-सा तरीका उपयुक्त हो सकता है?
(a) नई भाषाएँ सीखना
(b) चित्र और रंगों की पहचान का अभ्यास करना
(c) गणितीय समस्याओं का समाधान करना
(d) विभिन्न सुगंधों को पहचानना

8. यदि एक व्यक्ति को एक दृश्य को जल्दी से देखने के बाद उसकी सारी जानकारी याद रखनी है, तो यह किस प्रकार की स्मृति का परीक्षण है?
(a) कार्यशील स्मृति
(b) दृश्य स्मृति
(c) श्रवण स्मृति
(d) दीर्घकालिक स्मृति

9. दृश्य स्मृति का एक उदाहरण क्या हो सकता है?
(a) किसी गाने के बोल याद रखना
(b) किसी चित्र में छिपी हुई वस्तुओं को ढूंढना
(c) किसी कहानी को सुनना
(d) किसी शब्द की वर्तनी याद करना

10. दृश्य स्मृति में कमजोरी होने पर व्यक्ति को किस समस्या का सामना हो सकता है?
(a) शब्दों का ठीक से उच्चारण नहीं कर पाना
(b) गाने के बोल भूल जाना
(c) चित्रों या दृश्य सामग्री की याददाश्त में कमी
(d) गणितीय गणना में कठिनाई

11. भेदभाव का सबसे सामान्य कारण क्या हो सकता है?
(a) सामाजिक समानता
(b) व्यक्तिगत प्राथमिकताएँ
(c) जाति, धर्म या लिंग के आधार पर पक्षपात
(d) शिक्षा में समान अवसर

12. निम्नलिखित में से कौन-सा भेदभाव का सही उदाहरण नहीं है?
(a) एक व्यक्ति को उसकी जाति के आधार पर नौकरी से वंचित करना
(b) सभी छात्रों को एक समान पाठ्यक्रम देना
(c) महिला कर्मचारियों को उनकी लिंग के आधार पर कम वेतन देना
(d) विभिन्न धर्मों के आधार पर अलग-अलग स्कूल बनाना

13. भेदभाव को समाप्त करने के लिए कौन-सा उपाय सबसे प्रभावी हो सकता है?
(a) भेदभावपूर्ण नीतियों को लागू करना
(b) समान अवसर और अधिकार प्रदान करना
(c) भेदभाव को नजरअंदाज करना
(d) भेदभाव को प्रोत्साहित करना

14. लिंग भेदभाव का सबसे अच्छा उदाहरण क्या हो सकता है?
(a) सभी कर्मचारियों को समान वेतन देना
(b) महिलाओं को केवल उनकी लिंग के आधार पर विशेष अवसर देना
(c) पुरुषों और महिलाओं के लिए समान स्वास्थ्य सेवाएँ प्रदान करना
(d) सभी छात्रों को एक समान शिक्षा प्रदान करना

15. निम्नलिखित में से भेदभाव को रोकने के लिए क्या कदम उठाया जा सकता है?
(a) भेदभावपूर्ण व्यवहार को प्रोत्साहित करना
(b) सभी के लिए समान अवसर सुनिश्चित करना
(c) भेदभाव की जानकारी छुपाना
(d) भेदभाव के खिलाफ आवाज़ उठाना

16. भेदभाव का एक सामान्य परिणाम क्या हो सकता है?
(a) सामाजिक समानता में वृद्धि
(b) मानसिक तनाव और सामाजिक अलगाव
(c) सामाजिक सहयोग में वृद्धि
(d) समान अवसरों का वितरण

17. निम्नलिखित में से कौन-सा भेदभाव का तरीका नहीं है?
(a) आयु के आधार पर असमानता
(b) रंग के आधार पर भेदभाव
(c) समान अवसरों का वितरण
(d) जाति के आधार पर भेदभाव

18. भेदभाव के खिलाफ जागरूकता फैलाने के लिए कौन-सा उपाय उपयोगी हो सकता है?
(a) भेदभाव को नजरअंदाज करना
(b) भेदभाव के बारे में लोगों को शिक्षित करना
(c) भेदभाव को प्रोत्साहित करना
(d) भेदभाव की पुष्टि करना

19. यदि किसी कार्यस्थल पर महिलाओं को पुरुषों की तुलना में कम वेतन दिया जाता है, तो यह किस प्रकार का भेदभाव है?
(a) रंग भेदभाव (b) जातीय भेदभाव
(c) लिंग भेदभाव (d) आयु भेदभाव

20. भेदभाव को समाप्त करने के लिए क्या उपाय हो सकता है?
(a) भेदभावपूर्ण नीतियों का पालन करना
(b) भेदभाव के खिलाफ कानूनी ढांचा तैयार करना
(c) भेदभाव को प्रोत्साहित करना
(d) भेदभाव की अनदेखी करना

21. अवलोकन का तात्पर्य किससे है?
(a) सुनी गई बातों को याद रखना
(b) किसी वस्तु, स्थिति या घटना को ध्यानपूर्वक देखना और समझना
(c) किसी के शब्दों को दोहराना
(d) पढ़े हुए पाठ को याद करना

22. अवलोकन के माध्यम से कौन सी जानकारी प्राप्त की जा सकती है?
(a) भाषाई कौशल
(b) गणितीय समस्याओं का समाधान
(c) वस्तुओं और घटनाओं के विवरण और विशेषताएँ
(d) संगीत की धुन

23. निम्नलिखित में से किस तकनीक का उपयोग अवलोकन के दौरान किया जाता है?
(a) पढ़ाई की रणनीतियाँ
(b) दृष्टि और ध्यान केंद्रित करना
(c) गणना की विधियाँ
(d) सुनने की तकनीकें

24. यदि आपको किसी चित्र में छिपी हुई वस्तुओं को पहचानना है, तो यह किस प्रकार का अवलोकन है?
(a) सुनने का अवलोकन
(b) दृश्य अवलोकन
(c) संवेदनात्मक अवलोकन
(d) श्रवण अवलोकन

25. अवलोकन के दौरान आपकी क्या भूमिका होती है?
(a) केवल सुनना
(b) ध्यानपूर्वक देखना और डेटा संकलित करना
(c) प्रश्न पूछना
(d) किसी के विचारों को सुनना

26. अवलोकन में सही जानकारी एकत्र करने के लिए कौन-सा तरीका उपयोगी हो सकता है?
(a) केवल कल्पना करना
(b) वस्तु या स्थिति का बार-बार अवलोकन करना
(c) अन्य लोगों की राय सुनना
(d) अनुमान लगाना

27. अवलोकन के दौरान डेटा को सही ढंग से रिकॉर्ड करने के लिए कौन-सा तरीका सही हो सकता है?
(a) मानसिक नोट्स बनाना
(b) लिखित या डिजिटल रिकॉर्ड बनाना
(c) केवल स्मृति पर निर्भर रहना
(d) किसी अन्य व्यक्ति से जानकारी प्राप्त करना

28. अवलोकन और ध्यान में कौन-सा अंतर होता है?

(a) अवलोकन केवल देखने की प्रक्रिया है, जबकि ध्यान देखने और सोचने की प्रक्रिया है
(b) अवलोकन में केवल सुनना शामिल होता है
(c) ध्यान केवल पढ़ाई से संबंधित है
(d) अवलोकन और ध्यान एक ही प्रक्रिया है

29. यदि आप किसी घटना की सटीक जानकारी प्राप्त करने के लिए बार-बार अवलोकन करते हैं, तो आप किस प्रकार की तकनीक का उपयोग कर रहे हैं?

(a) प्रयोगात्मक अवलोकन
(b) विश्लेषणात्मक अवलोकन
(c) अनुशासनात्मक अवलोकन
(d) निरंतर अवलोकन

30. अवलोकन के दौरान यदि आपको किसी विशेष जानकारी का ध्यान रखना है, तो कौन-सा तरीका सबसे अच्छा हो सकता है?

(a) केवल देखना
(b) नोट्स बनाना और रिकॉर्ड रखना
(c) केवल बातें सुनना
(d) अवलोकन के बाद जल्दी से भूल जाना

उत्तरमाला

1. (b)	**2.** (b)	**3.** (c)	**4.** (b)	**5.** (b)	**6.** (b)	**7.** (b)	**8.** (b)	**9.** (b)	**10.** (c)
11. (c)	**12.** (b)	**13.** (b)	**14.** (b)	**15.** (b)	**16.** (b)	**17.** (c)	**18.** (b)	**19.** (c)	**20.** (b)
21. (b)	**22.** (c)	**23.** (b)	**24.** (b)	**25.** (b)	**26.** (b)	**27.** (b)	**28.** (a)	**29.** (d)	**30.** (b)

❑❑❑

5

अध्याय

संबंध अवधारणाएं (रक्त संबंध)

पारिवारिक संबंधों के आधार प्र दो या दो से अधिक व्यक्तियों के बीच परिवार एवं उसके विरासत के आधार पर संबंधों का आकलन ही रक्त संबंध कहलाता है। इस संबंध के आधार पर किसी अन्य व्यक्ति का संबंध ज्ञात करना होता है।

		पुरुष	**महिला**
I	(a)	परदादा (Great Grand Father)	परदादी (Great Grand.Mother)
	(b)	परनाना (Great Maternal G.Father)	परनानी (Great Maternal G. Mother)
	(c)	परदादा/नाना ससुर (Great G.F. in law)	परदादी/नानी सास (Great G.M. in Law)
II	(a)	दादा (Grand Father)	दादी (Grand Mother)
	(b)	नाना (Maternal G.F)	नानी (Maternal G.M)
	(c)	दादा/नाना ससुर (Grand Father in law)	दादी/नानी सास (Grand Mother in law)
III	(a)	पिता (Father)	माता (Mother)
	(b)	चाचा/फूफा (Uncle)	चाची/फुआ, बुआ (Aunt)
	(c)	मामा/मौसा (Maternal Uncle)	मामी, मौसी (Maternal Aunt)
	(d)	ससुर (Father in law)	सास (Mother in law)
स्वयं (Self)			
	(a)	पति (Husband)	पत्नि (Wife)
	(b)	भाई (Brother)	बहन (Sister)
	(c)	चचेरा/फुफेरा/ममेरा/मौसेरा भाई (Cousin)	चचेरी/फुफेरी/ममेरी/मौसेरी बहन (Cousin)
	(d)	बहनोई, साली का पति, साला, देव, जेठ, ननदोई (Brother in law)	भाई, साली, साले की पत्नी, ननद, जेठानी, देवरानी (Sister in law)
		↓	
	(a)	पुत्र (Son)	पुत्री (Daughter)
	(b)	भतीजा/भांजा (Nephew)	भतीजी/भांजी (Niece)
	(c)	दामाद (Son in law)	पुत्रवधु (Daughter in law)
		↓	
	(a)	पोता, नाती (Grandson)	पोती, नातिन (Grand daughter)
	(b)	पोती/नातिन का पति (Grandson in law)	पोता या नाती की पत्नी (Grand daughter in law)
		↓	
	(a)	परपोता/परनाती (Great Grandson)	परपोती/परनातिन (Great Grand Daughter)
	(b)	परपोती/परनातिन का पति (Great-Grandson-in law)	परपोता/परनाती की पत्नी (Great G. daughter in law)

प्रश्नों के प्रारूप के आधार पर रक्त संबंध को दो वर्गों में वर्गीकृत किया गया है।

(i) कथन आधारित रक्त संबंध (Statement based Blood Relation)– इस प्रकार के प्रश्नों में रिश्तों को कथन के रूप में व्यक्त किया जाता है।

(a) तथ्य आधारित–इस प्रकार के प्रश्नों में एक या अधिक पीढ़ियों के संबंध के आधार पर दी गयी जानकारी से संबंधों को ज्ञात किया जाता है।

उदाहरण–

1. वंदना, विशाल और वनीता की बेटी है। अमित, वनीता के भाई का बेटा है। अमित के लिए वंदना कौन है?

(a) भाई
(b) चचेरी/ममेरी/फुफेरी बहन
(c) भांजी
(d) पिता

हल : (b)

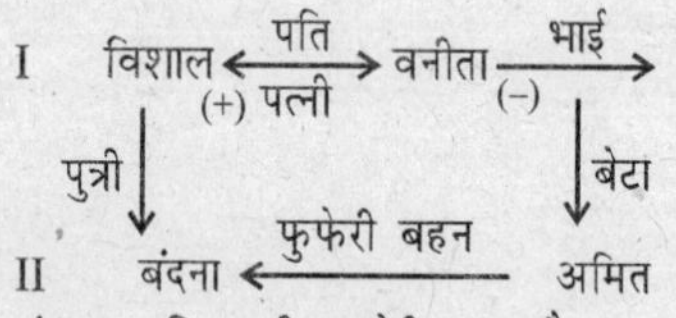

अत: वंदना, अमित की फुफेरी बहन है।

2. A जो F का बेटा है, की शादी B से हुई है जिसका भाई C है। D, C की पत्नी है और E की बेटी है। E, F का पति है। E, A से कैसे संबंधित है।

(a) ससुर
(b) पिता
(c) अंकल
(d) पुत्र

हल : (b)

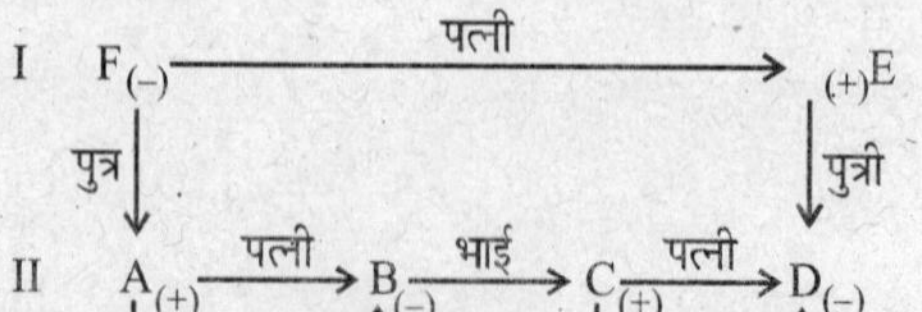

अत: E, A का पिता है।

(b) वार्तालाप आधारित–इस प्रकार के प्रश्नों में व्यक्ति के बीच की वार्ता जो आपस में होती है, जिसमें कुछ जानकारियाँ निहित होती हैं। इनमें कोई व्यक्ति किसी अन्य व्यक्ति के विषय में जानकारियाँ उपलब्ध कराता है। इन्हीं जानकारियों के आधार पर उस व्यक्ति का संबंध दिये गये व्यक्ति के साथ पता करना होता है।

उदाहरण–

1. राम्या ने रेणुका से कहा, "आपकी माँ के पति की बहन मेरी चाची/मामी/बुआ है"। रेणुका से राम्या का क्या संबंध है?

(a) चचेरा/ममेरा/फूफेरा भाई-बहन (b) बहन
(c) बेटी (d) भांजी/भतीजी

हल : (b)

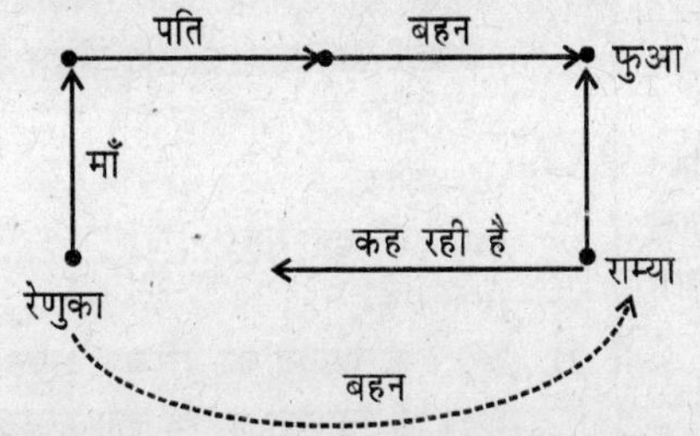

अत: स्पष्ट हैं, राम्या, रेणुका की बहन है।

(c) तस्वीर आधारित– इस प्रकार के प्रश्नों में तस्वीर से संबंधित तथ्य दिये होते हैं, जिनके आधार पर संबंधों को विभेदित किया जाता है। कोई व्यक्ति किसी तस्वीर की ओर देखते हुए, इशारा करते हुए कुछ जानकारियाँ प्रदत्त करता है, जिसमें जानकारियों के आधार पर तस्वीर में चित्रित व्यक्ति का संबंध दिए गए व्यक्ति के संबंधों से प्राप्त करना होता है।

उदाहरण–

1. एक तस्वीर की ओर इशारा करते हुए, कीर्ति ने मोहन से कहा, ''तस्वीर में जो लड़की है, वो मेरे दोस्त के पिता के बहनोई/साले की सबसे बड़ी बेटी है।'' कीर्ति के दोस्त से उस लड़की का क्या रिश्ता है?
(a) भांजी/भतीजी (b) पुत्री
(c) चचेरा/ममेरा/मौसेरा भाई/बहन (d) ननद

हल : (c)

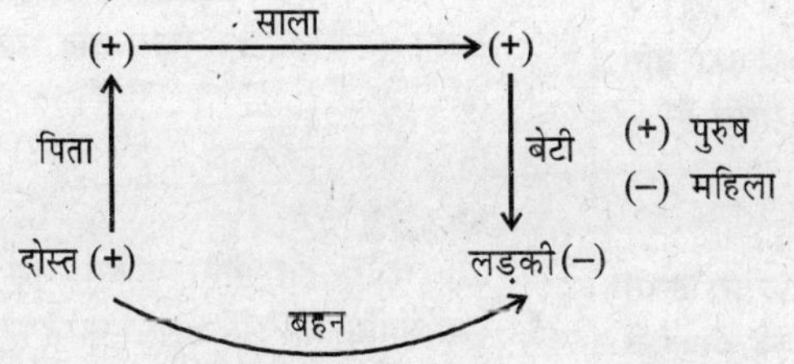

अत: स्पष्ट है कीर्ति के दोस्त की वह लड़की बहन है।

(ii) समीकरण आधारित रक्त संबंध– इस प्रकार के प्रश्नों में रिश्तों को विभिन्न प्रकार के संकेतों (चिह्नों) के माध्यम से निरूपित किया जाता है। ऐसे संकेत गणितीय आरेखों के द्वारा समीकरण में निहित होते है। संबंधों की व्याख्या संकेतों (चिह्नों) के माध्यम से ही किया जाता है।

उदाहरण–

1. यदि C $ D का अर्थ है C, D का पति है। C & D का अर्थ है C, D की माता है और C % D का अर्थ है C,D का पुत्र है, तो X % Z $ W & Y का अर्थ क्या है। यदि W को केवल एक पुत्र है?
(a) Y, X का भाई है। (b) X,Y का भाई है।
(c) X,Y का पुत्र है। (d) Y, X का पुत्र है।

हल : (b)

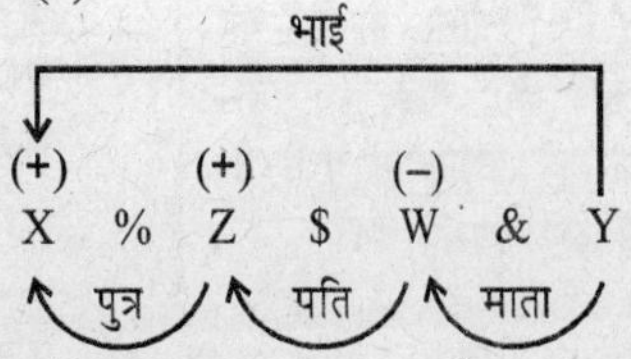

अत: आरेख/समीकरण से स्पष्ट है कि Y की माता W, W का पति Z, Z का पुत्र X अर्थात X भाई है, Y का जो W का केवल एक ही पुत्र है क्योंकि 'Y' का लिंग पता नहीं है। वैसे Y, W की पुत्री होगी।

2. यदि G + H का अर्थ है कि G, H की बहन है। G – H का अर्थ है कि G, H की पुत्री है। और G * H का अर्थ है कि G, H की पत्नी है, तो निम्नलिखित में से कौन यह प्रदर्शित करता है कि Q, P का पिता है।
(a) P * R – S + Q (b) P + R – S * Q
(c) P * R + S – Q (d) P * R + S – Q

हल : (b)

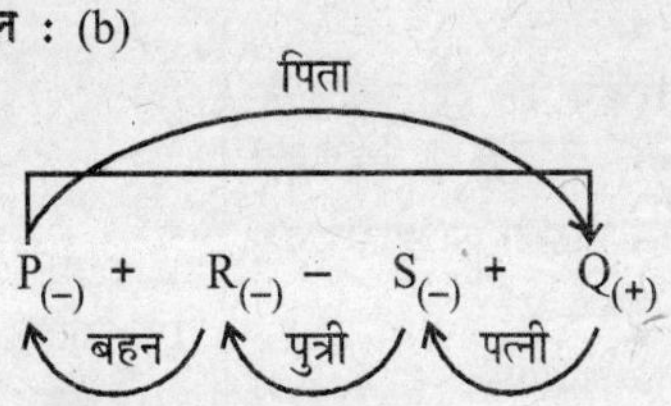

अत: Q, P का पिता है।

नोट–

- ♦ प्रश्नों को हल करने के लिए दी गयी जानकारी के आधार पर व्यक्तियों के बीच संबंध ज्ञात करना होता है।
- ♦ व्यक्तियों के मध्य संबंध को हल करने के लिए मध्यवर्ती संबंधों को ज्ञात करना होता हैं।
- ♦ प्रश्नों में दी गयी जानकारी के आधार पर ही लिंग का निर्धारण किया जा सकता है।
- ♦ प्रश्नों को हल करने के लिए समीकरण (आरेख) के माध्यम से संबंध के प्रत्येक चरण को स्पष्टत: के साथ निरूपति करने पर अभीष्ट संबंध को आसानी से ज्ञात किया जा सकता है।

प्रश्नमाला

1. अक्षय के दामाद की शादी अनीशा से हुई है, जिनके भाई विजय की शादी ट्विंकल से हुई है। ट्विंकल का अक्षय से क्या संबंध है?
(a) बहन (b) पुत्री
(c) भाई की पत्नी (d) बहू

2. अनुज, अजय के भाई के पिता की इकलौती पुत्री का पुत्र है। अजय का अनुज से क्या संबंध है?
(a) पिता का भाई (b) बहन का पुत्र
(c) माँ का भाई (d) बहन का पति

3. एक चित्र में लड़के की ओर इशारा करते हुए अनिल ने कहा, ''उसके पिता की बहन, मेरे पिता के पिता की इकलौती पुत्री है।'' लड़के के पिता का अनिल से क्या संबंध है?
(a) पिता के भाई का पुत्र
(b) पिता का भाई
(c) पिता का पिता
(d) भाई

4. मीरा ने एक लड़की की तस्वीर की ओर इशारा करते हुए कहा ''वह मेरी माँ की इकलौती पुत्री की पुत्री है।'' मीरा का उस लड़की से क्या संबंध है?
(a) माँ (b) बहन की पुत्री
(c) माँ की बहन (d) बहन

5. एक तस्वीर की ओर इशारा करते हुए रजत ने कहा, ''वह मेरी सास की इकलौती पुत्री का पुत्र है'' तस्वीर में मौजूद व्यक्ति का रजत से क्या संबंध है?
(a) भाई (b) बहन का पुत्र
(c) पिता का भाई (d) पुत्र

6. निशा, रामकिशन की पुत्री है जो उर्मिला का पति है। मनीषा, उर्मिला की बहन और सुमन

की माँ है। जितेन्द्र जतिन का पिता है जो कि सुमन का पुत्र है। जतिन, उर्मिला से कैसे संबंधित है?

(a) बेटी का पति
(b) बहन की बेटी का पुत्र
(c) बहन का पति
(d) बेटी का पुत्र

7. हर्ष, अजीत का पुत्र है। विनीता, अजीत की पत्नी है। अजय, हर्ष का भाई है। नेहा, अजय और कविता की इकलौती पुत्री है। विनीता का नेहा से क्या संबंध है?

(a) पिता की बहन
(b) बहन
(c) माँ
(d) पिता की माँ

8. राम, श्याम का भाई है। मोहन, राम के पिता हैं। मोहन, राधिका का भाई है। राधिका, श्याम की पुत्री है, तो सोहन के चाचा/फूफा कौन हैं?

(a) श्याम (b) राम
(c) मोहन (d) पवन

9. एक महिला का परिचय देते हुए सोहन ने कहा, ''वह मेरे ससुर की बेटी के बेटी की मौसी की माँ हैं।'' उस महिला का सोहन की बेटी के साथ क्या संबंध है?

(a) चाची/ताई/मौसी/बुआ/मामी
(b) माँ
(c) नानी
(d) बहू

10. राधा ने सीता से कहा, ''मेरी माँ के इकलौते भाई का पुत्र तुम्हारा भाई है।'' राधा का सीता से क्या संबंध है?

(a) पिता की बहन की पुत्री
(b) बहन
(c) पिता की बहन
(d) माँ के भाई की पुत्री

11. पार्क में टहलती हुई किसी महिला को देखते हुए, एक व्यक्ति ने कहा, ''यह महिला मेरे पिता की बहन की बेटी है''। महिला का उस व्यक्ति से क्या संबंध है?

(a) बहन
(b) चाची/मामी/मौसी/बुआ
(c) चचेरी/मौसेरी/ममेरी/फुफेरी बहन
(d) भतीजी/भांजी

12. एक फोटो की ओर इशारा करते हुए जॉन ने कहा, ''वह मेरी माँ की बहन के पति की इकलौती नातिन है।'' इस फोटो वाले व्यक्ति का जॉन से क्या संबंध है?

(a) नातिन (b) बेटी
(c) बहन (d) भतीजी/भांजी

13. राम ने सोहन की तरफ इशारा करते हुए कहा, ''वह मेरी माँ के पिता का इकलौता पुत्र है।'' सोहन का राम की माँ से क्या संबंध है?

(a) मामा (b) भतीजा/भांजा
(c) पति (d) भाई

14. एक लड़के की ओर इशारा करते हुए सोहन ने कहा, ''वह राज का पुत्र है, जो मेरी छोटी बहन का पिता है।'' राज का सोहन से क्या संबंध है?

(a) पिता (b) पुत्र
(c) मामा (d) भाई

15. एक आदमी की तस्वीर की ओर इशारा करते हुए, एक महिला ने कहा, ''वह आदमी मेरे पति के इकलौते भाई का पुत्र है।'' उस महिला का तस्वीर में मौजूद आदमी से क्या संबंध है?

(a) बहन (b) चाची/बुआ
(c) मामी/मौसी (d) माँ

16. राधा, अभिनव के पुत्र के पुत्र की बहन हैं। राधा का अभिनव से क्या संबंध है?

(a) चाची/मामी/बुआ/मौसी
(b) बहन
(c) पोती/नातिन
(d) दादी/नानी

17. सोहन की ओर इशारा करते हुए राहुल ने कहा ''सोहन मेरी पत्नी की बेटी का पति है''। सोहन का राहुल से क्या संबंध है?

(a) पिता (b) भाई
(c) पुत्र (d) दामाद

18. अजय ने एक महिला की ओर इशारा करते हुए कहा, ''वह मेरी माँ के पिता की इकलौती पुत्री है। उसके दो बच्चे हैं। उसके इकलौते पुत्र की पत्नि रीता है।''
अजय, महिला का .... है।

(a) पुत्र (b) भाई
(c) भतीजा/भांजा (d) पति

19. S एक परिवार की महिला सदस्य है और उनके तीन बच्चे हैं। M, S का पुत्र है। M दो लड़कियों का मामा है, जो आपस में सगी बहनें नहीं है, बल्कि उनकी माएँ, आपस में बहनें हैं। दी गई जानकारी के आधार पर निम्न में से कौन-सा कथन सर्वाधिक सत्य हो सकता है?

(a) S के दो पुत्र, एक पुत्री हैं।
(b) S का एक पुत्र, दो पुत्रियाँ हैं।
(c) S का एक पुत्र हैं, और अन्य दो का निर्धारण नहीं किया जा सकता है।
(d) S का एक पुत्र, एक पुत्री है और तीसरे का निर्धारण नहीं किया जा सकता है।

20. रोहन, सुमित का भाई है। सुमित, सुजाता से शादी करना चाहता है। सुजाता, हरीचंद की बेटी है। रोहन, सुनीता को तलाक देना चाहता है। सुजाता और सुनीता बहनें हैं। हरीचंद का रोहन से क्या संबंध है?

(a) पत्नी का चाचा/फूफा
(b) पिता
(c) भाई का ससुर
(d) ससुर

21. राम एक व्यक्ति का परिचय अपने पिता के पिता के इकलौते पुत्र के रूप में देता है। उस व्यक्ति का राम से क्या संबंध है?

(a) भतीजा/भांजा (b) पुत्र
(c) चाचा/फूफा (d) पिता

22. एक तस्वीर की ओर इशारा करते हुए राम ने कहा, ''इस व्यक्ति के भाई की पुत्री मेरी पत्नी है।'' उसकी पत्नी का तस्वीर में मौजूद व्यक्ति से क्या संबंध है?

(a) पुत्री (b) भतीजी
(c) बहू (d) बहन

23. यदि राम, मोहन के पुत्र का भाई है, तो राम का मोहन से क्या संबंध है?

(a) पुत्र (b) पोता/नाती
(c) भाई (d) पिता

24. A, B के दादा हैं। D, A का भाई है और E, D का पुत्र है। E, B से किस तरह संबंधित है?

(a) भाई
(b) चाचा/ताऊ/फूफा
(c) दादा/नाना
(d) चचेरा/ममेरा/मौसेरा/फुफेरा भाई

25. एक व्यक्ति की ओर इशारा करते हुए विवेक ने कहा, ''उनका इकलौता भाई, मेरी पुत्री के पिता का पिता है।'' उस व्यक्ति का विवेक से क्या संबंध है?

(a) ससुर
(b) भाई
(c) मामा/चाचा/ताऊ/फूफा/मौसा
(d) पिता

26. गीता का परिचय कराते हुए भानु कहता है, ''वह मेरी नानी/दादी की इकलौती पुत्री की पुत्री है।'' भानु का गीता से क्या संबंध है, निम्नलिखित विकल्पों में से चुनें?

(a) पुत्र (b) भाई
(c) पिता (d) मामा/ मौसा

27. भोला ने अपने दामाद से एक लड़की का परिचय कराते हुए कहा 'इसका भाई मेरे जीजा का इकलौता पुत्र है।'' तो वह लकड़ी भोला से किस तरह संबंधित है?

(a) भाली/ साली (b) बहन
(c) भांजी/ भतीजी (d) पुत्री

28. राहुल, राज का भाई है। राधा, रमन की बहन है। राज, राधा का पुत्र है। फिर राहुल का राधा से क्या संबंध है?

(a) भतीजा/ भांजा
(b) बेटा
(c) चाचा/ फूफा/मामा/मौसा
(d) भाई

29. देवेशी की अतिथियों से परिचय करवाते हुए, आशीष ने कहा, ''इसके पिता मेरे दादाजी के इकलौते बेटे के इकलौते बेटे हैं''। आशीष, देवेशी से कैसे संबंधित है?

(a) मामा (b) भाई
(c) पिताजी (d) दादाजी/ नानाजी

30. प्रदीप कहते हैं, ''विशाल की माँ, मेरी माँ की इकलौती बेटी है।'' प्रदीप का विशाल से क्या संबंध है?

(a) मामा/ मौसा (b) दादा/ नाना
(c) भाई (d) पिता

31. रोहित ने फोटोग्राफ की ओर इशारा करते हुए कहा कि ''वह मेरे पिता के इकलौते पुत्र की पुत्री है।'' रोहित का उस फोटोग्राफ वाली लड़की से क्या संबंध है?

(a) चचेरे/ ममेरे/ फूफेरे/ मौसेरे-भाई /बहन
(b) बहन
(c) पिता
(d) चाचा/ मामा/फूफा/ मौसा

32. मनोज, सपना का पति है, जिसकी माँ नीलम है। नीलम का पोता आदित्य है, जो शेफाली का भाई है। शेफाली, विजय की पुत्री है, जो मनोज की पत्नी का भाई है। सपना, शेफाली से किस प्रकार संबंधित है?

(a) बहन (b) मामी
(c) बुआ (d) बेटी

33. एक महिला की ओर इशारा करते हुए, एक आदमी ने कहा ''उसके पिता मेरे पिता के इकलौते पुत्र हैं।'' उस आदमी का उस महिला से क्या संबंध है?

(a) पुत्र (b) दादा/ नाना
(c) पिता (d) भाई

34. एक महिला की ओर इशारा करते हुए सुप्रिया ने कहा, ''यह महिला, हमारी दादी/ नानी की इकलौती संतान की पुत्री है''।

(a) दादी/ नानी
(b) माँ
(c) बहन
(d) भाभी/ ननद/जेठानी/ देवरानी

निर्देश (35-36): निम्नलिखित जानकारी को ध्यानपूर्वक पढ़ें और इसके नीचे दिए गए प्रश्नों के उत्तर दें।

श्वेता की माँ यमुना की बहन है। यमुना की हारिनी नाम की एक बेटी है। हारिनी को अपनी माँ की माँ कमला से अत्यधिक लगाव है।

35. हारिनी श्वेता से किस प्रकार संबंधित है?

(a) पोती/नातिन
(b) पुत्री
(c) चचेरी/ममेरी बहन
(d) निर्धारित नहीं किया जा सकता

36. यदि हमें ज्ञात हो कि कमला की दो पुत्रियाँ रोशनी और हारिनी है तो श्वेता यमुना से किस प्रकार संबंधित है?

(a) पुत्री
(b) चाची/मामी
(c) भतीजी/भांजी
(d) निर्धारित नहीं किया जा सकता

निर्देश (37-39): निम्नलिखित जानकारी को ध्यानपूर्वक अध्ययन करें और इसके नीचे दिए गए प्रश्नों के उत्तर दें।

एक परिवार में छः सदस्य हैं। चित्रा, राकेश की बहन है। बद्री, एनिया के पति का भाई है। दिलीप, अरुण का पिता और राकेश का दादा है। परिवार में दो पिता, तीन भाई और एक माँ है।

37. परिवार में कुल कितने पुरुष सदस्य हैं?

(a) तीन (b) एक
(c) चार (d) दो

38. निम्नलिखित में से भाईयों का समूह कौन-सा है?

(a) अरूण, बद्री, दिलीप
(b) अरूण, बद्री, राकेश
(c) बद्री, राकेश, चित्रा
(d) बद्री, दिलीप, राकेश

39. राकेश, एनिया से किस प्रकार संबंधित है?

(a) बेटा (b) भाई
(c) चाचा (d) चचेरा/ममेरा भाई

निर्देश (40-42): निम्नलिखित जानकारी को ध्यानपूर्वक अध्ययन करें और इसके नीचे दिए गए प्रश्नों के उत्तर दें।

अजित, कुमार का पुत्र है। कुमार की बहन सुष्मिता का एक पुत्र दीपक और एक पुत्री हरिश्मा है। बाबू, दीपक का मामा है।

40. हरिश्मा, बाबू से किस प्रकार संबंधित है?

(a) पुत्री (b) भतीजी/भांजी
(c) बहन (d) पत्नी

41. बाबू के कितने भतीजे/भांजे हैं?

(a) एक (b) दो
(c) तीन (d) शून्य

42. अजित, दीपक से किस प्रकार संबंधित है?

(a) भतीजा/भांजा (b) भाई
(c) चाचा (d) चचेरा/ममेरा भाई

निर्देश (43-45): निम्नलिखित जानकारी का ध्यानपूर्वक अध्ययन करें और इसके नीचे दिए गए प्रश्नों के उत्तर दें।

एक परिवार में छः सदस्य हैं, तीन पुरुष और तीन महिला। इनमें से दो विवाहित दम्पत्ति और दो अविवाहित व्यक्ति हैं। उनमें से प्रत्येक अलग-अलग रंग पसंद करते हैं, अर्थात् नीला, लाल, गुलाबी, हरा, पीला और सफेद।

सीमा जो लाल रंग पसंद करती है अनीता की सास है और अनीता, राजा की पत्नी है। दिनेश, रोहन का पिता है और उसे नीला या सफेद रंग पसंद नहीं है। भाव्या को पीला रंग पसंद है और वह रोहन की बहन हैं जिसे गुलाबी रंग पसंद है, राजा सफेद रंग का प्रयोग नहीं करता।

43. रोहन सीमा से किस प्रकार संबंधित है?

(a) भाई (b) बेटा
(c) पिता (d) इनमें से कोई नहीं

44. निम्नलिखित में से कौन-सा रंग अनीता को पसंद है?

(a) सफेद (b) पीला
(c) गुलाबी (d) हरा

45. निम्नलिखित में कौन-सा एक विवाहित जोड़ा है?

(a) रोहन- भाव्या (b) दिनेश-भाव्या
(c) दिनेश-सीमा (d) रोहन-सीमा

निर्देश (46-48): निम्नलिखित परिच्छेद को पढ़ें और उस पर आधारित प्रश्नों के उत्तर दें।

एक परिवार में छः सदस्य हैं। परिवार में एक दम्पत्ति के माता-पिता और उनके बच्चे हैं। अर्जुन, राजू का पुत्र है और इलामति, अर्जुन की पुत्री है। दिव्या, रानी की पुत्री है जो इलामति की माँ है और बानू, अर्जुन की माँ है।

46. निम्नलिखित युग्मों में से बच्चों के माता-पिता कौन हैं?

(a) राजू और बानू
(b) अर्जुन और बानू
(c) राजू और रानी
(d) अर्जुन और रानी

47. परिवार में कुल कितनी महिला सदस्य हैं?

(a) 2
(b) 3
(c) 4
(d) निर्धारित नहीं किया जा सकता

48. दिव्या और इलामति का आपस में क्या संबंध है?

(a) बहनें
(b) माँ और पुत्री
(c) दादी/नानी और पोती/नातिन
(d) निर्धारित नहीं किया जा सकता

निर्देश (49-51): निम्नलिखित जानकारी का ध्यानपूर्वक अध्ययन करें और इसके नीचे दिए गए प्रश्नों के उत्तर दें।

एक परिवार में छः पीढ़ियाँ हैं हालांकि परिवार में कुल पाँच सदस्य हैं। परिवार के सदस्यों के नाम हैं, आदित्य, बावन, चारू, दीपा और वरुण। इन लोगों के बारे में निम्नलिखित टिप्पणियाँ दी गई हैं।

चारू एकमात्र अविवाहित संतान है जिसके दादा-दादी का निधन हो गया है। दीपा विधवा है जो विधुर वरुण की पुत्री है।

परिवार का कोई भी सदस्य दत्तक पुत्र नहीं है। एक पीढ़ी में परिवार का अधिकतम एक ही सदस्य है। प्रत्येक दम्पत्ति की केवल एक संतान है और प्रथम पीढ़ी में कोई भी भाई-बहन नहीं थे।

49. यदि चारू के दादा जीवित होते तो वे निश्चित रूप से किस पीढ़ी के सदस्य होते?

(a) तीसरी
(b) दूसरी
(c) अंतिम से दूसरी
(d) अंतिम से पहली

50. यदि आदित्य, बावन का पोता है तो अंतिम पीढ़ी से पहले का सदस्य कौन है?

(a) वरुण (b) दीपा
(c) चारु (d) आदित्य

51. यदि आदित्य, चारू के पिता होते और बावन के दादा होते तो परिवार के कितने संभावित सदस्य मौजूद हैं?

(a) 1 (b) 2
(c) 3 (d) 4

निर्देश (52-54): निम्नलिखित अवतरण को पढ़ें और इस पर आधारित प्रश्नों के उत्तर दें।

रंजीत, अमित के पिता की बहन का पुत्र है। सुनील, दिव्या का पुत्र है जो गौतम की माँ और अमित की दादी है अरोरा, धन्य का पिता और रंजीत का दादा है। दिव्या, अरोरा की पत्नी है।

52. सुनील, धन्य से किस प्रकार संबंधित है?

(a) बेटा (b) भाई
(c) भतीजा/भांजा (d) चाचा

53. रंजीत, दिव्या से किस प्रकार संबंधित है?

(a) भाई (b) भतीजा/भांजा
(c) बेटा (d) पोता

54. गौतम की पत्नी धन्य से किस प्रकार संबंधित है?

(a) भाभी
(b) बहन
(c) भतीजी/भांजी
(d) माता

55. P, Q का भाई है। R, Q की पुत्री है। S, P की बहन है। Q, S की बहन है। T, R का भाई है। T का मामा कौन है?

(a) Q (b) C
(c) S (d) P

56. B की कोई बहन नहीं है। A, B की भाभी है। D, B का एकमात्र भाई है, जबकि B अविवाहित है। F, D का ससुर है। K, F की पत्नी है। K का A से क्या संबंध है?

(a) सास (b) बहन
(c) पुत्री (d) माँ

57. X, Y की बहन है। Y, M की पुत्री है। M, P की माँ है। P, Y का भाई है। T, X की माँ का भाई है। T का M से क्या संबंध है?

(a) पुत्र (b) पिता
(c) पति (d) भाई

58. P और Q पति-पत्नी हैं। P का ससुर R की पत्नी की पिता है। Q, T का भाई है। P का R की पत्नी से क्या संबंध है?

(a) चाची (b) ममेरा भाई
(c) भाभी (d) भाई

59. M की पत्नी N की पुत्रवधू है। P, O का पति है, जो कि M की बहन है। P का N से क्या संबंध है?

(a) भाई
(b) चचेरा भाई
(c) भतीजा
(d) दामाद

60. P, L, T, B, N और D एक कारोबारी परिवार के छः सदस्य हैं। N, B का बेटा है, जो कि N की माँ नहीं है। L, B का भाई है। D और B विवाहित जोड़ा है। T, D की बेटी है जो P की बहन है, तो N का T से क्या संबंध है?

(a) बहन (b) माँ
(c) भाई (d) पिता

61. P, Q का भाई है। S, P का पिता है। R, S का भाई है। यदि T, R की माँ है, तो P का T से क्या संबंध है?

(a) भाई
(b) चाचा
(c) पोता
(d) पिता

62. D का भाई A है। D, C का पुत्र है। B, C का पिता है। A का B से क्या संबंध है?

(a) दादा/ नाना
(b) पोता/ नाती
(c) भाई
(d) पुत्र

63. यदि A, B का पिता और B, C का पिता है तो C किस प्रकार A से संबंधित है?

(a) पोता/ पोती/नाती/ नातिन/
(b) पोती/ नातिन
(c) पोता/ नाती
(d) दादा/ नाना

64. यदि A, B का भाई है, B, C का पिता है और D, A की पत्नी है तो D, C से किस तरह संबंधित है?

(a) चाचा/ मामा/ फूफा/ मौसा
(b) भतीजा/ भांजा
(c) चाची/ मामी/ मौसी/ बुआ
(d) भतीजी/ भांजी

65. किसी परिवार में A, B, C, D, E और F नामक छह सदस्य हैं। B, C की पत्नी है। A, E का पुत्र है, E, C का भाई है, D, A की बहन है। B, F की पुत्रवधू है। E का D से क्या संबंध है?

(a) पुत्री
(b) चाची/ताई/मामी/बुआ/मौसी
(c) बहन
(d) पिता

66. यदि B और C भाई हैं, A, C की बहन है, O, D की पुत्री है, D, B की पत्नी है, E, A की माँ और F की पत्नी है, तो O का F से क्या संबंध है?

(a) माँ के पिता
(b) माँ का भाई
(c) पुत्र की पुत्री
(d) पुत्री की पुत्री

67. A + B का अर्थ है, 'A, B की माँ है';
A – B का अर्थ है, 'A, B का पति है';
A × B का अर्थ है, 'A, B का पुत्र है';
A ÷ B का अर्थ है, 'A, B की पुत्री है';
यदि W × Z + Y ÷ X तो X किस प्रकार Z से संबंधित है?

(a) पुत्र
(b) पति
(c) पुत्री
(d) पत्नी

68. A – B का अर्थ है, 'A, B की माँ है';
A × B का अर्थ है, 'A, B की बहन है';
A ÷ B का अर्थ है, 'A, B की बेटी है';
निम्नलिखित में से किस व्यंजक का अर्थ है U, Q की बेटी है?

(a) K – U ÷ Z × Q
(b) Q – Z × U ÷ K
(c) K – Z ÷ U × Q
(d) Q – Z ÷ U × K

उत्तर (हल/संकेत)

1. (d) चित्र आरेख से,

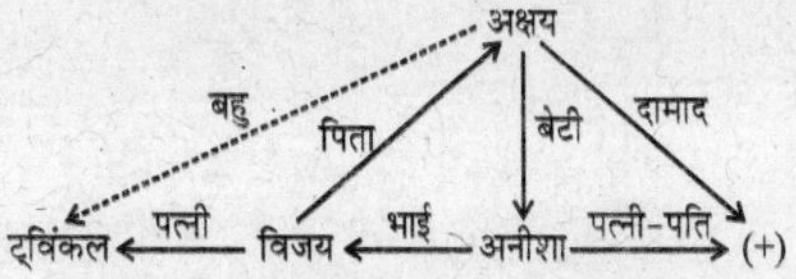

अतः चित्र आरेख से स्पष्ट है कि ट्विंकल, अक्षय की बहू है।

2. (c) दी गई जानकारी के अनुसार संबंध आरेख बनाने पर–

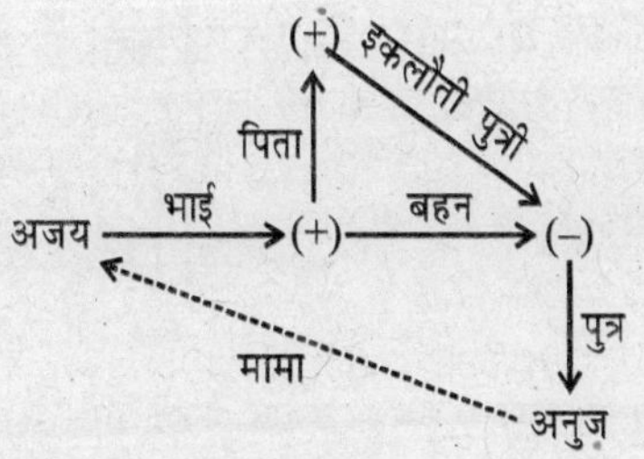

अतः स्पष्ट है अजय, अनुज के माँ का भाई अर्थात् मामा है।

3. (b)

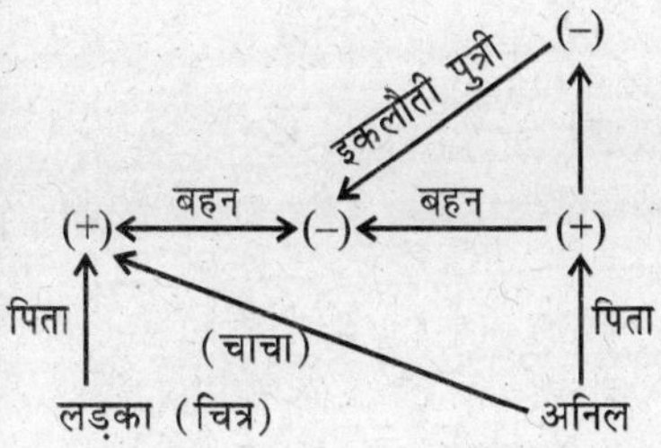

अतः लड़के के पिता अनिल के पिता के भाई है।

4. (a) दी गई जानकारी के अनुसार संबंध आरेख बनाने पर–

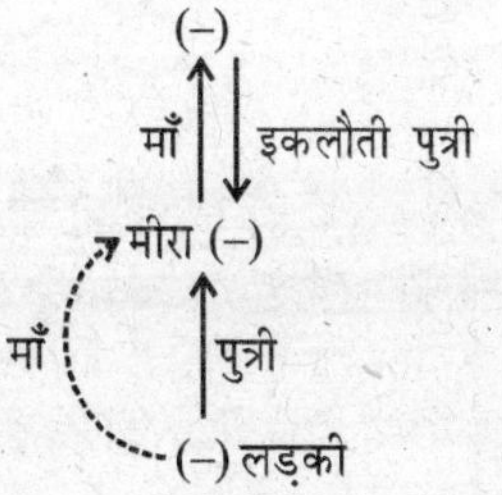

अतः आरेख से स्पष्ट है कि मीरा की माँ की इकलौती पुत्री मीरा ही हुई। अतः मीरा, लड़की की माँ है।

5. (d) दी गई जानकारी के अनुसार संबंध आरेख बनाने पर–

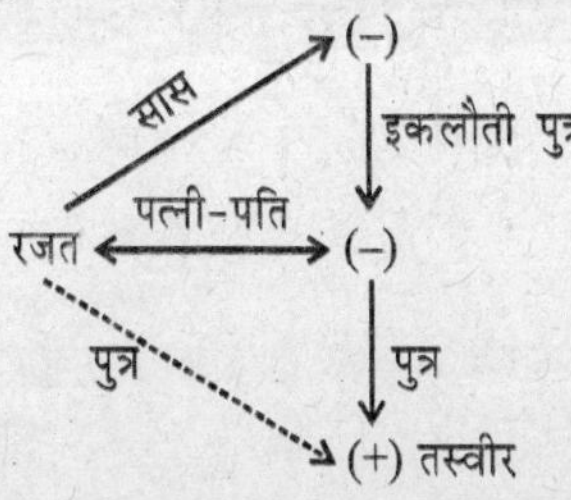

अतः आरेख से स्पष्ट है कि तस्वीर में मौजूद व्यक्ति रजत का पुत्र है।

6. (b) दी गई जानकारी के अनुसार संबंध आरेख बनाने पर–

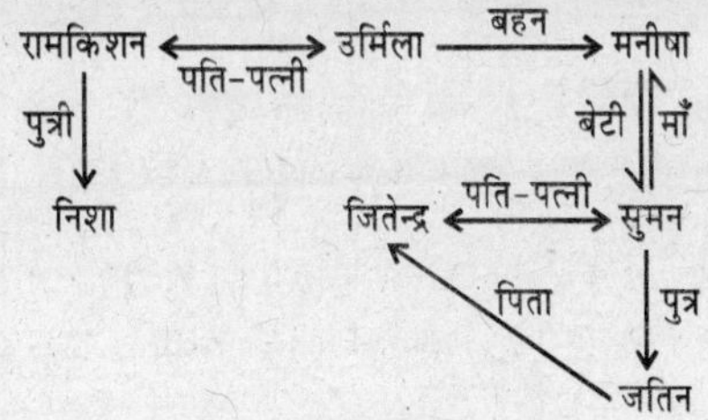

अतः चित्र आरेख से स्पष्ट है कि जतिन, उर्मिला की बहन की बेटी का पुत्र है।

7. (d) दी गई जानकारी के अनुसार संबंध आरेख बनाने पर–

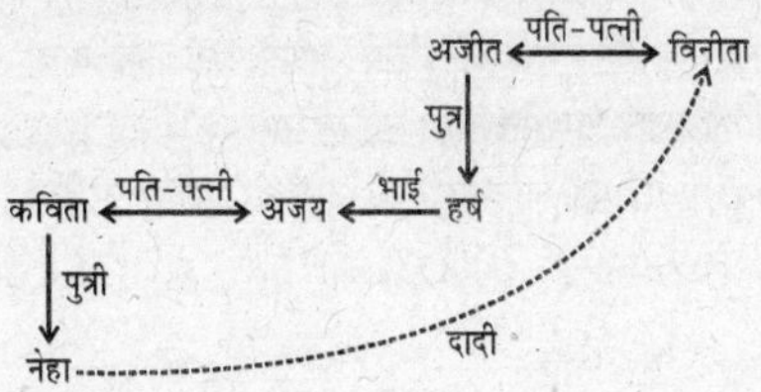

अतः उपरोक्त आरेख से स्पष्ट है कि विनीता, नेहा के पिता की माँ है।

8. (b) संबंध आरेख से,

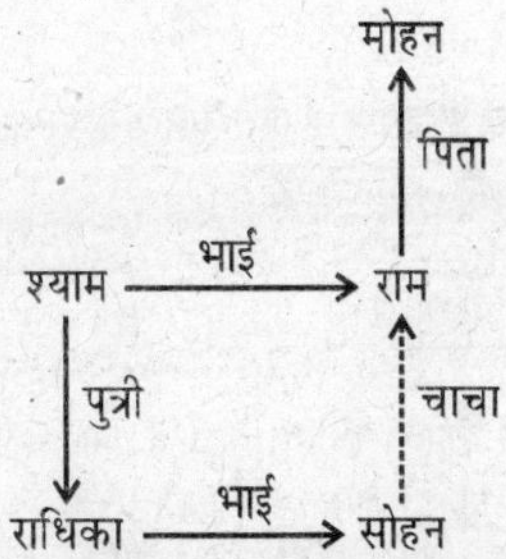

अतः चित्र आरेख से स्पष्ट है कि सोहन के चाचा राम हैं।

9. (c) दी गई जानकारी के अनुसार संबंध आरेख बनाने पर–

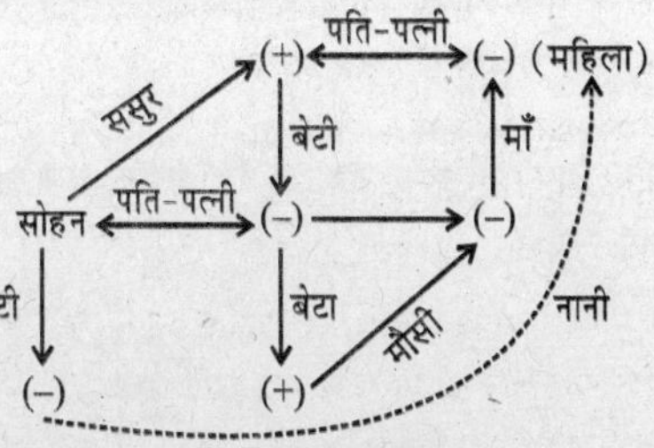

उपरोक्त आरेख से स्पष्ट है कि वह महिला सोहन की बेटी की नानी लगेगी।

10. (a) दी गई जानकारी के अनुसार संबंध आरेख बनाने पर–

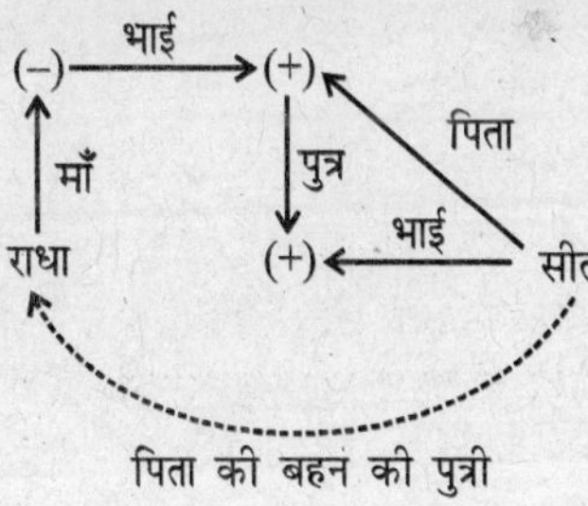

उपरोक्त आरेख से स्पष्ट है कि राधा, सीता की फूफेरी बहन अर्थात् पिता की बहन की पुत्री है।

11. (c) दी गई जानकारी के अनुसार संबंध आरेख बनाने पर–

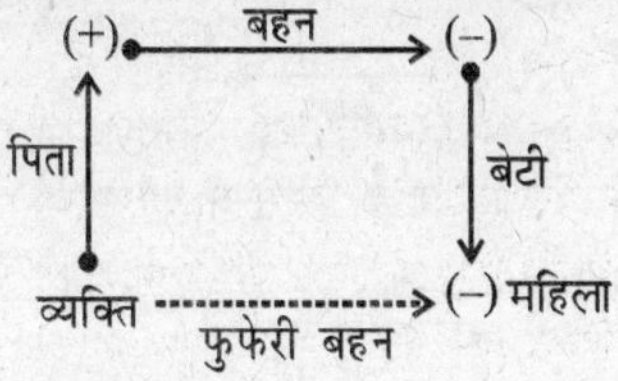

उपरोक्त आरेख से स्पष्ट है कि महिला उस व्यक्ति की फुफेरी बहन है।

12. (d) दी गई जानकारी के अनुसार संबंध आरेख बनाने पर–

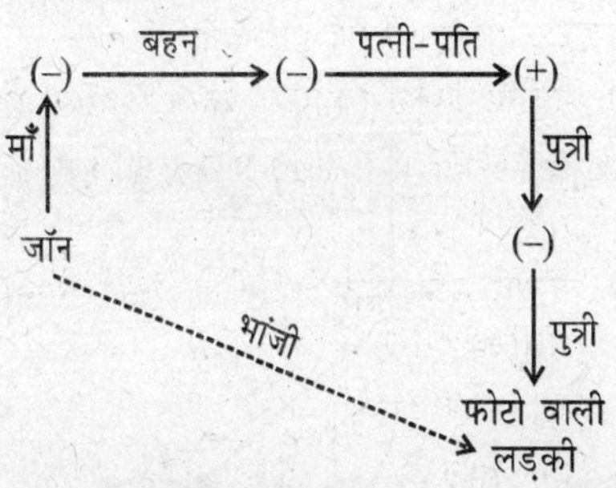

उपरोक्त आरेख से स्पष्ट है कि फोटो वाली लड़की जॉन की भाँजी है।

13. (d) चित्र आरेख–

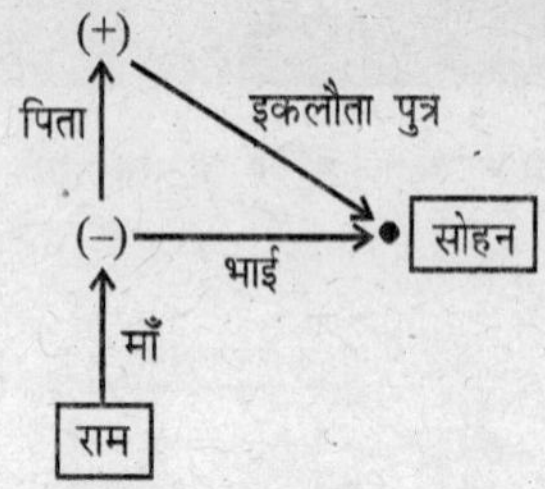

अत: चित्र आरेख से स्पष्ट है कि सोहन, राम की माँ का भाई है।

14. (a)

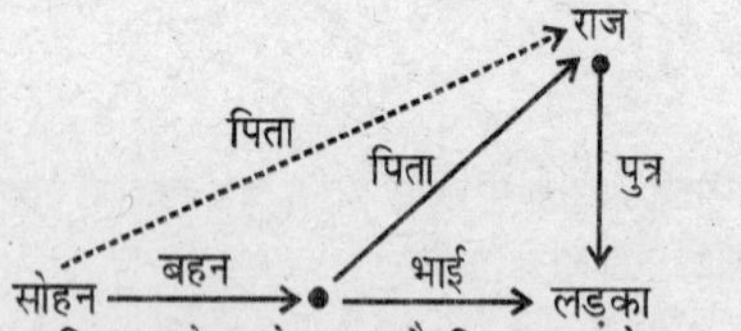

अत: चित्र आरेख से स्पष्ट है कि राज, सोहन का पिता है।

15. (b)

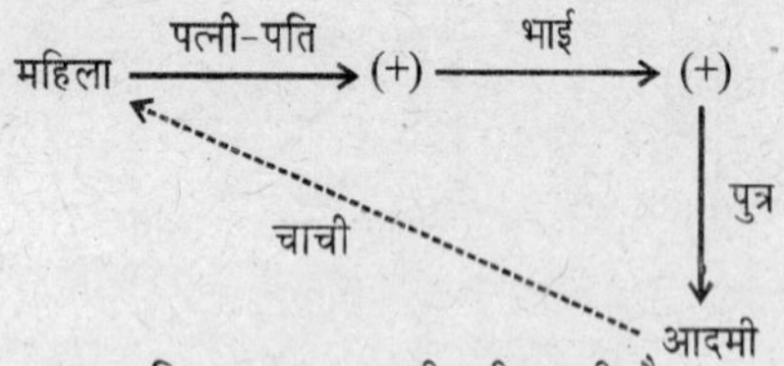

अत: महिला, उस आदमी की चाची है।

16. (c)

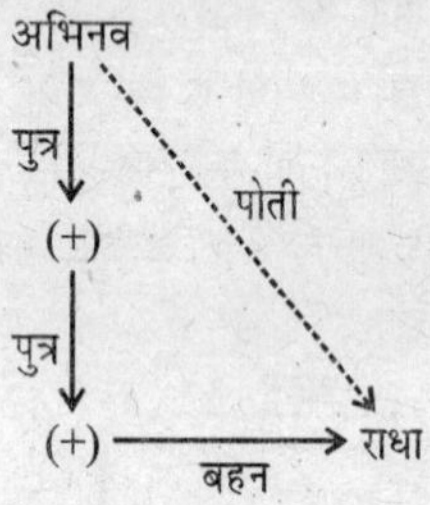

अत: स्पष्ट है कि राधा, अभिनव की पोती है।

17. (d)

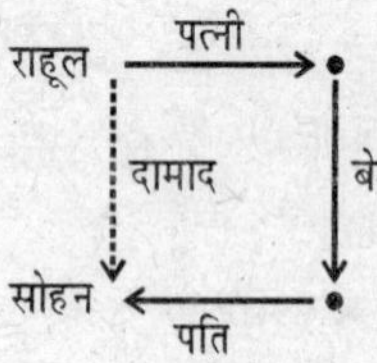

अत: स्पष्ट है कि सोहन, राहुल का दामाद है।

18. (a)

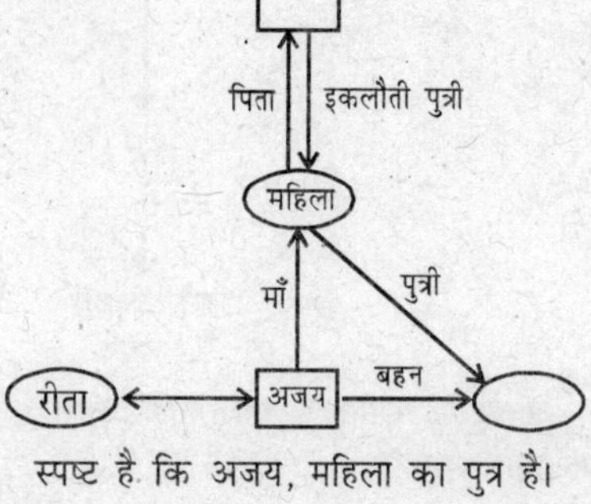

स्पष्ट है कि अजय, महिला का पुत्र है।

19. (b)

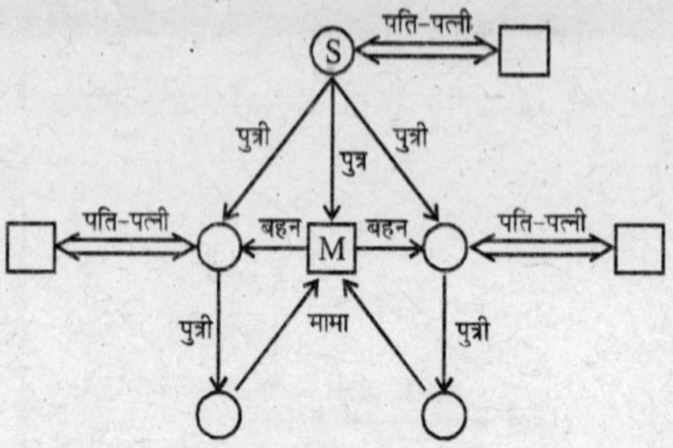

संबंध आरेख से स्पष्ट है, S का एक पुत्र तथा दो पुत्रियाँ हैं।

20. (d)

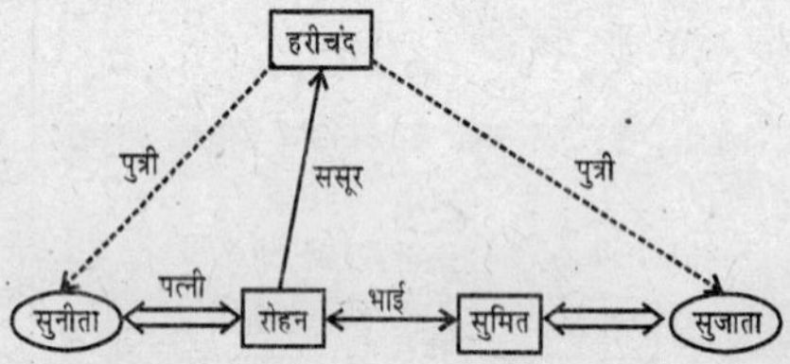

अत: स्पष्ट है हरीचंद रोहन का ससुर है।

21. (d) दी गई जानकारी के अनुसार संबंध आरेख बनाने पर–

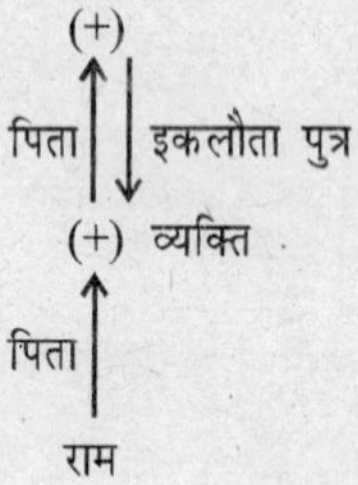

अत: राम के पिता के पिता अर्थात् राम के दादा के इकलौते पुत्र अर्थात् वह व्यक्ति राम के पिता हुए।

22. (b) दी गई जानकारी के अनुसार संबंध आरेख बनाने पर–

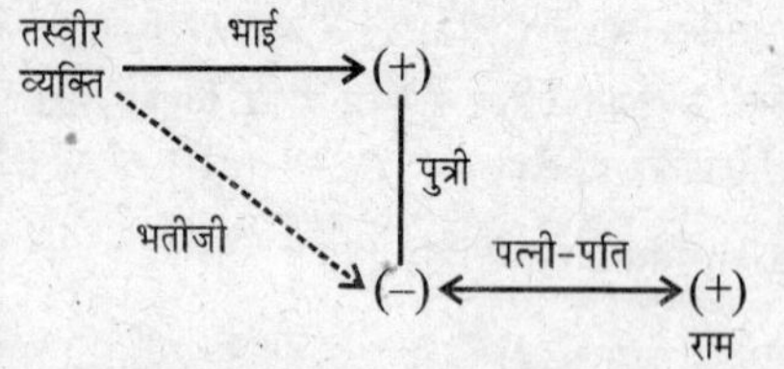

अत: आरेख से स्पष्ट है कि राम की पत्नी, तस्वीर वाले व्यक्ति की भतीजी है।

23. (a)

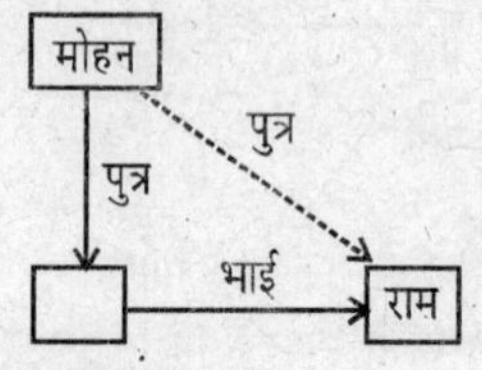

स्पष्ट है, राम, मोहन का पुत्र है।

24. (b)

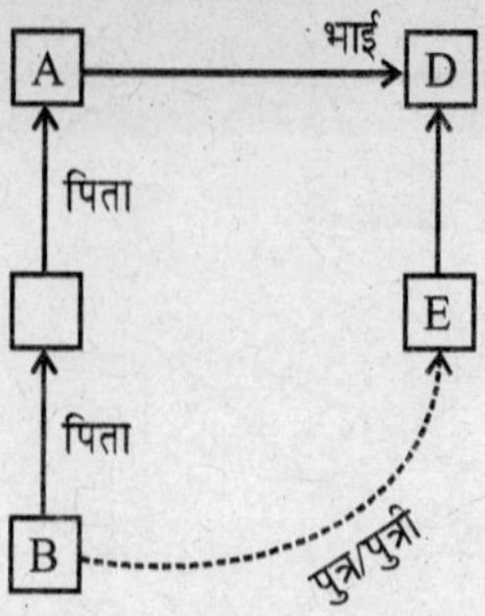

स्पष्ट है, E, B का चाचा/ताऊ/फूफा है।

25. (c) दी गई जानकारी के अनुसार संबंध आरेख बनाने पर–

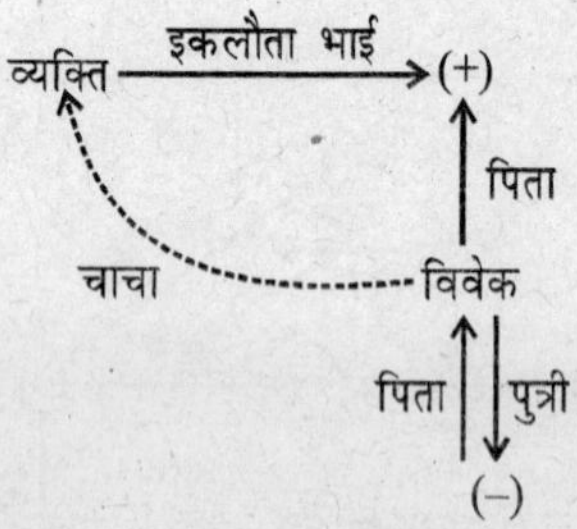

26. (b) प्रश्नानुसार संबंध आरेख बनाने पर–

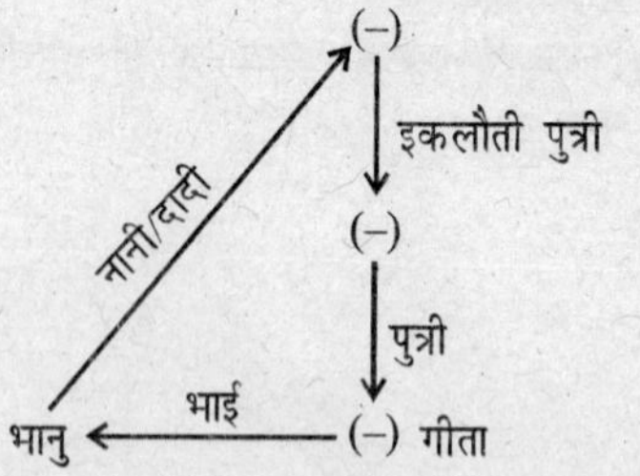

अत: आरेख से स्पष्ट होता है कि भानु, गीता का भाई है।

27. (c)

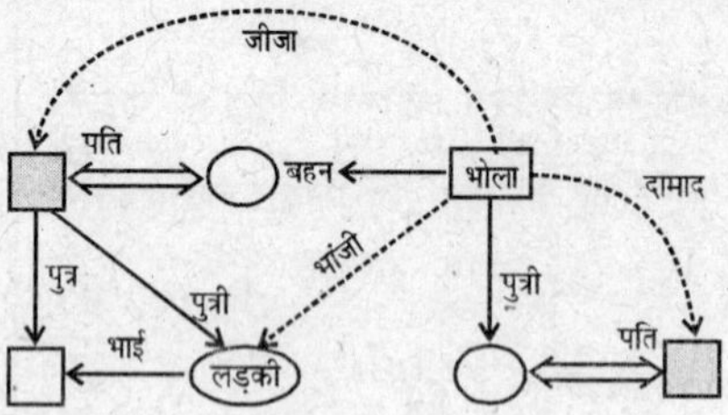

अत: स्पष्ट है लड़की, भोला की भाँजी है।

28. (b)

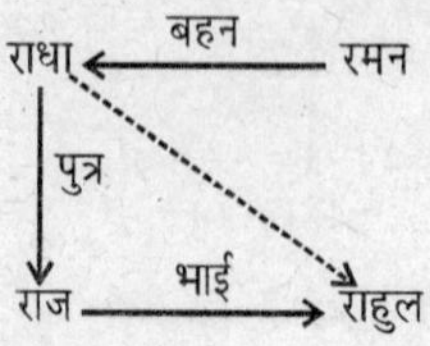

अत: सम्बन्ध आरेख से स्पष्ट है कि राहुल, राधा का बेटा है।

29. (c)

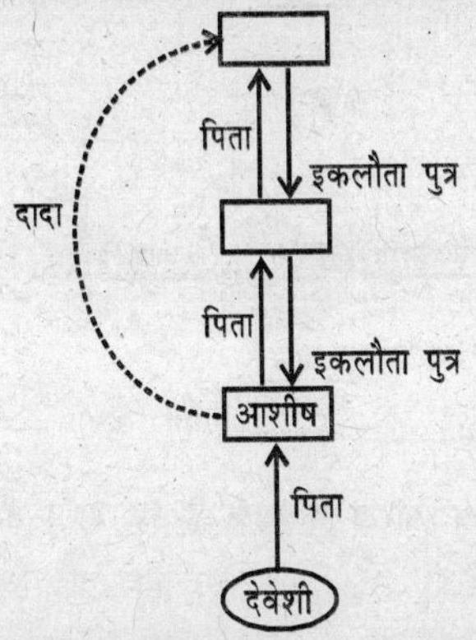

अत: स्पष्ट है कि आशीष, देवेशी का पिता है।

30. (a) प्रश्नानुसार संबंध आरेख बनाने पर,

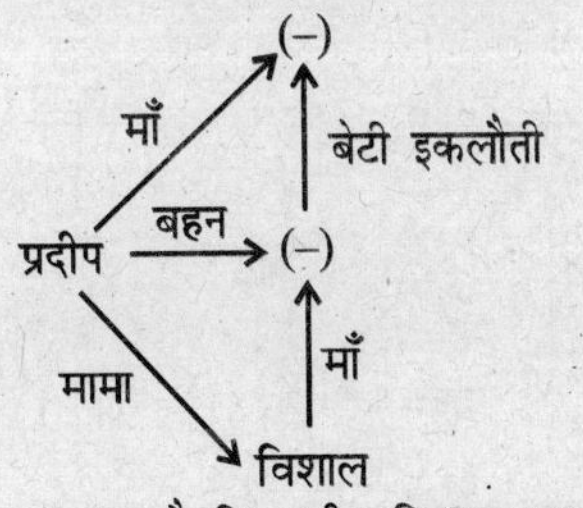

अत: स्पष्ट है कि प्रदीप विशाल का मामा है।

31. (c) दी गई जानकारी के अनुसार संबंध आरेख बनाने पर–

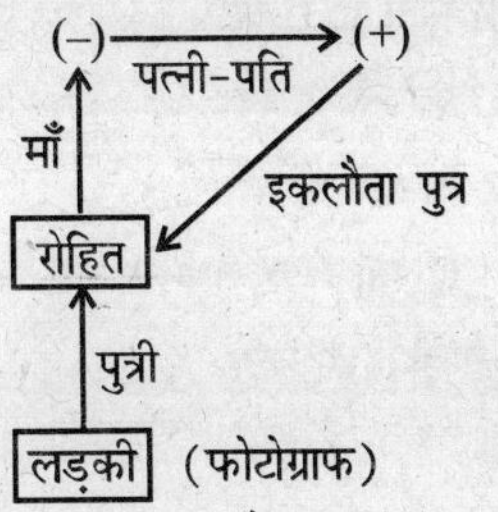

अत: आरेख से स्पष्ट है कि रोहित फोटोग्राफ वाली लड़की का पिता है।

32. (c) दी गई जानकारी के अनुसार संबंध आरेख बनाने पर–

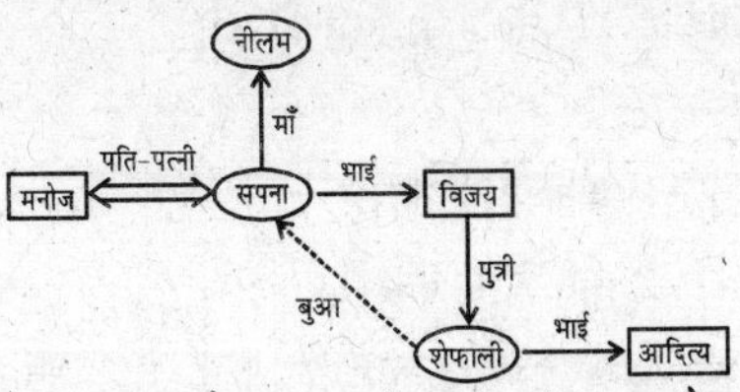

अत: स्पष्ट है सपना, शेफाली की बुआ है।

33. (c)

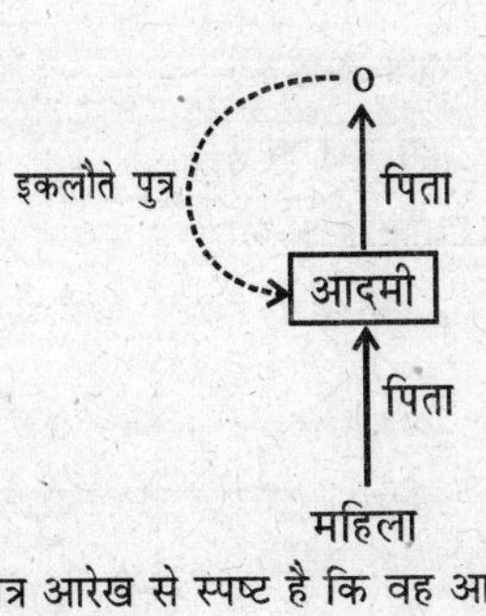

अत: चित्र आरेख से स्पष्ट है कि वह आदमी उस महिला का पिता है।

34. (c) दी गई जानकारी के अनुसार संबंध आरेख बनाने पर–

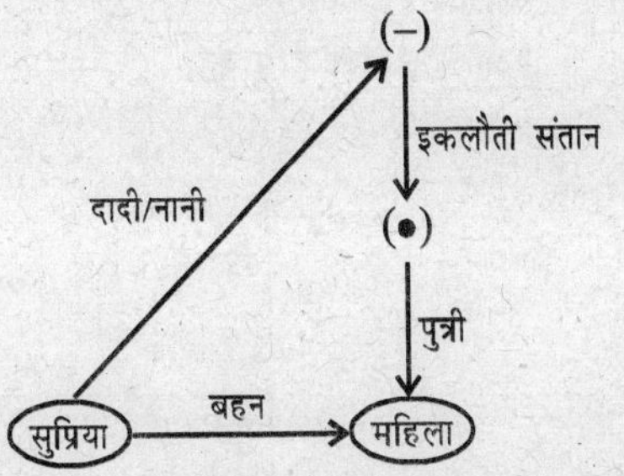

अत: संबंध आरेख से स्पष्ट है कि महिला सुप्रिया की बहन है।

35. (c)

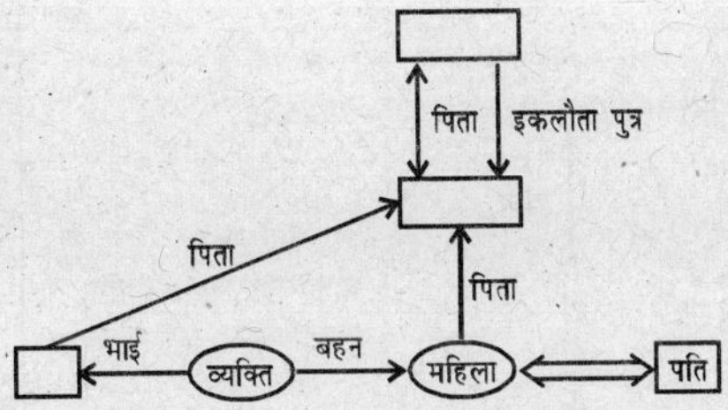

अत: स्पष्ट है कि महिला व्यक्ति की बहन है।

36. (d) निर्धारित नहीं किया जा सकता।

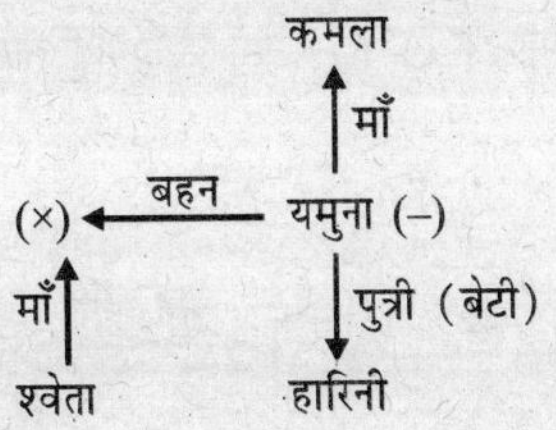

(37-39)

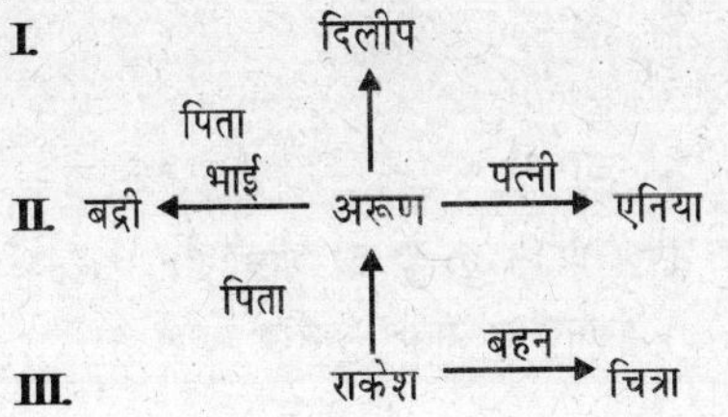

37. (c) परिवार में कुल चार पुरुष सदस्य हैं।

38. (b) भाइयों के समूह में अरूण, बद्री और राकेश है।

39. (a) राकेश एनिया का बेटा है।

(40-42)

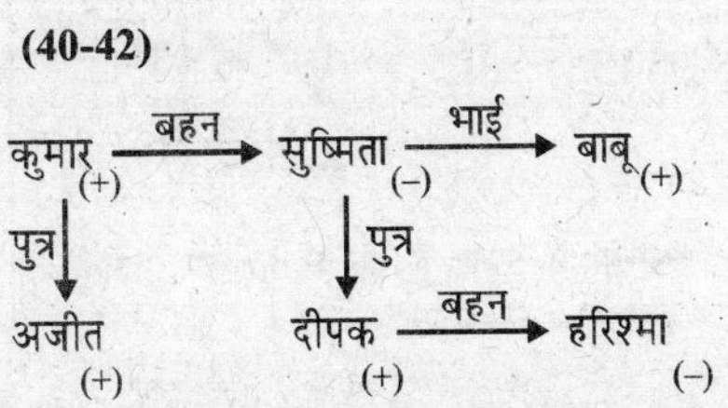

40. (b) हरिश्मा बाबू की भतीजी/भाँजी है।

41. (b) बाबू के दो भाँजे/भतीजे हैं।

42. (d) अजीत दीपक का चचेरा/मौसेरा भाई है।

(43-45)

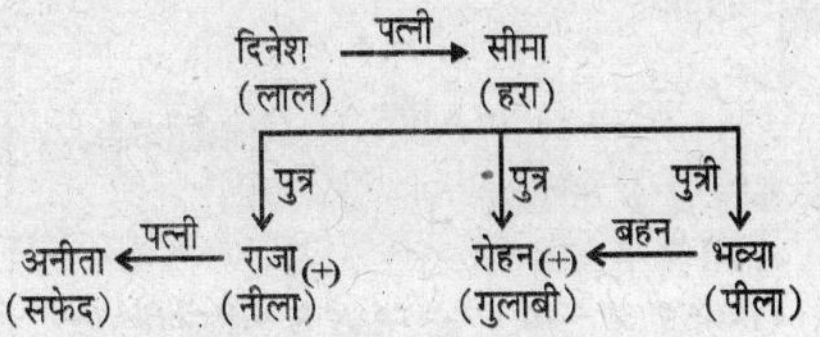

43. (b) रोहन, सीमा का पुत्र है।

44. (a) अनीता को सफेद रंग पसंद है।

45. (c)

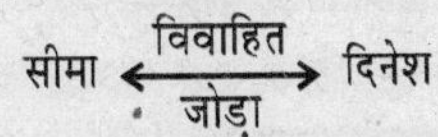

(46-48)

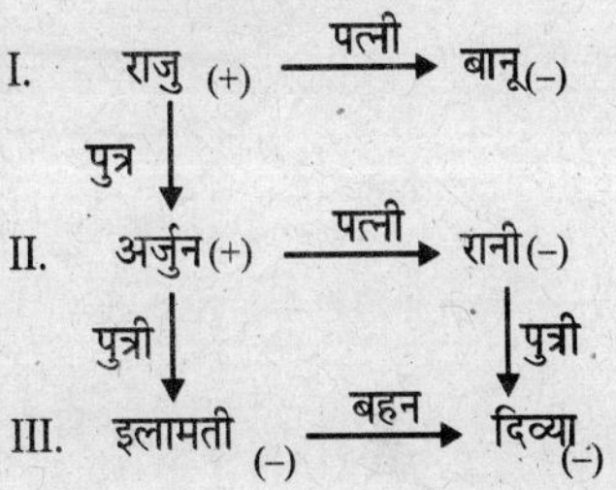

46. (d) बच्चों के माता-पिता अर्जुन और रानी हैं।

47. (c) परिवार में कुल 4 महिला सदस्य हैं।

48. (a) दिव्या और इलामति बहनें हैं।

(49-51)

49. (c) चारू के दादा अंतिम से दूसरी पीढ़ी के सदस्य होते।

50. (d) आदित्य बावन का पोता है यानि वह चारू का पिता है जो अंतिम से पहले पीढ़ी का सदस्य होता।

51. (d) 4 पीढ़ी तक का परिवार।

(52-54)

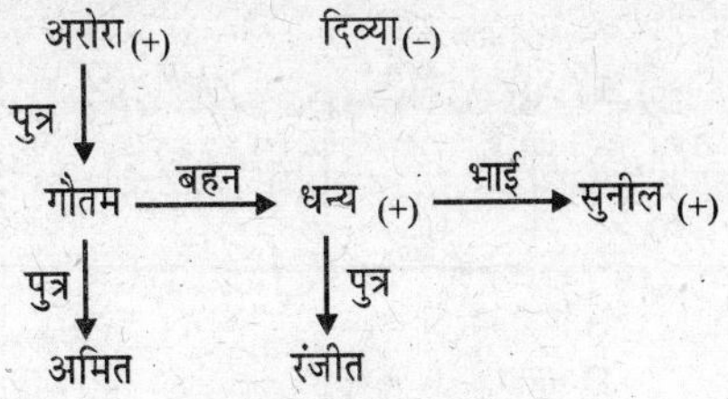

52. (b) सुनील धन्य का भाई है।

53. (d) रंजीत दिव्या का पोता है।

54. (a) गौतम की पत्नी धन्य की भाभी है।

55. (d)

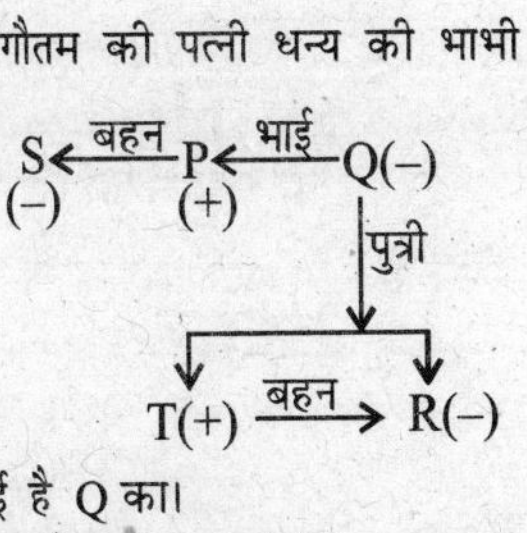

P भाई है Q का।

Q माता है R तथा T की।

अत:, P मामा है T का।

56. (d)

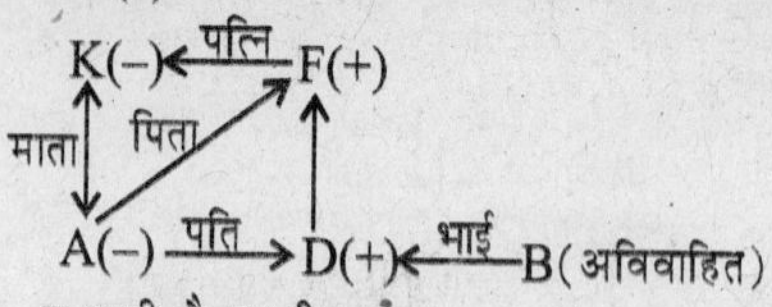

K पत्नी है F की।
A भाभी है B की।
D एकलौता भाई है B का तथा B अविवाहित है।
अत: D पति है A का।
F ससुर है D का।
इस प्रकार, K माता है A की।

57. (d) M माता है P, X तथा Y की।
T भाई है X की माता M का।

58. (c)

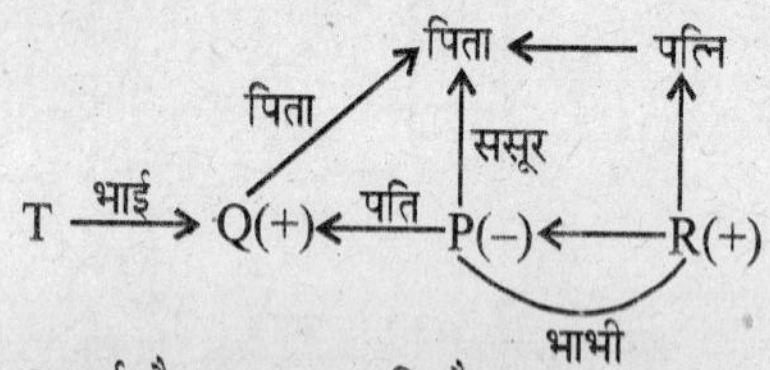

Q भाई है T का। Q पति है P का।
P के ससुर का अर्थ हुआ Q के पिता।
Q के पिता R की पत्नी के पिता हैं।
R की पत्नी Q की बहन है।
अत:, P भाभी है R की पत्नी की।

59. (d)

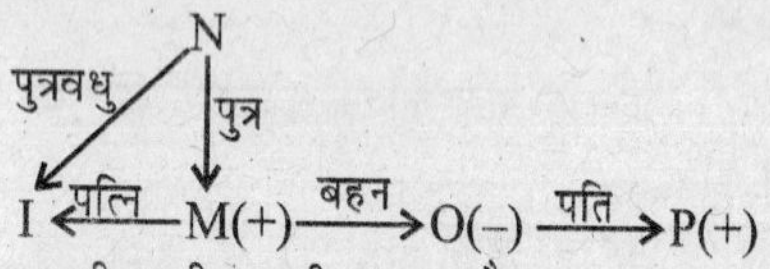

M की पत्नी N की पुत्रवधू है।
M पुत्र है N का।
P पति है O का।
O पुत्री है N की।
अत:, P दामाद है N का।

60. (c)

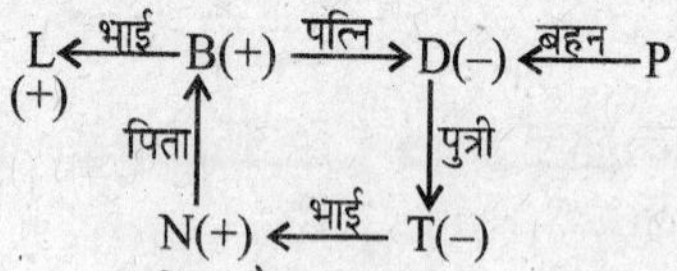

B पिता है N का।
D माता है N की।
T पुत्री है D की।
अत: N भाई है T का।

61. (c)

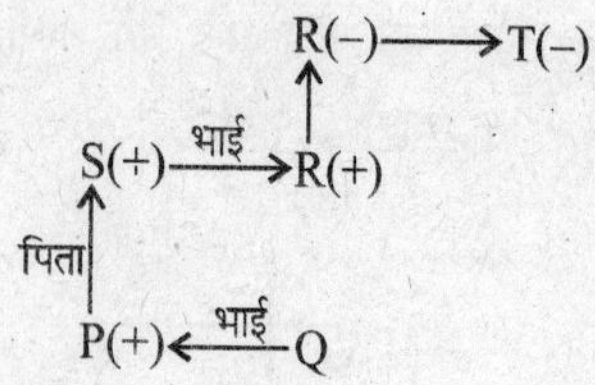

S पिता है P और Q का।
T माता है R और S की।
P पुत्र है S का।
अत:, P पोता है T का।

62. (b)

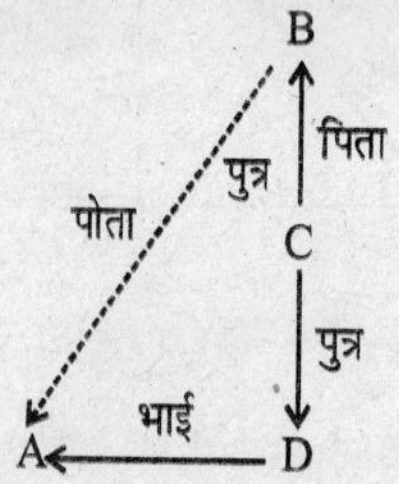

अत: चित्र आरेख से स्पष्ट है कि A, B का पोता है।

63. (a)

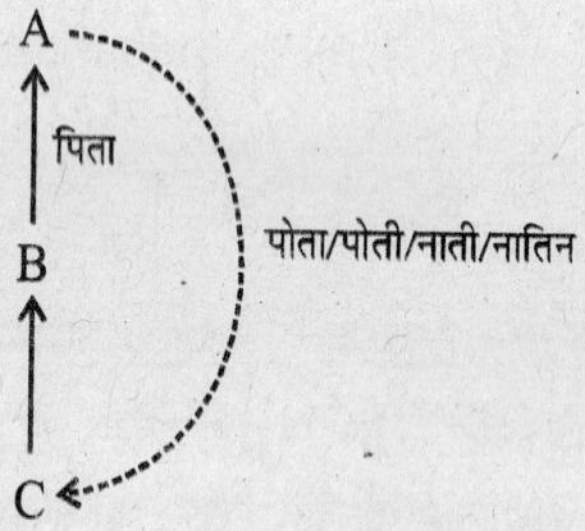

अत: स्पष्ट है कि C, A का पोता/पोती/नाती/नातिन है।

64. (c)

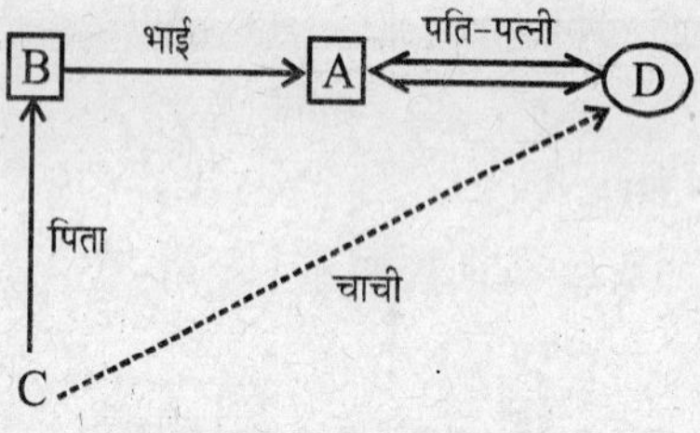

अत: स्पष्ट है कि D, C की चाची है।

65. (d) प्रश्नानुसार संबंध आरेख बनाने पर–

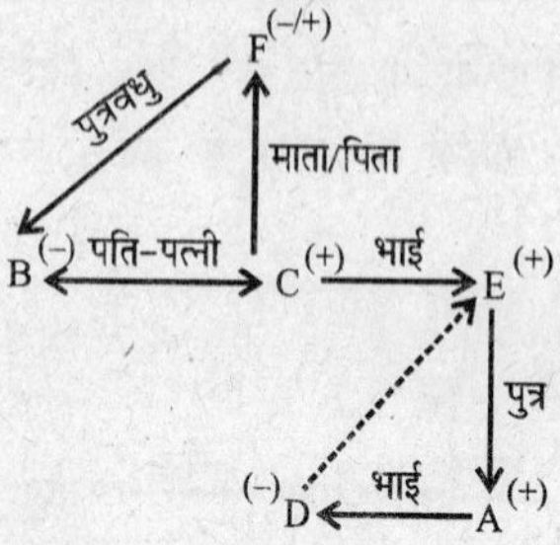

संबंध आरेख से स्पष्ट है कि E, D का पिता है।

66. (c) प्रश्नानुसार संबंध आरेख बनाने पर–

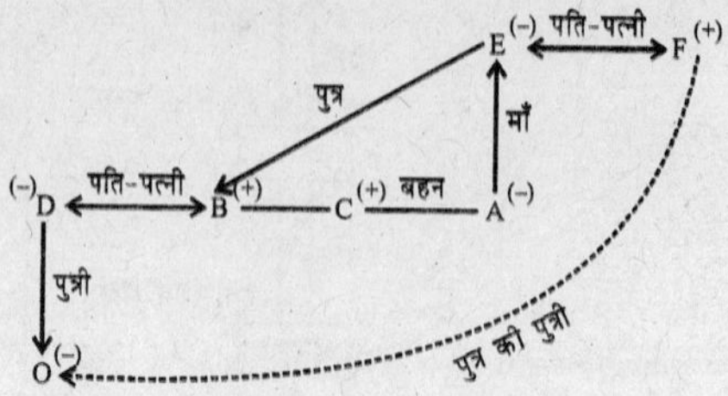

संबंध आरेख से स्पष्ट है कि O, F के पुत्र की पुत्री है।

67. (b)

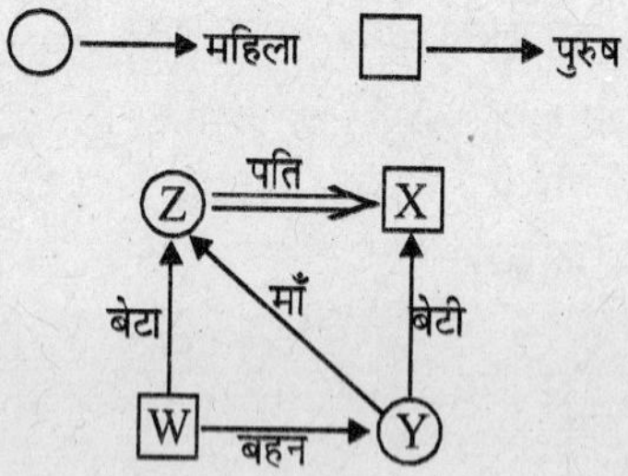

अत:, X, Z का पति है।

68. (b) विकल्प (a)

K – U : K माता है U की।
U ÷ Z : U पुत्री है Z की।
Z × Q : Z बहन है Q की।
इस प्रकार, U पुत्री है K तथा Z की।
U भतीजी/भांजी है Q की।

विकल्प (b)

Q – Z : Q माता है Z की।
Z × U : Z बहन है U की।
U ÷ K : U पुत्री है K की।
इस प्रकार, U पुत्री है K तथा Q की।

विकल्प (c)

K – Z : K माता है Z की।
Z + U : Z पुत्री है U की।
U × Q : U बहन है Q की।

विकल्प (d)

Q – Z : Q माता है Z की।
Z + U : Z पुत्री है U की।
U × K : U बहन है K की।
इस प्रकार, Z पुत्री है Q तथा U दोनों की।

❑❑❑

6 अध्याय

अंकगणितीय संख्या श्रृंखला

किसी ऐसे समूह में जिसमें विशेष नियम के आधार पर अक्षर, शब्द, एवं संख्याएं व्यवस्थित क्रम में परिभाषित होती हों, उन्हें **'श्रृंखला'** कहा जाता है।

इस प्रकार के प्रश्नों में अक्षरों, शब्दों एवं संख्याओं की एक श्रृंखला दी गई होती है, जिसमें प्रत्येक पर एक विशेष नियमानुसार एक-दूसरे से संबंधित होते हैं। इसमें दो प्रकार के प्रश्न सन्निहित होते हैं। (a) एक गलत पद एवं (b) लुप्त पद। दोनों ही क्रम में पहचानकर प्रश्नों का हल करना होता है।

वर्णमाला श्रृंखला–अक्षर श्रृंखला वर्णमाला के अक्षरों पर आधारित होती है। प्रत्येक अक्षर का अंग्रेजी वर्णमाला में एक क्रमांक निर्धारित होता है। जिसके अंतर्गत अक्षर की श्रृंखला के आगे का क्रमांक ज्ञात करना होता है।

- इस प्रकार की अक्षर श्रृंखला में निश्चित **'अंक'** को जोड़कर अक्षरों के अगले क्रम के अक्षर को प्राप्त किया जा सकता है।
- इस प्रकार की अक्षर श्रृंखला में निश्चित अंक को घटाकर अक्षरों के अगले क्रम के अक्षर को प्राप्त किया जा सकता है।
- इस प्रकार की अक्षर श्रृंखला में अंकों को जोड़कर एवं घटाकर अक्षरों के क्रम को प्राप्त किया जा सकता है।
- इस प्रकार के प्रश्नों में 'लुप्त पद' के स्थान पर गलत पद दिये हुए होते हैं जो दी गयी श्रृंखला के नियमानुसार सही क्रम में व्यवस्थित नहीं होते हैं, विकल्पों के माध्यम से सही पद का क्रम ज्ञात करना होता है।
- इस प्रकार के प्रश्नों में कुछ अक्षर अथवा अक्षर समूह दिये हुए होते हैं इस दी गई श्रृंखला में एक या अधिक लुप्त पद होते हैं जिन्हें श्रृंखला के क्रमानुसार पद को संयोजित करना होता है।

  इस प्रकार के प्रश्नों में वर्णमाला के छोटे अक्षरों को विभिन्न क्रमों में पद संयोजित कर श्रृंखला बनायी जाती है, जो क्रमशः बायें/दायें क्रम से निश्चित क्रम में परिवर्तित होती रहती है, जिन्हें सही विकल्पों के माध्यम से श्रृंखला को पूरा करना होता है। इस तरह की श्रृंखला को आसानीपूर्वक समझने के लिए कुल पदों की संख्या की गिनती कर बराबर-बराबर समूहों में विभाजित करते हैं, जो समानता के आधार पर रिक्त पदों को संयोजित कर श्रृंखला को पूरा किया जाता है।
- श्रृंखला में कुछ ऐसे अक्षरों का समूह होता है, जिसमें अक्षरों के बीच कुछ छूटे हुए अक्षर होते हैं, जो क्रमशः आर्चरी एवं अवर्चरी दोनों ही क्रमों में होते हैं, उन छूटे हुए अक्षरों को ज्ञात करने के लिए अक्षरों के आपस का क्रम संख्यात्मक मान के आधार पर ज्ञात करेंगे। **उदाहरण-**

निर्देश (1-5) : दिए गए विकल्पों में से वह वर्ण समूह चुनें जो निम्नलिखित श्रृंखला में पद-चिह्न (?) के स्थान पर आएगा?

1. दिए गए विकल्पों में से वह वर्ण समूह चुनें जो निम्नलिखित श्रृंखला में पद-चिह्न (?) के स्थान पर आएगा?

PANA, RPPE, TRRI, VTTO, ?

(a) ACIO (b) CBAD
(c) AEIN (d) XVVU

हल : (d)

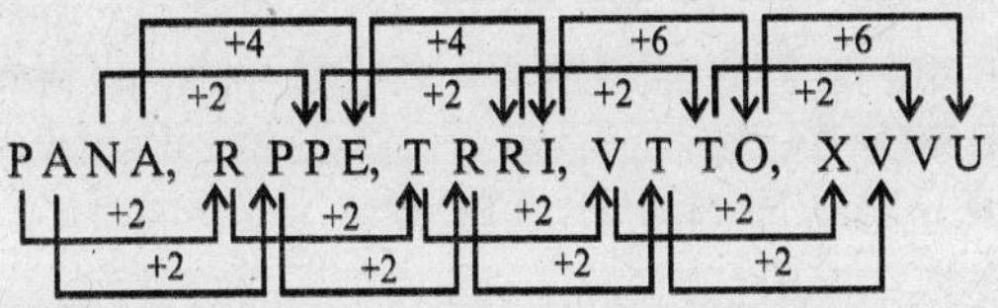

अतः सभी तीन अक्षर क्रम में (+2) एवं अंतिम अक्षर Vowel के अनुसार श्रृंखलाबद्ध हैं।

अर्थात् X V V U

2. WYV, ?, IKH, BDA

(a) OPR (b) ROP (c) PRO (d) OQH

हल : (c)

W —(−7)→ P —(−7)→ I —(−7)→ B
Y —(−7)→ R —(−7)→ K —(−7)→ D
V —(−7)→ O —(−7)→ H —(−7)→ A

सभी दिये गये अक्षर क्रम में −7 करने से श्रृंखला पूर्ण हो जाती है।

3. CMQR, BONV, AQKZ, ZSHD, ?

(a) ZUDH (b) ZVGH (c) YUEH (d) YVEI

हल : (c)

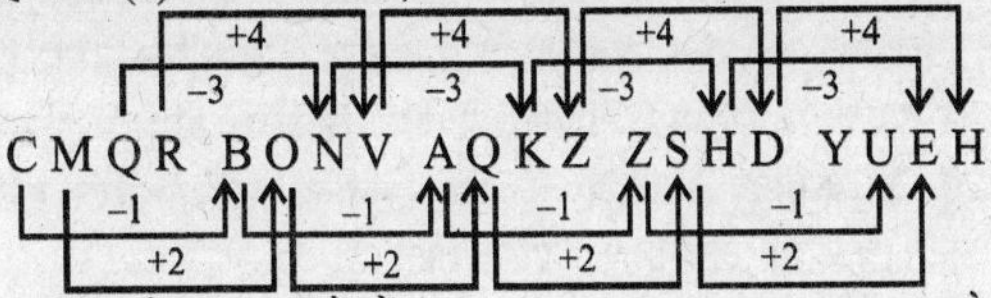

सभी वर्णमाला अक्षरों में −1, +2, −3, +4 अक्षर क्रम करने पर श्रृंखला पूर्ण हो जाती है।

4. इस अनुक्रम में लुप्त पद को ज्ञात करें।

ADVENTURE, DVENTURE, DVENTUR, ?, VENTU

(a) VENTUR (b) DVENT
(c) DVETNU (d) इनमें से कोई नहीं

हल : (a)

[A] DVENTURE → DVENTUR [E] → DEMENTIA
[D] VENTUR→VENTU [R]→VENTU

5. BE, DH, ?, HN, JQ

(a) FI (b) FK (c) GI (d) GK

हल : (b)

B —(+2)→ D —(+2)→ F —(+2)→ H —(+2)→ J
E —(+3)→ H —(+3)→ K —(+3)→ N —(+3)→ Q

लुप्त पद में (+2, +3) क्रम में करने पर श्रृंखला पूर्ण हो जाती है।

6. अक्षरों के उस संयोजन का चयन करें जो दी गई श्रृंखला मे रिक्त स्थानों में क्रमिक रूप से रखें जाने पर श्रृंखला को पूर्ण करेगा।

UA----- B-----TU-----CBD-----ACB-----TUAC-----T

(a) C,D,A,U,U,D,B,D (b) C,D,A,T,U,D,B,D
(c) D,C,A,T,U,D,D,B (d) C,D,A,T,U,D,C,D

हल : (b) U A **C** B **D** T / U **A** C B D **T** / **U** A C B **D** T / U A C **B** **D** T

7. दी गई शृंखला को पूरा करने के लिए सही अक्षर समूह का चयन करें।
-----bac-----ac---acb-----ba.

(a) c, b, b, a, c (b) c, a, b, b, c
(c) a c c b, b (d) a, b, b, a, c

हल : (a) **c** b a / c **b** a / c **b** a / c b **a** / **c** ba

8. निम्नलिखित वर्णों के बीच-बीच में एक विशेष नियम का पालन करके वर्ण छोड़े गए हैं। निम्नलिखित में से कौन-सी शृंखला इस नियम का पालन करती है?

(a) BDFIJ (b) DGJLM (c) BDHPF (d) ACFHJ

हल : (c)

$B \xrightarrow{+2} D \xrightarrow{+2} F \xrightarrow{+2} I \xrightarrow{+1} J$

$D \xrightarrow{+3} G \xrightarrow{+3} J \xrightarrow{+2} L \xrightarrow{+1} M$

$B \xrightarrow{+2} D \xrightarrow{+4} H \xrightarrow{+8} P \xrightarrow{+16} F$

$A \xrightarrow{+2} C \xrightarrow{+3} F \xrightarrow{+2} H \xrightarrow{+2} J$

शृंखला (c) विशेष नियम का पालन करती है, क्योंकि +2, +4, +8, +16 की शृंखला में हैं। अन्य कोई क्रम शृंखला में नहीं है।

संख्या शृंखला पर आधारित– इस प्रकार के प्रश्नों में तीन या अधिक संख्याओं की एक शृंखला दी गई होती है, जिसमें संख्याओं का क्रम बाँए के एक निश्चित क्रम से क्रमागत होता है। इसमें एक प्रश्न-चिह्न का स्थान रिक्त होता है, जिनके स्थान पर संख्या को ज्ञात करना होता है।

संख्या शृंखला में प्रश्न कई प्रकार से पूछे जा सकते हैं, जो निम्नलिखित है–

(a) इस प्रकार के प्रश्नों में संख्याएँ शृंखला में एक निश्चित क्रम में बढ़ते हैं, जो क्रमागत संख्याओं के अंतर शृंखला पर (आरोही) आधारित होती हैं।

(b) इस प्रकार के प्रश्नों में संख्याएँ शृंखला में एक निश्चित क्रम में घटती (अवरोही) हैं, जो क्रमागत संख्याओं के अंतर शृंखला पर आधारित होता है। जिसमें घटते क्रम में अगला पद प्राप्त होता है।

(c) इस प्रकार के प्रश्नों में संख्याएँ एक निश्चित संख्या से एक-दूसरे से गुणन कर शृंखला का अगला पद ज्ञात किया जा सकता है। यदि संख्याओं के प्रथम पद एवं अंतिम पद की संख्याओं में अधिक अंतर हो, तो निश्चित ही गुणन शृंखला का प्रतिपादित करती है।

(d) इस प्रकार के प्रश्नों में संख्याएँ एक निश्चत संख्या से एक-दूसरे को भाग देने पर ज्ञात होती हैं।

(e) इस प्रकार के प्रश्नों में संख्याएँ एक निश्चित जोड़ गुणा और जोड़ अथवा गुणा और जोड़ से शृंखला का अगला पद ज्ञात होता है।

(f) इस प्रकार के प्रश्नों में संख्या शृंखला में संख्याएँ एक निश्चित घटाव एवं गुणा अथवा गुणा और घटाव से संख्या का अगला पद ज्ञात होता है।

(g) इस प्रकार के प्रश्नों में संख्या शृंखला में संख्याएँ एक निश्चित जोड़ एवं भाग और जोड़ से संख्या का अगला पद ज्ञात होता है।

(h) इस प्रकार के प्रश्नों में संख्या शृंखला में संख्याएँ एक निश्चित घटाव एवं भाग अथवा भाग और घटाव से घटते हुए संख्या का अगला पद ज्ञात होता हैं।

(i) इस प्रकार के प्रश्नों में संख्या शृंखला में क्रमशः गुणा तथा भाग करने पर अगला पद ज्ञात होता है।

(j) इस प्रकार के प्रश्नों में संख्या शृंखला में संख्याएँ या तो वर्ग के योग से बढ़ती हैं अथवा घटती हैं। संख्याओं का किसी निश्चित क्रम में वर्ग भी हो।

(k) इस प्रकार की संख्या शृंखला में किसी निश्चित क्रम में संख्या का घन हो अथवा घन के योग से बढ़ती है या घटती भी है।

(l) इस प्रकार की संख्या एक निश्चित क्रम में अभाज्य संख्याओं की शृंखला के साथ-साथ अभाज्य संख्या के योग से बढ़ती भी अथवा घटती भी है।

(m) इस प्रकार की संख्या एक निश्चित क्रम में कुछ अंतराल के बाद एक अलग शृंखला का क्रम आगे या पीछे बढ़ती/घटती भी है। जिसमें पहली, तीसरी, पाँचवी एवं अन्य संख्या प्राप्त होती हैं, जो गणितीय संक्रियाओं पर आधारित होती है। **उदाहरण–**

1. निम्न श्रेणी में लुप्त संख्या ज्ञात करें।

50, 65, 82, ...?........, 122

(a) 101 (b) 97 (c) 105 (d) 100

हल : (a)

50 → 65 → 82 → **101** → 122
(+15, +17, +19, +21)

अतः सभी अंक शृंखला में एक क्रम में योग के निश्चित क्रम में आगे बढ़ रहे हैं।

2. 56, 42, 30, 20, ...?........, 6

(a) 15 (b) 12 (c) 18 (d) 14

हल : (b)

56 → 42 → 30 → 20 → **12** → 6
(–14, –12, –10, –8, –6)

अतः सभी अंक शृंखला एक निश्चित क्रम में घटते हुए आगे बढ़ रही हैं।

3. 1, 2, 6, 24 ....?........, 720

(a) 3 (b) 5 (c) 120 (d) 8

हल : (c)

$1 \times 2 = 2$
$2 \times 3 = 6$
$6 \times 4 = 24$
$24 \times 5 = \boxed{120}$
$120 \times 6 = 720$

अतः सभी अंक शृंखला में एक निश्चित क्रम में गुणा करने पर आगे बढ़ रहे हैं।

4. 964, ? 241, 120.5, 60.25

(a) 482 (b) 384 (c) 396 (d) 424

हल : (a)

964 → **482** → 241 → 120·5 → 60·25
(÷ 2, ÷ 2, ÷ 2, ÷ 2)

अतः सभी अंक शृंखला में एक निश्चित क्रम में भाग देने पर अगला पद 482 प्राप्त होता है।

5. 12, 27, 85, 345, ?

(a) 1737 (b) 1380
(c) 1725 (d) 1731

हल : (d)

12 → [27] → 85 → 345 → 1731

×2+3, ×3+4, ×4+5, ×5+6

क्रमांगत गुणा और जोड़ करने पर अगला पद प्राप्त होता है।

6. 7, 12, 22, 42, 82, ?

(a) 173 (b) 162 (c) 183 (d) 143

हल : (b)

7 → 12 → 22 → 42 → 82 → [162]

×2–2, ×2–2, ×2–2, ×2–2, ×2–2

क्रमांगत गुणा और घटाव करने पर अगला पद प्राप्त होता है।

7. 121, 144, 289, 324, 529, 576 ?

(a) 961 (b) 841 (c) 900 (d) 729

हल : (b)

121, 144, 289, 324, 529, 576, 841

$(11)^2$, $(12)^2$, $(17)^2$, $(18)^2$, $(23)^2$, $(24)^2$, $(29)^2$

+6, +6, +6 (11 → 17 → 23 → 29); +6, +6 (12 → 18 → 24)

सभी एकान्तरित क्रम में (+6) करने पर फिर उसके वर्ग की संख्या है।

8. 3, 11, 38, 102, ..., 443

(a) 227 (b) 237 (c) 247 (d) 217

हल : (a)

3 → 11 → 38 → 102 → [227] → 443

$+(2)^3$, $+(3)^3$, $+(4)^3$, $+(5)^3$, $+(6)^3$

संख्या बढ़ने के साथ घन का भी योग अगले संख्या में जुड़ जाता है।

निर्देश (प्र०सं० 9-10): दिये हुए उत्तरों में से कौन-सा उत्तर दी हुई शृंखला का गलत पद है?

9. 5, 348, 564, 689, 716, 780, 788

(a) 716 (b) 788 (c) 348 (d) 68.9

हल : (a)

5 → 348 → 564 → 689 → [716] → 780 → 788

$+(7)^3$, $+(6)^3$, $+(5)^3$, $+(4)^3$, $+(3)^3$, $+(2)^3$

अतः संख्या 716 गलत है, इसके स्थान पर [753] आएगा।

10. 500, 250.50, 125.75, 63.38, ?

(a) 32.19 (b) 31.19 (c) 33.29 (d) 33

हल : (a)

500 → 250·50 → 125·75 → 63·38 → [32·19]

+1÷2, +1÷2, +1÷2, +1÷2

प्रश्नमाला

1. दिए गए विकल्पों में से वह संख्या चुनें जो निम्नलिखित शृंखला में प्रश्न-चिह्न (?) के स्थान पर आएगी?

121, 169, 225, 289, ?

(a) 410 (b) 305
(c) 398 (d) 361

2. दिए गए विकल्पों में से वह संख्या चुनें जो निम्नलिखित शृंखला में प्रश्न-चिह्न (?) के स्थान पर आएगी?

17, 20, 80, 85, ?, 517

(a) 504 (b) 412
(c) 213 (d) 510

3. दिए गए विकल्पों में से वह संख्या चुनें जो निम्नलिखित शृंखला में प्रश्न-चिह्न (?) के स्थान पर आएगी?

24, 48, 51, 204, 209, ?

(a) 1254 (b) 1047
(c) 215 (d) 416

4. दिए गए विकल्पों में से वह संख्या चुनें जो निम्नलिखित शृंखला में प्रश्न-चिह्न (?) के स्थान पर आएगी?

10, 22, 35, 40, 72, 40, ?

(a) 133 (b) 143
(c) 134 (d) 131

5. दिए गए विकल्पों में से वह संख्या चुनें जो निम्नलिखित शृंखला में प्रश्न-चिह्न (?) के स्थान पर आएगी?

24, 35, 51, 73, 102, ?

(a) 151 (b) 139
(c) 131 (d) 149

6. निम्नलिखित श्रेणी में कौन-सी संख्या प्रश्नवाचक चिह्न (?) के स्थान पर आएगी?

46, 47, 94, 97, 388, ?

(a) 398 (b) 393
(c) 419 (d) 411

7. दिए गए विकल्पों में से उस संख्या का चयन कीजिए जो निम्नलिखित श्रेणी में प्रश्नवाचक चिह्न (?) के स्थान पर आएगी।

8, 8, 11, 11, 14, 14, ?

(a) 22 (b) 14
(c) 18 (d) 17

8. दिए गए विकल्पों में से उस संख्या का चयन कीजिए जो निम्नलिखित श्रेणी में प्रश्नवाचक चिह्न (?) के स्थान पर आएगी।

3, 5, 15, 41, ?, 173

(a) 91 (b) 112
(c) 78 (d) 106

9. दिए गए विकल्पों में से उस संख्या का चयन कीजिए जो निम्नलिखित श्रेणी में प्रश्नवाचक चिह्न (?) के स्थान पर आएगी।

33, 34, 30, 39, 23, 48, 12, ?

(a) 14 (b) 16
(c) 41 (d) 61

10. दिए गए विकल्पों में से उस संख्या का चयन कीजिए जो निम्नलिखित श्रेणी में प्रश्नवाचक चिह्न (?) के स्थान पर आएगी।

2, 4, 5, 19, 71, ?

(a) 361 (b) 316
(c) 216 (d) 261

11. निम्नलिखित श्रेणी में कौन-सी संख्या प्रश्नवाचक चिह्न (?) के स्थान पर आएगी?

20, 41, 84, 171, 346, ?

(a) 697 (b) 671
(c) 1020 (d) 691

12. निम्नलिखित श्रेणी में प्रश्नवाचक चिह्न (?) के स्थान पर कौन-सी संख्या आएगी?

18, 18, 20, 60, 64, ?

(a) 236 (b) 330
(c) 75 (d) 320

13. वह विकल्प चुनें जो निम्नलिखित शृंखला में प्रश्नवाचक चिह्न (?) के स्थान पर आ सकता है।

5, 41, 258, 1561, ?

(a) 8140 (b) 9983
(c) 9380 (d) 8841

14. वह विकल्प चुनें जो निम्नलिखित शृंखला में प्रश्नवाचक चिह्न (?) के स्थान पर आ सकता है।

22, 25, 32, 41, 55, 82, 110, 191, ?

(a) 233 (b) 247
(c) 218 (d) 256

15. निम्नलिखित श्रेणी में प्रश्नवाचक चिह्न (?) के स्थान पर कौन-सी संख्या आएगी?

3, 12, 52, 159, 640, ?

(a) 1731 (b) 1910
(c) 1863 (d) 1923

16. निम्नलिखित श्रेणी में प्रश्नवाचक चिह्न (?) के स्थान पर कौन-सी संख्या आएगी?

160, 183, 213, 252, 303, ?, 446

(a) 333 (b) 379
(c) 367 (d) 361

17. निम्नलिखित श्रेणी में प्रश्नवाचक चिह्न (?) के स्थान पर कौन-सी संख्या आएगी?

24, 25, 33, 60, ?, 249

(a) 124 (b) 121
(c) 133 (d) 147

18. निम्नलिखित श्रेणी में प्रश्नवाचक चिह्न (?) के स्थान पर कौन-सी संख्या आएगी?

65, 62, 56, 47, 35, ?

(a) 20 (b) 11
(c) 25 (d) 21

19. निम्नलिखित श्रेणी में प्रश्नवाचक चिह्न (?) के स्थान पर कौन-सी संख्या आएगी?

82, ?, 119, 142, 168, 197

(a) 99 (b) 95
(c) 85 (d) 107

20. निम्नलिखित श्रेणी में प्रश्नवाचक चिह्न (?) के स्थान पर कौन-सी संख्या आएगी?

112, ?, 83, 70, 58, 47, 37

(a) 94 (b) 104
(c) 97 (d) 100

21. निम्नलिखित श्रेणी में प्रश्नवाचक चिह्न (?) के स्थान पर कौन-सी संख्या आएगी?

2430, ?, 270, 90, 30, 10

(a) 800 (b) 805
(c) 810 (d) 540

22. निम्नलिखित श्रेणी में प्रश्नवाचक चिह्न (?) के स्थान पर कौन-सी संख्या आएगी?

17, 51, 58, 116, 123, 123, ?

(a) 150 (b) 120
(c) 130 (d) 140

23. निम्नलिखित श्रेणी में प्रश्नवाचक चिह्न (?) के स्थान पर कौन-सी संख्या आएगी?

1, 27, 125, 343, 729, ?

(a) 1029 (b) 1331
(c) 1244 (d) 1525

24. उस संख्या का चयन करें जो निम्न श्रेणी में प्रश्नवाचक चिह्न (?) के स्थान पर आ सकती है।

80, 79, 75, 66, ?, 25

(a) 46 (b) 50
(c) 54 (d) 57

25. उस संख्या का चयन करें जो निम्नलिखित शृंखला में प्रश्नवाचक चिह्न (?) के स्थान पर आ सकती है।

33, 53, 61, 85, 97, ?, 141

(a) 125 (b) 113
(c) 123 (d) 121

26. निम्नलिखित शृंखला में प्रश्न-चिह्न (?) की जगह आने वाले अक्षर-समूह का चयन करें।

BRH, ZUD, ?, VAV, TDR, RGN

(a) XYZ (b) XZZ
(c) XXZ (d) XZY

27. निम्नलिखित शृंखला में प्रश्न-चिह्न (?) की जगह आने वाले अक्षर-समूह का चयन करें।

CXB, HUI, MRP, ROW, ?

(a) WLZ (b) VKC
(c) WLD (d) VKD

28. उस विकल्प का चयन करें जो रिक्त स्थान को भरकर दी गई शृंखला को पूरा करेगा।

CDZ, DGE, EJJ, FMO, GPT, ______

(a) HSY (b) HRZ
(c) IQX (d) GRY

29. एक शृंखला दी गयी है जिसमें एक पद लुप्त है। दिए गए विकल्पों में से सही विकल्प को चुनिए जो शृंखला को पूर्ण कर सके।

RAM, VET, ZIA, ?, HQO

(a) DNI (b) DNH
(c) DMI (d) DMH

30. नीचे एक शृंखला दी गयी है, जिसमें से एक अक्षर युग्म नहीं दिया गया है। दिए गए विकल्पों में से वह सही विकल्प चुनिए, जो शृंखला को पूरा करें।

ML, RQ, WV, BA, ?

(a) HE (b) GF
(c) GE (d) HF

31. उस अक्षर-समूह को चुनें जो निम्नलिखित शृंखला में प्रश्नवाचक चिह्न (?) को प्रतिस्थापित करेगा।

MRT, TYA, AFH, HMO, ?

(a) PUV (b) PUU
(c) OTV (d) OTU

32. उस अक्षर-युग्म का चयन कीजिए जो निम्नलिखित शृंखला में प्रश्नवाचक चिह्न (?) को प्रतिस्थापित करेगा।

AR, CU, EX, GA, ?

(a) JE (b) ID
(c) IF (d) KF

33. निम्नलिखित शृंखला में कौन-सा शब्द-युग्म प्रश्न चिह्न (?) के स्थान पर आएगा?

KH, ?, QN, WT, EB

(a) NJ (b) MJ
(c) LN (d) MK

34. निम्नलिखित शृंखला में प्रश्नवाचक चिह्न (?) के स्थान पर कौन-सा अक्षर-युग्म आएगा?

EI, GK, ?, KO, MQ

(a) IL (b) KM
(c) IM (d) JK

35. निम्नलिखित शृंखला में प्रश्नवाचक चिह्न (?) के स्थान पर कौन-सा अक्षर-युग्म आएगा?

FJ, HL, ?, LP, NR

(a) JM (b) JN
(c) GM (d) IN

36. निम्नलिखित शृंखला में प्रश्नवाचक चिह्न (?) के स्थान पर कौन-सा अक्षर आएगा?

P, U, R, W, T, ?, V, A, X

(a) X (b) Y
(c) W (d) Z

37. निम्नलिखित शृंखला में प्रश्नवाचक चिह्न (?) के स्थान पर कौन-सा अक्षर आएगा?

D, J, ?, S, V, X

(a) O (b) M
(c) P (d) Q

38. निम्नलिखित शृंखला में प्रश्नवाचक चिह्न (?) के स्थान पर कौन-सा अक्षर-समूह आएगा?

SWA, OAW, KES, ?, CMK

(a) GIO (b) GHO
(c) FIP (d) FIO

39. निम्नलिखित शृंखला में प्रश्नवाचक चिह्न (?) के स्थान पर कौन-सा अक्षर आएगा?

R, C, T, E, V, ?, X, I

(a) Y (b) W
(c) G (d) F

40. निम्नलिखित शृंखला में प्रश्नवाचक चिह्न (?) के स्थान पर कौन-सा अक्षर-समूह आएगा?

PSV, UXA, ZCF, EHK, ?

(a) JMO (b) IMP
(c) JMP (d) JNP

41. निम्नलिखित शृंखला में प्रश्नवाचक चिह्न (?) के स्थान पर कौन-सा अक्षर-समूह आएगा?

DGJ, BDN, ZAR, XXV, ?
(a) VUZ (b) UUZ
(c) VUY (d) VTZ

42. नीचे दी गई शृंखला में, प्रश्नचिन्ह (?) के स्थान पर कौन-सा अक्षर आएगा?
M, E, P, H, S, ?, V, N
(a) U (b) K
(c) M (d) J

43. निम्नलिखित शृंखला में प्रश्नवाचक चिह्न (?) के स्थान पर कौन-सा अक्षर-युग्म आएगा?
JG, LI, ?, VS, DA
(a) PM (b) QM
(c) PQ (d) OR

44. निम्नलिखित शृंखला में प्रश्नवाचक चिह्न (?) के स्थान पर कौन-सा अक्षर-युग्म आएगा?
HE, ?, NK, TQ, BY
(a) IK (b) JG
(c) JH (d) IG

45. निम्नलिखित शृंखला में प्रश्नवाचक चिह्न (?) के स्थान पर कौन-सा अक्षर-युग्म आएगा?
GD, IF, ?, SP, AX
(a) MJ (b) NM
(c) JK (d) MN

46. ऐसे अक्षरों के संयोजन का चयन करें जो दी गई अक्षरों की शृंखला में रिक्त स्थान पर क्रमिक रूप से आने पर शृंखला को पूरा करेगा।
OL, QO, _, UU, WX
(a) ST (b) RS
(c) SU (d) SR

47. निम्नलिखित शृंखला में प्रश्नवाचक चिह्न (?) के स्थान पर कौन-सा अक्षर-युग्म आएगा?
BE, DG, FK, HQ, ?
(a) JY (b) JX
(c) JS (d) YJ

48. उस शब्द-समूह का चयन करें जो निम्नलिखित शृंखला में आगे आएगा।
LVD, OTF, RRH, ?, XNL
(a) UQI (b) TPJ
(c) TQJ (d) UPJ

49. निम्नलिखित शृंखला में अगले स्थान पर आने वाले विकल्प का चयन कीजिए।
FBA, IGE, LLI, OQM, ?
(a) RVQ (b) QVQ
(c) RVP (d) RUP

50. निम्नलिखित शृंखला में अगले स्थान पर आने वाले अक्षर-समूह का चयन कीजिए।
DOP, FPN, HQL, JRJ, ?
(a) LSH (b) LSI
(c) KSH (d) KTI

51. अक्षरों के उस संयोजन का चयन करें जो दी गई शृंखला में रिक्त स्थानों पर क्रमिक रूप से रखे जाने पर शृंखला को पूरा करेगा।
JL_N_J_PND_NP_DJ_P_D
(a) P, M, D, N ,J, O, N
(b) N, D, N, P, N, J, O
(c) P, D, M, J, N, O, N
(d) M, D, P, N, J, N, O

52. अक्षरों के उस संयोजन का चयन करें जो दी गई शृंखला में रिक्त स्थानों पर क्रमिक रूप से रखे जाने पर शृंखला को पूरा करेगा।
r_uktrj_kt_juk_rju_trj_kt
(a) u, j, r, t, j, u
(b) j, r, u, k, t, u
(c) j, r, u, t, u, k
(d) j, u, r, t, k, u

53. अक्षरों के उस संयोजन का चयन करें जो दी गई शृंखला में रिक्त स्थानों पर क्रमिक रूप से रखे जाने पर शृंखला को पूरा करेगा।
UA_B_TU_CBD_ _ACB_TUAC_ _T
(a) C, D, A, U, U, D, B, D
(b) C, D, A, T, U, D, B, D
(c) D, C, A, T, U, D, D, B
(d) C, D, A, T, U, D, C, D

54. अक्षरों के उस संयोजन का चयन करें जो दी गई शृंखला में रिक्त स्थानों पर क्रमिक रूप से रखे जाने पर शृंखला को पूरा करेगा।
L_UA_Z_N_AP_L_U_PZ
(a) P, N, L, Z, U, A, N
(b) N, P, L, U, Z, N, A
(c) P, L, U, Z, N, A, N
(d) N, L, P, A, N, U, Z

55. अक्षरों के उस संयोजन का चयन करें जो दी गई शृंखला में रिक्त स्थानों पर क्रमिक रूप से रखे जाने पर शृंखला को पूरा करेगा।
_kl_lj_jkj_l_lj
(a) j l k l k (b) k j l l k
(c) l k l j k (d) j k l k k

56. अक्षरों के उस संयोजन का चयन करें जो दी गई शृंखला में रिक्त स्थानों पर क्रमिक रूप से रखे जाने पर शृंखला को पूरा करेगा।
s _ t m s r _ m _ r t _ s _ t m
(a) r, t, s, m, r (b) r, t, r m, s
(c) r, s, m, r, t (d) r, s, t, r, m

57. उस अक्षर संयोजन का चयन करें जिसे दी गई अक्षर श्रेणी के रिक्त स्थान में क्रमिक रूप से रखने पर श्रेणी पूर्ण हो जाएगी।
a _ _ bcde _ _ abbcd _ _ aabb _ _ ee
(a) aeaebecd (b) aeecdbea
(c) abeaeecd (d) abecdeae

58. उस अक्षर संयोजन का चयन करें जिसे दी गई अक्षर श्रेणी के रिक्त स्थान में क्रमिक रूप से रखने पर श्रेणी पूर्ण हो जाएगी।
_ _ c f b _ c _ b d _ f
(a) b c f d c (b) b d d f c
(c) d c d f b (d) f d c b c

59. उस अक्षर संयोजन का चयन करें जिसे दी गई अक्षर श्रेणी के रिक्त स्थान में क्रमिक रूप से रखने पर श्रेणी पूर्ण हो जाएगी।
a _ _ gb _ _ acegb _ _ aceg _ _ _
(a) dfdfbcedf (b) cedfdfbdf
(c) fdfbdfced (d) cefbdfdfd

60. अक्षरों के उस संयोजन का चयन करें जिसे उसी क्रम में रिक्त स्थानों में रखने पर दी गयी अक्षर शृंखला पूर्ण हो जाए।
a _ cdeacdd_acdeea _ _ deac _ _ e
(a) aaaccd (b) ceacce
(c) bbbcbd (d) ceaccd

61. अक्षरों के उस संयोजन का चयन करें, जिसे अक्षर शृंखला में रिक्त स्थान पर क्रमिक रूप से भरे जाने पर शृंखला पूरी हो जाएगी।
mn _ pmno _ nopm _ op
(a) oppn (b) opmn
(c) mpmo (d) oomn

62. अक्षरों के उस संयोजन का चयन करें जो दी गई अक्षर- शृंखला में रिक्त स्थान पर क्रमिक रूप से रखे जाने पर शृंखला पूरा करेंगा।
cc_e_ _ gccdeff _ _ _ cd _ _ fgc
(a) cffeccef (b) ffceefde
(c) eecefce (d) dfgccef

63. अक्षरों के उस संयोजन का चयन करें, जिसके अक्षर शृंखला में रिक्त स्थान पर क्रमिक रूप से भरे जाने पर शृंखला पूरी हो जाएगी।
ab _ _ _ cba _ _ _ dd _ _ _ abcd _ _ baa _ _ _ _ cba
(a) acbdecdeaacecdd
(b) cddabccbadcbcdd
(c) abbaacdeecdecdd
(d) abeaacdecdeecdd

64. अक्षरों के उस समूह का चयन करें, जिसे अक्षर शृंखला में रिक्त स्थान पर क्रमिक रूप से भरे जाने पर शृंखला पूरी हो जाएगी।
e _ geef _ gg _ ee _ f _ gg
(a) f, f, e, f, f (b) f, g, f, g, g
(c) g, f, e, f, f (d) f, f, f, f, f

65. दी गई शृंखला को पूरा करने के लिए सही अक्षर-समूह का चयन करें।
_ bac _ ac _ acb _ _ ba
(a) c, b, b, a, c (b) c, a, b, b, c
(c) a, c, c, b, b (d) a, b, b, a, c

66. अक्षरों के उस संयोजन का चयन करें, जिसे अक्षर शृंखला में रिक्त स्थान पर क्रमिक रूप से भरे जाने पर शृंखला पूरी हो जाएगी।
p _ rsqrps _ pqs _ qr _ qrps _ p _ s
(a) q, r, p, p, r, q
(b) q, r, p, s, r, q
(c) r, p, q, s, r, q
(d) p, r, p, s, r, q

67. अक्षरों के उस संयोजन का चयन करें, जिसे अक्षर शृंखला में रिक्त स्थान पर क्रमिक रूप से भरे जाने पर शृंखला पूरी हो जाएगी।

_uvwuv_wvtuw_uvwuv_wv_uv

(a) t t u t v (b) t v w t t
(c) t u t u t (d) t t t t t

68. अक्षरों के उस सेट का चयन करें, जिसे अक्षर शृंखला में रिक्त स्थान पर क्रमिक रूप से भरे जाने पर शृंखला पूरी हो जाएगी।

_ m _ ln _ mlmnk _ k _ nl

(a) *l, n, k, l, n* (b) *k, l, k, l, m*
(c) *m, n, k, l, m* (d) *k, n, k, l, m*

69. अक्षरों के उस सेट का चयन करें, जिसे अक्षर शृंखला में रिक्त स्थान पर क्रमिक रूप से भरे जाने पर शृंखला पूरी हो जाएगी।

f _ hg _ fh _ gf _ hg _ fh _ g

(a) h, f, g, h, f, g
(b) f, g, h, f, g, h
(c) g, h, f, g, h, f
(d) g, f, g, f, h, f

70. अक्षरों के उस समूह का चयन करें, जिसे अक्षर शृंखला में रिक्त स्थान पर क्रमिक रूप से भरे जाने पर शृंखला पूरी हो जाएगी।

_swws_wwws_swwww_sss

(a) w, s, w, s (b) w, s, s, s
(c) w, w, s, s (d) w, s, s, w

उत्तर (हल/संकेत)

1. (d) $(11)^2 = 121$
$(13)^2 = 169$
$(15)^2 = 225$
$(17)^2 = 289$
$(19)^2 = 361$

2. (d) $17 + 3 = 20$
$20 \times 4 = 80$
$80 + 5 = 85$
$85 \times 6 = 510$
$510 + 7 = 517$

3. (a) $24 \times 2 = 48$
$48 + 3 = 51$
$51 \times 4 = 204$
$204 + 5 = 209$
$209 \times 6 = 1254$

4. (a) यहाँ दो एकान्तर शृंखलाएँ हैं:

(i) 10 35 72 133
+25 +37 +61
+25 +25
×2

(ii) $22 + 18 = 40$
$40 + 0 = 40$

5. (b) $24 + 11 = 35$
$35 + 16 = 51$
$51 + 22 = 73$
$73 + 29 = 102$
$102 + 37 = 139$
[11 + 5 = 16, 16 + 6 = 22; 22 + 7 = 29; 29 + 8 = 37]

6. (b) $46 + 1 = 47$
$47 \times 2 = 94$
$94 + 3 = 97$
$97 \times 4 = 388$
$388 + 5 = 393$

7. (d) $8 \xrightarrow{+3} 11 \xrightarrow{+3} 14 \xrightarrow{+3} 17$
$8 \xrightarrow{+3} 11 \xrightarrow{+3} 14$
यहाँ दो एकान्तर शृंखलाएँ हैं–

8. (a) 3 5 15 41 [91] 173
+2 +10 +26 +50 +82
+8 +16 +24 +32
+8 +8 +8

9. (d) यहाँ दो एकान्तर शृंखलाएँ हैं:

(i) 33 30 23 12
−3 −7 −11
−4 −4

(ii) 34 39 48 [61]
+5 +9 +13
+4 +4

10. (a) $2 \times 1 + 2 = 4$
$4 \times 2 - 3 = 5$
$5 \times 3 + 4 = 19$
$19 \times 4 - 5 = 71$
$71 \times 5 + 6 = 361$

11. (a) $20 \times 2 + 1 = 41$
$41 \times 2 + 2 = 84$
$84 \times 2 + 3 = 171$
$171 \times 2 + 4 = 346$
$346 \times 2 + 5 = 697$

12. (d) $18 \times 1 = 18$
$18 + 2 = 20$
$20 \times 3 = 60$
$60 + 4 = 64$
$64 \times 5 = 320$

13. (c) $5 \times 6 + 11 = 41$
$41 \times 6 + 12 = 258$
$258 \times 6 + 13 = 1561$
$1561 \times 6 + 14 = 9380$

14. (b) $22 + 3 = 25$
$25 + 7 = 32$
$32 + 9\ (= 3 \times 3) = 41$
$41 + 14\ (= 7 \times 2) = 55$
$55 + 27\ (= 9 \times 3) = 82$
$82 + 28\ (= 14 \times 2) = 110$
$110 + 81\ (= 27 \times 3) = 191$
$191 + 56\ (= 28 \times 2) = 247$

15. (d) $3 \times 3 + 3 = 12$
$15 \times 4 + 4 = 52$
$52 \times 3 + 3 = 159$
$159 \times 4 + 4 = 640$
$640 \times 3 + 3 = 1923$

16. (c)

160 183 213 252 303 [367] 446
+23 +30 +39 +51 +64 +79
+7 +9 +12 +13 +15
+2 +3 +1 +2

17. (a) $24 + (1)^3 = 25$
$25 + (2)^3 = 33$
$33 + (3)^3 = 60$
$60 + (4)^3 = 124$
$124 + (5)^3 = 249$

18. (a) $65 - 3 = 62$
$62 - 6 = 56$
$56 - 9 = 47$
$47 - 12 = 35$
$35 - 15 = 20$

19. (a) $82 + 17 = 99$
$99 + 20 = 119$
$119 + 23 = 142$
$142 + 26 = 168$
$168 + 29 = 197$

20. (c) $112 - 15 = 97$
$97 - 14 = 83$
$83 - 13 = 70$
$70 - 12 = 58$
$58 - 11 = 47$
$47 - 10 = 37$

21. (c) $\frac{2430}{3} = 810$

$\frac{810}{3} = 270$

$\frac{270}{3} = 90$

$\frac{90}{3} = 30$

$\frac{30}{3} = 10$

22. (c) $17 \times 3 = 51$
$51 + 7 = 58$
$58 \times 2 = 116$
$116 + 7 = 123$
$123 \times 1 = 123$
$123 + 7 = 130$

23. (b) $(1)^3 = 1$
$(3)^3 = 27$
$(5)^3 = 125$
$(7)^3 = 343$
$(9)^3 = 729$
$(11)^3 = 1331$
सतत् विषम संख्याओं के पूर्ण घन से शृंखला निर्मित है।

24. (b) $80 - (1)^2 = 79$
$79 - (2)^2 = 75$
$75 - (3)^2 = 66$
$66 - (4)^2 = 50$
$50 - (5)^2 = 25$

25. (a) यहाँ दो एकान्तर शृंखलाएँ हैं:

(i) 33 $\xrightarrow{+28}$ 61 $\xrightarrow{+36}$ 97 $\xrightarrow{+44}$ 141
+28 $\xrightarrow{+8}$ +36 $\xrightarrow{+8}$ +44

(ii) 53 $\xrightarrow{+32}$ 85 $\xrightarrow{+40}$ 125
+32 $\xrightarrow{+8}$ +40

26. (c)

B $\xrightarrow{-2}$ Z $\xrightarrow{-2}$ [X] $\xrightarrow{-2}$ V $\xrightarrow{-2}$ T $\xrightarrow{-2}$ R
R $\xrightarrow{+3}$ U $\xrightarrow{+3}$ [X] $\xrightarrow{+3}$ A $\xrightarrow{+3}$ D $\xrightarrow{+3}$ G
H $\xrightarrow{-4}$ D $\xrightarrow{-4}$ [Z] $\xrightarrow{-4}$ V $\xrightarrow{-4}$ R $\xrightarrow{-4}$ N

27. (c)

C $\xrightarrow{+5}$ H $\xrightarrow{+5}$ M $\xrightarrow{+5}$ R $\xrightarrow{+5}$ [W]
X $\xrightarrow{-3}$ U $\xrightarrow{-3}$ R $\xrightarrow{-3}$ O $\xrightarrow{-3}$ [L]
B $\xrightarrow{+7}$ I $\xrightarrow{+7}$ P $\xrightarrow{+7}$ W $\xrightarrow{+7}$ [D]

28. (a)

C $\xrightarrow{+1}$ D $\xrightarrow{+1}$ E $\xrightarrow{+1}$ F $\xrightarrow{+1}$ G $\xrightarrow{+1}$ [H]
D $\xrightarrow{+3}$ G $\xrightarrow{+3}$ J $\xrightarrow{+3}$ M $\xrightarrow{+3}$ P $\xrightarrow{+3}$ [S]
Z $\xrightarrow{+5}$ E $\xrightarrow{+5}$ J $\xrightarrow{+5}$ O $\xrightarrow{+5}$ T $\xrightarrow{+5}$ [Y]

29. (d)

R $\xrightarrow{+4}$ V $\xrightarrow{+4}$ Z $\xrightarrow{+4}$ [D] $\xrightarrow{+4}$ H
A $\xrightarrow{+4}$ E $\xrightarrow{+4}$ I $\xrightarrow{+6}$ [M] $\xrightarrow{+6}$ Q
M $\xrightarrow{+7}$ T $\xrightarrow{+7}$ A $\xrightarrow{+7}$ [H] $\xrightarrow{+7}$ O

30. (b)

M $\xrightarrow{+5}$ R $\xrightarrow{+5}$ W $\xrightarrow{+5}$ B $\xrightarrow{+5}$ [G]
L $\xrightarrow{+5}$ Q $\xrightarrow{+5}$ V $\xrightarrow{+5}$ A $\xrightarrow{+5}$ [F]

31. (c)

M $\xrightarrow{+7}$ T $\xrightarrow{+7}$ A $\xrightarrow{+7}$ H $\xrightarrow{+7}$ [O]
R $\xrightarrow{+7}$ Y $\xrightarrow{+7}$ F $\xrightarrow{+7}$ M $\xrightarrow{+7}$ [T]
T $\xrightarrow{+7}$ A $\xrightarrow{+7}$ H $\xrightarrow{+7}$ O $\xrightarrow{+7}$ [V]

32. (b)

A $\xrightarrow{+2}$ C $\xrightarrow{+2}$ E $\xrightarrow{+2}$ G $\xrightarrow{+2}$ [I]
R $\xrightarrow{+3}$ U $\xrightarrow{+3}$ X $\xrightarrow{+3}$ A $\xrightarrow{+3}$ [D]

33. (b)

K $\xrightarrow{-3}$ H
[M $\xrightarrow{-3}$ J]
Q $\xrightarrow{-3}$ N
W $\xrightarrow{-3}$ T
E $\xrightarrow{-3}$ B

34. (c)

E $\xrightarrow{+4}$ I
$\downarrow$ +2
G $\xrightarrow{+4}$ K
$\downarrow$ +2
[I $\xrightarrow{+4}$ M]
$\downarrow$ +2
K $\xrightarrow{+4}$ O
$\downarrow$ +2
M $\xrightarrow{+4}$ Q

35. (b)

F $\xrightarrow{+2}$ H $\xrightarrow{+2}$ [J] $\xrightarrow{+2}$ L $\xrightarrow{+2}$ N
J $\xrightarrow{+2}$ L $\xrightarrow{+2}$ [N] $\xrightarrow{+2}$ P $\xrightarrow{+2}$ R

36. (b)

P U R W T [Y] V A X
U $\xrightarrow{+2}$ W $\xrightarrow{+2}$ Y $\xrightarrow{+2}$ A
P $\xrightarrow{+2}$ R $\xrightarrow{+2}$ T $\xrightarrow{+2}$ V $\xrightarrow{+2}$ X

37. (a)

D $\xrightarrow{+6}$ J $\xrightarrow{+5}$ [O] $\xrightarrow{+4}$ S $\xrightarrow{+3}$ V $\xrightarrow{+2}$ X

38. (a)

S $\xrightarrow{-4}$ O $\xrightarrow{-4}$ K $\xrightarrow{-4}$ [G] $\xrightarrow{-4}$ C
W $\xrightarrow{+4}$ A $\xrightarrow{+4}$ E $\xrightarrow{+4}$ [I] $\xrightarrow{+4}$ M
A $\xrightarrow{-4}$ W $\xrightarrow{-4}$ S $\xrightarrow{-4}$ [O] $\xrightarrow{-4}$ K

39. (c) यहाँ दो एकांतर शृंखलाएँ है :

R $\xrightarrow{+2}$ T $\xrightarrow{+2}$ V $\xrightarrow{+2}$ X
C $\xrightarrow{+2}$ E $\xrightarrow{+2}$ [G] $\xrightarrow{+2}$ I

40. (c)

P $\xrightarrow{+5}$ U $\xrightarrow{+5}$ Z $\xrightarrow{+5}$ E $\xrightarrow{+5}$ [J]
S $\xrightarrow{+5}$ X $\xrightarrow{+5}$ C $\xrightarrow{+5}$ H $\xrightarrow{+5}$ [M]
V $\xrightarrow{+5}$ A $\xrightarrow{+5}$ F $\xrightarrow{+5}$ K $\xrightarrow{+5}$ [P]

41. (a)

D $\xrightarrow{-2}$ B $\xrightarrow{-2}$ Z $\xrightarrow{-2}$ X $\xrightarrow{-2}$ [V]
G $\xrightarrow{-3}$ D $\xrightarrow{-3}$ A $\xrightarrow{-3}$ X $\xrightarrow{-3}$ [U]
J $\xrightarrow{-4}$ N $\xrightarrow{-4}$ R $\xrightarrow{-4}$ V $\xrightarrow{-4}$ [Z]

42. (b) M E P H S [K] V N

H → S विपरीत
P → K विपरीत
E → V विपरीत
M → N विपरीत

43. (a)

J $\xrightarrow{+2}$ L $\xrightarrow{+4}$ [P] $\xrightarrow{+6}$ V $\xrightarrow{+8}$ D
G $\xrightarrow{+2}$ I $\xrightarrow{+4}$ [M] $\xrightarrow{+6}$ S $\xrightarrow{+8}$ A

44. (b)

H $\xrightarrow{+2}$ [J] $\xrightarrow{+4}$ N $\xrightarrow{+6}$ T $\xrightarrow{+8}$ B
E $\xrightarrow{+2}$ [G] $\xrightarrow{+4}$ K $\xrightarrow{+6}$ Q $\xrightarrow{+8}$ Y

45. (a)

G $\xrightarrow{-3}$ D
$\downarrow$ +2
I $\xrightarrow{-3}$ F
$\downarrow$ +4
[M $\xrightarrow{-3}$ J]
$\downarrow$ +6
S $\xrightarrow{-3}$ P
$\downarrow$ +8
A $\xrightarrow{-3}$ X

46. (d)

O $\xrightarrow{+2}$ Q $\xrightarrow{+2}$ [S] $\xrightarrow{+2}$ U $\xrightarrow{+2}$ W
L $\xrightarrow{+3}$ O $\xrightarrow{+3}$ [R] $\xrightarrow{+3}$ U $\xrightarrow{+3}$ X

47. (a)

B →(+2) D →(+2) F →(+2) H →(+2) [J]
E →(+2) G →(+4) K →(+6) Q →(+8) [Y]

48. (d)

L	V	D
↓+3	↓−2	↓+2
O	T	F
↓+3	↓−2	↓+2
R	R	H
↓+3	↓−2	↓+2
[U	P	J]
↓+3	↓−2	↓+2
X	N	L

49. (a)

F	B	A
↓+3	↓+5	↓+4
I	G	E
↓+3	↓+5	↓+4
L	L	I
↓+3	↓+5	↓+4
O	Q	M
↓+3	↓+5	↓+4
[R	V	Q]

50. (a)

D →(+2) F →(+2) H →(+2) J →(+2) [L]
O →(+1) P →(+1) Q →(+1) R →(+1) [S]
P →(−2) N →(−2) L →(−2) J →(−2) [H]

51. (c) J L [P] N [D] / J [M] P N D / [J] N P [N] D / J [O] P [N] D

52. (d) r [j] u k t / r j [u] k t / [r] j u k [t] / r j u [k] t / r j [u] k t

53. (b) U A [C] B [D] T / U [A] C B D [T] / [U] A C B [D] T / U A C [B] [D] T

54. (b) L [N] U A [P] Z / [L] N [U] A P [Z] / L [N] U [A] P Z

55. (d) [j] k l / [k] l j / [l] j k / j [k] l / [k] l j

56. (a) s [r] t m / s r [t] m / [s] r t [m] / s [r] t m

57. (c) a [a] [b] b c d e [e] / [a] a b b c d [e] [e] / a a b b [c] [d] e e

58. (b) [b] [d] c f / b [d] c [f] / b d [c] f

59. (b) a [c] [e] g b [d] [f] / a c e g b [d] [f] / a c e g [b] [d] [f]

60. (d) a [c] c d e / a c d d [e] / a c d e e / a [a] [c] d e / a c [c] [d] e

61. (b) m n [o] p / m n o [p] / [m] n o p / m [n] o p

62. (d) c c [d] e [f] [g] g c / c d e f f [c] [c] / [e] d [e] [f] f g c

63. (b) a b [c] [d] / [d] c b a / [a] [b] [c] d / d [c] [b] [a] / a b c d / [d] [c] b a / a [b] [c] [d] / [d] c b a

64. (a) e [f] g / e e f [f] g g / [e] e e [f] f [f] g g

65. (a) [c] b a / c [b] a / c [b] a / c b [a] / [c] b a

66. (b) p [q] r s / q r p s / [r] p q s / [p] q r [s] / q r p s / [r] p [q] s

67. (d) [t] u v w u / v [t] w / v t u w / [t] u v w / u v [t] w / v [t] u w

68. (d) [k] m [n] l / n [k] m l / m n k [l] / k [m] n l

अगले पद में तीसरा अक्षर पहला अक्षर बन जाता है।

69. (c) f [g] h g [h] f h [f] g / f [g] h g [h] f h [f] g

70. (b) [w] s / w w s [s] / w w w s [s] s / w w w w [s] s s s

❑❑❑

7

अध्याय

अभाषिक श्रृंखला

आकृतियों के क्रमबद्ध व्यवस्थीकरण को श्रृंखला कहते हैं जिनमें आकृतियाँ एक निश्चित क्रम में व्यवस्थित होती हैं।

इसके अंतर्गत आकृतियों को दो भागों में बाँटा गया है जिनमें एक भाग प्रश्न आकृति होता है तथा दूसरा भाग उत्तर आकृति होता है। प्रश्न आकृति के अनुसार उत्तर आकृति का चयन करना होता है। श्रृंखला के क्रम में आकृति के बीच के संबंध को स्थापित करना होता है।

(i) आकृतियों के रूप/आकार :- इसमें आकृतियों के रूप एवं आकार में कई प्रकार से परिवर्तन होते हैं। जिसमें प्रश्न आकृति के आधार पर उत्तर आकृति का चयन करना पड़ता है।

(ii) श्रृंखला में आकृति की संख्या :- इसमें आकृतियों की संख्या श्रृंखला के क्रम पर घटती या बढ़ती है। जो एक निश्चित क्रम व्यवस्था में होती है। जिसमें प्रश्न आकृति के आधार पर उत्तर आकृति का चयन करना होता है।

(iii) आकृतियों की स्थिति :- इसमें आकृतियों की स्थिति एक निश्चित क्रम में बदलती जाती है जिसमें कई तरह से आकृति में परिवर्तन होता है। प्रश्न आकृति के आधार पर उत्तर आकृति का चयन करना होता है।

(iv) आकृतियों का घूर्णन घड़ी के अनुसार दक्षिणावर्त दिशा Clock wise Direction) एवं वामावर्त दिशा (Anti clock wise Direction) में होता है। इसमें आकृतियों को क्रमशः 45°, 90°, 135°, 180°, 225°, 270°, 315° एवं 360° पर घड़ी की सूई की दिशा एवं विपरीत दिशा के क्रम में होता है।

प्रश्न आकृति

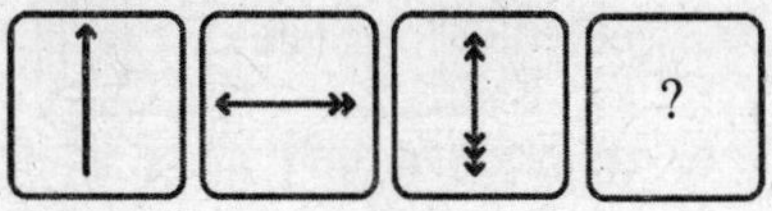

उत्तर आकृति

(a) (b) (c) (d)

उत्तर (b) 

प्रश्न आकृति

उत्तर आकृति

(a) (b) (c) (d)

उत्तर (c) 

प्रश्न आकृति

उत्तर आकृति

(a) (b) (c) (d)

उत्तर (a) 

प्रश्नमाला

1. उस आकृति का चयन करें, जो निम्नलिखित आकृति श्रेणी में प्रश्नवाचक चिन्ह (?) के स्थान पर आएगी।

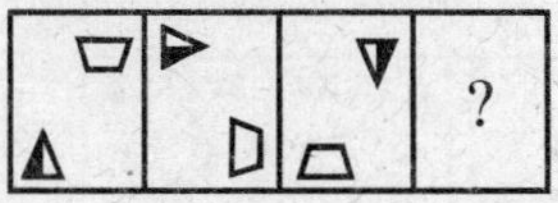

(a) 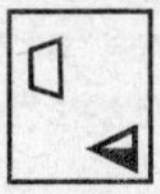

(b) 

(c) 

(d) 

2. उस आकृति का चयन करें, जो निम्नलिखित आकृति श्रेणी में प्रश्नवाचक चिन्ह (?) के स्थान पर आएगी।

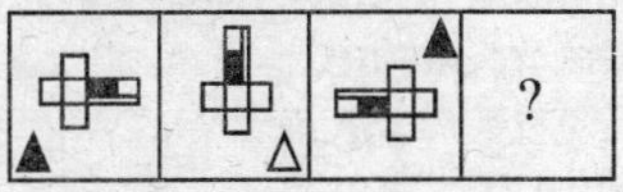

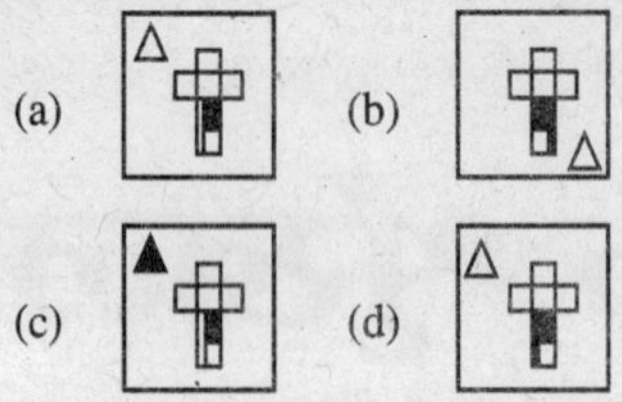

3. उस आकृति का चयन करें, जो निम्नलिखित आकृति श्रेणी में प्रश्नवाचक चिन्ह (?) के स्थान पर आएगी।

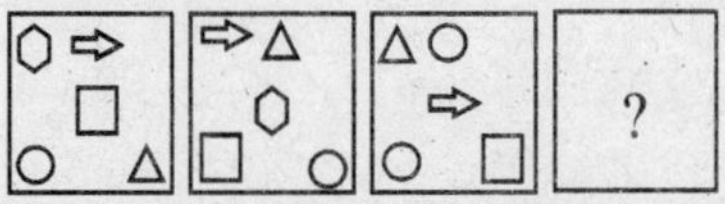

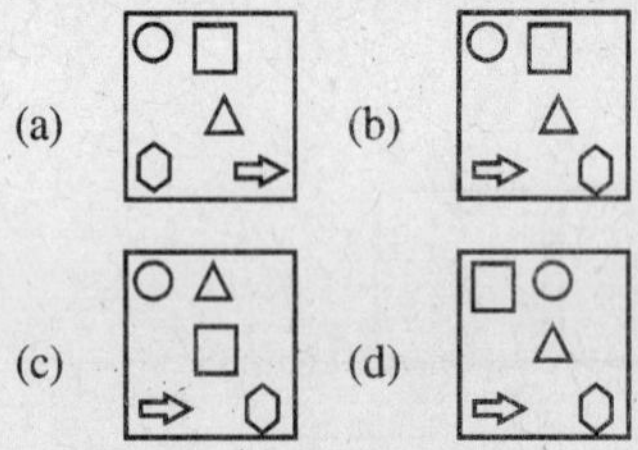

4. उस आकृति का चयन करें, जो निम्नलिखित आकृति श्रेणी में प्रश्नवाचक चिन्ह (?) के स्थान पर आएगी।

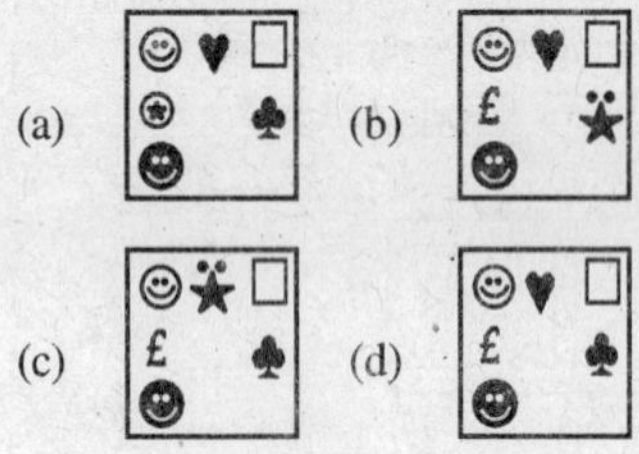

5. उस आकृति का चयन करें, जो निम्नलिखित आकृति श्रेणी में प्रश्नवाचक चिन्ह (?) के स्थान पर आएगी।

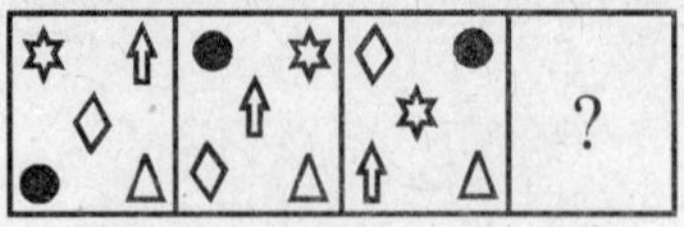

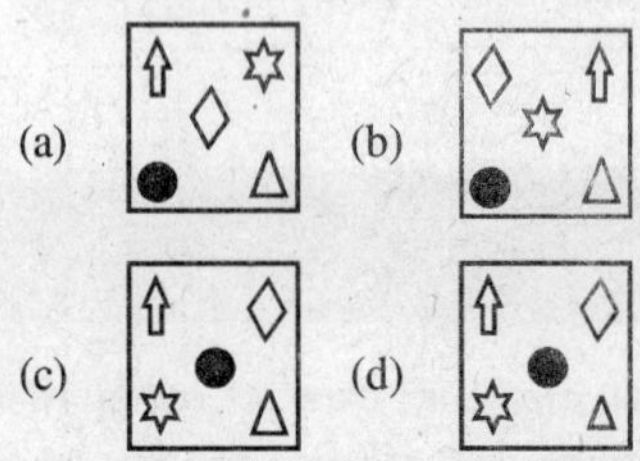

6. उस आकृति का चयन करें, जो निम्नलिखित आकृति श्रेणी में प्रश्नवाचक चिन्ह (?) के स्थान पर आएगी।

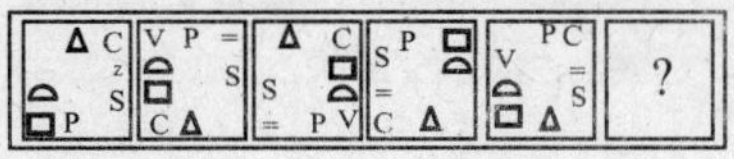

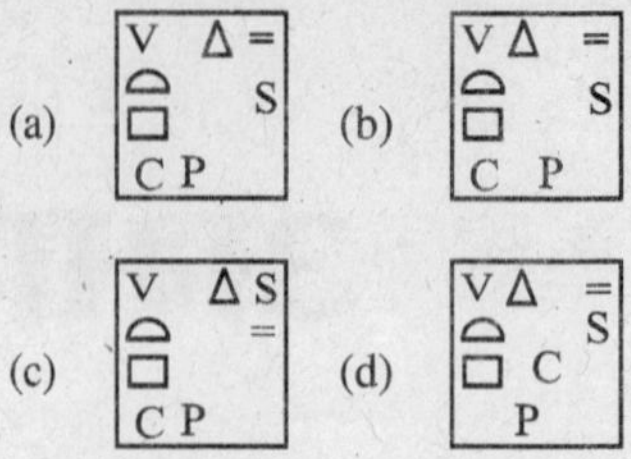

7. उस आकृति का चयन करें, जो निम्नलिखित आकृति श्रेणी में प्रश्नवाचक चिन्ह (?) के स्थान पर आएगी।

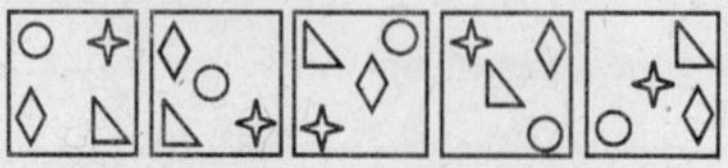

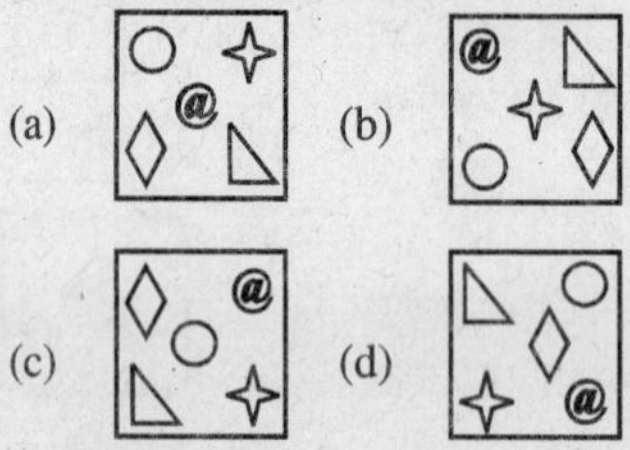

8. उस आकृति का चयन करें, जो निम्नलिखित आकृति श्रेणी में प्रश्नवाचक चिन्ह (?) के स्थान पर आएगी।

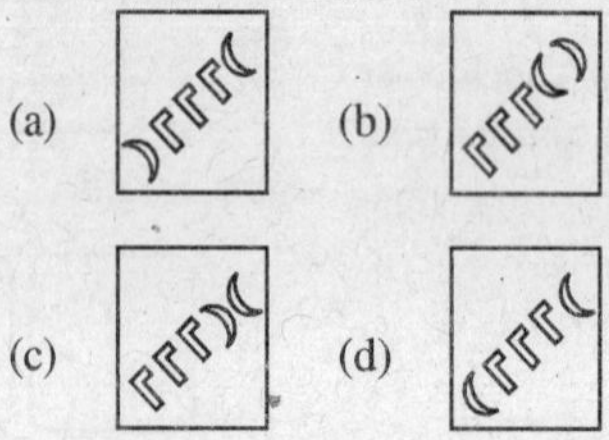

9. उस आकृति का चयन करें, जो निम्नलिखित आकृति श्रेणी में प्रश्नवाचक चिन्ह (?) के स्थान पर आएगी।

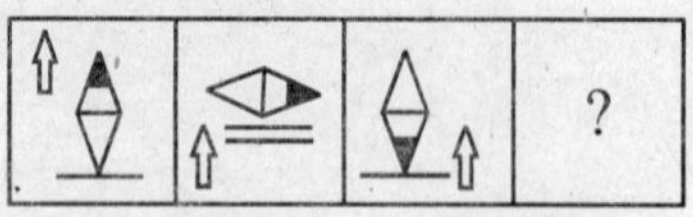

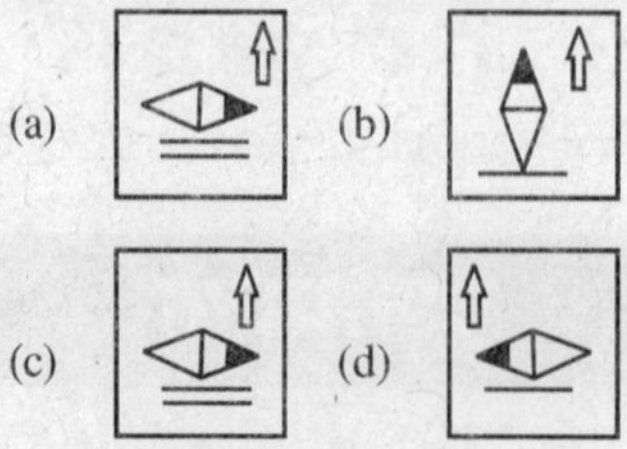

10. उस आकृति का चयन करें, जो निम्नलिखित आकृति श्रेणी में प्रश्नवाचक चिन्ह (?) के स्थान पर आएगी।

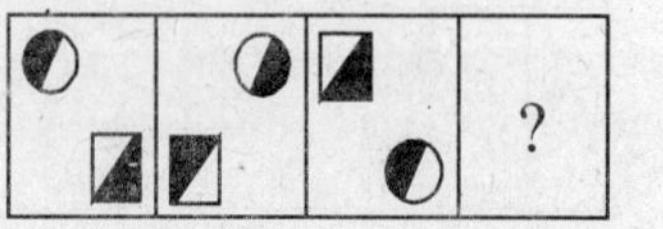

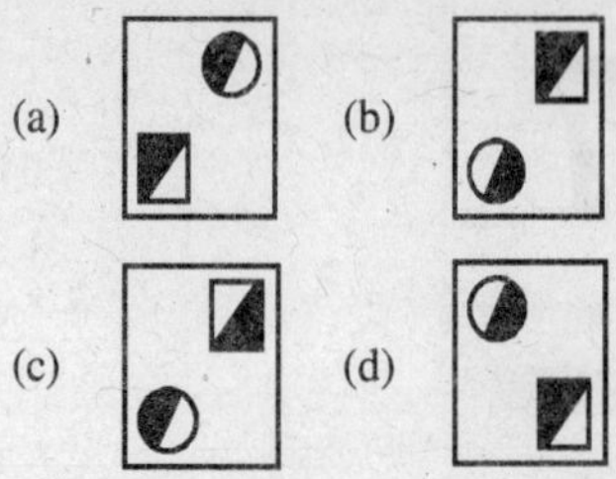

11. उस आकृति का चयन करें, जो निम्नलिखित आकृति श्रेणी में प्रश्नवाचक चिन्ह (?) के स्थान पर आएगी।

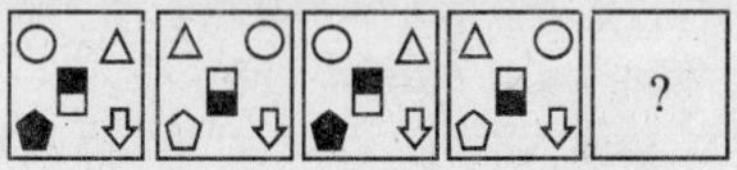

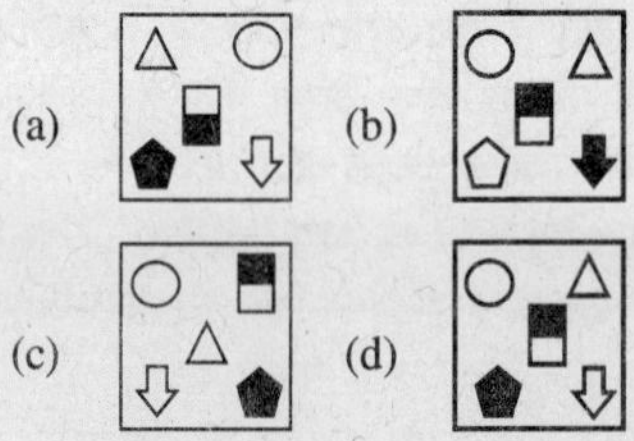

12. उस आकृति का चयन करें, जो निम्नलिखित आकृति श्रेणी में प्रश्नवाचक चिन्ह (?) के स्थान पर आएगी।

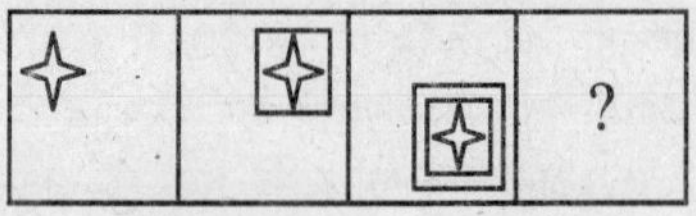

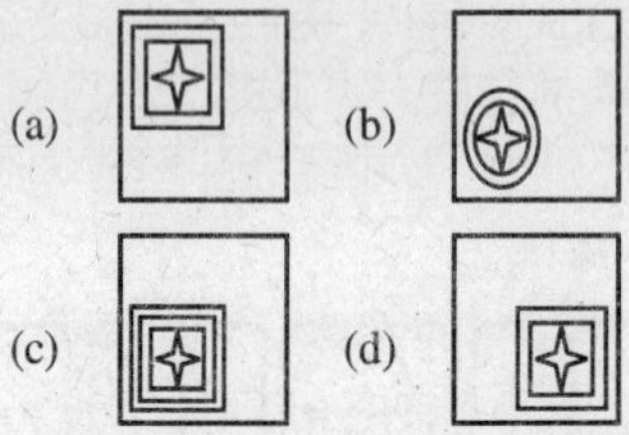

13. उस आकृति का चयन करें, जो निम्नलिखित आकृति श्रेणी में प्रश्नवाचक चिन्ह (?) के स्थान पर आएगी।

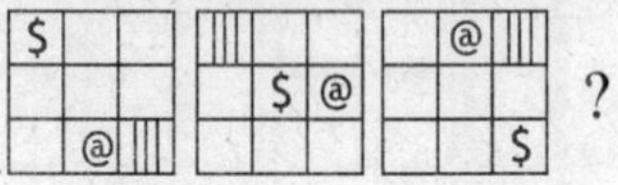

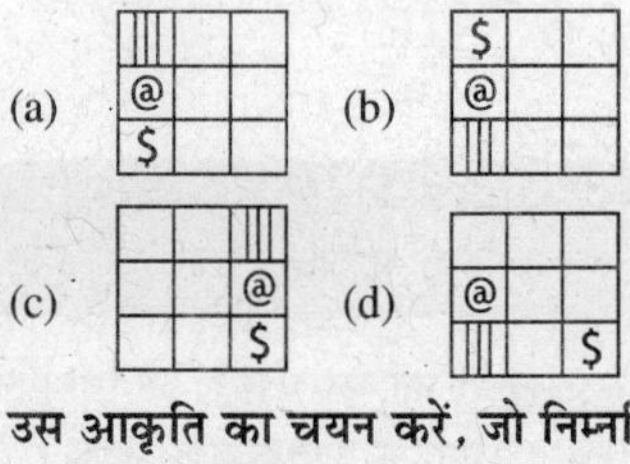

14. उस आकृति का चयन करें, जो निम्नलिखित आकृति श्रेणी में प्रश्नवाचक चिन्ह (?) के स्थान पर आएगी।

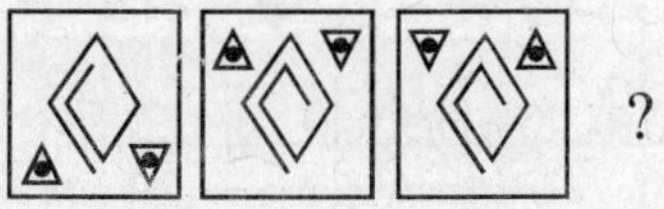

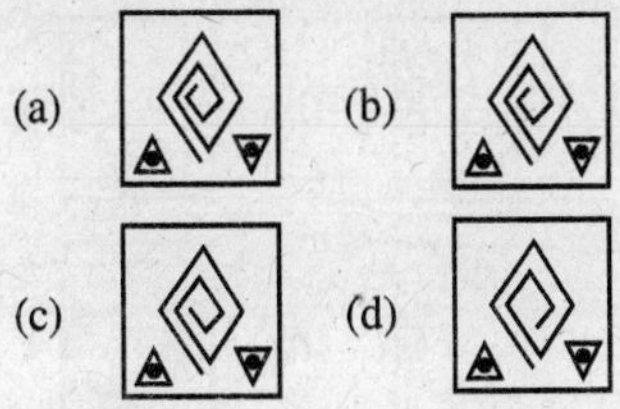

(a) (b) (c) (d)

15. उस आकृति का चयन करें, जो निम्नलिखित आकृति श्रेणी में प्रश्नवाचक चिन्ह (?) के स्थान पर आएगी।

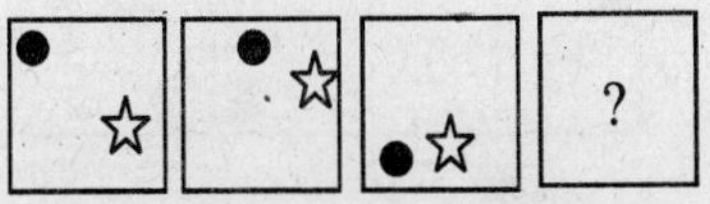

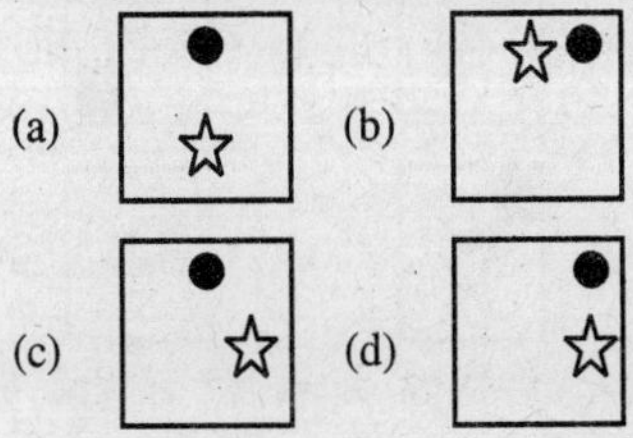

(a) (b) (c) (d)

16. उस आकृति का चयन करें, जो निम्नलिखित आकृति श्रेणी में प्रश्नवाचक चिन्ह (?) के स्थान पर आएगी।

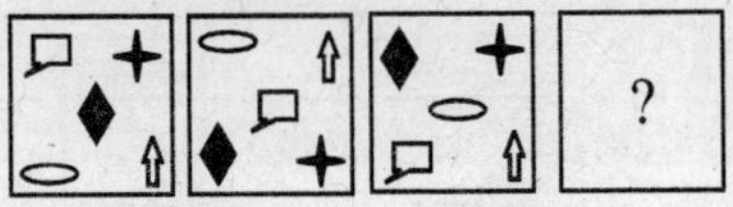

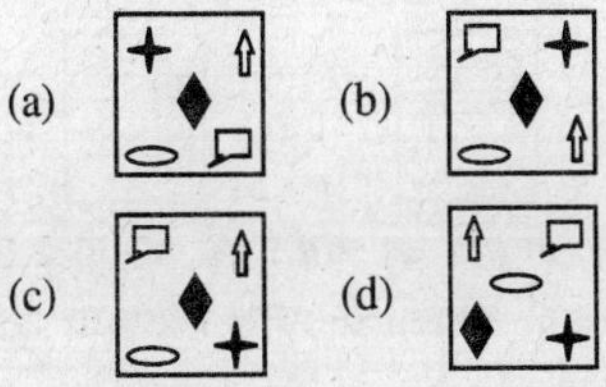

(a) (b) (c) (d)

17. उस आकृति का चयन करें, जो निम्नलिखित आकृति श्रेणी में प्रश्नवाचक चिन्ह (?) के स्थान पर आएगी।

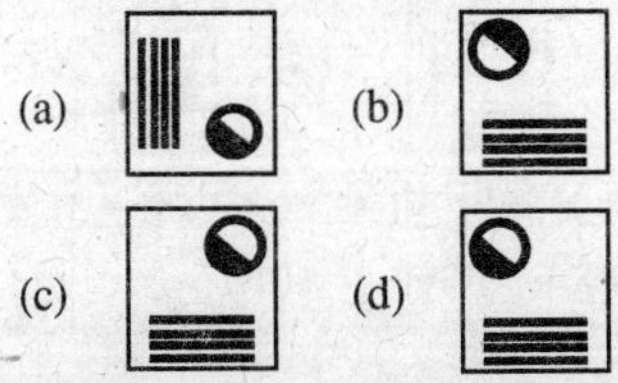

(a) (b) (c) (d)

18. उस आकृति का चयन करें, जो निम्न आकृति शृंखला में प्रश्नवाचक (?) के स्थान पर आएगी।

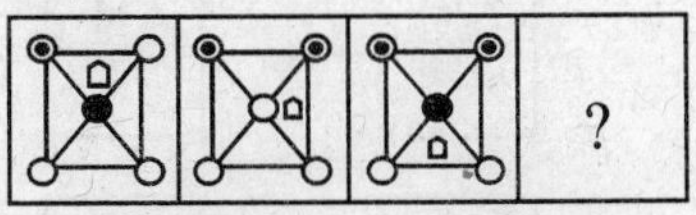

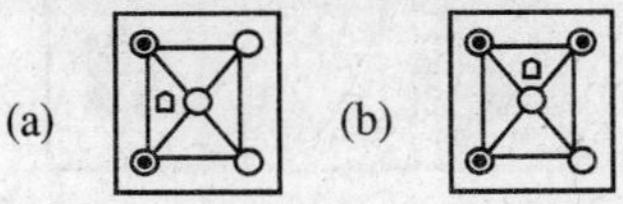

(a) (b)

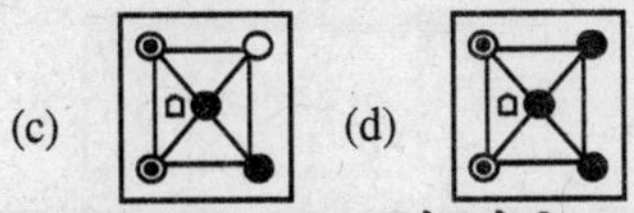

(c) (d)

19. उस आकृति का चयन करें, जो निम्न आकृति शृंखला में प्रश्नवाचक (?) के स्थान पर आएगी।

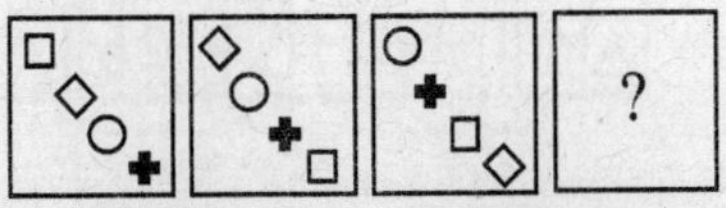

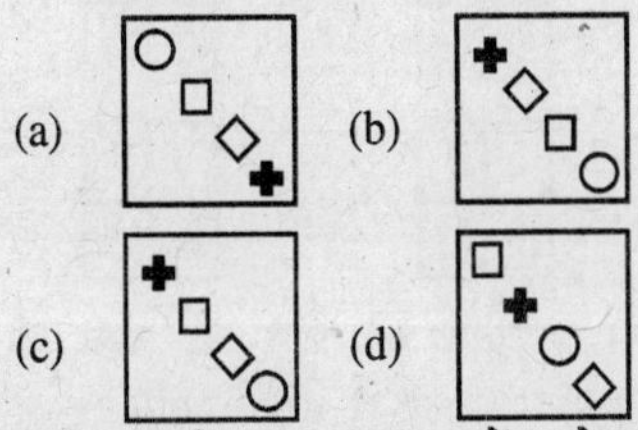

(a) (b) (c) (d)

20. उस आकृति का चयन करें, जो आकृति शृंखला में प्रश्न-चिन्ह (?) के स्थान पर आएगी।

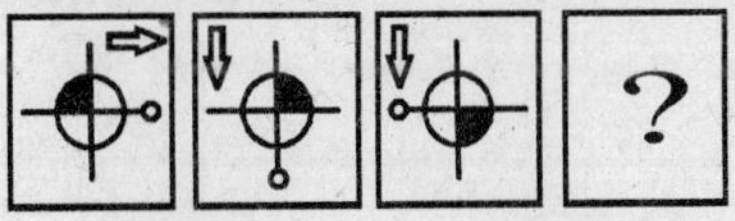

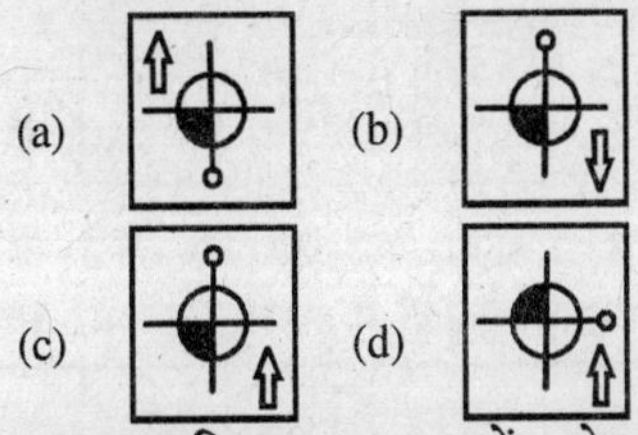

(a) (b) (c) (d)

21. उस आकृति का चयन करें, जो आकृति शृंखला में प्रश्न-चिन्ह (?) के स्थान पर आएगी।

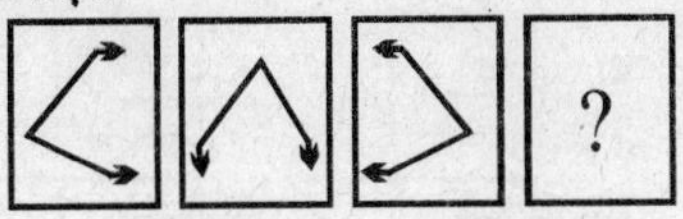

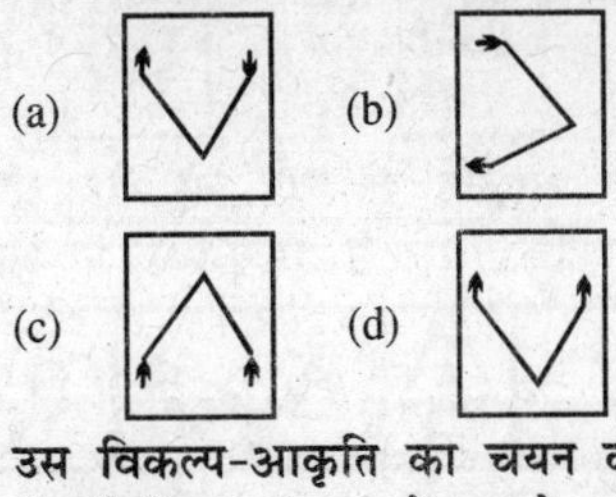

(a) (b) (c) (d)

22. उस विकल्प-आकृति का चयन करें, जो निम्नलिखित शृंखला में अगले स्थान पर आएगी।

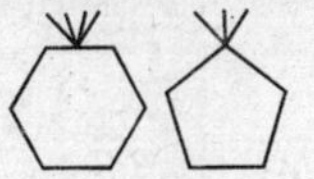

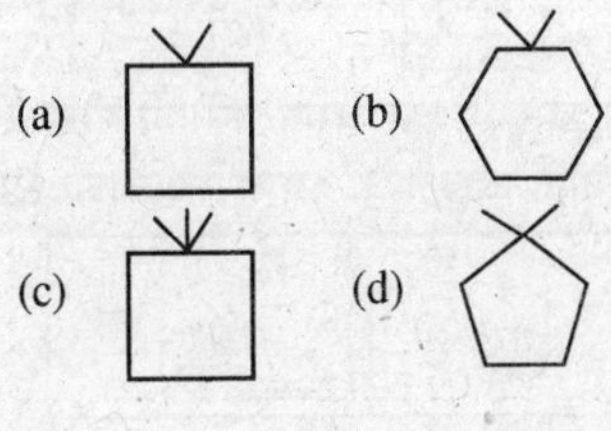

(a) (b) (c) (d)

23. उस विकल्प-आकृति का चयन करें, जो निम्नलिखित शृंखला में अगले स्थान पर आएगी।

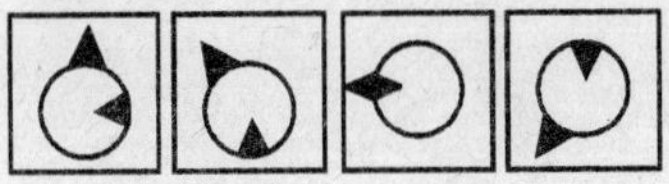

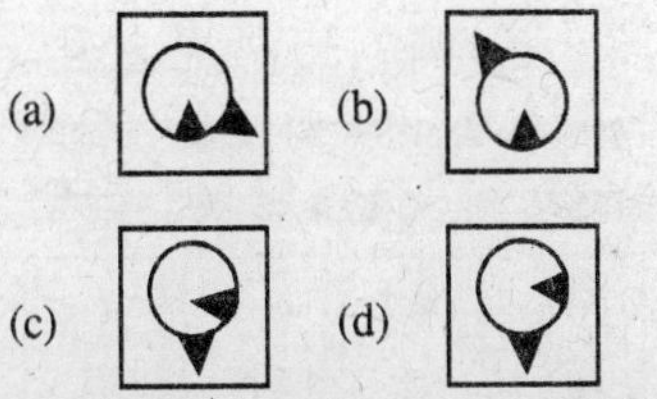

(a) (b) (c) (d)

24. उस विकल्प-आकृति का चयन करें, जो निम्नलिखित शृंखला में अगले स्थान पर आएगी।

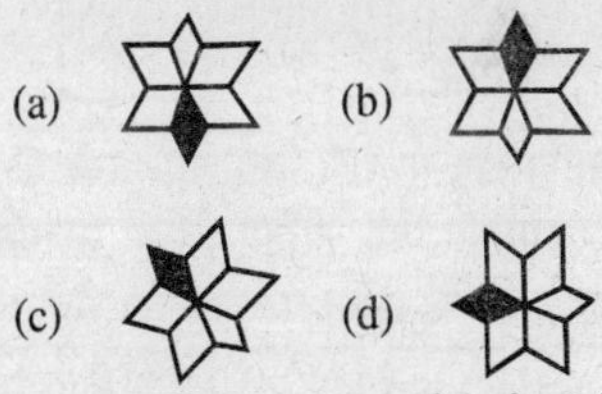

(a) (b) (c) (d)

25. उस आकृति का चयन करें, जो नीचे दी गई आकृति शृंखला में प्रश्नवाचक चिन्ह (?) के स्थान पर आ सकती है।

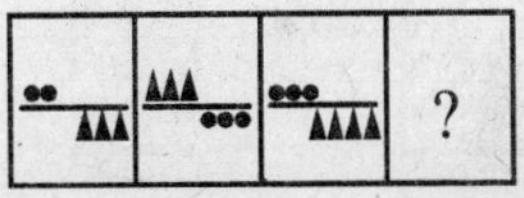

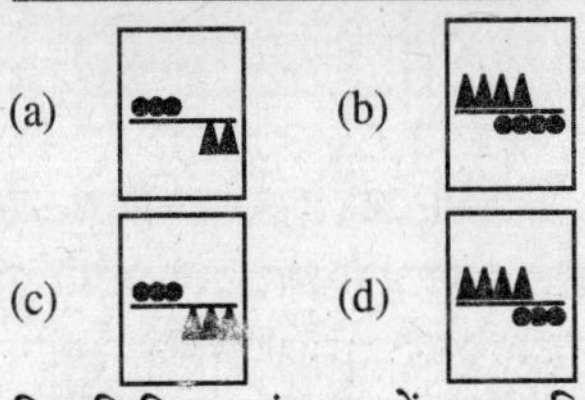

(a) (b) (c) (d)

26. निम्नलिखित शृंखला में प्रश्न चिन्ह (?) की जगह आने वाली आकृति का चयन करें।

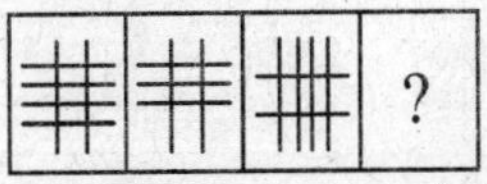

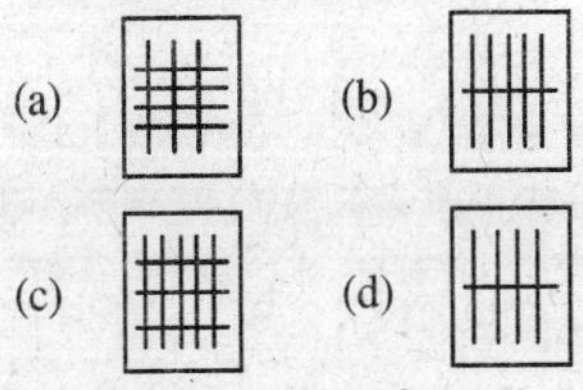

(a) (b) (c) (d)

27. निम्नलिखित शृंखला में प्रश्न चिन्ह (?) की जगह आने वाली आकृति का चयन करें।

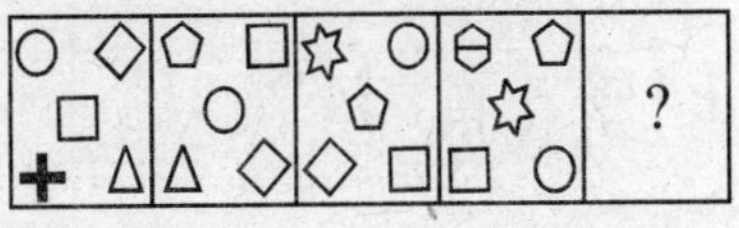

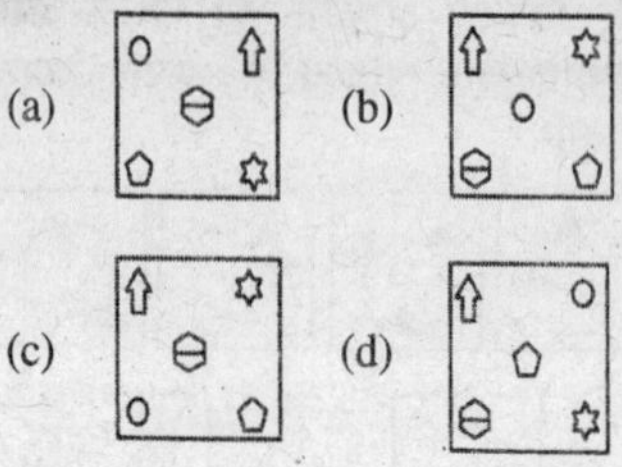

28. निम्न में से कौन-सी उत्तर आकृति प्रश्न आकृति की शृंखला को पूरा करेगी?

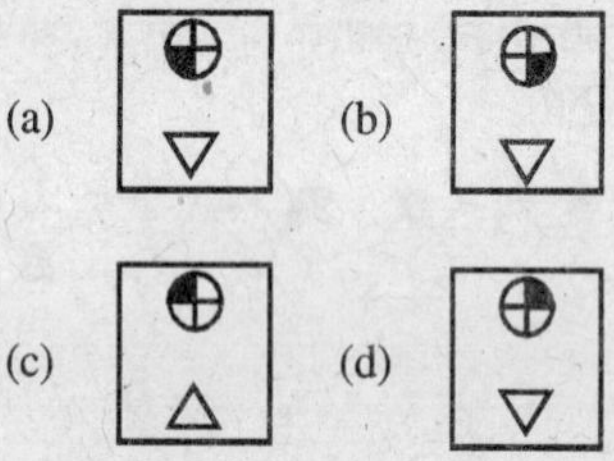

29. निम्नलिखित प्रश्न में दिए गए विकल्पों में से उस आकृति को चुनिए जिसे प्रश्नवाचक चिन्ह (?) के स्थान पर रखा जा सकता है–

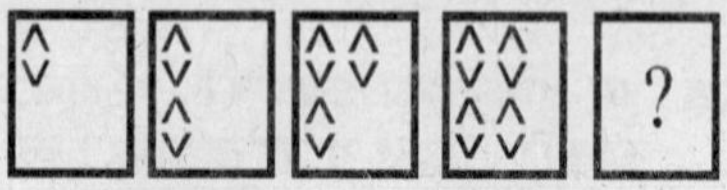

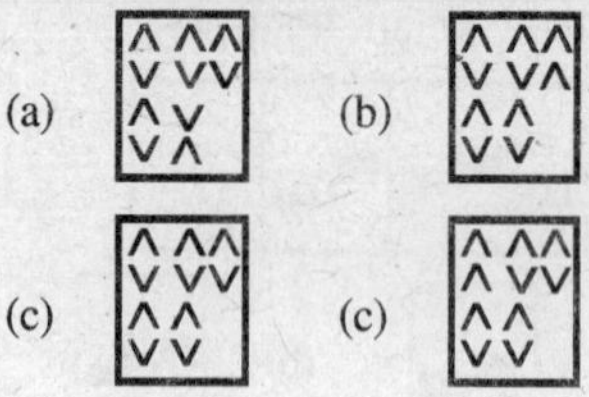

30. उस आकृति को चुने जो नीचे दी गई आकृति शृंखला में अगले स्थान पर आएगी।

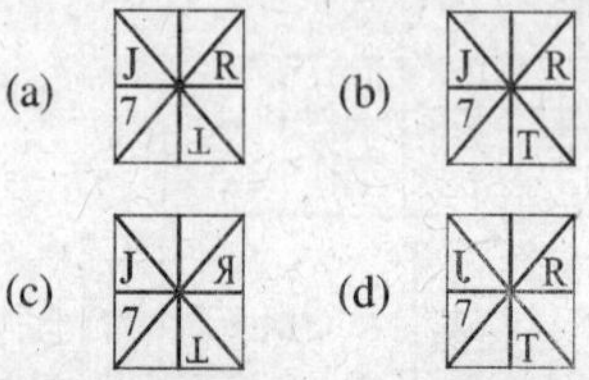

31. उस आकृति को चुने जो नीचे दी गई आकृति शृंखला में अगले स्थान पर आएगी।

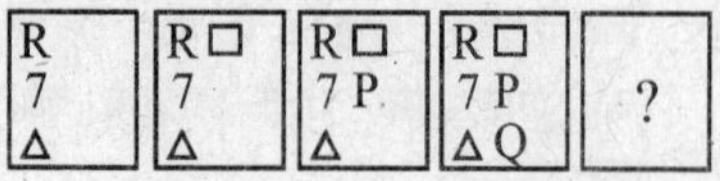

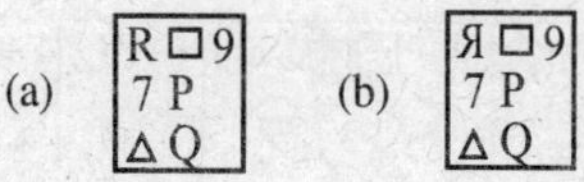

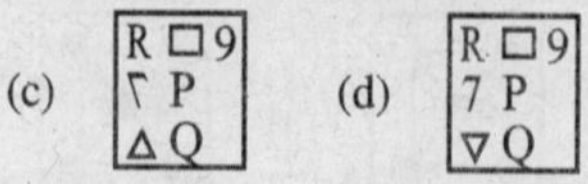

32. उस आकृति को चुने जो नीचे दी गई आकृति शृंखला में अगले स्थान पर आएगी।

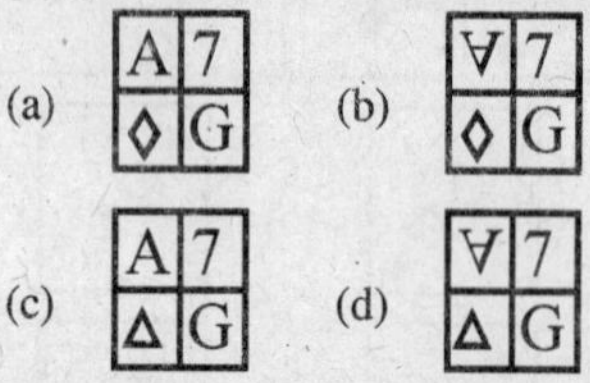

33. उस आकृति को चुने जो नीचे दी गई आकृति शृंखला में अगले स्थान पर आएगी।

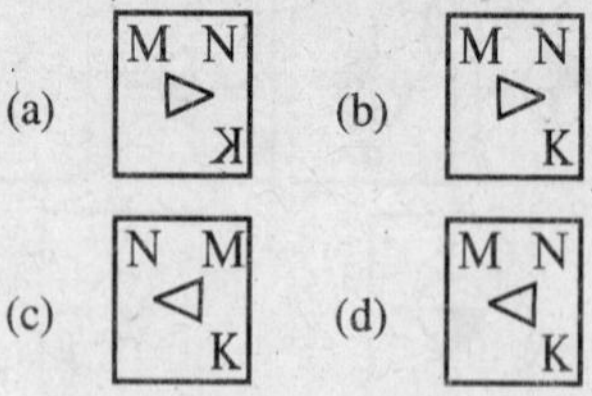

34. उस आकृति को चुने जो नीचे दी गई आकृति शृंखला में अगले स्थान पर आएगी।

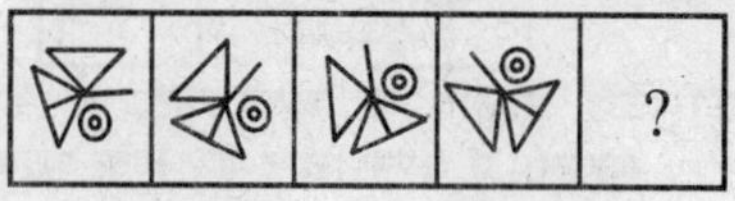

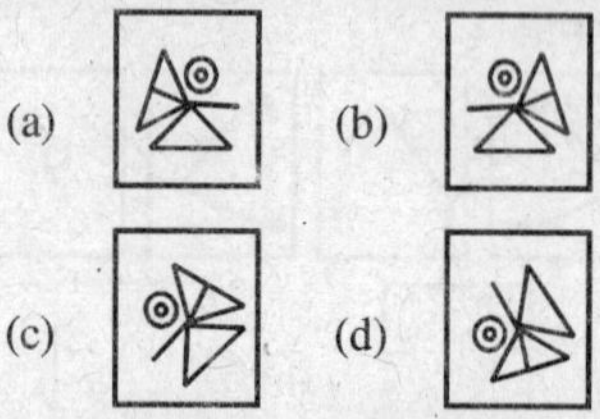

35. उस आकृति को चुने जो नीचे दी गई आकृति शृंखला में अगले स्थान पर आएगी।

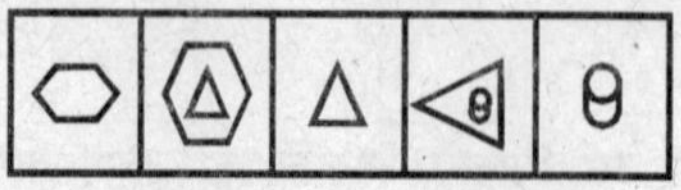

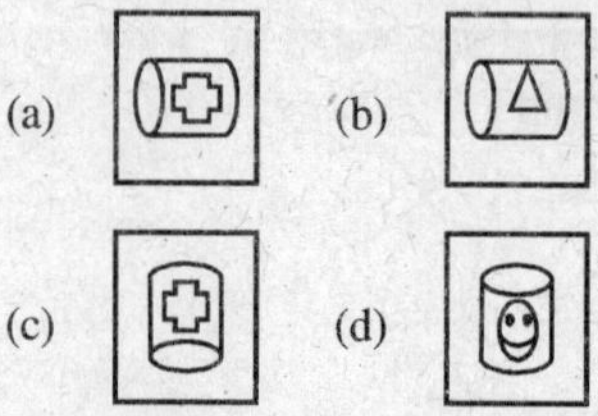

36. उस आकृति का चयन करें जो नीचे दी गई आकृति शृंखला में अगले स्थान पर आएगी।

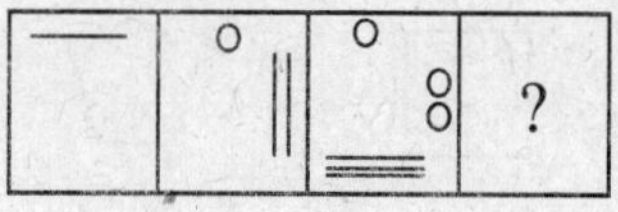

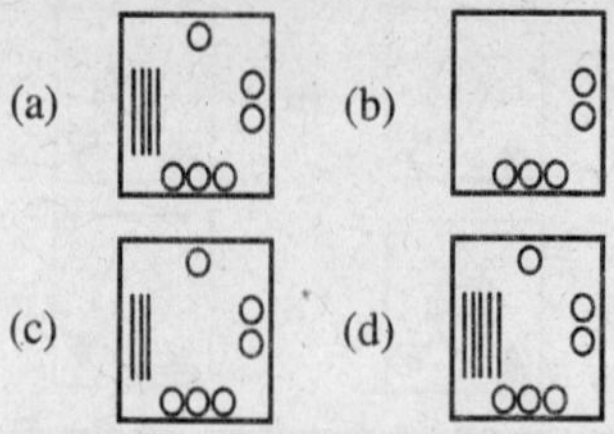

37. उस आकृति का चयन करें जो नीचे दी गई आकृति शृंखला में अगले स्थान पर आएगी।

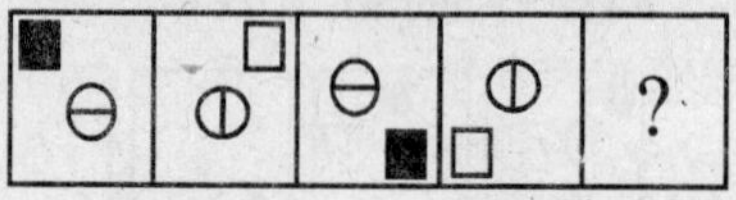

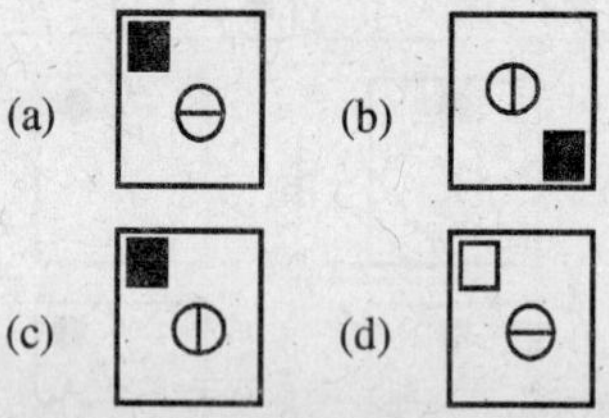

38. उस आकृति का चयन करें जो नीचे दी गई आकृति शृंखला में अगले स्थान पर आएगी।

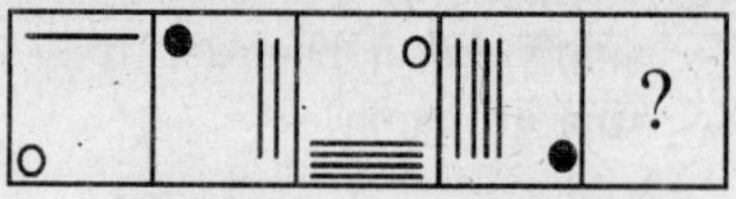

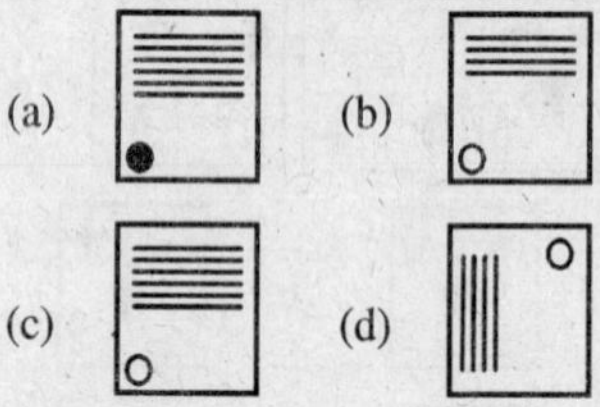

39. उस आकृति का चयन करें जो नीचे दी गई आकृति शृंखला में अगले स्थान पर आएगी।

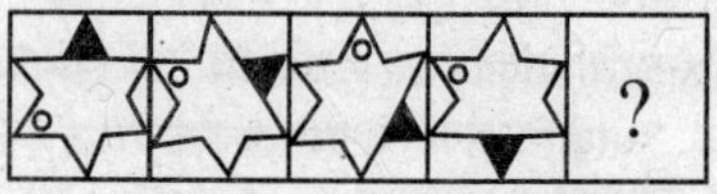

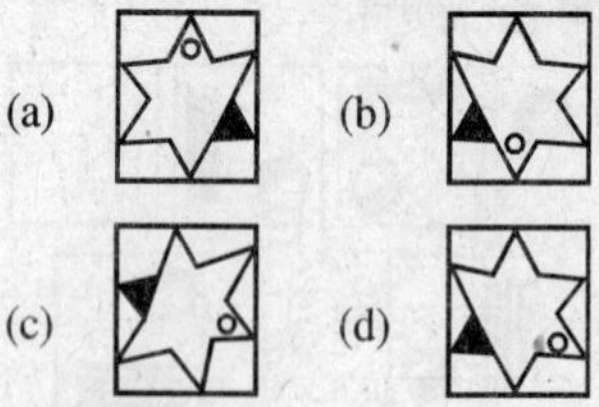

40. उस आकृति का चयन करें जो नीचे दी गई आकृति शृंखला में अगले

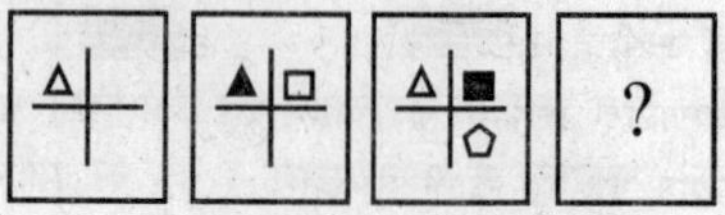

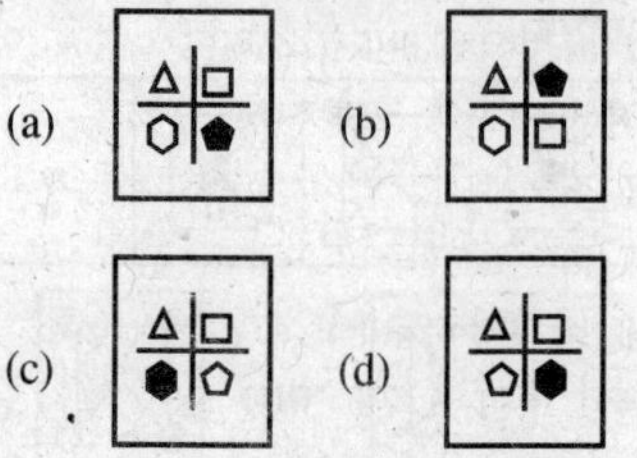

उत्तर (हल/संकेत)

1. (a) प्रत्येक अगली आकृति में, दोनों डिजाइन दक्षिणावर्त दिशा में एक स्टेप आगे बढ़ती है तथा फ्लैग 90° दक्षिणावर्त घूमता है यद्यपि चतुर्भुज (समलम्ब चतुर्भुज) 90° वमावर्त घूमता है।

2. (d) प्रत्येक अगली आकृति में मुख्य डिजाइन 90^0 वामावर्त घूमती है जबकि त्रिभुज वामावर्त दिशा में एक स्टेप आगे बढ़ता है तथा एकांतर क्रम से सफेद हो जाता है।

3. (b) प्रत्येक अगली आकृति में निम्नांकित परिवर्तन हो रहे हैं–

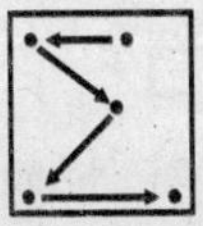

4. (d) प्रत्येक अगली आकृति में, सभी डिजाइनें वामावर्त दिशा में आधा स्टेप आगे बढ़ती है। पहले स्टेप में दूसरी, चौथी और छठी डिजाइनें नई डिजाइनों द्वारा प्रतिस्थापित हो जाती है जबकि दूसरे स्टेप में पहली, तीसरी और पाँचवीं डिजाइनें नई डिजाइनों द्वारा प्रतिस्थापित हो जाती है।

5. (d) अगली आकृतियों में त्रिभुज अपने स्थान पर रहता है, किंतु एकांतर क्रम से बड़ा हो जाता है। प्रत्येक अगली आकृति में अन्य चार डिजाइनें इस प्रकार अग्रसरित होती हैं–

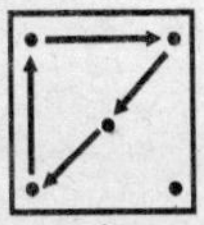

6. (a) यह प्रश्न नियम (1) = (5) एवं (2) = (6) पर आधारित है। परन्तु दो डिजाइनें ...... P) का स्थान परस्पर परिवर्तित कर दिया गया है।

7. (a) प्रत्येक अगली आकृति में निम्नांकित परिवर्तन हो रहे हैं–

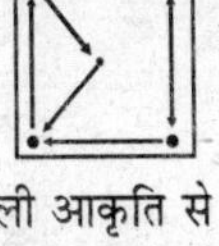

8. (c) पहली आकृति से दूसरी आकृति में पहली डिजाइन एक नई डिजाइन द्वारा प्रतिस्थापित हो जाती है। दूसरी आकृति से तीसरी आकृति में दूसरी डिजाइन भी नई डिजाइन के दर्पण प्रतिबिम्ब द्वारा प्रतिस्थापित हो जाती है। तीसरी आकृति से आगे दोनों नई डिजाइनें चरणबद्ध आगे बढ़ती हैं तथा पूर्ववर्त्ती डिजाइन पहले स्थान पर आ जाती है।

9. (a) प्रत्येक अगली आकृति में, तीर वामावर्त दिशा में एक स्टेप आगे बढ़ता है जबकि हीरे के आकार की डिजाइन 90^0 दक्षिणावर्त घूमती है। एकांतर क्रम से एक और दो रेखाखंड मौजूद है।

10 (b) प्रत्येक अगली आकृति में, दोनों डिजाइनें दक्षिणावर्त दिशा में एक चरण आगे बढ़ती हैं तथा प्रत्येक डिजाइन का छायांकित भाग विपरीत ओर चला जाता है।

11. (d) यह प्रश्न नियम 1=3=5 और 2=4 पर आधारित है।

12. (c) प्रत्येक अगली आकृति में, पूर्ववर्ती डिजाइन दक्षिणावर्त दिशा में एक स्टेप आगे बढ़ती है और एक वर्ग के अंदर चली जाती है।

13. (b) प्रत्येक अगली आकृति में, डिजाइन (@) वामावर्त दिशा में दो भाग आगे बढ़ती है। पहली आकृति से दूसरी आकृति में, रेखाखंड विकर्णतः ऊपर चले जाते हैं, दूसरी आकृति से तीसरी आकृति में, रेखाखंड दक्षिणावर्त दिशा में एक स्टेप आगे बढ़ते हैं तथा तीसरी आकृति से चौथी आकृति में रेखाखंड विकर्णतः नीचे चले जाते हैं। अगली आकृतियों में डिजाइन ($) चरणबद्ध रूप से विकर्णतः नीचे जाती है एवं एक स्टेप में विकर्णतः ऊपर चली जाती है।

14. (c) प्रत्येक अगली आकृति में, मुख्य डिजाइन में एक रेखाखंड जुड़ रहा है। पहली आकृति से दूसरी आकृति में दोनों त्रिभुज ऊपर चले हाते हैं, दूसरी आकृति से तीसरी आकृति में दोनों त्रिभुज पलट जाते हैं तथा तीसरी आकृति से चौथी आकृति में दोनों त्रिभुज नीचे चले जाते हैं।

15. (b) अगली आकृतियों में, काली बिंदु दक्षिणावर्त दिशा में क्रमशः आधा, एक, डेढ़, दो स्टेप आगे बढ़ती है जबकि तारा वामावर्त दिशा में क्रमशः आधा, एक, डेढ़, दो स्टेप आगे बढ़ता है।

16. (c) प्रत्येक अगली आकृति में निम्नांकित परिवर्तन हो रहे हैं–

17. (d) प्रत्येक अगली आकृति में दोनों डिजाइनें दक्षिणावर्त दिशा में एक स्टेप आगे बढ़ती हैं तथा एक रेखाखण्ड जुड़ रहा है जबकि वृत्त का छायांकित भाग विपरीत ओर चला जाता है।

18. (a) प्रत्येक अगली आकृति में, पंचभुज दक्षिणावर्त दिशा में एक स्टेप आगे बढ़ता है एवं ऊपर बाएँ कोने पर स्थित काली बिंदु स्थिर रहती है। मध्य स्थित छायांकित वृत्त एकांतर क्रम से सफेद हो जाता है। पहली आकृति से दूसरी आकृति में, एक काली बिंदु ऊपर दाएँ कोने में आ जाती है तथा प्रत्येक अगली आकृति में यह काली बिंदु दक्षिणावर्त दिशा में एक स्टैप आगे बढ़ती है।

19. (c) प्रत्येक अगली आकृति में, सबसे ऊपर वाली डिजाइन विकर्णतः सबसे नीचे चली जाती है जबकि अन्य तीन डिजाइनें विकर्णतः ऊपर जाती है।

20. (c) प्रत्येक अगली आकृति में, छायांकित भाग और छोटा वृत्त दक्षिणावर्त दिशा में एक भाग vkSc<+sg&tcfd rhj 90^0 दक्षिणावर्त घूर्णन करने के बाद वामावर्त दिशा में एक भाग आगे बढ़ता है।

21. (d) प्रत्येक अगली आकृति में डिजाइन 90^0 दक्षिणावर्त घूमती है।

22. (a) प्रत्येक अगली आकृति में मुख्य डिजाइन एवं ऊपरी डिजाइन से एक-एक रेखाखंड समाप्त हो जाता है।

23. (d) प्रत्येक अगली आकृति में, बाहरी त्रिभुज वामावर्त दिशा में वृत्त का आठवाँ भाग आगे बढ़ता है जबकि भीतरी त्रिभुज दक्षिणावर्त दिशा में वृत्त का एक-चौथाई भाग आगे बढ़ता है।

24. (c) पहले चरण में छायांकित भाग दक्षिणावर्त दिशा में एक भाग आगे बढ़ता है। दूसरे स्टेप में छायांकित वामावर्त दिशा में दो भाग आगे बढ़ता है। ये दोनों स्टेप एकांतरित क्रम से बढ़ते जाएँगे।

25. (b) प्रत्येक अगली आकृति में दोनों प्रकार की डिजाइनें परस्पर स्थान परिवर्तन करती हैं एवं रेखाखंड प्रत्येक दो आकृतियों के बाद ऊपर जाता है तथा अगली आकृति में नीचे आ जाता है। फिर, काली बिंदुओं और छायांकित त्रिभुजों की संख्या में एकांतरित क्रम से एक की वृद्धि होती है।

26. (b) प्रत्येक अगली आकृति में एक क्षैतिज रेखा समाप्त हो जाती है एवं एक ऊर्ध्वाधर रेखा जुड़ जाती है।

27. (c) प्रत्येक अगली आकृति में निम्नलिखित परिवर्तन हो रहे हैं–

जो डिजाइन ऊपर बाएँ कोने में जाती है उसके स्थान पर एक नई डिजाइन आ जाती है।

28. (d) प्रत्येक अगली आकृति में दोनों डिजाइनें परस्पर स्थान परिवर्तन करती हैं, त्रिभुज पलट जाता है एवं वृत्त का छायांकित भाग वामावर्त दिशा में एक भाग आगे बढ़ता है।

29. (c) प्रत्येक अगली आकृति में कोणों का एक युग्म एक क्रम के अनुसार जुड़ रहा है।

30. (b) प्रत्येक अगली आकृति में सभी चार डिजाइनें दक्षिणावर्त दिशा में दो भाग आगे बढ़ती है, डिजाइन (J) पार्श्व रूप में पलट जाती है जबकि डिजाइन (T) उर्ध्वाधरतः पलट जाती है।

31. (a) प्रत्येक अगली आकृति में एक क्रम के अनुसार अर्थात् स्तम्भ के अनुसार एक नई डिजाइन आ जाती है।

32. (d) प्रत्येक अगली आकृति में सभी चार डिजाइनें दक्षिणावर्त दिशा में एक भाग आगे बढ़ती है, अक्षर A 45^0 दक्षिणावर्त घूमता है, संख्या 7 पार्श्व रूप से पलट जाती है, अक्षर G पार्श्व रूप से पलट जाता है जबकि त्रिभुज एकांतरित क्रम में चतुर्भुज में परिवर्तित हो जाता है।

33. (d) प्रत्येक अगली आकृति में मध्य डिजाइन (त्रिभुज) अपने स्थान पर पलट जाती है जबकि अन्य तीन डिजाइनें वामावर्त दिशा में एक स्टेप आगे बढ़ती है।

34. (b) आगे बढ़ती हुई आकृति 45 डिग्री पर घड़ी के विपरीत दिशा में घूम रही है। इसके लिए आकृति विकल्प (b) के अनुरूप होगी।

35. (a) पहली से दूसरी आकृति में एक आकृति बढ़ जाती है एवं नई आकृति बड़ी आकृति में निहित हो जाती है। अगली आकृति में आंतरिक आकृति बड़ी हो जाती है एवं बाहर की आकृति गायब हो जाती है। यही क्रम आगे बढ़ता जाता है।

36. (a) जब आकृति आगे बढ़ रही होती हैं तो रेखाखंड घड़ी की दिशा में एक स्टेप आगे बढ़ता है और एक रेखाखंड जोड़ा जाता है एवं पिछले स्थान पर एक वृत्ताकार डॉट जोड़ा जाता है।

37. (a) जब आकृति आगे बढ़ती है तो वृत्ताकार भाग घड़ी की दिशा में 90^0 घूमता है एवं आयताकार भाग घड़ी की दिशा में प्रत्येक कोने पर क्रमानुसार आगे बढ़ता है एवं प्रत्येक वैकल्पिक स्टेप के बाद काला हो जाता है।

38. (c)

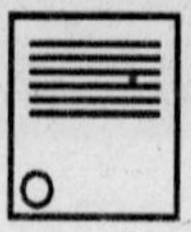

अगली आकृति विकल्प (c) के अनुरूप होगी।

39. (d) काला त्रिभुज प्रत्येक समय 45^0 घड़ी की दिशा में एक स्टेप आगे बढ़ता है एवं वृत्त प्रत्येक समय घड़ी की विपरीत दिशा में एकान्तर क्रम से आगे बढ़ता है। अतः अभीष्ट आकृति (4) होगी।

40. (c) जब आकृतियाँ आगे बढ़ती हैं तो पिछली आकृति से एक अधिक भुजा वाली ज्यामितीय आकृति प्राप्त होती है तथा पिछली वाली ज्यामितीय आकृति गहरी काली हो जाती है।

❑❑❑

8

अध्याय

आकृतिक वर्गीकरण

वर्गीकरण का अर्थ है समान गुणों के आधार पर अलग (विषम) आकृति को ज्ञात करना अर्थात इन आकृतियों में एक को अलग कर अन्य आकृतियों में समान गुण अथवा लक्षण मौजूद रहते हैं और ये एक वर्ग बनाती है जबकि भिन्न आकृति इन आकृतियों से अलग दिखाई पड़ती है। यही आकृति 'वर्गीकरण' को दर्शाती है। भिन्न आकृति ही उत्तर आकृति के रूप में प्रदर्शित होती है।

आकृतियों के आकार एवं संख्या :- इसके अंतर्गत आकृतियों के गुणों के आधार पर भिन्न-भिन्न स्वरूप में डिजाइन आकृति के रूप में निहित रहती है। उससे जो अलग अर्थात विषम आकृति का होता है। उसे वर्गीकृत कर अलग कर दिया जाता है। इसमें रेखाओं के भी विभिन्न स्वरूप होते हैं, जिन्हें आकार के आधार पर समूह से अलग किया जाता है। इसमें मुख्यत: आकृति के अन्दर जो डिजाइन दिए होते हैं, उन्हें प्रतिस्थापन के आधार पर भी वर्गीकृत किया जा सकता है। इसमें आकृतियों की भुजाएँ, आकृतियों के निर्माण, आकृतियों के स्वरूप इत्यादि निहित होते हैं, जिनके आधार पर भी वर्गीकृत किया जा सकता है। इसमें आकृतियाँ दर्पण/जल प्रतिबिंब पर भी आधारित होती है जिनको वर्गीकृत किया जा सकता है।

भिन्न आकृति को ज्ञात करने की स्थिति :- इसके अंतर्गत प्रश्नों में चार आकृतियाँ दी गई होती है। इन चारों आकृतियों में तीन आकृतियाँ किसी-न-किसी प्रकार से समान होती हैं एवं एक आकृति ऐसी होती है जो तीन आकृतियों से अलग होती है। इस अलग (भिन्न) आकृति को उत्तर आकृति के रूप में प्रदर्शित करते हैं।

उदाहरण - 1

(a) (b) (c) (d)

उत्तर- (c)

उदाहरण - 2

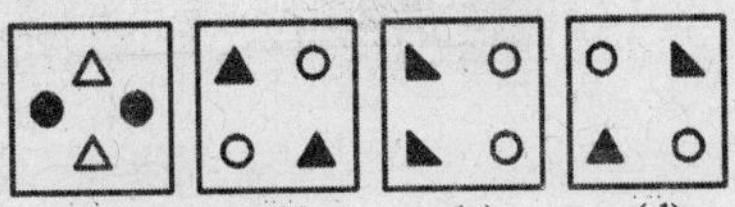

(a) (b) (c) (d)

उत्तर- (d)

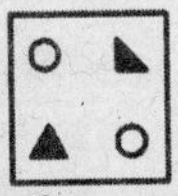

उदाहरण - 3

(a) (b) (c) (d)

उत्तर- (d)

उदाहरण - 4

(a) (b) (c) (d)

उत्तर- (d)

उदाहरण - 5

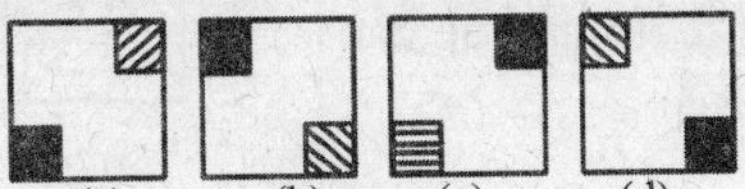

(a) (b) (c) (d)

उत्तर- (c)

प्रश्नमाला

1. दिए गए प्रश्न में, चार आकृतियाँ दी गई हैं जिसमें से तीन किसी एक गुण के आधार पर समान हैं तथा एक तीनों से भिन्न है। भिन्न आकृति को चुनिए-

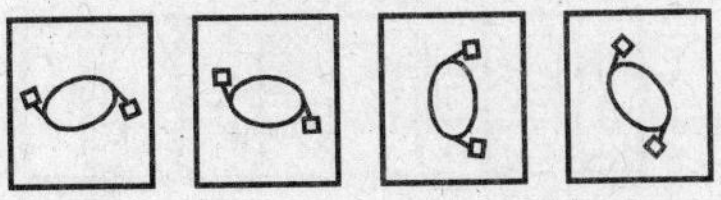

(a) (b) (c) (d)

2. दिए गए प्रश्न में, चार आकृतियाँ दी गई हैं जिसमें से तीन किसी एक गुण के आधार पर समान हैं तथा एक तीनों से भिन्न है। भिन्न आकृति को चुनिए-

(a) (b) (c) (d)

3. नीचे आकृतियों का अनुक्रम दिया गया है जिनका वर्गों में समूहन किया जा सकता है इस समूह को चुनिए जिसमें आकृतियों को वर्गीकृत किया जा सकता है।

प्रश्न आकृति

1 2 3 4 5 6 7 8

(a) [1, 7; 2, 4; 2, 5; 6, 8]
(b) [1, 4; 2, 7; 3, 5; 6, 8]
(c) [1, 3; 2, 7; 6, 8; 4, 5]
(d) [1, 4; 3, 6; 3, 5; 7, 8]

4. नीचे आकृतियों का अनुक्रम दिया गया है जिनका वर्गों में समूहन किया जा सकता है इस समूह को चुनिए जिसमें आकृतियों को वर्गीकृत किया जा सकता है।

प्रश्न आकृति

(a) 146, 35, 278
(b) 258, 138, 46
(c) 37, 145, 258
(d) 258, 16, 47

5. नीचे दिए विकल्पों में से उसे चुनिए जो अन्य तीन विकल्पों से भिन्न है।

प्रश्न आकृति

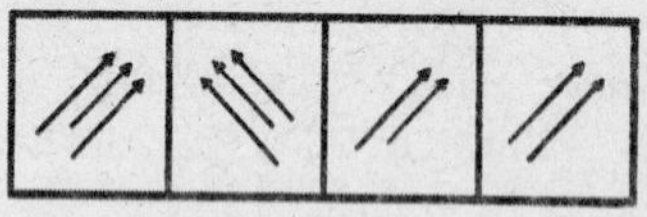

(a) (b) (c) (d)

6. नीचे दिए विकल्पों में से उसे चुनिए जो अन्य तीन विकल्पों से भिन्न है।

प्रश्न आकृति

(a) (b) (c) (d)

7. नीचे दिए विकल्पों में से उसे चुनिए जो अन्य तीन विकल्पों से भिन्न है।

प्रश्न आकृति

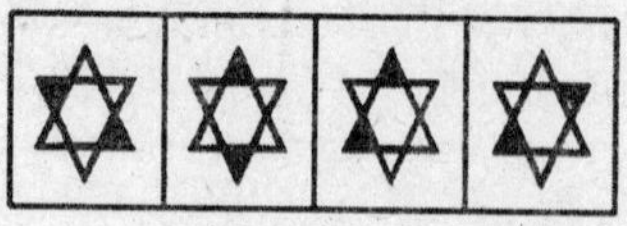

(a) (b) (c) (d)

8. नीचे दिए विकल्पों में से उसे चुनिए जो अन्य तीन विकल्पों से भिन्न है।

प्रश्न आकृति

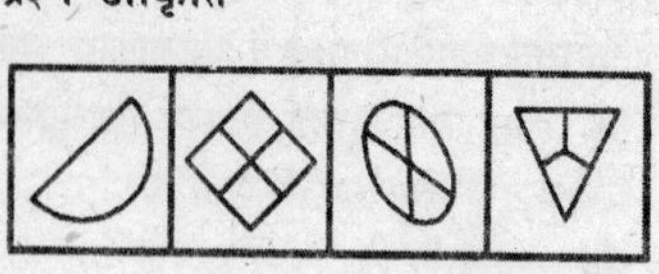

(a) (b) (c) (d)

9. नीचे दिए विकल्पों में से उसे चुनिए जो अन्य तीन विकल्पों से भिन्न है।

प्रश्न आकृति

(a) (b) (c) (d)

10. नीचे दिए विकल्पों में से उसे चुनिए जो अन्य तीन विकल्पों से भिन्न है।

प्रश्न आकृति

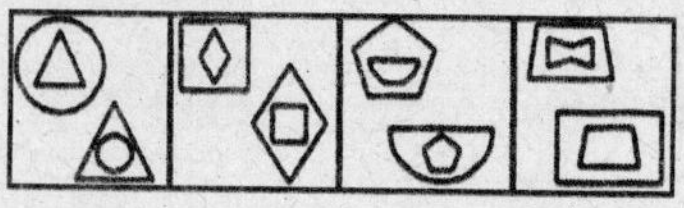

(a) (b) (c) (d)

11. नीचे दिए विकल्पों में से उसे चुनिए जो अन्य तीन विकल्पों से भिन्न है।

प्रश्न आकृति

(a) (b) (c) (d)

12. नीचे दिए विकल्पों में से उसे चुनिए जो अन्य तीन विकल्पों से भिन्न है।

प्रश्न आकृति

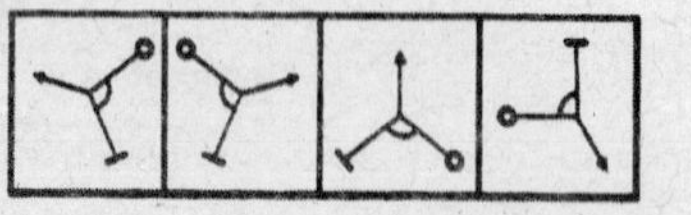

(a) (b) (c) (d)

13. नीचे दिए विकल्पों में से उसे चुनिए जो अन्य तीन विकल्पों से भिन्न है।

प्रश्न आकृति

(a) (b) (c) (d)

14. नीचे दिए विकल्पों में से उसे चुनिए जो अन्य तीन विकल्पों से भिन्न है।

प्रश्न आकृति

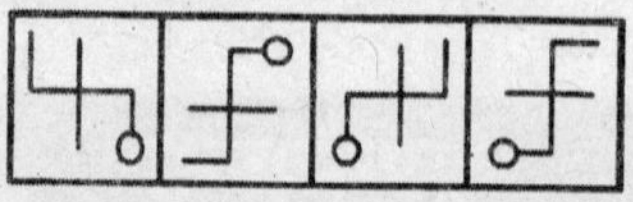

(a) (b) (c) (d)

15. नीचे दिए विकल्पों में से उसे चुनिए जो अन्य तीन विकल्पों से भिन्न है।

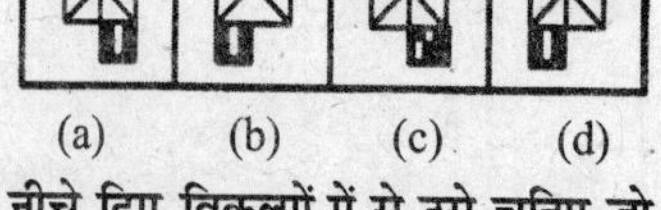

(a) (b) (c) (d)

16. नीचे दिए विकल्पों में से उसे चुनिए जो अन्य तीन विकल्पों से भिन्न है।

प्रश्न आकृति

(a) (b) (c) (d)

17. नीचे दिए विकल्पों में से उसे चुनिए जो अन्य तीन विकल्पों से भिन्न है।

प्रश्न आकृति

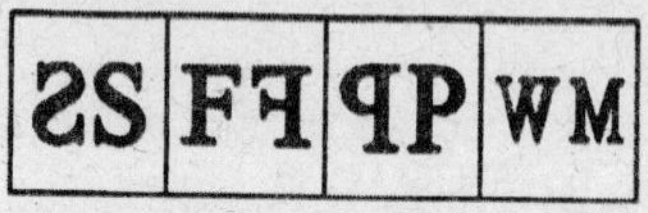

(a) (b) (c) (d)

18. नीचे दिए विकल्पों में से उसे चुनिए जो अन्य तीन विकल्पों से भिन्न है।

प्रश्न आकृति

(a) (b) (c) (d)

19. नीचे दिए विकल्पों में से उसे चुनिए जो अन्य तीन विकल्पों से भिन्न है।

प्रश्न आकृति

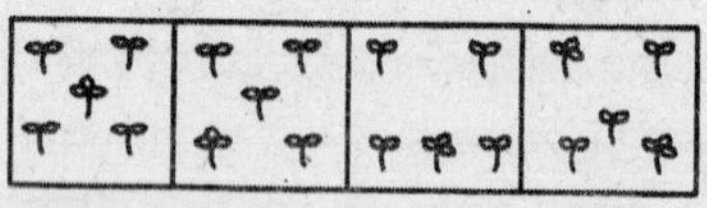

(a) (b) (c) (d)

20. नीचे दिए विकल्पों में से उसे चुनिए जो अन्य तीन विकल्पों से भिन्न है।

प्रश्न आकृति

(a) (b) (c) (d)

21. प्रश्न आकृति

उत्तर आकृति

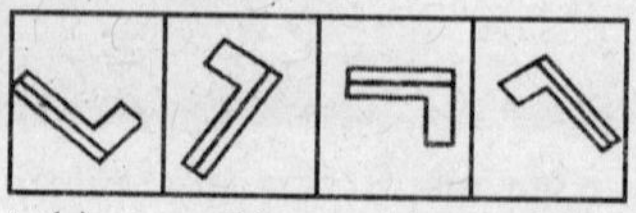

(a) (b) (c) (d)

22. नीचे दिए विकल्पों में से उसे चुनिए जो अन्य तीन विकल्पों से भिन्न है।

प्रश्न आकृति

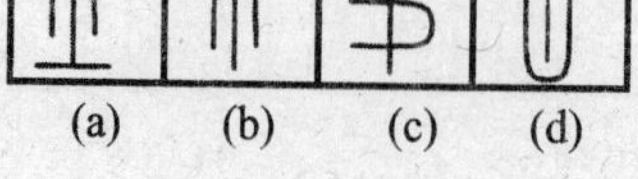

(a) (b) (c) (d)

23. नीचे दिए विकल्पों में से उसे चुनिए जो अन्य तीन विकल्पों से भिन्न है।

प्रश्न आकृति

(a) (b) (c) (d)

24. नीचे दिए विकल्पों में से उसे चुनिए जो अन्य तीन विकल्पों से भिन्न है।

प्रश्न आकृति

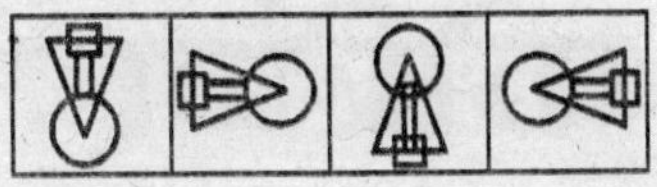

(a) (b) (c) (d)

25. नीचे दिए विकल्पों में से उसे चुनिए जो अन्य तीन विकल्पों से भिन्न है।

प्रश्न आकृति

(a) (b) (c) (d)

उत्तर (हल/संकेत)

1. (a) आकृति (a) को छोड़कर, अन्य सभी आकृतियों को किसी एक आकृति को चुनकर प्राप्त किया जा सकता है।

2. (c) आकृति (c) को छोड़कर अन्य सभी आकृतियों में दोनों डिजाइनों  का मुख विपरीत दिशाओं की ओर है। आकृति (c) में दोनों डिजाइनों  का मुख एक ही दिशा की ओर है।

3. (b) 1, 4 आकृति समान आकृतियाँ हैं। 2, 7 आकृति समान आकृतियाँ हैं। 3, 5 आकृति समान आकृतियाँ हैं तथा 6, 8 आकृति समान आकृतियाँ हैं।

4. (a) 1, 4, 6 आकृति प्रकाश उत्पन्न करने वाले उदाहरण हैं। 3, 5 आकृति क्रिकेट खेलने वाले के सामान हैं तथा 2, 7, 8 आकृति अध्ययन सामग्रियाँ हैं।

5. (d) विकल्प (d) में दी गई आकृतियाँ बराबर हैं जबकि अन्य आकृतियों में छोटी-बड़ी दोनों आकृतियाँ हैं।

6. (a) विकल्प (a) अन्य आकृतियों से भिन्न है क्योंकि इसमें गोले का निशान पैर के ऊपर है जबकि अन्य आकृतियों में गोले का निशान पैर के नीचे है।

7. (c) विकल्प (c) को छोड़कर अन्य सभी आकृतियों में आमने-सामने के भाग छायांकित हैं।

8. (a) विकल्प (a) को छोड़कर अन्य सभी आकृतियों को विभाजित किया गया है।

9. (c) विकल्प (c) में बिन्दुओं की संख्या 14 है जबकि अन्य आकृतियों में बिन्दुओं की संख्या 8 है।

10 (d) विकल्प (d) को छोड़कर पहली तथा दूसरी आकृति बारी-बारी से एक-दूसरे के अंदर स्थापित हैं जबकि विकल्प (d) में आकृति बदल गई है।

11. (d) ध्यान से देखने पर स्पष्ट होता है कि विकल्प (d) का नीचे का सिरा वक्राकार है जबकि अन्य आकृतियों के नीचे का सिरा नोंकदार है।

12. (b) विकल्प (b) को छोड़कर अन्य आकृतियाँ एक-दूसरे को घुमाने से प्राप्त हो जाती हैं, परंतु विकल्प (b) की आकृति ऐसा करने पर प्राप्त नहीं होती है।

13. (b) विकल्प (b) को छोड़कर अन्य सभी आकृतियाँ समान भागों में विभाजित हैं।

14. (c) विकल्प (c) को छोड़कर अन्य सभी आकृतियाँ एक-दूसरे को घुमाने से प्राप्त की जा सकती हैं जबकि विकल्प (c) में ऐसा नहीं है।

15. (c) विकल्प (c) की मूल आकृति में 8 रेखाएँ हैं जबकि शेष आकृतियों में 6 रेखाएँ हैं।

16. (d) विकल्प (d) वाले फूल में 6 पंखुड़ियाँ हैं जबकि शेष फूलों में सात पंखुड़ियाँ हैं।

17. (d) विकल्प (d) को छोड़कर सभी आकृतियाँ बाईं तरफ रखे दर्पण का प्रतिबिंब है जबकि विकल्प (d) में ऐसा नहीं है।

18. (d) विकल्प (d) को छोड़कर शेष सभी आकृतियों में सभी तीर के चिन्ह प्रत्येक खाने में एक ही जैसे हैं जबकि आकृति (d) में ऐसा नहीं है।

19. (d) विकल्प (d) को छोड़कर शेष सभी आकृतियों में चार फूल दो पंखुड़ी वाले तथा एक फूल तीन पंखुड़ी वाला है जबकि विकल्प (d) में तीन फूल दो पंखुड़ी वाले तथा दो फूल तीन पंखुड़ी वाले हैं।

20. (c) विकल्प (c) में दी गई आकृति विषम है, क्योंकि अन्य सभी आकृतियों में एकल बिंदु के सिरे के विपरीत वर्ग के बाहर कटा हुआ वृत्त लगा हुआ है जबकि विकल्प (c) में दोनों बिंदु वाले सिरों के विपरीत कटा हुआ वृत्त लगा हुआ है।

21. (c) प्रश्न आकृति को 45^0 वामावर्त घुमाकर विकल्प (a) आकृति प्राप्त होगी। 135^0 वामावर्त घूमने पर विकल्प (b) आकृति तथा 325^0 वामावर्त घूमने पर विकल्प (d) आकृति प्राप्त होगी। लेकिन विकल्प (c) आकृति घूमने से नहीं होगी।

22. (d) आकृतियों का अवलोकन करने पर स्पष्ट है कि विकल्प (d) में दी गई आकृति अन्य आकृतियों से भिन्न है, क्योंकि अन्य आकृतियों में विभाजन हो रहा है।

23. (b) विकल्प (a), (c) एवं (d) में दोनों आकृतियाँ समान हैं, बस उनका आकार बड़ा-छोटा है जबकि विकल्प (b) में दोनों आकृतियाँ भिन्न-भिन्न हैं। इस प्रकार विकल्प (b) अन्य से भिन्न है।

24. (c) आकृति (c) अन्य तीनों आकृतियों से भिन्न है, क्योंकि छोटे चतुर्भुज के अंदर एक वर्ग भी बना है, जो अन्य में नहीं है।

25. (b) विकल्प (a), (c) एवं (d) में डैश रेखा वाली आकृति 'O' और 'Δ' वाली आकृतियों से समान दूरी पर है जबकि विकल्प (b) में ऐसा नहीं है। इसलिए वह अन्य से भिन्न है।

❑❑❑

9

अध्याय

कोडिंग और डीकोडिंग

कूटलेखन (Coding)

किसी अर्थपूर्ण शब्द/अक्षर/अंक के विशेष नियमानुसार अर्थविहीन शब्द/अक्षर/अंक में परिवर्तित करने की प्रक्रिया को कूटलेखन कहते हैं। **जैसे–**

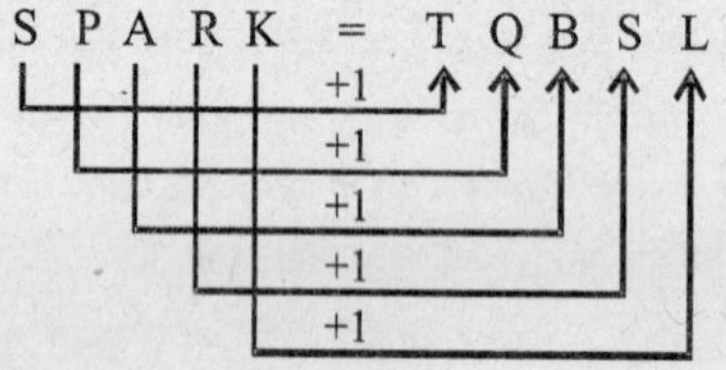

कूटवाचन (Decoding)

किसी अर्थविहीन शब्द/अक्षर/अंक के विशेष नियमानुसार अर्थपूर्ण शब्द में परिवर्तित करने की प्रक्रिया को कूटवाचन कहते हैं। **जैसे–**

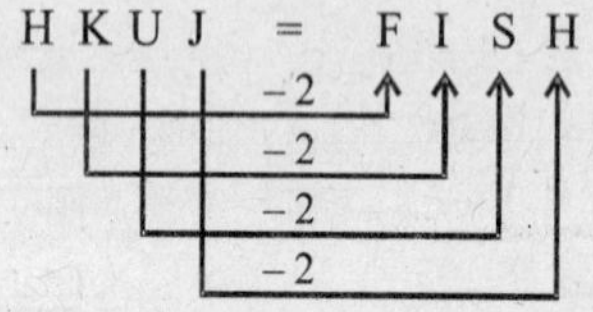

यह एक ऐसी प्रक्रिया है जिसमें गुप्त रूप से संवाद होता है अर्थात् एक व्यक्ति जब दूसरे व्यक्ति को संवाद भेजता है, तो दूसरा उसको ग्रहण करता है, जिसमें तीसरे की कोई भूमिका नहीं होती है। कोड की प्रक्रिया डिकोड ही जान पाता है। ऐसे प्रश्नों को समझने के लिए अंग्रेजी वर्णमाला का क्रम एवं विपरीत क्रम को भी ध्यान में रखना जरूरी होता है।

इसमें कुछ शब्द/अंक/अक्षर दिए होते हैं जो अपनी वास्तविक पहचान को न प्रदर्शित कर कुछ और प्रदर्शित करते हैं, जो नियमानुसार निर्देशित होते हैं।

अक्षरों का क्रम– अंग्रेजी वर्णमाला में अक्षरों का बायें से दायें का क्रम

अक्षरों का क्रम–	1	2	3	4	5	6	7	8	9	10	11	12	13
अंग्रेजी अक्षर–	A	B	C	D	E	F	G	H	I	J	K	L	M
अक्षरों का क्रम–	14	15	16	17	18	19	20	21	22	23	24	25	26
अंग्रेजी अक्षर–	N	O	P	Q	R	S	T	U	V	W	X	Y	Z

अंग्रेजी वर्णमाला में अक्षरों के क्रम को सुलभ और सुगम तरीके से समझने के लिए 'EJOTY' शब्द को ध्यान में रखकर प्रश्नों को हल कर सकते हैं।

अंग्रेजी वर्णमाला में अक्षरों के क्रम को सुगम तरीके से समझने के लिए 'CFILORUX' को भी ध्यान में रखकर प्रश्न को हल कर सकते हैं।

अंग्रेजी वर्णमाला का विपरीत क्रम

अक्षरों का क्रम–	26	25	24	23	22	21	20	19	18	17	16	15	14
अंग्रेजी अक्षर–	Z	Y	X	W	V	U	T	S	R	Q	P	O	N
अक्षरों का क्रम–	13	12	11	10	9	8	7	6	5	4	3	2	1
अंग्रेजी अक्षर–	M	L	K	J	I	H	G	F	E	D	C	B	A

- अंग्रेजी वर्णमाला में कुल अक्षरों की संख्या 26 होती है। अंग्रेजी वर्णमाला का कोई भी दो अक्षर जिनके क्रमांकिक मानों का जोड़ 27 हो जाए तो वे दोनों आपस में एक-दूसरे के विपरीत होते हैं।

  अक्षर का क्रमांकिक अंक + विपरीत अक्षर का क्रमांकिक अंक = 27

  अक्षर का क्रमांकिक अंक = 27 – विपरीत अक्षर का क्रमांकिक अंक

  विपरीत अक्षर का क्रमांकिक अंक = 27 – अक्षर का क्रमांकिक अंक
- अक्षर का विपरीत क्रम ज्ञात करने के लिए अंक/संख्या 27 में से घटा देते हैं–

  C का विपरीत अक्षर = 27 – C = 27 – 3 = 24 = X

  D का विपरीत अक्षर = 27 – D = 27 – 4 = 23 = W

  V का विपरीत अक्षर = 27 – V = 27 – 22 = 5 = E

  Y का विपरीत अक्षर = 27 – Y = 27 – 25 = 2 = B

1. **शब्द से शब्द की संकेतबद्धता (Word to Word coding):** इस प्रकार के प्रश्नों में एक शब्द दिया रहता है जो कोड के रूप में होता है फिर उसका एक निश्चित तार्किक आधार पर डिकोड किया जाना होता है।

- **अक्षर से अक्षर की संकेतबद्धता (Letter to Letter coding) :** इस प्रकार के प्रश्नों में अक्षरों का एक समूह होता है जिनका क्रम में परिवर्तन कर डिकोड किया जाता है। इसमें अक्षरों के स्थानों का परिवर्तन होता है।

उदाहरण 1. : किसी कूटभाषा में VICTORY को CIVTYRO लिखा जाता है। उसी कूटभाषा में TRAITOR को क्या लिखा जाएगा?

(a) RSAJORT (b) ARSIOTR
(c) ARTIROT (d) RATHORS

हल : (c) जिस प्रकार,

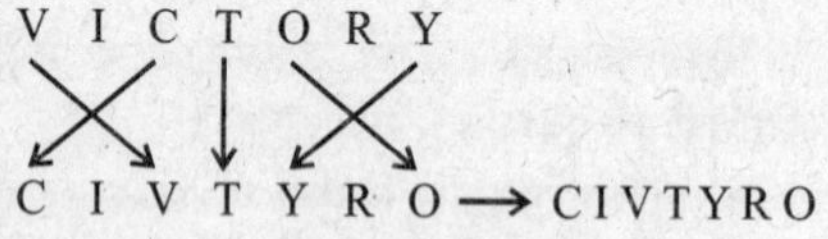

उसी प्रकार,

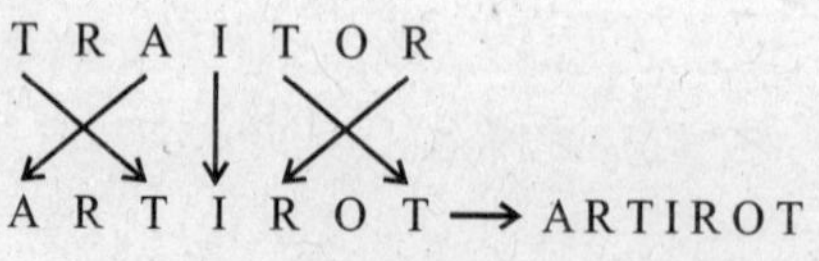

अक्षरों के व्यवस्थाक्रम एवं स्थानक्रम में अन्तर (Difference in Arrangement and Position Letter)

इस प्रकार के प्रश्नों में शब्द के अक्षरों का क्रम परिवर्तित होने के साथ-साथ दूसरे अक्षरों से भी स्थान परिवर्तन होता है अर्थात् इन दोनों समूहों के बीच आपस में कुछ संबंध स्थापित होते हैं, जो वर्णमाला के बढ़ते क्रम में अथवा घटते क्रम में परिवर्तित हो सकते हैं।

उदाहरण 2. : किसी कूटभाषा में 'STROKE' को 'FLPSUT' लिखा जाता है। उसी कूटभाषा में 'BRIGHT' को क्या लिखा जाएगा?

(a) SGFHQA (b) UIHJSC
(c) UJHHCS (d) CSJHIU

हल : (b) जिस प्रकार

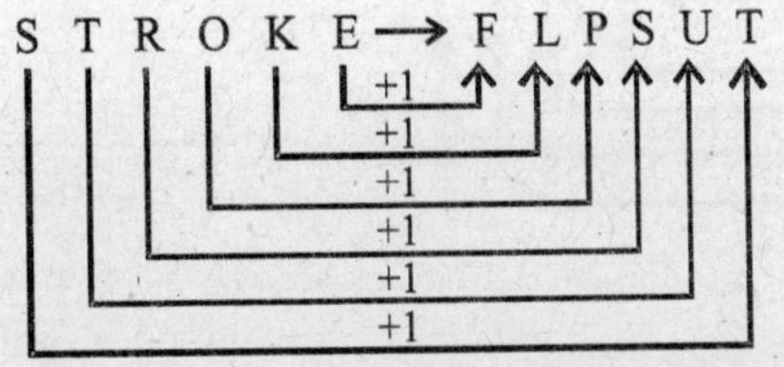

उसी प्रकार

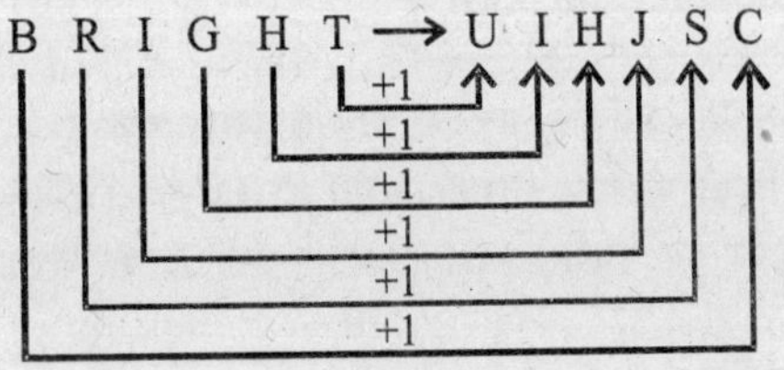

उदाहरण 3. : किसी कूटभाषा में 'TEMPLE' को 'DKOLDS' लिखा जाता है। उसी कूटभाषा में 'WORSHIP' को क्या लिखा जाएगा?

(a) OHGRQNV (b) OGHQRVN
(c) QHTSPXY (d) VNQGHOR

हल : (a) जिस प्रकार

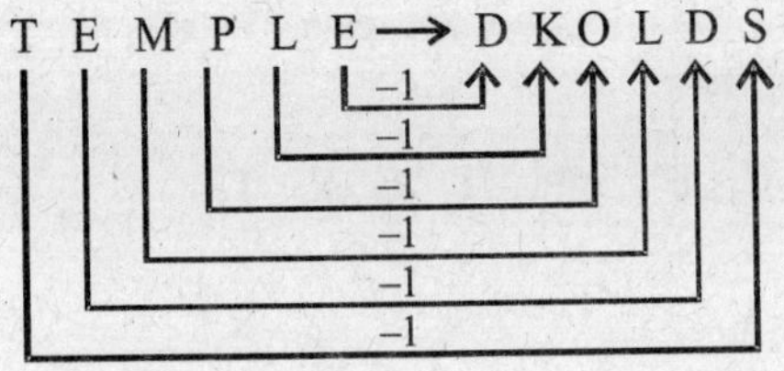

उसी प्रकार

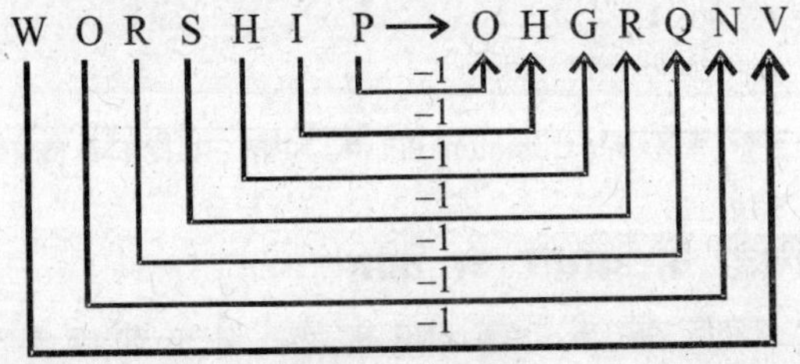

मिश्रित पद्धति (Mixed Process)

- इसके अन्तर्गत अक्षर समूह अंग्रेजी वर्णमाला के बढ़ते क्रम के साथ-साथ घटते क्रम में संयोजित होते हैं।
- किसी शब्द या अक्षर समूह के प्रत्येक अक्षर का कोड विपरीत अक्षर के रूप में डिकोड किया जाता है।
- शब्द कोड को आरोही एवं अवरोही क्रम में भी डिकोड किया जाता है। शब्द कोड की तुलना शब्द डिकोड के रूप में की जाती है जो तार्किक क्रम में संयोजित होता है।

उदाहरण 1. : एक कोड भाषा में 'TOWARDS' को 'GLDZIWH' लिखा जाता है, तो 'COMBINE' को क्या लिखा जाएगा?

(a) XLNMVYR
(b) YRVHNLX
(c) XLNYRMV
(d) EQODKPG

हल : (c) जिस प्रकार

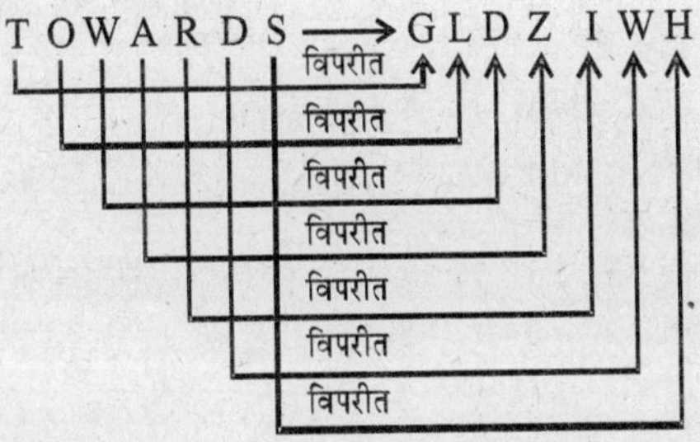

उसी प्रकार

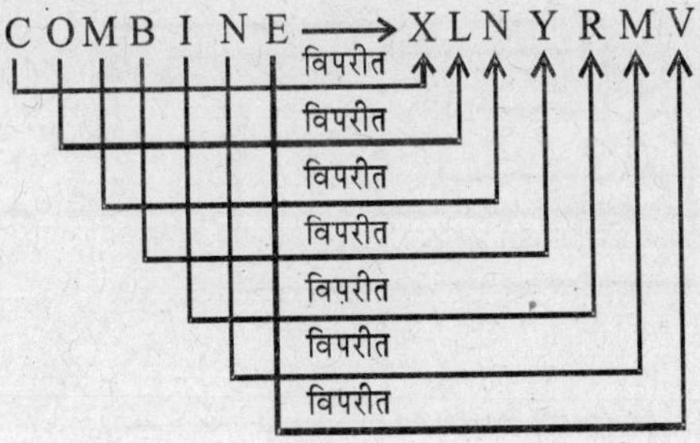

उदाहरण 2. : एक कोड भाषा में 'THEIR' को 'TRIHE' लिखा जाता है तथा SOLDIER को SROLIED लिखा जाता है। ठीक उसी प्रकार CUSTOM को कैसे लिखा जाएगा?

(a) USTOMC (b) TUSMOC
(c) UTSMOC (d) UTSOMC

हल : (d) जिस प्रकार

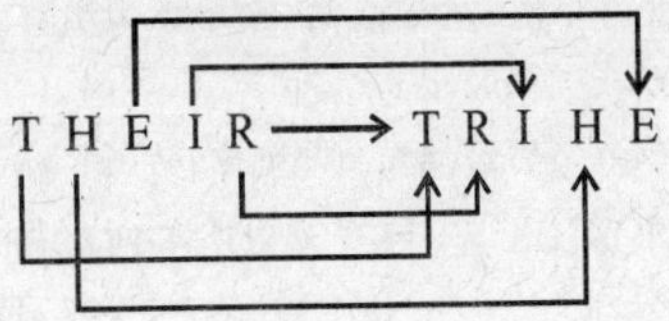

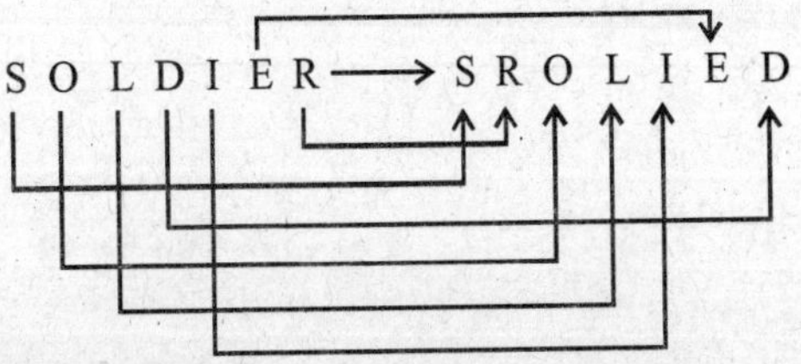

उसी प्रकार

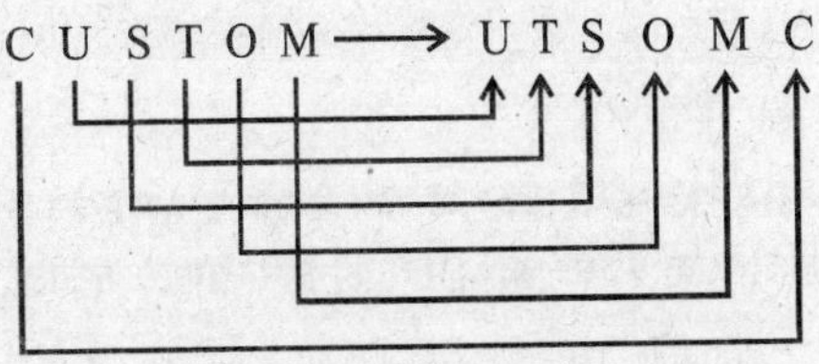

ये सभी अक्षर कोड अवरोही क्रम में डिकोड है।

अक्षर/शब्द समूह को संख्या के आधार पर कोड करना

- शब्द कोड को अँग्रेजी वर्णमाला के आंकिक मान पर डिकोड किया जाता है।
- शब्द कोड के अक्षरों के अँग्रेजी वर्णमाला के मान को जोड़कर डिकोड किया जाता है।
- शब्द कोड के अक्षरों के मान को Common कोड के आधार पर डिकोड किया जाता है।
- शब्द कोड के अक्षरों का विपरीत क्रम कर वर्णमाला मान को जोड़कर डिकोड किया जाता है।

ये सभी अक्षर कोड अवरोही क्रम में डिकोड है।

उदाहरण 1. : यदि 'MAMMAL' को 13–1–13–13–1–12 लिखा जाता है, तो 'REPTILE' को कैसे लिखा जाएगा?

(a) 13 – 1 – 13 – 13 – 1 – 12 – 4
(b) 18 – 5 – 16 – 20 – 9 – 12 – 5
(c) 18 – 1 – 13 – 13 – 1 – 12 – 3
(d) 13 – 5 – 13 – 13 – 1 – 12 – 7

हल : (b)

M A M M A L ⟶ 13 – 1 – 13 – 13 – 1 –12

उसी प्रकार

R E P T I L E ⟶ 18 – 5 – 16 – 20 – 9 –12 – 5

सभी अक्षर कोड को अँग्रेजी वर्णमाला के आंकिक मान से कोड किया गया है।

उदाहरण 2. : DIG को 25 के रूप में और CUT को 49 के रूप में कूटबद्ध किया जाता है, तो 'KICK' को किस रूप में कूटबद्ध किया जाएगा?

(a) 34 (b) 43 (c) 39 (d) 41

हल : (c) जिस प्रकार

D I G → 4+ 9+ 7+5 = 25

C U T → 3+ 21+ 20+5 = 49

उसी प्रकार

K I C K → 11+9+3+11+5 = 39

उदाहरण 3. : 'BACK' को 11312 के रूप में और CAKE को 51113 के रूप में कूटबद्ध किया जाता है, तो 'MADE' को किस प्रकार कूटबद्ध किया जाएगा?

(a) 13145 (b) 54113 (c) 51413 (d) 31145

हल : (b) जिस प्रकार

B A C K ⟶ 11 3 1 2

C A K E ⟶ 5 11 1 3

उसी प्रकार

M A D E ⟶ 5 4 1 13

सभी अक्षर कोड को आंकिक मान से डिकोड किया गया है।

उदाहरण 4. : किसी कूटभाषा में FLOWER को 14 तथा DISTASTE को 18 लिखा जाता है। तब 'BUREAUCRAT' को क्या लिखा जाएगा?

(a) 18 (b) 22 (c) 20 (d) 28

हल : (b) FLOWER में 6 अक्षर है $(6 \times 2) + 2 = 14$

DISTASTE में 8 अक्षर है $(8 \times 2) + 2 = 18$

उसी तरह

BUREAUCRAT में 10 अक्षर है $(10 \times 2) + 2 = 22$

उदाहरण 5. : यदि किसी कोड भाषा में SAGE को 4169 तथा PERT को 7928 लिखा जाता है। उसी भाषा में STEP को कैसे लिखा जाएगा?

(a) 4897 (b) 4987
(c) 4197 (d) 4387

हल : (a) जिस प्रकार

S A G E → 4 1 6 9 तथा P E R T → 7 9 2 8

उसी प्रकार

S T E P → 4 8 9 7

सभी अक्षर कोड को 'Common' मान के आधार पर डिकोड किया गया है।

प्रतीक/चिह्नों के आधार पर कोड

- इसके अन्तर्गत शब्द के प्रत्येक अक्षर का कोड दो या अधिक कोड के समानता के आधार पर अक्षरों/अंकों का प्रतीक या चिह्न के द्वारा कोड किया जाता है।
- कोड शब्द के अक्षर को प्रतीक/चिह्न के द्वारा डिकोड करना।
- एक ही प्रश्न के अलग-अलग शब्द कोड के अक्षर को प्रतीक/चिह्न के द्वारा डिकोड किया जाता है। उसी आधार पर तीसरे शब्द कोड को भी प्रतीक/चिह्न के द्वारा डिकोड किया जाता है।

उदाहरण 1. : किसी खास कोड में 'BASKET' को 5%3#42 और 'ARM' को %@9 लिखते हैं। इस कोड में 'TERM' को कैसे लिखा जाएगा?

(a) 23@9 (b) 249@ (c) 42 @ 9 (d) 24 @ 9

हल : (d) जिस तरह

B	A	S	K	E	T		A	R	M
↓	↓	↓	↓	↓	↓	तथा	↓	↓	↓
5	%	3	#	4	2		%	@	9

उसी तरह

T	E	R	M
↓	↓	↓	↓
2	4	@	9

सभी अक्षर को समानता अक्षर कोड के प्रतीक/चिह्न पर डिकोड किया गया है।

अक्षर समूह/शब्द समूह/अंक समूह का विशेष प्रारूप में डिकोड करना

- इसके अन्तर्गत निश्चित शब्द/अक्षर/अंक का कोड ज्ञात करने के लिए दिए गए अक्षर/शब्द/अंक के मध्य तुलना कर उभयनिष्ठ अर्थात् common अवयवों के आधार पर किया जाता है।
- इस प्रकार के प्रश्नों को कई चरणों में डिकोड किया जाता है। उसी आधार पर अगले चरण का डिकोड ज्ञात करना होता है।

उदाहरण 1. : यदि किसी सांकेतिक भाषा में 'how many are there' को 'ka na ta da' और 'Many are welcome here' को na pi ni ka लिखा जाता है, तो उसी भाषा में how को किस प्रकार लिखा जाएगा?

(a) ta (b) da
(c) ta या da (d) इनमें से कोई नहीं

हल : (c) how many are there → ka na ta da ... (i)
Many are welcome here → na pi ni ka ... (ii)
(i) और (ii) से many are → ka na .... (iii)
(i) में (iii) का प्रयोग करने पर 'how' = ta या da

उदाहरण 2. : एक खास कोड में 'how many goals scored' को '5397' लिखा जाता है। 'many more matches' को '982' लिखा जाता है और 'he scored five' को '163' लिखा जाता है। उस कोड भाषा में 'goals' कैसे लिखा जाता है?

(a) 5 (b) 7
(c) 5 या 7 (d) इनमें से कोई नहीं

हल : (c) how many goals scored → 5397 .... (i)
many more matches → 982 .... (ii)
he scored five → 163 .... (iii)
(i) और (ii) से many = 9 .... (iv)
(i) और (iii) से scored = 3 .... (v)
(i) में (iv) और (v) का प्रयोग करने पर goals = 5 या 7

शब्द प्रतिस्थापन कोडिंग

- इसके अन्तर्गत शब्दों की एक ऐसी शृंखला (क्रम) होती है जिसके प्रत्येक शब्द का किसी विशेष शब्द के रूप में कोडिंग होता है। इसी शृंखला क्रम से डिकोड को ज्ञात करना होता है।
- कहा जाएगा/कहा गया → बाद वाला शब्द का कोड
- तात्पर्य/अर्थ → पहले वाला शब्द का कोड

उदाहरण 1. : यदि सफेद को नीला, नीले को लाल, लाल को पीला, पीले को हरा, हरे को काला, काले को बैंगनी और बैंगनी को नारंगी कहा जाता है, तो मानव रक्त का रंग क्या होगा?

(a) हरा (b) लाल (c) पीला (d) सफेद

हल : (c) मानव रक्त का रंग लाल होता है और प्रश्न में लाल को पीला कहा गया है। अत: मानव के रक्त का रंग पीला होगा।

उदाहरण 2. : यदि नीले का अर्थ गुलाबी, गुलाबी का अर्थ हरा, हरे का अर्थ पीला, पीले का अर्थ लाल और लाल का अर्थ श्वेत है, तो हल्दी का रंग क्या है?

(a) हरा (b) गुलाबी (c) पीला (d) लाल

हल : (d) हल्दी का रंग पीला होता है और प्रश्नानुसार पीले का अर्थ लाल है। अत: हल्दी का रंग लाल होगा।

शर्त आधारित कोड

इस प्रकार के प्रश्नों को शर्त के अनुसार डिकोड किया जाता है:

- इस प्रकार के प्रश्नों का अक्षर समूह/अंक समूह का कोड प्रतीक/ चिह्न के द्वारा निरूपित किया होता है।
- विशेष शर्तों के आधार पर अक्षर समूह/अंक समूह का डिकोड किया जाता है।
- इस तरह के प्रश्नों में शर्तें दी जाती है जिन्हें प्रश्नों के अनुरूप क्रमबद्ध तरीके से किया जाता है।

उदाहरण 1. : नीचे प्रत्येक प्रश्न में अक्षरों का एक समूह और उसके बाद अंकों/प्रतीकों के चार संयोजन (1), (2), (3) और (4) दिए गए हैं। आपको यह पता लगाना है कि निम्नलिखित प्रत्येक अक्षर के अंक/प्रतीक कोड और उसके बाद दी गई शर्तों के आधार पर कौन-सा संयोजन अक्षरों के समूह का सही निरूपण करता है और उस संयोजन के अक्षर को अपने उत्तर के रूप में चिन्हित कीजिए। यदि कोई भी संयोजन अक्षरों के समूह का सही ढ़ंग से निरूपण न करता हो तो उत्तर (d) इनमें से कोई नहीं होगा।

अक्षर -	W	P	J	Q	E	T	I	A	U	F	D	B	V	M	H
संख्या/प्रतीक-	5	6	9	1	2	3	@	4	©	8	%	*	7	#	$

शर्तें- (i) यदि प्रथम अक्षर एक व्यंजन है और चौथा अक्षर एक स्वर है तो दोनों को स्वर के कोड से कोड करना है।
(ii) यदि दूसरा अक्षर एक स्वर और अंतिम अक्षर एक व्यंजन है तो दोनों को δ कोड करना है।
(iii) यदि प्रथम और अंतिम अक्षर दोनों व्यंजन है तो दोनों के कोड परस्पर बदल जाते हैं।

1. MBUVWE
(a) # * © 7 5 2 (b) # * 7 © 2 5
(c) # © * 5 7 2 (d) इनमें से कोई नहीं

हल : (a) यहाँ कोई शर्त लागू नहीं होती है।

M	B	U	V	W	E
↓	↓	↓	↓	↓	↓
#	*	©	7	5	2

2. AJBMFU
(a) 4 9 * $ 8 ©
(b) 4 9 * # 8 $
(c) 4 9 * # 8 ©
(d) इनमें से कोई नहीं

हल : (c) यहाँ कोई शर्त लागू नहीं होती है।

A	J	B	M	F	U
↓	↓	↓	↓	↓	↓
4	9	*	#	8	©

3. AEIMVH
(a) 4 2 @ # 7 $ (b) 4 2 @ 4 7 $
(c) 4 δ @ # 7 8 (d) इनमें से कोई नहीं

हल : (d) यहाँ शर्त (ii) लागू होती है।

A	E	I	M	V	H
↓	↓	↓	↓	↓	↓
4	δ	@	#	7	δ

4. **THAFIQ**

(a) 3$48@1 (b) 1$48@3
(c) 1$84@3 (d) इनमें से कोई नहीं

हल : (b) यहाँ शर्त (iii) लागू होती है।

T	H	A	F	I	Q
↓	↓	↓	↓	↓	↓
1	$	4	8	@	3

5. **WMEIJU**

(a) @#2@9© (b) 5#2@9©
(c) @#259© (d) इनमें से कोई नहीं

हल : (a) यहाँ शर्त (i) लागू होती है।

W	M	E	I	J	U
↓	↓	↓	↓	↓	↓
@	#	2	@	9	©

प्रश्नमाला

1. एक निश्चित कूटभाषा में, **TEACHER** को **TFCFLJX** लिखा जाता है। उसी कूटभाषा में **TABLE** को किस प्रकार लिखा जाएगा?
(a) TBCMF (b) UBCMF
(c) TBDOI (d) UCEPJ

2. किसी कूटभाषा में, **FURNITURE** को **RUFTINERU** लिखा जाता है, तो उसी कूटभाषा में **FOUNTAINS** को किस प्रकार लिखा जाएगा?
(a) UOFNTNISI
(b) NIATNSUOF
(c) UOFATNSNI
(d) OFNUATSNI

3. यदि **PUNJAB** को **OSKKCE** लिखा जाता है, तो **PRAYAG** को किस प्रकार लिखा जाएगा?
(a) OPXJCZ (b) OPXZCJ
(c) POXJCZ (d) POXZCJ

4. किसी कूटभाषा में **UNSURE** को **ELGEHU** लिखा जाता है। उसी कूटभाषा में निम्नलिखित में से किसे **YNYHM** लिखा जाएगा?
(a) ALONE (b) TELGU
(c) ALARM (d) MONEY

5. एक निश्चित कूटभाषा में **'LAUGHTER'** को **'MBVHIUFS'** लिखा जाता है। उसी कूटभाषा में **'DEPRESSION'** को किस प्रकार लिखा जाएगा?
(a) EFQSFTTJPO
(b) EFQSJPOFTT
(c) EFQSFTJPTO
(d) EFSFTQTJPO

6. किसी निश्चित कूटभाषा में **SYLLABUS** को **SLYALUBS** लिखा जाता है तो उसी कूटभाषा में **BACKYARD** को कैसे लिखा जाएगा?
(a) BACYARAKD
(b) ABCKYADR
(c) ABKCAYDR
(d) BCAYKRAD

7. यदि **UNSCRAMBLE** का कोड **GPXYTFNDZV** है तो **MARBLES** का कोड क्या होगा?
(a) GPTDVZX (b) SXYZVNP
(c) YNTVFXR (d) NFTDZVX

8. यदि किसी कूटभाषा में **CRICKET** को **ZOFZHBQ** लिखा जाता है तो उसी कूटभाषा में **FOOTBALL** को किस प्रकार लिखा जाएगा?
(a) XMMRZYJJ
(b) CLLQYXII
(c) CLLPZXII
(d) CLLQYYJJ

9. यदि किसी कूटभाषा में **UNIVERSITY** को **EVINUYTISR** लिखा जाता है तो उसी कूटभाषा में **TEMPRATURE** को किस प्रकार लिखा जाएगा?
(a) ETPMARUTER
(b) ERUTARPMET
(c) RPMETERUTA
(d) ATURETEMPR

10. यदि **WIRE** को **SENA** के रूप में कूटबद्ध किया जाता है तो **REPORT** को किस रूप में कूटबद्ध किया जाएगा?
(a) NALKNP (b) MAKLNP
(c) NAKLNP (d) TROPER

11. किसी विशेष कूटभाषा में, यदि **ORANGE** को **QOCKIB** लिखा जाता है तो उसी कूटभाषा में **FELLOW** को किस प्रकार लिखा जाएगा?
(a) HNIBTQ (b) HNBIQT
(c) HBINTQ (d) HBNIQT

12. किसी विशिष्ट कूटभाषा में **'PLACARD'** को **'TPEYEVH'** के रूप में लिखा जाता है, तो उसी भाषा में **'MONSTER'** को कैसे लिखा जाएगा?
(a) JOFGSDH (b) QSRRXIV
(c) QSROXIV (d) RTSOXIV

13. किसी विशिष्ट कूटभाषा में **'MARGIN'** को **'SBNOJH'** के रूप में लिखा जाता है, तो उसी भाषा में **'PRYER'** को कैसे लिखा जाएगा?
(a) BSQQFZ (b) BSOZFS
(c) QSBSFZ (d) BSQSFZ

14. किसी विशिष्ट कूटभाषा में **'PERMIT'** को **'GRNIVK'** के रूप में लिखा जाता है, तो उसी भाषा में **'CONDUCE'** को कैसे लिखा जाएगा?
(a) VFXMWXL
(b) VXFWMLX
(c) XLMWFXV
(d) VXFMWLX

15. किसी विशिष्ट कूटभाषा में **ROTARY** को **65** लिखा जाता है। उसी भाषा में **CONSCIENCE** को किस प्रकार लिंखा जाएगा?
(a) 170 (b) 160
(c) 180 (d) 150

16. यदि **T = 7** और **Y =2** है, तो **TUESDAY** इनमें से किसके बराबर होगा?
(a) 7622823262
(b) 7622863462
(c) 7642823162
(d) 7632824262

17. एक विशिष्ट कूटभाषा में **GOLDEN CIRCLE** को **715124514 39183125** लिखा जाता है। उसी कूटभाषा में **ENGLAND** को किस प्रकार लिखा जाएगा?
(a) 5147112114
(b) 5174121144
(c) 5147121144
(d) 5174111114

18. यदि **B** का कोड **1** है, तो **PEANUT** का कोड क्या होगा?
(a) 1613204019
(b) 151602019
(c) 1540132019
(d) 1640201319

19. किसी निश्चित कूटभाषा में **NAMAN** को **92** लिखा जाता है। उसी कूटभाषा में **CARPET** को किस प्रकार लिखा जाएगा?
(a) 97 (b) 98
(c) 99 (d) 96

20. यदि किसी कूटभाषा में **REMEMBER** को **12323421** लिखा जाता है, तो उसी कूटभाषा में **MEMBER** को किस प्रकार लिखा जाएगा?

(a) 123421 (b) 323124
(c) 323421 (d) 123124

21. एक निश्चित कूटभाषा में C को 24 और O को 12 लिखा जाता है। उसी भाषा में COLONY को किस प्रकार लिखा जाएगा?
(a) 24121612132
(b) 24121512132
(c) 24121312132
(d) 24121412132

22. किसी निश्चित कूटभाषा में यदि HOTEL को 30 लिखा जाता है, तो उसी कूटभाषा में LATE को किस प्रकार लिखा जाएगा?
(a) 38 (b) 21
(c) 22 (d) 19

23. यदि W को 40 और CAT को 48 लिखा जाता है, तो DOG को क्या लिखा जाएगा?
(a) 56 (b) 52
(c) 51 (d) 60

24. यदि BED को 42516 लिखा जाता है, तो DIG को क्या लिखा जाएगा?
(a) 161894 (b) 168149
(c) 253681 (d) 1625363

25. यदि A = 26 और T = 7 है, तो AUTHENTIC = ?
(a) 266719221371824
(b) 266719221371823
(c) 266719221371825
(d) 266719221471824

26. एक विशिष्ट कोड भाषा में 'JUNIOR' को '6' लिखा जाता है, 'LABOURER' को '8' लिखा जाता है। इस कोड भाषा में 'JOSEPHINE' का कोड क्या होगा?
(a) 25 (b) 30
(c) 28 (d) 27

27. यदि BASE = 27 है, तो COLLECTION किसके बराबर होगा?
(a) 107 (b) 110
(c) 108 (d) 111

28. यदि किसी कूटभाषा में GOES को 715519 लिखा जाता है, तो उसी कूटभाषा में FAST को किस प्रकार लिखा जाएगा?
(a) 511620 (b) 512620
(c) 611519 (d) 611920

29. एक विशिष्ट कोड भाषा में 'VLGH' को '52' लिखा जाता है, 'QBNZ' को '62' लिखा जाता है। इस कोड भाषा में 'XPRF' का कोड क्या है?
(a) 69 (b) 71
(c) 67 (d) 73

30. यदि CPHUDQ = 6 और BOY = 6 है, तो FUNDAMENTAL दिए गए विकल्पों में से किसके बराबर होगा?
(a) 27 (b) 3
(c) 111 (d) 16

31. यदि N = 13 और GROUP = 58 है तो दिए गए विकल्पों में से MOBILE किसके बराबर होगा?
(a) 100 (b) 51
(c) 106 (d) 116

32. किसी निश्चित कूटभाषा में, HONEY को 8-12-13-5-2 लिखा जाता है। PATCH को उसी भाषा में कैसे लिखा जाएगा?
(a) 16-1-20-3-18
(b) 11-1-20-3-8
(c) 11-1-7-3-8
(d) 16-1-7-3-8

33. एक निश्चित कूटभाषा में, R को 9 लिखा जाता है और D को 23 लिखा जाता है। उसी कूटभाषा में READY को किस प्रकार लिखा जाएगा?
(a) 92236232 (b) 92226232
(c) 92234232 (d) 92336232

34. यदि J का मान 25 और GAME का मान 65 है, तो इनमें से कौन सा BASIC का मान होगा?
(a) 85 (b) 75
(c) 89 (d) 74

35. यदि ACE = 35, AGED = 91, तो CARE = ?
(a) 323 (b) 288
(c) 359 (d) 358

36. एक निश्चित कूटभाषा में MOHRA को 73541 और KALINGA को 2168901 लिखा जाता है, तो उसी कूटभाषा में HARLIN को किस प्रकार लिखा जाएगा?
(a) 514986 (b) 514689
(c) 541869 (d) 568914

37. एक निश्चित कूटभाषा में A को 26 और O को 12 लिखा जाता है। उसी कूटभाषा में AMAZON को कैसे लिखा जाएगा?
(a) 26152611213
(b) 26122311213
(c) 26132611213
(d) 26142611213

38. किसी निश्चित कूटभाषा में CHARGER को 129 लिखा जाता है, उसी भाषा में HINGES को किस प्रकार लिखा जाएगा?
(a) 100 (b) 102
(c) 101 (d) 99

39. यदि किसी निश्चित कूटभाणा में JRDRCEBD को 14, 16, 20, 06 लिखा जाता है, तो उसी भाषा में OZCTECHD को कैसे लिखा जाएगा?
(a) 19 18 09 04
(b) 19 25 29 11
(c) 19 25 08 10
(d) 19 18 06 04

40. यदि किसी कूटभाषा में LAPTOP को 28 16 36 लिखा जाता है और DROUGH को 12 25 36 लिखा जाता है, तो इसी कूटभाषा में MEMBER को किस प्रकार लिखा जाएगा?
(a) 31 11 15 (b) 31 10 15
(c) 31 10 05 (d) 13 01 51

41. यदि OFG = M और ICM = P है, तो KDE का मान क्या होगा?
(a) I (b) J
(c) H (d) K

42. किसी विशेष कूटभाषा में FMOPRA को 834207 और KQMATL को 953761 लिखा जाता है, तो उसी कूटभाषा में QTMPRL को किस प्रकार लिखा जाएगा?
(a) 563201 (b) 562301
(c) 635210 (d) 652301

43. यदि MAD = 56, CAT = 80 है, तो DEN = ?
(a) 208 (b) 29
(c) 126 (d) 100

44. एक निश्चित कूटभाषा में FIVE को 5137 लिखा जाता है और RAT को 924 लिखा जाता है, तो उसी कूटभाषा में FEAR को किस प्रकार लिखा जाएगा?
(a) 5192 (b) 5972
(c) 5729 (d) 5392

45. किसी निश्चित कोड में 'TRAIN' को '39*7%' तथा 'MEAL' को '4$*@' के रूप में लिखा जाता है, तो उसी कोड में 'ITEM' को कैसे लिखा जाएगा?
(a) 7$34 (b) 73$4
(c) 79$4 (d) 73#4

46. किसी खास कोड में 'COURT' को '5%@38' तथा 'TILE' को '8©$4' के रूप में लिखा जाता है, तो इसी कोड भाषा में 'CITE' को कैसे लिखा जाएगा?
(a) 5$84 (b) 5%84
(c) 5©84 (d) 3©84

47. किसी निश्चित कोड में 'BRING' को '4%36#' तथा 'GOAL' को '#85*' के रूप में लिखा जाता है, तो इसी कोड भाषा में 'BLOG' को कैसे लिखा जाएगा?
(a) 458# (b) 48*#
(c) 4*8# (d) 4*83

48. किसी निश्चित कूटभाषा में 'GEAR' को '5%9$' तथा 'FIRM' को '3@$7' के रूप में लिखा जाता है, तो इसी कोड भाषा में 'FAME' को कैसे लिखा जाएगा?
(a) 397% (b) 3%97
(c) 597% (d) 5397

49. किसी कूटभाषा में 'MODEL' को '513#2' तथा 'DEAR' को '3#%8' के रूप में लिखा

जाता है, तो इसी कोड भाषा में 'LOAD' को कैसे लिखा जाएगा?

(a) 21%3 (b) 23%1
(c) 25%3 (d) 21#3

50. यदि किसी कूटभाषा में def को 222120 लिखा जाता है और qtv को 964 लिखा जाता है, तो दिए गए विकल्पों में से कौन-सा इसी कूटभाषा में लिखा जाएगा?

(a) hik = 181715
(b) dpr = 24587
(c) abc = 222324
(d) xyz = 2156

51. एक निश्चित भाषा में 'Ram is boy' को 'qaz wsx edc' लिखा जाता है, 'boy has car' को 'plm qaz ijb' और 'car is blue' को 'edc ijb ftb' लिखा जाता है। उसी भाषा में 'Ram' को किस प्रकार लिखा जाएगा?

(a) edc (b) qaz
(c) wsx (d) ftb

52. नीचे कुछ कथन और उनसे संबंधित कोड एक विशिष्ट भाषा में दिए गए हैं।

Horse are Cat – XYT
Cat is Blue – TMZ
Blue is Cloud – ZMS

दिए गए विकल्पों में से नीचे दिए गए कथन का कोड क्या होगा?

Blue Cat is Cloud

(a) ZTMS (b) MZTS
(c) XTSM (d) YTZM

53. एक निश्चित भाषा में GJL TUO CBM का अर्थ 'It is car' है, QAZ GJL KJH का अर्थ 'He is Ram' है, CBM KJH OIU का अर्थ 'Ram has car' है इस भाषा में 'it' का अर्थ क्या होगा?

(a) TUO (b) CBM
(c) KJH (d) QAZ

54. एक विशिष्ट भाषा में, 'Stairs going up' का अर्थ QEW ADS ZCX है। 'How many stairs' का अर्थ PIO LJK ADS है। 'He is going' का अर्थ QEW RYT FHG है, दिए गए विकल्पों में से किसका अर्थ 'up' है?

(a) ZCX (b) ADS
(c) LJK (d) QEW

55. एक विशिष्ट कोड भाषा में 'Car have wheels' को '@'mu#' लिखा जाता है, 'Wheels are red' को 'Su be nu' लिखा जाता है, 'I have red car' को '7QSu#' लिखा जाता है। इस कोड भाषा में, 'Wheels car' का कोड निम्न में से क्या होगा?

(a) mu# (b) Su&
(c) mu Su (d) # @

56. यदि अंक समूहों 395 और 727 का योग 101112 को निरूपित करता है और इसी कूट के द्वारा अंक समूहों 276 और 957 का योग 111213 को निरूपित करता है तो अंक समूहों 689 और 877 के योग के लिए निम्नलिखित में से कौन-सा कूट हो सकता है?

(a) 141312 (b) 131415
(c) 121314 (d) 141516

57. किसी निश्चित कूटभाषा में 257 का अर्थ 'I like you', 746 का अर्थ 'You are good' तथा 263 का अर्थ 'I am good' है। 'Are' के लिए किस संख्या को कोडित किया गया है?

(a) 3 (b) 6
(c) 5 (d) 4

58. किसी कूटभाषा में-
'123' का अर्थ 'good to taste'
'456' का अर्थ 'see you soon'
'789' का अर्थ 'be right back'
तो उसी भाषा में निम्नलिखित में से कौन-सी संख्या का अर्थ 'be' है?

(a) 1 (b) 9
(c) 7 (d) 4

59. यदि पीले को नीला, नीले को लाल, लाल को गुलाबी, गुलाबी को काला तथा काला को नारंगी कहा जाए, तो बताइए खून का रंग निम्नलिखित में से क्या होगा?

(a) लाल (b) काला
(c) हरा (d) इनमें से कोई नहीं

60. यदि सूरज का अर्थ चांद, चांद का अर्थ आकाश, आकाश का अर्थ बादल, बादल का अर्थ वर्षा और वर्षा का अर्थ सूरज है, तो पक्षी कहाँ उड़ते हैं?

(a) आकाश (b) चांद
(c) सूरज (d) बादल

61. यदि काले को लाल, लाल को सफेद, सफेद को भूरा, भूरे को पीला, पीले को नीला और नीले को हरा कहते हैं, तो दूध का रंग क्या है?

(a) नीला (b) हरा
(c) सफेद (d) इनमें से कोई नहीं

62. यदि आकाश का अर्थ तारा, तारा का अर्थ बादल, बादल का अर्थ पृथ्वी, पृथ्वी का अर्थ पेड़ और पेड़ का अर्थ पुस्तक है, तो पक्षी कहां उड़ते हैं?

(a) बादल (b) आकाश
(c) तारा (d) इनमें से कोई नहीं

उत्तर (हल/संकेत)

1. (c) जिस प्रकार,

T E A C H E R
+0 +1 +2 +3 +4 +5 +6
T F C F L J X

उसी प्रकार,

T A B L E
+0 +1 +2 +3 +4
T B D O I

2. (c) जिस प्रकार,

FUR NIT URE
RUF TIN ERU

उसी प्रकार,

FOU NTA INS
UOF ATN SNI

3. (b) जिस प्रकार,

P U N J A B
–1 –2 –3 +1 +2 +3
O S K K C E

उसी प्रकार,

P R A Y A G
–1 –2 –3 +1 +2 +3
O P X Z C J

4. (c) जिस प्रकार,

U N S U R E
विपरीत अक्षर
F M H F I V
–1 –1 –1 –1 –1 –1
E L G E H U

उसी प्रकार,

Y N Y H M
विपरीत अक्षर
B M B S N
–1 –1 –1 –1 –1
A L A R M

5. (a) जिस प्रकार,

L A U G H T E R
+1 +1 +1 +1 +1 +1 +1 +1
M B V H I U F S

उसी प्रकार,

D E P R E S S I O N
+1 +1 +1 +1 +1 +1 +1 +1 +1 +1
| E | F | Q | S | F | T | T | J | P | O |

6. (d) जिस प्रकार,

S Y L L A B U S → S L Y A L U B S
1 2 3 4 5 6 7 8   1 3 2 5 4 7 6 8

उसी प्रकार,

B A C K Y A R D → | B C A Y K R A D |
1 2 3 4 5 6 7 8   1 3 2 5 4 7 6 8

7. (d) जिस प्रकार,

U N S C R A M B L E
G P X Y T F N D Z V

[Note: यहाँ प्रत्येक अक्षर का एक निश्चित कोड है]

उसी प्रकार,

M A R B L E S
| N | F | T | D | Z | V | X |

8. (b) जिस प्रकार,

C R I C K E T
–3 –3 –3 –3 –3 –3 –3
Z O F Z H B Q

उसी प्रकार,

F O O T B A L L
–3 –3 –3 –3 –3 –3 –3 –3
| C L L Q Y X I I |

9. (c) जिस प्रकार,

U N I V E R S I T Y
E V I N U Y T I S R

उसी प्रकार,

T E M P R A T U R E
R P M E T E R U T A

10. (a) जिस प्रकार,

W I R E
–4 –4 –4 –4
| S E N A |

उसी प्रकार,

R E P O R T
–4 –4 –4 –4 –4 –4
N A L K N P

11. (d) जिस प्रकार,

O R A N G E
+2 –3 +2 –3 +2 –3
Q O C K I B

उसी प्रकार,

F E L L O W
+2 –3 +2 –3 +2 –3
| H B N I Q T |

12. (c) जिस प्रकार

P L A C A R D → T P E Y E V H
(+4, +4, +4, –4, +4, +4, +4)

उसी प्रकार,

MONSTER → | QSROXIV |

13. (d) जिस प्रकार

M A R   G I N
+1   +1
S B N   O J H

उसी प्रकार,

PRAYER → | BSQSFZ |

14. (b) जिस प्रकार

P E R M I T
–9   –9
G R N I V K
(विपरीत अक्षर)

उसी प्रकार, विकल्प से–

C O N D U C E
–7   –7
V X F W M L X
(विपरीत अक्षर)

15. (c) जिस प्रकार,

R O T A R Y — विपरीत अक्षर का स्थानीय मान

(9 + 12 + 7 + 26 + 9 + 2) = 65

उसी प्रकार,

C O N S C I E N C E — विपरीत अक्षर का स्थानीय मान

(24 + 12 + 13 + 8 + 24 + 18 + 22 + 13 + 24 + 22) = | 180 |

16. (a) जिस प्रकार,

T —विपरीत अक्षर→ 7

Y —विपरीत अक्षर→ 2

उसी प्रकार,

T U E S D A Y
(विपरीत, विपरीत, विपरीत, विपरीत, विपरीत, विपरीत, विपरीत)
| 7 6 22 8 23 26 2 |

17. (c) जिस प्रकार,

G O L D E N
7 15 12 4 5 14

तथा

C I R C L E
| 3 9 18 3 12 5 |

[यहाँ प्रत्येक अक्षर को अंकीय स्थानीय मान द्वारा कोड किया गया है।]

उसी प्रकार,

E N G L A N D
| 5 14 7 12 1 14 4 |

18. (c) जिस प्रकार,

B → 2 – 1 = 1

[यहाँ प्रत्येक अक्षर के स्थानीय अंकीय मान में से 1 घटा कर कोड किया गया है।]

उसी प्रकार,

16 5 1 14 21 20
P E A N U T
(16–1) (5–1) (1–1) (14–1) (21–1) (20–1)
| 15 4 0 13 20 19 |

19. (c) जिस प्रकार,

N A M A N — विपरीत अक्षर

(13 + 26 + 14 + 26 + 13) = 92

उसी प्रकार,

C A R P E T — विपरीत अक्षर

(24 + 26 + 9 + 11 + 22 + 7) = | 99 |

20. (c) जिस प्रकार,

R E M E M B E R
1 2 | 3 2 3 4 2 1 |

[यहाँ प्रत्येक अक्षर का एक निश्चित संख्या कोड दिया दिया गया है।]

उसी प्रकार,

M E M B E R
↓ ↓ ↓ ↓ ↓ ↓
| 3 2 3 4 2 1 |

21. (b) जिस प्रकार,

C = 24 और O = 12
(विपरीत मान) (विपरीत मान)

[Note- यहाँ प्रत्येक अक्षर का विपरीत स्थानीय अंकीय मान दिया दिया गया है।]

उसी प्रकार,

3 15 12 15 14 25
C O L O N Y
↓(विपरीत) ↓(विपरीत) ↓(विपरीत) ↓(विपरीत) ↓(विपरीत) ↓(विपरीत)
| 24 12 15 12 13 2 |

22. (d) जिस प्रकार,

H O T E L
↓ ↓ ↓ ↓ ↓
$(8+15+20+5+12)=\frac{60}{2}=30$

[Note- यहाँ प्रत्येक अक्षर के वर्णमाला अंकीय मान को आपस में योग कर तथा दो से विभाज्य कर कोड किया गया है।]

उसी प्रकार,

L A T E
↓ ↓ ↓ ↓
$(12+1+20+5)=\frac{38}{2}=\boxed{19}$

23. (b) जिस प्रकार,

W
↓ स्थानीय मान
$23\times 2=46$

तथा

C A T
↓ ↓ ↓
$(3+1+20)=24\times 2$
$=48$

उसी प्रकार,

D O G
↓ ↓ ↓
$(4+15+7)=26\times 2$
$=\boxed{52}$

24. (b) जिस प्रकार,

B E D
↓ ↓ ↓ ⟶ स्थानीय मान
$(2)^2$ $(5)^2$ $(4)^2$
⇒ 4 25 16

उसी प्रकार,

D I G
↓ ↓ ↓ ⟶ स्थानीय मान
$(4)^2$ $(9)^2$ $(7)^2$
| 16 81 49 |

25. (a) जिस प्रकार,

A —विपरीत→ 26 और T —विपरीत→ 7

[यहाँ अंग्रेजी वर्णमाला के अक्षर के उसके विपरीत अंकीय मान दिया गया है।]

उसी प्रकार,

A U T H E N T I C
↓(विपरीत) ↓(विपरीत) ↓(विपरीत) ↓(विपरीत) ↓(विपरीत) ↓(विपरीत) ↓(विपरीत) ↓(विपरीत) ↓(विपरीत)
| 26 6 7 19 22 13 7 18 24 |

26. (a) जिस प्रकार, JUNIOR → 6

तथा LABOURER → 8

उसी प्रकार, JOSEPHINE → $\boxed{9}$

[Note- यहाँ सिर्फ शब्द के अक्षर की गिनती (Count) कर किया गया है।]

27. (c) जिस प्रकार,

B A S E
↓ ↓ ↓ ↓
$(2+1+19+5)=27$

उसी प्रकार,

C O L L E C T I O N
↓ ↓ ↓ ↓ ↓ ↓ ↓ ↓ ↓ ↓
$(3+15+12+12+5+3+20+9+15+14)$

$\Rightarrow \boxed{108}$

28. (d) जिस प्रकार,

G O E S
(स्थानीय मान) ↓ ↓ ↓ ↓
7 15 5 19

उसी प्रकार,

F A S T
(स्थानीय मान) ↓ ↓ ↓ ↓
| 6 1 19 20 |

29. (c) जिस प्रकार

V L G H
→ ↓ ↓ ↓ ↓
$(22+12+7+8)=49+3=52$

तथा

Q B N Z
→ ↓ ↓ ↓ ↓
$(17+2+14+26)=59+3=62$

उसी प्रकार,

X P R F
↓ ↓ ↓ ↓
$(24+16+18+6)=64+3=\boxed{67}$

30. (b) जिस प्रकार,

C P H U D Q
↓ ↓ ↓ ↓ ↓ ↓
$(3+16+8+21+4+17)=69$
$=6+9$
$=15$
$=1+5$
$=6$

तथा

B O Y
↓ ↓ ↓
$(2+15+25)=42$

उसी प्रकार,

F U N D A M E N T A L
↓ ↓ ↓ ↓ ↓ ↓ ↓ ↓ ↓ ↓ ↓
$(6+21+14+4+1+13+5+14+20+1+12)=111$

$=1+1+1=\boxed{3}$

31. (c) जिस प्रकार,

N —विपरीत अक्षर का स्थानीय मान→ 13

तथा G R O U P ⟶ 58
(20+9+12+6+11)

उसी प्रकार,

M O B I L E ⟶ $\boxed{106}$
(14+12+25+18+15+22)

32. (c) जिस प्रकार,

H O N E Y
↓ ↓ ↓ ↓ ↓
8 – 12 – 13 – 5 – 2

उसी प्रकार,

P A T C H
↓ ↓ ↓ ↓ ↓
| 11 – 1 – 7 – 3 – 8 |

[Note- वर्णमाला के पहले आधे अक्षर को उनके स्थानीय मान के अनुसार लिखा गया एवं बाद के आधे अक्षर को विपरीत करके लिखा गया है।]

33. (b) जिस प्रकार,

R —का विपरीत ऊपर→ 9

तथा D —का विपरीत ऊपर→ 23

उसी प्रकार,

READY —का विपरीत ऊपर→ $\boxed{92226232}$

34. (a) जिस प्रकार, $J \rightarrow 10$

$\Rightarrow 10 \times 2 + \frac{10}{2}$

$\Rightarrow 20 + 5$

$\Rightarrow 25$

तथा GAME $\rightarrow 7 + 1 + 13 + 5$

$\Rightarrow 26$

$\therefore \quad 26 \times 2 + \frac{26}{2}$

$\Rightarrow 52 + 13$

$\Rightarrow 65$

उसी प्रकार, BASIC $\rightarrow 2 + 1 + 19 + 9 + 3$

$\rightarrow 34$

$\therefore \quad 34 \times 2 + \frac{34}{2}$

$\Rightarrow 68 + 17$

$\Rightarrow$ **85**

35. (c) जिस प्रकार,

A C E = 35

↓ ↓ ↓

1 3 5

$1^2 + 3^2 + 5^2 = 35$

तथा

A G E D = 91

↓ ↓ ↓ ↓

1 7 5 4

$1^2 + 7^2 + 5^2 + 4^2 = 91$

उसी प्रकार,

C A R E = 91

↓ ↓ ↓ ↓

3 1 18 5

$3^2 + 1^2 + 18^2 + 5^2 =$ **359**

36. (b) जिस प्रकार,

M O H R A

↓ ↓ ↓ ↓ ↓

7 3 5 4 1

तथा

K A L I N G A

↓ ↓ ↓ ↓ ↓ ↓ ↓

2 1 6 8 9 0 1

उसी प्रकार,

H A R L I N

↓ ↓ ↓ ↓ ↓ ↓

5 1 4 6 8 9

37. (d) $A \rightarrow 26, \; O \rightarrow 12$

[स्पष्ट है अंकों को वर्णमाला के विपरीत क्रम में कोडित किया गया है।]

A M A Z O N

↓ ↓ ↓ ↓ ↓ ↓

26 14 26 1 12 13

38. (a) जिस प्रकार,

C H A R G E R

विपरीत क्रम ↓ ↓ ↓ ↓ ↓ ↓ ↓

(24 + 19 + 26 + 9 + 20 + 22 + 9) = 129

उसी प्रकार,

H I N G E S

विपरीत क्रम ↓ ↓ ↓ ↓ ↓ ↓

(19 + 18 + 13 + 20 + 22 + 8) = 100

39. (a) जिस प्रकार,

J R D R C E B D

↓ ↓ ↓ ↓ ↓ ↓ ↓ ↓

10 18 4 18 3 5 2 4

$\therefore$ प्रथम अक्षर + अंतिम अक्षर = 10 + 4 = 14

दूसरा अक्षर – 7वाँ अक्षर = 18 – 2 = 16

तीसरा अक्षर × 6ठा अक्षर = 4 × 5 = 20

चौथा अक्षर ÷ 5वाँ अक्षर = 18 ÷ 3 = 6

उसी प्रकार,

O Z C T E C H D

↓ ↓ ↓ ↓ ↓ ↓ ↓ ↓

15 26 3 20 5 3 8 4

$\therefore$ प्रथम अक्षर + अंतिम अक्षर = 15 + 4 = 19

दूसरा अक्षर – 7वाँ अक्षर = 26 – 8 = 18

तीसरा अक्षर × 6ठा अक्षर = 3 × 3 = 9

चौथा अक्षर ÷ 5वाँ अक्षर = 20 ÷ 5 = 4

$\therefore$ कोड = 19 18 09 04 होगा।

40. (b) जिस प्रकार,

L A P T O P

↓ ↓ ↓ ↓ ↓ ↓

12 1 16 20 15 16

(+ + +)

तथा

D R O U G H

↓ ↓ ↓ ↓ ↓ ↓

4 18 15 21 7 8

(+ + +)

$\therefore$ 12 + 16 = 28

$\therefore$ 4 + 8 = 12

1 + 15 = 16

18 + 7 = 25

16 + 20 = 36

15 + 26 = 36

उसी प्रकार,

M E M B E R

↓ ↓ ↓ ↓ ↓ ↓

13 5 13 2 5 18

(+ + +)

$\therefore$ 13 + 18 = 31

5 + 5 = 10

13 + 2 = 15

अतः **31 10 15** होगा।

41. (a) जिस प्रकार,

O F G = M

↓ ↓ ↑

(6 + 7) = 13

तथा

I C M = P

↓ ↓ ↑

(3 + 13) = 16

[Note - प्रत्येक शब्द का दूसरा और तीसरा अक्षर के अंकीय मान का योग चौथा अक्षर के स्थानीय मान का अक्षर कोड के रूप में दिया गया है।]

उसी प्रकार,

K D E = **I**

↓ ↓ ↑

(4 + 5) = 9

42. (a) जिस प्रकार,

F M O P R A

↓ ↓ ↓ ↓ ↓ ↓

8 3 4 2 0 7

तथा

K Q M A T L

↓ ↓ ↓ ↓ ↓ ↓

9 5 3 7 6 1

[Note - यहाँ प्रत्येक अक्षर का एक निश्चित कोड दिया गया है]

उसी प्रकार,

Q T M P R L

↓ ↓ ↓ ↓ ↓ ↓

5 6 3 2 O 1

43. (c) जिस प्रकार,

M A D

↓ ↓ ↓

(13 + 1) × 4 = 56

C A T

तथा ↓ ↓ ↓

(3 + 1) × 20 = 80

उसी प्रकार,

D E N

↓ ↓ ↓

(4 + 5) × 14 = 126

44. (c) यदि F I V E → 5 1 3 7

और R A T → 9 2 4

इसलिए

F E A R → 5 7 2 9

45. (b) T R A I N → 3 9 * 7 % तथा M E A L → 4 $ * @

ठीक उसी प्रकार I T E M → 7 3 $ 4

46. (c) C O U R T → 5 % @ 3 8

तथा T I L E → 8 © $ 4

ठीक उसी प्रकार C I T E → 5 © 8 4

47. (c) B R I N G → 4 % 3 6 # तथा G O A L → # 8 5 *

ठीक उसी प्रकार B L O G → 4 * 8 #

48. (a) G E A R → 5 % 9 $ तथा F I R M → 3 @ $ 7

ठीक उसी प्रकार F A M E → 3 9 7 %

49. (a) M O D E L → 5 1 3 # 2 तथा D E A R → 3 # % 8

ठीक उसी प्रकार L O A D → 2 1 % 3

50. (a) जिस प्रकार,

d e f → 23 22 21 (विपरीत अक्षर का अंकिय मान) → −1 → 22 21 20

तथा

q t v → 10 7 5 (विपरीत अक्षर का अंकिय मान) → −1 → 9 6 4

उसी प्रकार, विकल्प (a) से,

h i k → 19 18 16 (विपरीत अक्षर का अंकिय मान) → −1 → 18 17 15

51. (c) एक निश्चित कूट में–

Ram is boy → qaz wsx edc

boy has car → plm qaz ijb

car is blue → edc ijb ftb

अत: स्पष्ट है कि वर्ष Ram को wsx के कोड में लिखा जाएगा।

52. (a)

Horse are Cat → X Y T

Cat is blue → T M Z

Blue is Cloud → Z M S

यहां Cat —का कोड→ T

is/Blue —का कोड→ M/Z

Cloud —का कोड→ S

∴ Blue cat is cloud

—का कोड→ M Z T Z

→ Z T M S

53. (a)

GLJ TUO CBM का अर्थ – It is car

QAZ GJL KJH का अर्थ – He is Ram

CBM KJH OIU का अर्थ – Ram has car

अत: स्पष्ट है कि It का अर्थ TUO होगा।

54. (a)

Stairs going up → QEW ADS ZCX

How may stairs → PIO LJK ADS

He is going → QEW RYT FHG

अत: स्पष्ट है कि up का कोड ZCX होगा।

55. (a)

Car have Wheels = @ mu #

Wheels are red = Su bc mu

I have red Car = 7 @ Su #

अत: Wheels Car का कोड = mu # होगा।

56. (d)

3 9 5 + 7 2 7 → 101112

2 7 6 + 9 5 7 → 111213

6 8 9 + 8 7 7 → 141516

57. (d)

2 5 7 = I like you

7 4 6 = You are good

2 6 3 = I am good

अत: स्पष्ट है कि are का कोड 4 होगा।

58. (c) 123 → good to taste

456 → see you soon

789 → be right book

∴ be → 7

59. (d) खून का रंग लाल होता है, यहां लाल को गुलाबी कहा गया है, अत: खून का रंग गुलाबी होगा।

60. (b) पक्षी आकाश में उड़ते हैं, यहां आकाश को चांद कहा गया है, अत: पक्षी चांद में उड़ते हैं।

61. (d) दूध का रंग सफेद होता है, यहां सफेद को भूरा कहा गया है, अत: दूध का रंग भूरा होगा।

62. (d) आकाश का पीछे वाला कोड नहीं दिया गया है, अत: इनमें से कोई नहीं।

❑❑❑

10

अध्याय

भाषिक वर्गीकरण

वर्गीकरण

इस प्रकार के प्रश्नों में दिए गए समूह को किसी सामान्य गुण, रूप, लक्षण एवं अन्य आधार पर वर्गीकृत करना ही वर्गीकरण कहलाता है।

प्रश्नों में सामान्यत: चार/पाँच अक्षर-समूह, शब्द और संख्या किसी-न-किसी प्रकार से आपस में संबंधित होते हैं, जबकि एक अन्य से अलग होता है। ये सभी किसी विशेषानुसार एकसमान गुण के होते हैं, जो अन्य से अलग गुण के होते हैं। इसमें ज्ञात करना होता है कि समूह में कौन समानता प्रकट नहीं करता है अन्य से वर्गीकृत है। उसे वर्गीकरण की श्रेणी में रखा जाता है।

हिंदी/अंग्रेजी शब्द वर्गीकरण
(Based on Hindi/English Words Classification)

- इस प्रकार के प्रश्नों में हिंदी और अंग्रेजी पर आधारित विभिन्न प्रकार के शब्द दिये जाते हैं जिनमें से किसी एक शब्द को उनके मध्य की विशेषताओं के आधार पर अन्य सभी से वर्गीकृत (अलग) करना होता है।
- इसमें कोई एक शब्द अन्य सभी से अलग प्रकृति का होता है।
- शब्द समूह वर्गीकरण में शब्दों के चार या पाँच शब्द समूह दिये जाते हैं जिनमें से कोई एक शब्द समूह अन्य शब्द समूह से भिन्न होता है। इसमें से ऐसे शब्द समूह को ज्ञात करना होता है, जो अन्य सभी से भिन्न प्रकृति का होता है।

उदाहरण 1. : निम्नलिखित चार शब्दों में से तीन शब्द किसी प्रकार से एकसमान हैं और एक शब्द असमान है। असमान शब्द का चयन कीजिए।

(a) सरसों (b) जीरा (c) मूँगफली (d) सौंफ

हल : सरसों, जीरा और सौंफ जमीन के ऊपर फलता है, जबकि मूँगफली जमीन के नीचे पेड़ की जड़ों में फलती है।

उदाहरण 2. : निम्नलिखित चार शब्दों में से तीन शब्द किसी प्रकार से एकसमान है और एक शब्द युग्म असमान है। असमान शब्द युग्म का चयन करें-

(a) दक्षिण कोरिया : रुपया (b) रूस : रूबल

(c) बांग्लादेश : टका (d) मलेशिया : रिंगित

हल : अन्य सभी विकल्पों में देश एवं वहाँ की मुद्रा का नाम है। दक्षिण कोरिया की मुद्रा 'वॉन' है।

उदाहरण 3. : उस युग्म को चुनिए जो अन्य सभी से भिन्न है।

(a) Stallion : Colt (b) Horse : Mare

(c) Dog : Bitch (d) Drake : Duck

हल : Horse (घोड़ा) → Mare (घोड़ी)

Dog (कुत्ता) → Bitch (कुतिया)

Drake (नर बतख) → Duck (बतख)

Stallion (घोड़ा) → Colt (घोड़े का बच्चा)

विकल्प (a) असंगत है।

उदाहरण 4. : वह एक कौन-सा अंग्रेजी शब्द है जो अन्य से भिन्न है?

(a) Repair (b) Mind

(c) Rectify (d) Trouble

हल : (d) Trouble के अलावा अन्य सभी पर्यायवाची अंग्रेजी शब्द है।

अक्षर/अक्षर समूह वर्गीकरण
(Based Letter/Letter groups classification)

- इस प्रकार के प्रश्नों में कुछ अक्षर/अक्षर समूह दिए होते हैं, जिसमें एक अन्य सभी से भिन्न होता है। ये वर्णमाला के क्रम, विपरीत क्रम, अक्षरों के आंकिक मान, मान के योग, घटाव तथा अन्य गणितीय प्रक्रियाओं पर आधारित होते हैं। इस अक्षर को अथवा अक्षर समूह को ज्ञात करना होता है जिनका प्रकृति अन्य से भिन्न होती है।

उदाहरण 1. : निम्नलिखित चार अक्षर समूहों में से तीन अक्षर समूह किसी प्रकार से एकसमान है और एक असमान है। असमान अक्षर समूह का चयन कीजिए।

(a) HJLO (b) BDFA

(c) PQRU (d) RSTY

हल : (d) विकल्प (d) को छोड़कर अन्य सभी विकल्पों में अंतिम अक्षर वोवल्स है।

उदाहरण 2. : विषम अक्षर को चुनिए-

(a) X (b) Y

(c) N (d) D

हल : विकल्प (b) के अलावा सभी सम संख्यक वर्णमाला अक्षर है।

उदाहरण 3. : निम्नलिखित चार अक्षर-समूहों में से तीन समूह किसी प्रकार से एकसमान है और एक विकल्प असमान है। असमान विकल्प का चयन कीजिए।

(a) LNPQ
(b) PRTV
(c) SUWY
(d) FHJL

हल : (a) $L \xrightarrow[+2]{} N \xrightarrow[+2]{} P \xrightarrow[+1]{} Q$

(b) $P \xrightarrow[+2]{} R \xrightarrow[+2]{} T \xrightarrow[+2]{} V$

(c) $S \xrightarrow[+2]{} U \xrightarrow[+2]{} W \xrightarrow[+2]{} Y$

(d) $F \xrightarrow[+2]{} H \xrightarrow[+2]{} J \xrightarrow[+2]{} L$

अत: विकल्प (a) असमान है।

उदाहरण 4. : वह अक्षर युग्म चुनिए जो इस समूह में नहीं आता है।

(a) PROFIT : RPQCKR
(b) OTHERS : QRJCTQ
(c) LEGUME : NCISOC
(d) CANKER : EYPIGP

हल :

P	R	O	F	I	T
+2 ↓	−2 ↓	+2 ↓	−3 ↓	+2 ↓	−2 ↓
R	P	Q	C	K	R

O	T	H	E	R	S
+2 ↓	−2 ↓	+2 ↓	−2 ↓	+2 ↓	−2 ↓
Q	R	J	C	T	Q

L	E	G	U	M	E
+2 ↓	−2 ↓	+2 ↓	−2 ↓	+2 ↓	−2 ↓
N	C	I	S	O	C

C	A	N	K	E	R
+2 ↓	−2 ↓	+2 ↓	−2 ↓	+2 ↓	−2 ↓
E	Y	P	I	G	P

अत: विकल्प (a) अन्य सभी समूह से अलग है।

संख्या/संख्या समूह वर्गीकरण
(Based on Numbers/Numbers group Classification)

- इस प्रकार के प्रश्नों में अंक या संख्या को उसके गुणों के आधार पर वर्गीकृत करने की प्रक्रिया को संख्याओं/संख्या समूह का वर्गीकरण कहते हैं।
- इस प्रकार के प्रश्न विभिन्न प्रकार की संख्याओं एवं गणितीय संक्रियाओं के आधार पर होता है जिसमें जोड़, घटाव, गुणा, भाग, वर्ग, वर्गमूल, घन, घनमूल तथा अन्य संक्रियाओं के आधार पर वर्गीकरण की प्रक्रिया को वर्गीकृत किया जाता है।

उदाहरण 1. : निम्नलिखित चार संख्याओं में से तीन संख्याएँ किसी प्रकार एकसमान हैं और एक संख्या असमान है। उस असमान संख्या का चयन कीजिए।

(a) 217 (b) 126
(c) 344 (d) 254

हल : (a) $(6)^3 + 1 = 216 + 1 = 217$
(b) $(5)^3 + 1 = 125 + 1 = 126$
(c) $(7)^3 + 1 = 343 + 1 = 344$
(d) $(4)^4 + 2 = 256 - 2 = 254$

अत: विकल्प (d) असमान है।

उदाहरण 2. : निम्नलिखित चार संख्याओं में से तीन संख्याएँ किसी प्रकार एकसमान हैं और एक संख्या असमान हैं उस असमान संख्या का चयन कीजिए।

(a) 63 (b) 39
(c) 57 (d) 43

हल : (d) विकल्प (d) में 43 एक अभाज्य संख्या है जबकि अन्य सभी विकल्पों में भाज्य संख्याएँ हैं जो '3' से विभाज्य है।

उदाहरण 3. : निम्नलिखित चार संख्या-युग्मों में से तीन युग्म किसी प्रकार एकसमान हैं और एक युग्म असमान है असमान युग्म का चयन कीजिए।

(a) 32 : 28 (b) 56 : 49
(c) 104 : 91 (d) 64 : 54

हल : (a) 32 – 28 = 4 (4 से दोनों संख्या विभाज्य) है।
(b) 56 – 49 = 7 (7 से दोनों संख्या विभाज्य) है।
(c) 104 – 91 = 13 (13 से दोनों संख्या विभाज्य) है।
(d) 64 – 54 = 10 (10 से दोनों संख्या विभाज्य) नहीं है।

अत: विकल्प (d) अन्य से भिन्न है।

उदाहरण 4. : निम्नलिखित चार संख्या-युग्मों में से तीन युग्म किसी प्रकार एकसमान हैं और एक युग्म असमान है। असमान संख्या युग्मों का चयन कीजिए।

(a) 26 – 50 (b) 65 – 100
(c) 17 – 37 (d) 49 – 82

हल : (d) विकल्प (d) के अलावा, अन्य सभी विकल्पों में दोनों तरफ की संख्याएँ या तो 'सम' है या फिर विषम।

उदाहरण 5. : विषम संख्या समूह का चयन कीजिए।

(a) 6, 13, 24
(b) 12, 19, 30
(c) 18, 25, 34
(d) 24, 31, 42

हल : (c)

(a) 6 →(+7)→ 13 →(+11)→ 24
(b) 12 →(+7)→ 19 →(+11)→ 30
(c) 18 →(+7)→ 25 →(+9)→ 34
(d) 24 →(+7)→ 31 →(+11)→ 42

अत: विकल्प (c) अन्य तीनों से भिन्न है।

प्रश्नमाला

1. चार शब्द-दिए गए हैं, जिनमें से तीन किसी तरह से समान हैं और एक असंगत है असंगत का चयन करें।
(a) कावेरी (b) कृष्णा
(c) ब्रह्मपुत्र (d) गोदावरी

2. सूचीबद्ध चार अंगों में से, तीन किसी तरह से संगत हैं और एक असंगत है। असंगत का चयन करें।
(a) यकृत
(b) वृक्क
(c) आमाशय
(d) बड़ी आंत

3. सूचीबद्ध चार शब्दों में से, तीन किसी तरह से संगत हैं और एक असंगत है। असंगत का चयन करें।
(a) की-बोर्ड (b) मदरबोर्ड
(c) इंटेल (d) प्रिंटर

4. उस विकल्प का चयन करें, जो किसी तरह से अन्य विकल्पों से भिन्न है।
(a) राजकोट (b) अहमदाबाद
(c) सूरत (d) गुजरात

5. उस विकल्प का चयन करें, जो किसी तरह से अन्य विकल्पों से भिन्न है।
(a) सेना
(b) न्यायपालिका
(c) कार्यपालिका
(d) विधायिका

6. दिए गए चार शब्दों में से, तीन किसी तरह से संगत हैं और एक असंगत है। असंगत का चयन करें।
(a) एचडीएफसी
(b) आरबीआई
(c) आईसीआईसीआई
(d) एसबीआई

7. दिए गए चार शब्दों में से, तीन किसी तरह से संगत हैं और एक असंगत है। असंगत का चयन करें।
(a) ईंट (b) मोती
(c) पान (d) हुकुम

8. उस विकल्प का चयन कीजिए, जिसमें दिए गए शब्द का वह संबंध नहीं दर्शाते हैं, जो शेष तीन विकल्पों के शब्दों द्वारा दर्शाया जाता है।
(a) फल : पेड़
(b) कार : वाहन
(c) गाजर : सब्जी
(d) तोता : पक्षी

9. उस विकल्प का चयन कीजिए, जो शेष से असंगत हो।
(a) टेनिस बॉल
(b) अमेरिकन फुटबॉल
(c) गोल्फ बॉल
(d) क्रिकेट बॉल

10. इनमें से असंगत का चयन करें।
(a) रोगी (b) नर्स
(c) दाई (d) चिकित्सक

11. चार शब्द दिए गए हैं, जिनमें से तीन किसी तरह से संगत हैं, जबकि चौथा शब्द असंगत है। असंगत शब्द का चयन कीजिए।
(a) शताब्दी (b) वर्ष
(c) समय (d) दशक

12. चार शब्द-युग्म दिए गए हैं, जिनमें से तीन किसी प्रकार से संगत हैं, जबकि एक असंगत है। असंगत शब्द-युग्म का चयन कीजिए।
(a) दिखाना : छुपाना
(b) उड़ना : तैरना
(c) जीना : मरना
(d) गति : स्थिरता

13. चार शब्द दिए गए हैं, जिनमें से तीन किसी तरह से संगत हैं और एक असंगत है। असंगत शब्द का चयन कीजिए।
(a) तलना (b) उबालना
(c) सेंकना (d) काटना

14. चार शब्द दिए गए हैं, जिनमें से तीन किसी तरह से संगत हैं और एक असंगत है। असंगत शब्द का चयन कीजिए।
(a) कान (b) नाक
(c) पेट (d) जीभ

15. चार शब्द दिए गए हैं, जिनमें से तीन किसी तरह से संगत हैं और एक असंगत है। असंगत शब्द का चयन कीजिए।
(a) दिन (b) सप्ताह
(c) माह (d) ऋतु

16. असंगत युग्म का चयन कीजिए।
(a) वायुयान - पायलट
(b) कार - मैकेनिक
(c) बस - ड्राइवर
(d) टीवी - रिमोट

17. विषम को चुनें।
(a) कांटा (b) पेन
(c) चाकू (d) चम्मच

18. दिए गए विकल्पों में से असंगत विकल्प का चयन करें।
(a) कलरीपायट्टु (b) गरबा
(c) झूमर (d) भांगड़ा

19. दिए गए विकल्पों में से असंगत विकल्प का चयन करें।
(a) तेल (b) साबुन
(c) कंघी (d) शैम्पू

20. असंगत विकल्प का चयन कीजिए।
(a) एयर डेक्कन
(b) जेट एयरवेज
(c) इंडिगो एयरलाइन्स
(d) किंगफिशर एयरलाइन्स

21. निम्नलिखित प्रश्न में, चार अक्षर-युग्म दिए गए हैं। (-) के बाईं ओर जो अक्षर हैं, वो किसी तर्क/नियम/संबंध के साथ (-) के दाईं ओर जो अक्षर हैं, उनसे संबंधित है। तीनों एक जैसे तर्क/ नियम/संबध के आधार पर संगत हैं। दिए गए विकल्पों में से एक असंगत का चयन कीजिए।
(a) ZBN - EHU
(b) PSD - KYU
(c) SJF - MPX
(d) NRB - IXS

22. चार अक्षर-समूह दिए गए हैं, जिनमें से तीन किसी प्रकार से एकसमान है और एक असंगत है। असंगत का चयन कीजिए।
(a) VYXW (b) JMLK
(c) PSRQ (d) CGEF

23. असंगत चुनें।
(a) OPQR (b) EFCD
(c) IJGH (d) MNKL

24. निम्नलिखित चार अक्षरीय-समूहों में तीन किसी तरह से समान हैं और एक असंगत है। असंगत शब्द का चयन कीजिए।
(a) EIK (b) CGI
(c) FHJ (d) AEG

25. चार अक्षर-समूह दिए गए हैं, जिनमें से तीन किसी तरह से समान हैं और एक असंगत है। असंगत अक्षर-समूह का चयन करें।
(a) BAYZ (b) DCWV
(c) FEUV (d) HGST

26. चार अक्षर-समूह दिए गए हैं, जिनमें से तीन किसी प्रकार से एकसमान हैं, जबकि चौथा असंगत है। असंगत अक्षर-समूह का चयन करें।
(a) MNPO (b) IKJL
(c) ACBD (d) EGFH

27. नीचे चार वर्ण-समूह दिए गए हैं जिनमें से तीन किसी संदर्भ में एकसमान हैं और उनमें से एक असंगत है। उस असंगत वर्ण-समूह का चयन करें।
(a) LNJI (b) RTPO
(c) FHDB (d) DFBA

28. नीचे चार वर्ण-समूह दिए गए हैं जिनमें से तीन किसी संदर्भ में एकसमान हैं और उनमें से एक असंगत है। उस असंगत वर्ण-समूह का चयन करें।
(a) EMNK (b) BTGN
(c) FJOL (d) IDWG

29. नीचे चार वर्ण समूह दिए गए हैं जिनमें से तीन किसी संदर्भ में एकसमान हैं और उनमें से एक असंगत है। उस असंगत वर्ण-समूह का चयन करें।
(a) TYE (b) LQW
(c) NSY (d) PUB

30. नीचे चार वर्ण-समूह दिए गए हैं जिनमें से तीन किसी संदर्भ में एकसमान हैं और उनमें से एक असंगत है। उस असंगत वर्ण-समूह का चयन करें।
(a) KPSH (b) DWZA
(c) SHLO (d) JQTO

31. नीचे चार वर्ण-समूह दिए गए हैं, जिनमें से तीन किसी संदर्भ में एकसमान हैं और उनमें से एक असंगत है। उस असंगत वर्ण-समूह चयन करें।
(a) OIDZ (b) JDYU
(c) AUPL (d) ZTOL

32. नीचे चार वर्ण-समूह दिए गए हैं, जिनमें से तीन किसी संदर्भ में एकसमान हैं और उनमें से एक असंगत है। उस असंगत वर्ण-समूह का चयन करें।
(a) DHSP (b) TXCZ
(c) NRJG (d) FJQN

33. नीचे चार वर्ण-समूह दिए गए हैं, जिनमें से तीन किसी संदर्भ में एकसमान हैं और उनमें से एक असंगत है। उस असंगत वर्ण-समूह का चयन करें।
(a) QL (b) KP
(c) MN (d) GT

34. नीचे चार वर्ण-समूह दिए गए हैं, जिनमें से तीन किसी संदर्भ में एकसमान हैं और उनमें से एक असंगत है। उस असंगत वर्ण-समूह का चयन करें।
(a) GDAW (b) SPMJ
(c) CZWT (d) PMJG

35. नीचे चार वर्ण-समूह दिए गए हैं, जिनमें से तीन किसी संदर्भ में एकसमान हैं और उनमें

से एक असंगत है। उस असंगत वर्ण-समूह का चयन करें।

(a) PLI (b) WRO
(c) HDA (d) LHE

36. नीचे चार वर्ण-समूह दिए गए हैं, जिनमें से तीन किसी संदर्भ में एकसमान हैं और उनमें से एक असंगत है। उस असंगत वर्ण-समूह का चयन करें।

(a) RDMI (b) FHWU
(c) TFKG (d) JNCQ

37. चार अक्षर-समूह दिए गए है, जिनमें से तीन किसी-न-किसी तरह समान हैं और एक असमान है। उस असमान अक्षर-समूह का चयन करें।

(a) VINE (b) LAIM
(c) SWJK (d) NOHA

38. चार अक्षर-समूह दिए गए हैं, जिनमें तीन किसी-न-किसी तरह समान हैं और एक असमान है। उस असमान अक्षर-समूह का चयन करें।

(a) ABDGK (b) GHJMP
(c) NOQTX (d) BCEHL

39. चार अक्षर-समूह दिए गए हैं, जिनमें से तीन किसी-न-किसी तरह समान हैं और एक असमान है। उस असमान अक्षर-समूह का चयन करें।

(a) JNQS (b) RSTU
(c) TVXZ (d) ADGJ

40. चार अक्षर-समूह दिए गए है, जिनमें से तीन किसी-न-किसी तरह समान हैं और एक असमान है। उस असमान अक्षर-समूह का चयन करें।

(a) KN (b) LO
(c) AZ (d) GT

41. सूचीबद्ध चार संख्याओं में से तीन किसी तरह से संगत हैं और एक असंगत है असंगत का चयन करें।

(a) 213 (b) 639
(c) 427 (d) 325

42. चार संख्याएँ सूचीबद्ध की गई हैं, इनमें से तीन किसी तरह से संगत हैं और एक असंगत है। असंगत का चयन करें।

118, 146, 182, 226

(a) 146 (b) 182
(c) 118 (d) 226

43. नीचे दिए गए चार विकल्पों में से तीन किसी प्रकार से संगत हैं और एक असंगत है। असंगत का चयन कीजिए।

(a) $\sqrt{3}$ (b) $\sqrt{5}$
(c) $\sqrt{9}$ (d) $\sqrt{7}$

44. उस विकल्प का चयन करें, जो अन्य से भिन्न है।

(a) 512 (b) 729
(c) 256 (d) 343

45. नीचे सूचीबद्ध की गई चार संख्याओं में से तीन किसी प्रकार से संगत हैं और एक असंगत है। असंगत संख्या का चयन करें।

(a) 343 (b) 225
(c) 512 (d) 216

46. नीचे सूचीबद्ध किए गए चार पदों में से तीन किसी प्रकार से संगत हैं और एक असंगत है। असंगत पद का चयन करें।

(a) P19 (b) R22
(c) K14 (d) A4

47. चार भिन्नें दी गई हैं, जिनमें से तीन किसी प्रकार एकसमान हैं और एक असंगत है। उस भिन्न का चयन करें, जो अन्य से असंगत है।

(a) $\frac{65}{16}$ (b) $\frac{62}{15}$
(c) $\frac{49}{12}$ (d) $\frac{37}{9}$

48. चार विकल्प दिए गए हैं, जिनमें से तीन किसी तरह से समान हैं और एक असंगत है। उस विकल्प का चयन करें, जो शेष विकल्पों से असंगत है।

(a) π
(b) $0{\cdot}\overline{45}$
(c) $\sqrt{3}$
(d) 0·120120012000....

49. चार संख्याएँ दी गई हैं, जिनमें से तीन किसी प्रकार से समान हैं और एक असंगत है। असंगत संख्या का चयन करें।

(a) 7 (b) 5
(c) 10 (d) 2

50. नीचे चार संख्या-युग्म दिए गए हैं जिनमें से तीन किसी संदर्भ में एकसमान हैं और उनमें से एक असंगत है। उस असंगत संख्या-युग्म का चयन करें।

(a) 21 : 139 (b) 25 : 167
(c) 27 : 181 (d) 15 : 197

51. नीचे चार संख्या-युग्म दिए गए हैं जिनमें से तीन किसी संदर्भ में एकसमान हैं और उनमें से एक असंगत है। उस असंगत संख्या-युग्म का चयन करें।

(a) 256 : 61
(b) 169 : 55
(c) 324 : 64
(d) 289 : 145

52. नीचे चार संख्या-युग्म दिए गए हैं जिनमें से तीन किसी संदर्भ में एकसमान हैं और उनमें से एक असंगत है। उस असंगत संख्या-युग्म का चयन करें।

(a) 182 : 12
(b) 305 : 16
(c) 461 : 20
(d) 329 : 14

उत्तर (हल/संकेत)

1. (c) कावेरी, कृष्णा और गोदावरी नदी का उद्गम स्थल भारत में है परन्तु ब्रह्मपुत्र नदी का उद्गम स्थल तिब्बत में है। अतः ब्रह्मपुत्र असंगत है।

2. (b) यकृत, आमाशय और बड़ी आंत पाचन तंत्र के अभिन्न अंग हैं जबकि वृक्क एक उत्सर्जी अंग है अतः वृक्क असंगत है।

3. (c) की-बोर्ड, मदरबोर्ड और प्रिंटर ये सभी कंप्यूटर के पार्ट्स हैं जबकि इंटेल कम्प्यूटर के पार्ट्स बनाने वाली कंपनी है। अतः इंटेल असंगत है।

4. (d) राजकोट, अहमदाबाद और सूरत एक शहर का नाम है जबकि गुजरात एक राज्य का नाम है। अतः गुजरात अन्य सभी से असंगत है।

5. (a) न्यायपालिका, कार्यपालिका एवं विधायिका सरकार के तीन अंग हैं ये तीनों मिलकर शासन का कार्य करती हैं जबकि सेना देश की रक्षा करती है। अतः सेना अन्य सभी से असंगत है।

6. (b) एच. डी. एफ. सी., आई. सी. आई. सी. आई. और एस. बी. आई. ये सभी बैंक हैं जबकि आर. बी. आई. बैंकों का बैंक है। अतः आर. बी. आई. अन्य विकल्प से असंगत है।

7. (b) ईंट, पान और हुकुम ताश के खेल में पत्तों के नाम हैं। जबकि मोती नहीं। अतः मोती अन्य सभी विकल्प से असंगत है।

8. (a) कार एक वाहन है, गाजर एक सब्जी है एवं तोता एक पक्षी परन्तु फल एक पेड़ नहीं है अतः फलः पेड़ का युग्म अन्य विकल्प से असंगत है।

9. (b) अमेरिकन फुटबॉल पैर से खेले जाने वाला खेल है जबकि अन्य सभी विकल्प में दिए गए खेल हाथों द्वारा खेले जाते हैं। अतः अमेरिकन फुटबॉल अन्य विकल्प से असंगत है।

10. (a) नर्स, चिकित्सक और दाई एक पेशा है जबकि रोगी पेशा नहीं है अतः रोगी अन्य सभी से असंगत है।

11. (c) शताब्दी, वर्ष और दशक सभी अवधि समय के सूचक हैं अतः समय अन्य सभी विकल्प से असंगत है।

12. (b) उड़ना-तैरना युग्म को छोड़कर अन्य सभी शब्द युग्म एक-दूसरे के विपरीत हैं अतः यह असंगत है।

13. (d) तलना, उबालना और सेंकना ये सभी गर्म करने से संबंधित हैं जबकि काटना अन्य सभी से अलग है। अतः काटना अन्य सभी से असंगत है।

14. (c) कान, नाक और जीभ मनुष्य की ज्ञानेन्द्रियाँ है जबकि पेट नहीं है अतः पेट अन्य सभी से असंगत है।

15. (d) दिन, सप्ताह और महीना की एक निश्चित समयावधि हैं जबकि ऋतु की एक निश्चित समयावधि नहीं है।

16. (b) वायुयान को पायलट, बस को ड्राइवर और टी. वी. को रिमोट द्वारा चलाया जाता है जबकि कार को मैकेनिक द्वारा बनाया जाता है। अतः कार और मैकेनिक अन्य सभी से असंगत है।

17. (b) पेन को लिखने के लिए प्रयोग किया जाता है जबकि अन्य सभी लिखने के कार्य में नहीं आते हैं। अतः सभी से पेन असंगत है।

18. (a) गरबा, झूमर और भांगड़ा ये तीनों नृत्य हैं जबकि कलरीपायट्टू यक युद्ध कला है। अतः कलरीपायट्टु अन्य सभी से असंगत है।

19. (c) तेल, साबुन और शैम्पू को बाल में लगाने और धोने में इस्तेमाल किया जाता है जबकि कंघी को बाल संवारने में इस्तेमाल किया जाता है। अतः अन्य सभी में कंघी असंगत है।

20. (c) एयर डेक्कन, जेट एयरवेज और किंगफिशर एयरलाइन्स वर्तमान समय में तीनों का संचालन बन्द है और इंडिगो एयरलाइन्स का संचालन जारी है। अतः इंडिगो एयरलाइन्स असंगत है।

21. (a)

Z $\xrightarrow{-5}$ U, B $\xrightarrow{+6}$ H, N $\xrightarrow{-9}$ E

P $\xrightarrow{+5}$ U, S $\xrightarrow{+6}$ Y, D $\xrightarrow{+7}$ K

S $\xrightarrow{+5}$ X, J $\xrightarrow{+6}$ P, F $\xrightarrow{+7}$ M

N $\xrightarrow{+5}$ S, R $\xrightarrow{+6}$ X, B $\xrightarrow{+7}$ I

अतः विकल्प (a) असंगत है।

22. (d)

V Y X W (Y $\xrightarrow{-2}$ W, V $\xrightarrow{+2}$ X)

J M L K (M $\xrightarrow{-2}$ K, J $\xrightarrow{+2}$ L)

P S R Q (S $\xrightarrow{-2}$ Q, P $\xrightarrow{+2}$ R)

C G E F (G $\xrightarrow{-1}$ F, C $\xrightarrow{+2}$ E)

अतः विकल्प (d) असंगत है।

23. (a) O $\xrightarrow{+1}$ P $\xrightarrow{+1}$ Q $\xrightarrow{+1}$ R

E $\xrightarrow{+1}$ F $\xrightarrow{-3}$ C $\xrightarrow{+1}$ D

I $\xrightarrow{+1}$ J $\xrightarrow{-3}$ G $\xrightarrow{+1}$ H

M $\xrightarrow{+1}$ N $\xrightarrow{-3}$ K $\xrightarrow{+1}$ L

अतः विकल्प (a) असंगत है।

24. (c) E $\xrightarrow{+4}$ I $\xrightarrow{+2}$ K

C $\xrightarrow{+4}$ G $\xrightarrow{+2}$ I

F $\xrightarrow{+2}$ H $\xrightarrow{+2}$ J

A $\xrightarrow{+4}$ E $\xrightarrow{+2}$ G

अतः विकल्प (c) असंगत है।

25. (b)

B A Y Z (A → Z विपरीत, B → Y विपरीत)

D C W V (C → V विपरीत, D → W विपरीत)

F E U V (E → V विपरीत, F → U विपरीत)

H G S T (G → T विपरीत, H → S विपरीत)

26. (a)

M N (+1), P O (−1), I K (+2), J L (+2)

A C (+2), B D (+2), E G (+2), F H (+2)

अतः विकल्प (a) असंगत है।

27. (c) L $\xrightarrow{+2}$ N $\xrightarrow{-4}$ J $\xrightarrow{-1}$ I

R $\xrightarrow{+2}$ T $\xrightarrow{-4}$ P $\xrightarrow{-1}$ O

F $\xrightarrow{+2}$ H $\xrightarrow{-4}$ D $\xrightarrow{-2}$ B

D $\xrightarrow{+2}$ F $\xrightarrow{-4}$ B $\xrightarrow{-1}$ A

अतः विकल्प (c) असंगत है।

28. (c) E M N K

↓ ↓ ↓ ↓

5 + 13 + 14 + 11 = 43

B T G N

↓ ↓ ↓ ↓

2 + 20 + 7 + 14 = 43

E J Q L

↓ ↓ ↓ ↓

5 + 10 + 17 + 12 = 44

I D W G

↓ ↓ ↓ ↓

2 + 20 + 7 + 14 = 43

अतः विकल्प (c) असंगत है।

29. (d)

T $\xrightarrow{+5}$ Y $\xrightarrow{+6}$ E L $\xrightarrow{+5}$ Q $\xrightarrow{+6}$ W

N $\xrightarrow{+5}$ S $\xrightarrow{+6}$ Y P $\xrightarrow{+5}$ U $\xrightarrow{+7}$ B

अतः विकल्प (d) असंगत है।

30. (c)

K $\xrightarrow{\text{विपरीत}}$ P $\xrightarrow{+3}$ S $\xrightarrow{\text{विपरीत}}$ H

D $\xrightarrow{\text{विपरीत}}$ W $\xrightarrow{+3}$ Z $\xrightarrow{\text{विपरीत}}$ A

S $\xrightarrow{\text{विपरीत}}$ H $\xrightarrow{+4}$ L $\xrightarrow{\text{विपरीत}}$ O

J $\xrightarrow{\text{विपरीत}}$ Q $\xrightarrow{+3}$ T $\xrightarrow{\text{विपरीत}}$ G

अतः विकल्प (c) असंगत है।

31. (d) O I D Z

↓ ↓ ↓ ↓

15 + 9 + 4 + 26 = 54

J D Y U

↓ ↓ ↓ ↓

10 + 4 + 25 + 21 = 60

A U P L

↓ ↓ ↓ ↓

1 + 21 + 16 + 12 = 50

Z T O L

↓ ↓ ↓ ↓

26 + 20 + 15 + 12 = 73

अतः विकल्प (d) असंगत है।

32. (c) D H S P

↓ ↓ ↓ ↓

4 + 8 + 19 + 16 = 47

T X C Z

↓ ↓ ↓ ↓

20 + 24 + 3 + 26 = 73

N R J G

↓ ↓ ↓ ↓

14 + 18 + 10 + 7 = 49

F J Q N

↓ ↓ ↓ ↓

6 + 10 + 17 + 14 = 47

विकल्प (c) का योग भाज्य संख्या है अन्य सभी अभाज्य संख्या है।

33. (a) Q L

↓ ↓

17 + 12 = 29

K P

↓ ↓

11 + 16 = 27

M N → 13 + 14 = 27, G T → 7 + 20 = 27

अत: विकल्प (a) असंगत है।

34. (a) $G \xrightarrow{-3} D \xrightarrow{-3} A \xrightarrow{-4} W$

$S \xrightarrow{-3} P \xrightarrow{-3} M \xrightarrow{-3} J$

$C \xrightarrow{-3} Z \xrightarrow{-3} W \xrightarrow{-3} T$

$P \xrightarrow{-3} M \xrightarrow{-3} J \xrightarrow{-3} G$

अत: विकल्प (a) असंगत है।

35. (b) $P \xrightarrow{-4} L \xrightarrow{-3} I$

$W \xrightarrow{-5} R \xrightarrow{-3} O$

$H \xrightarrow{-4} D \xrightarrow{-3} A$

$L \xrightarrow{-4} H \xrightarrow{-3} E$

अत: विकल्प (b) असंगत है।

36. (b) R D M I → 18 + 4 + 13 + 9 = 44

F H W U → 6 + 8 + 23 + 21 = 58

T F K G → 20 + 6 + 11 + 7 = 44

J N C Q → 10 + 14 + 3 + 17 = 44

अत: विकल्प (b) असंगत है।

37. (c) विकल्प (c) को छोड़कर, अन्य सभी विकल्पों में दो अक्षर Vowel एवं दो अक्षर Consonant हैं।

38. (b)

$A \xrightarrow{+1} B \xrightarrow{+2} D \xrightarrow{+3} G \xrightarrow{+4} K$

$G \xrightarrow{+1} H \xrightarrow{+2} J \xrightarrow{+3} M \xrightarrow{+3} P$

$N \xrightarrow{+1} O \xrightarrow{+2} Q \xrightarrow{+3} T \xrightarrow{+4} X$

$B \xrightarrow{+1} C \xrightarrow{+2} E \xrightarrow{+3} H \xrightarrow{+4} L$

अत: विकल्प (b) असंगत है।

39. (a) $J \xrightarrow{+4} N \xrightarrow{+3} Q \xrightarrow{+2} S$

$R \xrightarrow{+1} S \xrightarrow{+1} T \xrightarrow{+1} U$

$T \xrightarrow{+2} V \xrightarrow{+2} X \xrightarrow{+2} Z$

$A \xrightarrow{+3} D \xrightarrow{+3} G \xrightarrow{+3} J$

अत: विकल्प (a) असंगत है।

40. (a) KN को छोड़कर अन्य सभी युग्म एक-दूसरे के विपरीत अक्षर हैं।

41. (c) 5तीसरी संख्या – पहली संख्या = दूसरी संख्या

$213 = 213 \Rightarrow 3 - 2 = 1$

$639 = 639 \Rightarrow 9 - 6 = 3$

$427 = 427 \Rightarrow 7 - 4 \neq 2$

$325 = 325 \Rightarrow 5 - 3 = 2$

अत: 427 संख्या असंगत है।

42. (b) $\frac{118}{2} = 59$

$\frac{146}{2} = 73$

$\frac{182}{2} = 91 = 13 \times 7$

$\frac{226}{2} = 113$

सभी संख्या को 2 से विभाजित किया जाता है तो प्राप्त संख्या 182 को छोड़कर अन्य सभी संख्या से एक अभाज्य संख्या प्राप्त है। अत: 182 असंगत है।

43. (c) $\sqrt{9}$ एक परिमेय संख्या है जबकि अन्य सभी अपरिमेय संख्या है।

44. (c) 256, 16 का वर्ग है जबकि अन्य सभी किसी-न-किसी संख्या का घन है जबकि 256 असंगत है।

45. (b) दी गई संख्याओं में 225, 15 का वर्ग है, जबकि अन्य सभी किसी-न-किसी संख्या का घन है। अत: 225 असंगत संख्या है।

46. (b) $P \rightarrow 16 + 3 = 16$

$R \rightarrow 18 + 4 = 22$

$K \rightarrow 11 + 3 = 14$

$A \rightarrow 1 + 3 = 4$

अत: R 22 एक असंगत पद है।

47. (b) $\frac{65}{16}$) × 4 + 1

$\frac{62}{15}$) × 4 + 2

$\frac{49}{12}$) × 4 + 1

$\frac{37}{9}$) × 4 + 1

अत: विकल्प (b) असंगत है।

48. (b) $\pi = 3{\cdot}14159 - \sqrt{3} = 1{\cdot}7320...$ एवं $0{\cdot}120120012000....$ एक प्रकार का Non terminating & Non-Repeating Decimal की श्रेणी में आता है। अत: यह $\frac{P}{Q}$ के रूप में बदला नहीं जा सकता है इसलिए ये सभी अपरिमेय संख्या है जबकि $0{\cdot}\overline{45}$ एक Non-terminating and Repeating Decimal है और इसे $\frac{p}{q}$ के रूप में बदला जा सकता है। जो कि $0{\cdot}\overline{45} = \frac{45}{100-1} = \frac{45}{99}$ जो कि $\frac{p}{q}$ के रूप में है। अत: यह एक परिमेय संख्या है विकल्प (b) असंगत है।

49. (c) केवल संख्या 10 भाज्य संख्या है अन्य सभी अभाज्य संख्या है।

50. (d) $(21 \times 7) - 8 = 147 - 8 = 139$

$(25 \times 7) - 8 = 175 - 8 = 167$

$(27 \times 7) - 8 = 189 - 8 = 181$

$(15 \times 7) - 8 = 105 - 8 = 97 \neq 197$

अत: (d) असंगत है।

51. (c) $256 = (2 \times 5 \times 6) + 1 = 61$

$169 = (1 \times 6 \times 9) + 1 = 55$

$324 = (3 \times 2 \times 4) + 1$

$= 25 \neq 64$

$289 = (2 \times 8 \times 9) + 1 = 145$

अत: (c) असंगत है।

52. (a) विकल्प (a) में बायें एवं दायें दोनों ओर सम संख्याएँ हैं जबकि अन्य तीन विकल्पों में बाएँ एवं दाएँ दोनों ओर विसम संख्याएँ है।

❑❑❑

11

अध्याय

शब्दों का तार्किक क्रम

शब्दों का ऐसा सार्थक क्रम जो सर्वमान्य मान्यताओं एवं प्रकृति के अनुरूप के क्रम में हो उसे ही शब्दों का तर्कसंगत रूप कहा जाता है। इस प्रकार के प्रश्नों में चार, पाँच या छः शब्द दिये होते हैं, इन्हीं के आधार पर शब्दों को तार्किक क्रम में व्यवस्थित करना होता है। प्रश्नों को हल करने के लिए शब्दों को दो प्रकार से व्यवस्थित कर सकते हैं– आरोही क्रम और अवरोही क्रम।

शब्दों को दो प्रकार से व्यवस्थित कर सकते हैं।

(1) शब्दों का तार्किक क्रम– शब्दों का क्रम उनके आकार, आयु, आवश्यकता के आरोही एवं अवरोही क्रम से संबंधित होते है। विकल्पों में से उस विकल्प का चयन करना होता है, जो दिए गए शब्दों के सही तार्किक क्रम को दर्शाता है। **उदाहरण–**

1. दिए गए विकल्पों में से कौन-सा निम्नलिखित शब्दों का सार्थक आरोही क्रम दर्शाएगा?

(1) परिवीक्षा (2) साक्षात्कार
(3) चयन (4) नियुक्ति
(5) विज्ञापन

(a) 5, 3, 2, 1, 4 (b) 5, 4, 2, 3, 1
(c) 5, 4, 1, 2, 3 (d) 5, 2, 3, 4, 1

हल : (a) विज्ञापन, साक्षात्कार, चयन, नियुक्ति, परिवीक्षा
5 4 3 1 2

2. दिए गए विकल्पों में से कौन-सा विकल्प नीचे दिए हुए शब्दों का सार्थक अवरोही क्रम दर्शाता है?

(1) मेजर (2) कप्तान
(3) कर्नल (4) ब्रिगेडियर
(5) लेफ्टिनेन्ट जनरल

(a) 5, 4, 3, 1, 2 (b) 5, 1, 4, 2, 3
(c) 4, 5, 1, 3, 2 (d) 3, 4, 2, 5, 1

हल : (a) लेफ्टिनेंट जनरल, ब्रिगेडियर, कर्नल, मेजर, कप्तान
5 4 3 1 2

3. निम्नलिखित को एक क्रमबद्ध व्यवस्था में अनुक्रमित करें।

(1) फल (2) जड़ें
(3) तना (4) पत्तियाँ
(5) फूल (6) शाखाएँ

(a) 2, 3, 6, 4, 5, 1 (b) 3, 2, 5, 1, 6, 4
(c) 3, 2, 5, 1, 6, 4 (d) 2, 3, 6, 1, 4, 5

हल : (a) जड़े, तना, शाखाएँ, पत्तियाँ, फूल, फल
2 3 6 4 5 1

4. तार्किक क्रम में व्यवस्थित कीजिए।

(1) सलाह (2) बीमारी
(3) चिकित्सक (4) उपचार

(a) 2, 3, 1, 4 (b) 2, 3, 4, 1
(c) 4, 3, 1, 2 (d) 1, 4, 3, 2

हल : (a) बीमारी, चिकित्सक, सलाह, उपचार
2 3 1 4

(2) अंग्रेजी शब्दकोश के अनुसार शब्दों का क्रम– इस प्रकार के प्रश्नों में शब्दों के समूह अथवा अक्षर के वर्णमाला क्रम में व्यवस्थित करने की प्रक्रिया ही शब्दकोश का क्रम कहा जाता है।

इसके अन्तर्गत प्रश्नों में चार, पाँच या छः अंग्रेजी के शब्द दिए गए होते हैं, जो वर्णमाला के क्रम में नहीं होते हैं। इन्हीं शब्दों को वर्णमाला के क्रम के अनुसार व्यवस्थित किया जाता है। **उदाहरण–**

1. निम्नलिखित शब्दों को शब्दकोश में आने वाले क्रम के अनुसार लिखें।

(1) Range (2) Radar
(3) Race (4) Rack
(5) Rant

(a) 34215 (b) 34251
(c) 32415 (d) 32421

हल : (a) शब्दकोश के अनुसार क्रम
Race Rack Radar Range Rant
3 4 2 1 5

2. निम्नलिखित शब्दों की शब्दकोश में आने वाले क्रम के अनुसार लिखें।

I. Examination II. Explicit
III. Expenditure IV. Experience

(a) I, IV, III, II (b) I,II, III, IV
(c) I, IV, II, III (d) I, III, IV, II

हल : (d) Examination, Expenditure, Experience, Explicit
I III IV II

3. कौन-सा शब्द अंग्रेजी शब्दकोश में पहले आता है?

(a) Carrom (b) Cramming
(c) Carrier (d) Cartoon

हल : (c) शब्दकोश के अनुसार शब्दों की व्यवस्था

Carrier Carrom Cartoon Cramming
3 1 4 2

4. निम्नलिखित शब्दों को शब्दकोश में दिए गए क्रम के अनुसार व्यवस्थित करें।

(A) extol (B) extinct
(C) extra (D) extort

(a) A, B, C, D (b) B, A, D, C
(c) D, C, A, B (d) A, D, B, C,

हल : (b) शब्दकोश के अनुसार शब्दों का क्रम
Extinct Extol Extort Extra
B A D C

प्रश्नमाला

1. निम्नलिखित को एक सार्थक क्रम में व्यवस्थित करें-
   A. रोग B. उपचार
   C. संक्रमण D. स्वास्थ्य लाभ
   E. रोग निदान
   (a) D → B → E → C → A
   (b) C → A → E → B → D
   (c) C → E → A → B → D
   (d) A → C → B → D → E
2. निम्नलिखित को सार्थक क्रम में व्यवस्थित करें-
   A. प्यूपा B. पूर्ण कीट
   C. लार्वा D. अंडा
   (a) D → C → B → A
   (b) C → D → A → B
   (c) D → C → A → B
   (d) A → C → D → B
3. निम्नलिखित को तर्कसंगत क्रम में व्यवस्थित करें-
   A. बिहार B. नागालैंड
   C. उत्तर प्रदेश D. राजस्थान
   E. असम
   (a) C → D → A → E → B
   (b) C → D → B → A → E
   (c) D → C → E → A → B
   (d) D → C → A → E → B
4. दिए गए विकल्पों में से, उस अनुक्रम का चयन कीजिए, जो निम्नलिखित शब्दों को सर्वोत्तम ढंग से सार्थक क्रम में व्यवस्थित करता है।
   1. परिवार 2. विश्व
   3. व्यक्ति 4. समुदाय
   5. देश
   (a) 3, 1, 4, 5, 2 (b) 3, 1, 5, 4, 2
   (c) 4, 5, 3, 2, 1 (d) 5, 1, 4, 3, 2
5. निम्नलिखित संख्याओं को आरोही क्रम में व्यवस्थित कीजिए।
   1. –0.96 2. 0.83
   3. 0.24 4. –0.64
   5. 0.58
   (a) 4, 1, 3, 5, 2 (b) 2, 5, 3, 4, 1
   (c) 1, 4, 3, 5, 2 (d) 3, 5, 4, 2, 1
6. दिए गए विकल्पों में से, उस एक विकल्प का चयन कीजिए, जिसमें नीचे दिए गए शब्दों का सार्थक क्रम में व्यवस्थित किया गया है।
   1. पेंट 2. योजना
   3. फर्निश 4. बनाना
   5. रहना
   (a) 2, 4, 5, 1, 3 (b) 2, 3, 5, 1, 4
   (c) 2, 1, 4, 3, 5 (d) 2, 4, 1, 3, 5
7. दिए गए विकल्पों में से, उस एक विकल्प का चयन कीजिए, जिसमें नीचे दिए गए शब्दों को सार्थक क्रम में व्यवस्थित किया गया है।
   1. ब्रह्मांड 2. पृथ्वी
   3. आकाशगंगा 4. मानव
   (a) 1, 2, 4, 3 (b) 1, 2, 3, 4
   (c) 1, 3, 2, 4 (d) 1, 3, 4, 2
8. निम्नलिखित शब्दों को एक तार्किक रूप में छोटे से बड़े के क्रम में व्यवस्थित करें।
   1. मगरमच्छ 2. छिपकली
   3. व्हेल 4. घरेलू मक्खी
   4. बन्दर
   (a) 4, 2, 5, 1, 3
   (b) 3, 5, 4, 1, 2
   (c) 4, 5, 2, 1, 3
   (d) 4, 3, 2, 1, 5
9. निम्नलिखित शब्दों को तार्किक और अर्थपूर्ण क्रम में व्यवस्थित करें-
   1. एकड़ 2. वर्ग गज
   3. वर्ग इंच 4. हेक्टेयर
   5. वर्ग फीट
   (a) 3, 5, 1, 2, 4
   (b) 3, 5, 2, 4, 1
   (c) 3, 5, 1, 4, 2
   (d) 3, 5, 2, 1, 4
10. निम्नलिखित शब्दों को एक तार्किक और अर्थपूर्ण क्रम में व्यवस्थित करें।
    1. भूमिका निर्धारण
    2. अभिनय
    3. फिल्म की शूटिंग
    4. फाइनल फिल्म
    5. संपादन
    (a) 3, 2, 1, 4, 5
    (b) 4, 3, 5, 1, 2
    (c) 1, 2, 3, 5, 4
    (d) 3, 1, 2, 5, 4
11. निम्नलिखित शब्दों को एक तार्किक और अर्थपूर्ण क्रम में व्यवस्थित करें।
    1. नाक 2. माथा
    3. ठोड़ी 4. कमर
    5. छाती
    (a) 2, 1, 3, 5, 4
    (b) 2, 3, 1, 4, 5
    (c) 2, 4, 1, 5, 3
    (d) 3, 2, 4, 2, 1
12. उस विकल्प का चयन करें, जो दिए गए शब्दों के तार्किक एवं अर्थपूर्ण क्रम विन्यास को दर्शाता है।
    1. किलोग्राम 2. ग्राम
    3. क्विंटल 4. डेसीग्राम
    5. मिलीग्राम
    (a) 4, 5, 2, 1, 3
    (b) 4, 5, 2, 3, 1
    (c) 5, 2, 4, 1, 3
    (d) 5, 4, 2, 1, 3
13. उस विकल्प का चयन करें, जो निम्न शब्दों के तार्किक एवं अर्थपूर्ण क्रम विन्यास को दर्शाता है।
    1. मैना 2. चील
    3. हमिंगबर्ड 4. कोयल
    5. बुलबुल
    (a) 3, 5, 1, 2, 4 (b) 3, 5, 4, 1, 2
    (c) 5, 3, 1, 4, 2 (d) 3, 5, 1, 4, 2
14. निम्नलिखित शब्दों को एक अर्थपूर्ण क्रम में व्यवस्थित करें।
    1. प्रबंधन 2. मजदूर
    3. महाप्रबंधक 4. सुपरवाइजर
    5. मालिक
    (a) 3, 5, 4, 1, 2 (b) 1, 3, 5, 2, 4
    (c) 4, 3, 2, 1, 5 (d) 5, 3, 1, 4, 2
15. वह सही विकल्प चुनें जो निम्नलिखित शब्दों को एक तार्किक और सार्थक क्रम में व्यवस्थित करता हो।
    1. भोजनालय
    2. भोजन करना
    3. भोजन बनाना
    4. भोजन का ऑर्डर करना
    5. भोजन परोसना
    (a) 1, 2, 3, 5, 4 (b) 1, 4, 3, 5, 2
    (c) 4, 5, 3, 2, 1 (d) 1, 3, 4, 2, 5
16. उस विकल्प का चयन करें जो निम्न शब्दों के तार्किक एवं अर्थपूर्ण क्रम विन्यास को दर्शाता है।
    1. परीक्षण
    2. आवेदन
    3. साक्षात्कार
    4. जॉब ऑफर (नौकरी प्रस्ताव)
    5. नियुक्ति

(a) 1, 3, 2, 4, 5
(b) 2, 4, 1, 5, 3
(c) 3, 1, 5, 4, 2
(d) 2, 1, 3, 4, 5

17. निम्नलिखित नामों को तार्किक और अर्थपूर्ण क्रम में व्यवस्थित करें–
1. मोजे 2. गले की टाई
3. पट्टा 4. चश्मा
5. बाजूबंद
(a) 4, 2, 3, 5, 1 (b) 4, 2, 3, 1, 5
(c) 4, 3, 2, 5, 1 (d) 4, 2, 5, 3, 1

18. निम्नलिखित शब्दों को तार्किक और अर्थपूर्ण क्रम में व्यवस्थित करें–
1. गला 2. मूत्राशय
3. पुतली 4. यकृत
5. बाह्य कर्ण
(a) 3, 5, 1, 2, 4 (b) 3, 5, 1, 4, 2
(c) 5, 3, 1, 2, 4 (d) 5, 3, 1, 4, 2

19. निम्नलिखित शब्दों को एक तार्किक और अर्थपूर्ण क्रम में व्यवस्थित करें–
1. पत्र 2. उपग्रह
3. टेलीफोन 4. स्मार्टफोन
(a) 4, 3, 1, 2 (b) 3, 1, 2, 4
(c) 1, 3, 4, 2 (d) 3, 2, 1, 4

20. निम्नलिखित शब्दों को तार्किक और अर्थपूर्ण क्रम में व्यवस्थित करें–
1. कक्षा 2. प्रवेश
3. परिणाम 4. परीक्षा
5. अंकन
(a) 2, 1, 5, 3, 4 (b) 5, 3, 4, 1, 2
(c) 3, 4, 2, 1, 5 (d) 2, 1, 4, 5, 3

21. निम्नलिखित शब्दों को उस क्रम में व्यवस्थित करें, जैसे वे अंग्रेजी शब्दकोश में आते हैं।
1. **Realistic** 2. **Realism**
3. **Restore** 4. **Research**
5. **Resurge**
(a) 1, 2, 4, 3, 5 (b) 2, 1, 4, 5, 3
(c) 2, 1, 3, 4, 5 (d) 2, 1, 4, 3, 5

22. उस विकल्प का चयन करें, जो दिए गए शब्दों के उस क्रम को दर्शाता है, जिस क्रम में वे अंग्रेजी शब्दकोश में आते हैं।
1. **Pristine** 2. **Precious**
3. **Pressure** 4. **Presume**
5. **Precauton**
(a) 5, 3, 2, 4, 1 (b) 5, 2, 3, 4, 1
(c) 5, 2, 4, 3, 1 (d) 1, 2, 3, 4, 5

23. उस विकलप का चयन करें, जो दिए गए शब्दों के उस क्रम को दर्शाता है, जिसमें वे अंग्रेंजी शब्दकोश में आते हैं।
1. **Boatyard** 2. **Boathouse**
3. **Boater** 4. **Boatman**
5. **Boating**
(a) 2, 5, 3, 1, 4 (b) 3, 2, 5, 1, 4
(c) 2, 3, 5, 4, 1 (d) 3, 2, 5, 4, 1

24. वह सही विकल्प चुनें जो दिए गए शब्दों को उस क्रम में दर्शाता है जिसमें वे अंग्रेजी शब्दकोश में आते हैं।
1. **Freeze** 2. **Freedom**
3. **Fryer** 4. **Frozen**
5. **Fraud** 6. **Frige**
(a) 5, 6, 2, 1, 4, 3
(b) 5, 2, 1, 6, 4, 3
(c) 5, 2, 1, 6, 3, 4
(d) 5, 1, 2, 6, 4, 3

25. वह सही विकल्प चुनें जो दिए गए शब्दों को उस क्रम में दर्शाता है जिस क्रम में वे अंग्रेजी शब्दकोश में आते हैं।
1. **Recreation** 2. **Recede**
3. **Recorder** 4. **Recliner**
5. **Reconcile** 6. **Recognition**
(a) 2, 4, 6, 5, 3, 1
(b) 2, 4, 5, 6, 3, 1
(c) 2, 4, 5, 6, 1, 3
(d) 4, 2, 6, 5, 3, 1

26. वह सही विकल्प चुनें जो दिए गए शब्दों को उस क्रम में दर्शाता है जिस क्रम में वे अंग्रेजी शब्दकोश में आते हैं।
1. **Multifocal**
2. **Movement**
3. **Multinormial**
4. **Moviemaker**
5. **Mutual fund**
(a) 4, 2, 3, 1, 5 (b) 1, 5, 2, 3, 4
(c) 4, 2, 1, 3, 5 (d) 2, 4, 1, 3, 5

27. उस विकल्प का चयन करें, जो दिए गए शब्दों का अंग्रेजी शब्दकोश में सही क्रम निरूपित करता है।
1. **Rubric** 2. **Ruminate**
3. **Rose** 4. **Reader**
5. **Reap**
(a) 4, 5, 3, 1, 2 (b) 4, 3, 5, 1, 2
(c) 4, 5, 3, 2, 1 (d) 4, 5, 1, 3, 2

28. उस विकल्प का चयन करें, जो दिए गए शब्दों को उस क्रम में दर्शाता है जिस क्रम में वे अंग्रेजी शब्दकोश में आते हैं।
1. **Flexible** 2. **Flower**
3. **Flooring** 4. **Flood**
5. **Floater**
(a) 1, 5, 3, 4, 2 (b) 1, 5, 4, 3, 2
(c) 2, 5, 4, 3, 1 (d) 3, 5, 4, 2, 1

29. निम्नलिखित शब्दों को उस क्रम में व्यवस्थित करें जैसे वे अंग्रेजी शब्दकोश में आते हैं।
1. **Temper** 2. **Temple**
3. **Tamarind** 4. **Tender**
5. **Tenacity**
(a) 3, 2, 1, 4, 5 (b) 1, 3, 2, 5, 4
(c) 3, 1, 2, 5, 4 (d) 3, 1, 5, 4, 2

30. निम्नलिखित शब्दों को उस क्रम में व्यवस्थित करें, जैसे वे अंग्रेजी शब्दकोश में आते हैं।
1. **Decipher** 2. **Decide**
3. **Decline** 4. **Deceive**
5. **Decimal** 6. **Decision**
(a) 4, 5, 2, 1, 6, 3
(b) 4, 3, 2, 1, 5, 6
(c) 4, 2, 5, 1, 6, 3
(d) 3, 5, 4, 1, 6, 2

31. निम्नलिखित शब्दों को उस क्रम में व्यवस्थित करें, जैसे वे अंग्रेजी शब्दकोश में आते हैं।
1. **Category** 2. **Caption**
3. **Captain** 4. **Capsule**
5. **Capacity**
(a) 5, 4, 1, 3, 2 (b) 5, 4, 3, 1, 2
(c) 5, 4, 3, 2, 1 (d) 4, 5, 3, 2, 1

32. निम्नलिखित शब्दों को उस क्रम में व्यवस्थित करें, जैसे वे अंग्रेजी शब्दकोश में आते हैं।
1. **Gemlike** 2. **Geminate**
3. **Gemmier** 4. **Geminal**
5. **Gemini**
(a) 4, 3, 2, 1, 5 (b) 3, 5, 4, 1, 2
(c) 4, 5, 2, 1, 3 (d) 4, 2, 5, 1, 3

33. यदि निम्नलिखित शब्दों को अंग्रेजी शब्दकोश में उनके क्रम के अनुसार व्यवस्थित किया जाए तो निम्नलिखित में से कौन-सा शब्द अनुक्रम में तीसरा आएगा ?
1. **Isomer** 2. **Isoline**
3. **Isotope** 4. **Isolate**
5. **Isologs** 6. **Isonomy**
(a) Isoline (b) Isologs
(c) Isomer (d) Isolate

34. निम्नलिखित शब्दों को उस क्रम में व्यवस्थित करें, जैसे वे अंग्रेजी शब्दकोश में आते हैं।
1. **Rightly** 2. **Rigidly**
3. **Righteous** 4. **Rigour**
5. **Rights**
(a) 3, 1, 5, 2, 4 (b) 3, 1, 5, 4, 2
(c) 3, 5, 1, 4, 2 (d) 1, 3, 5, 2, 4

35. निम्नलिखित शब्दों को उस क्रम में व्यवस्थित करें, जैसे वे अंग्रेजी शब्दकोश में आते हैं।
1. **Appear** 2. **Apparent**
3. **Apostle** 4. **Apology**
5. **Appetite**
(a) 5, 3, 4, 1, 2 (b) 4, 3, 2, 1, 5
(c) 3, 5, 4, 1, 2 (d) 5, 4, 3, 1, 2

36. निम्नलिखित शब्दों को उस क्रम में व्यवस्थित करें, जैसे वे अंग्रेजी शब्दकोश में आते हैं।

1. General 2. Gender
3. Gasket 4. Genial
5. Gather

(a) 4, 3, 2, 1, 5 (b) 3, 5, 2, 4, 1
(c) 5, 3, 2, 1, 4 (d) 3, 5, 2, 1, 4

37. निम्नलिखित शब्दों को उस क्रम में व्यवस्थित करें जिस क्रम में वे अंग्रेजी शब्दकोश में आते हैं।

1. Meticulous 2. Metric
3. Method 4. Mettle
5. Meter

(a) 5, 3, 1, 4, 2 (b) 5, 1, 3, 2, 4
(c) 3, 4, 5, 1, 2 (d) 5, 3, 1, 2, 4

38. अंग्रेजी शब्दकोश वर्णक्रम के अनुसार निम्नलिखित शब्दों को व्यवस्थित करें।

1. Chairman 2. Challan
3. Chaos 4. Champion
5. Changing

(a) 1, 2, 4, 5, 3 (b) 1, 4, 2, 3, 5
(c) 1, 3, 4, 2, 5 (d) 1, 2, 3, 4, 5

39. अंग्रेजी शब्दकोश वर्णक्रम के अनुसार निम्नलिखित शब्दों को व्यवस्थित करें।

1. Master 2. Marvel
3. Market 4. Marker
5. Marble 6. Margin

(a) 6, 5, 4, 2, 1, 3
(b) 5, 6, 4, 3, 2, 1
(c) 5, 6, 4, 3, 1, 2
(d) 5, 4, 6, 3, 2, 1

40. अंग्रेजी शब्दकोश वर्णक्रम के अनुसार निम्नलिखित शब्दों को व्यवस्थित करें।

1. Mercury 2. Earth
3. Jupiter 4. Venus
5. Mars

(a) 1, 4, 2, 3, 5 (b) 2, 3, 1, 5, 4
(c) 4, 2, 5, 3, 1 (d) 2, 3, 5, 1, 4

41. निम्नलिखित गतिविधियों को तार्किक और सार्थक क्रम में व्यवस्थित करें।

1. घड़ी में अलार्म लगाना
2. प्रश्न पत्र हल करना
3. अलार्म की घंटी बजना
4. परीक्षा केंद्र पर पहुँचना
5. कपड़े पहनकर तैयार होना
6. उत्तर पुस्तिका लौटाना

(a) 1, 3, 4, 5, 2, 6
(b) 3, 1, 5, 4, 2, 6
(c) 1, 3, 5, 4, 6, 2
(d) 1, 3, 5, 4, 2, 6

42. निम्नलिखित गतिविधियों को तार्किक और सार्थक क्रम में व्यवस्थित करें।

1. विवाह सभागृह निश्चित करना
2. विवाह का दिन तय करना
3. मेहमानों को आमंत्रित करना
4. विवाह समारोह संपन्न होना
5. निमंत्रण कार्ड की छपाई करना

(a) 2, 1, 3, 4, 5 (b) 1, 2, 3, 5, 4
(c) 2, 1, 3, 5, 4 (d) 2, 1, 5, 3, 4

43. निम्नलिखित गतिविधियों को तार्किक और सार्थक क्रम में व्यवस्थित करें।

1. टेलीविजन ऑडियों में दोष मिलना
2. पुनः आनंद लेना शुरू करना
3. मैकेनिक से संपर्क करना
4. टेलीविजन की मरम्मत का काम पूरा होना
5. टेलीविजन को शुरू करना

(a) 5, 1, 4, 2, 3 (b) 5, 1, 3, 4, 2
(c) 4, 5, 1, 3, 2 (d) 3, 5, 1, 2, 4

44. निम्नलिखित गतिविधियों की व्यवस्था को तार्किक और सार्थक क्रम दर्शाने के लिए सही विकल्प का चयन करें।

1. आवेदन प्रपत्र भरना
2. बैंक खाता खोलना
3. आवश्यक दस्तावेज जमा करना
4. खाता बंद करना
5. पैसे जमा करना और निकालना

(a) 1, 3, 5, 2, 4 (b) 1, 3,. 2, 5, 4
(c) 2, 5, 4, 1, 3 (d) 1, 3, 2, 4, 5

45. निम्नलिखित गतिविधियों को तार्किक और सार्थक क्रम में व्यवस्थित करें।

1. वापसी यात्रा
2. यात्रा व्यवस्थाएँ
3. होटल में ठहरना
4. दर्शनीय स्थलों की यात्रा
5. गंतव्य पर पहुँचना

(a) 2, 5, 3, 4, 1 (b) 5, 3, 4, 2, 1
(c) 2, 5, 3, 1, 4 (d) 3, 2, 5, 4, 1

46. निम्नलिखित वाक्यांशों के तार्किक और सार्थक क्रम में इंगित करने वाली सही विकल्प को चुनें।

1. दुनिया
2. मुंबई
3. गेटवे ऑफ इंडिया
4. एशिया
5. महाराष्ट्र
6. भारत

(a) 3, 2, 5, 6, 1, 4
(b) 3, 2, 6, 5, 4, 1
(c) 3, 2, 5, 4, 6, 1
(d) 3, 2, 5, 6, 4, 1

47. निम्नलिखित वाक्यांशों के तार्किक और सार्थक क्रम में इंगित करने वाली सही विकल्प को चुनें।

1. संगठन में रिक्त पद
2. आवेदन प्राप्त करना
3. लिखित परीक्षा और साक्षात्कार आयोजित करना
4. पद के लिए आवदेन आमंत्रित करना
5. चयनित उम्मीदवारों को नौकरी की पेशकश
6. नियुक्ति और व्यवाहारिक प्रशिक्षण

(a) 1, 4, 2, 3, 5, 6
(b) 1, 4, 3, 2, 5, 6
(c) 4, 1, 5, 2, 6, 3
(d) 4, 1, 3, 5, 2, 6

48. निम्नलिखित गतिविधियों को तार्किक और सार्थक क्रम में व्यवस्थित करें।

1. पंचवर्ष 2. शताब्दी 3. वर्ष
4. सहस्त्राब्दी 5. दशक

(a) 2, 1, 5, 3, 4 (b) 5, 1, 3, 2, 4
(c) 3, 1, 5, 2, 4 (d) 5, 4, 3, 2, 1

49. निम्नलिखित गतिविधियों को तार्किक और सार्थक क्रम में व्यवस्थित करें।

1. परिणाम 2. प्रचार अभियान
3. शपथ 4. नामांकन
5. मतदान

(a) 4, 2, 5, 1, 3 (b) 5, 4, 2, 1, 3
(c) 4, 5, 2, 1, 3 (d) 5, 2, 4, 1, 3

50. निम्नलिखित गतिविधियों को तार्किक और सार्थक क्रम में व्यवस्थित करें।

1. पदोन्नति
2. आवेदन
3. नौकरी पर नियुक्ति
4. लिखित परीक्षा
5. मैरिट सूची

(a) 2, 5, 4, 3, 1 (b) 3, 2, 4, 1, 5
(c) 4, 2, 5, 3, 1 (d) 2, 4, 5, 3, 1

51. निम्नलिखित शब्दों को शब्दकोश में आने वाले क्रम के अनुसार लिखें:

1. Warp 2. Warrior
3. Wary 4. Wash
5. Wallet

(a) 51234 (b) 54123
(c) 12543 (d) 34521

52. निम्नलिखित शब्दों को शब्दकोश में आने वाले क्रम के अनुसार लिखें:

1. Telephone 2. Teleworker
3. Tendency 4. Temperature
5. Themselves

(a) 34521 (b) 42153
(c) 52314 (d) 12435

53. निम्नलिखित शब्दों को शब्दकोश में आने वाले क्रम के अनुसार लिखें:

1. Jumbo jet 2. Juggling
3. Justice 4. Jewel
5. Jealous

(a) 54213 (b) 23415
(c) 12345 (d) 42315

54. निम्नलिखित शब्दों को शब्दकोश में आने वाले क्रम के अनुसार लिखें:

1. **Scrape** 2. **Scramble**
3. **Scream** 4. **Scornful**
5. **Scour**

(a) 12354 (b) 35421
(c) 51243 (d) 45213

55. निम्नलिखित शब्दों को शब्दकोश में आने वाले क्रम के अनुसार लिखें:

1. **Read** 2. **Real**
3. **Ready** 4. **Rather**
5. **Ratify**

(a) 32415 (b) 12543
(c) 45123 (d) 45132

56. निम्नलिखित शब्दों को शब्दकोश में आने वाले क्रम के अनुसार लिखें:

1. **Brides** 2. **Boastful**
3. **Bilzzard** 4. **Biology**
5. **Brilliant**

(a) 15234 (b) 54321
(c) 43215 (d) 32145

57. निम्नलिखित शब्दों को शब्दकोश में आने वाले क्रम के अनुसार लिखें:

1. **Seaman** 2. **Scruples**
3. **Script** 4. **Second**
5. **Seat**

(a) 32154 (b) 45321
(c) 12345 (d) 25341

58. यदि निम्नलिखित शब्दों को उनके अंग्रेजी शब्दकोश में आने के क्रमानुसार व्यवस्थित किया जाता है, तो कौन-सा शब्द अनुक्रम में पाँचवें स्थान पर आएगा?

1. **Weekly** 2. **Weather**
3. **Weird** 4. **Weaver**
5. **Weight** 6. **Wielded**

(a) Weight (b) Wielded
(c) Weird (d) Weekly

उत्तर (हल/संकेत)

1. (b) दी गई शब्दों का सार्थक क्रम में व्यवस्थित करने पर

C. संक्रमण → A. रोग → E. रोग निदान → B. उपचार → D. स्वास्थ्य लाभ

अत: विकल्प (b) सार्थक क्रम को निर्दिष्ट करती है।

2. (c) दी गई शब्द का सार्थक क्रम इस प्रकार है–

D. अंडा → C. लार्वा → A. प्यूपा → B. पूर्ण कीट

अत: विकल्प (c) सार्थक क्रम को निर्दिष्ट करती है।

3. (d) क्षेत्रफल की दृष्टि से सभी राज्यों को घटते क्रम में व्यवस्थित करने पर–

D. राजस्थान → C. उत्तर प्रदेश → A. बिहार → E. असम → B. नागालैंड

अत: विकल्प (d) सार्थक क्रम को निर्दिष्ट करती है।

4. (a) दी गई शब्दों को सार्थक क्रम में व्यवस्थित करने पर–

3. व्यक्ति → 1. परिवार → 4. समुदाय → 5. देश → 2. विश्व

अत: विकल्प (a) सार्थक क्रम को निर्दिष्ट करती है।

5. (c) संख्याओं का आरोही क्रम

1. 0.96 → 4. 0.64 → 3. 0.24 → 5. 0.58 → 2. 0.83

अत: विकल्प (c) सार्थक क्रम को निर्दिष्ट करती है।

6. (d) दिये गये शब्दों का सार्थक क्रम–

2. योजना → 4. बनाना → 1. पेंट → 3. फर्निश → 5. रहना

अत: विकल्प (d) सार्थक क्रम को निर्दिष्ट करती है।

7. (c) दिये गये शब्दों का सार्थक क्रम–

1. ब्रह्मांड → 3. आकाशगंगा → 2. पृथ्वी → 4. मानव

अत: विकल्प (c) सार्थक क्रम को निर्दिष्ट करती है।

8. (a) दिये गये शब्दों को तार्किक रूप में छोटे से बड़े के क्रम में व्यवस्थित करने पर–

4. घरेलू मक्खी → 2. छिपकली → 5. बन्दर → 1. मगरमच्छ → 3. व्हेल

अत: विकल्प (a) सार्थक क्रम को निर्दिष्ट करती है।

9. (d) शब्दों का तार्किक क्रम–

3. वर्ग ईंच → 5. वर्गफीट → 2. वर्ग गज → 1. एकड़ → 4. हेक्टेयर

अत: विकल्प (d) सार्थक क्रम को निर्दिष्ट करती है।

10. (c) शब्दों का तार्किक और अर्थपूर्ण क्रम–

1. भूमिका निर्धारण → 2. अभिनय → 3. फिल्म की शूटिंग → 5. संपादन → 4. फाइनल फिल्म

अत: विकल्प (c) सार्थक क्रम को निर्दिष्ट करती है।

11. (a) शब्दों का तार्किक क्रम–

2. माथा → 1 नाक → 3. टोढ़ी → 5. छाती → 4. कमर

12. (d) दिये गए माप (वजन) के मात्रकों को बढ़ते क्रम में रखने पर–

5. मिलीग्राम → 4. डेसीग्राम → 2. ग्राम → 1. किलोग्राम → 3. क्विंटल

अत: विकल्प (d) सार्थक क्रम को निर्दिष्ट करती है।

13. (d) यहाँ पक्षियों को उसके आकार के अनुसार बढ़ते क्रम में व्यवस्थित करने पर–

3 हमिंगबर्ड → 5 बुलबुल → 1 मैना → 4 कोयल → 2 चील

अत: विकल्प (d) सार्थक क्रम को निर्दिष्ट करती है।

14. (d) शब्दों का अर्थपूर्ण क्रम :

5. मालिक → 3. महाप्रबंधक → 1. प्रबंधक → 4. सुपरवाइजर → 2. मजदूर

15. (b) शब्दों का तार्किक और सार्थक क्रम :

1. भोजनालय → 4. भोजन का ऑर्डर करना → 3. भोजन बनाना → 5. भोजन परोसना → 2. भोजन करना

16. (d) शब्दों का तार्किक और अर्थपूर्ण क्रम :

2. आवेदन → 1. परीक्षण → 3. साक्षात्कार → 4. नौकरी प्रस्ताव → 5. नियुक्ति

17. (d) शब्दों का तार्किक और अर्थपूर्ण क्रम :

4. चश्मा → 2. गले की टाई → 5. बाजूबंद → 3. पट्टा → 1. मोजे

18. (b) शब्दों का तार्किक और अर्थपूर्ण क्रम :

3. पुतली → 5. बाह्य कर्ण → 1. गला → 4. यकृत → 2. मूत्राशय

[ऊपर से नीचे मानव अंग]

19. (c) शब्दों का तार्किक और अर्थपूर्ण क्रम

1. पत्र → 3. टेलीफोन → 4. स्मार्टफोन → 2. उपग्रह [संचार के माध्यमों का विकास]

20. (d) शब्दों का तार्किक और अर्थपूर्ण क्रम :

2. दाखिला/प्रवेश → 1. कक्षा → 4. परीक्षा → 5. अंकन → 3. परिणाम

21. (d) अंग्रेजी शब्दकोश के अनुसार शब्दों का क्रम–

2. Realism → 1. Realistic → 4. Research → 3. Restore → 5. Resurge

22. (b) शब्दकोश के अनुसार शब्दों का क्रम इस प्रकार होगा–

5. Precaution → 2. Precious → 3. Pressure → 4. Presume → 1. Pristine

23. (d) शब्दकोश के अनुसार शब्दों का क्रम इस प्रकार है–

3. Boater → 2. Boathouse → 5. Boating → 4. Boatman → 1. Boatyard

24. (b) शब्दकोश के अनुसार शब्दों का क्रम–

5. Fraud → 2. Freedom → 1. Freeze → 6. Frige → 4. Frozen → 3. Fryer

25. (a) दिए गए शब्दों की अंग्रेजी शब्दकोश के क्रमानुसार व्यवस्था:

2. Recede → 4. Recliner → 6. Recognition → 5. Reconcile → 3. Recorder → 1. Recreation

26. (d) अंग्रेजी शब्दकोश के अनुसार शब्दों की व्यवस्था :

2. Movement → 4. Moviemaker → 1. Multifocal → 3. Multinormial → 5. Mutual fund

27. (a) अंग्रेजी शब्दकोश के अनुसार शब्दों की व्यवस्था :

4. Reader → 5. Reap → 3. Rose → 1. Rubric → 2. Ruminate

28. (b) अंग्रेजी शब्दकोश के अनुसार शब्दों की व्यवस्था :

1. Flexible → 5. Floater → 4. Flood → 3. Flooring → 2. Flower

29. (c) अंग्रेजी शब्दकोश के अनुसार शब्दों का क्रम :

3. Tamarind → 1. Temper → 2. Temple → 5. Tenacity → 4. Tender

30. (c) अंग्रेजी शब्दकोश के अनुसार शब्दों का क्रम :

4. Deceive → 2. Decide → 5. Decimal → 1. Decipher → 6. Decision → 3. Decline

31. (c) अंग्रेजी शब्दकोश के अनुसार शब्दों का क्रम :

5. Capacity → 4. Capsule → 3. Captain → 2. Caption → 1. Category

32. (d) अंग्रेजी शब्दकोश के अनुसार शब्दों का क्रम :

4. Geminal → 2. Geminate → 5. Gemini → 1. Gemlike → 3. Gemmier

33. (b) अंग्रेजी शब्दकोश के अनुसार शब्दों का क्रम :

4. Isolate → 2. Isoline → 5. Isologs → 1. Isomer → 6. Isonomy → 3. Isotope

34. (a) अंग्रेजी शब्दकोश के अनुसार शब्दों का क्रम :

3. Righteous → 1. Rightly → 5. Rights → 2. Rigidly → 4. Rigour

35. (b) अंग्रेजी शब्दकोश के अनुसार शब्दों का क्रम :

4. Apology → 3. Apostle → 2. Apparent → 1. Appear → 5. Appetite

36. (d) अंग्रेजी शब्दकोश के अनुसार शब्दों का क्रम :

3. Gasket → 5. Gather → 2. Gender → 1. General → 4. Genial

37. (d) अंग्रेजी शब्दकोश के अनुसार शब्दों का क्रम :

5. Meter → 3. Method → 1. Meticulous → 2. Metric → 4. Mettle

38. (a) अंग्रेजी शब्दकोश के अनुसार शब्दों का क्रम इस प्रकार है:

1. Chairman → 2. Challan → 4. Champion → 5. Changing → 3. Chaos

39. (b) अंग्रेजी शब्दकोश के अनुसार शब्दों का क्रम इस प्रकार है:

5. Marble → 6. Margin → 4. Marker → 3. Market → 2. Marvel → 1. Master

40. (d) अंग्रेजी शब्दकोश के अनुसार शब्दों का तार्किक क्रम निम्नानुसार है:

2. Earth → 3. Jupiter → 5. Mars → 1. Mercury → 4. Venus

41. (d) शब्दों का तार्किक और सार्थक क्रम इस प्रकार है :

1. घड़ी में अलार्म लगाना → 3. अलार्म की घंटी बजना → 5. कपड़े पहन कर तैयार होना → 4. परीक्षा केंद्र पर पहुँचना → 2. प्रश्न पत्र हल करना → 6. उत्तर पुस्तिका लौटाना

42. (d) गतिविधियों का तार्किक और सार्थक क्रम इस प्रकार है :

2. विवाह का दिन तय करना → 1. विवाह सभागृह निश्चित करना → 5. निमंत्रण कार्ड की छपाई → 3. मेहमानों को आमंत्रित करना → 4. विवाह समारोह संपन्न होना

43. (b) गतिविधियों का तार्किक और सार्थक क्रम इस प्रकार है :

5. टेलीविजन को शुरू करना → 1. टेलीविजन ऑडियो में दोष मिलना → 3. मैकेनिक से संपर्क करना → 4. टेलीविजन की मरम्मत का काम पूरा होना → 2. पुनः आनंद लेना शुरू करना

44. (b) शब्दों का तार्किक और सार्थक क्रम इस प्रकार है- :

1. आवेदन प्रपत्र करना → 3. आवश्यक दस्तावेज जमा करना → 2. बैंक खाता खोलना → 5. पैसे जमा करना और निकालना → 4. खाता बंद करना

45. (a) गतिविधियों का तार्किक और सार्थक क्रम इस प्रकार है :

2. यात्रा व्यवस्थाएँ → 5. गंतव्य पर पहुँचना → 3. होटल में ठहरना → 4. दर्शनीय स्थलों की यात्रा → 1. वापसी यात्रा

46. (d) शब्दों का तार्किक और अर्थपूर्ण क्रम :

3. गेटवे ऑफ इंडिया → 2. मुंबई → 5. महाराष्ट्र → 6. भारत → 4. एशिया → 1. दुनिया

47. (a) वाक्यांशों का तार्किक और सार्थक क्रम :

1. संगठन में रिक्त पद → 4. पद के लिए आवेदन आमंत्रित करना → 2. आवेदन प्राप्त करना → 3. लिखित परीक्षा और साक्षात्कार आयोजित करना → 5. चयनित उम्मीदवारों को नौकरी की पेशकश → 6. नियुक्ति और व्यावहारिक प्रशिक्षण

48. (c) शब्दों का तार्किक और अर्थपूर्ण क्रम :

3. वर्ष → 1. पंचवर्ष → 5. दशक → 2. शताब्दी → 4. सहस्त्राब्दी

49. (a) शब्दों का तार्किक और अर्थपूर्ण क्रम :

4. नामांकन → 2. प्रचार अभियान → 5. मतदान → 1. परिणाम → 3. शपथ

50. (d) शब्दों का तार्किक और अर्थपूर्ण क्रम :

2. आवेदन → 4. लिखित परीक्षा → 5. मेरिट सूची → 3. नौकरी पर नियुक्ति → 1. पदोन्नति

51. (a) शब्दकोश के अनुसार शब्दों का क्रम :

5. Wallet → 1. Warp → 2. Warrior → 3. Wary → \4. Wash

52. (d) शब्दकोश के अनुसार शब्दों का क्रम :

1. Telephone → 2. Teleworker → 4. Temperature → 3. Tendency → 5. Themselves

53. (a) शब्दकोश के अनुसार शब्दों का क्रम :

5. Jealous → 4. Jewel → 2. Juggling → 1. Jumbo jet → 3. Justice

54. (d) शब्दकोश के अनुसार शब्दों का क्रम :

4. Scornful → 5. Scour → 2. Scramble → 1. Scrape → 3. Scream

55. (d) शब्दकोश के अनुसार शब्दों का क्रम :

4. Rather → 5. Ratify → 1. Read → 3. Ready → 2. Real

56. (c) शब्दकोश के अनुसार शब्दों का क्रम :

4. Biology → 3. Bilzzard → 2. Boastful → 1. Brides → 5. Brilliant

57. (a) शब्दकोश के अनुसार शब्दों का क्रम :

3. Script → 2. Scruples → 1. Seaman → 5. Seat → 4. Second

58. (c) शब्दकोश के अनुसार शब्दों का क्रम :

2. Weather → 4. Weaver → 1. Weekly → 5. Weight → 3. Weird → 6. Wielded

❑❑❑

सामान्य ज्ञान एवं सामान्य जागरूकता

1

अध्याय

भारतीय इतिहास

प्राचीन भारत

सिन्धु घाटी सभ्यता

- सिन्धु घाटी सभ्यता की विस्तार अवधि 2500-1750 ई. पू. थी। इस सभ्यता का विस्तार पंजाब, सिन्ध, बलूचिस्तान, गुजरात, राजस्थान, जम्मू और पश्चिमी उत्तर प्रदेश तक था।
- उत्तर में मांडा (जम्मू), दक्षिण में नर्मदा का मुहाना, पश्चिम में मकरान समुद्र तट (बलूचिस्तान), और पूर्व में आलमगीरपुर (मेरठ, उत्तर प्रदेश) इस सभ्यता की सीमा थी।
- सिन्धु सभ्यता का क्षेत्र त्रिभुजाकार था तथा क्षेत्रफल 12,99,600 वर्ग किमी. था।

सिन्धु सभ्यता के महत्त्वपूर्ण उत्खनित स्थल

उत्खनित स्थल	वर्ष	निर्देशन
हड़प्पा (मांटगोमरी जिला, पंजाब प्रान्त, पाकिस्तान)	1921 ई.	दयाराम साहनी
मोहनजोदड़ो (सिन्ध का लरकाना जिला, पाकिस्तान)	1922 ई.	राखलदास बनर्जी
सुत्कागेंडोर (बलूचिस्तान, पाकिस्तान)	1927 ई.	ऑरेल स्टाइन
चन्हूदड़ों (सिंध, पाकिस्तान)	1931 ई.	एम. जी. मजूमदार
रंगपुर (अहमदाबाद- काठियावाड़, भारत)	1951-53 ई.	माधोस्वरूप वत्स, बी. बी. लाल, एस. आर. रदाव
कोटदीजी (सिन्ध, पाकिस्तान)	1953 ई.	फजल अहमद
रोपड़ (पंजाब, भारत)	1953 ई.	यज्ञदत्त शर्मा
कालीबंगा (गंगानगर, राजस्थान)	1961 ई.	बी. बी. लाल
लोथल (अहमदाबाद-काठियावाड़ भारत)	1954 ई.	एस. आर. राव
आलमगीरपुर (मेरठ-उत्तर प्रदेश, भारत)	1958 ई.	यज्ञदत्त शर्मा
सुरकोटडा (कच्छ-गुजरात, भारत)	1972 ई.	जगपति जोशी
बनावली (हिसार-हरियाणा, भारत)	1973 ई.	आर. एस. बिष्ट
धौलावीरा (कच्छ-गुजरात, भारत)	1990 ई.	आर. एस. बिष्ट

- इस सभ्यता की महत्त्वपूर्ण विशेषता नगर योजना थी। नगरों में सड़कें व मकान विधिवत् बनाए गए थे। मकान पक्की ईंटों के बने होते थे तथा सड़कें सीधी थीं।
- प्रत्येक सड़क और गली के दोनों ओर पक्की नालियां बनाई गई थीं। नालियां पक्की व ढंकी हुई थीं। मोहनजोदड़ो में विशाल स्नानागार मिला है इसका प्रयोग आनुष्ठानिक स्नान के लिए होता था।
- सैन्धव निवासियों के जीवन का मुख्य उद्यम कृषि कर्म था। यहां के प्रमुख खाद्यान्न गेहूँ तथा जौ थे। खुदाई में गेहूँ तथा जौ के दाने मिले हैं। फलों में केला, नारियल, खजूर, अनार, नींबू, तरबूज आदि का उत्पादन होता था। कृषि के साथ-साथ पशुपालन का भी विकास हुआ था।
- कूबड़दार वृषभ का मुहरों पर अंकन बहुतायत में मिलता है। सुरकोटडा से प्राप्त अश्व-अस्थि की मृण्मूर्तियों के आधार पर अब यह निष्कर्ष निकाला जा रहा है कि सैंधव निवासी अश्व से परिचित थे। ये हाथी से भी परिचित थे। हड़प्पा संस्कृति में तौल के बाट 16 अथवा इसके गुणज भार के थे। (16, 64, 160, 320)
- यहां के निवासी धातु निर्माण उद्योग, आभूषण निर्माण उद्योग, बर्तन निर्माण उद्योग, हथियार-औजार निर्माण उद्योग व परिवहन उद्योग से परिचित थे।
- खुदाई में प्राप्त नारी मूर्तियों से अनुमान लगाया जा सकता है कि उनका परिवार मातृसत्तात्मक था। समाज व्यवसाय के आधार पर चार भागों में विभाजित था। विद्वान, योद्धा, व्यापारी तथा शिल्पकार और श्रमिक। सैन्धव निवासी शाकाहारी तथा मांसाहारी दोनों प्रकार का भोजन करते थे।
- सैन्धव निवासी आमोद-प्रमोद के प्रेमी थे। जुआ खेलना, शिकार करना, नाचना, गाना-बजाना आदि लोगों के आमोद-प्रमोद के साधन थे। पासा इस युग का प्रमुख खेल था।
- **धार्मिक जीवन**—मातृदेवी के सम्प्रदाय का सैन्धव संस्कृति में प्रमुख स्थान था। यहां पर पशुपति महादेव, लिंग, योनि, वृक्षों व पशुओं की पूजा की जाती थी। लोथल (गुजरात) और कालीबंगा (राजस्थान) के उत्खननों के परिणामस्वरूप कई अग्निकुण्ड तथा अग्निवेदिकाएं मिली हैं।
- मृतकों के संस्कारों में तीन विधियां प्रचलित थीं—(i) पूर्ण समाधीकरण, (ii) आंशिक समाधीकरण, (iii) दाह-संस्कार।
- सिन्धु-सभ्यता की लिपि को पढ़ा नहीं जा सका है। इसमें चित्र और अक्षर दोनों ही ज्ञात होते हैं। यह लिपि प्रथम लाइन में दाएं से बाएं तथा द्वितीय लाइन में बाएं से दाएं लिखी गई है। यह तरीका 'बाउस्ट्रोफिडन' कहलाता है।

वैदिक काल

- भारतीय इतिहास में 1500 ई. पू. से 600 ई. पू. तक के कालखण्ड को वैदिक सभ्यता की संज्ञा दी जाती है।
- वैदिक सभ्यता को दो स्पष्ट कालखण्डों में विभाजित किया जाता है। 1500 ई. पू. से 1000 ई. पू. तक के कालखण्ड को ऋग्वैदिक काल और 1000 ई. पू. से 600 ई. पू. तक के कालखण्ड को उत्तर वैदिक काल के नाम से जाना जाता है।

ऋग्वैदिक काल

- आरम्भ में आर्यों के कुटुम्ब कुल या परिवार (गृह) रक्त सम्बन्धों पर आधारित थे, जिसका प्रधान कुलप या कुलपति कहलाता था। वह परिवार का मुखिया होता था।
- अनेक परिवारों को मिलाकर ग्राम बनता था, जिसका प्रधान ग्रामणी कहलाता था तथा अनेक ग्रामों को मिलाकर विश बनता था, जिसका प्रधान विशपति होता था। कुटुम्ब (गृह) ही सबसे छोटी प्रशासनिक इकाई थी।
- अनेक विशों का समूह जन या कबीला कहलाता था जिसका प्रधान राजा/राजन या गोप होता था।
- ऋग्वेद में पुरोहित, सेनानी तथा ग्रामिणी, इन तीनों अधिकारियों का उल्लेख मिलता है।
- अन्य पदाधिकारियों में 'पुरप' तथा 'दूत' उल्लेखनीय हैं। इनमें 'पुरप' दुर्गपति होते थे।
- समिति समस्त समुदाय की जनसभा थी तथा सभा का स्वरूप गुरुजन सभा से मिलता-जुलता था जिसमें स्त्रियां भाग लिया करती थीं।
- विदथ मुख्यत: धार्मिक तथा सैनिक महत्त्व के कार्य करती थी।

ऋग्वैदिक देवी-देवता एक दृष्टि में

वरुण	सकल ब्रह्माण्ड का अधिपति, सर्वव्यापी, सर्वज्ञ, नियामक, प्रजारक्षक तथा 'ऋतस्य गोपा'
इन्द्र	आंधी, तूफान, बिजली और वर्षा का देवता, युद्धों में विजय दिलाने वाला पराक्रमी देव
विष्णु	संसार का संरक्षक
मरुत	आंधी के देवता
ऊषा	सूर्योदय-पूर्व की अवस्था का द्योतक
अदिति	आर्यों की सार्वभौम भावना की देवी
सोम	वनस्पतियों, औषधियों के अधिपति

उत्तर वैदिक काल

- उत्तर वैदिक काल में आर्य सभ्यता पंजाब से कुरुक्षेत्र अर्थात् गंगा-यमुना दोआब में फैल गई।
- कृषि प्रधान अर्थव्यवस्था, कबायली संरचना में दरार पड़ना, वर्ण व्यवस्था की जटिलता बढ़ना, क्षेत्रगत राज्यों का उदय तथा धार्मिक कर्मकाण्डों की प्रधानता इस काल की प्रमुख विशेषताएं थीं।
- इस समय ऋग्वैदिक कालीन अनेक छोटे-छोटे कबीले एक-दूसरे में विलीन होकर क्षेत्रगत जनपदों में बदलने लगे थे।
- सभा और समिति नामक सभाओं का अन्त हो गया और राजा की शक्ति में वृद्धि होने लगी।
- परिवार पितृ प्रधान एवं संयुक्त परिवार था।
- समाज में स्त्रियों की दशा निम्न थी।
- जाति-प्रथा कर्म के आधार पर न होकर जन्म के आधार पर होने लगी और उसमें कठोरता आ गई।
- इन्सान का जीवन चार आश्रमों में विभाजित होने लगा—ब्रह्मचर्य, गृहस्थ, वानप्रस्थ और संन्यास आश्रम।
- मनोरंजन के साधन में लोकनृत्य, संगीत, जुआ एवं युद्ध मुख्य थे।
- आर्थिक जीवन के अन्तर्गत कृषि तथा पशुपालन के अतिरिक्त मछुआरे, सारथी, गडरिया, स्वर्णकार, मणिकार, रस्सी बटने वाले, टोकरी बुनने वाले, धोबी, लुहार, जुलाहा आदि व्यवसायों का उल्लेख मिलता है।
- इस समय मिट्टी के एक विशेष प्रकार के बर्तन बनाए जाते थे, जिन्हें चित्रित धूसर मृदभांड कहा जाता था।

आठ प्रकार के विवाह

1. **ब्रह्म**—कन्या के वयस्क होने पर उसके माता-पिता द्वारा योग्य वर खोजकर उससे अपनी कन्या का विवाह करना।
2. **दैव**—यज्ञ करने वाले पुरोहित के साथ कन्या का विवाह।
3. **आर्ष**—कन्या के पिता द्वारा यज्ञ कार्य हेतु एक अथवा दो गाय के बदले में अपनी कन्या का विवाह करना।
4. **प्रजापत्य**—वर स्वयं कन्या के पिता से कन्या मांगकर विवाह करता था।
5. **गंधर्व**—कन्या तथा वर प्रेम अथवा कामुकता के वशीभूत होकर जो विवाह करते थे।
6. **असुर**—कन्या के पिता द्वारा धन के बदले में कन्या का विक्रय।
7. **पैशाच**—सोई हुई अथवा पागल कन्या के साथ सहवास कर विवाह करना।
8. **राक्षस**—बलपूर्वक कन्या को छीनकर उससे विवाह करना।

वैदिक साहित्य

वेद-वेद चार प्रकार के हैं—

1. ऋग्वेद
2. सामवेद
3. यजुर्वेद
4. अथर्ववेद

ऋग्वेद

- ऋग्वेद में 10 मण्डल, 1028 श्लोक (1017 सूक्त तथा 11 बालाखिल्य) तथा लगभग 10,600 भंग हैं।
- इसमें पहला और दसवां मण्डल बाद में जोड़ा गया है। इसमें दो से सात तक के मण्डल प्राचीनतम माने जाते हैं।
- 10 वें मण्डल में पुरुषसूक्त का जिक्र आता है जिसमें 4 वर्णों (ब्राह्मण, क्षत्रिय, वैश्य एवं शूद्र) का उल्लेख है।
- गायत्री मंत्र का उल्लेख ऋग्वेद में है।

यजुर्वेद

- यजुर्वेद कर्मकाण्ड प्रधान ग्रन्थ है। इसका पाठ करने वाले ब्राह्मणों को 'अध्वर्यु' कहा गया है।
- यजुर्वेद एकमात्र एक ऐसा वेद है, जो गद्य और पद्य दोनों में रचा गया है।

सामवेद

- साम का अर्थ 'गान' से है। इसकी ऋचाओं का गान करने वाले ब्राह्मण को 'उद्गातृ' कहा जाता है।
- सामवेद में कुल 1549 ऋचाएं हैं।
- वेदों में सामवेद को 'भारतीय संगीत का जनक' माना जाता है।

अथर्ववेद

- अथर्ववेद की रचना 'अथर्वा ऋषि' ने की थी।
- इसमें तंत्र-मंत्र, रोग, टोना-टोटका आदि का उल्लेख किया गया है।

ब्राह्मण

- वेदों के बाद ब्राह्मणों की रचना हुई।
- ऐतरेय ब्राह्मण, कोषीतकि, ब्राह्मण, शतपथ ब्राह्मण, गोपथ ब्राह्मण प्रमुख ब्राह्मण हैं।

आरण्यक

- आरण्यक शब्द 'अरण्य' से बना है, जिसका अर्थ है जंगल।
- आरण्यक दार्शनिक ग्रन्थ है जिसके विषय आत्मा, परमात्मा, जन्म, मृत्यु, पुनर्जन्म आदि हैं।

उपनिषद्

- इनका शाब्दिक अर्थ उस विद्या से है जो गुरु के समीप बैठकर, एकान्त में सीखी जाती है।
- इसमें आत्मा और ब्रह्मा के सम्बन्ध में दार्शनिक चिन्तन है। इनकी संख्या 108 है।
- इन्हें वेदान्त भी कहते हैं क्योंकि ये वैदिक साहित्य का अन्तिम भाग हैं।

वेदांग

- वेदों का अर्थ समझने व सूक्तियों के सही उच्चारण के लिए वेदांग की रचना की गई।
- ये 6 हैं–शिक्षा, कल्प, व्याकरण, निरुक्त, छन्द और ज्योतिष।

पुराण

कुल पुराणों की संख्या 18 है। इनमें मुख्य हैं—मत्स्य, विष्णु, नारद, ब्राह्मण्ड, वामन आदि।

रामायण

- रामायण की रचना महर्षि वाल्मिकी ने की थी।
- इसे चतुर्विंशति सहस्त्री संहिता भी कहा जाता है।

महाभारत

- इसकी रचना महर्षि व्यास ने की थी।
- महाभारत को जयसंहिता और सतसहर्सी संहिता के नाम से भी जाना जाता है।

स्मृतियां

- इनमें सामाजिक नियम बताए गए हैं। कुछ मुख्य स्मृतियाँ इस प्रकार हैं—

  1. मनु स्मृति 2. गौतम स्मृति 3. विष्णु स्मृति
  4. नारद स्मृति 5. याज्ञवल्क्य स्मृति 6. वसिष्ठ स्मृति

धार्मिक आंदोलन

बौद्ध धर्म

- महात्मा बुद्ध का जन्म 563 ई. पू. में नेपाल की तराई में स्थित कपिलवस्तु के समीप लुम्बिनी ग्राम में शाक्य क्षत्रिय कुल में हुआ था।
- इनके पिता का नाम शुद्धोधन और माता का नाम महामाया था।
- इनका पालन-पोषण इनकी मौसी प्रजापति गौतमी ने किया था।
- 16 वर्ष की आयु में इनका विवाह यशोधरा नामक राजकुमारी से हुआ।
- 29 वर्ष की आयु में इन्होंने सत्य की खोज के लिए गृह त्याग कर दिया।
- 35 वर्ष की आयु में गया (बिहार) में उरूवेला नामक स्थान पर पीपल वृक्ष के नीचे वैशाख पूर्णिमा की रात्रि में समाधिस्थ अवस्था में इनको ज्ञान प्राप्त हुआ।
- महात्मा बुद्ध ने अपना प्रथम उपदेश (प्रवचन) सारनाथ में दिया। इसे धम्म चक्र प्रर्वतन कहा जाता है।
- 483 ई. पू. में 80 वर्ष की आयु में महात्मा बुद्ध का देहान्त कुशीनगर में हुआ।

चार आर्य सत्य—बुद्ध ने चार आर्य सत्यों का उपदेश दिया, जो इस प्रकार हैं—

1. दुःख 2. दुःख समुदाय
3. दुःख निरोध 4. दुःख निरोधगामिनी प्रतिपदा।

अष्टांगिक मार्ग	
सम्यक् दृष्टि	सत्य और असत्य को पहचानने की शक्ति
सम्यक् संकल्प	इच्छा एवं हिंसा रहित संकल्प
सम्यक् वाणी	सत्य एवं मृदु वाणी
सम्यक् कर्म	सत्कर्म, दान, दया, सदाचार, अहिंसा आदि।
सम्यक् आजीव	जीवन-यापन का सदाचारपूर्ण एवं उचित मार्ग
सम्यक् व्यायाम	विवेकपूर्ण प्रयत्न
सम्यक् स्मृति	अपने कर्मों के प्रति विवेकपूर्ण ढंग से सहज रहना
सम्यक् समाधि	चित्त की एकाग्रता

बौद्ध धर्मग्रन्थ

- आरम्भिक बौद्ध ग्रन्थ पालि भाषा में लिखे गए थे।
- अंगुत्तर निकाय में छठी शताब्दी ई. पू. के सोलह महाजनपदों का उल्लेख मिलता है।
- 'खुद्दक निकाय' में जातक कथाओं का वर्णन मिलता है, जो बुद्ध के पूर्ण जीवन से सम्बद्ध है।

त्रिपिटक

- विनय पिटक—इसमें संघ सम्बन्धी नियमों, दैनिक आचार-विचार व विधि निषेधों का संग्रह है।
- सुत्त पिटक—इसमें बौद्ध धर्म के सिद्धान्तों व उपदेशों का संग्रह है।
- अभिधम्म पिटक—यह पिटक प्रश्नोत्तर क्रम में है और इसमें दार्शनिक सिद्धान्तों का संग्रह है।

बौद्ध महासंगीतियां

संगीति	समय	स्थल	शासक	संगीति अध्यक्ष
प्रथम बौद्ध संगीति	483 ई. पू.	सप्तपर्णि गुफा (राजगृह, बिहार)	अजातशत्रु (हर्यक वंश)	महाकश्यप
द्वितीय बौद्ध संगीति	383 ई. पू.	चुल्लबग्ग (वैशाली, बिहार)	कालाशोक (शिशु नाग वंश)	सबाकामी
तृतीय बौद्ध संगीति	250 ई. पू.	पाटलिपुत्र (मगध की राजधानी)	अशोक (मौर्य वंश)	मोग्गलिपुत्त तिस्स
चतुर्थ बौद्ध संगीति	72 ई.	कुण्डलवन (कश्मीर)	कनिष्क (कुषाण वंश)	वसुमित्र/अश्वघोष

- चतुर्थ बौद्ध संगीति में बौद्ध धर्म हीनयान और महायान में विभक्त हो गया था।

जैन धर्म

- जैन धर्म का संस्थापक ऋषभदेव को माना जाता है, जो कि पहले जैन तीर्थंकर भी थे।
- जैन धर्म में कुल 24 तीर्थंकर हुए।

1. ऋषभदेव 2. अजितनाथ
3. सम्भवनाथ 4. अभिनन्दन स्वामी
5. सुमति नाथ 6. पद्मप्रभु
7. सुपार्श्वनाथ 8. चन्द्रप्रभु
9. सुविधिनाथ 10. शीतलनाथ
11. श्रेयांसनाथ 12. वासुपूज्यनाथ
13. विमलनाथ 14. अनन्तनाथ
15. धर्मनाथ 16. शान्तिनाथ

17. कुन्थुनाथ
18. अरनाथ
19. मल्लिनाथ
20. मुनिसुब्रत
21. नेमिनाथ
22. अरिष्टनेमि
23. पार्श्वनाथ
24. महावीर स्वामी

- महावीर स्वामी जैन धर्म के 24वें तीर्थंकर थे। इनको जैन धर्म का वास्तविक संस्थापक माना जाता है।

महावीर स्वामी का जीवन परिचय

- महावीर स्वामी का जन्म वैशाली के निकट कुण्डलग्राम (वज्जि संघ का गणतन्त्र) में 599 ई. पू. में हुआ था।
- इनके पिता का नाम सिद्धार्थ तथा माता का नाम त्रिशला था।
- महावीर स्वामी का विवाह यशोदा नामक राजकुमारी से हुआ था।
- महावीर स्वामी को 12 वर्ष की गहन तपस्या के पश्चात् जम्भिक ग्राम के निकट ऋजुपालिका नदी के तट पर एक वृक्ष के नीचे सर्वोच्च ज्ञान (कैवल्य) की प्राप्ति हुई।
- कैवल्य की प्राप्ति के पश्चात् उन्हें कई नामों से जाना जाने लगा। यथा: कैवलिन, जिन (विजेता), निग्रंथ (बन्धन रहित), महावीर, अर्हंत (योग्य) आदि।
- लगभग 72 वर्ष की आयु में 527 ई. पू. में महावीर स्वामी की राजगृह के समीप पावापुरी में मृत्यु हो गई।

त्रिरत्न–पापों से बचकर निर्वाण प्राप्ति के लिए मनुष्य को तीन रत्नों (त्रिरत्न) का पालन करना चाहिए। ये तीन रत्न हैं—

1. **सम्यक् दर्शन**—सत्य में विश्वास को ही सम्यक् दर्शन कहा गया है।
2. **सम्यक् ज्ञान**—सत्य रूप का शंकाविहीन होना सम्यक् ज्ञान है।
3. **सम्यक् आचरण**—सांसारिक विषयों से उत्पन्न दु:ख-सुख के प्रति सम्भाव को सम्यक् आचरण कहा जाता है।

जैन धर्मग्रन्थ

- जैन धर्मग्रन्थों की रचना मुख्यत: प्राकृत भाषा में हुई।
- इन ग्रन्थों से महावीर की जीवनी एवं जैन धर्म के उपदेशों के साथ-साथ तत्कालीन राजनीतिक, सामाजिक और आर्थिक व्यवस्था का भी ज्ञान होता है।
- महावीर के दिए मौलिक सिद्धान्त 14 प्राचीन ग्रन्थों में हैं, जिन्हें पूर्व कहते हैं। बाद में इन्हें 12 अंग व 12 उपअंगों में विभाजित कर दिया गया।

सोलह महाजनपद

	महाजनपद	राजधानी
1.	काशी	वाराणसी
2.	कौशल	श्रावस्ती/अयोध्या
3.	अंग	चम्पा
4.	मगध	गिरिव्रज (राजगृह)
5.	वज्जि	वैशाली
6.	मल्ल	कुशीनगर/पावा
7.	चेदि	सुक्तिमती
8.	वत्स	कौशाम्बी
9.	कुरु	इन्द्रप्रस्थ
10.	पांचाल	अहिछत्र/काम्पिल्य
11.	मत्स्य	विराटनगर
12.	शूरसेन	मथुरा
13.	अश्मक	पैठन/पोतन
14.	अवन्ति	उज्जयिनी/महिष्मती
15.	गान्धार	तक्षशिला
16.	कम्बोज	लाजपुर

मगध साम्राज्य

- छठी शताब्दी ईसा पूर्व जिन 16 महाजनपदों का उदय हुआ उनमें मगध सबसे शक्तिशाली था।

हर्यंक वंश

- बिम्बिसार (544-492 ई. पू.) हर्यंक वंश का प्रथम शक्तिशाली शासक था। इसकी राजधानी गिरिव्रज (राजगृह) थी।
- बिम्बिसार के पुत्र अजातशत्रु (492-460 ई. पू.) ने उसकी हत्या कर सिंहासन प्राप्त किया।
- अजातशत्रु बौद्ध धर्म का अनुयायी था एवं उसकी राजधानी में प्रथम बौद्ध महासभा हुई।
- उदायिन हर्यंक वंश का अन्तिम महान शासक था।
- उदायिन ने भी अपने पिता अजातशत्रु की हत्या कर सिंहासन हासिल किया था।
- उदायिन ने पाटलिपुत्र को अपनी राजधानी बनाया।

शिशुनाग वंश

- हर्यंक वंश के एक सेनापति शिशुनाग ने मगध के सिंहासन पर अधिकार करके शिशुनाग वंश की स्थापना की।
- इस वंश के शासक 'कालाशोक' के शासन में दूसरी बौद्ध महासभा का आयोजन राजधानी वैशाली में हुआ।
- नागदशक शिशुनाग वंश का अन्तिम शासक था।

नन्द वंश

- इस वंश का संस्थापक महापद्मनन्द को माना जाता है।
- महापद्मनन्द ने उड़ीसा में कलिंग को जीता तथा वहां नहरों का निर्माण कराया।
- नन्द वंश का अन्तिम शासक धनानन्द था। जो सिकन्दर का समकालीन था।
- इसी के शासनकाल में सिकन्दर ने भारत पर आक्रमण किया।

सिकन्दर का आक्रमण

- 326 ई. पू. में सिकन्दर सिन्धु नदी पार कर तक्षशिला की तरफ बढ़ा। वहां के शासकों ने उसके समक्ष आत्मसमर्पण कर दिया।
- पंजाब के राजा पोरस ने सिकन्दर के साथ झेलम नदी के किनारे हाइडेस्पीज का युद्ध (वितस्ता का युद्ध) लड़ा परन्तु हार गया।
- नवम्बर 326 ई. पू. में झेलम नदी के मार्ग से सिकन्दर की वापसी यात्रा आरम्भ हुई।

मौर्य वंश

चन्द्रगुप्त मौर्य (322 ई. पू.-298 ई. पू.)

- चन्द्रगुप्त मौर्य चाणक्य की सहायता से अन्तिम नन्दवंशीय शासक धनानन्द को पराजित कर 25 वर्ष की आयु में (322 ई. पू.) मगध के सिंहासन पर आसीन हुआ और मौर्य साम्राज्य की स्थापना की।
- चन्द्रगुप्त मौर्य ने तत्कालीन यूनानी शासक सेल्यूकस निकेटर को पराजित किया। सन्धि हो जाने पर सेल्यूकस ने चन्द्रगुप्त मौर्य से 500 हाथी लेकर बदले में पूर्वी अफगानिस्तान, बलूचिस्तान और सिन्धु नदी के पश्चिम का क्षेत्र उसे दे दिया था।

- इसके बाद सेल्यूकस ने अपनी पुत्री का विवाह भी चन्द्रगुप्त मौर्य से कर दिया था।
- सेल्यूकस ने मेगस्थनीज को अपने राजदूत के रूप में चन्द्रगुप्त मौर्य के दरबार में भेजा।
- मेगस्थनीज ने 'इंडिका' नामक पुस्तक लिखी थी।
- वृद्धावस्था में चन्द्रगुप्त मौर्य ने जैन मुनि भद्रबाहु से जैन दीक्षा ली थी और श्रवण बेलगोला में 298 ई. पू. में उपवास द्वारा अपना शरीर त्याग दिया था।

बिन्दुसार (298 ई. पू. से 273 ई. पू.)

- बिन्दुसार चन्द्रगुप्त मौर्य का पुत्र था।
- यूनानी लेखक बिन्दुसार को 'अमित्रोचेट्स' कहते थे जबकि वायु पुराण में उसे 'भद्रसार' और जैन ग्रन्थों में उसे 'सिंहसेन' कहा गया है।
- बिन्दुसार के राजदरबार में यूनानी शासक एन्टीयोकस प्रथम ने डाइमेकस नामक व्यक्ति को राजदूत के रूप में नियुक्त किया।
- बिन्दुसार की मृत्यु 273 ई. पू. के लगभग हुई थी।

अशोक (273 ई. पू. से 232 ई. पू.)

- अशोक, बिन्दुसार का पुत्र था।
- यद्यपि अशोक ने 273 ई. पू. में ही सिंहासन प्राप्त कर लिया था परन्तु 4 साल तक गृहयुद्ध में रत रहने के कारण अशोक का वास्तविक राज्याभिषेक 269 ई. पू. में हुआ।
- अपने राज्याभिषेक के आठवें वर्ष अर्थात् 261 ई. पू. में अशोक ने कलिंग पर आक्रमण किया और उसे जीत लिया।
- अशोक ने अपने पुत्र महेन्द्र तथा पुत्री संघमित्रा को बौद्ध धर्म के प्रचार हेतू श्रीलंका भेजा।
- अशोक के अभिलेखों में शाहबाजगढ़ी एवं मानसेहरा (पाकिस्तान) के अभिलेख खरोष्ठी लिपि में हैं।
- अशोक के तक्षशिला एवं लघमान (अफगानिस्तान) अभिलेख अरमाइक लिपि में उत्कीर्ण हैं।
- अशोक का शर-ए-कुना (अफगानिस्तान) अभिलेख अरमाइक एवं ग्रीक (द्विभाषी एवं द्विलिपिक) में उत्कीर्ण हैं।
- सर्वप्रथम 1837 ई. में जेम्स प्रिंसेप ने अशोक के अभिलेखों को पढ़ने में सफलता हासिल की।
- अशोक ने सांची स्तूप का निर्माण कराया।

मौर्योत्तर काल

शुंग वंश (184 ई. पू. से 75 ई. पू.)

- अन्तिम मौर्य सम्राट वृहद्रथ की हत्या करके उसको सेनापति पुष्यमित्र शुंग ने 184 ई. पू. में शुंग वंश की स्थापना की।
- पुष्यमित्र शुंग ने अपने जीवन काल में दो अश्वमेध यज्ञों का आयोजन किया जिनके पुरोहित महान् संस्कृत वैयाकरण पतंजलि थे।
- शुंगकाल में ही भागवत धर्म का उदय एवं विकास हुआ तथा वासुदेव विष्णु की उपासना हुई।
- शुंगवंश के अन्तिम शासक देवभूति की हत्या करके उसके सचिव वासुदेव ने 75 ई. पू. में कण्व राजवंश की नींव डाली।

कण्व वंश (75 ई. पू. से 30 ई. पू.)

- वासुदेव इस वंश का संस्थापक था।
- कण्व वंश में कुल चार शासक हुए।
- अन्तिम शासक सुशर्मा को हटाकर सिमुक ने सातवाहन वंश की स्थापना की।

दक्षिण भारतीय राज्य (संगम काल)

- जिस समय सम्पूर्ण भारत में मौर्य अपना विस्तृत साम्राज्य स्थापित कर रहे थे, ठीक उसी समय सुदूर दक्षिण में कृष्णा एवं तुंगभद्रा नदियों के आसपास तीन छोटे-छोटे राज्य अस्तित्व में थे—पाण्ड्य, चोल तथा चेर।

पाण्ड्य वंश—इस वंश की राजधानी मदुरै थी।

- इस वंश का सबसे पहले वर्णन मेगस्थनीज ने किया था। उसके अनुसार, पांड्य वंश की राजधानी मोतियों के लिए प्रसिद्ध थी और उसका शासन एक स्त्री के हाथ में था।

चोल वंश—इस वंश का साम्राज्य चोलमण्डलम या कोरोमण्डलम कहलाता था।

- इसकी राजधानी कावेरीपट्टनम/पुहार थी।
- चोल राजा 'इलारा' ने श्रीलंका को जीतकर वहां 50 वर्षों तक शासन किया।
- चोल शासक एक सक्षम नौसेना भी रखते थे।

चेर वंश—इनकी राजधानी 'वंजी' थी। इसे केरल देश भी कहा जाता था।

- इस वंश के रोम साम्राज्य के साथ व्यापारिक सम्बन्ध थे और रोम शासकों ने अपनी व्यापारिक गतिविधियों की रक्षा के लिए यहां पर दो रेजीमेण्ट भी स्थापित कर रखी थी।
- चेर शासकों ने चोल शासकों के साथ लगभग 150 ई. में लड़ाई लड़ी।
- इस वंश का यशस्वी शासक 'शेनगुटवन' था जिसे 'लाल चेर' भी कहा जाता था।

संगम साहित्य की प्रमुख कृतियां

कृतियां	लेखक
तोलकाप्पियम् (काव्यशास्त्र)	तोलकाप्पियर
शिलप्पादिकरम (महाकाव्य)	इलागो आदियाल
मणिमेकले (तमिल काव्य का उड़ीसी)	सत्तनार
जीवक चिन्तामणि (महाकाव्य)	तिरुतक्कदेवर
कुरूल (अष्टादश लघु उपदेश गीत)	तिरुवल्लूवर

भारत में पहलव राज्य (पार्थियन राज्य)

- पश्चिमोत्तर भारत में शकों के आधिपत्य के पश्चात् पार्थियाई लोगों का आधिपत्य स्थापित हुआ। पार्थियाई लोगों का मूल निवास स्थान ईरान था, भारतीय साहित्य में इन्हें पहलव कहा गया है।
- पहलव वंश का सर्वाधिक प्रसिद्ध शासक गोन्दोफार्निस था। इस शासक की राजधानी तक्षशिला थी।
- गोन्दोफार्निस के शासनकाल में सेण्ट टॉमस ईसाई धर्म का प्रचार करने के लिए भारत आए थे।
- पहलव शक्ति का वास्तविक संस्थापक 'मिथेड्रेस प्रथम' था।
- पहलवों की शक्ति व प्रभुता का अन्त कुषाणों ने किया था।

कुषाण राज्य

पहलवों के पश्चात् कुषाणों का भारत में आगमन हुआ। अधिकांश आधुनिक विद्वान कुषाणों का सम्बन्ध पश्चिमी चीन में गोबी प्रदेश में रहने वाली यू-ची जाति से मानते हैं।

- 72 ई. में कनिष्क कुषाण साम्राज्य का शासक बना। कनिष्क कुषाण वंश का सबसे प्रतापी शासक था।

- कनिष्क ने अपने शासन काल में गांधार, कश्मीर, सिन्ध एवं पंजाब पर अपना आधिपत्य स्थापित किया था।
- कनिष्क ने 78 ई. में एक सम्वत् प्रचलित किया था, जो 'शक सम्वत्' के नाम से जाना जाता है।
- कनिष्क ने अपने साम्राज्य की प्रथम राजधानी पुरुषपुर (पेशावर) को तथा द्वितीय राजधानी मथुरा को बनाया था।
- कनिष्क के कुल का अन्तिम महान शासक वासुदेव था।
- एक यूनानी राजदूत 'हेलियोडोरस' ने वासुदेव के सम्मान में एक स्तम्भ विदिशा (मध्य प्रदेश) के निकट स्थापित करवाया।
- कुषाण साम्राज्य में कला विधा के कई स्कूल गांधार, मथुरा आदि में स्थापित हुए।

गुप्त वंश

चन्द्रगुप्त प्रथम (319 ई. से 335 ई.)

- चन्द्रगुप्त प्रथम ही गुप्त वंश का प्रथम स्वतन्त्र शासक था जिसकी उपाधि 'महाराजाधिराज' थी।
- चन्द्रगुप्त प्रथम, गुप्त वंश के द्वितीय शासक घटोत्कच का पुत्र था।
- चन्द्रगुप्त प्रथम ने 'गुप्त सम्वत्' की स्थापना 319-20 ई. में की थी।
- चन्द्रगुप्त प्रथम ने लिच्छवी राजकुमारी कुमार देवी के साथ विवाह किया था।
- कुमार देवी से विवाह करके चन्द्रगुप्त प्रथम ने वैशाली का राज्य प्राप्त कर लिया था।

समुद्रगुप्त (335 ई. से 375 ई.)

- चन्द्रगुप्त प्रथम के पश्चात् उसका पुत्र समुद्रगुप्त शासक बना। वह लिच्छवी राजकुमारी कुमार देवी से उत्पन्न हुआ था।
- राजसिंहासन पर आसीन होने के पश्चात् समुद्रगुप्त ने दिग्विजय की योजना बनाई। 'प्रयाग-प्रशस्ति' के अनुसार इस योजना का ध्येय 'धरणि-बन्ध' (भूमण्डल को बांधना) था।
- समुद्रगुप्त गुप्त वंश का एक महान् योद्धा तथा कुशल सेनापति था, इसी कारण उसे 'भारत का नेपोलियन' कहा जाता है।

चन्द्रगुप्त द्वितीय 'विक्रमादित्य' (380 ई. से 413 ई.)

- समुद्रगुप्त के पश्चात् रामगुप्त नामक एक दुर्बल शासक के अस्तित्व की जानकारी गुप्त वंशावली में निहित है, तत्पश्चात् चन्द्रगुप्त द्वितीय का नाम है। चन्द्रगुप्त द्वितीय, रामगुप्त का अनुज था।
- चन्द्रगुप्त द्वितीय ने वैवाहिक सम्बन्धों और विजय दोनों प्रकार से गुप्त साम्राज्य का विस्तार किया था।
- चन्द्रगुप्त द्वितीय का काल साहित्य और कला का स्वर्ण युग कहा जाता है।
- इसने सर्वप्रथम रजत मुद्राओं का प्रचलन करवाया था।
- चन्द्रगुप्त द्वितीय के दरबार में विद्वानों एवं कलाकारों को आश्रय प्राप्त था। उसके दरबार में नौ रत्न थे—कालिदास, धन्वन्तरि, क्षपणक, अमरसिंह, शंकु, बैताल भट्ट, घटकर्पर, वराहमिहिर और वररुचि।
- चन्द्रगुप्त द्वितीय के शासनकाल में चीनी यात्री फाह्यान (399 ई. से 412 ई.) भारत की यात्रा पर आया था।

कुमारगुप्त प्रथम (413 ई. से 455 ई.)

- चन्द्रगुप्त द्वितीय विक्रमादित्य के पश्चात् उसका पुत्र कुमारगुप्त गुप्त साम्राज्य का शासक बना।
- गुप्त शासकों में सर्वाधिक अभिलेख कुमारगुप्त के ही प्राप्त हुए हैं।

स्कन्दगुप्त (455 ई. से 467 ई.)

- स्कन्दगुप्त गुप्त वंश का अन्तिम प्रतापी शासक था।
- स्कन्दगुप्त ने 'देवराज', 'विक्रमादित्य', आदि उपाधियां धारण की थीं।
- स्कन्दगुप्त ने मौर्यों द्वारा निर्मित सुदर्शन झील का जीर्णोद्धार करवाया था।
- स्कन्दगुप्त की दो विजय उल्लेखनीय हैं—पुष्यमित्र पर विजय तथा हूणों पर विजय।

गुप्तकाल में सांस्कृतिक विकास

प्रशासन

- राजाओं को 'परमेश्वर', 'महाराजाधिराज', 'परमाभट्टारक' आदि नामों से पुकारा जाता था।
- 'कुमारामात्य' सबसे प्रमुख अधिकारी होते थे।
- केन्द्र में मुख्य विभाग सैन्य था। 'सन्धिविग्रिहक' सेना का मुख्याधिकारी होता था।
- गुप्तवंशी राजाओं ने बड़ी संख्या में सोने के सिक्के जारी किए, जिन्हें 'दीनार' के नाम से जाना जाता था।
- चन्द्रगुप्त प्रथम के सिक्कों पर चन्द्रगुप्त व कुमारदेवी के चित्र व नाम अंकित हैं।

सामाजिक विकास

- जातियां, उपजातियों में विभक्त हो गई थीं।
- स्त्रियों की दशा पहले से निम्न हो गई थी। इसी काल में सती प्रथा की प्रथम घटना का उल्लेख मिलता है।
- शूद्रों की दशा में थोड़ा सुधार हुआ था परन्तु छुआछूत की प्रथा ने जड़ें जमानी शुरू कर दी थीं।
- फाह्यान के अनुसार 'चाण्डाल' समाज से बहिष्कृत थे और वे गांव से बाहर बसा करते थे। उच्च जाति के लोग उनसे घृणा करते थे।
- कुमारगुप्त के शासन के दौरान सुप्रसिद्ध नालन्दा विश्वविद्यालय की स्थापना की गई थी।

धर्म

- बौद्ध धर्म का प्रचलन कम होता जा रहा था।
- वर्तमान में प्रचलित हिन्दू धर्म के स्वरूप का निर्माण इसी युग में हुआ।
- भगवद्गीता की रचना इसी युग में हुई।
- विष्णु इनके इष्ट देवता थे।
- मूर्ति पूजा सामान्य तौर पर प्रचलन में आ चुकी थी।

कला

- गुप्त युग में विविध प्रकार; यथा-मूर्तिकला, चित्रकला, वास्तुकला, संगीत व नाट्य कला तथा मुद्राकला के क्षेत्र में आशातीत उन्नति हुई।
- सारनाथ की बुद्धमूर्ति, मथुरा की वर्धमान महावीर की मूर्ति, विदिशा की वराह अवतार की मूर्ति, झांसी की शेषशायी विष्णु की मूर्ति, काशी की गोर्वधनधारी कृष्ण की मूर्ति आदि इस युग की मूर्तिकला के प्रमुख उदाहरण हैं।
- अजन्ता की गुफाओं के चित्र इस युग की चित्रकला के सर्वोत्तम उदाहरण हैं।
- झांसी स्थित देवगढ़ का दशावतार का मन्दिर, कानपुर स्थित भीतरगांव का मन्दिर, नागौर स्थित भूमरा का शिव मन्दिर आदि इस युग की वास्तुकला के कुछ श्रेष्ठ उदाहरण हैं।

साहित्य

- हिन्दू, बौद्ध तथा जैन साहित्य इस युग में लिखे गए। रामायण व महाभारत का वर्तमान स्वरूप भी इसी युग में प्राप्त हुआ।

- विष्णु शर्मा द्वारा पंचतन्त्र और हितोपदेश की रचना की गई।
- संस्कृत साहित्य में कालिदास ने कुमारसम्भव, मेघदूत, अभिज्ञानशाकुन्तलम्, मालविकाग्निमित्रम् आदि की रचना की।
- विशाखदत्त की मुद्राराक्षस, देवी चन्द्रगुप्तम्, भट्टी का रावण वध, शूद्रक का मृच्छकटिकम्, सुबन्धु की वासवदत्ता, दण्डी का दशकुमार चरित इसी युग में लिखे गए।
- हरिषेण, वीरसेन, कालिदास तथा विशाखदत्त आदि इस युग के प्रसिद्ध विद्वान थे।

विज्ञान

- गुप्त युग में गणित, पदार्थ विज्ञान, धातु विज्ञान, रसायन विज्ञान, ज्योतिष विज्ञान तथा चिकित्सा विज्ञान की बहुत उन्नति हुई। दशमलव तथा शून्य का अन्वेषण इसी युग में हुआ।
- आर्यभट्ट इस युग के प्रख्यात गणितज्ञ एवं खगोलशास्त्री थे। इन्होंने 'आर्यभट्टीय' नामक ग्रन्थ की रचना की।
- वराहमिहिर ने 'वृहत्त संहिता' एवं 'पंचसिद्धान्तिका' नाम के खगोलशास्त्र के ग्रन्थों की रचना की।
- धन्वन्तरि तथा सुश्रुत इस युग के प्रख्यात वैद्य थे। 'नवनीतकम्' इस युग की प्रसिद्ध चिकित्सा पुस्तक है।

मध्यकालीन भारत

भारत पर विदेशी आक्रमण

मोहम्मद बिन कासिम—मोहम्मद बिन कासिम, भारत पर आक्रमण करने वाला प्रथम अरब मुस्लिम था। जिसने सिन्ध व मुल्तान को (712 ई. में) जीत लिया था। उस समय सिन्ध का शासक ब्राह्मणवंशी राजा दाहिर था।

- भारत पर प्रथम तुर्क आक्रमण 986 ई. में गजनी के शासक सुबुक्तगीन ने किया।

महमूद गजनवी—महमूद गजनवी, सुबुक्तगीन का पुत्र था और अपने पिता की मृत्यु के बाद 997 ई. में वह गजनी के सिंहासन पर बैठा।

- महमूद गजनवी ने भारत पर 1001 ई. से 1027 ई. के बीच 17 आक्रमण किए।
- 1025 ई. में उसका सोमनाथ के शिव मन्दिर पर आक्रमण सबसे प्रसिद्ध है। उसने सोमनाथ मन्दिर से भारी मात्रा में सम्पत्ति लूटी थी।
- महमूद गजनवी ने अन्तिम आक्रमण 1027 ई. में जाटों के विरुद्ध किया था।

मोहम्मद गोरी—मोहम्मद गोरी ने भारत पर प्रथम आक्रमण 1175 ई. में मुल्तान पर किया।

- 1178 ई. के गुजरात आक्रमण के समय वहां के शासक भीम द्वितीय (मूलराज) ने गोरी को बन्दी बना लिया था लेकिन बाद में छोड़ दिया था।
- इस समय के दौरान दिल्ली पर चौहान वंश के पृथ्वीराज चौहान तृतीय का शासन था।
- मोहम्मद गोरी और पृथ्वीराज चौहान के बीच दो लड़ाईयां हुईं। तराइन का प्रथम युद्ध (1191 ई.) जिसमें गोरी की पराजय हुई तथा तराइन का द्वितीय युद्ध (1192 ई.) जिसमें पृथ्वीराज की पराजय हुई।
- 1194 ई. में चंदावर के युद्ध में मोहम्मद गोरी ने कन्नौज के राजा जयचन्द को हराया।
- मोहम्मद गोरी के सेनापति बख्तियार खिलजी ने पूर्वी भारत को विजित किया और नालन्दा तथा विक्रमशिला विश्वविद्यालयों को नष्ट कर दिया।
- 1206 ई. में गोरी, कुतुबुद्दीन ऐबक को भारत को नेतृत्व सौंपकर वापस अपने गृह प्रान्त की ओर चला। रास्ते में कुछ विद्रोहियों ने अचानक हमला कर उसकी हत्या कर दी।

गुलाम वंश (1206 ई. से 1290 ई.)

कुतुबुद्दीन ऐबक (1206 ई. से 1210 ई.)

यह मोहम्मद गोरी का गुलाम था जो बाद में सेनानायक हो गया था।

- पहले इसकी राजधानी लाहौर थी और बाद में दिल्ली बनी।
- इसने कुतुबमीनार का निर्माण कार्य प्रारम्भ करवाया। कुतुबमीनार का नाम प्रसिद्ध सूफी सन्त ख्वाजा कुतुबुद्दीन बख्तियार काकी के नाम पर रखा गया।
- इसने भारत की प्रथम मस्जिद (कुव्वत-उल-इस्लाम) दिल्ली में और अढ़ाई दिन का झोपड़ा अजमेर में बनवाई।
- इसकी मृत्यु लाहौर में चौगान (पोलो) खेलते हुए घोड़े से गिरकर हुई।

इल्तुतमिश (1210 ई. से 1236 ई.)

कुतुबुद्दीन की मृत्यु के पश्चात् उसके पुत्र आरामशाह को सिंहासन पर बैठाया गया परन्तु आरामशाह अयोग्य शासक निकला। इसलिए कुतुबुद्दीन के दामाद इल्तुतमिश ने शासन सम्भाला।

- इल्तुतमिश ने इक्ता व्यवस्था शुरू की। इसके तहत सभी सैनिक व गैर-सैनिक अधिकारियों को नकद वेतन के बदले भूमि प्रदान की जाती थी।
- इल्तुतमिश ने चांदी का 'टका' तथा तांबे के 'जीतल' नामक सिक्कों का प्रचलन किया एवं दिल्ली में टकसाल स्थापित की।
- उसने बगदाद के खलीफा से मान्यता प्राप्त की और ऐसा करने वाला वह प्रथम मुस्लिम शासक था।
- उसने चालीस योग्य तुर्क सरदारों के एक दल चालीसा (चहलगानी) का गठन किया जिसने इल्तुतमिश की सफलताओं में अपना महत्त्वपूर्ण योगदान दिया।

रजिया सुल्तान (1236 ई. से 1240 ई.)

- रजिया दिल्ली की प्रथम व अन्तिम मुस्लिम महिला शासक थी।
- सिंहासन पर बैठते ही रजिया ने कूटनीति से काम लिया और अमीर वर्ग में फूट डाल दी।
- रजिया ने अबीसिनिया निवासी एक गुलाम मलिक जलालुद्दीन याकूत को आवश्यकता से अधिक महत्त्व दिया और उसे 'अमीर-ए-आखुर' अर्थात् अश्वशाला प्रधान के पद पर नियुक्त कर दिया।
- भटिण्डा के सूबेदार अल्तूनिया ने विद्रोह कर याकूत की हत्या कर दी तथा रजिया को बन्दी बना लिया।
- इसी बीच इल्तुतमिश के एक पुत्र बहरामशाह ने सत्ता हथिया ली तथा भटिण्डा से दिल्ली आते वक्त अल्तूनिया व रजिया को हराकर उनका वध कर दिया।

बलबन (1266 ई. से 1286 ई.)

- इसका वास्तविक नाम बहाउद्दीन था और यह ग्यासुद्दीन बलबन के नाम से गद्दी पर बैठा।
- बलबन ने पारसी-नववर्ष की शुरुआत पर मनाए जाने वाले उत्सव 'नौरोज' की भारत में शुरुआत की।
- सुल्तान की प्रतिष्ठा बढ़ाने के लिए, बलबन ने दरबार में 'सिजदा' (घुटनों के बल बैठकर सुल्तान के सामने सिर झुकाना) तथा 'पाबोस' (पेट के बल लेटकर सुल्तान के पैरों को चूमना) प्रथाएं शुरू की थी।

खिलजी वंश (1290 ई. से 1320 ई.)

जलालुद्दीन फिरोज खिलजी (1290 ई. से 1296 ई.)

- यह दिल्ली सल्तनत का प्रथम शासक था जिसका हिन्दू जनता के प्रति उदार दृष्टिकोण था।

- सुल्तान के भतीजे अलाउद्दीन ने देवगिरि के यादव राजा को हराकर अपार धन अर्जित किया और अन्ततः धोखे से अपने चाचा की हत्या करवा दी।

अलाउद्दीन खिलजी (1296 ई. से 1316 ई.)

- अलाउद्दीन खिलजी का जन्म 1266-67 ई. में हुआ था।
- 1290 ई. में जलालुद्दीन ने उसे 'अमीर-ए-तुजक' पद प्रदान किया।
- देवगिरि की विजय से अलाउद्दीन की सुल्तान बनने की इच्छा प्रबल हो उठी और उसने 19 जुलाई, 1290 ई. को धोखे से सुल्तान जलालुद्दीन की हत्या करके स्वयं सत्ता हस्तगत कर ली।
- अलाउद्दीन का महान् सेनापति मलिक काफूर गुजरात विजय के दौरान नुसरत खां द्वारा एक हजार दीनार में खरीदा गया, जिससे उसे 'हजारदीनारी' भी कहा जाता था।
- अलाउद्दीन दिल्ली सल्तनत का प्रथम सुल्तान था, जिसने दक्षिण भारत में विजय पताका लहराई।
- अलाउद्दीन के दक्षिण भारतीय अभियान का नेतृत्व सेनापति मलिक काफूर ने किया था।
- उसने भूमि की उत्पादकता के आधार पर कर निर्धारित किए तथा भूमि को बिस्वा में मापने की प्रथा शुरू की।
- गृहकर, 'घरी' तथा चारागाह पर 'चरी' लागू किए गए।
- राजस्व एकत्र करने के लिए 'मुस्तखराज' नामक अधिकारी की नियुक्ति की गई।
- अलाउद्दीन ने बाजार में सभी आवश्यक वस्तुओं के दाम निर्धारित कर दिए थे।

तुगलक वंश (1320 ई. से 1414 ई.)

गयासुद्दीन तुगलक (1320 ई. से 1325 ई.)

- यह तुगलक वंश का संस्थापक था।
- इसका असली नाम गाजी मलिक था।
- इसने जनता के साथ उदार व्यवहार किया।
- इसने सिंचाई के साधनों विशेषकर नहरों का निर्माण करवाया तथा अकाल संहिता का निर्माण किया।
- गयासुद्दीन ने दिल्ली के निकट तुगलकाबाद नामक नगर बसाकर इसे अपनी राजधानी बनाया।

मोहम्मद बिन तुगलक (1325 ई. से 1351 ई.)

- इसका वास्तविक नाम जूना खां था।
- इसे इतिहास में एक बुद्धिमान मूर्ख शासक के रूप में जाना जाता है।
- इसने अपने जीवनकाल में पांच ऐसे महत्त्वपूर्ण फैसले लिए जो विफल हो गए। जैसे—कर वृद्धि, राजधानी का स्थानान्तरण, सांकेतिक मुद्रा का प्रचलन, खुरासान अभियान, कराचिल अभियान।
- उसने कृषि के विकास के लिए 'दीवान-ए-कोही' नामक विभाग की स्थापना की।
- उसके अन्तिम दिनों में लगभग सम्पूर्ण दक्षिण भारत स्वतन्त्र हो गया था और विजयनगर, बहमनी, मदुरै आदि स्वतन्त्र राज्यों की घोषणा हो गई थी।
- इब्नबतूता ने भारतीय समकालीन इतिहास पर आधारित पुस्तक 'सफरनामा' (रेहला) लिखी।
- 1351 ई. में मोहम्मद बिन तुगलक की मृत्यु हो गई।

फिरोजशाह तुगलक (1351 ई. से 1388 ई.)

- वह एक उदार शासक था और उसने उलेमा वर्ग की सलाह मानते हुए धार्मिक आधार पर एक इस्लामिक राज्य की स्थापना की।
- उसने सेना में वंशवाद को बढ़ावा दिया तथा सैनिकों को वेतन के रूप में भूमि प्रदान की। उसके शासनकाल में सेना में भ्रष्टाचार फैल चुका था।
- फिरोजशाह अपने आर्थिक व प्रशासनिक सुधारों के कारण 'सल्तनत काल का अकबर' कहलाता है।
- फिरोजशाह ने हिसार, फिरोजाबाद, फतेहाबाद, फिरोजशाह कोटला, जौनपुर आदि नगरों की स्थापना की।
- वह मेरठ तथा टोपरा (अम्बाला) स्थित अशोक स्तम्भों को दिल्ली ले गया तथा फिर अपनी नई राजधानी फिरोजाबाद में उन्हें स्थापित किया।
- उसने दासों के लिए एक नए विभाग 'दीवान-ए-बंदगान' की स्थापना की (उसके पास 1,80,000 गुलाम थे)।
- उसने गरीब महिलाओं और बच्चों की आर्थिक सहायता के लिए 'दीवान-ए-खैरात' नामक दान विभाग की स्थापना की।
- उसने निर्धन वर्ग की निःशुल्क चिकित्सा हेतु एक खैराती अस्पताल 'दारूल-शफा' की स्थापना भी की थी।
- उसने फारसी भाषा में अपनी आत्मकथा 'फुतुहात-ए- फिरोजशाही' की रचना की।

सैयद वंश (1414 ई. से 1451 ई.)

- सैयद वंश की स्थापना खिज्र खां (1414 ई. से 1421 ई.) ने की थी।
- खिज्र खां ने सुल्तान की उपाधि धारण नहीं की, उसने 'रैयत-ए-आला' की उपाधि ली। उसने सिक्कों पर तुगलक सुल्तानों का नाम उत्कीर्ण करवाया था। वह अपने शासनकाल में तैमूर के पुत्र एवं उत्तराधिकारी शाहरुख के प्रतिनिधित्व के रूप में शासन करने का दिखावा करता रहा।
- मुबारकशाह के शासनकाल में याह्या बिन सरहिन्दी ने प्रसिद्ध पुस्तक 'तारीख-ए-मुबारकशाही' लिखी।
- खिज्र खां के उत्तराधिकारी (मुबारकशाह, मोहम्मदशाह, अलाउद्दीन, आलमशाह) अयोग्य थे जिससे बहलोल लोदी को मौका मिला जिसने लोदी वंश की स्थापना की।

लोदी वंश (1451 ई. से 1526 ई.)

बहलोल लोदी (1451 ई. से 1489 ई.)

इसने जौनपुर के शर्की राज्य को विजित कर दिल्ली सल्तनत में शामिल किया।

- उसने बहलोली सिक्के प्रचलित किए।
- वह राजदरबार में सिंहासन पर न बैठकर, अपने दरबारियों के बीच में बैठता था।

सिकन्दर लोदी (1489 ई. से 1517 ई.)

- यह लोदी वंश का सर्वश्रेष्ठ शासक था।
- सिकन्दर लोदी ने भूमि मापन हेतु 'गज-ए-सिकन्दरी' नामक पैमाने का प्रचलन किया।
- उसने 1504 ई. में आगरा शहर की स्थापना की और 1506 ई. में इसे अपनी राजधानी बनाया।
- सिकन्दर लोदी 'गुलरूखी' के उपनाम से फारसी में कविताएं लिखता था।

इब्राहिम लोदी (1517 ई. से 1526 ई.)

- यह दिल्ली सल्तनत अथवा लोदी वंश का अन्तिम शासक था।
- इब्राहिम लोदी ने दरबार के शक्तिशाली सरदारों के दमन की नीति अपनाई जिससे वह अलोकप्रिय हो गया।

- इब्राहिम लोदी 1526 ई. के पानीपत के प्रथम युद्ध में बाबर के हाथों मारा गया और दिल्ली सल्तनत का काल समाप्त हो गया।

सल्तनतकालीन स्थापत्य कला के चर्चित प्रतीक

इमारत का नाम	शासक	स्थान
कुव्वत उल-इस्लाम मस्जिद	कुतुबुद्दीन ऐबक	दिल्ली
कुतुबमीनार	कुतुबुद्दीन ऐबक एवं इल्तुतमिश	दिल्ली
अढ़ाई दिन का झोपड़ा	कुतुबुद्दीन ऐबक	अजमेर
सुल्तान गढ़ी	इल्तुतमिश	दिल्ली
लाल महल	बलबन	दिल्ली
अलाई दरवाजा	अलाउद्दीन खिलजी	दिल्ली
ग्यासुद्दीन तुगलक का मकबरा	ग्यासुद्दीन तुगलक	दिल्ली
आदिलाबाद का किला	मोहम्मद बिन तुगलक	दिल्ली
फिरोजशाह का मकबरा	फिरोज तुगलक	दिल्ली
बहलोल लोदी का मकबरा	बहलोल लोदी	दिल्ली
मोठ की मस्जिद	सिकन्दर लोदी के प्रधानमन्त्री मिया भुंवा	दिल्ली

धार्मिक आन्दोलन

सूफीवाद या सूफीमत

- सूफी सन्त शान्ति, अहिंसा, धार्मिक सहिष्णुता एवं मानव के प्रति प्रेम की भावना पर विशेष बल देते थे।
- सूफी धर्म 12 सिलसिलों अर्थात् वर्गों में विभक्त हो गया था, जिनमें निम्न प्रमुख थे।

चिश्ती

- इसके संस्थापक ख्वाजा मुइनुद्दीन चिश्ती (अजमेर) थे।
- अन्य प्रसिद्ध सन्त निजामुद्दीन औलिया, शेख सलीम चिश्ती आदि थे।

सुहरावर्दी

- इसके संस्थापक शिहाबुद्दीन सुहरावर्दी तथा हमीदउद्दीन नागौरी थे।
- यह पंजाब एवं सिन्ध में प्रसिद्ध था।

फिरदौसी सिलसिला

- यह फिरदौसी ने आरम्भ किया था और बिहार में प्रसिद्ध था।

कादिरी सिलसिला

- यह इस्लाम में प्रथम रहस्यवादी पन्थ था। इसकी स्थापना शेख अब्दुल कादिर जिलानी ने की थी। भारत में इस सिलसिले की स्थापना का श्रेय सैय्यद मोहम्मद जिलानी को जाता है।

नक्शबन्दी सिलसिला

- इसकी स्थापना ख्वाजा बाकी बिल्लाह ने की थी। शेख अहमद सिरहिन्दी इस सिलसिले के प्रमुख सन्त थे।

भक्ति आन्दोलन

- इसकी शुरुआत बारहवीं शताब्दी के लगभग दक्षिण भारत में हुई।
- भक्ति आन्दोलन के सन्तों ने जातिवाद की निन्दा की, कर्मकाण्डों तथा यज्ञों का परित्याग करने पर बल दिया, महिलाओं के सशक्तीकरण और आम बोलचाल की भाषा में लोगों तक अपने सन्देश पहुंचाए।

भक्ति आन्दोलन के मुख्य संचालक

- **आचार्य रामानुज**—भक्ति आन्दोलन के प्रवर्तक रामानुज का आविर्भाव बारहवीं शताब्दी में तमिलनाडु में हुआ। वे सगुण ईश्वर में विश्वास करते थे।
- **रामानन्द**—प्रयाग (इलाहाबाद) में कान्यकुब्ज ब्राह्मण परिवार में जन्मे रामानन्द उत्तरी भारत में भक्ति आन्दोलन के प्रमुख संचालक थे। वे रामानुज के शिष्य थे और भक्ति आन्दोलन को दक्षिण से उत्तर में प्रसारित करने में उनका योगदान उल्लेखनीय था। रामानन्द के 12 शिष्य थे, जो सभी जातियों के लोग थे।
- **कबीर**—काशी में एक जुलाहे परिवार में जन्मे कबीर (1440-1518 ई.) भक्ति आन्दोलन के मुख्य संचालकों में से एक थे। वे रामानन्द के शिष्य तथा निर्गुण ब्रह्म के उपासक थे। वह सामाजिक कुरीतियों, साम्प्रदायिकता तथा छुआछूत के घोर विरोधी थे।
- **मीराबाई**—वह मेड़ता के राठौर रत्न सिंह की पुत्री तथा राणा सांगा के ज्येष्ठ पुत्र राजकुमार भोजराज की पत्नी थीं। वह कृष्ण की उपासिका थीं, उन्होंने घूम-घूम कर सर्वत्र कृष्ण भक्ति का प्रचार प्रसार किया।
- **चैतन्य (1486-1533 ई.)**—बंगाल में जन्मे चैतन्य कृष्ण के उपासक थे। उन्होंने कर्मकाण्ड, बाह्य आडंबर का विरोध किया तथा प्रेम एवं भक्ति पर विशेष बल दिया।
- **रैदास**—कबीरदास जी के समकालीन रैदास निर्गुण धारा के समर्थक सन्त थे। उनका पुनर्जन्म में विश्वास था। उनका मत था कि मोक्ष प्राप्ति का सर्वश्रेष्ठ मार्ग भक्ति है।

मुगल वंश

बाबर (1526 ई. से 1530 ई.)

- बाबर मुगल वंश का संस्थापक था। वह मध्य एशिया स्थित फरगना का शासक था।
- बाबर के पिता उमरशेख मिर्जा तथा माता कुतुलुगनिगार खानम थीं।
- बाबर ने भारत पर पहला आक्रमण 1519 ई. में किया था परन्तु उसका प्रथम महत्त्वपूर्ण आक्रमण 1526 ई. में हुआ। जिसमें उसने दिल्ली के सुल्तान इब्राहिम लोदी को पानीपत के प्रथम युद्ध में पराजित करके भारत में मुगल वंश की स्थापना की।
- बाबर ने तुर्की भाषा में अपनी आत्मकथा 'तुजुक-ए-बाबरी' (बाबरनामा) लिखी।
- बाबर की मृत्यु 1530 ई. में आगरा में हुई।

हुमायूँ (1530 ई.-1540 ई. और 1555 ई.-1556 ई.)

हुमायूँ ने राज्याभिषेक के बाद अपना राज्य अपने तीन भाइयों (कामरान, असकरी, हिन्दाल) में बांट दिया जो राजनीतिक दृष्टि से उसकी सबसे बड़ी भूल थी।

- हुमायूँ ने दिल्ली के निकट 'दीन पनाह' नगर की स्थापना की।
- उसका प्रमुख शत्रु शेरशाह सूरी था जिसने उसे चौसा के युद्ध (1539 ई.) में पराजित किया और 1540 ई. में कन्नौज (बिलग्राम) के युद्ध में पराजित करके भारत से बाहर चले जाने के लिए बाध्य कर दिया।
- बाद में उसने ईरान के शाह तथा बैरम खां की मदद से पुनः 1555 ई. में सिंहासन प्राप्त किया।
- 1556 ई. में दिल्ली में 'शेरमण्डल' नामक पुस्तकालय की सीढ़ियों से लुढ़ककर हुमायूँ की मृत्यु हो गई।

अकबर (1556 ई. से 1605 ई.)

- अकबर का जन्म 1542 ई. में, हुमायूँ के प्रवास काल के दौरान अमरकोट में हुआ। अकबर की मां का नाम हमीदाबानो बेगम था।
- अकबर का राज्याभिषेक 1556 ई. में हुआ।
- सिंहासन पर बैठते ही अकबर ने बैरम खां की सहायता से 1556 ई. में पानीपत के द्वितीय युद्ध में हेमू 'विक्रमादित्य' को पराजित किया।
- 1564 ई. में अकबर ने 'जजिया कर' को समाप्त कर दिया।
- 1576 ई. के 'हल्दी घाटी' के प्रसिद्ध युद्ध में अकबर के सेनापति राजा मानसिंह ने मेवाड़ के शासक महाराणा प्रताप को पराजित किया।
- 1582 ई. में अकबर ने सभी धर्मों के उत्तम सिद्धान्तों को लेकर 'तौहीद-ए-इलाही' या 'दीन-ए-इलाही' नामक नए धर्म की स्थापना की।
- 1605 ई. में अकबर की मृत्यु हो गई।
- अकबर के मकबरे का निर्माण जहांगीर द्वारा आगरा के निकट 'सिकन्दरा' नामक स्थान पर कराया गया।

जहांगीर (1605 ई. से 1627 ई.)

- इसके बचपन का नाम 'सलीम' था।
- जहांगीर ने सिखों के पांचवें गुरु, गुरु अर्जुन देव को शहजादे खुसरो की सहायता करने के कारण फांसी दे दी थी।
- जहांगीर का विवाह 1611 ई. में शेर-ए-अफगान की विधवा मेहरुन्निसा से हुआ जो बाद में 'नूरजहाँ' के नाम से प्रसिद्ध हुई।
- उसने राज्य की जनता को न्याय दिलाने हेतु न्याय की प्रतीक 'सोने की जंजीर' को अपने महल के बाहर लगवाया।
- जहांगीर के शासनकाल में प्रथम अंग्रेज मिशन कैप्टन हाकिन्स के नेतृत्व में मुगल दरबार में आया (1608 ई.-1611 ई.) जो व्यापारिक अनुमति प्राप्त नहीं कर सका।
- सर थॉमस रो के नेतृत्व में दूसरा मिशन भारत आया (1615 ई.-1618 ई.) जो व्यापारिक अनुमति प्राप्त करने में सफल रहा।
- 1627 ई. में जहांगीर की मृत्यु हो गई।
- जहांगीर के मकबरे का निर्माण नूरजहाँ ने लाहौर के निकट 'शाहदरा' नामक स्थान पर करवाया।

शाहजहां (1627 ई. से 1658 ई.)

- इसके बचपन का नाम खुर्रम था।
- इसका विवाह नूरजहाँ के भाई आसफ खां की पुत्री अर्जुमंदबानो बेगम से हुआ, जो बाद में मुमताज महल के नाम से प्रसिद्ध हुई।
- शाहजहां ने दिल्ली के निकट शाहजहांनाबाद नगर की स्थापना की और आगरा से राजधानी इस स्थान पर परिवर्तित की। इसे आजकल पुरानी दिल्ली के नाम से जाना जाता है।
- उसने स्वयं अपना व अपनी बेगम मुमताज महल का मकबरा आगरा में बनवाया जो 'ताजमहल' के नाम से प्रसिद्ध है।
- इसके अलावा शाहजहां ने आगरा में मोती मस्जिद तथा दिल्ली में जामा मस्जिद का निर्माण करवाया (लाल किले में स्थित मोती मस्जिद का निर्माण औरंगजेब ने करवाया था)।
- शाहजहां के पुत्र दारा शिकोह, शुजा, औरंगजेब व मुराद थे।
- 1658 ई. में औरंगजेब ने विजय प्राप्त करते हुए राजधानी पर अधिकार कर लिया और शाहजहां को गिरफ्तार कर आगरा के किले में कैद कर दिया।

औरंगजेब (1658 ई. से 1707 ई.)

- यह औरंगजेब आलमगीर के नाम से सिंहासन पर बैठा।
- उसने 'नौरोज उत्सव' तथा 'झरोखा दर्शन' (जो अकबर ने शुरू किया था) समाप्त कर दिया।
- उसने राज्य की गैर-मुस्लिम जनता पर पुनः 'जजिया' लगा दिया।
- अपने व्यक्तिगत चारित्रिक गुणों के कारण औरंगजेब को 'जिन्दा पीर' के नाम से जाना जाता है।
- उसने 1686 ई. में बीजापुर तथा 1687 ई. में गोलकुण्डा को जीतकर मुगल साम्राज्य में मिला लिया।
- औरंगजेब ने अपनी बेगम के आग्रह पर ताजमहल की प्रतिकृति का निर्माण किया जिसे 'बीबी का मकबरा' या 'द्वितीय ताजमहल' के नाम से भी जाना जाता है। यह औरंगाबाद में स्थित है।
- औरंगजेब की मृत्यु 1707 ई. में हुई। उसका मकबरा औरंगाबाद में स्थित है।

मराठा वंश

- मराठा शक्ति का उदय शिवाजी के नेतृत्व में 17वीं शताब्दी में हुआ।
- शिवाजी का जन्म 1627 ई. में पूना के शिवनेर किले में हुआ। शिवाजी के पिता शाहजी भोंसले और माता जीजाबाई थीं।
- शिवाजी के गुरु समर्थ स्वामी रामदास थे।
- औरंगजेब ने 1665 ई. में राजा जयसिंह को शिवाजी से लड़ने के लिए भेजा। राजा जयसिंह ने शिवाजी को पुरन्दर की सन्धि करने पर विवश किया जिसमें शिवाजी के काफी दुर्ग मुगलों के पास चले गए।
- शिवाजी को 1666 ई. में उनके पुत्र शम्भाजी के साथ आगरा में नजरबन्द भी किया गया परन्तु वे वहां से भाग निकले।
- 1674 ई. में शिवाजी ने रायगढ़ के दुर्ग में महाराष्ट्र के स्वतन्त्र शासक के रूप में अपना राज्याभिषेक कराया और 'छत्रपति' की उपाधि ग्रहण की।
- 12 अप्रैल, 1680 ई. को शिवाजी की मृत्यु हो गई।
- शिवाजी के प्रशासन की मुख्य विशेषता 'अष्ट-प्रधान' यानि उनके आठ प्रमुख मन्त्री थे।

अष्टप्रधान और उनके कार्य

पेशवा	प्रधानमन्त्री
अमात्य	वित्त मन्त्री
सुमन्त या दबीर	विदेश मन्त्री
सुरनिस	सामान्य पत्र व्यवहार
वाकयानवीस	राजा के व्यक्तिगत मामलों की देख-रेख करने वाला
सेनापति (सर-ए-नौबत)	सैन्य गतिविधियों का प्रबन्धक
पंडित राव	धर्म व दान के मामलों का प्रधान
न्यायाधीश	न्याय विभाग का प्रबन्धक

सिख धर्म गुरु और उनके कार्य

समय (गुरु-काल)	सिख गुरु	कार्य
1469 ई. से 1539 ई.	गुरु नानक देव	सिख धर्म की स्थापना, 'आदि ग्रन्थ' की रचना
1539 ई. से 1552 ई.	गुरु अंगद	गुरुमुखी लिपि के जनक
1552 ई. से 1574 ई.	गुरु अमरदास	धर्म प्रसार हेतु 22 गद्दियों की स्थापना
1574 ई. से 1581 ई.	गुरु रामदास	अमृतसर की स्थापना (1577 ई.)

अर्जुन देव	'श्री हरमन्दिर साहिब' या 'स्वर्ण मन्दिर' की नींव रखी, 'गुरु ग्रन्थ साहब' का संकलन
	[illegible] का स्थापना, सिखों को सैनिक जाति में बदला।
	उत्तराधिकार (मुगलों के) युद्ध में भाग
	अल्पवयस्क अवस्था में ही मृत्यु
	इस्लाम कुबूल न करने के कारण औरंगजेब द्वारा सिर कलम कर दिया गया।

आधुनिक भारत

भारत में यूरोपीय लोगों का आगमन

पुर्तगाली—1498 ई. में वास्कोडिगामा केरल के कालीकट नामक नगर में समुद्री मार्ग से पहुंचा।

- फ्रांसिस्को डी-अल्मीडा भारत में पहला पुर्तगाली गवर्नर था, जो 1505 ई. से 1509 ई. तक भारत में रहा।
- 1509 ई. में पुर्तगाली गवर्नर अल्बुकर्क भारत आया और उसने कोचीन में एक दुर्ग बनवाया।
- 1510 ई. में उसने गोवा पर अधिकार कर लिया।
- 'अल्बुकर्क' को भारत में पुर्तगाली साम्राज्य का वास्तविक संस्थापक माना जाता है।
- पुर्तगाली भारत में 1961 ई. तक रहे, हालांकि तब उनके पास सिर्फ गोवा, दमन और दीव ही रह गए थे।
- पुर्तगालियों के भारत आगमन से भारत में तम्बाकू की खेती, जहाज निर्माण एवं प्रिंटिंग प्रेस का सूत्रपात (1556 ई.) हुआ।

डच—1602 ई. में यूनाइटेड ईस्ट इण्डिया कम्पनी ऑफ दी नीदरलैण्ड्स अस्तित्व में आई।

- 1605 ई. में पहली फैक्ट्री मसूलीपट्टनम में स्थापित की गई। अन्य फैक्ट्रियां—पुलीकट, चिनसुरा, पटना, बालासोर, नागपट्टनम, कोचीन, सूरत, कारिकल, कासिम बाजार में स्थापित की गईं।
- 1639 ई. में उन्होंने गोवा पर (जो पुर्तगाली शक्ति का केन्द्र था) आक्रमण किया, 1641 ई. में मलक्का पर विजय प्राप्त की तथा 1658 ई. में लंका पर अधिकार कायम कर लिया।
- 1759 ई. तक अंग्रेजों तथा डचों के मध्य मसालों के द्वीप को लेकर संघर्ष होता रहा जिसमें अंग्रेज विजयी हुए।

अंग्रेज—ईस्ट इण्डिया कम्पनी (1600 ई.) की स्थापना ब्रिटिश सरकार द्वारा कुछ व्यापारियों को चार्टर प्रदान करने के साथ हुई।

- जेम्स प्रथम के राजदूत सर थॉमस रो ने जहांगीर से सूरत में फेक्टरी खोलने तथा व्यापार करने की आज्ञा प्राप्त कर ली थी।
- बम्बई, सूरत, मद्रास और हुगली को शामिल करके अंग्रेजों ने इन्हें प्रेसीडेन्सी शहर बना दिया।
- 1757 ई. में प्लासी के युद्ध में क्लाइव ने बंगाल के नवाब सिराजुद्दौला को हराकर भारत में अंग्रेजी राज्य की नींव रखी।
- 1764 ई. में बक्सर के युद्ध में अंग्रेजों ने शाहआलम (मुगल सम्राट) शुजाउद्दौला (अवध का नवाब) और मीर कासिम (बंगाल का नवाब) की संयुक्त सेनाओं को हराकर अंग्रेजी राज कामय कर लिया।
- 1818 ई. में अंग्रेजों ने मराठा शक्ति को पूर्णतया समाप्त कर दिया तथा 1849 ई. के चिलियां वाला के युद्ध में सिख शक्ति का अन्त करके पंजाब समेत पूरे भारत को अपने राज्य में मिला लिया।

फ्रांसीसी—फ्रांसीसी सम्राट लुई चौदहवें के मन्त्री कोलबर्ट द्वारा 1664 ई. में 'फ्रेंच ईस्ट इण्डिया' कम्पनी की स्थापना की गई थी।

- इन्होंने 1667 ई. में सूरत में अपनी पहली फैक्ट्री खोली।
- 1742 ई. में डूप्ले नामक फ्रेंच गवर्नर भारत आया। वह बहुत महत्वाकांक्षी था परन्तु वांडीवाश के युद्ध में उसे क्लाइव के कारण अंग्रेजों से पराजय देखनी पड़ी।
- 1956 ई. में फ्रांस को भारत की बस्तियां पाण्डिचेरी, नगरहवेली, माहे आदि से अपना अधिकार छोड़ना पड़ा।

बंगाल के गवर्नर जनरल

वारेन हेस्टिंग्स (1772 ई. से 1785 ई.)

- 1772 ई. में बंगाल का गवर्नर बना तथा रेग्यूलेटिंग एक्ट (1773 ई.) के ब्रिटिश पार्लियामेंट द्वारा पारित कर देने के बाद गवर्नर जनरल बनाया गया।
- 1772 ई. में द्वैध शासन की समाप्ति की घोषणा की और सरकारी खजाने का हस्तान्तरण मुर्शिदाबाद से कलकत्ता कर दिया।
- 1772 ई. में प्रत्येक जिले में एक दीवानी तथा एक फौजदारी न्यायालय स्थापित कर दिया गया।
- इसके समय में ही जोनाथन डंकन ने बनारस संस्कृत कॉलेज की स्थापना की। गीता के अंग्रेजी अनुवादक विलियम विलकिन्स को हेस्टिंग्स ने आश्रय प्रदान किया।

लॉर्ड कार्नवालिस (1786 ई. से 1793 ई.)

- इनके समय में ही तृतीय मैसूर युद्ध (1789-92 ई.) तथा श्रीरंगपट्टनम की सन्धि (1792 ई.) हुई थी।
- 1793 ई. में प्रसिद्ध कार्नवालिस कोड का निर्माण करवाया, जो 'शक्तियों के पृथक्करण सिद्धान्त' पर आधारित था। कार्नवालिस संहिता से कलेक्टरों की न्यायिक एवं फौजदारी से सम्बन्धित शक्ति का हनन हो गया और अब उनके पास मात्र 'कर' से सम्बन्धित शक्तियां ही रह गई थीं।
- कार्नवालिस ने पुलिस सुधार के अन्तर्गत जिलों की सीमा तय कर, जिलों में पुलिस थानों की स्थापना करके एक दरोगा को उसका इन्चार्ज बनाया।
- कार्नवालिस को भारत में 'प्रशासनिक सेवा (सिविल सर्विसेज) का जनक' माना जाता है।

सर जॉन शोर (1793 ई. से 1798 ई.)

- इसने 'तटस्थ तथा अहस्तक्षेप' की नीति का पालन किया। इसी कारण उसने अपने 5 वर्ष के शासन काल में किसी भी युद्ध में भाग नहीं लिया।
- चार्टर अधिनियम, 1793 ई. इसी के समय पारित हुआ।

लॉर्ड वेलेजली (1798 ई. से 1805 ई.)

- चतुर्थ आंग्ल मैसूर युद्ध (1799 ई.), जिसमें टीपू सुल्तान पराजित हुआ तथा मारा गया, वेलेजली के नेतृत्व में अंग्रेजों ने लड़ा था।

- वेलेजली ने भारतीय राज्यों को अंग्रेजी राजनैतिक परिधि में लाने के लिए 'सहायक सन्धि प्रणाली' का प्रयोग किया।
- सहायक सन्धि करने वाले राज्य थे—हैदराबाद का निजाम, मैसूर के शासक, तंजौर के शासक, अवध का नवाब, पेशवा, बरार के भोंसले राजा, सिन्धिया, जयपुर और जोधपुर के राजपूत।
- द्वितीय आंग्ल मराठा युद्ध (1803-1805 ई.) तथा बेसिन की सहायक सन्धि (1802 ई.) उसी के समय हुई थी।

जॉर्ज बार्लो (1805 ई. से 1807 ई.)

- इसके समय में वेल्लोर विद्रोह (1806 ई.) हुआ, जिसमें अनेक अंग्रेज सैनिक मारे गए।

लॉर्ड मिण्टो प्रथम (1807 ई. से 1813 ई.)

- चार्ल्स मैटकॉफ को मिण्टो ने ही महाराजा रणजीत सिंह के दरबार में भेजा था, जहां 1809 ई. में अमृतसर की सन्धि की गई।
- इसी के समय में 1813 का चार्टर अधिनियम पारित हुआ।

लॉर्ड हेस्टिंग्स (1813 ई. से 1823 ई.)

- इसके समय में आंग्ल-नेपाल युद्ध (1814-16 ई.) हुआ जिसमें गोरखाओं की पूर्ण पराजय हुई। 1816 ई. में कम्पनी एवं गोरखों के मध्य 'संगोली की सन्धि' हुई।
- इसने अन्तिम आंग्ल मराठा युद्ध (1818 ई.) लड़ा था, जिसमें मराठों के राज्य कम्पनी के राज्य में मिला लिए गए।

लॉर्ड एमहर्स्ट (1823 ई. से 1828 ई.)

- इसके समय में प्रथम आंग्ल-बर्मा युद्ध (1824-26 ई.) लड़ा गया।
- 1824 ई. का बैरकपुर का सैन्य विद्रोह भी इसी के समय हुआ।

भारत के गवर्नर जनरल

लॉर्ड विलियम बैंटिक (1828 ई. से 1835 ई.)

- लॉर्ड विलियम बैंटिक को भारत का प्रथम गवर्नर जनरल का पद सुशोभित करने का गौरव प्राप्त है।
- बैंटिक के सामाजिक सुधारों में सर्वाधिक महत्त्वपूर्ण 1829 ई. में सती प्रथा का अन्त है।

लॉर्ड चार्ल्स मैटकॉफ (1835 ई. से 1836 ई.)

- इसने प्रेस एक्ट (1835 ई.) पारित किया, जिसके तहत भारतीय समाचार पत्रों पर आरोपित नियन्त्रण को समाप्त कर दिया गया।
- इसे भारतीय प्रेस का 'मुक्तिदाता' कहा जाता है।

आकलैण्ड प्रथम (1836 ई. से 1842 ई.)

- इसके शासनकाल की महत्त्वपूर्ण घटना थी प्रथम ब्रिटिश अफगान युद्ध (1838-1842 ई.) जिसमें अंग्रेजों को पराजय का सामना करना पड़ा और भारी नुकसान भी हुआ।

लॉर्ड हार्डिंग (1844 ई. से 1848 ई.)

- इसके समय की सबसे महत्त्वपूर्ण घटना थी प्रथम आंग्ल-सिख युद्ध (1845-1846 ई.) जिसमें अंग्रेजी सेना ने लाहौर पर अधिकार कर लिया और सिखों पर लाहौर की सन्धि (1848 ई.) थोप दी।

लॉर्ड डलहौजी (1848 ई. से 1856 ई.)

- द्वितीय आंग्ल-सिख युद्ध (1848-49 ई.) तथा पंजाब का ब्रिटिश शासन में विलय (1849 ई.) इसी के समय में हुआ।
- निचले बर्मा तथा पीगू का ब्रिटिश साम्राज्य में डलहौजी के समय में ही विलय किया गया।
- डलहौजी ने (1850 ई.) में सिक्किम पर अंग्रेज डॉक्टरों के साथ दुर्व्यवहार का आरोप लगाकर अधिकार कर लिया।
- शिक्षा सम्बन्धी सुधारों में डलहौजी ने 1854 ई. के 'वुड डिस्पैच' को लागू किया। प्राथमिक शिक्षा से लेकर विश्वविद्यालय स्तर तक की शिक्षा के लिए एक व्यापक योजना बनाई। रुड़की का इन्जीनियरिंग कॉलेज इसी समय का है।
- 'डलहौजी' को भारत में रेलवे का जनक माना जाता है क्योंकि इसके प्रयत्नों के फलस्वरूप महाराष्ट्र में बम्बई से थाणे तक प्रथम रेल (1853 ई.) चलाई गई।
- डाक विभाग में सुधार करते हुए डलहौजी ने 1854 ई. में नया 'पोस्ट ऑफिस एक्ट' पास किया। पहली बार डलहौजी ने भारत में डाक टिकटों का प्रचलन प्रारम्भ किया।
- भारत में प्रथम टेलीग्राफ लाइन (कलकत्ता से आगरा) 1853 ई. में शुरू हुई।

1857 की क्रान्ति

क्रान्ति के कारण—लॉर्ड डलहौजी की 'राज्य हड़प नीति' और लॉर्ड वैलेजली की सहायक सन्धि ने इसमें महत्त्वपूर्ण भूमिका निभाई।

- राजनीतिक कारणों के साथ ही प्रशासनिक कारण भी क्रान्ति के लिए उत्तरदायी थे। कोई भी भारतीय उच्च पद तक नहीं पहुंच सकता था।
- अंग्रेजों द्वारा भारत का आर्थिक शोषण भी प्रमुख कारण था।
- सैनिक कारणों में ऐसे अनेक बिन्दु विद्यमान थे जो विद्रोह की पृष्ठभूमि तैयार कर रहे थे। पदोन्नति से वंचित रखना, भारत की सीमाओं से बाहर युद्ध के लिए भेजा जाना, समुद्र पार का भत्ता न देना आदि ऐसे अनेक कारण थे।
- चर्बी लगे कारतूसों के प्रयोग को क्रान्ति का तात्कालिक कारण माना जाता है।

असफलता के कारण—क्रांति की असफलता का प्रमुख कारण संगठन तथा एकता की कमी थी।

- ग्वालियर के सिंधिया, इंदौर के होल्कर, हैदराबाद के निजाम आदि राजाओं ने अंग्रेजों का खुलकर साथ दिया।

क्रान्ति का प्रभाव—इसका प्रभाव यह हुआ कि कम्पनी का शासन समाप्त करके ब्रिटिश सरकार ने इसे अपने हाथ में ले लिया। इसके लिए भारत शासन अधिनियम, 1858 पारित हुआ।

- फौज का इस तरह पुनर्गठन किया गया कि आगे ऐसी घटना न घटे।

1857 के विद्रोह के प्रमुख केन्द्र व प्रमुख विद्रोही नेता

केन्द्र	विद्रोही नेता	विद्रोह की तिथि	उन्मूलन के सैन्य अधिकारी	उन्मूलन की तिथि
दिल्ली	बहादुर शाह द्वितीय एवं बख्त खां	11 मई, 1857 ई.	निकलसन, हडसन	20 सितम्बर, 1857 ई.
कानपुर	नाना साहब, तात्यां टोपे	5 जून, 1857 ई.	कॉलिन कैम्पबेल	सितम्बर, 1857 ई.
लखनऊ	बेगम हजरत महल	4 जून, 1857 ई.	कॉलिन कैम्पबेल	31 मार्च, 1858 ई.

झांसी	रानी लक्ष्मीबाई	4 जून, 1857 ई.	जनरल ह्यूरोज	17 जून, 1858 ई.
जगदीशपुर	कुंवर सिंह, अमरसिंह	12 जून, 1857 ई.	विलियम टेलर	दिसम्बर, 1858 ई.
फैजाबाद	मौलवी अहमदुल्ला	जून, 1857 ई.	जनरल रेनॉर्ड	5 जून, 1858 ई.
इलाहाबाद	लियाकत अली	जून, 1857 ई.	कर्नल नील	1858 ई.
बरेली	खान बहादुर	जून, 1857 ई.	विसेण्ट आयर	1858 ई.

भारत के वायसराय

भारतीय काउन्सिल एक्ट, 1858 के अधीन

लॉर्ड कैनिंग (1856 ई. से 1862 ई.)

लॉर्ड कैनिंग भारत में कम्पनी द्वारा नियुक्त अन्तिम गवर्नर जनरल तथा ब्रिटिश सम्राट के अधीन नियुक्त भारत का पहला वायसराय था।

- इसके समय में ही 1857 ई. का महत्त्वपूर्ण ऐतिहासिक विद्रोह हुआ तथा 1858 ई. का भारतीय परिषद् अधिनियम भी पारित हुआ।
- न्यायिक सुधारों के अन्तर्गत कैनिंग के 'इण्डियन हाई कोर्ट एक्ट' (1861 ई.) द्वारा बम्बई, कलकत्ता, मद्रास में एक-एक उच्च न्यायालय की स्थापना की।
- कलकत्ता, बम्बई और मद्रास विश्वविद्यालयों की स्थापना (1857 ई.)।

लॉर्ड एल्गिन (1862 ई. से 1863 ई.)

- 1862 ई. में कैनिंग के बाद एल्गिन भारत का वायसराय बनकर आया। इसकी महत्त्वपूर्ण सफलता थी, वहाबी आन्दोलन का दमन।

सर जॉन लॉरेन्स (1863 ई. से 1869 ई.)

- एल्गिन के बाद 1863 ई. में जॉन लॉरेन्स भारत का वायसराय बनकर आया, जिसके समय में भूटान का महत्त्वपूर्ण युद्ध हुआ।
- अफगानिस्तान के सन्दर्भ में लॉरेन्स ने अहस्तक्षेप की नीति का पालन किया और तत्कालीन शासक शेर अली से दोस्ती की।
- 1865 ई. में उसके द्वारा भारत व यूरोप के बीच प्रथम समुद्री टेलिग्राफ सेवा शुरू की गई।

लॉर्ड मेयो (1869 ई. से 1872 ई.)

- मेयो ने भारत में वित्तीय विकेन्द्रीकरण की नीति की शुरुआत की तथा आयकर की दर को 1% से बढ़ाकर 2.5% कर दिया।
- उसने पृथक् 'कृषि विभाग' तथा 'भारतीय सांख्यिकी सर्वेक्षण विभाग' की स्थापना की।
- पहली बार भारत में जनगणना (1872 ई.) इसी के काल में हुई।
- मेयो ने भारतीय राजाओं के पुत्रों की उचित शिक्षा के लिए अजमेर में मेयो कॉलेज की स्थापना की और 1872 ई. में ही एक कृषि विभाग की स्थापना की।

लॉर्ड नार्थब्रुक (1872 ई. से 1876 ई.)

- इस समय में बिहार-बंगाल में भयानक अकाल पड़ा तथा बड़ौदा के मल्हारराव गायकवाड़ को भ्रष्टाचार के आरोप में पदच्युत कर मद्रास भेज दिया।
- पंजाब का प्रसिद्ध 'कूका आन्दोलन' इसी के समय में हुआ।

लॉर्ड लिटन (1876 ई. से 1880 ई.)

लॉर्ड लिटन एक सुप्रसिद्ध उपन्यासकार, निबन्ध लेखक एवं साहित्यकार था। साहित्यकारों में इसे 'ओवन मैरिडिथ' के नाम से जाना जाता था।

- मार्च, 1878 ई. में लिटन ने 'वर्नाक्यूलर प्रेस अधिनियम' पारित कर भारतीय समाचारपत्रों पर कठोर प्रतिबन्ध लगा दिया।
- इसके समय में द्वितीय अफगान युद्ध (1878-1880 ई.) हुआ जिसमें जन-धन की अपार क्षति हुई।

लॉर्ड रिपन (1880 ई. से 1884 ई.)

- अपने सुधार कार्यों के अन्तर्गत रिपन ने सर्वप्रथम 1882 ई. में वर्नाक्यूलर प्रेस एक्ट समाप्त कर दिया। इसके सुधार कार्यों में सर्वाधिक महत्त्वपूर्ण कार्य था—स्थानीय स्वशासन की शुरुआत।
- रिपन के समय में ही 1881 ई. में भारत में नियमित जनगणना की शुरुआत हुई जो तब से लेकर अब तक प्रत्येक दस वर्ष के अन्तराल पर की जाती है।
- प्रथम फैक्ट्री अधिनियम, 1881 ई. में रिपन द्वारा ही लाया गया। इसमें बाल श्रम पर रोक लगाई गई।
- रिपन ने शैक्षिक सुधारों के अन्तर्गत विलियम हण्टर के नेतृत्व में एक आयोग का गठन किया। आयोग ने 1882 ई. में अपनी रिपोर्ट प्रस्तुत की।

लॉर्ड डफरिन (1884 ई. से 1888 ई.)

- लॉर्ड डफरिन के शासनकाल की महत्त्वपूर्ण घटना थी तृतीय आंग्ल-बर्मा युद्ध (1885-86 ई.) जिसमें बर्मा पराजित हुआ।
- डफरिन के समय में ही 'भारतीय राष्ट्रीय कांग्रेस' की स्थापना की गई।

लॉर्ड लैंसडाउन (1888 ई. से 1894 ई.)

- लॉर्ड लैंसडाउन के समय भारत और अफगानिस्तान के मध्य सीमा (वर्तमान में पाकिस्तान व अफगानिस्तान) का निर्धारण हुआ, जिसे 'डूरण्ड लाइन' के नाम से जाना जाता है।
- मणिपुर में हुए विद्रोह को शान्त करने का श्रेय लैंसडाउन को दिया जाता है।

लॉर्ड एल्गिन द्वितीय (1894 ई. से 1899 ई.)

- लॉर्ड एल्गिन द्वितीय के शासनकाल में 1895 से 1898 ई. तक मध्य प्रदेश, उत्तर प्रदेश, बिहार तथा पंजाब में भयंकर अकाल पड़ा। उसने एक अकाल आयोग 'लॉयल आयोग' की नियुक्ति की।

लॉर्ड कर्जन (1899 ई. से 1905 ई.)

- पुलिस सुधार के अन्तर्गत कर्जन ने 1902 ई. में सर एण्ड्रयू फ्रेचर की अध्यक्षता में एक पुलिस आयोग की स्थापना की।
- शैक्षिक सुधारों के अन्तर्गत कर्जन ने 1902 ई. में 'सर टामस रैले' की अध्यक्षता में 'विश्वविद्यालय आयोग' का गठन किया तथा भारतीय विश्वविद्यालय अधिनियम, 1904 पास किया।
- 1899 ई. में पारित किए गए 'भारत टंकण व पद-मुद्रण अधिनियम' द्वारा अंग्रेजी पाउण्ड को भारत में विधिग्राह्य बना दिया गया।
- कर्जन ने भारत में पहली बार ऐतिहासिक इमारतों की सुरक्षा व मरम्मत हेतु 'भारतीय पुरातत्व विभाग' (1904 ई.) की स्थापना की।
- कर्जन के समय में ही 1905 ई. में बंगाल का विभाजन हुआ। यह उसकी भारी राजनीतिक भूल साबित हुई।

लॉर्ड मिण्टो द्वितीय (1905 ई. से 1910 ई.)

1905 ई. में भारत के वायसराय बने लॉर्ड मिण्टो का सर्वाधिक महत्त्वपूर्ण कार्य भारत सचिव मार्ले के सहयोग में लाया गया भारतीय परिषद् एक्ट, 1909 ई. अथवा मार्ले-मिण्टो सुधार था।

लॉर्ड हार्डिंग (1910 ई. से 1916 ई.)

- 4 अगस्त, 1914 ई. को हार्डिंग के काल में ही प्रथम विश्व युद्ध प्रारम्भ हुआ।
- इसके समय में ही तिलक एवं एनी बेसेन्ट ने होमरूल लीग (1916 ई.) की स्थापना की।
- 1916 ई. में लॉर्ड हार्डिंग को 'बनारस हिन्दू विश्वविद्यालय' का कुलपति नियुक्त किया गया।

लॉर्ड चेम्सफोर्ड (1916 ई. से 1921 ई.)

- इसके समय में 1919 का रौलेट एक्ट पास हुआ, प्रसिद्ध 'जलियाँवाला बाग हत्याकाण्ड' चेम्सफोर्ड के समय में ही 13 अप्रैल, 1919 ई. में हुआ।
- भारत सरकार अधिनियम, 1919 ई. या माण्टेग्यू-चेम्सफोर्ड सुधार लाया गया।

लॉर्ड रीडिंग (1921 ई. से 1926 ई.)

- गांधीजी द्वारा चलाया गया पहला असहयोग आन्दोलन चौरी-चौरा घटना (1922 ई.) के कारण लॉर्ड रीडिंग के समय में ही समाप्त हुआ।
- काकोरी रेल काण्ड (1925 ई.) इसी के काल की घटना है।

लॉर्ड इरविन (1926 ई. से 1931 ई.)

- इसके समय में 1928 ई. में साइमन कमीशन भारत आया तथा 6 अप्रैल, 1930 में सविनय अवज्ञा आन्दोलन (दाण्डी मार्च के बाद) गांधीजी द्वारा प्रारम्भ किया गया।
- इसके समय में ही नवम्बर 1930 ई. में लन्दन में प्रथम गोलमेज सम्मेलन का आयोजन किया गया। 5 मार्च, 1930 को गांधी-इरविन समझौते पर हस्ताक्षर किए गए और साथ ही सविनय अवज्ञा आन्दोलन को वापस लिया गया।

लॉर्ड विलिंगटन (1931 ई. से 1936 ई.)

- इसके समय में 1 सितम्बर से 1 दिसम्बर, 1931 ई. तक द्वितीय गोलमेज सम्मेलन का आयोजन लन्दन में हुआ। इस सम्मेलन में गांधीजी ने कांग्रेस का प्रतिनिधित्व किया।
- अगस्त 1932 में रैम्जे मैकडोनाल्ड के प्रसिद्ध 'साम्प्रदायिक अधिनिर्णय' की घोषणा की तथा दिसम्बर, 1932 ई. में विलिंगटन के समय में ही तृतीय गोलमेज सम्मेलन का आयोजन लन्दन में हुआ।

लॉर्ड लिनलिथगो (1936 ई. से 1944 ई.)

- इसके समय में पहले चुनाव कराए गए। चुनाव के परिणाम राष्ट्रीय कांग्रेस के पक्ष में रहे।
- 1 सितम्बर, 1939 ई. को द्वितीय विश्वयुद्ध का प्रारम्भ इन्हीं के समय में हुआ।
- 8 अगस्त, 1940 को प्रसिद्ध 'अगस्त प्रस्ताव' लाया गया।
- 1942 ई. में 'क्रिप्स मिशन' भारत आया तथा 1942 ई. में ही कांग्रेस ने 'भारत छोड़ो आन्दोलन' प्रारम्भ किया।

लॉर्ड वेवेल (1944 ई. से 1947 ई.)

- वेवेल के समय में 1945 ई. में शिमला समझौता हुआ।
- कैबिनेट मिशन 1946 ई. में भारत आया। तत्कालीन ब्रिटिश प्रधानमन्त्री क्लीमेण्ट एटली ने जून 1948 ई. के पहले भारत को स्वतन्त्र करने की घोषणा की।

लॉर्ड माउण्टबेटन (मार्च, 1947 ई. से जून, 1948 ई.)

- भारत का अन्तिम वायसराय तथा स्वतन्त्र भारत का प्रथम गवर्नर जनरल जिसने 3 जून, 1947 ई. को यह घोषणा की कि भारत और पाकिस्तान के रूप में भारत का विभाजन ही समस्या का हल है। भारतीय स्वतन्त्रता विधेयक ब्रिटिश संसद में जुलाई 1947 ई. में प्रधानमन्त्री एटली द्वारा प्रस्तुत किया गया। विधेयक के अनुसार भारत और पाकिस्तान दो स्वतन्त्र राष्ट्रों के निर्माण की बात कही गई।

चक्रवर्ती राजगोपालाचारी (1948 ई. से 1950 ई.)

- लॉर्ड माउण्टबेटन की वापसी के बाद 21 जून, 1948 ई. को चक्रवर्ती राजगोपालाचारी भारत के गवर्नर जनरल बनाए गए। वे स्वतन्त्र भारत के प्रथम भारतीय व अन्तिम गवर्नर जनरल थे। इनके बाद भारत में संविधान के अनुसार शासन प्रमुख राष्ट्रपति तथा प्रधानमन्त्री बनने लगे।

भारत का राष्ट्रीय आन्दोलन

नील विद्रोह (1859 ई. से 1860 ई.)

- यह विद्रोह भारतीय किसानों द्वारा ब्रिटिश नील उत्पादकों के खिलाफ बंगाल में किया गया।
- अंग्रेज अधिकारी बंगाल तथा बिहार के रैयतों से भूमि लेकर बिना पैसे दिए ही रैयतों को नील की खेती करने के लिए विवश करते थे जबकि किसान अपनी उपजाऊ जमीन पर चावल की खेती करना चाहते थे।
- इस आन्दोलन की शुरुआत 1859 ई. में बंगाल के नादिया जिले के गोविन्दपुर गांव में दिगम्बर विश्वास व विष्णु विश्वास ने की थी।

कूका आन्दोलन

- कृषि सम्बन्धी समस्याओं के खिलाफ अंग्रेजी सरकार से लड़ने के लिए बनाए गए इस संगठन के संस्थापक भगत जवाहर मल थे।
- 1872 ई. में इनके शिष्य बाबा रामसिंह ने अंग्रेजों का कड़ाई से सामना किया।

भारतीय राष्ट्रीय कांग्रेस की स्थापना (1885 ई.)

कांग्रेस की स्थापना 1885 ई. में ए. ओ. ह्यूम द्वारा की गई थी जो कि एक सेवानिवृत्त अंग्रेज प्रशासनिक अधिकारी थे।

- इसका प्रथम अधिवेशन दिसम्बर, 1885 ई. में बम्बई में हुआ जिसकी अध्यक्षता व्योमेश चन्द्र बनर्जी ने की।
- 1885 ई. में कांग्रेस की स्थापना के बाद अगले बीस वर्षों तक इस पर ऐसे गुट का प्रभाव था जिसे 'उदारवादी गुट' कहा जाता था।
- उदारवादियों के प्रमुख नेता थे—दादाभाई नौरोजी, सुरेन्द्र नाथ बनर्जी, फिरोजशाह मेहता, गोविन्द रानाडे, गोपाल कृष्ण गोखले, मदन मोहन मालवीय आदि।
- 1905 ई. से 1911 ई. तक के चरण को नव राष्ट्रवाद अथवा गरमपंथियों के उदय का काल माना जाता है।
- कांग्रेस के गरमपंथी नेताओं में प्रमुख थे—बाल गंगाधर तिलक, विपिन चन्द्र पाल, लाला लाजपतराय, अरबिन्द घोष आदि।

बंगाल का विभाजन (1905 ई.)

- बंगाल में राष्ट्रीय चेतना को नष्ट करने के उद्देश्य से लॉर्ड कर्जन द्वारा 16 अगस्त, 1905 ई. को बंगाल का विभाजन कर दिया गया।

स्वदेशी व स्वराज (1905 ई. तथा 1906 ई.)

- लाल, बाल, पाल और अरबिन्द घोष के प्रयासों के कारण कांग्रेस ने स्वदेशी व स्वराज्य की मांग की।
- 1905 ई. के बनारस अधिवेशन में गोपालकृष्ण गोखले की अध्यक्षता में कांग्रेस ने स्वदेशी की मांग रखी।
- 1906 ई. में कलकत्ता अधिवेशन में दादाभाई नौरोजी की अध्यक्षता में कांग्रेस ने 'स्वराज्य' की मांग रखी।

मुस्लिम लीग की स्थापना (1906 ई.)

- इसके संस्थापकों में आगा खां, नवाब सलीमुल्ला और नवाब मोहसिन उल मुल्क प्रमुख थे जिन्होंने 1906 ई. में इसकी स्थापना की।

कांग्रेस का सूरत अधिवेशन (1907 ई.)

- इस अधिवेशन में कांग्रेस स्पष्ट रूप से नरमपंथियों व गरमपंथियों में विभाजित हो गई थी।
- विवाद का केन्द्र रासबिहारी घोष थे जिन्हें इस अधिवेशन का अध्यक्ष चुना गया था।

दिल्ली दरबार (1911 ई.)

- इंग्लैण्ड के सम्राट जॉर्ज पंचम एवं महारानी मेरी के स्वागत में 1911 ई. में दिल्ली में एक भव्य दरबार का आयोजन किया गया।
- इस दरबार में बंगाल विभाजन को रद्द करने तथा भारत की राजधानी को कलकत्ता से दिल्ली स्थानान्तरित करने की घोषणा हुई।

ताना भगत आन्दोलन (1914 ई.)

- इस आन्दोलन की शुरुआत 1914 ई. में बिहार में हुई। यह आन्दोलन ऊँची लगान की दर तथा चौकीदार कर के विरुद्ध किया गया था।

लखनऊ समझौता (1916 ई.)

- ब्रिटेन और तुर्की के बीच युद्ध के कारण मुसलमानों में अंग्रेजों के प्रति विद्वेष की भावना उत्पन्न हो गयी थी।
- 1916 ई. में लखनऊ में मुस्लिम लीग के नेता मोहम्मद अली जिन्ना तथा कांग्रेस के मध्य एक समझौता हुआ जिसके अन्तर्गत कांग्रेस व मुस्लिम लीग ने मिलकर एक 'संयुक्त समिति' की स्थापना की।

होमरूल लीग आन्दोलन (1916 ई.)

- श्रीमती एनी बेसेन्ट के प्रयासों से संवैधानिक उपायों द्वारा स्वशासन प्राप्त करने के उद्देश्य से भारत में होमरूल लीग की स्थापना की गई।
- बाल गंगाधर तिलक ने 28 अप्रैल, 1916 ई. को महाराष्ट्र में होमरूल लीग की स्थापना की, जिसका केन्द्र पूना था।
- सितम्बर 1916 ई. में ऐनी बेसेन्ट द्वारा मद्रास में अखिल भारतीय होमरूल लीग की स्थापना की गई तथा जार्ज अरूडेल को लीग का सचिव बनाया।

रॉलेट एक्ट (1919 ई.)

- इस एक्ट के द्वारा अंग्रेज सरकार जिसको चाहे बिना मुकदमा चलाए जेल में बन्द रख सकती थी। यह जनता की सामान्य स्वतन्त्रता पर प्रत्यक्ष कुठाराघात था।
- इस एक्ट को 'बिना अपील' तथा 'बिना दलील' का कानून भी कहा गया। इसे 'काला अधिनियम' एवं 'आतंकवादी अपराध अधिनियम' के नाम से भी जाना जाता है।

जलियाँवाला बाग हत्याकाण्ड (13 अप्रैल, 1919 ई.)

- रॉलेट एक्ट के विरोध में जगह-जगह जनसभाएं आयोजित की जा रही थीं। इसी दौरान सरकार ने पंजाब के लोकप्रिय नेता डॉ. सेफुद्दीन किचलू और डॉ. सत्यपाल को गिरफ्तार कर लिया।
- इसी गिरफ्तारी का विरोध करने के लिए 13 अप्रैल, 1919 ई. को अमृतसर के जलियाँवाला बाग में एक जनसभा आयोजित की गई, जिस पर जनरल डायर ने गोली चलवा दी, जिसमें सैकड़ों लोग मारे गए।
- अंग्रेज सरकार ने बढ़ते जन असन्तोष के कारण लॉर्ड हण्टर की अध्यक्षता में 'हण्टर आयोग' गठित किया।
- 13 मार्च, 1940 ई. को सरदार उधम सिंह ने कैक्सटन हॉल (लंदन) में एक मीटिंग को सम्बोधित कर रहे जनरल डायर की गोली मारकर हत्या कर दी।

खिलाफत आन्दोलन (1920 ई.)

- प्रथम विश्व युद्ध के दौरान ब्रिटेन और उसके सहयोगियों द्वारा तुर्की पर किए गए अत्याचारों ने मुसलमानों को गहरा आघात पहुंचाया।
- इसके परिणामस्वरूप 1919 ई. में अखिल भारतीय खिलाफत कमेटी का गठन किया गया।
- इस आन्दोलन में मोहम्मद अली तथा शौकत अली ने महत्त्वपूर्ण भूमिका निभाई।

असहयोग आन्दोलन (1920 ई.)

- लाला लाजपतराय की अध्यक्षता में हुए कलकत्ता अधिवेशन में गांधीजी के नेतृत्व में असहयोग आन्दोलन का प्रस्ताव पारित हुआ।
- 17 नवम्बर, 1921 ई. को प्रिंस ऑफ वेल्स के भारत आगमन पर सम्पूर्ण भारत में सार्वजनिक हड़ताल का आयोजन किया गया।
- फरवरी 1922 ई. में गांधीजी ने सविनय अवज्ञा आन्दोलन प्रारम्भ करने की योजना बनाई।
- परन्तु उसके पूर्व ही उत्तर प्रदेश के गोरखपुर जिले में स्थित चौरी-चौरा नामक स्थान पर 5 फरवरी, 1922 ई. को आन्दोलनकारी भीड़ ने पुलिस के 22 जवानों को थाने के अन्दर जिंदा जला दिया।
- इस घटना से गांधीजी अत्यन्त आहत हो गए और उन्होंने 12 फरवरी, 1922 ई. को असहयोग आन्दोलन वापस ले लिया।

स्वराज पार्टी (1923 ई.)

- असहयोग आन्दोलन की समाप्ति के पश्चात् 1923 ई. में मोतीलाल नेहरू, सी. आर. दास एवं एन.सी. केलकर ने इलाहाबाद में स्वराज पार्टी की स्थापना की।
- स्वराज पार्टी का उद्देश्य था-कांग्रेस के अन्दर रहकर चुनावों में हिस्सा लेना और विधानपरिषद् में स्वदेशी सरकार के गठन की मांग उठाना तथा मांगों के न मानने पर विधान परिषद् की कार्यवाही में बाधा डालना।
- 1925 ई. में सी.आर. दास की मृत्यु हो जाने से स्वराज पार्टी शिथिल पड़ गयी।

साइमन कमीशन (1927 ई.)

- ब्रिटिश सरकार ने सर जॉन साइमन के नेतृत्व में 7 सदस्यीय आयोग की स्थापना की, जिसमें सभी सदस्य अंग्रेज थे। 18 नवम्बर, 1927 ई. को इस आयोग की स्थापना की घोषणा हुई।
- इस आयोग में किसी भी भारतीय को शामिल नहीं किया गया जिसके कारण भारत में इस कमीशन का तीव्र विरोध हुआ।
- 3 फरवरी, 1928 ई. को जब आयोग के सदस्य बम्बई पहुंचे तो इसके खिलाफ एक अभूतपूर्व हड़ताल का आयोजन किया गया। काले झंडे तथा 'साइमन वापस जाओ' के नारे लगाए गए।
- आयोग के विरोध के कारण लखनऊ में जवाहरलाल नेहरू, गोविन्द बल्लभ पन्त आदि ने लाठियां खायीं। लाहौर में लाठी की गहरी चोट के कारण लाला लाजपत राय की अक्टूबर 1928 ई. में मृत्यु हो गई।

नेहरू रिपोर्ट (1928 ई.)

- साइमन कमीशन के विरोध एवं बहिष्कार के पूर्व ही 1925 ई. में भारत सचिव ने कांग्रेसी नेताओं को संविधान की रूपरेखा तैयार करने की चुनौती दी।
- इस सम्मेलन में पण्डित मोतीलाल नेहरू की अध्यक्षता में एक सात सदस्यीय समिति स्थापित हुई, जिसे संविधान के सिद्धान्तों को निर्धारित करना था। इस समिति ने 28 अगस्त, 1928 ई. को अपनी रिपोर्ट प्रस्तुत की।

- मुस्लिम लीग के अध्यक्ष मोहम्मद अली जिन्ना ने नेहरू रिपोर्ट को अस्वीकार कर दिया। नेहरू रिपोर्ट से सिख लोग भी असन्तुष्ट थे।

जिन्ना फार्मूला (1928 ई.)

- मुस्लिम लीग के नेता मोहम्मद अली जिन्ना ने नेहरू रिपोर्ट में मुसलमानों के लिए प्रथम निर्वाचक मण्डल की सुविधा न दिए जाने के कारण मुसलमानों की 14 मांगों का प्रपत्र जारी किया, जिसे 'जिन्ना का चौदह सूत्रीय फार्मूला' कहा जाता है।

बारदोली सत्याग्रह (1928 ई.)

- गुजरात में स्थित बारदोली के किसानों ने सरकार द्वारा बढ़ाए गए 30% कर के विरोध में बल्लभभाई पटेल के नेतृत्व में सत्याग्रह किया।
- बारदोली सत्याग्रह के सफल होने के बाद वहां की महिलाओं ने पटेल को 'सरदार' की उपाधि प्रदान की।

कांग्रेस का लाहौर अधिवेशन (1929 ई.)

- 1929 ई. को लाहौर अधिवेशन की अध्यक्षता पण्डित जवाहर लाल नेहरू ने की जिसमें 'पूर्ण स्वराज्य' को अन्तिम लक्ष्य माना गया।
- यह भी निश्चित किया गया कि हर साल 26 जनवरी को सांकेतिक स्वाधीनता दिवस मनाया जाएगा।

दाण्डी यात्रा (1930 ई.)

- इसे नमक सत्याग्रह के रूप में भी जाना जाता है।
- 24 दिन की लम्बी यात्रा के पश्चात् 5 अप्रैल, 1930 ई. को दाण्डी पहुंचकर गांधीजी ने सांकेतिक रूप से नमक कानून तोड़ा और सविनय अवज्ञा आन्दोलन प्रारम्भ किया।
- पश्चिमोत्तर प्रान्त में खान अब्दुल गफ्फार खान के नेतृत्व में सविनय अवज्ञा आन्दोलन संचालित रहा। उनके द्वारा गठित 'खुदाई खिदमतगार' (लालकुर्ती) संगठन ने इस आन्दोलन में महत्त्वपूर्ण भूमिका निभाई।

प्रथम गोलमेज सम्मेलन

- यह सम्मेलन 12 नवम्बर, 1930 ई. से 13 जनवरी, 1931 ई. तक लंदन में आयोजित किया गया।
- इसमें पहली बार भारतीयों को अंग्रेजों के बराबरी का दर्जा प्रदान किया गया।
- इस सम्मेलन में उदारवादी दल, मुस्लिम लीग, हिन्दू महासभा, दलित वर्ग, व्यापारी वर्ग आदि के प्रतिनिधि शामिल थे।

गांधी-इरविन समझौता (1931 ई.)

- महात्मा गांधी और वायसराय इरविन के मध्य 5 मार्च, 1931 ई. को एक समझौता हुआ, जिसे गांधी-इरविन समझौता के नाम से जाना जाता है।
- इस समझौते के फलस्वरूप कांग्रेस ने अपनी तरफ से सविनय अवज्ञा आन्दोलन समाप्त करने की घोषणा की तथा गांधीजी द्वितीय गोलमेज सम्मेलन में भाग लेने को तैयार हुए।

द्वितीय गोलमेज सम्मेलन (1931 ई.)

- यह सम्मेलन 7 सितम्बर, 1931 ई. से 1 दिसम्बर, 1931 ई. तक लंदन में हुआ।
- यह सम्मेलन साम्प्रदायिक समस्या पर विवाद के कारण पूर्णतः असफल हो गया।

साम्प्रदायिक पंचाट (1932 ई.)

- 16 अगस्त, 1932 ई. को विभिन्न सम्प्रदायों के प्रतिनिधित्व के विषय पर ब्रिटिश प्रधानमन्त्री रैम्जे मैक्डोनाल्ड ने 'कम्युनल अवार्ड' जारी किया।
- इस पंचाट में पृथक् निर्वाचक पद्धति को न केवल मुसलमानों के लिए जारी रखा गया अपितु इसे दलित वर्गों पर भी लागू कर दिया गया।

पूना समझौता (25 सितम्बर, 1932 ई.)

- गांधीजी और अम्बेडकर के मध्य 25 सितम्बर, 1932 ई. को एक समझौता हुआ, जिसे 'पूना समझौता' के नाम से जाना जाता है।
- समझौते के अन्तर्गत हरिजनों के पृथक् निर्वाचन प्रतिनिधित्व की मांग को अस्वीकार कर दिया गया। साथ ही हरिजनों के लिए सुरक्षित 75 स्थानों को बढ़ाकर 148 कर दिया गया।

तृतीय गोलमेज सम्मेलन (1932 ई.)

- 17 नवम्बर, 1932 ई. से 24 सितम्बर, 1932 ई. तक आयोजित यह सम्मेलन लंदन में कांग्रेस के बहिष्कार के फलस्वरूप फीका साबित हुआ।
- इस सम्मेलन में भारत सरकार अधिनियम, 1935 ई. को अन्तिम रूप दिया गया।

विदेशों में भारतीय क्रान्तिकारी संगठन

स्थापना वर्ष	संगठन	संस्थापक	देश
1905 ई.	इण्डिया हाउस	श्यामजी कृष्ण वर्मा	लन्दन (इंग्लैण्ड)
1906 ई.	अभिनव भारत	वी. डी. सावरकर	लन्दन (इंग्लैण्ड)
1907 ई.	इण्डियन इण्डिपेंडेंस लीग	तारक नाथ दास	अमेरिका
1913 ई.	गदर पार्टी	लाला हरदयाल (सेन फ्रांसिस्को) लाला रामचन्द्र व बरकतुल्ला (अमेरिका)	
1914 ई.	इण्डियन इण्डिपेंडेंस लीग	लाला हरदयाल व वीरेन्द्र नाथ चट्टोपाध्याय	बर्लिन (जर्मनी)
1915 ई.	इण्डियन इण्डिपेंडेंस लीग एवं गवर्नमेन्ट	राजा महेन्द्र प्रताप	काबुल (अफगानिस्तान)
1942 ई.	इण्डियन इण्डिपेंडेंस लीग	रास बिहारी बोस	टोक्यो (जापान)
1942 ई.	आजाद हिन्द फौज	रास बिहारी बोस	टोक्यो (जापान)

अगस्त प्रस्ताव (1940 ई.)

- 8 अगस्त, 1940 ई. को भारत के तत्कालीन वायसराय लॉर्ड लिनलिथगो ने अपने 'अगस्त प्रस्तावों' की घोषणा की।

पाकिस्तान की मांग (1940 ई.)

- मुस्लिम लीग के लाहौर अधिवेशन की अध्यक्षता करते हुए मोहम्मद अली जिन्ना ने 23 मार्च, 1940 ई. को भारत से अलग मुस्लिम राष्ट्र पाकिस्तान की मांग की।

- मुसलमानों के पृथक् राज्य का नाम पाकिस्तान हो यह विचार कैम्ब्रिज विश्वविद्यालय के एक विद्यार्थी चौधरी रहमत अली के मस्तिष्क में आया था।
- सबसे पहले इक़बाल ने 1930 ई. में मुसलमानों के लिए पृथक् राज्य का सुझाव दिया था।

क्रिप्स प्रस्ताव (1942 ई.)

- 1942 ई. में जापानी फौजों के रंगून पर कब्जा कर लेने से भारत की सीमाओं पर सीधा खतरा पैदा हो गया। अब ब्रिटेन ने भारत का युद्ध में सक्रिय सहयोग पाने के लिए युद्धकालीन मन्त्रिमण्डल के एक सदस्य स्टेफोर्ड क्रिप्स को घोषणा के मसौदे के साथ भारत भेजा।

भारत छोड़ो आन्दोलन (1942 ई.)

- अगस्त प्रस्ताव तथा क्रिप्स मिशन की असफलता तथा कांग्रेस द्वारा शुरू किए गए आन्दोलन के दौरान राष्ट्रीय सरकार की स्थापना की मांग को अस्वीकार किए जाने पर कांग्रेस ने बम्बई अधिवेशन में 8 अगस्त, 1942 ई. को 'भारत छोड़ो' प्रस्ताव पारित किया।
- गांधीजी ने लोगों को 'करो या मरो' का नारा दिया।
- गांधीजी को गिरफ्तार करने के बाद आगा खां पैलेस में नजरबंद रखा गया।
- गांधीजी व वरिष्ठ नेताओं की गिरफ्तारी के बाद भारत छोड़ो आन्दोलन का नेतृत्व युवाओं ने सम्भाला। परिणामतः आन्दोलन अहिंसक न रह सका।
- आन्दोलन के प्रति ब्रिटिश सरकार की दमनात्मक नीति के विरुद्ध गांधीजी ने आगा खां पैलेस में 10 फरवरी, 1943 ई. को 21 दिन के उपवास की घोषणा की।

सी. आर. फार्मूला (1944 ई.)

- देश की साम्प्रदायिक समस्या सुलझाने के उद्देश्य से 10 जुलाई, 1944 ई. को गांधीजी की स्वीकृति से चक्रवर्ती राजगोपालाचारी ने कांग्रेस तथा मुस्लिम लीग के समझौते की एक योजना प्रस्तुत की।

शिमला सम्मेलन (1945 ई.)

- 25 जून, 1945 ई. को शिमला में एक सर्वदलीय सम्मेलन का आयोजन किया गया जिसमें मुस्लिम लीग द्वारा यह शर्त रखी गई कि वायसराय की कार्यकारिणी परिषद् में नियुक्त होने वाले सभी मुस्लिम सदस्यों का चयन वह स्वयं करेगी।
- मुस्लिम लीग का यही अड़ियल रुख 25 जून से 14 जुलाई तक चलने वाले शिमला सम्मेलन की असफलता का प्रमुख कारण बना।

कैबिनेट मिशन (1946 ई.)

- ब्रिटिश प्रधानमन्त्री एटली ने 15 फरवरी, 1946 ई. को भारतीय संविधान सभा की स्थापना एवं तत्कालीन ज्वलन्त समस्याओं पर भारतीयों से विचार-विमर्श के लिए 'कैबिनेट मिशन' को भारत भेजने की घोषणा की।
- 24 मार्च, 1946 ई. को दिल्ली पहुंचे कैबिनेट मिशन के सदस्य थे—स्टेफोर्ड क्रिप्स, पैथिक लारेंस, ए. वी. एलेक्जेण्डर। 16 मई, 1946 ई. को इस मिशन में अपनी रिपोर्ट प्रस्तुत की।
- जुलाई 1946 ई. में कैबिनेट मिशन योजना के अन्तर्गत संविधान सभा के लिए चुनाव हुआ। मुस्लिम लीग को 389 सदस्यीय संविधान सभा में बहुत कम सीटें प्राप्त हुईं।

एटली की घोषणा (1947 ई.)

- ब्रिटिश प्रधानमन्त्री एटली ने हाउस ऑफ कॉमन्स में 20 फरवरी, 1947 ई. को एक ऐतिहासिक घोषणा करते हुए कहा कि "अंग्रेज जून 1948 ई. के पहले ही उत्तरदायी लोगों का सत्ता हस्तान्तरित करने के उपरान्त भारत छोड़ देंगे।"

माउण्टबेटन योजना और स्वतन्त्रता प्राप्ति (1947 ई.)

- 22 मार्च, 1947 ई. को भारत के अन्तिम ब्रिटिश वायसराय लॉर्ड माउण्टबेटन भारत आए।
- 3 जून, 1947 ई. को लॉर्ड माउण्टबेटन द्वारा एक योजना की घोषणा की गई, जिसे 'माउण्टबेटन योजना' के नाम से जाना जाता है।
- माउण्टबेटन योजना के आधार पर ही 'भारतीय स्वतन्त्रता विधेयक' ब्रिटिश संसद में 4 जुलाई, 1947 ई. को प्रस्तुत किया गया जिसे 18 जुलाई, 1947 ई. को स्वीकृति मिली।
- माउण्टबेटन योजना को स्वीकार कर देश विभाजन की तैयारी आरम्भ हो गई। इस प्रकार 15 अगस्त, 1947 ई. को भारत तथा पाकिस्तान नामक दो नए राष्ट्र अस्तित्व में आए।

बीसवीं शताब्दी के प्रमुख आन्दोलन/संगठन

आन्दोलन/संगठन	संस्थापक/अध्यक्ष/नेतृत्व	वर्ष
चम्पारण सत्याग्रह	महात्मा गांधी	1917 ई.
खेड़ा सत्याग्रह	महात्मा गांधी	1918 ई.
उत्तर प्रदेश किसान सभा	संयुक्त गौरी शंकर मिश्र, इन्द्रनारायण द्विवेदी एवं मदनमोहन मालवीय	1918 ई.
अवध किसान सभा	बाबा रामचन्द्र	1920 ई.
एका आन्दोलन	मदारी पासी	1921 ई.
बारदोली आन्दोलन	वल्लभभाई पटेल	1928 ई.
बिहार किसान सभा	स्वामी सहजानन्द सरस्वती	1929 ई.
अखिल भारतीय किसान सभा	स्वामी सहजानन्द सरस्वती	1936 ई.
तेभागा आन्दोलन	कम्पाराम, भवन सिंह	1946 ई.

राष्ट्रीय स्वतन्त्रता आन्दोलन अवधि में बनी महत्त्वपूर्ण संस्थाएं

संस्थाएं	स्थापना वर्ष	प्रमुख सूत्रधार
एशियाटिक सोसाइटी	1784	विलियम जोन्स
युवा बंगाल	—	हेनरी लुई विवियन डिरोजियो
ब्रह्म समाज	1828	राजा राम मोहन राय
ब्रिटिश सार्वजनिक सभा	1843	दादाभाई नौरोजी

रहनुमाई माजदयासन समाज	1851	दादाभाई नौरोजी
साइन्टिफिक सोसाइटी	1862	सर सैयद अहमद खां
मोहम्मडन एंग्लो लिटरेरी सोसाइटी	1863	अब्दुल लतीफ
वेद समाज	1871	श्री धरालु नायडू
प्रार्थना समाज	1867	केशव चन्द्र सेन, महादेव रानाडे, देवेन्द्र नाथ टैगोर आदि।
पूना सार्वजनिक सभा	1870	रानाडे/चिपलूणकर और जोशी
इण्डियन सोसाइटी	1872	आनन्द मोहन बोस
आर्य समाज	1875	स्वामी दयानन्द सरस्वती
थियोसोफिकल सोसाइटी	1875	मैडम ब्लावत्स्की और कर्नल अल्काट
मोहम्मडन एंग्लो ओरिएण्टल कॉलेज	1875	सर सैय्यद अहमद खां
इण्डियन एसोसिएशन	1876	सुरेन्द्र नाथ बनर्जी
भारतीय राष्ट्रीय कान्फ्रेंस	1883	एस. एन. बनर्जी
भारतीय राष्ट्रीय कांग्रेस	1885	ए. ओ. ह्यूम
बॉम्बे प्रेसीडेन्सी एसोसिएशन	1885	फिरोजशाह मेहता, तैलंग तथा तेय्यब जी
बेलूर मठ	1887	स्वामी विवेकानन्द
इण्डियन सोशल कान्फ्रेंस	1887	महादेव गोविन्द रानाडे
यूनाइटेड इण्डियन पेट्रियाटिक एसोसिएशन	1888	सर सैयद अहमद खां
रामकृष्ण मिशन	1896	स्वामी विवेकानन्द
सर्वेंट्स ऑफ इण्डिया सोसाइटी	1905	गोपालकृष्ण गोखले
मुस्लिम लीग	1906	सलीमुल्ला एवं आगा खां
गदर पार्टी	1913	हरदयाल, काशीराम व सोहन सिंह
होमरूल लीग	1916	बाल गंगाधर तिलक
विश्व भारती	1918	रवीन्द्रनाथ टैगोर
कम्यूनिस्ट पार्टी ऑफ इण्डिया	1920	एम. एन. राय (ताशकन्द में)
सर्वेंट्स ऑफ पीपुल सोसाइटी	1920	लाला लाजपत राय
अखिल भारतीय ट्रेड यूनियन कांग्रेस	1920	एन. एम. जोशी
स्वराज पार्टी	1923	मोतीलाल नेहरू, चितरंजन दास व एन. सी. केलकर
राष्ट्रीय स्वयं सेवक संघ	1925	के. बी. हेडगेवार
हिन्दुस्तान सोशलिस्ट रिपब्लिकन एसोसिएशन	1928	चन्द्रशेखर आजाद, भगत सिंह
अखिल भारतीय किसान सभा	1936	एन.जी. रंगा व सहजानन्द
अखिल भारतीय विद्यार्थी परिषद्	1936	मीनूं मसानी, अशोक मेहता व डॉ. अशरफ
खुदाई खिदमतगार	1937	खान अब्दुल गफ्फार खान
फारवर्ड ब्लॉक	1939	सुभाष चन्द्र बोस
रेडिकल डेमोक्रेटिक दल	1940	एम. एन. राय
आजाद हिन्द फौज	1942	रास बिहारी बोस

प्रश्नमाला

1. महात्मा गांधी की चम्पारण यात्रा के साथ चम्पारण आन्दोलन का प्रारम्भ किनके विरुद्ध हुआ–

(a) अंग्रेजी शासन
(b) नील खेतिहरों के विरुद्ध
(c) जमींदारों के विरुद्ध
(d) तालुकदारों के विरुद्ध

2. बिरसा मुण्डा कौन था?

(a) मुण्डा बगावत का सरदार
(b) ईसाई धर्म प्रचारक
(c) 1857 की बगावत का स्वतन्त्रता सेनानी
(d) झारखण्ड के पहले मुख्यमंत्री

3. महमूद गजनवी गजनी का सुल्तान था, वह गजनी कहां स्थित था?

(a) पाकिस्तान (b) ईरान
(c) रूस (d) अफगानिस्तान

4. सिखों के पहले गुरु कौन थे?

(a) गुरु अंगद (b) गुरु गोविन्द सिंह
(c) गुरु नानक (d) गुरु अर्जुन

5. अहमदुल्ला शाह जिन्हें आमतौर से फैजाबाद के मौलवी के नाम से जाना जाता था, 1857 के विद्रोह में किस कारण जाने जाते हैं?

(a) वह इस्लाम का पाठ पढ़ाता था और उसने अपने अनुयायियों को अंग्रेजों का समर्थन करने को कहा
(b) उसने अंग्रेज शासन की समाप्ति की भविष्यवाणी की और अपने अनुयायियों को लड़ने को प्रेरित किया

(c) वह नाना साहेब का सेनापति था
(d) वह अवध का प्रधानमंत्री था

6. नवाबों के शासन में अवध में 'इजारदारी' कर वसूली पद्धति क्या थी?
(a) सर्वाधिक बोली लगाने वाले को कर वसूली का अधिकार दिया जाता था और एक निर्धारित राशि देनी पड़ती थी
(b) सर्वाधिक बोली लगाने वाले को कर वसूली का अधिकार दिया जाता था और उसे उस वसूली की प्रतिशत राशि देनी पड़ती थी
(c) सर्वाधिक बोली लगाने वाले को नियमित वेतन देकर नौकरी पर रखा जाता था।
(d) सर्वाधिक बोली लगाने वाले को एक निर्धारित राशि देकर बाकी नवाब को दिया जाता था

7. निम्न में से सिन्धु घाटी सभ्यता के बारे में क्या सत्य नहीं है?
(a) शहरी विकास के लिए कोई भी योजना प्रतीत नहीं होती
(b) शहर के रास्ते सीधी रेखा में बनाए गए थे और एक-दूसरे को समकोण पर काटते थे
(c) नालियों को अक्सर ढंका जाता था और उनमें निरीक्षण छिद्र भी थे
(d) अधिकतर मकानों में अपना निजी स्नान घर होता था

8. मुगल काल में 'जब्त' शब्द का मतलब क्या था?
(a) राजस्व संग्रहण की पद्धति
(b) सम्पत्ति की जब्ती
(c) जबर्दस्ती विवाह करना
(d) अनिवार्य सेना भर्ती

9. प्रसिद्ध राजा हर्षवर्धन की जीवनी हर्षचरित का लेखक कौन थे?
(a) बाणभट्ट (b) आर्यभट्ट
(c) कालिदास (d) स्वयं हर्षवर्धन

10. रैयतवाड़ी कर वसूली पद्धति में–
(a) किसान जमींदार को भुगतान करते थे
(b) जमींदार कम्पनी को भुगतान करते थे
(c) गांव के मुखिया को कम्पनी को भुगतान करना पड़ता था
(d) किसान सीधे कम्पनी को भुगतान करते थे

11. 'सेना विद्रोह' जो 1857 की बगावत में तब्दील हो गया, कहां प्रारम्भ हुआ?
(a) बरासात (b) बैरकपुर
(c) मेरठ (d) दिल्ली

12. मनुष्य के प्रारम्भिक इतिहास में आदि मानव मूलतः–
(a) शिकारी-संग्रहक था
(b) परम्परागत फसल पैदा करने वाला कृषक था
(c) पालतू जानवरों का चरवाहा था
(d) आदि मानव के बारे में कुछ भी मालूम नहीं है

13. निम्न में से कौन-से सम्राट ने उसकी राजधानी दिल्ली से दौलताबाद स्थानांतरित की?
(a) अल्लाउद्दीन खिलजी
(b) इल्तुतमिश
(c) कुतुबुद्दीन ऐबक
(d) मुहम्मद बिन तुगलक

14. विजेता सिंकदर ने व्यास नदी तक कूच की, लेकिन उसे वापस जाना पड़ा क्योंकि–
(a) भारतीय राजाओं की सेना के भय से उसकी सेना ने आगे कूच करने से मना कर दिया
(b) नदी पार करने के लिए उसके पास नावें नहीं थीं
(c) वह बीमार हो गया था और इसीलिए आगे बढ़ने की इच्छा नहीं थी
(d) भाषा की समस्या से पूर्व की ओर ओर बढ़ने का कोई मतलब नहीं था

15. किसे आमतौर से 'सरहदी गांधी' कहा जाता था?
(a) खान अब्दुल गफ्फार खान
(b) मौलाना अबुल कलाम आजाद
(c) विनोबा भावे
(d) डॉ. राजेन्द्र प्रसाद

16. किस बहाने से ईस्ट इण्डिया कम्पनी ने अवध पर कब्जा किया?
(a) राज्य का कुशासन और प्रजा की दयनीय स्थिति
(b) नवाब की कम्पनी विरोधी नीतियां
(c) नवाब का कम्पनी को पैसा देने से इनकार
(d) नवाब का कम्पनी को व्यापार करने देने से इनकार

17. किसके शासन काल में शिवाजी ने मुगल साम्राज्य से लोहा लिया?
(a) औरंगजेब (b) जहांगीर
(c) शाहजहां (d) हुमायूँ

18. 'संगम साहित्य' से ज्ञात प्राचीन तमिल साहित्य की रचना करीब 2300 वर्ष पहले हुई, उसे 'संगम साहित्य' इसलिए कहा गया क्योंकि–
(a) उसे संगम कही जाने वाली सभाओं में संकलित किया जाता था
(b) उसका मूल दो नदियों के संगम पर था
(c) वह विभिन्न प्रकार के साहित्यों का मिश्रण था
(d) उसे अंशतः तमिल और अंशतः संस्कृत में रचित किया गया था

19. पुर्तगालियों ने भारत में अपना पहला व्यापार केन्द्र कहां स्थापित किया?
(a) मुम्बई (b) चेन्नई
(c) गोवा (d) एर्नाकुलम

20. मुगल किसके वंशज थे–
(a) चंगेज खान
(b) तैमूर
(c) (a) तथा (b) दोनों
(d) इनमें से कोई नहीं

21. बुद्ध ने अपना पहला प्रवचन कहाँ दिया था–
(a) सारनाथ (b) गया
(c) कुशीनगर (d) कपिलवस्तु

22. निम्न में से किस शासक ने दिल्ली और अमृतसर के बीच प्रसिद्ध सड़क बनाई जिसे राष्ट्रीय मार्ग 1 कहा जाता है?
(a) शेरशाह सूरी (b) अकबर
(c) हुमायूँ (d) इब्राहिम लोदी

23. दरगाह क्या होता है?
(a) सूफी संतों का प्रार्थना स्थल
(b) सूफी संतों की कब्र
(c) सूफी संतों का आवास
(d) सम्राट् की कब्र

24. कुतुबमीनार के निर्माण का प्रारम्भ किसने किया?
(a) इल्तुतमिश
(b) रजिया
(c) कुतुबुद्दीन ऐबक
(d) अहमद शाह अब्दाली

25. सल्तनत काल में 'खराज' क्या था?
(a) धार्मिक समूह पर कर
(b) व्यापार पर कर
(c) कृषि उत्पाद पर कर
(d) उत्पादन पर कर

26. प्राचीन भारत में अश्वमेध यज्ञ करने का प्रमुख कारण क्या था?
(a) यज्ञ करने वाले राजा की श्रेष्ठता स्थापित करने के लिए
(b) पुरुष संतान प्राप्ति के लिए प्रार्थना
(c) वर्षा के देवता इन्द्र को बलिदान देकर सन्तुष्ट करना
(d) वरुण देवता को संतुष्ट करना

27. ईस्ट इण्डिया कम्पनी ने पहला राजस्व अधिकार किसे हासिल करके लिया–
(a) बंगाल की दीवानी
(b) सूरत की दीवानी
(c) मद्रास की दीवानी
(d) बिहार की दीवानी

28. कितनी उम्र में अकबर सम्राट् बना?
(a) 12 साल (b) 13 साल
(c) 17 साल (d) 19 साल

29. चन्द्रगुप्त मौर्य के दरबार में ग्रीक सम्राट् सेल्युकस निकेटर ने किसे अपना दूत बनाकर भेजा?
(a) मेगस्थनीज (b) मार्को पोलो
(c) अलबरूनी (d) फाहियान

30. सिन्धु घाटी सभ्यता के लोगों को निम्न में से किसकी जानकारी नहीं थी?
(a) लोहा (b) सोना
(c) चांदी (d) तांबा

31. सिंधु घाटी सभ्यता स्थल 'धौलावीरा' निम्न राज्यों में से किसमें स्थित है?
(a) हरियाणा (b) राजस्थान
(c) गुजरात (d) पंजाब

32. गदर पार्टी के मुख्य नेता कौन थे?
(a) लाला हरदयाल
(b) लाला लाजपत राय
(c) भगतसिंह
(d) मोतीलाल नेहरू

33. सिकन्दर और पोरस के बीच झेलम की लड़ाई कब हुई थी?
(a) 526 ईसा पूर्व (b) 326 ईसा पूर्व
(c) 426 ईसा पूर्व (d) 226 ईसा पूर्व

34. गौतम बुद्ध का जन्म किस क्षत्रिय कुल में हुआ था?
(a) कपिला कुल (b) जनाश्रिका कुल
(c) लुम्बिनी कुल (d) शाक्य कुल

35. 'अकबर नामा' के लेखक कौन हैं?
(a) गुलबदन बेगम (b) अबुल फजल
(c) जहांगीर (d) बीरबल

36. शिवाजी के अधिकांश प्रशासनिक सुधार किसके सुधारों से प्रभावित थे?
(a) मलिक अम्बर (b) अकबर
(c) औरंगजेब (d) शेर शाह

37. 'ऐका आन्दोलन' का नेता कौन था?
(a) दिगम्बर विस्वास
(b) वल्लभ भाई पटेल
(c) सहजानन्द सरस्वती
(d) मदारी पासी

38. निम्नलिखित में से किसे भारत में महात्मा गांधी के अधीन प्रथम जन आन्दोलन माना जाता है?
(a) असहयोग आन्दोलन
(b) चम्पारण सत्याग्रह
(c) खेड़ा आन्दोलन
(d) भारत छोड़ो आन्दोलन

39. 'चापेकर बन्धु' (Chapekar Brothers) किसके सम्बद्ध हैं?
(a) किंग्सफोर्ड की हत्या के प्रयास से
(b) जैक्सन की हत्या से
(c) रैन्ड की हत्या से
(d) काकोरी ट्रेन डकैती से

40. 'ग्रैंड ओल्ड मैन ऑफ इंडिया' के नाम से कौन प्रसिद्ध हुआ?
(a) जस्टिस रानाडे
(b) महात्मा गांधी
(c) रवीन्द्रनाथ टैगोर
(d) दादा भाई नौरोजी

41. स्वामी विवेकानन्द ने धर्म की विश्व संसद (World's Parliament of Religion) में कहां पर शिरकत की थी–
(a) शिकागो (b) न्यूयॉर्क
(c) वाशिंगटन (d) अलास्का

42. 'भारत छोड़ो आन्दोलन' किस वर्ष शुरु हुआ था?
(a) 1920 (b) 1922
(c) 1941 (d) 1942

43. भारत का पहला वायसराय कौन था?
(a) लॉर्ड डलहौजी (b) लॉर्ड कैनिंग
(c) वारेन हेस्टिंग्ज (d) रॉबर्ट क्लाइव

44. आमेर का किला कहाँ स्थित है?
(a) उदयपुर (b) जयपुर
(c) आगरा (d) ग्वालियर

45. 'देश बन्धु' के नाम से किन्हें जाना जाता है?
(a) चद्रशेखर (b) सी.आर. दास
(c) ए. डी. ह्यूम (d) एनी बेसेन्ट

46. फतेहपुर सीकरी किस शहर में स्थित है?
(a) जयपुर (b) जोधपुर
(c) उदयपुर (d) आगरा

47. भारत छोड़ो आन्दोलन को इंडियन नेशनल कांग्रेस ने कहां अपनाया था?
(a) बम्बई (b) अहमदाबाद
(c) पूना (d) कलकत्ता

48. वल्लभभाई पटेल को सरदार का उपनाम किसने दिया था?
(a) सी. राजगोपालाचारी
(b) महात्मा गांधी
(c) जे.एल. नेहरू
(d) एम.ए.जिन्ना

49. 'आइन-ए-अकबरी' किसने लिखी थी?
(a) फरिश्ता (b) इब्नबतूता
(c) अबुल फजल (d) बीरबल

50. भारत में किस गवर्नर-जनरल के समय रेलवे आरम्भ हुई थी?
(a) लॉर्ड कर्जन (b) लॉर्ड डलहौजी
(c) लॉर्ड हार्डिंग (d) लॉर्ड रिपन

51. प्रार्थना समाज का मुख्य वास्तुकार (Architect) कौन था?
(a) बी. जी. तिलक
(b) आर. जी. भण्डारकर
(c) एम. जी. रानाडे
(d) केशवचन्द्र सेन

52. भारतीय राष्ट्रीय कांग्रेस की प्रथम महिला अध्यक्ष कौन थी?
(a) सरोजिनी नायडू
(b) सुचेता कृपलानी
(c) राजकुमार अमृत कौर
(d) एनी बेसेन्ट

53. मोहनजोदड़ों का स्थानीय अर्थ है-
(a) जीवित मनुष्यों का टीला
(b) वृहत् मनुष्यों का टीला
(c) मृत मनुष्यों का टीला
(d) उत्तरजीवी मनुष्यों का टीला

54. सिंधु घाटी सभ्यता की खोज किसने की थी?
(a) सर लियोनार्ड वुले ने
(b) वी. एस. अग्रवाल ने
(c) दयाराम साहनी ने
(d) ए. एल. बशम ने

55. भारत के राष्ट्रीय चिन्ह में शब्द 'सत्यमेव जयते' कहां से लिए गए हैं—
(a) मुंडकोपनिषद् उपनिषद्
(b) ब्रह्मा उपनिषद्
(c) मुद्‌गला उपनिषद्
(d) मैत्रेयी उपनिषद्

56. निम्नलिखित चार वेदों में से किसमें बुराइयों व बीमारियों के निवारण हेतु जादू-टोना एवं मंत्र दिए गए हैं?
(a) ऋग्वेद (b) सामवेद
(c) यजुर्वेद (d) अथर्ववेद

57. उत्तर बिहार का प्राचीन नाम था—
(a) वज्जि (b) वत्स
(c) शूरसेन (d) अवंती

58. गौतम बुद्ध ने अपना पहला उपदेश, जो 'धर्म चक्र प्रवर्तन' के रूप में जाना जाता है, कहां दिया था?
(a) सांची (b) सारनाथ
(c) श्रावस्ती (d) बोधगया

59. निम्नलिखित में कौन-सा राजवंश प्राचीनतम था?
(a) मौर्य (b) गुप्त
(c) कुषाण (d) कण्व

60. खजुराहों के मन्दिरों का निर्माण किसने कराया था?
(a) होलकर (b) सिंधिया
(c) बुंदेला (d) चंदेल

61. लोदी वंश की स्थापना करने वाला, बहलोल लोदी था?

(a) तुर्की (b) अफगान
(c) मंगोल (d) हूण

62. भारत और पाकिस्तान दो स्वतंत्र राज्य बनाए गए—
(a) शिमला सम्मेलन द्वारा
(b) क्रिप्स प्रस्ताव द्वारा
(c) कैबिनेट मिशन प्लान द्वारा
(d) भारतीय स्वतंत्रता अधिनियम द्वारा

63. निम्नलिखित में से किसे नवम्बर 1919 में अखिल भारतीय खिलाफत सम्मेलन के अध्यक्ष के रूप में चुना गया था?
(a) मोतीलाल नेहरू
(b) महात्मा गांधी
(c) एम. ए. जिन्ना
(d) शौकत अली

64. 1954 तक, पांडिचेरी अधीन था—
(a) ब्रिटिश औपनिवेशिक शासन के
(b) फ्रेंच औपनिवेशिक शासन के
(c) पुर्तगाली औपनिवेशिक शासन के
(d) जापानी औपनिवेशिक शासन के

65. बंगाल का पहला गवर्नर जनरल कौन था?
(a) वॉरेन हेस्टिंग्स
(b) माउंटबेटन
(c) लॉर्ड कॉर्नवॉलिस
(d) लॉर्ड रिपन

66. मंत्रिमंडल आयोग (Cabinet Commission) की घोषणा किस वर्ष की गई?
(a) 1940 (b) 1942
(c) 1935 (d) 1946

67. 'भारत का नेपोलियन' किस शासक को कहा जाता है?
(a) चन्द्रगुप्त मौर्य (b) अशोक
(c) समुद्रगुप्त (d) स्कंदगुप्त

68. सबसे प्राचीन वेद है-
(a) ऋग्वेद (b) सामवेद
(c) यजुर्वेद (d) अथर्ववेद

69. ''शालीमार बाग'' उद्यान कहां स्थित है?
(a) नई दिल्ली (b) श्रीनगर
(c) जम्मू (d) लखनऊ

70. 'श्लोक' की रचना निम्न में से किस संत कवि ने प्रारंभ की थी?
(a) तुकाराम (b) जनाबाई
(c) रामदास (d) इनमें से कोई नहीं

71. भारतीय राष्ट्रीय सेना के लिए सहायता एकत्र करने के लिए सुभाष चन्द्र बोस निम्नलिखित में से किस देश की यात्रा पर गए थे?
(a) यू.एस.ए (b) इंग्लैंड
(c) ऑस्ट्रेलिया (d) जापान

72. मगध साम्राज्य की राजधानी राजगृह का निर्माण किसने करवाया?
(a) बिंदुसार (b) अजातशत्रु
(c) धनानंद (d) कालाशोक

73. ऋग्वेद के समय में काबुल नगर का क्या नाम था?
(a) क्रुमु (b) कुभा
(c) गोमल (d) विपस

74. कौन-सा वेद एक रागों का संग्रह है?
(a) अथर्ववेद (b) यजुर्वेद
(c) ऋग्वेद (d) सामवेद

75. टोडरमल बंदोबस्त,..............की भू-कर व्यवस्था थी।
(a) अकबर (b) महाराणा प्रताप
(c) राजा शिवाजी (d) चंद्रगुप्त मौर्य

76. महात्मा गांधी और डॉ. बी.आर. अम्बेडकर में पूना समझौता कब हुआ?
(a) 1928 (b) 1918
(c) 1932 (d) 1940

77. धरसना सत्याग्रह का नेतृत्व.........ने किया था।
(a) पंडित नेहरू
(b) विनोबा भावे
(c) सरोजिनी नायडू
(d) रासबिहारी बोस

78. किस वायसराय के शासनकाल में शिक्षा पर हंटर आयोग का गठन हुआ?
(a) लॉर्ड लिटन (b) लॉर्ड कर्जन
(c) लॉर्ड डफरीन (d) लॉर्ड रिपन

79. एम. ए. जिन्ना ने..........में अपनी 14 सूत्री कार्यसूची पेश की।
(a) 1920 (b) 1929
(c) 1935 (d) 1942

80. राष्ट्रकूट की राजधानी.............थी।
(a) मलखेड (b) कोलार
(c) मालवा (d) उज्जैन

81. स्वतंत्रता आंदोलन में किसे ''लाल कमीज'' [Red Shirts] नाम से जाना जाता था?
(a) होम रूल लीग
(b) स्वदेशी आंदोलन
(c) खिलाफत आंदोलन
(d) खुदाई खिदमतगार

82. मौर्य पूर्व काल में वज्जि महाजनपद की राजधानी............थी।
(a) तक्षशिला (b) वैशाली
(c) मथुरा (d) चम्पा

83. बंगाल विभाजन रद्द करने के समय वायसराय कौन थे?
(a) लॉर्ड मिंटो (b) लॉर्ड हार्डिंग
(c) लॉर्ड कर्जन (d) इनमें से कोई नहीं

84. पुस्तक 'किताब-उल-हिन्द' (Kitab-ul-Hind) का लेखक कौन है?
(a) फिरदौसी
(b) अबुल फजल
(c) कल्हण
(d) अलबरूनी

85. निम्नलिखित में से किसने संस्कृत व्याकरण (Sanskrit Grammar) लिखा था?
(a) कालिदास (b) चरक
(c) पाणिनी (d) आर्यभट्ट

86. ऋग्वेदीय नदी 'वितस्ता' (Vitasta) का आधुनिक नाम है–
(a) झेलम (b) चिनाब
(c) व्यास (d) रावी

87. किसके द्वारा, विश्व का पहला गणतन्त्र, वैशाली में स्थापित किया गया था?
(a) मौर्य (b) नंद
(c) गुप्त (d) लिच्छवी

88. निम्नलिखित में से कौन 'बौद्ध धर्म के तीन रत्नों' में एक नहीं है?
(a) बुद्ध (b) धर्म
(c) संघ (d) मोक्ष

89. निम्नलिखित बहमनी शासकों में से किसने बीजापुर में प्रसिद्ध 'गोल गुम्बद' का निर्माण करवाया था?
(a) मुहम्मद आदिल शाह
(b) महमूद गवां
(c) यूसुफ आदिल शाह
(d) इस्माइल आदिल शाह

90. 'हजरत निजामुद्दीन औलिया' की दरगाह कहां पर स्थित है?
(a) अलीगढ़ (b) दिल्ली
(c) अजमेर (d) फुलवारी शरीफ

91. किस मुगल सम्राट को 'जिंदा पीर' (जीवित संत) के नाम से भी जाना जाता है?
(a) अकबर (b) औरंगजेब
(c) शाहजहां (d) जहांगीर

92. सुभाष चन्द्र बोस से पहले आईएनए का कमांडर इन चीफ कौन था?
(a) ज्ञानी प्रीतम सिंह
(b) कैप्टन मोहन सिंह
(c) मेजर फुजीआरा
(d) कैप्टन सूरज मल

93. 'अनुशीलन समिति' थी–
(a) महिलाओं के उत्थान के लिए समर्पित
(b) विधवा पुनर्विवाह को बढ़ावा देने वाली
(c) श्रम कल्याण संगठन
(d) एक क्रान्तिकारी संगठन

94. कांग्रेस का सूरत अधिवेशन कब हुआ था, जिसमें गरम दल (Extremists) और नरम दल (Moderates) के बीच दरार खुले में आ गई थी?
(a) 1905 (b) 1906
(c) 1907 (d) 1910

95. 'ऑल इण्डिया मुस्लिम लीग' का गठन कहां हुआ था?
(a) लाहौर (b) अलीगढ़
(c) लखनऊ (d) ढाका

96. स्वामी विवेकानन्द ने किस वर्ष में धर्म संसद को शिकागों में संबोधित किया?
(a) 1890 (b) 1892
(c) 1891 (d) 1893

97. स्वतंत्रता सेनानी अरविंद घोष का अलीपुर बम मामले में किसने बचाव किया था?
(a) विपिन चन्द्र पाल
(b) मोतीलाल नेहरू
(c) चितरंजन दास
(d) भुलाभाई देसाई

98. वर्ष 1792 में वाराणसी में संस्कृत कॉलेज की स्थापना किसने की?
(a) जोनाथन डकन
(b) मदन मोहन मालवीय
(c) विलियम जोन्स
(d) तेज बहादुर सप्रू

99. किस वर्ष में हल्दीघाटी की लड़ाई हुई?
(a) 1574 (b) 1575
(c) 1576 (d) 1578

100. बेसिन की संधि किस वर्ष में हुई?
(a) 1802 (b) 1807
(c) 1809 (d) 1805

101. भारत के गवर्नर जनरल कौन थे जब 1773 के विनियमन अधिनियम (Regulating Act) पारित किया गया था?
(a) लॉर्ड कॉर्नवालिस
(b) लॉर्ड वेलेजली
(c) लॉर्ड एमहर्स्ट
(d) वॉरेन हेस्टिंग्स

102. शक युग कब से शुरू हुआ?
(a) 78 ईसा पश्चात
(b) 58 ईसा पूर्व
(c) 59 ईसा पश्चात्
(d) 59 ईसा पूर्व

103. 1857 के विद्रोह के दौरान नाना साहेब के कमांडर इन चीफ कौन थे?
(a) अजीमउल्लाह
(b) तात्या टोपे
(c) बिरिजिस कादिर
(d) कुंवर सिंह

104. प्रसिद्ध पुस्तक 'सत्यार्थ प्रकाश' किसने लिखी थी?
(a) स्वामी दयानंद सरस्वती
(b) बंकिम चन्द्र चटर्जी
(c) वी.डी. सावरकर
(d) बाल गंगाधर तिलक

105. फॉरवर्ड ब्लॉक किस वर्ष में सुभाष चन्द्र बोस द्वारा स्थापित किया गया था?
(a) 1937 (b) 1938
(c) 1939 (d) 1940

106. किसने हर्षवर्धन को पराजित किया?
(a) देवपाल
(b) कुमार गुप्त
(c) पुलकेशिन द्वितीय
(d) भोज

107. चौथी बौद्ध परिषद् किसके शासनकाल के दौरान हुई?
(a) कनिष्क (b) अशोक
(c) बिम्बिसार (d) समुद्रगुप्त

108. 'A' post-dated cheque on a falling bank' एक गिरते बैंक पर एक के बाद दिनांकित जांच किसने किस सन्दर्भ में यह बात कही?
(a) एम.के.गांधी ने क्रिप्स के प्रस्तावों पर
(b) जवाहरलाल नेहरू ने क्रिप्स के प्रस्तावों पर
(c) एम.के.गांधी ने कैबिनेट मिशन योजना पर
(d) एम.ए. जिन्ना कैबिनेट मिशन योजना पर

109. ऋग्वेदीय अवधि में सबसे महत्वपूर्ण भगवान कौन थे?
(a) अग्नि (b) रुद्र
(c) वरुण (d) इंद्र

110. सर थॉमस रो ने किस मुगल बादशाह के शासनकाल के दौरान भारत का दौरा किया?
(a) अकबर (b) शाहजहां
(c) औरंगजेब (d) जहांगीर

111. वर्ष 1876 में भारतीय संघ किनके द्वारा स्थापित किया गया था?
(a) सी.आर.दास और मोतीलाल नेहरू
(b) केशव चंद्र सेन
(c) उमेश चंद्र बनर्जी
(d) सुरेन्द्रनाथ बनर्जी और आनंद मोहन बोस

112. पुलकेशिन द्वितीय के सभा के कवि थे–
(a) हरिसेन (b) रविकीर्ति
(c) कल्हण (d) भवभूति

113. गौतम बुद्ध ने किस भाषा में अपने धर्म का प्रसार किया था?
(a) संस्कृत (b) मगधी
(c) पालि (d) सौरसेनी

114. 'राजतरंगिनी' किसने लिखा था?
(a) हरिसेण (b) बाणभट्ट
(c) कल्हण (d) कालिदास

115. इनमें से किसे 'भारतीय नवजागरण का जनक' कहा जाता है?
(a) बी.जी. तिलक
(b) गोपाल कृष्ण गोखले
(c) लाला लाजपत राय
(d) राजा राममोहन राय

116. प्रथम यूरोपीय देश का नाम बताएं, जिसने भारत के साथ व्यवसाय करने के लिए ज्वाइंट स्टॉक कम्पनी की शुरूआत की?
(a) पुर्तगाल (b) डच
(c) फ्रेंच (d) डैनिश

117. 'चरक' किसके प्रसिद्ध दरबारी चिकित्सक थे?
(a) हर्ष (b) चन्द्रगुप्त मौर्य
(c) अशोक (d) कनिष्क

118. निम्नलिखित में से किस युद्ध में शेरशाह सूरी से हुमायूँ को परास्त होना पड़ा था?
(a) चौसा का युद्ध (b) खानवा का युद्ध
(c) पानीपत की पहली लड़ाई
(d) थानेश्वर का युद्ध

119. 'लाख बक्श' किसे कहा जाता था?
(a) मोहम्मद गौरी (b) महमूद गजनवी
(c) इल्तुतमिश (d) कुतुबुद्दीन ऐबक

120. गौतम बुद्ध का जन्मस्थान, लुम्बिनी कहां है?
(a) नेपाल (b) बिहार
(c) भूटान (d) सिक्किम

व्याख्या सहित उत्तर

1. (b) **2.** (a) **3.** (d)

4. (c) सिखों के पहले गुरु गुरु नानक (1469–1538) थे।

5. (b) **6.** (d)

7. (a) सिन्धु घाटी सभ्यता की सबसे विशेष बात थी यहां की विकसित नगर निर्माण योजना

8. (a)

9. (a) हर्षवर्धन की जीवनी 'हर्षचरित्र' के लेखक बाणभट्ट थे।

10. (d) रैयतवाड़ी व्यवस्था के अन्तर्गत कम्पनी द्वारा सीधे किसानों को भूमि का स्वामी पंजीकृत कर लिया गया और उनसे लगान वसूल किया जाने लगा।

11. (b) प्रथम भारतीय स्वतन्त्रता संग्राम का सूत्रपात पश्चिम बंगाल की बैरकपुर छावनी से हुआ, जब मंगल पाण्डेय नामक सैनिक ने चर्बी लगे कारतूसों के प्रयोग के विरोध में अंग्रेज अफसरों पर 29 मार्च, 1857 को गोली चलाई। इसके बाद ही 10 मई, 1857 को मेरठ छावनी में बगावत की शुरुआत हुई।

12. (a) मनुष्य के प्रारम्भिक इतिहास में आदि मानव शिकारी-संग्राहक था।

13. (d)

14. (a) सिकन्दर भारतीय अभियान पर 327 ई. पू. में निकला 326 ई. पू. में उसने सिन्धु नदी पर तक्षशिला को अपने अधीन किया तत्पश्चात उसने पुरू को पराजित किया। यहां से वह व्यास नदी तक पहुंचा, परन्तु वहां से उसे वापस लौटना पड़ा, क्योंकि उसके सैनिक मगध के नन्द शासक की विशाल सेना का सामना करने को तैयार नहीं थी।

15. (a) सरहदी गांधी खान-अब्दुल गफ्फार खां कहलाते थे।

16. (a) **17.** (a)

18. (a) मदुरै में राजकीय संरक्षण के अन्तर्गत तमिल कवियों का एक संगम फला-फूला, लेकिन इसका प्रारम्भिक विवरण अपूर्व कथात्मक है। इसके अनुसार 9990 वर्षों के लम्बे अंतराल पर तीन संगम आयोजित हुए जिसमें 5998 कवियों ने भाग लिया।

19. (c) 1510 में पुर्तगालियों ने गोवा के इंक्लेव पर कब्जा कर लिया जो उनका भारत में व्यावसायिक और राजनीतिक शक्ति का केन्द्र बना।

20. (c) बाबर भारत में मुगल वंश का संस्थापक था, वह तैमूरलंग का परपोता था तथा अपनी माता की तरफ से चंगेज खां से सम्बन्धित था।

21. (a) बुद्ध ने अपना पहला प्रवचन सारनाथ में दिया था।

22. (a)

23. (b) सूफी संतों की कब्र दरगाह कहलाती है।

24. (c) कुतुबमीनार का निर्माण कुतुबुद्दीन ऐबक ने प्रारम्भ किया।

25. (c) **26.** (a) **27.** (a)

28. (b) **29.** (a)

30. (a) सिंधु घाटी सभ्यता के विभिन्न पुरातत्व स्थलों से तांबा, सोने, चांदी आदि के प्रयोग के साक्ष्य तो मिले हैं, किन्तु कहीं से भी लोहे का प्रमाण नहीं मिला है।

31. (c)

32. (a) लाला हरदयाल गदर पार्टी के मुख्य नेता थे। लाला हरदयाल 1911 से कैलिफोर्निया के स्टेनफोर्ड विश्वविद्यालय में अध्यापन कार्य कर रहे थे। 1913 ई. में ये गदर संस्था से जुड़े तथा ये इस संस्था के मनीषी पर्थ-प्रदर्शक बने।

33. (b) **34.** (d) **35.** (b)

36. (a)

37. (d) अवध के किसानों ने 1921 में मदारी पासी के नेतृत्व में एक सशक्त आन्दोलन चलाया। इस आन्दोलन का प्रमुख कारण लगान में वृद्धि और उपज के रूप में लगान वसूलने की पुरानी प्रथा को लेकर था।

38. (b) **39.** (c)

40. (d) उदारवादी नेता दादाभाई नौरोजी को ग्रेंड ओल्ड मैन ऑफ इण्डिया कहा जाता था। धन के निष्कासन का सिद्धांत दादाभाई नौरोजी द्वारा प्रस्तुत किया गया था।

41. (a) स्वामी विवेकानंद ने वर्ष 1893 ई. में शिकागो में धर्म संसद में अपना भाषण दिया था।

42. (d) 1942 के भारत छोड़ो आन्दोलन में गांधीजी ने लोगों को 'करो या मरो' का नारा दिया था।

43. (b) लॉर्ड कैनिंग भारत का अन्तिम गवर्नर जनरल तथा प्रथम वायसराय था।

44. (b) आमेर के किले को यूनेस्को ने जून 2013 में विश्व विरासत सूची में शामिल किया है। जयपुर स्थित इस किले का निर्माण कछवाहा राजा घोलाराय जी ने किया था।

45. (b) सी.आर. दास को देश बन्धु के नाम से जाना जाता है। असहयोग आंदोलन की समाप्ति के पश्चात् मार्च 1923 ई. में मोतीलाल नेहरू तथा सी. आर. दास ने इलाहाबाद में स्वराज पार्टी की स्थापना की। 16 जून 1925 ई. को सी. आर. दास की मृत्यु हो जाने से स्वराज पार्टी शिथिल होने लगी।

46. (d) फतेहपुर सीकरी का निर्माण आगरा में मुगल सम्राट अकबर द्वारा कराया गया।

47. (a) कांग्रेस द्वारा शुरू किए गए आन्दोलन के दौरान राष्ट्रीय सरकार की स्थापना की मांग को अस्वीकार किए जाने पर कांग्रेस ने बम्बई अधिवेशन में 8 अगस्त 1942 को भारत छोड़ो प्रस्ताव पारित किया।

48. (b) वल्लभभाई पटेल को सरदार का उपनाम महात्मा गांधी ने दिया। सरदार वल्लभभाई पटेल को भारत का बिस्मार्क कहा जाता है।

49. (c) अकबरनामा एवं आइन-ए-अकबरी की रचना अबुल फजल ने की थी।

50. (b) डलहौजी को भारत में रेलवे का जनक माना जाता है। इसी के समय भारत में सर्वप्रथम 16 अप्रैल 1853 ई. में बम्बई से थाणे के बीच प्रथम रेल चलाई गई।

51. (d), (c) प्रार्थना समाज की स्थापना 1867 ई. में हुई थी। इसके प्रमुख सूत्रधार थे–केशव चन्द्र सेन, महादेव गोविन्द रानाडे, देवेन्द्रनाथ टैगोर आदि।

52. (d) भारतीय राष्ट्रीय कांग्रेस की प्रथम महिला अध्यक्ष श्रीमती एनी बेसेन्ट (1917 कलकत्ता में) थीं। जबकि प्रथम भारतीय महिला अध्यक्ष श्रीमती सरोजिनी नायडू (1925, कानपुर में) थीं।

53. (c) सिंधु घाटी सभ्यता का स्थल मोहनजोदड़ो (मृतकों का टीला) में उत्खनन कार्य 1922 ई. में राखालदास बनर्जी के नेतृत्व में आरम्भ हुआ।

54. (c) सिन्धु घाटी सभ्यता की खोज 1921 ई. में दयाराम साहनी ने की थी।

55. (a) सत्यमेव जयते का अर्थ है—'सत्य की ही विजय होती है।'

56. (d) अथर्ववेद में तत्कालीन लोक पम्पराओं का संकलन, भूत-प्रेत, अन्धविश्वास तथा विभिन्न प्रकार की औषधियों का उल्लेख मिलता है।

57. (a) **58.** (b) **59.** (a)

60. (d) **61.** (b) **62.** (d)

63. (b) दिल्ली में 24 नवम्बर, 1919 को होने वाले खिलाफत कमेटी के सम्मेलन की अध्यक्षता महात्मा गांधी को प्रदान की गई।

64. (b)

65. (a) अंग्रेज राजनीतिज्ञ वॉरेन हेस्टिंग्स, फोर्ट विलियम (बंगाल) प्रेसिडेंसी के प्रथम गवर्नर थे। वह 1773 से 1785 तक भारत के प्रथम गवर्नर जनरल रहे। बंगाल के गवर्नर जनरल के पद का सृजन 1773 के रेगुलेटिंग एक्ट के तहत हुआ था।

66. (d) भारत सचिव लॉर्ड पेथिक लॉरेंस ने 19 फरवरी, 1946 को संसद में घोषणा की, कि वायसराय के सहयोग से तीन कैबिनेट मंत्रियों से मिलकर बना कैबिनेट मिशन भारतीय नेताओं के साथ बातचीत के लिए भारत जाएगा। कैबिनेट मिशन 24 मार्च को दिल्ली पहुंचा और 29 जून, 1946 को वापस इंग्लैंड लौट गया।

67. (c) **68.** (a)

69. (b) शालीमार बाग जम्मू और कश्मीर में श्रीनगर के निकट स्थित एक प्रसिद्ध मुगल गार्डन है। फराह बक्श और फैज़ बक्श इसके अन्य नाम हैं। इस बाग का निर्माण 1619 में मुगल सम्राट जहांगीर ने अपनी पत्नी नूरजहाँ के लिए कराया था।

70. (c) महान संत, श्रीराम के भक्त और छत्रपति शिवाजी महाराज के गुरु समर्थ रामदास एक प्रतिभाशाली संगीतकार थे। उन्होंने "मानचे श्लोक" शीर्षक के तहत 205 श्लोक लिखे जिसका शाब्दिक अर्थ है–मन के साथ वार्तालाप। श्लोक का शाब्दिक अर्थ "गीत" है।

71. (d) जनवरी 1943 में, जापानियों ने पूर्वी एशिया में भारतीय राष्ट्रवादी आन्दोलन का नेतृत्व करने के लिए सुभाष चन्द्र बोस को निमंत्रण भेजा। पनडुब्बी द्वारा तीन महीने की यात्रा और सिंगापुर में कुछ समय के लिए रुकने के पश्चात् वे 11

मई, 1943 को टोक्यो पहुंचे। टोक्यों में उन्होंने भारतीय समुदायों को कई रेडियो प्रसारणों द्वारा संबोधित किया और भारतीय स्वतंत्रता संग्राम में शामिल होने का आह्वान किया। जापानी समर्थन के साथ बोस ने 1943 में भारतीय राष्ट्रीय सेना (आइएनए) का पुनर्गठन किया।

72. (b) छठी शताब्दी ईसा पूर्व मगध के शासक अजातशत्रु ने मगध की राजधानी के रूप में राजगृह का निर्माण कराया। इसे आरंभ में 'गिरिव्रज' के रूप में जाना जाता था और बाद में अजातशत्रु के शासनकाल के दौरान इसे राजगृह के रूप में जाना जाने लगा। अजातशत्रु के पुत्र राजा उदयिन (460-440 ई.पू.) ने अपनी राजधानी पाटलिपुत्र स्थानांतरित की।

73. (b) ऋग्वेद में काबुल का उल्लेख एक नगर के अर्थ में नहीं बल्कि एक नदी कुभा के रूप में किया गया है। ऋग्वेद में कुभा के साथ-साथ सिन्धु नदी के पश्चिम में बहने वाली गोमती (गोमल), क्रुमा (कुर्रम) और सुवास्तु (स्वात) का भी वर्णन किया गया है। काबुल (अफगानिस्तान) का नाम नगर के मध्य बहने वाली काबुल नदी के नाम पर रखा गया है।

74. (d) सामवेद विशुद्ध रुप से धुनों (समन) का संग्रह है। म्यूजिक नोट्स के रूप में प्रयोग किए जाने वाले सामवेद के भजन लगभग पूरी तरह से ऋग्वेद से लिए गए हैं और उनका कोई विशिष्ट पाठ नहीं है। इस प्रकार इसके पाठ ऋग्वेद के लघु संस्करण हैं।

75. (a) अकबर के भू-राजस्व सुधार, टोडरमल द्वारा लागू की गई नई प्रणाली में निहित थे। यह प्रणाली टोडरमल के बन्दोबस्त के नाम से प्रसिद्ध हुई। बन्दोबस्त प्रणाली की तीन मुख्य विशेषताएँ थी : (1) भूमि का सर्वेक्षण और माप (2) उत्पादकता के आधार पर भूमि का वर्गीकरण और (3) भू-राजस्व का आकलन।

76. (c) पूना समझौते से तात्पर्य डॉ. बाबासाहेब अम्बेडकर और महात्मा गांधी के मध्य हुए एक समझौते से है, जिस पर 24 सितम्बर, 1932 को यरवदा सेंट्रल जेल, पुणे (महाराष्ट्र) में हस्ताक्षर किए गए थे। ब्रिटिश भारत में मैकडोनाल्ड अवॉर्ड को रद्द कराने और राज्य विधान सभा के सदस्यों के चुनाव में दलितों को पृथक् निर्वाचन क्षेत्र देने के लिए समझौते पत्र पर हस्ताक्षर किए गए थे।

77. (c) धरसना सत्याग्रह ब्रिटिश नमक कर के विरोध में मई 1930 में किया गया एक विरोध प्रदर्शन था। इसमें 76 वर्षीय सेवानिवृत्त न्यायाधीश अब्बास तैय्यबजी गांधी की पत्नी कस्तूरबा के साथ शामिल थे। हालांकि तैय्यबजी और कस्तूरबा दोनों को गिरफ्तार कर लिया गया, लेकिन सरोजनी नायडू और मौलना अब्दुल कलाम आजाद के नेतृत्व में शांतिपूर्ण आंदोलन जारी रहा।

78. (d) लॉर्ड रिपन ने 1882 में भारत में शिक्षा की प्रगति की समीक्षा करने के लिए वायसराय की कार्यकारिणी परिषद् के एक सदस्य विलियम विल्सन हंटर के नेतृत्व में हंटर कमीशन का गठन किया। शिक्षा आयोग के रूप में प्रसिद्ध इस आयोग ने सिफारिश की, कि प्राथमिक शिक्षा की जिम्मेदारी स्थानीय बोर्ड और नगर निगम बोर्ड को दी जानी चाहिए।

79. (b) 28 मार्च, 1929 को एम.ए. जिन्ना ने दिल्ली में आयोजित मुस्लिम लीग परिषद् अधिवेशन में अपनी 14 प्रमुख बातें प्रस्तुत की। यह भारत में मुसलमानों के राजनीतिक अधिकारों की रक्षा के लिए संवैधानिक सुधार योजना के रूप में 14 सूत्री कार्यक्रम था।

80. (a) कर्नाटक के गुलबर्ग जिले में कगीना नदी के तट पर स्थित मलखेड़ 818-982 ई. तक राष्ट्रकूटों की राजधानी थी। प्राचीन काल में इसे मान्यखेत के रूप में जाना जाता था। मलखेड़ अमोघवर्ष प्रथम के शासनकाल के दौरान राष्ट्रकूट की राजधानी बनी, पश्चिमी चालुक्यों के शासन काल के दौरान 1050 ई. तक यह राजधानी बनी रही।

81. (d) ब्रिटिश भारत के उत्तर-पश्चिमी प्रांत के पश्तुनों ने ब्रिटिश साम्राज्य के विरुद्ध 'खुदाई खिदमतगार' नामक एक अहिंसक आंदोलन आरंभ किया। अपनी लाल वर्दी (या पोशाक) के कारण उन्हें ''सूर्ख पोश'' या ''रेड शर्ट्स'' कहा जाता था। इस आंदोलन का नेतृत्व खान अब्दुल गफ्फार खान ने किया, उन्हें स्थानीय लोग बच्चा खान या बादशाह खान कहते थे।

82. (b) वैशाली, मौर्य-पूर्व काल में वज्जि महाजनपद की राजधानी थी। वर्तमान में यह बिहार में स्थित है। बौद्ध स्रोतों के अनुसार वैशाली एक समृद्ध नगर था एवं यह तीन मुख्य द्वारों, पहरे की मीनार और तिहरे ऊँचे दीवारे से घिरा हुआ था। गौतम बुद्ध ने कई बार वैशाली की यात्रा की थी।

83. (b) भारत के वायसराय (1910-1916) लॉर्ड हार्डिंग को 1911 में हुए बंगाल विभाजन को रद्द करने के लिए याद किया जाता है। बंगाल विभाजन को प्रभावी करने के निर्णय की घोषणा जुलाई 1905 में लॉर्ड कर्जन द्वारा की गई थी। यह विभाजन 16 अक्टूबर, 1905 को हुआ जिससे मुस्लिम पूर्वी क्षेत्रों को हिन्दू पश्चिमी क्षेत्रों से अलग कर दिया गया।

84. (d) किताब-उल-हिन्द पुस्तक का लेखक अलबरूनी है।

85. (c) **86.** (a) **87.** (d)

88. (d) **89.** (a)

90. (b) हजरत निजामुद्दीन औलिया की दरगाह नई दिल्ली में स्थित है, जहां नवम्बर माह में प्रतिवर्ष देश के विभिन्न भागों से हजारों श्रद्धालु आते हैं। यह 14वीं सदी के सम्मानित चिश्ती सन्त हजरत निजामुद्दीन औलिया की दरगाह है।

91. (b) **92.** (b) **93.** (d)

94. (c) 1907 ई. के सूरत अधिवेशन के अध्यक्ष रास बिहारी बोस थे।

95. (d) नवाब सलीमुल्ला के नेतृत्व में 30 दिसम्बर, 1906 ई. को ढाका में आयोजित बैठक में अखिल भारतीय मुस्लिम लीग की स्थापना की गयी।

96. (d) स्वामी विवेकानंद ने विश्व के धर्म संसद में (1893) भारत और हिन्दुत्व का प्रतिनिधित्व किया। यह विश्व का प्रथम धर्म संसद था और यह 11 से 27 सितंबर, 1893 तक आयोजित किया गया था। 2012 में एक तीन-दिवसीय विश्व सम्मेलन विवेकानंद की 153 वीं जयंती के उपलक्ष्य में आयोजित किया गया था।

97. (c) अलीपुर बम काण्ड में अरविन्द घोष का बचाव युवा वकील चितरंजन दास ने किया था। यह मई 1908 से मई 1909 के दौरान का एक महत्पूर्ण अदालती मुकदमा था, जिसमें ब्रिटिश सरकार ने विभिन्न क्रांतिकारी गतिविधियों में श्री अरविन्द घोष को फंसाने की कोशिश की थी।

98. (a) जोनाथन डंकन ने हिन्दू कानून और दर्शन के अध्ययन हेतु 1791 में बनारस में संस्कृत महाविद्यालय की शुरुआत की (दोनों कंपनी अदालतों में कानून एवं प्रशासन की मदद हेतु योग्य भारतीयों की नियमित आपूर्ति के लिए डिजाइन किए गए थे। 1958 में संस्कृत महाविद्यालय एक विश्वविद्यालय बन गया और 1974 में इसका नाम बदलकर सम्पूर्णानंद संस्कृत विश्वविद्यालय रखा गया।

99. (c) 21 जून, 1576 को महाराणा प्रताप और अकबर की सेना ने राजस्थान के गोगुन्दा शहर में हल्दीघाटी के पास युद्ध हुआ था। राजपूतों द्वारा प्रदर्शित यह लड़ाई दृढ़ता एवं रक्षात्मक पहाड़ी युद्ध कला के लिए महत्वपूर्ण थी। महाराणा प्रताप सिंह ने हल्दीघाटी की लड़ाई में साहस और बहादुरी का एक बड़ा उदाहरण प्रस्तुत किया।

100. (a) बेसिन की संधि, ईस्ट इंडिया कंपनी और पुणे के पेशवा बाजीराव द्वितीय के बीच 31 दिसंबर, 1802 को हस्ताक्षर किया गया एक समझौता था। यह संधि मराठा साम्राज्य के विघटन में एक निर्णायक कदम था जिसने 1881 में

पश्चिमी भारत में पेशवा के प्रदेशों को ईस्ट इंडिया कंपनी के क्षेत्र में विलीन होने में मदद की।

101. (d) वॉरेन हेस्टिंग्स फोर्ट विलियम सूबे (बंगाल) के प्रथम गवर्नर थे और इस तरह वे वास्तव में 1773 से 1785 के बीच भारत के प्रथम गवर्नर जनरल थे। उनके समय के दौरान "1773 के विनियमन अधिनियम" ब्रिटिश ईस्ट इंडिया कंपनी के भारतीय प्रदेशों को मुख्य रुप से बंगाल में विनियमन हेतु ब्रिटिश संसद द्वारा पारित किया गया।

102. (a) 78 ई. में कुषाण सम्राट कनिष्क के राजगद्दी पर बैठने पर दीक्षा के साथ शक सम्वत् आरंभ हुआ। इस सम्वत् को भारतीय राष्ट्रीय कैलेन्डर के रूप में भारत सरकार द्वारा अपनाया गया है।

103. (b) तात्या टोपे, बिठूर के नाना साहब के एक निजी समर्थक, 1857 के विद्रोह और इसके उल्लेखनीय जनरलों एवं नेताओं में से एक थे। उनका वास्तविक नाम रामचन्द्र पांडुरंग टोपे था। इन्हें 18 अप्रैल, 1859 को शिवपुरी में ब्रिटिश सरकार द्वारा मार दिया गया था।

104. (a) सत्यार्थ प्रकाश ("द लाइट ऑफ ट्रुथ") आर्य समाज के संस्थापक एवं एक प्रसिद्ध धर्म एवं समाज सुधारक महर्षि दयानंद सरस्वती द्वारा 1875 में मूल रूप से हिन्दी में लिखित एक पुस्तक है। इस किताब का अब 20 से अधिक भाषाओं में अनुवाद किया जा चुका है।

105. (c) भारतीय राष्ट्रीय कांग्रेस के फॉरवर्ड ब्लॉक को 3 मई, 1939 को नेताजी सुभाषचन्द्र बोस द्वारा बनाया गया था। पार्टी, भारत की स्वंतत्रता के पश्चात् स्वतंत्र पार्टी के रूप में पुन: स्थापित हुई। इसका मुख्य केन्द्र पश्चिम बंगाल में है।

106. (c) चालुक्य वंश के पुलकेशिन द्वितीय ने 638 ई. में नर्मदा नदी के तट पर हर्ष की सेना को पराजित किया। यह हार, उसके राज्य के दक्षिण सीमा के रूप में नर्मदा नदी को हर्ष द्वारा स्वीकारने के साथ, दो राजाओं के बीच एक संघर्ष विराम लेकर आई।

107. (a) चौथी बौद्ध परिषद् कुषाण राजा कनिष्क के संरक्षण में 72 ई. में कुण्डलवन, कश्मीर में आयोजित हुआ। यह उनके सहयोगी के रूप में अश्वघोष के साथ वसुमित्र की अध्यक्षता में किया गया था। इस परिषद् ने साफ तौर पर बौद्ध धर्म को दो सम्प्रदायों महायान एवं हीनयान में विभाजित कर दिया था।

108. (a) गांधी ने क्रिप्स के डोमिनिमय स्टेट्स के प्रस्ताव को युद्ध के बाद का एक "दुर्घटनाग्रस्त बैंक को जारी किया गया पोस्ट-डेटिड चेक" कहा। क्रिप्स मिशन मार्च 1942 के अंतिम दिनों में ब्रिटिश सरकार द्वारा द्वितीय विश्व युद्ध में पूर्ण भारतीय सहयोग एवं समर्थन प्राप्त करने के लिए किया गया एक प्रयास था।

109. (d) इन्द्र या पुरंधर देवता को समर्पित सूक्तों की संख्या से ज्ञात होता है, कि इन्द्र ऋग्वेद काल के सबसे महत्वपूर्ण देवता थे। 250 ऋग्वैदिक सूक्त उन्हीं को समर्पित हैं। उन्होंने युद्ध प्रभु की भूमिका निभाई है और उन्हें वर्षा का देवता/भगवान माना जाता है। अग्नि दूसरे सबसे महत्वपूर्ण देवता हैं। 200 सूक्त उन्हें समर्पित हैं।

110. (d) सर थॉमस रो 1615 ईस्वी में जहांगीर के दरबार में जेम्स प्रथम द्वारा भेजा गया था। वे 1615 से 1618 तक जहांगीर के दरबार में रहे। वे अंग्रेजों को सूरत में व्यापार करने की इजाजत का फरमान जहांगीर से प्राप्त करने में सफल हो गए। मुगल दरबार में "रो" कथित तौर पर जहांगीर का पसंदीदा एवं मदिरा पीने में साथी बन गया था।

111. (d) भारतीय एसोसिएशन के रुप में जाना जाने वाला इंडियन नेशनल एसोसिएशन 1876 में सुरेन्द्र नाथ बनर्जी और आनंद मोहन बोस द्वारा अंग्रेज भारत में स्थापित पहला घोषित राष्ट्रपति संगठन था। बाद में इसका भारतीय राष्ट्रीय कांग्रेस के साथ विलय कर दिया गया।

112. (b) रविकीर्ति, चालुक्य राजा पुलकेशिन द्वितीय के दरबार में मंत्री एवं कवि थे। उन्होंने ऐहोल शिलालेख की रचना की, जो पुलकेशिन द्वितीय की उपलब्धियों और राजा हर्षवर्धन के खिलाफ उनके जीत का वर्णन करती हैं।

113. (c) गौतम बुद्ध ने जनता की भाषा पालि को बौद्ध धर्म की भाषा के रूप में इस्तेमाल किया। इन्होंने जनता के बीच बौद्ध धर्म के प्रचार-प्रसार में मदद की। त्रिपिटक में संग्रहित कई पूर्व बौद्ध साहित्य पाली भाषा में हैं।

114. (c) राजतरंगिनी (द रिवर ऑफ किंग्स) 12 वीं सदी में संस्कृत में कल्हण द्वारा लिखा गया था। यह उत्तर-पश्चिमी भारतीय उपमहाद्वीप विशेष रूप से कश्मीर के राजाओं का एक छंदबद्ध ऐतिहासिक इतिवृत्त है। यह ग्रंथ कश्मीर का पूर्वत्तम स्रोत प्रदान करता है।

115. (d) **116.** (b) **117.** (d)

118. (a) चौसा का युद्ध 1539 ई. में हुआ था।

119. (d)

120. (a) महात्मा बुद्ध का जन्म 563 ई.पू. में नेपाल की तराई में स्थित कपिलवस्तु के लुम्बिनी ग्राम में हुआ था।

❑❑❑

2

अध्याय

भूगोल

ब्रह्माण्ड

- ब्रह्माण्ड की उत्पत्ति एक महा विस्फोट (Big Bang) से हुई। महा विस्फोट सिद्धान्त बेल्जियम के खगोलशास्त्री बी. ए. जॉर्ज लैमेन्टर ने दिया।
- ब्रह्माण्ड में असंख्य मन्दाकिनियां (Galaxies) हैं। वह मंदाकिनी जिसमें हमारा सूर्य, पृथ्वी तथा ग्रह एवं उपग्रह आदि हैं, मिल्की वे (Milky Way) कहलाती हैं।
- आकाशगंगा की आकृति सर्पिल है।
- एडविन पी. हब्बल (अमेरिका) ने 1925 ई. में सर्वप्रथम बताया कि आकाशगंगा के अतिरिक्त ब्रह्माण्ड में अन्य मन्दाकिनियां भी हैं।
- आकाशगंगा की निकटतम मन्दाकिनी 'देवीयानी' (Andromedo) मन्दाकिनी है। यह हमारी मन्दाकिनी (मिल्की वे) से 2.2×10^8 प्रकाश वर्ष दूर है।
- आकाशगंगा का सबसे चमकीला तारा (सौरमण्डल के बाहर) 'साइरस' (Dogstar) है। इसे 'व्याध' या 'लुब्धक' भी कहा जाता है।
- प्रोक्सिमा सेंचुरी (Proxima Century) हमारे सौरमण्डल का सबसे नजदीकी तारा है, जो हमसे 4.25 प्रकाश वर्ष दूर है।

सौरमण्डल

- 1543 ई. में सर्वप्रथम कोपर निकस (पोलैण्ड) ने पृथ्वी के स्थान पर सूर्य को केन्द्र में स्वीकार किया तथा सौरमण्डल की खोज की।
- सौरमण्डल में सूर्य के साथ, आठ ग्रह, उनके उपग्रह, कुछ क्षुद्र ग्रह (Asteroids) तथा बड़ी संख्या में धूमकेतु (Comet) सम्मिलित हैं।
- सौरमण्डल में कुल आठ ग्रह हैं—बुध, शुक्र, पृथ्वी, मंगल, बृहस्पति, शनि, अरुण व वरुण।
- पृथ्वी सहित सभी ग्रह सूर्य की परिक्रमा करते हैं। प्रत्येक ग्रह द्वारा सूर्य के चारों ओर एक परिक्रमा करने में लगा समय उस ग्रह का एक वर्ष कहलाता है। यह अवधि सूर्य से ग्रह की दूरी पर निर्भर करती है।
- सभी ग्रह अपनी कक्षा से एक निश्चित डिग्री पर झुके हुए हैं, जिसके परिणामस्वरूप दिन एवं रात्रि की अवधि में परिवर्तन अनुक्रमिक रूप से होता है।

सूर्य से बढ़ती दूरी के आधार पर ग्रह

- बुध, शुक्र, पृथ्वी, मंगल, बृहस्पति, शनि, अरुण, वरुण।

आकार के अनुसार ग्रह

- बृहस्पति, शनि, अरुण, वरुण, पृथ्वी, शुक्र, मंगल, बुध।

सूर्य

- सूर्य के केन्द्र का तापमान **15 मिलियन डिग्री सेन्टीग्रेट** होता है एवं सूर्य की सतह पर तापमान 5,760 डिग्री सेन्टीग्रेड होता है।
- सूर्य की ऊर्जा, इसके अन्दर स्थित **हाइड्रोजन के हीलियम में संलयन** (Fusion) के कारण उत्पन्न होती है।
- सूर्य के द्रव्यमान का 70% भाग हाइड्रोजन, 28% हीलियम और 2% अन्य भारी तत्व (जैसे लीथियम से यूरेनियम) हैं।
- सूर्य पर अनेक काले धब्बे (sports) हैं। प्रत्येक ग्यारह वर्षों के समयान्तराल बाद इन धब्बों की संख्या निम्नतम से उच्चतम और फिर उच्चतम से निम्नतम होती रहती है। यह समयान्तराल 'सौर-धब्बा चक्र' (Sun Spot Cycle) कहलाता है।

सौर मण्डल : कुछ महत्त्वपूर्ण तथ्य	
सबसे बड़ा ग्रह	बृहस्पति (Jupiter)
सबसे छोटा ग्रह	बुध (Murcury)
पृथ्वी का उपग्रह	चन्द्रमा (Moon)
सूर्य के सबसे निकट ग्रह	बुध (Murcury)
सूर्य के सबसे दूर स्थित ग्रह	वरुण (Neptune)
पृथ्वी के सबसे निकट ग्रह	शुक्र (Venus)
सबसे अधिक चमकीला ग्रह	शुक्र (Venus)
सबसे अधिक चमकीला तारा	साइरस (Dog Star)
सबसे अधिक उपग्रहों वाला ग्रह	बृहस्पति (Jupiter)
सबसे अधिक ठण्डा ग्रह	वरुण (Neptune)
सबसे अधिक भारी ग्रह	बृहस्पति (Jupiter)
रात्रि में लाल दिखाई देने वाला ग्रह	मंगल (Mars)
सौरमण्डल का सबसे बड़ा उपग्रह	गैनिमीड (Gannymede)
सौरमण्डल का सबसे छोटा उपग्रह	डीमोस (Deimos)
नीला ग्रह	पृथ्वी (Earth)
भोर का तारा	शुक्र (Venus)
सांझ का तारा	शुक्र (Venus)
पृथ्वी की बहिन	शुक्र (Venus)
सौन्दर्य का देव	शुक्र (Venus)
हरा ग्रह	वरुण (Neptune)
विशाल लाल धब्बे वाला ग्रह	बृहस्पति (Jupiter)

चन्द्रमा

- चन्द्रमा पृथ्वी का एकमात्र उपग्रह है और यह पृथ्वी के चारों ओर चक्कर लगाता है।
- चन्द्रमा पर वायुमण्डल नहीं है क्योंकि इसकी गुरुत्वाकर्षण शक्ति गैसों को बनाए रखने में असमर्थ है।

- 21 जुलाई, 1969 ई. को नील आर्मस्ट्रांग एवं बज एल्ड्रिन विश्व के पहले व्यक्ति बने जिन्होंने चन्द्रमा की सतह पर अपने कदम रखे। ये अपोलो-11 नामक अन्तरिक्ष यान में गए थे।
- एक पूर्णिमा से दूसरी पूर्णिमा तक की अवधि चन्द्रमास (Luner Month) कहलाती है। यह 29 दिनों की होती है।
- अमावस्या से पूर्णिमा तक की 15 दिन की अवधि शुक्ल पक्ष कहलाती है। पूर्णिमा से अमावस्या तक की 15 दिन की अवधि कृष्ण पक्ष कहलाती है।

आन्तरिक संरचना

- पृथ्वी के अन्दरूनी भाग को तीन परतों में बांटा गया है–

भूपटल

- 8-40 किमी. मोटी पटल, भूपृष्ठ भी कहलाता है।
- पटल दो परतों से निर्मित है। पटल की बाह्य परत अवसादी पदार्थों से बनी है। यह परत सिलिका व एल्यूमीनियम से निर्मित है और सियाल (Sial) कहलाती है।
- निचली परत बेसाल्टी चट्टानों से बनी है। यह सिलिका व मैग्नीशियम से निर्मित है और सीमा (Sima) कहलाती है।

मेण्टल

- इसकी गहराई 2,900 किमी. तक होती है। इसकी ऊपरी परत 'एस्थिनोस्फीयर' (Asthoenosphere) कहलाती है।

कोर

- बाह्य कोर (Outer Core) 2,100 किमी. मोटी है। यह द्रव के रूप में होती है। आन्तरिक कोर (Inner Core) 1,370 किमी. मोटी। यह निकिल और आयरन से बनी है और निफे (Nife) कहलाती है।

पृथ्वी की गतियां

पृथ्वी की दो गतियां हैं–घूर्णन गति (दैनिक गति) परिक्रमण गति (वार्षिक गति) दोनों गतियां साथ-साथ होती हैं।

घूर्णन गति

- पृथ्वी अपने अक्ष पर पश्चिम से पूर्व की ओर चक्कर लगाती है। इसके कारण दिन और रात होते हैं।
- पृथ्वी का जो भाग सूर्य के सामने होता है वहां दिन और जो भाग दूसरी ओर होता है। वहां रात होती है। पृथ्वी को अक्ष पर एक चक्कर पूरा करने में 23 घण्टे 56 मिनट व 40.91 सेकेण्ड का समय लगता है।

परिक्रमण गति

- पृथ्वी सूर्य के चारों ओर दीर्घ वृत्तीय पथ पर घूमती है। इसके कारण ऋतुओं में परिवर्तन होता है तथा दिन-रात की अवधि में अन्तर आ जाता है।
- सूर्य के चारों ओर परिक्रमा करते हुए पृथ्वी का अक्ष दीर्घवृत्त के तल से $66\frac{1}{2}°$ झुका होता है और पृथ्वी इस तल पर लम्बवत् रेखा से $23\frac{1}{2}°$ झुकी होती है जिसके कारण सूर्य की किरणें पृथ्वी पर सामान्य रूप से नहीं पड़तीं और मौसम परिवर्तित हो जाता है।
- परिक्रमण समय 365 दिन, 5 घण्टे 48 मिनट व 45.51 सेकेण्ड है।

अयनांत

- ये वर्ष की वे तिथियां हैं, जिनमें दिन तथा रात की लम्बाई में सर्वाधिक अन्तर होता है। **उत्तरी अयनांत** 21 जून उत्तरी गोलार्द्ध का सबसे बड़ा दिन होता है। इस समय सूर्य कर्क रेखा पर लम्बवत् स्थित होता है। इस समय दक्षिण गोलार्द्ध में दिन छोटे व रातें बड़ी होती हैं।

दक्षिण अयनांत–दिसम्बर में उत्तरी गोलार्द्ध का सबसे छोटा दिन होता है। इस समय सूर्य मकर रेखा पर लम्बवत् होता है। दक्षिण गोलार्द्ध में दिन बड़ा और रातें छोटी होती हैं। इस समय दक्षिणी गोलार्द्ध में ग्रीष्म ऋतु होती है।

विषुव

- वर्ष का वह समय जब सूर्य भूमध्य रेखा के ऊपर लम्बवत् होता है। इस समय दिन-रात दोनों की अवधि बराबर होती है। (दोनों गोलार्द्धों में)

बसन्त विषुव—21 मार्च

शरद् विषुव —23 सितम्बर

ग्रहण

ग्रहण दो प्रकार के होते हैं–

चन्द्रग्रहण	सूर्यग्रहण
• जब पृथ्वी, सूर्य और चन्द्रमा के बीच में आ जाती है, तब पृथ्वी की छाया चन्द्रमा पर पड़ती है, जिसे चन्द्रग्रहण कहते हैं। यह पूर्णिमा के दिन होता है।	• जब चन्द्रमा, पृथ्वी और सूर्य के बीच में आ जाता है तब सूर्य ग्रहण होता है। सूर्यग्रहण केवल अमावस्या के दिन होता है।

ज्वार-भाटा

- समुद्री जल दिन में दो बार निश्चित अन्तराल पर ऊपर उठता है तथा नीचे गिरता है। यह प्रक्रिया ज्वार-भाटा कहलाती है। ज्वार-भाटा की उत्पत्ति सूर्य एवं चन्द्रमा की गुरुत्वाकर्षण शक्ति के कारण होती है। चन्द्रमा की ज्वारोत्पादक शक्ति सूर्य की अपेक्षाकृत दो गुना है क्योंकि सूर्य पृथ्वी से चन्द्रमा की अपेक्षा अधिक दूर है। ज्वार-भाटा के बीच का अन्तराल 12 घण्टे 26 मिनट होता है।

दीर्घ ज्वार

- पूर्णिमा एवं अमावस्या के दिन दीर्घ ज्वार की उत्पत्ति होती है क्योंकि इस दिन सूर्य, चन्द्रमा और पृथ्वी तीनों एक सीध में होते हैं।

लघु ज्वार

- कृष्ण व शुक्ल पक्ष की अष्टमी को लघु ज्वार की उत्पत्ति होती है क्योंकि इस दिन सूर्य, चन्द्रमा और पृथ्वी तीनों कोण की स्थिति में होते हैं।

चट्टानें

- पृथ्वी की सतह का निर्माण करने वाले पदार्थों को चट्टान कहते हैं। निर्माण की प्रक्रिया के आधार पर चट्टानों को तीन भागों में बांटा गया है।

आग्नेय चट्टान

- ये चट्टानें सभी चट्टानों में सबसे ज्यादा 95% मिलती हैं।
- इसका निर्माण ज्वालामुखी उद्गार के समय निकलने वाले लावा के पृथ्वी के अन्दर या बाहर ठण्डा होकर जम जाने के कारण होता है।
- ये प्राथमिक या मातृ चट्टानें कहलाती हैं, क्योंकि शेष सभी चट्टानें इन्हीं से निर्मित होती हैं।

ग्रेनाइट

- इन चट्टानों के निर्माण में मैग्मा धरातल के ऊपर न पहुंचकर अन्दर ही जमकर ठोस रूप धारण कर लेता है। मैग्मा के ठण्डा होने की प्रक्रिया बहुत धीमी होती है क्योंकि अन्दर का तापमान अधिक होता है और बनने वाले क्रिस्टल बहुत बड़े होते हैं।

बेसाल्ट

- ये समुद्री सतह पर पाई जाती हैं।

अवसादी चट्टान

- ये प्राचीन चट्टानों के टुकड़ों, जीवावशेषों तथा खनिज के परतदार एवं संगठित जमाव से निर्मित होती हैं। ये भूपृष्ठ का केवल 5% होती हैं। परन्तु भूपृष्ठ के 75% भाग पर फैली रहती हैं। इन्हें परतदार चट्टानों के नाम से भी जाना जाता है। डिप्सम, चीका मिटट्री, चूने का पत्थर, कोयला (एन्थ्रेसाइट के अतिरिक्त) बालुका पत्थर, शैल, ग्रेवल आदि अवसादी चट्टानों के उदाहरण हैं।

रूपान्तरित चट्टान

- अवसादी एवं आग्नेय चट्टानों में ताप, दबाव और रासायनिक क्रियाओं आदि के कारण परिवर्तन हो जाता है। इससे जो चट्टानें बनती हैं उन्हें रूपान्तरित या परिवर्तित चट्टान कहा जाता है।

चट्टानें	रूपान्तरित रूप
शैल	स्लेट
बलुआ पत्थर	क्वार्टजाइट
कांग्लोभेरेट	क्वार्टजाइट
चूना पत्थर	संगमरमर
चाक एवं डोलोमाइट	संगमरमर
कोयला	ग्रेफाइट हीरा
ग्रेनाइट	नीस
बेसाल्ट	एम्फीबोलाइट सिस्ट
स्लेट	फाइलाइट
फाइलाइट	सिस्ट
गैब्रो	सरपेण्टाइन

भूकम्प

- भूकम्प का शाब्दिक अर्थ होता है भूमि या धरातल का कांपना या हिलना।
- भूकम्प एक आकस्मिक अन्तजाति प्रक्रिया है जो कई प्रकार की भूगर्भिक क्रियाओं का परिणाम है जिसके कारण धरातल पर सन्तुलन की स्थिति में अव्यवस्था उत्पन्न हो जाती है। परिणामत: भूमि कांप जाती है।
- भूपटल के नीचे जिस स्थान पर भूकम्प उत्पन्न होता है वह उद्गम स्थल कहलाता है।
- भूकम्प उद्गम स्थल के ठीक ऊपर धरातल पर स्थित बिन्दु भूकम्प का अधिकेन्द्र कहलाता है। भूकम्प तरंगों का अनुभव यहां सबसे पहले किया जाता है।
- भूकम्प के दौरान भूकम्प तरंगों का उद्भव होता है, जिन्हें भूकम्पमापी पर रिकार्ड किया जाता है।
- भूकम्प तंरगों की तीव्रता को रिक्टर पैमाने पर मापा जाता है।
- भूकम्प तरगें तीन प्रकार की होती हैं—

  1. प्राथमिक 2. द्वितीयक 3. धरातलीय

प्राथमिक तरंगें

- इन्हें P-waves भी कहा जाता है एवं ये सबसे तीव्र गति वाली तरंगें हैं।
- इनमें ध्वनि तरंगों की भांति अणुओं का कम्पन तरंगों की दिशा में आगे-पीछे होता है। अत: ये अनुदैर्ध्य तरंगें भी कहलाती हैं।
- ये ठोस, द्रव व गैस तीनों में से पार हो जाती हैं।

द्वितीयक तरंगें

- इन्हें S-waves भी कहा जाता है एवं ये केवल ठोस माध्यम से गुजर सकती हैं। अत: ये बाह्य कोर से आगे नहीं बढ़ पाती हैं।
- इनमें अणुओं का कम्पन तरंगों की दिशा में आर-पार होता है। अत: इन्हें अनुप्रस्थ तरंगें भी कहा जाता है।

धरातलीय तरंगें

- इन्हें L- waves भी कहा जाता है एवं ये धरातल के निकट ही चलती हैं।
- ये ठोस व द्रव दोनों माध्यम से गुजर सकती हैं।
- ये सबसे ज्यादा विनाशकारी होती हैं।

ज्वालामुखी

- ज्वालामुखी मुख्यत: धरातल पर प्राकृतिक छिद्र अथवा दरार होता है जिससे गैस, जलवाष्प, राख, शैलखण्ड आदि पृथ्वी के अन्दरूनी भाग से ज्वालामुखी (Volcanic Pipe) द्वारा बाहर निकालते हैं।
- इसकी आकृति शंक्वाकार होती है।
- ज्वालामुखी शंकु के शीर्ष पर कोपनुमा गडढ़ा होता है, जिसे 'क्रेटर' कहा जाता है।
- सक्रियता अथवा उद्गार अवधि के आधार पर ज्वालामुखी तीन प्रकार के होते हैं—

I. सक्रिय ज्वालामुखी—स्ट्राम्बोली, (लिपारी द्वीप), एटना (सिसली), कोटोपैक्सी (इक्वाडोर)।

II. सुषुप्त ज्वालामुखी—विसूवियस (इटली), क्राकोटाओ (इण्डोनेशिया), फ्यूजीयामा (जापान)।

III. मृत ज्वालामुखी— किलिमंजारो (तंजानिया, अफ्रीका)

- कोटोपैक्सी (ईक्वाडोर) विश्व का सबसे ऊंचा सक्रिय ज्वालामुखी है।
- विश्व के प्रमुख ज्वालामुखी क्षेत्र

  I. प्रशान्त महासागरीय पेटी

  II. मध्य महाद्वीपीय पेटी

  III. मध्य अटलाण्टिक पेटी

  IV. पूर्वी अफ्रीका भ्रंश पेटी

विश्व के कुछ प्रमुख ज्वालामुखी

नाम	देश
मेनालोआ	हवाईद्वीप
माउण्ट कैमरून	कैमरून (अफ्रीका)
हेक्ला व लाकी	आइसलैण्ड
कटमई	अलास्का (U.S. A)
माउण्ट रेनियर	U.S.A.
माउण्ट ताल	फिलीपीन्स
माउण्ट पिनाटुबो	फिलीपीन्स
कोहसुल्तान	ईरान
माउण्ट पोपा	म्यांमार(बर्मा)
आजोसडेल सेलेडो	अर्जेण्टीना-चिली

जलसन्धियां

जलसन्धियां दो भिन्न जलराशियों को जोड़ती हैं एवं दो स्थलखण्डों को अलग करती हैं।

वायुमण्डल

- पृथ्वी के चारों ओर व्याप्त गैसीय आवरण को वायुमण्डल कहते हैं।
- वायुमण्डल अनेक गैसों का मिश्रण है।

नाइट्रोजन	78.09%
ऑक्सीजन	20.95%
ऑर्गन	0.93%
कार्बन-डाइऑक्साइड	0.03%

अन्य गैसे हैं— नियॉन, हीलियम, ओजोन, हाइड्रोजन, मीथेन, आदि।

वायुमण्डल की ऊंचाई 16 से 29 हजार किमी. तक बताई जाती है परन्तु धरातल से केवल 800 किमी. तक ऊंचा वायुमण्डल ही अधिक महत्वपूर्ण है।

क्षोभमण्डल

- यह पृथ्वी की सतह से सबसे नजदीक होता है। इसकी ऊंचाई विषुवत रेखा (16 किमी.) से ध्रुवों (8 किमी.) की ओर जाने पर घटती है।
- यहां पर जलवाष्प, धूलकण, आर्द्रता आदि मिलते हैं। मौसम सम्बन्धी अधिकांश परिवर्तनों के लिए क्षोभमण्डल ही उत्तरदायी है।
- इस परत से ऊंचाई के साथ-साथ तापमान घटता है। प्रत्येक 165 मीटर पर 1^0 C तापमान की कमी हो जाती है। इसे सामान्य ताप या ह्रास दर (Normal Lapse Rate of Temperature) कहते हैं।
- क्षोभमण्डल के शीर्ष पर स्थित क्षोभमण्डल सीमा इसे समताप मण्डल से अलग करती है।

समतापमण्डल

- इसकी ऊंचाई क्षोभमण्डल के ऊपर 50 किमी. तक होती है।
- इसमें तापमान में ऊंचाई के साथ वृद्धि नहीं होती है। तापमान समान रहता है।
- यह परत वायुयान चालकों के लिए आदर्श होती है।
- इस मण्डल में जलवाष्प, धूल कण आदि नहीं पाए जाते हैं।
- इस मण्डल में 20 किमी. से 30 किमी. के मध्य ओजोन परत होती है, जो सूर्य की पराबैंगनी किरणों का अवशोषण करती है। इस कारण ओजोन परत में ऊंचाई के साथ तापमान बढ़ता है।

मध्यमण्डल

- यह समतापमण्डल के ऊपर 80 किमी. की ऊंचाई तक विस्तृत होता है।
- ऊंचाई के साथ तापमान में गिरावट होती है और 80 किमी. की ऊंचाई पर तापमान—100°C हो जाता है।

आयनमण्डल

- इस मण्डल में आयन की प्रधानता होती है।
- आयनमण्डल रेडियो तरंगों को वापस पृथ्वी पर भेजता है, इसी कारण रेडियो संचार सम्भव हो पाता है।

बर्हिमण्डल

- इस परत में हाइड्रोजन व हीलियम गैसों की प्रधानता है।
- यह वायुमण्डल की सबसे ऊपरी परत है।
- बर्हिमण्डल की बाह्य सीमा अनिश्चित है। इसे अन्तरिक्ष व पृथ्वी के वायुमण्डल की सीमा माना जा सकता है।

पवन

एक स्थान से एक निश्चित दिशा में चलती हुई वायु को पवन कहते हैं। ये हमेशा उच्च दाब से निम्न दाब की ओर चलती है।

- पवन मुख्य रूप से तीन प्रकार की होती हैं—स्थायी पवनें, सामयिक पवनें एवं स्थानीय पवनें।

स्थायी पवनें

- से पवनें सदैव एक ही क्रम में वर्षभर एक निश्चित दिशा की ओर चलती हैं। स्थायी पवनें तीन प्रकार की होती हैं—

  (i) **व्यापारिक पवनें**—30° उत्तरी व दक्षिणी अक्षांशों से 0° अक्षांश रेखा की ओर बहने वाली पवन को व्यापारिक पवन कहते हैं। उत्तरी गोलार्द्ध में इनकी दिशा उत्तर-पूर्वी से दक्षिण पश्चिम तथा दक्षिण गोलार्द्ध में दक्षिण-पूर्व से उत्तर-पश्चिम होती है।

  (ii) **पछुआ पवनें**—30°-35° उत्तरी तथा दक्षिणी अक्षांशों में 60°-65° अक्षांशों की ओर बहने वाली पवन पछुआ पवनें कहलाती हैं। उत्तरी गोलार्द्ध में इनकी दिशा दक्षिण-पश्चिम से उत्तर-पूर्व एवं दक्षिणी गोलार्द्ध में उत्तर-पश्चिम से दक्षिण-पूर्व होती है। दक्षिणी गोलार्द्ध में समुद्र की अधिकता होने के कारण इसकी गति बहुत तीव्र होती है। इसी कारण इस गोलार्द्ध में इन्हें 'गरजती चालीसा' 'भयंकर पचासा', 'चीखती साठा' कहा जाता है।

  (iii) **ध्रुवीय पवनें**— ये ध्रुवीय उच्च दाब से उपध्रुवीय निम्न दाब की ओर चलती हैं।

स्थानीय पवनें

- जिन पवनों का विकास स्थानीय स्तर पर तापमान एवं वायुदाब में अन्तर के कारण होता है, उन्हें स्थानीय पवन कहते हैं।

प्रमुख स्थानीय पवनें

पवन का नाम	क्षेत्र
ब्रिकफिल्डर	आस्ट्रेलिया
खमसीन	मिस्र
समिन	सहारा तथा अरब के मरुस्थल
सिराको	सहारा मरुस्थल से द. इटली तक
दक्षिणी बर्स्टर	आस्ट्रेलिया
बोरा	मध्य यूरोप
जोंडा (शीत फॉन)	अर्जेन्टीना (एण्डीज पर्वत)
चिनूक	रॉकी पर्वत श्रेणी
फॉन	उत्तरी आल्पस (यूरोप)
ग्रेगाले	दक्षिणी यूरोप (भू. सागर)
हबूब	सूडान
हरमट्टन (डॉक्टर हवा)	पं. अफ्रीका व सहारा मरुस्थल
पापागायो	मैक्सिको
सैमून	ईरान
जूरन	जूरा पर्वत से जेनेवा झील तक
लीस्टे	सहारा, मंदिरा, कनारी
लेवेन्ट	प. भूमध्यसागर, फ्रांस, स्पेन
नार्दर	सं. रा. अमेरिका (टैक्सास)
मैस्ट्रो	भूमध्यसागर
मिस्ट्रल	फ्रांस
नाटी	सं. रा. अमेरिका
नॉरवेस्टर	न्यूजीलैण्ड

विश्व की प्रमुख मानव-जनजातियां

पिग्मी	कांगो (जायरे) बेसिन (अफ्रीका) के निवासी
याकृत	रूस के टुण्ड्रा प्रदेश के निवासी
रेड इण्डियन	उत्तरी अमेरिका के तटीय क्षेत्रों के निवासी
एस्किमो	कनाडा के टुण्ड्रा प्रदेश के रहने वाले लोग
माओरी	न्यूजीलैण्ड के निवासी
गाडचो	उरूग्वे-अर्जेण्टीना के पम्पास क्षेत्रों में रहने वाले

फिन्स	यूरोप के टुण्ड्रा प्रदेश के निवासी
बन्टूस	मध्य व दक्षिण अफ्रीका के निवासी
खिरगीज	एशिया के स्टेपीज प्रदेश के निवासी
हैमिट्स	उत्तरी अफ्रीका के निवासी
मसाई	पूर्वी अफ्रीका के निवासी
लैपा	यूरोप के टुण्ड्रा प्रदेश के निवासी
सेमोयेड्स	एशियाटिक टुण्ड्रा प्रदेश के निवासी

विश्व : प्रमुख औद्योगिक केन्द्र

औद्योगिक केन्द्र	प्रमुख उद्योग
मैनचेस्टर(ब्रिटेन)	सूती वस्त्र
बर्मिंघम(यू. एस. ए.)	लौह इस्पात
शिकागो (यू. एस. ए.)	मांस प्रसंस्करण
लॉरेनसार(फ्रांस)	लौह-इस्पात
ड्रेस्डेन(जर्मनी)	ऑप्टिकल एवं फोटोग्राफिक उपकरण
फ्रैंकफर्ट (जर्मनी)	इंजीनियरिंग, परिवहन
गोर्की (रूस)	इंजीनियरिंग
डॉर्टमण्ड(जर्मनी)	लौह-इस्पात, रसायन
ओटावा (कनाडा)	कागज
लन्दन (ब्रिटेन)	इंजीनियरिंग, परिवहन
मॉण्ट्रियल (कनाडा)	वायुयान, जलपोत
हैमिल्टन (कनाडा)	लौह-इस्पात तथा इंजीनियरिंग
पिट्सबर्ग (यू. एस. ए.)	लौह-इस्पात
डेट्रायट (यू. एस. ए.)	मोटरकार
लॉस एंजिल्स (यू. एस.ए.)	वायुयान, फिल्म
सैन-फ्रांसिस्को (यू. एस. ए.)	तेलशोधन, जलपोत, कम्प्यूटर
म्युनिख (जर्मनी)	लेंस निर्माण
मैग्निटोगर्स्क (रूस)	लौह-इस्पात
सेन्ट पीटर्सबर्ग (रूस)	जलपोत, ऑटोमोबाइल
मास्को (रूस)	लौह-इस्पात, रसायन
क्रिवॉयराग (यूक्रेन)	लौह-इस्पात, इंजीनियरिंग
एम्सटर्डम (नीदरलैण्ड)	हीरा पॉलिश
राटरडम (नीदरलैण्ड)	जलपोत निर्माण
ग्लासगो (स्कॉटलैण्ड)	लौह-इस्पात, पोत निर्माण
ओसाका (जापान)	वस्त्र, जलपोत, लौह-इस्पात
बाकू (अजरबैजान)	पेट्रोलियम

विश्व : खनिज एवं उनके प्रमुख उत्पादक देश

खनिज	प्रमुख उत्पादक देश
लोहा	यूक्रेन, चीन, यू. एस. ए.
मैंगनीज	यूक्रेन, गैबन, ब्राजील
बॉक्साइट	ऑस्ट्रेलिया, गिनी, ब्राजील
तांबा	चिली, यू. एस. ए., कनाडा
टिन	चीन, इण्डोनेशिया, पेरू
अभ्रक	चीन, यू. एस. ए., द. कोरिया
सोना	दक्षिण अफ्रीका, पेरू, कनाडा
चांदी	मैक्सिको, पेरू, कनाडा
हीरा	रूस, बोत्सवाना, कांगो
कोयला	चीन, यू. एस. ए.,जर्मनी
पेट्रोलियम	सऊदी अरब, रूस, अमेरिका
प्राकृतिक गैस	रूस, अमेरिका, कनाडा
निकेल	रूस, ऑस्ट्रेलिया/कनाडा, इण्डोनेशिया
लेड	चीन, आस्ट्रेलिया, यू. एस. ए.
जिंक	चीन, ऑस्ट्रेलिया
प्लेटिनम	द. अफ्रीका, रूस, कनाडा

विश्व की प्रमुख फसलें एवं उनके उत्पादक देश

फसलें	उत्पादक देश
जौ	रूस, जर्मनी, कनाडा
जई या ओट	रूस, कनाडा, एवं संयुक्त राज्य अमेरिका
सोयाबीन	संयुक्त राज्य अमेरिका, ब्राजील, चीन
गन्ना	भारत, ब्राजील, क्यूबा
चाय	भारत, चीन, श्रीलंका
कहवा	ब्राजील, वियतनाम, कोलम्बिया
कपास	चीन, संयुक्त राज्य अमेरिका, पूर्व सोवियत संघ
तम्बाकू	चीन, संयुक्त राज्य अमेरिका, भारत
प्राकृतिक रबड़	थाइलैण्ड, इण्डोनेशिया, मलेशिया
चुकन्दर	यूक्रेन, फ्रांस, जर्मनी
चावल	चीन, भारत, इण्डोनेशिया
गेहूँ	चीन, भारत, संयुक्त राज्य अमेरिका
तिलहन	संयुक्त राज्य अमेरिका, चीन, भारत
मक्का	संयुक्त राज्य अमेरिका, चीन, ब्राजील

विश्व की प्रमुख स्थानान्तरणशील कृषि

नाम	क्षेत्र
टावी	मालागासी
मिल्पा	यूकाटन एवं ग्वाटेमाला
इचाली	ग्वाडेलूप
मिल्या	मैक्सिको एवं मध्य अमेरिकी देश
कोनूको	वेनेजुएला
रोका	ब्राजील
रे	वियतनाम एवं लाओस

भारत का भूगोल

स्थिति व सीमाएं

- भारत के उत्तर में नेपाल, भूटान व चीन; दक्षिण में श्रीलंका एवं हिन्द महासागर; पूरब में बांग्लादेश, म्यांमार एवं बंगाल की खाड़ी तथा पश्चिम में पाकिस्तान एवं अरब सागर है।
- भारत का अक्षांशीय विस्तार 8º4' उत्तरी अक्षांश से 37º6' उत्तरी अक्षांश तक है।
- भारत का देशान्तर विस्तार 68º7' पूर्वी देशान्तर से 97º25' पूर्वी देशान्तर तक है।
- भारत का क्षेत्रफल 32, 87, 263 वर्ग किमी. का है।
- क्षेत्रफल की दृष्टि से विश्व में भारत का सातवां स्थान है।
- जनसंख्या की दृष्टि से विश्व में भारत का पहला स्थान है।
- भारत की समुद्री सीमा 7,516 किमी. लम्बी है जब कि स्थलीय सीमा की लम्बाई 15,200 किमी. है।
- क्षेत्रफल की दृष्टि से राजस्थान भारत का सबसे बड़ा राज्य है।
- क्षेत्रफल की दृष्टि से गोवा भारत का सबसे छोटा राज्य है।
- जनसंख्या की दृष्टि से उत्तर प्रदेश भारत का सबसे बड़ा राज्य है।
- जनसंख्या की दृष्टि से सिक्किम भारत का सबसे छोटा राज्य है।
- क्षेत्रफल की दृष्टि से जम्मु-कश्मीर सबसे बड़ा केन्द्र शासित प्रदेश है।
- क्षेत्रफल की दृष्टि से लक्षद्वीप समूह सबसे छोटा केन्द्रशासित प्रदेश है।
- जनसंख्या की दृष्टि से दिल्ली सबसे बड़ा केन्द्रशासित प्रदेश है।
- जनसंख्या की दृष्टि से लक्षद्वीप सबसे छोटा केन्द्र शासित प्रदेश है।
- मध्य प्रदेश भारत का सबसे बड़ा पठारी राज्य है।
- राजस्थान भारत का सबसे बड़ा मरुस्थलीय राज्य है।
- भारत में द्वीपों की कुल संख्या 248 है। बंगाल की खाड़ी में 233 तथा अन्य 25 द्वीप हैं।
- भारत के सबसे दक्षिणी छोर का नाम 'इन्दिरा प्वाइन्ट' है और यह बंगाल की खाड़ी में स्थित है।

भारत को पांच प्राकृतिक भागों में बांटा जा सकता है–

1. उत्तर का पर्वतीय प्रदेश
2. उत्तर का विशाल मैदान
3. दक्षिण का प्रायद्वीपीय पठार
4. समुद्रतटीय मैदान
5. थार मरुस्थल

- भारत का मानक समय इलाहाबाद से लिया गया है, जो 80º30' पूर्वी देशान्तर है। यह ग्रीनविच माध्य समय से 5 घण्टे 30 मिनट आगे है।
- भारत की लम्बाई उत्तर से दक्षिण तक 3,214 किमी. तथा पूर्व से पश्चिम तक 2,933 किमी. है।

भौतिक स्वरूप

भौतिक रचना तथा धरातल के स्वरूप के अनुसार भारत को पांच भागों में बांटा गया है–

(i) उत्तर पर्वतीय प्रदेश

(ii) दक्षिण का पठार

(iii) विशाल मैदान

(iv) समुद्रतटीय मैदान

(v) द्वीपसमूह

(i) उत्तर पर्वतीय प्रदेश–उत्तर का पर्वतीय प्रदेश भारत में लगभग 5 लाख वर्ग किलोमीटर क्षेत्र में फैला हुआ है। इसकी लम्बाई लगभग 2,400 किमी. है। पश्चिम में इसकी चौड़ाई 500 किमी. है, जबकि यह लगभग 200 किमी. चौड़ा है। इस पर्वतीय प्रदेश में तीन प्रमुख पर्वत शृंखलाएं स्थित हैं–

(1) हिमालय पर्वत श्रेणी

(2) ट्रांस हिमालय

(3) पूर्वांचल की पहाड़ियां

(4) हिमालय पर्वत श्रेणी

- यह विश्व की नवीनतम वलित पर्वत श्रेणी है। इसकी लम्बाई लगभग 5,000 किमी. है। इसकी औसत चौड़ाई 240 किमी. है। हिमालय पर्वत श्रेणी को तीन भागों में बांटा गया है :

महान या बृहत हिमालय

- इसकी औसत ऊंचाई 6,000 मी. है।
- यह पूर्व में सिन्धु नदी के गॉर्ज से लेकर पश्चिम में ब्रह्मपुत्र नदी के गॉर्ज तक फैली हुई है।
- हिमालय के सर्वोच्च शिखर जैसे–माउण्ट एवरेस्ट (8,848 मी.), कंचनजंगा (8,598मी) मकालू (8,481 मी.), धौलगिरि (8,172 मी) आदि।
- महान हिमालय के कुछ महत्वपूर्ण दर्रे अग्रलिखित हैं–
  बुर्जिल एवं जोजीला (जम्मू-कश्मीर); शिपकीला, बारालाचाला (हिमाचल प्रदेश); बोमडीला (अरुणाचल प्रदेश)।

लघु हिमालय

- इसे हिमालय एवं मध्य हिमालय के नाम से भी जाना जाता है। इसकी चौड़ाई 80 से 100 किलोमीटर के बीच है।
- इसकी सामान्य ऊंचाई 3700 से 4500 मी के मध्य है।
- लघु हिमालय की कुछ महत्वपूर्ण श्रेणियां हैं–

(i) पीरपंजाल श्रेणी

(ii) धौलाधर श्रेणी

(iii) नाग-टिबा श्रेणी

(iv) महाभारत श्रेणी

(v) मसूरी श्रेणी

शिवालिक हिमालय

- यह हिमालय की सबसे दक्षिणी श्रेणी है। इसकी औसत ऊंचाई 1,000 मी. है।
- यह श्रेणी पंजाब में पोटोवार बेसिन से प्रारम्भ होकर पूर्व में कोसी नदी तक फैली हुई है।
- इसकी औसत ऊंचाई 600 से 1500 मीटर के बीच है।

ट्रॉस हिमालय

- यह महान हिमालय के उत्तर में स्थित है।
- इसमें कराकोरम, लद्दाख, जास्कर एवं कैलाश पर्वत श्रेणियां शामिल हैं।
- भारत की सर्वोच्च चोटी गाडविन ऑस्टिन (K2) कराकोरम श्रेणी पर स्थित है। इसकी ऊंचाई लगभग 8,611 मीटर है।

प्रायद्वीपीय पठार

- यह भू-भाग उत्तर में गंगा-सतलुज से तथा शेष तीनों दिशाओं में घिरा है।
- भ्रंश घाटी में बहने वाली नर्मदा इस पठार की मुख्य रूप से दो भागों में बांटती है– उत्तर में मालवा का पठार, दक्षिण में दक्कन का पठार।
- दक्कन का पठार क्रिटेशियस–इओनिस युग में लावा निकलने से निर्मित है।
- बेतवा, पार्वती, काली सिन्ध, माही आदि नदियां मालवा के पठार से होकर बहती हैं।
- मालवा पठार के दक्षिण में विन्ध्य पठार स्थित है।
- बुन्देलखण्ड पठार मालवा के उत्तर व उत्तर पूर्व में स्थित है।

- इसके पूर्व में छोटा नागपुर का पठार है जिसका सबसे बड़ा भाग रांची का है। यहां खनिजों की भरमार है। इसे ''भारत का रूर क्षेत्र'' कहा जाता है। इसकी औसत ऊंचाई 700 मीटर है। यह पठार खनिज संसाधन एवं वन संसाधन की दृष्टि से काफी धनी है।
- दक्कन का पठार लगभग 5 लाख किलोमीटर क्षेत्र में फैला हुआ है। यह भारत में सबसे बड़ा पठार है। इसके अन्तर्गत महाराष्ट्र प्रदेश, गुजरात, कर्नाटक और आन्ध्र प्रदेश राज्यों के भू-भाग आते हैं।
- गोदावरी नदी इसे दो भागों में विभक्त करती हैं—तेलंगाना का पठार व कर्नाटक का पठार।
- इसकी उत्तरी सीमा ताप्ती नदी बनाती है।
- मालवा का पठार लावा निर्मित है। इसका ढाल गंगा नदी की ओर है। उस पर बेतवा, नीवज, चम्बल व माही नदियां प्रवाहित होती हैं।
- बुन्देलखण्ड का पठार प्राचीनतम बुन्देलखण्ड नीस शैलों से निर्मित है। इस पठार पर चम्बल एवं यमुना नदियों द्वारा बड़े-बड़े खड्डों, बीहड़ों का निर्माण किया गया है।
- बुन्देलखण्ड का पठार विन्ध्यन श्रेणी के पूर्व में अवस्थित है। यह बलुआ पत्थर, चूना पत्थर एवं ग्रेनाइट से निर्मित है। इसके उत्तर में सोनपुर एवं दक्षिण में रामगढ़ की पहाड़ियां स्थित हैं।

विशाल मैदान

- भारत का विशाल मैदान विश्व का सबसे अधिक उपजाऊ व घनी आबादी वाला भू-भाग कहलाता है।
- इस विशाल मैदान का निर्माण नदियों द्वारा बहाकर लाए गए निक्षेपों से हुआ है।
- इसकी मोटाई गंगा के मैदान में सबसे ज्यादा व पश्चिम में सबसे कम है। इसे सिन्धु गंगा-ब्रह्मपुत्र का मैदान भी कहा जाता है।
- इसका निर्माण हिमालय की उत्पत्ति के बाद हुआ। यह पंजाब से लेकर नागालैण्ड की सीमा तक लगभग 2400 किमी. की लम्बाई में फैला हुआ है।
- इसकी चौड़ाई 100 से लेकर 500 किमी. के बीच है। यह पश्चिम में अधिक चौड़ा तथा पूर्व की ओर कम चौड़ा है।
- इसकी अधिकतम ऊंचाई सामान्यत: 250 मी. से कम है।
- इसकी पश्चिमी सीमा राजस्थान मरुभूमि में विलीन हो गई है।

संरचात्मक विशेषताओं व ढाल के आधार पर इस विशाल मैदान को चार अग्रवत् भागों में बांटा गया है—

1. **भाबर प्रदेश**—हिमालयी नदियों द्वारा पर्वतीय क्षेत्रों से टूटकर गिरे पत्थरों-कंकड़ों को लाने से बना मैदान भाबर कहलाता है। इसमें पानी धरातल पर नहीं ठहरता है।
2. **तराई प्रदेश**—भाबर से निचले भाग में तराई प्रदेश फैला है। यह निम्न समतल मैदान है जहां नदियों का पानी इधर-उधर बहकर दल-दली क्षेत्रों का निर्माण करता है।
3. **बागर प्रदेश**—यह पुराने जलोढ़ से निर्मित मैदान है। इसमें कुछ कंकड़ भी पाए जाते हैं। यहां बाढ़ का पानी सामान्यत: नहीं पहुंच पाता है।

खादर

- यह नवीन जलोढ़ से निर्मित अपेक्षाकृत नीचा प्रदेश है। यहां नदियों के बाढ़ का पानी लगभग प्रतिवर्ष पहुंचता रहता है एवं नई मिट्टी का निक्षेप होता रहता है।

समुद्र तटीय मैदान

- इस मैदान को पश्चिमी तटीय मैदान और पूर्वी तटीय मैदान में विभाजित किया जाता है।

पश्चिमी तटीय मैदान

- इस मैदान का विस्तार सूरत से लेकर कन्याकुमारी तक है।
- इस मैदान को चार भागों में विभाजित किया जा सकता है—
- गुजरात
- कोंकण
- मालाबार
- कन्नड़
- कन्नड़ तटीय मैदान सर्वाधिक संकरा है। मालाबार तट पर लैगूनों की अधिकता है।

पूर्वी तटीय मैदान

- यह मैदान स्वर्णरेखा नदी से लेकर कन्याकुमारी तक फैला हुआ है। यह मैदान पश्चिमी तटीय मैदान की तुलना में अधिक चौड़ा है।
- इस मैदान को उत्तर से दक्षिण उत्कल, उत्तरी सरकार व कोरोमण्डल तट में विभाजित किया जाता है।

द्वीपसमूह

- भारत में द्वीपों की कुल संख्या लगभग 247 है, जिनमें से 204 बंगाल की खाड़ी में एवं शेष अरब सागर एवं मन्नार की खाड़ी में स्थित हैं।

अण्डमान और निकोबार द्वीपसमूह

- यह द्वीप समूह बंगाल की खाड़ी में स्थित है।
- अण्डमान समूह में 204 द्वीप हैं, जिसमें मध्य अण्डमान सबसे बड़ा है।
- उत्तरी अण्डमान में स्थित सैडल पीक सबसे ऊंची चोटी है।
- निकोबार समूह में 19 द्वीप हैं जिनमें ग्रेट निकोबार सबसे बड़ा है।
- बैरन एवं नारकोण्डम ज्वालामुखी द्वीप हैं जो अण्डमान निकोबार द्वीपसमूह में स्थित है।
- 10 डिग्री चैनल लिटिल अण्डमान एवं कार निकोबार के बीच है। यह अण्डमान को निकोबार से अलग करता है।

लक्षद्वीप समूह

- लक्षद्वीप अरब सागर में स्थित है।
- इस समूह में 25 द्वीप हैं। ये सभी मूंगे के द्वीप हैं।
- मिनीकॉय, लक्षद्वीप द्वीपसमूह का सबसे बड़ा द्वीप है।

भारत की नदियां

नदी	उद्गम	संगम/मुहाना	लम्बाई (किमी.)
1. सिंधु	तिब्बत में मानसरोवर झील के पास सानोख्याबाव हिमनद से	अरब सागर	2,880 (भारत में 1,114)
2. गंगा	गंगोत्री के पास गोमुख हिमानी से	बंगाल की खाड़ी	2525
3. ब्रह्मपुत्र	तिब्बत में मानसरोवर झील में	बंगाल की खाड़ी	2,900 (भारत में 916*)
4. महानदी	छत्तीसगढ़ से रायपुर जिले में सिहावा के समीप	बंगाल की खाड़ी (कटक के समीप)	815
5. यमुना	बन्दरपूंछ के पश्चिमी ढाल पर स्थित यमुनोत्री हिमानी	प्रयाग (इलाहाबाद)	1,375
6. घाघरा	नेपाल में तकलाकोट से 37 किमी उ. प. में म्पसातुंग हिमानी	सारन तथा बलिया जिले की सीमा पर गंगा नदी	1,080
7. सतलुज	मानसरोवर झील के समीप	कारागोला को द. पू. में गंगा नदी पटना के समीप गंगा नदी	724

8. व्यास	रोहतांग दर्रे के समीप व्यास कुंड से 4, 330 मी. की ऊंचाई पर	चिनाब नदी	470
9. सोन	अमरकंटक की पहाड़ियां (म. प्र.)	हरिके (कपूरथला) के समीप सतलुज नदी	470
10. ताप्ती	बैतूल जिले (म. प्र.) के मुल्ताई (भूलताप्ती) नगर के पास	सूरत के निकट खंभात की खाड़ी	724
11.माही	धार जिला (म. प्र.) के अमझोरा में मेहद झील	बहरामघाट के समीप	602
12.शारदा	कुमायूं हिमालय का मिलाम (काली मिलाम हिमनद गंगा)	इटावा (उ. प्र.)	585
13. चम्बल	म. प्र. में मऊ के समीप स्थित जाना पाव पहाड़ी	इटावा (उ. प्र.) यमुना नदी	050
14. रावी	कांगड़ा जिले के रोहतांग दर्रे	चिनाब नदी	725
15. झेलम	बेरीनाग (कश्मीर) के समीप शेषनाग झील	चिनाब नदी	724 (भारत में 400)
16. रामगंगा	नैनीताल के समीप मुख्य हिमालय श्रेणी का दक्षिणी भाग	कन्नौज के निकट गंगा नदी	696
17. लूनी	अजमेर जिले में स्थित नाग पहाड़ (अरावली पर्वत) (आनासागर)	कच्छ की रन	320
18. गोदावरी	नासिक जिले (महाराष्ट्र) के द.-प. में 64 किमी. दूर स्थित त्र्यंबक गांव की एक पहाड़ी	बंगाल की खाड़ी	1465
19. तुगंभद्रा	कर्नाटक में प. घाट पहाड़ से तुंगा तथा भद्रा नदी के संगम से	कृष्णा नदी	331
20. बेतवा	म. प्र. के रायसेन जिले में कुमारगांव के समीप विंध्याचल पर्वत	हमीरपुर के समीप यमुना नदी	480
21. कावेरी	कर्नाटक के कुर्ग जिले में स्थित ब्रह्मगिरि पहाड़ी	बंगाल की खाड़ी	800
22. कृष्णा	महाबलेश्वर के समीप प. घाट पहाड़	बंगाल की खाड़ी	1410
23. नर्मदा	विन्ध्याचल पर्वत श्रेणियों में स्थित अमरकंटक नामक स्थान	खंभात की खाड़ी	312
24. कोसी	गोसाईथान चोटी के उ. में	कारागोला के द.प. में गंगा नदी पटना के समीप गंगा नदी	730
25. गंडक	नेपाल में	पटना के समीप भारत में गंगा नदी में	425

मिट्टियां

भारत में मुख्य रूप से आठ प्रकार की मिट्टियां पाई जाती हैं–

1. जलोढ़ मिट्टी

- उत्तर भारत के विशाल मैदानों में यह मिट्टी नदियों द्वारा निक्षेपित की गई है। इस मिट्टी को दो उपवर्गों में विभाजित किया जाता है।
  नई जलोढ़ मिट्टी एवं पुरानी जलोढ़ मिट्टी।
- भारत के लगभग 43.4 प्रतिशत क्षेत्र पर इस मिट्टी का विस्तार है।
- इस मिट्टी में नाइट्रोजन, फास्फोरस एवं ह्यूमस की कमी पाई जाती है परन्तु इस मृदा में पोटाश एवं चूने का अंश पर्याप्त होता है।

2. काली मिट्टी

- इस मिट्टी का विस्तार भारत में लगभग 15.20% क्षेत्रफल पर है।
- यह मिट्टी मुख्यत: महाराष्ट्र, दक्षिण एवं पूर्वी गुजरात, पश्चिमी मध्य प्रदेश, उत्तरी कर्नाटक, उत्तरी आन्ध्र प्रदेश, उत्तर-पश्चिम तमिलनाडु, दक्षिण पूर्वी राजस्थान आदि क्षेत्रों में पाई जाती है।
- इस मिट्टी का निर्माण लावा पदार्थों के विखण्डन से हुआ है। कुछ विशिष्ट लवणों जैसे लोहा एवं एल्यूमीनियम के टिटानीफेरस मैग्नेटाइट यौगिक आदि की उपस्थिति है। इसे रेगुर नाम से जाना जाता है।
- यह मिट्टी कपास की कृषि के लिए उत्तम है। इसके अलावा यह मूंगफली, तम्बाकू, गन्ना, दलहन एवं तिलहन की कृषि के लिए अनुकूल है।

लाल मिट्टी

- इस मिट्टी का विस्तार भारत के लगभग 18.6% क्षेत्रफल पर है।
- इस मिट्टी में नाइट्रोजन, फास्फोरस एवं ह्यूमस की कमी होती है।
- इस मिट्टी का विस्तार आन्ध्र प्रदेश एवं पूर्वी मध्य प्रदेश, छोटा नागपुर का पठारी क्षेत्र, पं. बंगाल के उत्तरी पश्चिमी जिले, मेघालय की खासी, जयन्तिया आदि क्षेत्रों में पाई जाती है।
- इस मिट्टी में मुख्यत: मोटे अनाज, दलहन एवं तिलहन की कृषि की जाती है।

लेटराइट मिट्टी

- यह मिट्टी मुख्य रूप से पूर्वी एवं पश्चिमी घाट, राजमहल की पहाड़ी, ओडिशा का पठारी क्षेत्र आदि क्षेत्रों में पाई जाती है। इसका सर्वाधिक विस्तार केरल में है।
- यह मिट्टी चाय की कृषि के लिए उत्तम मानी जाती है।

वनीय मिट्टी

- इस मिट्टी में जीवांश की अधिकता होती है। इसकी उर्वरा शक्ति कम होती है।
- यह मिट्टी बागवानी फसलों; जैसे–चाय, कहवा, मसाले एवं फलों आदि के लिए अधिक उपयुक्त है।

क्षारीय मिट्टी

- इस मिट्टी को रेह, ऊसर या कल्लर के नाम से भी जाना जाता है।
- इन मिट्टियों में सोडियम क्लोराइड एवं सोडियम सल्फेट की अधिकता होती है।

उद्योग

प्रमुख	उद्योग
लोहा तथा इस्पात	जमशेदपुर, (झारखंड), बर्नपुर (पश्चिम बंगाल), भद्रावती (कर्नाटक)।
	बोकारो (झारखण्ड), राउरकेला (ओडिशा), दुर्गापुर, (पश्चिम बंगाल); भिलाई (छत्तीसगढ़), सलेम (तमिलनाडु), विशाखापट्टनम (आन्ध्र प्रदेश)।
रेल लोकोमोटिव	चित्तरंजन, वाराणसी, जमशेदपुर, भोपाल।
रेल के डिब्बे	पैराम्बूर (तमिलनाडु), कपूरथला (पंजाब), बंगलुरु, कोलकाता।
जलयान	कोचीन, मुम्बई, कोलकाता, विशाखापट्टनम, मझगांव।
सूती वस्त्र	महाराष्ट्र, गुजरात, तमिलनाडु, उत्तर प्रदेश, पश्चिम बंगाल, मध्य प्रदेश।

जूट	पश्चिम बंगाल, आन्ध्र प्रदेश, बिहार, उत्तर प्रदेश।
रेशमी वस्त्र	कर्नाटक, पश्चिम बंगाल, बिहार।
चीनी	उत्तर-प्रदेश, महाराष्ट्र, तमिलनाडु, आन्ध्र प्रदेश, कर्नाटक, बिहार।
औषधि	पिम्परी (पुणे), ऋषिकेश।
हिन्दुस्तान ऐरोनॉटिक्स	बंगलुरु, कानपुर, नासिक, हैदराबाद, कोरापुट, लखनऊ।
ऊनी वस्त्र	पंजाब, महाराष्ट्र, उत्तर प्रदेश।
एल्यूमीनियम	हीराकुड, कोरापुट(ओडिशा), रेनुकूट (उत्तर प्रदेश) कोरबा (छत्तीसगढ़); रत्नगिरि (महाराष्ट्र), मिटढूर (तमिलनाडु)।
तांबा	खेतड़ी (राजस्थान), सिंहभूम (झारखण्ड)।
भारी मशीन	रांची, विशाखापट्टनम, दुर्गापुर, तिरुचिरापल्ली, मुम्बई, नैनी।
एच. एम. टी. (HMT)	बंगलुरु, पिन्जौर, हैदराबाद, कालामसेरी, श्रीनगर, सिकन्दराबाद, अजमेर।
भेल (BHEL)	भोपाल, हरिद्वार, रामचन्द्रपुरम, बंगलुरु, जगदीशपुर, जम्मू।

प्रमुख खनिज एवं उत्पादन	
एसबेस्टॉस	झारखण्ड, बिहार, कर्नाटक, ओडिशा और राजस्थान।
बॉक्साइट	झारखण्ड, बिहार, ओडिशा, आन्ध्र प्रदेश, मणिपुर, गोवा, गुजरात, जम्मू कश्मीर।
कोयला	पश्चिम बंगाल व झारखण्ड 90% कोयले का उत्पादन करते हैं) रानीगंज, बर्दवान, बांकुडा, पुरुलिया, वीरभूम, जलपाईगुड़ी, (पश्चिमी बंगाल), झरिया, बोकारो, करनपुर, गिरिडीह, हजारीबाग, पलामू, रामपुर (झारखण्ड), उमरिया, सोहागपुर, सिंगरौली, रामकोला, (मध्य प्रदेश), सिंगरोनी (आन्ध्र प्रदेश), चन्द्रपुर, बल्लारपुर (महाराष्ट्र), रामपुर, हिंदगीर, तलचर, सम्भल (ओडिशा), कोरबा (छत्तीसगढ़)।
तांबा	सिंहभूम, हजारीबाग, सन्थाल परगना (झारखण्ड), खेतड़ी और कोलीहन (राजस्थान), भोटांग (सिक्किम), देहरादून (उत्तराखण्ड), गुन्टूर (आन्ध्र प्रदेश), जम्मू-कश्मीर, हिमाचल प्रदेश, मध्य प्रदेश, कर्नाटक, पश्चिमी बंगाल।
हीरा	पन्ना, सतना व छतरपुर (मध्य प्रदेश), बांदा (उत्तर प्रदेश)।
सोना	कोलार व हट्टी (कर्नाटक) और चितूर व अनन्तपुर (आन्ध्र प्रदेश)।
जिप्सम	बीकानेर और जोधपुर (राजस्थान), तिरुचिरापल्ली (तमिलनाडु), गुजरात और हिमाचल प्रदेश।
लौह अयस्क	भारत में विश्व का 20% लोहा पाया जाता है जिसमें 65% लोहा हेमेटाइट किस्म का है। सिंहभूम (झारखण्ड), क्योंझर, तलचर, बौनाई, मयूरभंज (ओडिशा), गोवा, कर्नाटक, मध्य प्रदेश, महाराष्ट्र व तमिलनाडु।
मैंगनीज	महाराष्ट्र, गोवा, गुजरात, आन्ध्र प्रदेश, बिहार, ओडिशा, मध्य प्रदेश।
अभ्रक	अभ्रक के उत्पादन में भारत का विश्व में प्रथम स्थान है। यह झारखण्ड के हजारीबाग एवं कोडरमा जिले में, नैल्लोर, गुंटूर, कूडप्पा (आन्ध्र प्रदेश) आदि में मिलता है।
मोनोजाइट	ट्रावनकोर, समुद्र तट (केरल)।
चांदी	चित्रदुर्ग और बेल्लारी (कर्नाटक) सिंहभूम तथा सन्थाल परगना (झारखण्ड) जावर क्षेत्र (राजस्थान)
टिन	हजारीबाग (झारखण्ड)।
थोरियम	ट्रावरकोर (केरल)।
टंग्स्टन	राजस्थान, पश्चिमी बंगाल, महाराष्ट्र, कर्नाटक, आन्ध्र प्रदेश, गुजरात और झारखण्ड।
यूरेनियम	जादुगोड़ा (झारखण्ड), तटीय केरल (मेनोजाइट बालू से)।
सीसा-जस्ता	हजारीबाग (झारखण्ड), जावर क्षेत्र (राजस्थान), चिचोली (मध्य प्रदेश) कुमायूं अल्मोड़ा, देहरादून (उत्तराखण्ड); अग्निगुण्डल (आन्ध्र प्रदेश), गुजरात व तमिलनाडु
ग्रेफाइट	राजस्थान, आन्ध्र प्रदेश, मध्य प्रदेश, तमिलनाडु, कर्नाटक, ओडिशा तथा केरल।
पेट्रोलियम	असम (डिग्बोई, बदरपुर, नाहरकटिया, कासिमपुर, पल्हारिया, रुद्रपुर), गुजरात, (खम्भात की खाड़ी, अंकलेश्वर, कलोल) बम्बई हाई (सागर सम्राट प्लेटफार्म से), राजस्थान (थार रेगिस्तान), कृष्णा-गोदावरी बेसिन आदि। गैस के प्रमुख असोम, गुजरात व राजस्थान में हैं।

मुख्य फसल एवं उत्पादक राज्य

फसल	प्रमुख उत्पादक राज्य
चावल	पश्चिमी बंगाल, आन्ध्र प्रदेश, उत्तर प्रदेश
गेहूँ	उत्तर प्रदेश, पंजाब, हरियाणा
मक्का	आन्ध्र प्रदेश, कर्नाटक, राजस्थान
बाजरा	राजस्थान, उत्तर प्रदेश, गुजरात
मोटे अनाज	राजस्थान, महाराष्ट्र, कर्नाटक
दलहन	महाराष्ट्र, मध्य प्रदेश, आन्ध्र प्रदेश
कुल खाद्यान्न	उत्तर प्रदेश, पंजाब, आन्ध्र प्रदेश
तिलहन	मध्य प्रदेश, महाराष्ट्र, गुजरात
मूंगफली	गुजरात, आन्ध्र प्रदेश, तमिलनाडु
सोयाबीन	मध्य प्रदेश, महाराष्ट्र, राजस्थान
सूरजमुखी	कर्नाटक, आन्ध्र प्रदेश, महाराष्ट्र
गन्ना	उत्तर प्रदेश, महाराष्ट्र, तमिलनाडु
कपास	गुजरात, महाराष्ट्र, आन्ध्र प्रदेश
जूट एवं मेस्टा	पश्चिम बंगाल, बिहार, असोम
आलू	उत्तर प्रदेश, पश्चिम बंगाल, बिहार
प्याज	महाराष्ट्र, गुरजात, कर्नाटक
चाय	असोम, पश्चिम बंगाल, तमिलनाडु
कॉफी	कर्नाटक, तमिलनाडु, केरल
रबड़	केरल, तमिलनाडु, कर्नाटक, आन्ध्र प्रदेश, गुजैरात, बिहार
काजू	केरल, महाराष्ट्र, आन्ध्र प्रदेश

प्रमुख बहुउद्देशीय परियोजनाएं

परियोजना	नदी	सम्बन्धित राज्य
फरक्का	गंगा नदी	पश्चिम बंगाल
श्रीसेलम	कृष्णा	आन्ध्र प्रदेश
नागार्जुन	कृष्णा	आन्ध्र प्रदेश
ऊपरी कृष्णा	कृष्णा	कर्नाटक
भाखड़ा-नांगल	सतलुज	हिमाचल प्रदेश, पंजाब
नाथपा-झाकड़ी	सतलुज	पंजाब, हिमाचल प्रदेश, हरियाणा
इन्दिरा गांधी	सतलुज एवं व्यास	हरियाणा, राजस्थान
पोंग बांध	व्यास	पंजाब, हरियाणा, राजस्थान, हिमाचल प्रदेश
सलाल	चिनाब	जम्मू-कश्मीर
दुलहस्ती	चिनाब	जम्मू-कश्मीर
थीन बांध	रावी	पंजाब
तुलबुल	झेलम	जम्मू-कश्मीर
दामोदर घाटी	दामोदर	झारखण्ड, पश्चिम बंगाल
हीराकुण्ड	महानदी	ओडिशा
चम्बल	चम्बल	राजस्थान एवं मध्य प्रदेश
टिहरी बांध	भिलंगना एवं भागीरथी	उत्तराखण्ड एवं उत्तर प्रदेश
कोसी	कोसी	बिहार एवं नेपाल
स्वर्ण रेखा	स्वर्ण रेखा	झारखण्ड
राजघाट	बेतवा	मध्य प्रदेश, उत्तर प्रदेश
माताटीला	बेतवा	उत्तर प्रदेश, मध्य प्रदेश
सरदार सरोवर	नर्मदा	मध्य प्रदेश, महाराष्ट्र, गुजरात, राजस्थान
शिवसमुद्रम	कावेरी	कर्नाटक
मैटूर	कावेरी	तमिलनाडु
उकाई	ताप्ती	गुजरात
कोयना	कोयना	महाराष्ट्र
रिहन्द	रिहन्द	उत्तर प्रदेश
इडुक्की	पेरियार	केरल
महात्मा गांधी	शरावती	कर्नाटक
पापनाशम	ताम्रपर्णी	तमिलनाडु
मयूराक्षी	मयूराक्षी	बिहार, पश्चिम बंगाल
तुंगभद्रा	तुंगभद्रा	कर्नाटक एवं आन्ध्र प्रदेश
मचकुण्ड	मचकुण्ड	ओडिशा, आन्ध्र प्रदेश
लोकटक	–	मणिपुर
पार्वती	पार्वती	हिमाचल प्रदेश
चूखा	वांग्चू	भारत एवं भूटान
टनकपुर	महाकाली	भारत एवं नेपाल
पोचमपाद	गोदावरी	आन्ध्र प्रदेश
निजाम सागर	मंजरा	आन्ध्र प्रदेश
पायकारा	पायकारा	तमिलनाडु
पल्लीवासल	मदिरा पूझा	केरल
काली	काली	कर्नाटक
जमना लाल बजाज	माही	गुजरात

प्रमुख जनजाति एवं उनसे संबंधित स्थान

प्रमुख जनजाति	सम्बन्धित स्थान
गद्दी	हिमाचल प्रदेश
गारो	मेघालय
गोंड	म. प्र. बिहार, झारखण्ड ओडिशा तथा आन्ध्र प्रदेश
सांसी	राजस्थान
संन्थाल	बिहार, झारखण्ड तथा पं. बंगाल
सेन्टीलिज	सेन्टीलिज द्वीप, अण्डमान तथा निकोबार
शोम्पेन	अण्डमान निकोबार
जारवा	अण्डमान एवं निकोबार
मीना	राजस्थान
भोटिया	उत्तराखण्ड
बुक्सा	उत्तराखण्ड
अबोर	असोम
अपतामीस	अरुणाचल प्रदेश
उरांव	झारखण्ड एवं ओडिशा
ओंग	अण्डमान निकोबार
कोरबा	छत्तीसगढ़, झारखण्ड
असुर	झारखण्ड
थारू	उत्तर प्रदेश, उत्तराखण्ड
चैंचू	आन्ध्र प्रदेश तथा ओडिशा
टोडा	नीलगिरि (तमिलनाडु)
नागा	नागालैण्ड
उरालीस	केरल
कोल	मध्य प्रदेश एवं छत्तीसगढ़
कोटा	नीलगिरि (तमिलनाडु)
कुली	मध्य प्रदेश एवं छत्तीसगढ़
खस	जीनसार-भाबर क्षेत्र
खासी	असोम एवं मेघालय
खोंड	ओडिशा
बडगास	नीलगिरि (तमिलनाडु)
बैगा	मध्य प्रदेश/छत्तीसगढ़
भील	आन्ध्र प्रदेश, राजस्थान
मुड़िया	बस्तर (म. प्र.)
मिकिर	असोम
मुण्डा	बिहार तथा झारखण्ड
वारली	महाराष्ट्र

प्रश्नमाला

1. आग्नेय शैल निर्माण में निम्न में से कौन-सी प्रक्रिया सही तरह से स्पष्टीकरण देती है?
(a) मेग्मा का शीतलन और घनीकरण
(b) पानी और हवा के मार्फत आए महीन कणों के तलछट का जम जाना और ठोस होना
(c) उच्च दाब और तापमान से पृथ्वी के भूपृष्ठ का ठोस होना
(d) उपर्युक्त में से कोई नहीं

2. भारत के उत्तरी मैदानों में किस प्रकार की भूमि भरपूर पाई जाती है?
(a) काली मिट्टी
(b) लेटराइट मिट्टी
(c) लेटराइट और काली मिट्टी का मिश्रण
(d) बलुई मिट्टी

3. भारत के दूरतम पूर्व और पश्चिम भागों के स्थानिक समय में कितना अन्तर होगा?
(a) लगभग दो घण्टे
(b) लगभग साढ़े तीन घण्टे
(c) लगभग साढ़े पांच घण्टे
(d) लगभग चार घण्टे

4. देवदार के पेड़ भरपूर मात्रा में कहां पाए जाते हैं?
(a) हिमालयी प्रदेश
(b) केरल के तटीय प्रदेश
(c) तमिलनाडु के तटीय प्रदेश
(d) विंध्य प्रदेश

5. पृथ्वी की सतह से उसके केन्द्र तक जाते हुए परत का सही क्रम क्या है?
(a) क्रोड, आवरण, स्थलमण्डल
(b) आवरण, क्रोड, स्थलमण्डल
(c) आवरण, स्थलमण्डल, क्रोड
(d) स्थलमण्डल, आवरण, क्रोड

6. कोटा के निकट राणा प्रताप सागर जो राजस्थान में है, यहां है—
(a) जल ऊर्जा संयंत्र
(b) तापीय ऊर्जा संयंत्र
(c) नाभिकीय ऊर्जा संयंत्र
(d) ज्वारीय ऊर्जा संयंत्र

7. पृथ्वी से चन्द्र की केवल एक ही सतह दिखाई देती है क्या कारण है?
(a) चन्द्र अपने एक परिक्रमण और एक परिभ्रमण के लिए समान समय लेता है
(b) सूर्य के प्रकाश से चन्द्र की केवल एक सतह दीप्त रहती है
(c) पृथ्वी और चन्द्र के परिभ्रमण की गति समान है
(d) चन्द्र परिभ्रमण नहीं करता

8. पृथ्वी का व्यास है—
(a) हर जगह एक जैसा
(b) कर्क रेखा पर अधिक
(c) भूमध्य रेखा पर अधिक
(d) ध्रुवों के आर-पार अधिक

9. भारत का नवीनतम राज्य कौन-सा है?
(a) झारखण्ड (b) उत्तराखण्ड
(c) छत्तीसगढ़ (d) तेलंगाना

10. लौह अयस्क का निम्न में से कौन-सा राज्य प्रमुख उत्पादक नहीं है?
(a) झारखण्ड (b) हिमाचल प्रदेश
(c) छत्तीसगढ़ (d) कर्नाटक

11. भूकम्प का उत्केन्द्र क्या होता है?
(a) पृथ्वी की सतह के नीचे का बिन्दु जहां हलचल प्रारम्भ होती है
(b) पृथ्वी के भूपृष्ठ पर बिन्दु जहां हलचल प्रारम्भ होती है
(c) भूकम्प के केन्द्र से पृथ्वी के सतह तक खींची गई रेखा का मध्य बिन्दु
(d) भूकम्प के केन्द्र से पृथ्वी के केन्द्र तक खींची गई रेखा का मध्य बिन्दु

12. दोआब प्रदेश को ऐसा क्यों कहते हैं?
(a) उसमें कछारी जमीन पाई जाती है जिसे दोमट कहते हैं
(b) वह दो बड़ी नदियों के बीच बसा है
(c) वह दो बड़ी पर्वत मालाओं के बीच स्थित है
(d) उसमें दो प्रमुख कुल हैं

13. निम्न में से कौन-सी नदी पश्चिम दिशा में बहती है?
(a) नर्मदा (b) गोदावरी
(c) कृष्णा (d) महानदी

14. निम्न में से कौन-सी नदी को चीन में सांग्पो कहा जाता है?
(a) पद्मा (b) कोसी
(c) ब्रह्मपुत्र (d) गंगा

15. लक्षद्वीप टापू कहां स्थित है?
(a) अरब सागर
(b) बंगाल की खाड़ी
(c) प्रशान्त महासागर
(d) सुन्दरवन के करीब

16. 'पृथ्वी का जुड़वां' (Earth's Twin) के रूप में कौनसा ग्रह जाना जाता है?
(a) बुध (b) मंगल
(c) शुक्र (d) बृहस्पति

17. 'ग्रेनाइट' (Granite) किसका उदाहरण है?
(a) तलछटी चट्टान (Sedimentary Rock)
(b) आग्नेय चट्टान (Igneous Rock)
(c) रूपांतरित चट्टान (Metamorphic Rock)
(d) इनमें से कोई नहीं

18. इजराइल (Israel) की राजधानी है–
(a) तेहरान (Tehran)
(b) अम्मान (Amman)
(c) डबलिन (Dublin)
(d) जेरूसलेम (Jerusalem)

19. 'महाद्वीपीय बहाव थ्योरी' (Continental Drift Theory) को किसने प्रस्तावित किया था?
(a) अल्फ्रेड वेगेनर (Alfred Wegener)
(b) गुटेनबर्ग (Gutenburg)
(c) जॉन वेइचर्ट (John Wiechert)
(d) आर्यभट्ट (Aryabhatta)

20. सूर्य की सतह का तापमान लगभग कितना है?
(a) 1800 K (b) 3800 K
(c) 5800 K (d) 8000 K

21. निम्नलिखित में से किस कारण से तारों को ऊर्जा मिलती है?
(a) परमाणु विखंडन (Nuclear Fission)
(b) परमाणु संलयन (Nuclear Fusion)
(c) रासायनिक प्रतिक्रिया (Chemical Reaction)
(d) गुरुत्वीय निपात (Gravitational Collapse)

22. भारतीय रेलवे के ब्रॉड गेज (Broad Gauge) में रेल लाईन के बीच की दूरी होती है–
(a) 1·676 मीटर (b) 1·00 मीटर
(c) 1·876 मीटर (d) 1·476 मीटर

23. पूर्व मध्य रेलवे (East Central Railway) के निम्न डिवीजनों में से किसके क्षेत्राधिकार के अधीन मुजफ्फरपुर रेलवे स्टेशन आता है?
(a) सोनपुर (b) समस्तीपुर
(c) दानापुर (d) मुगलसराय

24. उस महादेश का नाम बताएं, जहां 'टुण्ड्रा' प्रकार की जलवायु पाई जाती है—
(a) यूरोप (b) एशिया
(c) अफ्रीका (d) आस्ट्रेलिया

25. निम्नलिखित में से कौन-सा एक ग्रीन-हाउस गैस नहीं है?
(a) नाइट्रस ऑक्साइड
(b) ओजोन
(c) सल्फर डाइऑक्साइड
(d) कार्बन डाइऑक्साइड

26. सरिस्का अभयारण्य भारत के किस राज्य में स्थित है?
(a) राजस्थान (b) महाराष्ट्र
(c) गुजरात (d) तमिलनाडु

27. निम्नलिखित में से कौन-सा देश विश्व का सबसे छोटा देश है?
(a) मोनाको (b) वैटिकन सिटी
(c) नौरू (d) सैन मैरिनो

28. ''भारतीय रेल राष्ट्रीय ऐकेडमी'' (National Academy of Indian Railways) कहां स्थित है?
(a) हैदराबाद (b) बंगलूरू
(c) नई दिल्ली (d) बडोदरा

29. भारत का सबसे लम्बी तट रेखा वाला राज्य है–
(a) तमिलनाडु (b) महाराष्ट्र
(c) गुजरात (d) आंध्र प्रदेश

30. दक्षिण पूर्व मध्य रेलवे (South East Central Railways) का मुख्यालय है–
(a) हुबली (b) सिंकदराबाद
(c) बिलासपुर (d) जबलपुर

31. 'भाखड़ा नांगल परियोजना' निम्नलिखित नदियों में से किस पर स्थित है?
(a) महानदी (b) तुंगभद्रा
(c) नर्मदा (d) सतलज

32. बाहरी हिमालय को निम्नलिखित किस रूप में भी जाना जाता है?
(a) अरावली (b) शाहयादरी
(c) शिवालिक (d) कोरोमंडल

33. क्षेत्रफल के सन्दर्भ में, भारत है–
(a) दुनिया में दूसरा सबसे बड़ा देश
(b) दुनिया में सातवां सबसे बड़ा देश
(c) दुनिया में आठवां सबसे बड़ा देश
(d) दुनिया में दसवां सबसे बड़ा देश

34. 200 सेमी से अधिक वार्षिक वर्षा वाले भूमध्य रेखीय और उष्णकटिबंधीय क्षेत्रों में पाए जाने वाले वनों को कहा जाता है–
(a) उष्णकटिबन्धीय सदाबहार वर्षा वन
(b) उष्णकटिबंधीय अर्ध पर्णपाती वन
(c) शंकुधारी वन या टैगा
(d) शीतोष्ण मिश्रित वन

35. निम्नलिखित किस वायुमण्डली परत (atmospheric layers) में अधिकांश ओजोन है–
(a) स्ट्रैटोस्फियर (b) ट्रोपोस्फियर
(c) मैसोस्फियर (d) थर्मोस्फियर

36. वसंत विषुव (Spring Equinox) होती है–
(a) 23 सितम्बर को
(b) 21 मार्च को
(c) 21 दिसम्बर को
(d) 13 जनवरी को

37. चन्द्रमा का आकार लगभग है–
(a) पृथ्वी के आकार का आधा
(b) पृथ्वी के आकार का $\frac{1}{3}$
(c) पृथ्वी के आकार का $\frac{1}{4}$
(d) पृथ्वी के आकार का $\frac{1}{6}$

38. निम्न में से कौन-सी भारत की सबसे पुरानी पर्वत श्रेणी है?
(a) पश्चिमी घाट (b) अरावली
(c) नीलगिरी (d) सतपुड़ा

39. निम्नलिखित में से कौन-सा ''पर्ल सिटी'' के नाम से जाना जाता है?
(a) चेन्नई (b) कोच्चि
(c) बेंगलुरू (d) हैदराबाद

40. गल्फ स्ट्रीम क्या है?
(a) अटलांटिक महासागर की एक शीत धारा
(b) प्रशांत महासागर की एक शीत धारा
(c) अटलांटिक महासागर की एक गर्म धारा
(d) प्रशांत महासागर की एक गर्म धारा

41. पीरपंजाल श्रेणी निम्न में से किस राज्य में है?
(a) तमिलनाडु (b) उत्तराखंड
(c) नेपाल (d) जम्मू एवं कश्मीर

42. लौह अयस्क इनमें से किस राज्य में पाया जाता है?
(a) गोवा (b) राजस्थान
(c) उत्तर प्रदेश (d) केरल

43. काकरापारा सिंचाई परियोजना किस नदी पर है?
(a) नर्मदा (b) ताप्ती
(c) कृष्णा (d) गोदावरी

44. निम्न में से कौन-सा राज्य चारों ओर से भूमि से घिरा है?
(a) गुजरात (b) आंध्र प्रदेश
(c) मध्य प्रदेश (d) केरल

45. .... लकड़ी की लुगदी का सबसे बड़ा निर्यातक राष्ट्र है।
(a) फिनलैंड (b) कनाडा
(c) इंग्लैंड (d) दक्षिण अफ्रीका

46. संकीर्ण एवं छोटी नदियां इनमें से किसकी विशेषता हैं?
(a) हिमालय (b) पूर्वी घाट
(c) पश्चिमी घाट (d) इनमें से कोई नहीं

47. सह्याद्रि नाम किससे संबंधित है?
(a) वर्षा वाहक पवन से
(b) हिमालय की चोटी से
(c) चक्रवाती तूफान से
(d) पश्चिमी घाट से

48. मांडी सिंचाई परियोजना किस नदी पर है?
(a) महानदी (b) रिहंद
(c) बेतवा (d) व्यास

49. इनमें से कौन-सी सिंधु नदी की सहायक नदी नहीं है?
(a) झेलम (b) चिनाब
(c) व्यास (d) गंडक

50. कोंकण रेलवे जोड़ती है–
(a) गोवा–मंगलौर
(b) रोहा–मंगलौर
(c) कन्याकुमारी–मंगलौर
(d) कन्याकुमारी–मुंबई

51. वैनिक और वार्षिक तापमान परास.........में अत्यधिक होती है।
(a) उष्ण रेगिस्तान (b) शीतोष्ण घास
(c) सवाना घास (d) भूमध्य रेखा क्षेत्र

52. शिवसमुद्रम जल प्रपात किस राज्य में है?
(a) कर्नाटक (b) तमिलनाडु
(c) केरल (d) इनमें से कोई नहीं

53. स्थानांतरित कृषि, ''झूम'' किस राज्य में प्रचलित है?
(a) असम (b) केरल
(c) पश्चिम बंगाल (d) राजस्थान

54. पटसन की फसल के लिए अनिवार्य वर्षा की लगभग मात्रा है
(a) 50 सेमी. (b) 60 सेमी.
(c) 150 सेमी. (d) 55 सेमी.

55. रेल आधुनिकीकरण के लिए किस समिति का गठन किया गया था?
(a) थोराट समिति (b) पित्रोदा समिति
(c) पाटिल समिति (d) रघुराम राजन समिति

56. महादेव चोटियां किस पर्वत श्रेणी में है?
(a) पूर्वी घाट (b) सतपुड़ा
(c) अरावली (d) हिमालय

57. अनामुदी पर्वत शिखर किस राज्य में स्थित है?
(a) केरल (b) तमिलनाडु
(c) कर्नाटक (d) आंध्र प्रदेश

58. 'जियोस्टेशनरी' (Geostationary) उप-ग्रह की कक्षा अवधि (orbit period) है–
(a) 1 वर्ष (b) 6 घण्टे
(c) 12 घण्टे (d) 24 घण्टे

59. 'टाइटन' एक उपग्रह है–
(a) शनि का (b) बृहस्पति का
(c) मंगल का (d) शुक्र का

60. अपने स्वयं के गुरुत्वाकर्षण से बंधे सितारों, तारकीय अवशेषों, धूल और गैसों के एक बड़े समूह को कहा जाता है–
(a) धूमकेतु (Comets)
(b) आकाशगंगा (Galaxy)

(c) निहारिका (Nebulae)
(d) क्षुद्रग्रह (Asteroid)

61. 'उत्तरी ध्रुव' (North Pole) किसके बीच में स्थित है–
(a) प्रशान्त महासागर (Pacific Ocean)
(b) अटलाण्टिक महासागर (Atlantic Ocean)
(c) हिन्द महासागर (Indian Ocean)
(d) आर्कटिक महासागर (Arctic Ocean)

62. भारत में सबसे लम्बा राष्ट्रीय राजमार्ग है–
(a) NH-2 (b) NH-5
(c) NH-7 (d) NH-8

63. मिजोरम की राजधानी है–
(a) इम्फाल (b) शिलांग
(c) आइजोल (d) कोहिमा

64. निम्नलिखित में से कौन-सा बन्दरगाह एक ज्वार बन्दरगाह (Tidal port) है?
(a) कोलकाता बन्दरगाह
(b) कांडला बन्दरगाह
(c) मुम्बई बन्दरगाह
(d) विशाखापट्टनम बन्दरगाह

65. 'गिर नेशनल पार्क' निम्नलिखित में से किस राज्य में स्थित है?
(a) गुजरात (b) बिहार
(c) असम (d) उत्तर प्रदेश

66. पृथ्वी के भीतर भूकम्प के उद्गम स्थान से ठीक लम्बवत् धरती की सतह पर स्थित बिन्दु कहलाता है–
(a) सीसाप्वाइंट (Setspoint)
(b) एपिप्वाइंट (Epipoint)
(c) फोकस (Focus)
(d) एपिसेंटर (Erpicentre)

67. भूटान की मुख्य नदी है–
(a) संकोश (b) धनसिरी
(c) सुवर्णरेखा (d) रंगित

68. वायुमंडल की दो परतें ट्रोपोस्फेयर और स्ट्रोटोस्फेयर को कौन-सा क्षेत्र अलग करता है?
(a) मीसोपॉज (Mesopause)
(b) ट्रोपोपॉज (Tropopause)
(c) आयनोपॉज (Ionopause)
(d) एक्सोस्फेयर (Exosphere)

69. घाटी (Gorges) एक नदी के किस गतिपथ में बनते हैं?
(a) मध्य (b) निचली
(c) ऊपरी (d) दोहरी

70. गिर राष्ट्रीय उद्यान किसके लिए प्रसिद्ध है?
(a) बाघ (b) हिरण
(c) हाथी (d) शेर

71. नोकरेक बायोस्फेयर रिजर्व किस राज्य में हैं?
(a) सिक्किम (b) असम
(c) मणिपुर (d) मेघालय

72. कालबैशाखी हवा किस राज्य में गर्मी के मौसम में बहती है?
(a) पश्चिम बंगाल (b) राजस्थान
(c) हरियाणा (d) ओडिशा

73. ब्लैक फॉरेस्ट किस प्रकार के पहाड़ का एक उदाहरण है?
(a) मोड़ वाली (फोल्ड)
(b) पिण्डक (ब्लॉक)
(c) ज्वालामुखीय
(d) अवशिष्ट

74. उपजाऊ काली मिट्टी जो कपास की खेती के लिए सबसे उपयुक्त है, किस नाम से जाना जाता है?
(a) भांगर (b) भावर
(c) लोम (d) रेगुड

75. 38 वीं समानांतर रेखा किसे अलग करती है–
(a) उत्तरी वियतनाम और दक्षिण वियतनाम
(b) हंगरी और ऑस्ट्रिया
(c) दक्षिण कोरिया और उत्तर कोरिया
(d) अफगानिस्तान और पाकिस्तान

76. कौन-सा देश 'नील का उपहार' (Gift of the Nile) के रूप में जाना जाता है?
(a) सूडान (b) कांगो
(c) मिस्र (d) दक्षिण अफ्रीका

77. दक्षिण पूर्व एशिया का एकमात्र स्थल सीमा देश है–
(a) लाओस (b) थाईलैंड
(c) मलेशिया (d) कंबोडिया

78. सरगासो सागर किस महासागर में पाया जाता है?
(a) आर्कटिक महासागर
(b) अटलांटिक महासागर
(c) भारत महासागर
(d) अन्टार्कटिक महासागर

79. टिहरी हाइड्रोपावर कॉम्पलेक्स निम्नलिखित में से किस नदी पर स्थित है?
(a) अलकनंदा (b) भागीरथी
(c) धौलीगंगा (d) मंदाकिनी

80. निम्नलिखित में से किस जोड़े का मेल सही है? (जलप्रपात से नदी)
1. कपिलधारा जलप्रपात : गोदावरी
2. जोग जलप्रपात : शारावती
3. शिवसमुद्रम जलप्रपात : कावेरी
(a) केवल 1 और 2
(b) केवल 2 और 3
(c) केवल 1 और 3
(d) 1, 2 और 3

81. पृथ्वी की सतह के किस क्षेत्र को डोलड्रम कहा जाता है?
(a) भूमध्यवर्ती न्यून दबाव क्षेत्र
(b) उपोष्णीय उच्च दबाव क्षेत्र
(c) 10° से $23\frac{1}{2}°$ उत्तर और दक्षिण अक्षांशों के बीच
(d) अधोध्रुवीय न्यून दबाव क्षेत्र

82. 'संगमरमर' है—
(a) आग्नेय चट्टान (Igneous Rock)
(b) अवसादी चट्टान (Sedimentary Rock)
(c) कायान्तरित चट्टान (Metamorphic Rock)
(d) भूकम्पीय चट्टान (Seismic Rock)

83. पृथ्वी पर कोई भी स्थिति (Location) किससे वर्णित की जाती है?
(a) उसके उन्नयन और अवनन से (Elevation and Depression)
(b) उसकी भूमध्य रेखा से दूरी से (Distance from the Equator)
(c) उसकी ध्रुवों से दूरी (Distance from the Poles)
(d) उसके अक्षांश और देशांतर (Latitude and Longitude)

84. निम्नलिखित में से कौन-सा ग्रह 'आवृत' (Velied) 'ग्रह' है?
(a) मंगल (b) शुक्र
(c) बुध (d) पृथ्वी

85. रेलवे के 'बंगलौर' और 'मैसूर' मंडल निम्नलिखित किस जोन रेलवे के भाग हैं—
(a) दक्षिण रेलवे (Southern Railway)
(b) दक्षिण पश्चिम रेलवे (South Western Railway)
(c) दक्षिण पूर्व मध्य रेलवे (South East Central Railway)
(d) दक्षिण मध्य रेलवे (South Central Railway)

86. प्रवाल-भित्तियां (Coral Reefs) हैं—
(a) ज्वालामुखी चट्टानों से बना अन्तर्जलीय ढांचा
(b) समुद्रीय तलछट से बना अन्तर्जलीय ढांचा
(c) समुद्रीय जल से अवक्षेपित क्लोरीन सामग्री से बना अन्तर्जलीय ढांचा
(d) उपनिवेशी समुद्री छोटे जानवरों द्वारा बनाया गया कैल्सियम कार्बोनेट का अन्तर्जलीय ढांचा

87. भूमध्य सागर को लाल सागर से जोड़ने वाली नहर कौन-सी है?
(a) स्वेज नहर (Suez Canal)
(b) मलाक्का नहर (Malacca Canal)
(c) पनामा नहर (Panama Canal)
(d) जिब्राल्टर नहर (Gibraltar Canal)

88. निम्नलिखित में से किस प्रकार की मिट्टी कृषि के लिए उपयुक्त नहीं है?
(a) काली मिट्टी (Black Soil)
(b) लैटेराइट मिट्टी (Laterite Soil)
(c) लाल मिट्टी (Red Soil)
(d) जलोढ़ मिट्टी (Alluvial Soil)

89. निम्नलिखित में से कौन-सा 'जायद फसल' का उदाहरण है?
(a) मूंगफली (b) जौ (Barley)
(c) पटसन (Jute) (d) तरबूज

90. नीचे दिए गए विकल्पों में से सबसे बड़ा ग्रह कौन-सा है?
(a) मंगल (Mars)
(b) यूरेनस (Uranus)
(c) वरुण (Neptune)
(d) शानि (Naturn)

91. निम्नलिखित में सबसे कम गहरा महासागर कौन-सा है?
(a) उत्तर ध्रुवीय महासागर
(b) हिन्द महासागर
(c) अटलांटिक महासागर
(d) प्रशान्त महासागर

92. भारत की निम्नलिखित नदियों में से कौन-सी डेल्टा नहीं बनाती?
(a) गंगा (b) गोदावरी
(c) महानदी (d) ताप्ती

93. पूर्वी घाट और पश्चिमी घाट कहां मिलते हैं?
(a) नीलगिरी की पहाड़ियों पर
(b) अन्नामलाई की पहाड़ियों पर
(c) सतपुड़ा की पहाड़ियों पर
(d) पलानी की पहाड़ियों पर

94. 'कोटा मण्डल' निम्नलिखित में से किस रेलवे जोन का हिस्सा है?
(a) दक्षिण पश्चिम रेलवे
(b) दक्षिण पूर्व मध्य रेलवे
(c) पश्चिम मध्य रेलवे
(d) पश्चिम रेलवे

95. मुल्लापरियार बांध कहां स्थित है?
(a) आन्ध्र प्रदेश (b) तमिलनाडु
(c) केरल (d) कर्नाटक

96. रेगिस्तान जो भारत और पाकिस्तान के बीच सीमा पर पड़ता है-
(a) सहारा (b) थार
(c) गोबी (d) इनमें से कोई नहीं

97. विश्व में सबसे लम्बी नदी है-
(a) गंगा (b) नर्मदा
(c) नील (d) थेम्स

98. भारत में हीरे की खानें पाई जाती हैं-
(a) बिहार (b) महाराष्ट्र
(c) राजस्थान (d) मध्य प्रदेश

99. निम्नलिखित में से किसमें नंगा पर्वत शिखर स्थित है?
(a) पाकिस्तान
(b) चीन
(c) भारत
(d) इनमें से कोई नहीं

100. निम्नलिखित में से किस फसल को प्रति हेक्टेयर सर्वाधिक जल की आवश्यकता होती है?
(a) गेहूँ (b) गन्ना
(c) मक्का (d) जौ

101. पृथ्वी का औसत घनत्व-
(a) g पर निर्भर नहीं होता
(b) g का सम्मिश्र फलन है
(c) g के प्रत्यक्ष समानुपाती होता है
(d) g के व्युत्क्रमानुपाती होता है

102. भारत में किस शहर में दो रेलवे जोन के मुख्यालय हैं?
(a) जबलपुर (b) नई दिल्ली
(c) हुबली (d) मुम्बई

103. इनमें से क्या प्रदूषण का कारण नहीं है?
(a) रबड़ का जलना
(b) सौर ऊर्जा का उपयोग
(c) पेट्रोल का जलना
(d) उपर्युक्त सभी

104. पृथ्वी से सबसे अधिक दूरी पर स्थित ग्रह कौन-सा है?
(a) बुध (b) बृहस्पति
(c) मंगल (d) नेपच्यून

105. वायुमण्डल में उपस्थित कुल गैसों का कितना प्रतिशत नाइट्रोजन गैस का है?
(a) 78% (b) 16%
(c) 0.2% (d) 4%

106. वह कौन-सा राज्य है जिसकी उत्तर प्रदेश के साथ साझा सीमा नहीं है?
(a) बिहार (b) झारखण्ड
(c) राजस्थान (d) पंजाब

107. कर्क-रेखा कहां से होकर नहीं जाती है?
(a) राजस्थान (b) छत्तीसगढ़
(c) ओड़िशा (d) त्रिपुरा

108. उत्तर प्रदेश, बिहार, पश्चिम बंगाल और सिक्किम की साझा सरहदें निम्न के साथ हैं-
(a) चीन (b) नेपाल
(c) भूटान (d) म्यांमार

109. निम्न में से किसका सर्वोच्च शिखर है?
(a) कामेट (b) नामचा बर्वा
(c) नागा पर्वत (d) नंदा देवी

110. पूर्व में विस्तारित वह कौन सी पर्वतीय श्रेणी है जो भारत और म्यांमार के बीच और भारत-बांग्लादेश में है?
(a) गारो (b) खासी
(c) जयंतीया (d) उपर्युक्त तीनों

111. भारत की सबसे बड़ी खारे पानी की झील चिल्का झील है। यह निम्न में से किस राज्य में आती है?
(a) ओड़िशा (b) बिहार
(c) गुजरात (d) पश्चिम बंगाल

112. निम्न में से कौन-सी तटीय पट्टी पश्चिमी घाट के समानांतर नहीं जाती?
(a) कोंकण (b) कोरोमण्डल
(c) कन्नाड (d) मालाबार

113. वह नदी जो कोरोमण्डल तट पर डेल्टा का निर्माण नहीं करती है-
(a) महानदी (b) गोदावरी
(c) कृष्णा (d) नर्मदा

114. निम्न में से कौन-सा भारत का जैव-रिजर्व नहीं है?
(a) मानस
(b) कोंकण
(c) दिहांग-दिबांग
(d) मन्नार की खाड़ी

115. भारत में निम्नांकित में से किस वर्ष में "वन्य जीव संरक्षण अधिनियम" लागू किया गया?
(a) 1972 (b) 1980
(c) 1982 (d) 1993

116. हिमालय का कौन-सा शिखर भारत के अन्तर्गत आता है?
(a) मकालू (b) धौलागिरी
(c) अन्नपूर्णा (d) कंचनजंगा

117. ग्लोबल वार्मिंग के लिए जिम्मेदार गैस है-
(a) नाइट्रस ऑक्साइड
(b) नाइट्रोजन डाइऑक्साइड
(c) अमोनिया
(d) नाइट्रिक ऑक्साइड

118. इनमें से क्या विशिष्ट रूप से अंटार्कटिका में पाया जाता है?
(a) सील (b) ध्रुवीय भालू
(c) पेंग्विन (d) एल्वेट्रॉस

व्याख्या सहित उत्तर

1. (a) आग्नेय चट्टानों का निर्माण पृथ्वी के अन्दर मैग्मा के शीतलन एवं घनीकरण के कारण होता है।

2. (d) भारत के उत्तरी मैदानों में बलुई मिट्टी मिलती है।

3. (a) भारत के दूरतम पूर्व और पश्चिम भागों में लगभग 2 घण्टे स्थानीय समय का अन्तर है, क्योंकि भारत के पूर्व-पश्चिम विस्तार में 30° का अन्तर है और 15° पर 1 घण्टे का अन्तर रहता है।

4. (a) देवदार का वृक्ष पर्याप्त मात्रा में 1800 मीटर से 3000 मीटर की ऊंचाई पर हिमालय में पाया जाता है।

5. (d) पृथ्वी की सतह से उसके केन्द्र तक जाते हुए परत का सही क्रम है–स्थलमण्डल, आवरण, क्रोड।

6. (c) कोटा के निकट राणा प्रताप सागर नाभिकीय ऊर्जा संयंत्र हैं।

7. (a) चन्द्र अपने परिक्रमण और परिभ्रमण के लिए एक ही समय लेता है। अत: पृथ्वी से चन्द्र की केवल एक ही सतह दिखाई देती है।

8. (c) पृथ्वी का व्यास भूमध्य रेखा पर अधिक है।

9. (d) भारत का नवीनतम राज्य तेलंगाना है। जो 2 जून, 2014 को अस्तित्व में आया।

10. (b) हिमाचल प्रदेश में लौह अयस्क का उत्पादन नहीं होता है।

11. (b) भूकम्प उत्केन्द्र पृथ्वी के भूपृष्ठ पर वह स्थल है जहां भूकम्प की हलचल सबसे पहले अनुभव की जाती है।

12. (b) दोआब दो नदियों के बीच का क्षेत्र कहलाता है।

13. (a) नर्मदा नदी पश्चिम दिशा में बहती है। शेष तीनों नदियां पूर्वी दिशा में बहती हैं।

14. (c) ब्रह्मपुत्र नदी को चीन में सॉंग्पो नदी कहते हैं।

15. (a) लक्षद्वीप टापू अरब सागर में है।

16. (c) **17.** (b) **18.** (d)

19. (a) **20.** (c)

21. (b) तारों की ऊर्जा का स्रोत नाभिकीय संलयन की प्रक्रिया है।

22. (a) **23.** (b)

24. (b) टुन्ड्रा प्रकार की जलवायु एशिया महादेश में पाई जाती है।

25. (b) ओजोन $(O)_3$ गैस, ऑक्सीजन का अपररूप है, यह एक अस्थिर गैस है तथा गर्म करने पर ऑक्सीजन में विखंडित हो जाती है। ग्रीन हाउस के निर्माण में इसका कोई योगदान नहीं है ऊपरी वायुमण्डल में O_3 की एक परत है, जो सूर्य की घातक पराबैंगनी किरणों से पृथ्वी के जीव-जन्तुओं की रक्षा करती हैं।

26. (a) सरिस्का वन्य जीव अभयारण्य, अलवर राजस्थान में स्थित है।

27. (b) विश्व का सबसे छोटा देश वैटिकन सिटी है, इसका कुल क्षेत्रफल 44 हैक्टेयर है।

28. (d) नेशनल एकेडमी ऑफ इंडियन रेलवेज, लालबाग, बडोदरा (गुजरात) में स्थित है।

29. (c) **30.** (c) **31.** (d)

32. (c) **33.** (b) **34.** (a)

35. (a) **36.** (b) **37.** (c)

38. (b) अरावली पर्वत श्रृंखला भारत का प्राचीन वलय पर्वत है। इसकी रचना इंडो ऑस्ट्रेलियन प्लेट के यूरेशियन प्लेट के सम्पर्क में आने से पूर्व मानी जाती है।

39. (d) कीमती आभूषणों के व्यापार में हैदराबाद की महत्त्वपूर्ण भूमिका के कारण इसे मोतियों के नगर के रूप में जाना जाता है। मोतियों के नगर के साथ-साथ इसे हीरों के व्यापारिक केन्द्र के रूप में भी जाना जाता है। 18वीं शताब्दी तक यह नगर बड़े हीरे का एकमात्र वैश्विक व्यापार केन्द्र था।

40. (c) गल्फ स्ट्रीम उत्तर अटलांटिक महासागर के पश्चिम में स्थित एक तीव्र, गर्म सागरीय जलधारा है। यह फ्लोरिडा तट के साथ-साथ उत्तर की ओर बढ़ती है और फिर अटलांटिक से पूर्वोत्तर की ओर बहते हुए उत्तरी कैरोलिना के पूरब की ओर मुड़ती है। यह फ्लोरिडा, न्यू फाउंडलैण्ड और यूरोप के पश्चिमी तट से उत्तरी अमेरिका के पूर्वी तट की जलवायु को प्रभावित करती है।

41. (d) पीर पंजाल पर्वत श्रृंखला मुख्य रूप से विवादित कश्मीर क्षेत्र में स्थित है। यह पश्चिमी आजाद कश्मीर क्षेत्र (पाकिस्तान अधिकृत क्षेत्र) में नीलम नदी (किशनगंगा) से 320 किमी. से अधिक दूर दक्षिण पूर्व से लेकर दक्षिण-पश्चिमी जम्मू-कश्मीर (भारत अधिकृत क्षेत्र) से होते हुए हिमाचल प्रदेश के उत्तर-पश्चिम में ऊपरी व्यास नदी तक विस्तृत है।

42. (a) गोवा लौह अयस्क संसाधनों की दृष्टि से सम्पन्न है। गोवा की अर्थव्यवस्था मुख्य रूप से लौह अयस्क उद्योग पर आश्रित है। यहां क्षेत्रीय आय का एक बड़ा हिस्सा खनिज उद्योग और संबंधित सहायक गतिविधियों जैसे परिवहन और व्यापार से आता है। गोवा भारत का शीर्ष लौह अयस्क निर्यातक राज्य है।

43. (b) काकरापार सिंचाई परियोजना गुजरात के सूरत जिले में तापी नदी पर निर्मित है। यह गुजरात की सबसे बड़ी सिंचाई परियोजनाओं में से एक है। आसपास के क्षेत्रों में सिचाई की सुविधा प्रदान करने और बाढ़ की रोकथाम के लिए 1954 में इस परियोजना का निर्माण किया गया था।

44. (c) मध्य प्रदेश चारों तरफ स्थल से घिरा एक राज्य है। यह पूर्वोत्तर में उत्तर प्रदेश से, दक्षिण-पूर्व में छत्तीसगढ़ से, दक्षिण में महाराष्ट्र से, पश्चिम में गुजरात से और उत्तर-पश्चिम में राजस्थान से घिरा हुआ है। अपनी भौगोलिक स्थिति के कारण इसे ''हिन्दुस्तान का हृदय'' का उपनाम दिया गया है। क्षेत्रफल की दृष्टि से मध्य प्रदेश देश का दूसरा सबसे बड़ा राज्य है।

45. (b) कनाडा विश्व में लकड़ी की लुगदी का सबसे बड़ा उत्पादक है। विश्व के लुगदी उत्पादन में इसका योगदान 32.2 प्रतिशत है। संयुक्त राज्य अमेरिका दूसरा सबसे बड़ा उत्पादक है। इसके बाद फिनलैंड और स्वीडन का स्थान है।

46. (c) पश्चिमी घाट एक संकीर्ण लेकिन लंबी पहाड़ी श्रृंखला है, जो भारत के पश्चिमी तट के साथ उत्तर से दक्षिण तक फैली हुई हैं। अरब सागर की ओर स्थित पश्चिमी घाटों के ढाल चट्टानों के समान खड़े हैं। जिससे यहां से प्रवाहित होने वाली नदियों का प्रवाह अत्यंत तीव्र होता है। ये छोटी जल धाराएं बहुत कम दूरी तय करके संकीर्ण रास्तों से अरब सागर में मिलती हैं। ये ज्यारनदमुख का निर्माण कर सकती हैं लेकिन डेल्टाओं का निर्माण नहीं कर सकती।

47. (d) पश्चिमी घाटों को सह्याद्री के रुप में भी जाना जाता है। यह भारतीय प्रायद्वीप के पश्चिमी तट के समानांतर चलने वाली एक पर्वतीय श्रृंखला है। इसे भारत का बृहद् कगार कहा जाता है। यह अरब सागर के साथ पठार को कोंकण तटीय मैदान से अलग करता है।

48. (d) मांडी सिंचाई परियोजना या पंडोह बांध हिमाचल प्रदेश, के मंडी जिले में व्यास नदी पर स्थित एक तटबंध बांध है। व्यास परियोजना के अन्तर्गत बांध का निर्माण 1977 में पूरा हुआ था। रन-आफ-द-रिवर पॉवर, स्कीम के एक भाग के रूप में 38 किमी. लम्बी सुरंग और चैनल प्रणाली के द्वारा व्यास नदी के जल को दक्षिण-पश्चिम की ओर मोड़ दिया गया है।

49. (d) गंडक, नेपाल की प्रमुख नदियों में से एक है। यह भारत में गंगा की सहायक नदी है। जो गंगा

के बायें किनारे से मिलती है। यह दक्षिण नेपाल में नारायणी और भारत में गंडक के रुप में जानी जाती है। यह नेपाल में बृहद् हिमलाय शृंखला से निकली काली और त्रिशूल नदियों के संगम से बनी है।

50. (b) कोंकण रेलवे मुम्बई और मंगलौर के बीच भारत के कोंकण तट के साथ चलने वाली एक रेलवे लाइन है। यह पश्चिमी घाटों और भारत के पश्चिमी तट के साथ-साथ महाराष्ट्र के रोहा से कर्नाटक के ठोकुर तक कुल 741 किमी. की दूरी तय करती है।

51. (a) गर्म मरुस्थलों में दैनिक तापमान चरम पर होता है। मरुस्थली सतहें आर्द्र क्षेत्रों की तुलना में दोगुने से अधिक सूर्य विकिरण प्राप्त करती हैं। और रात्रि में लगभग दोगुने के बराबर मुक्त करती है। दिन में उच्च ऊर्जा प्रवेश और रात्रि में उनका अधिकाधिक निकास दैनिक तापमान में भारी परिवर्तन लाता है। यहां अधिकतम तापमान 43-5-49°C होता है जबकि न्यूनतम तापमान -18°C तक गिर जाता है।

52. (a) शिवसमुद्रम जल-प्रपात कर्नाटक के मांड्य जिले में कावेरी नदी पर स्थित है। यह भारत में दूसरा सबसे बड़ा जल-प्रपात है। यह एक खण्डित जल-प्रपात है। चट्टान पर गिरने से पहले दो या दो से अधिक चैनलों से यह जलप्रपात विभाजित हो जाता है और इसके साथ कई अन्य जल-प्रपात बनते हैं।

53. (a) झूम स्थानान्तरित कृषि का एक परंपरागत रूप है। यह कृषि सामान्यतः उत्तर-पूर्व भारत में की जाती है। कृषि के इस रूप को 'स्लैश' और 'बर्न' कृषि के रूप में भी जाना जाता है। यह कृषि मुख्यतः अरुणाचल प्रदेश, मेघालय, मिजोरम, और नागालैंड के आदिवासी समूहों और असम के पहाड़ी क्षेत्रों में की जाती है। झूम कृषि के अंतर्गत फसलों को उगाने के लिए भूमि के एक बड़े भाग से पेड़ों को काटकर या आग लगाकर साफ किया जाता है।

54. (c) जूट गर्म और आर्द्र जलवायु की फसल है। इस फसल की वृद्धि के लिए इसे 24° C से 35°C तापमान, 150 सेमी. से 200 सेमी. भारी वर्षा के साथ-साथ 80 से 90 प्रतिशत सापेक्षिक आर्द्रता की आवश्यकता होती है। मॉनसून से पूर्व की अल्प वर्षा (25 सेमी. से 55 सेमी.) इस फसल के लिए अत्यंत लाभदायक है।

55. (b) रेल मंत्रालय ने भारतीय रेलों के आधुनिकीकरण के लिए वर्ष 2011 में सैम पित्रोदा की अध्यक्षता में एक विशेषज्ञ समूह का गठन किया। इसका गठन भारतीय रेल के समक्ष आई आर्थिक चुनौतियों से निपटने, जनता की अकांक्षाओं को पूरा करने और इसके आधुनिकीकरण के लिए अपने सुझाव देने के लिए किया गया था।

56. (b) महादेव की पहाड़ियां बलुआ पत्थर से निर्मित पहाड़ियां हैं, जो मध्य प्रदेश के दक्षिणी भाग में सतपुड़ा शृंखला के उत्तरी भाग में स्थित हैं। महादेव की पहाड़ियां पूरब से पश्चिम की ओर बेतुल, छिन्दवाड़ा और सियोनी जिलों से होते हुए, नर्मदा नदी की तराई को अलग करते हुए, गोदावरी की सहायक नदियों वैनगंगा और वर्धा से होते हुए दक्षिण की ओर जाती है।

57. (a) अनामुदी केरल में स्थित है। यह दक्षिण भारत और पश्चिमी घाट की सबसे ऊंची चोटी है, इसकी ऊंचाई लगभग 2,695 मी. है। यह हिमालय-कराकोरम पर्वत शृंखला के बाहर भी भारत की सबसे ऊंची चोटी है।

58. (d)

59. (a) शनि के कम-से-कम 20 उपग्रह हैं। शनि का सबसे बड़ा उपग्रह टाइटन (Titan) है, जो ठण्डा है, और यहां नाइट्रोजन का वायुमण्डल है।

60. (b)

61. (d) उत्तरी ध्रुव आर्कटिक महासागर के मध्य में स्थित है।

62. (c) **63.** (c) **64.** (c)

65. (a) गिर नेशनल पार्क, जूनागढ़ (गुजरात) में है।

66. (d) भूकंप का केन्द्र, भूकंप के उद्गम-स्थान के ऊपर पृथ्वी की सतह पर लम्बवत् एक बिन्दु होता है। इस बिन्दु को अक्षांश एवं देशान्तर रूप में निर्देशांकों द्वारा व्यक्त किया जाता है।

67. (a) संकोश भूटान की मुख्य नदी है। इसका उत्तरी भूटान में उद्गम होता है और ये भारत, असम एवं ब्रह्मपुत्र में जाकर मिलती है। संकोश चोमोल्हारी एवं कुला कांगड़ी के बीच पूरे बृहत हिमालय में बहती है।

68. (b) ट्रोपोपॉज, पृथ्वी के वायुमंडल में क्षोभमंडल एवं समताप मंडल के बीच की एक सीमा है। यह पृथ्वी के वायुमंडल के सबसे निचली परतों में से एक है, यह ग्रह सीमा परत के ठीक ऊपर स्थित होता है और इसी परत में सर्वाधिक मौसमी घटनाएं होती हैं। क्षोभमंडल ध्रुवों पर 9 किमी, एवं भूमध्य रेखा पर 17 किमी. की औसत ऊंचाई पर होता है।

69. (c) खड़ी ढाल वाली V आकार की घाटियां, गुथे हुए पर्वत-स्कंध क्षिप्तिकाएं जलप्रपात और जल दर्रे उच्च-गति से बहने वाली नदियों की विशेषताओं में शामिल हैं। उच्च गति से बहते हुए, प्रपात पीछे की ओर प्रतिकूल-धारा बनाता है, प्रतिकूल-धारा बनाते हुए यह अपने पीछे संकीर्ण खड़ी-ढाल का निर्माण करता है जिसे दर्रा कहते हैं।

70. (d) गिर वन राष्ट्रीय उद्यान एशियाई (पैंथरा लियो पर्सिका) शेरों का एकमात्र घर है। यह गुजरात के तीन जिलों सोमनाथ, जूनागढ़ एवं अमरेली में फैला हुआ है। इसकी स्थापना 1965 में हुई थी।

71. (d) नोकरेक राष्ट्रीय उद्यान मेघालय के पश्चिमी गारो हिल्स जिले में स्थित है। यूनेस्को ने मई 2009 में बायोस्फीयर अभ्यारण्यों की अपनी सूची में इस राष्ट्रीय उद्यान को शामिल किया। बालपाखरम नेशनल पार्क के साथ-साथ नोकरेक मेघालय में जैव विविधता का एक हॉटस्पॉट है।

72. (a) नार्वेस्टर या कालबैशाखी पश्चिमी बंगाल और बांग्लादेश की स्थानीय आंधी है। कालबैशाखी मार्च से बढ़ती हुई आवृत्ति के साथ पूरे पूर्वोत्तर भारत में मानसून के आने तक होती है। इन तूफानों में वर्षा असम के चाय बागानों एवं पश्चिमी बंगाल में जूट एवं चावल की खेती के लिए फायदेमंद है।

73. (b) जर्मनी का ब्लैक फॉरेस्ट (काला वन) ब्लॉक पहाड़ों का एक विशिष्ट उदाहरण है जो तनाव मूलक या संपीड़न प्रक्रिया द्वारा गठित होता है। जब दो आसपास के भ्रंशों के बीच पपड़ी का हिस्सा उठता है। तब यह ब्लॉक पहाड़ों या होर्सूट का निर्माण करती है।

74. (d) रेगुड़ या काली मिट्टी कपास उगाने के लिए एकदम सही मिट्टी है। इन्हें काला कपास मिट्टी के नाम से भी जाना जाता है। ये मिट्टी उत्तर पश्चिमी दक्कन के पठार के ऊपर डेक्कन ट्रैप क्षेत्र प्रसार की विशेषताएं है और ये लावा प्रवाह के बने होते हैं। कपास की खेती बारीकी से गहरे काली मिट्टी दक्कन और मालवा पठार और गुजरात से संबंधित है।

75. (c) जब जापान ने अगस्त 1945 में आत्म समर्पण किया। तब सोवियत एवं अमेरिकी क्षेत्र के बीच 38वें समानांतर रेखा को स्थापित किया गया। यह समानांतर मोटे तौर पर कोरियाई प्रायद्वीप को बीचों बीच बांटता है। 1948 में यह समानांतर उत्तरी कोरिया एवं दक्षिणी कोरिया के बीच की सीमा बनी।

76. (c) ईसा पूर्व पांचवीं शताब्दी में, ग्रीक इतिहासकार हिरोडोटस ने मिस्र को 'नील नदी का उपहार' के रुप में वर्णित किया था। सम्पोषण के अविरत स्रोत के रूप में इस नदी ने मिस्र सभ्यता के विकास में महत्वपूर्ण भूमिका निभाई थी। नील नदी द्वारा बहाकर लाई गई गाद के जमा हो जाने से उसके आसपास की भूमि उपजाऊ हो गई, इससे मिस्रवासियों को गेहूँ, तीसी, पपीरम और अन्य फसलों की खेती करने और व्यापार करने की सुविधा मिली।

77. (a) लाओस, पूरे दक्षिण-पूर्व एशिया में केवल एकमात्र लैंडलॉक्ड देश है। यह उत्तर-पश्चिमी में म्यांमार और चीन की पीपुल्स रिपब्लिक से लगती है, पूर्व में वियतनाम से, दक्षिण में कंबोडिया और पश्चिम में थाईलैंड से लगती है।

78. (b) सरगासो सागर उत्तरी अटलांटिक महासागर में है।

79. (b) **80.** (b)

81. (a) डोलड्रम क्षेत्र भूमध्यवर्ती निम्न वायुदाब का क्षेत्र है.

82. (c) **83.** (d) **84.** (b)

85. (b) **86.** (d)

87. (a) भूमध्य सागर और लाल सागर को जोड़ने वाली स्वेज नहर का निर्माण 1869 ई. में फ्रेंच इंजीनियर फर्डीनेण्ड डी लेसेप्स ने किया था। यह 169 किमी लम्बी है। कर्नल नासिर (मिस्र) ने 26 जुलाई, 1965 ई. में इसका राष्ट्रीकरण कर दिया था।

88. (c) **89.** (d) **90.** (d)

91. (a) **92.** (d) **93.** (a)

94. (c) कोटा मण्डल, पश्चिम-मध्य रेलवे (W.C.R.), जबलपुर का हिस्सा है.

95. (c) **96.** (b)

97. (c) विश्व की सबसे लम्बी नदी (लम्बाई में) नील है, जबकि सबसे बड़ी नदी (बहाव क्षेत्र) अमेजन है।

98. (d) मध्य प्रदेश देश में हीरा उत्खनन की दृष्टि से प्रमुख राज्य है। प्रसिद्ध कोहिनूर हीरा, आन्ध्र प्रदेश के गोलकुण्डा खान से निकाला गया था मुम्बई हीरे की सबसे बड़ी मण्डी है।

99. (c) **100.** (b) **101.** (c)

102. (d) **103.** (b) **104.** (d)

105. (a) वायुमंडल में उपयुक्त गैसों में 78% नाइट्रोजन गैस है।

106. (d) पंजाब राज्य के साथ उत्तर प्रदेश की सीमा साझा नहीं होती।

उत्तर प्रदेश से सीमा साझा करने वाले राज्य-बिहार, झारखंड, मध्य प्रदेश, छत्तीसगढ़, राजस्थान, हरियाणा, एवं उत्तराखंड हैं।

उत्तर प्रदेश इकलौता ऐसा राज्य है, जो सबसे ज्यादा राज्यों के साथ सीमा साझा करता है।

107. (c) भारत में कर्क रेखा राज्यों (गुजरात, राजस्थान, मध्य प्रदेश, छत्तीसगढ़, झारखंड, पश्चिम बंगाल, त्रिपुरा तथा मिजोरम) से होकर गुजरती है।

108. (b) उत्तर प्रदेश, बिहार, पश्चिम बंगाल और सिक्किम की साझा सीमा नेपाल के साथ है।

109. (c) नागा पर्वत (8126 मीटर) सर्वोच्च शिखर है।

110. (d) गारो, खासी एवं जयंतीया लुशाई ब्रह्मपुत्र घाटी को पूर्वी क्षेत्र के अंतर्गत आती है। यह भारत और म्यांमार के बीच और भारत-बांग्लादेश में है।

111. (a) **चिल्का झील** भारत की सबसे बड़ी तटीय झील चिल्का झील है। यह उड़ीसा राज्य में स्थित है। यह खारे पानी की एक लैगून झील है। यहां नौ सेना का प्रशिक्षण केन्द्र भी है।

112. (b) **कोरोमंडल तट** पट्टी पश्चिमी घाट के समानांतर नहीं जाती। यह कुमारी अंतरीप से लगकर कृष्णा नदी के डेल्टा तक फैला है।

113. (d) नर्मदा नदी कोरोमंडल तट पर डेल्टा का निर्माण नहीं करती है। नर्मदा नदी अमरकंटक से निकलती है और अरब सागर में गिरती है।

114. (b) भारत सरकार ने 18 जैव-रिजर्व की स्थापना की है।

मानस-असम (1889)

दिहांग-दिबांग-अरुणाचल प्रदेश (1998)

मन्नार की खाड़ी-तमिलनाडु (1989)

115. (a) भारत में 1972 में वन्य जीव संरक्षण अधिनियम लागू किया गया।

116. (d) कंचनजंगा (8598 मी.) सिक्किम और नेपाल सीमा पर अवस्थित है।

117. (a) ग्लोबल वार्मिंग के लिए जिम्मेदार गैसें: कार्बन डॉइऑक्साइड, मीथेन, नाइट्रस ऑक्साइड

118. (c) पेंग्विन विशिष्ट रूप से अंटार्कटिका में पाया जाता है।

❑❑❑

3

अध्याय

भारतीय संविधान

संविधान का निर्माण

- संविधान सरकार चलाने के नियमों का एक महत्वपूर्ण लिखित दस्तावेज है, जिसके आधार पर देश की शासन व्यवस्था चलती है।
- सन् 1948 में कैबिनेट मिशन प्लान के अन्तर्गत भारत के संविधान के निर्माण के लिए संविधान सभा गठित करने का प्रस्ताव रखा गया।

समितियां

समिति	अध्यक्ष
संचालन समिति	डॉ. राजेन्द्र प्रसाद
संघ संविधान समिति	पं. जवाहरलाल नेहरू
प्रांतीय संविधान समिति	वल्लभ भाई पटेल
प्रारूप समिति	डॉ. बी.आर. अम्बेडकर
संघ शक्ति समिति	पं.जवाहरलाल नेहरू
झण्डा समिति	जे.बी.कृपलानी
नियम एवं प्रक्रिया समिति	डॉ.राजेन्द्र प्रसाद

- संविधान को तैयार करने में 2 साल 11 महीने और 18 दिन का समय लगा।
- संविधान 26 नवम्बर, 1949 को बनकर तैयार हो गया था और इसी दिन इस पर अध्यक्ष के हस्ताक्षर हुए।
- संविधान सभा की अन्तिम बैठक 24 जनवरी, 1950 को हुई और इसी दिन संविधान सभा द्वारा डॉ. राजेन्द्र प्रसाद को भारत का प्रथम राष्ट्रपति भी चुना गया।
- नवनिर्मित संविधान में 395 अनुच्छेद, 22 भाग तथा 8 अनुसूचियां थीं।

भारतीय संविधान के स्रोत

1. **ब्रिटेन**–संसदीय शासन विधि निर्माण प्रक्रिया, एकल नागरिकता, संसदीय विशेषाधिकार, मंत्रिमण्डल का लोकसभा के प्रति सामूहिक उत्तरदायित्व, औपचारिक प्रधान के रूप में राष्ट्रपति।
2. **संयुक्त राज्य अमेरिका**–मौलिक अधिकार, उपराष्ट्रपति, स्वतन्त्र एवं निष्पक्ष न्यायालय, न्यायिक पुनर्विलोकन, सर्वोच्च न्यायालय न्यायालय का गठन एवं शक्तियां, सर्वोच्च व उच्च के न्यायाधीशों को हटाने की विधि।
3. **आस्ट्रेलिया**–समवर्ती सूची, प्रस्तावना की भाषा, केन्द्र-राज्य के बीच सम्बन्ध तथा शक्तियों का विभाजन।
4. **आयरलैण्ड**–नीति-निदेशक तत्व।
5. **फ्रांस**–गणतन्त्र।
6. **जर्मनी**–आपातकाल के प्रवर्तन के दौरान राष्ट्रपति को मौलिक अधिकार संबंधी शक्तियां।
7. **कनाडा**–संघात्मक व्यवस्था, अवशिष्ट शक्तियों का केन्द्र के पास होना
8. मौलिक कर्तव्यों का प्रावधान

संविधान की प्रस्तावना

"हम भारत के लोग को एक सम्पूर्ण प्रभुता सम्पन्न, समाजवादी धर्मनिरपेक्ष लोकतान्त्रिक गणराज्य बनाने के लिए तथा उसके समस्त नागरिकों को सामाजिक, आर्थिक और राजनीतिक न्याय, विचार अभिव्यक्ति, विश्वास धर्म और उपासना की स्वतन्त्रता प्रतिष्ठा और अवसर की समता प्राप्त करने के लिए तथा उन सबसे व्यक्ति की गरिमा और राष्ट्र की एकता और अखण्डता सुनिश्चित करने वाली बंधुता बढ़ाने के लिए दृढ़ संकल्प होकर अपनी इस संविधान सभा में आज तारीख 26 नवम्बर, 1949 ई. को एतद् द्वारा इस संविधान को अंगीकृत अधिनियम और आत्मार्पित करते हैं।"

भारतीय संविधान के प्रमुख भाग और अनुच्छेद

भाग	भाग का नाम	अनुच्छेद
भाग–1	संघ और उसका राज्य क्षेत्र	अनुच्छेद (1-4)
भाग–2	नागरिकता	अनुच्छेद (5-11)
भाग–3	मौलिक अधिकार	अनुच्छेद (12-35)
भाग–4	राज्य के नीति निदेशक तत्व	अनुच्छेद (36-51)
भाग–4 (क)	मूल कर्त्तव्य	अनुच्छेद (51-A)
भाग–5	संघ	अनुच्छेद (52-151)
भाग–6	राज्य	अनुच्छेद (152-237)
भाग–7	पहली अनुसूची के भाग (ख) के राज्य	अनुच्छेद (238)
भाग–8	संघ राज्य क्षेत्र	अनुच्छेद (239-243)
भाग–9	पंचायतें	अनुच्छेद (243'क'-243'ण')
भाग–9 (क)	नगरपालिकाएं	अनुच्छेद (243'त'-243'छ')
भाग–10	अनुसूचित जनजाति क्षेत्र	अनुच्छेद (244-244'क')
भाग–11	संघ और राज्यों के बीच सम्बन्ध	अनुच्छेद (245-263)
भाग–12	वित्त, सम्पत्ति, संविदाएं और वाद	अनुच्छेद (264-300A)
भाग–13	भारत के राज्य के भीतर व्यापार वाणिज्य और समागम	अनुच्छेद (301-307)
भाग–14	संघ और राज्यों के अधीन सेवाएं	अनुच्छेद (308-323)
भाग–14 (क)	अधिकरण	अनुच्छेद (323 क-323 ख)
भाग–15	निर्वाचन	अनुच्छेद (324-329 ख)

भाग–16	कुछ वर्गों के सम्बन्ध में विशेष उपबन्ध	अनुच्छेद (330-342)
भाग–17	राजभाषा	अनुच्छेद (345-351)
भाग–18	आपात उपबन्ध	अनुच्छेद (352-360))
भाग–19	प्रकीर्ण	अनुच्छेद (361-367)
भाग–20	संविधान का संशोधन	अनुच्छेद (368)
भाग–21	अस्थायी संक्रमणकालीन और विशेष	अनुच्छेद (369-392)
भाग-22	संक्षिप्त नाम, प्रारम्भ, हिन्दी, में प्राधिकृत पाठ और निरसन	अनुच्छेद (393-395)

संविधान की अनुसूचियां

- **प्रथम अनुसूची**–इसमें भारतीय संघ के घटक राज्यों और संघीय क्षेत्रों में उल्लेख है।
- **द्वितीय अनुसूची**–इसमें भारतीय राजव्यवस्था के विभिन्न पदाधिकारियों (राष्ट्रपति, राज्यपाल, लोकसभा के अध्यक्ष और उपाध्यक्ष, राज्यसभा के सभापति और उपसभापति, उच्चतम न्यायालय और उच्च न्यायालयों में न्यायधीशों और भारत के नियन्त्रक एवं महालेखा परीक्षक आदि को प्राप्त होने वाले वेतन, भत्ते और पेंशन आदि का उल्लेख किया गया है।
- **तृतीय अनुसूची**–इसमें विभिन्न पदाधिकारियों (राष्ट्रपति, उप-राष्ट्रपति मंत्री, संसद सदस्य, उच्चतम न्यायालय और उच्च न्यायालयों के न्यायाधीशों आदि द्वारा पद ग्रहण के समय ली जाने वाली शपथ का उल्लेख है।
- **चतुर्थ अनुसूची**–इसमें विभिन्न राज्यों तथा संघीय राज्य क्षेत्रों का राज्यसभा में प्रतिनिधित्व का विवरण दिया गया है।
- **पांचवीं अनुसूची**–इसमें विभिन्न अनुसूचित जातियों और अनुसूचित जनजातियों के प्रशासन और नियन्त्रण के बारे में उल्लेख है।
- **छठी अनुसूची**–इसमें असम, मेघालय, त्रिपुरा और मिजोरम राज्यों के जनजाति क्षेत्रों के प्रशासन के बारे में प्रावधान है।
- **सातवीं अनुसूची**–इसमें संघ सूची, राज्य सूची और समवर्ती सूची के विषयों का उल्लेख किया गया है।
- **आठवीं अनुसूची**–इसमें वर्तमान में 22 भाषाओं का उल्लेख किया गया है।
- **नवीं अनुसूची**–इसके अन्तर्गत राज्य द्वारा सम्पत्ति के अधिग्रहण की विधियों का उल्लेख किया गया है।
- **दसवीं अनुसूची**–इसमें दल बदल से सम्बन्धित प्रावधानों का उल्लेख है।
- **ग्यारहवीं अनुसूची**–इस अनुसूची के आधार पर पंचायती राजव्यवस्था को संवैधानिक दर्जा प्रदान किया गया है।
- **बारहवीं अनुसूची**–इस अनुसूची के आधार पर शहरी क्षेत्र के स्थानीय स्वशासन संस्थाओं का उल्लेख कर उन्हें संवैधानिक दर्जा प्रदान किया गया है।

नागरिकता : नागरिकता अधिनियम, 1995

- नागरिकता अधिनियम 1995 के अनुसार भारत की नागरिकता पांच प्रकार से ग्रहण की जा सकती है।

1. जन्म से नागरिकता

- जिस व्यक्ति का जन्म 26 जनवरी, 1950 को या उसके पश्चात् हुआ हो, जन्म से भारत का नागरिक होगा। किन्तु इस नियम के दो अपवाद हैं। राजनयिकों के बच्चे, विदेशियों के बच्चे।

2. वंशानुगत

- 26 जनवरी, 1950 अथवा उसके पश्चात् भारत के बाहर जन्म लेने वाला शिशु वंशानुक्रम से भारत का नागरिक होगा, यदि उस समय उसका पिता भारत का नागरिक हो।

3. पंजीकरण द्वारा

- संविधान में उल्लेखित उपबन्धों के आधार पर जो व्यक्ति भारत का नागरिक नहीं है, परन्तु निम्नलिखित शर्तों में से किसी एक से भी सम्बन्धित हो। उसे पंजीकरण द्वारा नागरिकता प्रदान की जाती है-
  - (i) वे व्यक्ति जो पंजीकरण प्रार्थना-पत्र देने की तिथि से छह माह पूर्व से भारत में रह रहे हैं।
  - (ii) वे भारतीय, जो अविभाज्य भारत से बाहर किसी देश में निवास कर रहे हैं।
  - (iii) वे स्त्रियाँ जो भारतीयों से विवाह कर चुकी हैं या भविष्य में विवाह करेंगी।
  - (iv) भारतीय नागरिकों के नाबालिग बच्चे
  - (v) राष्ट्रमंडलीय देशों के नागरिक जो भारत में रहते हैं या भारत की नौकरी कर रहे हैं आवेदन पत्र देकर भारत की नागरिकता प्राप्त कर सकते हैं।

4. देशीयकरण द्वारा नागरिकता

- कोई भी विदेशी नागरिक भारत सरकार को आवेदन करके भारतीय नागरिकता प्राप्त कर सकता है, परन्तु इस अधिनियम में एक विशेष उपबन्ध शामिल किया गया है जिनके अनुसार यह छूट दी गई है, कि यदि कोई व्यक्ति विज्ञान, दर्शन, कला, साहित्य, विश्व-शान्ति अथवा मानव विकास के क्षेत्र में विशेष कार्य कर चुका हो, तो उसे इन सभी शर्तों को पूर्ण किए बिना भी देशीयकरण द्वारा नागरिकता प्रदान की जा सकती है।

5. राज्य क्षेत्र में मिल जाने से प्राप्त नागरिकता

- यदि कोई अन्य राज्यक्षेत्र भारत का भाग बन जाता है तो भारत सरकार यह विनिर्दिष्ट करेगी कि उस राज्यक्षेत्र के व्यक्ति भारत के नागरिक होंगे।

मूल अधिकार

- भारतीय नागरिकों को 6 मूल अधिकार प्राप्त हैं, जो निम्नलिखित हैं–

1. समानता का अधिकार (अनुच्छेद, 14-18)

- कानून के समक्ष समानता (अनुच्छेद 14)
- धर्म, नस्ल, जाति, लिंग या जन्म स्थान के आधार पर भेदभाव का निषेध (अनुच्छेद 15)
- सरकारी पदों की प्राप्ति के लिए अवसर की समानता (अनुच्छेद 16)
- अस्पृश्यता का निषेध (अनुच्छेद 17)
- उपाधियों का अन्त (अनुच्छेद 18)

2. स्वतन्त्रता का अधिकार (अनुच्छेद 19-22)

- विचार और अभिव्यक्ति की स्वतन्त्रता (अनुच्छेद 19(a))
- अस्त्र-शस्त्र रहित तथा शान्तिपूर्वक सम्मेलन की स्वतन्त्रता (अनुच्छेद 19(b))
- समुदाय और संघ निर्माण की स्वतन्त्रता (अनुच्छेद 19(c))
- देश के किसी भी क्षेत्र में आवागमन की स्वतंत्रता (अनुच्छेद 19(d))
- भारत राज्य क्षेत्र में निवास की स्वतन्त्रता (अनुच्छेद 19(e))
- वृत्ति, उपजीविका या कारोबार की स्वतन्त्रता (अनुच्छेद 19(f))
- अपराध की दोष सिद्धि के विषय में संरक्षण (अनुच्छेद 20)
- व्यक्तिगत स्वतंत्रता तथा जीवन की सुरक्षा (अनुच्छेद 21)
- कुछ दशाओं में गिरफ्तारी और निरोध से संरक्षण (अनुच्छेद 22)

3. शोषण के विरुद्ध अधिकार (अनुच्छेद 23 और 24)

- मनुष्यों के क्रय-विक्रय पर रोक (अनुच्छेद 23)

- 18 वर्ष से कम आयु के बच्चों को कारखानों, खान तथा अन्य खतरनाक कार्यों में नौकरी पर रखने पर निषेध (अनुच्छेद 24)

4. धार्मिक स्वतन्त्रता का अधिकार (अनुच्छेद 25-28)

- अन्त:करण की स्वतन्त्रता (अनुच्छेद 25)
- धार्मिक मामलों का प्रबन्ध करने की स्वतन्त्रता (अनुच्छेद 26)
- धार्मिक व्यय में लिए निश्चित धन पर कर की अदायगी से छूट (अनुच्छेद 27)
- शिक्षण संस्थाओं में धार्मिक शिक्षा प्राप्त करने या न प्राप्त करने की स्वतन्त्रता (अनुच्छेद 28)

5. संस्कृति और शिक्षा सम्बन्धी अधिकार (अनुच्छेद 29 व 30)

- संविधान सभी अल्पसंख्यकों को अधिकार देता है कि वे अपनी भाषा, लिपि व संस्कृति को बनाए रख सकते हैं। और इस उद्देश्य की प्राप्ति के लिए वे शिक्षा संस्थाओं की स्थापना तथा उनका संचालन कर सकते हैं।

6. संवैधानिक उपचारों का अधिकार (अनुच्छेद 32)

- संविधान द्वारा प्रदान किए गए इस अधिकार को डॉ.बी.आर. अम्बेडकर ने, **''संविधान के हृदय तथा आत्मा'** की संज्ञा दी। यह अधिकार सभी नागरिकों को छूट देता है कि वे अपने अधिकारों के संरक्षण के लिए सर्वोच्च न्यायालय के पास जा सकते हैं तथा अपने अधिकारों को लागू करने की मांग कर सकते हैं। सर्वोच्च न्यायालय इन अधिकारों की रक्षा हेतु अनेक प्रकार के लेख जारी कर सकते हैं जैसे कि बन्दी प्रत्यक्षीकरण, परमादेश लेख, प्रतिषेध लेख, अधिकार पृच्छा लेख तथा उत्प्रेषण लेख।

मूल कर्त्तव्य

सन् 1976 में संविधान में 42 वें संशोधन के द्वारा भाग 'चतुर्थ अ' (अनुच्छेद 51 क) जोड़ा गया, जिसमें 10 मूल कर्त्तव्यों की व्यवस्था की गई। वर्ष 2002 में 86वें संशोधन के पश्चात् मूल कर्त्तव्यों की संख्या 11 हो गई, जो निम्नलिखित हैं–

1. संविधान का पालन तथा उसके आदर्शों, संस्थाओं और राष्ट्र-ध्वज और राष्ट्रगान का आदर करना।
2. भारत की सम्प्रभुता, एकता और अखण्डता की रक्षा।
3. भारत आन्दोलन के प्रेरक आदर्शों का पालन।
4. भारत के लोगों में समरसता और भ्रातृत्व की भावना का विकास।
5. राष्ट्र की समन्वित संस्कृति की गौरवशाली परम्परा की रक्षा।
6. देश की रक्षा और राष्ट्रसेवा।
7. प्रत्येक बच्चे के अभिभावकों का कर्त्तव्य है कि वे अपने 6.14 वर्ष के बच्चों की शिक्षा के लिए उपयुक्त माहौल तैयार करें (86 वें संशोधन द्वारा वर्ष 2002 में सम्मिलित)
8. प्राकृतिक पर्यावरण की रक्षा और सभी प्राणियों के प्रति दयाभाव।
9. सार्वजनिक सम्पत्ति को सुरक्षित रखें।
10. वैज्ञानिक दृष्टिकोण और ज्ञानार्जन की भावना का विकास
11. व्यक्तिगत एवं सामूहिक गतिविधियों के सभी क्षेत्रों में उत्कर्ष और आगे बढ़ने का सतत प्रयास।

राज्य के नीति-निदेशक तत्वः महत्वपूर्ण अनुच्छेद

अनुच्छेद 38–राज्य लोक कल्याण की अभिवृद्धि के लिए सामाजिक व्यवस्था बनाएगा।

अनुच्छेद 39–समस्त न्याय और नि:शुल्क विधिक सहायता।

अनुच्छेद 40–ग्राम पंचायतों का संगठन।,

अनुच्छेद 41–कुछ दशाओं में काम, शिक्षा और लोक सहायता पाने का अधिकार।

अनुच्छेद 42–काम की न्यायसंगत और मानवोचित दशाओं का तथा प्रसूति सहायता का उपबन्ध।

अनुच्छेद 43–कर्मकारों के लिए निर्वाह मजदूरी, आदि।

अनुच्छेद 44–नागरिकों के लिए एक समान सिविल संहिता।

अनुच्छेद 45–बालकों के लिए नि:शुल्क और अनिवार्य शिक्षा।

अनुच्छेद 49–राष्ट्रीय महत्व के स्मारकों और स्थानों का संरक्षण।

अनुच्छेद 50–कार्यपालिका से न्यायपालिका का पृथक्करण।

अनुच्छेद 51–अन्तर्राष्ट्रीय शान्ति और सुरक्षा की अभिवृद्धि।

राष्ट्रपति

- भारतीय संघ की कार्यपालिका के प्रधान को 'राष्ट्रपति' कहा जाता है। राष्ट्रपति भारत का संवैधानिक अध्यक्ष है।
- राष्ट्रपति कार्यपालिका का औपचारिक प्रधान है और मन्त्रिपरिषद् कार्यपालिका की वास्तविक प्रधान।
- राष्ट्रपति अपने अधिकारों का प्रयोग स्वयं या अपने अधीनस्थ अधिकारियों द्वारा करता है।

योग्यताएं

- वह भारत का नागरिक हो।
- वह 35 वर्ष की आयु पूरी कर चुका हो।
- वह लोक सभा का सदस्य निर्वाचित होने की योग्यता रखता हो।
- वह किसी भी सरकारी लाभ के पद पर आसीन नहीं होना चाहिए। निम्न पद लाभ के पद नहीं माने जाते–राष्ट्रपति, उपराष्ट्रपति, राज्यपाल, केन्द्रीय अथवा राज्य का मन्त्री।
- राष्ट्रपति पद के लिए नाम का प्रस्ताव तथा उसका अनुमोदन कम-से-कम 50-50 निर्वाचकों द्वारा किया जाना चाहिए।

निर्वाचन प्रक्रिया

- भारत का राष्ट्रपति अप्रत्यक्ष रूप से निर्वाचक मण्डल द्वारा चुना जाता है जिसमें संसद के दोनों सदनों के निर्वाचित सदस्य और राज्य विधान सभाओं और संघीय क्षेत्रों की विधान सभाओं के निर्वाचित सदस्य भाग लेते हैं। राष्ट्रपति के निर्वाचक मण्डल में संसद की मनोनीत सदस्य, राज्य विधान सभाओं के मनोनीत सदस्य तथा राज्य विधान परिषदों के सदस्य शामिल नहीं किए जाते।
- राष्ट्रपति के चुनाव के लिए आनुपातिक प्रतिनिधित्व की एकल सक्रमणीय प्रणाली को अपनाया जाता है।
- राष्ट्रपति के चुनाव के पश्चात् उसी व्यक्ति को निर्वाचित घोषित किया जाता है, जो आधे से अधिक मत प्राप्त करता है।
- राष्ट्रपति के चुनाव से सम्बन्धित विवादों की छानबीन तथा निर्णय सर्वोच्च न्यायालय द्वारा किया जाता है।

शपथ

- राष्ट्रपति को अपना पद ग्रहण करने से पूर्व भारत के मुख्य न्यायाधीश या उनकी अनुपस्थिति में सर्वोच्च न्यायालय के वरिष्ठतम न्यायाधीश के समक्ष पद एवं गोपनीयता की शपथ लेनी होती है।

महाभियोग

- भारतीय संविधान ने अनुच्छेद 61 के अनुसार राष्ट्रपति के द्वारा संविधान का उल्लंघन करने पर उसके विरुद्ध महाभियोग चलाकर उसे पदच्युत किया जा सकता है।
- महाभियोग प्रस्ताव संसद के किसी भी सदन में लाया जा सकता है किन्तु अभियोग प्रस्ताव पर विचार करने से पूर्व राष्ट्रपति को 14 दिन का नोटिस दिया जाना आवश्यक है। यह भी आवश्यक है, कि महाभियोग लगाने वाले सदन की कुल सदस्य संख्या के कम से कम 1/4 सदस्यों के अभियोग प्रस्ताव पर हस्ताक्षर हो। राष्ट्रपति को सदन में स्वयं उपस्थित होकर अथवा

अपने किसी प्रतिनिधि द्वारा महाभियोग की जांच में हिस्सा लेने का अधिकार प्राप्त है। इसमें दोनों सदनों को प्रस्ताव दो-तिहाई बहुमत से पारित करना होता है। अभियोग सिद्ध होने पर राष्ट्रपति को अपने पद से त्यागपत्र देना पड़ता है।

पद की रिक्ति

- यदि राष्ट्रपति का पद मृत्यु, त्याग पत्र अथवा पद से हटाए जाने के कारण खाली होता है तो उपराष्ट्रपति, राष्ट्रपति के रूप में कार्य करता है। यदि उपराष्ट्रपति की अनुपस्थित है तो सर्वोच्च न्यायालय का न्यायाधीश राष्ट्रप्रति के पद में कार्य करता है। मुख्य न्यायाधीश अनुपस्थिति में सर्वोच्च न्यायालय के वरिष्ठतम न्यायाधीश राष्ट्रपति के रूप में कार्य करता है।
- राष्ट्रपति के पद के लिए नया चुनाव पद रिक्त होने के छः महीने के अन्दर होना आवश्यक है।

राष्ट्रपति के कार्य व शक्तियां

- **कार्यपालिका सम्बन्धी शक्तियां**–महत्वपूर्ण अधिकारियों की नियुक्ति व पदच्युति, शासन संचालन सम्बन्धी शक्ति, सैनिक क्षेत्र में शक्ति, इत्यादि।
- **विधायी शक्तियां**–विधायी क्षेत्र का प्रशासन सदस्यों का मनोनयन, अध्यादेश जारी करने की शक्ति इत्यादि।
- राष्ट्रपति वित्त आयोग, संघीय लोक सेवा आयोग, चुनाव आयोग, भाषा आयोग और नियंत्रक तथा महालेखा परीक्षक आदि के प्रतिवेदनों को संसद के सामने प्रस्तुत करता है।
- **संकट कालीन शक्तियां**–संकट की स्थिति का सामना करने के लिए संविधान द्वारा राष्ट्रपति को विशेष शक्तियां प्रदान की गई हैं। 44वें संवैधानिक संशोधन के बाद वर्तमान में संविधान के संकटकालीन प्रावधान निम्न प्रकार से हैं–
- युद्ध, बाहरी आक्रमण या सशस्त्र विद्रोह की स्थिति से सम्बन्धित संकटकालीन व्यवस्था। (अनुच्छेद 352)।
- राज्यों में संवैधानिक तंत्र के विफल होने से उत्पन्न संकटकालीन व्यवस्था (अनुच्छेद 356)।
- वित्तीय संकट (अनुच्छेद 360)।

राष्ट्रपति और उनके कार्यकाल

	नाम	कार्यकाल
1.	डॉ. राजेन्द्र प्रसाद	1950-1962
2.	डॉ. सर्वपल्ली राधाकृष्णन	1962-1967
3.	डॉ. जाकिर हुसैन	1967-1969
4.	वी.वी. गिरि(कार्यवाहक)	1969-1969
5.	एम.हिदायतुल्ला (कार्यवा.)	1969-1969
6.	वी.वी. गिरि	1969-1974
7.	फखरुद्दीन अली अहमद	1974-1977
8.	बी.डी.जत्ती (कार्यवाहक)	11.2.1977-25.7.1977
9.	नीलम संजीव रेड्डी	1977-1982
10.	एम.हिदायतुल्ला (कार्यवा.)	1982-1982
11.	ज्ञानी जैल सिंह	1982-1987
12.	रामास्वामी वेंकटरमन	1987-1992
13.	डॉ.शंकर दयाल शर्मा	1992-1997
14.	डॉ. के.आर. नारायणन	1997-2002
15.	ए.पी.जे. अब्दुल कलाम	2002-2007
16.	श्रीमती प्रतिभा पाटिल	2007-2012
17.	प्रणव मुखर्जी	2012-2017
18.	रामनाथ कोविंद	2017-2022
19.	द्रोपदी मुर्मू	2022 से अब तक

उपराष्ट्रपति

निर्वाचन

- उपराष्ट्रपति का निर्वाचन संसद के दोनों सदनों के सदस्यों द्वारा आनुपातिक प्रतिनिधित्व की पद्धति के अनुसार एकल संक्रमणीय मत से तथा गुप्त मतदान द्वारा किया जाता है।

योग्यताएं

- वह भारत का नागरिक हो।
- उसकी उम्र कम-से-कम 35 वर्ष हो।
- वह राज्य सभा का सदस्य चुने जाने की योग्यता रखता हो।

कार्यकाल

- उपराष्ट्रपति का कार्यकाल 5 वर्ष होता है, किन्तु वह स्वेच्छा से त्यागपत्र द्वारा अवधि पूर्व भी अपना पद छोड़ सकता है। अथवा उसे राज्यसभा के कुल बहुमत द्वारा पास किए प्रस्ताव जिसे लोकसभा भी स्वीकार कर ले, पदच्युत किया जा सकता है।

वेतन एवं भत्ते

- वर्तमान में उपराष्ट्रपति को ₹ 4,00,000 प्रतिमाह वेतन प्राप्त होता है।

उपराष्ट्रपति के कार्य

- उपराष्ट्रपति राज्यसभा का पदेन सभापति होता है।
- यदि कभी राष्ट्रपति, रोग अथवा अनुपस्थिति के कारण अस्थायी रूप से अपने कर्त्तव्यों को पूरा करने में असमर्थ हो तो उपराष्ट्रपति ही उसके स्थान पर कार्य करता है।

उपराष्ट्रपति और उनके कार्यकाल

	नाम	कार्यकाल
1.	डॉ. एस. राधाकृष्णन	1952-1962
2.	डॉ. जाकिर हुसैन	1962-1967
3.	डॉ. वी. वी. गिरि	1967-1969
4.	बी.एस. पाठक	1969-74
5.	बी.डी. जत्ती	1974-79
6.	एम. हिदायतुल्ला	1979-1984
7.	आर. वेंकट रमण	1984-87
8.	डॉ. एस.डी. शर्मा	1987-92
9.	के आर. नारायणन	1992-97
10.	डॉ. कृष्णकान्त	1997-2002
11.	भैरोंसिंह शेखावत	2002-2007
12.	हामिद अंसारी	2007-2017
13.	वैंकया नायडू	2017-2022
14.	जगदीप धनखड़	2022 से अब तक

मंत्रिपरिषद् और प्रधानमंत्री

- राष्ट्रपति कार्यकारिणी का नाम-मात्र अध्यक्ष है जब कि वास्तविक कार्यकारिणी शक्तियों का प्रयोग प्रधानमंत्री व उसकी मंत्रिपरिषद् द्वारा किया जाता है।

मंत्रिपरिषद् का गठन

- मंत्रिपरिषद् में प्रधानमंत्री तथा आवश्यकतानुसार अन्य प्रमुख मंत्री होते हैं। 91 वें संवैधानिक संशोधन 2003 द्वारा अनुच्छेद 164 में प्रावधान किया गया है कि केन्द्र और राज्य मंत्रिपरिषद् की सदस्य संख्या लोकसभा (केन्द्र के लिए) और विधानसभा (राज्यों के लिए) की कुल संख्या की 15% से अधिक नहीं होनी चाहिए, तथापि छोटे राज्यों के लिए न्यूनतम संख्या 12 निर्धारित की है।

मंत्रिपरिषद और मंत्रिमण्डल

- मंत्रिपरिषद् में प्रधानमंत्री, कैबिनेट मंत्री, राज्य मंत्री और उपमंत्री सम्मिलित होते हैं। लेकिन मंत्रिमण्डल में प्रधानमंत्री और कैबिनेट स्तर के मंत्री सम्मिलित होते हैं।

प्रधानमंत्री की नियुक्ति

- संसदात्मक प्रणाली में राष्ट्रपति लोकसभा के बहुमत दल के नेता को प्रधानमंत्री पद पर नियुक्त करने के लिए बाध्य है। फिर भी यदि ऐसी कुछ परिस्थितियां हो सकती हैं जिनमें राष्ट्रपति प्रधानमंत्री की नियुक्ति के सम्बन्ध में विवेक का प्रयोग कर सके। जैसे–
- लोकसभा में किसी भी दल को स्पष्ट बहुमत प्राप्त न हो
- जब बहुमत वाले दल में कोई निश्चित नेता न हो या समान रूप से दो प्रभावशाली नेता हों।
- जब राष्ट्रपति लोकसभा भंगकर कुछ समय के लिए किसी को प्रधानमंत्री नियुक्त कर दे।

प्रधानमंत्री के कार्य व शक्तियां

- मंत्रीपरिषद् का निर्माण।
- मंत्रियों में विभागों का विभाजन और विभाग परिवर्तन।
- लोकसभा का नेता।
- राष्ट्रपति तथा मंत्रिमण्डल के बीच सम्बन्ध स्थापित करना।
- अन्तर्राष्ट्रीय क्षेत्र में भारत का प्रतिनिधित्व।
- देश के सर्वोच्च नेता तथा शासक के रूप में कार्य।

भारत की संसद

- भारत की संसद राष्ट्रपति, राज्यसभा तथा लोकसभा से मिलकर बनती है।
- संसद के निम्न सदन को लोकसभा एवं उच्च सदन को राज्यसभा कहते हैं।

राज्यसभा

- राज्यसभा संसद का उच्च सदन है।
- संविधान के अनुच्छेद 80 के अनुसार राज्यसभा के सदस्यों का अधिकतम संख्या 250 हो सकती है परन्तु वर्तमान में यह संख्या 245 है।
- इसमें 12 सदस्य राष्ट्रपति द्वारा मनोनीत किए जाते हैं। ये ऐसे व्यक्ति होते हैं जिन्हें कला, साहित्य विज्ञान, समाजसेवा या सहकारिता के क्षेत्र में विशेष ज्ञान और अनुभव प्राप्त हो। शेष सदस्य जनता द्वारा अप्रत्यक्ष रूप में निर्वाचित होते हैं। इनका चुनाव विभिन्न राज्यों और क्षेत्रों की विधान सभाओं के सदस्यों द्वारा होता है।

सदस्यों की योग्यताएं

- वह भारत का नागरिक हो।
- उसकी आयु 30 वर्ष से कम न हो।
- वह किसी लाभ के पद पर न हो, विकृत मस्तिष्क का या दिवालिया न हो।
- ऐसी अन्य योग्यताएं रखता हो जो संसद के किसी कानून द्वारा निश्चित की जाएं।
- राज्य सभा का उम्मीदवार होने के लिए उस राज्य में संसदीय क्षेत्र में मतदाता होना आवश्यक है जिस राज्य से वह चुनाव लड़ रहा हो।

कार्यकाल

- राज्यसभा एक स्थायी सदन है। यह कभी भंग नहीं होती है, बल्कि इसमें एक तिहाई सदस्य हर दो वर्ष बाद अवकाश ग्रहण कर लेते हैं और इनके स्थान पर नए सदस्यों का चुनाव हो जाता है। इस प्रकार राज्यसभा के प्रत्येक सदस्य का कार्यकाल 6 वर्ष का होता है।

पदाधिकारी

- भारत का उपराष्ट्रपति राज्यसभा का पदेन सभापति होता है राज्य सभा अपने सदस्यों में से किसी एक को 6 वर्ष के लिए उपसभापति निर्वाचित करती है।
- उपसभापति को राज्यसभा के सदस्यों द्वारा अपने कुल बहुमत से प्रस्ताव पारित कर हटाया जा सकता है।

राज्यसभा के कार्य तथा शक्तियां

- संविधान संशोधन की शक्ति।
- राज्यसभा के निर्वाचित सदस्य राष्ट्रपति के चुनाव में भाग लेते हैं।
- राज्यसभा के सदस्य लोकसभा के सदस्यों के साथ मिलकर उपराष्ट्रपति का चुनाव करते हैं राज्यसभा लोकसभा के साथ मिलकर राष्ट्रपति, सर्वोच्च न्यायालय के न्यायाधीशों तथा अन्य कुछ पदाधिकारियों पर महाभियोग लगा सकती है।
- राज्यसभा लोकसभा के साथ मिलकर बहुमत से प्रस्ताव पास कर उपराष्ट्रपति को उसके पद से हटा सकती है।
- एक माह से अधिक अवधि तक यदि आपातकाल लागू रखना हो तो उस प्रस्ताव का अनुमोदन लोकसभा तथा राज्यसभा दोनों से पारित होना आवश्यक है।

लोकसभा

- संघीय संसद का निम्न अथवा लोकप्रिय सदन है।
- लोकसभा की अधिकतम सदस्य संख्या (530 + 20 + 2) 552 हो सकती है। वर्तमान में इसकी व्यावहारिक सदस्य संख्या (530 + 13 + 2) = 543 है।
- 84 में संविधान संशोधन अधिनियम (2001) के अनुसार लोकसभा एवं विधान सभाओं की सीटों की संख्या में सन् 2026 तक कोई परिवर्तन न किया हो।

निर्वाचकों की योग्यताएं

- लोकसभा के चुनाव में उन सभी व्यक्तियों को मतदान का अधिकार होगा जो भारत के नागरिक हैं, जिनकी आयु 18 वर्ष या अधिक है, जो पागल या दिवालिया नहीं हैं और जिन्हें संसद के कानून द्वारा किसी अपराध, भ्रष्टाचार या गैर-कानूनी व्यवहार के कारण मतदान से वंचित न किया गया हो।

सदस्यों की योग्यताएं

- वह व्यक्ति भारत का नागरिक हो।
- उसकी आयु 25 वर्ष या इससे अधिक हो।
- भारत सरकार अथवा किसी राज्य सरकार के अन्तर्गत वह कोई लाभ का पद धारण न किए हुए हो।
- वह किसी न्यायालय द्वारा दिवालिया न ठहराया गया हो तथा पागल न हो। वह संसद द्वारा बनाए गए किसी कानून द्वारा अयोग्य न ठहराया गया हो।
- संसद के कानून तथा निर्धारित अन्य योग्यताएं हों।

कार्यकाल

- लोकसभा का कार्यकाल 5 वर्ष है किन्तु प्रधानमंत्री के परामर्श के आधार पर राष्ट्रपति के द्वारा लोकसभा को समय के पूर्व भी भंग किया जा सकता है।
- आपातकाल की घोषणा लागू होने पर संसद विधि द्वारा, लोकसभा के कार्यकाल में वृद्धि कर सकती है जो एक बार में एक वर्ष से अधिक नहीं होगी।

पदाधिकारी

- लोकसभा स्वयं ही अपने सदस्यों में से एक अध्यक्ष और एक उपाध्यक्ष का निर्वाचन करेगी। इनका कार्यकाल लोकसभा के कार्यकाल तक अर्थात्

समय से पूर्व भंग न होने की स्थिति में 5 वर्ष होता है, परन्तु इस अवधि के अंदर अध्यक्ष या उपाध्यक्ष स्वेच्छा से अपने पदों से त्यागपत्र दे सकते हैं तथा उनको पद से लोकसभा द्वारा दो तिहाई मत से पारित प्रस्ताव द्वारा हटाया भी जा सकता है।

लोकसभा की शक्तियां व कार्य

- राज्यसभा द्वारा पारित उपराष्ट्रपति की पदच्युत के प्रस्ताव पर लोकसभा का अनुमोदन आवश्यक है।
- लोकसभा तथा राज्यसभा मिलकर राष्ट्रपति तथा सर्वोच्च न्यायालय और उच्च न्यायालयों के न्यायाधीशों के विरुद्ध महाभियोग का प्रस्ताव पास कर सकती हैं।
- संविधान संशोधन सम्बन्धी शक्ति।
- राष्ट्रपति द्वारा की गई संकटकाल की घोषणा को एक माह के अन्दर संसद से स्वीकृत होना आवश्यक है।

संसद के सत्र

- संसद के सत्र राष्ट्रपति द्वारा स्वेच्छा से बुलाए जाते हैं, परन्तु दो सत्रों के बीच 6 मास से अधिक अन्तर नहीं होना चाहिए।
- सामान्यत: सदन की वर्ष में 3 बैठकें (सत्र) होती हैं–

  बजट सत्र–फरवरी, मई सबसे लम्बा सत्र।

  मानसून सत्र–जुलाई-अगस्त।

  शीतकालीन सत्र–नवम्बर-दिसम्बर, सबसे छोटा सत्र।
- सदन का स्थगन–सदन को स्थगित करने का अधिकार राष्ट्रपति को प्राप्त है। इसके फलस्वरूप सदन का केवल सत्र समाप्त होता है, जीवन नहीं।
- सदन को भंग करना–भारत में केवल लोकसभा को भंग किया जा सकता है। लोकसभा को भंग करने की शक्ति राष्ट्रपति के पास है जो इसका प्रयोग प्राय: प्रधानमंत्री के परामर्श से करता है। जब लोकसभा को भंग किया जाता है तो कोई भी विधेयक जो इसके विचाराधीन होता है अपने आप समाप्त हो जाता है।

राज्य/केन्द्र शासित प्रदेश और उनकी सीटें

राज्य/के. शा. प्रदेश	लोकसभा	राज्यसभा	विधानसभा	विधानपरिषद्
आन्ध्र प्रदेश	25	11	175	58
अरुणाचल प्रदेश	2	1	40	–
असोम	12	7	126	–
बिहार	40	16	243	75
गोवा	2	1	40	–
गुजरात	26	11	182	–
हरियाणा	10	5	90	–
हिमाचल प्रदेश	4	3	86	–
*जम्मू-कश्मीर	6	4	100	36
कर्नाटक	28	12	224	75
केरल	20	9	140	–
मध्य प्रदेश	29	11	230	–
महाराष्ट्र	48	19	288	78
मणिपुर	2	1	60	–
मेघालय	2	1	60	–
तेलंगाना	17	7	119	40
मिजोरम	1	1	40	–
नागालैण्ड	1	1	60	–
उड़ीसा	21	10	147	–
पंजाब	13	7	117	–
राजस्थान	25	10	200	–
सिक्किम	1	1	32	–
तमिलनाडु	39	18	234	–
त्रिपुरा	2	1	60	–
उत्तर प्रदेश	80	31	404	99
पश्चिम बंगाल	42	16	294	–
उत्तराखण्ड	5	3	70	–
झारखण्ड	14	6	81	–
छत्तीसगढ़	11	5	90	–
अण्डमान व निकोबार	1	–	1	–
चण्डीगढ़	1	–	–	–
*दादरा व नगर हवेली	1	–	–	–
दिल्ली	7	3	70	–
*दमन व दीव	1	–	–	–
लक्षद्वीप	1	–	–	–
पदुचेरी	1	1	30	–
कुल	**543**	**233**	**30**	–

*अगस्त, 2019 में जम्मू-कश्मीर का राज्य का दर्जा खत्म करके उसे दो केन्द्रशासित प्रदेशों जम्मू-कश्मीर तथा लद्दाख में विभाजित कर दिया गया था।

*3 दिसंबर, 2019 को पारित विधेयक के अनुसार दादरा और नगर हवेली एवं दमन और दीव का विलय कर दिया गया।

सर्वोच्च न्यायालय

न्यायाधीशों की संख्या

- एक मुख्य न्यायाधीश और 33 अन्य न्यायाधीश।

न्यायाधीशों की नियुक्ति

- ये नियुक्तियां राष्ट्रपति द्वारा सर्वोच्च न्यायालय से परामर्श के आधार पर की जाती हैं। सर्वोच्च न्यायालय के मुख्य न्यायाधीश इस प्रसंग में राष्ट्रपति को परामर्श देने के पूर्व अनिवार्य रूप से 'चार वरिष्ठतम् न्यायाधीशों के समूह' से परामर्श प्राप्त करते हैं तथा न्यायाधीशों से प्राप्त परामर्श के आधार पर राष्ट्रपति को परामर्श देते हैं।
- व्यावहारिक तौर पर सर्वोच्च न्यायालय का सबसे वरिष्ठ न्यायाधीश सर्वोच्च न्यायालय का मुख्य न्यायाधीश बनता है।

न्यायाधीशों की योग्यताएं

- वह भारत का नागरिक हो।
- वह किसी उच्च न्यायालय अथवा दो या दो से अधिक न्यायालयों में लगातार कम-से-कम 5 वर्ष तक न्यायाधीश के रूप में कार्य कर चुका हो अथवा किसी उच्च न्यायालय या न्यायालयों में लगातार 10 वर्ष तक अधिवक्ता रह चुका हो अथवा राष्ट्रपति की दृष्टि में कानून का उच्च कोटि का ज्ञाता हो।

कार्यकाल तथा महाभियोग

- साधारणत: सर्वोच्च न्यायालय का प्रत्येक न्यायाधीश 65 वर्ष की आयु तक अपने पद पर बना रह सकता है। इस अवस्था के पूर्व वह स्वयं त्यागपत्र दे सकते हैं।
- इसके अतिरिक्त सिद्ध कदाचार अथवा असमर्थता के आधार पर संसद के द्वारा विशेष बहुमत से न्यायाधीश को उसके पद से हटाया जा सकता है।
- वर्तमान में सर्वोच्च न्यायालय के मुख्य न्यायाधीश को ₹ 2,80,000 प्रतिमाह व अन्य न्यायाधीशों को ₹ 2,50,000 प्रतिमाह वेतन मिलता है। इनके लिए पेन्शन व सेवा निवृत्ति वेतन की व्यवस्था भी है। उन्हें वेतन व भत्ते भारत की संचित निधि से दिए जाते हैं।

राज्य सरकार

राज्यपाल राज्य की कार्यपालिका का वैधानिक प्रधान होता है। मंत्रिपरिषद् राज्य की कार्यपालिका शक्ति की वास्तविक प्रधान होती है।

राज्यपाल की नियुक्ति

राज्यपाल की नियुक्ति राष्ट्रपति के द्वारा की जाती है। संविधान द्वारा स्थापित संसदीय व्यवस्था में राज्यपाल केवल संवैधानिक प्रधान है। अत: राज्यपाल पद के सम्बन्ध में निर्वाचन के स्थान पर मनोनयन की पद्धति को अपनाया गया है।

कार्यकाल तथा वेतन

- राज्यपाल का कार्यकाल 5 वर्ष होता है लेकिन वह अपने उत्तराधिकारी के पद ग्रहण करने तक अपने पद पर बना रह सकता है। संविधान के अनुसार एक ही व्यक्ति दो या दो से अधिक राज्यों का राज्यपाल भी नियुक्त किया जा सकता है।
- राज्यपाल को ₹ 3,50,000 प्रतिमाह वेतन मिलता है।
- राज्यपाल का वेतन तथा भत्ते राज्य की संचित निधि पर भारित है।

योग्यताएं

- वह भारत का नागरिक हो।
- उसकी आयु कम-से-कम 35 वर्ष हो।
- राज्यपाल संसद या राज्य के विधान मण्डल का सदस्य नहीं हो सकता है और यदि वह किसी सदन का सदस्य है तो राज्यपाल के पद पर नियुक्ति की तिथि से उसे अपनी सदन की सदस्यता का त्याग करना होगा।

राज्यपाल की शक्तियां

- वह मुख्यमंत्री की नियुक्ति करता है तथा उसके परामर्श से अन्य मन्त्रियों की नियुक्ति करता है। वह महाधिवक्ता और राज्य लोक सेवा आयोग के अध्यक्ष तथा सदस्यों की नियुक्ति करता है।
- वह व्यवस्थापिका का अधिवेशन, बुला सकता है, स्थगित कर सकता है व्यवस्थापिका के निम्न सदन 'विधान सभा' को भंग कर सकता है।
- वह विधानमण्डल की पहली बैठक को सम्बोधित करता है और उसके बाद भी वह विधानमण्डल को संदेश भेज सकता है।

मुख्यमंत्री

- मुख्यमंत्री ही राज्य की कार्यपालिका का वास्तविक प्रधान है।

मुख्यमंत्री की नियुक्ति

- संविधान के अनुच्छेद 164 में कहा गया है कि मुख्यमंत्री की नियुक्ति राज्यपाल करेगा। व्यवहार के अन्तर्गत राज्यपाल के द्वारा विधान सभा के बहुमत दल के नेता को ही मुख्यमंत्री पद का नियुक्त किया जाता है।

मुख्यमंत्री के कार्य एवं अधिकार

- मन्त्रिपरिषद् का निर्माण।
- मंत्रिमण्डल में कार्य का बंटवारा और विभाग परिवर्तन।
- मन्त्रिमण्डल का कार्य संचालन।
- शासन के विभिन्न विभागों में समन्वय।
- मन्त्रिपरिषद् और राज्यपाल के बीच की कड़ी।
- विधानसभा के नेता के रूप में कार्य।
- सरकार के प्रधान प्रवक्ता के रूप में कार्य।
- राज्य में बहुमत दल के नेता के रूप में कार्य।
- राज्य की सम्पूर्ण शासन व्यवस्था पर नियन्त्रण रखना।

विधानसभा

- विधानसभा राज्य के विधान मंडल का निम्न सदन है।
- विधानसभा के सदस्यों का निर्वाचन प्रत्यक्ष रूप से राज्य की जनता करती है। इस कारण इस सदन को 'लोकप्रिय सदन' भी कहते हैं।
- विधानसभा विधान परिषद् से अधिक शक्तिशाली होती है।
- राज्य की विधानसभा के सदस्यों की अधिकतम संख्या 525 और न्यूनतम संख्या 60 होती है।

निर्वाचन पद्धति

- विधान सभा के निर्वाचन के लिए वयस्क मताधिकार और संयुक्त निर्वाचन प्रणाली अपनाई गयी है।
- विधान परिषद् के सदस्यों का चुनाव जनता द्वारा प्रत्यक्ष रूप से होता है।

मतदाताओं की योग्यताएं

- मतदाता होने के लिए 18 वर्ष की आयु प्राप्त भारतीय नागरिक होना चाहिए। उसे पागल, दिवालिया या अपराधी नहीं होना चाहिए तथा उसका नाम मतदाता सूची में सम्मिलित होना चाहिए।

सदस्यों की योग्यताएं

- वह भारत का नागरिक हो
- कम-से-कम 25 वर्ष की आयु पूरी कर चुका हो।
- संसद द्वारा निर्धारित की गई योग्यताएं रखता हो।
- दिवालिया, पागल तथा सरकारी कर्मचारी न हो।

कार्यकाल

- साधारण अवस्था में राज्य विधान सभा का कार्यकाल उसकी पहली बैठक से पांच वर्ष का है किन्तु राज्यपाल द्वारा इसे समय से पूर्व भी भंग किया जा सकता है। संकटकाल की घोषणा होने पर 1 वर्ष के लिए संसद इस अवधि को बढ़ा भी सकती है, परन्तु यह बढ़ी हुई अवधि अधिक-से-अधिक संकटकाल की समाप्ति के 6 माह बाद तक हो सकती है।

पदाधिकारी

- प्रत्येक राज्य की विधान सभा के दो मुख्य पदाधिकारी होते हैं : अध्यक्ष और उपाध्यक्ष।
- इन दोनों का चुनाव विधान सभा के सदस्य अपने सदस्यों में से करते हैं तथा इनका कार्यकाल विधान सभा के कार्यकाल तक होता है। इसके बीच अध्यक्ष अपना त्यागपत्र उपाध्यक्ष को तथा उपाध्यक्ष अपना त्याग पत्र अध्यक्ष को दे सकता है।
- इन दोनों की विधान सभा सदस्यों के बहुमत द्वारा स्वीकृत प्रस्ताव के आधार पर हटाया जा सकता है।

विधान परिषद्

- राज्य के विधान मण्डल के दूसरे सदन को विधान परिषद् कहा जाता है इसे उच्च सदन भी कहा जाता है।
- वर्तमान समय में विधान परिषद् भारतीय संघ के केवल 6 राज्यों (उत्तर प्रदेश, बिहार, महाराष्ट्र, कर्नाटक, तेलंगाना और आंध्र प्रदेश) में हैं।

सदस्य संख्या

- प्रत्येक राज्य की विधान परिषद् के सदस्यों की संख्या संविधान व्यवस्था के अनुसार उनकी विधान सभा के सदस्यों की संख्या के एक तिहाई से अधिक नहीं होगी, परन्तु साथ-साथ संविधान में यह भी कहा गया है, कि किसी भी दशा में उसकी सदस्य संख्या 40 से कम नहीं होनी चाहिए।

विधान परिषद् का गठन

- 1/3 सदस्य राज्य की स्थानीय संस्थाओं द्वारा चुने जाते हैं।
- 1/3 सदस्य राज्य की विधान सभा द्वारा निर्वाचित होते हैं।
- 1/12 सदस्य राज्य के पंजीकृत स्नातकों द्वारा निर्वाचित होते हैं।
- 1/12 सदस्य राज्य के ऐसे अध्यापकों द्वारा निर्वाचित होते हैं जो माध्यमिक पाठशाला या इससे उच्च शिक्षण संस्था में कम-से-कम 3 वर्ष से अध्यापन का कार्य कर रहे हैं।
- 1/6 सदस्य राज्यपाल द्वारा मनोनीत किए जाते हैं। राज्यपाल द्वारा उन व्यक्तियों में से किया जाता है जो साहित्य, विज्ञान कला और समाज सेवा के क्षेत्र में विशेष रुचि रखते हैं।

सदस्यों की योग्यताएं

- विधान परिषद् की सदस्यता के लिए भी वही योग्यताएं हैं, जो विभिन्न सभा की सदस्यता के लिए है। अन्तर केवल यह है, कि विधान परिषद् की सदस्यता के लिए आयु न्यूनतम 30 वर्ष होनी चाहिए।
- इसके अतिरिक्त, निर्वाचित सदस्य को उस राज्य की विधान सभा के निर्वाचन क्षेत्र का निर्वाचक होना चाहिए व नियुक्त किए जाने वाले सदस्य को उस राज्य का निवासी होना चाहिए जिसकी विधान परिषद् का यह सदस्य बनना चाहता है।

कार्यकाल

- विधान परिषद् एक स्थायी सदन है। पूरी विधान परिषद् कभी भी भंग नहीं होती है और उसे राज्यपाल द्वारा भी भंग नहीं किया जा सकता है।
- विधान परिषद् के सदस्यों का कार्यकाल 6 वर्ष है। प्रति दो वर्ष पश्चात् एक-तिहाई सदस्य अपना पद छोड़ देते हैं और उनके स्थान के लिए नए निर्वाचन होते हैं।
- भारतीय संसद कानून बनाकर किसी राज्य में (उस राज्य की सहमति के बाद) विधान परिषद् की उत्पत्ति कर सकती हैं अथवा उसके अस्तित्व को समाप्त कर सकती है।

पदाधिकारी

- विधान परिषद् अपने सदस्यों में से एक सभापति और एक उप-सभापति का चुनाव करती है। यदि सदन के अध्यक्ष का पद रिक्त हो तो उपाध्यक्ष सदन की बैठकों की अध्यक्षता करता है।
  1. कानून निर्माण सम्बन्धी कार्य,
  2. कार्यपालिका सम्बन्धी कार्य,
  3. वित्त सम्बन्धी कार्य।

उच्च न्यायालय

न्यायाधीशों की नियुक्ति

- प्रत्येक उच्च न्यायालय में एक प्रमुख न्यायाधीश व कुछ अन्य न्यायाधीश होते हैं, जिनकी संख्या निश्चित करने का अधिकार राष्ट्रपति को है।
- मुख्य न्यायाधीश की नियुक्ति भारत के राष्ट्रपति, भारत के मुख्य न्यायाधीश और उस राज्य के राज्यपाल के परामर्श से होती है तथा अन्य न्यायाधीशों की नियुक्ति में सम्बन्धित राज्य के मुख्य न्यायाधीश का भी परामर्श लेना होता है।

न्यायाधीशों की योग्यताएं

- वह भारत का नागरिक हो।
- वह कम-से-कम 10 वर्ष तक भारत के किसी क्षेत्र में न्याय सम्बन्धी पद पर कार्य कर चुका हो अथवा एक या एक से अधिक उच्च न्यायालयों का लगातार 10 वर्ष तक अधिवक्ता रह चुका हो।

वेतन एवं भत्ते

- उच्च न्यायालय के मुख्य न्यायाधीश को ₹ 2,50,000 प्रतिमाह तथा अन्य न्यायाधीशों को ₹ 2,25,000 प्रतिमाह वेतन प्राप्त होता है।
- न्यायाधीशों के लिए पेंशन व सेवानिवृत्ति वेतन की व्यवस्था भी की गई है।
- उनके वेतन तथा भत्ते राज्य के संचित निधि पर भारित होते हैं।

कार्यकाल

- उच्च न्यायालय के न्यायाधीशों का कार्यकाल 62 वर्ष की आयु तक निश्चित किया गया है, परन्तु इससे पूर्व वह स्वयं पद त्याग कर सकते हैं।
- उच्च न्यायालय की शक्तियां तथा अधिकार क्षेत्र–
  1. प्रारम्भिक अधिकार क्षेत्र
  2. अपीलीय क्षेत्राधिकार
  3. न्यायिक पुनर्विलोकन की शक्ति
  4. लेख (Writes) जारी करने का अधिकार
  5. अभिलेख न्यायालय के रूप में
  6. प्रशासनिक शक्तियां
  7. संविधान के रक्षक के रूप में कार्य

अधीनस्थ न्यायालय

- उच्च न्यायालय के अधीनस्थ जिला स्तर के न्यायालय होते हैं। भारत के प्रत्येक जिले में तीन प्रकार के अधीनस्थ न्यायालय होते हैं।
- दीवानी न्यायालय
- फौज़दारी न्यायालय
- राजस्व न्यायालय

उच्च न्यायालयों की अधिकारिता

नाम	अधिकारिता	स्थित
आन्ध्र प्रदेश	आन्ध्र प्रदेश	अमरावती
इलाहाबाद	उत्तर प्रदेश	इलाहाबाद (लखनऊ में खण्डपीठ)
मुम्बई	महाराष्ट्र, दादरा और नगर हवेली, गोवा और दमन एवं दीव समूह	कोलकाता (पोर्टब्लेयर में खण्डपीठ)
दिल्ली	दिल्ली	दिल्ली
गुवाहाटी	असम, मिजोरम, नागालैण्ड	गुवाहाटी (कोहिमा में खण्डपीठ और अरुणाचल प्रदेश)

गुजरात	गुजरात	अहमदाबाद
हिमाचल प्रदेश	हिमालच प्रदेश	शिमला
जम्मू-कश्मीर	जम्मू-कश्मीर	श्रीनगर और जम्मू-कश्मीर
कर्नाटक	कर्नाटक	बेंगलुरु
केरल	केरल और लक्ष्यद्वीप	एर्नाकुलम
मध्य प्रदेश	मध्य प्रदेश	जबलपुर (ग्वालियर और इंदौर में खण्डपीठ)
चेन्नई	तमिलनाडु और पुदुचेरी	चेन्नई
उड़ीसा	उड़ीसा	कटक
उत्तराखण्ड	उत्तराखण्ड	नैनीताल
पटना	बिहार	पटना
पंजाब और हरियाणा	पंजाब, हरियाणा और चण्डीगढ़	चण्डीगढ़
राजस्थान	राजस्थान	जोधपुर (जयपुर में खण्डपीठ)
सिक्किम	सिक्किम	गंगटोक
झारखण्ड	झारखण्ड	रांची
छत्तीसगढ़	छत्तीसगढ़	बिलासपुर
मणिपुर	मणिपुर	इम्फाल
मेघालय	मेघालय	शिलांग
त्रिपुरा	त्रिपुरा	अगरतला
तेलंगाना	तेलंगाना	हैदराबाद

निर्वाचन आयोग

- संविधान के अनुच्छेद–324 के अनुसार निर्वाचन आयोग के नाम से एक स्वतन्त्र संस्था की व्यवस्था है, जो स्वच्छ एवं निष्पक्ष चुनाव का संचालन करती है।
- निर्वाचन आयोग, मुख्य निर्वाचन आयुक्त तथा अन्य निर्वाचन आयुक्तों, जिन्हें राष्ट्रपति समय-समय पर नियत करता है, से मिलकर बनता है। मुख्य निर्वाचन आयुक्त तथा अन्य निर्वाचन आयुक्तों की नियुक्ति संसद द्वारा बनाई गई विधि द्वारा राष्ट्रपति करता है।
- संविधान के निर्वाचन आयोग के आयुक्तों की संख्या का कोई निश्चित निर्धारण नहीं किया है तथा इस कार्य को राष्ट्रपति पर छोड़ दिया गया है।
- सन् 1993 में निर्वाचन आयोग को संसदीय अधिनियम द्वारा तीन सदस्यीय बना दिया गया।
- भारतीय संविधान में निर्वाचन आयोग के सदस्यों के लिए कोई योग्यता का निर्धारण नहीं किया है, बल्कि राष्ट्रपति किसी भी व्यक्ति को नियुक्त करने के लिए स्वतन्त्र है।
- सामान्यत: उनका कार्यकाल पांच वर्ष का होता है।
- सर्वोच्च न्यायालय के निर्णयानुसार अन्य निर्वाचन आयुक्तों को अपने पद से राष्ट्रपति मुख्य निर्वाचन आयुक्त की सहमति से हटा सकता है।

पंचायती राज

- आम जनता को सामुदायिक विकास कार्यक्रम से लाभान्वित करने हेतु इस विचार को मूल रूप से किया गया।
- अनुच्छेद 40 के तहत् पंचायती राज व्यवस्था को राज्य के नीति-निदेशक तत्वों के तहत् रखा गया है।
- इसके लिए राष्ट्रीय विकास परिषद् ने सन् 1956 में बलवन्त राय मेहता की अध्यक्षता में एक समिति गठित की, जिसने अपनी रिपोर्ट सन् 1957 में सौंप दी।
- देश में त्रिस्तरीय पंचायती राज सबसे पहले राजस्थान के नागौर जिले में 2 अक्टूबर, 1956 को अपनाया गया। इसके बाद आन्ध्र प्रदेश, बिहार, गुजरात, हिमाचल प्रदेश, महाराष्ट्र, पंजाब, तमिलनाडु उत्तर प्रदेश तथा पश्चिम बंगाल ने इसे अपनाया।
- पंचायती राज व्यवस्था को और अधिक प्रभावशाली करने के लिए सन् 1977 में जनता सरकार ने अशोक मेहता समिति का गठन किया, जिसने सन् 1978 में अपनी रिपोर्ट पेश की।
- इस समिति ने त्रिस्तरीय व्यवस्था को द्विस्तरीय बनाने का सुझाव दिया –पहला निचले स्तर पर मण्डल पंचायत तथा दूसरा जिला स्तर पर जिला परिषद्।
- दिसम्बर 1992 के 73 वें संविधान संशोधन के अनुसार, पंचायती राज व्यवस्था त्रिस्तरीय है।

संविधान संशोधन

- भारतीय संविधान के अनुच्छेद 368 में संविधान में संशोधन के लिए तीन प्रणालियों को अपनाया गया है।
  1. संविधान के कुछ प्रावधानों को संसद साधारण बहुमत द्वारा संशोधित कर सकती है। इस प्रकार के प्रावधानों में नए राज्यों की स्थापना, वर्तमान राज्यों का पुनर्गठन राज्यों के विधान-परिषदों की स्थापना अथवा उन्हें समाप्त करने सम्बन्धी विषय सम्मिलित हैं।
  2. संविधान के कुछ प्रावधानों को संसद दो-तिहाई बहुमत से संशोधित कर सकती है तथा उनका अनुमोदन अधिकतर राज्यों की विधान सभाओं की स्वीकृति से किया जा सकता है। इस प्रकार जिन प्रावधानों में संशोधन किया जा सकता है उसमें राष्ट्रपति का चुनाव, संघीय व राज्य कार्यकारिणी की शक्तियां, संघीय न्यायपालिका, उच्च न्यायालय, संसद में राज्यों को प्रतिनिधित्व, संविधान संशोधन प्रक्रिया आदि सम्मिलित हैं।
  3. संविधान के अधिकतर भागों में संशोधन संसद द्वारा दो-तिहाई बहुमत से किया जा सकता है। यह स्पष्ट कर देना आवश्यक है, कि यह दो-तिहाई बहुमत प्रत्येक सदन की कुल सदस्य संख्या का स्पष्ट बहुमत होना चाहिए।

पहला संशोधन (1951)

- इस संशोधन द्वारा नौंवी अनुसूची को शामिल किया गया।

दूसरा संशोधन (1952)

- संसद में राज्यों के प्रतिनिधित्व को निर्धारित किया गया।

सातवां संशोधन (1956)

- इस संशोधन द्वारा भाषायी आधार पर राज्यों का पुनर्गठन किया गया, जिसमें पहले के तीन श्रेणियों में राज्यों के वर्गीकरण को समाप्त करते हुए राज्यों एवं केन्द्रशासित प्रदेशों में उन्हें विभाजित किया गया।

आठवां संशोधन (1960)

- अनुसूचित जातियों तथा जनजातियों और एंग्लो इंडियन समुदाय के लिए विशेष आरक्षण की अवधि 10 वर्ष बढ़ाकर सन् 1970 तक की गई।

10वां संशोधन (1961)

- दादर और नगर हवेली को भारतीय संघ में शामिल कर उन्हें संघीय क्षेत्र की स्थिति प्रदान की गई।

12वां संशोधन (1962)

- गोवा, दमन और दीव का भारतीय संघ में एकीकरण किया गया।

13वां संशोधन (1962)

- संविधान में एक नया अनुच्छेद 371 (अ) जोड़ा गया, जिसमें नागालैण्ड के प्रशासन के लिए कुछ विशेष प्रावधान किए गए। दिसम्बर 1963 को नागालैण्ड को एक राज्य की स्थिति प्रदान कर दी गई।

14वां संशोधन (1963)

- पुदुचेरी को संघ राज्य क्षेत्र के रूप में प्रथम अनुसूची में जोड़ा गया तथा इन संघ राज्य क्षेत्रों (हिमाचल प्रदेश, गोवा, दमन और दीव, पुदुचेरी और मणिपुर) में विधान सभाओं की स्थापना की व्यवस्था की गई।

15वां संशोधन (1963)

- उच्च न्यायालय के न्यायाधीशों की सेवानिवृत्ति की आयु 60 वर्ष से बढ़ाकर 62 वर्ष की गई।

21वां संशोधन (1967)

- आठवीं अनुसूची में 'सिन्धी' भाषा को जोड़ा गया।

22 वां संशोधन (1968)

- मेघालय को एक स्वतन्त्र राज्य के रूप में स्थापित करने तथा उसके लिए विधानमण्डल और मन्त्रिपरिषद् का उपबन्ध करने की शक्ति प्रदान की गई।

23वां संशोधन (1970)

- अनुसूचित जातियों और जनजातियों के लिए आरक्षण की अवधि को और 10 वर्ष तक बढ़ाया गया।

24वां संशोधन (1971)

- संसद को मौलिक अधिकारों सहित संविधान के किसी की भाग में संशोधन का अधिकार दिया गया।

26वां संशोधन (1971)

- भूतपूर्व देशी रियासतों के शासकों का 'प्रिवीपर्स' समाप्त कर दिया गया।

27वां संशोधन (1971)

- उत्तरी-पूर्वी क्षेत्र के पांच राज्यों : असम, नागालैण्ड, मेघालय, मणिपुर व त्रिपुरा तथा दो संघीय क्षेत्रों : मिजोरम और अरुणाचल प्रदेश का गठन किया गया तथा इनमें समन्वय और सहयोग के लिए एक 'पूर्वोत्तर सीमान्त परिषद्' की स्थापना की गई।

31वां संशोधन (1974)

- लोकसभा की अधिकतम सदस्य संख्या 547 निश्चित की गई। इनमें से 545 निर्वाचित व 2 राष्ट्रपति द्वारा मनोनीत होंगे।

36वां संशोधन (1975)

- सिक्किम को भारतीय संघ में संघ के 22 वें राज्य के रूप में प्रवेश प्रदान किया गया।

37वां संशोधन (1975)

- अरुणाचल प्रदेश में व्यवस्थापिका तथा मन्त्रि परिषद् की स्थापना की गई।

42वां संशोधन (1976)

- कुछ विद्वानों द्वारा इसकी व्यापक प्रकृति को दृष्टिगत रखते हुए इसे 'लघु संविधान' (Mini Constitution) की संज्ञा प्रदान की गई है। इसकी प्रमुख बातें इस प्रकार हैं–
- इसके द्वारा संविधान की प्रस्तावना में 'धर्मनिरपेक्ष', 'समाजवादी' ओर अखण्डता' शब्द जोड़े गए।
- इसके द्वारा अधिकारों के साथ-साथ कर्त्तव्यों की व्यवस्था करते हुए नागरिकों के 10 मूल कर्त्तव्य निश्चित किए गए।
- इसके अनुसार नीति निदेशक तत्त्वों को प्रभावी करने के लिए मूलाधिकारों में संशोधन किया जा सकता है।
- लोकसभा तथा विधानसभाओं के कार्यकाल में एक वर्ष की वृद्धि की गई।
- नीति निदेशक तत्त्वों के कुछ नवीन तत्त्व जोड़े गए।
- इसके द्वारा 'शिक्षा', 'नाप-तौल', 'वन' और 'जंगली जानवर' तथा 'पक्षियों' की रक्षा, ये विषय राज्य सूची से निकालकर समवर्ती सूची में रख दिए गए।
- यह व्यवस्था की गई कि अनुच्छेद 352 के अन्तर्गत आपातकाल सम्पूर्ण देश में लागू किया जा सकता है या देश के किसी एक या कुछ भागों के लिए।
- संसद द्वारा किए गए संविधान संशोधन को न्यायालय में चुनौती देने से वर्जित कर दिया गया।

43वां संशोधन (1977)

- 42वें संवैधानिक संशोधन की कुछ आपत्तिजनक व्यवस्थाओं विशेषतया न्यायपालिका से सम्बन्धित व्यवस्थाओं, को रद्द कर दिया गया।

44वां संशोधन (1978)

इसकी प्रमुख बातें इस प्रकार हैं:

- सम्पत्ति के मूलाधिकार को समाप्त करके इसे 'विधिक अधिकार' बना दिया गया।
- लोकसभा तथा राज्य विधान सभाओं की अवधि पुनः 5 वर्ष कर दी गई।
- राष्ट्रपति, उपराष्ट्रपति, प्रधानमन्त्री और लोक सभा अध्यक्ष के चुनाव विवादों की सुनवाई का अधिकार पुनः सर्वोच्च तथा उच्च न्यायालय को ही दे दिया गया।
- मन्त्रिमण्डल द्वारा राष्ट्रपति को जो भी परामर्श दिया जाएगा, राष्ट्रपति मन्त्रिमडण्ल को उस पर दोबारा विचार करने के लिए कह सकेंगे लेकिन पुनर्विचार के बाद मन्त्रिमण्डल राष्ट्रपति को, जो भी परामर्श देगा, राष्ट्रपति उस उस परामर्श को अनिवार्यत: स्वीकार करेंगे।
- (a) राष्ट्रपति द्वारा आपातकाल की घोषणा तभी की जा सकेगी, जबकि मन्त्रिमण्डल लिखित रूप में राष्ट्रपति का ऐसा परामर्श दे। (b) आपातकाल युद्ध, बाहरी आक्रमण या सशस्त्र विद्रोह की स्थिति में ही घोषित किया जा सकेगा 'आन्तरिक अशन्ति' में ही घोषित किया जा सकेगा 'आन्तरिक अशांति' के आधार पर नहीं। (c) घोषणा के एक माह के भीतर संसद के विशेष बहुमत से इसकी स्वीकृति आवश्यक होगी।
- 'व्यक्ति के जीवन और स्वतन्त्रता के अधिकार' को शासन के द्वारा आपातकाल में भी स्थगित या सीमित नहीं किया जा सकता, आदि।

49वां संशोधन (1980)

- अनुसूचित जातियों तथा जनजाति वर्गों के लिए आरक्षण की अवधि 25 जनवरी, 1990 तक के लिए कर दी गई।

49वां संशोधन (1984)

- इसके आधार पर संविधान की छठी अनुसूची के अन्तर्गत त्रिपुरा में 'स्वायत्तशासी जिला परिषद्' की स्थापना की गई।

51वां संशोधन (1984)

- अरुणाचल प्रदेश और मिजोरम की अनुसूचित जनजातियों को लोकसभा में आरक्षण प्रदान किया गया तथा नागालैण्ड ओर मेघालय की विधान सभाओं में जनजातियों के लिए आरक्षणों की व्यवस्था की गई।

52वां संशोधन (1985)

- इस संशोधन द्वारा संविधान में दसवीं अनुसूची जोड़ी गई। इसके द्वारा राजनीतिक दल-बदल पर कानूनी रोक लगाने की चेष्टा की गई है।

55वां संशोधन (1986)

- अरुणाचल प्रदेश को भारतीय संघ के अन्तर्गत राज्य का दर्जा प्रदान किया गया।

56वां संशोधन (1987)

- इसमें गोवा को पूर्ण राज्य का दर्जा देने तथा 'दमन व दीव' को नया संघीय क्षेत्र बनाने की व्यवस्था है।

57वां संशोधन (1987)
- मेघालय, मिजोरम, नागालैण्ड तथा अरुणाचल प्रदेश की विधान सभाओं में जनजातियों के लिए आरक्षण की व्यवस्था की गई।

58वां संशोधन (1987)
- संविधान के हिन्दी में प्राधिकृत पाठ को मान्यता प्रदान की गई है।

61वां संशोधन (1989)
- मताधिकार के लिए न्यूनतम आवश्यक आयु 21वर्ष से घटकर 18 वर्ष कर दी गई।

62वां संशोधन (1990)
- लोकसभा तथा राज्य विधान सभाओं में अनुसूचित जातियों तथा जनजातियों के आरक्षण में 10 वर्ष की और वृद्धि की गई।

65वां संशोधन (1990)
- 'अनुसूचित जाति तथा जनजाति आयोग' के गठन की व्यवस्था की गई।

69वां संशोधन (1991)
- दिल्ली का नाम 'राष्ट्रपति राजधानी राज्य क्षेत्र दिल्ली' किया गया तथा इसके लिए 70 सदस्यीय विधान सभा तथा 7 सदस्यीय मन्त्रिमण्डल के गठन का प्रावधान किया गया।

70वां संशोधन (1992)
- दिल्ली तथा पाण्डिचेरी संघ राज्य क्षेत्रों की विधान सभाओं के सदस्यों को राष्ट्रपति के निर्वाचक मण्डल में शामिल करने का प्रावधान किया गया।

71वां संशोधन (1992)
- तीन और भाषाओं : कोंकणी, मणिपुरी और नेपाली को संविधान की आठवीं अनुसूची में सम्मिलित किया गया।

73वां संशोधन (1992)
- संविधान में एक नया भाग 9 तथा एक नई अनुसूची, ग्यारहवीं अनुसूची जोड़ी गई और पंचायती राज व्यवस्था को संवैधानिक दर्जा प्रदान किया गया।

74वां संशोधन (1993)
- संविधान में एक नया भाग : भाग 9 और एक नई अनुसूची 12वीं अनुसूची जोड़कर शहरी क्षेत्र की' स्थानीय स्वशासन संस्थाओं को संवैधानिक दर्जा प्रदान किया गया।

79वां संशोधन (2000)
- अनुसूचित जातियों तथा अनुसूचित जनजातियों के लिए आरक्षण की अवधि 25 जनवरी, 2010 ई. तक के लिए बढ़ा दी गई है।

81वां संवैधानिक संशोधन (2000)
- इस संवैधानिक संशोधन के माध्यम से व्यवस्था की गई है कि अब राज्यों को 'प्रत्यक्ष केन्द्रीय करों' से प्राप्त कुल धनराशि का 29 प्रतिशत हिस्सा मिलेगा।

84वां संवैधानिक संशोधन (2001)
- लोकसभा एवं विधान सभाओं की सीटों की संख्या में सन् 2026 तक कोई छेड़छाड़ नहीं करने सम्बन्धी 84 वां संवैधानिक संशोधन अधिनियम, 2002 पारित किया गयो। निर्वाचन क्षेत्रों का परिसीमन सन् 1991 की जनगणना पर आधारित किया गया।

85वां संवैधानिक संशोधन (2001)
- इस संशोधन से सरकारी नौकरियों में अनुसूचित जाति व अनुसूचित जनजाति के कर्मचारियों को पदोन्नति में आरक्षण का मार्ग प्रशस्त किया गया।

87वां संवैधानिक संशोधन विधेयक (2003)
- इसमें यह प्रावधान किया गया है कि निर्वाचन क्षेत्रों का परिसीमन सन् 2001 के जनगणना के आधार पर होगा।

88वां संवैधानिक संशोधन विधेयक (2003)
- इस संशोधन के द्वारा संविधान की सातवीं अनुसूची में संशोधन कर केन्द्र सरकार को सेवा कर लगाने का अधिकार प्रदान किया गया है।

91वां संवैधानिक संशोधन विधेयक (2003)
- दल बदल व्यवस्था में संशोधन केवल सम्पूर्ण दल के विलय को मान्यता, केन्द्र तथा राज्य में मंत्रिपरिषद् के सदस्य संख्या क्रमशः लोकसभा तथा विधानसभा की सदस्य संख्या का 15 प्रतिशत होगा।

92वां संवैधानिक संशोधन विधेयक (2003)
- इसमें आठवीं अनुसूची में चार और भाषाओं–मैथिली, डोंगरी, बोडो और सन्थाली को जोड़ा गया है।

93वां संवैधानिक संशोधन विधेयक (2005)
- इसके तहत् गैर-सहायता प्राप्त निजी शिक्षण संस्थाओं में आरक्षण की सुविधा प्रदान की गई है। इसे संविधान के अनुच्छेद 15 में जोड़ा गया है।

94वां संवैधानिक संशोधन विधेयक (2006)
- इसे अनुच्छेद 165 की धारा (1) में जोड़ा गया है। इसके अन्तर्गत भारत के जनजातीय कल्याण मन्त्री पर बिहार, मध्य प्रदेश और ओडिशा राज्यों के अनुसूचित जाति तथा पिछड़े वर्ग के कल्याण से सम्बन्धित कार्यों का अतिरिक्त प्रभार होगा। इसमें संशोधित करके केवल बिहार को इस अनुच्छेद के दायरे से बाहर कर दिया गया है।

95वां संवैधानिक संशोधन विधेयक (2009)
- इस संशोधन द्वारा लोक सभा और राज्यों की विधान सभाओं में अनुसूचित जातियों तथा एंग्लो-इंडियन के लिए आरक्षण को दस और वर्षों (2010 तक) के लिए बढ़ा दिया गया है।

96वां संवैधानिक संशोधन अधिनियम (2011)
- इस संशोधन द्वारा उड़ीसा के स्थान पर 'ओडिशा' तथा 8वीं अनुसूची (भाषाएं) की 15वीं प्रविष्टी में 'उड़िया' शब्द के स्थान पर 'ओडिशा' प्रतिस्थापित किया गया है।

97वां संवैधानिक संशोधन अधिनियम (2011)
- इस संशोधन के द्वारा सहकारी समितियों को संवैधानिक दर्जा प्रदान किया गया। इस संशोधन से नीति-निदेशक तत्वों के तहत् अनुच्छेद 43 । जोड़कर सहकारी समितियों को राज्य द्वारा प्रोत्साहन का उपबन्ध किया गया है।

98वां संशोधन अधिनियम (2003)
- इस संशोधन द्वारा संविधान में एक नया अनु. 371 श्र जोड़ा गया है। इसके द्वारा कर्नाटक को हैदराबाद क्षेत्र के सम्बन्ध में विशेष दायित्व सौंपा गया।

99वां संशोधन अधिनियम (2015)
- इस संशोधन में राष्ट्रीय न्यायिक नियुक्ति आयोग से संबंधित अधिनियम 13 अप्रैल 2015 को पारित हुए।

100वां संशोधन अधिनियम (2015)
- यह संशोधन भारत-बांग्लादेश सीमा-विवाद से संबंधित है, जो 1 अगस्त 2015 पारित हुआ।

101वां संशोधन अधिनियम (2016)
- यह संशोधन वस्तु और सेवा कर (GST) से संबंधित है, जो 8 अगस्त 2016 को पारित हुआ।

102वां संशोधन अधिनियम (2018)
- इस संशोधन द्वारा अन्य पिछड़ा वर्ग आयोग को संवैधानिक दर्जा प्रदान किया गया।

103वां संशोधन अधिनियम (2019)
- इस संशोधन द्वारा संविधान के अनुच्छेद 16 में एक नया उपबंध किया गया, जिसके माध्यम से सरकारी सेवाओं में नियुक्ति के लिए आर्थिक रूप से पिछड़े वर्गों के लिए 10 प्रतिशत आरक्षण का प्रावधान किया गया।

104वां संशोधन अधिनियम (2019)
- इस संशोधन के द्वारा अनुसूचित जाति एवं जनजाति के लिए आरक्षण की समयावधि बढ़ाकर 25 जनवरी, 2030 तक कर दी गई है।

105वां संशोधन अधिनियम (2021)

- राज्य/केन्द्रशासित प्रदेशों को अन्य पिछड़ा वर्ग की अपनी सूची बनाने का अधिकार दिया गया।

106वां संशोधन अधिनियम (2023)

- लोकसभा व राज्य विधानसभाओं में महिलाओं को 33 प्रतिशत आरक्षण प्रदान करने का प्रावधान।

प्रश्नमाला

1. केन्द्र शासित प्रदेशों का प्रशासन इनके द्वारा किया जाता है—
(a) राष्ट्रपति द्वारा नियुक्त उपराज्यपाल
(b) स्वयं राष्ट्रपति
(c) प्रधानमंत्री
(d) केन्द्रीय गृहमंत्री

2. दो राज्यों के बीच का विवाद सुलझाने का अधिकार किसे है?
(a) संसद
(b) मंत्रिमण्डल
(c) उच्चतम न्यायालय
(d) राष्ट्रपति

3. राज्य विधानमण्डल में ऊपरी सदन को क्या कहते हैं?
(a) विधान सभा (b) राज्य सभा
(c) विधान परिषद् (d) विधान समिति

4. वर्तमान में भारत में राज्यों और संघ क्षेत्रों की संख्या है–
(a) 28 राज्य और 7 संघ क्षेत्र
(b) 28 राज्य और 8 संघ क्षेत्र
(c) 28 राज्य और 6 संघ क्षेत्र
(d) 29 राज्य और 6 संघ क्षेत्र

5. हमारे संविधान का कौन-सा अनुच्छेद प्रेस की स्वतंत्रता से सम्बन्धित है?
(a) अनुच्छेद 16 (b) अनुच्छेद 17
(c) अनुच्छेद 19 (d) अनुच्छेद 21

6. हमारे संविधान में स्वतंत्रता, समानता और बन्धुत्व (Liberty, Equality and Fraternity) के सिद्धान्त को किससे लिया गया है?
(a) फ्रांस के संविधान से
(b) पूर्व सोवियत संघ (USSR) के संविधान से
(c) ऑस्ट्रेलिया के संविधान से
(d) अमरीका (USA) के संविधान से

7. डॉ. ए.पी.जे. अब्दुल, कलाम से ठीक पहले भारत के राष्ट्रपति कौन थे/थीं–
(a) श्रीमती प्रतिभा पाटिल
(b) श्री के.आर. नारायणन
(c) डॉ. शंकर दयाल शर्मा
(d) इनमें से कोई नहीं

8. भारत के राष्ट्रपति के अतिरिक्त निम्न में से किसके पास क्षमा करने की शक्ति (Pardoning Power) है?
(a) राज्यों के राज्यपाल
(b) प्रधानमंत्री
(c) गृहमंत्री
(d) भारत के अटॉर्नी जनरल

9. भारत के मुख्य न्यायाधीश को पद की शपथ किस के द्वारा दिलाई जाती है?
(a) राष्ट्रपति (b) प्रधानमंत्री
(c) विधि मंत्री (d) उप-राष्ट्रपति

10. राष्ट्रपति को पद की शपथ किसके द्वारा दिलाई जाती है?
(a) लोक सभा अध्यक्ष
(b) भारत के मुख्य न्यायाधीश
(c) भारत के उप-राष्ट्रपति
(d) प्रधानमंत्री

11. राज्य सरकार में मंत्रिपरिषद् का प्रधान कौन होता है?
(a) राज्यपाल (b) मुख्यमंत्री
(c) मुख्य सचिव (d) प्रधानमंत्री

12. शब्द यू.पी.ए., एन.डी.ए., किससे सम्बन्धित है?
(a) उद्योगों का संघ (Association of Industries)
(b) राजनीतिक पार्टियों का गठबंधन (Alliance of political parties)
(c) श्रमिक यूनियनों का संघ (Association of Labour Unions)
(d) विधि परिषद् सस्थाएं (Bodies of Law Council)

13. हमारे संविधान का कौन-सा अनुच्छेद मनुष्यों का अवैध व्यापार और बलात् श्रम (trafficking in human beings and forced labour) का निषेध करता है?
(a) अनुच्छेद 21 (b) अनुच्छेद 19
(c) अनुच्छेद 17 (d) अनुच्छेद 23

14. हमारे संविधान के किस भाग में 'राज्य के नीति निदेशक सिद्धान्त' हैं?
(a) भाग III (b) भाग IV
(c) भाग II (d) भाग I

15. राज्य सभा के एक-तिहाई सदस्य रिटायर होते हैं—
(a) हर वर्ष
(b) प्रत्येक दूसरे वर्ष
(c) छः वर्ष बाद
(d) पांच वर्ष बाद

16. संसदीय और विधानसभा चुनाव के लिए भारत में मतदान की न्यूनतम आयु है—
(a) 21 साल और 18 साल
(b) दोनों के लिए 21 साल
(c) दोनों के लिए 18 साल
(d) इनमें से कोई नहीं

17. निम्नलिखित राज्यों में से किसका अपना संविधान है?
(a) जम्मू और कश्मीर
(b) असम
(c) नागालैण्ड
(d) अरुणाचल प्रदेश

18. बंदी प्रत्यक्षीकरण (Habeas Corpus) परमादेश (Mandamus), उत्प्रेषण-लेख (Certiorari) कहलाती है–
(a) याचिकाएं (writs) रिट
(b) उपदेश (sermons)
(c) प्रवचन (homilies)
(d) विधेयक (bills)

19. एक राज्य के एडवोकेट जनरल किनके द्वारा नियुक्त किया जाता है?
(a) मुख्यमंत्री
(b) उच्च न्यायालय के मुख्य न्यायाधीश
(c) गवर्नर
(d) विधान सभा के अध्यक्ष

20. भारतीय संविधान का कौन-सा अनुच्छेद ग्राम पंचायतों को व्यवस्थित करने के लिए राज्य को कहता है?
(a) अनुच्छेद 39 (b) अनुच्छेद 40
(c) अनुच्छेद 41 (d) अनुच्छेद 42

21. भारत सरकार का प्रथम विधि अधिकारी है–
(a) अटॉर्नी जनरल
(b) नियंत्रक एवं महालेखा परीक्षक
(c) एडवोकेट जनरल
(d) सॉलिसिटर जनरल

22. संसद सदस्यों के निर्वाचन क्षेत्र में विकास योजना के लिए एम.पी.एल.-ए.डी. योजना के अन्तर्गत प्रतिवर्ष कितनी राशि वितरित की जाती है?
(a) ₹ 3 करोड़ (b) ₹ 4 करोड़
(c) ₹ 5 करोड़ (d) ₹ 6 करोड़

23. निम्नलिखित में से कौन-सा अनुच्छेद हिन्दी को भारत की आधिकारिक भाषा घोषित करता है?
(a) 343 (b) 1
(c) 334 (d) 2

24. संविधान की किस सूची में मान्यता प्राप्त भारतीय भाषाओं की सूची है?

(a) पांचवीं (b) छठी
(c) सातवीं (d) आठवीं

25. किसी विषय वस्तु में समान संख्या में मत पड़ने पर अध्यक्ष के प्रवक्ता (स्पीकर) द्वारा दिए गए मत को.......कहा जाता है–
(a) कास्टिंग वोट (b) रिजॉल्यूशन वोट
(c) टाई-ब्रेकर (d) डिसाइडिंग वोट

26. 'कानून का नियम' का अर्थ है–
(a) कानून की दृष्टि से सभी व्यक्ति समान हैं
(b) सभी असमान रूपों के साथ समानता का व्यवहार
(c) कानून के अनुसार कार्य करना
(d) राज्य की दानशीलता को समान रूप में सबमें वितरित करना

27. संसद के पहले घंटे की बैठक आमतौर पर प्रश्नों को पूछने के लिए रहती है, इसे क्या कहा जाता है?
(a) कोरम (b) प्रश्नकाल
(c) ध्यानार्थ (d) सुबह का सत्र

28. निम्नलिखित में से कौन-सा मौलिक अधिकार भारतीय संविधान के 93वें संशोधन के अनुसार शामिल किया गया था?
(a) संवैधानिक सुधारों का अधिकार
(b) 6 से 14 वर्ष की उम्र समूह वाले बच्चों के लिए नि:शुल्क एवं अत्यावश्यक शिक्षा का अधिकार
(c) समानता का अधिकार
(d) धर्म में स्वतंत्रता का अधिकार

29. भारतीय संसद.......से संलग्न है।
(a) लोक सभा, राज्य सभा एवं राष्ट्रपति
(b) लोक सभा और राज्य सभा
(c) लोक सभा और राज्य सदनों
(d) केवल लोक सभा

30. निम्नलिखित में से कौन दो निरन्तर अवधियों (Two consecutive terms) के लिए भारत के उपराष्ट्रपति के पद पर रहे हैं?
(a) डॉ. एस. राधाकृष्णन
(b) श्री आर. वेंकटरमण
(c) डॉ. शंकर दयाल शर्मा
(d) श्री वी. वी. गिरि

31. निम्नलिखित शब्दों पर विचार कीजिए—
1. समाजवादी (Socialist)
2. लोकतंत्रात्मक (Democratic)
3. प्रभुत्व-सम्पन्न (Sovereign)
4. धर्म निरपेक्ष (Secular)
ऐसे उत्तर का चयन कीजिए जो इनका संविधान की प्रस्तावना में सही क्रम देता हो—
(a) 3, 1, 4 और 2 (b) 3, 4, 1 और 2
(c) 3, 4, 2 और 1 (d) 4, 1, 3 और 2

32. भारत सरकार का वित्त विधेयक प्रस्तुत किया जाता है—
(a) ऊपरी सदन में
(b) निम्न सदन में
(c) भारत के रिजर्व बैंक में
(d) वित्त-कमीशन में

33. पांडिचेरी संघ क्षेत्र की न्यायपालिका किसके प्रशासनिक नियंत्रण में है?
(a) कोलकाता में उच्च न्यायालय की न्याय व्यवस्था
(b) मुम्बई में उच्च न्यायालय की न्याय व्यवस्था
(c) मद्रास (चेन्नई) में उच्च न्यायालय की न्याय व्यवस्था
(d) उपर्युक्त में से कोई नहीं

34. प्रति दो वर्ष बाद राज्य सभा के कितने सदस्य रिटायर होते हैं?
(a) $\frac{1}{4}$ वां हिस्सा (b) $\frac{1}{3}$ वां हिस्सा
(c) $\frac{2}{3}$ वां हिस्सा (d) $\frac{3}{4}$ वां हिस्सा

35. भारत के संविधान द्वारा मान्य भाषाएं किसमें सम्मिलित की जाती हैं?
(a) 5वीं अनुसूची (b) 6वीं अनुसूची
(c) 8वीं अनुसूची (d) 9वीं अनुसूची

36. पटना उच्च न्यायालय किस वर्ष स्थापित हुआ था?
(a) 1928 (b) 1900
(c) 1948 (d) 1916

37. भारत के सर्वोच्च न्यायालय द्वारा कितने प्रकार के रिट (writs) जारी किए जा सकते हैं?
(a) 5 (b) 6
(c) 4 (d) 8

38. हमारे संविधान के निम्नलिखित अनुच्छेदों में से कौन-सा अनुच्छेद कारखानों में बच्चों को काम पर रखने का प्रतिषेध करता है?
(a) अनुच्छेद 14 (b) अनुच्छेद 17
(c) अनुच्छेद 23 (d) अनुच्छेद 24

39. संसद में प्रस्तुत एक विधेयक कब अधिनियम बनता है?
(a) प्रधानमंत्री के हस्ताक्षर के पश्चात्
(b) सर्वोच्च न्यायालय द्वारा इसे संघीय संसद की क्षमता में घोषित करने के पश्चात्
(c) दोनों सदनों द्वारा पारित होने के पश्चात्
(d) राष्ट्रपति की सहमति के पश्चात्

40. उच्च न्यायालय सदैव एक मुख्य न्यायाधीश और.............से मिलकर बनता है।
(a) ऐसे अन्य न्यायाधीशों जो संसद निर्धारित करे
(b) ऐसे अन्य न्यायाधीशों जो राष्ट्रपति निर्धारित करे
(c) कम-से-कम 5 अन्य न्यायाधीशों
(d) ऐसे अन्य न्यायाधीशों जो संविधान में विहित

41. एक राज्य के राज्यपाल की पदावधि क्या है?
(a) 6 वर्ष
(b) राष्ट्रपति और प्रधानमंत्री की सहमति
(c) प्रधानमंत्री की सहमति पर निर्भर है
(d) 5 वर्ष

42. भारत के राष्ट्रपति के पद ग्रहण से पूर्व पद की शपथ कौन दिलाता है?
(a) मुख्य न्यायाधीश
(b) अध्यक्ष
(c) उप-राष्ट्रपति
(d) प्रधानमंत्री

43. स्वतन्त्र भारत में प्रथम विधि आयोग की स्थापना कब हुई थी?
(a) 1965 (b) 1947
(c) 1955 (d) 1975

44. 42वें संशोधन के परिणामस्वरूप, निम्न में से कौन भारतीय संवैधानिक ढांचे में सर्वोच्च रूप में प्रकट हुआ है?
(a) न्यायपालिका (b) संविधान
(c) संसद (d) कार्यपालिका

45. संविधान सभा का सर्जन किया गया था—
(a) भारतीय स्वतन्त्रता अधिनियम द्वारा
(b) क्रिप्स मिशन द्वारा
(c) शिमला सम्मेलन, 1945 द्वारा
(d) मंत्रीमण्डलीय मिशन योजना द्वारा

46. अल्पसंख्यकों के हितों के संरक्षण का ध्यान निम्नलिखित में से किस अनुच्छेद में किया गया है?
(a) 29 (b) 32
(c) 14 (d) 19

47. लोक सभा का पहला चुनाव कब हुआ?
(a) 1952 (b) 1954
(c) 1953 (d) 1947

48. राज्य सभा का अध्यक्ष कौन होता है?
(a) राष्ट्रपति
(b) उप-राष्ट्रपति
(c) प्रधानमंत्री
(d) किसी एक राज्य का राज्यपाल

49. भारतीय संविधान को कब अपनाया गया था?
(a) 26 नवम्बर, 1949
(b) 15 अगस्त, 1947
(c) 26 जनवरी, 1950
(d) 2 अक्टूबर, 1952

50. संसद में "केन्द्रीय बजट" कौन पेश करता है?
(a) प्रधानमंत्री
(b) संसदीय मामलों के मंत्री
(c) केन्द्रीय वित्त मंत्री
(d) लोक सभा स्पीकर

51. मुख्यमंत्री की नियुक्ति किसके द्वारा की जाती है?
(a) पार्टी के अध्यक्ष द्वारा
(b) उच्च न्यायालय के मुख्य न्यायाधीस द्वारा
(c) भारत के राष्ट्रपति द्वारा
(d) राज्यपाल द्वारा

52. बलात्कार के अभियुक्त को भारतीय दण्ड संहिता की किस धारा के अन्तर्गत अभियोजित किया जाता है?
(a) 302 (b) 307
(c) 144 (d) 376

53. नए राज्य के गठन की क्षमता निहित होती है–
(a) राष्ट्रपति (b) संसद
(c) प्रधानमंत्री (d) गृहमंत्री

54. राज्य के नीति निदेशक सिद्धांतों को किस देश के संविधान से प्रेरणा लेकर व्युत्पन्न किया गया है?
(a) अमेरिकी (b) आयरिश
(c) ऑस्ट्रेलियन (d) ब्रिटिश

55. भारतीय संविधान भारतीय राज्य को एक धर्मनिरपेक्ष राज्य परिभाषित करता है। इसका तात्पर्य क्या है?
(a) राज्य का कोई राजकीय धर्म नहीं है
(b) राज्य सभी धर्मों के विरुद्ध है
(c) राज्य अल्पसंख्यकों को बहुसंख्यकों के बराबर उठाने हेतु निधि प्रधान करता है।
(d) उपर्युक्त में से कोई नहीं

56. भारत की संविधान सभा ने सभी निर्णय लिए–
(a) आम सहमति से
(b) मतदान द्वारा
(c) सामान्य बहुमत से
(d) दो तिहाई बहुमत से

57. रेलमंत्री की नियुक्ति कौन करता है?
(a) भारत के राष्ट्रपति
(b) भारत के प्रधान मंत्री
(c) रेल मंत्रालय
(d) शासक दल

58. भारत की किस संस्था के प्रति मंत्रिमण्डल सामूहिक रूप से उत्तरदायी होता है?
(a) संसद (b) लोक सभा
(c) राज्य सभा (d) भारत के राष्ट्रपति

59. राज्य विधान परिषद् का पदेन अध्यक्ष कौन होता है?
(a) अध्यक्ष/स्पीकर (b) उपराष्ट्रपति
(c) राष्ट्रपति (d) वरिष्ठतम सदस्य

60. भारत के राष्ट्रपति विशेष ज्ञान अथवा निश्चित विषयों से संबंधित व्यावहारिक अनुभव के आधार पर राज्य परिषद् में 12 सदस्यों को मनोनीत कर सकते हैं। कौन-सा एक विषय इनमें नहीं आता है?
(a) साहित्य (b) अर्थशास्त्र
(c) विज्ञान (d) कला

61. भारतीय संविधान.......को लागू किया गया।
(a) 26 नवम्बर, 1949
(b) 26 जनवरी, 1950
(c) 15 अगस्त, 1947
(d) 15 अगस्त, 1948

62. संसद के ऊपरी सदन का नाम है–
(a) राज्य सभा (b) लोक सभा
(c) विधान सभा (d) विधान परिषद्

63. राज्य नीति के निदेशात्मक सिद्धान्त इनमें से किसमें उल्लिखित हैं?
(a) संविधान का भाग III
(b) संविधान का भाग IV
(c) संविधान का भाग V
(d) संविधान का भाग VII

64. भारत के राष्ट्रपति का निर्वाचन इनमें से किसके द्वारा किया जाता है?
(a) इलेक्टोरल कॉलेज
(b) गुप्त मत
(c) महाभियोग
(d) अध्यादेश

65. छत्तीसगढ़ उच्च न्यायालय की पीठ (Seat) स्थित है—
(a) नया रायपुर (b) भिलाई
(c) जगदलपुर (d) बिलासपुर

66. भारत सरकार का 'प्रथम कानून अधिकारी' किसे कहा जाता है?
(a) भारत का मुख्य न्यायाधीश
(b) भारत का महान्यायवादी
(c) प्रधानमंत्री
(d) कानून मंत्री

67. छत्तीसगढ़ राज्य कब अपने अस्तित्व में आया?
(a) 1 नवम्बर 2000
(b) 1 मार्च 2001
(c) 1 नवम्बर 2001
(d) 1 जनवरी 2000

68. भारत के संविधान सभा के अध्यक्ष कौन थे?
(a) डॉ. बी.आर. अम्बेडकर
(b) जवाहरलाल नेहरू
(c) सी. राजागोपालाचारी
(d) डॉ. राजेन्द्र प्रसाद

69. राज्य सभा का कार्यकाल कितना होता है?
(a) 5 वर्ष (b) स्थायी
(c) 6 वर्ष (d) 2 वर्ष

70. निम्नलिखित में से किन-किन भाषाओं को भारतीय संविधान के आठवीं सूची में शामिल किया गया है?
(a) छत्तीसगढ़ी एवं भोजपुरी
(b) भोजपुरी एवं कोंकणी
(c) कोंकणी एवं डोगरी
(d) डोगरी एवं छत्तीसगढ़ी

71. इनमें से कौन-सा सरकार का अंग नहीं है?
(a) विधायिका (b) कार्यपालिका
(c) प्रसार माध्यम (d) न्यायपालिका

72. इनमें से कौन-सा एक अतिरिक्त संवैधानिक निकाय है?
(a) वित्त आयोग
(b) भारतीय चुनाव आयोग
(c) योजना आयोग
(d) संघ लोक सेवा आयोग

73. सरकारी क्रियाकलापों को चलाने के लिए केंद्रीय सरकार द्वारा करों एवं अन्य प्रकार की प्राप्तियों से जुटाया गया सभी राजस्व कहां जमा किया जाता है?
(a) भारत की संचित निधि में
(b) लोक लेखा में
(c) भारत की आकस्मिकता निधि में
(d) आदान एवं अग्रिम निधि में

74. राज्य के राज्यपाल को कौन हटा सकते हैं—
(a) मुख्यमंत्री (b) केन्द्रीय गृहमंत्री
(c) प्रधानमंत्री (d) राष्ट्रपति

75. निम्नलिखित में से कौन राष्ट्रपति को राज्य में राष्ट्रपति शासन लागू करने की सलाह देता है?
(a) उच्च न्यायालय का मुख्य न्यायाधीश
(b) राज्य के विधान सभा का स्पीकर
(c) मुख्यमंत्री
(d) राज्यपाल

76. संयुक्त संसदीय सत्रों की अध्यक्षता .... द्वारा की जाती है।
(a) भारत के प्रधानमंत्री
(b) लोक सभा के स्पीकर
(c) भारत के राष्ट्रपति
(d) भारत के उपराष्ट्रपति, जो राज्य सभा के अध्यक्ष होते हैं

77. सिक्योरिटी काउंसिल में कितने गैर-स्थायी सदस्य हैं?
(a) 10 (b) 12
(c) 15 (d) 8

78. लोकसभा चुनाव के लिए योग्यता प्राप्त करने हेतु न्यूनतम आयु है—
(a) 18 वर्ष (b) 21 वर्ष
(c) 35 वर्ष (d) 25 वर्ष

79. भारतीय संविधान का.......सर्वोच्च न्यायालय को अधिकार प्रदान करता है, जिससे वह खुद के फैसले की पुनः समीक्षा कर सकता है–
(a) अनुच्छेद 134 (b) अनुच्छेद 135
(c) अनुच्छेद 136 (d) अनुच्छेद 137

व्याख्या सहित उत्तर

1. (a) केन्द्र शासित प्रदेशों का प्रशासन राष्ट्रपति द्वारा नियुक्त उप-राज्यपाल चलाते हैं।

2. (c) उच्चतम न्यायालय सबसे उच्च अपीलीय न्यायालय हैं, जो राज्यों और केन्द्र शासित प्रदेशों के उच्च न्यायालयों के फैसलों के खिलाफ अपील सुनता है। इसके अलावा राज्यों के बीच विवादों या मौलिक अधिकारों और मानव अधिकारों के गम्भीर उल्लंघन से सम्बन्धित याचिकाओं पर सुनवाई करता है।

3. (c) राज्य विधानमण्डल में ऊपरी सदन को विधान परिषद् कहते हैं।

4. (b)

5. (c) अनुच्छेद 19 में सात प्रकार की स्वतंत्रताएं दी गई थीं, परन्तु वर्तमान में छः प्रकार की स्वतंत्रताएं प्रदान की गई हैं–

1. वाक् एवं अभिव्यक्ति की स्वतंत्रता जिसमें प्रेस,लेख तथा व्यंग्यचित्र बनाने की स्वतन्त्रता भी सम्मिलित है।
2. बगैर हथियार के शान्तिपूर्ण सभा करने की स्वतन्त्रता।
3. संस्था या संघ स्थापित करने की स्वतन्त्रता
4. अबाध भ्रमण की स्वतन्त्रता
5. भारत में कहीं भी आवास करने तथा बसने की स्वतन्त्रता
6. पेशा, व्यवसाय, वाणिज्य एवं व्यापार की स्वतन्त्रता

6. (a) भारतीय संविधान की प्रस्तावना में प्रतिष्ठापित समानता, स्वतंत्रता और बन्धुता के आदर्श की प्रेरणा फ्रांसीसी क्रांति से ली गई है।

7. (b) **8.** (a)

9. (a) उच्चतम न्यायालय के न्यायाधीशों की नियुक्ति राष्ट्रपति के द्वारा होती है। न्यायाधीश को शपथ ग्रहण राष्ट्रपति अथवा उसके द्वारा अपने स्थान पर नियुक्त व्यक्ति के समक्ष करता है।

10. (b) पद धारण करने से पूर्व राष्ट्रपति को एक निर्धारित प्रपत्र पर भारत के मुख्य न्यायाधीश अथवा उनकी अनुपस्थिति में उच्चतम न्यायालय के वरिष्ठतम न्यायाधीश के सम्मुख शपथ लेनी पड़ती है।

11. (b) राज्य सरकार में मंत्रिपरिषद् का प्रधान मुख्यमंत्री होता है मुख्यमंत्री किसी भी मंत्री को मंत्रिमंडल से निकाल सकता है। सदन में सभी प्रमुख घोषणाएं मुख्यमंत्री के द्वारा की जाती हैं।

12. (b) भाजपा के नेतृत्व वाले राष्ट्रीय लोकतांत्रिक गठबंधन (National Democratic Alliance) NDA एवं कांग्रेस के नेतृत्व वाले संयुक्त प्रगतिशील मोर्चे (United Progressive Alliance) UPA कहते हैं।

13. (d) **14.** (b)

15. (b) राज्य सभा एक स्थायी सदन है, जो कभी भंग नहीं होता, राज्य सभा के एक-तिहाई सदस्य प्रति दो वर्ष पश्चात् सेवा-निवृत्त हो जाते हैं। इन सेवानिवृत्त स्थानों पर नए सदस्यों का चुनाव किया जाता है। इस प्रकार राज्य सभा के सभी सदस्य 6 वर्ष तक अपने पद पर बने रहते हैं।

16. (c) **17.** (a)

18. (a) पांच प्रकार के होते हैं:- बंदी प्रत्यक्षीकरण, परमादेश, निषेध, उत्प्रेषण एवं अधिकार-पृच्छा।

भारतीय संविधान में सर्वोच्च न्यायालय और उच्च न्यायालय को भारतीय संविधान के भाग 3 में प्रदत्त मौलिक अधिकारों को लागू करने का अधिकार है।

19. (c) भारतीय संविधान के अनुच्छेद 165 के अनुसार, प्रत्येक राज्य का राज्यपाल एक योग्य व्यक्ति को उच्च न्यायालय का मुख्य न्यायाधीश नियुक्त करेगा जो राज्य का महाधिवक्ता होगा। महाधिवक्ता राज्यपाल की इच्छा अवधि तक पदस्थ रहता है।

20. (b) भारतीय संविधान अनुच्छेद 40 के अनुसार राज्य ग्राम पंचायतों को संगठित करने एवं उन्हें ऐसी शक्तियां एवं अधिकार प्रदान करने के लिए कदम उठाएगी जिससे यह स्वतंत्र, स्वायत्त इकाई के रूप में कार्य करेगी। यह भारतीय संविधान के भाग 4 के तहत राज्य के नीति निर्देशक सिद्धांतों के तहत आता है।

21. (a) महान्यायवादी भारत के प्रथम कानून अधिकारी होते हैं तथा वे केन्द्र सरकार के मुख्य सलाहकार होते हैं। संविधान के अनुच्छेद 143 के तहत वे सर्वोच्च न्यायालय में राष्ट्रपति द्वारा बनाए गए किसी भी संदर्भ में भारत सरकार का प्रतिनिधित्व भी करते हैं।

22. (c)

23. (a) संविधान के अनुच्छेद 343 (1) के अनुसार भारत की राजभाषा हिन्दी हैं।

24. (d) संविधान की अष्टम् अनुसूची में 22 भाषाएं है।

25. (a) लोक सभा का अध्यक्ष प्रथमतः कोई मत नहीं देता, किन्तु मत बराबर होने की दशा में वह निर्णायक मत (Casting Vote) देता है।

26. (a) **27.** (b) **28.** (b)

29. (a)

30. (a) उपराष्ट्रपति के तौर पर डॉ. सर्वपल्ली राधाकृष्णन का कार्यकाल 1952-62 था।

31. (a) **32.** (b) **33.** (c)

34. (b) अनुच्छेद 83(1) के अनुसार, राज्य सभा एक स्थायी सदन है, यह कभी भंग नहीं होती, किन्तु प्रति दो वर्ष बाद इसके एक-तिहाई सदस्य अवकाश ग्रहण कर लेते हैं।

35. (c) **36.** (d) **37.** (a)

38. (d) अनुच्छेद 24 के अनुसार–14 वर्ष से कम उम्र के किसी बालक को किसी कारखाने या खान में काम करने के लिए नियोजित नहीं किया जाएगा।

39. (d)

40. (b) भारतीय संविधान के अनुच्छेद 216 के अनुसार प्रत्येक उच्च न्यायालय मुख्य न्यायमूर्ति और ऐसे अन्य न्यायाधीशों से मिलकर बनेगा, जिन्हें राष्ट्रपति समय-समय पर नियुक्ति करना आवश्यक समझे।

41. (d) **42.** (a) **43.** (c)

44. (c) 42वें संवैधानिक संशोधन का एक प्रमुख उद्देश्य संसद की सर्वोच्च पद पर स्थापित करना बतलाया गया अतः यह व्यवस्था की गई, संसद द्वारा संविधान में किए गए किसी भी संशोधन को जिसमें संविधान का भाग तीन भी शामिल है इसके अतिरिक्त अन्य किसी आधार पर न्यायालय में चुनौती नहीं दी जा सकेगी कि इनमें अनु. 668 द्वारा बतलाई गई प्रक्रिया को नहीं अपनाया गया है।

45. (d) भारतीय संविधान का निर्माण करने वाली संविधान सभा का गठन कैबिनेट मिशन योजना (1946) के अन्तर्गत किया गया।

46. (a)

47. (a) लोक सभा का पहला चुनाव 25 अक्टूबर 1951 से 21 फरवरी, 1952 के बीच सम्पन्न हुआ।

48. (b) **49.** (a) **50.** (c)

51. (d)

52. (d) बलात्कार के अभियुक्त को भारतीय दंड संहिता की 376 धारा के अंतर्गत अभियोजित किया जाता है।

53. (b) नए राज्य के गठन की क्षमता संसद में निहित होती है। नए राज्य के गठन पर प्रस्ताव दोनों सदनों में पास करना पड़ता है।

54. (b) राज्य के नीति-निदेशक सिद्धांत का वर्णन संविधान के भाग-4 हैं। [अनुच्छेद 36 से 51 तक] किया गया है। इसकी प्रेरणा आयरलैण्ड (आयरिश) के संविधान से मिली है।

55. (a) भारतीय संविधान भारतीय राज्य को एक धर्मनिरपेक्ष राज्य परिभाषित करता है। इसका तात्पर्य राज्य का कोई राजकीय धर्म नहीं है। यहां पर हर धर्म समान भाव से देखा जाएगा।

56. (a) भारत की संविधान सभा ने सभी निर्णय आम सहमति से लिए।

57. (a) रेलमंत्री की नियुक्ति भारत का राष्ट्रपति प्रधानमंत्री के सलाह पर करता है।

58. (b) मंत्रिपरिषद लोक सभा के प्रति सामूहिक रूप से उत्तरदायी होती है। [अनुच्छेद 75(3)] इसलिए राष्ट्रपति लोकसभा के बहुमत प्राप्त दल के नेता को प्रधानमंत्री नियुक्त करता है।

59. (d) अनुच्छेद 182 के अनुसार विधान परिषद के सदस्य अपने सदस्यों में से सदन के कार्य संचालन के लिए सभापति तथा उपसभापति का चुनाव करते हैं।

60. (b) राष्ट्रपति द्वारा मनोनीत 12 सदस्य साहित्य, कला, विज्ञान और समाज सेवा के क्षेत्र में जाने माने योग्य व्यक्ति होते हैं।

61. (b) भारतीय संविधान 26 जनवरी, 1950 को लागू किया गया । इसी दिन भारत को गणराज्य घोषित किया गया।

62. (a) ससंद का उच्च सदन, राज्यसभा राज्यों की प्रतिनिधि संस्था है। राज्य सभा को कुछ ऐसे अधिकार प्राप्त हैं, जो लोकसभा को भी प्राप्त नहीं हैं।

63. (b) भारतीय संविधान के भाग–4 के अनुच्छेद 36 से अनुच्छेद 51 तक नीति निदेशक सिद्धांत वर्णित हैं।

64. (a) राष्ट्रपति का निर्वाचन आनुपातिक प्रतिनिधित्व पद्धति के अनुसार एकल संक्रमणीय मत के माध्यम से होता है।

65. (d) छत्तीसगढ़ उच्च न्यायालय बिलासपुर में स्थित है। 1 नवंबर, 2000 ई. को छत्तीसगढ़ भारत के 26 वें राज्य के रूप में अस्तित्व में आया।

66. (b) भारत का महान्यायवादी भारत सरकार का सर्वप्रथम विधि अधिकारी होता है। यह भारत सरकार को विधि संबंधी विषयों पर सलाह देता है। भारत के महान्यायवादी की व्यवस्था संविधान के अनुच्छेद 76 में की गई है।

67. (a) छत्तीसगढ़ 1 नवंबर, 2000 को भारत के 26वें राज्य के रूप में अस्तित्व में आया। इसकी राजधानी रायपुर है।

68. (d) भारत में संविधान सभा का गठन 1946 ई. में हुआ। इसकी पहली बैठक 9 दिसंबर 1946 ई. को हुई। 11 दिसंबर, 1946 को डॉ. राजेन्द्र प्रसाद को संविधान सभा का स्थायी अध्यक्ष चुना गया।

69. (c) संविधान के अनुच्छेद 83(1) के अनुसार राज्यसभा एक स्थायी सदन है जिसका कभी विघटन नहीं होता है। इसके सदस्यों का कार्यकाल 6 वर्षों तक होता है।

70. (c) भारतीय संविधान के आठवीं सूची के कोंकणी एवं डोंगरी भाषाओं को शामिल किया गया है। कोंकणी को 1992 ई. में तथा डोगरी को 2004 ई. में शामिल किया गया है।

71. (c) प्रसार माध्यम सरकार का अंग नहीं है।

सरकार का अंग

- विधायिका
- कार्यपालिका
- न्यायपालिका

72. (c) भारत में योजना आयोग के संबंध में कोई संवैधानिक प्रावधान नहीं है। 15 मार्च 1950 ई. को केन्द्रीय मंत्रिमण्डल द्वारा पारित प्रस्ताव के द्वारा योजना आयोग की स्थापना की गई थी। योजना आयोग का अध्यक्ष प्रधानमंत्री होता है।

73. (a) केन्द्रीय सरकार द्वारा करों एवं अन्य प्रकार से जुटाया गया सभी राजस्व भारत की संचित निधि में जमा किया जाता है।

74. (d) **75.** (d) **76.** (b)

77. (a) **78.** (d) **79.** (d)

❑❑❑

4

अध्याय

आर्थिक परिदृश्य

(i) **भारतीय अर्थव्यवस्था ग्रामीण तथा कृषि पर आधारित अर्थव्यवस्था है—** भारत की 58.2% श्रमशक्ति कृषि क्षेत्र में लगी हुई है तथा राष्ट्रीय आय में इसका योगदान लगभग 15% से अधिक है। इसके आधार पर यह कहा जा सकता है कि भारतीय अर्थव्यवस्था कृषि प्रधान ही है।

(ii) **मिश्रित अर्थव्यवस्था है—** मिश्रित अर्थव्यवस्था का अर्थ निजी क्षेत्र तथा सार्वजनिक क्षेत्र का सहअस्तित्व है। उत्पादन के स्रोतों और साधनों पर निजी क्षेत्र का ही वर्चस्व (लगभग 80%) है।

(iii) **अल्पविकसित अर्थव्यवस्था है—** विश्व विकास सूचक, शीर्षक से प्रकाशित रिपोर्ट के अनुसार विश्व में निर्धन लोगों की सर्वाधिक संख्या भारत में है। विश्व की 1.3 अरब निर्धन जनसंख्या का सर्वाधिक 36% भाग भारत में है।

(iv) पूंजी व संसाधनों की न्यूनता है तथा सकल घरेलू बचत की दर काफी नीची है।

(v) जनसंख्या में अत्यधिक वृद्धि हुई है।

राष्ट्रीय आय

- भारत की राष्ट्रीय आय और प्रति व्यक्ति आय की गणना का प्रथम प्रयास 'दादा भाई नौरोजी' ने किया था।
- राष्ट्रीय आय की गणना के लिए उत्पाद पद्धति और आय पद्धति दोनों का सहारा लिया जाता है।

  राष्ट्रीय आय— राष्ट्रीय आय से तात्पर्य अर्थव्यवस्था द्वारा पूरे वर्ष के दौरान उत्पादित अन्तिम वस्तुओं व सेवाओं के शुद्ध मूल्य के योग से होता है। इसमें विदेशों से अर्जित शुद्ध आय भी शामिल होती है। भारत में राष्ट्रीय आय के आंकड़े वित्तीय वर्ष (1अप्रैल, 31 मार्च तक) पर आधारित है।

राष्ट्रीय आय की अवधारणाएं

- **सकल राष्ट्रीय उत्पाद—** किसी देश के नागरिकों द्वारा सामान्यतया एक वित्तीय वर्ष में उत्पादित कुल अन्तिम वस्तुओं तथा सेवाओं मौद्रिक मूल्य सकल राष्ट्रीय उत्पाद कहलाती है।
- सकल घरेलू उत्पाद देश की सीमा के अन्दर (सामान्यतया एक वर्ष) में उत्पादित अन्तिम वस्तुओं तथा सेवाओं का कुल मौद्रिक मूल्य होती है। वर्तमान में भारत के सकल घरेलू उत्पाद में सेवा क्षेत्र का प्रथम, उद्योग क्षेत्र का द्वितीय तथा कृषि क्षेत्र का तृतीय योगदान है।
- केन्द्रीय सांख्यिकी संगठन (CSO) (स्थापना-1951 ई.) जारी करता है।
- किसी भी देश की आर्थिक विकास दर का सर्वश्रेष्ठ सूचक प्रति व्यक्ति आय होती है।

आर्थिक नियोजन

- आर्थिक नियोजन वह प्रक्रिया है, जिसके अन्तर्गत पूर्व निर्धारित उद्देश्यों की पूर्ति हेतु सीमित प्राकृतिक संसाधनों का कुशलतम उपयोग किया जाता है।
- भारत में आर्थिक नियोजन के उद्देश्य में—आर्थिक संवृद्धि, आर्थिक एवं सामाजिक असमानता को दूर करना, गरीबी उन्मूलन तथा रोजगार वृद्धि आदि सम्मिलित हैं।
- आर्थिक नियोजन सम्बन्धी प्रस्ताव सर्वप्रथम सन् 1934 ई. में 'विश्वेश्वरैया' की पुस्तक 'प्लांड इकोनोमी फॉर इंडिया' में आई थी।
- सन् 1947 ई. में नेहरू की अध्यक्षता में 'आर्थिक नियोजन समिति' गठित हुई। इसी समिति की सिफारिश पर 15 मार्च, 1950 ई. को योजना आयोग का गठन एक गैर-सांविधिक तथा परामर्शदात्री निकाय के रूप में किया गया।
- भारत की पहली पंचवर्षीय योजना 1 अप्रैल, 1951 से प्रारम्भ हुई। भारत में अब तक बारह पंचवर्षीय योजनाएं लागू की जा चुकी हैं।
- योजना आयोग के स्थान पर नीति आयोग का गठन 1 जनवरी 2015 को किया गया था। जो कि एक गैर-सांविधिक एवं परामर्शदात्री निकाय है।
- 1978-83 ई. के लिए जनता सरकार ने 'अनवरत योजना' चलाई।

प्रथम पंचवर्षीय योजना (1951-56 ई.)

- इस योजना में कृषि को उच्च प्राथमिकता दी गई।
- देश की प्रथम पंचवर्षीय योजना 'हैरोड-डॉमर मॉडल' पर आधारित थी।

द्वितीय पंचवर्षीय योजना (1956-61 ई.)

- यह योजना पी. सी. महालनोबिस मॉडल पर आधारित थी।
- इसका मुख्य उद्देश्य-समाजवादी समाज की स्थापना करना था।
- इसमें भारी उद्योगों व खनिजों को उच्च प्राथमिकता दी गई।
- अनेक महत्त्वपूर्ण उद्योग; जैसे—दुर्गापुर, भिलाई, राउरकेला के इस्पात कारखाने इसी योजना के दौरान स्थापित किए गए।

तृतीय पंचवर्षीय योजना (1961-66 ई.)

- इस योजना का उद्देश्य अर्थव्यवस्था को आत्मनिर्भर बनाना था।

योजना अवकाश (1966-67 से 1968-69 ई.)

चतुर्थ पंचवर्षीय योजना (1969-74 ई.)

- इस योजना का मुख्य उद्देश्य था—स्थायित्व के साथ विकास तथा आर्थिक आत्मनिर्भरता की प्राप्ति।

पांचवीं पंचवर्षीय योजना (1974-78 ई.)

- इस योजना का मुख्य उद्देश्य 'गरीबी उन्मूलन' तथा 'आर्थिक आत्मनिर्भरता की प्राप्ति' था।
- इसी में बीस सूत्री कार्यक्रम (1975) की शुरुआत हुई।
- जनता पार्टी शासन द्वारा आरम्भ इस योजना को सन् 1978 ई. में ही समाप्त करने का निर्णय लिया गया।

छठी पंचवर्षीय योजना (1980-85 ई.)

- इस योजना के दौरान समन्वित ग्रामीण विकास कार्यक्रम, जैसे महत्त्वपूर्ण कार्यक्रम शुरू किए गए।

पंचवर्षीय योजनाओं के दौरान संवृद्धि दरें

योजना	अवधि	लक्ष्य	उपलब्धि
पहली योजना	1951-56	2.1	3.5
दूसरी योजना	1956-61	4.5	4.2
तीसरी योजना	1961-66	5.6	2.8
वार्षिक योजना	1966-69	—	3.9
चौथी योजना	1969-74	5.7	3.2
पांचवीं योजना	1774-78	4.4	4.7
वार्षिक योजना	1978-80	—	5.2
छठी योजना	1980-85	5.2	5.5
सातवीं योजना	1985-90	5.0	5.6
वार्षिक योजना	1990-92	—	3.4
आठवीं योजना	1992-97	5.6	6.5
नौवीं योजना	1997-2002	6.5	5.5
दसवीं योजना	2002-2007	7.9	7.8
ग्यारहवीं योजना	2007-2012	9.0	7.9
बारहवीं योजना	2012-2017	8.2	8.0

सातवीं पंचवर्षीय योजना (1985-90 ई.)

- न्याय पर आधारित सामाजिक प्रणाली की स्थापना।
- देशी तकनीकी विकास के लिए सुदृढ़ आधार तैयार करना था।
- इस योजना में योजना परिव्यय की दृष्टि से पहली बार निजी क्षेत्र को सार्वजनिक क्षेत्र की तुलना में वरीयता दी गई।
- इसी योजना में जवाहर रोजगार योजना जैसा महत्त्वपूर्ण रोजगारपरक कार्यक्रम प्रारम्भ किया गया।

आठवीं पंचवर्षीय योजना (1992-97 ई.)

- इस योजना में सर्वोच्च प्राथमिकता 'मानव संसाधन का विकास' को दी गई।
- यह योजना सफल रही तथा लक्षित विकास दर 5.6% के स्थान पर वार्षिक वृद्धि दर से लक्ष्य से ज्यादा 6.7% वार्षिक वृद्धि दर प्राप्त की गई।
- इसी साल में प्रधानमंत्री रोजगार योजना की शुरुआत हुई।

नौवीं पंचवर्षीय योजना (1997-2002 ई.)

- नौवीं पंचवर्षीय योजना में सर्वोच्च प्राथमिकता 'न्यायपूर्ण वितरण एवं समानता के साथ विकास' को दी गई।

दसवीं पंचवर्षीय योजना (2002-2007 ई.)

- दसवीं पंचवर्षीय योजना का उद्देश्य देश में गरीबी और बेरोजगारी समाप्त करना तथा अगले 10 वर्षों में प्रति व्यक्ति आय दोगुनी करना प्रस्तावित किया गया है।

ग्यारहवीं पंचवर्षीय योजना (2007-2012 ई.)

- इस पंचवर्षीय योजना का मुख्य लक्ष्य 'तीव्रतम एवं समावेशी विकास' है।

12वीं पंचवर्षीय योजना (अप्रैल 2012-मार्च 2017)

- भारत में योजना निर्माण हेतु केन्द्रीय निकाय है—योजना आयोग।
- राष्ट्रीय विकास परिषद् का गठन 6 अगस्त, 1952 ई. को हुआ, प्रधानमंत्री इसका अध्यक्ष तथा योजना आयोग का सचिव इसका सचिव होता है।
- दीर्घकालिक योजना वह योजना होती है, जो योजना आयोग द्वारा सामाजिक एवं राजनीतिक उद्देश्यों को ध्यान में रखकर 15 से 20 वर्षों के लिए बनाई जाती है।
- योजना का अंतिम अनुमोदन 'राष्ट्रीय विकास परिषद्' द्वारा होता है।

नीति आयोग

- 1 जनवरी 2015 को योजना आयोग के स्थान पर केंद्रीय मंत्रिमंडल के एक संकल्प पर नीति आयोग का गठन किया गया।
- इसमें सहकारी संघवाद की भावना को ध्यान में रखते हुए अधिकतम शासन, न्यूनतम सरकार के दृष्टिकोण की परिकल्पना को स्थान दिया गया।

महत्वपूर्ण तथ्य

- उस व्यक्ति को निर्धनता की रेखा के नीचे माना जाता है, जो ग्रामीण क्षेत्रों में प्रतिदिन 2,400 कैलोरी व शहरी क्षेत्रों में 2,100 कैलोरी भोजन प्राप्त करने में असमर्थ है।
- निर्धनों की निरपेक्ष संख्या के मामले में उत्तर प्रदेश का स्थान जहां सबसे ऊपर है, वहीं निर्धनता अनुपात के मामले में ओडिशा (64.4%) का स्थान सर्वोच्च है।
- नई आर्थिक सुधार की रूपरेखा सर्वप्रथम राजीव गांधी के प्रधानमंत्री काल में सन् 1985 ई. में शुरू की गई।
- नई आर्थिक सुधार की दूसरी लहर वी. पी. नरसिंह राव की सरकार के काल में सन् 1991 ई. में आई।
- नई आर्थिक सुधार नीति को शुरू करने का प्रमुख कारण खाड़ी युद्ध तथा भारत के भुगतान संतुलन की समस्या थी। नई आर्थिक नीति के तीन प्रमुख आयाम थे; निजीकरण, उदारीकरण तथा वैश्वीकरण।
- इस समय नई औद्योगिक नीति के तहत् आरक्षित उद्योग निम्नलिखित हैं—(i) परमाणु ऊर्जा, (ii) रेल परिवहन, एवं (iii) परमाणु ऊर्जा की अनुसूची में निर्दिष्ट खनिज।

भारतीय बैंकिंग

- असंगठित क्षेत्र के अन्तर्गत देशी बैंकर, साहूकार और महाजन आदि परम्परागत स्रोत आते हैं।
- संगठित क्षेत्र में भारतीय रिजर्व बैंक शीर्ष संस्था है तथा इसके अतिरिक्त सार्वजनिक क्षेत्र के बैंक, निजी क्षेत्र के बैंक, विदेशी बैंक तथा अन्य वित्तीय संस्थाएं आती हैं।

भारत के राष्ट्रीयकृत बैंक

क्र. सं.	बैंक
1.	इलाहाबाद बैंक
2.	आन्ध्रा बैंक
3.	बैंक ऑफ बड़ौदा
4.	बैंक ऑफ इण्डिया
5.	बैंक ऑफ महाराष्ट्र
6.	केनरा बैंक
7.	सेन्ट्रल बैंक ऑफ इंडिया
8.	कॉर्पोरेशन बैंक
9.	*देना बैंक
10.	इंडियन बैंक
11	इंडियन ओवरसीज बैंक
12.	ओरिएण्टल ओवरसीज बैंक
13.	पंजाब एण्ड सिन्ध बैंक
14.	पंजाब नेशनल बैंक
15	सिंडिकेट बैंक
16.	स्टेट बैंक ऑफ इंडिया

17.	यूको बैंक
18.	यूनियन बैंक ऑफ इंडिया
19.	यूनाइटेड बैंक ऑफ इंडिया
20.	*विजया बैंक

*देना बैंक और विजया बैंक का विलय बैंक ऑफ बड़ौदा में किया गया जो 1 अप्रैल, 2019 से प्रभावी हुआ।

- भारतीय रिजर्व बैंक देश में मौद्रिक गतिविधियों का नियमन एवं नियंत्रण करता है।
- भारतीय रिजर्व बैंक के द्वारा निम्नलिखित कार्य किए जाते हैं—(i) सरकारी बैंकर का काम, (ii) करेंसी नोटों का निर्गमन, (iii) बैंकों के बैंक का काम, (iv) साख नियन्त्रण।
- सेबी के अध्यक्ष का सामान्यत: कार्यकाल तीन वर्ष का होता है, किन्तु अधिकतम 65 वर्ष की आयु तक ही कोई व्यक्ति इस पद पर रह सकता है।

बैंक रेट—जिस सामान्य ब्याज दर पर रिजर्व बैंक द्वारा वाणिज्यिक बैंकों को पैसा उधार दिया जाता है, 'बैंक दर' कहलाती है।

रेपो दर—अल्पकालिक आवश्यकताओं की पूर्ति हेतु जिस ब्याज दर पर कॉमर्शियल बैंक रिजर्व बैंक से नकदी ऋण प्राप्त करते हैं, वह 'रेपो दर' कहलाती है।

नकद आरक्षित अनुपात—किसी वाणिज्यिक बैंक में कुल जमा राशि पर वह भाग जिसे रिजर्व बैंक के पास अनिवार्य रूप से रखना पड़ता है, 'वैधानिक तरलता अनुपात' कहलाता है।

भारत की प्रमुख वित्तीय संस्थाओं का स्थापना वर्ष

संस्थान	वर्ष
• इम्पीरियल बैंक ऑफ इंडिया	1921
• भारतीय रिजर्व बैंक (RBI)	1 अप्रैल, 1935
• रिजर्व बैंकों का राष्ट्रीयकरण	1 जनवरी, 1949
• भारतीय औद्योगिक वित्त निगम	1948
• भारतीय औद्योगिक ऋण व निवेश निगम (ICICI)	जनवरी 1955
• कृषि एवं ग्रामीण विकास हेतु राष्ट्रीय बैंक (NABARD)	12 जुलाई, 1982
• भारतीय निर्यात-आयात बैंक (EXIM Bank)	1 जनवरी, 1982
• क्षेत्रीय ग्रामीण बैंकों का प्रारम्भ	2 अक्टूबर, 1975

विश्व के प्रमुख स्टॉक एक्सचेंज और उनके सूचकांक

सूचकांक	स्टॉक एक्सचेंज
• डाउ जोन्स, नैस्डैक	न्यूयॉर्क
• निक्की	टोकियो
• मिड डेक्स	फ्रैंकफर्ट (जर्मनी)
• हांगकांग	हांगकांग
• सिमेक्स, स्ट्रेट्स टाइम्स	सिंगापुर
• कोस्पी	कोरिया
• सेट	थाइलैण्ड
• तेन, TWSFC	ताइवान
• बोवेस्पा	ब्राजील
• मिब्टेल	इटली
• आई. पी. सी.	मैक्सिको
• एस. एण्ड. पी.	संयुक्त राज्य अमेरिका
• एस. एण्ड पी. सी. एन. एक्स. निफ्टी-निफ्टी	एन. एस. ई. मुम्बई
• सेंसेक्स, डॉलेक्स	मुम्बई
• बैंकेक्स,	मुम्बई
• एसएमई कपोजिट इंडेक्स	चीन

- भारतीय कम्पनी अधिनियम के अन्तर्गत प्रत्येक कम्पनी को पूंजी के लिए अंशों के निर्गमन का अधिकार होता है। इस प्रकार एकत्रित की गई पूंजी अंश या शेयर कहलाती है।
- शेयर होल्डरों की हुई कमाई को लाभांश कहते हैं।

भारत के प्रमुख शेयर मूल्य सूचकांक

1. **BSE SENSEX** : यह मुम्बई स्टॉक एक्सचेंज का संवेदी शेयर सूचकांक है। यह 30 प्रमुख शेयरों का प्रतिनिधित्व करता है।
2. **NSE-50** : राष्ट्रीय स्टॉक एक्सचेंज (NSE) दिल्ली से सम्बन्धित इस सूचकांक का नाम बदलकर S & PCNX Nifty रखा गया है।

- रिजर्व बैंक भारत का केन्द्रीय बैंक है, इसका मुख्यालय मुम्बई में है।
- एक रुपए के नोट तथा सिक्के का निर्गमन वित्त मंत्रालय करता है तथा इसके अतिरिक्त समस्त करेंसी नोटों का निर्गमन रिजर्व बैंक करता है।
- पहला भारतीय बैंक पंजाब नेशनल बैंक है। इसकी स्थापना 1894 में की गई थी।
- 17 जुलाई, 1969 ई. को 14 बड़े व्यावसायिक बैंकों तथा 15 अप्रैल, 1980 ई. को छ: अन्य अनुसूचित बैंकों का राष्ट्रीयकरण कर दिया गया।
- सार्वजनिक क्षेत्र के बैंकों द्वारा कुल बैंक जमा का लगभग 91% का नियन्त्रण किया जाता है।
- सार्वजनिक क्षेत्र के बैंकों में भारतीय स्टेट बैंक समूह सबसे बड़ा है, जो कुल बैंक जमा का लगभग 29% का नियन्त्रण करता है।

भारत के मान्यता प्राप्त 21 स्टॉक एक्सचेंज

क्र. सं.	स्टॉक एक्सचेंज
1.	उत्तर प्रदेश स्टॉक एक्सचेंज, कानपुर
2.	वड़ोदरा बैंक एक्सचेंज, बड़ौदा
3.	कोयम्बटूर स्टॉक एक्सचेंज, कोयम्बटूर
4.	यूनाइटेड स्टॉक एक्सचेंज ऑफ इंडिया लि.
5.	मुम्बई स्टॉक एक्सचेंज, मुम्बई
6.	ओवर दी काउण्टर एक्सचेंज ऑफ इंडिया (OTCEI), मुम्बई
7.	राष्ट्रीय स्टॉक एक्सचेंज, मुम्बई
8.	अहमदाबाद स्टॉक एक्सचेंज, अहमदाबाद
9.	बंगलौर स्टॉक एक्सचेंज, बेंगलुरू
10.	भुवनेश्वर स्टॉक एक्सचेंज, भुवनेश्वर
11.	कलकत्ता स्टॉक एक्सचेंज, कोलकाता
12.	कोचीन स्टॉक एक्सचेंज, कोच्चि
13.	दिल्ली स्टॉक एक्सचेंज, दिल्ली
14.	गोवाहाटी स्टॉक एक्सचेंज, गुवाहाटी
15.	जयपुर स्टॉक एक्सचेंज, जयपुर
16.	इंटर कनेक्टेड स्टॉक एक्सचेंज ऑफ इण्डिया लि.
17.	लुधियाना स्टॉक एक्सचेंज, लुधियाना

18.	चेन्नई स्टॉक एक्सचेंज, चेन्नई
19.	मध्य प्रदेश स्टॉक एक्सचेंज, इन्दौर
20.	पुणे स्टॉक एक्सचेंज, पुणे
21.	सैन्ट्रल स्टॉक एक्सचेंज, केरला लिमिटेड, तिरुवनन्तपुरम (केरल)

- निजी क्षेत्र के बैंकों में सर्वप्रथम यू. टी. आई. बैंक ने 2 अप्रैल, 1994 से कार्य करना आरम्भ किया था।
- राष्ट्रीय कृषि तथा ग्रामीण विकास बैंक (नाबार्ड) देश में कृषि एवं ग्रामीण विकास हेतु वित्त उपलब्ध करने वाली शीर्ष संस्था है।
- भारतीय जीवन बीमा निगम का मुख्यालय मुम्बई में है। इसकी स्थापना सन् 1956 ई. में की गई थी।
- भारतीय साधारण बीमा निगम की स्थापना सन् 1972 ई. में की गई थी।

सेबी द्वारा स्थायी मान्यता प्राप्त स्टॉक एक्सचेंज

- अहमदाबाद स्टॉक एक्सचेंज
- बेंगलुरू स्टॉक एक्सचेंज
- कोलकाता स्टॉक एक्सचेंज
- दिल्ली स्टॉक एक्सचेंज
- मध्य प्रदेश स्टॉक एक्सचेंज
- मद्रास स्टॉक एक्सचेंज
- नेशनल स्टॉक एक्सचेंज–राष्ट्रीय स्तर
- मुम्बई स्टॉक एक्सचेंज–राष्ट्रीय स्तर
- एमसीएक्स एस. एक्स–राष्ट्रीय स्तर

कर के प्रकार

प्रत्यक्ष कर : आय कर, सम्पत्ति कर, उपहार कर।

अप्रत्यक्ष कर : बिक्री कर, तट कर, उत्पाद कर, सीमा शुल्क GST।

केन्द्र सरकार द्वारा लगाए जाने वाले कर : आय कर, निगम कर, सम्पत्ति कर, उत्तराधिकार कर, सीमा शुल्क।

राज्य सरकार द्वारा लगाए जाने वाले कर : भू-राजस्व कर, कृषि आय कर, बिक्री कर, राज्य उत्पादन शुल्क, मनोरंजन कर, स्टाम्प शुल्क, पथ कर, मोटर वाहन कर, व्यावसायिक कर।

- केन्द्र की सर्वाधिक निवल राजस्व की प्राप्ति सीमा शुल्कों से होती है। सीमा शुल्क से प्राप्त राजस्व का बंटवारा राज्यों को नहीं करना होता है।
- **इण्डिया सिक्योरिटी प्रेस, नासिक (महाराष्ट्र)**—नासिक रोड स्थित भारत प्रतिभूति मुद्रणालय में डाक सम्बन्धी लेखन सामग्री, डाक एवं डाक भिन्न टिकटों, अदालती एवं गैर-अदालती स्टाम्पों, बैंकों के चैकों, बॉण्डों, राष्ट्रीय बचत-पत्रों, पोस्टल ऑर्डर, पासंपोर्ट, इंदिरा विकास-पत्रों की छपाई की जाती है।
- **करेन्सी नोट प्रेस, नासिक (महाराष्ट्र)**—नासिक रोड स्थित करेन्सी नोट प्रेस ₹ 10,50,100,500,2,000 के बैंक नोट छापती है और उनकी पूर्ति करती है।
- सिक्कों का उत्पादन करने तथा सोने और चांदी की परख करने के लिए भारत सरकार की चार टकसालें मुम्बई, कोलकाता, हैदराबाद तथा नोएडा में स्थित हैं।

व्यापार

- भारत में स्वतन्त्रता के बाद विदेशी व्यापार की अन्तर्मुखी नीतियों को अपनाया गया और आयात प्रतिस्थापन की नीति इसका आधार बनी। व्यापार उदारीकरण का प्रयास 80 के दशक से आरम्भ हुआ तथा 90 के दशक (1991 के बाद) में उदारीकरण व वैश्वीकरण की व्यापक नीति बनी।
- भुगतान सन्तुलन का तात्पर्य किसी देश का अन्य देश के साथ एक वर्ष की अवधि में समस्त लेन-देन होता है। भुगतान सन्तुलन खाते के दो भाग होते हैं-चालू खाता व पूंजी खाता।
- चालू खाते के अंन्तर्गत वस्तुगत व्यापार (आयात + निर्यात) के साथ-साथ अदृश्य मदों; जैसे-बीमा, परिवहन, पर्यटन, उपहार आदि की लेनदारियों व देनदारियों को सम्मिलित किया जाता है।
- पूंजीगत खाते में पूंजीगत लेन-देन जैसे ऋणों की प्राप्तियां व अदायगियां तथा स्वर्ण हस्तान्तरण सम्मिलित की जाती हैं।

व्यापारिक संगठन

- अन्तर्राष्ट्रीय मुद्रा कोष (IMF) की स्थापना 27 दिसम्बर, 1945 ई. में ब्रेटनवुड सम्मेलन के निर्णय के आधार पर की गयी तथा इसका कार्य 1 मार्च, 1947 ई. से शुरू हुआ।
- IBRD अर्थात् 'पुनर्निर्माण' एवं विकास के लिए 'अन्तर्राष्ट्रीय बैंक' की स्थापना सन् 1945 ई. में हुई।
- IBRD को ही अन्य संस्थाओं के साथ मिलाकर विश्व बैंक के नाम से पुकारा जाता है। इन संस्थाओं में अन्तर्राष्ट्रीय वित्त निगम, अन्तर्राष्ट्रीय विकास संघ तथा बहुपक्षीय विनियोग गारण्टी अभिकरण है।
- 12 दिसम्बर, 1994 ई. को GATT का अस्तित्व समाप्त कर दिया गया तथा 1 जनवरी, 1995 ई. को इसका स्थान WTO अर्थात् विश्व व्यापार संगठन ने ले लिया।
- WTO का मुख्यालय जेनेवा में है।
- मंत्रिस्तरीय सम्मेलन WTO की सर्वोच्च संस्था है। सभी सदस्य देशों के मंत्री इसके सदस्य हैं। इस संस्था की प्रत्येक दो वर्ष में कम-से-कम एक बैठक अवश्य होती है।

महत्त्वपूर्ण समितियां	
सरकारिया समिति	केन्द्र-राज्य सम्बन्ध
गोस्वामी समिति	औद्योगिक रुग्णता
महालनोबिस समिति	राष्ट्रीय आय
रंगराजन समिति	भुगतान सन्तुलन
राजा चलैया समिति	कर सुधार
भूरेलाल समिति	मोटरवाहन करों में वृद्धि
नरसिम्हम समिति	वित्तीय (बैंकिंग) सुधार
सच्चर समिति	मुस्लिमों की सामाजिक, आर्थिक व शैक्षणिक स्थिति का अध्ययन
सुरेश तेंदुलकर समिति	गरीबी
एस. तारापोर समिति	रुपए की पूंजी खाते में परिवर्तनीयता
आबिद हुसैन समिति	लघु उद्योग

महत्वपूर्ण आर्थिक शब्दावली

- **बूम**—अर्थव्यवस्था में बूम की स्थिति उस समय कही जाती है, जब आर्थिक क्रियाओं का तेजी से विस्तार होता है। मांग में वृद्धि के परिणाम स्वरूप किसी उद्योग विशेष में भी बूम की स्थिति उत्पन्न हो सकती है।
- **बजट**-किसी संस्था या सरकार के एक वर्ष की अनुमानित आय-व्यय लेखा-जोखा बजट कहलाता है। यह सरकार के क्रियाकलापों एवं नीतियों का वितरण भी है।

- **बफर स्टॉक**—आयात स्थिति में किसी वस्तु की कमी को पूरा करने के लिए वस्तु का स्टॉक तैयार करना बफर कहलाता है।
- **तेजड़िया और मंदड़िया**—यह स्टॉक एक्सचेंज के शब्द हैं, जो व्यक्ति स्टॉक की कीमतें बढ़ाना चाहता है, तेजड़िया कहलाता है, जो व्यक्ति स्टॉक की कीमतें गिरने की आशा करके किसी वस्तु को भविष्य में देने का वायदा करके बचाता हैं, वह मंदड़िया कहलाता है।
- **अवमूल्यन**—यदि किसी मुद्रा का विनियम मूल्य अन्य मुद्राओं की तुलना में जानबूझकर कम कर दिया जाता है, तो इसे उस मुद्रा का अवमूल्यन कहते हैं। अवमूल्यन सरकार स्वयं करती है।
- **एस्टेट ड्यूटी**—किसी व्यक्ति की मृत्यु के पश्चात् उसकी सम्पत्ति के हस्तान्तरण के समय जो कर उस सम्पत्ति पर लगाया जाता है, उसे एस्टेट ड्यूटी कहते हैं।
- **मुद्रास्फीति**—मुद्रास्फीति वह अवस्था है, जिसमें मुद्रा का मूल्य गिर जाता है और कीमतें बढ़ जाती हैं, आर्थिक दृष्टि से सीमित एवं नियन्त्रित मुद्रास्फीति, अल्प-विकसित अर्थव्यवस्था हेतु लाभदायक होती है, क्योंकि एक सीमा से अधिक मुद्रास्फीति हानिकारक है।
- **रिसेशन**—रिसेशन से तात्पर्य मन्दी की अवस्था है, जब वस्तुओं की पूर्ति की तुलना में माँग कम हो, तो रिसेशन की स्थिति उत्पन्न होती है। ऐसी स्थिति में धन के अभाव के कारण लोगों की क्रय शक्ति कम होती है और उत्पादित वस्तुओं के खरीददार नहीं होते।
- **स्टेगफ्लेशन**—यह अर्थव्यवस्था की ऐसी स्थिति है, जिसमें मुद्रास्फीति के साथ-साथ मंदी की स्थिति होती है।
- **टैरिफ**—किसी देश द्वारा आयातों पर लगाए गए कर को ही टैरिफ कहा जाता है।
- **ब्लोआऊट**—जब कोई कम्पनी अपना नया आई. पी. ओ. इश्यू करती है और उसका सब्सक्रिप्शन पहले ही दिन पूरा होकर बन्द हो जाता है, तो उसे ब्लोआऊट कहा जाता है।
- **इनासाइडर ट्रेडिंग**—यह एक अवैध कार्य है। जब उन व्यक्तियों द्वारा भारी मात्रा में शेयरों का क्रय-विक्रय करके लाभ कमाया जाता है, जिनके पास कम्पनियों की गुप्त सूचनाएं रहती हैं।
- **शॉर्ट सेलिंग**—जब किसी दलाल द्वारा इतने शेयरों की बिक्री की जाती है, जितने उनके पास शेयर नहीं होते हैं, तो इसे शॉर्ट सेलिंग कहा जाता है। अनुबन्ध पूरा करने के लिए दलाल द्वारा नीलामी में शेयर क्रय किए जाते हैं।
- **निजीकरण**—सार्वजनिक क्षेत्र में पूंजी या प्रबन्धन या दोनों में निजी क्षेत्र की भागीदारी बढ़ाना अथवा उन्हें निजी क्षेत्र को सौंप देना ही निजीकरण है।
- **उदारीकरण**—उदारीकरण, सरकारी नियन्त्रण को शिथिल या समाप्त करने की क्रियाविधि है।
- **विश्व व्यापीकरण**—किसी अर्थव्यवस्था को विश्व अर्थव्यवस्था से जोड़ने की क्रिया ही विश्व व्यापीकरण है।
- **विनिवेश**—सरकारी क्षेत्र में सरकारी हिस्सेदारी को कम करना ही विनिवेश कहलाता है।

प्रश्नमाला

1. कालीकट का प्रसिद्ध कैलिको था—
(a) एक प्रकार का समुद्री सीप
(b) एक प्रकार का कपड़ा
(c) एक प्रकार का नृत्य
(d) एक प्रकार की नाव

2. प्रधानमंत्री जन-धन योजना का मूल उद्देश्य क्या है?
(a) गरीब और वित्त वर्जित लोगों को बैंकिंग दायरे में लाना
(b) राहत को सीधे गरीबों के बैंक खातों में जमा करना
(c) वित्त-वर्जित लोगों को कर के दायरे में लाना
(d) डेबिट कार्ड तीन साल के अन्दर देकर कागजी मुद्रा का चलन कम करना

3. राष्ट्रीय गोकुल अभियान का उद्देश्य क्या है?
(a) मथुरा के पास नगर-क्षेत्र विकसित करना
(b) गायों की भारतीय नस्लों का संरक्षण और विकास
(c) डेयरी व्यापार में व्यस्त लोगों को वित्तीय सुरक्षा मुहय्या कराना
(d) डेयरी व्यापार में व्यस्त लोगों का मुफ्त बीमा कराना

4. रेलवे के यात्री डिब्बों का निर्माण कहां होता है?
(a) वाराणसी (b) चितरंजन
(c) पैराम्बूर (d) कोलकाता

5. एक रुपए से अधिक मूल्यवर्ग (Denominations) की भारतीय मुद्रा के नोट किसके द्वारा जारी किए जाते हैं?
(a) भारतीय रिजर्व बैंक
(b) वित्त मंत्रालय
(c) भारतीय स्टेट बैंक
(d) भारत सरकार

6. निम्नलिखित में प्रत्यक्ष कर (Direct Tax) कौन-सा है?
(a) आबकारी कर (b) विक्रय कर
(c) आयकर (d) उत्पाद कर

7. बैंकिंग क्षेत्र में प्रयुक्त 'KYC' का पूर्ण रूप क्या है?
(a) कीप योर क्रेडिबिलिटी (Keep Your Credibility)
(b) नो योर क्रेडिबिलिटी (Know Your Credibility)
(c) नो योर क्लाइंट्स (Know Your Clients)
(d) नो योर कस्टमर (Know Your Customer)

8. निजी बचत खाता किसमें नहीं खोला जा सकता है?
(a) सहकारी बैंक में
(b) शैड्यूल्ड बैंक में
(c) भारतीय रिजर्व बैंक में
(d) राष्ट्रीयकृत बैंक में

9. निम्नलिखित में से कौन आर्थिक बुनियादी ढांचे (Economic Infrastructure) का एक उदाहरण नहीं है?
(a) सड़कें
(b) रेलवे
(c) शिक्षा और स्वास्थ्य
(d) ऊर्जा

10. चाय बोर्ड का मुख्यालय कहां स्थित है?
(a) बैंगलोर (b) कोच्चि
(c) कोलकाता (d) दार्जिलिंग

11. समुद्र के किनारे किस शहर में इस्पात संयंत्र स्थित है?
(a) गोवा
(b) सूरत
(c) विशाखापट्टनम
(d) दिल्ली

12. इनमें से ग्यारहवीं पंचवर्षीय योजना की अवधि है–
(a) 2004–09 (b) 2006–11
(c) 2007–12 (d) 2008–13

13. जर्मनी की सहायता से निम्न में से किस इस्पात कारखाने की शुरुआत की गई थी?
(a) राउरकेला (b) भिलाई
(c) दुर्गापुर (d) बोकारो

14. वर्तमान में भारतीय अर्थव्यवस्था कौन-से स्थान पर है?

(a) पहले (b) दूसरे
(c) पाँचवें (d) सातवें

15. भारतीय अर्थव्यवस्था है–
(a) एक अल्पविकसित अर्थव्यवस्था
(b) एक विकसित अर्थव्यवस्था
(c) एक विकासशील अर्थव्यवस्था
(d) एक बन्द अर्थव्यवस्था

16. 'ASEAN' का मुख्यालय स्थित है–
(a) जेनेवा में (b) दिल्ली में
(c) मनीला में (d) जकार्ता में

17. एलपीजी (उदारीकरण, निजीकरण और वैश्वीकरण) के विकास का मॉडल भारत में किस वर्ष में शुरु किया गया था?
(a) 1951 (b) 1981
(c) 2001 (d) 1991

18. 'CRR' से अभिप्राय है–
(a) करेंसी रिजर्व रेसियो
(b) कैश रिजर्व रेसियो
(c) कैपिटल रिजर्व रेसियो
(d) कोलैटरल रिजर्व रेसियो

19. राष्ट्रीय राजमार्ग का नम्बर बताएं, जो दिल्ली को डानकुनी से जोड़ता है?
(a) 1 (b) 2
(c) 4 (d) 8

20. एकीकृत बाल विकास योजना..........से सम्बन्धित है।
(a) बच्चों के कुपोषण एवं स्वास्थ्य की समस्या
(b) बच्चों की शैक्षिक समस्या
(c) देश में बाल मजदूरों के बढ़ने की समस्या
(d) बच्चों में नशे की लत पड़ने की समस्या

21. भारत में कौन-से शहर का नाम जे. एन. टाटा के नाम पर पड़ा है?
(a) टाटानगर (b) कानपुर
(c) नागपुर (d) जमशेदपुर

22. 'NREGA' का तात्पर्य है–
(a) नेशनल रूरल एम्प्लोई गारन्टी एक्ट
(b) नेशनल रूरल एम्प्लोईमेंट ग्रोथ एक्ट
(c) नेशनल रूरल एम्प्लोईमेंट गारन्टी एक्ट
(d) नेशनल रूरल एम्प्लोईमेंट गारंटी अमेंडमेंट

23. भारत की 2011 जनगणना के अनुसार समग्र साक्षरता दर क्या है?
(a) 74·04% (b) 82·14%
(c) 76·06% (d) 65·5%

24. निम्नलिखित में से कौन सा भारत के सार्वजनिक क्षेत्र का सबसे बड़ा वाणिज्यिक बैंक है?
(a) आई.डी.बी.आई. बैंक (IDBI Bank)
(b) आई.सी.आई.सी.आई. बैंक (ICICI Bank)
(c) एक्सिस बैंक (AXIS Bank)
(d) एस.बी.आई. (SBI)

25. बैंकिग शब्दावली में अशोध्य ऋण (Bad Loans) को कहा जाता है—
(a) NPAs (b) प्राइम लोन
(c) BPOs (d) CBs

26. किस क्षेत्र को 'तृतीयक क्षेत्र' भी कहा जाता है?
(a) कृषि क्षेत्र (b) उद्योग क्षेत्र
(c) सेवा क्षेत्र (d) इनमें से कोई नहीं

27. किस सहायक बैंक का सबसे पहले भारतीय स्टेट बैंक में विलय हुआ था?
(a) स्टेट बैंक ऑफ सौराष्ट्र
(b) स्टेट बैंक ऑफ इन्दौर
(c) स्टेट बैंक ऑफ पटियाला
(d) स्टेट बैंक ऑफ हैदराबाद

28. विश्व व्यापार संगठन (WTO) की स्थापना कब हुई थी?
(a) 5 जनवरी, 1993
(b) 14 जनवरी, 1997
(c) 1 जनवरी, 1995
(d) इनमें से कोई नहीं

29. देश के उत्पादन के अधिकांश भाग का उपयोग सामान्यत: किया जाता है-
(a) निवेश के लिए
(b) निर्यात के लिए
(c) निजी उपभोग के लिए
(d) सार्वजनिक उपभोग के लिए

30. भारत के नीति आयोग का पदेन अध्यक्ष सामान्यतः कौन होता है?
(a) प्रधानमंत्री (b) उप-प्रधानमंत्री
(c) वित्तमंत्री (d) योजना राज्य मंत्री

31. पंचवर्षीय योजना में रोलिंग प्लान सिद्धान्त किसने दिया था?
(a) जनता सरकार
(b) राजीव गांधी
(c) श्रीमती इन्दिरा गांधी
(d) नेशनल फ्रंट सरकार

32. भारत की कुल मुद्रा में एक रुपए के सिक्के का प्रतिशत कितना है?
(a) 2.0% (b) 2.3%
(c) 1.2% (d) 2.2%

33. निम्नलिखित में से कौन-सी वित्तीय संस्था/एजेन्सी नहीं है?
(a) FPSB (b) SEBI
(c) IRDA (d) BCCI

34. भण्डारी समिति किससे सम्बन्धित है?
(a) RRB के पुनर्निर्माण से
(b) तेल क्षेत्र में सुधार से
(c) दूरसंचार क्षेत्र में निजी बाजीगरों
(d) रेलवे मण्डलों के संगठन से

35. निम्नलिखित में से कौन-सा सार्वजनिक निर्गम के लिए जाने का एक अलाभ है?
(a) नए निवेशकों के साथ बेहतर कीमत और नियोजन
(b) निरन्तर प्रकटीकरण बनाए रखने की आवश्यकता
(c) वर्तमान अंशों को परिसमापन
(d) कम्पनी की पारदर्शिता और प्रतिष्ठा में वृद्धि

36. जवाहर रोजगार योजना किसके द्वारा प्रारम्भ की गई थी?
(a) इन्दिरा गांधी
(b) संजय गांधी
(c) जवाहर लाल नेहरू
(d) राजीव गांधी

37. भारत का पहला सर्व-महिला बैंक कौन-सा है?
(a) लक्ष्मी विलास बैंक
(b) धनलक्ष्मी बैंक
(c) विजया बैंक
(d) भारतीय महिला बैंक

38. उधार पत्रक (क्रेडिट कार्ड) को जाना जाता है–
(a) सुनम्य मुद्रा (प्लास्टिक मनी)
(b) दुर्लभ मुद्रा (हार्ड मनी)
(c) कागजी मुद्रा (सॉफ्ट मनी)
(d) सुलभ मुद्रा (इजी मनी)

39. वैश्वीकरण का अर्थ है–
(a) अर्थव्यवस्था के विभिन्न क्षेत्रों का एकीकरण
(b) घरेलू अर्थव्यवस्था का विश्व अर्थव्यवस्था के साथ एकीकरण
(c) अर्थव्यवस्था का एकीकरण
(d) मुद्रा बाजार का एकीकरण

40. भारत में पूंजी वर्धक उद्योग का सबसे अच्छा उदाहरण है–
(a) पर्यटन उद्योग
(b) इस्पात उद्योग
(c) खेल-कूद वस्तु सम्बन्धित उद्योग
(d) वस्त्र उद्योग

41. ''प्लास्टिक मनी'' शब्द का सम्बन्ध निम्नलिखित में से किससे है?
(a) ATM कार्ड/क्रेडिट कार्ड
(b) प्लास्टिक कोटेड करेंसी नोट्स
(c) फॉरेन करेंसी
(d) उपर्युक्त में से कोई नहीं

42. भारतीय रिजर्व बैंक का मुख्यालय कहां है?
(a) मुम्बई (b) चेन्नई
(c) कोलकाता (d) दिल्ली

43. किसी देश का विकास सामान्यतया निर्धारित किया जा सकता है–

(a) उसकी प्रति व्यक्ति आय से
(b) उसके औसत साक्षरता स्तर से
(c) उसके लोगों के स्वास्थ्य स्तर से
(d) उपर्युक्त सभी

44. भारतीय अर्थतंत्र को मोटे तौर पर आर्थिक क्रिया-कलापों में कार्यरतता के आधार पर तीन सेक्टरों में विभाजित किया गया है- एक शिक्षक, वकील तथा हज्जाम का कार्य, जिसे परिभाषित किया जा सकता है–
(a) प्राथमिक सेक्टर
(b) द्वितीयक सेक्टर
(c) तृतीयक सेक्टर
(d) इनमें से कोई नहीं

45. अर्द्ध-रोजगारी की समस्या कृषि क्षेत्र में पाई जाती है। इसे सही ढंग से परिभाषित किया जा सकता है, जब लोग–
(a) कार्य करना नहीं चाहते
(b) सुस्त ढंग से कार्य करते हैं
(c) उससे कम कार्य करते हैं, जो वे करने में सक्षम हैं
(d) उन्हें उनके कार्य का भुगतान नहीं मिलता

46. महात्मा गांधी राष्ट्रीय ग्रामीण रोजगार गारंटी अधिनियम के अन्तर्गत एक वर्ष में कितने दिनों के रोजगार की गारंटी दी गई है?
(a) 80 दिन (b) 365 दिन
(c) 100 दिन (d) 200 दिन

47. निम्न में से किस देश ने मानव विकास के अर्थ में भारत से बेहतर कार्य निष्पादन किया है?
(a) बांग्लादेश (b) श्रीलंका
(c) नेपाल (d) पाकिस्तान

48. सेक्टरों को सार्वजनिक तथा निजी सेक्टर में निम्न आधार पर वर्गीकृत किया गया है।
(a) रोजगार की परिस्थितियां
(b) आर्थिक कार्यकलापों की प्रकृति
(c) उद्योगों के स्वामित्व
(d) उद्यम में लगे कामगारों की संख्या

49. इकोनॉमी (अर्थशास्त्र) में CAD का तात्पर्य है-
(a) कन्वेंटिबल अकाउंट डेफिसिट
(b) करंट अकाउंट डेफिसिट
(c) करंट अकाउंट डिपोजिट
(d) कन्वेंटिबल अकाउंट डिपोजिट

50. सरकारी एजेंसी का नाम बताएं, जो भारत में खाद्यान्नों के क्रय एवं संचय के लिए जिम्मेदार है-
(a) MSP (b) PDS
(c) FCI (d) ICAR

51. देश के किस राज्य में न्यूनतम लिंग अनुपात है?
(a) हिमाचल प्रदेश (b) उत्तर प्रदेश
(c) हरियाणा (d) बिहार

52. रिलायंस कंपनी का प्रमुख है-
(a) गौतम अडानी
(b) रतन टाटा
(c) बिड़ला
(d) मुकेश अम्बानी

53. ''सी आई आई'' (CII) का पूर्ण रूप है–
(a) कंफेडरेशन ऑफ इंडियन इंडस्ट्री
(b) कॉन्फ्रेंस ऑफ इंडियन इंडस्ट्री
(c) कॉन्फ्रेंस ऑफ इंटरनेशनल इंडस्ट्री
(d) कंफेडरेशन ऑफ आई टी इंडस्ट्री

54. इनमें से कौन-सा बैंक भारत में केंद्रीय बैंक की भूमिका निभाता है?
(a) सेंट्रल बैंक ऑफ इंडिया
(b) भारतीय स्टेट बैंक
(c) आईसीआईसीआई बैंक
(d) भारतीय रिजर्व बैंक

55. विमुद्रीकरण को किस नाम से भी जाना जाता है?
(a) नोटबन्दी (b) कैशलेस
(c) पुरानी मुद्रा (d) नई मुद्रा

56. इनमें से किस प्रकार की अर्थव्यवस्था में व्यक्ति उत्पादन के कारकों का स्वामी होता है?
(a) समाजवादी (b) साम्यवादी
(c) पूंजीवादी (d) उपर्युक्त सभी

57. सेक्युरिटी एंड एक्सचेंज बोर्ड ऑफ इंडिया का मुख्य कार्य क्या है?
(a) भारतीय रिजर्व बैंक के मुद्रा-नोटों की सुरक्षा करना।
(b) यूएस डॉलर एवं भारतीय रुपयों के मध्य विनिमय दर को नियमित करना।
(c) भारत में आयात-निर्यात व्यापार को नियमित करना।
(d) स्टॉक बाजार में निवेशकों के हितों की रक्षा करना।

58. इनमें से किस कम्पनी ने, ''ई-चौपाल'' नामक ग्रामीण बाजारी श्रृंखला की शुरुआत की?
(a) डाबर
(b) आईटीसी
(c) हिमालया
(d) हिन्दुस्तान यूनिलीवर

59. राष्ट्रीयकरण होने के पूर्व, स्टेट बैंक ऑफ इंडिया क्या कहलाता था?
(a) इम्पीरियल बैंक ऑफ इंडिया
(b) ब्रिटिश बैंक ऑफ इंडिया
(c) क्वींस बैंक ऑफ इंडिया
(d) रिजर्व बैंक ऑफ इंडिया

60. ''मांग नियम'' (Law of Demand) के अनुसार–
(a) मांगी गई मात्रा में वृद्धि के साथ कीमतें बढ़ती हैं।
(b) कीमतों में वृद्धि के साथ मांगी गई मात्रा में वृद्धि होती हैं।
(c) कीमतों में वृद्धि के साथ मांगी गई मात्रा में कमी होती है।
(d) आपूर्ति में वृद्धि के साथ मांग में वृद्धि होती है।

61. निम्नलिखित में से भारत में किस बैंक की सबसे अधिक शाखाएं हैं?
(a) पी.एन.बी. (b) सेन्ट्रल बैंक
(c) एस.बी.आई. (d) एच.डी.एफ.सी.

62. स्टेट बैंक ऑफ इंडिया का वित्तीय मुख्यालय कहां स्थित है?
(a) कोलकाता (b) दिल्ली
(c) मुम्बई (d) गुड़गांव

63. पंजाब में जालंधर किस उद्योग के लिए प्रसिद्ध है—
(a) हीरा (b) अग्नि कार्य
(c) पेट्रोकेमिकल (d) खेल की वस्तु

64. भारतीय दूरसंचार नियंत्रक प्राधिकरण द्वारा निर्धारित न्यूनतम ब्रॉडबैंड स्पीड क्या है?
(a) 256 केबीपीएस
(b) 512 केबीपीएस
(c) 1 जीबीपीएस
(d) 2 जीबीपीएस

65. उर्वरकों के निर्माण में निम्न में से कौन-सा तत्व प्रयोग किया जाता है?
(a) फ्लुओरीन (b) लेड
(c) पोटैशियम (d) एल्यूमीनियम

66. UIDAI का तात्पर्य है—
(a) यूनिवर्सल आइडेंटिफिकेशन अथॉरिटी ऑफ इंडिया
(b) यूनिक आइडेंटिटी अथॉरिटी ऑफ इंडिया
(c) यूनिक-आइडेंटिफिकेशन अप्लीकेशन ऑफ इंडिया
(d) यूनिक आइडेंटिफिकेशन अथॉरिटी ऑफ इंडिया

67. दिल्ली के बाद, भारत में सबसे आबादी वाला केन्द्रशासित प्रदेश कौन-सा है?
(a) चंडीगढ़
(b) पुदुचेरी
(c) दमन एवं दीव
(d) अंडमान एवं निकोबार

68. नेशनल इंटिग्रेशन काउंसिल (एनआईसी) की अध्यक्षता..........द्वारा की जाती है।
(a) प्रधानमंत्री (b) राष्ट्रपति
(c) वित्तमंत्री (d) गृहमंत्री

व्याख्या सहित उत्तर

1. (b) कालीकट का प्रसिद्ध कैलिको एक प्रकार का कपड़ा है।

2. (a) प्रधानमंत्री जन-धन योजना देशभर के गरीब लोगों को बैंक और अन्य वित्तीय सेवाओं से जोड़ने की एक महत्वाकांक्षी परियोजना है।

3. (b) देसी नस्ल की गायों के संरक्षण और नस्ल सुधार को वैज्ञानिक ढंग से बढ़ावा देने के उद्देश्य से केन्द्र सरकार ने 25 जुलाई, 2014 को राष्ट्रीय गोकुल मिशन की शुरूआत की।

4. (c)

5. (a) भारत में एक रुपए के नोट पर वित्त मंत्रालय के सचिव के तथा अन्य नोटों पर रिजर्व बैंक ऑफ इण्डिया के गवर्नर के हस्ताक्षर होते हैं।

6. (c) व्यक्ति या कंपनियों पर लगाया जाने वाला कर जो उनकी आय या संपत्ति पर लगाया जाता है।. इस कर का किसी अन्य व्यक्ति पर अंतरण संभव नहीं हो पाता प्रत्यक्ष कर–

(1) आय कर (2) उपहार कर (3) संपत्ति कर (4) ब्याज कर (5) निगम कर (6) सम्पदा शुल्क

7. (d) बैंकिंग क्षेत्र में प्रयुक्त 'KYC' का पूर्ण रूप 'KNOW YOUR CUSTOMER' है।

8. (c) निजी बचत खाता भारतीय रिजर्व बैंक में नहीं खोला जा सकता है। रिजर्व बैंक ऑफ इंडिया की स्थापना 1 अप्रैल 1935 ई. में हुई।

9. (c)

10. (c) भारतीय चाय बोर्ड का मुख्यालय कोलकाता, पश्चिम बंगाल में स्थित है।

11. (c) विशाखापटट्नम इस्पात संयंत्र, विजाग इस्पात संयंत्र के नाम से जाना जाता है। यह भारत का एकमात्र तटीय इस्पात संयंत्र है। इसके अतिरिक्त, यह भारत और एशिया (संयुक्त रूप से दक्षिण और पूर्वी एशिया) का सबसे बड़ा एकल संयंत्र स्थल है। यह जर्मनी और रूस की तकनीकी सहायता से भारत का सर्वाधिक विकसित इस्पात उत्पादक है।

12. (c) 11वीं पंचवर्षीय योजना की अवधि 2007-2012 थी। इसमें तीव्र और समावेशी विकास पर ध्यान केन्द्रित किया गया और सामाजिक क्षेत्र के महत्व पर बल दिया गया।

13. (a) ओडिशा के सुन्दरगढ़ जिले के राउरकेला में स्थित राउरकेला इस्पात संयंत्र को 1955 में पश्चिम जर्मनी की मदद से स्थापित किया गया था। यह भारत में सार्वजनिक क्षेत्र का पहला एकीकृत इस्पात संयंत्र है।

14. (c) **15.** (c)

16. (d) दक्षिणी-पूर्वी राष्ट्रों के संगठन (ASEAN) का मुख्यालय जकार्ता(इण्डोनेशिया) में स्थित है।

17. (d) **18.** (b) **19.** (b)

20. (a) एकीकृत बाल विकास योजना बच्चों के कुपोषण एवं स्वास्थ्य समस्या से सम्बन्धित है।

21. (d) **22.** (c)

23. (a) वर्ष 2011 के फाइनल आंकड़ो के अनुसार भारत की कुल साक्षरता दर 73.0 प्रतिशत है, जिसमें पुरूष साक्षरता 80·9 प्रतिशत व महिला साक्षरता 64·6 प्रतिशत है।

24. (d)

25. (a) बैकिंग शब्दावली में अशोध्य ऋण (Bad loans) के लिए NPA (Non Performing Assets) अथवा गैर उत्पादनकारी परिसम्पत्ति, शब्दावली का प्रयोग किया जाता है।

26. (c)

27. (a) 24 जुलाई, 2008 को स्टेट बैंक ऑफ सौराष्ट्र व 26 अगस्त, 2010 को स्टेट बैंक ऑफ इन्दौर को भारतीय स्टेट बैंक में विलय किया गया।

28. (c) विश्व व्यापार पर नजर रखने वाली प्रमुख अन्तर्राष्ट्रीय संस्था विश्व व्यापार प्रमुख (WTO) की स्थापना 1 जनवरी, 1995 को की गई पहले यह कार्य गैट (GATT) द्वारा सम्पन्न किया जाता था। इसका मुख्य उद्देश्य विश्व व्यापार को लचीला बनाना है।

29. (c) **30.** (a)

31. (a) जनता पार्टी की सरकार ने पांचवीं पंचवर्षीय योजना को एक वर्ष पहले ही समाप्त करके एक नई योजना प्रारम्भ की जिसे अनवरत् योजना (Rolling Plan) कहा गया रोलिंग प्लान के तहत् एक योजना कुछ वर्षों के लिए बनाई जाती है।

32. (b)

33. (d) BCCI एक वित्तीय संस्था नहीं है।

34. (a) भण्डारी समिति (1994) का सम्बन्ध क्षेत्रीय ग्रामीण बैंकों की पुनर्संरचना से है।

35. (b) **36.** (d) **37.** (d) **38.** (a)

39. (b) **40.** (b) **41.** (a) **42.** (a)

43. (d) किसी देश का विकास सामान्यतया उसकी प्रति व्यक्ति आय औसत साक्षरता, स्वास्थ्य स्तर आदि सभी से निर्धारित किया जा सकता है।

44. (c) **प्राथमिक क्षेत्र**-कृषि, वन, मछली पालन, उत्खनन।

द्वितीय क्षेत्र-विनिर्माण, उद्योग-लौह इस्पात, सीमेंट, बिजली, गैस, जलपूर्ति।

तृतीयक क्षेत्र-इसे सेवा क्षेत्र भी कहा जाता है। इसमें परिवहन, व्यापार वाणिज्य, वित्तीय सेवा, डाक सेवा एवं सामुदायिक सेवा आते हैं।

45. (c) अर्द्ध रोजगारी की समस्या कृषि क्षेत्र में पाई जाती है, क्योंकि उसमें लोग उससे कम कार्य करते हैं, जो वे करने में सक्षम हैं।

46. (c) महात्मा गांधी राष्ट्रीय रोजगार गारंटी अधिनियम के अंतर्गत एक वर्ष में 100 दिन के रोजगार की गारंटी दी गई है।

47. (b)

48. (c) भारत की सार्वजनिक तथा निजी सेक्टर में उद्योगों के स्वामित्व के आधार पर वर्गीकृत किया गया है।

49. (b) इकोनॉमी में CAD का तात्पर्य है- Current Account Deficit

50. (c) भारतीय खाद्य निगम (FCI) भारत की सरकारी एजेन्सी है, जो खाद्यान्नों का क्रय करती है तथा सुरक्षित भंडार का रख-रखाव भी करती है।

51. (c) भारत का न्यूनतम लिंगानुपात वाला राज्य हरियाणा है। 2011 के जनगणना के (अनुसार हरियाणा में लिंगानुपात) 830 प्रति हजार पुरूष है।

52. (d)

53. (a) सी आई आई (CII) : कंफेडरेशन ऑफ इंडियन इंडस्ट्री

54. (d) भारत में केन्द्रीय बैंक की भूमिका भारतीय रिजर्व बैंक निभाता है। भारतीय रिजर्व बैंक की स्थापना 1 अप्रैल, 1935 को ₹ 5 करोड़ की अधिकृत पूंजी से हुई थी। इसका राष्ट्रीयकरण 1 जनवरी, 1949 को किया गया।

55. (a)

56. (c) पूंजीवादी अर्थव्यवस्था को बाजार अर्थव्यवस्था या स्वतंत्र व्यापार प्रणाली की भी संज्ञा प्रदान की गई है। इस प्रणाली में उत्पादन के सभी महत्वपूर्ण साधनों का स्वामित्व, संचालन एवं नियंत्रण निजी उद्योगपतियों के हाथों में केन्द्रित होता है।

57. (d) सेक्युरिटी एंड एक्सचेंज बोर्ड ऑफ इंडिया (सेबी) की स्थापना 12 अप्रैल, 1988 ई. में एक गैर सांविधिक संस्था के रूप में की गई। 30 जनवरी, 1992 को एक अध्यादेश पारित कर इसे कानूनी दर्जा प्रदान की गई। इसका उद्देश्य पूंजी बाजार में निवेशकों का संरक्षण सुनिश्चित करना है।

58. (b)

59. (a) 1 जुलाई, 1955 ई. को इम्पीरियल बैंक को राष्ट्रीयकृत करके 'स्टेट बैंक ऑफ इण्डिया की स्थापना की गई। इस बैंक का स्थापना सरकार के साझेदारी में की गई।

60. (c) **मांग का नियम:** किसी वस्तु की कीमत एवं मांग के बीच विपरीत संबंध होते हैं। अर्थात् वस्तु की कीमत में कमी वस्तु की मांग में वृद्धि करेगी तथा इसके विपरीत कीमत में वृद्धि वस्तु की मांग में कमी करेगी। यह मांग का नियम है।

61. (c) **62.** (c) **63.** (d) **64.** (b)

65. (c) उर्वरकों के निर्माण में पोटैशियम (K) तत्व का प्रयोग किया जाता है, जिससे म्यूरेट ऑफ पोटाश (KC1–60% K_2O), पोटैशियम सल्फेट (50% K_2O) आदि उर्वरक बनाए जाते हैं। जिनका खेती में प्रयोग होता है, पोटाश तत्व पौधे के तने को मजबूती प्रदान करता है तथा बीज/दाने में चमक भी पैदा करता है.

66. (d) **यू.आई.डी.ए.आई. (UIDAI)** का तात्पर्य यूनिक आइडेंटिफिकेशन अथॉरिटी ऑफ इण्डिया से हैं।

67. (b) **68.** (a)

❑❑❑

5

अध्याय

कला एवं संस्कृति

- भारत के उत्तर पश्चिम में विकसित हुई **हड़प्पा सभ्यता** के प्रमाण प्रस्तुत करते हैं कि भारतीय कला प्राचीन काल से समृद्ध रही है।
- **हड़प्पा सभ्यता** के विभिन्न स्थलों से उत्कृष्ट कलाकृतियाँ मिली हैं। प्राचीन काल का स्वर्ण युग **'गुप्त काल'** कला की दृष्टि से महत्वपूर्ण है। मौर्यकाल में अशोक के विभिन्न **शिलालेख**, **स्तम्भ विशेषत: सारनाथ स्थित अशोक स्तम्भ कला** के उत्कृष्ट नमूने हैं।
- कुषाण कालीन गांधार व मथुरा कला प्राचीन भारत की समृद्ध कला थी। पूर्व मध्ययुग में निर्मित **मूर्तियाँ**, **मन्दिर** व **किले**, भारतीय कला की सम्पन्न कृतियाँ हैं। आधुनिक कला को 5 भागों में बाँटा गया है, जिसे सम्मिलित रूप से **ललित कला** (Fine Arts) कहा जाता है। कला के 5 भाग निम्नवत् हैं–**संगीत कला** (Music), **मूर्तिकला** (Sculpture), **चित्रकला** (Painting), **वास्तुकला** (Architect) व **काव्य कला** (Poetry)।
- गुप्त काल में विविध कलाओं का विकास हुआ। गुप्त काल में सोने व चाँदी के कलात्मक सिक्के प्रचलित थे। गुप्त काल में स्थापत्य के क्षेत्र में **स्तूप**, **चैत्य**, **मठ**, **मंदिर** व **विशाल हाल** का निर्माण हुआ।
- अजन्ता की गुफाएं, राजगीर व सारनाथ का स्तूप, अजयगढ़ का पार्वती मंदिर इस काल की मुख्य कलाकृतियाँ हैं, जो गुप्त कालीन समृद्ध कला को प्रदर्शित करती है।

भारतीय संगीत

प्रसिद्ध वाद्ययंत्र एवं उनके वादक

वाद्ययंत्र	वादक
वायलिन	बाल मुरली कृष्णन, गोविन्द स्वामी पिल्लई, टी.एन. कृष्णा, आर.पी. शास्त्री, शिशिरकना धर चौधरी, लाल गुड़ी जयरामन, सत्यदेव पवार, श्रीमती एन. राजम, विष्णु गोविन्द जोग आदि।
सितार	पं. रविशंकर, उस्ताद विलायत खां, बुद्धादित्य मुखर्जी, निशात खां, शाहिद परवेज, शुजात हुसैन, शशि मोहन भट्ट, देवव्रत चौधरी, निखिल बनर्जी आदि।
सरोद	अली अकबर खां, अलाउद्दीन खां, नन्द राय, अशोक कुमार राय, अमजद अली खां आदि।
शहनाई	बिस्मिल्ला खां, शैलेश भागवत, अनन्त लाल, भोलानाथ तमन्ना, हरी सिंह आदि।
बांसुरी	हरि प्रसाद चौरसिया, रघुनाथ सेठ, पन्नालाल घोष, प्रकाश सक्सेना, रोनु मजूमदार, देवेन्द्र मुक्तेश्वर, प्रकाश बढ़ेरा, राजेन्द्र प्रसन्ना आदि।
तबला	अल्लारखा खां, जाकिर हुसैन, लतीफ खां, गुदई महाराज, अम्बिका प्रसाद, सुभाष निर्वाण आदि।
वीणा	ब्रह्मस्वरूप सिंह, एस. बालचन्द्रन, असद अली, गोपाल कृष्ण आदि।
संतूर	पं. शिवकुमार शर्मा, तरुण भट्टाचार्य आदि।
जल तरंग	रामस्वरूप प्रभाकर, घासीराम निर्मल, जगदीश मोहन आदि।
सारंगी	पं. रामनारायण जी, ध्रुव घोष, संतोष मिश्रा, अरुण काले, आशिक अली खां, बजीर खां, रमजान खां आदि।
गिटार	विश्वमोहन भट्ट, ब्रजभूषण काबरा, केशव तलेगांवकर, नतिन मजूमदार आदि।
हारमोनियम	रविन्द्र तलेगांवकर, अप्पा जुलगांवकर, महमूद।

- भारत में संगीत को प्राचीनकाल से ही महत्व दिया गया है। इसके दो रूप-मार्गी तथा देशी प्रचलित थे। धीरे-धीरे मार्गी रूप विलुप्त हो गया और देशी संगीत, शास्त्रीय संगीत तथा लोक संगीत के रूप में विकसित हुआ।
- शास्त्रीय संगीत, शास्त्रों पर आधारित व संगीत, विद्या के विद्वानों द्वारा नियत व विकसित स्वरूप था, जबकि लोक संगीत, समय व स्थान के समरूप स्वाभाविक व स्वच्छन्द रूप से विकसित संगीत था।
- मुगलकाल में अकबर के शासनकाल में संगीत के क्षेत्र में समृद्धि आई। तानसेन ने संगीत के शास्त्रीय पहलुओं पर अनेक प्रयोग किए। 19वीं शताब्दी में विष्णु नारायण भातखंडे ने संगीत के विकास के लिए बड़ौदा, लखनऊ व ग्वालियर में संगीत कॉलेज स्थापित किए।

शास्त्रीय नृत्य

- **भरतनाट्यम**–भरतनाट्यम का विकास तमिलनाडु में हुआ तथा इसके वर्तमान स्वरूप का श्रेय **पोन्नैय बंधुओं** को जाता है। यह भरत मुनि के नाट्यशास्त्र से सम्बद्ध परंपराबद्ध, शैलीबद्ध नृत्य है। पहले इसे **'आटम'** व **'सदिर'** नाम से जाना जाता था, जिसे **देवदासियाँ** मंदिरों में प्रस्तुत करती थीं।

भारत के प्रमुख लोकनृत्य

लोकनृत्य	राज्य
बैशाख, बिहू, खेल गोपाल, कलिगोपाल, बोई साजू	असम
राखललीला, नटपूजा, बागुरूम्बा, भांगड़ा, गिद्दा	पंजाब
छारबा, जद्दा, झेंटा, महासु थाली, नाटी, चम्बा, छपेली, सांगला, डंडा नाच	हिमाचल प्रदेश
छोरेया, ऊ, धमाल, खोरिया, फाग, डाहीकल, तमाशा	हरियाणा
लेजिम, गोधलगीत, बोहरा, लावनी, कोली मौनी, गणेश चतुर्थी	महाराष्ट्र
डमाली, हिकात, डांडी नाच, कूद, राउ, भाखागीत	जम्मू-कश्मीर
गणगौर, झूमर, घूमर, सुसिनि, गोपिका लीला, झूलन लीला	राजस्थान
गरबा, घेरिया रास, गोफे, जेरियन, डांडियारास, पणिहारी	गुजरात
रासलीला, लास्या, गणपति भजन, टिप्पणी गौरनशत्य, गेड़ीनशत्य, मांदरी	छत्तीसगढ़
जट-जाटिन, घुमकड़िया, कीर्तनिया, पंवारियाँ, सोहराई, सामा, जात्रा	बिहार
चकेवा, जाया, माघी, डांगा, चेकवा, झींका, छाऊ, लुझरी झोरा, छपेली, करण, कजरी, रामलीला, नौटंकी, कजरी, दीवाली, थाली	उत्तर प्रदेश
कैकोट्टिकली, चाक्यरकुथु, भद्रकली, पायदानी, कुड़ीअट्टम, कालीअट्टम, मोहिनीअट्टम	केरल
दीवाली, फाग, सुआ, चैत, रीना, टपाड़ी, सैला भेगोरिया, हुल्को, मुंदड़ी, संगमाड़िया	मध्य प्रदेश
करणकाठी, गंभीरा, जलाया, बाउल नृत्य, कथि, जात्रा	पश्चिम बंगाल
कोल्लटम, करागल, कावड़ी, कुम्मी	तमिलनाडु
मुखौटा	अरुणाचल प्रदेश
कुमीनागा, रेंगमनागा, लिम, चोंग, युद्ध नृत्य, खैवा	नागालैंड
संकीर्तन, लाईहरीबा, थांगटा की तलम, बसंतराम, राखाल	मणिपुर
चेरोकान, पाखुलिया नृत्य	मिजोरम
नृत्य, सुआ, पंथी, राऊत, चन्दैनी कर्मा, कक्सार, परब नृत्य, फुलकी डोरला, सरहुल, शैला एवं दमनच बौंग, मगाह, पाइका, नटुआ, छऊ, सरहुल, कर्मा	झारखंड
अग्नि, मुण्डारी एवं जुदर चुंगनाट, गरुड़वाहन, डंडानट, पैका, जदूर, मुदारी, आया, सवारी, छाऊ	ओडिशा
चांचरी/झोड़ा, छपेली, छोलिया, झुमैलो, जागर, कुमायूं नृत्य	उत्तराखंड
यक्षगान, भूतकोला	कर्नाटक
घंटामर्दाला, बतकम्मा, कुम्मी छड़ी नृत्य	आंध्र प्रदेश

नृत्य	उद्भव
भरतनाट्यम	तमिलनाडु
कथकली	केरल
कत्थक	उत्तरी भारत
मणिपुरी	मणिपुर
कुचिपुड़ी	आंध्र प्रदेश
ओडिसी	ओडिशा
मोहिनीअट्टम	केरल
चाऊ	पूर्वी भारत
सत्तरिया	असम

- **कत्थक**–कत्थक की उत्पत्ति के सम्बन्ध में सर्वाधिक मान्य विचार यह है कि इसकी उत्पत्ति **उत्तर भारत** के मंदिरों में हुई तथा धीरे-धीरे विकसित होती हुई यह 16वीं शताब्दी में रासलीला तक पहुँचकर समृद्ध हुई। मुगलकाल में **जयपुर**, **बनारस**, **लखनऊ** इसके मुख्य केन्द्र थे। कत्थक एक नियमबद्ध व शुद्ध शास्त्रीय नृत्य है। जिसमें सर्वाधिक महत्वपूर्ण लय होती है।
- **कथकली**–कथकली का वर्तमान स्वरूप तीन शताब्दी पूर्व से परिष्कृत होते हुए बना।

कृष्णनाट्टम व **रामनाट्टम** और प्राचीन शैलियों के मिश्रण के बाद इसे शास्त्रीय शैली का नृत्य माना जाता है। यह एक उत्तेजक नृत्य है, जिसमें समस्त शरीर किसी पौराणिक महाकाव्य की घटनाओं को अभिव्यक्त करता है।

- **अभिनयकर्ता** मूक रहकर विभिन्न मुद्राओं द्वारा भावों को अभिव्यक्त करता है। **कवि वल्लतोल**, जिन्होंने अनेक कथकली पाण्डुलिपियों की रचना की, ने कथकली के विकास में महत्वपूर्ण भूमिका निभाई।
- **ओडिसी–भरत मुनि** के नाट्यशास्त्र पर आधारित यह नृत्य उड़ीसा में ई. पू. से ही प्रचलित था। जैन सम्राट **खारवेल** इसके संरक्षक व नर्तक थे। यह नृत्य शालीन है व दो तत्वों में विभक्त है-**भंगिमा** व **वरण**।
- **कुचिपुड़ी**–यह नृत्य भी भरत मुनि के नाट्यशास्त्र पर आधारित है। इसके विकास में **तीर्थ नारायण** व **सिद्धेन्द्र योगी** ने महत्वपूर्ण योगदान दिया। कुचिपुड़ी मूलतः **पुरुष नृत्य** है, परंतु विगत् कुछ वर्षों से स्त्रियाँ भी इस नृत्य को प्रस्तुत कर रही हैं। कुचिपुड़ी नृत्य नाटिका **आंध्र प्रदेश** में अत्यधिक लोकप्रिय है।
- **मोहिनीअट्टम**–अपने प्रारूप में भरतनाट्यम जैसा ही यह नृत्य केरल में **देवदासी परंपरा** का प्रचलित नृत्य है।
- 19वीं शताब्दी में त्रावणकोर शासक **श्री मूलम तिरूनाल** ने इसे प्रोत्साहित किया। कवि वल्लतोल ने इसके विकास में अपना योगदान दिया।

कलामंडलम में कल्याणी अम्मा ने इस नृत्य शैली में महत्वपूर्ण प्रयोग किए व इसे लोकप्रिय बनाया।

भारतीय चित्रकला

चित्रकला एक प्राचीन कला है। आदिकाल में ही मानव ने गुफा चित्रों के माध्यम से अनेक मानवीय क्रियाकलापों का चित्रण प्रारम्भ कर दिया था, जिसमें शिकार, पशु-पक्षियों आदि के चित्र प्रमुखता से अंकित किए गए थे। अजंता की गुफाओं में चित्रकारी ईसा पूर्व पहली शताब्दी में आरम्भ हुई और ईसा पश्चात् जारी रही। भगवान बुद्ध से सम्बन्धित विषय-वस्तु पर की गई यह चित्रकारी भारतीय चित्रकला का अनुपम नमूना है।

मुगलकाल में भारतीय चित्रकला का उल्लेखनीय विकास हुआ। भारत में जहाँगीर का शासनकाल चित्रकला के लिए महत्वपूर्ण रहा। ब्रिटिशकालीन भारत में चित्रकला के विकास में कुछ अवरोध आये, लेकिन बाद के समय में इसका उत्तरोत्तर विकास हुआ।

भारत की प्रमुख लोक कला शैलियाँ	
• मेहंदी	राजस्थान
• आपना	पहाड़ी
• सोन रखना या चौक पूरना	उत्तर प्रदेश
• मांडणा	राजस्थान
• रंगोली	महाराष्ट्र
• साथिया	गुजरात
• गोदना	बिहार
• अपहन	बिहार

भारत के प्रमुख चित्रकार

भारतीय चित्रकला ने 19-20वीं शताब्दी में नए सोपान तय किए, जिसमें अनेक चित्रकारों का योगदान रहा। यह काल पारम्परिक, पाश्चात्य विचारों से प्रभावित रहा। कुछ महत्वपूर्ण चित्रकारों का परिचय इस प्रकार है–

1. **अवनींद्र नाथ टैगोर–**इनका **जन्म 1871 ई.** में हुआ। इनके चित्रों में यूरोपीय तकनीक, मौलिक विषय तथा देशज चित्रकला का संगम दिखता है। इनकी प्रमुख कलाकृतियाँ **'शाहजहाँ का ताज देखना'**, **'बुद्ध और सुजाता'** तथा **'वन साम्राज्ञी'** प्रमुख हैं।
2. **राजा रवि वर्मा–**1848 ई. में जन्मे राजा रवि वर्मा का भारतीय चित्रकला के विकास में योगदान महत्वपूर्ण है। **'दुष्यन्त को पत्र लिखती शकुन्तला'**, **'नायर लेडी'** इनकी प्रमुख चित्रकृतियाँ हैं।
3. **नंदलाल बोस–**1883 ई. में जन्मे बोस की प्रमुख कृतियाँ **'उमा की तपस्या'**, **'कृष्णार्जुन'**, **'प्रणाम'**, **'बसन्त'**, **'शिव पार्वती'**, **'गोपनी'** हैं।
4. **के. वेंकटप्पा–**ये अवनींद्र नाथ टैगोर के शिष्य थे। इनकी शैली पर पाश्चात्य शैली का प्रभाव दिखता है। **'लंकादहन'**, **'स्वर्णमृग'**, इनकी प्रमुख चित्र कृतियाँ हैं।
5. **अमृता शेरगिल–**'ग्रैण्ड सैलान' पुरस्कार से सम्मानित अमृता शेरगिल एक प्रसिद्ध चित्रकार थीं। 'एलीफेन्ट्स बाथिंग इन ग्रीन पूल' व 'हिल साइड' इनकी प्रमुख कृतियाँ हैं।
6. **शोभा सिंह–**मुख्य रूप से तैलचित्र बनाने वाले शोभा सिंह आधुनिक चित्रकला के प्रमुख चित्रकार थे। इनकी प्रसिद्ध चित्रकृति 'हीर-रांझा' है।
7. **जैमिनी राय–**सरल प्रकृति, भावुकतापूर्ण तथा लोकजीवन के चित्रों के प्रसिद्ध चित्रकार।
8. **मकबूल फिदा हुसैन–**इनका जन्म 1915 ई. में महाराष्ट्र में हुआ, लेकिन बाद में ये मध्य प्रदेश में बस गए।

भारतीय मूर्तिकला

हड़प्पा सभ्यता की खुदाई से प्राप्त मूर्तियाँ भारतीय मूर्तिकला की प्रारम्भिक मूर्तियाँ हैं। जिनमें मिट्टी, कासे व पत्थर की विभिन्न विषयों पर आधारित मूर्तियाँ हैं। मातृ देवी तथा पशुओं की मूर्तियाँ मिट्टी से निर्मित थीं। सिन्धु सभ्यता के बाद के समय में मूर्तिकला में उत्तरोत्तर विकास हुआ, जिनको निम्नलिखित शैलियों में विभाजित किया जा सकता है–

- **मौर्यकालीन मूर्तिकला–**अशोक के शासनकाल में मूर्तिकला को नए आयाम मिले। शेर, घोड़े, कमल, धर्मचक्र तथा स्तम्भों के ऊपर बनी मूर्तियाँ इस काल की मूर्ति कला के उत्कृष्ट नमूने हैं। सारनाथ स्थित अशोक स्तम्भ मौर्यकाल की उत्कृष्ट कलाकृति है।
- **गुप्तकालीन मूर्तिकला–**मूर्तियों में भाव प्रवणता तथा अलंकरण व कलात्मक प्रभामंडल गुप्तकालीन मूर्तिकला की विशेषता है। सारनाथ की पद्मासन मूर्ति इस शैली की महत्वपूर्ण मूर्ति है। वैष्णव धर्म के प्रभाव के कारण विष्णु के दशावतारों की मूर्तियों, शिव का अर्द्धनारीश्वर स्वरूप आदि इस काल में बनाई गई मूर्तियों की प्रमुख विषयवस्तु थी।
- **गान्धार कला की मूर्तियाँ–**गान्धार कला का विकास कनिष्क के शासन काल में हुआ। गान्धार कला की मूर्तियों में बुद्ध को राजा के रूप में दिखाया गया है। इस काल की मूर्तियों की निम्न विशेषताएँ हैं–बुद्ध की मूर्तियों में आभूषण तथा वस्त्र, बुद्ध के जीवन की प्रमुख घटनाओं का मूर्ति रूप में चित्रण, बुद्ध की शयनावस्था में मूर्ति, सादा प्रभामंडल तथा वस्त्रों पर सलवटें।
- **मथुरा कला की मूर्तियाँ–**इस शैली की मूर्तियों में हिन्दू देवी-देवताओं की मूर्तियाँ, स्त्रियों की मूर्तियाँ तथा बुद्ध की मूर्तियों का बाहुल्य था। जैन मूर्तियों का खड्गासन तथा पद्मासन की अवस्था में निर्माण मथुरा कला की मूर्तियों में प्राप्त होता है।
- **वाकाटक मूर्तिकला–**गुप्तों के समकालीन वाकाटकों के समय में अजन्ता की गुफाओं में बौद्ध धर्म से सम्बन्धित मूर्तियों तथा एलोरा में हिन्दू धर्म से सम्बन्धित मूर्तियों का निर्माण किया गया।

विश्व विरासत सूची में शामिल भारत के स्थल

क्र.सं.	स्थल	वर्ष
1.	आगरा का किला	1983
2.	अजन्ता गुफाएँ	1983
3.	एलोरा गुफाएँ	1983
4.	ताजमहल	1983
5.	महाबलीपुरम के स्मारक	1984
6.	कोणार्क का सूर्य मन्दिर	1984
7.	काजीरंगा नेशनल पार्क	1985
8.	केवलादेव नेशनल पार्क	1985
9.	मानस सेंचुरी	1985
10.	गोवा के चर्च	1986
11.	फतेहपुर सीकरी	1986
12.	हम्पी के अवशेष	1986
13.	खजुराहो मंदिर	1986
14.	एलिफेंटा गुफाएँ	1987
15.	चोल मंदिर	1987–2004
16.	पट्टदकल के स्मारक	1987
17.	सुन्दरवन नेशनल पार्क	1987
18.	नंदा देवी या फूलों की घाटी	1988–2005
19.	साँची का स्तूप	1989

20.	हुमायूँ का मकबरा	1993
21.	कुतुबमीनार	1993
22.	माउन्टेन रेलवे	1999
23.	बोधगया का महाबोधि मंदिर	2002
24.	भीमबेटका की गुफाएँ	2003
25.	चंपानेर पावागढ़ पार्क	2004
26.	छत्रपति शिवाजी टर्मिनल	2004
27.	दिल्ली का लालकिला	2007
28.	जयपुर वेधशाला	2010
29.	पश्चिमी घाट	2012
30.	राजस्थान के पहाड़ी किले	2013
31.	रानी की बावड़ी (गुजरात)	2014
32.	ग्रेट हिमालय नेशनल पार्क कन्सरवेशन एरिया	2014
33.	कोबुर्जिए का वास्तुशिल्प कार्य	2016
34.	कंचनजंगा राष्ट्रीय उद्यान	2016
35.	अहमदाबाद का ऐतिहासिक शहर	2017
36.	मुम्बई के विक्टोरियन गोथिक और आर्ट डेको एन्सेंबल	2018
37.	जयपुर शहर, राजस्थान	2019
38.	धोलावीरा	2021
39.	काकतीय रूद्रेश्वर रामप्पा मंदिर, तेलंगाना	2021

- **मध्यकालीन मूर्तिकला–**चन्देल शासकों के समय में स्त्रियों की मूर्तियों तथा खजुराहों की उत्कृष्ट मूर्तियों का निर्माण शुरू हुआ। पल्लव काल की महाबलीपुरम में बनाई गई मूर्तियाँ मध्यकालीन मूर्तिकला की उत्कृष्ट कलाकृतियाँ हैं।

भारत में मनाए जाने वाले अन्य प्रमुख त्योहार

त्योहार	वर्ग	राज्य/क्षेत्र
पोंगल	हिन्दू	तमिलनाडु
गणतंत्र दिवस	सभी वर्ग	राष्ट्रीय पर्व
भोगाली, बिहू	हिन्दू	आसाम
वसंत पंचमी	हिन्दू	उत्तर भारत में
शिवरात्रि	हिन्दू	सम्पूर्ण भारत में
जमशेद नवरोज	पारसी	सम्पूर्ण भारत में
होली	हिन्दू	सम्पूर्ण भारत में
उगड़ी	सभी वर्ग	आंध्र प्रदेश
महावीर जयंती	जैन	उत्तर भारत में
हनुमान जयंती	हिन्दू	उत्तर भारत में
राम नवमी	हिन्दू	सम्पूर्ण भारत में
पास ओवर	यहूदी	–
गुड फ्राइडे	ईसाई	–
ईस्टर	ईसाई	–
बुद्ध जयन्ती	बौद्ध	–
वैशाखी	सिख	पंजाब
रंगोली बिहू	हिन्दू	आसाम
विशु	सभी वर्ग	केरल
शिवाजी जयंती	हिन्दू	महाराष्ट्र
जन्माष्टमी	हिन्दू	सम्पूर्ण भारत में
स्वतंत्रता दिवस	सभी वर्ग	राष्ट्रीय पर्व
खेरदाद साल	पारसी	–
गणेश चतुर्थी	हिन्दू	मुख्यत: महाराष्ट्र
राखी पूर्णिमा	हिन्दू	सम्पूर्ण भारत में
ओणम्	हिन्दू	केरल
पर्यूसण	जैन	–
पटेटी	पारसी	–
दशहरा/दुर्गापूजा/नवरात्रि	हिन्दू	सम्पूर्ण भारत में
दीपावली	हिन्दू	सम्पूर्ण भारत में
गुरु पर्व	सिख	उत्तर भारत
क्रिसमस	ईसाई	–
लोसर	बौद्ध	–

- **चोलकालीन मूर्तिकला–**पत्थर तथा काँसे से बनी शिव मूर्तियाँ इस काल की मूर्तिकला की प्रमुख मूर्तियाँ हैं। नृत्य मुद्रा में नटराज की मूर्ति इस काल की विश्व प्रसिद्ध मूर्ति है।

भारत के विभिन्न धर्मावलम्बियों के प्रमुख तीर्थस्थल

तीर्थस्थल	विवरण
हिन्दू तीर्थस्थल	
अमरनाथ (जम्मू-कश्मीर)	बर्फ का दिव्य शिवलिंग
अयोध्या (उत्तर प्रदेश)	राम जन्मभूमि
हरिद्वार (उत्तराखंड)	हर की पौड़ी, गंगा स्नान का मेला, कुम्भ मेला
पुरी (ओडिशा)	चार धामों में से एक, जगन्नाथ मंदिर, रथ यात्रा, शंकराचार्य मठ
केदारनाथ (उत्तराखंड)	चार धामों में से एक
गंगासागर (प. बंगाल)	मकर संक्रांति पर मेला एवं गंगा स्नान
कोणार्क (ओडिशा)	सूर्य मंदिर
वैष्णो देवी (जम्मू-कश्मीर)	वैष्णो देवी का मंदिर
वृन्दावन (उत्तर प्रदेश)	राधा-कृष्ण की निकुंज लीलाओं की रंग स्थली
पुष्कर (राजस्थान)	ब्रह्मा मंदिर, पंच तीर्थों एवं पंच पवित्र सरोवरों में एक
कांचीपुरम (तमिलनाडु)	सर्वतीर्थ सरोवर, शंकराचार्य मठ, अनेक मंदिर
गुवाहाटी (असम)	कामाख्या देवी का मंदिर
वैद्यनाथ धाम (झारखंड)	पाँच शक्तिपीठों में एक, वैद्यनाथ ज्योतिर्लिंग
कन्याकुमारी (केरल)	कन्याकुमारी मंदिर
तंजावुर (तमिलनाडु)	वृहदीश्वर मंदिर
श्रीरंगम् (तमिलनाडु)	श्रीरंगनाथ मंदिर, जुम्बकेश्वर मंदिर
चिदम्बरम् (तमिलनाडु)	नटराज का मंदिर
भद्राचलम (आंध्र प्रदेश)	भद्राचलम (श्रीराम) मंदिर
कोलकाता (प. बंगाल)	कालीघाट का काली मंदिर
पारसनाथ हिल (झारखंड)	पवित्रतम पर्वतों में से एक, पारसनाथ का मंदिर
पावापुरी (बिहार)	वर्द्धमान महावीर का जन्म स्थान
कोलकाता (प. बंगाल)	पारसनाथ का मंदिर, दक्षिणेश्वर काली मंदिर
प्रयागराज (उत्तर प्रदेश)	गंगा-यमुना-सरस्वती का संगम, माघ मेला/कुंभ मेला, अक्षयवट
त्रिचुर (केरल)	वडक्कुन्नाथन मंदिर

रामेश्वरम् (तमिलनाडु)	चार धामों में से एक, रामेश्वरम् मंदिर
बद्रीनाथ (उत्तराखंड)	हिमालय क्षेत्र का उत्तरी धाम
गया (बिहार)	पितरों के पिंड दान से सम्बन्धित स्थान
काशी (वाराणसी) (उत्तर प्रदेश)	विश्वनाथ मंदिर, संकटमोचन मंदिर, मणिकर्णिका घाट
नासिक (महाराष्ट्र)	कुंभ मेला
उज्जैन (मध्य प्रदेश)	महाकालेश्वर मंदिर, कुंभ मेला
मदुरै (तमिलनाडु)	दक्षिण मथुरा के रूप में विख्यात, मीनाक्षी मंदिर
तिरुपति (आंध्र प्रदेश)	वेंकटेश्वर का मंदिर
द्वारका (गुजरात)	चार धामों में से एक, श्रीकृष्ण से सम्बन्धित स्थान
मथुरा (उत्तर प्रदेश)	श्रीकृष्ण जन्मभूमि, कंस का मेला
कुरुक्षेत्र (हरियाणा)	सूर्य ग्रहण लगने पर मेला, ब्रह्मसर
बौद्ध तीर्थस्थल	
सारनाथ (उत्तर प्रदेश)	मूलगंधकुटी विहार
बोधगया (बिहार)	महाबोधि मंदिर, बोधिवृक्ष
लद्दाख (जम्मू-कश्मीर)	हेमिस गोम्पा बौद्ध विहार
कुशीनगर (उत्तर प्रदेश)	गौतम बुद्ध का महापरिनिर्वाण स्थल, महापरिनिर्वाण मंदिर, महापरिनिर्वाण स्तूप
टाबो मठ (हिमाचल प्रदेश)	लाहौल-स्फीति घाटी
ल्होसव लाखांग मंदिर	किन्नौर जिला
अल्ची मंदिर संकुल	लद्दाख के लेह जिले में अवस्थित
धर्मशाला (हिमाचल प्रदेश)	दलाई लामा का निवास स्थल

जैन तीर्थस्थल	
माउंट आबू (राजस्थान)	जैनियों के पवित्रतम पर्वतों में से एक
शत्रुंजयहिल पलिताणा (गुजरात)	पवित्रतम पर्वतों में से एक, आदिनाथ का मंदिर
श्रवणबेलगोला (कर्नाटक)	तीर्थंकर, गोमतेश्वर की विशाल मूर्ति
माउंट गिरनार (गुजरात)	पवित्रतम पर्वतों में से एक, श्री नेमिनाथ से सम्बन्धित
मुस्लिम तीर्थस्थल	
श्रीनगर (जम्मू-कश्मीर)	हजरतबल दरगाह
अजमेर (राजस्थान)	ख्वाजा मुइनुद्दीन चिश्ती की दरगाह पर उर्स
गुलबर्गा (कर्नाटक)	बंदा नवाज चिश्ती की दरगाह पर उर्स
नागोरे (तमिलनाडु)	उर्स
माकनपुर (उत्तर प्रदेश)	शाह मदार का मकबरा
बहराइच (उत्तर प्रदेश)	घासी महमूद के मकबरे पर उर्स
बिहार शरीफ (बिहार)	मखदूम शाह शरीफुद्दीन का मकबरा
ईसाई तीर्थस्थल	
पणजी (गोवा)	बॉव जीसस चर्च में रखी हुई सेंट फ्रांसिस जेवियर की ममी
चेन्नई (तमिलनाडु)	सेंट थॉमस चर्च
सिख तीर्थस्थल	
अमृतसर (पंजाब)	सिखों का पवित्रतम तीर्थ, स्वर्ण मंदिर
यहूदी तीर्थस्थल	
कोच्चि (केरल)	सिनेगॉग ऑफ व्हाइट ज्यूज

प्रश्नमाला

1. पंचतंत्र किताब का लेखक कौन था?
(a) विष्णु शर्मा (b) भवभूति
(c) बाणभट्ट (d) कालिदास

2. निम्न में से कौन-सी भाषा अपेक्षाकृत नूतन है?
(a) अरबी (b) पर्शियन
(c) उर्दू (d) संस्कृत

3. कथकली इस राज्य का शास्त्रीय नृत्य है—
(a) उत्तर प्रदेश (b) केरल
(c) तमिलनाडु (d) आन्ध्र प्रदेश

4. निम्न में से कपड़े का कौन-सा प्रकार पूर्व-उपनिवेशीय भारत में तैयार नहीं होता था?
(a) केलिको (b) मलमल
(c) छींट (d) नील

5. नमाज पढ़ते वक्त मुसलमान कौन-सी दिशा की ओर अभिमुख होते हैं?
(a) पश्चिम
(b) उत्तर
(c) मक्का की दिशा में
(d) मदीना की दिशा में

6. राशि 'वरगो' (Constellation Virgo) का भारतीय नाम क्या है?
(a) कन्या (b) मिथुन
(c) मीन (d) कुम्भ

7. हमारे राष्ट्रीय कैलेंडर का प्रथम माह कौन-सा है?
(a) भाद्रपद (b) फाल्गुन
(c) चैत्र (d) कार्तिक

8. दिलवाड़ा मंदिर भारत के किस राज्य में स्थित है?
(a) महाराष्ट्र (b) गुजरात
(c) राजस्थान (d) दिल्ली

9. रथ यात्रा, किस मंदिर का मुख्य त्योहार है?
(a) द्वारका (b) अयोध्या
(c) पुरी (d) वाराणसी

10. अजंता-एलोरा की गुफाएं कहां पर हैं-
(a) तमिलनाडु (b) गुजरात
(c) महाराष्ट्र (d) राजस्थान

11. उस्ताद अमजद अली खान का नाम निम्नलिखित में से किस संगीत वाद्ययंत्र के साथ जुड़ा हुआ है?
(a) शहनाई (b) बांसुरी
(c) सरोद (d) तबला

12. निम्नलिखित में से कौन-सा बिहार का लोक नृत्य है?
(a) झाली (Jhali)
(b) जट-जटिन (Jata-Jatin)
(c) कर्मा (Karma)
(d) गरबा (Garba)

13. 'चंद्रकांता संतती' (Chandrakanta Santati) के लेखक हैं—
(a) देवकी नंदन खत्री
(b) फणीश्वर नाथ रेणु
(c) बाणभट्ट
(d) प्रेमचन्द

14. 'जय हिन्द' का नारा किसने दिया था?
(a) एम. के. गांधी (b) जे. एल. नेहरू
(c) एस. सी. बोस (d) बी. जी. तिलक

15. 'मुंबई का वास्तुविद्' किन्हें माना जाता है?
(a) एम.जी. रानाडे
(b) दादाभाई नौरोजी
(c) भाऊ दाजी लाड
(d) नाना शंकरसेठ

16. राउफ किस राज्य का एक अति लोकप्रिय नृत्य है?
(a) अरुणाचल प्रदेश
(b) केरल

(c) तमिलनाडु
(d) जम्मू और कश्मीर

17. सेंट जॉर्ज किला कहां स्थित है?
(a) कोलकाता (b) कोच्चि
(c) मुंबई (d) चेन्नई

18. सामान्यतः पटना, नालन्दा, गया और नवादा जिलों में बोली जानी वाली भाषा है–
(a) भोजपुरी
(b) मगही
(c) मैथिली
(d) उपर्युक्त में से कोई नहीं

19. 'हरिहर नाथ मन्दिर' स्थित है–
(a) हाजीपुर में (b) सोनपुर में
(c) देवघर में (d) पटना में

20. राष्ट्रीय गीत 'वंदे मातरम्' किस उपन्यास में शामिल है?
(a) गोरा (b) दुर्गेश नांदिनी
(c) गोदान (d) आनंद मठ

21. 'राष्ट्रगीत' के रचयिता कौन हैं?
(a) डी.एन.टैगोर (b) बंकिम चन्द्र चटर्जी
(c) आर.एन.टैगोर (d) शर्मिला टैगोर

22. प्रसिद्ध पुस्तक 'गीत गोविन्द' किसने लिखी थी?
(a) बाणभट्ट (b) जयदेव
(c) मीराबाई (d) कालिदास

23. विख्यात पुस्तक 'इंडिका' किसने लिखी?
(a) मेगस्थनीज (b) मार्को पोलो
(c) अल-मसूदी (d) निकिटिन

24. पटना शहर में स्थित 'तख्त श्री हरि मंदिर साहिब' किसका जन्मस्थल है?
(a) चौथे सिख गुरु रामदास जी
(b) दसवें सिख गुरु गोविन्द सिंह जी
(c) पहले सिख गुरु नानक देव जी
(d) नौवें सिख गुरु तेग बहादुर जी

25. भारतीय राष्ट्रीय पंचांग का पहला महीना है–
(a) वैशाख (b) माघ
(c) चैत्र (d) आषाढ़

26. इनमें से कौन एक शास्त्रीय नृत्य शैली नहीं है?
(a) भरतनाट्यम (b) कथकली
(c) ओडिसी (d) गरबा

27. इनमें से कौन-सा पर्व किसी बड़े व्यक्तित्व का जन्मदिन के समारोह के रूप में नहीं मनाया जाता है?
(a) नवरोज
(b) गुरूनानक जयंती
(c) बुद्ध पूर्णिमा
(d) क्रिसमस

28. इनमें से कौन-सा धार्मिक स्थल जम्मू-कश्मीर में स्थित नहीं है?
(a) अमरनाथ मंदिर
(b) दरगाह शरीफ
(c) वैष्णव देवी मन्दिर
(d) हजरतबल दरगाह

29. गोलकुण्डा किला किस राज्य में स्थित है?
(a) आंध्र प्रदेश (b) कर्नाटक
(c) महाराष्ट्र (d) तमिलनाडु

30. इनमें से किस वाद्य यंत्र के लिए स्वर्गीय पंडित रवि शंकर एक अंतर्राष्ट्रीय मान्यता प्राप्त व्यक्ति थे?
(a) संतूर (b) सरोद
(c) सितार (d) वीणा

31. कामाख्या देवी का मन्दिर कहाँ स्थित है?
(a) असम (b) मणिपुर
(c) नागालैण्ड (d) त्रिपुरा

32. किस संस्कृत कवि को भारतीय शेक्सपियर कहा जाता है?
(a) तुंलसीदास (b) कालिदास
(c) कौटिल्य (d) शूद्रक

व्याख्या सहित उत्तर

1. (a) पंचतंत्र पुस्तक के लेखक विष्णु शर्मा हैं।

2. (c)

3. (b) कथकली केरल राज्य का शास्त्रीय नृत्य है।

4. (d) **5.** (c) **6.** (a)

7. (c)

8. (c) दिलवाड़ा का जैन मंदिर राजस्थान में सन् 1021 ई. में विमल शाह द्वारा बनवाया गया।

9. (c) पुरी मंदिर ओडिशा में स्थित है। यह मंदिर भगवान विष्णु को समर्पित है।

10. (c) अंजता-एलोरा की गुफाएं महाराष्ट्र में स्थित हैं। यह स्थान बौद्ध धर्म से जुड़ा हुआ है।

11. (c) **12.** (b) **13.** (a)

14. (c)

15. (d) जनहितैषी एवं शिक्षाविद् जगन्नाथ ''नाना'' शंकर सेठ को आधुनिक मुम्बई का वास्तुकार माना जाता है। मुंबई के बायकुला में स्थित डॉ. भाऊ दाजी लैड म्यूजियम, जिसे पूर्व में विक्टोरिया एंड अल्बर्ट म्यूजियम के नाम से जाना जाता था, का डिजाइन उनके संरक्षण में लंदन के प्रसिद्ध वास्तुकार द्वारा तैयार किया गया था।

16. (d) राउफ लोक नृत्य का अभ्यास मुख्य रूप से कश्मीर घाटी की महिलाओं द्वारा किया जाता है। इस लोक नृत्य में महिलाएं रंगीन वेशभूषा में दो पंक्तियां बनाकर एक दूसरे के समक्ष नृत्य करती हैं। इसमें मुख्य रूप से पैरों से काम लिया जाता है जिसे स्थानीय भाषा में 'चकरी' कहते हैं।

17. (d) फोर्ट सेन्ट जॉर्ज भारत में अंग्रेजों का प्रथम किला था जिसकी स्थापना 1644 में मद्रास (आधुनिक शहर चेन्नई) के तटीय शहर में की गई थी। वर्तमान में इस किले में तमिलनाडु विधान सभा और अन्य आधिकारिक भवन स्थित हैं। यह किला एक प्रकार से आधार स्तम्भ है, जिसके आसपास मद्रास के महानगरीय शहरों का विकास हुआ।

18. (b) **19.** (b)

20. (d) वंदे मातरम्, वस्तुतः, ''मां मैं तेरी स्तुति करूं''– 1882 में लिखित आनंद मठ की एक कविता है। यह मातृभूमि के लिए एक भजन है। इसने भारतीय स्वतंत्रता आंदोलन में एक महत्वपूर्ण भूमिका निभाई थी। यह पहली बार भारतीय राष्ट्रीय कांग्रेस के 1896 के अधिवेशन में रवीन्द्रनाथ टैगोर द्वारा एक राजनैतिक संदर्भ में गाया गया था।

21. (b) **22.** (b) **23.** (a)

24. (b) **25.** (c)

26. (d) गरबा शास्त्रीय नृत्य की शैली नहीं है। गरबा गुजरात का लोकनृत्य है।

27. (a) नवरोज (Navroze) पारसी समुदाय द्वारा नववर्ष के अवसर पर मनाया जाने वाला त्योहार है।

28. (b) दरगाह शरीफ या अजमेर शरीफ राजस्थान के अजमेर में स्थित है। यहां सूफी संत ख्वाजा मुइनुद्दीन चिश्ती की मजार है जो विश्व प्रसिद्ध धार्मिक स्थल है।

29. (b) गोलकुण्डा के किले का निर्माण कुतुबशाही वंश के शासकों द्वारा आंध्र प्रदेश के हैदराबाद में करवाया गया था।

30. (c) स्वर्गीय पंडित रविशंकर एक अंतर्राष्ट्रीय ख्याति प्राप्त सितार वादक थे।

31. (a) **32.** (b)

❑❑❑

6

अध्याय

खेल

प्रमुख खेल और उनसे जुड़ी शब्दावली

- **बैडमिंटन**–एंगल्ड ड्राइव सर्व, बैकहैंड लो सर्व, बर्ड, ड्यूस, डबल ड्रॉप, फॉल्ट, फ्लिक सर्व, फोरहैंड स्मैश, लेट, लोब, लव ऑल, नेट, शॉट्स, रैली, रश, स्मैश।
- **बास्केटबॉल**–बॉल, बास्केट, ब्लॉकिंग, ड्रिलिंग, फ्री थ्रो, हेन्ड बॉल, होल्डिंग, जंप बॉल, मल्टीपल थ्रोज, पाइवॉट।
- **बेसबॉल**–बेस, बैटरी, बंटिंग, कैचर, डायमंड, हिटर, होम, इनफील्ड, आउटफील्ड, पिंच, पिचर प्लेट, पुलआउट, शार्ट, स्टॉप, स्ट्राइक।
- **बिलियर्ड्स**–बॉल्क लाइन, ब्रेक, बोलिंटग, कैनन, क्यू, हैजर्ड, इन-ऑफ, जिग्गर, लांग जेनी, पॉट, स्क्रैच, स्क्रू बैक, शॉर्ट जेनी, स्पॉट स्ट्रोक।
- **बॉक्सिंग**–ऑग्जिलरी प्वाइंट सिस्टम, बैबिट पंच, ब्रेक, कट, डिफेंस, डाउन, हुक, जैब, लाइंग ऑन, नॉक, सेकेंड्स आउट, स्लैम, अपर कट, वेट इन, विन बाइ नॉक आउट।
- **ब्रिज**–ऑक्शन, बिड, शिकेन, कट, डिक्लेयरर, डबलटोन, डमी, फाइनेसी, ग्रैंड स्लैम, लिटिल स्लैम, नोट्रंप्स, ओवर-ट्रिक, रिवोक, रबर, शफल, सूट, वल्नरेबल।
- **शतरंज**–बिशप, कैप्चर, कैसलिंग, चेक मेट, एन पेसेंट, गैंबिट, ग्रैंड मास्टर, किंग, नाइट, पॉन, क्वीन, रूक, स्टेलमेट, अंडर प्रोमोटिंग।
- **क्रिकेट**–स्लेजिंग बॉल आउट, फ्री हिट, दूसरा, एशेज, बनाना, बाउंडरी, बॉलिंग, कॉट, चाइनामैन, कवर ड्राइव, क्रीज, डक, फॉलो ऑन, गार्डेनिंग, गुगली, गली, हैट्रिक, हेलीकॉप्टर शॉट, हिट विकेट, एल.बी.डब्ल्यू., लेग ब्रेक, लेग बाइ, मेडन ओवर, नो बॉल, ऑफ ब्रेक, ऑन ड्राइव, आउट, ओवर, मैंडेटरी ओवर, पिच पॉपिंग क्रिज, रबर, रन डाउन, रन आउट, सिक्सर, सिली प्वाइंट, स्क्वेयर लेग, स्टोन बॉलिंग, स्ट्रेट ड्राइव, स्टम्प्ड, यॉर्कर, विकेट, पुल, लेट, कट, फ्लिक, सिनक, थर्ड मैन, यू.डी.आर.एस., डकवर्थ लुइस सिस्टम थ्रो, स्लिप।
- **गोल्फ**–वेस्ट-बॉल फोरसम, बोगी, बंकर, कैडी, डॉर्मी, फेयरवे, फोरबॉल, फोरसम, ग्रीड होल्स, लिंक्स, निब्लिक, पार, पुट, रफ, स्टाइमीड टी, थ्रीसम।
- **फुटबॉल**–एडवांटेज क्लॉज, ब्लाइंड साइड, सेंटर फारवर्ड, कॉर्नर किक, डायरेक्ट फ्री किक, ड्रिबल, गोल किक, हैट्रिक, मार्किंग, ऑफ साइड, पेनाल्टी किक, रेड कार्ड, थ्रो इन, पिंग, फाउल, हाफ बैंक, फूल बैंक।
- **जिम्नास्टिक**–ए-बार्स, एरियल, ब्लॉक्स, कोन ऑफ सिंवग, डिश, फ्लेयर्स, जायंट्स, इनलोकेट, किप, प्लांच टैरिफ, टंबल, वरचुओसिटी, रैप।
- **हॉकी**–एडवांटेज, बैक-सिटक, बुली, कैरी, सेंटर फारवर्ड, कॉर्नर, ड्रिबल, फ्लिक, फ्री-हिट, गोल लाइन, हाफवे लाइन, हैट-ट्रिक, ऑफ साइड, रेड कार्ड, रोल-इन स्कूप, शॉर्ट कॉर्नर, स्क्वेयर पास, सिटक, स्ट्राइकिंग सर्कल, टैकल, टाई ब्रेकर, जोनल मार्किंग।
- **घुड़दौड़**–जॉकी, पंट, स्टीपलचेज, थोरो ब्रेड।
- **जूडो**–अशी-वाजा, चुई, डैन, डोजो, ग्याकू, हाजिमे, इप्पॉन, जिगोताई, काएशीवाजा, मकिकोमी, नागे-वाजा, ओ-गोशी, रैंडोरी, स्कॉर्फ, तानी-ओतोशी, उची-कोम्वी, वकी-गटामे, योशी, यूको।
- **कराटे**–एज जूकी, अई-ऊची, अका, चाकूगेन, दाची, एंचो सेन, फुदोताची, गेदान, गेरी, हाजिम, इबूकी, जियान, ककाटो, कोका, मकिवारा, निदान, ओबी, रेई, सेनबोन, शिरो, तोबिगेरी, उदे, वाजा-अरी, योको-गेरी, जेन-नो।
- **पोलो**–बंकर, चक्कर, मैलेट।
- **नौकायन**–बो, बकेट, काउ, एर्गोमीटर, फीदर, पैडल, रेगाटा।
- **रग्बी**–ट्रैकल, लाइंस, स्क्रम, टच, ट्राई।
- **शूटिंग**–बैग, बुल्स आई, मार्क्समैनशिप, मजल, प्लग।
- **स्कीइंग**–टोबोगैनिंग।
- **स्विमिंग**–ब्रेस्टस्ट्रोक, क्रॉल।
- **टेबल टेनिस**–एंटी लूप, बैकसिपन, चॉप, लूप, पेनहोल्ड ग्रिप, पुश, सिपन, टिवड्ड।
- **टेनिस**–एस, बैकहैंड स्ट्रोक, ड्यूस, डीप वॉली, डबल फॉल्ट, हीव, होल्डिंग, जंप सेट, लोब पास, लव ऑल, प्वाइंट, क्विक स्मैश, स्पाइक, सर्विस, स्काउटिंग, टेक्टिकल बॉल, विंडमिल सर्विस, वॉली।
- **वॉलीबॉल**–एस, बेसलाइन, ब्लाकिंग, डबलिंग, फुट फॉल्ट, हीव, होल्डिंग, जंप सेट, लोब पास, लव ऑल, प्वाइंट, क्विक स्मैश, स्पाइक, सर्विस, स्काउटिंग, टेक्टिकल बॉल, विंडमिल सर्विस, वॉली।
- **कुश्ती**–हाफ नेल्सन, हेड लॉक, हीव, होल्ड, रिबाउट्स, सीजर। खेल मापदंड।
- **बैडमिंटन खेलने का क्षेत्र**–लम्बाई 44 फीट, चौड़ाई 20 फीट (युगल), लम्बाई 44 फीट, चौड़ाई 17 फीट (एकल)।
- **बेसबॉल खेलने का मैदान**–हीरे के आकार का मैदान, प्रत्येक साइड पर 90 फीट और कर्ण के साथ 127 फीट।
- **बिलियर्ड्स खेलने का क्षेत्र**–10 फीट लम्बा, 5 फीट चौड़ा और 3 फीट ऊँचा।
- **बॉस्केटबाल खेलने का क्षेत्र**–लम्बाई 85 फीट, चौड़ाई 46 फीट अधिकतम।
- **क्रिकेट**–मैदान : गोल या अंडाकार।

  पिच की कुल दूरी : 22 गज।

  गेंद–परिधि में $18\frac{13}{14}$ से 9 इंच और वजन में $5\frac{3}{4}$ औंस।

  बल्ला– $4\frac{1}{4}$ इंच की अधिकतम चौड़ाई और 38 इंच की अधिकतम लम्बाई।
- **क्रीज**–लम्बाई में 8 फीट और 8 इंच; पॉपिंग क्रीज, विकेट से 4 फीट और चौड़ाई में असीमित।
- स्टंप्स–मैदान से बाहर 28 इंच।

- डर्बी कोर्स–$1\frac{1}{2}$ मील (2.4 किलोमीटर)।
- **फुटबॉल–लम्बाई :** 100 गज से 130 गज; चौड़ाई : 50 से 56 गज; गोल की चौड़ाई : 8 गज; बार : मैदान से 8 फीट; क्षेत्र प्रत्येक गोल पोस्ट से 6 गज; बॉल : परिधि में 27 से 28 इंच; समयावधि : 90 मिनट अधिकतम।
- **गोल्फ–**छेद : $4\frac{1}{2}$ इंच, बॉल वजन : $1\frac{1}{2}$ औंस।
- **हॉकी–**लम्बाई 100 गज, चौड़ाई 55 से 60 गज; खेल की समयावधि : 30 मिनट प्रत्येक के दो चरण, ड्रॉ हो जाने की स्थिति में अतिरिक्त समय; गोल परपेंडिकुलर पोस्ट : मैदान से ऊपर 7 फीट के दो बार जोकि 8 गज की दूरी पर एक-दूसरे से जुड़े हैं; बॉल : परिधि में $8\frac{3}{4}$ इंच और वजन में $5\frac{3}{4}$ औंस।
- **पोलो–**मैदान की लम्बाई 300 गज और चौड़ाई 200 गज।
- **मैराथन रेस–**26 मील, 385 गज।
- **टेबल टेनिस–**9 फीट लंबा, 6 फीट चौड़ा और $2\frac{1}{2}$ फीट ऊँचा।
- **टेनिस कोर्ट–**78 फीट लंबा, 28 फीट चौड़ा (एकल), 78 फीट चौड़ा, 36 फीट चौड़ा (युगल)।
- **वॉलीबॉल कोर्ट–**वर्गाकार में 30 फीट बाई 30 फीट।
- **वाटर पोलो–**30 गज लंबा व 20 गज चौड़ा।

प्रमुख देशों के राष्ट्रीय खेल

देश	खेल	देश	खेल
ऑस्ट्रेलिया	क्रिकेट	कनाडा	आइस हॉकी
चीन	टेबल टेनिस	भारत	हॉकी
जापान	जूडो	रूस	शतरंज
स्कॉटलैंड	रग्बी	स्पेन	बुल फाइटिंग
ब्रिटेन	क्रिकेट एवं रग्बी, फुटबॉल	अमेरिका	बेसबॉल
पाकिस्तान	हॉकी	नेपाल	वॉलीबॉल

प्रमुख खेलों में खिलाड़ियों की संख्या

खेल	खिलाड़ियों की संख्या (एक पक्ष में)
बैडमिंटन	1 या 2 (क्रमशः एकल या युगल)
बेसबॉल	9
खो-खो	9
बास्केटबॉल	5
बिलियर्ड्स स्नूकर	1
मुक्केबाजी	1
ब्रिज	2
शतरंज	1
क्रिकेट	11
फुटबॉल (सॉकर)	11
गोल्फ	कई व्यक्ति एक साथ खेलते हैं।
जिम्नास्टिक	कई व्यक्ति एक साथ खेलते हैं।
हॉकी	11
लेक्रोस	12
नेट बॉल	7
कबड्डी	7
पोलो	4
टेबल टेनिस	1 या 2 (क्रमशः एकल या युगल)
लॉन टेनिस	1 या 2 (क्रमशः एकल या युगल)
रग्बी फुटबॉल	15
वॉलीबॉल	6
वाटर पोलो	7

कप और ट्रॉफियाँ

- **तीरंदाजी–**फेडरेशन कप।
- **एथलेटिक्स–**चारमीनार ट्रॉफी, फेडरेशन कप, वर्ल्ड कप।
- **एयर रेसिंग–**जवाहरलाल चैलेंज ट्रॉफी, किंग्स कप, श्नाइडर कप (यूनाइटेड किंगडम में सी प्लेस रेस)।
- **बैडमिंटन–**अग्रवाल कप, अमृता दिवान कप, एशिया कप, ऑस्ट्रेलिया कप, यूरोपियन कप, हैरीलेला कप, कोनिका कप, इब्राहिम रहीमतुल्ला चैलेंज कप, कोनिका कप, नारंग कप, सोफिया कितियाकारा कप, एस. आर. रुइया कप, थॉमस कप, टुंकु अब्दुल रहमान कप, उबेर कप, वर्ल्ड कप, योनेक्स कप।
- **बॉस्केटबाल–**बसालत झा ट्रॉफी, बी.सी. गुप्ता ट्रॉफी, फेडरेशन कप, एस. एम. अर्जुन राजा ट्रॉफी, टॉड मेमोरियल ट्रॉफी, विलियम जोंस कप।
- **बिलियर्ड्स–**आर्थर वॉकर ट्रॉफी, थॉमस कप।
- **नौकायन–**अमेरिकन कप (याचिंग) वेलिंग्टन ट्रॉफी (भारत)।
- **शतरंज–**नायडू ट्रॉफी, खेतान ट्रॉफी, लिम्का ट्रॉफी, लिनारेस सिटी ट्रॉफी, फिडे वर्ल्ड चैस चैम्पियनशिप ट्रॉफी।
- **क्रिकेट–**एंथनी डी मैलो ट्रॉफी, एशेज, एशिया कप, बेंसन एंड हेजेस कप, बोस ट्रॉफी, चैम्पियंस ट्रॉफी, चारमीनार चैलेंज कप, सी.के. नायडू ट्रॉफी, चैपल ट्रॉफी, कूच-बिहार ट्रॉफी, कोपा अमेरिका ट्रॉफी, देवधर ट्रॉफी, दिलीप ट्रॉफी, गावस्कर-बॉर्डर ट्रॉफी, जी.डी. बिड़ला ट्रॉफी, जिलेट कप, गुलाम अहमद ट्रॉफी हुकूमत राय ट्रॉफी, आई.सी.सी. वर्ल्ड कप, आई.सी.सी. वर्ल्ड ट्वेंटी-20 ट्रॉफी, इंटरफेस कप, आई.पी.एल. ट्रॉफी, ईरानी ट्रॉफी, जवाहरलाल नेहरू कप, लोंबार्ड वर्ल्ड चैलेंज कप, मैक्डोनाल्ड चैलेंज कप, मर्चेंट ट्रॉफी, माइनुद्दौला कप, नेटवेस्ट ट्रॉफी, रानी झांसी ट्रॉफी, रणजी ट्रॉफी, रॉथमेंस कप, सहारा कप, शारजाह कप, शीशमहल ट्रॉफी, शेफील्ड शील्ड, सिंगर कप, टैक्सको कप, टाइटन कप, विजय हजारे ट्रॉफी, विजय मर्चेंट ट्रॉफी, विज्जी ट्रॉफी, विज्डन ट्रॉफी, विल्स ट्रॉफी, वर्ल्ड सिरीज कप।
- **फुटबॉल–**अफ्रीकन नेशंस कप, एयरलाइंस कप, अमेरिका कप, एशिया कप, एशियन वूमेंस कप, बंदोदकर ट्रॉफी, बी.सी. राय ट्रॉफी, बेगम हजरत महल कप, बाइसेंटिनियल गोल्ड कप, बिल्ट कप बार्दोलोई ट्रॉफी, कोलंबो कप, कंफेडरेशंस कप, डी.सी.एम. कप, विनर्स कप, डूरंड कप, यूरोपियन कप, एफ.ए. कप, जी.वी. राजा मेमोरियल ट्रॉफी, गोल्ड कप, गवर्नर्स कप, ग्रीक कप, ग्रेट वॉल कप, आई. एफ., शील्ड, इंडिपेंडेंस डे कप, इंदिरा गाँधी ट्रॉफी, इंटर कांटिनेंटल कप, जवाहरलाल नेहरू गोल्ड कप, जूल्स राइमेट ट्रॉफी, कलिंगा कप, किंग्स कप, किरिन कप, लाल बहादुर शास्त्री ट्रॉफी, मैक्डॉवेल कप, मर्डेका कप।
- **गोल्फ–**ब्रिटिश ओपन, कनाडा कप आइजनहावर ट्रॉफी, इंटरकांटिनेंटल कप, मेकीयंग एल. जी. फैशन ओपन ट्रॉफी, मथैला गोल्ड कप, नोमूरा ट्रॉफी, पैरालम्दी ट्रॉफी, पी.जी.ए. चैंपियनशिप, प्रेसिडेंट्स ट्रॉफी, प्रिंस ऑफ वेल्स कप, राइड कप, राइड कप, तोपोलीनो ट्रॉफी. यू.एस. बांबे गोल्ड कप चैंपियंस ट्रॉफी, क्लार्क ट्रॉफी, ध्यानचंद ट्रॉफी, एसेंदा चैंपियंस कप, यूरोपियन नेशंस कप, गुरमीत ट्रॉफी, गुरुनानक कप, ज्ञानवती देवी ट्रॉफी, यू.एस. ओपन, वॉकर कप, वाटरफोर्ड क्रिस्टल ट्रॉफी, विश्व कप।

- **हॉकी**–आगा खां कप, ऑल्विन एशिया कप, अजलान शाह कप, बेटन कप, भीम सेन ट्रॉफी, बी.एम.डब्ल्यू. ट्रॉफी, बांबे गोल्ड कप, चैंपियंस ट्रॉफी, क्लार्क ट्रॉफी, ध्यानचंद ट्रॉफी, एसेंदा चैंपियंस कप, यूरोपियन नेशंस कप, गुरमीत ट्रॉफी, गुरुनानक कप, ज्ञानवती देवी ट्रॉफी, इंदिरा गाँधी गोल्ड कप, खान अब्दुल गफ्फार खान कप, कुप्पुस्वामी नायडू कप, लेडी रतन टाटा कप (महिला), लाल बहादुर शास्त्री कप, महाराजा रणजीत सिंह गोल्ड कप, मोदी गोल्ड कप, गुरुण्पा गोल्ड कप, नेहरू ट्रॉफी, रंगास्वामी कप, रंजीत सिंह गोल्डन कप, रेने फ्रैंक ट्रॉफी, संजय गाँधी ट्रॉफी, सिंधिया गोल्ड कप, रज्जाक कप, वेलिंगटन कप।
- **घुड़दौड़**–बैरसफोर्ड कप, ब्लू रिबेंड, डर्बी, ग्रैंड नेशनल कप।
- **कबड्डी**–फेडरेशन कप।
- **खो-खो**–फेडरेशन कप।
- **नेटबॉल**–अनंतराव पवार ट्रॉफी।
- **पोलो**–एजार कप, गोल्ड कप, किंग्ज कप, प्रेजीडेंट कप, पृथ्वी सिंह कप, राधा मोहन कप, विंचेस्टर कप।
- **रग्बी**–वेब इल्स ट्रॉफी, वर्ल्ड कप, बेलिडिस्लो कप, कलकत्ता कप।
- **शूटिंग**–नॉर्थ वेल्स कप, वेल्स ग्रैंड प्रिवस।
- **स्नूकर**–टीम टूर्नामेंट आसियान कप।
- **टेबल टेनिस कप**–एशियन कप, बर्न बैलाक ट्रॉफी, कोरबिलियन कप (महिला), इलेक्ट्रा गोल्ड कप, गैस्पर-गीस्ट प्राइज, ग्रैंड प्रिक्स, जयलक्ष्मी कप (महिला), कमला रामानुजम कप, पिथापुरम कप (पुरुष), स्वेदलिंग कप (पुरुष), त्रावणकोर कप (महिला), यू. थांट कप, विश्व कप।
- **लॉन टेनिस**–चैंपियंस कप, ए.टी.पी. प्रेसीडेंट्स कप, ऑस्ट्रेलियन ओपन ट्रॉफी, डेविस कप, डॉ. राजेन्द्र प्रसाद कप, एडबेस्टन कप, इवर्ट कप, फेडरेशन कप, फ्रेंच ओपन ट्रॉफी, गफ्फार कप, ग्रैंड प्रिक्स, ग्रैंड स्लैम कप, हैमलेट कप, लिप्टन ट्रॉफी, मर्सडीज कप, नेशंस कप, यू.एस. ओपन ट्रॉफी, वाटसन वॉटर ट्रॉफी, वेटमैन कप, विम्बल्डन ट्रॉफी विश्व कप, वर्ल्ड डीम कप।
- **वॉलीबॉल**–सेंटेनियल कप, फेडरेशन कप, इंदिरा प्रधान ट्रॉफी, शिवांती गोल्ड कप, विश्व कप, वर्ल्ड लीग कप।
- **कुश्ती**–भारत केसरी, बर्दवान शील्ड, विश्व कप।
- **भारोत्तोलन**–विश्व कप।
- **याचिंग**–अमेरिका कप।

खेलों से सम्बन्धित महत्वपूर्ण स्थल

- **एथलेटिक्स**–कॉमनवेल्थ स्टेडियम (कनाडा), सिडनी स्टेडियम (ऑस्ट्रेलिया), बर्ड्स नेस्ट स्टेडियम, बीजिंग (चीन), ओलम्पिक स्टेडियम एथेंस (ग्रीस)।
- **बेसबॉल**–ब्रुकलीन (संयुक्त राज्य अमेरिका), डॉजर स्टेडियम (संयुक्त राज्य अमेरिका), क्वालहोम स्टेडियम (अमेरिका), वेटरंस स्टेडियम (अमेरिका)।
- **नौकायन**–पुटनी (इंग्लैंड)।
- **बाक्सिंग**–मेडिसन स्क्वायर गार्डन (संयुक्त राज्य अमेरिका), यॉंकी स्टेडियम (अमेरिका)।
- **क्रिकेट**–असगीरिया स्टेडियम कैंडी (श्रीलंका), अर्बल-नियाज स्टेडियम, पेशावर (पाकिस्तान), बंगबंधु नेशनल स्टेडियम, ढाका (बांग्लादेश), बाराबती स्टेडियम, कटक (भारत), ब्रेबॉर्न स्टेडियम, मुम्बई (भारत), चेपक ग्राउंड, चेन्नई (भारत), चिन्नास्वामी स्टेडियम, बेंगलुरु (भारत), ईडेन गार्डेन, कोलकाता (भारत), ईडेन पार्क (न्यूजीलैंड), अरूण जेटली स्टेडियम, दिल्ली (भारत), गद्दाफी स्टेडियम लाहौर (पाकिस्तान), ग्रीन पार्क, कानपुर (भारत), इंदिरा प्रियदर्शनी स्टेडियम, विशाखापट्टनम (भारत), इकबाल स्टेडियम फैसलाबाद (पाकिस्तान), जिन्ना स्टेडियम, गुजरांवाला (पाकिस्तान), खेतरामा स्टेडियम, कोलंबो (श्रीलंका), लाल बहादुर स्टेडियम, हैदराबांद (भारत), लीड्स (इंग्लैंड), लॉर्ड्स (इंग्लैंड), एम.ए. चिदम्बरम स्टेडियम, चेन्नई (भारत), मेलबोर्न (ऑस्ट्रेलिया), नेशनल स्टेडियम, कराची (पाकिस्तान), नेहरू स्टेडियम, पुणे (भारत)।
- **फुटबॉल**–अम्बेडकर स्टेडियम, नई दिल्ली (भारत), ब्रुकलैंड (इंग्लैंड), कॉरपोरेशन स्टेडियम, कोलकाता (भारत), फेड एक्स फील्ड (अमेरिका), नेहरू स्टेडियम, नई दिल्ली (भारत), ओइटा बिग आई स्टेडियम (जापान), पोंटिआ सिल्वरडोम (अमेरिका), साल्ट लेक स्टेडियम, कोलकाता (भारत), योकोहामा इंटरनेशनल स्टेडियम (जापान)।
- **गोल्फ**–आगस्टा नेशनल क्लब (अमेरिका), लियोन गोल्फ क्लब (फ्रांस), मैट्रोपोलियन क्लब मेलबोर्न (ऑस्ट्रेलिया), सेंडी लॉज (स्कॉटलैंड), यंगून क्लब (म्यांमार)।
- **ग्रेहाउंड रेसिंग स्टेडियम**–ह्वाइट सिटी (इंग्लैंड)।
- **हॉकी**–ध्यानचंद स्टेडियम, लखनऊ (भारत), लाल बहादुर स्टेडियम, हैदराबाद (भारत), मर्डेका स्टेडियम, कुआलालंपुर (मलेशिया), मेजर ध्यानचंद स्टेडियम (पूर्व नेशनल स्टेडियम), नई दिल्ली (भारत), नेहरू स्टेडियम, नई दिल्ली (भारत), सवाई मानसिंह स्टेडियम, जयपुर (भारत), शिवाजी स्टेडियम, नई दिल्ली (भारत), वागनेर स्टेडियम (नीदरलैंड्स)।
- **घुड़दौड़**-एंट्री (इंग्लैंड), डॉनकैस्टर (इंग्लैंड), एप्सम (इंग्लैंड), फ्लेमिंग्टन, मेलबोर्न (ऑस्ट्रेलिया)।
- **पोलो**–हर्लिंगटन (इंग्लैंड), जयपुर पोलो ग्राउंड्स (भारत)।
- **रग्बी**–ब्लैकहीथ, ट्विकेनहैम (इंग्लैंड), मिलेनियम स्टेडियम कार्डिफ, यूनाइटेड किंगडम स्टैंड डी फ्रांस (पेरिस, फ्रांस)।
- **शूटिंग**–बिस्ले (इंग्लैंड), मार्को पाउलो सेंटर (एथेंस)।
- **स्नूकर**–ब्लैकपूल (इंग्लैंड)।
- **तैराकी**–सुभाष सरोवर, कोलकाता (भारत), तालकटोरा तैराकी पूल, नई दिल्ली (भारत)।
- **तैराकी एवं नौकायन**–केप ग्रिज जेन पटनी-मार्ट-लेक (इंग्लैंड), स्लीन स्पोर्ट्स कॉम्प्लेक्स (ऑस्ट्रेलिया)।
- **टेबल टेनिस**–एन.डी.एम.सी. इंडोर स्टेडियम, नई दिल्ली (भारत)।
- **टेनिस**–फोरो इटेलिको स्टेडियम, रोम (इटली), रोलां गारोस स्टेडियम, पेरिस (फ्रांस), फ्लाशिंग मीडोज, न्यूयॉर्क (यूएसए), डी.एल.टी.ए. ग्राउंड्स, नई दिल्ली (भारत), विंबलडन (इंग्लैंड), फॉरेस्ट हिल (यूएसए) मेलबोर्न पार्क (ऑस्ट्रेलिया)।

आधुनिक ओलम्पिक खेल

प्रारम्भिक खेलों के 476 ई. में आयोजन के 1,500 वर्षों के पश्चात् बेरोन पियरे डी. कुबर्टिन द्वारा इन खेलों के आधुनिकीकरण का कार्य किया गया। एक इतावली परिवार में जन्मे और फ्रांस में बसे डी. कुबर्टिन ने 25 नवम्बर, 1882 को पहली बार खेलों के इतिहास पर सारबोन में आयोजित सम्मेलन में सार्वजनिक रूप से इन शब्दों का उच्चारण किया 'ओलम्पिक खेलों का नवीकरण किया गया है।' उन्होंने कहा कि खेलों का विकास कर इन्हें इस प्रकार से विकसित किया जाना चाहिए, जिससे ये प्रतिभा और योग्यता को प्रदर्शित करने के साथ-साथ लोगों को पर्याप्त मनोरंजन प्रदान कर सकें। जून, 1894 में पेरिस में आयोजित खेल विकास अध्ययन पर अंतर्राष्ट्रीय सम्मेलन में बेरोन पियरे के नेतृत्व में प्रतिनिधिमंडल द्वारा सर्वसम्मति से ओलम्पिक खेलों के विकास का समर्थन किया तथा इसके लिए एक अंतर्राष्ट्रीय ओलम्पिक समिति के गठन का निर्णय लिया। पियरे ने वर्ष 1900 में पेरिस में आधुनिक ओलंपिक खेलों के आयोजन का प्रस्ताव रखा। लेकिन इन खेलों को लेकर सभी सदस्यों में इतना अधिक उत्साह था कि उन्होंने वर्ष 1896 में ही एथेंस में ओलंपिक खेलों के आयोजन का निर्णय लिया। इस प्रकार एथेंस

आधुनिक ओलम्पिक खेलों के आयोजन का पहला स्थान बना। उसके बाद से प्रत्येक चार साल बाद इन खेलों का आयोजन किया जा रहा है।

- **ओलम्पिक चिन्ह**–यह पाँच चक्रों से मिलकर बनता है, जो कि सभी लोगों की परस्पर खेल भावना को प्रदर्शित करता है। ये पाँच चक्र–यूरोप, एशिया, अफ्रीका, ऑस्ट्रेलिया और अमेरिका–जैसे पाँच महाद्वीपों को भी चिह्नित करते हैं। प्रत्येक चक्र में भिन्न रंग-नीला, पीला, काला, हरा और लाल रंग का होता है।
- **ओलम्पिक ध्वज**–ओलम्पिक ध्वज की रचना बेरोन पियरे डी. कुबर्टिन द्वारा वर्ष 1913 में की गई थी और जून, 1914 में पेरिस में इसका उद्घाटन किया गया, पर इसे पहली बार वर्ष 1920 में ही एंटवर्प (बेल्जियम) के ओलम्पिक स्टेडियम में फहराया गया वैसे इसके अलावा एक और ध्वज बनाया गया है, जो शीतकालीन ओलम्पिक खेलों में इस्तेमाल किया जाता है। यह ध्वज सफेद सिल्क का बना होता है, जिस पर ये पाँच चक्र प्रदर्शित हैं। बाई से दाई तरफ ये चक्र नीले, पीले, काले, हरे और लाल रंग को प्रदर्शित करते हैं। ये चक्र वास्तव में पाँच महाद्वीपों मसलन अफ्रीका (काला), अमेरिका (लाल), एशिया (पीला), ऑस्ट्रेलिया (हरा) और यूरोप (नीला) को प्रदर्शित करते हैं। इन रंगों में कम-से-कम एक रंग तो प्रत्येक देश के ध्वज में पाया जाता है।
- **ओलम्पिक मशाल**–वर्ष 1928 में एम्सटरडैम में आयोजित ओलम्पिक खेलों में पहली बार स्टेडियम में ओलम्पिक मशाल जलाई गई। इसके आधुनिक संस्करण को बर्लिन खेलों में वर्ष 1936 में अपनाया गया। मशाल जलाने वाली टार्च को पहली बार ग्रीस वर्ष ओलम्पिया में सूर्य की रोशनी के साथ जलाया गया था और फिर इस मशाल को लेकर धावकों ने दौड़ लगाई। इसके लिए आवश्यक पड़ने पर जहाज और विमानों का प्रयोग किया जाता है। 15 जुलाई, 1976 को इस मशाल को एक देश से दूसरे देश तक ले जाने के लिए अंतरिक्ष युग की प्रौद्योगिकी का प्रयोग किया गया।

ओलम्पिक खेलों के आयोजन स्थल			
1896	एथेंस (यूनान)	1968	मैक्सिको सिटी (मैक्सिको)
1900	पेरिस (फ्रांस)	1972	म्यूनिख (जर्मनी)
1904	सेंट लुइस (यूएसए)	1976	मॉन्ट्रियल (कनाडा)
1908	लंदन (ब्रिटेन)	1980	मॉस्को (रूस)
1912	स्टॉकहोम (स्वीडन)	1984	लॉस एंजिल्स (यूएसए)
1920	एंटवर्प (बेल्जियम)	1988	सियोल (द. कोरिया)
1924	पेरिस (फ्रांस)	1992	बार्सिलोना (स्पेन)
1928	एमस्टरडम (हॉलैंड)	1996	अटलांटा (यूएसए)
1932	लॉस एंजिल्स (यूएसए)	2000	सिडनी (ऑस्ट्रेलिया)
1936	बर्लिन (जर्मनी)	2004	एथेंस (यूनान)
1948	लंदन (ब्रिटेन)	2008	बीजिंग (चीन)
1952	हेलसिंकी (फिनलैंड)	2012	लंदन (ब्रिटेन)
1956	मेलबोर्न (ऑस्ट्रेलिया)	2016	रियो डि जेनेरियो (ब्राजील)
1960	रोम (इटली)	2021	टोक्यो (जापान)
1964	टोक्यो (जापान)	2024	पेरिस (फ्रांस)
		2028	लांस एंजिल्स (यूएसए) प्रस्तावित

- **ओलम्पिक 'मोटो' (प्रयोजन)**–ओलम्पिक 'मोटो' है–सिटियस-एल्टीयस-फोर्टीयस (सबसे तेज, सबसे ऊँचा, सबसे ताकतवर)। इस मोटो का इस्तेमाल सबसे पहले पेरिस के निकट एक स्कूल के मुख्य अध्यापक और 19वीं शताब्दी में खेलों के सबसे बड़े प्रोत्साहकों में से एक फादर डिडॉन (1840–1900) ने किया और उन्होंने इसे अपने स्कूल के क्लबों में लिखवाया। फादर डिडॉन के इस कथन ने उनके परम मित्र पियरे पर जबरदस्त प्रभाव छोड़ा और उन्होंने एक नए सिरे से ओलम्पिक खेलों के आयोजन को साकार करने की ठान ली। इस मोटो को 23 जून, 1894 में अंतर्राष्ट्रीय ओलम्पिक समिति के सम्मेलन में अपनाया गया। इसी दिन अंतर्राष्ट्रीय ओलम्पिक समिति के गठन का भी फैसला किया गया था।

शीतकालीन ओलम्पिक

शीतकालीन ओलम्पिक खेलों की शुरुआत सन् 1924 में हुई और पहले खेल चेमोनिक्स, फ्रांस में आयोजित किए गए।

शीतकालीन ओलम्पिक खेलों के आयोजन स्थल			
1924	चेमोनिक्स, फ्रांस	1980	लेक प्लेसिड, न्यूयॉर्क, यूनाइटेड स्टेटस ऑफ अमेरिका
1928	सेंट मोरिट्ज, स्विट्जरलैंड	1984	सराजेवो, यूगोस्लाविया
1932	लेक प्लेसिड, न्यूयॉर्क	1988	कैलगरी, अल्बर्टा, कनाडा
1936	गारमिश-पार्टनकिर्चेन, जर्मनी	1992	अल्बर्टविले, फ्रांस
1948	सेंट मोरिट्ज, स्विट्जरलैंड	1994	लिलेहार्मर, नार्वे
1952	ओस्लो, नार्वे	1998	नागानो, जापान
1956	कोर्टिना डी एंपेजों, इटली	2002	साल्ट लेक सिटी, यूएसए
1960	स्काव वैली, कैलीफोर्निया, यूनाइटेड स्टेटस ऑफ अमेरिका	2006	तुरीन, इटली
1964	इंसब्रुक, ऑस्ट्रिया	2010	वैंकूवर, कनाडा
1968	ग्रेनोबल, फ्रांस	2014	सोची, रूस
1972	सोपोरो, जापान	2018	प्योंगयांग, दक्षिण कोरिया
1976	इंसब्रक, ऑस्ट्रिया	2022	बीजिंग, चीन
		2026	मिलान, इटली (प्रस्तावित)

राष्ट्रमंडल खेल

ओलम्पिक खेलों के बाद विश्व का दूसरा सबसे बड़ा खेल-उत्सव राष्ट्रमंडल खेल कहलाता है। इन खेलों का आयोजन हर चार वर्ष बाद किया जाता है। लेकिन ये वर्ष ओलम्पिक वर्षों के बीच ही आते हैं। पहले राष्ट्रमंडल खेल का आयोजन हैमिल्टन, कनाडा में 1930 ई. में किया गया था।

1930 के बाद राष्ट्रमंडल खेलों के आयोजन स्थल

क्र.सं.	स्थल	वर्ष	भाग लेने वाले देशों की संख्या
1.	हैमिल्टन, कनाडा	1930	11
2.	लंदन, यूनाइटेड किंगडम	1934	16
3.	सिडनी, ऑस्ट्रेलिया	1938	15
4.	ऑकलैंड, न्यूज़ीलैंड	1950	12
5.	वैंकूवर, कनाडा	1954	24
6.	कार्डिफ, यूनाइटेड किंगडम	1958	35
7.	पर्थ, ऑस्ट्रेलिया	1962	35
8.	जमैका, वेस्टइंडीज	1966	34
9.	एडिनबर्ग, यूनाइटेड किंगडम	1970	42
10.	क्राइस्टचर्च, न्यूजीलैंड	1974	38
11.	एडमंटन, कनाडा	1978	48
12.	ब्रिसबेन, ऑस्ट्रेलिया	1982	47

13.	एडिनबर्ग, यूनाइटेड किंगडम	1986	26
14.	ऑकलैंड, न्यूजीलैंड	1990	55
15.	विक्टोरिया, कनाडा	1994	64
16.	कुआलालंपुर, मलेशिया	1998	70
17.	मैनचेस्टर, यूनाइटेड किंगडम	2002	72
18.	मेलबोर्न, ऑस्ट्रेलिया	2006	71
19.	दिल्ली, भारत	2010	71
20.	ग्लासगो, स्कॉटलैंड	2014	71
21.	गोल्ड कोस्ट, ऑस्ट्रेलिया	2018	71
22.	बर्मिंघम, इंग्लैण्ड	2022	72
23.	विक्टोरिया, ऑस्ट्रेलिया (प्रस्तावित)	2026	
24.	कनाडा (प्रस्तावित)	2030	

एशियाई खेल

ओलम्पिक खेलों के आधार पर एशियाई देशों के खेल समारोह को आयोजित करने में भारत ने महत्वपूर्ण भूमिका निभाई। वर्ष 1947 में नई दिल्ली में एशियाई देशों के सम्मेलन में एक खेल स्पर्धा प्रत्येक चार वर्षों पर आयोजित करने की योजना बनाई गई। इस खेल के प्रणेता प्रो. गुरुदत्त सोढ़ी का उद्देश्य खेलों के माध्यम से एशियाई देशों को एक साथ करना था, जिससे सद्भाव तथा प्रेम को बढ़ावा मिले। प्रारम्भ में इस खेल का नाम एशियाटिक खेल रखा गया, लेकिन पं. जवाहरलाल नेहरू के सुझाव पर इस खेल का नाम 'एशियाई खेल' रखा गया। एशियन गेम्स फेडरेशन के प्रथम अध्यक्ष पटियाला के महाराजा यादवेन्द्र सिंह एवं इसके प्रथम महासचिव प्रो. गुरुदत्त सोढ़ी को बनाया गया।

एशियाई खेलों के आयोजन स्थल

क्र.सं.	वर्ष	स्थान	देश
1.	1951	नई दिल्ली	भारत
2.	1954	मनीला	फिलीपींस
3.	1958	टोक्यो	जापान
4.	1962	जकार्ता	इंडोनेशिया
5.	1966	बैंकॉक	थाइलैंड
6.	1970	बैंकॉक	थाइलैंड
7.	1974	तेहरान	ईरान
8.	1978	बैंकॉक	थाइलैंड
9.	1982	नई दिल्ली	भारत
10.	1986	सियोल	द. कोरिया
11.	1990	बीजिंग	चीन
12.	1994	हिरोशिमा	जापान
13.	1998	बैंकॉक	थाइलैंड
14.	2002	बुसान	द. कोरिया
15.	2006	दोहा	कतर
16.	2010	गुआंगझू	चीन
17.	2014	इंचियोन	द. कोरिया
18.	2018	जकार्ता तथा पालेमबांग	इण्डोनेशिया
19.	2022	हांगझोऊ	चीन
20.	2026	नागोया	जापान (अधिसूचित)
21.	2030	दोहा	कतर (अधिसूचित)
22.	2034	रियाद	सउदी अरब (अधिसूचित)

विश्व कप क्रिकेट प्रतियोगिता

क्रिकेट विश्व कप आयोजित करने का विचार वर्ष 1971 में सैद्धान्तिक रूप से उस समय स्वीकार किया गया, जब इस तरह के एक प्रस्ताव पर लंदन में अंतर्राष्ट्रीय क्रिकेट परिषद् की बैठक में चर्चा हुई। यद्यपि विभिन्न प्रतिबद्धताओं के कारण वर्ष 1975 तक यह टूर्नामेंट आयोजित नहीं किया जा सका। जब मूल योजना के अनुसार दक्षिण अफ्रीका की टीम को इंग्लैंड का दौरा करना था, तो वह देश में रंगभेद की नीति के कारण ऐसा नहीं कर पाई। इंग्लैंड की प्रूडेंशियल एश्योरेंस कम्पनी ने लगातार 3 वर्ष 1975, 1979 और 1983 के लिए विश्व कप को प्रायोजित किया। सीमित ओवर का एकदिवसीय क्रिकेट टूर्नामेंट इंग्लैंड में आयोजित किया गया। यह **प्रूडेंशियल कप** के नाम से प्रसिद्ध हुआ। पहले दो टूर्नामेंटों में अंतर्राष्ट्रीय क्रिकेट परिषद् के 6 पूर्ण सदस्यों (इंग्लैंड, ऑस्ट्रेलिया, वेस्टइंडीज, न्यूजीलैंड, भारत और पाकिस्तान) के अतिरिक्त श्रीलंका, 1981 में टेस्ट दर्जा प्राप्त करने से पूर्व, पूर्वी अफ्रीका ने 1975 और कनाडा ने 1979 (एसोसिएट सदस्यों ने दो शीर्ष टीमें) ने टूर्नामेण्ट में समूह को पूरा किया। क्लाइव लॉयड के नेतृत्व में वेस्टइंडीज ने न केवल वर्ष 1975 और 1979 में पहले दो टूर्नामेंट जीते, बल्कि कैलिस्पो स्टाइल को भी जन्म दिया, जिसने इस खेल की, सर्वोच्चता को स्थापित किया।

विश्व कप क्रिकेट

वर्ष	आयोजन स्थल	विजेता
1975	यूनाइटेड किंगडम	वेस्टइंडीज
1979	यूनाइटेड किंगडम	वेस्टइंडीज
1983	यूनाइटेड किंगडम	भारत
1987	भारत-पाकिस्तान	ऑस्ट्रेलिया
1991	ऑस्ट्रेलिया	पाकिस्तान
1996	भारत-पाकिस्तान-श्रीलंका	श्रीलंका
1999	यूनाइटेड किंगडम	ऑस्ट्रेलिया
2003	दक्षिण अफ्रीका	ऑस्ट्रेलिया
2007	वेस्टइंडीज	ऑस्ट्रेलिया
2011	भारत-श्रीलंका-बांग्लादेश	भारत
2015	ऑस्ट्रेलिया व न्यूजीलैंड	ऑस्ट्रेलिया
2019	इंग्लैंड	इंग्लैंड
2023	भारत	ऑस्ट्रेलिया
2027	द. अफ्रीका, जिम्बाब्वे, नामीबिया (अधिसूचित)	—

दक्षिण एशियाई खेल

- दक्षिण एशियाई खेल (सैफ खेल) का शासी निकाय दक्षिण एशिचाई खेल परिषद् है। दक्षिण एशियाई खेल संघ में भारत, पाकिस्तान, श्रीलंका, बांग्लादेश, नेपाल, भूटान और मालदीव तथा अफगानिस्तान शामिल हैं। दक्षिण एशियाई खेल द्विवार्षिक बहु-क्रीड़ा प्रतियोगिता है। प्रथम सैफ खेलों का आयोजन वर्ष 1984 में हुआ, इसके उपरान्त यह खेल प्रति दो वर्षों के अंतराल पर आयोजित होते हैं।

दक्षिण एशियाई खेलों के आयोजन स्थल

क्र.सं.	वर्ष	स्थान	देश
1.	1984	काठमांडू	नेपाल
2.	1985	ढाका	बांग्लादेश
3.	1987	कलकत्ता	भारत
4.	1989	इस्लामाबाद	पाकिस्तान
5.	1991	कोलम्बो	श्रीलंका
6.	1993	ढाका	बांग्लादेश
7.	1995	मद्रास	भारत
8.	1999	काठमांडू	नेपाल
9.	2004	इस्लामाबाद	पाकिस्तान
10.	2006	कोलम्बो	श्रीलंका
11.	2010	ढाका	बांग्लादेश
12.	2016	गुवाहाटी/शिलांग	भारत
13.	2019	काठमांडू, पोखरा	नेपाल
14.	2024	लाहौर	पाकिस्तान (प्रस्तावित)

- **सैफ खेलों का नया नाम**–दक्षिण एशियाई खेल फेडरेशन ने 2 अप्रैल, 2004 को इस्लामाबाद (पाकिस्तान) में हुई अपनी 32वीं बैठक में सैफ खेलों का नया नामकरण 'दक्षिण एशियाई खेल' (SAG) करने का निर्णय लिया था।

विश्व कप फुटबॉल चैम्पियनशिप

ओलम्पिक खेलों के बाद विश्व के दूसरे सबसे लोकप्रिय टूर्नामेंट विश्व कप फुटबॉल का आयोजन 'फेडरेशन इंटरनेशनल डी फुटबॉल एसोसिएशन' (फीफा) द्वारा हर चार साल बाद किया जाता है। विश्व कप फुटबॉल का पहला मैच 18 जुलाई, 1930 को उरुग्वे और चिली के बीच नवर्निमित सेनेटरी स्टेडियम, मोंटेवीडियो (उरुग्वे) में खेला गया था। फुटबाल का सबसे पुराना क्लब वर्ष 1857 में स्थापित शेफील्ड क्लब इंग्लैंड है। क्रिकेट की तरह फुटबाल का जन्मदाता भी इंग्लैंड ही है। भारत में सर्वप्रथम फुटबाल खेल का आरम्भ वर्ष 1879 ई. में हुआ। भारत का पहला फुटबॉल क्लब कोलकाता का डलहौजी क्लब है। वर्ष 1904 ई. में सात यूरोपीय देशों ने मिलकर पेरिस में फेडरेशन इंटरनेशनल डी फुटबाल एसोसिएशन (FIFA) की स्थापना की। फीफा का मुख्यालय ज्यूरिख, स्विट्जरलैंड में है।

विश्व कप (फुटबॉल)

वर्ष	आयोजन स्थल	विजेता
1930	उरुग्वे	उरुग्वे
1934	इटली	इटली
1938	फ्रांस	इटली
1950	ब्राजील	उरुग्वे
1954	स्विट्जरलैंड	पश्चिमी जर्मनी
1958	स्वीडन	ब्राजील
1962	चिली	ब्राजील
1966	इंग्लैंड	इंग्लैंड
1970	मैक्सिको	ब्राजील
1974	पश्चिम जर्मनी	पश्चिम जर्मनी
1978	अर्जेंटीना	अर्जेंटीना
1982	स्पेन	इटली
1986	मैक्सिको	अर्जेंटीना
1990	इटली	पश्चिम जर्मनी
1994	अमेरिका	ब्राजील
1998	फ्रांस	फ्रांस
2002	जापान/कोरिया	ब्राजील
2006	जर्मनी	इटली
2010	दक्षिण अफ्रीका	स्पेन
2014	ब्राजील	जर्मनी
2018	रूस	फ्रांस
2022	कतर	अर्जेंटीना
2026	USA, कनाडा, मैक्सिको (अधिसूचित)	–

टिप्पणी: द्वितीय विश्वयुद्ध के कारण 1942 और 1946 में फुटबाल विश्व कप का आयोजन नहीं किया गया था।

विश्व कप हॉकी

- हॉकी भारत का राष्ट्रीय खेल है, इसके कई रूप हैं, जैसे–फील्ड हॉकी, आइस हॉकी, स्ट्रीट हॉकी तथा रोलर हॉकी इत्यादि। विश्व में हॉकी की सर्वोच्च संस्था 'फेडरेशन इंटरनेशनल ऑफ द हॉकी' है जिसकी स्थापना वर्ष 1884 में हुई। हॉकी का पहला अंतर्राष्ट्रीय मैच वेल्स एवं आयरलैंड में हुआ।
- विश्व कप हॉकी का आयोजन अंतर्राष्ट्रीय हॉकी संघ द्वारा किया जाता है। इसका प्रारम्भ वर्ष 1971 में हुआ, और यह प्रत्येक चार वर्षों में आयोजित किया जाता है। विभिन्न हॉकी विश्व कप स्थलों एवं उनके विजेताओं के नाम निम्नलिखित सारणी में दिए गए हैं।

वर्ष	स्थान	विजेता	उपविजेता
1971	बार्सिलोना (स्पेन)	पाकिस्तान	स्पेन
1972	एमस्टर्डम	हॉलैंड	भारत
1975	कुआलालंपुर (मलेशिया)	भारत	पाकिस्तान
1978	ब्यूनस आयर्स (अर्जेण्टीना)	पाकिस्तान	हॉलैंड
1982	मुम्बई	पाकिस्तान	प. जर्मनी
1986	लन्दन	ऑस्ट्रेलिया	इंग्लैंड
1990	लाहौर	हॉलैंड	पाकिस्तान
1994	सिडनी	पाकिस्तान	हॉलैंड
1998	यूट्रेस्ट (नीदरलैंड)	नीदरलैंड	स्पेन
2002	कुआलालंपुर	जर्मनी	ऑस्ट्रेलिया
2006	मॉशेग्लैड बाख (जर्मनी)	जर्मनी	ऑस्ट्रेलिया
2010	नई दिल्ली	ऑस्ट्रेलिया	जर्मनी
2014	हेग, नीदरलैंड	ऑस्ट्रेलिया	नीदरलैंड
2018	नई दिल्ली, भारत	बेल्जियम	नीदरलैंड
2023	भारत	जर्मनी	बेल्जियम
2026	नीदरलैंड (अधिसूचित)		

प्रश्नमाला

1. भारत का राष्ट्रीय खेल कौन-सा है?
(a) कबड्डी (b) बैडमिंटन
(c) हॉकी (d) क्रिकेट

2. एंडी मुर्रे, नडाल, पेस किससे सम्बन्धित होने के कारण जाने जाते हैं?
(a) बैडमिन्टन (b) क्रिकेट
(c) टेनिस (d) गोल्फ

3. 'एशेज' (Ashes) नाम से प्रसिद्ध अन्तर्राष्ट्रीय क्रिकेट शृंखला किनके बीच खेली जाती है?
(a) भारत और पाकिस्तान
(b) भारत और इंग्लैंड
(c) भारत और ऑस्ट्रेलिया
(d) इंग्लैंड और ऑस्ट्रेलिया

4. आई.पी.एल. (IPL) के नाम से प्रसिद्ध क्रिकेट टूर्नामेंट का पूरा नाम क्या है?
(a) इंडियन प्रीमियर लीग
(b) इंडियन प्राइमरी लीग
(c) इंडियन प्रमोशनल लीग
(d) इंडियन प्रोडक्शन लीग

5. ''वानखेड़े अंतर्राष्ट्रीय स्टेडियम'' .... में स्थित है।
(a) दिल्ली (b) चेन्नई
(c) मुंबई (d) नागपुर

6. ''गेबिट'' पद किस खेल से जुड़ा है?
(a) लॉन टेनिस (b) क्रिकेट
(c) बास्केटबॉल (d) शतरंज

7. डूरंड कप किस खेल के साथ जुड़ा हुआ है?
(a) हॉकी (b) क्रिकेट
(c) फुटबॉल (d) कबड्डी

8. सांई सुदर्शन हैं-
(a) क्रिकेट खिलाड़ी
(b) फुटबॉल खिलाड़ी
(c) हॉकी खिलाड़ी
(d) शतरंज के खिलाड़ी

9. ''फोर्स इंडिया'' नामक टीम इनमें से किस खेल में भाग लेती है?
(a) फुटबॉल
(b) क्रिकेट
(c) फॉर्मूला वन रेसिंग
(d) बास्केटबॉल

10. निम्नलिखित में से कौन-सी, इंडियन प्रीमियर लीग की टीम नहीं हैं?
(a) चेन्नई सुपर किंग
(b) कोलकाता नाईटराइडर्स
(c) पंजाब किंग्स
(d) पुणे वॉरियर्स इंडिया

11. निम्नलिखित में से कौन-सा ग्रैंड स्लैम टेनिस खेल प्रतियोगिता का भाग है?
(a) डेविस कप (b) रोजर्स कप
(c) विम्बलडन (d) चाइना ओपन

12. विश्व का सबसे वयोवृद्ध मैराथन धावक कौन है?
(a) फौजा सिंह (b) मिल्खा सिंह
(c) हरभजन सिंह (d) विजेन्द्र सिंह

13. उसेन बोल्ट का नाम किस एथलेटिक्स खेल से जुड़ा हुआ है?
(a) दौड़ (b) शॉट-पुट
(c) पोल वॉल्ट (d) जैवेलिन

14. रणजी ट्राफी की एक पारी में वैयक्तिक रूप से सबसे अधिक रन बनाने का कीर्तिमान किसके नाम पर है?
(a) संजय मांजरेकर
(b) विनोद काम्बली
(c) बी.बी. निम्बालकर
(d) विजय मर्चेंट

15. सुनील क्षेत्री किस खेल के प्रसिद्ध खिलाड़ी हैं?
(a) क्रिकेट के (b) हॉकी के
(c) फुटबॉल के (d) शतरंज के

16. भारत ने हॉकी का वर्ल्ड कप कितनी बार जीता है?
(a) एक बार
(b) दो बार
(c) तीन बार
(d) एक बार भी नहीं

17. भारत का सबसे बड़ा क्रिकेट स्टेडियम है-
(a) ग्रीन पार्क, कानपुर
(b) ईडन गार्डन, कोलकाता
(c) वानखेड़े, मुम्बई
(d) नरेन्द्र मोदी स्टेडियम, अहमदाबाद

18. फुटबॉल का वर्ल्ड कप सबसे अधिक बार किस देश ने जीता है?
(a) जर्मनी ने (b) इटली ने
(c) ब्राजील ने (d) अर्जेंटीना ने

व्याख्या सहित उत्तर

1. (c) भारत में आमतौर पर हॉकी को राष्ट्रीय खेल के रूप में स्वीकार किया जाता है, किन्तु इनका कोई औपचारिक आधार नहीं है इस आशय की घोषणाएं औपचारिक रूप से कभी भी नहीं की गई तथा न इनके लिए कोई आदेश सरकार द्वारा जारी किया गया। यह बात सूचना के अधिकार (RTI) अधिनियम के तहत् प्रदत्त जानकारियों में सरकार ने स्वयं स्वीकार की है।

2. (c) एंडी मुर्रे, नडाल तथा पेस बैडमिन्टन से सम्बन्धित होने के कारण जाने जाते हैं।

3. (d) एशेज नाम से प्रसिद्ध अन्तर्राष्ट्रीय क्रिकेट शृंखला इंग्लैण्ड और आस्ट्रेलिया के मध्य खेली जाती है।

4. (a) आई. पी. एल. के नाम से प्रसिद्ध क्रिकेट टूर्नामेंट का पूरा नाम इंडियन प्रीमियर लीग है।

5. (c) वानखेड़े स्टेडियम एक क्रिकेट स्टेडियम है जो मुंबई, महाराष्ट्र में स्थित है। इसने अतीत में कई उच्च स्तरीय क्रिकेट मैचों की मेजबानी की है जिसमें क्रिकेट विश्व कप 2011 का फाइनल मैच प्रमुख है। वानखेड़े स्टेडियम का निर्माण 1974 में हुआ था।

6. (d) 'गेबिट' शब्द शतरंज खेल से जुड़ा है। शतरंज के खेल में सफेद मोहरों से चाल चलने वाला खिलाड़ी प्रायः लाभप्रद स्थिति प्राप्त करने की आशा से अपने प्यादे को कुर्बान कर देता है। कुछ प्रसिद्ध चालों के उदाहरण हैं–राजा की चाल, रानी की चाल और इवान्स की चाल।

7. (c) डूरंड फुटबॉल टूर्नामेंट या डूरंड कप सर्वप्रथम 1818 में आयोजित किया गया था। यह भारत की फुटबॉल प्रतियोगिता है। इस टूर्नामेंट का नाम 1884-1894 के बीच रहे भारत के विदेश सचिव सर मोर्टिमर डूरंड के नाम पर पड़ा है।

8. (a)

9. (c) ''फोर्स इंडिया'' नामक टीम फॉर्मूला वन रेसिंग खेल में भाग लेती है।

10. (d)

11. (c) इस खेल के चार प्रमुख टूर्नामेंट हैं: विम्बल्डन ओपन, फ्रेंच ओपन, ऑस्ट्रेलियन ओपन तथा यू.एस. ओपन। इन चारों टूर्नामेंट को मिलाकर ग्रैंड स्लैम कहा जाता है।

12. (a) विश्व का सबसे वयोवृद्ध मैराथन धावक फौजा सिंह है। इनकी उम्र 103 वर्ष है।

13. (a) उसेन बोल्ट का नाम दौड़ से जुड़ा है।

14. (c) रणजी ट्रॉफी की एक पारी में वैयक्तिक रूप से सबसे अधिक रन बनाने का कीर्तिमान बी. बी. निम्बालकर के नाम पर है। बी.बी. निम्बालकर ने 1948-49 में काठियावाड़ के विरुद्ध 443 रन बनाये थे।

15. (c) **16.** (a) **17.** (d) **18.** (c)

❑❑❑

7

अध्याय

सामान्य ज्ञान

अंतर्राष्ट्रीय संगठन

संयुक्त राष्ट्र संघ

संयुक्त राष्ट्र संघ की स्थापना

- द्वितीय विश्व युद्ध में हुए भीषण नरसंहार के बाद अंतर्राष्ट्रीय सहयोग तथा शान्ति की दिशा में एक महत्वपूर्ण कार्य करना था। पूर्व में (सन् 1919) इसी उद्देश्य से राष्ट्र संघ (League of Nations) की स्थापना की गई थी, जो विफल रही।
- **26 जून, 1945** को सैनफ्रांसिस्को में 50 देशों के प्रतिनिधियों ने संयुक्त राष्ट्र संघ के चार्टर पर हस्ताक्षर किए, परिणामस्वरूप संयुक्त राष्ट्र संघ की स्थापना हुई। हस्ताक्षरकर्ता में से अनेक राष्ट्रों द्वारा संयुक्त राष्ट्र की सदस्यता ग्रहण करने से पूर्व अपने राष्ट्र की संसद की स्वीकृति लेनी आवश्यक थी। यह प्रक्रिया **24 अक्टूबर, 1945** को पूरी हो गई और उसी दिन संयुक्त राष्ट्र संघ की औपचारिक रूप से स्थापना हुई। इसका मुख्यालय न्यूयॉर्क के मैनहट्टन में स्थित है।
- संयुक्त राष्ट्र को नाम देने का श्रेय संयुक्त राष्ट्र अमेरिका के राष्ट्रपति फ्रैंकलिन डी. रूजवेल्ट को जाता है।

संयुक्त राष्ट्र संघ के उद्देश्य, लक्ष्य तथा सिद्धान्त

उद्देश्य

संयुक्त राष्ट्र संघ के चार्टर की प्रस्तावना के अनुसार इसके निम्नलिखित उद्देश्य हैं–

1. आगामी पीढ़ियों को युद्ध की विभीषिका से बचाना।
2. मूलभूत मानवाधिकारों, मानवीय गरिमा एवं प्रतिष्ठा तथा स्त्री-पुरुष एवं छोटे-बड़े राष्ट्रों के समान अधिकारों में निष्ठा की पुनर्स्थापना।
3. ऐसी परिस्थितियों का निर्माण करना जिनमें अंतर्राष्ट्रीय न्याय, संधियों तथा अन्य स्रोतों से उत्पन्न प्रतिबद्धताओं के प्रति सम्मान को कायम रखा जा सके।
4. व्यापक स्वतन्त्रता के वातावरण में सामाजिक उन्नति एवं बेहतर जीवन स्तरों को प्रोत्साहित करना।
5. अन्तर्राष्ट्रीय पटल पर प्रभावशाली संगठन का विकास करना तथा अन्तर्राष्ट्रीय विधि को शक्तिशाली बनाना।

लक्ष्य

संयुक्त राष्ट्र के चार्टर के प्रथम अनुच्छेद में स्पष्ट किए गए लक्ष्य निम्नलिखित हैं–

1. अंतर्राष्ट्रीय शान्ति व सुरक्षा।
2. समान अधिकार और आत्मनिर्भरता के सिद्धान्त के आधार पर विभिन्न राष्ट्रों के बीच मित्रतापूर्ण भावना विकसित करना।
3. सामाजिक, सांस्कृतिक, आर्थिक व मानव कल्याण संबंधी अंतर्राष्ट्रीय समस्याओं को सुलझाने के लिए अंतर्राष्ट्रीय सहयोग प्राप्त करना।
4. इन उद्देश्यों की पूर्ति के लिए विभिन्न राष्ट्रों के बीच समन्वय स्थापित करने के लिए एक केन्द्रीय संगठन के रूप में कार्य करना।

संयुक्त राष्ट्र द्वारा घोषित प्रमुख वर्ष (2010 या उसके बाद)	
2010	विश्व जैव-विविधता वर्ष
2011	विश्व वन वर्ष, रसायन विज्ञान का अन्तर्राष्ट्रीय वर्ष
2012	अंतर्राष्ट्रीय सहकारिता वर्ष, अंतर्राष्ट्रीय सतत ऊर्जा वर्ष
2013	अंतर्राष्ट्रीय जल सहयोग वर्ष
2014	अंतर्राष्ट्रीय पारिवारिक खेती वर्ष, अंतर्राष्ट्रीय क्रिप्टोग्राफी वर्ष
2015	अंतर्राष्ट्रीय मुद्रा वर्ष
2016	अंतर्राष्ट्रीय दलहन वर्ष
2017	सतत पर्यटन विकास के लिए अंतर्राष्ट्रीय वर्ष
2019	स्वदेशी भाषाओं का अंतर्राष्ट्रीय वर्ष, अंतर्राष्ट्रीय संयम वर्ष
2020	पादप स्वास्थ्य हेतु अंतर्राष्ट्रीय वर्ष, अंतर्राष्ट्रीय नर्स वर्ष
2021	अंतर्राष्ट्रीय बाल श्रम उन्मूलन वर्ष, अंतर्राष्ट्रीय फल एवं सब्जी वर्ष
2022	अंतर्राष्ट्रीय मत्स्य पालन और एक्वाकल्चर वर्ष, अंतर्राष्ट्रीय काँच वर्ष
2023	अंतर्राष्ट्रीय पोषक अनाज/श्री अन्न (Millets) वर्ष
2024	अंतर्राष्ट्रीय उँट वर्ष
2025	अंतर्राष्ट्रीय ग्लेशियर संरक्षण वर्ष
2026	अंतर्राष्ट्रीय रंगभूमि एवं चरवाहा वर्ष

संयुक्त राष्ट्र द्वारा घोषित प्रमुख दशक	
2001–10	बच्चों के लिए शांति एवं अहिंसा का अंतर्राष्ट्रीय दशक/ उपनिवेशवाद समाप्ति दशक/विकासशील देशों विशेषकर अफ्रीका में रोलबैक मलेरिया दशक
2003–12	साक्षरता दशक
2005-14	सतत विकास के लिए शिक्षा दशक
2005–15	जीवन के लिए जल हेतु कार्यवाही दशक/ शिक्षा हेतु धारणीय विकास दशक
2006-16	प्रभावित क्षेत्रों के सुधार और सतत विकास का दशक
2008-17	गरीबी उन्मूलन के लिए दूसरा संयुक्त राष्ट्र दशक
2010–20	मरुस्थल एवं मरुस्थलीय के विरुद्ध संघर्ष दशक
2011–20	सड़क सुरक्षा कार्यवाही दशक/ संयुक्त राष्ट्र जैव विविधता दशक/उपनिवेशवाद के उन्मूलन हेतु तीसरा अंतर्राष्ट्रीय दशक

2014–24	संयुक्त राष्ट्र का सभी के लिए सतत् ऊर्जा दशक
2015–24	अफ्रीकी मूल के लोगों के लिए अंतर्राष्ट्रीय दशक
2016–25	पोषण पर कार्रवाई के लिए संयुक्त राष्ट्र दशक
2018-27	गरीबी उन्मूलन के लिए तीसरा संयुक्त राष्ट्र दशक
2018–28	सतत् विकास के लिए पानी हेतु कार्रवाई के लिए संयुक्त राष्ट्र दशक
2019-28	पारिवारिक खेती का संयुक्त राष्ट्र दशक/नेल्सन मंडेला शांति का दशक
2021-30	सतत विकास के लिए महासागर विज्ञान दशक/पारिस्थितिक तंत्र बहाली पर संयुक्त राष्ट्र का फैसला
2022-32	स्वदेशी भाषाओं का अन्तर्राष्ट्रीय दशक

संयुक्त राष्ट्र अंतर्राष्ट्रीय सप्ताह	
1 फरवरी - 7 फरवरी	विश्व आपसी सद्भावना सप्ताह
21 मार्च - 27 मार्च	जातीय संघर्ष एकता अंतर्राष्ट्रीय सप्ताह
23 अप्रैल - 29 अप्रैल	संयुक्त राष्ट्र वैश्विक सड़क सुरक्षा सप्ताह
25 मई - 31 मई	एकता का अंतर्राष्ट्रीय सप्ताह
1 अगस्त - 7 अगस्त	विश्व स्तनपान सप्ताह
4 अक्टूबर - 10 अक्टूबर	विश्व अंतरिक्ष सप्ताह
24 अक्टूबर - 30 अक्टूबर	अंतर्राष्ट्रीय निरस्त्रीकरण सप्ताह
11 नवम्बर - 17 नवम्बर	अंतर्राष्ट्रीय विज्ञान और शान्ति सप्ताह

संयुक्त राष्ट्र संघ का ध्वज

आसमानी नीली पृष्ठभूमि पर एक विश्व मानचित्र, जो जैतून की शाखाओं का हार पहने हुए है। **जैतून की शाखाएँ** विश्व शांति की प्रतीक हैं। ध्वज की चौड़ाई और लम्बाई का अनुपात 2 : 3 या 3 : 5 है। इस प्रतीक वाले ध्वज को आधिकारिक तौर पर 20 अक्टूबर, 1947 को अपनाया गया था।

संयुक्त राष्ट्र संघ की सदस्यता

संयुक्त राष्ट्र के संस्थापक सदस्यों की **संख्या 51** थी, जबकि अन्य सदस्यों का चयन चार्टर के अनुच्छेद-4 के तहत् सुरक्षा परिषद् की अनुशंसा पर महासभा द्वारा किया जाता है। वर्तमान में **193** देश इसके सदस्य हैं। 14 जुलाई, 2011 को दक्षिणी सूडान इसका **193वाँ सदस्य** बना। ताइवान तथा वेटिकन सिटी अभी भी इसके सदस्य नहीं हैं। संयुक्त राष्ट्र संघ ने संगठन की सदस्यता के लिए कुछ विनियम निर्धारित किए हैं, जो इस प्रकार हैं–

- विश्व के वे सभी देश जो शांतिप्रिय हैं, संगठन के चार्टर का सम्मान एवं अनुमोदन करते हैं तथा संगठन के लक्ष्यों की प्राप्ति में अपना सहयोग देना चाहते हैं, इस संगठन के सदस्य बन सकते हैं।
- किसी देश की सदस्यता के लिए सुरक्षा परिषद् प्रस्ताव पेश करेगा, जिसका अनुमोदन महासभा द्वारा किया जाएगा।
- वेटिकन सिटी और फिलिस्तीन स्थायी पर्यवेक्षक की भूमिका में हैं। उन्हें सदस्य माना जाता है, परन्तु महासभा में मतदान का अधिकार उनको नहीं है।
- भारत सन् 1945 से ही संघ का सदस्य है। पाकिस्तान 1947, बांग्लादेश 1974 में तथा नेपाल और श्रीलंका 1955 में सदस्य बने।

संयुक्त राष्ट्र संघ की भाषा

संयुक्त राष्ट्र की आधिकारिक भाषाएँ हैं–अंग्रेजी, रूसी, चीनी, फ्रेंच, स्पेनिश तथा अरबी। अरबी को छोड़कर शेष सभी कार्यकारी भाषाएँ हैं। अंग्रेजी, रूसी, चीनी, फ्रेंच तथा स्पेनिश संयुक्त राष्ट्र संघ की स्थापना के समय से ही इसकी भाषाएँ हैं; जबकि अरबी को महासभा द्वारा वर्ष 1973 में तथा सुरक्षा परिषद् द्वारा वर्ष 1982 में अपनाया गया था।

संयुक्त राष्ट्र संघ की वित्त व्यवस्था

संयुक्त राष्ट्र संघ का खर्च इसके सदस्य देशों द्वारा वहन किया जाता है। संयुक्त राष्ट्र संघ द्वारा यह निर्धारित किया गया है कि सदस्य देश अपनी आय के आधार पर इसका वहन करेंगे, जो अधिकतम **25%** तथा न्यूनतम **0.01%** होगा। संघ का बजट द्विवर्षीय होता है तथा महासभा इसका अनुमोदन करती है।

संयुक्त राष्ट्र संघ के अंग

चार्टर के **अध्याय 3** में **अनुच्छेद 7** के अंतर्गत संयुक्त राष्ट्र संघ के 6 अंग हैं–

1. **महासभा**–यह संयुक्त राष्ट्रसंघ का सबसे महत्वपूर्ण अंग है। संगठन के सभी सदस्य देश इसके सदस्य होते हैं। इसका मुख्यालय न्यूयॉर्क में स्थित है। इसमें सभी सदस्य देशों को समान मताधिकार दिया गया है। इसका अधिवेशन वर्ष में कम-से-कम एक बार अवश्य होता है, जो सामान्यतः सितम्बर माह के तीसरे मंगलवार से प्रारम्भ होता है। प्रत्येक सदस्य राष्ट्र को एक मत देने का अधिकार है। प्रमुख निर्णयों के लिए दो-तिहाई बहुमत तथा बाकी निर्णयों में सामान्य बहुमत की आवश्यकता होती है। बजट के अतिरिक्त अन्य प्रस्तावों पर सदस्य देशों को अपना मत प्रकट करना अनिवार्य नहीं होता है। सभा द्वारा प्रत्येक वार्षिक सत्र के आरम्भ में 1 नए अध्यक्ष, 21 उपाध्यक्ष तथा 7 मुख्य समितियों के अध्यक्षों को निर्वाचित किया जाता है।

   महासभा की समितियाँ–महासभा की 6 प्रमुख समितियाँ निम्न हैं–

   1. निरस्त्रीकरण और अंतर्राष्ट्रीय सुरक्षा समिति, **2.** आर्थिक और वित्तीय समिति, **3.** सामाजिक, सांस्कृतिक तथा मानवीय समिति, **4.** न्यास समिति, **5.** प्रशासनिक एवं बजटीय समिति तथा **6.** कानूनी समिति।

   महासभा की शक्तियाँ–महासभा की शक्तियाँ निम्नलिखित हैं–

   (i) महासभा प्रमुख अंगों के विभिन्न सदस्यों का चुनाव करती है, जैसे–सुरक्षा परिषद् के 10 अस्थाई सदस्य, आर्थिक व सामाजिक परिषद् के 54 सदस्य, न्यास परिषद् के निर्वाचित सदस्य आदि।

   (ii) महासभा संयुक्त राष्ट्र के बजट को स्वीकृति देती है।

   (iii) महासभा नए सदस्यों को संगठन में प्रवेश देती है।

   (iv) महासभा सुरक्षा परिषद् की अनुशंसा या संयुक्त राष्ट्र महासचिव की नियुक्ति करती है।

   (v) महासभा शान्ति सभा के संबंध में सुरक्षा परिषद् के उत्तरदायित्वों के निर्वहन में सहायता प्रदान करती है।

2. **सुरक्षा परिषद्**–सुरक्षा परिषद् की कुल सदस्य संख्या 15 (5 स्थायी और 10 अस्थायी) है। अस्थाई सदस्यों में **5 एशियाई-अफ्रीकी राष्ट्रों से**, **2 लैटिन अमेरिका** या **दक्षिण अमेरिका** से, **1 पूर्वी यूरोप** से तथा शेष **2 पश्चिम यूरोप** व अन्य राष्ट्रों से होने चाहिए। सुरक्षा परिषद् के स्थाई सदस्य **अमेरिका**, **रूस**, **चीन**, **फ्रांस** तथा **ब्रिटेन** हैं। अस्थाई सदस्यों का निर्वाचन आम सभा प्रत्येक दो वर्ष पर अपने दो-तिहाई बहुमत से करती है। दो वर्ष की अवधि के बाद अवकाश प्राप्त करने वाले सदस्य अगली अवधि के लिए पुनः चुनाव नहीं लड़ सकते। सुरक्षा परिषद् के प्रत्येक सदस्य का एक मत माना जाता है। अन्तिम निर्णय हेतु सभी पाँच स्थाई सदस्यों की स्वीकृति अनिवार्य होती है। स्थाई सदस्यों को निषेधाधिकार अर्थात् वीटो पावर का विशेष अधिकार प्राप्त होता है। यानी पाँच स्थायी सदस्यों के निर्णय से अगर कोई भी एक स्थायी सदस्य सहमत नहीं है, तो वह अपने निषेधाधिकार का प्रयोग कर उस निर्णय को रोक सकता है। यदि कोई स्थाई सदस्य मतदान के समय

अनुपस्थित रहता है, तो उसे निषेधाधिकार के प्रयोग का अधिकारी नहीं माना जाता है। भारत 2021-22 में आठवीं बार एक अस्थायी सदस्य के रूप में संयुक्त राष्ट्र सुरक्षा परिषद् में रहा।

सुरक्षा परिषद् के कार्य तथा शक्तियाँ–सुरक्षा परिषद् के कार्य तथा शक्तियाँ निम्नलिखित हैं–

(i) यह किसी विवाद की जाँच कर सकती है तथा इसके समाधान हेतु उपाय बताती है।

(ii) अंतर्राष्ट्रीय विवादों के समाधान हेतु संयुक्त राष्ट्र द्वारा की जाने वाली कार्यवाही का निर्णय करती है।

(iii) सुरक्षा परिषद्, संयुक्त राष्ट्र के सदस्य देशों से शांति व सुरक्षा को खतरा पहुँचाने वाले किसी देश के साथ सभी प्रकार के संबंधों को स्थगित करने के लिए बाध्य कर सकती है।

(iv) सुरक्षा परिषद्, अंतर्राष्ट्रीय न्यायालय के लिए न्यायाधीश की नियुक्ति करती है। इस कार्य हेतु वह महासभा से सहयोग प्राप्त करती है।

(v) सुरक्षा परिषद् शस्त्र नियन्त्रण योजनाओं को अनुशंसा प्रदान करती है।

3. **आर्थिक एवं सामाजिक परिषद्**–परिषद् में कुल **54 सदस्य देश** हैं। तीन वर्ष के कार्यकाल के लिए इनका चयन महासभा द्वारा किया जाता है। उल्लेखनीय है कि इनमें से **18 सदस्य** (1/3) प्रतिवर्ष सेवानिवृत्त हो जाते हैं। प्रत्येक सदस्य को एक मत देने का अधिकार होता है एवं निर्णय साधारण बहुमत द्वारा किए जाते हैं। इसका मुख्यालय न्यूयॉर्क में है। परिषद् की सीटें भौगोलिक प्रतिनिधित्व के आधार पर आवंटित की जाती हैं, जिसमें **अफ्रीकी** देशों को 14, **एशियाई** देशों को 11, **पूर्वी यूरोपीय** देशों के लिए 6, **लैटिन अमेरिकी** और **कैरेबियाई** देशों के लिए 10 और **पश्चिमी यूरोपीय** और अन्य देशों के लिए 13 सदस्य सम्मिलित हैं।

सामाजिक एवं आर्थिक परिषद् के क्षेत्रीय आयोग

आयोग	स्थापना वर्ष	मुख्यालय
अफ्रीकी आर्थिक आयोग (ECA)	1958	अदीस अबाबा (इथियोपिया)
यूरोपीय आर्थिक आयोग (ECE)	1947	जेनेवा (स्विट्जरलैंड)
एशिया प्रशान्त देशों के लिए आर्थिक एवं सामाजिक आयोग (ESCAP)	1947	बैंकॉक (थाइलैंड)
लैटिन अमेरिका एवं कैरीबियन देशों के लिए आर्थिक आयोग (ECLAC)	1948	सेन्टियागो (चिली)
पश्चिम एशिया के लिए आर्थिक व सामाजिक आयोग (ESCWA)	1973	बेरूत (लेबनान)

4. **न्यास परिषद्**–अमेरिकी राष्ट्रपति द्वारा प्रस्तुत न्यास प्रणाली का समर्थन चीन, रूस, सहित अन्य देशों ने किया। संयुक्त राष्ट्र संघ ने न्यास प्रणाली के संबंध में चार्टर की **11, 12, 13** तथा **76** व **91** धाराओं में उल्लेख किया है।

संरक्षण प्रणाली पराधीन प्रदेशों को अंतर्राष्ट्रीय संरक्षण के अंतर्गत रखने की एक महत्वपूर्ण प्रक्रिया है, चार्टर में इसके उद्देश्य निम्नलिखित बताए गए हैं–**(1)** अंतर्राष्ट्रीय शान्ति व सुरक्षा बढ़ाना; **(2)** संरक्षित प्रदेशों के निवासियों को राजनीतिक, आर्थिक, सामाजिक, शिक्षा में उन्नति देना; **(3)** मौलिक अधिकारों व स्वतन्त्रता को बढ़ावा देना; **(4)** सामाजिक, आर्थिक तथा वाणिज्य संबंधी मामलों में सभी सदस्यों को समानता के व्यवहार का आश्वासन देना।

ट्रस्टीशिप परिषद् में मतदान सामान्यतः बहुमत के आधार पर होता है, जिसमें प्रत्येक सदस्य का एक वोट होता है।

सदस्य देश–सुरक्षा परिषद् के सभी स्थाई सदस्य।

5. **अंतर्राष्ट्रीय न्यायालय**–4 सितम्बर, 1949 को आयोजित डम्बार्टन ओक्स सम्मेलन, जो कि संयुक्त राष्ट्र संघ के चार्टर के निर्माण से सम्बन्धित था, में एक अंतर्राष्ट्रीय न्यायालय की आवश्यकता पर विचार किया गया। अंतर्राष्ट्रीय न्यायालय संयुक्त राष्ट्र संघ की मुख्य न्यायिक संस्था है। इसका संचालन चार्टर के विभिन्न अंगों के अधिनियम द्वारा किया जाता है।

संगठन–अंतर्राष्ट्रीय न्यायालय में **15 न्यायाधीश** होते हैं। सुरक्षा परिषद् व महासभा में अलग-अलग मतदान में बहुमत के आधार पर न्यायाधीश का चुनाव होता है।

अंतर्राष्ट्रीय न्यायालय के विधान में 15 न्यायाधीशों के अलावा तदर्थ न्यायाधीशों की व्यवस्था भी है।

न्यायाधीशों का चुनाव उनकी राष्ट्रीयता पर निर्भर नहीं करता, वरन् उनकी योग्यता पर आधारित होता है।

संसार की सभी समुचित न्याय प्रणालियों को इसमें प्रतिनिधित्व दिए जाने का प्रयास किया जाता है। एक ही राष्ट्र के दो नागरिक एक अवधि के लिए न्यायाधीश नहीं चुने जा सकते। न्यायाधीशों को **9 वर्ष** के कार्यकाल के लिए चुना जाता है।

मुख्यालय–अंतर्राष्ट्रीय न्यायालय का मुख्यालय हेग (नीदरलैंड) में स्थित है। इसकी भाषा अंग्रेजी एवं फ्रेंच है।

6. **सचिवालय**–सचिवालय संयुक्त राष्ट्र संघ की अन्य सभी शाखाओं का कार्य करता है। यह उनके द्वारा निर्धारित नीतियों और योजनाओं का प्रशासकीय कार्यालय है। संयुक्त राष्ट्र संघ के दैनिक कार्यों हेतु सचिवालय का मुख्य कार्यालय और विभिन्न क्षेत्रों में कार्य करने वाले उसके अंतर्राष्ट्रीय कार्यकर्ता हैं। ये **कार्यकर्ता 100** से भी अधिक देशों से होते हैं। सचिवालय संयुक्त राष्ट्र संघ का स्थाई अंग है। अन्य अंगों के विपरीत इसमें स्थाई सेवाओं के लोग कार्य करते हैं।

सचिवालय के विभाग–सचिवालय को आठ विभागों में बाँटा गया है। प्रत्येक विभाग का अध्यक्ष, एक उप-महासचिव होता है। उप-महासचिव की नियुक्ति महासचिव के द्वारा होती है। जनवरी, 1955 से सात अवर सचिवों की नियुक्ति की गई है। महासचिव और उसके कर्मचारियों का कार्यक्षेत्र संयुक्त राष्ट्र संघ की समस्याओं के अनुरूप होता है। संयुक्त राष्ट्र संघ के कार्यकर्ता समय-समय पर शान्ति बनाए रखने वाली सेनाओं या निरीक्षकों के रूप में उन स्थानों पर नियुक्त होते हैं, जहाँ शान्ति भंग होने का खतरा हो।

महासचिव : कार्य और अधिकार

संयुक्त राष्ट्र संघ सचिवालय का प्रधान महासचिव होता है। वह संयुक्त राष्ट्र संघ का प्रमुख कार्यपालक होता है। अपने व्यापक अधिकारों तथा दायित्वों के कारण यह पद महत्वपूर्ण बन गया है। चार्टर की धारा 97 में महासचिव की नियुक्ति हेतु 'सुरक्षा परिषद् की सलाह पर महासभा द्वारा' प्रावधान है। सन् 1947 के प्रस्तावक आयोग ने महासचिव के कार्यों को निम्नवत् विभाजित किया है–**1.** सामान्य प्रशासन व व्यवस्था, **2.** प्राविधिक कार्य, **3.** वित्तीय कार्य, **4.** सचिवालय के संगठन अथवा प्रशासन संबंधी कार्य, **5.** प्रतिनिध्यात्मक कार्य तथा राजनीतिक कार्य।

संयुक्त राष्ट्र संघ के महासचिव

क्र.सं.	नाम	देश	कार्यकाल
1.	त्रिग्वेली	नार्वे	1946–52
2.	डाग हैमरशेल्ड	स्वीडन	1953–61
3.	यू थॉन्ट	बर्मा	1961–71
4.	कुर्त बाल्दहीम	आस्ट्रिया	1972–81
5.	जेवियर पेरेज द कुइयार	पेरू	1982–91

6.	डॉ. बुतरस घाली	मिस्र	1992–96
7.	कोफी अन्नान	घाना	1997–2006
8.	बान-की-मून	द. कोरिया	2007–16
9.	एंटोनियो गुटेरेस	पुर्तगाल	2017 से अब तक

भारत का संयुक्त राष्ट्र में योगदान

- लीग ऑफ नेशंस का मूल सदस्य होने के कारण वर्साय की संधि (1919) के एक हस्ताक्षरकर्ता के रूप में भारत को स्वत: प्रवेश मिल गया।
- वर्ष 1944 में वाशिंगटन डी.सी. में संयुक्त राष्ट्र घोषणा पत्र पर भारत हस्ताक्षर करने वाले संयुक्त राष्ट्र के मूल सदस्यों में से था।
- वर्ष 1953 में विजय लक्ष्मी पंडित को संयुक्त राष्ट्र महासभा की प्रथम महिला अध्यक्ष चुना गया।
- भारत अब तक संयुक्त राष्ट्र सुरक्षा परिषद् के आठ कार्यकालों (कुल 16 वर्ष) का सदस्य रहा है। आठवाँ कार्यकाल वर्ष 2021-22 है।
- वर्ष 2007 में संयुक्त राष्ट्र ने महात्मा गाँधी के जन्मदिन को अंतर्राष्ट्रीय अहिंसा दिवस तथा वर्ष 2014 में संयुक्त राष्ट्र महासभा ने 21 जून को अन्तर्राष्ट्रीय योग दिवस के रूप में घोषित किया।

संयुक्त राष्ट्र संघ के विशिष्ट अभिकरण

नाम	मुख्यालय	स्थापना वर्ष	सदस्य संख्या	उद्देश्य/कार्य
अंतर्राष्ट्रीय पुनर्निर्माण एवं विकास बैंक (IBRD)	वाशिंगटन	1944	189	राष्ट्रों को विकास के लिए आर्थिक मदद देना। युद्ध से प्रभावित देशों को पुनर्निर्माण हेतु सहायता देना और विश्व व्यापार में सन्तुलन लाना।
अंतर्राष्ट्रीय वित्त निगम (IFC)	वाशिंगटन	1956	186	यह विश्व बैंक से सम्बन्धित है। इसके द्वारा आर्थिक विकास को प्रोत्साहन दिया जाता है। विकासशील राज्यों के निजी व्यावसायियों को यह सहायता देता है।
अंतर्राष्ट्रीय विकास अभिकरण (IDA)	वाशिंगटन	1960	174	यह अभिकरण अत्यंत निर्धन तथा अदायगी संतुलन की समस्या से ग्रस्त देशों को, अत्यन्त सेवा भार रकम पर, ब्याज मुक्त ऋण प्रदान करता है। इस अभिकरण द्वारा लम्बी अवधि के लिए ऋण प्रदान किए जाते हैं।
विनियोग संबंधी अंतर्राष्ट्रीय विवाद-समाधान केन्द्र (ICSID)	वाशिंगटन	1966	154	यह विभिन्न राष्ट्रों तथा उनके नागरिकों के मध्य उत्पन्न हुए निवेश संबंधी विवादों के निपटारे हेतु समझौतों तथा पंच निर्णय (Arbitration) की सहायता देता है, जिससे कि राष्ट्रों के मध्य पारस्परिक विश्वास को क्षति न पहुँचे।
बहुपक्षीय निवेश गारंटी एजेंसी (MIGA)	वाशिंगटन	1988	182	इसका उद्देश्य विकासशील देशों में निवेश को प्रोत्साहित करना, आर्थिक संवृद्धि में सहायता, गरीबी निराकरण एवं लोगों के जीवन स्तर को गुणवत्ता परक बनाना है।
अंतर्राष्ट्रीय मुद्रा कोष (IMF)	वाशिंगटन	1945	190	संगठन का उद्देश्य विश्व के विभिन्न देशों में मुद्रा संबंधी सहयोग बढ़ाना, विनिमय में स्थिरता लाना, अंतर्राष्ट्रीय व्यापार में सुविधा, उत्पादन में वृद्धि करना तथा सदस्य राष्ट्रों को आर्थिक सहायता प्रदान करना इत्यादि।
संयुक्त राष्ट्र औद्योगिक विकास संगठन (UNIDO)	वियना	1966	170	यह संगठन विकासशील देशों में औद्योगिक संवृद्धि की दर को तेज करने में सहयोग देता है।
विश्व व्यापार संगठन (WTO)	जेनेवा	1995	164	बहुपक्षीय व्यापार समझौतों के कार्यान्वयन, प्रशासन परिचालन में मदद करना। यह व्यापार तथा प्रशुल्क संबंधी मामलों के निपटारे के लिए एक उपयुक्त मंच प्रदान करता है।
व्यापार एवं विकास पर संयुक्त राष्ट्र सम्मेलन (UNCTAD)	जेनेवा	1964	195	अल्पविकसित देशों के त्वरित आर्थिक विकास हेतु अंतर्राष्ट्रीय व्यापार को प्रोत्साहित करना, व्यापार व विकास नीतियों का निर्माण तथा क्रियान्वयन करना, व्यापार एवं विकास संबंधी मामलों में संयुक्त राष्ट्र परिवार की विभिन्न संस्थाओं के बीच समन्वय की समीक्षा तथा संवर्द्धन करना। तकनीकी सहयोग कार्यक्रमों द्वारा अल्पविकसित देशों को लाभान्वित करना।
संयुक्त राष्ट्र विकास कार्यक्रम (UNDP)	न्यूयॉर्क	1965	177	अल्पविकसित देशों द्वारा समान आर्थिक विकास के लिए किए जा रहे प्रयासों को तेज करने हेतु संयुक्त राष्ट्र प्रणाली द्वारा सहयोग देना। यह सम्पूर्ण एशिया, अफ्रीका, लैटिन अमेरिका, अरब जगत एवं यूरोपीय क्षेत्रों में जीवन स्तर में सुधार लाने तथा आर्थिक वृद्धि में तीव्रता लाने में सहयोग देना। प्रतिवर्ष मानव विकास रिपोर्ट प्रकाशित करना।
विश्व डाक संघ (UPU)	बर्न (स्विट्ज़रलैंड)	1874	192	विश्व डाक सेवाओं में सुधार लाना व उन्हें संगठित करना तथा अंतर्राष्ट्रीय डाक सहयोग के विकास को प्रोत्साहन देना।
विश्व ऋतु विज्ञान संस्था (WMO)	जेनेवा	1950	193	यह संगठन विश्व के ऋतुविज्ञान संबंधी कार्यों को एकरूपता देने और उनका मानवीयकरण करने तथा सुधार लाने के लिए कार्यरत है।
अंतर्राष्ट्रीय सामुद्रिक संगठन (IMO)	लंदन	1948	125 (3 सहायक सदस्य)	यह संगठन समुद्र में नौ-परिवहन के लिए सुरक्षा नियमों का निर्धारण करता है। (नौ-परिवहन क्षेत्र में विभिन्न देशों के अनुचित प्रतिबंधों तथा भेदभावपूर्ण नीतियों के 3 सदस्य) समस्या उन्मूलन में सहयोग करता है।

अंतर्राष्ट्रीय श्रम संगठन (ILO)	जेनेवा	1919	187	संस्था का मुख्य उद्देश्य श्रमिकों का कल्याण व हित साधन है।
संयुक्त राष्ट्र शिक्षा, विज्ञान तथा सांस्कृतिक संगठन (UNESCO)	पेरिस	1945	193 (12 सहायक सदस्य)	यूनेस्को अंतर्राष्ट्रीय जगत में शिक्षा, प्राकृतिक विज्ञान, सामाजिक एवं मानवीय विज्ञान तथा संस्कृति के माध्यम से राष्ट्रों के बीच परस्पर सहयोग के द्वारा शान्ति तथा सद्भाव को प्रोत्साहन देता है।
खाद्य और कृषि संगठन (FAO)	रोम	1945	194	पौष्टिक आहार की व्यवस्था, रहन-सहन के स्तर को ऊँचा उठाना, वन व मत्स्य पालन उद्योग को प्रोत्साहित करना। संस्था के कार्यों में खाद्य व कृषि से सम्बन्धित अनुसंधान, कृषि एवं खाद्य सामग्री पर निरीक्षण, प्राकृतिक संसाधनों का संरक्षण।
अंतर्राष्ट्रीय अणुशक्ति एजेंसी (IAEA)	वियना	1957	176	शांतिपूर्ण कार्यों के लिए अणुशक्ति के उपयोग को प्रोत्साहन देना। किसी भी प्रकार के सैनिकवाद को रोकना।
विश्व स्वास्थ्य संगठन (WHO)	जेनेवा	1948	194	विश्व के देशों के स्वास्थ्य संबंधी समस्याओं पर आपसी सहयोग एवं मानक विकास करना।
संयुक्त राज्य अंतर्राष्ट्रीय बाल कोष (UNICEF)	न्यूयॉर्क	1946	192	इसका उद्देश्य स्वास्थ्य, पोषण इत्यादि कार्यों के माध्यम से बाल कल्याण में सहयोग करना। दैवी आपदा के समय शिशु व बच्चों की सहायता करना।
विश्व बौद्धिक सभ्यता संगठन (WIPO)	जेनेवा	1967	193	प्रौद्योगिकी हस्तांतरण प्रक्रिया को सरल बनाना, रचनात्मक गतिविधियों को प्रोत्साहन देना, कलात्मक तथा साहित्य के प्रसार द्वारा औद्योगिक एवं सांस्कृतिक विकास को बढ़ावा देना, बौद्धिक सम्पदा सरंक्षण में सहायक चालू संधियों एवं समझौतों को स्वीकृति एवं प्रोत्साहन देना, राष्ट्रीय बौद्धिक सम्पदा कानूनों के निर्माण में मदद करना तथा विकासशील देशों को विधिक एवं प्रौद्योगिकी संबंधी सहायता प्रदान करना।
संयुक्त राष्ट्र शरणार्थी उच्चायुक्त (UNHCR)	जेनेवा	1950	138	शरणार्थियों की समस्या का समाधान तथा उनकी सुरक्षा से सम्बन्धित कार्यक्रम चलाना।
संयुक्त राष्ट्र जनसंख्या कोष (UNFPA)	न्यूयॉर्क	1969	150	जनसंख्या एवं परिवार नियोजन की आवश्यकताओं को पूरा करने की क्षमता बढ़ाना, विकसित एवं विकासशील देशों में जनसंख्या संबंधी समस्याओं के प्रति जागरूकता बढ़ाना एवं जनसंख्या कार्यक्रमों को संचालित करने हेतु संयुक्त राष्ट्र परिवार में नेतृत्वकर्ता की भूमिका निभाना।
अंतर्राष्ट्रीय कृषि विकास कोष (IFAD)	इटली	1977	177	खाद्य उत्पादन, भण्डारण एवं वितरण में वृद्धि करने हेतु प्रयास, कार्यक्रमों एवं परियोजनाओं के वित्त पोषण हेतु निवेश कोषों को विकासशील देशों की ओर उन्मुख करना, कुपोषण घटाना, रोजगार सृजन आदि।

अन्य अंतर्राष्ट्रीय संगठन

नाम	मुख्यालय	स्थापना वर्ष	सदस्य संख्या	उद्देश्य/कार्य
उत्तर अटलांटिक संधि संगठन (NATO)	ब्रूसेल्स (बेल्जियम)	1949	31	आर्थिक क्षेत्र की आवश्यकता व सोवियत संघ द्वारा साम्यवादी प्रसार तथा संयुक्त राष्ट्र संघ की कार्यक्षमता पर अविश्वास था।
राष्ट्रमंडल	लंदन	1949	56	सदस्य राष्ट्रों के बीच आर्थिक, सामाजिक, सांस्कृतिक सहयोग बढ़ाना।
समूह-15 (G-15)	(जेनेवा)	1989	17	इसका उद्देश्य अन्य संगठनों के साथ, जैसे 'विश्व व्यापार संघ' एवं 'समूह-8' के देशों के समन्वय कर विकास करना है।
उत्तर अमेरिकी स्वतन्त्र व्यापार समझौता (NAFTA)	मैक्सिको, कनाडा, वाशिंगटन डी.सी.	1994	3	यूएसए, कनाडा एवं मैक्सिको के बीच वस्तुओं एवं सेवाओं के आदान-प्रदान पर शुल्क हटाना एवं अन्य व्यापार समस्याओं को दूर करना।
यूरोपियन मुक्त व्यापार संगठन (EFTA)	जेनेवा (स्विट्जरलैंड)	1960	4	सदस्य देशों के बीच मुक्त बाजार व्यवस्था बनाना।
अंटार्कटिक संधि	ब्यूनस आयर्स (अर्जेन्टीना)	1959	54	अंटार्कटिका संधि, अंटार्कटिका में शान्तिपूर्ण उद्देश्यों के लिए वैज्ञानिक अनुसंधान में अंतर्राष्ट्रीय सहयोग का प्रावधान है। अंटार्कटिका समझौता महाद्वीप के असैन्यीकरण, प्रत्येक देश को अन्टार्कटिका में अनुसंधान का अधिकार देता है। वर्ष 1983 में भारत इसका सदस्य बना।
एशियाई विकास बैंक (ADB)	मनीला (फिलीपींस)	1966	68	जरूरतमंद राष्ट्रों को रियायती ब्याज दर पर ऋण उपलब्ध कराना।
एमनेस्टी इंटरनेशनल	लंदन	1961	150	विश्व में मानव अधिकारों की रक्षा तथा उनके प्रति जागरूकता बढ़ाना।

पेट्रोलियम निर्यातक राष्ट्रों का संगठन (OPEC)	वियना (आस्ट्रिया)	1960	13	पेट्रोलियम उत्पादक देशों का हित संवर्द्धन तथा पेट्रोल की कीमतों व नीति का निर्धारण करना।
रेडक्रॉस (ICRC)	जेनेवा	1863	120	युद्ध या प्राकृतिक आपदा के समय पीड़ितों को राहत पहुँचाना। इस संस्था को तीन बार नोबेल पुरस्कार प्राप्त हो चुका है।
समूह-77 (G-77)	जेनेवा	1964	134	द. ध्रुव के देशों की आर्थिक भागीदारी हेतु वार्ता आयोजित करना व उनका आर्थिक विकास करना।
अरब तेल निर्यातक देशों का संगठन (OAPEC)	सफत (कुवैत)	1968	11	सदस्य निर्यातक देशों के तेल निर्यात के क्षेत्र में हितों का संवर्द्धन व पारस्परिक सहयोग बढ़ाना।
खाड़ी सहयोग परिषद् (GCC)	रियाद	1981	6	परिषद् के सदस्य देशों में आपसी सहयोग बढ़ाना।
आर्थिक सहयोग एवं विकास संगठन (OECD)	पेरिस	1961	38	विश्व व्यापार को प्रोत्साहन, सदस्य राष्ट्रों के बीच समन्वय व बेहतर आर्थिक संबंध तथा विकासशील देशों की सहायता।
समूह-8 (G-8)		1975	8 (रूस निलंबित)	यह उन विकसित राष्ट्रों का समूह है, जो अपने पारस्परिक हितों, अंतर्राष्ट्रीय राजनीति तथा अर्थव्यवस्था, तृतीय विश्व के देशों की समस्याओं, विश्व शान्ति एवं सुरक्षा तथा विज्ञान एवं तकनीकी के प्रसार आदि विषयों पर विचार-विमर्श करने तथा उसके संबंध में लागू किए जाने वाले कार्यक्रमों की योजना बढ़ाता है।
बिम्सटेक (BIMSTEC)	ढाका (बांग्लादेश)	1997	7	व्यापार, परिवहन, पर्यटन, संचार, उद्योग, ऊर्जा तथा सूचना तकनीकी के क्षेत्र में सदस्य देशों के मध्य सहयोग को बनाता है।
इंटरपोल (Interpol)	लियॉन (फ्रांस)	1923	195	अंतर्राष्ट्रीय संगठित अपराधों पर नियन्त्रण रखना तथा कानूनों एवं मानवाधिकारों की रक्षक संस्थाओं की स्थापना एवं उन्हें सहयोग प्रदान करना।
समूह-10 (G-10)	पेरिस (फ्रांस)	1962	11	पश्चिमी राष्ट्रों में परस्पर आर्थिक संबंध सुदृढ़ करना।
समूह-24 (G-24)	वाशिंगटन	1971	29	विश्व बैंक एवं अंतर्राष्ट्रीय मुद्राकोष में विकासशील देशों के हितों के संवर्द्धन हेतु पक्षों को प्रस्तुत करना। मौद्रिक एवं वित्तीय विकास विषयों पर विकासशील देशों से सामंजस्य बनाना।
हिमतक्षेस (Indian Ocean Rion Association)	सचिवालय पोर्ट लुईस (मॉरीशस)	1997	23	क्षेत्रीय सहयोग तथा अंतर्महाद्वीपीय व्यापार में तीव्रता लाने हेतु पोर्ट लुईस (मॉरीशस) स्थित यह संघ हिन्द महासागर के तीनों प्रायद्वीपों एशिया, अफ्रीका एवं ऑस्ट्रेलिया को एक मंच पर लाता है। विकासात्मक तटस्थतापूर्ण पंचशील सिद्धान्त पर क्षेत्रीय सहयोग इसका प्रमुख उद्देश्य है।
अंतर्राष्ट्रीय निर्णयों का बैंक (BIS)	बेसेल (स्विट्जरलैंड)	1930	63	यह केन्द्रीय बैंकों के मध्य पारस्परिक सहयोग को बढ़ावा देने, अंतर्राष्ट्रीय वित्तीय सुविधाएँ प्रदान करने तथा अंतर्राष्ट्रीय वित्तीय निर्णयों के एजेंट के रूप में कार्य करता है।
बेनेलक्स (Benelux Union)	ब्रूसेल्स (बेल्जियम)	1948	3	सदस्य राष्ट्रों के बीच परस्पर व्यापारिक सहयोग बढ़ाना।
यूरोपीय परमाणु ऊर्जा समुदाय (EAEC/ Euratom)	ब्रूसेल्स (बेल्जियम)	1958	29	नाभिकीय ऊर्जा का शान्तिपूर्ण उद्देश्यों के लिए प्रयोग करना तथा उनके विकास के लिए सामूहिक रूप से प्रयास करना।

प्रसिद्ध स्थान

अंकोरवाट	कंबोडिया में स्थित 1100 साल से भी ज्यादा पुराना, प्राचीन भारत की धार्मिक संस्कृति को समेटे 162.6 हेक्टेयर में स्थापित दुनिया का सबसे विशाल मंदिर।
ऐलिस स्प्रिंग्स	ऑस्ट्रेलिया में स्थित प्रसिद्ध जल स्रोत (चिकित्सा की दृष्टि से महत्वपूर्ण)।
लीनिंग टावर ऑफ पीसा	54 मीटर ऊँची यह मीनार पीसा (इटली) में स्थित है, जो झुकी होने के कारण प्रसिद्ध है। 1372 में इसका निर्माण कार्य पूर्ण हुआ।
ओसाका	पूर्व का मानचेस्टर (Manchester of the East) के नाम से प्रसिद्ध ओसाका जापान का एक प्रमुख औद्योगिक नगर है।
पर्ल हार्बर	हवाई द्वीप में स्थित पर्लहार्बर अमेरिका के नौसैनिक अड्डे पर 7 दिसम्बर, 1941 में जापान द्वारा आक्रमण के बाद ही अमेरिका द्वितीय विश्वयुद्ध में जर्मनी व जापान के विरुद्ध शामिल हुआ।
ढाका	विश्व में जूट उत्पादन तथा धान, गन्ना और चाय के व्यापार के लिए प्रसिद्ध यह नगर बांग्लादेश की राजधानी है।

डार्डेनडलीज	यूरोप और टर्की के बीच काला सागर स्थित जलडमरुमध्य (Straits)।
डाउनिंग स्ट्रीट	ब्रिटिश प्रधानमन्त्री का सरकारी निवास स्थान जो कि सिटी ऑफ वेस्टमिंस्टर, लंदन में स्थित है।
बेथलहम	फिलिस्तीन स्थित स्थान, जहाँ ईसा मसीह का जन्म हुआ था।
ब्रिसबेन	क्वीन्सलैंड (ऑस्ट्रेलिया) की राजधानी तथा चमड़े, ऊन व मांस का निर्यातक स्थल।
बिगबेन	ब्रिटिश संसद भवन पर टंगी विशाल घड़ी।
सेंट लूसिया	कैरेबियन द्वीप समूह, जो 22 फरवरी, 1979 को ब्रिटेन शासन से स्वतन्त्र हुआ।
एफिल टावर	324 मीटर ऊँची, पेरिस (फ्रांस) स्थित लोहे से निर्मित मीनार, जो 1887–89 में बनाई गई। इसकी डिजाइनिंग गुस्ताब एफिल ने तैयार की।
जेनेवा	घड़ी निर्माण का प्रसिद्ध केंद्र; अंतर्राष्ट्रीय रेडक्रॉस सोसायटी (International Red Cross Society), अंतर्राष्ट्रीय मजदूर संगठन (International Labour Organization), विश्व स्वास्थ्य संगठन (World Health Organization) का मुख्यालय यहाँ अवस्थित है।
हिरोशिमा	जापान का नगर, जिसे 6 अगस्त, 1945 को अमेरिका द्वारा परमाणु बम गिराकर नष्ट कर दिया गया था।
हॉलीवुड	संयुक्त राज्य अमेरिका के फिल्म उद्योग का नाम, कैलीफोर्निया राज्य के लॉस एंजेलेस में स्थित नगर।
लिवरपूल	इंग्लैण्ड में स्थित यह नगर जहाज कारखानों, सूती वस्त्र, लौह-इस्पात के उद्योगों तथा अपनी फुटबॉल टीमों लिवरपूल एफ.सी. और एवरटन एफ. सी. व विश्व प्रसिद्ध पॉप ग्रुप 'द बीटल्स' के लिए प्रसिद्ध है।
न्यूमूर द्वीप	बंगाल की खाड़ी में गंगा के मुहाने पर निर्जन रेतीला द्वीप, 28 किमी. लम्बे व 11 किमी. चौड़े न्यूमूर द्वीप के उभर आने से भारत के क्षेत्रफल में 264 वर्ग किमी. की वृद्धि हो गई है। न्यूमूर द्वीप भारत की मुख्य भूमि से मात्र 4 किमी. दूर है।
शेफील्ड	इस्पात, रेल व जहाजों की प्लेटें बनाने के लिए इंग्लैंड का एक प्रसिद्ध नगर।
सिसली	त्रिभुजाकार आकृति में निर्मित इटली का 'सिसली द्वीप' भूमध्यसागर का सबसे बड़ा द्वीप है, जो इटली प्रायद्वीप से मेसीना जलडमरूमध्य के द्वारा अलग होता है।
अबादान	शतुलअरब (ईरान) के डेल्टा में स्थित एक द्वीप, जो एक विस्तृत तेल क्षेत्र भी है।
एम्सटर्डम	नीदरलैंड का मुख्य नगर हीरा काटने के उद्योग के लिए प्रसिद्ध है, यह नीदरलैंड की राजधानी है।
आसवान	रूस के सहयोग से नील (मिस्र) नदी पर बनाया गया बाँध।
बाकू	तेल क्षेत्र एवं तेल शोधक कारखानों के प्रसिद्ध अजरबैजान में कैस्पियन सागर पर स्थित क्षेत्र।
अटक	पेशावर व इस्लामाबाद (पाकिस्तान) के बीच स्थित तेल के कुओं के लिए प्रसिद्ध क्षेत्र।
बैंकॉक	वेनिस ऑफ दि ईस्ट (Venice of the East) के नाम से प्रसिद्ध थाईलैंड की राजधानी अपनी खूबसूरती और दर्शनीय स्थलों के लिए पर्यटन स्थल के रूप में विश्व प्रसिद्ध है।
वासिटल	पेरिस (फ्रांस) का स्थान जिसे फ्रांसीसी क्रांति के समय क्रांतिकारियों ने नष्ट कर दिया था।
मोंटेकार्लो	मोनाको में रिवीरा नदी के तट पर स्थित यह स्थान अपने कसीनो (जुआ खेलने के अड्डों) के लिए प्रसिद्ध है।
मांट्रियल (कनाडा)	कनाडा का यह दूसरा सबसे बड़ा शहर आयरन एण्ड स्टील वर्क्स के लिए विख्यात है। यहाँ पर जुलाई, 1976 में 21वें ओलम्पिक खेल-आयोजित किए गए थे।
म्यूनिख	पश्चिमी जर्मनी का एक शहर, जो व्यापारिक केन्द्र, वैज्ञानिक यंत्रों, मशीनरी, लैंस आदि के लिए विख्यात है। सन् 1972 में 20वें ओलम्पिक खेल यहाँ पर आयोजित किए गए थे। यहाँ बीएमडब्ल्यू कंपनी स्थित है।
नेपल्स	इटली का बहुत सुंदर और तीसरा बड़ा शहर है। यह बन्दरगाह भी है, जहाँ से रेशम का निर्यात होता है।
न्यू आर्लीयन्स	यूएसए में मिसीसिपी नदी के मुहाने पर स्थित बन्दरगाह है। यह दुनिया का सबसे बड़ा कपास और गेहूँ का निर्यात केन्द्र है।
नोट्रे-डेम डी (पेरिस)	फ्रांस के पेरिस में स्थित एक मध्यकालीन गिरजाघर, जोकि गोथिक (Gothic) स्थापत्य कला के लिए विख्यात है।
मर्डेका पैलेस	इंडोनेशिया के जकार्ता में मर्डेका स्क्वॉयर के उत्तर में स्थित है, जो वहाँ के राष्ट्रपति का राजकीय निवास है।

नदियों के किनारे बसे प्रमुख शहर

एडीलेड	ऑस्ट्रेलिया	टोरेंस
एमस्टर्डम	नीदरलैंड्स	एम्स्टेल
अलेक्जेण्ड्रिया	मिस्र	नील
अंकारा	तुर्की	कजिल
आगरा	भारत	यमुना
अयोध्या	भारत	सरयू
अहमदाबाद	भारत	साबरमती
बद्रीनाथ	भारत	अलकनन्दा
बरेली	भारत	रामगंगा

लाहौर	पाकिस्तान	रावी
लेनिनग्राड	रूस	नेवा
लखनऊ	भारत	गोमती
लिस्बन	पुर्तगाल	टैंगस
लिवरपूल	इंग्लैंड	मैसी
लुधियाना	भारत	सतलुज
लंदन	इंग्लैंड	टेम्स
मथुरा	भारत	यमुना
मॉस्को	रूस	मस्कोवा

बैंकॉक	थाइलैंड	चाओ फ्राया	मॉन्ट्रियल	कनाडा	सेंट लॉरेंस
बसरा	इराक	दजला-फरात	नानकिंग	चीन	यॉगचीक्याँग
बगदाद	इराक	टिग्रिस	न्यू अर्लियेंस	अमेरिका	मिसीसिपी
बर्लिन	जर्मनी	स्प्री	नासिक	भारत	गोदावरी
वॉन	जर्मनी	राइन	न्यूयॉर्क	संयुक्त राज्य अमेरिका	हडसन
बुडापेस्ट	हंगरी	डेन्यूब	ओटावा	कनाडा	ओटावा
ब्रिस्टल	यू.के.	एवन	प्रयागराज	भारत	गंगा-यमुना संगम
ब्यूनस आयर्स	अर्जेन्टीना	लाप्लाटा	पटना	भारत	गंगा
कटक	भारत	महानदी	पेरिस	फ्रांस	सीन
कुर्नूल	भारत	तुंगभद्रा	फिलाडेल्फिया	संयुक्त राज्य अमेरिका	डेलावेयर
चटगाँव	बांग्लादेश	कर्णफुली नदी	पर्थ	ऑस्ट्रेलिया	स्वान
कैंटन	चीन	सिकियांग	पंजिम	भारत	मांडवी
काहिरा	मिस्त्र	नील	पराग्वे	चेक रिपब्लिक	विटावा
चुंगकिंग (चोंगकिंग)	चीन	यांग्तीजी	क्यूबेक	कनाडा	सेंट लॉरेंस
खारतूम	सूडान	नील	रोम	इटली	टाइबर
कोलोन	जर्मनी	राइन	रोटरडम	नीदरलैंड	न्यू मास
दिल्ली	भारत	यमुना	स्टालिनग्राड	रूस	वोल्गा
डेंजिंग	जर्मनी	विस्चुला	शंघाई	चीन	यॉगचीक्याँग
ड्रेसडन	जर्मनी	एल्ब	सिडनी	ऑस्ट्रेलिया	मुर्रे डार्लिंग बेसिन
डिब्रूगढ़	भारत	ब्रह्मपुत्र	श्रीनगर	भारत	झेलम
डबलिन	आयरलैंड	लीफे	सूरत	भारत	ताप्ती
फिरोजपुर	भारत	सतलुज	संभलपुर	भारत	महानदी
गुवाहाटी	भारत	ब्रह्मपुत्र	श्रीरंगपट्टम	भारत	कावेरी
हरिद्वार	भारत	गंगा	सेंटलुइस	संयुक्त राज्य अमेरिका	मिसीसिपी
हैदराबाद	भारत	मूसी	त्रिचिरापल्ली	भारत	कावेरी
हैम्बर्ग	जर्मनी	एल्ब	टोक्यो	जापान	अरकवा
जबलपुर	भारत	नर्मदा	उज्जैन	भारत	क्षिप्रा
जमशेदपुर	भारत	स्वर्णरेखा	विजयवाड़ा	भारत	कृष्णा
जौनपुर	भारत	गोमती	वाराणसी	भारत	गंगा
काबुल	अफगानिस्तान	काबुल	वियना	आस्ट्रिया	डेन्यूब
कराची	पाकिस्तान	सिंधु	वारसा	पोलैंड	विस्चुला
कानपुर	भारत	गंगा	वाशिंगटन	संयुक्त राज्य अमेरिका	पोटोमैक
कोटा	भारत	चम्बल	यांगून	म्यांमार	इरावदी
कोलकाता	भारत	हुगली			

अंतर्राष्ट्रीय सीमा रेखा और सम्बन्धित देश

सीमा रेखा	सम्बद्ध देश	सीमा रेखा	सम्बद्ध देश
मैकमोहन रेखा	भारत एवं चीन	38 डिग्री समानान्तर रेखा	उत्तरी कोरिया एवं दक्षिणी कोरिया
रेडक्लिफ रेखा	भारत एवं पाकिस्तान	49 डिग्री समान्तर रेखा या मेडिसीन रेखा	संयुक्त राज्य अमेरिका एवं कनाडा
डूरंड रेखा	अफगानिस्तान और पाकिस्तान	मैसन-डिक्सन रेखा	संयुक्त राज्य अमेरिका के चार राज्यों के बीच
हिंडेनबर्ग रेखा	जर्मनी एवं पोलैंड		
मार्जिनल मैनरहीम रेखा	रूस एवं फिनलैंड	24 डिग्री समानान्तर रेखा	पाकिस्तान एवं भारत (पाकिस्तान द्वारा निर्धारित परंतु भारत द्वारा अस्वीकृत)
सीगफ्रायड रेखा	जर्मनी एवं फ्रांस	35 डिग्री समानान्तर रेखा (उत्तरी)	नॉर्थ कैरोलिना एवं जार्जिया, टेनेसी एवं जार्जिया
ऑडरनेस रेखा	जर्मनी एवं पोलैंड		
मैगीनॉट रेखा	जर्मनी एवं फ्रांस	36 डिग्री समानान्तर रेखा	मिसौरी एवं अराकासास
22 डिग्री उत्तरी समानान्तर रेखा	मिस्त्र एवं सूडान	20 डिग्री उत्तरी समानान्तर रेखा	लीबिया एवं सूडान
17 डिग्री समानान्तर रेखा	उ. वियतनाम और द. वियतनाम	25 डिग्री समानान्तर रेखा	मॉरितानिया और माली

विश्व की सर्वोच्च पर्वत चोटियाँ

क्र.सं.	पर्वत चोटी	पर्वत श्रेणी	पर्वतारोहण की प्रथम तिथि	अवस्थिति	ऊँचाई (लगभग)	
					फीट	मीटर
1.	एवरेस्ट	हिमालय	29 मई, 1953	नेपाल/तिब्बत	29,031	8,849
2.	K2 गॉडविन ऑस्टिन	कराकोरम	31 जुलाई, 1954	भारत	28,251	8,611
3.	कंचनजंगा	हिमालय	25 मई, 1955	भारत/नेपाल	28,169	8,586
4.	लाओत्से	हिमालय	18 मई, 1956	नेपाल/तिब्बत	27,940	8,516
5.	मकालू	हिमालय	15 मई, 1955	नेपाल/चीन	27,825	8,481
6.	चो. ओयू.	हिमालय	19 अक्टूबर, 1954	नेपाल/तिब्बत	26,864	8,188
7.	धौलागिरी	हिमालय	13 मई, 1960	नेपाल	26,795	8,167
8.	मनसालू	हिमालय	9 मई, 1956	नेपाल	26,781	8,163
9.	नंगा पर्वत	हिमालय	3 जुलाई, 1653	पी.ओ.के.	26,660	8,126
10.	अन्नपूर्णा	हिमालय	3 जून, 1950	नेपाल	26,545	8,091

विश्व के सर्वाधिक ऊँचे जलप्रपात

नाम	अवस्थिति	ऊँचाई (लगभग)	
एंजेल (सल्टो एंजेल)	वेनेजुएला	3,212 फीट	979 मीटर
टुगेला	दक्षिण अफ्रीका	3,110 फीट	947 मीटर
यूटिगॉर्ड	नॉर्वे	2,625 फीट	800 मीटर
मोंगे	नॉर्वे	2,540 फीट	774 मीटर
गोक्टा कैटरेक्ट	पेरू	2,532 फीट	771 मीटर
मट्राजी (मर्टानी)	जिम्बाब्वे	2,499 फीट	762 मीटर
योजेमाइट	संयुक्त राज्य अमेरिका	2,425 फीट	739 मीटर
एस्पेलैंड्स	नॉर्वे	2,307 फीट	703 मीटर
लोअर मार वैली	नॉर्वे	2,151 फीट	652 मीटर
टेसीस्ट्रेंजीन	नॉर्वे	2,123 फीट	642 मीटर

सर्वाधिक विशाल द्वीप

द्वीप	क्षेत्रफल (वर्ग किमी.)	अवस्थिति
ग्रीनलैंड	21,66,086	डेनमार्क
न्यूगिनी	785,753	इंडोनेशिया, पापुआ न्यूगिनी
बोर्नियो	748,168	ब्रूनेई, इंडोनेशिया, मलेशिया
मेडागास्कर	587,041	मेडागास्कर
बैफिन आईलैंड	507,451	कनाडा
सुमात्रा	475,807	इंडोनेशिया
होन्शु	227,960	जापान
विक्टोरिया आईलैंड	217,291	कनाडा
ग्रेट ब्रिटेन	209,331	यूनाइटेड किंगडम
इलिसमेयर द्वीप	196,235	कनाडा

विश्व की सबसे ऊँची इमारतें

इमारत	देश	ऊँचाई (मीटर)
बुर्ज खलीफा	यू.ए.ई.	828
मर्डेका 118	मलेशिया	680
शंघाई टॉवर	शंघाई (चीन)	632
मक्का रॉयल क्लॉक टावर होटल	सऊदी अरब	601
पिंग एन फाइनेन्स सेन्टर	चीन	599.1
लॉट्टे टावर	सियोल (दक्षिण कोरिया)	555.7
वन वर्ल्ड ट्रेड सेन्टर	यूएसए	541.3
सीटीएफी फाइनेंस सेन्टर	ग्वांगझोऊ (चीन)	530
तियानजिन सीटीएफ फाइनेंस सेन्टर	तियानजीन (चीन)	530
शंघाई वर्ल्ड फाइनेंशियल सेन्टर	चीन	494.3
इंटरनेशनल कॉमर्स सेन्टर	हाँगकांग	484
पेट्रोनास टावर	मलेशिया	452
जिपेंग टावर	नानजिंग (चीन)	450
ताइपेई 101	ताइवान	449

विश्व की सबसे लम्बी सुरंग

सुरंग	अवस्थिति	लम्बाई	निर्माण वर्ष
डेलावेयर एक्वेडक्ट	अमेरिका	137,000 मी.	1945
पेजाने वाटर टनल	फिनलैंड	120,000 मी.	1982
डाहुफेग वाटर टनल	चीन	85,320 मी.	2009
ऑरेंज फिश रिवट	द. अफ्रीका	82,800 मी.	1972
बोलमेन वाटर टनल	स्वीडन	82,000 मी.	1987
एमीसर ओरिएंट	मैक्सिको	62,500 मी.	2006–12
ग्यानझू मेट्रो	चीन	60,400 मी.	2005–10
बीजिंग सबवे	चीन	57,100 मी.	2008–12
साइकन टनल	जापान	53,850 मी.	1988
जेलविका वाटर टनल	चेक रिपब्लिक	51,075 मी.	1972

विश्व के सबसे ऊँचे बाँध

बाँध	देश	ऊँचाई
रोगन डेम	तजाकिस्तान	335 मी.
जिनपिंग-1 डेम	चीन	305 मी.
न्यूरेक डेम	तजाकिस्तान	304 मी.
जिऑवान डेम	चीन	292 मी.
जिलुआडु डेम	चीन	285.5 मी.
ग्राड डिक्सेस डेम	स्विट्जरलैंड	285 मी.
इंगुरी डेम	जॉर्जिया	271.5 मी.

वजोंत डेम	इटली	261.6 मी.
मैनुएल मोरनो टोरेस डेम	मैक्सिको	261 मी.
न्यूओजहाडु, डेम	चीन	261.5 मी.

विश्व के सबसे बड़े बाँध

बाँध	देश
थ्री गोर्जेस	चीन
सिनक्रूड टेलिंगस्	कनाडा
केपटाउन	अर्जेण्टीना
पेटी	अर्जेण्टीना
न्यू कोनेलिया टेलिंगस्	अमेरिका
टरबेला	पाकिस्तान
कम्बेराट-2	किर्गिस्तान
लोवर उसुमा	नाइजीरिया
सिपासेंग	इन्डोनेशिया

विश्व की दस सर्वाधिक लम्बी नदियाँ

नदी	महाद्वीप	लम्बाई (किमी.)
नील	अफ्रीका	6,650 किमी.
अमेजन	दक्षिण अमेरिका	6,400 किमी.
यांग्त्जी	चीन (एशिया)	6,300 किमी.
मिसीसिपी	उत्तर अमेरिका	6,275 किमी.
येनसी-अंगारा सेलेन्गा नदी	चीन (एशिया)	5,539 किमी.
पीली ह्वांगहो	चीन (एशिया)	5,464 किमी.
ओब इरटिश	रूस, चीन (एशिया)	5,410 किमी.
पराना	मध्य दक्षिण अमेरिका	4,880 किमी.
कांगो	अफ्रीका	4,700 किमी.
अमूर	मंगोलिया (एशिया)	4,444 किमी.

विश्व की दस प्रमुख झीलें (आकार की दृष्टि से)

झील	महाद्वीप	क्षेत्रफल
कैस्पियन सागर	एशिया-यूरोप	371,000 वर्ग किमी.
सुपीरियर झील	उत्तरी अमेरिका	82,103 वर्ग किमी.
विक्टोरिया झील	अफ्रीका	68,800 वर्ग किमी.
ह्यूरन झील	उत्तरी अमेरिका	59,600 वर्ग किमी.
मिशीगन झील	उत्तरी अमेरिका	580,30 वर्ग किमी.
तंगानिका झील	अफ्रीका	32,900 वर्ग किमी.
बैकाल झील	एशिया	31,722 वर्ग किमी.
ग्रेट बीयर झील	उत्तरी अमेरिका	31,153 वर्ग किमी.
ग्रेट स्लेव झील	कनाडा	27,200 वर्ग किमी.
मलावी झील	अफ्रीका	29,600 वर्ग किमी.

राजनीतिक तथ्य

राष्ट्रीय प्रतीक

देश	प्रतीक
बेल्जियम	शेर
चिली	कंडोर एवं ह्युमुल
कनाडा	मैपल पत्ती
डेनमार्क	बीच
इटली	सफेद लिली
यूनाइटेड किंगडम	सफेद लिली
स्पेन	चील (ईगल)
जिम्बाब्वे	जिम्बाब्वे पक्षी
रूस	डबल हेडेड ईगल
ऑस्ट्रेलिया	कंगारू, बबूल
बांग्लादेश	कुमुदिनी (वाटर लिली)
जर्मनी	ईगल
आयरलैंड	हार्प
इजराइल	कैंडलाब्रुम
लेबनान	देवदार (Cedar) वृक्ष
मंगोलिया	सोयोम्बो
सीरिया	शेर
तुर्की	चाँद-तारा
संयुक्त राज्य अमेरिका	गोल्डेन रॉड
ईरान	गुलाब का फूल
भारत	अशोक चक्र
फ्रांस	लिली
नीदरलैंड	शेर
न्यूजीलैंड	सदर्न क्रॉस, फर्न, किवी
नॉर्वे	शेर
पाकिस्तान	चमेली का फूल
सूडान	ईगल

विभिन्न देशों की संसद

देश	संसद
भारत	संसद
इजराइल	नेसेट
जापान	डायट
लीबिया	जनरल पीपुल्स कांग्रेस
मलेशिया	दिवान राक्यान व दिवान निगारा
मंगोलिया	ग्रेट पीपुल्स खुराल
म्यांमार	पाइथू इलुटावा
मिस्त्र	पीपुल्स असेंबली
मालदीव	मजलिस
मैक्सिको	जनरल कांग्रेस (चेम्बर ऑफ डिपुटीज व सीनेट)
नेपाल	राष्ट्रीय पंचायत
नीदरलैंड्स	स्टेट्स जनरल
न्यूजीलैंड्स	डास ऑफ रिप्रेंजेंटेटिव
नॉर्वे	स्टॉटिंग
पोलैंड	सेज्म
पाकिस्तान	नेशनल असेम्बली व सीनेट
फ्रांस	नेशनल असेम्बली व सीनेट
रोमानिया	ग्रैंड नेशनल असेम्बली
रूस	ड्यूमा व फेडरेशन कौंसिल
द. अफ्रीका	पार्लियामेंट (नेशनल असेम्बली व सीनेट)
स्पेन	कोर्टेस
ब्राजील	कांग्रेस (चेम्बर ऑफ डिपुटीज व सीनेट)
स्वीडन	रिक्सडैग

चीन	नेशनल पीपुल्स कौंसिल
क्यूबा	नेशनल असेम्बली ऑफ पीपुल्स पावन
ताइवान	युआन
डेनमार्क	फोल्केटिंग
जर्मनी	बुंडेस्टाग व बुंडेस्राट
आइसलैंड	एल्थिंग
आयरलैंड	पार्लियामेंट
ईरान	मजलिस
इराक	नेशनल असेम्बली
स्विट्जरलैंड	फेडरल असेम्बली
संयुक्त राज्य अमेरिका	कांग्रेस (हाऊस ऑफ रिप्रेंजेंटेटिव व सीनेट)
तुर्की	ग्रैंड नेशनल असेम्बली
इटली	चेम्बर ऑफ डिपुटीज
अफगानिस्तान	शोरा
ऑस्ट्रेलिया	पार्लियामेंट
आस्ट्रिया	नेशनल कौंसिल व फेडरल कौंसिल
अर्जेंटीना	नेशनल कांग्रेस (चेम्बर ऑफ डिपुटीज व सीनेट)
ब्रिटेन	पार्लियामेंट
बांग्लादेश	जातीय संसद
बेलारूस	सुप्रीम कौंसिल
कनाडा	पार्लियामेंट

महत्वपूर्ण व्यक्तियों के उपनाम

मूल नाम	उपनाम
अब्दुल गफ्फार खान	बादशाह खान, सीमान्त गाँधी
एडोल्फ हिटलर	फ्यूहरर
बाल गंगाधर तिलक	लोकमान्य
बेनिटो मुसोलिनी	ड्यूश
सी.एफ. एन्ड्रूज	दीनबंधु
सी.एन. अन्नादुरई	अन्ना
चक्रवर्ती राजगोपालाचारी	राजाजी, सी.आर.
चितरंजन दास	देशबंधु
चंगेज खान	दैवीय प्रकोप
दादाभाई नौरोजी	ग्रैंड ओल्ड मैन ऑफ इण्डिया
गौतम बुद्ध	बोधिसत्व, तथागत
जेन इर्विन रोमेल	डेजर्ट फॉक्स
फ्लोरेंस नाइटेंगल	लेडी विद् दि लैम्प
जॉर्ज बर्नार्ड शॉ	जीबीएस
जवाहरलाल नेहरू	चाचा, पंडितजी
जयप्रकाश नारायण	जेपी, लोकनायक
जॉन ऑफ आर्क	मैड ऑफ ऑर्लियेंस
लाल बहादुर शास्त्री	मैन ऑफ पीस (शान्ति पुरुष)
लाला लाजपत राय	शेर-ए-पंजाब, पंजाब केसरी
मोहनदास करमचन्द गाँधी	बापू, महात्मा गाँधी, राष्ट्रपिता
यंगर पिट	ग्रैंड कॉमनर
एम.एस. गोलवलकर	गुरुजी
मदन मोहन मालवीय	महामना
नेपोलियन बोनापार्ट	लिटिल कार्पोरल, मैन ऑफ डेसिटनी
फील्ड मार्शल के.एम. करिअप्पा	कीपर, चिप्पा
ऑटो वान बिस्मार्क	मैन ऑफ ब्लड एंड आयरन
क्वीन एलिजाबेथ प्रथम	वर्जिन क्वीन
रवीन्द्रनाथ टैगोर	गुरुदेव, विश्वकवि
मेजर जनरल राजेन्द्र सिंह	स्पैरो
सैमुअल लॉगहार्न क्लीमेंस	मार्क ट्वेन
सरदार वल्लभभाई पटेल	भारत का लौह पुरूष, भारत का बिस्मार्क
सरोजनी नायडू	भारत कोकिला
शेख मोहम्मद अब्दुल्ला	शेर-ए-कश्मीर
शेख मुजीबुर रहमान	बंग बधु
सुभाषचन्द्र बोस	नेताजी, बेकॉन ऑफ लाइट ऑफ एशिया
तेनजिंग नॉर्गे	टाइगर ऑफ स्नो
टी. प्रकाशम्	आन्ध्र केसरी
सर वाल्टर स्कॉट	विजार्ड ऑफ दि नॉर्थ
विलियम एवर्ट ग्लैडस्टोन	ग्रैंड ओल्ड मैन ऑफ ब्रिटेन
विलियम शेक्सपीयर	बार्ड ऑफ एवन
लाला लाजपत राय, बाल गंगाधर तिलक, विपिन चन्द्र पाल	लाल, बाल, पाल
भगत सिंह	शहीद-ए-आजम
सच्चिदानंद हीरानन्द वात्स्यायन	अज्ञेय
सूर्यकांत त्रिपाठी	निराला
कुतुबुद्दीन ऐबक	लाख बक्श
समुद्रगुप्त	भारत का नेपोलियन
मुहम्मद बिन तुगलक	विरोधाभासों का मिश्रण, जौना खाँ
सैय्यद बंधु	भारतीय इतिहास के नृप निर्माता
शेख निजामुद्दीन औलिया	महबूब-ए-इलाही
ख्वाजा मुइनुद्दीन चिश्ती	गरीब नवाज
ध्यानचंद	हॉकी के जादूगर
ईश्वर चन्द्र बंदोपाध्याय	विद्यासागर
यतीन्द्र मोहन सेनगुप्त	देशप्रिय
लता मंगेश्कर	स्वर कोकिला
सरोजनी नायडू	भारत कोकिला
डॉ. राजेन्द्र प्रसाद	अजातशत्रु
पं. दीनदयाल उपाध्याय	युगद्रष्टा
बल्लभभाई पटेल	लौह पुरुष, सरदार
स्वामी विवेकानन्द	नरेन्द्र
मुहम्मद अली जिन्ना	कायदे आजम
अमीर खुसरो	तोता-ए-हिन्द
पी.टी. ऊषा	उड़नपरी
जगजीवन राम	बाबू जी

विश्व में सबसे बड़ा, सबसे छोटा, सबसे ऊँचा

सबसे ऊँचा पशु	जिराफ
सबसे विशालकाय पशु	नीली ह्वेल
स्थल भाग से घिरा सबसे बड़ा सागर	भूमध्य सागर

सबसे लम्बा नदी पुल	दैन्यांग कुनशान ग्रांड ब्रिज, चीन
सबसे बड़ा हवाई अड्डा	राजा फहद अन्तर्राष्ट्रीय हवाई अड्डा (सऊदी अरब)
सर्वाधिक तीव्रगति से दौड़ने वाला जानवर	चीता
सर्वाधिक उपग्रहों वाला ग्रह	शनि (145 उपग्रह)
सबसे बड़ा महल	वेटिकन सिटी पैलेस
सबसे बड़ा संग्रहालय	लॉवर संग्रहालय (फ्रांस)
सबसे बड़ी मस्जिद	मस्जिद-अल-हरम (सऊदी अरब)
सबसे बड़ा पुस्तकालय	लाइब्रेरी ऑफ कांग्रेस, वाशिंगन डीसी, अमेरिका
सबसे बड़ी मूर्ति	स्टैचू ऑफ यूनिटी (भारत)
सबसे ऊँची सड़क	उलमिंग्ला, लद्दाख (19024 फीट)
सर्वाधिक ऊँचा ज्वालामुखी	माउंट कोटोपैक्सी, इक्वेडोर (द. अमेरिका)
सबसे बड़ा एवं गहरा महासागर	प्रशांत महासागर
सर्वाधिक चमकीला तारा (पृथ्वी से दृश्य)	सीरियस (स्वाति नक्षत्र)
सबसे विशाल जलसंधि	मलक्का जल संधि (प्रशांत और हिंद महासागर)
सबसे बड़ी रेलवे लाइन	ट्रांस साइबेरियन रेलमार्ग (लंबाई 9,438 किमी.)
सबसे बड़ा चिड़ियाघर (जू) प्रजातियों की संख्या के अनुसार	बर्लिन जूलॉजिकल गार्डन (बर्लिन)
सर्वाधिक ऊँचा हवाई अड्डा	दाओचेंग यादिंग (चीन)
सबसे व्यस्त हवाई अड्डा	शिकागो इंटरनेशल एयरपोर्ट, ओहायरे फील्ड (संयुक्त राज्य अमेरिका)
सबसे बड़ी एस्चुरी	ओब नदी (उत्तरी रूस)
सबसे बड़ा राज प्रासाद	'इंपीरियल पैलेस', बीजिंग (चीन)
सबसे बड़ा इन्डोर स्टेडियम	फिलीपाइन एरेना, फिलीपीन्स
सबसे चौड़ी एवं बहाव की दृष्टि से सबसे बड़ी नदी	अमेजन (दक्षिण अमेरिका)
नदी के नीचे बहने वाली सबसे बड़ी नदी	हमजा नदी (अमेजन के नीचे)
सबसे बड़ी खारे पानी की झील	कैस्पियन सागर (रूस)
सबसे बड़ी ताजे पानी की झील	लेक सुपीरियर (यूएसए)
सबसे गहरी झील	बैकाल झील (साइबेरिया)
सबसे बड़ा मरुस्थल	सहारा मरुभूमि (अफ्रीका)
सबसे विशाल दलदल	प्रीपेट दलदल (साइबेरिया क्षेत्र, क्षेत्रफल लगभग 47,000 वर्ग किमी.)
सबसे बड़ा दर्पण वाला टेलिस्कोप	'हेले रिफ्लेक्टर टेलिस्कोप, माउंट पालेमर' (यूएसए)
सबसे बड़ा सौर टेलिस्कोप	डैनियल के. इनौपे सोलर टेलीस्कोप, अमेरिका
सबसे बड़ा कंक्रीट बाँध	ग्रैंड कूली डैम (कोलम्बिया नदी, संयुक्त राज्य अमेरिका)
सबसे बड़ा स्टेडियम (क्रिकेट)	नरेंद्र मोदी स्टेडियम (अहमदाबाद)
सबसे ऊँची पर्वत चोटी	माउंट एवरेस्ट (नेपाल, हिमालय, ऊँचाई-8,848 मीटर)
सबसे बड़ा द्वीप समूह	इंडोनेशिया (13,000 से अधिक द्वीप)
सबसे बड़ी खाड़ी	मैक्सिको की खाड़ी (क्षेत्रफल-15,00,000 वर्ग किमी.)
सबसे बड़ा प्रायद्वीप	अरब प्रायद्वीप (क्षेत्रफल-32,50,000 वर्ग किमी.)
सबसे ऊँचा पठार	तिब्बत का पठार
सबसे लंबा रेलवे प्लेटफार्म	गोरखपुर (भारत)
सबसे बड़ा रेलवे स्टेशन	ग्रैंड सेन्ट्रल टर्मिनल, न्यूयॉर्क
सबसे बड़ा डेल्टा	सुंदरवन (भारत)
सर्वाधिक ऊँचाई पर स्थित झील	टिसीसिकरू
सबसे ऊँचा झरना	एंजेल्स फाल (वेनेजुएला)
सबसे चौड़ा जलप्रपात	खोन जलप्रपात (लाओस)
सबसे ठंडा क्षेत्र	साइबेरिया
सबसे बड़ी धूप घड़ी	केयरफ्री (एरिजोना अमेरिका)
सबसे बड़ा अपवर्तक टेलिस्कोप	यर्कीज वेधशाला में (संयुक्त राज्य अमेरिका)
सबसे बड़ा प्लैनेटोरियम	मियाझाकी (जापान)
सबसे विशाल खनिज तेल क्षेत्र	वेनेजुएला
सबसे बड़ा जल विद्युत संयंत्र बाँध	थ्री गॉर्जेस बाँध, (चीन)
सबसे बड़ा परमाणु रिएक्टर	काशीवाजाकी-करीबा, जापान (7965 MW)
विश्व की सबसे बड़ी मूंगे की चट्टान	ग्रेट बैरियर रीफ (कोरल रीफ) (उत्तरी पूर्वी ऑस्ट्रेलिया)
सर्वाधिक सीमाओं वाला देश	चीन
सबसे बड़ा बन्दरगाह	शंघाई
हीरा व्यापार का सबसे बड़ा केन्द्र	एंटवर्प (बेल्जियम)
सबसे व्यस्त व्यापारिक नदी	यांग्त्जी नदी (चीन)
सर्वाधिक व्यापार करने वाला आन्तरिक बन्दरगाह	स्टारडम (जर्मनी)
सबसे बड़ा राजमार्ग	पैन अमेरिकन राजमार्ग (उ. अमेरिका से द. अमेरिका)
सबसे बड़ा शिकारी पक्षी	कैंडोर (द. अमेरिका)
सबसे बड़ा नदी द्वीप	माजुली (ब्रह्मपुत्र नदी, असम)
सबसे बड़ा नदी बाँध	हीराकुंड बाँध (महानदी, भारत लम्बाई 15.8 मील)
सबसे लम्बा चर्च	उताह (यूएसए)
सबसे लम्बा प्राकृतिक बीच	बाजार कॉक्स (बांग्लादेश)
सबसे छोटा पक्षी	हमिंग बर्ड
सबसे लम्बा पुल	ह्वे पी. लांग ब्रिज, लुसियाना (यूएसए)
सबसे लम्बी सिंचाई नहर	काराकुम नहर (तुर्कमेनिस्तान)
सबसे लम्बी नहर	स्वेज नहर (मिस्र)
सबसे ऊँची राजधानी	लापाज (बोलिविया)
सबसे ऊँचा शहर	वान चुआन (चीन)
सबसे लम्बी तटरेखा वाला देश	कनाडा
सबसे लम्बी उभय सीमा	यूएसए एवं कनाडा
सबसे बड़ा मरुस्थल (एशिया)	गोबी मरुस्थल

सबसे ऊँचा बाँध	जिनपिंग आई बाँध, (चीन)
सबसे बड़ी गुम्बद	एस्ट्रोडैम, ह्यूस्टन (यूएसए)
सबसे लम्बा ग्लेशियर	लैम्बर्ट ग्लेशियर
सबसे बड़ी कृत्रिम झील	मीड लेक (बोल्डर डैम)
सबसे बड़ा समुद्री पुल	हांगकांग - झुहेई - मकाऊ (चीन) (55 किमी. लम्बा)
सबसे बड़ा चर्च	सेंट पीटर्स बासिलिश, वेटिकन सिटी

विश्व में प्रथम	
अर्थशास्त्र के प्रथम नोबेल पुरस्कार से सम्मानित व्यक्ति	रौगनट क्रिस्क और जॉन टिनबर्गेन
भूमिगत मेट्रो रेलवे प्रारम्भ करने वाला प्रथम देश	ब्रिटेन
विश्व में प्रथम तेल कूप का उत्खनन करने वाला देश	संयुक्त राज्य अमेरिका (1859)
विश्व के किसी देश की प्रथम महिला प्रधानमन्त्री	श्रीमती सिरिमावो भंडारनायके (श्रीलंका)
लोकतांत्रिक रूप से निर्वाचित विश्व के किसी भी देश की प्रथम महिला राष्ट्रपति	विगदिस निवोगादोतीर (आइसलैंड)
साहित्य के प्रथम नोबेल पुरस्कार से सम्मानित व्यक्ति	सुली प्रुधोम (फ्रांस) (1901)
युद्ध टैंक का निर्माण करने वाला प्रथम देश	ब्रिटेन
शस्त्र त्याग करके अहिंसा अपनाने वाला विश्व का प्रथम सम्राट	सम्राट अशोक
रूस एवं संयुक्त राज्य अमेरिका के बाद अंतरिक्ष में जाने वाला प्रथम व्यक्ति	ब्लादीमीर रेमेक (चेकोस्लोवाकिया)
मंगल ग्रह पर उतरने वाला प्रथम अंतरिक्ष यान	वाइकिंग
विश्व की प्रथम नियोजित बहुद्देशीय नदी घाटी परियोजना	टेनेसी घाटी परियोजना (संयुक्त राज्य अमेरिका)
अंतरिक्ष में भेजा जाने वाला प्रथम अंतरिक्ष शटल	कोलम्बिया (12–14 अप्रैल, 1981)
बिना किसी सहयोग के अकेले दक्षिणी ध्रुव पर पहुँचने वाला प्रथम व्यक्ति	अर्लिंग क्रैग (नॉर्वे)
पुस्तकें मुद्रित करने वाला प्रथम देश	चीन
सिविल सेवा प्रारम्भ करने वाला प्रथम देश	चीन
अटलांटिक महासागर पार करने वाला प्रथम पायलट	कर्नल लिंडबर्ग
प्रशांत महासागर पार करने वाला प्रथम पायलट	कैप्टन किंगसफोर्ड स्मिथ
उत्तरी ध्रुव पर पहुँचने वाला प्रथम व्यक्ति	रॉबर्ट पियरी (यूएसए)
दक्षिणी ध्रुव पर पहुँचने वाला प्रथम व्यक्ति	रोनाल्ड एमुंडसेन (नार्वे)
उत्तरी ध्रुव पर पहुँचने वाली प्रथम महिला	मिस फ्रासन फिप्स
माउंट एवरेस्ट पर चढ़ने वाले प्रथम व्यक्ति	एडमंड हिलैरी तथा तेजनिंग नोर्गे
राष्ट्रीय गान का प्रारम्भ करने वाला प्रथम देश	जापान
अंटार्कटिका महाद्वीप पर पहुँचने वाली प्रथम महिला	मिस कैरोलिन मिकल्सन
सर्वप्रथम दोनों ध्रुवों पर जाने वाले व्यक्ति	डॉ. अल्बर्ट पी. कैरी
माउंट एवरेस्ट पर चढ़ने वाली प्रथम महिला	जुलको तेबई
विश्व के चारों ओर यात्रा करने वाला प्रथम व्यक्ति	फर्डीनंड मैगेलन
एशियाई खेलों का प्रथम आयोजन स्थल	नई दिल्ली
प्रथम अंतरिक्ष यात्री	यूरी अलेकसयेविच गागरिन
अंतरिक्ष में जाने वाली प्रथम महिला	वैलेंतीना तेरेश्कोवा
अंतरिक्ष में विचरण करने वाला प्रथम व्यक्ति	एलेक्सी लियोनोव
अंतरिक्ष में विचरण करने वाली प्रथम महिला	श्वेतलाना सेवित्स्काया
सबसे अधिक दिनों तक अंतरिक्ष में रहने वाला यात्री	वालेरी पोल्याकोव
चन्द्रमा पर उतरने वाला प्रथम चालक विहीन अंतरिक्षयान	लूना-9
चन्द्रमा पर मानव को पहुँचाने वाला प्रथम यान	अपोलो-11
वायुपोत की पहली उड़ान भरने वाला व्यक्ति	हेनरी गिफर्ड (फ्रांस)
अंतर्राष्ट्रीय संघ के प्रथम सम्मेलन का आयोजन स्थल	पेरिस
पहली बार परमाणु बम से विनष्ट किया गया नगर	हिरोशिमा
वायुयान से पहली उड़ान भरने वाला व्यक्ति	राइट बंधु (आर्विल तथा विलवर राइट)
कागजी मुद्रा जारी करने वाला प्रथम देश	चीन
प्रथम विश्व कप फुटबॉल जीतने वाला देश	उरुग्वे
राष्ट्रीय झंडा अपनाने वाला प्रथम देश	डेनमार्क

प्रमुख प्रवर्त्तक एवं उनके सम्प्रदाय

प्रवर्त्तक	सम्प्रदाय
रामानुजाचार्य	श्री सम्प्रदाय
माध्वाचार्य	ब्रह्म सम्प्रदाय
वल्लभाचार्य	रुद्र सम्प्रदाय,
गुरु नानक	सिक्ख सम्प्रदाय
दादू दयाल	दादू पंथ एवं निपख सम्प्रदाय
हित हरिवंश	राधावल्लभ सम्प्रदाय
रामानंद	रामवत सम्प्रदाय, वैरागी संघ
श्रीचंद (गुरु नानक के पुत्र)	उदासी सम्प्रदाय
जाम्भोजी	विश्नोई सम्प्रदाय
निरंजन	निरंजनी सम्प्रदाय
संत लाल दास	लाल पंथ
गोविन्द प्रभु	महानुभाव पंथ
एकनाथ, तुकाराम व ज्ञानेश्वर	बरकरी सम्प्रदाय
रामदास बोध	घरकरी सम्प्रदाय
माध्वाचार्य	द्वैतवाद
शंकर देव	महापुरुषीय सम्प्रदाय
निम्बार्क	सनक सम्प्रदाय
स्वामी हरिदास	सुखी सम्प्रदाय
जगजीवन साहब	सतनामी सम्प्रदाय
चंडीदास	बाऊल सम्प्रदाय

पुरंधर दास	दासकूट सम्प्रदाय
नित्यानंद गोस्वामी	चैतन्यपथ
वीरभान	सतनामी सम्प्रदाय
गोरखनाथ	नाथ सम्प्रदाय
चैतन्य महाप्रभु	मध्यगौड़ीय सम्प्रदाय, गोसाई संघ
चक्रधर स्वामी	महानुभाव पंथ

प्रमुख व्यक्तियों से संबद्ध समाधि स्थल

स्थान	व्यक्ति
शांति निकेतन	रवीन्द्रनाथ टैगोर
तलवंडी	गुरु नानक
राजघाट/पोरबंदर/साबरमती/फीनिक्स फार्म/साबरमती आश्रम	महात्मा गाँधी
विजयघाट	लालबहादुर शास्त्री
किसान घाट	चौ. चरण सिंह
कपिलवस्तु/बोधगया/लुम्बिनी/कुशीनगर	गौतम बुद्ध
शांति वन/तीनमूर्ति भवन	जवाहरलाल नेहरू
शक्ति स्थल	इन्दिरा गाँधी
वीर भूमि	राजीव गाँधी
बारदोली	सरदार वल्लभभाई पटेल
चित्तौड़गढ़/हल्दीघाटी	महाराणा प्रताप
जलियाँवाला बाग	जनरल डायर
पवनार आश्रम	आचार्य विनोबा भावे
बेलूर मठ	स्वामी रामकृष्ण परमहंस
फतेहपुर सीकरी	अकबर
सदाकत आश्रम	डॉ. राजेन्द्र प्रसाद
आनन्द वन	बाबा आम्टे
निर्मल हृदय	मदर टेरेसा
समता स्थल	जगजीवन राम
एकता स्थल	ज्ञानी जैल सिंह
राष्ट्रीय स्मृति स्थल	अटल बिहारी वाजपेयी
कर्मभूमि	शंकर दयाल शर्मा
उदय भूमि	के.आर. नारायणन
चैत्य भूमि	भीमराव आंबेडकर

भारत के प्रमुख नगरों के उद्योग

नगर	उद्योग
जयपुर (राजस्थान)	कशीदाकारी, मिट्टी के बर्तन, पीतल के बर्तन, मेटल उद्योग
जलाहली (कर्नाटक)	मशीनी टूल्स फैक्ट्री, इलेक्ट्रॉनिक्स
जमशेदपुर (झारखण्ड)	कोयला, लौह-इस्पात
कानपुर (उ.प्र.)	चमड़ा, जूता उद्योग, सूती वस्त्र उद्योग
कटनी (म.प्र.)	सीमेन्ट उद्योग, संगमरमर के पत्थर, ऑर्डिनेंस फैक्ट्री
कोचीन (केरल)	सीमेंट, जलयान निर्माण, कॉफी, कोकोनट, ऑयल, रबर आदि
लुधियाना (पंजाब)	ऊनी वस्त्र, कपड़ा उद्योग, साइकिल उद्योग
त्रिवेन्द्रम (केरल)	लकड़ी पर नक्काशी, कॉइल मेटिंग, साइकिल उद्योग, कपड़ा उद्योग
विशाखापट्टनम (आंध्र प्रदेश)	जलपोत बनाने का कारखाना, लोहा व इस्पात और तेलशोधक कारखाना
आगरा (उ.प्र.)	संगमरमर, चमड़ा, गलीचे, पत्थर का सामान
अहमदाबाद (गुजरात)	सूती कपड़ा उद्योग
अलीगढ़ (उ.प्र.)	ताले, कटलरी, डेयरी उद्योग
अम्बरनाथ (बम्बई के निकट)	मशीन टूल्स प्रोटोटाइप फैक्ट्री
अंकलेश्वर (गुजरात)	पेट्रोलियम उद्योग
बेंगलुरु (कर्नाटक)	सूती कपड़ा उद्योग, खिलौने, गलीचे, मोटर, हिन्दुस्तान एअर क्राफ्ट, टेलीफोन और मशीन टूल्स
बरेली (उ.प्र.)	जरी का काम, लकड़ी का काम, मांझा उद्योग, चावल उद्योग, मेंथा उद्योग
भिलाई (छत्तीसगढ़)	इस्पात उद्योग
बोकारो (झारखण्ड)	इस्पात का कारखाना
मुम्बई (महाराष्ट्र)	सूती कपड़ा उद्योग, सिनेमा उद्योग
कोलकाता (प. बंगाल)	जूट, बिजली के बल्ब, लैम्प, सूती वस्त्र, तंबाकू, खाद्य पदार्थ
चितरंजन (प. बंगाल)	लोकोमोटिव
ट्राम्बे (महाराष्ट्र)	यूरेनियम, थोरियम, परमाणु भट्टियाँ, खाद के कारखाने, तेल शोधक कारखाने
सिंदरी (झारखंड)	रासायनिक खाद
सिंहभूम (झारखंड)	तांबा, लौह अयस्क, रेल के लिए इंजीनियरिंग साज-सामान का निर्माण
श्रीनगर (कश्मीर)	ऊनी दुशाले, रेशम, कशीदाकारी
सूरत (गुजरात)	वस्त्र उद्योग, हीरा उद्योग
तारापुर (महाराष्ट्र)	एटॉमिक पॉवर प्लांट
त्रिचिनापल्ली (तमिलनाडु)	सिगार
छिंदवाड़ा (म.प्र.)	चूने का पत्थर, कोयला, लकड़ी चीरणे के कारखाने
दिल्ली (नई दिल्ली)	टैक्सटाइल्स, हाऊसिंग
धारीवाल (पंजाब)	ऊनी वस्त्र उद्योग
डिग्बोई (असम)	पेट्रोलियम उद्योग
दुर्गापुर (प. बंगाल)	इस्पात उद्योग
ग्वालियर (म.प्र.)	चीनी मिट्टी के बर्तनों का उद्योग, सूती कपड़ा उद्योग, दियासलाई के डिब्बे बनाने के कारखाने
फिरोजाबाद (उ.प्र.)	काँच उद्योग
गुन्टूर (आंध्र प्रदेश)	वस्त्र, रसायन, सीमेंट, उर्वरक, सिगरेट
मुरादाबाद (उ.प्र.)	कलई के बर्तन, केलीको प्रिंटिंग, पीतल हस्तशिल्प
सिंगरौली (म.प्र.)	कोयला उद्योग, ऊर्जा उद्योग से संबंधित कंपनियां
नंगल (पंजाब)	रासायनिक खाद
नेपानगर (म. प्र.)	न्यूज प्रिंट फैक्ट्री
पिम्परी (महाराष्ट्र)	पेंसिलिन फैक्ट्री
पिन्जौर (पंजाब)	मशीन टूल्स
रानीगंज (प. बंगाल)	कोयले की खानें
रेणुकूट (उ.प्र.)	हिन्दुस्तान एल्यूमीनियम फैक्ट्री
राउरकेला (ओडिशा)	इस्पात, रासायनिक खाद

राज्यानुसार भारत के पर्वतीय स्थल

राज्य	पर्वतीय स्थल
उत्तराखण्ड	देहरादून, नैनीताल, अल्मोड़ा, पिथौरागढ़, मसूरी, कौसानी, चोपटा, औली, लैन्सडाउन, रानीखेत
हिमाचल प्रदेश	शिमला, धर्मशाला, कुल्लू, मनाली, चैल, चंबा, कांगड़ा, डलहौजी, पालमपुर, नाहन, कुफरी, कसोल, खज्जर, मंडी
जम्मू-कश्मीर	गुलमर्ग, सोनमर्ग, श्रीनगर, पटनीटाप, वनिहाल, अमरनाथ, पहलगाम, खिलनमर्ग, सनासर, पुलवामा
सिक्किम	गंगटोक, लाचेन, लाचुंग, वेलिंग, लेगशिप
मध्य प्रदेश	भेड़ाघाट, पंचमढ़ी
पश्चिम बंगाल	दार्जिलिंग, कलिम्पोंग कार्सियांग
महाराष्ट्र	महाबलेश्वर, तोरणमल, लोनावाला, अम्बोली, खंडाला, पंचगनी, माथेरान, कर्जत, जावहर, इगतपुरी, कोरोली, सावंतवाडी, भंदारदरा, राजमाची
झारखंड	राँची
तमिलनाडु	कोट्टाल्लम्, कोडईकनाल, उदगमंडलम या ऊटी, येरकाड, कूनूर, येलागिरी हिल्स
केरल	इडुक्की, कन्नूर, देविकुलम, मन्नार, तिरुवनन्तपुरम, वायनाड, नेल्लियामपथि, पालक्काड, पोन्नामुडी
राजस्थान	माउंट आबू

भारत के प्रमुख तट

तट	राज्य
मायपादू/वादारेवू/विशाखापट्टनम	आंध्र प्रदेश
बेतूल/कैंडोलिम/ईगा/पालोलेम/बेनौलिमा/कोल्वा/अगुडा/कैलंग्मूट/डोना/पौला/गैस्पर डायस/सिरिदावो वागातोर/बोगमालो	गोवा
मांडवी/दांडी/दीव डुमस/सुवाली/उमरावत/संभात	गुजरात
कारवार/मंगलौर/उद्दीपी/सोमेश्वर/मालपे/उल्लाल	कर्नाटक
कन्नानोर/कोवलम/वारक्कालाई/पेयाम्बलम/मरारी/कन्नूर	केरल
अलीबाग/जुहू/मड/मनोरी/मार्वे/वरसोवा/मारनाई/माल्वान/अक्सा/दापोली	महाराष्ट्र
चांदपुर/पुरी/गोपालपुर/गहिरमाथा/कोणार्क/सतभाया	ओडिशा
कोवेलांग/कन्याकुमारी/(मरीना) चेन्नई/मामल्लपुरम/कुरुसदाई/रामेश्वरम दीघा/गंगासागर डेल्टा का इलाका/सुंदरवन तट	तमिलनाडु प. बंगाल
कार निकोबार/लेबीरिंथ आइलैंड/मायाबंदरनानकावेरी/ब्लेयर	अंडमान-निकोबार द्वीपसमूह

भारत के 13 बड़े बन्दरगाह

बन्दरगाह	राज्य	समुद्री अवस्थिति	विशेष तथ्य
मुम्बई	महाराष्ट्र	अरब सागर	देश का सबसे बड़ा बन्दरगाह, जो कुल ट्रैफिक का 20% भाग वहन करता है।
कोलकाता	प. बंगाल	बंगाल की खाड़ी	हुगली नदी पर स्थित, दक्षिण एशिया का सबसे बड़ा टर्मिनल
कोच्चि	केरल	अरब सागर	सबसे बड़ा प्राकृतिक बन्दरगाह
कांडला	गुजरात	कच्छ की खाड़ी	ज्वारीय बन्दरगाह (अरब सागर)
चेन्नई	तमिलनाडु	बंगाल की खाड़ी	सबसे पुराना बन्दरगाह, कृत्रिम बन्दरगाह
मार्मगावो	गोवा	अरब सागर	दूसरा सबसे बड़ा बन्दरगाह और महत्वपूर्ण नौसैनिक स्टेशन
मंगलौर	कर्नाटक	अरब सागर	ज्वारीय बन्दरगाह
तूतीकोरिन	तमिलनाडु	हिन्द महासागर	उथला बन्दरगाह (मन्नार की खाड़ी में स्थित)
विशाखापट्टनम	आन्ध्र प्रदेश	बंगाल की खाड़ी	मुख्य नौसैनिक स्टेशन
पाराद्वीप	ओडिशा	बंगाल की खाड़ी	सन् 1966 में प्रमुख बन्दरगाह घोषित किया गया।
जवाहरलाल नेहरू	मुम्बई	अरब सागर	सन् 1988 में राष्ट्र को समर्पित
एन्नौर	तमिलनाडु	बंगाल की खाड़ी	भारत का 12वां सबसे बड़ा और पहला कारपोरेटीकृत बंदरगाह है।
पोर्ट ब्लेयर	अंडमान द्वीप समूह	बंगाल की खाड़ी	यहाँ पर कई राष्ट्रीय उद्यान व संग्रहालय स्थित हैं जो इसके प्रमुख आकर्षण के केन्द्र हैं।

भारत में सबसे बड़ा, सबसे छोटा

सबसे लंबा हिमनद	सियाचिन ग्लेशियर
सबसे बड़ा नदी-द्वीप	माजुली (ब्रह्मपुत्र नदी, असोम)
सबसे ऊँची झील	देवताल झील (उत्तराखंड)
सबसे बड़ा न्यूजपेपर कारखाना	नेपानगर (मध्य प्रदेश)
सबसे बड़ी गुम्बद	गोल गुम्बद (बीजापुर)
सबसे लम्बी तटरेखा वाला राज्य	गुजरात (लगभग 1,600 किमी.)
सबसे सघन आबादी वाला राज्य	बिहार (घनत्व 1106)
सर्वाधिक साक्षरता वाला राज्य	केरल (94.0%)
सबसे बड़ा डेल्टा	सुंदरवन (पश्चिम बंगाल)
सबसे ऊँचा मठ	जोजिला मठ (लद्दाख)
सर्वाधिक खनिज सम्पदा वाला राज्य	झारखण्ड
सबसे बड़ा इस्पात संयंत्र	टाटा लौह-इस्पात कम्पनी, जमशेदपुर (झारखण्ड)
सबसे बड़ा उर्वरक संयंत्र	सिंदरी (झारखण्ड)
सबसे बड़ी धूपघड़ी	'सम्राट यंत्र' (जयपुर, राजस्थान)
सर्वाधिक शस्य गहनता वाला राज्य	पंजाब
वर्षा की सर्वाधिक विषमता वाला राज्य	केरल
सर्वाधिक ग्रामीण जनसंख्या वाला राज्य	बिहार
सर्वाधिक गहरी कोयला खान	कोलार, (कर्नाटक)
सबसे बड़ा खनिज तेल उत्खनन क्षेत्र	डिगबोई तेलक्षेत्र (असोम)
सबसे बड़ी कृत्रिम झील	गोविंदसागर (भाखड़ा-नांगल)

सबसे बड़ा प्राकृतिक बन्दरगाह	मुम्बई
सबसे लंबी नहर	इन्दिरा गाँधी नहर
सबसे ऊँचा द्वार	बुलन्द दरवाजा, फतेहपुर सीकरी, आगरा (ऊँचाई 167 फीट)
सबसे लम्बी रेलवे सुरंग	पीर पंजाल सुरंग (जम्मू-कश्मीर 11 किमी.)
सबसे लम्बा रेगिस्तान	थार मरुभूमि (राजस्थान)
क्षेत्रफल की दृष्टि से सबसे बड़ा राज्य	राजस्थान
क्षेत्रफल की दृष्टि से सबसे छोटा राज्य	गोवा
जनसंख्या की दृष्टि से सबसे छोटा राज्य	सिक्किम
सर्वाधिक जनसंख्या वाला नगर	वृहत्तर मुम्बई
सबसे ऊँचा जलप्रपात	महात्मा गाँधी प्रपात (पूर्व नाम जोग या गरसोप्पा प्रपात, कर्नाटक)
सबसे लम्बा रेलवे प्लेटफार्म	गोरखपुर
सबसे बड़ा म्यूजियम	इंडियन म्यूज़ियम, कोलकाता
सबसे बड़ा चिड़ियाघर	जूलोजिकल गार्डेन, अलीपुर (कोलकाता)
सबसे ऊँची मीनार	कुतुबमीनार (दिल्ली)
सबसे लम्बा सागरीय सेतु	अन्नाई इंदिरा गाँधी सेतु, रामेश्वरम एवं मंडपम के बीच (तमिलनाडु)
सर्वाधिक ऊँचाई पर स्थित यातायात पुल	खादुंगला, लद्दाख क्षेत्र
सबसे कम जनसंख्या सघनता वाला राज्य	अरुणाचल प्रदेश
सबसे कम साक्षरता वाला राज्य	बिहार (61.8%)
सबसे ऊँचा बाँध	भाखड़ा-नांगल बाँध (सतलुज नदी)
सबसे बड़ा तारामंडल (प्लैनेटोरियम)	बिड़ला प्लैनेटोरियम (कोलकाता)
सबसे विशाल पठार	प्रायद्वीपीय पठार (द. भारत)
सबसे लम्बा रेलमार्ग	डिब्रूगढ़-कन्याकुमारी विवेक एक्सप्रेस (लम्बाई 4,278 किमी.)
सबसे विशाल गर्त	लोनार झील (महाराष्ट्र)
सबसे बड़ा कैंटलीवर पुल	रवीन्द्रनाथ सेतु या हावड़ा ब्रिज (कोलकाता)
सबसे ऊँची चिमनी	राजघाट ताप विद्युत गृह की चिमनी (दिल्ली)
सबसे बड़ा गिरजाघर	सेंट कैथेड्रल चर्च (गोवा)
सबसे बड़ा सिनेमाघर	'थंगम' (मदुरै, तमिलनाडु)
सबसे बड़ा सूर्य मन्दिर	कोणार्क सूर्य मन्दिर (ओडिशा)
सबसे बड़ी मस्जिद	जामा मस्जिद (दिल्ली)
सबसे ऊँची मूर्ति	स्टैच्यू ऑफ यूनिटी, गुजरात, (ऊँचाई 182 मी.)
सबसे विशाल इन्डोर स्टेडियम	इन्दिरा गाँधी स्टेडियम (नई दिल्ली)
सबसे बड़ा बैराज	फरक्का बैराज, गंगा नदी (प. बंगाल)
सबसे ऊँची दूरदर्शन मीनार	पीतमपुरा दिल्ली (ऊँचाई 235 मी.)
सबसे लंबी सड़क	ग्रांड ट्रंक रोड
सबसे ऊँची सड़क	लेह-मनाली क्षेत्र में खारदुगला (ऊँचाई 5,602 मीटर)

• भारत में प्रथम

प्रथम महिला लोकसभा अध्यक्ष	मीरा कुमार
प्रथम महिला राष्ट्रपति	प्रतिभा पाटिल
भारत का सर्वोच्च संवैधानिक पद ग्रहण करने वाली महिला	प्रतिभा पाटिल
इंग्लिश चैनल तैरकर पार करने वाली प्रथम भारतीय महिला	आरती साहा
प्रथम महिला अधिवक्ता	कॉर्नेलिया सोराबजी
प्रथम महिला राजदूत	विजय लक्ष्मी पंडित (1947 सोवियत संघ)
सार्वजनिक सेवा हेतु रेमन मैग्सेसे पुरस्कार से सम्मानित प्रथम महिला	किरण बेदी
बम्बई उच्च न्यायालय में नियुक्त प्रथम महिला मुख्य न्यायाधीश	न्यायमूर्ति सुजाता बी. मनोहर
भारतीय चिकित्सा अनुसंधान परिषद् की महानिदेशक नियुक्त होने वाली प्रथम महिला	जी.वी. सत्यवती
आयात-निर्यात बैंक की प्रथम महिला अध्यक्ष	तर्जनी वकील
इंडियन एयरलाइंस की प्रथम महिला पायलट	कैप्टन दुर्गा बनर्जी (1966)
विश्व में एयर बस की प्रथम महिला पायलट	कैप्टन दुर्गा बनर्जी (1987)
'बोइंग-737' विमान की प्रथम महिला कमांडर	कैप्टन सौदामिनी देशमुख
नार्मन बोरलाग पुरस्कार से सम्मानित प्रथम महिला	डॉ. अमृता पटेल (1992)
साहित्य अकादमी पुरस्कार से सम्मानित प्रथम महिला	अमृता प्रीतम (1956)
'मिस वर्ल्ड' से सम्मानित प्रथम महिला	कु. रीता फारिया (1966)
'मिस यूनिवर्स' खिताब जीतने वाली प्रथम महिला	सुष्मिता सेन
राज्यसभा की प्रथम महिला महासचिव	वी.एस. रमादेवी
देश के किसी शहर की प्रथम महिला मेयर	तारा चेरयिन (मद्रास, 1957)
देश के किसी राज्य की विधानसभा की प्रथम महिला उपाध्यक्ष	श्रीमती शन्नो देवी
केन्द्रीय मन्त्रिमण्डल में प्रथम महिला मंत्री	राजकुमारी अमृतकौर (1947)
देश के किसी राज्य की प्रथम महिला मुख्यमंत्री	सुचेता कृपलानी (उ.प्र.)
केन्द्रीय व्यवस्थापिका की प्रथम महिला सांसद	राधाबाई सुबारायन (1938)
राज्यसभा की प्रथम महिला उपाध्यक्ष	मारग्रेट अल्वा (1962)
सर्वोच्च न्यायालय की प्रथम महिला न्यायाधीश	न्यायमूर्ति मीरा साहिब फातिमा बीबी
देश की प्रथम महिला सत्र न्यायाधीश (सेशन जज)	अन्ना चांडी (केरल)
योजना आयोग की प्रथम महिला अध्यक्ष	श्रीमती इन्दिरा गाँधी
प्रथम महिला प्रधानमंत्री	श्रीमती इन्दिरा गाँधी
किसी उच्च न्यायालय की प्रथम महिला मुख्य न्यायाधीश	न्यायमूर्ति लीला सेठ
माउंट एवरेस्ट पर चढ़ने वाली प्रथम महिला	कुमारी बछेन्द्री पाल

भारतीय पुलिस सेवा (आई.पी.एस.) में चयनित प्रथम महिला	किरण बेदी
प्रथम महिला शासक	रजिया सुल्तान (1236–40)
भारतीय राष्ट्रीय कांग्रेस की प्रथम महिला अध्यक्ष	एनी बेसेंट
राज्य विधायिका की प्रथम महिला विधायिका	डॉ. एस. मुथ्थुलक्ष्मी रेड्डी (मद्रास)
संघ लोक सेवा आयोग की प्रथम महिला अध्यक्ष	रोज मिलियन बैथ्यूज
लेनिन शांति पुरस्कार से अलंकृत प्रथम महिला	अरुणा आसफ अली
भारतीय ज्ञानपीठ पुरस्कार से सम्मानित प्रथम महिला	आशापूर्णा देवी (1976)
अंटार्कटिका पहुँचने वाली प्रथम महिला	मेहर मूसा (1977)
भारतीय अंटार्कटिका अभियान दल के सदस्य के रूप में अंटार्कटिका पहुँचने वाली प्रथम महिला	डॉ. सुदीप्ति सेनगुप्ता एवं डॉ. अदिति पंत
उत्तरी ध्रुव पर पहुँचने वाली प्रथम महिला	प्रीति सेनगुप्ता (1993)
प्रथम स्वदेशी परमाणु चालित पनडुब्बी	आई.एन.एस. 'चक्र'
'भारत रत्न' से सम्मानित प्रथम विदेशी नागरिक	खान अब्दुल गफ्फार खान
शांति के नोबेल पुरस्कार से सम्मानित प्रथम भारतीय नागरिक	मदर टेरेसा
प्रथम भारतीय अंटार्कटिका अभियान दल के नेतृत्वकर्ता	डॉ. सैयद जहूर कासिम
स्वतन्त्र भारत के प्रथम गवर्नर जनरल	लार्ड लुई माउंटबेटन
स्वतन्त्र भारत के प्रथम भारतीय गवर्नर जनरल	चक्रवर्ती राजगोपालाचारी
भारतीय थलसेना के प्रथम भारतीय सेनापति	जनरल के.एम. करिअप्पा
प्रथम फील्ड मार्शल	जनरल एस.एच.एफ.जे. मानेकशॉ
प्रथम राष्ट्रपति	डॉ. राजेन्द्र प्रसाद
प्रथम उपराष्ट्रपति	डॉ. सर्वपल्ली राधाकृष्णन
प्रथम प्रधानमंत्री	जवाहरलाल नेहरू
मरणोपरान्त 'भारत रत्न' से सम्मानित प्रथम व्यक्ति	लाल बहादुर शास्त्री
भारतीय ज्ञानपीठ पुरस्कार से सम्मानित प्रथम व्यक्ति	जी. शंकर कुरूप (मलयालम, 1965)
प्रथम मुख्य चुनाव आयुक्त	सुकुमार सेन
अंतर्राष्ट्रीय न्यायालय के अध्यक्ष बनने वाले प्रथम भारतीय	डॉ. नगेन्द्र सिंह
नोबेल पुरस्कार से सम्मानित प्रथम भारतीय वैज्ञानिक	चन्द्रशेखर वेंकट रमन
सर्वोच्च न्यायालय के प्रथम मुख्य न्यायाधीश	न्यायमूर्ति हीरालाल जे. कानिया
'भारत रत्न' से सम्मानित प्रथम व्यक्ति	डॉ. एस. राधाकृष्णन, सी. राजगोपालाचारी तथा डॉ. सी. वी. रमन
भारत पर आक्रमण करने वाला प्रथम मंगोल	चंगेज खाँ (1221 ई.)
नौका द्वारा सम्पूर्ण विश्व का चक्कर लगाने वाली प्रथम महिला	उज्ज्वला पाटिल (1988)
अंतर्राष्ट्रीय तैराकी मैराथन जीतने वाली प्रथम महिला	अर्चना भारत कुमार पटेल (1988)

पावर लिफ्टिंग में विश्व कीर्तिमान स्थापित करने वाली प्रथम महिला	सुमिता लाहा (1989)
तीन खेलों (हॉकी, क्रिकेट एवं बास्केटबॉल) में देश का प्रतिनिधित्व करने वाली प्रथम एवं एकमात्र महिला	शिरीन खुसरो
विश्व की प्रथम कॉमर्शियल टेस्ट पायलट महिला	कैप्टन सुसन डार्सी और कैप्टन रोज लोपर
राष्ट्रीय महिला आयोग की प्रथम अध्यक्ष	श्रीमती जयंती पटनायक (1992)
ओलम्पिक खेलों के सेमीफाइनल में पहुँचने वाली प्रथम महिला	शाइनी अब्राहम (1984, 800 मीटर दौड़)
एशियाई खेलों में स्वर्ण पदक जीतने वाली प्रथम महिला	कमलजीत संधु (1970, 400 मीटर दौड़)
शतरंज में अंतर्राष्ट्रीय ग्रैंड मास्टर खिताब प्राप्त करने वाली प्रथम महिला	भाग्यश्री थिप्से (1986)
भारतीय वायुसेना की प्रथम महिला पैराटूपर	गीता घोष (1959)
भारतीय प्रशासनिक सेवा (आई.ए.एस.) अधिकारी बनने वाली प्रथम महिला	अन्ना जॉर्ज (मल्होत्रा)
अंग्रेजी भाषा में लिखने वाली प्रथम लेखिका	तोरूदत्त
प्रथम महिला कस्टम्स एवं सेंट्रल एक्साइज कमिश्नर	कौशल्या नारायणन (1970)
प्रथम मर्चेन्ट नेवी महिला ऑफिसर	सोनाली बनर्जी
प्रथम महिला पुलिस महानिदेशक	कंचन चौधरी भट्टाचार्य
ग्रैमी अवार्ड से सम्मानित प्रथम व्यक्ति	पं. रविशंकर
भारतीय सिनेमा की प्रथम अभिनेत्री	श्रीमती देविका रानी रोरिक
भारतीय वायुसेना का विमान अकेले उड़ाने वाली प्रथम महिला पायलट	हरिता देओल
दो बार माउंट एवरेस्ट पर चढ़ने वाली प्रथम महिला	संतोष यादव
अर्जुन पुरस्कार से सम्मानित प्रथम महिला	एन. लम्सडेन (हॉकी, 1961)
अंतर्राष्ट्रीय फुटबाल में हैट्रिक मारने वाली प्रथम महिला	योलांदा डिसूजा (1978)
अशोक चक्र प्राप्त करने वाली प्रथम महिला	नीरजा भनोत (मरणोपरांत)
लन्दन में आयोजित प्री-जूनियर शतरंज प्रतियोगिता में 5 रजत पदक जीतने वाली प्रथम भारतीय बालिका	तानिया सचदेव
प्रथम दूरदर्शन समाचार वाचिका	प्रतिमा पुरी
भारतीय विज्ञान कांग्रेस की प्रथम महिला अध्यक्ष	डॉ. आशिमा चटर्जी
संयुक्त राष्ट्र संघ में अपनी कला का प्रदर्शन करने वाली प्रथम महिला	एम. एस. सुब्बुलक्ष्मी (1966)
ओलम्पिक खेलों में भाग लेने वाली प्रथम महिला	मेरी लीला रो (1952)
सेना मेडल प्राप्त करने वाली प्रथम महिला	विमला देवी (1988)
प्रथम महिला राज्यपाल	सरोजिनी नायडू
एम.बी.बी.एस. की उपाधि प्राप्त करने वाली प्रथम महिला	विधुमुखी बोस
जिब्राल्टर स्ट्रेट तैरकर पार करने वाली प्रथम महिला	आरती प्रधान (1988)
माउंट एवरेस्ट पर चढ़ने वाला प्रथम व्यक्ति	तेनजिंग नोर्गे
प्रथम मुगल बादशाह	बाबर

प्रथम ब्रिटिश गवर्नर जनरल	वारेन हेस्टिंग्स
प्रथम अंतरिक्ष यात्री	स्क्वाड्रन लीडर राकेश शर्मा
प्रथम आई.सी.एस.	सत्येंद्र नाथ टैगोर
प्रथम लोकसभा अध्यक्ष	जी.वी. मावलंकर
प्रथम उप-प्रधानमंत्री	सरदार वल्लभभाई पटेल

10 वर्षीय नियमित जनगणना का प्रथम वर्ष	1881
प्रथम विमान वाहक युद्ध पोत	आई.एन.एस. 'विक्रांत'
प्रथम आण्विक परीक्षण तिथि	18 मई, 1974
प्रथम आण्विक परीक्षण का स्थान	पोखरण (राजस्थान)
प्रथम भारतीय उपग्रह	'आर्यभट्ट'

प्रश्नमाला

1. **भारत की पहली मोनो रेल सेवा कहां प्रारम्भ हुई?**
(a) मुम्बई (b) कोलकाता
(c) चेन्नई (d) नई दिल्ली

2. **शान्ति निकेतन कहां है?**
(a) गुजरात (b) हिमाचल प्रदेश
(c) पश्चिम बंगाल (d) ओडिशा

3. **हजरतबल मस्जिद कहां स्थित है?**
(a) आन्ध्र प्रदेश (b) जम्मू और कश्मीर
(c) बिहार (d) मध्य प्रदेश

4. **विक्रम साराभाई अंतरिक्ष केन्द्र कहां स्थित है?**
(a) बेंगलूरू (b) मुम्बई
(c) तिरुवनंतपुरम् (d) थुम्बा

5. **'मिस वर्ल्ड' बनने वाली पहली भारतीय महिला निम्न में से कौन है?**
(a) प्रियंका चोपड़ा (b) रीता फारिया
(c) ऐश्वर्या राय (d) लारा दत्ता

6. **वृन्दावन गार्डेन्स' (Brindavan Gardens) कहां पर स्थित है?**
(a) मथुरा (b) देहरादून
(c) देवघर (d) मैसूर

7. **सांडों की लड़ाई निम्न राज्यों में से किसका प्रसिद्ध खेल है?**
(a) केरल (b) आन्ध्र प्रदेश
(c) कर्नाटक (d) तमिलनाडु

8. **विश्व व्यापार संगठन (WTO) का मुख्यालय कहां स्थित है?**
(a) सिंगापुर (b) वियना
(c) पेरिस (d) जेनेवा

9. **डॉ. राजेन्द्र प्रसाद का जन्म स्थान 'जीरोदेइ' (Zeradei) निम्नलिखित किस जिले में स्थित है?**
(a) गोपालगंज (b) वैशाली
(c) मधुबनी (d) सीवान

10. **निम्नलिखित में 'मैला आंचल' के लेखक कौन हैं?**
(a) रामधारी सिंह दिनकर
(b) डॉ. राजेन्द्र प्रसाद
(c) रामवृक्ष बेनीपुरी
(d) फणीश्वर नाथ रेणु

11. **निम्नलिखित में कौन-सा मेल सही नहीं है?**
(a) रविशंकर - सितार वादक
(b) एम. एफ. हुसैन - तबला
(c) आर. के. नारायण - उपन्यासकार
(d) कैफी आजमी - कवि

12. **भारत का राष्ट्रीय पक्षी है-**
(a) भारतीय कौवा (b) तोता
(c) भारतीय मोर (d) बाघ

13. **रेलवे की बड़ी लाइन की चौड़ाई लगभग कितनी है?**
(a) 2.00 मी (b) 1.83 मी
(c) 1.67 मी (d) 1.33 मी

14. **हमारे राष्ट्रगान में कितने पद्यांश हैं-**
(a) दो (b) तीन
(c) चार (d) पांच

15. **हमारे राष्ट्रीय कैलेंडर का प्रथम माह कौन-सा है?**
(a) भाद्रपद (b) फाल्गुन
(c) चैत्र (d) कार्तिक

16. **सदाबहार फिल्म 'शोले' में फिल्म का खलनायक कौन था?**
(a) प्राण (b) डैनी
(c) कादर खान (d) अमजद खान

17. **'भारतीय सिनेमा का जनक' किसे कहा जाता है?**
(a) ए.के. हंगल
(b) अमिताभ बच्चन
(c) आलोकनाथ
(d) दादासाहेब फाल्के

18. **भारतीय राष्ट्रीय ध्वज में गहरे नीले रंग के 'चक्र' में कितनी तीलियां हैं?**
(a) 18 (b) 22
(c) 20 (d) 24

19. **श्री अमिताभ बच्चन के अतिरिक्त किस प्रसिद्ध व्यक्ति ने "कौन बनेगा करोड़पति?" नामक टी.वी. शो में एंकर का कार्य किया?**
(a) श्री आमिर खान
(b) श्री सलमान खान
(c) श्री शाहरुख खान
(d) श्री अक्षय कुमार

20. **WHO एक अन्तर्राष्ट्रीय संगठन है, इसका पूरा नाम है-**
(a) वर्ल्ड हैल्थ ऑर्गेनाइजेशन
(b) वाईड हैल्थ ऑर्गेनाइजेशन
(c) वर्ल्ड हैल्थ आफिस
(d) वाशिंगटन ह्यूमन ऑर्गेनाइजेशन

21. **'पृथ्वी दिवस' (Earth Day) मनाया जाता है—**
(a) 1 जनवरी को (b) 30 अप्रैल को
(c) 22 अप्रैल को (d) इनमें से कोई नहीं

22. **"भारतीय रेल राष्ट्रीय एकेडमी" (National Academy of Indian Railways) कहां स्थित है?**
(a) हैदराबाद (b) बेंगलूरू
(c) नई दिल्ली (d) बड़ोदरा

23. **दार्जिलिंग हिल स्टेशन किस राज्य में है?**
(a) सिक्किम (b) पश्चिम बंगाल
(c) असम (d) अरुणाचल प्रदेश

24. **राष्ट्रीय पशु स्वास्थ्य संस्थान कहां स्थित है?**
(a) बागपत (b) करनाल
(c) सवाई माधोपुर (d) चेन्नई

25. **कीव (Kiev) किस राष्ट्र की राजधानी है?**
(a) रशिया (b) ऑस्ट्रिया
(c) यूक्रेन (d) तजाकिस्तान

26. **निम्न में से कौन राजनेता नहीं है?**
(a) जे. जयललिता (b) मनमोहन सिंह
(c) अन्ना हजारे (d) आई. के. गुजराल

27. **'अर्ली हिस्टरी ऑफ डेक्कन' पुस्तक किसने लिखी?**
(a) आर.जी. भण्डारकर
(b) कृष्णशास्त्री चिपलुंकर
(c) एम.जी. रानाडे
(d) इनमें से कोई नहीं

28. **भारतीय सांख्यिकीय संस्थान............में है।**
(a) दिल्ली (b) कोलकाता
(c) सागर (d) मुंबई

29. **आंग सान सू की, किस राष्ट्र की रहने वाली हैं?**
(a) नेपाल (b) चीन
(c) म्यांमार (d) थाइलैंड

30. **विश्व जनसंख्या दिवस कब मनाया जाता है?**
(a) 20 मई (b) 6 मई
(c) 1 अगस्त (d) इनमें से कोई नहीं

31. **मिलिट्री इंजीनियरिंग कॉलेज कहां पर स्थित है?**
(a) पुणे (b) बेंगलूरू
(c) देहरादून (d) नासिक

32. **भोपाल गैस त्रासदी 1984, का संबंध किस गैस से है?**

(a) एल्युमिनियम फॉस्फाइड
(b) मिथाइल ब्रोमाइड
(c) मिथाइल आइसोसाइनाइट
(d) कार्बन डाईऑक्साइड

33. विश्व पर्यावरण दिवस.......... को मनाया जाता है।
(a) 5 जून (b) 22 अप्रैल
(c) 4 दिसंबर (d) 9 जनवरी

34. जी.पी.एस. का क्या अर्थ है?
(a) गुड्स प्रोसेसिंग सिस्टम
(b) ग्लोबल पोलर सिस्टम
(c) जियोस्टेशनरी पोजिशन सैटलाईट
(d) ग्लोबल पोजिशनिंग सिस्टम

35. वी.वी गिरी राष्ट्रीय श्रम संस्थान..........में है?
(a) कोलकाता (b) नोएडा
(c) गुवाहाटी (d) भोपाल

36. डीजल लोकोमोटिव वर्क (DLW) कहां स्थित है?
(a) चेन्नई (b) बेंगलुरू
(c) हैदराबाद (d) वाराणसी

37. 'इण्डिया विन्स फ्रीडम' किसकी आत्म-कथा (Autobiography) है?
(a) अबुल कलाम आजाद
(b) मोहम्मद अली
(c) जाकिर हुसैन
(d) सैय्यद अहमद खान

38. 'रैंड' (Rand) निम्नलिखित में से किस देश की मुद्रा है?
(a) कोरिया (b) ब्राजील
(c) इटली (d) दक्षिण अफ्रीका

39. विक्टोरिया फॉल्स कहां स्थित है?
(a) दक्षिण अफ्रीका (b) कांगो
(c) ब्राजील (d) यू.एस.ए.

40. ''मिक्की माउस'' का चरित्र किसके द्वारा बनाया गया था?
(a) ग्राहम ग्रीन
(b) वॉल्ट डिज्नी
(c) आर. के. लक्षण
(d) गोर विडाल

41. प्रसिद्ध पुस्तक 'डिस्कवरी ऑफ इण्डिया' (Discovery of India) के लेखक कौन हैं
(a) सरोजिनी नायडू
(b) एम.के. गांधी
(c) वल्लभभाई पटेल
(d) इनमें से कोई नहीं

42. निम्नलिखित में से किसने प्रसिद्ध उद्धरण "Child is the father of the man" दिया था?
(a) विलियम शेक्सपियर
(b) विलियम वर्ड्सवर्थ
(c) पीबी शेली
(d) जॉन कीट्स

43. निम्नलिखित में से कौन आधुनिक युद्ध का टैंक है?
(a) आकाश (b) भीम
(c) अर्जुन (d) पृथ्वी

44. बकिंघम पैलेस कहां है?
(a) लंदन (b) पेरिस
(c) न्यूयॉर्क (d) टोक्यो

45. 'Not Just an Accountant' पुस्तक किसने लिखी है?
(a) विनोद राय (b) शोभा डे
(c) के. नटवर सिंह (d) संजय बारू

46. निम्नलिखित में से कौन-सा पहलू हेमामालिनी से सम्बन्धित नहीं है?
(a) राजनीति (b) नृत्य
(c) क्रीड़ा (d) बॉलीवुड

47. निम्नलिखित में से कौन-सा भारतीय सेना की रेजीमेंट नहीं है?
(a) पंजाब रेजीमेंट (b) जाट रेजीमेंट
(c) सिख रेजीमेंट (d) हिमाचल रेजीमेंट

48. भारत के वर्तमान प्रधानमंत्री नरेन्द्र दामोदरदास मोदी का जन्म कहां हुआ था?
(a) वदनगर (b) वड़ोदरा
(c) बारदोली (d) भावनगर

49. 'सोनपुर मेला' (पशु मेला) को कहते हैं—
(a) सौराठ मेला
(b) हरिहर क्षेत्र मेला
(c) जानकी नवमी मेला
(d) वैशाली मेला

50. 'इंडिया डिवाइडेड' पुस्तक के लेखक कौन है?
(a) महात्मा गांधी
(b) अबुल कलाम आजाद
(c) डॉ. राजेन्द्र प्रसाद
(d) जवाहरलाल नेहरू

51. 'पद्मश्री सीमा देवी' किसकी प्रसिद्ध हस्ती थीं?
(a) शास्त्रीय नृत्य
(b) भोजपुरी सिनेमा
(c) मैथिली सिनेमा
(d) मधुबनी पेंटिंग

52. 'उर्वशी' का लेखक कौन है?
(a) देवकीनन्दन खत्री
(b) फणीश्वर नाथ रेणु
(c) बाणभट्ट
(d) रामधारी सिंह दिनकर

53. 'बुद्ध स्मृति पार्क' कहां स्थित है?
(a) राजगीर (b) पटना
(c) नालंदा (d) वैशाली

54. पटना शहर में स्थित 'तख्त श्री हरि मंदिर साहिब' किसका जन्मस्थल है?
(a) चौथे सिख गुरु रामदास जी
(b) दसवें सिख गुरु गोविन्द सिंह जी
(c) पहले सिख गुरु नानक देव जी
(d) नौवें सिख गुरु तेग बहादुर जी

55. ब्राजील में निम्नलिखित में से किस मुद्रा का प्रयोग किया जाता है?
(a) रियाल (b) पेसो
(c) डॉलर (d) यूरो

56. विश्व का सबसे छोटा देश (वर्ग किमी में) कौन-सा है?
(a) वेटिकन सिटी (b) लिचटेनस्टीन
(c) मोनाको (d) इंग्लैण्ड

57. भारतीय राष्ट्रीय पंचांग का पहला महीना है–
(a) वैशाख (b) माघ
(c) चैत्र (d) आषाढ़

58. निम्नलिखित में से कौन-सा देश संयुक्त राष्ट्र संघ के सुरक्षा परिषद् का स्थायी सदस्य है?
(a) इटली (b) फ्रांस
(c) जर्मनी (d) जापान

59. भारतीय वन प्रबंधन संस्थान कहां स्थित है?
(a) देहरादून (b) हिसार
(c) भोपाल (d) चेन्नई

60. भारतीय परिप्रेक्ष्य में 'रा' (RAW) क्या है?
(a) गुप्तचर एजेंसी
(b) वैज्ञानिक अनुसंधान एजेंसी
(c) निजी जासूस ग्रुप
(d) इनमें से कोई नहीं

61. 'गोदान' किसने लिखा है?
(a) मुंशी प्रेमचंद (b) महादेवी वर्मा
(c) निराला (d) महात्मा गांधी

62. भारत के किस राज्य में राजीव गांधी की मानव बम हमले से हत्या हुई थी?
(a) उत्तर प्रदेश (b) तमिलनाडु
(c) केरल (d) आन्ध्र प्रदेश

63. इनमें से कौन-सा धार्मिक स्थल जम्मू-कश्मीर में स्थित नहीं है?
(a) अमरनाथ मंदिर
(b) दरगाह शरीफ
(c) वैष्णों देवी मन्दिर
(d) हजरतबल दरगाह

64. इनमें से कौन-सा शहर एक केन्द्रशासित प्रदेश है?
(a) शिमला (b) अमृतसर
(c) चंडीगढ़ (d) लखनऊ

65. हिमाचल प्रदेश की राजधानी है-
(a) श्रीनगर (b) शिमला
(c) जम्मू (d) चंडीगढ़

66. प्रसिद्ध रॉक गार्डेन कहां स्थित है?
(a) शिमला (b) देहरादून
(c) चंडीगढ़ (d) नई दिल्ली

67. इनमें से कौन-सा देश यू.एन.ओ. के सिक्युरिटी काउंसिल का स्थायी सदस्य नहीं है?
(a) फ्रांस (b) चीन
(c) यू.एस.ए. (d) इटली

68. वर्ल्ड हेल्थ ऑर्गेनाइजेशन (WHO) का मुख्यालय कहां स्थित है?
(a) न्यूयॉर्क (b) जेनेवा
(c) रोम (d) पेरिस

69. अंतर्राष्ट्रीय मुद्रा कोष का मुख्यालय कहां पर स्थित है?
(a) वॉशिंगटन डीसी (यू.एस.ए.)
(b) पेरिस, फ्रांस
(c) लंदन, इंग्लैण्ड
(d) जेनेवा, स्विट्जरलैंड

70. भारत का सबसे बड़ा एवं सबसे पुराना संग्रहालय कौन-सा है?
(a) राष्ट्रीय संग्रहालय, नई दिल्ली
(b) सालार जंग संग्रहालय, हैदराबाद
(c) भारतीय संग्रहालय, कोलकाता
(d) छत्रपति शिवाजी महाराज वस्तु संग्रहालय, मुम्बई

71. भारत और पाकिस्तान के बीच चलने वाली ट्रेन का नाम था–
(a) समझौता एक्सप्रेस
(b) सद्‌भावना एक्सप्रेस
(c) दोस्ती एक्सप्रेस
(d) मैत्री एक्सप्रेस

72. रूस की मुद्रा (currency) का क्या नाम है?
(a) डॉलर (b) रूबल
(c) पाउंड (d) यूरो

73. "हॉटमेल" इमेल सेवा के संस्थापक हैं–
(a) बिल गेटस् (b) विनोद खोसला
(c) सबीर भाटिया (d) सुन्दर पिचई

74. निम्नलिखित में से कौन-सा कथन सत्य है?
(a) भारत का राष्ट्रीय पशु सिंह है।
(b) भारत का राष्ट्रीय पक्षी कबूतर है।
(c) भारत का राष्ट्रीय फूल गुलाब है।
(d) भारत का राष्ट्रीय वृक्ष बरगद है।

75. धनपत राय श्रीवास्तव को सामान्यतया किस नाम से जाना जाता है?
(a) मुंशी प्रेमचंद (b) गुलजार
(c) दिनकर (d) फिराक गोरखपुरी

76. इनमें से कौन-सा सुमेलित है?

राज्य का नाम	राजधानी शहर
(a) मणिपुर	शिलांग
(b) मेघालय	कोहिमा
(c) सिक्किम	इम्फाल
(d) मिजोरम	आइजोल

77. इनमें से कौन-सा सुमेलित नहीं है?

शहर का नाम	नदी जिस पर स्थित है
(a) लंदन	टेम्स
(b) पेरिस	सीन
(c) बैंकॉक	चाओ फ्राया
(d) कोलकाता	गंगा

78. भारतीय रेलवे का अनुसंधान, अभिकल्प एवं मानक संगठन का मुख्यालय कहां पर स्थित है?
(a) मुम्बई
(b) लखनऊ
(c) इलाहाबाद
(d) पुणे

79. निम्नलिखित में कौन-सा सुमेलित है?

आईटी कम्पनी का नाम	संस्थापक
(a) ऐप्पल	स्टीव जॉब्स
(b) माइक्रोसॉफ्ट	बिल गेट्स
(c) अमेजन	लारी पेज
(d) फेसबुक	मार्क जूकरबर्ग

80. 'स्टैच्यू ऑफ लिबर्टी' कहां स्थित है?
(a) लंदन (b) न्यूयॉर्क
(c) अहमदाबाद (d) बॉन

व्याख्या सहित उत्तर

1. (a) भारत में पहली मोनो रेल सेवा मुम्बई (चेम्बूर से वाडा) में प्रारम्भ हुई।

2. (c) शान्ति निकेतन पश्चिम बंगाल में है।

3. (b) हजरत बल मस्जिद जम्मू-कश्मीर राज्य में है।

4. (c)

5. (b) विश्व सुन्दरी (Miss World) खिताब प्राप्त करने वाली भारतीय युवतियां हैं–

रीता फारिया (1966), ऐश्वर्या राय (1994), डायना हेडेन (1997), युक्तामुखी (1999), प्रियंका चोपड़ा (2000).

6. (d) **7.** (d) **8.** (d) **9.** (d)

10. (d) हिन्दी उपन्यासों की दुनिया में आंचलिकता को आन्दोलन के रूप में आरम्भ करने का श्रेय फणीश्वर नाथं 'रेणु' जी के आंचलिक उपन्यास 'मैला आंचल' को जाता है।

11. (b) एम. एफ. हुसैन चित्रकार हैं।

12. (c) राष्ट्रीय पक्षी मयूर या मोर (पावो क्रिस्टेसस) है। भारतीय वन्य प्राणी (सुरक्षा) अधिनियम 1972 के अंतर्गत इसे पूर्ण संरक्षण प्राप्त है।

13. (c) रेलवे की बड़ी लाइन की चौड़ाई लगभग 1.67 मी. है।

14. (a) इसके रचयिता गुरुदेव रवीन्द्र नाथ टैगोर हैं। इसे गाने का कुल निर्धारित समय 52 सेकण्ड है। मूलरूप में यह गीत 5 पदों में है, किन्तु राष्ट्रीय गान के रुप में इसका मात्र प्रथम पद, जिसमें 13 पंक्तियां हैं, ही मान्य हैं।

15. (c)

16. (d) शोले फिल्म में खलनायक अमजद खान थे। इन्होंने लगभग 130 फिल्मों में कार्य किया।

17. (d)

18. (d) भारतीय राष्ट्रीय ध्वज में केसरिया शक्ति का सफेद शांति का और हरा समृद्धि का प्रतीक है तिरंगा की सफेद पट्टी के बीच में एक चक्र है, जिसका रंग नीला और उसमें 24 तीलियां हैं। ध्वज की लम्बाई और चौड़ाई का अनुपात 3 : 2 है।

19. (c) अभिताभ बच्चन के अतिरिक्त शाहरुख खान ने कौन बनेगा करोड़पति - 3) 2007 टीवी शो में एंकर का कार्य किया है।

20. (a) विश्व स्वास्थ्य संगठन (World Health Organisation-WHO) संयुक्त राष्ट्र संघ का विशिष्ट अभिकरण है।

21. (c)

22. (d) नेशनल एकेडमी ऑफ इंडियन रेलवेज, लालबाग, बड़ोदरा (गुजरात) में स्थित है।

23. (b) पश्चिम बंगाल में समुद्र तल से 2134 मीटर की ऊँचाई पर स्थित दार्जिलिंग हिल स्टेशन को हिल स्टेशनों की रानी के रूप में जाना जाता है। यह हिल स्टेशन महाभारत श्रृंखला या लघु हिमालय श्रृंखला में स्थित है। यह अपने चाय उद्योग के लिए प्रसिद्ध है।

24. (a) राष्ट्रीय पशु स्वास्थ्य संस्थान उत्तर प्रदेश के बागपत में स्थित है। यह केन्द्रीय कृषि मंत्रालय, पशु-पालन, दुग्ध एवं मत्स्य पालन विभाग भारत सरकार के अंतर्गत आता है। इसकी स्थापना पशुओं के टीकाकरण और उपचार की जांच और गुणवत्ता को नियंत्रित करने के लिए की गई थी।

25. (c) कीव यूक्रेन का सबसे बड़ा नगर और राजधानी है। यह नाइपर नदी के किनारे देश के उत्तर-मध्य में स्थित है। वर्तमान में यह यूरोप का 8वां सबसे बड़ा नगर है। कीव पूर्वी यूरोप का एक महत्त्वपूर्ण औद्योगिक, वैज्ञानिक, शैक्षणिक और सांस्कृतिक केन्द्र है।

26. (c) अन्ना हजारे एक भारतीय सामाजिक कार्यकर्ता हैं जो अगस्त 2011 में जन लोकपाल

विधेयक के लिए आंदोलन करने के लिए अधिक लोकप्रिय हैं। वह भ्रष्टाचार विरोधी और ग्रामीण विकास से जुड़े आन्दोलनों से संबंधित हैं। हजारे ने महाराष्ट्र के अहमद नगर जिले के पारनेर तालुक के रालेगण सिद्धी गांव के विकास और संरचना में विशेष योगदान दिया है।

27. (a) ''अर्ली हिस्ट्री ऑफ द दक्कन एंड मिसिलेनीयस हिस्टोरिकल एसेज ''नामक पुस्तक आर.जी. भंडारकर द्वारा लिखी गई है। यह पुस्तक सर्वप्रथम 1884 में बॉम्बे सरकार की ओर से बॉम्बे गजेटियर में प्रकाशित हुई थी। इस पुस्तक के प्रकाशित होने से पूर्व, मुसलमानों के आगमन के पहले के दक्कन के राजनीतिक इतिहास की जानकारी उपलब्ध नहीं थी।

28. (b) भारतीय सांख्यिकी संस्थान (आईएसआई) का मुख्यालय पश्चिम बंगाल में कोलकाता के एक उपनगर बारानगर में स्थित है। अकादमिक महत्व एवं आवश्यकता को देखते हुए इसके चार सहायक केन्द्र दिल्ली, बेंगलुरु, चेन्नई और तेजपुर में स्थापित हैं। आईएसआई एक राष्ट्रीय महत्व का शैक्षणिक संस्थान है जिसकी स्थापना प्रशांत चन्द्र महालनोबिस द्वारा प्रेसिडेंसी कॉलेज, कलकत्ता में 1931 में की गई थी।

29. (c) आंग सान सू की म्यांमार में विपक्षी पार्टी की नेता और राष्ट्रीय लोकतांत्रिक लीग (NLD) की अध्यक्ष हैं। वह 20 जुलाई, 1989 से 13 नवम्बर, 2010 तक अपनी रिहाई होने तक, 21 वर्षों में से 15 वर्षों तक अर्थात् म्यांमार में नजरबंद बनी रही।

30. (d) विश्व जनसंख्या दिवस प्रतिवर्ष 11 जुलाई को मनाया जाता है। संयुक्त राष्ट्र विकास कार्यक्रम की शासकीय परिषद् द्वारा 1989 में इस दिवस की स्थापना की गई थी। यह जनहित द्वारा 5 अरब दिवस 11 जुलाई, 1987 को विश्व की जनसंख्या 5 अरब पहुंचने की घटना से प्रेरित होकर, सार्वजनिक हितों को ध्यान में रखते हुए इस दिवस की स्थापना की गई थी।

31. (a) सैन्य इंजीनियरिंग कॉलेज पुणे, महाराष्ट्र में स्थित है। यह भारतीय सेना के इंजीनियरों की कोर का एक प्रमुख तकनीकी और समारिक प्रशिक्षण संस्थान है। इसमें लड़ाकू इंजीनियर, सैन्य इंजीनियरिंग सेवा, सीमा सड़क संगठन और सर्वेक्षण शामिल हैं। इसे 1943 में स्थापित किया गया था।

32. (c) भोपाल गैस त्रासदी 2-3 दिसम्बर, 1984 को मध्य प्रदेश के भोपाल में यूनियन कार्बाइड इंडिया लिमिटेड के कीटनाशक संयंत्र में जहरीली मिथाइल आईसोसाइनाइट (MIC) गैस, और अन्य रसायनों के रिसने के कारण हुई। यह विश्व की सबसे बड़ी औद्योगिक दुर्घटना मानी जाती है।

33. (a) पृथ्वी ग्रह, प्रकृति और पर्यावरण की रक्षा के लिए सकारात्मक कदम उठाने और वैश्विक स्तर पर लोगों को पर्यावरण के प्रति जागरूक करने के लिए प्रतिवर्ष 5 जून को विश्व पर्यावरण दिवस मनाया जाता है। यह दिवस संयुक्त राष्ट्र पर्यावरण कार्यक्रम द्वारा संचालित किया जाता है। संयुक्त राष्ट्र महासभा द्वारा इस दिवस की स्थापना 1972 में की गई थी।

34. (d) जीपीएस से तात्पर्य ग्लोबल पोजिशनिंग सिस्टम से है। यह एक अंतरिक्ष आधारित नेविगेशन प्रणाली है जो सभी मौसमों में पृथ्वी या इसके निकटतम स्थान, जहां चार या अधिक जीपीएस उपग्रह की अबाधित सेवा उपलब्ध है, की स्थिति और समय की जानकारी प्रदान करता है। जीपीएस परियोजना अमेरिका द्वारा 1973 में शुरू की गई थी।

35. (b) वी.वी. गिरी राष्ट्रीय श्रम संस्थान नोएडा, उत्तर प्रदेश में स्थित है। यह एक स्वायत्त संस्थान है जो श्रम, श्रम अधिकारियों के प्रशिक्षण, व्यापार संघों, सार्वजनिक क्षेत्र के व्यवस्थापकों और अन्य सरकारी श्रम संगठन के अनुसंधान से संबंधित है। यह केन्द्रीय श्रम मंत्रालय के अंतर्गत आता है।

36. (d) डीजल लोकोमोटिव वर्क्स (DLW) वाराणसी, उत्तर प्रदेश में स्थित है। यह भारतीय रेलवे के स्वामित्व वाली एक उत्पादन इकाई है जो डीजल-इलेक्ट्रिक इंजन और इसके कल पुर्जों का उत्पादन करती है। यह भारत में डीजल-इलेक्ट्रिक इंजनों का सबसे बड़ा निर्माता है।

37. (a) **38.** (d)

39. (a) विक्टोरिया फॉल्स् या मोसी-ओअतुन्या जाम्बिया और जिम्बाब्वे की सीमा पर जेम्बेजी नदी पर दक्षिणी अफ्रीका (ना कि साउथ अफ्रीका जो कि एक देश है) में स्थित एक झरना है। विक्टोरिया फाल्स एक किलोमीटर की लम्बाई एवं 100 मीटर से अधिक की ऊँचाई सहित दुनिया का एकमात्र झरना है।

40. (b) मिक्की माउस एक हास्य पशू कार्टून चरित्र और वॉल्ट डिज्नी कंपनी का अधिकारिक शुभंकर है। यह 1928 में वॉल्ट डिज्नी द्वारा बनाया गया था। मिक्की आधिकारिक तौर पर विली स्टीमर (1928) में प्रतिनियुक्त हुआ। यह 137 से अधिक फिल्मों में दिखाए गए हैं।

41. (c) ''भारत एक खोज'' भारत के प्रथम प्रधानमंत्री पंडित जवाहर लाल नेहरु द्वारा महाराष्ट्र के अहमदनगर किले में 1942-46 के उनके कारावास के दौरान लिखी गयी थी। भारतीय इतिहास पर बेहतरीन आधुनिक पुस्तकों (कार्यों) में से एक माना जाने वाला यह कार्य 1946 में ऑक्सफोर्ड यूनीवर्सिटी की प्रेस द्वारा प्रकाशित किया गया था।

42. (b) ''चाईल्ड इज द फादर ऑफ द मैन'' कहावत का मूल, विलियम वर्ड्सवर्थ द्वारा लिखित कविता ''माय हार्ट लीप्स अप'' जिसे ''रेन्बो'' के नाम से भी जाना जाता है। यह पंक्ति दर्शाती है कि कैसे उसके बचपन ने उसके विचारों को गढ़ा और यही पंक्ति कविता की अंतिम पंक्ति होती है। वर्ड्स्वर्थ ने ''माय हार्ट लीप्स अप'' 26 मार्च, 1802 की रात को लिखा था।

43. (c) अर्जुन, भारत के रक्षा अनुसंधान एवं विकास संगठन (DRDO) द्वारा भारतीय सेना के लिए विकसित एक तीसरी पीढ़ी का मुख्य युद्धक टैंक (MBT) है। यह 2004 में भारतीय सेना के साथ सेवा में जुड़ा। यह महाभारत के योद्धा राजकुमार अर्जुन के नाम पर है।

44. (a)

45. (a) 'नॉट जस्ट एन अकाउंटेंट' पुस्तक भारत के पूर्व सी.ए.जी. विनोद राय ने लिखी है।

46. (c) **47.** (d)

48. (a) 17 सितम्बर, 1950 को गुजरात (तत्कालीन मुम्बई प्रांत) के मेहसाणा जिले के एक छोटे कस्बे वाडनगर में हीरा बा और दामोदरदास मोदी की सन्तान के रूप में नरेन्द्र मोदी का जन्म हुआ था।

49. (b) **50.** (c) **51.** (d)

52. (d) **53.** (b) **54.** (b)

55. (a) **56** (a) **57.** (c)

58. (b) **59.** (c)

60. (a) RAW भारत की एक गुप्तचर एजेन्सी है। इसका पूरा नाम रिसर्च एंड एनालिसिस विंग है।

61. (a) **मुंशी प्रेमचंद (1869-1948)**–को हिन्दी भाषा का कथा और उपन्यास सम्राट कहा जाता है। इन्होंने अनेक उत्कृष्ट उपन्यासों तथा कहानियों की रचना की जिनमें गोदान, गबन आदि प्रमुख हैं।

62. (b)भारत के छठे प्रधानमंत्री राजीव गांधी (1984-1989) की तमिलनाडु के श्रीपेरुम्बुदुर में 21 मई, 1991 को एक मानव बम हमले में हत्या हुई थी।

63. (b) दरगाह शरीफ या अजमेर शरीफ राजस्थान के अजमेर में स्थित है। यहां सूफी संत ख्वाजा मुईनुद्दीन चिश्ती की मजार है जो विश्व प्रसिद्ध धार्मिक स्थल है।

64. (c) चंडीगढ़ शहर एक केन्द्रशासित प्रदेश है। 114 वर्ग किमी. क्षेत्रफल में विस्तृत चंडीगढ़ शहर पंजाब एवं हरियाणा की संयुक्त राजधानी है।

65. (b)

- जम्मू-कश्मीर की ग्रीष्मकालीन राजधानी-श्रीनगर
- जम्मू-कश्मीर की शीतकालीन राजधानी-जम्मू
- हिमाचल प्रदेश की राजधानी-शिमला
- पंजाब एवं हरियाणा की राजधानी-चंडीगढ़

66. (c) प्रसिद्ध रॉक गार्डन चंडीगढ़ में स्थित है। यह चंडीगढ़ का सबसे आकर्षक स्थल है।

67. (d) इटली यू.एन.ओ. के सेक्यूरिटी कांउसिल का स्थायी सदस्य नहीं है। यू.एन.ओ के सिक्युरिटी कांउसिल के स्थायी सदस्य- अमेरिका, रूस, ब्रिटेन, फ्रांस, चीन हैं।

68. (b) विश्व स्वास्थ्य संगठन (W.H.O) की स्थापना 7 अप्रैल, 1948 ई. में हुई।

69. (a) अंतर्राष्ट्रीय मुद्रा कोष की स्थापना 27 दिसंबर, 1945 को वांशिंगटन (अमेरिका) में हुई लेकिन वास्तविक रूप में 1 मार्च, 1947 से इसने अपना कार्य प्रारंभ किया।

70. (c) भारत का सबसे बड़ा एवं सबसे पुराना संग्रहालय पश्चिम बंगाल के कोलकाता में स्थित भारतीय संग्रहालय है।

71. (a) भारत और पाकिस्तान के बीच चलने वाली ट्रेन का नाम समझौता एक्सप्रेस था। यह ट्रेन दिल्ली से लाहौर बाया अटारी होकर चलती थी।

72. (b) रूस की मुद्रा रूबल है तथा इसकी राजधानी मास्को है।

73. (c) 'हाटमेल' इमेल सेवा के संस्थापक सबीर भाटिया है। इस सेवा की स्थापना 4 जुलाई, 1996 में की गई थी।

74. (d)

भारत का राष्ट्रीय	**प्रतीक**
• राष्ट्रीय पशु	बाघ
• राष्ट्रीय पक्षी	मयूर
• राष्ट्रीय फूल	कमल
• राष्ट्रीय वृक्ष	बरगद (वट)

75. (a) धनपत राय श्रीवास्तव मुंशी प्रेमचंद का नाम है। प्रेमचंद को हिन्दी भाषा का उपन्यास सम्राट माना जाता है।

76. (d)

राज्य का नाम	**राजधानी**
• मणिपुर	इम्फाल
• मेघालय	शिलांग
• सिक्किम	गंगटोक
• मिजोरम	आइजोल

77. (d)

शहर का नाम	**नदी**
लंदन	टेम्स
पेरिस	सीन
बैंकॉक	चाओ फ्राया
कोलकाता	हुगली

78. (b) भारतीय रेलवे का अनुसंधान, अभिकल्प एवं मानक संगठन का मुख्यालय लखनऊ में स्थित है। इसकी स्थापना 1952 में की गई।

79. (c) **80.** (b)

❑❑❑

8
अध्याय

विज्ञान एवं प्रौद्योगिकी

अंतरिक्ष प्रौद्योगिकी

भारत में अंतरिक्ष कार्यक्रम का आरम्भ वर्ष 1962, में प्रसिद्ध अंतरिक्ष वैज्ञानिक डॉ. विक्रम साराभाई की अध्यक्षता में गठित भारतीय राष्ट्रीय अंतरिक्ष अनुसंधान समिति के गठन के साथ हुआ। 15 अगस्त, 1969 को इस समिति को पुनर्गठित कर 'भारतीय अंतरिक्ष अनुसंधान संगठन' (इसरो) की स्थापना की गई। अंतरिक्ष अनुसंधान को स्वतन्त्र अस्तित्व प्रदान करने के लिए वर्ष 1972 में अंतरिक्ष आयोग तथा अंतरिक्ष विभाग का गठन किया गया।

वर्ष 1963 में थुम्बा (केरल) में साउंडिंग रॉकेट लॉन्चिंग फैसिलिटी सेंटर की स्थापना भारत के अंतरिक्ष कार्यक्रम की दिशा में एक महत्त्वपूर्ण कदम था। 21 नवम्बर, 1963 को भारत ने अपना पहला रॉकेट प्रक्षेपित किया।

उपग्रह के प्रकार

कार्य के आधार पर

1. **संचार उपग्रह**–संचार उपग्रहों द्वारा पृथ्वी पर हजारों किमी. दूर स्थित विभिन्न केन्द्रों के मध्य रेडियो, टेलीविजन और अन्य सिग्नलों में सम्पर्क किया जाता है। संचार उपग्रह पृथ्वी के साथ-साथ उसका चक्कर 24 घंटे में लगाते हैं। इस प्रकार संचार उपग्रह पृथ्वी के भू-भाग विशेष का निरन्तर परिदृश्य करते रहते हैं एवं उस भाग विशेष के किसी भी स्थान से किसी स्थान का टेलीविजन, दूरभाष सम्पर्क कराने के लिए तत्पर रहते हैं। इन उपग्रहों को भू-अप्रगामी कक्षा में रखा जाता है। कक्षा भू-तुल्यकालिक और वृत्ताकार होती है तथा कक्षा पृथ्वी की भूमध्य रेखा के समतल होती है।
2. **वैज्ञानिक उपग्रह**–वैज्ञानिक उपग्रहों द्वारा सूर्य प्रदत्त ऊर्जा, आयन मंडल में सूर्य के अस्त होने से होने वाले परिवर्तन, मंगल, शुक्र, बृहस्पति आदि ग्रहों के चारों ओर का वातावरण आदि के विषयों के बारे में जानकारी प्राप्त की जाती है।
3. **मौसमी उपग्रह**–मौसम सम्बन्धी सूचनाओं के लिए वायुमण्डलीय परिस्थितियों का अध्ययन करने वाले पार्थिव उपग्रहों को मौसमी उपग्रह कहते हैं। पृथ्वी से काफी ऊँचाई पर स्थित इन मौसमी उपग्रहों में लगे यंत्र बादलों के आर-पार भी मौसम सम्बन्धी जानकारी प्राप्त करने की क्षमता रखते हैं। मौसम सम्बन्धी सटीक पूर्व जानकारी देने के कारण ये उपग्रह प्राकृतिक विपदाओं का सामना करने में सहायक होते हैं।
4. **दूरसंवेदी उपग्रह**–इसकी सहायता से पृथ्वी की सतह पर स्थित किसी भी वस्तु से उत्पन्न होने वाले या प्रतिबिम्बित होने वाली विकिरणों को प्रकाश एवं इन्फ्रा-रेड किरणों का उपयोग करने वाले सूक्ष्म कैमरों तथा इलेक्ट्रॉनिक उपकरणों द्वारा नीले-लाल, नीले-हरे एवं लगभग इन्फ्रा-रेड कणों के चित्रों के रूप में लिया जा सकता है। उपग्रहों से प्राप्त इन रंगीन चित्रों को पृथ्वी पर प्राप्त करके उनके वास्तविक दिखने वाले चित्रों में परिवर्तित किया जा सकता है। इस प्रकार दूरसंवेदी उपग्रहों द्वारा लिए गए चित्रों से खनिज सम्पदा, कृषि, वानिकी, सागर सम्पदा आदि से सम्बन्धित विषयों पर शीघ्रता से उपयोगी एवं सटीक जानकारी उपलब्ध होती है।
5. **मैरीसैट उपग्रह**–मैरीसैट उपग्रह समुद्री जलयानों के नाविकों को संकट की प्रत्येक घड़ी में रेडियो संकेतों द्वारा दिशा-ज्ञान और निर्देश देते हैं। इस प्रकार के उपग्रहों से वे दूसरे जलयानों के नाविकों एवं अपने मुख्यालय से भी सम्पर्क कर सकते हैं।

स्थिति के आधार पर

1. **तुल्यकालिक उपग्रह**–तुल्यकालिक उपग्रह उन उपग्रहों को कहा जाता है, जो एक दिन में पृथ्वी की एक परिक्रमा पूर्ण करते हैं। तुल्यकालिक उपग्रह पृथ्वी के एक क्षेत्र विशेष के ऊपर स्थित प्रतीत होता है। ये अण्डाकार कक्षा में 200–600 किमी. की सीमा में कार्य करते हैं।
2. **भू-प्रक्षेपण उपग्रह**–भू-प्रक्षेपण उपग्रह अपने सूक्ष्म कैमरों एवं इलेक्ट्रॉनिक उपकरणों की मदद से पृथ्वी के विभिन्न भागों के चित्र लेते रहते हैं। इनके द्वारा पृथ्वी के गर्भ में छिपी प्राकृतिक सम्पदाओं की भी खोज की जाती है। समुद्री लहरों एवं तूफानों के कारणों का भी पता भू-प्रक्षेपण उपग्रह लगाते हैं। इन्हें टोहक उपग्रह भी कहा जाता है। ये उत्तर से दक्षिण की ओर चलते हुए 500–1000 किमी. की ऊँचाई पर अपना कार्य करते हैं।
3. **भू-स्थिर उपग्रह**–भू-स्थिर उपग्रह पृथ्वी के किसी स्थान विशेष के सापेक्ष स्थिर रहते हैं। इन उपग्रहों का उपयोग दूरभाष, टेलीविजन सिग्नलों आदि के संचार में होता है। यदि इस प्रकार के तीन उपग्रह भू-स्थिर कक्षा में स्थापित किए जाएँ तो ध्रुवीय क्षेत्रों के अलावा सम्पूर्ण पृथ्वी से एक साथ सम्बन्ध स्थापित किया जा सकता है। ये वृत्ताकार विषुवतीय कक्षा में 36,000 किमी. की निश्चित ऊँचाई पर 24 घंटे में एक बार पृथ्वी की परिक्रमा करते हैं।

भारत के अंतरिक्ष संस्थान

अंतरिक्ष केन्द्र	स्थान	कार्य
विक्रम साराभाई अंतरिक्ष केन्द्र (VSSC)	तिरुवनन्तपुरम (थुम्बा, केरल)	यह भारतीय अंतरिक्ष कार्यक्रम के लिए प्रमोचक, प्रौद्योगिकी के डिजाइन एवं विकास के लिए अग्रणी केन्द्र है।
इसरो उपग्रह केन्द्र (ISAC),	बेंगलुरु (कर्नाटक)	भारत के सभी उपग्रहों का डिजाइन, विकास, संरचना, जाँच हेतु इसरो का अग्रणी केन्द्र है।
सतीश धवन अंतरिक्ष केन्द्र (SHAR)	श्री हरिकोटा (आंध्र प्रदेश)	इसरो का प्रमुख प्रक्षेपण केन्द्र है।

द्रव नोदन प्रणाली केन्द्र (LPSC)	बेंगलुरु	तिरुवनन्तपुरम, महेन्द्रगिरि, प्रमोचक रॉकेटों के लिए पृथ्वी से कक्षा तक उन्नत नोदन प्रणालियों और साथ ही अंतरिक्ष यानों के लिए नोदन प्रणालियों के विकास तथा प्राप्ति हेतु प्रमुख केन्द्र है।
अंतरिक्ष उपयोग केन्द्र (SAC)	अहमदाबाद (गुजरात)	यह केन्द्र संचार, नौवहन, भूप्रक्षेण, ग्रहीय प्रेक्षण तथा मौसम विज्ञानीय नीतिभार के विकास, प्राप्ति तथा योग्य बनाने तथा सम्बन्धित आँकड़ों के संसाधन एवं भू-प्रणालियों के लिए उत्तरदायी है।
विकास तथा शैक्षिक संचार यूनिट (DECU)	अहमदाबाद	यह स्पष्टता, आयोजना, कार्यान्वयन तथा उपग्रह आधारित सामाजिक उपयोगों के अनुसंधान/ मूल्यांकन कार्य में लगी हुई है।
इसरो दूरमिति अनुवर्तन और आदेश संचार जाल (ISTRAC)	बेंगलुरु, लखनऊ, मॉरिशस, श्रीहरिकोटा, पोर्ट ब्लेयर,	इसको इसरो के प्रमुख प्रमोचक रॉकेट एवं अंतरिक्षयान मिशनों को अंतरिक्ष यान टी.टी.सी. सहायता प्रदान करने की प्रमुख जिम्मेदारी सौंपी गई है।
तिरुवन्तपुरम ब्रुनेई तथा बियाक मुख्य नियन्त्रण सुविधा (MCF)	हासन (कर्नाटक), भोपाल (म. प्र.)	यह इसरो के सभी भू-स्थिर उपग्रहों जैसे इनसैट, जीसैट एवं कल्पना शृंखला के उपग्रहों की निगरानी एवं नियन्त्रण करती है।
इसरो जड़त्वीय प्रणाली यूनिट (IISU)	तिरुवनन्तपुरम	यह इसरो के प्रमोचक रॉकेटों तथा अंतरिक्षयान कार्यक्रमों दोनों के लिए जड़त्वीय प्रणालियों का डिजाइन बनाने एवं विकास करने के लिए उत्तरदायी है।
विद्युत-प्रकाशिकी प्रणाली प्रयोगशाला (LEOS)	बेंगलुरु	यह सुदूर एवं मौसम विज्ञानीय नीतिभार हेतु विद्युत-प्रकाशिकी संवेदकों तथा कैमरा प्रकाशिकी के डिजाइन, विकास एवं उत्पादन के लिए उत्तरदायी है।
राष्ट्रीय सुदूर संवेदन केन्द्र (NRSC)	हैदराबाद	यह केन्द्र सुदूर संवेदन उपग्रह के आँकड़ा अर्जन तथा संसाधन, आँकड़ा विकीर्णन, हवाई सुदूर-संवेदन तथा आपदा प्रबन्धन हेतु निर्णय सहायता के लिए उत्तरदायी है।
भौतिकी अनुसंधान प्रयोगशाला (PRL)	अहमदाबाद	यह खगोलशास्त्र और खगोल भौतिकी, सौर भौतिकी, ग्रहीय विज्ञान एवं खोज, अंतरिक्ष और वायुमण्डलीय विज्ञान, भू-विज्ञान, भू-विज्ञान तथा सैद्धान्तिक भौतिक के क्षेत्रों में मूल अनुसंधान में कार्यरत एक अग्रणी संस्था है।
राष्ट्रीय वायुमण्डलीय अनुसंधान प्रयोगशाला (NARL)	गादंकी (तिरुपति)	इसका लक्ष्य प्रेक्षण एवं मॉडलिंग के जरिये पृथ्वी के वायुमण्डल के पूर्वानुमान की क्षमता का विकास करना है।
उत्तर-पूर्वी अंतरिक्ष उपयोग केंद्र	शिलांग	यह अंतरिक्ष विज्ञान तथा प्रौद्योगिकी के द्वारा उत्तर-पूर्वी क्षेत्र की विकासात्मक सहायता प्रदान करता है।
एन्ट्रिक्स कार्पोरेशन लिमिटेड	बेंगलुरु	यह इसरो का वाणिज्यिक एवं विपणन अंग है। इसका उद्देश्य भारत में विकसित अंतरिक्ष संबंधी उद्योग की सहायता करना है।
सेमी-कण्डक्टर प्रयोगशाला	चंडीगढ़	इसका मुख्य कार्य सूक्ष्म इलेक्ट्रॉनिकी के क्षेत्र में अनुसंधान एवं विकास कार्य पर बल देना है।
भारतीय अंतरिक्ष विज्ञान तथा प्रौद्योगिकी (IIST)	तिरुवनन्तपुरम	इसका उद्देश्य भारतीय अंतरिक्ष कार्यक्रम की आवश्यकताओं को पूरा करने हेतु अंतरिक्ष विज्ञान तथा प्रौद्योगिकी में उच्च गुणवत्ता वाली शिक्षा प्रदान करना है।

विश्व के उपग्रह प्रक्षेपण स्थल

विश्व में लगभग 22 उपग्रह प्रक्षेपण स्थल हैं और लगभग 24 प्रक्षेपण स्थलों का निर्माण किया जा रहा है। विश्व के व्यस्त उपग्रह प्रक्षेपण स्थल हैं–केपकेनवेरल, बैकानूर, प्लेसेट्स, कौरू, तनेगाशिया, जिआक्विन और श्रीहरिकोटा। विश्व के प्रमुख उपग्रह प्रक्षेपण स्थल इस प्रकार हैं–

- संयुक्त राज्य अमेरिका–केपकेनवेरल एयरफोर्स स्टेशन अंतरिक्ष प्रक्षेपण परिसर, फ्लोरिडा, जॉन एफ. केनेडी स्पेस सेंटर, फ्लोरिडा। वेण्डरबर्ग एएफबी. कैलिफोर्निया। एडवर्ड एयरबेस स्टेशन, कैलिफोर्निया।
- वर्जीनिया-वेलोप्स द्वीप।
- जापान-कगोशिमा स्पेस सेन्टर। तानेगाशिमा स्पेस सेन्टर। यूचीनओरा स्पेस सेंटर।
- इजराइल-नेगेव (पलमाचिम एयरबेस स्पेस एयरपोर्ट)
- भारत-श्रीहरिकोटा, आंध्र प्रदेश।
- राष्ट्रकुल देश-बैकानूर, कजाकिस्तान।
- रूस–कपुसितनयार, रूस प्लेसेट्स्क, रूस।
- चीन-चीन नेशनल स्पेस एजेंसी, बीजिंग। सिचांग स्पेस सेन्टर। जियुकान सैटेलाइट लॉन्च सेन्टर, झियांग।
- ताईवान ताईयुआन स्पेस सेण्टर, बुझाई।
- ब्राजील-अलकेटरा लॉन्च सेन्टर।
- अफ्रीका-सान मार्को प्लेटफार्म (केन्या)।
- ऑस्ट्रेलिया-व्हेलर्स वे ऑबिटिकल लॉन्च कॉम्पलेक्स।
- फ्रांस-हमैगुर गुआना स्पेश स्टेंट, फ्रेंच गुयाना, कौरू (फ्रेंच)
- नॉर्वे-एण्डोर रॉकेट रेंज।

भारत द्वारा प्रक्षेपित उपग्रह

नाम	प्रक्षेपक	प्रक्षेपण तिथि	कार्य
चन्द्रयान-3	LVM3M4	14 जुलाई, 2023	चन्द्रमा का अध्ययन
जीसैट 30	एरियन-5 वी.ए. 251	17 जनवरी, 2020	संचार
रिसैट-2B R.1	PSLV-C48/ RISAT-2BR1	11 दिसम्बर, 2019	आपदा प्रबंधन प्रणाली, पृथ्वी का अवलोकन
कार्टोसैट-3	PSLV-C47	27 नवंबर, 2019	
चन्द्रयान-2	GSLV-MK-III	22 जुलाई, 2019	ग्रहों का अवलोकन
रिसैट-2B	PSLV-C46	22 मई, 2019	आपदा प्रबधन प्रणाली, पृथ्वी का अवलोकन
जीसैट-31	एरियन-5VA-247	06 फरवरी, 2019	संचार
जीसैट-7A	GSLV-F11	19 दिसम्बर, 2018	संचार
जीसैट-11 मिशन	एरियन5VA-246	5 दिसम्बर, 2018	संचार
हाइसिस	PSLV-C43	29 नवंबर, 2018	पृथ्वी का अवलोकन
जीसैट-29	GSLV MK-III-D2	14 नवंबर, 2018	संचार
जीसैट-6A	GSLV-6A	29 मार्च, 2018	संचार

कार्टोसैट-2 श्रृंखला उपग्रह	PSLV-C40	12 जनवरी, 2018	भू-प्रेक्षण
आई. आर. एन. एस-1 एच.	PSLV-39	12 जनवरी, 2018	परीक्षणात्मक
कार्टोसेट-2 श्रृंखला उपग्रह	PSLV-C38	23 जून, 2017	भू-प्रेक्षण
जीसैट-19	GSLV MK-III	5 जून, 2017	संचार
जीसैट-9	GSLV - F09	5 मई, 2017	संचार
आई एन एस-1B	PSLV-C37	15 फरवरी, 2017	परीक्षणात्मक
आइ एन एस-1 ए	PSLV-C37	15 फरवरी, 2017	परीक्षणात्मक
रिसोर्ससैट-2A	PSLV-C36	7 दिसम्बर, 2016	भू-प्रेक्षण
जीसैट-18	एरियन-5 VA-231	06 अक्टूबर, 2016	संचार
स्कैटसैट-1	PSLV-C35	26 सितम्बर, 2016	जलवायु और पर्यावरण
इन्सैट-3DR	PSLV-C35	26 सितम्बर, 2016	जलवायु और पर्यावरण, आपदा प्रबंधन प्रणाली
कार्टोसेट-2 श्रृंखला का उपग्रह	PSLV-C34	22 जून, 2016	भू-प्रेक्षण
आई. आर. एन. एस. एस.-1 जी	PSLV-C33	28 अप्रैल, 2016	नौवाहन
आई.आर.एन.एस. एस.-1 एफ	PSLV-C32	10 मार्च, 2016	नौवाहन
आई. आर. एन. एस. एस.-1 ई.	PSLV-C31	20 जनवरी, 2016	नौवाहन
जीसैट-15	ऐरियन 5VA227	11 नवंबर, 2015	संचार और उपग्रह
एस्ट्रोसैट	PSLV-C30	28 सितम्बर, 2015	अंतरिक्ष विज्ञान
जीसैट-6	GSLV-D6	27 अगस्त, 2015	संचार
आइ. आर. एन. एस. एस.-1 डी	PSLV-27	28 मार्च, 2015	नौवाहन
जीसैट-16	ऐरियन 5VA-221	7 दिसम्बर, 2014	संचार
आइ. आर.एन. एस.एस-1C	PSLV-C26	10 नंवबर, 2014	नौवाहन
आइ. आर. एन. एस. एस.-1B	PSLV-24	4 अप्रैल, 2014.	नौवाहन
जीसैट-14	GSLV-D5	5 जनवरी, 2014	संचार और उपग्रह
मंगल कक्षित मिशन अंतरिक्षयान	PSLV-C25	5 नवंबर, 2013	मंगलग्रह
जीसेट-7	एरियन-5VA-215	30 अगस्त, 2013	संचार
इन्सैट 3डी	एरियन-5VA-214	26 जुलाई, 2013	भू-प्रेक्षण, संचार
आइ. आर. एन. एस. एस.1A	PSLV-C22	01 जुलाई, 2013	भू-प्रेक्षण
सरल	PSLV-C20	25 फरवरी, 2013	भू-प्रेक्षण
जीसैट-10	एरियन-5VA-209	29 फरवरी, 2012	संचार
रिसैट-1	PSLV-C19	26 अप्रैल, 2012	भू-प्रेक्षण
मेघा ट्रॉपिक्स	PSLV-C18	12 अक्टूबर, 2011	संचार
रिसोर्ससैट-2	PSLV-C16	20 अप्रैल, 2011	भू-प्रेक्षण
जीसैट-5P	GSLV-F06	25 दिसम्बर, 2010	संचार
कार्टोसेट-2B	PSLV-C15	12 जुलाई, 2010	भू-प्रेक्षण
जीसैट-4	GSLV-D3	15 अप्रैल, 2010	संचार
ओशनसैट-2	PSLV-C14	23 सितम्बर, 2009	भू-संचार
रिसैट-2	PSLV-C12	20 अप्रैल, 2009	भू-प्रेक्षण
चंद्रयान-1	PSLV-C11	22 अक्टूबर, 2008	चंद्रमिशन
आई.एम. एस.-1	PSLV-C9	28 अप्रैल, 2008	भू-प्रेक्षण
कार्टोसैट-2A	PSLV-C9	28 अप्रैल, 2008	भू-प्रेक्षण
कार्टोसैट-2	PSLV-C7	10 जनवरी, 2007	भू-प्रेक्षण
इन्सैट-4C	GSLV-F02	10 जुलाई, 2006	संचार
हैमसेट	PSLV-C6	5 मई, 2005	संचार
कार्टोसेट-1	PSLV-C6	5 मई, 2005	भू-प्रेक्षण
एडुसैट	GSLV-F01	2. सितम्बर, 2005	संचार
आइ. आर.एस. -P6	PSLV-C5	17 अक्टूबर, 2003	भू-प्रेक्षण
इन्सैट-3E	एरियन-5	28 सितम्बर, 2003	संचार
जीसैट-2	GSLV-D2	08 मई, 2003	संचार
इन्सैट-3A	एरियन-5 V62	10 अप्रैल, 2003	संचार
कल्पना-1	PSLV-C4	12 सितम्बर, 2002	संचार
जीसैट-1	GSLV-D1	18 अप्रैल, 2001	संचार
इन्सैट-3B	एरियन-5G	22 मार्च, 2000	संचार
आई. आर एस P4 (ओशनसैट)	PSLV-C2	26 मई, 1999	भू-प्रेक्षण
इनसैट-2ई	एरियन-42P	3 अप्रैल, 1999	संचार
आई आर एस-1D	PSLV-C1/1RS-ID	27 सितम्बर, 1997	भू-प्रेक्षण
आई आर एस-P3	PSLV-D3	21 मार्च, 1996	भू-प्रेक्षण
आई आर एस-1C	मोलनिया	28 दिसम्बर, 1995	भू-प्रेक्षण
आई आर एस P2	PSLV-D2	15 अक्टूबर, 1994	भू-प्रेक्षण
आई आर एस-1E	PSLV-D1	20 सितम्बर, 1993	भू-प्रेक्षण
इन्सैट-2B	एरियन-44LH10+	23 जुलाई, 1993	संचार
इन्सैट-2A	एरियन-44LH10	10 जुलाई, 1992	संचार
आई आर एस -1B	वोस्तोक	29 अगस्त, 1991	प्रचालनीय सुदूर संवेदन/पृथ्वी का अवलोकन, संचार
इन्सैट-1D	डेल्टा-4925	12 जून, 1990	संचार
इन्सैट-1C	एरियन-3	22 जुलाई, 1988	संचार
श्रोस-1	ASLV	24 मार्च, 1987	प्रायोगिक
इनसैट-1B	स्टॉल-[PAM-D]	30 अगस्त, 1983	संचार
इन्सैट-1A	डेल्टा	10 अप्रैल, 1982	संचार

भास्कर-II	सी-1 इटरकॉसमॉस	20 नवंबर, 1981	प्रायोगिक सुदूर संवेदन
एप्पल	एरियन-1(U-3)	10 जून, 1981	संचार
रोहिणी आर एस डी-1	एस एल वी-3	31 मई, 1981	वैज्ञानिक
रोहिणी	SLV-3	18 जुलाई, 1980	पृथ्वी का सर्वेक्षण
भास्कर-I	इंटरकॉसमॉस	7 जून, 1979	पृथ्वी का सर्वेक्षण
आर्यभट्ट	इंटरकॉसमॉस	19 मार्च, 1975	वैज्ञानिक

रक्षा प्रौद्योगिकी

प्रमुख भारतीय टैंक

- **अर्जुन टैंक**–युद्ध टैंक अर्जुन डी.आर.डी.ओ. के द्वारा तैयार किया गया है। यह ऐसा युद्धक टैंक है, जिसमें अधिक फायर करने की शक्ति, उच्च परिवर्तन उत्कृष्ट बचाव मौजूद है। यह दिन एवं रात सभी प्रकार के मौसमों में चल सकता है। चलते समय यह सटीक लक्ष्य भेद सकता है। इसकी अधिकतम गति 70 किमी/घंटा है। यह चारों ओर निगरानी करने में सक्षम है। यह 1400 अश्व शक्ति वाला टैंक है।
- **कर्ण टैंक**–यह टैंक अर्जुन तथा रूसी टैंक T-72 टैंकों को मिलाकर बनाया गया है। यह मध्यम श्रेणी का हल्का टैंक है। इसका वजन 48 टन है। इस टैंक में विमानों को ध्वस्त करने वाली मशीनगन लगी है।
- **अर्जुन मार्क-II**–भारत में स्वदेश निर्मित टैंक अर्जुन मार्क-II का परीक्षण वर्ष 2011 में हुआ। इसका वजन 66 टन तथा गति 40 किमी./घंटे से 60 किमी./घंटे के मध्य है। यह मिसाइल दागने में सक्षम है।
- **टी-90 (भीष्म टैंक)**–यह मध्यम श्रेणी का युद्धक टैंक है। यह टैंक जैविक तथा रासायनिक आक्रमण की स्थिति में भी सक्रिय रह सकता है तथा बारूदी सुरंगों से भी स्वयं का बचाव कर सकता है। यह 1100 अश्व शक्ति का टैंक है।
- **भीम**–डीआरडीओ द्वारा थल सेना के लिए स्वचालित तोप टैंक का विकास किया गया। इसमें एक साथ 50 राउण्ड गोले रखे जा सकते हैं। इसमें गोले को भरने की स्वचालित व्यवस्था की गई है।
- **धनुष (तोप)**–धनुष भारतीय सेना की 155 मिमी. होवित्जर तोप है। यह स्वदेशी बोफोर्स के नाम से जानी जाती है। यह दो फायर प्रति मिनट करने के साथ-साथ लगातार दो घण्टे तक फायर करने में सक्षम है।

भारतीय विमान प्रौद्योगिकी

- **तेजस**–रक्षा उपकरणों में अत्याधुनिक हल्के लड़ाकू विमान (LCA) तेजस द्वारा प्रथम उड़ान वर्ष 2005 में बेंगलुरु से भरी गई। यह विश्व का सबसे छोटा, हल्का तथा बहुउद्देशीय सुपरसोनिक लड़ाकू विमान है। यह हवा-से-हवा, हवा से जमीन व हवा से समुद्र में अपना लक्ष्य साधने की क्षमता से युक्त है। यह प्रत्येक मौसम में उड़ान भरने में सक्षम है। इसकी गति 1.8 मैक तथा वजन 5500 किग्रा. है।
- **एल.सी.ए. नेवी**–यह तेजस का नौसैनिक संस्करण है। इसमें एन.पी.-1 पायलटों को प्रशिक्षण के लिए व एन.पी.-II का प्रयोग नौसैनिक लड़ाकू जहाज के लिए किया जाएगा।
- **निशान्त**–यह पायलट रहित प्रशिक्षण विमान है, जो स्वदेशी तकनीक से बना है। यह रिमोट कंट्रोल से संचालित होता है। यह रडार की पकड़ में नहीं आता हैं, क्योंकि यह मजबूत फाइबर ग्लास एवं कम्पोजिट मैटेरियल से बना है। इसका कार्य युद्ध क्षेत्र का पर्यवेक्षण करना तथा टोह लेना है।
- **रुद्र**–यह एडवांस लाइट हेलीकॉप्टर ध्रुव का हथियारबद्ध संस्करण है। यह 55 टन का है। इसे 20 मिमी. की बन्दूकों तथा 70 मिमी. के टैंकनाशी निर्देशित मिसाइलों द्वारा लैस किया गया है। यह देश में निर्मित एक स्वदेशी अटैक हेलीकॉप्टर है।
- **हंस-3**–यह दो सीटों वाला प्रशिक्षण विमान है। इसका वजन 750 किग्रा. तथा इसकी गति 215 किमी./घंटा है। यह अत्यंत हल्के एवं मजबूत फाइबर ग्लास से बना है।
- **लक्ष्य**–यह डीआरडीओ द्वारा निर्मित पायलट रहित स्वदेशी विमान है। इसकी रफ्तार 500 किमी./घंटा है। जेट इंजन से चलने वाला यह विमान 10 बार प्रयोग में लाया जा सकता है। इसका प्रयोग जमीन से हवा तथा हवा से हवा में लक्ष्य साधने वाले प्रक्षेपास्त्रों एवं तोपों से निशाना लगाने के लिए प्रशिक्षण हेतु किया जा रहा है।
- **अवाक्स**–अवाक्स यानी-एयरबॉर्न वार्निंग एण्ड कंट्रोल सिस्टम। यह एक निगरानी प्रणाली है, जो विमानों पर लगाई जाती है। यह शत्रु विमानों एवं मिसाइलों पर नजर रखता है। भारत ने स्वदेशी (AAWCS) एयरबॉर्न अर्ली वार्निंग एवं कण्ट्रोल सिस्टम को ब्राजील के ऐम्बेयर विमान पर लगाया गया है। अवाक्स अपनी राष्ट्रीय सीमा से 100 किमी. तक की गतिविधियों की सूचना देने में सक्षम है।
- **ओरियन पी-3 विमान**–ओरियन पी-3 अमेरिकी टोही विमान है। इसे भारतीय नौसेना में शामिल किया गया है। यह रडार उपकरण से युक्त है। इसमें नवीनतम सेंसर कमाण्ड एवं कन्ट्रोल शस्त्र प्रणाली भी है। यह विमान शत्रु के किसी भी पोल को नष्ट करने में सक्षम है।
- **सुखोई-30**–यह रूस द्वारा निर्मित आधुनिक किस्म का बहुउद्देशीय लड़ाकू विमान है, जो भारतीय सेना में शामिल है। इसके द्वारा विभिन्न प्रकार की 12 मिसाइलें एक साथ दागी जा सकती हैं।
- **ध्रुव**–दो इंजन वाला एडवांस्ड लाइट हेलिकॉप्टर ध्रुव स्वदेशी है। इसे वर्ष 2002 में सेना में शामिल किया गया है। इसकी अधिकतम गति 245 किमी./घंटा है। इसमें 14 व्यक्तियों के बैठने की व्यवस्था है।
- **रुस्तम-I**–डीआरडीओ की वैमानिक विकास प्रतिष्ठान प्रयोगशाला बेंगलुरु द्वारा रुस्तम-I का निर्माण किया गया। यह 14 घंटे तक उड़ान भरने तथा 8000 मीटर की ऊँचाई तक जाने में सक्षम है। यह मानवरहित विमान है।
- **एडवांस्ड जेट ट्रेनर (एजेटी)**–यह ब्रिटेन निर्मित प्रशिक्षण विमान है। इसे वर्ष 2008 में वायुसेना में शामिल किया गया है। दो सीटों वाला यह विमान विभिन्न हथियार जैसे 1000 पौण्ड के बम, हवा-से-हवा में मार करने वाली मिसाइल इत्यादि को एक साथ ले जाता है।
- **चिनुक हेलीकॉप्टर**–26 मार्च, 2019 को अमेरिका में निमित यह हेलीकॉप्टर भारी वजन को उठाने में सक्षम है। यह हेलीकॉप्टर किसी भी तरह के मौसम में उड़ान भर सकता है तथा दुर्गम एवं ऊँचे इलाकों में जल्दी पहुँच सकता है तथा छोटे हैलीपैड और घनी घाटियों में भी उतर सकता है।

भारतीय नौसैनिक जहाज एवं पनडुब्बियाँ

- **आई.एन.एस. दिल्ली**–आई.एन.एस. दिल्ली मझगाँव डॉक लिमिटेड द्वारा निर्मित है। इसे वर्ष 1997 में भारतीय नौसेना में शामिल किया गया। इसकी गति 28 समुद्री मील/प्रति घंटा है। इसे परमाणु तथा रासायनिक युद्ध के वातावरण से निपटने हेतु रूस की सहायता से डिजाइन किया गया है।
- **आई.एन.एस. मैसूर**–आई.एन.एस. मैसूर का निर्माण मझगाँव डॉक लिमिटेड द्वारा मुम्बई में किया गया। इसे जून 1999 में सेना में शामिल किया गया। इसकी गति 32 समुद्री मील/प्रति घंटा है। यह विभिन्न प्रकार के शस्त्रों से युक्त है।

- **आई.एन.एस. मुम्बई**–इसे भी मझगाँव डॉक लिमिटेड द्वारा बनाया गया तथा 2001 में भारतीय नौसेना में शामिल किया गया।
- **आई.एन.एस. राजपूत**–यह एक निर्देशित मिसाइल विध्वंसक है। इसे 1980 में नौसेना में शामिल किया गया, इसकी लम्बाई 147 मीटर है। इसकी गति 35 समुद्री मील है।
- **आई.एन.एस. ऐरावत**–यह देश का छठा लैंडिंग शिपयार्ड है। इसे 2009 में सेना को सौंपा गया। इस पर 10 टैंक, 11 ट्रक, 500 सैनिक व चालक दल के 170 सदस्य तैनात रहते हैं।
- **आई.एन.एस. जलाश्व**–यह जमीनी तथा जलीय युद्ध क्षमता से युक्त है। इसे अमेरिका से खरीदा गया तथा 2007 में नौसेना में शामिल किया गया, इसकी गति 20 समुद्री मील है।
- **आई.एन.एस. तलवार**–यह रूस द्वारा बनाया गया तथा 2003 में इसे भारतीय नौसेना में शामिल किया गया। यह 200 किमी. से अधिक दूरी तक मार करने वाले प्रक्षेपास्त्रों तथा अत्याधुनिक हथियार और संचार प्रणाली से युक्त है।
- **आई.एन.एस. सिंधुरक्षक**–यह एक डीजल इलेक्ट्रिकल पनडुब्बी है। इसका निर्माण रूस द्वारा किया गया। इसे 1997 में नौसेना में शामिल किया गया।
- **आई.एन.एस. शिवालिक**–परियोजना 17 के तहत् मुम्बई के मझगाँव डॉक से निर्मित होने वाला प्रथम पोत है। इसकी लम्बाई 143 मीटर तथा इसका वजन 6000 टन है। इस युद्धपोत में आधुनिकतम नियन्त्रण प्रणालियाँ तथा रडार की पकड़ में आने से बचने की तकनीक का प्रयोग किया गया है।
- **आई.एन.एस. ब्रह्मपुत्र**–यह गार्डन रीच शिपबिल्डर्स एंड इंजीनियर्स कलकत्ता द्वारा बनाया गया। यह एक गाइडेड मिसाइल फ्रिगेट है। यह अत्याधुनिक इलेक्ट्रॉनिक युद्ध प्रणालियों तथा प्रक्षेपस्त्रों से युक्त है। इसे वर्ष 2000 में सेना में शामिल किया गया।
- **आई.एन.एस. घड़ियाल**–इसका निर्माण गार्डन रीच शिपबिल्डर्स एंड इंजीनियर्स द्वारा किया गया। इसे वर्ष 1997 को नौसेना में शामिल किया गया। इसकी गति 15 समुद्री मील है। इस पर एक हेलीकॉप्टर, विमान भेदी तोप, रॉकेट प्रक्षेपक रखने की सुविधा है। यह नौसेना की पूर्वी कमान में शामिल है।
- **आई.एन.एस. सतपुड़ा**–यह परियोजना–17 का दूसरा युद्धपोत है। यह बहुमुखी नियन्त्रण प्रणालियों और रडार क्रॉस-सेक्शन रिडक्शन गुणों व मिसाइल क्षमताओं से सुसज्जित है। यह युद्धपोत सतह में हवा में मार करने वाली इजरायली बराक मिसाइल, रूसी क्लब क्रूज मिसाइल प्रणाली, टारपीडो पनडुब्बीरोधी मिसाइल तथा दो हेलीकॉप्टर से सुसज्जित है।
- **आई.एन.एस. सहयाद्री**–यह परियोजना–17 का तीसरा व अन्तिम पोत है। यह 4900 टन वजन का है। यह 142ण5 मीटर लंबा है। यह 'स्टील वारशिप' है। इससे ब्रह्मोस जैसी अत्याधुनिक एंटीशिप क्रूज मिसाइल दागी जा सकती है। यह अपने साथ दो हेलीकॉप्टर ले जाने में सक्षम है।
- **आई.एन.एस. चक्र**–आई.एन.एस. चक्र रूसी परमाणु पनडुब्बी नेरपा का भारतीय नाम है। रूस ने इसे भारत को 10 साल के पट्टे पर दिया है। यह पनडुब्बी समुद्र के भीतर 600 मीटर तथा तीन महीनों तक लगातार रह सकती है। इसकी गति 30 समुद्री मील है तथा यह 8 टॉरपीडो से लैस है।
- **आई.एन.एस शाल्की**–यह देश में निर्मित प्रथम पनडुब्बी है। यह डीजल–इलैक्ट्रिकल पनडुब्बी है। इसकी गति 11 समुद्री मील है। इसे वर्ष 1992 में नौसेना में शामिल किया गया।
- **आई.एन.एस. विभूति**–यह प्रथम स्वदेश निर्मित मिसाइल नौका है। इसे वर्ष 1991 में मझगाँव बन्दरगाह, मुम्बई में उतारा गया।
- **आई.एन.एस. विपुल**–यह दूसरी मिसाइल नौका है। इसमें थल-से-थल तथा थल से हवा तक मारने वाली मिसाइल मौजूद है। इसे वर्ष 1992 में नौसेना में शामिल किया गया।
- **सागर ध्वनि**–सागर ध्वनि डीआरडीओ का प्रथम अनुसंधान जहाज है। यह पनडुब्बी संसूचक प्रणाली के लिए आँकड़े उपलब्ध कराने के साथ-साथ चुम्बकीय मानचित्र का कार्य भी कर सकता है।
- **आई.एन.एस. दर्शक**–इसका निर्माण गोवा शिपयार्ड लिमिटेड में किया गया था। इसमें मल्टीवास इको साउंडिंग प्रणाली, डिफरेन्शीयल ग्लोबल पोजिशनिंग प्रणाली तथा गतिशील संवेदकों इत्यादि की व्यवस्था है।
- **आई.एन.एच.एस. अश्विनी**–यह सभी नौसैनिक अस्पतालों में प्रथम श्रेणी पर आता है। यह सेना के अंगों को चिकित्सा सुविधा उपलब्ध कराता है।
- **आई.एन.एस. तरंगिनी**–आई.एन.एस. तरंगिनी भारतीय नौसेना का बड़ा पोत है। इसे वर्ष 1997 में सेना में शामिल किया गया था, इसका निर्माण गोवा शिपयार्ड द्वारा किया गया था।
- **आई.एन.एस. प्रबल**–स्वदेशी तकनीक से निर्मित सतह-से-सतह पर मार करने वाले प्रक्षेपास्त्रों से लैस, इस युद्धपोत को नौसेना की पश्चिम कमान में शामिल किया गया है।
- **आई.एन.एस. विक्रांत**–इसे 1960 में ब्रिटेन से आयात किया गया था। इसने 1971 के पाकिस्तान के विरुद्ध युद्ध में महत्वपूर्ण भूमिका निभाई थी। आई.एन.एस विक्रांत 36 वर्ष पश्चात् वर्ष 1997 में नौसेना से अलग हुआ था।
- **आई.एन.एस. विराट**–वर्ष 1997 में विक्रांत के सेवामुक्त हो जाने के पश्चात् इसने विक्रांत की जगह ली। इसका नाम एच.एम.एस. हर्मस था। वर्ष 1987 में इसे भारतीय नौसेना में शामिल कर लिया गया। इस पोत पर एक साथ 18 लड़ाकू वायुयान रखे जा सकते हैं। यह अत्याधुनिक सुविधाओं से परिपूर्ण होने के अतिरिक्त हवा से हवा में मार करने वाली और समुद्र में छिपी पनडुब्बियों से बचाव की तकनीक इत्यादि से लैस है।
- **आई.एन.एस. विक्रमादित्य**–यह भारतीय नौसेना का एक युद्धपोत है। यह विराट के पश्चात् दूसरा वायुयान वाहक पोत है। यह पोत रूस से उपहार स्वरूप प्राप्त है जिसका नाम एडमिरल गोर्शकोव था। यह 45,300 टन भार का 284 मीटर लम्बा तथा 60 मीटर ऊँचा युद्ध पोत है।
- **आई.एन.एस. अरिहंत**–यह परमाणु शक्ति चलित भारत की प्रथम पनडुब्बी है। इस परमाणु पनडुब्बी की विस्थापन क्षमता 6000 टन है। इसमें 82 मेगावॉट बिजली उत्पन्न करने वाला परमाणु रिएक्टर लगा है।
- **आई.एन.एस. अस्त्रारिणी**–यह भारतीय नौसेना का पूर्णत: स्वदेश निर्मित तारपीडो प्रक्षेपक एवं रिकवरी पोत है।

मिसाइल (प्रक्षेपास्त्र) प्रौद्योगिकी

मिसाइल एक निर्देशित व स्वचालित रॉकेट है। निर्देश प्रणाली, लक्ष्य निर्धारित प्रणाली, उड़ान नियन्त्रण प्रणाली ईंधन, इंजन तथा युद्धक शीर्ष एक मिसाइल के प्रमुख भाग होते हैं। भारत की प्रमुख मिसाइलों का विवरण निम्न है–

- **मोक्षित मिसाइल**–इस मिसाइल की तकनीक रूस से इंपोर्ट की गई है। इसकी रेंज 120 किमी तक है। इसका इस्तेमाल सिर्फ नौ सेना में किया जा सकता है।
- **प्रहार मिसाइल**–यह भारत की कम रेंज वाली एक शक्तिशाली मिसाइल है। इसकी रेंज 150 किलोमीटर है। यह थल सेना एवं वायु सेना के लिए बनाई गई है।
- **पृथ्वी**–सतह से सतह पर मार करने वाली पृथ्वी मिसाइल में दो छल्ले वाले इंजन में द्रव प्रणोदक का प्रयोग किया जाता है। लगभग 8.56 मीटर ऊँची 'पृथ्वी' को स्वदेश में ही विकसित किया गया है। इसकी न्यूनतम मारक क्षमता 40 किलोमीटर है। पृथ्वी–I (150 किमी.), पृथ्वी–II (250 किमी.), पृथ्वी–III (350 किमी.) इसके संस्करण हैं।
- **त्रिशूल**–धरती से हवा में मार करने वाले त्रिशूल प्रक्षेपास्त्र का 28 दिसम्बर, 1996 को सफलतापूर्वक परीक्षण किया गया। स्वदेश निर्मित इस प्रक्षेपास्त्र

की मारक क्षमता 500 मीटर से 9 किमी. है। इसका प्रयोग किसी जहाज के नीचे उड़ रही आक्रमणकारी मिसाइलों के खिलाफ समुद्ररोधी द्रुतगामी मोटर नाव के रूप में भी किया जा सकता है।

- **आकाश**–सतह से हवा में मार करने वाला एक मध्यम दूरी का बहुलक्ष्यात्मक प्रक्षेपास्त्र है, जो एक साथ समान रूप से पाँच एयर क्राफ्ट या मिसाइल को निशाना बना सकता है। इसकी मारक क्षमता करीब 25 किमी. है। यह भारत की पहली मिसाइल है, जिसके प्रणोदक में रूमजेट इंजनों का प्रयोग किया गया है।
- **नाग**–भारत के इस टैंक भेदी प्रक्षेपास्त्र का चांदीपुर में 29 नवंबर, 1990 को सफल परीक्षण किया गया। 'दागो और भूल जाओ' सिद्धान्त पर आधारित इस मिसाइल की मारक क्षमता 3-7 किमी. है।
- **ब्रह्मोस**–जमीन से आकाश में मार करने वाली यह मिसाइल भारत-रूस का संयुक्त प्रयास है। इसका नामकरण भारतीय नदी ब्रह्मपुत्र एवं रूस की नदी मस्कोवा के नाम पर किया गया है। यह नवम्बर, 2006 से भारतीय नौसेना एवं भारतीय सेना की सेवा में है। इसकी इकाई लागत 2.73 मिलियन डॉलर है। वजन 3,000 किग्रा. एवं लंबाई 8.4 मीटर है। यह 300 किग्रा. परम्परागत आयुध सामग्री ले जा सकता है।
- **अस्त्र**–डी.आर.डी.ओ. (DRDO) ने हवा से हवा में मार करने वाले प्रक्षेपास्त्र, अस्त्र का विकास किया है। 3.8 मीटर ऊँचा व 10 इंच मोटाई वाला यह प्रक्षेपास्त्र 25 से 40 किमी. दूरी तक मार करने में सक्षम है।
- **सागरिका**–रक्षा अनुसंधान एवं विकास संगठन द्वारा 700 किमी. मारक क्षमता वाले सक्षम बैलिस्टिक मिसाइल का विकास किया गया है। टर्बोजेट इंजन से चलने वाली यह मिसाइल 500 किमी तक विस्फोटक ले जा सकती है। इसकी लंबाई 8.5 मीटर है और इसका व्यास 1 मीटर है।
- **पिनाका**–28 सितम्बर, 1997 की चाँदीपुर परीक्षण केन्द्र से 39 किमी. मारक क्षमता वाली स्वदेश निर्मित मल्टी बैरल रॉकेट-लांचर प्रणाली 'पिनाका' का सफल परीक्षण किया गया। इसका विकास डी.आर.डी.ओ. पुणे में किया गया है। यह सतह से सतह पर मार करने वाली कम दूरी की मल्टी बैरल रॉकेट लांचर प्रणाली है।
- **धनुष**–पृथ्वी के नौकायन संस्करण को धनुष का नाम दिया गया है, जिसका आंशिक रूप से सफल परीक्षण 11 अप्रैल, 2000 में किया गया था। इसका प्रक्षेपण आई.एन.एस. सुभद्रा नामक जलयान से किया गया था। यह सतह से सतह पर मार करने वाली (700 किमी.) मिसाइल है जो परमाणु आयुध सामग्री ले जाने में सक्षम है।
- **अग्नि-I**–जमीन से जमीन पर मार करने वाली इस बैलेस्टिक मिसाइल का वजन 1 टन एवं मारक क्षमता 1500 किमी. है। इसका परीक्षण मई 1989 को किया गया।
- **अग्नि-II**–मध्यम दूरी तक सतह से सतह पर मार करने वाली 'अग्नि-II' प्रक्षेपास्त्र की मारक क्षमता 2000-3000 किमी. है। 21 मीटर लम्बे और 1.3 मीटर चौड़े इस प्रक्षेपास्त्र के पहले चरण में ठोस और दूसरे चरण में तरल ईंधन का प्रयोग होता है।
- **अग्नि-III**–जमीन से आकाश में मार करने वाली इस बैलेस्टिक मिसाइल की मारक क्षमता 3500 किमी. से 5000 किमी. है। इसका सफल परीक्षण व्हीलर द्वीप ओडिशा से किया गया। यह जून, 2011 से भारतीय सेना में कार्यरत है।
- **अग्नि-IV**–15 नवम्बर, 2011 को भारत ने जमीन-से-जमीन पर मार करने वाली लंबी दूरी के अत्याधुनिक प्रक्षेपास्त्र अग्नि-IV का सफलतापूर्वक परीक्षण किया। प्रक्षेपास्त्र हल्के वजन का है और इसमें ठोस प्रणोदक के दो चरण और एक पेलोड है। इसकी मारक क्षमता 3000–4000 किमी. है।
- **अग्नि-V**–देश के एकीकृत विकास कार्यक्रम में इतिहास रचते हुए भारत ने लंबी दूरी की बैलेस्टिक मिसाइल अग्नि-V का 14 अप्रैल, 2012 को परीक्षण किया, इसकी मारक क्षमता 5000-8000 किमी. है।
- **अग्नि-VI**–यह अग्नि मिसाइलों में नवीनतम और सबसे उन्नत संस्करण होगा। यह एक अंतरमहाद्वीपीय बैलिस्टिक मिसाइल है।
- **सूर्या-I**–भारत क्रायोजनिक इंजन प्रौद्योगिकी प्रणाली का उपयोग करते हुए एकल चरण तरल ईंधन रॉकेट पर आधारित 5000 से 8000 किमी. मारक क्षमता वाले अंतर्महाद्वीपीय बैलेस्टिक मिसाइल का विकास कर रहा है।
- **शौर्य**–12 नवम्बर, 2008 को देश में निर्मित सतह से सतह पर वार करने में सक्षम मध्यम दूरी की मारक क्षमता (600 किमी.) वाली बैलेस्टिक मिसाइल शौर्य का परीक्षण रक्षा अनुसंधान एवं विकास संगठन द्वारा चाँदीपुर (ओडिशा) से सफलतापूर्वक किया गया, यह मिसाइल K-15 सागरिका मिसाइल का भूमि संस्करण है।
- **निर्भय**–यह 1000 किमी. तक मार करने वाली स्वदेशी सब सोनिक क्रूज मिसाइल है। इसका त्रिसंस्करण भारतीय सेना, नौसेना एवं वायुसेना के लिए निर्मित किया गया है। यह प्रक्षेपास्त्र डी.आर.डी.ओ. की एडवांस्ड सिस्टम लेबोरेटरी ने बनाया है। इसकी क्षमता 300 किलोग्राम तक के परमाणु वारहेड अपने साथ ले जाने की है।
- **प्रद्युम्न**–पृथ्वी एयर डिफेंस मिसाइल का नाम प्रद्युम्न बैलेस्टिक मिसाइल इंटरसेप्टर कर दिया गया है। यह 80 किमी. तक की अधिकतम ऊँचाई का एक अंतर्ग्रहण है जोकि 300 किमी. से 2000 किमी. तक की बैलेस्टिक, मिसाइलों को बेधने में सक्षम है।
- **स्वप्न**–डी.आर.डी.ओ. द्वारा स्वप्न नामक लंबी दूरी के एक ऐसे प्रक्षेपास्त्र का विकास किया जा रहा है, जो अमेरिकी क्रूज प्रक्षेपास्त्र में लक्ष्य को बेधने के बाद वापस अपने आधार पर लौटने के लिए निर्देशात्मक प्रणाली का प्रयोग करेगा।

परमाणु प्रौद्योगिकी

वर्तमान में अमेरिका और रूस ऐसे देश हैं जो जल, स्थल तथा वायु-तीनों जगहों से परमाणु हमला करने की क्षमता रखते हैं। भारत और चीन भी इस दिशा में प्रयासरत हैं। सन् 1998 के परमाणु परीक्षण के पश्चात् भारत परमाणु बम बनाने की क्षमता वाला राष्ट्र हो गया है। वर्तमान में भारत के पास 'पृथ्वी' तथा 'अग्नि' जैसे जमीन से परमाणु आयुध छोड़ने जैसे प्रक्षेपास्त्र हैं।

भारत अपने पास उपलब्ध युद्धक विमान मिराज, तेजस, सी-हॉरियर, जगुआर, राफेल, मिग, सुखोई से आकाश से परमाणु हमला करने में सक्षम है। पनडुब्बी से छोड़ी जा सकने वाली मिसाइल सागरिका का परीक्षण भी सफल हो गया है।

भारतीय रडार या निगरानी प्रणाली

'रडार' वस्तुओं का पता लगाने वाली एक प्रणाली है, जो सूक्ष्म तरंगों का प्रयोग करके गतिमान वस्तुओं जैसे वायुयान, जलयान, मोटरगाड़ियों इत्यादि की दूरी, ऊँचाई, दिशा का पता बताती है। रडार से तात्पर्य रेडियो डिटेक्शन एण्ड रेंजिंग है। भारत इलेक्ट्रॉनिक्स लिमिटेड ने वर्ष 1960 से रडार निर्माण प्रारम्भ किया।

विभिन्न भारतीय रडार

- **रोहिणी रडार**–यह एक 3D रडार है। इसे डी.आर.डी.ओ. द्वारा विमान के निशानों का पता लगाने तथा आकाश पर निगरानी करने के लिए बनाया गया।
- **राजेन्द्र रडार**–यह एक स्कैन चरणबद्ध सारणी रडार है। इसमें कई लक्ष्यों और मिसाइलों का पता लगाने तथा उनका नियन्त्रण व मार्गदर्शन करने की क्षमता है।

- **इन्द्र-I**–यह नीचे स्तर के लक्ष्यों का पता लगाने के लिए 2D रडार है। इसका विकास, मैसर्स बैल द्वारा किया गया है। इसे सेवा में शामिल कर लिया गया है।
- **इन्द्र-II**–यह रडार लक्ष्यों के भूतल नियंत्रित अवरोधक के लिए इन्द्र रडार का परिवर्तित रूप है। यह नीचे उड़ रहे विमानों का पता लगाने के लिए पल्स कंप्रेशन का प्रयोग करता है।
- **युद्ध क्षेत्र निगरानी रडार (BFSR)**–यह मानव सुवाच्य बैटरी चालित निगरानी रडार है। इस रडार का प्रयोग आसानी से किया जा सकता है। इसके प्रयोक्ता अनुकूल निगरानी ई-सेंसर है। इसे एक विशिष्ट क्षेत्र में खोजबीन करने तथा मार्गों का पता लगाने के लिए विश्वसनीय तथा पथ प्रदर्शन रडार के रूप में निर्मित किया गया है।
- **सामुद्रिक गश्ती हवाई रडार XV-2004**–यह एक बहुमुखी समुद्री निगरानी हवाई रडार है, जो समुद्र निगरानी, खोज तथा बचाव अभियानों में सहायता प्रदान करता है।
- **रेवती**–यह भी एक 3D रडार है। इसका प्रयोग अवरोधन के लिए मध्यम भार 3D की हवाई निगरानी 3D लक्ष्य ट्रैकिंग और संकेतक के रूप में तथा प्राथमिक संवेदक के रूप में समुद्र सतह की निगरानी के लिए होता है। यह रडार उन्नत प्रौद्योगिकी पर आधारित है।
- **वेपन लोकेटिंग रडार (WLR)** –इसका उपयोग हथियारों का पता लगाने के लिए किया जाता है। यह एक सुसंगत, इलेक्ट्रॉनिक रूप से स्कैन किया हुआ सी-बैंड प्लस डॉप्लर रडार है। यह रडार दुश्मन की तरफ से हो रही फायरिंग की लोकेशन या ठिकाने का सटीक पता लगाता है। इस रडार सिस्टम की रेंज 30 से 50 किमी तक है।
- **3D कुशल नियंत्रण रडार (3D TCR)**–यह रडार सभी प्रकार के मौसमों में आकाशीय लक्ष्यों की खोज एवं पहचान के लिए **3D** निगरानी रडार है। यह एक मोबाइल रडार है।

कंप्यूटर

आज का युग कंप्यूटर का युग है। आज जीवन के प्रत्येक क्षेत्र में कंप्यूटर का समावेश है। वृहद् पैमाने पर गणना करने वाले इलेक्ट्रॉनिक संयंत्र को संगणक अथवा कंप्यूटर कहते हैं अर्थात् कंप्यूटर वह युक्ति है, जिसके द्वारा स्वचालित रूप से विविध प्रकार के आंकड़ों को संसाधित एवं संचयित किया जाता है। वर्तमान स्वरूप का पहला **कंप्यूटर मार्क-1** था, जो **1937 ई.** में बना था।

- **कंप्यूटर के कार्य**–कंप्यूटर के प्रमुख तकनीकी कार्य चार प्रकार के होते हैं–**(i)** आंकड़ों का संकलन या निवेशन, **(ii)** आंकड़ों का संचयन, **(iii)** आंकड़ों का संसाधन और **(iv)** आंकड़ों या प्राप्त जानकारी का निर्गमन या पुनर्निर्गमन। आंकड़ें लिखित, मुद्रित, श्रव्य, दृश्य, रेखांकित या यांत्रिक रूप में हो सकते हैं।
- **हार्डवेयर (Hardware)**–कंप्यूटर और उससे संलग्न सभी यंत्रों और उपकरणों को हार्डवेयर कहा जाता है। इसके अंतर्गत केंद्रीय संसाधन एकक, आंतरिक स्मृति, बाह्य स्मृति, निवेश एवं निर्गम एकक आदि आते हैं।
- **सॉफ्टवेयर (Software)**–कंप्यूटर के संचालन के लिए निर्मित प्रोग्रामों को सॉफ्टवेयर कहा जाता है।
- **कंप्यूटर की भाषाएँ (Language of Computer)**–कंप्यूटर की भाषा को निम्न तीन वर्गों में बांटा जा सकता है–**1.** मशीनी कूट भाषा (Machine Code Language), **2.** एसेम्बली कूट भाषा (Assembly Code Language) एवं **3.** उच्च स्तरीय भाषाएँ (High Level Language)।

1. **मशीनी कूट भाषा (Machine Code Language)**–इस भाषा में प्रत्येक आदेश के दो भाग होते हैं–**आदेश कोड (Operation Code)** तथा **स्थिति कोड (Location Code)** इन दोनों को 0 और 1 के क्रम में समुहित कर व्यक्त किया जाता है।
2. **एसेम्बली भाषा (Assembly Language)**–इस भाषा में याद रखे जाने लायक कोड का प्रयोग किया गया, जिसे नेमोनिक कोड कहा गया, जैसे–ADDITION के लिए ADD, SUBSTRACTION के लिए SUB एवं JUMP के लिए JMP लिखा गया। परंतु इस भाषा का प्रयोग एक निश्चित संरचना वाले कंप्यूटर तक ही सीमित था, अत: इन भाषाओं को निम्न स्तरीय भाषा कहा गया।
3. **उच्चस्तरीय भाषाएँ (High Level Languages)**–उच्चस्तरीय भाषाओं के विकास का श्रेय IBM कंपनी को जाता है। फोरट्रॉन (FORTRAN) नामक पहली उच्चस्तरीय भाषा का विकास इसी कंपनी के प्रयास से हुआ। इसके बाद सैकड़ों उच्च स्तरीय भाषाओं का विकास हुआ। ये भाषाएँ मनुष्य के बोलचाल और लिखने में प्रयुक्त होने वाली भाषाओं के काफी करीब हैं। कुछ उच्चस्तरीय भाषाएँ निम्न हैं–

(i) **फोरट्रॉन (FORTRAN)**–कंप्यूटर की इस भाषा का विकास IBM के सौजन्य से **जे. डब्ल्यू. बेकस** ने वर्ष **1957** में किया था। इस भाषा का विकास गणितीय सूत्रों को आसानी से और कम समय में हल करने के लिए किया गया था।

(ii) **कोबोल (COBOL)**–कोबोल वास्तव में कॉमन बिजनेस ऑरिएंटेड लैंग्वेज का संक्षिप्त रूप है। इस भाषा का विकास व्यावसायिक हितों के लिए किया गया।

(iii) **बेसिक (BASIC)**–यह अंग्रेजी के शब्दों बिगनर्स ऑल पर्पस सिम्बॉलिक इंस्ट्रक्शन कोड का संक्षिप्त रूपांतर है। इस भाषा में प्रोग्राम में निहित आदेश के किसी निश्चित भाग को निष्पादित किया जा सकता है।

(iv) **एनालॉग (ALGOL)**–यह अंग्रेजी के अल्गोरिदमिक भाषा का संक्षिप्त रूप है। इसका निर्माण जटिल बीजगणितीय गणनाओं में प्रयोग हेतु किया गया था।

(v) **पास्कल (PASCAL)**–यह एनालॉग का परिवर्द्धित रूप है। इसमें सभी चरों को परिभाषित किया गया है, जिसके कारण यह अल्गोल एवं बेसिक से भिन्न है।

(vi) **लोगो (LOGO)**–इस भाषा का प्रयोग छोटी उम्र के बच्चों को ग्राफिक रेखानुकृतियों की शिक्षा देने के लिए किया जाता है।

(vii) **प्रोलॉग (PROLOG)**–यह अंग्रेजी शब्द प्रोग्रामिंग इन लॉजिक का संक्षिप्त रूप है। इस भाषा का विकास वर्ष **1973** में फ्रांस में किया गया था। इसका विकास कृत्रिम बुद्धि के कार्यों के लिए किया गया है, जो तार्किक प्रोग्रामिंग में सक्षम है।

(viii) **फोर्थ (FORTH)**–इस भाषा का आविष्कार चार्ल्स मूरे ने किया था। इसका उपयोग कंप्यूटर के सभी प्रकार के कार्यों में होता है। इन सभी उच्च स्तरीय भाषाओं में एक समानता है कि लगभग सभी में अंग्रेजी के वर्णों (A, B, C, D, ... आदि) एवं इण्डो-अरेबियन अंकों (0, 1, 2, 3, ... आदि) का प्रयोग किया जाता है।

नोट–PILOT, C, C^{++}, LISP, UNIX एवं SNOBOL कुछ अन्य उच्च स्तरीय भाषा है।

कंप्यूटर के विभिन्न भाग

- **सीपीयू (CPU)**–यह सेन्ट्रल प्रोसेसिंग यूनिट का संक्षिप्त रूप है। इसे कंप्यूटर का मस्तिष्क कहा जाता है।
- **रैम (RAM)**–यह रेण्डम एक्सेस मेमोरी का संक्षिप्त रूप है। सामान्य भाषा में इसे कंप्यूटर की **याद्दाश्त (Memory)** कहा जाता है। रैम की गणना मेगाबाइट्स (इकाई) से होती है।

- **रोम (ROM)**–यह रीड ओनली मेमोरी का संक्षिप्त रूप है। यह हार्डवेयर का वह भाग है, जिसमें सभी सूचनाएँ स्थायी रूप से इकट्ठा रहती हैं और जो कंप्यूटर को प्रोग्राम संचालित करने का निर्देश देती है।
- **मदर बोर्ड (Mother Board)**–यह सर्किट बोर्ड होता है, जिसमें कंप्यूटर के प्रत्येक प्लग लगाए जाते हैं। **सीपीयू, रैम** आदि यूनिटें मदर बोर्ड में ही संयोजित रहती हैं।
- **हार्ड डिस्क (Hard Disk)**–इसमें कंप्यूटर के लिए प्रोग्रामों को स्टोर करने का कार्य होता है। वर्तमान में चार गीगाबाइट का हार्ड डिस्क आदर्श माना जाता है।
- **फ्लॉपी डिस्क ड्राइव (Flopy Disc Drive)**–यह सूचनाओं को सुरक्षित करने या सूचनाओं का एक कंप्यूटर से दूसरे कंप्यूटर में आदान-प्रदान करने में प्रयुक्त होती है।
- **सीडी रोम (CD-ROM)**–सीडी रोम यानी कॉम्पैक्ट डिस्क छोटे से आकार में होते हुए भी बहुत बड़ी मात्रा में आंकड़ों एवं चित्रों को ध्वनियों के साथ संगृहीत करने में सक्षम होती है।
- **की-बोर्ड (Key Board)**–कंप्यूटर की लेखन प्रणाली के लिए उपयोग में लाया जाने वाला उपकरण की-बोर्ड कहलाता है। सामान्यतः 101 की-बोर्ड को अच्छा माना जाता है।
- **माउस (Mouse)**–इसकी सहायता से स्क्रीन पर कंप्यूटर के विभिन्न प्रोग्रामों को इसके माध्यम से संचालित किया जाता है।
- **मॉनीटर (Monitor)**–यह आउट-पुट डिवाइस है। मॉनीटर में डॉट पिच का उपयोग होता है। डॉट पिच पर जितने कम नम्बर होते हैं, स्क्रीन पर उभरने वाली छवि उतनी ही साफ और गहराई लिए होती है।
- **साउंड कार्ड (Sound Card)**–यह जरूरी बातों और जानकारियों को सुनने के साथ-साथ मल्टीमीडिया के बढ़ते प्रयोग के लिए आवश्यक है।
- **प्रिंटर (Printer)**–इसकी मदद से कंप्यूटर पर अंकित आंकड़ों को कागज पर मुद्रित किया जाता है। डॉट मैट्रिक्स, इंक जेट, बबल जेट और लेजर जेट प्रमुख प्रिंटर हैं।
- **कंप्यूटर वायरस (Computer Virus)**–कंप्यूटर वायरस एक प्रकार का इलेक्ट्रॉनिक कोड है, जिसका उपयोग कंप्यूटर में समाहित सूचनाओं को समाप्त करने के लिए होता है। कुछ मुख्य कंप्यूटर वायरस है–माइकेल एंजलों, डार्क एवेंजर, किलो, फिलिप, सी ब्रेन, ब्लडी, चेंज मुंगू एवं देसी।

कंप्यूटर से सम्बन्धित महत्वपूर्ण तथ्य

- कंप्यूटर का हिंदी नाम 'संगणक' है।
- 'चार्ल्स बेबेज' को कंप्यूटर का पितामह कहा जाता है।
- वॉन न्यूमेन का कंप्यूटर के विकास में सर्वाधिक योगदान है।
- आधुनिक कंप्यूटर की खोज सर्वप्रथम 1946 ई. में हुई।
- कंप्यूटर के क्षेत्र में महान क्रांति 1960 ई. से आई।
- विश्व में सर्वाधिक कंप्यूटरों वाला देश संयुक्त राज्य अमरीका है। इसके पश्चात क्रमशः जापान, जर्मनी, ब्रिटेन एवं फ्रांस का स्थान आता है। भारत का इस सूची में 19वां स्थान है।
- कंप्यूटर साक्षरता का अर्थ है–कंप्यूटर क्या कर सकता है और क्या नहीं, इस बात की जानकारी होना।
- 2 दिसम्बर कंप्यूटर साक्षरता दिवस के रूप में मनाया जाता है।
- भारत में नई कंप्यूटर नीति की घोषणा नवम्बर 1984 में की गई थी।
- भारत में निर्मित प्रथम कंप्यूटर 'सिद्धार्थ' है। इसका निर्माण इलेक्ट्रॉनिक कॉर्पोरेशन ऑफ इण्डिया ने किया था।
- भारत में प्रथम कंप्यूटर **16 अगस्त, 1986** को बेंगलुरु के प्रधान डाकघर में लगाया गया था।
- भारत का प्रथम कंप्यूटरीकृत डाकघर नई दिल्ली है।
- भारत का प्रथम प्रदूषण रहित **कंप्यूटरीकृत पेट्रोल पंप मुम्बई** में है।
- निजी क्षेत्र के अंतर्गत स्थापित होने वाला भारत का प्रथम कंप्यूटर विश्वविद्यालय 'राजीव गांधी कंप्यूटर विश्वविद्यालय' है।
- भारत में प्रथम कंप्यूटर आरक्षण पद्धति नई दिल्ली में लागू की गई थी।
- भारत की सिलिकॉन वैली बेंगलुरु में स्थित है।
- भारतीय जनता पार्टी भारत की पहली ऐसी पार्टी है, जिसने इंटरनेट पर अपनी वेबसाइट बनाई है।
- कंप्यूटर तीन प्रकार के होते हैं–डिजिटल, एनालॉग, हाइब्रिड।
- वह कंप्यूटर जो गणितीय गणना करता है, डिजिटल कंप्यूटर कहलाता है।
- इन्टीग्रेटेड सर्किट चिप का विकास जे.एस. किल्बे ने किया।
- चुम्बकीय डिस्क पर आयरन ऑक्साइड की परत होती है।
- 'टिम बर्नर्स ली' www (World Wide Web) के आविष्कारक तथा प्रवर्तक हैं।
- असेम्बलर, असेम्बली भाषा को यंत्र भाषा में परिवर्तित करता है।
- एक कंप्यूटर की स्मृति सामान्य तौर पर किलोबाइट अथवा मेगाबाइट के रूप में व्यक्त की जाती है। एक बाइट आठ द्विधारी (Binary) अंकों का बना होता है।
- 'अनुपम' भाभा परमाणु अनुसंधान केंद्र द्वारा विकसित सुपर कंप्यूटर है।
- **T-3A विश्व का सबसे तेज कंप्यूटर** है।
- कंप्यूटर डाटा की सबसे छोटी इकाई बिट है। 'बाइनरी इकाई' के आरंभिक एवं अंतिम अक्षरों से बने संक्षिप्त शब्द 0 से 1 को बिट कहा जाता है।
- माइक्रोप्रोसेसर को पेन्टियम (Pentium) ब्राण्ड के नाम से बाजार में बेचा जाता है। इन्टेल का आधुनिक माइक्रोप्रोसेसर Pentium-IV है।
- वह कंप्यूटर, जो आकलन के सिद्धांत के अनुसार कार्य करता है, एनालॉग कंप्यूटर कहलाता है।
- एनालॉग एवं डिजिटल के संयुक्त स्वरूप को हाइब्रिड कंप्यूटर कहते हैं।
- मध्यम आकार के कंप्यूटर को मिनी कंप्यूटर कहते हैं।
- सूक्ष्मतम् आकार के कंप्यूटर को माइक्रो कंप्यूटर कहते हैं।
- सामान्य कंप्यूटर की अपेक्षा 10 गुना तेज कार्य करने वाले बड़े कंप्यूटर को सुपर कंप्यूटर कहते हैं।
- एक सुपर कंप्यूटर में करीब 40 हजार माइक्रो कंप्यूटर जितनी परिकलन क्षमता होती है। इसकी गति को मेगाफ्लॉप से मापा जाता है।
- विश्व का प्रथम सुपर कंप्यूटर CRAY –1 था, जो सन् **1979** में बनकर तैयार हुआ था। इसे अमेरिका की क्रे. रिसर्च कंपनी ने बनाया था।
- 32 कंप्यूटरों के बराबर कार्य कर सकने वाला डीप ब्ल्यू कंप्यूटर एक सेकेण्ड में शतरंज की 20 करोड़ चालें सोच सकता है। इसी सुपर कंप्यूटर ने विश्व चैम्पियन गैरी कास्पारोव को पराजित किया था।
- विश्व के प्रथम इलेक्ट्रॉनिक डिजिटल कंप्यूटर का नाम इनिऐक है।
- विश्व का सबसे बड़ा कंप्यूटर नेटवर्क का नाम इंटरनेट है। याहू, गूगल एवं एमएसएन (MSN) इंटरनेट सर्च इंजन है।
- इंटरनेट पर उपलब्ध होने वाला प्रथम भारतीय समाचार पत्र 'द हिन्दू' है।
- इंटरनेट पर उपलब्ध होने वाली प्रथम भारतीय पत्रिका 'इण्डिया टुडे' है।
- USENET तमाम विश्वविद्यालयों को एक साथ जोड़ने की प्रणाली है।
- इंटरनेट सूचना की खोज करने में आर्क सबसे ज्यादा मदद करता है।
- आर्क का विकास मैकगिल यूनिवर्सिटी ने किया।

- जब किसी नेटवर्क का इंटरनेट धारक अन्य नेटवर्क के साथ जुड़ता है, तो उसे गेटवे कहते हैं।
- इंटरनेट से जुड़ा वह संगणक, जहाँ विशेष प्रकार की सूचनाएँ उपलब्ध हों, साइट कहलाती हैं।
- पास या दूर के किसी संगणक या नेटवर्क से सूचनाएँ मोडम की मदद से अपने संगणक में लाने की प्रक्रिया को डाउनलोड कहते हैं।
- मोडम कंप्यूटरों को आपस में जोड़ने का उपकरण है, जो टेलीफोन लाइन पर काम करता है।
- पास या दूर के किसी संगणक को अपने संगणक से सूचनाएँ भेजना अपलोड कहलाता है।
- कंप्यूटर्स की 5 पीढ़ियाँ विकसित की गई हैं।
- पहली पीढ़ी के कंप्यूटर में निर्वात ट्यूब प्रयुक्त होता है।
- आधुनिक कंप्यूटर में प्रायः सेमी कण्डक्टर मेमोरी (स्मरण शक्ति) का कार्य करता है।
- पर्सनल कंप्यूटर पर सर्वप्रथम पुस्तक **टेड नेल्सन** ने लिखी।
- कंप्यूटर पर लिखी पुस्तक **'सोल ऑफ न्यू मशीन'** (लेखक-टैसी किडर) को पुलित्जर पुरस्कार दिया गया।
- कंप्यूटर की प्रथम पत्रिका **'कंप्यूटर एण्ड ऑटोमेशन'** है।
- प्रथम घरेलू **कंप्यूटर कमोडोर VIC/20** है।
- वैज्ञानिकों के अनुसार भारतीय भाषा संस्कृत कंप्यूटरीकृत करने के लिए सबसे आसान है।
- कंप्यूटर में प्रोग्राम की सूची को **मेन्यू (Menu)** कहा जाता है।
- डेटा प्रोसेसिंग का अर्थ है वाणिज्यिक उपयोग के लिए जानकारी तैयार करना।
- रिकॉर्ड्स का संग्रह फाइल कहलाता है।
- डिजिटल कंप्यूटर की कार्य पद्धति गणना और सिद्धांत पर आधारित है।
- विश्व का प्रथम डिजिटल कंप्यूटर 'यूनीवेक' था।
- फोरट्रॉन प्रोग्राम हेतु विकसित की गई सर्वप्रथम भाषा है।
- **उच्च स्तरीय भाषा (HLL)** कोबोल अंग्रेजी भाषा के समान है।
- अनुवाद प्रोग्राम, जो उच्चस्तरीय भाषा का निम्नस्तरीय भाषा में अनुवाद करता है, कम्पाइलर कहलाता है।
- बेसिक (BASIC) भाषा को फॉर्ट्रोन (Fortran) एलगोल, पास्कल आदि को सिखाने के लिए **'नींव का पत्थर'** कहा जाता है।
- माइक्रो प्रोसेसर चतुर्थ पीढ़ी का कंप्यूटर है।
- **प्रोलोग (PROLOG)** पंचम पीढ़ी के कंप्यूटर की भाषा है।
- इन्टीग्रेटेड सर्किट चिप पर सिलिकॉन की परत होती है।
- कंप्यूटर अशुद्धि को **बग (Bug)** कहा जाता है।
- पुणे के **सी-डैक (C-DAC)** के वैज्ञानिक ने 28 मार्च, 1998 को प्रति सेकेण्ड एक खरब गणना करने की क्षमता से युक्त कंप्यूटर परम 10000 का निर्माण किया। इसके विकास का मुख्य श्रेय C-DAC के कार्यकारी निदेशक डॉ. विजय पी. भास्कर को जाता है।
- भारत में सर्वप्रथम नेशनल एयरोनॉटिक्स लेबोरेटरीज (बेंगलुरु) ने फ्लोसावर नामक सुपर कंप्यूटर विकसित करने में सफलता पाई थी।
- कंप्यूटर पर परमाणु परीक्षणों को 'सबक्रिटिकल परीक्षण' कहा जाता है।
- लेजर प्रिन्टर सर्वाधिक तेज गति का प्रिन्टर है।

इन्टरनेट से सम्बन्धित शब्दावली

प्रोटोकॉल (Protocol)

यह एक ऐसी मानक और औपचारिक प्रक्रिया है, जिसके माध्यम से कंप्यूटरों तथा संजालों (नेटवर्कों) में अंकीय संचार किया जाता है।

ब्राउजर (Browser)

यह एक ऐसा सॉफ्टवेयर है, जिसकी सहायता से सूचनाओं को प्राप्त करने के लिए इंटरनेट में प्रवेश करते हैं।

वेब सर्वर (Web Server)

यह प्रोग्राम, **वेब ब्राउजर** के द्वारा संसाधनों को प्राप्त करने के लिए यूजर द्वारा दिए गए अनुरोध को पूरा करता है।

नेटवर्क (Network)

विभिन्न कंप्यूटरों को एक साथ जोड़कर बनाए गए संजाल को **नेटवर्क** कहते हैं।

ऑनलाइन (Online)

जब यूजर इंटरनेट पर जानकारियों तथा सेवाओं का अध्ययन करता है, तब कहा जाता है कि वह यूजर ऑनलाइन है।

होम पेज (Home Page)

यह किसी भी साइट का प्रारम्भिक प्रदर्शित होने वाला वेब पेज होता है, जिसमें सूचनाएँ हाइपरलिंक द्वारा जुड़ी रहती हैं।

ऑफलाइन (Offline)

ऑफलाइन संपर्क में यूजर इंटरनेट में उपस्थित सूचनाओं को अपने-अपने कंप्यूटर में संगृहीत करके इंटरनेट संपर्क काट देता है।

हाइपर टेक्स्ट मार्कअप भाषा (Hypertext)

इसका संक्षिप्त रूप HTML है, जिसका प्रयोग वेब-पेज बनाने के लिए किया जाता है। प्रारंभ में वेब डिजाइनिंग HTML के द्वारा ही की जाती थी। HTML एक प्रकार की **एनकोडिंग स्कीम (Encoding Scheme)** की तरह कार्य करता है, जिसका प्रयोग दस्तावेज तैयार करने के लिए किया जाता है।

हाइपर टेक्स्ट ट्रांसफर प्रोटोकॉल (HTTP)

इसका संक्षिप्त रूप HTTP है। इसका प्रयोग HTML में संगृहीत दस्तावेजों तथा दूसरे वेब संसाधनों को स्थानान्तरित करने के लिए किया जाता है।

टीसीपी/आईपी (TCP/IP)

इसका पूरा नाम Transmission Control Protocol/Internet Protocol है। इसका प्रयोग सूचनाओं के आदान-प्रदान के लिए किया जाता है।

यूनिफॉर्म रिसोर्स लोकेटर (Uniform Resourse Locater)

इसका संक्षिप्त रूप URL है। इसका प्रयोग वेब पर किसी विशेष सूचनां को संचालित करने के लिए किया जाता है। URL में एक विशेष प्रकार का एड्रेस कोड प्रयोग में लाया जाता है, जिसे डोमेन एड्रेस कोड कहते हैं, जैसे–http:/www.gmail.com/mail. इसमें gmail इसका डोमेन एड्रेस कोड कहलाता है।

वेब-पेज (Webpage)

होम पेज पर बने हाइपरलिंक को क्लिक करने पर जो पेज हमारे समक्ष प्रस्तुत होता है, उसे वेब-पेज कहते हैं।

वेब साइट (Website)

वेब-पेजों के समूह को वेब-साइट कहा जाता है, जिसमें चित्रों, ध्वनि, टैक्स्ट इत्यादि का समावेश होता है।

हाइपरलिंक (Hyperlink)

वेब-पेज में उपस्थित वह विशेष शब्द या चित्र, जिस पर क्लिक करने पर उस शब्द या चित्र से सम्बन्धित सूचनाएँ एक अलग वेब-पेज पर आ जाती हैं। उसे वेब-पेज का हाइपरलिंक कहा जाता है।

डाउनलोड (Download)

इंटरनेट या किसी अन्य कंप्यूटर से प्राप्त सूचनाओं को अपने कंप्यूटर में संगृहीत करने की क्रिया को **डाउनलोड** कहते हैं।

अपलोड (Upload)

अपने कंप्यूटर से किसी भी अन्य कंप्यूटर में सूचनाओं को भेजना **अपलोड** करना कहलाता है।

सर्वर (Server)

वह कंप्यूटर जो इंटरनेट का इस्तेमाल करने वालों को अर्थात यूजर को सूचनाएँ प्रदान करने की क्षमता रखता है, सर्वर कहलाता है।

सर्फिंग (Surfing)

इंटरनेट के नेटवर्कों में महत्वपूर्ण सूचनाओं को खोजना या विभिन्न साइटों पर भ्रमण करना, सर्फिंग कहलाता है।

इंटरनेट एड्रेस (Internet Address)

इंटरनेट में प्रयुक्त एड्रेस के मूलभूत हिस्से को डोमेन कहा जाता है। इंटरनेट से जुड़े प्रत्येक कंप्यूटर का एक डोमेन नेम होता है, जिसे डोमेन नेम सिस्टम कहा जाता है। उदाहरण के लिए xyz@gmail.com में xyz यूजर का नाम है, gmail सर्विस देने वाली कम्पनी का नाम है; जबकि .com एक प्रकार का डोमेन है।

सूचना-प्रौद्योगिकी के मौलिक घटक

संचार प्रक्रिया, कंप्यूटर नेटवर्क, ई-मेल इत्यादि सूचना-प्रौद्योगिकी के मौलिक घटक हैं।

संचार प्रक्रिया

दो विभिन्न या समान डिवाइसों के मध्य डाटा तथा सूचनाओं के आदान-प्रदान को **'डाटा संचार'** एवं इस संपूर्ण प्रक्रिया को संचार-प्रक्रिया कहते हैं।

संचार प्रक्रिया निम्नलिखित माध्यमों के द्वारा सम्पन्न होती है–

1. संदेश
2. प्राप्तकर्ता
3. प्रेषक
4. माध्यम
5. प्रोटोकॉल

कंप्यूटर नेटवर्क (Computer Network)

सूचनाओं या अन्य संसाधनों के परस्पर आदान-प्रदान एवं साझेदारी के लिए दो या दो से अधिक कंप्यूटरों का परस्पर जुड़ाव कंप्यूटर नेटवर्क कहलाता है।

नेटवर्क के प्रकार

मुख्यत: नेटवर्क तीन प्रकार के होते हैं–

1. LAN
2. MAN
3. WAN

लोकल एरिया नेटवर्क-लैन

वह नेटवर्क जो केवल एक भवन, कार्यालय अथवा एक कमरे तक सीमित होते हैं, लोकल एरिया नेटवर्क कहलाता है। लैन के उदाहरण--स्टार, रिंग या कम्प्लीटली कनेक्टेड नेटवर्क इत्यादि हैं। इनमें लैन को केबिल द्वारा जोड़ा जाता है। ये केबिल प्राय: **फाइबर ऑप्टिक (Fibre Optic)** या **को-एक्सिअल (Co-axial)** केबिल होते हैं।

मैट्रोपोलिटन एरिया नेटवर्क-मैन (Metropolitan Area Network)

एक या एक से अधिक लोकल एरिया नेटवर्कों को एक साथ जोड़कर बनाए गए नेटवर्क को मैट्रोपोलिटन एरिया नेटवर्क कहते हैं। यह नेटवर्क वृहद स्तरीय नेटवर्क है, जो कई कॉर्पोरेटों से मिलकर बना होता है। मैन की गति अत्यधिक तीव्र होती है, परंतु लैन की अपेक्षा धीमी होती है।

वाइड एरिया नेटवर्क-वैन (Wide Area Network)

वह नेटवर्क जो मंडलीय, राष्ट्रीय, अंतर्राष्ट्रीय एवं प्रादेशिक स्तर पर जोड़े जाते हैं, वाइड एरिया नेटवर्क कहलाते हैं। वैन में **उपग्रह (Satellite)** द्वारा कंप्यूटर टर्मिनलों को आपस में जोड़ा जाता है। उदाहरण के लिए, मुम्बई में रहकर दिल्ली से कोलकाता का आरक्षण करना। वैन की गति लैन तथा मैन की अपेक्षा धीमी होती है।

ई-मेल (E-mail)

ई-मेल सूचना प्रौद्योगिकी की एक अद्‌भुत देन है, जिसके द्वारा दूरभाष (Telephone) तथा टेलीग्राम, फैक्स (Fax) तथा पोस्टकार्ड (Postcard) इत्यादि पारम्परिक संचार सेवाओं की अपेक्षा संदेश को आसानी से केवल कुछ ही सेकेंडों में प्रेषित किया जा सकता है।

ई-मेल की शुरुआत सबसे पहले हॉटमेल नामक कम्पनी ने की। जिसने www.hotmail.com के जरिए सेवाएँ प्रारंभ की। आज हॉटमेल विश्व की सबसे बड़ी ई-मेल कम्पनी है, जिसे एक भारतीय **'सबीर भाटिया'** ने विकसित किया था।

मेमोरी की इकाइयाँ (Memory Units)

1 बिट	=	बाइनरी डिजिट
8 बिट्स	=	1 बाइट = 2 निबल
1024 बाइट्स	=	1 किलोबाइट (1 KB)
1024 किलोबाइट	=	1 मेगाबाइट (1 MB)
1024 मेगाबाइट	=	1 गीगाबाइट (1GB)
1024 गीगाबाइट	=	1 टेराबाइट (1TB)
1024 टेराबाइट	=	1 पेटाबाइट (1PB)
1024 पेटाबाइट	=	1 एक्साबाइट (1EB)
1024 एक्साबाइट	=	1 जेटाबाइट (1ZB)
1024 जेटाबाइट	=	1 योटाबाइट (1YB)
1024 योटाबाइट	=	1 ब्रोण्टोबाइट (1Bronto Byte)
1024 ब्रोण्टोबाइट	=	1 जीओपबाइट (Geop Byte)

नोट: *बिट सबसे छोटी मेमोरी इकाई है। जीओपबाइट सबसे बड़ी मेमोरी इकाई है।*

मुख्य कमांड्स और उनके प्रयोग

आदेश	प्रयोग
DATE	पीसी में सैट की हुई तारीख देखने एवं बदलने के लिए
TIME	पीसी में सैट किया हुआ समय देखने एवं बदलने के लिए
CLS	स्क्रीन पर दिखाई गई सूचनाओं को मिटाने के लिए
DIR	किसी डायरेक्टरी में शामिल फाइलों एवं उप-डायरेक्टरी की सूची देखने के लिए
CD	करंट डायरेक्टरी देखने के लिए
COPY	किसी फाइल की कॉपी करने के लिए
REN	किसी फाइल का नाम परिवर्तित करने के लिए
DEL	किसी फाइल को डिस्क या फ्लॉपी से हटाने के लिए
MD	डायरेक्टरी या उप-डायरेक्टरी बनाने के लिए
RD	किसी डायरेक्टरी को हटाने के लिए
TYPE	किसी फाइल के कंटेंट्स देखने के लिए
FORMAT	किसी नई या पुरानी फ्लॉपी को MS-DOS पर कार्य करने के लिए तैयार करने के लिए
PATH	किसी एक्जिक्यूटिव डायरेक्टरी या फाइल का पाथ जानने के लिए
EDIT	साधारण अक्षरों, अंकों तथा विशेष हिन्दी से बनी फाइल तैयार करने या उसे सुधारने के लिए
PRINT	किसी फाइल को छापने के लिए
XCOPY	किसी डायरेक्टरी में स्थित उप-डायरेक्ट्री एवं उनकी फाइलों की नकल करने के लिए

ERASE	एक या एक से ज्यादा फाइलों को हटाने के लिए
VER	संस्करण की सूचना देखने के लिए
SORT	किसी फाइल के डाटा को आरोही तथा अवरोही क्रम में बदलने के लिए
CHKDSK	एक्टिव डिस्क की पोजीशन को चैक करने के लिए
Diskcopy	एक डिस्क के कंटेण्ट्स को किसी दूसरी टारगेट डिस्क में कॉपी करने के लिए
MOVE	किसी फाइल को एक डिस्क से दूसरी डिस्क में तथा एक पाथ से दूसरी पाथ में शिफ्ट करने के लिए

स्टैण्डर्ड टूलबार

टूल का नाम	शॉर्टकट	विवरण
New	Ctrl + N	एक नया डॉक्यूमेन्ट बनाने के लिए
Open	Ctrl + O या Ctrl + F12	पहले से बने डॉक्यूमेन्ट को खोलने के लिए
Save	Ctrl + S या Shift + F12	एक्टिव डॉक्यूमेन्ट को सुरक्षित करने के लिए
	F12	किसी सुरक्षित डॉक्यूमेन्ट के नाम व लोकेशन को बदलकर सुरक्षित करने के लिए
Select	Ctrl + A	पेज के सभी कन्टेन्ट्स को चुनने के लिए
Print	Ctrl + P or Ctrl + Shift + F12	एक्टिव डॉक्यूमेन्ट को प्रिन्ट करने के लिए
Print Preview	Ctrl + F2	प्रिन्ट करने से पहले पेज का प्रिव्यू देखने के लिए
Spelling	F7	किसी एक्टिव डॉक्यूमेन्ट में स्पेलिंग चेक करने के लिए
Find replace & Go to	F5	Find, Replace और विंडो खोलने के लिए
Cut	Ctrl + X	चुने हुए टेक्स्ट या वस्तु को कट करने और उसे क्लिपबोर्ड मे रखने के लिए
Copy	Ctrl + C	चुने हुए टेक्स्ट या वस्तु की कॉपी करने और उसे क्लिपबोर्ड में रखने के लिए
Paste	Ctrl + V या Shift + Insert	क्लिपबोर्ड में कट या कॉपी किए गए कन्टेन्ट को किसी पेज में किसी स्थान पर पेस्ट करने के लिए
Undo	Ctrl + Z	पिछले दिए गए आदेशों को रद्द करने के लिए
Redo	Ctrl + Y	Undo के द्वारा रद्द किए गए आदेशों को प्रभावी बनाने के लए।

MS-PowerPoint की शॉर्टकट कुंजियाँ और उनका वर्णन

कुंजियाँ	कार्य
Ctrl + O	फाइल खोलना (Opening a file)
Ctrl + N	नई फाइल बनाना (Creating a new file)
Enter	अगली स्लाइड बनाना (Creating a new slide)
Ctrl + M	न्यू स्लाइड इन्सर्ट करना (Inserting New slide)
Backspace	स्लाइड डिलीट करना (Deleting slide)
F12	सेव ऐज (Save as)
Ctrl + S or Shift + F12	सेव (save)
Ctrl + P	प्रिन्ट करना (Printing)
F1	हेल्प (Help)
Ctrl + W	प्रेजेन्टेशन को क्लोज करना (Closing Presentation)
F5	स्लाइड शो को प्रारम्भ करना (Starting the slide show)
Shift + F5	स्लाइड शो को पुनः आरम्भ करना (Resuming slide show)
Backspace or up arrow key	पिछली स्लाइड (Previous Slide)
Ctrl + P	पेन टूल एक्टिवेट करना (Activating Pen tool)
Ctrl + E	इरेजर एक्टिवेट करना (Activating Eraser)
E	स्क्रीन पर बनी ड्राइंग को मिटाना (Erasing Drawing on screen)
Shift + F10	शॉर्टकट मेन्यू देखने के लिए (For viewing the Shortcut Menu)
Esc	स्लाइड शो बन्द करना (Closing slide show)
Ctrl + A	सिलेक्ट ऑल (Select All)
Ctrl + C	कॉपी (Copy)
Ctrl + X	कट (Cut)
Ctrl + V	पेस्ट (Paste)
Ctrl + Z	अण्डू (Undo)
Ctrl + Y	रीडू (Redo)
Ctrl + B	बोल्ड (Bold)
Ctrl + I	इटैलिक (Italic)
Ctrl + U	अण्डरलाइन (Underline)
Ctrl + L, Ctrl + J	लेफ्ट जस्टिफाई (Justify)
Ctrl + E	सेन्टर (Centre)
Ctrl + F	फाइन्ड (Find)
Ctrl + H	रिप्लेस (Replace)
Ctrl + K	हाइपरलिंग इन्सर्ट (Inserting Hyperlink)
Ctrl + Shift + F	फॉन्ट चेंज करना (Changing the font)
Ctrl + Shift + P	फॉन्ट का साइज परिवर्तित करना (Change the font size)
Ctrl + Shift + >	सिलेक्ट टेक्स्ट कर फॉन्ट साइज बढ़ाना (Increasing the font size of selected text)
Ctrl + Shift + <	सिलेक्ट टेक्स्ट कर फॉन्ट साइज कम करना (Decreasing the font size of selected text)
F7	स्पैल चैकर (Spell Checker)
Alt + F8	मैक्रोज (Macros)

प्रश्नमाला

1. इस शताब्दी के समाप्त होने पर वर्तमान में कार्यरत उपकरणों के उपयोग करने में बहुत कठिनाई होगी तथा सुधारने में भारी व्यय संभावित है। वे हैं :
(a) कम्प्यूटर
(b) टी. वी. सैंट्स
(c) संचार उपग्रह
(d) एअर-कंडीशनर

2. कौन मस्तिष्क की कार्यप्रणाली की नकल करने वाला सबसे छोटा और सबसे तीव्र गति वाला कम्प्यूटर होगा–
(a) सुपर कम्प्यूटर
(b) क्वांटम कम्प्यूटर
(c) परम- 10,000
(d) IBM चिप्स

3. एक डिजिटल घड़ी में किस प्रकार का कम्प्यूटर हो सकता है?
(a) मेनफ्रेम
(b) सुपर कंम्प्यूटर
(c) नोटबुक कंम्प्यूटर
(d) इम्बेडेड कंम्प्यूटर

4. डेस्क-टॉप छपाई के लिए आमतौर पर किस प्रिंटर का प्रयोग किया जाता है?
(a) डेजी व्हील प्रिंटर
(b) डॉट मेट्रिक्स प्रिंटर
(c) लेजर प्रिंटर
(d) उक्त में से कोई नहीं

5. डेजी व्हील प्रिंटर का प्रकार है–
(a) लेसर (b) डाट मैट्रिक्स
(c) मैन्युअल (d) इम्पैक्ट

6. इन्टरनेट पर www का अर्थ है–
(a) वर्ड्स वर्ड्स, वर्ड्स
(b) वाइड वर्ल्ड वर्ड्स
(c) वर्ल्ड वाइड वेब
(d) व्हैन व्हैर व्हाई

7. 'ब्लू टूथ' तकनीक अनुमति देती है
(a) केवल मोबाइल फोन पर संकेत संचारण
(b) 'लैन्डलाइन' फोन से 'मोबाइल' फोन के लिए सम्प्रेषण
(c) उपग्रह से टेलीविजन सम्प्रेषण
(d) उपकरणों के बीच वायरलेस संचारण

8. अंतरिक्ष विज्ञान के संबंध में, 'रेडशिफ्ट' परिघटना किसका/किसके प्रमाण प्रस्तुत करती है?
(a) ब्रह्माण्ड का विस्तार
(b) डार्क एनर्जी की उपस्थिति
(c) गुरुत्वीय तरंगों की उपस्थिति
(d) ब्लैक होल का निर्माण

9. निम्नलिखित में से सिनेमा हॉल, सम्मेलन हॉल और कॉन्सर्ट हॉल की आंतरिक छतों को साधारणतया वक्रित बनाए जाने का क्या उद्देश्य होता है?
(a) ध्वनि को हॉल के सभी कोनों तक परावर्तित करना।
(b) ध्वनि में कलांतर (phase difference) उत्पन्न करना।
(c) ध्वनि में प्रतिध्वनि प्रभाव (echo effect) उत्पन्न करना।
(d) ध्वनि के तीव्र प्रसारण के लिए वायु के आयतन में वृद्धि करना।

10. भारतीय अंतरिक्ष कार्यक्रम, तिरुवनंतपुरम के निकट थुम्बा में स्थित थुम्बा इक्वेटोरियल रॉकेट लॉन्चिग स्टेशन (टी.ई.आर.एल.एस.) से आरम्भ हुआ। थुम्बा को रॉकेट लॉन्चिंग स्टेशन के रूप में क्यों चुना गया था?
(a) थुम्बा के आसपास के क्षेत्र में सभी प्रकार के वांछित कच्चे मालों की उपलब्धता का लाभ प्राप्त होता है।
(b) पृथ्वी की भूचुम्बकीय विषुवतरेखा (geomagnetic equator) थुम्बा से होकर गुजरती है।
(c) यहाँ सुरक्षित रूप से पृथ्वी के घूर्णन के लाभ का अनुप्रयोग किया जा सकता है।
(d) उपर्युक्त में से कोई भी नहीं।

11. चंद्रशेखर सीमा निम्नलिखित में से किससे संबंधित है?
(a) अतिचालकता
(b) प्रकाश का प्रकीर्णन
(c) कॉस्मिक रेडियो तरंगों की पहचान
(d) स्थिर (stable) वामन तारे (ड्वार्फ स्टार) का द्रव्यमान

12. निम्नलिखित में से कौन-सा NASA (नासा) का अन्तिम अन्तरिक्ष यान (शटल) रहा है?
(a) अटलांटिस (b) कोलम्बिया
(c) डिस्कवरी (d) एनडेवर

13. अंतरिक्ष में कई सौ किमी./से. की गति से यात्रा कर रहे विद्युत आवेशी कण यदि पृथ्वी के धरातल पर पहुंच जाएं, तो जीव-जंतुओं को गंभीर नुकसान पहुंचा सकते हैं। ये कण किस कारण से पृथ्वी के धरातल पर नहीं पहुंच पाते?
(a) पृथ्वी की चुंबकीय शक्ति उन्हें ध्रुवों की ओर मोड़ देती है।
(b) पृथ्वी के इर्द-गिर्द की ओजोन परत उन्हें बाह्य अंतरिक्ष में परावर्तित कर देती है।
(c) वायुमण्डल की उपरी परतों में उपस्थित आर्द्रता उन्हें पृथ्वी के धरातल पर नहीं पहुंचने देती।
(d) उपर्युक्त कथनों (a), (b) और (c) में से कोई भी सही नहीं है।

14. भूस्थैनिक स्थिति क्या है?
(a) जब पृथ्वी सूर्य के चारों ओर घूमना बन्द कर देगी।
(b) जब कोई पदार्थ चन्द्रमा और पृथ्वी के बीच में स्थित होता है।
(c) जब कोई पदार्थ पृथ्वी के चारों ओर पृथ्वी की गति से समानुपाती उस गति से चलता है कि वह पृथ्वी पर स्थित किसी स्थान से निश्चित दूरी पर होता है।
(d) जब पदार्थ पृथ्वी से एक निश्चित दूरी पर होता है।

15. किस वायुमण्डलीय परत में संचार उपग्रह अवस्थित किए जाते हैं–
(a) स्ट्रेटोस्फीयर (समतापमंडल) में
(b) आयनोस्फीयर (आयनमंडल) में
(c) ट्रोपोस्फीयर (क्षोभमंडल) में
(d) इक्जोस्फीयर (बहिर्मंडल में)

16. नासा-अमरीकी अंतरिक्ष अभिकरण ने 'केपलर' नामक दूरबीन का प्रवर्तन किया, जानने के लिए–
(a) दूरस्थ तारों को
(b) दूरस्थ ग्रहों को
(c) दूरस्थ उपग्रहों को
(d) पृथ्वी तुल्य ग्रहों को

17. बायोगैस संयंत्र में निम्नलिखित में से किसका उत्पादन होता है?
1. हाइड्रोजन सल्फाइड
2. मीथेन
3. कार्बन डाइऑक्साइड
नीचे दिए गए कूट का प्रयोग कर सही उत्तर चुनिए–
(a) केवल 1
(b) केवल 1 और 3
(c) केवल 2 और 3
(d) 1, 2 और 3

18. बायो-प्लास्टिक निम्नलिखित में से किससे संश्लेषित किए जाते हैं?
1. जीवाणु
2. आनुवंशिक रूप से संशोधित फसलें।
3. पेट्रोलियम
नीचे दिए गए कूट का प्रयोग कर सही उत्तर चुनिए–

(a) केवल 1
(b) केवल 1 और 2
(c) केवल 2 और 3
(d) 1, 2 और 3

19. नैनो कृत्रिम नाक (नै-नोज : Na-nose) का उद्देश्य क्या है?
(a) औषधियों का सरल वितरण प्रदान करना।
(b) वायुमंडलीय वायु में प्रदूषण के स्तर का संकेत प्रदान करती है।
(c) फेफड़ों के कैंसर का पता लगाना।
(d) फ्लू के विरुद्ध उपचार प्रदान करना।

20. वैज्ञानिकों ने दूध में मिलावट का नियंत्रण करने के लिए नैनोप्रौद्योगिकी-आधारित "डिप-स्ट्रिप" विकसित की है। दूध की सामान्य मिलावटी तत्वों के रूप में निम्नलिखित में से किनका उपयोग किया जाता है?
1. यूरिया
2. अपमार्जक (डिटर्जेंट)
3. हाइड्रोजन परऑक्साइड
नीचे दिए गए कूट का प्रयोग कर सही उत्तर चुनिए–
(a) केवल 1 और 2
(b) केवल 1 और 3
(c) केवल 2 और 3
(d) 1, 2 और 3

21. निम्नलिखित में से कार्बन नैनोट्यूब का/के लक्षण कौन-सा/से है/हैं?
1. उच्च विद्युत चालकता।
2. निम्न तनन सामर्थ्य (low tensile strength)।
3. उच्च तापीय चालकता।
नीचे दिए गए कूट का प्रयोग कर सही उत्तर चुनिए–
(a) केवल 1
(b) केवल 2 और 3
(c) केवल 1 और 3
(d) 1, 2 और 3

22. एक नैनोमीटर होता है–
(a) 10^{-6} सेमी. (b) 10^{-7} सेमी.
(c) 10-8 सेमी. (d) 10-9 सेमी.

23. परमाणु बम का सिद्धान्त नाभिकीय विखंडन पर आधारित है जबकि हाइड्रोजन बम का कार्यकारी सिद्धान्त है–
(a) ड्यूटेरियम का नाभिकीय संलयन
(b) थोरियम का नाभिकीय विखण्डन
(c) हाइड्रोजन गैस वाले बम का विस्फोट
(d) डायनेमाइट तथा टी. एन. टी. का विस्फोट

24. संवृद्ध यूरेनियम होता है–
(a) विशेष खोल में रखी यूरेनियम की छड़ें।
(b) प्राकृतिक यूरेनियम जिसमें रेडियोधर्मी U235 आइसोटोप का घटक कृत्रिम रूप से बढ़ाया जाता है।
(c) प्राकृतिक यूरेनियम और थोरियम का मिश्रण।
(d) क्रोमियम की कोटिंग की हुई यूरेनियम की छड़ें।

25. यूरेनियम के रेडियोधर्मी विघटन का अंतिम उत्पाद है–
(a) सीसा (b) रेडियम
(c) थोरियम (d) प्लूटोनियम

26. अगर चालू नाभिकीय रिएक्टर में 'कंट्रोल छड़ों' का उपयोग नहीं किया जाए तो क्या होगा?
(a) रिएक्टर कार्य करना बंद कर देगा।
(b) चेन प्रक्रिया सीमा से बाहर चली जाएगी।
(c) रिएक्टर में कार्य धीमा हो जाएगा।
(d) रिएक्टर यथावत कार्य करता रहेगा।

27. ध्रुव, पूर्णिमा तथा साइरस में क्या संबंध है?
(a) ये भारतीय शोध रिएक्टर हैं
(b) ये तारे हैं
(c) ये प्रसिद्ध पुस्तकों के नाम हैं
(d) ये पावर संयंत्र है

28. कलपक्कम प्रसिद्ध है–
(a) परमाणु शक्ति संयंत्र के कारण
(b) रक्षा प्रयोगशाला के कारण
(c) रॉकेट प्रक्षेपण केन्द्र हेतु
(d) अन्तरिक्ष केन्द्र हेतु

29. एक नाभिकीय रिएक्टर में भारी जल का क्या कार्य होता है?
(a) न्यूट्रॉन की गति को कम करना
(b) न्यूट्रॉन की गति को बढ़ाना
(c) रिएक्टर को ठंडा करना
(d) नाभिकीय क्रिया को रोकना

30. परमाणु रिएक्टर क्या है?
(a) परमाणु बम का निर्माण स्थल
(b) भारी पानी का तालाब
(c) U238 का उत्सर्जक
(d) आणविक भट्ठी

31. निम्नलिखित में से किसका नाभिकीय ईंधन के रूप में प्रयोग नहीं किया जा सकता है?
(a) यूरेनियम (b) थोरियम
(c) कैल्शियम (d) प्लूटोनियम

32. इन्द्र है–
(a) प्रक्षेपास्त्र
(b) चालक रहित विमान
(c) राडार
(d) टैंक

33. भारत की सतह से वायु में मार करने वाली मिसाइल है–
(a) अग्नि (b) नाग
(c) त्रिशूल (d) पृथ्वी

34. कम-दूरी का प्रक्षेपास्त्र-त्रिशूल, जिसका चांदीपुर से परीक्षण किया गया है, एक–
(a) अवध्वनिक प्रक्षेपास्त्र है
(b) पराध्वनिक प्रक्षेपास्त्र है
(c) अतिध्वनिक प्रक्षेपास्त्र है
(d) इनमें से कोई नहीं

35. 'अग्नि' नाम जुड़ा हुआ है–
(a) आग से लड़ने वाली मशीन से
(b) युद्ध टैंक से
(c) हवाई जहाज से
(d) भारत द्वारा तैयार की गई मिसाइल से

36. एक स्वदेश निर्मित मिसाइल जिसकी मारक क्षमता 700 किलोमीटर है। इसका नाम क्या है?
(a) पृथ्वी-I (b) पृथ्वी-II
(c) अग्नि-I (d) अग्नि-II

37. देशज तकनीक से विकसित तेजस है–
(a) एक पनडुब्बी
(b) एक मध्यम-दूरी मारक प्रक्षेपास्त्र
(c) एक हल्का लड़ाकू विमान
(d) एक विमानवाहक पोत

38. निम्नलिखित श्वान उपजातियों में कौन भौंकने में असमर्थ है?
(a) डिंगो (b) एल्सेशियन
(c) डाल्मेशियन (d) लेब्रेडॉर

39. 'रेड रिबन एक्सप्रेस' चलता फिरता दृश्य साधन है–
(a) 'एड्स' हेतु जागरूकता का
(b) पल्स पोलियो के प्रति जागरुकता का
(c) बालिका शिशु के संरक्षण का
(d) सभी शिशुओं को कुपोषण से बचाने का

40. डॉक्टरों द्वारा मरीजों के उदर के अन्दर परीक्षण 'एन्डोस्कोप' द्वारा किया जाता है, यह निम्न में से किस सिद्धांत पर कार्य करता है?
(a) प्रकाश का पूर्ण आंतरिक परावर्तन
(b) प्रकाश का विसर्जन
(c) प्रकाश का सकल आन्तरिक परावर्तन
(d) प्रकाश का अपवर्तन

41. कोलेस्ट्रॉल है–
(a) पर्णहरित का प्रकार
(b) क्लोरोफार्म का एक यौगिक
(c) जन्तु वसा में उपस्थित वसीय एल्कोहल
(d) क्रोमियम लवण

42. चिकित्सक परामर्श देते हैं कि हमें अपना भोजन वनस्पति घी की अपेक्षा तेल में बनाना चाहिए क्योंकि–
(a) तेल में असंतृप्त वसाएं हैं।
(b) तेल में संतृत्त वसाएं होती हैं।
(c) तेल का संग्रहण आसान है।
(d) तेल सस्ता है।

43. फिरोमोन्स पाए जाते हैं–
(a) कीटों में (b) सांपों में
(c) पक्षियों में (d) चमगादड़ों में

44. नोस्कापीन किससे प्राप्त होता है?
(a) पोस्ता (पॉपी) से
(b) तुलसी से
(c) गंध सफेदा (यूकैलिप्टस) से
(d) इफेडरा से

45. निम्न में से कौन एक ऐसा पदार्थ है जो समुद्र में बहुतायत से प्राप्त होता है और एक विशिष्ट कमी वाली व्याधि में दिया जाता है?
(a) लौह (b) विटामिन ए
(c) फ्लोरीन (d) आयोडीन

46. बैसिलस थूरिनजिएन्सिस का उपयोग होता है–
(a) जैविक खाद
(b) जैविक कीटनाशक
(c) रासायनिक खाद
(d) रासायनिक कीटनाशक

47. एक सूक्ष्मजीव जो शराब उद्योग के एल्कोहालिक किण्वन के लिए प्रयुक्त होता है, एक–
(a) यीस्ट है
(b) जीवाणु है
(c) सायनो जीवाणु है
(d) एक्टिनोमाइसीट है

48. स्थानीय वनस्पति का संग्रह क्या कहलाता है?
(a) हर्बेरियम (b) सभाघर
(c) सैनिटेरियम (d) प्लेनेटेरियम

49. वेब 3.0 के संदर्भ में, निम्नलिखित कथनों पर विचार कीजिए-
1. **वेब 3.0 प्रौद्योगिकी से व्यक्ति अपने स्वयं के आँकड़ों पर नियंत्रण कर सकते हैं।**
2. **वेब 3.0 संसार में, ब्लॉकचेन आधारित सामाजिक नेटवर्क हो सकते हैं।**
3. **वेब 3.0 किसी निगम द्वारा परिचालित होने की बजाय प्रयोक्ताओं द्वारा सामूहिक रूप से परिचालित किया जाता है।**

उपर्युक्त कथनों में कौन-से सही हैं?
(a) केवल 1 और 2
(b) केवल 2 और 3
(c) केवल 1 और 3
(d) 1, 2 और 3

50. शिशु का पितृत्व ज्ञान करने के लिए निम्नलिखित में से एक तकनीक का प्रयोग किया जा सकता है–
(a) प्रोटीन विश्लेषण
(b) गुणसूत्र गणन
(c) DNA का मात्रात्मक विश्लेषण
(d) DNA का फिंगर प्रिन्टिंग

51. कपास के कीट रोधी पौधे आनुवंशिक इन्जीनियरिंग द्वारा एक जीन को निविष्ट कर निर्मित किए गए हैं, जो लिया गया है–
(a) विषाणु से (b) जीवाणु से
(c) कीट से (d) पौधे से

52. निम्नलिखित में से कौन-सा एक जीव चावल की फसल के लिए जैव उर्वरक का कार्य कर सकता है?
(a) नील हरित शैवाल
(b) राइजोबियम
(c) कवकमूल
(d) एजेटोबैक्टर

53. एक कम्प्यूटर की स्मृति सामान्य तौर से किलोबाइट (Kilobytes) अथवा मेगाबाइट (Megabytes) के रूप में व्यक्त की जाती है। एक बाइट (Byte) बना होता है-
(a) आठ द्वि-आधारी (Eight-Binary) अंकों का
(b) आठ दशमलव अंकों का
(c) दो द्वि-आधारी अंकों का
(d) दो दशमलव अंकों का

54. अग्नि II प्रक्षेपास्त्र (Missile) का परास (Range) है, लगभग-
(a) 500 किमी (b) 2000 किमी
(c) 3500 किमी (d) 5000 किमी

55. चन्द्रा एक्स-रे दूरबीन का नाम किस वैज्ञानिक के सम्मान में रखा गया?
(a) चन्द्रशेखर वेंकटरमन
(b) जगदीश चन्द्र बोस
(c) प्रफुल्ल चन्द्र रॉय
(d) सुब्रह्मण्यम चन्द्रशेखर

56. भारतीय सुरक्षा के सन्दर्भ में निम्न में कौन-सा कथन सही नहीं है?
(a) पृथ्वी-II से लैस होने पर IAF विश्व की एकमात्र वायुसेना है, जिसकी कमान में जमीन से जमीन पर मार करने वाले प्राक्षेपित प्रक्षेपास्त्र (मिसाइल) है।
(b) सुखोई-30MKI जेट हवा-से-हवा तथा हवा-से-जमीन पर मार करने वाले सूक्ष्म प्रक्षेपास्त्र (मिसाइल) का प्रक्षेपण कर सकते हैं।
(c) त्रिशूल जमीन से हवा में मार करने वाला पराध्वनिक प्रक्षेपास्त्र (मिसाइल) है तथा उसका परास 30 किमी. है।
(d) स्वदेश में निर्मित INS प्रक्षेपास्त्र प्रथम जमीन-से-जमीन पर मार करने वाले प्रक्षेपास्त्र (मिसाइल) का प्रक्षेपण कर सकता है।

57. भारत में "पब्लिक की इंफ्रास्ट्रक्चर" (Public Key Infrastructure) पदबंध किसके प्रसंग में प्रयुक्त किया जाता है?
(a) डिजिटल सुरक्षा आधारभूत संरचना
(b) खाद्य सुरक्षा आधारभूत संरचना
(c) स्वास्थ्य देखभाल और शिक्षा आधारभूत संरचना
(d) दूरसंचार और परिवहन आधारभूत संरचना

58. निम्नलिखित में से कौन-सा विश्व का पहला देश है, जिसने भू-मंडलीय तापन के प्रतिकरण के लिए कार्बन टैक्स लगाने का प्रस्ताव रखा?
(a) ऑस्ट्रेलिया (b) जर्मनी
(c) जापान (d) न्यूजीलैण्ड

59. वैज्ञानिक तथा औद्योगिक अनुसन्धान परिषद् के अध्यक्ष कौन हैं?
(a) भारत के राष्ट्रपति
(b) भारत के उपराष्ट्रपति
(c) भारत के प्रधानमन्त्री
(d) विज्ञान तथा प्रौद्योगिकी के केन्द्रीय मन्त्री

60. विज्ञान तथा विश्व मामलों पर पग्वाश सम्मेलन (Pugwash Conferences on Science and World Affairs) का प्रथम सम्मेलन वर्ष 1957 में कहाँ आयोजित हुआ था?
(a) मिन्नोब्रुक (यूएसए)
(b) रोड द्वीप (यूएसए)
(c) नोवा स्कोटिया (कनाडा)
(d) नागासाकी (जापान)

61. नासा का डीप इम्पैक्ट अन्तरिक्ष मिशन कौन-से धूमकेतु केन्द्रक के विस्तृत चित्र लेने के लिए प्रयोग में लाया गया?
(a) हैली कॉमेट
(b) हेल-बॉप
(c) ह्याकुतेक (Hyakutake)
(d) टेम्पल 1

62. निम्नलिखित में से कौन-सा एक अन्तरिक्ष यान है?
(a) एपोफिस (b) कैसिनी
(c) स्पित्जर (d) टेकसार

63. नार्मन अर्नेस्ट बोरलॉग, जो भारत की हरित क्रान्ति के जनक माने जाते हैं, किस देश से हैं?

(a) संयुक्त राज्य अमेरिका
(b) मैक्सिको
(c) ऑस्ट्रेलिया
(d) न्यूजीलैण्ड

64. अन्तर्राष्ट्रीय ताप नाभिकीय प्रायोगिक रिएक्टर (ITER) परियोजना निम्नलिखित में से किस एक स्थान पर बनाई जाने वाली है?
(a) उत्तरी स्पेन (b) दक्षिणी फ्रांस
(c) पूर्वी जर्मनी (d) दक्षिणी इटली

65. ऊर्जा के वैकल्पिक स्रोतों के सन्दर्भ में एक व्यवहार्य जैव-ईंधन एथेनॉल को इनमें से किससे प्राप्त किया जा सकता है?
(a) आलू (Potato)
(b) चावल (Rice)
(c) गन्ना (Sugarcane)
(d) गेहूँ (Wheat)

66. WIMAX निम्नलिखित में से किससे सम्बन्धित है?
(a) जैव प्रौद्योगिकी (Biotechnology)
(b) अन्तरिक्ष प्रौद्योगिकी (Space Technology)
(c) मिसाइल प्रौद्योगिकी (Missile Technology)
(d) संचार प्रौद्योगिकी (Communication Technology)

67. निम्नलिखित वैज्ञानिकों में से किसने यह सिद्ध किया कि सूर्य के द्रव्यमान से 1.44 गुना कम द्रव्यमान वाले तारे मृत होकर श्वेत वामन तारे (White Dwarf) बन जाते हैं?
(a) एडविन हबल
(b) एस. चन्द्रशेखर
(c) स्टीफन हॉकिंग
(d) स्टीवेन वीनबर्ग

68. निम्नलिखित में से कौन-सा/से, बेतार प्रौद्योगिकियों के GSM कुल में नहीं है/हैं?
(a) EDGE
(b) LTE
(c) DSL
(d) EDGE और LTE दोनों

69. ब्लूटूथ (Bluetooth) तथा वाई-फाई (Wi-Fi) के बीच क्या अंतर है?
(a) ब्लूटूथ 2.4 GHz रेडियो-आवृत्ति पट्ट प्रयुक्त करता है, जबकि वाई-फाई 2.4 GHz अथवा 5GHz आवृत्ति पट्ट प्रयुक्त कर सकता है।
(b) ब्लूटूथ केवल बेतार स्थानीय क्षेत्रीय जाल (WLAN) प्रयुक्त करता है।
(c) जब ब्लूटूथ प्रौद्योगिकी प्रयोग कर रहे दो उपकरणों के बीच सूचना प्रेषित की जाती है, तब दोनों उपकरणों का दृष्टिगत स्तर पर पंक्तिबद्ध होना आवश्यक है, किंतु जब वाई-फाई प्रौद्योगिकी प्रयोग में लाई जाती है, तब दोनों उपकरणों का दृष्टिगत स्तर पर पंक्तिबद्ध होना आवश्यक नहीं है।
(d) इस सन्दर्भ में 'a' तथा 'b' दोनों कथन सही है।

70. बैंगन की आनुवंशिक अभियान्त्रिकी से उसकी नई किस्म Bt बैंगन विकसित की गई है। इसका लक्ष्य–
(a) इसे नाशकजीव-सह बनाना है।
(b) इसे अधिक स्वादिष्ट और पौष्टिक बनाना है।
(c) इसे जलाभाव-सह बनाना है।
(d) इसकी निधानी आयु बढ़ाना है।

71. शीत कोष्ठ में भण्डारित फल अधिक समय तक चलते हैं, क्योंकि–
(a) सूरज की रोशनी नहीं पड़ने दी जाती है।
(b) पर्यावरण में कार्बन डाइ-ऑक्साइड की सान्द्रता बढ़ा दी जाती है।
(c) श्वसन की दर घटा दी जाती है।
(d) आर्द्रता बढ़ जाती है।

72. अग्नि IV प्रक्षेपास्त्र के सन्दर्भ में निम्नलिखित कथनों में से कौन-सा/से सही है/हैं?
1. यह धरातल-से-धरातल तक मार करने वाला प्रक्षेपास्त्र है।
2. इसमें केवल द्रव नोदक ईंधन के रूप में प्रयोग होता है।
3. यह एक-टन नाभिकीय वारहेड को 7500 किमी. दूरी तक फेंक सकता है।
कूट:
(a) केवल 2 (b) 2 और 3
(c) 1 और 3 (d) ये सभी

73. भारत में, क्यों कुछ परमाणु रिएक्टर "आई.ए.ई.ए. सुरक्षा उपायों" के अधीन रखे जाते हैं जबकि अन्य इस सुरक्षा के अधीन नहीं रखे जाते?
(a) कुछ यूरेनियम का प्रयोग करते हैं और अन्य थोरियम का
(b) कुछ आयातित यूरेनियम का प्रयोग करते हैं और अन्य घरेलू आपूर्ति का
(c) कुछ विदेशी उद्यमों द्वारा संचालित होते हैं और अन्य घरेलू उद्यमों द्वारा
(d) कुछ सरकारी स्वामित्व वाले होते हैं और अन्य निजी स्वामित्व वाले

74. 'विक्रम साराभाई अंतरिक्ष केन्द्र' कहाँ स्थित है?
(a) केरल (b) तमिलनाडु
(c) कर्नाटक (d) आंध्र प्रदेश

75. टी-90 क्या है?
(a) विमान (b) टैंक
(c) मिसाइल (d) राडार

76. 'भौतिकी अनुसंधान प्रयोगशाला (PRL)' कहाँ स्थित है?
(a) चेन्नई (तमिलनाडु)
(b) चंडीगढ़ (पंजाब)
(c) लखनऊ (उत्तर प्रदेश)
(d) अहमदाबाद (गुजरात)

77. विश्व में सर्वाधिक कंप्यूटरों वाला देश कौन-सा है?
(a) भारत (b) चीन
(c) अमेरिका (d) ब्रिटेन

78. भू-स्थिर उपग्रह के बारे में असत्य कथन चुनिए।
(a) ये उपग्रह पृथ्वी के किसी स्थान विशेष के सापेक्ष स्थिर रहते हैं।
(b) इन उपग्रहों का उपयोग दूरभाष, टेलीविजन सिग्नलों आदि के संचार में होता है।
(c) ये 24 घण्टे में एक बार पृथ्वी की परिक्रमा करते हैं।
(d) यदि इस प्रकार के तीन उपग्रह भू-स्थिर कक्षा में स्थापित किए जाएँ तो ध्रुवीय क्षेत्रों के अलावा सम्पूर्ण पृथ्वी से एक साथ सम्बन्ध स्थापित नहीं किया जा सकता है।

व्याख्या सहित उत्तर

1. (a) सन 2000 के आगमन से पूर्व यह दहशत विद्यमान थी कि इस सन् के आखिरी दोनों शब्द शून्य है इसलिए कहीं कम्प्यूटरों की कार्यप्रणाली न प्रभावित हो जाए। इस समस्या के निदान में भारी व्यय की आशंका व्यक्त की गई थी। इसे ही Y2K समस्या कहते हैं।

2. (b) ऑक्सफोर्ड विश्वविद्यालय के शोधकर्ताओं ने सिलिकॉन में 10 अरब क्वांटम इंटगलमेंट ईजाद करने में सफलता हासिल कर ली है। इंटगलमेंट वह उपकरण है जिससे क्वांटम कम्प्यूटर बनाया जाता है। क्वांटम बाइट्स पर आधारित सुपरफास्ट क्वांटम कम्प्यूटर एक बार में एक सवाल के बहुत से संभावित समाधानों पर विचार कर पाएगा। पारंपरिक कम्प्यूटर बाइनरी स्विच या बाइट्स पर आधारित होता है।

3. (d) डिटिजल घड़ी इम्बेडेड कंम्प्यूटर प्रणाली द्वारा संचालित होती है।

4. (c) डेस्क-टॉप प्रकाशन या डीटीपी, प्रकाशन की आधुनिकतम तकनीक है जिसके आने के कारण प्रकाशन का कार्य कम खर्च में एवं अत्यन्त सुविधा के साथ होने लगा है। डेस्क-टॉप प्रकाशन के तीन मुख्य

अवयव है– (i) व्यक्तिगत कम्प्यूटर, (II) पेज-लेआउट करने के लिए एक सॉफ्टवेयर तथा (iii) अच्छी गुणवत्ता वाला एक प्रिंटर, मुख्यत: लेजर प्रिंटर।

5. (d) डॉट मैट्रिक्स प्रिंटर, डेजी व्हील प्रिंटर, लाइन प्रिंटर इत्यादि समघात मुद्रण यंत्रों (Impact Printers) की श्रेणी में आते हैं।

6. (c) www–world wide web का संक्षिप्त रूप है। इंटरनेट की इस प्रणाली के प्रवर्तक ब्रिटिश कंप्यूटर विज्ञानी टीम बर्नर ली (Tim Berners-Lee) हैं।

7. (d) ब्लू टूथ विनिर्देशन का विकास सर्वप्रथम 1994 में हार्टसन ने किया। ब्लू टूथ वायरलेस संचार का प्रोटोकॉल है। मोबाइल फोन, लैपटॉप, संगणक, प्रिंटर, डिजिटल कैमरा जैसे उपकरण इसके माध्यम से जुड़ कर जानकारी विनिमय कर सकते हैं। इसमें रेडियो तरंग का उपयोग किया जाता है।

8. (a) रेडशिफ्ट एवं ब्लूशिफ्ट द्वारा इस परिघटना की व्याख्या की जाती है अन्तरिक्ष में कोई पिण्ड (जैसे तारे या आकाशगंगाएँ) हमारे निकट आता है या हमसे दूर है तो प्रकाश में किस प्रकार परिवर्तन होता है। यह अवधारणा ब्रह्माण्ड के विस्तार का मानचित्रण करने का महत्वपूर्ण सूत्र है।

9. (a) सिनेमा हॉल, सम्मेलन हॉल और कॉन्सर्ट हॉल की आंतरिक छतों को साधारणतया वक्रित बनाया जाता है जिससे ध्वनि परावर्तित होकर हॉल के सभी किनारों तक पहुंचती है।

10. (b) थुम्बा, पृथ्वी की चुंबकीय विषुवतरेखा (थुम्बा के ठीक उत्तर की ओर अवस्थित) के बहुत निकट स्थित है, जो इसे वैज्ञानिक कार्य हेतु वायुमंडलीय अनुसंधान का आदर्श स्थान बना देता है।

वास्तव में, 8°32'34" उत्तर एवं 76°51'32" पूर्व में थुम्बा की स्थिति निम्न तुंगता, ऊपरी वायुमंडल और आयनमंडल का अध्ययनों के लिए आदर्श है।

थुम्बा, केरल में तिरुवनंतपुरम हवाई अड्डे के निकट अवस्थित मछली पकड़ने का व्यवसाय करने वाले लोगों का एक छोटा-सा गांव है।

11. (d) खगोल भौतिकी में चंद्रशेखर सीमा, स्थिर (stable) श्वेत वामन तारे (ड्वार्फ स्टार) के लिए सैद्धांतिक रूप से संभव अधिकतम द्रव्यमान है।

अल्बर्ट आइंस्टीन के सापेक्षता के विशेष सिद्धांत और क्वांटम भौतिकी के सिद्धांतों का उपयोग कर चन्द्रशेखर ने दिखलाया कि यदि श्वेत वामन तारे का द्रव्यमान सूर्य के द्रव्यमान से 1.44 गुना अधिक है, तो उसका डिजेनेरेट इलेक्ट्रॉन गैस के सहारे स्थिर रहना असंभव है। इस प्रकार का तारा यदि अपना ताप नाभिकीय ईंधन पूरी तरह समाप्त नहीं करता है तो यह द्रव्यमान सीमा थोड़ी और अधिक हो सकती है।

वास्तविक श्वेत वामन तारों के सभी प्रत्यक्ष द्रव्यमान के निर्धारण का परिणाम चंद्रशेखर सीमा से कम द्रव्यमान रहा है। चन्द्रशेखर लिमिट से अधिक द्रव्यमान वाला तारा यदि अपना नाभिकीय दहन काल समाप्त कर लेता है तो वह न्यूट्रॉन स्टार या ब्लैक होल बन जाता है।

12. (a) 8-21 जुलाई, 2011 के मध्य संपन्न स्पेस शटल अटलांटिस की अंतिम उड़ान के साथ ही नासा के स्पेस शटल कार्यक्रम का समापन हो गया। कोलंबिया स्पेश शटल 1 फरवरी, 2003 को पृथ्वी के वायुमंडल में पुनर्प्रवेश के दौरान ध्वस्त हो गया था। स्पेस शटल डिस्कवरी का अंतिम अंतरिक्षीय मिशन 24 फरवरी, 2011 से 9 मार्च, 2011 के मध्य संपन्न हुआ था। एंडेवर अपने अंतिम अंतरिक्षीय मिशन पर 16 मई, 2011 को प्रक्षेपित किया गया था तथा जून, 2011 को यह पृथ्वी पर सफलतापूर्वक उतरा जिसके बाद इसे सेवानिवृत्त कर दिया गया।

13. (a) अंतरिक्ष में तीव्र गति से यात्रा कर रहे विद्युत आवेशी कण पृथ्वी के धरातल पर नहीं पहुंच पाते क्योंकि पृथ्वी का चुंबकीय क्षेत्र उन्हें ध्रुवों की ओर मोड़ देता है। इसलिए सर्वश्रेष्ठ उदाहरण 'ऑरोरा' (aurora) है।

14. (c) जब कोई पदार्थ पृथ्वी के चारों ओर पृथ्वी की गति के समानुपाती उस गति से चलता है कि वह पृथ्वी पर स्थित किसी स्थान से निश्चित दूरी बनाए रखता है तो इसे भूस्थैतिक स्थिति कहते हैं। इसी सिद्धांत पर भूस्थिर उपग्रह कार्य करते हैं। इस प्रकार के उपग्रहों की कक्षा दीर्घवृत्ताकार होती है और ये 24 घंटे में पृथ्वी का एक चक्कर लगाते हैं। इनकी गति पृथ्वी के परिभ्रमण से समान होने के कारण ये उपग्रह स्थिर प्रतीत होते हैं।

15. (d) पैटरसन ने वायुमंडल को 5 उधोलिखित भागों मे विभाजित किया है 1. क्षोभमंडल (18 किमी.) 2. समतापमंडल (18-30 किमी.), 3. मध्यमंडल (30-80 किमी.), 4. आयनमंडल (80-400 किमी.) 5. बाह्य मंडल (बहिर्मंडल) में वायु अत्यंत विरल होती है तथा ऊपर धीरे-धीरे बाह्य अंतरिक्ष में विलीन हो जाती है। इसी में संचार उपग्रह अवस्थित किए जाते हैं। उपग्रहों के माध्यम से जानकारी सुलभ हुई है कि बाह्य मंडल के ऊपर चुम्बकीय मंडल प्रसारित है।

16. (d)

17. (d) बायोगैस अधिकांशत: मीथेन और कार्बन डाइऑक्साइड के अतिरिक्त कुछ अन्य गैसों की थोड़ी मात्रा से बनी होती है। बायोगैस मिश्रण में सामान्यतया 55%-75% मीथेन और 44%-24% कार्बन डाइऑक्साइड होती है, तथा 1% या कम भाग अन्य गैसों का होता है। चूंकि बायोगैस कार्बनिक सामग्री से बनी होती है, इसलिए कभी-कभी इसे "नवीकरणीय प्राकृतिक गैस" भी कहा जाता है।

18. (b) जैवप्लास्टिक जीवाणुओं जैसे सूक्ष्मजीवों या आनुवंशिक रूप से संशोधित पौधों से निकाले गए या इनके द्वारा संश्लेषित रासायनिक यौगिकों से बनी मुलायम प्लास्टिक सामग्री है। पेट्रोलियम से प्राप्त परंपरागत प्लास्टिक के विपरीत, जैव प्लास्टिक नवीकरणीय स्रोत से प्राप्त होती है और जैवअपघटनीय होती है।

19. (c) श्वास के विश्लेषण द्वारा कैंसर का पता लगाने के लिए नैनो-नोज (Na-Nose) का विकास एक मील का पत्थर (महत्वपूर्ण उपलब्धि) है। यह विशेषज्ञों को रोगी द्वारा श्वास के माध्यम से छोड़े गए मिलियन अणुओं में से ऐसे एक अणु को खोज निकालने में सहायता करती है जिससे यह पता लगाया जा सके कि कहीं रोगी कैंसर से पीड़ित तो नहीं है। यह एक गैर आक्रामक विधि है और इसके लिए जटिल नैदानिक उपायों की आवश्यकता नहीं होती है।

20. (d) दूध में मिलावट नियंत्रित करने के लिए शोधकर्ताओं के दल ने नैनोप्रौद्योगिकी आधारित "डिप स्ट्रिप" का विकास किया है।

यह नैनो-तकनीक-आधारित "डिप स्ट्रिप" कागज की पट्टी से मिलती-जुलती है, लेकिन नैनो केशिकाओं का उपयोग करके रेशेदार पैड सामग्री से बनाई गई है। इससे सबसे अधिक उपयोग किए जाने वाले **यूरिया, डिटर्जेंट**, सोडियम कार्बोनेट, माल्टोडेक्सट्रिन, **हाइड्रोजन पेराक्साइड** जैसी आठ प्रकार की और दूध में उपस्थित अन्य अशुद्धियों का पता लगाया जा सकता है। प्रत्येक अशुद्धियों के साथ इसका रंग परिवर्तित हो जाता है। **इसलिए 1, 2 और 3 सही है।**

21. (c) कार्बन नैनो ट्यूब (CNTs) कार्बन का अपररूप है। ये बेलनाकार कार्बन अणुओं का रूप ग्रहण करते हैं एवं इनमें ऐसे अद्‌भुत गुणधर्म पाए जाते हैं जो इन्हें नैनो-प्रौद्योगिकी, इलेक्ट्रॉनिक्स, प्रकाशिकी एवं पदार्थ विज्ञान के अन्य क्षेत्रों में संभावित रूप से उपयोगी बनाते हैं।

CNT के अभिलक्षण निम्नलिखित हैं :

CNT की विद्युत चालकता उच्च होती है **(कथन 1 सही है)।**

CNT की तनन-सामर्थ्य (tensile strength) अत्यधिक उच्च होती है **(कथन 2 सही नहीं है)।**

CNT अत्यधिक नम्य होते हैं - बिना क्षति के अत्यधिक मोड़े (bent) जा सकते हैं।

CNT अत्यधिक प्रत्यास्थ होते हैं : टूटने से पहले अपने आकार में 18% तक खिंचाव सहन कर सकते हैं (18% elongation to failure)

CNT की उष्मीय/तापीय चालकता उच्च होती है **(कथन 3 सही है)।**

CNT का तापीय प्रसार गुणांक निम्न होता है।

CNT अच्छे इलेक्ट्रान फील्ड उत्सर्जक होते हैं।

22. (d) एक नैनोमीटर 10^{-7} सेमी. के समतुल्य होता है।

23. (a) हाइड्रोजन बम नाभिकीय संलयन की प्रक्रिया पर आधारित है। इसमें ड्यूटेरियम तथा ट्राइटियम के संलयन से अपार ऊर्जा मुक्त होती है। यह अनियंत्रित संलयन (Fusion) अभिक्रिया पर आधारित है।

24. (b) संवृद्ध या संवर्धित (Enriched) यूरेनियम एक प्रकार का यूरेनियम है, जिसमें समस्थानिकों को विलग करने की प्रक्रिया (Isotope Separation) के द्वारा यूरेनियम-235 का प्रतिशत संघटन कृत्रिम रूप से बढ़ाया जाता है।

25. (a) यूरेनियम के रेडियोधर्मी विघटन का अंतिम उत्पाद लेड (सीसा) है।

26. (b) यदि नाभिकीय रिएक्टरों में नियंत्रक (Control) छड़ों का उपयोग नहीं किया जाएगा तो नाभिकीय प्रक्रिया अनियंत्रित हो जाएगी तथा उससे उत्पन्न ऊर्जा की विपुल मात्रा विध्वंस का कारण बन सकती है। नाभिकीय रिएक्टरों में कैडमियम की छड़ों का नियंत्रक छड़ों के रूप में उपयोग किया जाता है।

27. (a) ध्रुव रिएक्टर की डिजाइन स्वदेशी तकनीक से तैयार की गई है। इस संयंत्र को औद्योगिक परमाणु संयंत्र भी कहा जाता है क्योंकि इसमें कोबाल्ट-60, क्रोमियम-51 तथा आयोडीन-131 आदि समस्थानिकों का उत्पादन किया जाता है। इस संयंत्र का प्रतिरक्षा के क्षेत्र में विशेष महत्त्व है। साइरस नाभिकीय रिएक्टर की स्थापना कनाडा के सहयोग से की गई थी। पूर्णिमा नाभिकीय रिएक्टर थोरियम चक्र का अध्ययन करने वाला विश्व का प्रथम और एकमात्र रिएक्टर है।

28. (a) कलपक्कम (तमिलनाडु) में वर्ष 1971 में चेन्नई के निकट 'इंदिरा गांधी परमाणु अनुसंधान केन्द्र' (IGCAR) की स्थापना की गई। इस केन्द्र का मुख्य कार्य फास्ट ब्रीडर रिएक्टर के सम्बन्ध में अनुसंधान एवं विकास करना है। वर्तमान समय में कलपक्कम में लगभग 5,677 करोड़ रुपए की लागत से 500 मेगावाट क्षमता वाले प्रोटोटाइप फास्ट ब्रीडर रिएक्टर (PFBR) का निर्माण किया जा रहा है।

29. (a) भारी जल (Heavy Water) हाइड्रोजन के समस्थानिक ड्यूटीरियम ($_1H^2$) का ऑक्साइड (D_2O) है। परंपरागत नाभिकीय रिएक्टरों (जिनमें यूरेनियम-238 एवं प्लूटोनियम-239 ईंधन के रूप में प्रयुक्त होते हैं) में भारी जल मंदक (Moderator) के रूप में प्रयुक्त होता है। इसका कार्य शृंखला अभिक्रिया में निर्मुक्त तीव्र गति वाले न्यूट्रॉनों की गति को कम करना होता है ताकि शृंखला अभिक्रिया को नियंत्रित किया जा सके। ग्रेफाइट एवं बेरिलियम का प्रयोग भी मंदक के रूप में किया जाता है। आधुनिक संवर्धित यूरेनियम वाले रिएक्टरों में सामान्य 'हल्का जल' (Light Water, H_2O) ही मंदक का कार्य करता है।

30. (d) परमाणु रिएक्टर आणविक भट्ठी है, इसके माध्यम से विद्युत का उत्पादन किया जाता है।

31. (c) यूरेनियम, थोरियम व प्लूटोनियम का उपयोग नाभिकीय ईंधन के तौर पर होता है।

32. (c) इन्द्र DRDO द्वारा विकसित राडार है, इसका विकास थल सेना व वायुसेना के प्रयोग हेतु किया गया है।

33. (c) त्रिशूल भारत के 'एकीकृत निर्देशित प्रक्षेपास्त्र विकास कार्यक्रम' (IGMDP) के तहत विकसित 'सतह से वायु में मार करने वाली मिसाइल' (Surface-to-Air-Missile) है। पृथ्वी एवं अग्नि सतह से सतह पर मार करने वाले बैलिस्टिक प्रक्षेपास्त्रों की शृंखला है, जबकि नाग डीआरडीओ द्वारा 'दागो और भूल जाओ' (Fire and Forget) की तर्ज पर विकसित 'टैंक-भेदी' (Anti-tank) मिसाइल है।

34. (b) रक्षा अनुसंधान एवं विकास संगठन (DRDO) ने तकनीकी खामियों के चलते अपनी महत्वाकांक्षी त्रिशूल पराध्वनि प्रक्षेपास्त्र (सुपरसोनिक मिसाइल) परियोजना को 27 फरवरी, 2008 को बंद कर इसे शोध एवं विकास की श्रेणी में शामिल कर दिया है।

35. (d) प्रक्षेपास्त्र वैज्ञानिक डॉ. ए. पी. जे. अब्दुल कलाम (जो भारत के राष्ट्रपति भी थे) के कुशल नेतृत्व में 1980 के दशक में भारत में प्रारम्भ किए गए 'समन्वित निर्देशित प्रक्षेपास्त्र विकास कार्यक्रम' (IGMDP) के तहत अग्नि मिसाइल का विकास किया गया। अग्नि मध्यम से अंतर्महाद्वीपीय रेंज तक मार करने में सक्षम प्रक्षेपास्त्रों का एक समूह है। अग्नि-I, अग्नि-II, अग्नि-III तथा अग्नि-IV की भारतीय सशस्त्र सेनाओं में तैनाती हो चुकी है। अग्नि-V परीक्षण के चरण में जबकि अग्नि-VI विकास की प्रक्रिया में है।

36. (c)

37. (c) देशज तकनीक से विकसित 'तेजस' एक हल्का चौथी पीढ़ी की लड़ाकू विमान है। इसका यह नामकरण तत्कालीन प्रधानमंत्री अटल बिहारी वाजपेयी ने किया था। तेजस ने प्रथम बार 1 अगस्त, 2003 को तेज गति के साथ उड़ान भरी। जनवरी, 2011 में भारत में निर्मित प्रथम हल्के लड़ाकू स्वदेशी विमान तेजस को तत्कालीन रक्षामंत्री ए. के. एंटनी ने भारतीय वायुसेना को सौंप दिया। यह भारतीय लघु सेना में मिग-21 विमानों का स्थान लेगा।

38. (a) डिंगो एवं बसेंजी श्वान की वे उपजातियां हैं जो सामान्य कुत्तों की तरह न भौंक कर एक तरह के आलाप की ध्वनि उत्पन्न करते हैं।

39. (a) 'रेड रिबन एक्सप्रेस' का उद्देश्य देश भर में घूमकर लोगों को एचआईवी/एड्स बीमारी के खतरे और इससे बचाव के तरीकों के बारे में जागरूक करना है, जिसके लिए इसमें एड्स से संबंधित प्रदर्शनी लगाई जाती है।

40. (a) पेट या शरीर के अन्य आन्तरिक अंगों के अन्वेषण के लिए प्रयुक्त तकनीक एन्डोस्कोपी (Endoscopy) पूर्ण आंतरिक परावर्तन (Total Internal Reflection) सिद्धान्त पर आधारित है। क्योंकि यह आप्टिकल फाइबर माध्यम पर कार्य करता है जिसमें सूचनाएं आंतरिक परावर्तन के माध्यम से संचारित होती हैं।

41. (c) कोलेस्ट्रॉल (Cholestrol, $C_{27}H_{46}O$) जन्तु वसा में मौजूद एक वसीय एल्कोहल है जो कि रंगहीन, गंधहीन तथा श्वेत क्रिस्टलीय (White Crystalline) पदार्थ है और इसका मानव हृदय रोग से सीधा सम्बन्ध है। निरन्तर वसा प्रधान भोजन को करने से रुधिर में कोलेस्ट्रॉल की मात्रा बढ़ जाती है जिसके परिणामस्वरूप ऐथिरोस्कलेरोसिस (Atheroscelrosis) नामक रोग हो जाता है।

42. (a) डॉक्टर वनस्पति घी की बजाए शोधित पादप तेलों (refined vegetable oils) के उपयोग से भोजन पकाने का परामर्श देते हैं क्योंकि इनमें असंतृप्त वसाएं (unsaturated fats) पाई जाती हैं तथा ये संतृप्त वसाओं वाले वनस्पति घी से कम हानिकारक होते हैं।

43. (a) फिरोमोन्स वह रसायन है जो कीटों द्वारा उत्सर्जित किए जाते हैं। यह विपरीत लिंगी को आकर्षित करने तथा स्वभाव को निर्धारित करने का कार्य करते हैं।

44. (a) चिकित्सीय दृष्टि से महत्वपूर्ण नोस्कापीन, पोस्ता से प्राप्त होता है।

45. (d) समुद्र में बहुतायत तौर पर आयोडीन पाया जाता है तथा यह घेंघा रोग के रोकथाम के लिए सहायक है।

46. (b) बैसिलस थुरिनजिएन्सिस एक ग्राम पॉजिटिव जीवाणु है जिसका प्रयोग आम तौर पर जैविक कीटनाशक के रूप में होता है।

47. (a) किण्वन की क्रिया शर्करा को एल्कोहॉल में परिवर्तित करती है। एल्कोहॉल युक्त पेय के उत्पादन में प्रायः खमीर अथवा सैकेरोमाइसीज जाति के यीस्ट का प्रयोग होता है।

48. (a) स्थानीय वनस्पति का संग्रह हर्बेरियम कहलाता है।

49. (d) वेब 3.0 तकनीक लोगों को अपने स्वयं के डेटा को नियंत्रित करने में सक्षम बनाती है।

वेब 3.0 के दुनिया में, ब्लॉकचेन आधारित सामाजिक नेटवर्क हो सकते हैं।

वेब 3.0 एक निगम के बजाय सामूहिक रूप से उपयोगकर्ताओं द्वारा संचालित किया जाता है।

50. (d) शिशु का पितृत्व ज्ञात करने के लिए DNA फिंगर प्रिन्टिंग तकनीक का प्रयोग किया जाता है। इस तकनीक द्वारा DNA के कुछ विशिष्ट क्षेत्रों के न्यूक्लियोटाइड अनुक्रम ज्ञात किए जाते हैं। जो प्रत्येक व्यक्ति हेतु विशिष्ट होते हैं। प्रत्येक व्यक्ति के लिए एक विशिष्ट DNA फिंगर प्रिन्ट होता हैं मात्र 0.1% या 3×10^6 क्षार युग्मों में अन्तर प्रत्येक व्यक्ति को विशिष्टता प्रदान करता है। DNA विश्लेषण हेतु लार, बाल, वीर्य आदि का प्रयोग किया जाता है।

इसी प्रकार DNA का मात्रात्मक विश्लेषण भी पितृत्व निर्धारण में सहायक नहीं है क्योंकि किसी जाति के प्रत्येक जीव में DNA की मात्रा एक समान होती है।

51. (b) कपास के गुलाबी कीट (Pink Bollworm) के सम्बन्ध में कीट-प्रतिरोध कपास के पौधे (Insect Resistant Cotton Plants) आनुवंशिक इन्जीनियरिंग द्वारा ''बैसिलस युरिनजिएन्सिस'' बैक्टीरिया से तैयार किए गए हैं।

52. (a) नील हरित शैवाल चावल की फसल के लिए जैव उर्वरक (Bio-fertilizer) का कार्य करता है। यह पर्णहरित क्लोरोफिल युक्त पौधा है, जो कवक की भांति परजीवी नहीं होता। यह जल में घुले CO_2 (कार्बन डाई-ऑक्साइड) और खनिज लवण को चूसता है और प्रकाश संश्लेषण (Photo Synthesis) द्वारा कार्बोहाइड्रेड का निर्माण करता है। नील हरित शैवाल (Alagae) को धान के खेत में डाल दिया जाता है, जिससे यह जमीन पर फैलकर मृदा को जीवांशयुक्त बना देता है जिससे धान के उत्पादन में अत्यधिक वृद्धि होती है।

53. (a) बिट तथा बाइट-बिट कम्प्यूटर द्वारा समझी जा सकने वाली सबसे छोटी इकाई है। यह 0 तथा 1 द्वारा प्रदर्शित होती है। 0 का अर्थ ऑफ से, 1 का अर्थ ऑन से भी लगाया जाता है। बिट, बाइनरी डिजिट का संक्षिप्त रूप है।

8 बिटों के समूह को बाइट कहा जाता है तथा कम-से-कम दो बाइटों से मिलकर बाइनरी शब्द बनता है।

- 1 bit = 0 या 1
- 1 byte = 8 bites
- 1 kilobyte = 1024 bytes
- 1 Megabyte = 1024 kilobytes
- 1 Gigabyte = 1024 megabytes

54. (b) **अग्नि:** यह जमीन पर मार करने वाला प्रक्षेपास्त्र है। इसकी मारक क्षमता 2500 किमी है तथा इसमें री-एन्ट्री (Re-Entry) तकनीक का प्रयोग हुआ है। इसके प्रथम चरण में ठोस, दूसरे चरण में तरल ईंधन (Liquid Propellant) का प्रयोग होता है।

- अग्नि-I का परास लगभग 1500 किमी है, जबकि अग्नि-II का परास (Range) लगभग 2000-2200 किमी है।
- अग्नि-III की मारक क्षमता लगभग 3000-3500 किमी तक है।

55. (b) **सुब्रह्मण्यम चन्द्रशेखर:** भारतीय मूल के अमेरिकी वैज्ञानिक थे, जिन्हें वर्ष 1983 में श्वेत वामन (White Duravit) पर शोध कार्य करने के लिए नोबेल पुरस्कार प्रदान किया गया था। इन्होंने तारों की गति विज्ञान, प्लाविक भौतिकी एवं समान सापेक्षता के क्षेत्र में उल्लेखनीय कार्य किया है। इन्हीं के सम्मान में अमेरिका के नासा द्वारा 'चन्द्रा एक्स-रे' नामक दूरबीन अन्तरिक्ष में स्थापित की गई है।

56. (c) त्रिशूल जमीन से हवा में मार (Surface to Air) करने वाला प्रक्षेपास्त्र है, लेकिन इसकी मारक क्षमता 500 मी (1/2 किमी.) से 9 किमी. तक है।

57. (a) भारत में 'पब्लिक की इंफ्रास्ट्रक्चर' (Public Key Infrastructure) पदबंध, डिजिटल सुरक्षा आधारभूत संरचना हेतु प्रयुक्त किया जाता है। डिजिटल विश्व में उपयोगकर्ताओं और उपकरणों को प्रमाणिकता प्रदान करने की दिशा में यह एक नई पहल है। इसका उद्देश्य एक इकाई के साथ कुंजी को सुरक्षित रूप से संलग्न करना है।

58. (d) विश्व का पहला देश न्यूजीलैंड है, जिसने भूमंडलीय तापन (Global Warming) के प्रतिकरण के लिए सर्वप्रथम वर्ष 2005 में कार्बन टैक्स लगाने का प्रस्ताव रखा। वर्तमान समय तक न्यूजीलैंड के अलावा स्वीडन, फिनलैंड, नीदरलैंड एवं नार्वे भी कार्बन भू-मण्डलीय तापन के प्रतिकरण के लिए कार्बन टैक्स (Carbon Tax) लगाने का प्रस्ताव रखे हैं।

59. (c) **वैज्ञानिक तथा औद्योगिक अनुसन्धान परिषद् (CSIR):** इसकी स्थापना वर्ष 1942 में की गई थी। यह भारत के अग्रणी औद्योगिक अनुसन्धान एवं विकास संस्थान के रूप में कार्यरत रहा है। सोसायटी अधिनियम, 1860 के तहत यह एक स्वायत्त संस्थान के रूप में पंजीकृत है। CSIR का अध्यक्ष भारत का प्रधानमन्त्री होता है।

60. (c) **विज्ञान तथा वैश्विक मामलों पर पग्वाश सम्मेलन:** यह एक अन्तर्राष्ट्रीय संगठन है, जो विद्वानों एवं बुद्धिजीवियों को एक मंच पर लाने का प्रयास करता है, ताकि इससे शस्त्र विवाद (Arms Dispute) एवं वैश्विक सुरक्षा (Global Security) से उत्पन्न खतरे को कम किया जा सके। विज्ञान और विश्व मामलों पर पग्वाश सम्मेलन की प्रथम बैठक वर्ष 1957 में कनाडा के नोवा स्कोटिया के एक छोटे गाँव 'पग्वाश' में आयोजित की गई थी। इस सम्मेलन का मुख्य उद्देश्य विश्व भर के प्रभावशाली विद्वानों को एक साथ लाना था, जो खतरनाक हथियारबन्द झगड़ों और वैश्विक समस्याओं के लिए सहयोगात्मक हल की तलाश कर सकें।

61. (d) **नासा का डीप इम्पैक्ट अन्तरिक्ष मिशन:** इसे टेम्पल-1 धूमकेतु केन्द्रक के विस्तृत चित्र लेने के लिए प्रयोग में लाया गया था। वस्तुत: 'डीप इम्पैक्ट' अमेरिकी अन्तरिक्ष एजेन्सी 'नासा' द्वारा 12 जनवरी, 2005 को प्रक्षेपित एक अन्तरिक्ष अन्वेषक अभियान है। यह अन्तरिक्ष यान डेल्टा-II द्वारा टेम्पल-I धूमकेतु के अन्वेषण हेतु प्रक्षेपित किया गया था।

62. (b) **कैसिनी:** शनि एवं उसके उपग्रहों के अध्ययन हेतु प्रक्षेपित रोबोटिक अन्तरिक्ष यान है। टेक्सार (Techsar)] एक इजराइली उपग्रह है, जिसे भारत के पी.एस.एल.वी. (PSLV) यान से प्रक्षेपित किया गया। एपोफिस एक एस्टेरॉयड (Asteroid) है तथा स्पित्जर नासा द्वारा संस्थापित अन्तरिक्ष दूरबीन है।

63. (a) कृषि में हरित क्रान्ति (Green Revolution) 1960 के दशक के मध्य में आई, और परिणामस्वरूप खाद्यान्न में आत्मनिर्भरता आई, जिसका श्रेय नोबेल पुरस्कार से सम्मानित एकमात्र कृषि वैज्ञानिक डॉ. नार्मन बोरलॉग को जाता है, जिनका जन्म 25 मार्च, 1914 को अमेरिका में हुआ था। बोरलॉग जिनका कर्मक्षेत्र मैक्सिको रहा था, के द्वारा विकसित गेहूँ की उच्च उत्पादकता (High Productivity) वाली प्रजातियों से भारत, पाकिस्तान, मैक्सिको सहित अनेक देशों में गेहूँ का उत्पादन दोगुना से अधिक हो गया। बोरलॉग को पद्मविभूषण भी प्रदान किया गया है। कृषि में हरित क्रान्ति लाने में बोरलॉग के साथ-साथ एम. एस. स्वामीनाथन का भी योगदान काफी महत्वपूर्ण है। भारत के सन्दर्भ में हरित क्रान्ति का तात्पर्य छठे दशक के मध्य में कृषि उत्पादन में उस तीव्र वृद्धि से है, जो ऊँची उपज वाली बीजों एवं रासायनिक खादों (Chemical Fertilizer) एवं नई तकनीकी के प्रयोग के फलस्वरूप हुई।

64. (b) **अन्तर्राष्ट्रीय ताप नाभिकीय प्रायोगिक रिएक्टर** (International Termonuclear Experimental Reactor): संलयन ऊर्जा की सम्भावनाओं को प्रदर्शित करने हेतु संयुक्त अन्तर्राष्ट्रीय अनुसंधान एवं विकास परियोजना है। इस परियोजना में यूरोपीय संघ, जापान, चीन, भारत, दक्षिण कोरिया, रूसी संघ एवं संयुक्त राज्य अमेरिका की सहभागिता है।

यह परियोजना दक्षिण फ्रांस के कैड्रिक (Cadarache) नगर में निर्माणाधीन है। दो दशकों तक चलने वाला यह अन्तर्राष्ट्रीय प्रोजेक्ट 10 अरब डॉलर की लागत का है।

65. (c) ऊर्जा के वैकल्पिक स्रोतों (Alternative Source of Energy) के सन्दर्भ में गन्ना और मक्का (Corn) से व्यवहार्य जैव-ईंधन (Bio-Fuel) एथेनॉल तैयार किया जा सकता है।

66. (d) **WIMAX (वाइमैक्स):** यह संचार प्रौद्योगिकी से सम्बन्धित है तथा यह एक दूरसंचार प्रौद्योगिकी है, जो डाटा (Data) के बेतार संचरण की सुविधा उपलब्ध कराता है। WIMAX, का संक्षिप्त रूप World Wide Interoperability for Microwave Access है।

67. (b) **सुब्रह्मण्यम चन्द्रशेखर:** एक प्रख्यात अन्तरिक्ष वैज्ञानिक (Space Scientist) थे, उन्होंने कृष्ण विवर सिद्धान्त (Black Hole Theory) का प्रतिपादन किया तथा अपने अनुसंधान द्वारा यह सिद्ध किया कि सूर्य के द्रव्यमान से 1.44 गुना कम द्रव्यमान वाले तारे मृत होकर श्वेत वामन तारे (White Dwarf) बन जाते हैं।

68. (c) LTE (Long Term Evolution) ऊर्जा/ WCDMA की अगली कड़ी है। EDGE (Enhance Data Rates for GSM Evolution एवं DSL (Digital Subscribe Line) GSM कुल के अन्तर्गत आता है।

69. (a) **ब्लूटूथ:** रेडियो-आवृत्ति स्पेक्ट्रम में 2.402GHz से 2.480 GHz प्रयुक्त करता है। वाई-फाई IEEE 802.11 मानक पर आधारित है जो, 2.4, 3.6 एवं 5GHz आवृत्ति बैण्ड प्रयुक्त करता है। IEEE 802.11 का प्रयोग WLAN (वायरलेस लोकल एरिया नेटवर्क) में किया जाता है।

70. (a) **Bt (Bacillus thuringiensis) बैंगन:** यह एक आनुवंशिक संशोधित (Genetically Modified) फसल है। इसमें बैसिलस थुरियनजीनिसस नामक जीवाणु का प्रयोग किया जाता है। Bt-बैंगन और Bt-कपास (कॉटन) दोनों में इस विधि का प्रयोग होता है। आनुवंशिक संशोधित फसल अर्थात् ऐसी फसलें जिनके गुणसूत्र में कुछ परिवर्तन करके उनके आकार-प्रकार और गुणवत्ता में मनवांछित स्वरूप प्राप्त किया जा सकता है। यह गुणवत्ता परिवर्तन फसल में कीटाणुनाशकों से लड़ने की क्षमता या पौष्टिकता में वृद्धि के रूप में भी हो सकती हैं। इस प्रकार के वैज्ञानिक या अप्राकृतिक परिवर्तन को आनुवंशिक संशोधित फसल कहा जाता है।

71. (c) **शीत कोष्ठ (Cold Store):** सामान्यत: फलों तथा सब्जियों के भण्डारण के लिए शीत कोष्ठ (Cold Store) का उपयोग किया जाता है, क्योंकि इस प्रकार के कोष्ठों में कमरे का तापमान सामान्य ताप से कम कर दिया जाता है, जिससे श्वसन की दर कम हो जाती है, जिस कारण फल तथा सब्जियाँ अधिक समय तक ताजी रहती है। भारत में इस दिशा में 'राष्ट्रीय सहकारी विकास निगम' कार्यरत हैं।

72. (a) **अग्नि-IV इण्टरमीडिएट रेंज बैलिस्टिक मिसाइल (Intermediate Range Ballictic Missile, IRBM):** इसका विकास रक्षा अनुसंधान एवं विकास संगठन (Defence Research and Developmet Organisation, DRDO) ने किया है तथा यह सतह-से-सतह (Surface to Surface) तक 4000 किमी की दूरी के लक्ष्य को 1 टन परमाणु मुखास्त्र के साथ भेदने में सक्षम है। इसमें द्वि-स्तरीय ठोस प्रणोदक इंजन (Solid Propellent Engine) का उपयोग किया गया है।

73. (b) भारत-अमेरिका असैन्य परमाणु समझौते के अनुसार भारत दो प्रकार के परमाणु रिएक्टर रख सकता है। जिनमें कुछ आयातित यूरेनियम के प्रयोग के दायरे में आते हैं और कुछ घरेलू ईंधन का उपयोग करते हैं। आयातित ईंधन IAEA के दायरे के अन्तर्गत निरीक्षण में रहते हैं तो घरेलू ईंधन इस दायरे से बाहर होता है।

74. (a) 'विक्रम साराभाई अंतरिक्ष केन्द्र' केरल राज्य के थुम्बा में स्थित है। यह भारतीय अंतरिक्ष कार्यक्रम के लिए प्रमोचक, प्रौद्योगिकी के डिजाइन एवं विकास के लिए अग्रणी केन्द्र है।

75. (b) टी-90 टैंक है जिसे भीष्म नाम से भी जाना जाता है। यह मध्यम श्रेणी का युद्धक टैंक है। यह जैविक तथा रासायनिक आक्रमण की स्थिति में भी सक्रिय रह सकता है। यह 1100 अश्व शक्ति का टैंक है।

76. (d) 'भौतिकी अनुसंधान प्रयोगशाला (PRL)' अहमदाबाद (गुजरात) में स्थित है। यह खगोलशास्त्र और खगोल भौतिकी, सौर भौतिकी, ग्रहीय विज्ञान एवं खोज, अंतरिक्ष और वायुमण्डलीय विज्ञान, भू-विज्ञान तथा सैद्धान्तिक भौतिक के क्षेत्रों में मूल अनुसंधान में कार्यरत एक अग्रणी संस्था है।

77. (c) विश्व में सर्वाधिक कंप्यूटरों वाला देश अमेरिका है।

78. (d) भू-स्थिर उपग्रह को यदि भू-स्थिर कक्षा में स्थापित किया जाएँ तो ध्रुवीय क्षेत्रों के अलावा सम्पूर्ण पृथ्वी से एक साथ सम्बन्ध स्थापित किया जा सकता है। अत: कथन (d) गलत हैं।

❑❑❑

प्रारंभिक गणित

अध्याय 1

संख्या पद्धति

संख्याएँ (Numbers)

किसी भी संख्या को व्यक्त करने के लिए हम निम्न संकेतों 0, 1, 2, 3, 4, 5, 6, 7, 8 व 9 का प्रयोग करते है, इन्हें अंक (digit) कहा जाता है तथा इन अंकों के समूह को संख्याएँ कहा जाता है।

संख्याओं में अंकों के स्थानीय मान व जातीय मानः

1. स्थानीय मान (Face value) : किसी संख्या में किसी अंक का वह मान जो उसकी स्थिति विशेष के अनुसार बदलता है, स्थानीय मान कहलाता है।

जैसे: संख्या 7595784 में प्रत्येक अंक का स्थानीय मान निम्नलिखित है:

7 5 9 5 7 8 4

$(4 \times 1) = 4$
$(8 \times 10) = 80$
$(7 \times 100) = 700$
$(5 \times 1000) = 5000$
$(9 \times 10000) = 90000$
$(5 \times 100000) = 500000$
$(7 \times 1000000) = 7000000$

2. जातीय मान (Face value) : किसी भी संख्या में किसी अंक का जातीय मान उसका स्वयं का अपना मान होता है, चाहे वह अंक किसी भी स्थान पर हो।

जैसे: संख्या 879432 में 2 का जातीय मान 2, 3 का जातीय मान 3, 4 का जातीय मान 4, 9 का जातीय मान 9 और इसी प्रकार आगे भी।

संख्याओं के प्रकार (Types of Numbers)

(i) प्राकृतिक संख्याएं (Natural Numbers) : ऐसी संख्याएं जिसका प्रयोग केवल वस्तुओं की गणना के लिए किया जाता है, उन्हे प्राकृतिक संख्याएं कहते हैं। इन्हे 'N' से प्रदर्शित करते है।

$$N = \{1, 2, 3, ..., \infty\}$$

(ii) पूर्ण संख्याएं (Whole Numbers) : यदि प्राकृतिक संख्याओं में शून्य को भी सम्मिलित कर लिया जाए, तो उन्हे पूर्ण संख्याएं कहते हैं, इन्हे 'W' से प्रदर्शित करते हैं।

$$W = \{0, 1, 2, 3, ..., \infty\}$$

(iii) पूर्णांक (Integers) : यदि पूर्ण संख्याओं में ऋणात्मक संख्याओं को सम्मिलित कर लिया जाए, तो प्राप्त संख्याओं को पूर्णांक कहते हैं, इन्हे 'I' या 'Z' से प्रदर्शित करते हैं।

$$I = \{-\infty ..., -4, -3, -1, 0, 1, 2, 3, 4, ... \infty\}$$

धनात्मक पूर्णांकों को I^+ तथा ऋणात्मक पूर्णांकों को I^- से प्रदर्शित करते है:

$$\therefore \quad I^+ = \{+1, +2, +3, +4, + ...\}$$
$$I^- = \{-1, -2, -3, -4, ...\}$$

(iv) सम संख्याएं (Even numbers) : ऐसी संख्याएं जो 2 से पूर्णतः विभाजित हो जाती हैं, सम संख्याएं कहलाती हैं।

जैसे– 2, 4, 6, 8, 10, ...

(v) विषम संख्याएं (Odd numbers) : ऐसी संख्याएं जो 2 से पूर्णतः विभाजित नही होती हैं, विषम संख्याएं कहलाती हैं।

जैसे– 1, 3, 5, 7, 9, 11, ...

(vi) परिमेय संख्याएं (Rational numbers) : ऐसी संख्याएं जिन्हें $\frac{p}{q}$ के रूप में प्रदर्शित किया जा सकता है। (जहां p व q पूर्णांक हैं तथा $q \neq 0$), परिमेय संख्याएं कहलाती हैं।

जैसे– $\frac{1}{2}, \frac{3}{5}, \frac{7}{5}$ आदि।

(vii) अपरिमेय संख्याएं (Irrational numbers) : ऐसी संख्याएं जिन्हें $\frac{p}{q}$ के रूप में प्रदर्शित नहीं किया जा सकता है। अपरिमेय संख्याएं कहलाती हैं।

जैसे– $\sqrt{2}, \sqrt{3}, \pi, e$ आदि।

(viii) भाज्य संख्याएं (Composit numbers) : ऐसी संख्याएं जिनका 1 व स्वयं के अतिरिक्त कम से कम एक गुणनखण्ड अवश्य होता है, भाज्य संख्याएं कहलाती हैं।

जैसे– 4, 6, 8, 9, 10, 12 ...

(ix) अभाज्य संख्याएं (Prime Numbers) : ऐसी संख्याएं जिनका स्वयं और 1 के अतिरिक्त कोई अन्य गुणनखण्ड नहीं होता है अभाज्य संख्याएं कहलाती हैं।

जैसे– 2, 3, 5, 7, 11, 13, 17, 19, 23...

वास्तविक संख्याएं (Real Numbers) : यदि परिमेय और अपरिमेय संख्याओं को सम्मिलित कर लिया जाए, तो संख्याएं वास्तविक संख्याएं कहलाती हैं। इन्हें 'R' से प्रदर्शित करते हैं।

$$R = \frac{1}{\sqrt{2}}, \frac{2}{3}, \sqrt{3}, \pi, (\pi - e) \text{ आदि।}$$

मौलिक संक्रियाएं (Fundamental Operation) : यदि a, b व c धन पूर्णांक संख्याएं हैं, तो ये सख्याएं निम्नलिखित नियमों का पालन करती हैं–

(i) संवरक नियम (Closure Law) :

(a) $a + b =$ धन पूर्णांक संख्या (योग के लिए)

(b) $a \times b =$ धन पूर्णांक संख्या (गुणन के लिए)

(ii) क्रमविनिमेय नियम (Commutative Law) :

(a) $a + b = b + a$ (योग के लिए)

(b) $a \times b = b \times a$ (गुणन के लिए)

(iii) साहचर्य नियम (Associative Law) :

(a) $a + (b + c) = (a + b) + c$ (योग के लिए)

(b) $a \times (b \times c) = (a \times b) \times c$ (गुणन के लिए)

(iv) बंटन नियम (Distributive Law) :

(a) $a \times (b + c) = a + b + a \times c$

(b) $(a + b) \times c = a \times c + b \times c$

(v) योगात्मक तत्समक (Additive Identity) : यदि $a + 0 = a$ तो शून्य को योगात्मक तत्समक कहते हैं।

(vi) योगात्मक प्रतिलोम (Additive Inverse) : यदि $a + (-a) = a$ हो, तो a और $(-a)$ एक दूसरे के योगात्मक प्रतिलोम हैं।

(vii) गुणात्मक तत्समक (Multiplicative Identity) : यदि $a \times 1 = a$ तो 1 को गुणात्मक तत्समक कहते हैं।

(viii) गुणात्मक प्रतिलोम (Multiplicative Inverse) : यदि $a \times b = 1$ अत: $a = \frac{1}{b}$ तथा $b = \frac{1}{a}$ अत: a और b एक दूसरे को गुणात्मक प्रतिलोम कहते हैं।

संख्या में इकाई का अंक ज्ञात करना : यदि कोई बड़ी घात वाली संख्या में इकाई का अंक ज्ञात करना होता है, तो इस स्थिति में दी गई घात में 4 का भाग दिया जाता है तथा जो शेष प्राप्त होता है। उसे उस संख्या की घात मानते हैं। हम चार का भाग इसलिए देते हैं, कि प्रत्येक 4 की घात के पुनरावृत्ति होने पर इकाई का वही अंक प्राप्त होता है।

जैसे–

$(2)^1 = 2$ $\quad (2)^5 = 32$

$(2)^2 = 4$ $\quad (2)^6 = 64$

$(2)^3 = 8$ $\quad (2)^7 = 128$

$(2)^4 = 16$ $\quad (2)^8 = 256$

स्पष्ट है 4 की घात के बाद इकाई अंक की पुनरावृत्ति होती है।

$(2)^4$ के गुणजों में इकाई का अंक = 6

$(3)^4$ के गुणजों में इकाई का अंक = 1

$(4)^4$ के गुणजों में इकाई का अंक = 6

$(5)^4$ के गुणजों में इकाई का अंक = 5

$(6)^4$ के गुणजों में इकाई का अंक = 6

$(7)^4$ के गुणजों में इकाई का अंक = 1

$(8)^4$ के गुणजों में इकाई का अंक = 6

$(9)^4$ के गुणजों में इकाई का अंक = 1

उदाहरण– $(729)^{58}$ में इकाई का अंक ज्ञात कीजिए।

हल– 729 में इकाई का अंक = 9

$\therefore \quad (9)^{58}$ में इकाई का अंक $= \left\{(9^4)^{14} \times 9^2\right\}$ में इकाई का अंक

$= (1 \times 9^2)$ में इकाई का अंक

$= 81$ में इकाई का अंक $= 1$

विभाज्यता की जांच (Test of Divisibility)

(i) 2 से विभाज्यता (Divisibility by 2) : यदि किसी संख्या का इकाई का अंक शून्य या 2 का गुणज हो, तो वह संख्या सदैव 2 से विभाज्य होगी।

जैसे– 2544, 3754, 15000 आदि 2 से विभाज्य हैं।

(ii) 3 से विभाज्यता (Divisibility by 3) : यदि किसी संख्या के अंकों का योग 3 से विभाज्य हो, तो वह संख्या सदैव 3 से विभाज्य होगी।

जैसे– 18762, 137622 आदि 3 से विभाज्य हैं।

(iii) 4 से विभाज्यता (Divisibility by 4) : यदि किसी संख्या के अंतिम दो अंक 4 से विभाज्य हों, तो वह संख्या सदैव 4 से विभाज्य होगी।

जैसे– 1848, 17624, 15832 आदि 4 से विभाज्य हैं।

(iv) 5 से विभाज्यता (Divisibility by 5) : यदि किसी संख्या के इकाई का अंक 0 या 5 हो, तो वह संख्या सदैव 5 से विभाज्य होगी।

जैसे– 18725, 17565, 10000 आदि 5 से विभाज्य हैं।

(v) 6 से विभाज्यता (Divisibility by 6) : यदि कोई संख्या 2 व 3 दोनों से पूर्णत: विभाज्य हो, तो वह संख्या 6 से सदैव पूर्णत: विभाज्य होगी।

जैसे– 1296, 7776, दोनों संख्याएं 2 व 3 से विभाज्य हैं। इसलिए ये संख्याएं सदैव 6 से पूर्णत: विभाज्य होंगी।

(vi) 7 से विभाज्यता (Divisibility by 7) : यदि किसी संख्या के अंतिम अंक में 2 से गुणा करके शेष बची संख्या में घटाने पर प्राप्त संख्या 7 से विभाजित हो, तो वह संख्या सदैव 7 से विभाज्य होगी। यदि संख्या अधिक बड़ी हो, तो यह क्रिया तब तक दोहराते हैं, जब तक कि हमें 7 से विभाज्य सबसे छोटी संख्या प्राप्त न हो जाए।

उदाहरण– 16807, 7 से विभाज्य है या नहीं, जांच कीजिए।

हल– 16807 में इकाई का अंक = 7

इकाई के अंक में 2 का गुणा करने पर प्राप्त गुणनफल $= 2 \times 7 = 14$

अब शेष बची संख्या = 1680

इस संख्या में 14 घटाने पर प्राप्त संख्या

$= (1680 - 14) = 1666$

पुन: इस संख्या के इकाई के अंक में 2 से गुणा करने पर प्राप्त गुणनफल $= 6 \times 2 = 12$

अब शेष बची संख्या =166

इस संख्या में 12 घटाने पर,

$166 - 12 = 154$

$\therefore$ 154, 7 से पूर्णत: विभाज्य है

$\therefore$ संख्या 16807, 7 से पूर्णत: विभाज्य होगी।

(vii) 8 से विभाज्यता (Divisibility by 8) : यदि किसी संख्या के अंतिम तीन अंक 8 से विभाज्य हो, तो वह संख्या सदैव 8 से पूर्णत: विभाज्य होगी।

जैसे– 18816, 235328 आदि 8 से विभाज्य हैं।

(viii) 9 से विभाज्यता (Divisibility by 9) : यदि किसी संख्या के अंकों का योग 9 से विभाज्य हो, तो वह संख्या अवश्य ही 9 से विभाज्य होगी।

जैसे– 1562562 में संख्या के अंकों का योग

$= (1 + 5 + 6 + 2 + 5 + 6 + 2) = 27$

$\therefore$ 27, 9 से पूर्णत: विभाज्य है

$\therefore$ संख्या 1562562, 9 से पूर्णत: विभाज्य होगी।

(ix) 10 से विभाज्यता (Divisibility by 10) : यदि किसी संख्या के इकाई का अंक 0 शून्य हो, तो वह संख्या सदैव 10 से विभाज्य होगी।

जैसे– 15870, 10000 आदि संख्याएं 10 से पूर्णत: विभाज्य हैं।

(x) 11 से विभाज्यता (Divisibility by 11) : यदि किसी संख्या के सम तथा विषम स्थानों के अंकों के योग का अंतर 0 या 11 से पूर्णत: विभाज्य हो, तो वह संख्या सदैव 11 से पूर्णत: विभाज्य होगी।

समांतर श्रेणी (Arithmetic Progression) : यदि कुछ संख्याएं इस प्रकार क्रमबद्ध की गई हों कि प्रत्येक संख्या अपनी पूर्व की संख्या से एक अचर राशि से बढ़ती या घटती हो, तो इन संख्याओं की श्रेणी को समांतर श्रेणी कहा जाता है।

माना एक समांतर श्रेणी $a, a+d, a+2d, \ldots$ के रूप मे क्रमागत बढ़ रही है।

तब श्रेणी का प्रथम पद $= a$ तथा सार्वन्तर $= d$

$\therefore$ श्रेणी का nवां पद, $T_n = a + (n-1)d$

श्रेणी के n पदों का योग $S_n = \frac{n}{2}\left[2a + (n-1)d\right]$

गुणोत्तर श्रेणी (Geometric Progression) : माना एक गुणोत्तर श्रेणी $a, ar, ar^2, \ldots$ के रूप में क्रमागत रूप से आगे बढ़ रही है।

तब, श्रेणी का प्रथम पद $= a$ तथा सार्वन्तर $= r$

$\therefore$ श्रेणी का nवां पद $= ar^{n-1}$

श्रेणी के n पदों का योगफल $= \dfrac{a(r^n - 1)}{(r-1)}$ जबकि $r > 1$

श्रेणी के n पदों का योगफल $= \dfrac{a(1 - r^n)}{(1-r)}$ जबकि $r < 1$

विभाज्यता के कुछ महत्वपूर्ण परिणाम

(i) $(x^n - a^n)$, n के सभी मानों के लिए $(x - a)$ से विभाज्य होगा।

(ii) $(x^n - a^n)$, n के सम संख्या होने पर $(x + a)$ से विभाज्य होगा।

(iii) $(x^n + a^n)$, n के विषम संख्या होने पर $(x + a)$ से विभाज्य होगा।

योगफल के लिए कुछ महत्वपूर्ण नियम

(i) प्रथम 'n' प्राकृतिक संख्याओं का योगफल अर्थात्

$$1 + 2 + 3 + ... + n = \frac{n(n+1)}{2}$$

(ii) प्रथम 'n' सम संख्याओं का योगफल अर्थात्

$2 + 4 + 6 + 8 + ... + n$ (सम संख्या) $= n(n+1)$

(iii) प्रथम 'n' विषम संख्याओं का योगफल अर्थात्

$1 + 3 + 5 + ... + n$ (विषम संख्या) $= n^2$

(iv) प्रथम 'n' प्राकृतिक संख्याओं के वर्गों का योगफल अर्थात्

$$1^2 + 2^2 + 3^2 + ... + n^2 = \frac{n(n+1)(2n+1)}{6}$$

(v) प्रथम 'n' प्राकृतिक संख्याओं के घनों का योगफल अर्थात्

$$1^3 + 2^3 + 3^3 + ... + n^3 = \frac{[n(n+1)]^2}{4}$$

(vi) प्रथम 'n' प्राकृतिक सम संख्याओं के वर्गों का योगफल अर्थात्

$$2^2 + 4^2 + 6^2 + ... + n^2 = \frac{2n}{3}(n+1)(2n+1)$$

(vii) प्रथम 'n' प्राकृतिक संख्याओं के घनों का योगफल अर्थात्

$2^3 + 4^3 + 6^3 + ... + n^3 = 2n^2(n+1)^2$

हल सहित उदाहरण

उदाहरण–1 : प्रथम 20 सम संख्याओं का योगफल ज्ञात कीजिए–

हल– प्रथम 'n' सम संख्याओं का योगफल $= n(n+1)$

$\therefore$ प्रथम '20' सम संख्याओं का योगफल $= 20(20 + 1)$

$= (20 \times 21) = 420$

उदाहरण–2 : चार अंकों की वह बड़ी से बड़ी संख्या ज्ञात कीजिए, जो 88 से पूरी तरह विभाजित हो जाए–

हल– चार अंकों की सबसे बड़ी संख्या $= 9999$

$\therefore$ 9999 में 88 से भाग देने पर शेषफल $= 55$

$\therefore$ अभीष्ट संख्या $= (9999 - 55) = 9944$

उदाहरण–3 : यदि किसी संख्या को 84 से विभाजित किया जाता है, तो शेषफल 37 बचता है। यदि उसी संख्या को 21 से विभाजित किया जाए, तो शेषफल कितना बचेगा?

हल– माना किसी संख्या को 84 से विभाजित करने पर भागफल $= K$

$\therefore$ संख्या $= 84K + 37$

$= 21 \times 4K + 21 \times 1 + 16$

$= 21(4K + 1) + 16$

अतः संख्या को 21 से भाग देने पर शेषफल 16 बचेगा।

उदाहरण–4 : $7^{35} \times 3^{71} \times 11^{55}$ में इकाई का अंक ज्ञात कीजिए–

हल– $(7^{35} \times 3^{71} \times 11^{55})$ में इकाई का अंक

$= \{(7^4)^8 \times 7^3\}$ में इकाई का अंक $\times \{(3^4)^{17} \times 3^3\}$ में इकाई का अंक $\times \{(11^4)^{13} \times 11^3\}$ में इकाई का अंक

$= (1 \times 7^3)$ में इकाई का अंक $\times (1 \times 3^3)$ में इकाई का अंक $\times (1 \times 11^3)$ में इकाई का अंक

$= 343$ में इकाई का अंक $\times 27$ में इकाई का अंक $\times 1331$ में इकाई का अंक

$= (3 \times 7 \times 1)$ में इकाई का अंक $= 21$ में इकाई का अंक $= 1$

उदाहरण–5 : $(4^{61} + 4^{62} + 4^{63} + 4^{64} + 4^{65})$ किससे विभाज्य है?

हल– व्यंजक $= 4^{61} + 4^{62} + 4^{63} + 4^{64} + 4^{65}$

$= 4^{61}[1 + 4 + 4^2 + 4^3 + 4^4]$

$= 4^{61}(1 + 4 + 16 + 64 + 256)$

$= 341 \times 4^{61}$

$\because$ 341, 11 से विभाज्य है

$\therefore$ व्यंजक $= (4^{61} + 4^{62} + 4^{63} + 4^{64} + 4^{65})$ भी 11 से पूर्णतः विभाज्य होगा।

प्रश्नमाला

1. यदि a तथा b दो विषम घन पूर्णांक हों, तो $(a^4 - b^4)$ निम्नलिखित पूर्णांकों में से सर्वदा किस पूर्णांक से विभाजित होगा?

(a) 3 (b) 6

(c) 8 (d) 12

2. $(2467)^{153} \times (341)^{72}$ के गुणनफल में इकाई का अंक क्या है?

(a) 11 (b) 7

(c) 6 (d) 10

3. यदि 17^{200} को 18 से भाग दें, तो शेषफल होगा-

(a) 1 (b) 0

(c) 3 (d) 2

4. किसी संख्या को 4 से भाग देने पर शेषफल 2 प्राप्त होता है। इससे प्राप्त भागफल को 5 से भाग देने पर शेषफल 3 बचता है अब, इस प्रकार प्राप्त भागफल को 6 से भाग देने पर शेषफल 5 प्राप्त होता है। यदि अंतिम भागफल 7 हो, तो वह संख्या है?

(a) 756 (b) 750

(c) 954 (d) 488

5. किसी संख्या को 4 से भाग देने पर भागफल तथा शेषफल का योग 8 है, तथा उनके वर्गों का योग 34 है। वह संख्या है-

(a) 23 (b) 27

(c) 25 (d) 28

6. किसी संख्या को 56 से भाग देने पर शेषफल 29 बचता है। उसी संख्या को 8 से भाग देने पर शेषफल बचेगा-

(a) 2 (b) 1

(c) 5 (d) 3

7. एक दो अंकों की संख्या उसके अंकों के योगफल की तीन गुनी है। यदि संख्या में 45 जोड़ दे तो उसके अंकों के स्थान बदल जाते हैं तो संख्या के अंकों का योगफल होगा?

(a) 11 (b) 9

(c) 7 (d) 5

8. $(49)^{15}-1$ किस संख्या से पूर्णतः विभाजित है?
(a) 50 (b) 51
(c) 29 (d) 48

9. किसी दो अंकीय संख्या को दो बार साथ-साथ जैसे 1515, 3737 आदि लिखकर एक 4-अंकीय संख्या बनाई जाती है। इस रूप की कोई संख्या सर्वदा किस संख्या से विभाजित होगी?
(a) 7 (b) 11
(c) 13 (d) 101

10. किसी संख्या को 136 से भाग देने पर शेषफल 36 प्राप्त होता है। यदि उसी संख्या को 17 से भाग दिया जाए, तो शेष प्राप्त होगा-
(a) 9 (b) 7
(c) 3 (d) 2

11. यदि 'n' कोई प्राकृत संख्या है, तो (n^3-n) सर्वदा किस बड़ी से बड़ी संख्या से विभाजित होगा?
(a) 3 (b) 6
(c) 12 (d) 18

12. छः क्रमागत आने वाली प्राकृतिक संख्याओं में से यदि पहली तीन का योगफल 27 हो, तो दूसरी तीन संख्याओं का योगफल क्या होगा?
(a) 36 (b) 35
(c) 25 (d) 24

13. यदि $a * b = a + b + ab$, तब $(3 * 4 - 2 * 3)$ का मान है-
(a) 12 (b) 10
(c) 8 (d) 6

14. किसी संख्या को 5 से भाग करने पर शेष 3 रह जाता है। उसी संख्या के वर्ग को 5 से भाग करने पर शेष रहेगा?
(a) 1 (b) 3
(c) 4 (d) 9

15. 400 और 800 के बीच कितनी संख्याएँ 4, 5 व 6 से विभाज्य हैं?
(a) 7 (b) 8
(c) 9 (d) 10

16. यदि n एक पूर्णांक हो, तो (n^3-n) निम्नलिखित में से किस संख्या से सदैव विभाजित होगा?
(a) 4 (b) 5
(c) 6 (d) 7

17. 10^{10} को 1000 से भाग देने पर शेषफल है-
(a) 1 (b) 10
(c) 100 (d) 999

18. एक संख्या x को 289 से विभाजित करने पर 18 शेष बचता है। उसी संख्या को 17 से विभाजित करने पर y शेष बचता है। y का मान है-
(a) 1 (b) 5
(c) 2 (d) 3

19. $(48^4 \times 5^{12})$ में अंकों की संख्या होगी-
(a) 18 (b) 16
(c) 14 (d) 12

20. किसी संख्या को 136 से भाग देने पर, शेष 36 बचता है। यदि उसी संख्या को 17 से भाग दिया जाए तो शेष कितना बचेगा?
(a) 15 (b) 7
(c) 2 (d) 1

21. एक संख्या के 75% में 75 जोड़ने पर योगफल उस संख्या के बराबर हो जाता है। तद्नुसार वह संख्या कितनी है?
(a) 225 (b) 300
(c) 150 (d) 200

22. $(2^{16}-1)$ निम्नलिखित में से किसके द्वारा विभाज्य है?
(a) 11 (b) 13
(c) 17 (d) 19

23. यदि 2^{33} को 10 से विभाजित किया जाए, तो शेषफल कितना होगा?
(a) 2 (b) 3
(c) 4 (d) 8

24. एक समांतर श्रेणी में 4 पद हैं दोनों के मध्य पदों का योगफल 110 है और बाह्य पदों का गुणनफल 2125 है। तीसरा पद है?
(a) 55 (b) 45
(c) 65 (d) 75

25. यदि a और b विषम अंक है, तो निम्नलिखित में से कौन-सा सम होगा?
(a) $a+b$
(b) $a+b+1$
(c) ab
(d) $ab+2$

26. जब 'n' को 5 से विभाजित किया जाता है, तो शेषफल 2 आता है। n^2 को 5 से विभाजित करने पर शेषफल कितना होगा?
(a) 2 (b) 3
(c) 1 (d) 4

27. एक संख्या x को 289 से विभाजित करने पर 18 शेष बचता है, उसी संख्या को 17 से विभाजित करने पर y शेष बचता है। y का मान है–
(a) 1 (b) 5
(c) 2 (d) 3

28. 400 और 800 के बीच कितनी संख्याएं 4, 5 व 6 से विभाज्य है?
(a) 7 (b) 8
(c) 9 (d) 10

29. यदि दो संख्याओं का योग a और गुणनफल b हो तो उसके व्युत्क्रम का योग क्या होगा?
(a) $\frac{1}{a}+\frac{1}{b}$ (b) $\frac{b}{a}$
(c) $\frac{a}{b}$ (d) $\frac{1}{ab}$

30. सतत् तीन सम संख्याओं का गुणनफल 4032 है। पहली और तीसरी संख्या का गुणनफल 252 है। दूसरी संख्या का 5 गुना क्या है?
(a) 80 (b) 100
(c) 60 (d) 70

31. यदि 2^{33} को 10 से विभाजित किया जाए, तो शेषफल कितना होगा?
(a) 2 (b) 3
(c) 4 (d) 8

32. $(4387)^{245} \times (621)^{72}$ के गुणनफल में एकल अंक ज्ञात कीजिए–
(a) 1 (b) 2
(c) 5 (d) 7

33. दो संख्याओं का समांतर माध्य 6.5 है और उनका गुणोत्तर माध्य 6 है, तो संख्याएं क्या होंगी?
(a) 6, 9 (b) 5, 9
(c) 6, 7 (d) 4, 9

उत्तर (हल/संकेत)

1. (c) $\because (a^4-b^4) = (a^2)^2-(b^2)^2$
$= (a^2-b^2)(a^2+b^2)$
$= (a-b)(a+b)(a^2+b^2)$
यदि a तथा b दो विषम घन पूर्णांक हैं, तो दिए गए व्यंजक का प्रत्येक गुणनखण्ड एक सम संख्या होगी। अतः तीन सम संख्याओं का गुणनफल सदैव $(2 \times 2 \times 2) = 8$ से पूर्णतः विभाज्य होगा।

2. (b) $(2467)^{153} \times (341)^{72}$ में इकाई का अंक
$= (7)^{153} \times (1)^{72}$ में इकाई का अंक
$= (7^4)^{38} \times 7^1 \times (1)^{72}$ में इकाई का अंक
$= (1 \times 7 \times 1)$ में इकाई का अंक $= 7$

3. (a) $17^{200} = (18-1)^{200}$
$(17^4)^{50}$ में 18 से भाग देने पर शेषफल $= 1$

4. (c) माना अभीष्ट संख्या $= x$
माना इस संख्या में 4 से भाग देने पर भागफल $= y$, शेषफल $= 2$
$\therefore$ संख्या $x = 4y + 2$ ... (i)
माना y को 5 से भाग देने पर भागफल $= z$ तथा शेषफल $= 3$
$\therefore$ $y = 5z + 3$ ... (ii)
$\therefore$ समी० (i) व (ii) से
$x = 4(5z+3) + 2$
$\Rightarrow$ $x = (20z + 14)$ ... (iii)
z को 6 से भाग देने पर भागफल $= 7$ तथा शेषफल $= 5$
$\therefore$ $z = (6 \times 7 + 5) = 47$
समी० (iii) में $z = 47$ रखने पर
$x = (20 \times 47) + 14$
$= (940 + 14) = 954$
$\therefore$ अभीष्ट संख्या $= 954$

5. (a) माना अभीष्ट संख्या $= N$
इस संख्या में 4 से भाग देने पर भागफल x तथा शेषफल y बचता है।
तब, प्रश्नानुसार,
$N = 4x + y$
तथा $x + y = 8$ ... (i)
$\Rightarrow$ $x^2 + y^2 = 34$
$(x + y) = 8$
दोनों तरफ वर्ग करने पर,
$\therefore$ $(x+y)^2 = 64$
$\Rightarrow$ $x^2 + y^2 + 2xy = 64$
$\Rightarrow$ $34 + 2xy = 64$
$\Rightarrow$ $xy = 15$
तथा $(x-y)^2 = (x+y)^2 - 4xy$
$= (64 - 4 \times 15) = 4$
$\therefore$ $x - y = 2$ ... (ii)
समी० (i) व (ii) में,
$x = 5$ तथा $y = 3$
$\therefore$ अभीष्ट संख्या $(N) = (4 \times 5 + 3)$
$= 23$

6. (c) माना संख्या में से भाग देने पर भागफल $= K$
$\therefore$ संख्या $= 56K + 29$
$= 8 \times 7K + 8 \times 3 + 5$
$= 8(7K + 3) + 5$
अत: शेषफल $= 5$

7. (b) माना दो अंकों की संख्या
$= 10x + y$
तब, प्रश्नानुसार
$10x + y = 3(x + y)$
$\Rightarrow$ $7x - 2y = 0$ ... (i)
पुन: $10x + y + 45 = 10y + x$
$\Rightarrow$ $9x - 9y = -45$
$\Rightarrow$ $x - y = -5$ ... (ii)
समी० (i) व (ii) को हल करने पर
$x = 2, y = 7$
$\therefore$ संख्या $= (10 \times 2 + 7) = 27$
$\therefore$ अंकों का योगफल $= (2 + 7) = 9$

8. (d) $(x^n - y^n)$ का एक गुणनखण्ड $(x-y)$ होता है।
$\therefore$ $(49)^{15} - 1$ का गुणनखण्ड $(49 - 1) =$ 48 होगा।

9. (d) माना दो अंकों की संख्या
$= 10x + y$
$\because$ इसे दो बार साथ-साथ लिखने से बनने वाली 4 अंकीय संख्या
$= (10x + y) \times 100 + (10x + y)$
$= (10x + y)[100 + 1]$
$= (10x + y) \times (101)$
अत: इस रूप की कोई भी संख्या सदैव 101 से विभाजित होगी।

10. (d) माना भागफल K है।
तब, संख्या
$= 136K + 36$
$= 17 \times 8K + 17 \times 2 + 2$
$= 17(8K + 2) + 2$
$\therefore$ 17 से भाग देने पर प्राप्त शेषफल $= 2$

11. (b) $(n^3 - n) = n(n^2 - 1) = n(n+1)(n-1)$
यदि $n = 1$ हो, तो
$(n^3 - n) = 0$
यदि $n = 2$, $(n^3 - n) = 6$
यदि $n = 3$, $(n^3 - n) = 24$
यदि $n = 4$, $(n^3 - n) = 60$
अत: $(n^3 - n)$ सदैव 6 से पूर्णत: विभाजित होगा।

12. (a) माना क्रमागत संख्याएँ क्रमश: $x, (x+1), (x+2)(x+3), (x+4)$ व $(x+5)$ हैं।
$\because$ $x + (x+1) + (x+2) = 27$
$\Rightarrow$ $3x + 3 = 27$
$\Rightarrow$ $3x = 24 \Rightarrow x = 8$
$\therefore$ दूसरी तीन संख्याओं का योगफल $= (11 + 12 + 13) = 36$

13. (c) $3 * 4 = (3 + 4 + 3 \times 4) = 19$
$2 * 3 = (2 + 3 + 2 \times 3) = 11$
$\therefore$ $(3 * 4 - 2 * 3) = (19 - 11) = 8$

14. (c) माना संख्या a को दूसरी संख्या b से भाग देने पर भागफल q तथा शेषफल r बचता है। तब,
$a = bq + r = 5q + 3$
$\therefore$ $a^2 = (5q + 3)^2$
$= 25q^2 + 9 + 30q$
$= 5q(5q + 6) + 9$
$= 5q(5q + 6) + 5 + 4$
$= 5[q(5q + 6) + 1] + 4$
$\therefore$ अभीष्ट शेषफल $= 4$

15. (a) 4, 5 व 6 का ल०स० $= 60$
अत: 400 और 800 के बीच पहला पद जो 60 से विभाज्य है 420 तथा अंतिम पद जो 60 से विभाज्य है 780 है।
$\therefore$ $T_n = a + (n-1) \times d$
$780 = 420 + (n-1) \times 60$
$\Rightarrow$ $360 = (n-1) \times 60$
$\Rightarrow$ $(n-1) = 6$
$\Rightarrow$ $n = 7$

16. (c) $n^3 - n = n(n+1)(n-1)$
यदि $n = 1$, $n^3 - n = 0$
यदि $n = 2$ $n^3 - n = 6$
यदि $n = 3$ $n^3 - n = 24$
अत: स्पष्ट है $(n^3 - n)$ सदैव 6 से विभाजित होगा।

17. (d) $10^{10} = 10000000000$
$\therefore$ 10^{10} में 1000 से भाग देने पर शेषफल $= 999$

18. (a) माना संख्या x को 289 से भाग देने पर भागफल $= K$
$\therefore$ संख्या $x = 289 \times K + 18$
$$y = \left(\frac{289 \times K}{17}\right) + \left(\frac{18}{17}\right)$$
$= 0 + 1 = 1$

19. (b) संख्या $= 48^4 \times 5^{12}$
$= (3 \times 16)^4 \times 5^{12}$
$= (3 \times 2^4)^4 \times 5^{12}$
$= 3^4 \times 2^{16} \times 5^{12}$
$= (3^4 \times 2^4) \times 2^{12} \times 5^{12}$
$= 6^4 \times 10^{12}$
$= 1296\,000000000000$
$\therefore$ अंकों की संख्या $= 16$

20. (c) माना किसी संख्या को 136 से भाग देने पर, भागफल $= K$
$\therefore$ संख्या $= 136 \times K + 36$
$= 17 \times 8 \times K + 17 \times 2 + 2$
$= 17(8K + 2) + 2$
$\therefore$ अभीष्ट शेषफल $= 2$

21. (b) माना संख्या $= x$
$$\text{तब,} \quad x \times \frac{75}{100} + 75 = x$$

$\Rightarrow \quad x-\frac{3}{4}x = 75$

$\Rightarrow \quad x = (75 \times 4) = 300$

22. (c) $2^{16} - 1 = (2^8)^2 - (1)^2$
$= (2^8 + 1)(2^8 - 1)$
$= (2^8 + 1)(2^4 - 1)(2^4 + 1)$
$= (2^8 + 1) \times 17 \times 15$
अतः दी गई संख्या सदैव 17 से विभाज्य होगी।

23. (a) 2^{33} में इकाई का अंक
$= 2^{32} . 2^1$ में इकाई का अंक
$= (2^4)^8 . 2^1$ में इकाई का अंक
$= 6 \times 2^1$ में इकाई का अंक
$= 12$ में इकाई का अंक $= 2$
$\therefore$ 2^{33}, को 10 से विभाजित करने पर शेष 2 बचेगा।

24. (c) माना समांतर श्रेणी के चार पद क्रमश : $(a-3d), (a-d), (a+d)$ व $(a+3d)$

$\therefore \quad (a-d)+(a+d) = 110$

$\Rightarrow \quad 2a = 110$

$\Rightarrow \quad a = 55$

पुनः $(a-3d)(a+3d) = 2125$

$\Rightarrow \quad (55-3d)(55+3d) = 2125$

$\Rightarrow \quad 3025 - 9d^2 = 2125$

$\Rightarrow \quad 9d^2 = 900$

$\Rightarrow \quad d^2 = 100$

$\Rightarrow \quad d = 10$

$\therefore$ तीसरा पद $= (a+d)$
$= (55+10)$
$= 65$

25. (a) दो विषम संख्याओं का योग सदैव एक सम संख्या होती है। अतः $a + b$ सदैव सम संख्या होगी।

26. (d) $n = 5K + 2$
$n^2 = (5K+2)^2 = 25K^2 + 20K + 4$
$\therefore$ n^2 को 5 से विभाजित करने पर शेषफल $= 4$

27. (a) माना संख्या $x = 289 \times a + 18$
जब संख्या को 17 से विभाजित किया जाए,

तब, $\left[\frac{289}{17}\right] + \left[\frac{18}{17}\right]$

$\therefore \quad y = (0+1) = 1$

28. (a) 4, 5 व 6 का ल० स० $= 60$
400 व 800 के बीच 60 से विभाज्य प्रथम संख्या 420 तथा अंतिम संख्या 780 है।
$\therefore$ समांतर श्रेणी $= 420, 480, ...780$
$T_n = a + (n-1)$ d
$780 = 420 + (n-1)\, 60$
$\Rightarrow \quad 780 = 360 + 60n$

$\Rightarrow \quad n = \frac{420}{60} = 7$

29. (c) माना दो संख्याएं x तथा y है तब,
प्रश्नानुसार, $\quad x + y = a \quad$ ...(i)
$xy = b \quad$ ...(ii)

$\therefore$ संख्याओं के व्युत्क्रम का योग $= \frac{1}{x} + \frac{1}{y}$

$= \frac{(x+y)}{xy} = \frac{a}{b}$

30. (a) दूसरी संख्या $= \frac{4032}{252} = 16$
$\therefore$ दूसरी संख्या का 5 गुना
$= (16 \times 5) = 80$

31. (a) 2^{33} का इकाई का अंक
$= 2^{32}$ का इकाई का अंक $\times 2^1$ का इकाई का अंक
$= (2^4)^8$ का इकाई का अंक $\times 2^1$ का इकाई का अंक
$= (6 \times 2)$ में इकाई का अंक
$= 12$ में इकाई का अंक $= 2$
$\therefore$ 10 से विभाजित करने पर शेषफल 2 बचेगा।

32. (d) $(4387)^{245}$ में इकाई का अंक $\times (621)^{72}$ में इकाई का अंक
$= \{(7^4)^{61} \times 7^1\}$ में इकाई का अंक $\times (1)^{72}$ में इकाई का अंक
$= (1 \times 7)$ में इकाई का अंक $= 7$

33. (d) माना संख्याएं क्रमशः a और b हैं।
तब प्रश्नानुसार,

तब, $\frac{a+b}{2} = 6.5$

$\Rightarrow a + b = 13 \quad$ ...(i)

और $\sqrt{ab} = 6 \Rightarrow ab = 36$

$\therefore \quad (a-b)^2 = (a+b)^2 - 4ab$
$= (13)^2 - 4 \times 36 = 169 - 144$
$= 25 \quad$ ...(ii)

$\therefore \quad a - b = 5$

समीकरण (i) व (ii) को हल करने पर,
$a = 9$ व $b = 4$

❑❑❑

2

अध्याय

पूर्ण संख्याओं की गणना

मौलिक संक्रियाएँ (Fundamental Operations) : यदि a, b व c धन पूर्णांक संख्याएँ हैं, तो ये संख्याएँ निम्नलिखित नियमों का पालन करती हैं–

(i) संवरक नियम (Closure Law) : इसके अंतर्गत पूर्ण संख्याएँ जोड़ तथा गुणन की क्रियाओं को संतुष्ट करती है।

(a) $a + b =$ धन पूर्णांक संख्या (योग के लिए)

जैसे, $3 + 4 = 7$

$8 + 9 = 17$

(b) $a \times b =$ धन पूर्णांक संख्या (गुणन के लिए)

जैसे, $4 \times 3 = 12$

$7 \times 5 = 35$

(ii) क्रमविनिमेय नियम (Commutative Law) :

(a) $a + b = b + a$ (योग के लिए)

जैसे, $(5 + 7) = (5 + 7) = 12$

$(9 + 8) = (8 + 9) = 17$

(b) $a \times b = b \times a$ (गुणन के लिए)

जैसे, $4 \times 5 = 5 \times 4 = 20$

$7 \times 6 = 6 \times 7 = 42$

(iii) साहचर्य नियम (Associative Law) :

(a) $a + (b + c) = (a + b) + c$ (योग के लिए)

जैसे, $2 + (3 + 4) = (2 + 3) + 4 = 9$

$5 + (6 + 8) = (5 + 6) + 8 = 19$

(b) $a \times (b \times c) = (a \times b) \times c$ (गुणन के लिए)

जैसे, $2 \times (3 \times 4) = (2 \times 3) \times 4 = 24$

$4 \times (5 \times 6) = (4 \times 5) \times 6 = 120$

(iv) बंटन नियम (Distributive Law) :

(a) $a \times (b + c) = a \times b + a \times c$

जैसे, $4 \times (5 + 6) = 4 \times 5 + 4 \times 6 = (20 + 24) = 44$

$2 \times (3 + 4) = 2 \times 3 + 2 \times 4 = (6 + 8) = 14$

(b) $(a + b) \times c = a \times c + b \times c$

जैसे, $(2 + 3) \times 5 = 2 \times 5 + 3 \times 5 = (10 + 15) = 25$

$(3 + 4) \times 6 = 3 \times 6 + 4 \times 6 = (18 + 24) = 42$

संख्या में इकाई का अंक ज्ञात करना : यदि कोई बड़ी घात वाली संख्या में इकाई का अंक ज्ञात करना होता है, तो इस स्थिति में दी गई घात में 4 का भाग दिया जाता है तथा जो शेष प्राप्त होता है। उसे उस संख्या की घात मानते हैं। हम चार का भाग इसलिए देते हैं, कि प्रत्येक 4 की घात के पुनरावृत्ति होने पर इकाई का वही अंक प्राप्त होता है।

जैसे–

$(2)^1 = 2$	$(2)^5 = 32$
$(2)^2 = 4$	$(2)^6 = 64$
$(2)^3 = 8$	$(2)^7 = 128$
$(2)^4 = 16$	$(2)^8 = 256$

स्पष्ट है 4 की घात के बाद इकाई अंक की पुनरावृत्ति होती है।

$(2)^4$ के गुणजों में इकाई का अंक = 6

$(3)^4$ के गुणजों में इकाई का अंक = 1

$(4)^4$ के गुणजों में इकाई का अंक = 6

$(5)^4$ के गुणजों में इकाई का अंक = 5

$(6)^4$ के गुणजों में इकाई का अंक = 6

$(7)^4$ के गुणजों में इकाई का अंक = 1

$(8)^4$ के गुणजों में इकाई का अंक = 6

$(9)^4$ के गुणजों में इकाई का अंक = 1

उदाहरण 1 **$(619)^{58}$ में इकाई का अंक ज्ञात कीजिए।**

हल: 619 में इकाई का अंक = 9

$\therefore$ $(9)^{58}$ में इकाई का अंक = $\left\{(9^4)^{14} \times 9^2\right\}$ में इकाई का अंक

= (1×9^2) में इकाई का अंक

= 81 में इकाई का अंक = 1

विभाज्यता की जाँच

2 से विभाज्यता (Divisibility by 2) : यदि किसी संख्या का इकाई का अंक शून्य या 2 का गुणज हो, तो वह संख्या सदैव 2 से विभाज्य होगी।

जैसे– 2544, 3754, 15000 आदि 2 से विभाज्य हैं।

3 से विभाज्यता (Divisibility by 3) : यदि किसी संख्या के अंकों का योग 3 से विभाज्य हो, तो वह संख्या सदैव 3 से विभाज्य होगी।

जैसे– 18762, 137622 आदि 3 से विभाज्य हैं।

4 से विभाज्यता (Divisibility by 4) : यदि किसी संख्या के अंतिम दो अंक 4 से विभाज्य हों, तो वह संख्या सदैव 4 से विभाज्य होगी।

जैसे– 1848, 17624, 15832 आदि 4 से विभाज्य हैं।

5 से विभाज्यता (Divisibility by 5) : यदि किसी संख्या के इकाई का अंक 0 या 5 हो, तो वह संख्या सदैव 5 से विभाज्य होगी।

जैसे– 18725, 17565, 10000 आदि 5 से विभाज्य हैं।

6 से विभाज्यता (Divisibility by 6) : यदि कोई संख्या 2 व 3 दोनों से पूर्णत: विभाज्य हो, तो वह संख्या 6 से सदैव पूर्णत: विभाज्य होगी।

जैसे– 1296, 7776, दोनों संख्याएँ 2 व 3 से विभाज्य हैं। इसलिए ये संख्याएँ सदैव 6 से पूर्णत: विभाज्य होंगी।

7 से विभाज्यता (Divisibility by 7) : यदि किसी संख्या के अंतिम अंक में 2 से गुणा करके शेष बची संख्या में घटाने पर प्राप्त संख्या 7 से विभाजित हो, तो वह संख्या सदैव 7 से विभाज्य होगी। यदि संख्या अधिक बड़ी हो, तो यह क्रिया तब तक दोहराते हैं, जब तक कि हमें 9से विभाज्य सबसे छोटी संख्या प्राप्त न हो जाए।

उदाहरण **16807, 7 से विभाज्य है या नहीं, जाँच कीजिए।**

हल: 16807 में इकाई का अंक = 7

इकाई के अंक में 2 का गुणा करने पर प्राप्त गुणनफल = $2 \times 7 = 14$

अब शेष बची संख्या = 1680

इस संख्या में 14 घटाने पर प्राप्त संख्या = $(1680 - 14) = 1666$

पुन: इस संख्या के इकाई के अंक में 2 से गुणा करने पर प्राप्त गुणनफल

$= 6 \times 2 = 12$

अब शेष बची संख्या = 166

इस संख्या में 12 घटाने पर,

$166 - 12 = 154$

∴ 154, 7 से पूर्णत: विभाज्य है

∴ संख्या 16807, 7 से पूर्णत: विभाज्य होगी।

8 से विभाज्यता (Divisibility by 8) : यदि किसी संख्या के अंतिम तीन अंक 8 से विभाज्य हो, तो वह संख्या सदैव 8 से पूर्णत: विभाज्य होगी।

जैसे– 18816, 235328 आदि 8 से विभाज्य हैं।

9 से विभाज्यता (Divisibility by 9) : यदि किसी संख्या के अंकों का योग 9 से विभाज्य हो, तो वह संख्या अवश्य ही 9 से विभाज्य होगी।

जैसे– 1562562 में संख्या के अंकों का योग

$= (1 + 5 + 6 + 2 + 5 + 6 + 2) = 27$

∴ 27, 9 से पूर्णत: विभाज्य है

∴ संख्या 1562562, 9 से पूर्णत: विभाज्य होगी।

10 से विभाज्यता (Divisibility by 10) : यदि किसी संख्या के इकाई का अंक 0 शून्य हो, तो वह संख्या सदैव 10 से विभाज्य होगी।

जैसे– 15870, 10000 आदि संख्याएँ 10 से पूर्णत: विभाज्य हैं।

11 से विभाज्यता (Divisibility by 11) : यदि किसी संख्या के सम तथा विषम स्थानों के अंकों के योग का अंतर 0 या 11 से पूर्णत: विभाज्य हो, तो वह संख्या सदैव 11 से पूर्णत: विभाज्य होगी।

उदाहरण **161051, 11 से विभाज्य है या नहीं जाँच कीजिए।**

हल: संख्या के सम स्थानों का योग = $(6 + 0 + 1) = 7$

संख्या के विषम स्थानों का योग = $(1 + 1 + 5) = 7$

अंतर = $(7 - 7) = 0$

∴ यह अंतर 0 है, अत: संख्या 161051, 11 से पूर्णत: विभाज्य है।

12 से विभाज्यता (Divisibility by 12) : यदि कोई संख्या 3 व 4 से पूर्णत: विभाज्य हो, तो वह संख्या सदैव 12 से पूर्णत: विभाज्य होगी।

जैसे– 16812, 61788 आदि 3 व 4 से विभाज्य है इसलिए ये संख्याएँ सदैव 12 से पूर्णत: विभाज्य होंगी।

13 से विभाज्यता (Divisibility by 13) : यदि किसी संख्या के अंतिम अंक को 4 से गुणा करके शेष बची संख्या में जोड़ने पर प्राप्त संख्या 13 से विभाज्य हो, तो वह संख्या 13 से पूर्णत: विभाज्य होगी। यदि संख्या बड़ी हो, तो यह क्रिया तब तक दोहराते हैं जब तक कि 13 से विभाज्य सबसे छोटी संख्या प्राप्त न हो जाए।

उदाहरण **28561, 13 से विभाज्य है या नहीं, जाँच कीजिए।**

हल: 28561 में अंतिम अंक = 1

अंतिम अंक में 4 का गुणा करने पर प्राप्त गुणनफल = $1 \times 4 = 4$

अब अंतिम अंक को हटा देने पर शेष बची संख्या = 2856

इस संख्या में 4 को जोड़ने पर प्राप्त संख्या = $(2856 + 4) = 2860$

इस संख्या का अंतिम अंक = 0

इस संख्या के अंतिम अंक में 4 का गुणा करने पर प्राप्त गुणनफल = 0

शेष बची संख्या = 286

इस संख्या का अंतिम अंक = 6

अब इस संख्या के अंतिम अंक में 4 का गुणा करने पर प्राप्त गुणनफल

$= (6 \times 4) = 24$

अंतिम अंक को हटा देने पर शेष बीच संख्या = 28

इस संख्या में 24 जोड़ने पर प्राप्त संख्या = $(28 + 24) = 52$

∴ 52, 13 से विभाज्य है

∴ संख्या 28561, 13 से विभाज्य है।

14 से विभाज्यता (Divisibility by 14) : यदि कोई संख्या 2 व 7 दोनों से पूर्णत: विभाज्य हो, तो वह संख्या 14 से सदैव विभाज्य होगी।

जैसे– संख्या 2744, 2 व 7 दोनों से विभाज्य है, इसलिए संख्या 2744, 14 से पूर्णत: विभाज्य है।

15 से विभाज्यता (Divisibility by 15) : यदि कोई संख्या 5 व 3 दोनों से विभाज्य हो, तो वह संख्या 15 से सदैव विभाज्य होगी।

जैसे– संख्या 3375, 5 व 3 दोनों से विभाज्य है। इसलिए संख्या 3375, 15 से पूर्णत: विभाज्य है।

25 से विभाज्यता (Divisibility by 25) : यदि किसी संख्या के अंतिम दो अंक 25 से विभाज्य हों, तो वह संख्या सदैव 25 से विभाज्य होगी।

जैसे–18700, 16525, 17175 आदि सभी संख्याएँ 25 से पूर्णत: विभाज्य हैं।

हल सहित उदाहरण

उदाहरण 1. रीमा ने ₹ 491 की एक घड़ी खरीदी तथा ₹ 612 का एक पर्श खरीदा। रीमा ने दुकानदार को ₹ 1500 दिए, तो दुकानदार उसको कितने रुपए वापस करेगा?

(a) ₹ 397 (b) ₹ 395

(c) ₹ 315 (d) ₹ 318

हल: (a) रीमा द्वारा सामान खरीदने में खर्च किया गया धन

= ₹ $(491 + 612)$ = ₹ 1103

∴ दुकानदार द्वारा रीमा को वापस मिले रुपए

= ₹ $(1500 - 1103)$ = ₹ 397

उदाहरण 2. यदि किसी संख्या को 32 से भाग देने पर 29 शेषफल बचता है, तो उसी संख्या को 8 से भाग देने पर शेषफल ज्ञात कीजिए।

(a) 4 (b) 5

(c) 3 (d) 6

हल: (b) माना भागफल = x

तब संख्या = $32x + 29$

$= 8 \times 4x + (8 \times 3) + 5 = 8(4x + 3) + 5$

अत: शेषफल = 5

उदाहरण 3. संख्या 2 * 425, यदि 9 से पूर्णतः विभाजित हो, तो ' के स्थान पर कौन-सा अंक आयेगा?

(a) 4 (b) 5
(c) 6 (d) 7

हल: (a) यदि किसी संख्या के अंकों का योग 9 से विभाज्य हो, तो वह संख्या सदैव 9 से विभाज्य होती है।

अतः $(2 + * + 4 + 3 + 5) = (14 + *)$,

$\because$ 14 से निकटतम 9 से विभाज्य संख्या 18 है।

अतः $(14 + *) = 18$

$\Rightarrow * = (18 - 14) = 4$

उदाहरण 4. 4 अंकों की सबसे छोटी संख्या तथा तीन अंकों की सबसे बड़ी संख्या का गुणनफल ज्ञात कीजिए।

(a) 110000 (b) 215000
(c) 945000 (d) 999000

हल: (d) 4 अंकों की सबसे छोटी संख्या = 1000

3 अंकों की सबसे बड़ी संख्या = 999

$\therefore$ अभीष्ट गुणनफल = (999×1000)
= 999000

उदाहरण 5. $(729)^{59}$ में इकाई का अंक है–

(a) 3 (b) 9
(c) 4 (d) 1

हल: (b) $(729)^{59}$ में इकाई का अंक = $(9)^{59}$ में इकाई का अंक

= $(9^4)^{14} \times 9^3$ में इकाई का अंक

= (1×729) में इकाई का अंक = 9

उदाहरण 6. चार अंकों की वह बड़ी से बड़ी संख्या क्या होगी, जो 88 से पूरी तरह विभाजित हो जाए?

(a) 9983 (b) 9944
(c) 9937 (d) 9930

हल: (b) चार अंकों की सबसे बड़ी संख्या = 9999

$\therefore$ 9999 में 88 से भाग देने पर शेषफल = 55

$\therefore$ अभीष्ट संख्या = $(9999 - 55) = 9944$

उदाहरण 7. यदि किसी संख्या को 84 से विभाजित किया जाता है, तो शेषफल 37 बचता है। यदि उसी संख्या को 21 से विभाजित किया जाए, तो शेषफल कितना बचेगा?

(a) 16 (b) 8
(c) 12 (d) 15

हल: (a) माना किसी सख्या को 84 से विभाजित करने पर भागफल = K

$\therefore$ संख्या $= 84K + 37$
$= 21 \times 4K + 21 \times 1 + 16$
$= 21(4K + 1) + 16$

अतः संख्या को 21 से भाग देने पर शेषफल 16 बचेगा।

उदाहरण 8. यदि 24446 को किसी संख्या से विभाजित करने पर भागफल 79 तथा शेषफल 35 बचता है, तो संख्या है?

(a) 301 (b) 302
(c) 309 (d) 311

हल : (c) भाज्य = भाजक × भागफल + शेषफल

24446 = भाजक × 79 + 35

$\Rightarrow$ भाजक × 79 = 24446 − 35

$\Rightarrow$ भाजक $= \frac{24411}{79} = 309$

$\therefore$ अभीष्ट संख्या = 309

प्रश्नमाला

1. **5–अंकीय छोटी-से-छोटी संख्या, जो 75 से पूर्णतया विभाजित है, है–**
(a) 10025 (b) 10005
(c) 10075 (d) 10050

2. **893645 तथा 635489 के योग से जो संख्या घटाने पर संख्या 1000000 प्राप्त हो, वह संख्या है–**
(a) 106355 (b) 364511
(c) 51329 (d) 529134

3. **प्रथम दस अभाज्य संख्याओं के गुणनफल में इकाई के स्थान का अंक है–**
(a) 6 (b) 4
(c) 2 (d) 0

4. **$(3207 \times 12 \times 17 \times 13)$ के गुणनफल में इकाई का अंक है–**
(a) 0 (b) 3
(c) 4 (d) 7

5. **दो संख्याओं का योग 234560 है। यदि एक संख्या दूसरी संख्या से 10010 अधिक है, तो बड़ी संख्या क्या होगी?**
(a) 112275 (b) 122285
(c) 132285 (d) 117280

6. **संख्या 5.029 को किस संख्या से भाग किया जाए, कि 50.29 प्राप्त हो?**
(a) 0.01 (b) 0.1
(c) 1.0 (d) 10.0

7. **अमित अपने जन्मदिन पर कक्षा में सभी छात्रों को एक पार्टी देता है। इसके लिए उसने बिस्कुट के 4 डिब्बे खरीदे प्रत्येक डिब्बे में 8 बिस्कुट हैं। यदि उसकी कक्षा में 28 छात्र हों, तो प्रत्येक छात्र को एक बिस्कुट देने के बाद निम्न में से कौन-सा व्यंजक बचे हुए बिस्कुटों की संख्या दर्शाता है?**
(a) $(4 \times 8) - 28 =$ _____
(b) $36 - (4 \times 8) =$ _____
(c) $(28 - 8) \times 4 =$ _____
(d) $(4 \times 8) - 28 =$ _____

8. **959595 इनमें से बड़ी-से-बड़ी संख्या जिससे विभाज्य है–**
(a) 47 (b) 17
(c) 19 (d) 37

9. **एक कार पार्क में 14 पंक्तियाँ हैं। प्रत्येक पंक्ति में 420 कारों के खड़े करने का स्थान है। पार्क में कुल कितनी कारें खड़ी हो सकती है?**
(a) 5880 (b) 434
(c) 406 (d) 30

10. **एक स्कूल में 26 कमरे हैं। प्रत्येक कमरे में 4 पौधे लगाए गए हैं। यदि 1 पौधे में 2 कप पानी डाला जाता हो, तो कुल कितने कप पानी सभी पौधों के लिए चाहिए?**
(a) 32 (b) 106
(c) 112 (d) 208

11. *** के किस मान के लिए संख्या 56 * 890, 13 से पूर्णतया विभाजित होगी?**
(a) 1 (b) 3
(c) 5 (d) 7

12. **यदि तीन संख्याओं का गुणनफल 7980 है जिनमें दो संख्याओं का गुणनफल 228 है, तो तीसरी संख्या क्या है?**
(a) 25 (b) 15
(c) 16 (d) 35

13. 4006, 4055, 44004 और 444 का योगफल क्या होगा?
(a) 52209 (b) 52409
(c) 52509 (d) 52309

14. किस संख्या में 17 से भाग देने पर भागफल 23 और शेष 7 बचता है?
(a) 368 (b) 328
(c) 358 (d) 398

15. 5618 और 3845 में और क्या जोड़ना चाहिए जिससे प्राप्त योगफल 12850 हो जाए?
(a) 3387 (b) 3247
(c) 3347 (d) 3267

16. 2408 × 200 बराबर है–
(a) 480160 (b) 480016
(c) 481600 (d) 461600

17. 93.40 को 0.015 से भाग देने पर लगभग उत्तर क्या होगा?
(a) 0.6 (b) 60
(c) 600 (d) 6000

18. भाग के प्रश्न में यदि भाजक 51, भागफल 16 तथा शेषफल 27 है, तो भाज्य होगा–
(a) 843 (b) 483
(c) 94 (d) 1393

19. 13013 संख्या 13 से विभक्त होती है। पाँच अंकों की छोटी-से-छोटी संख्या ढूँढ़िए जो 14 से आरम्भ होती हो और 13 विभक्त होती हो।
(a) 140027 (b) 14014
(c) 14040 (d) 14001

20. 10101 को 17 से गुणा करने पर गुणनफल होता है–
(a) 171717 (b) 170017
(c) 17017017 (d) 1717017

21. 10170 तथा 8369 में कितना अंतर है?
(a) 1801 (b) 18539
(c) 1809 (d) 18439

22. 7587 + 1613 – 2600 बराबर है–
(a) 6600 (b) 7200
(c) 6500 (d) 5630

23. 5632 × 997 बराबर है–
(a) 5615100 (b) 4973228
(c) 787500 (d) इनमें से कोई नहीं

24. 39497 में कौन-सी छोटी संख्या जोड़ी जाए कि योगफल 3 से पूर्णत: विभाजित हो जाए?
(a) 0 (b) 1
(c) 2 (d) 4

25. 56879 – 17652 – 12625 बराबर है–
(a) 36832 (b) 26602
(c) 17587 (d) 26502

26. संख्या 1253750 निम्नलिखित से विभाज्य है–
(a) 5, 7 (b) 2, 3
(c) 5, 10 (d) 1, 4

27. यदि 5432*7, 9 से विभाज्य हो, तो * के स्थान पर जो अंक होगा, वह है–
(a) 0 (b) 1
(c) 6 (d) 9

28. 500 तक ऐसी कितनी संख्याएँ हैं, जो 3 या 5 दोनों से विभाज्य है?
(a) 250 (b) 240
(c) 233 (d) 210

29. $x * y = (x + 2)^2 (y - 2)$, हो, तो 7*5 का मान क्या है?
(a) 175 (b) 205
(c) 213 (d) 243

30. निम्नलिखित में से कौन-सी संख्या 4 से विभाजित होगी?
(a) 14568 (b) 14971
(c) 45679 (d) 23681

31. निम्नलिखित में से कौन-सी संख्या 45 से विभाजित होगी?
(a) 181560 (b) 331145
(c) 202860 (d) इनमें से कोई नहीं

32. 33 को किस संख्या से भाग देने पर भागफल 55 होगा?
(a) $\frac{2}{5}$ (b) $\frac{3}{5}$
(c) $\frac{6}{5}$ (d) $\frac{4}{5}$

33. 4318 में किस संख्या से भाग दें कि भागफल 17 आए?
(a) 253 (b) 254
(c) 259 (d) 364

34. 9554 को 39 से गुणा करने पर इकाई स्थान पर अंक होगा?
(a) 1
(b) 3
(c) 8
(d) इनमें से कोई नहीं

35. गुणनफल 584 × 128 × 617 × 413 में इकाई का अंक क्या होगा?
(a) 2 (b) 3
(c) 4 (d) 5

36. बिना भाग की क्रिया के यह ज्ञात कीजिए कि संख्या 1234567895 संख्या 11 से पूर्णत: विभाजित होगी या नहीं।
(a) हाँ
(b) नहीं
(c) दोनों
(d) ज्ञात नहीं किया जा सकता

37. पाँच अंकों की वह बड़ी से बड़ी संख्या कौन-सी है, जो 91 से पूर्णतया विभक्त है?
(a) 99918 (b) 99921
(c) 99981 (d) 99971

38. 845 में 5 घटाने पर संख्या 42 से पूर्णतया विभाजित होती है, तो भागफल बताइए?
(a) 22 (b) 20
(c) 21 (d) 24

39. 45^4 में इकाई स्थान पर अंक होगा–
(a) 0
(b) 5
(c) 9
(d) इनमें से कोई नहीं

40. सन् 1968 के जनवरी, फरवरी तथा मार्च के महीनों के दिनों का योगफल ज्ञात कीजिए?
(a) 89 (b) 90
(c) 91 (d) 92

उत्तरमाला

1. (d) 5 अंकों की छोटी से छोटी संख्या

= 10000

10000 से 75 से भाग करने पर

```
75) 10000 (133
    75
    250
    225
     250
     225
      25
```

अत: 75 से पूर्णत: विभाज्य संख्या
= 10000 + (75 – 25)
= (10000 + 50)
= 10050

2. (d) प्रश्नानुसार, (893645 + 635489)
= 1529134

∴ घटाई जाने वाली संख्या
= 1529134 – 1000000 = 529134

3. (d) प्रथम दस अभाज्य संख्याएँ निम्नवत् है:
2, 3, 5, 7, 11, 13, 17, 19, 23, 29

इनके गुणनफल में अभीष्ट इकाई अंक इस प्रकार होगा–
2 × 3 × 5 × 7 × 11 × 13 × 17 × 19 × 23 × 29 में इकाई अंक = 0

नोट क्योंकि 2 × 5 = 10 में किसी भी संख्या का गुणा करें, तो इकाई अंक शून्य प्राप्त होगा।

4. (c) (3207 × 12 × 17 × 13) के गुणनफल में इकाई का अंक

यहाँ 3207 में इकाई का अंक = 7
12 में इकाई का अंक = 2
17 में इकाई का अंक = 7

13 में इकाई का अंक = 3

∴ $(7 \times 2 \times 7 \times 3)$ में इकाई का अंक

= 294 में इकाई का अंक

= 4

5. (a) माना एक संख्या x है,

तब दूसरी संख्या $= (x + 10010)$

प्रश्नानुसार, $x + (x + 10010)$

= 234560

⇒ $2x = (234560 - 10010)$

⇒ $2x = 224550$

∴ $x = \frac{224550}{2}$ 112275

6. (b) माना 5.029 में संख्या x से भाग दिया जाए, तो प्रश्नानुसार,

$5.029 \div x = 50.29$

⇒ $\frac{5.029}{x} = 50.29$

∴ $x = \frac{5.029 \times 1000}{50.29 \times 100}$

$= \frac{5029}{50290} = \frac{1}{10} = 0.1$

7. (a) बिस्कुट के कुल डिब्बे = 4

प्रत्येक डिब्बे में बिस्कुटों की संख्या = 8

डिब्बों में कुल बिस्कुट $= 8 \times 4 = 32$

कक्षा में छात्रों की संख्या = 28

प्रत्येक छात्र को एक बिस्कुट देने के बाद शेष बचे बिस्कुट $4 \times 8 - 28 = (32 - 28) = 4$

8. (d) संख्या 959595,19 व 37 से पूर्णत: विभाज्य है।

अत: बड़ी-से-बड़ी विभाज्य संख्या = 37

9. (a) पार्क में कुल पंक्तियों की संख्या = 14

14 पंक्तियों में कोरों की कुल संख्या

∴ $= 14 \times 420 = 5880$

10. (d) स्कूल में कुल कमरों की संख्या = 26

प्रत्येक कमरे में लगाए गए पौधे = 4

कुल पौधे $= 26 \times 4 = 104$

∵ 1 पौधे में पानी डाला जाता है = 2 कप

∴ 104 पौधों में पानी डाला जाएगा

$= 2 \times 104 = 208$ कप

11. (c) 56 * 890 में यदि * के स्थान पर 5 को रख दिया जाए, तो 565890, 13 से विभाज्य होगी।

```
13) 565890 (43530
    52
     45
     39
      68
      65
       39
       39
        ×
```

12. (d) तीसरी संख्या

$= \frac{\text{तीन संख्याओं का गुणनफल}}{\text{दो संख्याओं का गुणनफल}}$

$= \frac{7980}{228} = 35$

13. (c) अभीष्ट योगफल

```
=   04006
    04055
    44004
+   00444
    52509
```

14. (d) भाजक =170, भागफल = 23,

शेष = 7

भाज्य = भाजक × भागफल + शेषफल

$= 17 \times 23 + 7$

$= (391 + 7)$

= 398

15. (a) सर्वप्रथम हम 5618 तथा 3845 का योगफल ज्ञात करते हैं

अत:

```
   5618
+  3845
   9463
```

अत: अभीष्ट जोड़ी जाने वाली संख्या

$= (12850 - 9463) = 3387$

16. (c) 2408×200

= 481600

17. (d) $\frac{93.40}{0.015}$

$= \frac{9340 \times 1000}{15 \times 100}$

$= \frac{93400}{15}$

= 6226.66

$\simeq 6000$ (लगभग)

18. (a) भाज्य = भाजक × भागफल + शेषफल

$= 51 \times 16 + 27 = 816 + 27 = 843$

19. (d) पाँच अंकों की छोटी-से-छोटी संख्या, जो 14 से प्राम्भ होती है = 14000

अब इस संख्या को 13 से विभाजित करने पर

```
13) 14000 (1076
    13
     100
      91
       90
       78
       12
```

∴ 14 से प्रारम्भ होकर 13 से विभाज्य छोटी-से-छोटी पाँच अंकों की संख्या

$= 14000 + (13 - 12)$

$= 14000 + 1 = 14001$

20. (a) 10101×17

$= (10000 + 100 + 1) \times 17$

$= 170000 + 1700 + 17$

= 171717

21. (a) अभीष्ट अंतर $= (10170 - 8369)$

= 1801

22. (a) व्यंजक

$= (7587 + 1613 - 2600)$

$= (9200 - 2600)$

= 6600

23. (d) व्यंजक

$= 5632 \times 997$

$= 5632 \times (1000 - 3)$

$= 5632000 - 5632 \times 3$

$= (5632000 - 16896)$

= 5615104

24. (b) यदि किसी संख्या के अंकों का योगफल 3 से विभाजित हो, तो संख्या निश्चित रूप से 3 से विभाजित होगी।

अत: $39497 = (3 + 9 + 4 + 9 + 7) = 32$,

स्पष्ट है,

32 के निकटतम, 3 से विभाज्य संख्या = 33

∴ जोड़ी जाने वाली अभीष्ट संख्या

$= (33 - 32) = 1$

25. (b) व्यंजक

$= 56879 - 17652 - 12625$

$= (56879 - 30277)$

= 26602

26. (c) यदि किसी संख्या का अंतिम अंक 5 या शून्य हो, तो वह संख्या 5 से विभाज्य होगी।

यदि किसी संख्या का अंतिम अंक शून्य हो तो वह संख्या 10 से पूर्णत: विभाजित होगी।

अत: स्पष्ट है, संख्या 1253750, 5 तथा 10 दोनों से विभाज्य है।

27. (c) यदि किसी संख्या के अंकों का योग 9 से विभाजित हो, तो वह संख्या 9 से विभाजित हो जाएगी।

5 + 4 + 3 + 2 + * + 7 = 21 + * के निकटतम 9 से विभाज्य संख्या = 27

∴ 21 + * = 27

⇒ * = (27 − 21)

= 6

28. (c) अभीष्ट संख्याएँ

= उसे विभाज्य संख्याएँ + 5 से विभाज्य संख्या - 15 से विभाज्य संख्याएँ

3 से विभाज्य संख्याएँ $= \frac{500}{3} = 166$

5 से विभाज्य संख्याएँ = 100

15 से विभाज्य संख्याएँ = 33

∴ अभीष्ट संख्याएँ

$= (166 + 100 - 33)$

$= (266 - 33)$

$= 233$

29. (d) $x*y = (x + 2)^2 . (y-2)$

(7*5) में, x = 7 तथा y = 5

$(7*5) = (7 + 2)^2 .(5 - 2)$

$= (9)^2 \times 3 = 81 \times 3$

$= 243$

30. (a) जिस संख्या के अंतिम दो अंक 4 से विभाजित है, तो वह संख्या निश्चित रूप से 4 से पूर्णत: विभाजित होगी।

$\frac{14568}{4} = 3642$

31. (c) ऐसी संख्या, जो 9 तथा 5 दोनों से विभाज्य होगी, वह संख्या 45 से भी पूर्णत: विभाज्य होगी।

संख्या के अंकों का योग करने पर

$2 + 0 + 2 + 8 + 6 + 0 = 18$

जो 9 से विभाजित होता है।

32. (b) माना यदि 33 को संख्या x से भाग देने पर 55 आता है।

अत: $33 \div x = 55$

$\Rightarrow \frac{33}{x} = 55$

$\Rightarrow x = \frac{33}{55} = \frac{3}{5}$

33. (b) प्रश्नानुसार,

भाज्य = 4318, भाजक = x, भागफल = 17,

शेष = 0

अत: भाज्य = भाजक × भागफल + शेष

$4318 = x \times 17 + 0$

$\Rightarrow x = \frac{4318}{17} = 254$

34. (d) (9554 × 39) में इकाई का अंक ज्ञात करना

9554 में इकाई का अंक = 4

39 में इकाई का अंक = 9

∴ (4 × 9) में इकाई का अंक

= 36 में इकाई का अंक = 6

35. (a) गुणनफल $58\underline{4} \times 12\underline{8} \times 61\underline{7} \times 41\underline{3}$ में इकाई का अंक

$= 4 \times 8 \times 7 \times 3 = 3\underline{2} \times 2\underline{1}$

$2 \times 1 = 2$

36. (a) यदि किसी संख्या के सम एवं विषम स्थानों के अंकों के योग का अंतर 0 या 11 का गुणज हो, तो वह संख्या सदैव, 11 से पूर्णत: विभाज्य होगी।

37. (a) 5 अंकों की बड़ी-से-बड़ी संख्या

= 99999

99999 को 91 से भाग देने पर, शेषफल = 81

∴ अभीष्ट संख्या = (99999 – 81)

= 99918

38. (b) 845 में 5 घटाने पर प्राप्त संख्या

= (845 – 5) = 840

840 को 42 से विभाजित करने पर

```
42) 840 (20
    840
    ---
     ×
```

अत: भागफल = 20

39. (b) 45^4 में इकाई का अंक

$= (5)^4$ में इकाई का अंक

$= (5 \times 5 \times 5 \times 5)$ में इकाई का अंक

= 625 में इकाई का अंक = 5

40. (c) सन् 1968 एक लीप वर्ष है, क्योंकि यह 4 से विभाजित हो रहा है तथा फरवरी में दिनों की संख्या 29 होगी।

∴ जनवरी + फरवरी + मार्च

$= (31 + 29 + 31)$

$= 91$

❑❑❑

3

अध्याय

दशमलव और दशमलव भिन्न

भिन्नें (Fraction)

यदि किसी संख्या 'x' को 'y' भागों में विभाजित करना है, तो 'x' को 'y' से भाग देना पड़ेगा तथा इसे $\frac{x}{y}$ से प्रदर्शित करेंगे व प्रत्येक भाग का मान $\frac{x}{y}$ होगा।

$\frac{x}{y}$ को भिन्न कहते हैं। x को अंश (Numerator) व y को हर (Denominator) कहते हैं।

नोट– (i) यदि किसी भिन्न के अंश व हर समान हों, तो उस भिन्न का मान सदैव 1 होता है।

(ii) यदि किसी भिन्न के अंश व हर में समान संख्या से गुणा किया जाए, तो भिन्न का मान सदैव अपरिवर्तित रहता है।

(iii) यदि भिन्न अपने सरलतम रूप में है, तो भिन्न के अंश व हर का म०स० सदैव 1 होता है।

भिन्नों के प्रकार

(i) उचित भिन्न (Proper fraction) : वह भिन्न जिसका अंश, हर से सदैव छोटा होता है उचित भिन्न कहलाती है।

जैसे– $\frac{3}{4}, \frac{4}{5}, \frac{7}{8}, \frac{11}{15}$ आदि।

(ii) अनुचित भिन्न (Improper fraction) : वह भिन्न जिसका अंश, सदैव हर से बड़ा होता है, अनुचित भिन्न कहलाती है।

जैसे– $\frac{7}{5}, \frac{11}{9}, \frac{8}{5}$ आदि।

(iii) इकाई भिन्न (Unit fraction) : वह भिन्न जिसका अंश 1 होता है, इकाई भिन्न कहलाती है।

जैसे– $\frac{1}{5}, \frac{1}{4}, \frac{1}{7}, \frac{1}{8}, \frac{1}{9}$ आदि।

(iv) मिश्रित भिन्न (Mixed fraction) : वह भिन्न जो एक पूर्णांक तथा एक भिन्न से मिलकर बनी होती है, मिश्रित भिन्न कहलाती है।

जैसे– $1\frac{1}{2}, 3\frac{1}{4}, 4\frac{5}{7}$ आदि।

(v) जटिल भिन्न (Complex Fraction) : यदि किसी भिन्न का अंश या हर या दोनों भिन्न के रूप में हों, तो इस प्रकार की भिन्न जटिल भिन्न कहलाती है।

जैसे– $\dfrac{\frac{3}{4}}{11}, \dfrac{\frac{5}{8}}{\frac{7}{11}}$ आदि।

(vi) सतत् भिन्न (Continued fraction) : वह भिन्न जिसका अंश या हर या दोनों भिन्न के रूप में आगे बढ़ रहे हों, सतत् भिन्न कहलाती है।

जैसे– $1+\cfrac{1}{3+\cfrac{1}{2+\cfrac{1}{2}}}, \cfrac{2}{1-\cfrac{3}{2+\cfrac{1}{2-\cfrac{1}{2}}}}$

दशमलव भिन्न (Decimal Fraction) : वह भिन्न जिसका हर 10 या 10 की किसी घात के रूप में होता है, दशमलव भिन्न कहलाती है।

जैसे– $\frac{1}{100}, \frac{7}{1000}, \frac{9}{10,000}$ आदि।

दशमलव भिन्नों के प्रकार (Types of Decimal Fraction)

(i) शांत दशमलव भिन्न (Terminating decimal fraction) : ऐसी दशमलव भिन्न जिसमें भाग की क्रिया कुछ चरणों के पश्चात् खत्म हो जाती है, शांत दशमलव भिन्न कहलाती है।

जैसे– $\frac{1}{8} = 0.125, \frac{12}{25} = 0.48, \frac{22}{50} = 0.46$ आदि।

(ii) पुनरावृत्त दशमलव भिन्न (Recurring decimal fraction) : ऐसी भिन्न, जिसमें दशमलव के बाद एक अंक या एक से अधिक अंकों की बार-बार पुनरावृत्ति हो, पुनरावृत्त दशमलव भिन्न कहलाती है।

जैसे– (i) $\frac{4}{3} = 1.3333................ = 1.3$

(ii) $\frac{1}{9} = 0.1111................ = 0.1$

(iii) $\frac{1}{6} = 0.16666 .... = 0.16$

(iii) शुद्ध पुनरावृत्त दशमलव भिन्न (Pure recurring decimal fraction) : ऐसी भिन्न जिसमें दशमलव के बाद के सभी अंकों की पुनरावृत्ति हो, शुद्ध पुनरावृत्त दशमलव भिन्न कहते हैं।

जैसे– (i) $\frac{1}{3} = 1.3333................ = 1.3$

(ii) $\frac{4}{9} = 0.444............... = 0.4$

(iii) $\frac{1}{7} = 0.142857\ 142857 .... = 0.142857$

(iv) मिश्रित पुनरावृत्त दशमलव भिन्न (Mixed recurring decimal fractions) : ऐसी दशमलव भिन्न जिसमें दशमलव बिन्दु के बाद केवल कुछ अंकों की ही बार-बार पुनरावृत्ति होती है, मिश्रित पुनरावृत्त दशमलव भिन्न कहलाती हैं।

जैसे– (i) $0.4\overline{6}$, (ii) $2.0\overline{5}$, (iii) $1.53\overline{6}$

दशमलव भिन्नों की कुछ महत्वपूर्ण संक्रियाएं

(i) दशमलव भिन्न को साधारण भिन्न में बदलना : सर्वप्रथम दी गई दशमलव संख्या में दशमलव को ध्यान में न रखते हुए उस संख्या को अंश में लिखा जाता है तथा हर में एक लिखकर उतने शून्य लगाते हैं, जितने कि संख्या में दशमलव के बाद अंक हैं।

उदाहरण–(i) $0.75 = \frac{75}{100} = \frac{3}{4}$, (ii) $1.254 = \frac{1254}{1000} = \frac{627}{500}$

(ii) दशमलव भिन्नों का योग : दशमलव भिन्नों का योग करने के लिए दशमलव भिन्नों को पंक्ति में एक के नीचे एक इस प्रकार लिखते हैं कि प्रत्येक संख्या का दशमलव बिन्दु एक ही सीध में हो, इसके बाद जोड़ की सामान्य प्रक्रिया से उनका योग प्राप्त करते हैं।

उदाहरण : 1.725, 4.302, 0.0125 का योग ज्ञात कीजिए।

हल :

$$\begin{array}{r} 1.7250 \\ +\ 4.3020 \\ 0.0125 \\ \hline 6.0395 \end{array}$$

(iii) दशमलव भिन्नों का घटाव : जोड़ की प्रक्रिया के अनुसार ही हम घटाव की प्रक्रिया भी संपन्न करते हैं।

उदाहरण : 1.7491 में 0.03152 घटाइए।

हल :

$$\begin{array}{r} 1.74910 \\ -\ 0.03152 \\ \hline 1.71758 \end{array}$$

(iv) दशमलव भिन्नों का 10 या 10 की किसी घात से गुणा : जब दी गई दशमलव संख्या में 10 या 10 की किसी घात का गुणा किया जाता है, तो दशमलव संख्या में दशमलव स्थान के दाईं ओर उतने ही अंक के आगे दशमलव ले जाते हैं, जितनी 10 की घात होती है।

जैसे– (i) $1.725 \times 100 = 172.5$, (ii) $0.0725 \times 1000 = 72.5$

(v) दशमलव भिन्नों का पूर्णांक से गुणा : सर्वप्रथम हम दी गई दशमलव संख्या में दशमलव को ध्यान में न रखते हुए, दिए गए पूर्णांक से गुणा करते हैं, इसके पश्चात् प्राप्त गुणनफल में उतने अंक बाद दशमलव लगाते हैं, जितने अंक बाद दशमलव दी गई भिन्न में हैं।

जैसे– 1.725×4

दशमलव बिन्दु को ध्यान में न रखते हुए गुणा करने पर

$$1725 \times 4 = 6900$$

दशमलव का संख्या के बाद स्थान = 3

$$\therefore \quad 1.725 \times 4 = 6.9$$

(vi) दशमलव भिन्न का दशमलव भिन्न से गुणा : सर्वप्रथम दशमलव संख्याओं के दशमलव स्थान को ध्यान में न रखते हुए गुणन की सामान्य प्रक्रिया से गुणा किया जाता है, इसके पश्चात् दोनों संख्याओं के दशमलव स्थानों का योग करके प्राप्त गुणनफल में दशमलव बिन्दु उतने अंक बाद लगाते है जितना कि योग है।

जैसे– 1.425×2.5

हल– दशमलव संख्याओं को ध्यान में न रखते हुए गुणा करने पर

$$1425 \times 2.5 = 35625$$

दोनों संख्याओं में दशमलव स्थानों का योग $= (3 + 1) = 4$

$$\therefore \quad 1.425 \times 2.5 = 3.5625$$

(vii) दशमलव भिन्नों 10 या 10 की किसी घात से भाग : दी गई दशमलव संख्या में दशमलव स्थान के बाएं उतने ही अंक के आगे दशमलव ले जाते हैं, जितनी कि 10 की घात होती है।

जैसे–

$$45.485 \div 10 = 4.5485$$
$$418.53 \div 100 = 4.1853$$
$$3.743 \div 1000 = 0.003743$$

(viii) दशमलव भिन्नों का पूर्णांक से भाग : सर्वप्रथम दी गई दशमलव भिन्न में दशमलव को ध्यान में न रखते हुए दी गई संख्या से भाग की सामान्य प्रक्रिया करते हैं तथा भागफल में उतने ही स्थान पहले दशमलव लगाते हैं, जितने कि दी गई दशमलव भिन्न में हैं।

जैसे– $125.85 \div 15$

दशमलव बिन्दु को ध्यान में न रखते हुए भाग की क्रिया करने पर

$$\therefore \quad 12585 \div 15 = 839$$

अतः दी गई दशमलव भिन्न में

$$125.85 \div 15 = 8.39$$

(ix) दशमलव भिन्नों का दशमलव भिन्नों से भाग : सर्वप्रथम हम दी गई दशमलव भिन्नों के अंश व हर से दशमलव हटाकर उन्हें 10 की घातों के रूप में लिखते हैं। तत्पश्चात्, भाग की सामान्य प्रक्रिया द्वारा भाग करते हैं।

जैसे– (i) $\frac{0.1755}{1.5} = \frac{1755}{15000} = 0.117$

(ii) $\frac{0.8257}{32.5} = \frac{8257 \times 10}{325 \times 10000} = \frac{8257}{325000} = 0.0254$

भिन्नों का ल॰स॰ व म॰स॰ ज्ञात करना

(i) भिन्नों का ल॰स॰ $= \dfrac{\text{भिन्नों के अंश का ल॰स॰}}{\text{भिन्नों के हर का म॰स॰}}$

(ii) भिन्नों का म॰स॰ $= \dfrac{\text{भिन्नों के अंश का म॰स॰}}{\text{भिन्नों के हर का ल॰स॰}}$

दशमलव भिन्नों के म॰स॰ व ल॰स॰ ज्ञात करना : सर्वप्रथम हम दी गई दशमलव भिन्नों में शून्य लगाकर दशमलव अंकों की संख्या समान कर लेते हैं। इसके पश्चात् दशमलव को ध्यान में न रखते हुए दी गई संख्याओं के ल॰स॰ व म॰स॰ ज्ञात कर लेते हैं। तत्पश्चात् प्राप्त परिणाम में उतने ही अंक बाद दशमलव लगाते हैं, जितने कि दी गई दशमलव भिन्न में हैं।

उदाहरण 1 : 0.6, 1.8 व 0.36 का ल॰स॰ ज्ञात कीजिए।

हल : सर्वप्रथम हम दशमलव स्थानों को समान करते हैं, जो हमें 0.60, 1.80, 0.36 प्राप्त होते हैं।

अब हम दशमलव को ध्यान में न रखते हुए निम्नलिखित संख्याएँ प्राप्त करते हैं।

60, 180 व 36

∴ 60, 180 व 36 का ल॰स॰ = 180

∴ 0.6, 1.8 व 0.36 का ल॰स॰ = 1.80

उदाहरण 2 : 1.2, 1.8 व 3.2 का म॰स॰ ज्ञात कीजिए।

हल : 1.2, 1.8 व 3.2 में दशमलव समान स्थानों पर लगा हुआ है। दशमलव को ध्यान में न रखते हुए 12, 18 व 32 का म॰स॰ ज्ञात करते हैं।

∴ 12, 18 व 32 का म॰स॰ = 2

∴ 1.2, 1.8 व 3.2 का म.स. = 0.2

हर से बड़ा हो, तो भिन्न का मान 1 से अधिक होता है।

भिन्नों के लिए कुछ महत्वपूर्ण नियम

(i) यदि दशमलव संख्याएं $0.a, 0.b$ व $0.abc$ के रूप में दी गई हों, तो इन्हें परिमेय संख्या $\frac{p}{q}$ के रूप में निम्न प्रकार से व्यक्त किया जाता है।

$$0.a = \frac{a}{10},\quad 0.ab = \frac{ab}{100},\quad \text{व}\quad 0.abc = \frac{abc}{1000}$$

(ii) यदि शुद्ध पुनरावृत्त दशमलव संख्याएं $0.\overline{a}, 0.\overline{ab}$ व $0.\overline{abc}$ के रूप में दी गई हों, तो इन्हें परिमेय संख्या में निम्न प्रकार से बदला जा सकता है।

$$0.\overline{a} = \frac{a}{9},\ 0.\overline{ab} = \frac{ab}{99},\ 0.\overline{abc} = \frac{abc}{999}$$

(iii) यदि मिश्रित पुनरावृत्त दशमलव संख्याएं $0.a\overline{b}$, $0.a\overline{bcd}$ के रूप में हों, तो इन्हें परिमेय संख्या $\frac{p}{q}$ के रूप में निम्न प्रकार से व्यक्त किया जा सकता है।

$$0.a\overline{b} = \frac{ab-a}{90},\ 0.a\overline{bc} = \frac{abc-a}{990},\ 0.a\overline{bcd} = \frac{abcd-a}{9990}$$

(iv) यदि मिश्रित पुनरावृत्त दशमलव संख्याएं $0.ab\overline{c}$ व $0.abc\overline{d}$ के रूप में हों, तो इन्हें परिमेय संख्या $\frac{p}{q}$ के रूप में निम्न प्रकार से बदला जा सकता है।

$$0.ab\overline{c} = \frac{abc-ab}{900},\ 0.abc\overline{d} = \frac{abcd-abc}{9000}$$

हल सहित उदाहरण

उदाहरण–1 : $0.\overline{3}+0.\overline{4}+0.\overline{5}$ का मान ज्ञात कीजिए।

हल– माना $x = 0.\overline{3} = 0.333$ ...(i)

$10x = 3.333$ ...(ii)

समीकरण (ii) में समी. (i) घटाने पर

$9x = 3$

$\Rightarrow\quad x = \frac{3}{9} = \frac{1}{3}$

इसी प्रकार $y = \frac{4}{9}$

तथा $z = \frac{5}{9}$

$\therefore\quad x+y+z = 0.\overline{3}+0.\overline{4}+0.\overline{5}$

$= \frac{1}{3}+\frac{4}{9}+\frac{5}{9} = \frac{12}{9}$

$= \frac{4}{3} = 1.333 = 1.\overline{3}$

उदाहरण–2 : यदि $2\frac{1}{4}$ और $1\frac{2}{3}$ के अंतर के $\frac{3}{4}$ भाग को $3\frac{1}{4}$ के $\frac{2}{3}$ भाग से घटाया जाए, तो प्राप्त परिणाम क्या होगा?

हल– प्रश्नानुसार, $\frac{13}{4}\times\frac{2}{3}-\left(\frac{9}{4}-\frac{5}{3}\right)\times\frac{3}{4}$

$= \frac{13}{6}-\left(\frac{27-20}{12}\right)\times\frac{3}{4}$

$= \left(\frac{13}{6}-\frac{7}{12}\times\frac{3}{4}\right) = \left(\frac{13}{6}-\frac{7}{16}\right)$

$= \left(\frac{104-21}{48}\right) = \frac{83}{48}$

उदाहरण–3 : $(0.\overline{63}+0.\overline{37}+0.\overline{80})$ का सरलीकृत मान ज्ञात कीजिए।

हल– व्यंजक $= 0.\overline{63}+0.\overline{37}+0.\overline{80}$

$= \left(\frac{63}{99}+\frac{37}{99}+\frac{80}{99}\right)$

$= \frac{180}{99} = \frac{20}{11} = 1.818181... = 1.\overline{81}$

उदाहरण–4 : वह सबसे छोटी भिन्न, जो $5\frac{3}{4}, 4\frac{4}{5}, 7\frac{3}{8}$ व $9\frac{1}{2}$ के योग में जोड़ देने पर एक पूर्ण संख्या बन जाती है।

हल– $5\frac{3}{4}+4\frac{4}{5}+7\frac{3}{8}+9\frac{1}{2}$

$= \left(5+\frac{3}{4}+4+\frac{4}{5}+7+\frac{3}{8}+9+\frac{1}{2}\right)$

$= 25+\frac{3}{4}+\frac{4}{5}+\frac{3}{8}+\frac{1}{2}$

$= 25+\frac{30+32+15+20}{40} = 27\frac{17}{40}$

$\therefore$ अभीष्ट सबसे छोटी भिन्न $= \left(1-\frac{17}{40}\right) = \frac{23}{40}$

उदाहरण–5 : $3+\cfrac{1}{3+\cfrac{1}{3+\cfrac{1}{3+\cfrac{1}{3}}}}$ का मान ज्ञात कीजिए।

हल– व्यंजक $= 3+\cfrac{1}{3+\cfrac{1}{3+\cfrac{1}{3+\cfrac{1}{3}}}}$

$= 3+\cfrac{1}{3+\cfrac{1}{3+\cfrac{3}{10}}} = 3+\cfrac{1}{3+\cfrac{10}{33}}$

$= 3+\frac{33}{109} = (3\times 109+33)$

$\frac{(327+33)}{109} = \frac{360}{109}$

प्रश्नमाला

1. यदि $\frac{1}{1\frac{1}{4}}+\frac{1}{6\frac{2}{3}}-\frac{1}{x}+\frac{1}{10}=\frac{11}{12}$, हो, तो x का मान है–
(a) $\frac{15}{3}$ (b) $\frac{20}{15}$
(c) $\frac{15}{2}$ (d) $\frac{12}{12}$

2. $\left(1+\frac{4}{2+\frac{3}{9/2}}-\frac{1}{2}\times5\right)+\frac{8(3.75)^3+1}{(7.5)^2-6.5}$ का सरलतम मान है–
(a) 6.5 (b) 0
(c) 7.5 (d) 8.5

3. $\frac{1}{20}+\frac{1}{30}+\frac{1}{42}+\frac{1}{56}+\frac{1}{72}+\frac{1}{90}+\frac{1}{110}+\frac{1}{132}$, का मान है–
(a) $0.1\overline{6}$ (b) $0.1\overline{3}$
(c) $1.1\overline{6}$ (d) $0.\overline{16}$

4. नीचे दिए गए गुणनफलों में से किसका मान 2.53 × 0.154 के बराबर होगा?
(a) 253 × 0.00154
(b) 25.3 × 1.54
(c) 253 × 0.0154
(d) 25.3 × 0.154

5. $7\overline{7}$ का मान है-
(a) $\frac{80}{9}$ (b) $\frac{70}{9}$
(c) $\frac{60}{9}$ (d) $\frac{50}{9}$

6. यदि 135.942 + 10.03 × 2.8 = x हो, तब x का मान होगा–
(a) 164.026 (b) 154.026
(c) 156.804 (d) 164.782

7. $\frac{3}{10}+\frac{5}{100}+\frac{8}{1000}$ के योगफल का मान दशमलव में होगा–
(a) 0.853 (b) 0.358
(c) 3.58 (d) 8.35

8. 0.01 + 2 × 1.02 ÷ 0.2 – 0.5 का मान कितना होगा?
(a) 7.32 (b) 9.71
(c) 4.32 (d) 4.91

9. $\left(3\frac{1}{4}+3\frac{1}{50}+2\frac{7}{40}\right)$ में से दशमलव का छोटे से छोटा कौन-सा भाग घटाया जाए ताकि परिणाम एक पूर्ण संख्या हो?
(a) 0.334 (b) 0.445
(c) 0.329 (d) 0.532

10. $\frac{3}{12}+\frac{9}{17}-\frac{8}{28}$ का मान है–
(a) $\frac{227}{529}$ (b) $\frac{235}{476}$
(c) $\frac{118}{327}$ (d) $\frac{211}{476}$

11. $\frac{13}{15},\frac{15}{17},\frac{17}{19}$ तथा $\frac{19}{21}$ में से कौन-सी संख्या सबसे बड़ी भिन्न है?
(a) $\frac{19}{21}$ (b) $\frac{13}{15}$
(c) $\frac{17}{19}$ (d) सभी बराबर हैं।

12. $\frac{4}{7},\frac{5}{13},\frac{6}{11},\frac{3}{5}$ और $\frac{2}{3}$ भिन्न में से दूसरा सबसे छोटा भिन्न कौन-सा है?
(a) $\frac{6}{11}$ (b) $\frac{5}{13}$
(c) $\frac{4}{7}$ (d) $\frac{3}{5}$

13. $999\frac{98}{99}\times99$ बराबर है–
(a) 98999 (b) 99899
(c) 99989 (d) 99998

14. $999\frac{1}{7}+999\frac{2}{7}+999\frac{3}{7}+999\frac{4}{7}+999\frac{5}{7}+999\frac{6}{7}$ का सरलतम रूप है–
(a) 5997 (b) 5979
(c) 5994 (d) 2997

15. यदि $x+\frac{2}{3+\frac{4}{5+\frac{7}{6}}}=10$ हो, तब x का मान कितना होगा?
(a) $\frac{1276}{135}$ (b) $\frac{53}{6}$
(c) 4.35 (d) –9

16. $\frac{p}{q}$ के रूप में संख्या 0.121212... बराबर होगी–
(a) $\frac{4}{11}$ (b) $\frac{2}{11}$
(c) $\frac{4}{33}$ (d) $\frac{2}{33}$

17. भिन्नों $\frac{15}{16},\frac{19}{20},\frac{24}{25},\frac{34}{35}$ में सबसे छोटी भिन्न है–
(a) $\frac{34}{35}$ (b) $\frac{15}{16}$
(c) $\frac{19}{20}$ (d) $\frac{24}{25}$

18. 3889 + 12.952 – ? = 3854.002 में प्रश्न चिन्ह (?) का मान है–
(a) 47.095 (b) 47.752
(c) 17.932 (d) 47.95

19. $1+\frac{4}{2+\frac{3}{5-\frac{1}{2}}}-\frac{1}{2}(10\div2)$ का मान है–
(a) – 1
(b) 1
(c) 10
(d) इनमें से कोई नहीं

20. $\frac{1}{3}+\frac{1}{15}+\frac{1}{35}+\frac{1}{63}+\frac{1}{99}$ का मान है–
(a) $\frac{10}{11}$ (b) $\frac{5}{11}$
(c) $\frac{9}{11}$ (d) $\frac{7}{11}$

21. $3.\overline{87}-2.\overline{59}$ का मान क्या होगा?
(a) $1.\overline{27}$ (b) $1.\overline{28}$
(c) 1.20 (d) $1.\overline{2}$

22. एक वीडियो लाइब्रेरी में $\frac{1}{4}$ भाग चलचित्रों का शेष भाग का $\frac{2}{3}$ भाग गीतों का एवं 200 धार्मिक वीडियोज हैं। लाइब्रेरी में उनमें से गीतों के वीडियोज कितने हैं?
(a) 400 (b) 600
(c) 800 (d) 1200

23. यदि $\left(\frac{7}{15}+\frac{2}{5}\right)\times x=\frac{1}{20}$ हो, तो x का मान है–
(a) $\frac{3}{52}$ (b) $\frac{5}{51}$
(c) $\frac{3}{62}$ (d) $\frac{5}{68}$

24. 666.06 + 66.60 + 0.66 + 6.06 + 6 =
(a) 819.56 (b) 745.38
(c) 826.44 (d) 798.62

25. $\frac{7}{11},\frac{16}{20},\frac{21}{22}$ को आरोही क्रम में व्यक्त करने का सही क्रम है–

(a) $\frac{7}{11}, \frac{16}{20}, \frac{21}{22}$

(b) $\frac{21}{22}, \frac{7}{11}, \frac{16}{20}$

(c) $\frac{21}{22}, \frac{16}{20}, \frac{7}{11}$

(d) $\frac{7}{11}, \frac{21}{22}, \frac{16}{20}$

26. कोई भिन्न जिसका $\frac{1}{27}$ से वही अनुपात है, जो $\frac{3}{11}$ का $\frac{5}{9}$ से है, बराबर है–

(a) $\frac{1}{55}$ (b) 55

(c) $\frac{1}{11}$ (d) $\frac{3}{11}$

27. किसी संख्या का आधा उस, संख्या के $\frac{1}{5}$ से 15 अधिक है, तो वह संख्या क्या होगी?

(a) 20 (b) 30

(c) 40 (d) 50

28. $\frac{0.3555 \times 0.5555 \times 2.025}{0.225 \times 1.7775 \times 0.2222}$ का मान है–

(a) 5.4 (b) 4.00

(c) 4.5 (d) 5.45

29. $8.3\overline{1} + 0.\overline{6} + 0.00\overline{2}$ बराबर है–

(a) $8.\overline{912}$ (b) $8.9\overline{12}$

(c) 8.98 (d) 8.979

30. दो भिन्नों का गुणनफल $\frac{14}{15}$ तथा भागफल $\frac{35}{24}$ है। इनमें से बड़ी भिन्न है–

(a) $\frac{7}{4}$ (b) $\frac{7}{6}$

(c) $\frac{7}{3}$ (d) $\frac{4}{5}$

31. यदि $\frac{1}{3.718} = 0.2689$ हो, तो $\frac{1}{0.0003718}$ का मान होगा–

(a) 2689

(b) 268.9

(c) 26.89

(d) 2.689

32. $\frac{7}{3}, \frac{11}{13}, \frac{6}{11}, \frac{7}{8}$ और $\frac{5}{9}$ में सबसे बड़ी भिन्न और सबसे छोटी भिन्न का योग कितना है?

(a) $1\frac{19}{99}$ (b) $1\frac{5}{63}$

(c) $1\frac{13}{37}$ (d) $1\frac{17}{56}$

33. एक बांस का $\frac{1}{10}$ भाग लाल, $\frac{1}{20}$ भाग सफेद, $\frac{1}{30}$ भाग नीला, $\frac{1}{40}$ भाग काला, $\frac{1}{50}$ भाग बैंगनी, $\frac{1}{60}$ भाग पीला तथा शेष भाग हरा है। यदि हरे भाग की लम्बाई 12.08 मी. हो, तो बांस की कुल लम्बाई कितनी होगी?

(a) 16 मी. (b) 18 मी.

(c) 20 मी. (d) 30 मी.

34. एक व्यक्ति अपनी आय का $\frac{1}{5}$ भाग खेल पर तथा $\frac{2}{5}$ भाग पढ़ाई पर तथा $\frac{2}{10}$ भाग कपड़ों पर खर्च करता है। यदि उसकी कुल मासिक आय ₹ 10,000 हो, तो इन खर्चों के बाद उसके पास कितनी राशि शेष बचेगी?

(a) ₹ 1,500 (b) ₹ 2,000

(c) ₹ 1,800 (d) ₹ 1,950

35. यदि किसी भिन्न के अंश में 20% की वृद्धि कर दी जाए तथा हर में 5% की कमी कर दी जाए, तो नई भिन्न $\frac{5}{2}$ हो जाती है। मूल भिन्न कितनी है?

(a) $\frac{1}{21}$ (b) $\frac{21}{47}$

(c) $\frac{95}{48}$ (d) $\frac{1}{48}$

उत्तर (हल/संकेत)

1. (c) $\frac{1}{1\frac{1}{4}} + \frac{1}{6\frac{2}{3}} - \frac{1}{x} + \frac{1}{10} = \frac{11}{12}$

$\Rightarrow \frac{1}{\frac{5}{4}} + \frac{1}{\frac{20}{3}} - \frac{1}{x} + \frac{1}{10} = \frac{11}{12}$

$\Rightarrow \frac{4}{5} + \frac{3}{20} - \frac{1}{x} + \frac{1}{10} = \frac{11}{12}$

$\Rightarrow \frac{1}{x} = \frac{4}{5} + \frac{3}{20} + \frac{1}{10} - \frac{11}{12}$

$= \frac{48+9+6-55}{60} = \frac{63-55}{60}$

$= \frac{8}{60} = \frac{2}{15}$

$\Rightarrow \frac{1}{x} = \frac{2}{15}$

$\therefore \quad x = \frac{15}{2}$

2. (d) $1 + \frac{4}{2+\frac{3}{9/2}} - \frac{1}{2} \times 5 + \frac{8(3.75)^3+1}{(7.5)^2 - 6.5}$

$= 1 + \frac{4}{2+\frac{2}{3}} - \frac{5}{2} + \frac{(2 \times 3.75)^3 + 1}{(7.5)^2 - 7.5 + 1}$

$= 1 + \frac{4}{\frac{8}{3}} - \frac{5}{2} + \frac{(7.5)^3 + (1)^3}{(7.5)^2 - 7.5 \times 1 + 1^2}$

$= 1 + \frac{3}{2} - \frac{5}{2} + \frac{(7.5+1)\{(7.5)^2 - (7.5) \times 1 + 1^2\}}{\{(7.5)^2 - 7.5 \times 1 + 1^2\}}$

$= 0 + 7.5 + 1 = 8.5$

3. (a)

$\frac{1}{20} + \frac{1}{30} + \frac{1}{42} + \frac{1}{56} + \frac{1}{72} + \frac{1}{90} + \frac{1}{110} + \frac{1}{132}$

$= \left(\frac{1}{4} - \frac{1}{5}\right) + \left(\frac{1}{5} - \frac{1}{6}\right) + \left(\frac{1}{6} - \frac{1}{7}\right)$

$+ \left(\frac{1}{7} - \frac{1}{8}\right) + \left(\frac{1}{8} - \frac{1}{9}\right) + \left(\frac{1}{9} - \frac{1}{10}\right)$

$+ \left(\frac{1}{10} - \frac{1}{11}\right) + \left(\frac{1}{11} - \frac{1}{12}\right)$

$= \frac{1}{4} - \frac{1}{12} = \frac{1}{4}\left(1 - \frac{1}{3}\right) = \frac{1}{4} \times \frac{2}{3} = \frac{1}{6}$

$= 0.16666 = 0.1\overline{6}$

4. (a) 2.53×0.154 में दशमलव के कुल स्थानों की संख्या 5 है।

दिए गए विकल्पों में केवल विकल्प (a) में दशमलव स्थानों की संख्या 5 है।

अत: 253×0.00154 का मान 2.53×0.154 के बराबर है।

5. (b) $7.\overline{7} = 7 + 0.\overline{7} = 7 + \frac{7}{9} = \frac{70}{9}$

6. (a) $x = 135.942 + 10.03 \times 2.8$

$= 135.942 + 28.084 = 164.026$

7. (b) $\frac{3}{10} + \frac{5}{100} + \frac{8}{1000} = 0.3 + 0.05 + 0.008$

$= 0.358$

8. (b) $0.01 + 2 \times 1.02 \div 0.2 - 0.5$

$= 0.01 + \frac{2 \times 1.02}{0.2} - 0.5$

$= 0.01 + 10.2 - 0.5 = 9.71$

9. (b) $3\frac{1}{4}+3\frac{1}{50}+2\frac{7}{40}=\frac{13}{4}+\frac{151}{50}+\frac{87}{40}$

$=\frac{650+604+435}{200}$

$=\frac{1689}{200}=8.445=8+0.445$

अर्थात् पूर्ण संख्या प्राप्त करने के लिए दी गई संख्या में से 0.445 घटाना होगा।

10. (b) $\frac{3}{12}+\frac{9}{17}-\frac{8}{28}=\frac{357+756-408}{1428}$

$=\frac{705}{1428}=\frac{235}{476}$

11. (a) चूँकि यहाँ दी गई प्रत्येक भिन्न में अंश व हर का अन्तर समान है। अतः बड़े अंश वाली भिन्न बड़ी होगी।

$\therefore$ सबसे बड़ी भिन्न $=\frac{19}{21}$

12. (a) दी गई भिन्नों को आरोही क्रम में लगाने पर,

$\frac{5}{13}=0.38<\frac{6}{11}=0.54<\frac{4}{7}=0.57<\frac{3}{5}=0.6$

$<\frac{2}{3}=0.67$

$\therefore$ दूसरी सबसे छोटी भिन्न $=\frac{6}{11}$

13. (a) $999\frac{98}{99}\times 99=\frac{98999}{99}\times 99=98999$

14. (a)

$999\frac{1}{7}+999\frac{2}{7}+999\frac{3}{7}+999\frac{4}{7}+999\frac{5}{7}+999\frac{6}{7}$

$=(999+999+999+999+999+999)$

$+\left(\frac{1}{7}+\frac{2}{7}+\frac{3}{7}+\frac{4}{7}+\frac{5}{7}+\frac{6}{7}\right)$

$=6(1000-1)+\frac{21}{7}$

$=6000-6+3=5997$

15. (a) $x+\cfrac{2}{3+\cfrac{4}{5+\cfrac{7}{6}}}=10$

$\Rightarrow\quad x+\cfrac{2}{3+\cfrac{24}{37}}=10$

$x+\frac{74}{135}=10$

$x=\frac{1350-74}{135}=\frac{1276}{135}$

16. (c) $0.121212....=\frac{12}{99}=\frac{4}{33}$

17. (b) $\frac{15}{16}=0.9375$

$\frac{19}{20}=0.95$

$\frac{24}{25}=0.96$

$\frac{34}{35}=0.97$

अतः सबसे छोटी भिन्न $\frac{15}{16}$ है।

18. (d) $3889+12.952-?=3854.002$

$=3889+12.952-3854.002$

$=47.95$

19. (d) $1+\cfrac{4}{2+\cfrac{3}{5-\cfrac{1}{2}}}-\frac{1}{2}(10\div 2)$

$=1+\cfrac{4}{2+\cfrac{6}{9}}-\frac{5}{2}$

$=\left(1+\frac{36}{24}-\frac{5}{2}\right)$

$=\left(\frac{60}{24}-\frac{5}{2}\right)=\left(\frac{60-60}{24}\right)=0$

20. (b) $\left[\frac{1}{3}+\frac{1}{15}\right]+\frac{1}{35}+\frac{1}{63}+\frac{1}{99}$

$=\left[\frac{6}{15}+\frac{1}{35}\right]+\frac{1}{63}+\frac{1}{99}$

$=\frac{45}{105}+\frac{1}{63}+\frac{1}{99}$

$=\left[\frac{3}{7}+\frac{1}{63}\right]+\frac{1}{99}=\frac{28}{63}+\frac{1}{99}$

$=\frac{4}{9}+\frac{1}{99}=\frac{44+1}{99}=\frac{45}{99}=\frac{5}{11}$

21. (b) माना $x=3.8\overline{7}=3.878787$ ...(i)

$100x=387.878787$ ...(ii)

समीकरण (ii) में से समीकरण (i) घटाने पर

$\Rightarrow\quad 99x=384$

$\Rightarrow\quad x=\frac{384}{99}$

माना $y=2.595959$ ...(iii)

$100y=259.5959$ ...(iv)

समीकरण (iv) में से समीकरण (iii) घटाने पर

$\Rightarrow\quad 99y=257$

$\Rightarrow\quad y=\frac{257}{99}$

$\therefore\quad x-y=\left(\frac{384}{99}-\frac{257}{99}\right)$

$=\frac{127}{99}=1.\overline{28}$

22. (a) माना लाइब्रेरी में वीडियोज की कुल संख्या $=x$

तब लाइब्रेरी में चलचित्रों की संख्या $=\frac{x}{4}$

लाइब्रेरी में गीतों की संख्या $=\frac{x}{2}$

प्रश्नानुसार $x-\frac{x}{4}-\frac{x}{2}=200$

$\Rightarrow\quad \frac{4x-3x}{4}=200$

$\Rightarrow\quad x=800$

$\therefore$ गीतों की संख्या $=\frac{800}{2}=400$

23. (a) $\left(\frac{7}{15}+\frac{2}{5}\right)\times x=\frac{1}{20}$

$\Rightarrow\left(\frac{7+6}{15}\right)\times x=\frac{1}{20}$

$\Rightarrow x=\frac{15}{20\times 13}=\left(\frac{3}{4\times 13}\right)=\frac{3}{52}$

24. (b) व्यंजक $=666.06+66.60+0.66+6.06+6=745.38$

25. (a) $\frac{7}{11}=\frac{140}{220},\frac{16}{20}$

$=\frac{176}{220},\frac{21}{22}=\frac{210}{220}$

$\therefore$ भिन्नों का आरोही क्रम $=\frac{7}{11}<\frac{16}{20}<\frac{21}{22}$

26. (a) माना अभीष्ट भिन्न $=\frac{x}{1}=x:1$

तब प्रश्नानुसार, $x:\frac{1}{27}::\frac{3}{11}:\frac{5}{9}$

$\Rightarrow x\times\frac{5}{9}=\frac{1}{27}\times\frac{3}{11}$

$\Rightarrow x=\frac{1}{55}$

27. (d) माना वह संख्या $=x$

$\frac{x}{2}-15=\frac{x}{5}$

$\Rightarrow\frac{x}{2}-\frac{x}{5}=15$

$\Rightarrow\frac{3}{10}x=15$

$\Rightarrow x=50$

28. (c) व्यंजक $=\frac{0.3555\times 0.5555\times 2.025}{0.225\times 1.7775\times 0.2222}$

$=\frac{3555\times 5555\times 2025}{225\times 17775\times 2222}=4.5$

29. (c) व्यंजक $= 8.3\bar{1} + 0.\bar{6} + 0.00\bar{2}$

$= 8 + \frac{31-3}{90} + \frac{6}{9} + \frac{2}{900}$

$= 8 + \frac{28}{90} + \frac{6}{9} + \frac{2}{900}$

$= 8 + \frac{280+600+2}{900}$

$= 8 + \frac{882}{900} = 8.98$

30. (b) माना दो भिन्नें x व y हैं

$\therefore xy = \frac{14}{15}$ तथा $\frac{x}{y} = \frac{35}{24}$

$\Rightarrow x = \frac{35}{24}y$

$\Rightarrow \frac{35}{24}y \times y = \frac{14}{15}$

$\Rightarrow y^2 = \frac{14 \times 24}{15 \times 35} = \frac{2 \times 8}{5 \times 5} = \frac{16}{25}$

$\therefore y = \frac{4}{5}$

$\therefore x = \left(\frac{14}{15} \times \frac{5}{4}\right) = \frac{7}{6}$

अत: बड़ी भिन्न $= \frac{7}{6}$

31. (a) $\frac{1}{0.0003718} = 10000 \times \frac{1}{3.718}$

$= (10000 \times 0.2689) = 2689$

32. (d) $\frac{7}{3} = 0.43, \ \frac{11}{13} = 0.85, \ \frac{6}{11}$

$= 0.55, \ \frac{7}{8} = 0.87, \ \frac{5}{9} = 0.56$

$\therefore$ सबसे बड़ी भिन्न $\frac{7}{8}$ और सबसे छोटी भिन्न $\frac{3}{7}$ है

$\therefore$ अभीष्ट योगफल $= \left(\frac{7}{8} + \frac{3}{7}\right)$

$= \frac{73}{56} = 1\frac{17}{56}$

33. (a) **दि्की सूत्र से,**

बांस की शेष लम्बाई

$= \left[1 - \left(\frac{1}{10} + \frac{1}{20} + \frac{1}{30} + \frac{1}{40} + \frac{1}{50} + \frac{1}{60}\right)\right]$ × कुल लम्बाई

$\Rightarrow 12{\cdot}08$

$= \left[1 - \left(\frac{60+30+20+15+12+10}{600}\right)\right]$ × कुल लम्बाई

$\Rightarrow 12{\cdot}08 = \left[\frac{600-147}{600}\right]$ × कुल लम्बाई

$\therefore$ बांस की कुल लम्बाई

$= \frac{600 \times 12{\cdot}08}{453} = 16$ मी.

34. (b) व्यक्ति के पास शेष बची राशि

$= \left[1 - \left(\frac{1}{5} + \frac{2}{5} + \frac{2}{10}\right)\right] \times 10000$

$= \left[\frac{10-(2+4+2)}{10}\right] \times 10000$

$= \left(\frac{2}{10} \times 10000\right) =$ ₹ 2,000

35. (c) माना मूल भिन्न $= \frac{x}{y}$

तब प्रश्नानुसार, $\frac{x \times \frac{120}{100}}{y \times \frac{95}{100}} = \frac{5}{2}$

$\Rightarrow \frac{120x}{95y} = \frac{5}{2}$

$\Rightarrow \frac{x}{y} = \frac{5 \times 95}{2 \times 120} = \frac{95}{48}$

❑❑❑

4

अध्याय

प्रतिशतता

हम जानते हैं 'प्रतिशत' शब्द में प्रति का अर्थ 'प्रत्येक' तथा 'शत' का अर्थ है 'सैकड़ा' अर्थात् प्रतिशत का अर्थ है प्रति सैकड़ा।

दूसरे शब्दों में हम कह सकते हैं 'प्रतिशत' वह भिन्न है, जिसका हर 100 तथा अंश एक अन्य संख्या होती है। भिन्न का अंश प्रतिशत दर (Rate Percent) कहलाता है।

जैसे– (i) $5\% = \frac{5}{100}\% = \frac{1}{20}\%$

(ii) $15\% = \left(15 \times \frac{1}{100}\right) = \frac{3}{20}$

कुछ महत्वपूर्ण स्मरणीय बिन्दु

(i) $\frac{a}{b}$ को प्रतिशत में बदलना–

$$\frac{a}{b} = \left(\frac{a}{b} \times 100\right)\%$$

(ii) $a\%$ को भिन्न में बदलना–

$$a\% = \frac{a}{100}\%$$

(iii) किसी संख्या या वस्तु का $a\%$ ज्ञात करने के लिए–

$$a\% \times \text{वस्तु या संख्या} = \left(\frac{a}{100} \times \text{वस्तु या संख्या}\right)$$

(iv) यदि किसी संख्या का $a\%$, b हो तब

$$\text{संख्या} = \left(\frac{b}{a} \times 100\right)$$

(v) $\text{वृद्धि प्रतिशतता} = \left[\frac{\text{मात्रा में वृद्धि}}{\text{मूल मात्रा}} \times 100\right]\%$

(vi) $\text{कमी प्रतिशतता} = \left[\frac{\text{मात्रा में कमी}}{\text{मूल मात्रा}} \times 100\right]\%$

(vii) किसी संख्या a का $b\%$ ज्ञात करना–

$$a \text{ का } b\% = \frac{ab}{100}$$

प्रतिशतता के लिए महत्वपूर्ण नियम

(i) यदि दो राशियां/संख्याएं, तीसरी राशि/संख्या से क्रमशः $a\%$ व $b\%$ अधिक हों, तब

$$\text{पहली राशि का दूसरी राशि से प्रतिशत} = \left[\frac{100+a}{100+b} \times 100\right]\%$$

(ii) यदि दो राशियां/संख्याएं, तीसरी संख्या/राशि से क्रमशः $a\%$ व $b\%$ बड़ी हों तब,

$$\text{दूसरी संख्या का पहली संख्या से प्रतिशत} = \left[\frac{100+b}{100+a} \times 100\right]\%$$

(iii) यदि दो राशियां/संख्याएं, तीसरा राशि/संख्या से क्रमशः $a\%$ व $b\%$ छोटी हों तब,

$$\text{पहली संख्या का दूसरी संख्या से प्रतिशत} = \left[\frac{100-a}{100-b} \times 100\right]\%$$

(iv) एक शहर की वर्तमान जनसंख्या P है तथा यह $R\%$ वार्षिक दर से बढ़ रही है तब,

$$x \text{ वर्ष बाद शहर की जनसंख्या} = P\left(1+\frac{R}{100}\right)^n$$

(v) एक शहर की वर्तमान जनसंख्या P है तथा इसमें $R\%$ वार्षिक दर से कमी हो रही है तब,

$$n \text{ वर्ष बाद शहर की जनसंख्या} = P\left(1-\frac{R}{100}\right)^n$$

(vi) एक शहर की वर्तमान जनसंख्या P है यदि शहर की जनसंख्या में पहले वर्ष $R_1\%$ की वृद्धि, दूसरे वर्ष $R_2\%$ की वृद्धि तथा तीसरे वर्ष $R_3\%$ की वृद्धि हो तो,

$$3 \text{ वर्ष बाद शहर की जनसंख्या} = P\left(1+\frac{R_1}{100}\right)\left(1+\frac{R_2}{100}\right)\left(1+\frac{R_3}{100}\right)$$

हल सहित उदाहरण

उदाहरण–1 : एक परीक्षा में 30% विद्यार्थी गणित में तथा 25% विद्यार्थी अंग्रेजी में अनुत्तीर्ण हुए एवं 15% विद्यार्थी दोनों विषयों में अनुत्तीर्ण हुए कक्षा की सफलता परिणाम का प्रतिशत क्या है?

हल– केवल गणित में अनुत्तीर्ण होने वाले विद्यार्थियों का प्रतिशत

$= (30 - 15)\% = 15\%$

केवल अंग्रेजी में अनुत्तीर्ण होने वाले विद्यार्थियों का प्रतिशत

$= (25 - 15)\% = 10\%$

$\therefore$ दोनों विषयों में अनुत्तीर्ण होने वाले विद्यार्थियों का कुल का प्रतिशत

$= (15 + 10 + 15)\% = 40\%$

$\therefore$ दोनों विषयों में उत्तीर्ण होने वाले कुल विद्यार्थियों का प्रतिशत

$= (100 - 40)\% = 60\%$

अत: कक्षा का सफलता परिणाम प्रतिशत = 60%

उदाहरण–2 : 9 लीटर H_2SO_4 के विलयन में 50% अम्ल है तो इसे 30% अम्लीय विलयन बनाने के लिए कितना पानी मिलाना चाहिए?

हल– 9 लीटर H_2SO_4 के विलयन में अम्ल की मात्रा

$$= \left(9 \times \frac{50}{100}\right) \text{लीटर} = 4.5 \text{ लीटर}$$

माना इसमें x लीटर पानी मिलाया जाए,

तब प्रश्नानुसार, $(9 + x) \times \frac{30}{100} = 4.5$

$\Rightarrow$ $270 + 30x = 450$

$\Rightarrow$ $30x = 180$

$x = 6$ लीटर

अत: मिलाए जाने वाले पानी की अभीष्ट मात्रा = 6 लीटर

उदाहरण–3 : एक घर का बीमा, घर की वास्तविक कीमत की $\frac{4}{5}$ राशि पर किया जाता है यदि उस पर प्रीमियम की राशि 1.3% की दर से ₹ 910 है तो मकान की वास्तविक कीमत ज्ञात कीजिए।

हल– माना मकान के ₹ x राशि का बीमा किया गया

$\therefore$ $x \times \frac{1.3}{100} = 910$

$\Rightarrow$ $x = \left(\frac{910 \times 100}{1.3}\right) = 70{,}000$

प्रश्नानुसार, $70000 =$ मकान का मूल्य $\times \frac{4}{5}$

$\therefore$ मकान का मूल्य $=$ ₹ $\left(\frac{70000 \times 5}{4}\right) =$ ₹ 87,500

उदाहरण–4 : विनय अपने वेतन का 15% भाग सावधि जमा खाते में जमा कर देता है और शेष धन राशि का 30% भाग खर्च कर देता है। यदि अब उसके पास ₹ 2380 शेष बचे, तो उसका वेतन कितना होगा?

हल– माना विनय का मासिक वेतन = ₹ x

सावधि जमा खाते में जमा की गई राशि $= x \times \frac{15}{100} =$ ₹ $\frac{15}{100}x$

$\therefore$ शेष धनराशि $= \left(x - \frac{15}{100}x\right) =$ ₹ $\frac{85}{100}x$

$\therefore$ खर्च की गई धनराशि $= \frac{30}{100} \times \frac{85}{100}x$

$\therefore$ शेष धनराशि $= \frac{85}{100}x - \frac{85}{100}x \times \frac{30}{100}$

$$= \frac{85}{100}x\left(1 - \frac{30}{100}\right) = \frac{85}{100} \times \frac{70}{100}x$$

प्रश्नानुसार, $\frac{85}{100} \times \frac{70}{100}x = 2380$

$\Rightarrow$ $x = \left(\frac{2380 \times 100 \times 100}{85 \times 70}\right) =$ ₹ 4000

प्रश्नमाला

1. **विनय ने अपने वेतन का 12% एक अनाथाश्रम को दान देने का फैसला किया। दान देने वाले दिन उसने अपना मन बदला और ₹ 3150 दान दिए यह पहले तय की रकम का 75% था। तो विनय का वेतन कितना है?**
   (a) ₹ 35000 (b) ₹ 41500
   (c) ₹ 37500 (d) इनमें से कोई नहीं
2. **किसी माल के मूल्य में 10% वार्षिक की गिरावट आती है। यदि यह तीन वर्ष पहले खरीदा गया हो तथा इसका वर्तमान मूल्य ₹ 5832 हो, तो खरीदते समय इसका मूल्य क्या था?**
   (a) ₹ 7200 (b) ₹ 7862
   (c) ₹ 8000 (d) ₹ 8500
3. **एक व्यक्ति ₹ 10000 के एक भाग को 5% पर तथा शेष को 6% पर निवेशित करता है। 5% पर निवेशित धनराशि 6% पर निवेशित धनराशि से प्रतिवर्ष ₹ 76.50 अधिक देती है। तो 6% पर निवेशित धनराशि कितनी है?**
   (a) ₹ 3600 (b) ₹ 3550
   (c) ₹ 3850 (d) ₹ 4000
4. **आमों के मूल्य में 20% की वृद्धि हो जाने पर एक व्यक्ति को ₹ 40 में 4 आम कम मिलते हैं, तो वृद्धि से पहले 15 आमों का मूल्य था-**
   (a) ₹ 10 (b) ₹ 15
   (c) ₹ 20 (d) ₹ 25
5. **दो संख्याएँ 4 : 5 के अनुपात में हैं। पहली संख्या में 20% की वृद्धि तथा दूसरी संख्या में 20% की कमी करने पर प्राप्त संख्याओं में अनुपात होगा?**
   (a) 4 : 3 (b) 3 : 4
   (c) 5 : 6 (d) 6 ; 5
6. **यदि अनिल का वेतन सुनील के वेतन से एक-तिहाई अधिक है तो सुनील का वेतन अनिल के वेतन से कितने प्रतिशत कम है?**
   (a) 25% (b) 65%
   (c) $33\frac{1}{3}\%$ (d) 20%
7. **यदि एक भिन्न का अंश 150% और हर 350% बढ़ा दिया जाए, तो परिणामी भिन्न $\frac{25}{51}$ हो जाती है। तो मूल भिन्न क्या है?**
   (a) $\frac{13}{15}$ (b) $\frac{8}{17}$
   (c) $\frac{5}{17}$ (d) $\frac{15}{17}$
8. **तीन संख्याओं में पहली तथा दूसरी संख्याएँ तीसरी संख्या से क्रमश: 30% तथा 37% कम हैं। तो दूसरी संख्या पहली संख्या की तुलना में कितनी कम है?**
   (a) 7% (b) 4%
   (c) 3% (d) 10%
9. **चीनी की कीमत में 20% कमी हो जाने पर, मुझे ₹ 600 में 5 किलो अतिरिक्त चीनी खरीदने का अवसर मिल गया। तदनुसार**

कीमत में कमी होने से पहले चीनी की कीमत कितने रुपये प्रति किलो थी?
(a) ₹ 24 (b) ₹ 30
(c) ₹ 32 (d) ₹ 36

10. यदि A का 90% = B का 30% तथा $B = A$ का x% हो, तो x का मान क्या होगा?
(a) 180 (b) 285
(c) 275 (d) 300

11. दो छात्र एक परीक्षा में बैठे। उनमें से एक ने दूसरे की तुलना में 20 अंक अधिक हासिल किए और उसका प्राप्तांक, उन दोनों के अंकों के योग का 55% थे। उन दोनों ने कितने अंक प्राप्त किए?
(a) 92 और 72 (b) 83 और 63
(c) 110 और 90 (d) 64 और 44

12. P की आय Q की आय से 50% अधिक है तथा Q की आय R की आय से 50% अधिक है। P की आय R की आय से कितने प्रतिशत अधिक है?
(a) 225 (b) 150
(c) 125 (d) 100

13. चावल के मूल्य में $12\frac{1}{2}$% की वृद्धि हो जाने पर, किसी व्यक्ति को ₹ 54 में 250 ग्राम चावल कम मिलते हैं। तद्नुसार उस चावल का वर्तमान मूल्य प्रति किग्रा. कितना है?
(a) ₹ 24 (b) ₹ 25
(c) ₹ 26 (d) ₹ 27

14. एक शहर की जनसंख्या 10% की दर से, प्रत्येक वर्ष बढ़ रही है। तद्नुसार यदि वर्तमान जनसंख्या 4,84,0000 हो, तो 2 वर्ष पहले जनसंख्या कितनी थी?
(a) 41,00,000 (b) 42,00,000
(c) 36,00,000 (d) 40,00,000

15. वर्ष 2008 से 2009 तक, एक पुस्तक की बिक्री 80% कम हो गई। यदि 2010 में बिक्री उतनी ही हुई जितनी वर्ष 2008 में हुई थी, तो 2009 से 2010 में कितने प्रतिशत की वृद्धि हुई?
(a) 80% (b) 100%
(c) 120% (d) 400%

16. A अपने मासिक वेतन का 20% बचाता है। यदि उसका मासिक व्यय ₹ 6000 हो, तो उसकी मासिक बचत है-
(a) ₹ 1200 (b) ₹ 4800
(c) ₹ 1500 (d) ₹ 1800

17. एक संख्या के 75% में 75 जोड़ने पर योगफल उस संख्या के बराबर हो जाता है। तद्नुसार वह संख्या कितनी है?
(a) 225 (b) 300
(c) 150 (d) 200

18. सुजीत अपनी आय के 30% को शेयरों में निवेश करता है। किसी वर्ष विशेष में शेयरों में उसका निवेश ₹ 2,61,000 है, तो प्रति माह वह कितनी कमाई करता है?
(a) ₹ 87,900 (b) ₹ 98,500
(c) ₹ 72,500 (d) ₹ 69,200

19. यदि किसी वृत्त की त्रिज्या में 50% की वृद्धि कर दी जाए, तो उसके क्षेत्रफल में कितनी वृद्धि होगी?
(a) 125% (b) 100%
(c) 75% (d) 50%

20. एक सेब की कीमत में 20% कमी होने पर एक व्यक्ति ₹ 54 में 10 सेब अधिक खरीद सकता है। तद्नुसार सेबों की कम की गई कीमत प्रति दर्जन कितनी होगी?
(a) ₹ 4.32 (b) ₹ 12.96
(c) ₹ 10.80 (d) ₹ 14.40

उत्तर (हल/संकेत)

1. (a) माना विनय का वेतन = ₹ x

तब, $x \times \frac{12}{100} \times \frac{75}{100} = 3150$

$\Rightarrow x = \left(\frac{3150 \times 100 \times 100}{12 \times 75}\right)$

= ₹ 35000

2. (c) माना 3 वर्ष पहले माल का मूल्य = ₹ x

$\because 5832 = x\left(1 - \frac{10}{100}\right)^3$

$\Rightarrow 5832 = x \times \frac{9}{10} \times \frac{9}{10} \times \frac{9}{10}$

$\Rightarrow x = \frac{5832 \times 1000}{729}$

= ₹ 8000

3. (c) माना 6% पर निवेशित धनराशि = ₹ x

$\therefore$ 5% पर निवेशित धनराशि = ₹ $(10000 - x)$

$\because (10000 - x) \times \frac{5}{100} - \frac{x \times 6}{100}$

= 76.50

$\Rightarrow 50000 - 5x - 6x = 7650$

$\Rightarrow -11x = -42350$

$\therefore x =$ ₹ 3850

4. (d) माना 1 आम का प्रारंभिक मूल्य = ₹ x

प्रश्नानुसार,

$\frac{40}{x} - \frac{40 \times 100}{120x} = 4$

$\Rightarrow \frac{40}{x} - \frac{40}{1.2x} = 4$

$\Rightarrow \frac{48 - 40}{1.2x} = 4$

$\Rightarrow 4.8x = 8 \Rightarrow x = \frac{80}{48}$

$\therefore$ 15 आमों का वृद्धि से पहले मूल्य

$= \left(15 \times \frac{80}{48}\right) =$ ₹ 25

5. (d) माना पहली संख्या $4x$ तथा दूसरी संख्या $5x$ है

दूसरी संख्या में 20% कमी के बाद नई संख्या

$= \left(5x \times \frac{80}{100}\right)\% = 4x$

पहली संख्या में 20% वृद्धि के बाद

नई संख्या $= \left(\frac{4x}{100} \times 120\right)\%$

$= 4.8\,x$

$\therefore$ अभीष्ट अनुपात

$= \frac{48}{10}x : 4x = 48 : 40$

$= 6 : 5$

6. (a) माना सुनील का वेतन = ₹ x

तब, अनिल का वेतन

= ₹$\left(x + x \times \frac{1}{3}\right)$ = ₹$\frac{4}{3}x$

$\therefore$ अभीष्ट प्रतिशत $= \frac{\frac{4}{3}x - x}{\frac{4}{3}x} \times 100\%$

$= \left(\frac{1}{3}x \times \frac{3}{4x} \times 100\right)\% = 25\%$

7. (d) माना मूल भिन्न $= \frac{x}{y}$

तब प्रश्नानुसार,

$\frac{x \times \frac{250}{100}}{y \times \frac{450}{100}} = \frac{25}{51}$

$\Rightarrow \frac{x \times 250}{y \times 450} = \frac{25}{51}$

$\Rightarrow \quad \frac{x}{y} = \left(\frac{25}{51}\times\frac{45}{25}\right)$

$= \frac{45}{51} = \frac{15}{17}$

8. (d) माना तीसरी संख्या = 100
तब, पहली संख्या = 70
और दूसरी संख्या = 63

$\therefore$ अभीष्ट प्रतिशत $= \left(\frac{70-63}{70}\times 100\right)\%$

$= 10\%$

अत: दूसरी संख्या पहली संख्या से 10% कम है।

9. (b) माना चीनी की पहली कीमत = ₹ x प्रति किग्रा०

$\therefore \quad \frac{600}{80x}\times 100 - \frac{600}{x} = 5$

$\Rightarrow \quad \frac{6000}{8x} - \frac{600}{x} = 5$

$\Rightarrow \quad 6000 - 4800 = 40x$

$\Rightarrow \quad 40x = 1200$

$\therefore \quad x = 30$

अत: चीनी की प्रारंभिक कीमत = ₹ 30 प्रति किग्रा.

10. (d) $\because \frac{A\times 90}{100} = \frac{B\times 30}{100}$

$\Rightarrow \quad B = 3A$

$\Rightarrow \quad B = \left(\frac{A}{100}\times x\right)$

$\therefore \quad \left(\frac{A}{100}\times x\right) = 3A$

$\therefore \quad x = 300$

11. (c) माना एक छात्र के अंक = x तथा दूसरे के अंक = $x - 20$

$(x + x - 20) \times \frac{55}{100} = x$

$(2x - 20) \times 55 = 100x$

$110x - 1100 = 100x$

$10x = 1000$

$x = 110$

$\therefore$ पहले छात्र ने = 110 एवं दूसरे छात्र ने = 110 – 20 = 90 अंक प्राप्त किए।

12. (c) माना R की आय = ₹ 100

$\therefore$ Q की आय = ₹ (100 + 50)

= ₹ 150

$\therefore$ P की आय $= 150 + 150 \times \frac{50}{100}$

= ₹ (150 + 75)

= ₹ 225

$\therefore$ आय में वृद्धि = (225 – 100)

= ₹ 125

$\therefore$ P की आय R की आय से 125% अधिक है।

13. (a) माना चावल का वर्तमान मूल्य = ₹ x प्रति किग्रा०

तब प्रश्नानुसार,

$\frac{54}{x} - \frac{54\times 100}{112.5x} = \frac{250}{1000}$

$\Rightarrow \quad \left(\frac{54\times 112.5 - 5400}{112.5x}\right) = \frac{250}{1000}$

$\Rightarrow \quad \frac{6075-5400}{112.5x} = \frac{1}{4}$

$\Rightarrow \quad x = ₹\left(\frac{4\times 675}{112.5}\right)$

= ₹ 24 प्रति किग्रा०

14. (d) माना दो वर्ष पहले शहर की जनसंख्या = x

तब, प्रश्नानुसार

$4840000 = x\left(1+\frac{10}{100}\right)^2$

$\Rightarrow \quad 4840000 = x\times\frac{11\times 11}{10\times 10}$

$x = 40,00,000$

15. (d) माना 2008 में बिक्री = ₹ x

$\therefore$ 2009 में बिक्री= $\left(x\times\frac{20}{100}\right) = ₹\frac{x}{5}$

प्रश्नानुसार,

2010 में बिक्री = ₹ x

$\therefore$ अभीष्ट प्रतिशत वृद्धि $= \left(\frac{x - x/5}{x/5}\times 100\right)\%$

= 400%

16. (c) बचत = 20%

मासिक व्यय = ₹ 6000

मासिक व्यय प्रतिशत = 80%

$\therefore$ मासिक बचत $= \left(\frac{6000}{80}\times 20\right)$

= ₹ 1500

17. (b) माना वह संख्या = x

$\because \quad x\times\frac{75}{100} + 75 = x$

$\Rightarrow \quad x - \frac{3}{4}x = 75$

$\Rightarrow \quad \frac{x}{4} = 75$

$\Rightarrow \quad x = 300$

18. (c) माना सुजीत की मासिक आय = ₹ x

तब, प्रश्नानुसार,

$\because \quad x\times 12\times\frac{30}{100} = 261000$

$\Rightarrow \quad x = ₹\ 72,500$

19. (a) वृत्त के क्षेत्रफल में वृद्धि

$= \left[2R + \frac{R^2}{1600}\right]\%$

$= \left[2\times 50 + \frac{(50)^2}{100}\right]\%$

$= \left[100 + \frac{2500}{100}\right]\% = 125\%$

20. (b) माना 1 सेब की वास्तविक कीमत ₹ x थी।

$\because \quad \left(\frac{54}{80x}\times 100 - \frac{54}{x}\right) = 10$

$\Rightarrow \quad \left(\frac{5400 - 54\times 80}{80x}\right) = 10$

$\Rightarrow \quad x = \frac{54\times 20}{80\times 10} = 1.35$

$\therefore$ सेबों की कम की गई प्रति दर्जन कीमत

$= ₹\left(1.35\times\frac{80}{100}\times 12\right)$

= ₹ 12.96

❑❑❑

5

अध्याय

अनुपात एवं समानुपात

अनुपात (Ratio)

समान प्रकार की दो राशियों/वस्तुओं के बीच संबंध को 'अनुपात' कहते हैं। दो राशियों का अनुपात एक भिन्न के बराबर होता है। दूसरे शब्दों में हम कह सकते हैं कि "अनुपात एक ऐसा गणितीय व्यंजक है जो समान इकाई की दो असमान राशियों के बीच यह तुलना करता है कि कौन-सी राशि अधिक या कम अथवा कितने गुना अधिक या कम है।"

यदि दो राशियां a व b हैं, तब इसके बीच अनुपात $= a : b$

अनुपात में पहली संख्या को प्रथम पद (Antecedent) तथा दूसरी संख्या को अंतिम पद (Consequent) कहते हैं।

अनुपात के प्रकार (Types of Ratio)

(i) वर्गानुपात (Duplicate Ratio) : दो संख्याओं के वर्गों के अनुपात को उन संख्याओं का वर्गानुपात कहते हैं।

दो संख्याओं a व b के बीच अनुपात $a : b$ का वर्गानुपात $a^2 : b^2$ है।

(ii) वर्गमूलानुपात (Sub-Duplicate Ratio) : दो संख्याओं के वर्गमूलों के अनुपात को वर्गमूलानुपात कहते हैं।

दो संख्याओं a व b के बीच अनुपात $a : b$ का वर्गमूलानुपात $\sqrt{a} : \sqrt{b}$ है।

(iii) घनानुपात (Triplicate Ratio) : दो संख्याओं के घनों के अनुपात को घनानुपात कहते हैं।

दो संख्याओं a व b के बीच अनुपात $a : b$ का घनानुपात $a^3 : b^3$ होगा।

(iv) घनमूलानुपात (Sub-Triplicate Ratio) : दो संख्याओं के घनमूलों के अनुपात को उन संख्याओं का घनमूलानुपात कहते हैं।

दो संख्याओं a व b का अनुपात $a : b$ का घनमूलानुपात $\sqrt[3]{a} : \sqrt[3]{b}$ है।

(v) विलोमानुपात (Inverse Ratio) : यदि किसी अनुपात के प्रथम पद व अंतिम पद को आपस में बदल दिया जाए तो नया अनुपात पहले अनुपात का विलोमानुपात कहलाता है।

दो संख्याओं a व b का अनुपात $a : b$ का विलोमानुपात $b : a$ है।

(vi) मिश्रानुपात (Compound Ratio) : दो या दो से अधिक अनुपातों के प्रथम पदों व अंतिम पदों के गुणनफलों के अनुपात को उन अनुपातों का मिश्र अनुपात कहा जाता है।

दो अनुपात $a : b$ व $c : d$ का मिश्र अनुपात $ac : bd$ होगा।

समानुपात (Proportion)

जब दो अनुपात आपस में बराबर हों, तो उन्हें समानुपात कहते हैं।

यदि $a : b$ व $c : d$ आपस में समान हों, तो वे समानुपात में होंगे, अत: इन्हें $a : b :: c : d$ से प्रदर्शित करेंगे।

a व d को हम बाह्य पद तथा bc को मध्य पद कहते हैं।

समानुपात की स्थिति में–

$$a \times d = b \times c$$

$$\Rightarrow \quad a = \frac{bc}{d}$$

(i) मध्यानुपाती (Mean Proportion) : यदि दो संख्याओं a व b के बीच का मध्यानुपाती x हो, तब

$$a : x : : x : b$$

$$\Rightarrow \quad x^2 = ab$$

$$\Rightarrow \quad x = \sqrt{ab}$$

(ii) तृतीयानुपात (Third Proportion) : यदि दो संख्याओं a व b का तृतीयानुपाती x हो, तब

$$a : b : : b : x$$

$$\Rightarrow \quad ax = b^2$$

$$\Rightarrow \quad x = \frac{b^2}{a}$$

(iii) चतुर्थानुपाती (Fourth Proportion) : यदि तीन संख्याओं a, b, c का चतुर्थानुपाती x हो,

तब,
$$a : b : : c : x$$

$$\Rightarrow \quad ax = bc$$

$$\Rightarrow \quad x = \frac{bc}{a}$$

(iv) योगानुपात (Componendo) : यदि $a : b : : c : d$ हो, तो $(a+b) : b : : (c+d) : d$ को योगानुपात कहते हैं।

अर्थात् यदि $\frac{a}{b} = \frac{c}{d}$

तब, $$\left(\frac{a}{b}+1\right) = \frac{(a+b)}{b}$$

तथा $$\left(\frac{c}{d}+1\right) = \frac{(c+d)}{d}$$

$$\therefore \quad \frac{a}{b} = \frac{c}{d} \Rightarrow \frac{(a+b)}{b} = \frac{(c+d)}{d}$$

(v) अंतरानुपात (Dividendo) : यदि $a : b : : c : d$ हो, तो $(a-b) : b : : (c-d) : d$ को अंतरानुपात कहते हैं।

अर्थात् यदि $\frac{a}{b} = \frac{c}{d}$

$$\Rightarrow \quad \left(\frac{a}{b}-1\right) = \left(\frac{c}{d}-1\right)$$

$$\Rightarrow \quad \frac{(a-b)}{b} = \frac{(c-d)}{d}$$

(vi) योगान्तरानुपात (Componendo and Dividendo) : योगान्तरानुपात, योगानुपात तथा अंतरानुपात का सम्मिलन है।

यदि $a : b : : c : d$ हो

तब, $(a+b) : (a-b) : : (c+d) : (c-d)$ को योगान्तरानुपात कहते हैं।

अनुपात के लिए कुछ महत्वपूर्ण नियम

(i) चार संख्याओं a, b, c तथा d में कौन सी एक अन्य संख्या घटाई जाए, कि ये संख्याएं समानुपात में हो जाएं,

$$\text{अभीष्ट संख्या} = \left[\frac{ad-bc}{(a+d)-(b+c)}\right] = \left[\frac{\text{गुणनफल में अंतर}}{\text{योग में अंतर}}\right]$$

(ii) चार संख्याओं a, b, c और d में कौन सी संख्या जोड़ी जाए, कि ये संख्याएं समानुपात में हो जाएं,

$$\text{अभीष्ट संख्या} = \left[\frac{bc-ad}{(a+d)-(b+c)}\right]$$

(iii) दो संख्याओं के बीच $a : b$ का अनुपात है और उन संख्याओं के बीच का अंतर D है तब,

$$\text{पहली संख्या} = \left[\frac{Da}{a-b}\right]$$

जबकि $a > b$

$$\text{दूसरी संख्या} = \left[\frac{Db}{a-b}\right]$$

जबकि $a > b$

परंतु यदि $b > a$, तब

$$\text{पहली संख्या} = \left[\frac{Da}{b-a}\right]$$

$$\text{दूसरी संख्या} = \left[\frac{Db}{b-a}\right]$$

हल सहित उदाहरण

उदाहरण–1 : एक मिश्रण में एल्कोहल एवं पानी का अनुपात 8 : 5 है मिश्रण में 6 ली. पानी मिलाने पर एल्कोहल एवं पानी का अनुपात 4 : 3 हो जाता है, तो मिश्रण में एल्कोहल और पानी की मात्रा ज्ञात कीजिए।

हल– माना मिश्रण में एल्कोहल और पानी की मात्रा क्रमशः $8x$ व $5x$ ली. है।

तब प्रश्नानुसार, $\frac{8x}{5x+6} = \frac{4}{3}$

$\Rightarrow$ $24x = 20x + 24$

$\Rightarrow$ $x = 6$

$\therefore$ एल्कोहल की मात्रा $= 8x$ ली. $= 48$ ली.

पानी की मात्रा $= 5x$ ली. $= 30$ ली.

उदाहरण–2 : ₹ 1320 को 7 पुरुषों, 11 महिलाओं एवं 5 बच्चों के बीच विभाजित किया जाना है। यह विभाजन इस प्रकार किया जाना है, कि प्रत्येक महिला को एक बच्चे को प्राप्त राशि का 3 गुना मिले तथा प्रत्येक पुरुष को एक महिला एवं एक बच्चे की संयुक्त राशि के बराबर राशि मिले, तो प्रत्येक पुरुष को कितनी राशि मिलेगी।

हल– प्रश्नानुसार 1 पुरुष = 1 महिला + 1 बच्चा

1 महिला = 3 बच्चे

$\therefore$ 1 पुरुष = (3 बच्चे + 1 बच्चा) = 4 बच्चे

$\therefore$ 7 पुरुष : 11 महिला : 5 बच्चे = 28 बच्चे : 33 बच्चे : 5 बच्चे

$= 28 : 33 : 5$

$\therefore$ 7 पुरुषों का हिस्सा $= \left\{\frac{28}{(28+33+5)} \times 1320\right\}$

$= ₹ \left(\frac{28}{66} \times 1320\right) = 560$

$\therefore$ 1 पुरुष का हिस्सा $= ₹ \frac{560}{7} = ₹ 80$

उदाहरण–3 : ₹ 390 को $\frac{1}{2} : \frac{2}{3} : \frac{3}{4}$ के अनुपात में बांटने पर प्रत्येक हिस्से की राशि ज्ञात कीजिए।

हल– $\frac{1}{2} : \frac{2}{3} : \frac{3}{4} = \left(\frac{1}{2} \times 12\right) : \left(\frac{2}{3} \times 12\right) : \left(\frac{3}{4} \times 12\right)$

$= 6 : 8 : 9$

$\therefore$ पहला हिस्सा $= \left(\frac{6}{23} \times 390\right) = ₹ 102$

$\therefore$ दूसरा हिस्सा $= \left(\frac{8}{23} \times 390\right) = ₹ 136$

$\therefore$ तीसरा हिस्सा $= [390 - (102 + 136)]$

$= (390 - 238) = ₹ 152$

उदाहरण–4 : 60 लीटर के मिश्रण में दूध एवं पानी का अनुपात 3 : 1 है। इसमें कितना पानी मिलाया जाए, जिससे दूध एवं पानी का अनुपात 3 : 2 हो जाए?

हल– मिश्रण में दूध की मात्रा $= \left\{\frac{60}{(3+1)} \times 3\right\}$ ली. $= 45$ ली.

$\therefore$ मिश्रण में पानी की मात्रा $= (60 - 45)$ ली. $= 15$ ली.

माना इसमें x ली. पानी मिलाया जाए,

तब, $\frac{45}{15+x} = \frac{3}{2}$

$\Rightarrow$ $90 = 45 + 3x$

$\Rightarrow$ $3x = 45$

$\Rightarrow$ $x = 15$ ली.

अतः मिलाए गए पानी की अभीष्ट मात्रा = 15 ली.

प्रश्नमाला

1. एक थैली में ₹ 1, 50 पैसे तथा 10 पैसे के सिक्कों का अनुपात 3 : 4 : 8 है। यदि थैली में कुल धन ₹ 116 हो, तो थैली में 10 पैसे के सिक्कों की संख्या होगी-

(a) 160 (b) 180

(c) 120 (d) 140

2. यदि A : B = 3 : 4 तथा B : C = 8 : 9 हो, तो A : C का माना होगा-

(a) 1 : 3 (b) 2 : 3

(c) 1 : 3 (d) 3 : 2

3. दो संख्याएँ ऐसी हैं कि एक का वर्ग, दूसरे के वर्ग के 8 गुने से 224 कम है। यदि वे संख्याएँ 3 : 4 के अनुपात में हों, तो उनका मान कितना है?

(a) 12, 16 (b) 6, 8

(c) 9, 12 (d) 12, 9

4. कागज के बंडलों से भरे हुए बक्से का भार 36 किग्रा. है। यदि बक्से का भार और

कागज के बंडलों के भार का अनुपात 3 : 22 हो, तो उन कागजों का भार कितने ग्राम होगा?

(a) 30680 (b) 30 710
(c) 31500 (d) 31680

5. एक विद्यालय में लड़कों का 10% लड़कियों की संख्या के $\frac{1}{4}$ भाग के बराबर है। तद्नुसार उस विद्यालय में लड़कों तथा लड़कियों का अनुपात क्या है?

(a) 3 : 2 (b) 5 : 2
(c) 2 : 1 (d) 4 : 3

6. यदि C का 0.6 = B का 75% = A का $\frac{1}{3}$ हो, तो A : B : C का मान क्या है?

(a) 9 : 5 : 4 (b) 9 : 4 : 5
(c) 4 : 5 : 9 (d) 5 : 9 : 4

7. अनुपात $p : q$ प्राप्त करने के लिए $x : y$ अनुपात के प्रत्येक पद में किस संख्या को जोड़ा जाए?

(a) $\frac{px+qy}{p-q}$ (b) $\frac{qx-py}{p-q}$

(c) $\frac{px-qy}{p-q}$ (d) $\frac{py-qx}{p-q}$

8. यदि $(3x - 2y) : (x + 3y) = 5 : 6$ हो, तो $x : y$ का मान क्या होगा?

(a) $\frac{17}{13}$ (b) $\frac{5}{13}$

(c) $\frac{3}{13}$ (d) $\frac{27}{13}$

9. ₹ 450 को A, B तथा C में इस प्रकार बाँटिए कि A : B = 2 : 3 से और B : C = 6 : 5 हो, तो C का हिस्सा होगा-

(a) ₹ 150 (b) ₹ 120
(c) ₹ 90 (d) ₹ 100

10. A, B तथा C की आय का अनुपात 7 : 9 : 12 है और उनके खर्च का अनुपात 8 : 9 : 15 है। तद्नुसार यदि A, अपनी आय का $\frac{1}{4}$ भाग बचत कर लेता है, तो A, B व C की बचतों का अनुपात कितना है?

(a) 69 : 56 : 48 (b) 47 : 74 : 99
(c) 37 : 72 : 49 (d) 56 : 99 : 69

11. यदि $x : y = 5 : 6$ हो, तो $(3x^2 - 2y^2) : (y^2 - x^2)$ किसके बराबर होगा?

(a) 7 : 6 (b) 11 : 3
(c) 3 : 11 (d) 6 : 7

12. तीन संख्याएँ 3 : 4 : 5 के अनुपात में हैं। उनमें से सबसे बड़ी व सबसे छोटी संख्या का योग दूसरी संख्या तथा 32 के योग के बराबर है। तद्नुसार सबसे छोटी संख्या कौन-सी है?

(a) 20 (b) 27
(c) 24 (d) 52

13. एक संख्या का तीन-चौथाई, दूसरी संख्या के $\frac{5}{6}$ समान है, पहली संख्या का दूसरी संख्या से क्रमशः अनुपात क्या है?

(a) 12 : 11 (b) 11 : 9
(c) 10 : 9 (d) 5 : 8

14. यदि A = B का $\frac{2}{3}$ और C = B का $\frac{5}{4}$, तो A : B : C क्या होगा?

(a) 12 : 8 : 10 (b) 15 : 10 : 8
(c) 10 : 15 : 12 (d) 8 : 12 : 15

15. ₹ 76 की राशि, A, B व C में इस प्रकार विभाजित की जाती है कि A को B से ₹ 7 अधिक मिलते हैं और B को C से 6 अधिक मिलते हैं, तो उनके शेयर का अनुपात है-

(a) 19 : 24 : 33 (b) 32 : 25 : 19
(c) 32 : 24 : 20 (d) 19 : 25 : 33

16. यदि $x : y = 4 : 5$ हो, तो $(3x + y) : (5x + 3y)$ का मान है—

(a) 3 : 5 (b) 5 : 3
(c) 17 : 35 (d) 35 : 17

17. दो संख्याओं का अनुपात 2 : 3 है। यदि प्रत्येक संख्या में 4 जोड़ दिया जाए, तो उनका अनुपात 5 : 7 हो जाता है, तो उन संख्याओं के बीच का अन्तर कितना है?

(a) 8 (b) 6
(c) 4 (d) 2

18. यदि $(a + b) : (b + c) : (c + a) = 6 : 7 : 8$ तथा $a + b + c = 14$ हो, तो c का मान है—

(a) 6 (b) 7
(c) 8 (d) 14

19. अनुपात 7 : 11 के प्रत्येक पद में किस संख्या को जोड़ने पर अनुपात 3 : 4 के बराबर होगा?

(a) 8 (b) 7·5
(c) 6·5 (d) 5

20. A तथा B की मासिक आय का अनुपात 4 : 3 है और उनके खर्च का अनुपात 3 : 2 है। उनमें दोनों ₹ 6,000 की मासिक बचत भी कर लेते हैं, तो A की मासिक आय कितनी है?

(a) ₹ 12,000 (b) ₹ 24,000
(c) ₹ 30,000 (d) ₹ 60,000

21. A तथा B सोने एवं तांबे की दो मिश्रधातु हैं जो धातुओं को क्रमशः 7 : 2 एवं 7 : 11 के अनुपात में मिलाकर बनाई गई हैं। यदि धातुओं की समान मात्राओं को तीसरी धातु C बनाने के लिए पिघलाया जाए, तो C में सोने एवं तांबे का अनुपात होगा—

(a) 5 : 7 (b) 5 : 9
(c) 7 : 5 (d) 9 : 5

22. यदि $(3x - y) : (x + 5y) = 5 : 7$, तो $(x + y) : (x - y)$ का मान है—

(a) 2 : 3 (b) 3 : 2
(c) 3 : 1 (d) 1 : 3

23. यदि C का 0.6 = B का 75% = A का $\frac{1}{3}$ हो, तो A : B : C का मान क्या है?

(a) 9 : 5 : 4 (b) 9 : 4 : 5
(c) 4 : 5 : 9 (d) 5 : 9 : 4

24. यदि कोई वस्तु ₹ x में बेची जाए, तो उस पर 4% हानि होती है। और यदि उसे ₹ y में बेचा जाए, तो 12% का लाभ प्राप्त होता है, तो $x : y$ कितना होगा?

(a) 6 : 7 (b) 8 : 9
(c) 2 : 3 (d) 4 : 5

25. एक विद्यालय में लड़कों का 10% लड़कियों की संख्या के $\frac{1}{4}$ के बराबर है, तो उस विद्यालय में लड़के तथा लड़कियों का अनुपात क्या है?

(a) 3 : 2 (b) 5 : 2
(c) 2 : 1 (d) 4 : 3

उत्तर (हल/संकेत)

1. (a) माना थैली में ₹ 1, 50 पैसे तथा 10 पैसे के सिक्कों की संख्या क्रमशः $3x$, $4x$ तथा $8x$ है।

तब, प्रश्नानुसार,

$$3x \times 1 + 4x \times \frac{1}{2} + 8x \times \frac{1}{10} = 116$$

$$\Rightarrow \quad 3x + 2x + \frac{8}{10}x = 116$$

$$\Rightarrow \quad 30x + 20x + 8x = 116 \times 10$$

$$\Rightarrow \quad 58x = 116 \times 10$$

$$x = 20$$

$\therefore$ 10 पैसे के सिक्कों की कुल संख्या $= (8 \times 20) = 160$

2. (b) $\therefore$ A : B = 3 : 4 = 6 : 8

B : C = 8 : 9

$\therefore$ A : C = 6 : 9 = 2 : 3

3. (b) माना संख्याएँ $3x$ व $4x$ हैं।

प्रश्नानुसार,

$$(3x)^2 \times 8 = (4x)^2 + 224$$

$$\Rightarrow \quad 72x^2 = 16x^2 + 224$$

$\Rightarrow \quad 56x^2 = 224$

$\Rightarrow \quad x^2 = 4$

$\Rightarrow \quad x = 2$

$\therefore$ संख्याएं क्रमशः 6 व 8 होंगी।

4. (d) कागजों का भार

$= \left[\frac{22}{22+3} \times 36\right]$ किग्रा.

$= \left[\frac{22}{25} \times 36\right]$ किग्रा.

$= \left[\frac{22}{25} \times 36 \times 1000\right]$ ग्राम

= 31680 ग्राम

5. (b) माना लड़कियों की संख्या = x

$\therefore$ लड़कों की संख्या $\times \frac{10}{100} = \frac{x}{4}$

$\therefore$ लड़कों की संख्या $= \left(\frac{x}{4} \times \frac{100}{10}\right) = \frac{5}{2}x$

लड़कों की संख्या $= \frac{5}{2}x$

$\therefore$ अभीष्ट लड़कों एवं लड़कियों का अनुपात

= 5 : 2

6. (b) $\therefore$ C का 0.6 = B का 75% = A का $\frac{1}{3}$

$\Rightarrow \quad \frac{1}{3}A = 75\% \times B = 0.6 \times C$

$\Rightarrow \quad \frac{1}{3}A = \frac{3}{4}B = \frac{3}{5}C$

$\Rightarrow \quad A : B : C = A : \frac{4}{9}A : \frac{5}{9}A$

= 9 : 4 : 5

7. (b) माना प्रत्येक पद में k जोड़ा जाए,

प्रश्नानुसार, $\frac{x+k}{y+k} = \frac{p}{q}$

$\Rightarrow \quad qx - qk = qk - py$

$\Rightarrow \quad pk - qk = qx - py$

$\Rightarrow \quad k(pq) = qx - py$

$\Rightarrow \quad k = \frac{qx - py}{p - q}$

8. (d) $\therefore (3x - 2y) : (x + 3y) = 5 : 6$

$\Rightarrow \quad \frac{3x - 2y}{x + 3y} = \frac{5}{6}$

$\Rightarrow \quad 18x - 12y = 5x + 15y$

$\Rightarrow \quad 13x = 27y$

$\Rightarrow \quad \frac{x}{y} = \frac{27}{13}$

$\Rightarrow \quad x : y = 27 : 13$

9. (a) A : B = 2 : 3 = 4 : 6

B : C = 6 : 5

$\therefore$ A : B : C = 4 : 6 : 5

$\therefore$ C का हिस्सा = ₹$\left(\frac{5}{15} \times 450\right)$ = ₹ 150

10. (d) माना A, B व C की आय क्रमशः ₹ $7x$, ₹ $9x$, व ₹ 12, है।

$\therefore$ A की बचत = ₹ $\frac{21}{4}x$

B का खर्च $= \left(7x - \frac{7}{4}x\right) = ₹\frac{21}{4}x$

$\therefore$ B की बचत $= ₹\left(9x - \frac{189}{32}x\right) = ₹\frac{99}{32}$

C का खर्च $= ₹\left(\frac{91}{4}x \times \frac{15}{8}\right) = ₹\frac{315}{32}x$

$\therefore$ C की बचत $= ₹\left(12x - \frac{315}{32}x\right) = ₹\frac{69}{32}$

A, B, व C की बचतों का अनुपात

$= \frac{7}{4}x : \frac{99}{32}x : \frac{69}{32}x$

= 56 : 99 : 69

11. (c) $\because \frac{x}{y} = \frac{5}{6}$

$\therefore$ व्यंजक $= \frac{3x^2 - 2y^2}{y^2 - x^2} = \frac{\frac{3x^2}{y^2} - 2}{1 - \frac{x^2}{y^2}}$

$= \frac{\left(3 \times \frac{25}{36} - \frac{2}{1}\right)}{1 - \frac{25}{36}} = \frac{3}{11}$

$\therefore \quad (3x^2 - 2y^2) : (y^2 - x^2) = 3 : 11$

12. (c) माना संख्याएं $3x$, $4x$, व $5x$ हैं।

$\therefore \quad 3x + 5x = 4x + 32$

$\Rightarrow \quad 8x = 4x + 32$

$\Rightarrow \quad 4x = 32$

$\Rightarrow \quad x = 8$

अतः सबसे छोटी संख्या = $3x$

= 3 × 8 = 24

13. (c) माना संख्याएँ x और y हैं।

प्रश्नानुसार,

$\frac{3}{4}x = \frac{5}{6}y$

$\Rightarrow \quad \frac{x}{y} = \left(\frac{5}{6} \times \frac{4}{3}\right) = \frac{10}{9}$

$\Rightarrow \quad x : y = 10 : 9$

14. (d) $A = \frac{2}{3} \times B$ तथा $C = \frac{5}{4} \times B$

$\therefore \quad A : B : C = \frac{2}{3}B : B : \frac{5}{4}B$

= 8 : 12 : 15

15. (b) माना B का हिस्सा = ₹ x

$\therefore$ A का हिस्सा = ₹ $(x + 7)$

$\therefore$ C का हिस्सा = ₹ $(x - 6)$

प्रश्नानुसार,

$x + x + 7 + x - 6 = 76$

$\Rightarrow \quad 3x + 1 = 76$

$\Rightarrow \quad 3x = 75$

$\Rightarrow \quad x = ₹\ 25$

$\therefore$ A का हिस्सा = ₹ 32

C का हिस्सा = ₹19

$\therefore$ A, B व C के हिस्सों का अनुपात

= 32 : 25 : 19

16. (c) $\frac{x}{y} = \frac{4}{5}$

$\therefore \quad \frac{3x+y}{5x+3y} = \frac{3\left(\frac{x}{y}\right)+1}{5\left(\frac{x}{y}\right)+3} = \frac{3 \times \frac{4}{5}+1}{5 \times \frac{4}{5}+3}$

$= \frac{17}{5 \times 7} = \frac{17}{35}$

$\therefore \quad (x + y) : (5x + 3y) = 17 : 35$

17. (a) माना संख्याएं क्रमशः $2x$ व $3x$ हैं,

तब प्रश्नानुसार,

$\frac{2x+4}{3x+4} = \frac{5}{7}$

$\Rightarrow \quad 15x + 20 = 14x + 28$

$\Rightarrow \quad x = 8$

$\therefore$ अभीष्ट अन्तर $= (3x - 2x) = x = 8$

18. (a) $(a + b) : (b + c) : (c + a) = 6 : 7 : 8$

माना $(a + b) = 6k$ ...(i)

$(b + c) = 7k$ ...(ii)

$(c + a) = 8k$ ...(iii)

समीकरण (i), (ii) व (iii) को जोड़ने पर,

$2(a + b + c) = 21k$

$\because \quad (a + b + c) = 14$ (दिया है)

$\Rightarrow \quad 2 \times 14 = 21k$

$\Rightarrow \quad k = \frac{28}{21} = \frac{4}{3}$

$\therefore \quad c = (a+b+c) - (a+b)$

$= (14 - 6k)$

$= \left(14 - 6 \times \frac{4}{3}\right) = 6$

19. (d) माना प्रत्येक पद में x जोड़ा जाए, तब

$\Rightarrow \quad \frac{7+x}{11+x} = \frac{3}{4}$

$\Rightarrow \quad 33 + 3x = 28 + 4x$

$\Rightarrow \quad x = 5$

20. (b) माना A तथा B की मासिक आय क्रमशः ₹ $4x$ व ₹ $3x$ है।

$\because \quad \frac{4x - 6,000}{3x - 6,000} = \frac{3}{2}$

$\Rightarrow \quad 9x - 18,000 = 8x - 12,000$

$\Rightarrow \quad x = 6{,}000$

$\therefore$ A की मासिक आय = ₹ (4 × 6,000)
= ₹ 24,000

21. (c) पहली मिश्रधातु A में सोने की मात्रा = $\frac{7}{9}$

पहली मिश्रधातु A में तांबे की मात्रा = $\frac{2}{9}$

दूसरी मिश्रधातु B में सोने की मात्रा = $\frac{7}{18}$

दूसरी मिश्रधातु B में तांबे की मात्रा = $\frac{11}{18}$

$\therefore$ C में सोने की मात्रा = $\left(\frac{7}{9}+\frac{7}{18}\right) = \frac{21}{18}$

C में तांबे की मात्रा = $\left(\frac{2}{9}+\frac{11}{18}\right) = \frac{15}{18}$

$\therefore$ अभीष्ट अनुपात = $\frac{21}{18} : \frac{15}{18} = 21 : 15 = 7 : 5$

22. (c) $\frac{(3x-y)}{(x+5y)} = \frac{5}{7}$

$\Rightarrow \quad 21x - 7y = 5x + 25y$

$\Rightarrow \quad 16x = 32y$

$\therefore \quad \frac{x}{y} = \frac{32}{16} = \frac{2}{1} \Rightarrow x = 2y$

$\therefore \quad (x+y) : (x-y) = (2y+y) : (2y-y)$

$= 3y : y = 3 : 1$

23. (b) $\because$ C का 0·6 = B का 75% = A का $\frac{1}{3}$

$\therefore \quad A \times \frac{1}{3} = B \times \frac{75}{100} = 0{\cdot}6 \times C$

$\Rightarrow \quad \frac{A}{3} = \frac{3}{4}B = \frac{3}{5}C$

$\therefore \quad A : B : C = A : \frac{4}{9}A : \frac{5}{9}A$

$= 1 : \frac{4}{9} : \frac{5}{9} = 9 : 4 : 5$

24. (a) माना वस्तु का क्रय मूल्य = ₹ a

तब $x = \frac{(100-4)}{100} \times a = \frac{96}{100}a = \frac{24}{25}a$

$y = \frac{(100+12)}{100} \times a = \frac{112}{100}a = \frac{28}{25}a$

$\therefore \quad \frac{x}{y} = \frac{\frac{24}{25}a}{\frac{28}{25}a} = \frac{24}{28} = \frac{6}{7}$

$\therefore \quad x : y = 6 : 7$

25. (b) माना विद्यालय में लड़कों की संख्या x तथा लड़कियों की संख्या y है, तब

$x \times \frac{10}{100} = \frac{1}{4}y$

$\Rightarrow \quad \frac{x}{y} = \frac{10}{4} = \frac{5}{2}$

$\Rightarrow \quad x : y = 5 : 2$

❑❑❑

6

अध्याय

अंकगणितीय संक्रियाएँ

किसी ही संख्या को लिखने के लिए दस संकेतों का प्रयोग किया जाता है, जो वैज्ञानिक, राष्ट्रीय एवं अन्तर्राष्ट्रीय स्तर पर मान्य होते हैं, ये दस संकेत इस प्रकार हैं– 0, 1, 2, 3, 4, 5, 6, 7, 8, 9। ये दस संकेत अंक कहलाते हैं।

तर्कशक्ति परीक्षण के अन्तर्गत गणितीय संक्रियाओं (Mathematical Operation) पर आधारित आने वाले प्रश्नों में मुख्यत: (+), (–), (×), (÷) या सांकेतिक चिह्नों का यथा अंग्रेजी वर्णमाला के अक्षरों (English Alphabet) और ग्रीक संकेत यथा आदि का प्रयोग किया जाता है। इन चिह्नों के साथ दिए गए गणितीय व्यंजकों में चिह्नों के अर्थ इनके मूल अर्थों से भिन्न-भिन्न दिए जाते हैं। प्रश्नों में दिए गए निर्देशानुसार चिह्नों को परिवर्तित कर 'VBODMAS' का इस्तेमाल करते हुए, व्यंजक को हल करना होता है।

'VBODMAS' के नियम निम्न हैं–

V — Vinculum (रेखा कोष्ठक) (–)

B — Bracket [कोष्ठक] [( ), { }, [ ] क्रमानुसार]

O — of (का) (×)

D — Division (भाग) (÷)

M — Multiplication (गुणा) (×)

A — Addition (जोड़) (+)

S — Subtraction (घटाव) (–)

'VBODMAS' के नियमानुसार दिए गए व्यंजकों को सरलीकृत किया जाता है।

गणितीय संक्रियाओं के अन्तर्गत मुख्यत: चार प्रकार के प्रश्न पूछे जाते हैं–

1. चिह्न प्रतिस्थापन द्वारा व्यंजकों का मान ज्ञात करना।
2. संकेतों पर गणितीय चिह्नों के प्रतिस्थापन द्वारा व्यंजकों का मान ज्ञात करना।
3. संख्याओं तथा चिह्नों के परस्पर प्रतिस्थापन पर आधारित प्रश्न।
4. विशेष प्रणाली पर आधारित प्रश्न।

उदाहरण 1.: यदि '+' का अर्थ '÷', '×' का अर्थ '–', '–' का अर्थ '×' तथा '÷' का अर्थ '+' हो, तो 38 + 19 – 16 ÷ 3 = ?

हल : प्रश्नानुसार गणितीय चिह्नों को बदलने पर, नया व्यंजक

$= 38 \div 18 \times 16 + 3$

$= 2 \times 16 + 3$

$= 32 + 3 = 35$

उदाहरण 2.: यदि ÷ का अर्थ ×, – का अर्थ +, × का अर्थ – तथा + का अर्थ ÷ हो, तो 20 + 4 × 6 – 5 ÷ 7 का मान क्या होगा?

हल : गणितीय चिह्नों को बदलने पर,

$20 \div 4 - 6 + 5 \times 7$

$= 5 - 6 + 35$

$= 40 - 6 = 34$

उदाहरण 3.: यदि a का अर्थ +, b का अर्थ –, c का अर्थ × तथा d का अर्थ ÷ हो, तो 18c 14a 6b 16d 4 का अर्थ क्या होगा?

हल : Alphabet के अक्षरों को गणितीय चिह्नों से प्रतिस्थापित करने पर,

$18 \times 14 + 6 - 16 \div 4$

$= 252 + 6 - 4$

$= 258 - 4 = 254$

उदाहरण 4.: यदि A का अर्थ +, B का अर्थ –, C का अर्थ × तथा D का अर्थ ÷ हो, तो 100D 20C 3A 10B 5 का मान क्या होगा?

हल : Alphabet के अक्षरों को गणितीय चिह्नों से प्रतिस्थापित करने पर,

$100 \div 20 \times 3 + 10 - 5$

$= 5 \times 3 + 10 - 5$

$= 15 + 10 - 5$

$25 - 5 = 20$

उदाहरण 5.: निम्नलिखित में से कौन-सा चिह्न परस्पर बदलने से निम्नलिखित समीकरण सही बनेगी?

$5 + 3 \times 8 - 12 \div 4 = 3$

(a) (+) और (÷) (b) (+) और (–)

(c) (–) और (÷) (d) (+) और (×)

हल : इस प्रकार के प्रश्नों को हल करने के लिए दिए गए विकल्पों का इस्तेमाल किया जाना चाहिए।

विकल्प (c) का इस्तेमाल करने पर नया समीकरण

$5 + 3 \times 8 \div 12 - 4 = 3$

या, $5 + \frac{3 \times 8}{12} - 4 = 3$

या, $5 + 2 - 4 = 3$

या, $3 = 3$

उदाहरण 6.: निम्नलिखित समीकरण में सही गणितीय चिह्न लगाएँ ताकि समीकरण संतुलित हो जाए।

4 – 6 –2 – 4 – 8 = 16

(a) × ÷ – + (b) – × + ÷

(c) ÷ + × – (d) + ÷ – ×

हल : विकल्प (a) का इस्तेमाल करने पर समीकरण

$4 \times 6 \div 2 - 4 + 8 = 16$

या, $4 \times 3 - 4 + 8 = 16$

या, $12 - 4 + 8 = 16$

या, $20 - 4 = 16$

या, $16 = 16$

उदाहरण 7.: यदि 6 * 7 = 2, 3 * 5 = 5, 5 * 8 = 0 तो 6 * 8 = ?

(a) 0 (b) 4 (c) 2 (d) 8

हल : $6 * 7 = 6 \times 7 = 4\underline{2} \Rightarrow 2$

$3 * 5 = 3 \times 5 = 1\underline{5} \Rightarrow 5$

$5 * 8 = 5 \times 8 = 4\underline{0} \Rightarrow 0$

$\therefore 6 * 8 = 6 \times 8 = 4\underline{8} \Rightarrow 8$

प्रश्नमाला

1. यदि – का अर्थ +, + का अर्थ ×, ÷ का अर्थ –, × का अर्थ ÷ हो, तो (27 × 3 ÷ 6) + 9 – 8 का मान है–
(a) 14·5 (b) 35
(c) 15 (d) 3·5

2. यदि + का अर्थ ×, – का अर्थ +, × का अर्थ ÷ तथा ÷ का अर्थ – हो, तो निम्नलिखित में से कौन-सा समीकरण सही है?
(a) 30 ÷ 8 × 4 – 6 + 1 = 32
(b) 8 + 5 – 20 × 4 + 6 = 41
(c) 12 – 12 ÷ 6 × 6 + 3 = 21
(d) 6 + 7 × 3 – 4 ÷ 6 = 26

3. यदि + का अर्थ घटाना है, × का अर्थ भाग है, ÷ का अर्थ जोड़ है तथा – का अर्थ गुणा है तो 15 × 5 + (78 – 5 ÷ 4) = ?
(a) –391 (b) –460
(c) –475 (d) –743

4. यदि K का अर्थ घटाना, L का अर्थ भाग है, M का अर्थ जोड़ तथा D का अर्थ गुणा है, तो 117L3K5M12D8 = ?
(a) 150 (b) 125
(c) 130 (d) 145

5. यदि D का मतलब ×, S का मतलब +, A का मतलब – तथा M का मतलब ÷ हो, तो नीचे दिए गए समीकरण का मान ज्ञात कीजिए?
28D6534M2A8D6
(a) 558 (b) 3312
(c) 137 (d) 31

6. यदि $ का अर्थ +, # का अर्थ –, @ का अर्थ × तथा * का अर्थ ÷ है, तो 19$8@3#81*9 का मान क्या होगा?
(a) 38 (b) 35
(c) 34 (d) 36

7. यदि < को + और × को ÷ के रूप में माना जाता है तो C[C55 < 10)]×10) < 120 का मान क्या होगा?
(a) 120 (b) 125
(c) 216 (d) 126·5

8. यदि '–' का अर्थ 'गुणा करना' है, '×' का अर्थ 'जोड़' है, '÷' का अर्थ 'घटाना' है तथा '+' का अर्थ 'भाग देना' है, तो निम्नलिखित में से कौन-सा समीकरण सही है?
(a) 8 + 3 ÷ 16 × 36 – 6 = 14
(b) 8 – 3 ÷ 16 × 36 + 6 = 14
(c) 8 ÷ 3 – 16 + 36 × 6 = 14
(d) 8 × 3 ÷ 16 + 36 – 6 = 14

9. यदि '+' का अर्थ '–', '–' का अर्थ '×', '×' का अर्थ '÷', और '÷' का अर्थ '+' है, तो निम्नलिखित व्यंजक का मान क्या होगा?
27 – 2 + 24 × 8 ÷ 4
(a) 55 (b) 50
(c) 45 (d) 51

10. यदि '+' का अर्थ '–', '–' का अर्थ '×', '×' का अर्थ '÷', और '÷' का अर्थ '+' है, तो निम्नलिखित व्यंजक का मान क्या होगा?
15 – 2 ÷ 90 × 9 + 10
(a) 32 (b) 50
(c) 40 (d) 30

11. यदि 1!9 = 20, 9!5 = 28 और 5!5 = 20, तो 7!3 = ? का मान ज्ञात करें।
(a) 20 (b) 15
(c) 22 (d) 24

12. यदि 12 @ 18 = –3, 18 @ 6 = 6 और 16 @ 8 = 4, तो 6 @ 10 = ? का मान ज्ञात करें।
(a) –10 (b) 8
(c) 4 (d) –2

13. यदि 3 $ 8 = –50, 3 $ 5 = –20 और 2 $ 3 = –10, तो 9 $ 1 = ? का मान ज्ञात करें।
(a) 10 (b) –20
(c) 90 (d) 80

14. यदि 18 ! 10 = 4, 10 ! 4 = 3 और 4 ! 8 = –2 तो 16 ! 18 का मान ज्ञात करें।
(a) 2 (b) –1
(c) –8 (d) 9

15. यदि 6 α 1 = 70, 2 α 3 = 50 तथा 4 α 5 = 90, तो 1 α 4 = ? का मान ज्ञात करें।
(a) 50 (b) 30
(c) 10 (d) 60

16. यदि 6 @ 16 = 11, 2 @ 14 = 8 और 8 @ 8 = 8, तो 10 @ 18 का मान ज्ञात करें।
(a) 4 (b) 6
(c) 12 (d) 14

17. यदि 7 Ω 6 = 84, 8 Ω 7 = 112 और 8 Ω 4 = 64 तो 3 Ω 4 का मान ज्ञात करें।
(a) 24 (b) 12
(c) 4 (d) 20

18. यदि 16 # 2 = 16, 12 # 6 = 36 और 6 # 1 = 3, तो 4 # 4 = ? का मान ज्ञात करें।
(a) 2 (b) 4
(c) 10 (d) 8

19. यदि 2 % 1 = 30, 6 % 2 = 80 और 2 % 5 = 70 तो 4 % 1 = ? का मान ज्ञात करें।
(a) 100 (b) 50
(c) 80 (d) 30

20. यदि 19!3 = 32, 13!4 = 18 और 12!2 = 20, तो 17!3 का मान ज्ञात करें।
(a) 16 (b) 28
(c) 4 (d) 8

21. गणितीय चिह्नों के उस सही संयोजन का चयन करें, जिसे नीचे दिए गए समीकरण को संतुलित करने के लिए, इसमें बाएँ से दाएँ * के स्थान पर क्रमिक रूप से रखा जा सके।
15 * 5 * 24 * 140 * 7 * 71
(a) ×, ÷, +, –, =
(b) ÷, +, –, ×, =
(c) ×, –, +, ÷, =
(d) ×, –, ÷, +, =

22. गणितीय चिह्नों के उस सही संयोजन का चयन करें, जिसे नीचे दिए गए समीकरण को संतुलित करने के लिए, इसमें बाएँ से दाएँ * के स्थान पर क्रमिक रूप से रखा जा सके।
31 * 2 * 60 * 30 * 15 * 49
(a) ×, +, ÷, –, =
(b) –, ÷, +, ×, =
(c) ×, ÷, +, –, =
(d) ×, –, +, ÷, =

23. दिए गए चार समीकरणों में से, पहले तीन किसी निश्चित प्रणाली के आधार पर हल किए गए हैं। उसी प्रणाली के आधार पर, हल न किए गए चौथे समीकरण के लिए सही उत्तर ज्ञात करें।
6 * 5 = 91
8 * 7 = 169
10 * 7 = 211
22 * 5 = ?
(a) 993 (b) 331
(c) 678 (d) 845

24. निम्नलिखित समीकरण को संतुलित करने के लिए, * संकेतों को क्रमिक रूप से बदलने वाले गणितीय संकेतों के सही संयोजन का चयन करें।
(12 * 7 * 6) * 13 * 6
(a) ×, =, +, – (b) ÷, –, =, ×
(c) ×, –, ÷, = (d) ×, –, +, =

25. * संकेतों को बदलने और निम्नलिखित समीकरण को संतुलित करने के लिए गणितीय संकेतों के सही संयोजन का चयन करें।
(18 * 9 * 14) * 37 * 4
(a) ×, ÷, –, = (b) –, ÷, ×, =
(c) ×, –, ÷, = (d) ÷, –, ×, =

26. गणितीय चिहनों का वह सही संयोजन चुनें जिसे क्रमिक रूप से * चिहनों के स्थान पर रखने से समीकरण संतुलित हो जाएगा।

$45 * 24 * 72 * 20 * 12 * 7$

(a) =, ×, +, ÷, −
(b) ÷, ×, +, −, =
(c) +, ÷, −, =, ×
(d) ×, ÷, =, −, +

27. किन दो संख्याओं का स्थान परस्पर बदलने से दिया गया समीकरण सही हो जाएगा?

$36 \times 81 \div 9 - (88 \div 4) + 14 + (22 + 7) = 169$

(a) 81 और 36 (b) 14 और 22
(c) 9 और 36 (d) 36 और 14

28. निम्नलिखित समीकरण को संतुलित करने के लिए, किन दो संख्याओं को आपस में बदलना होगा?

$64 + 36 \div 3 \times 9 - 32 = 44$

(a) 3 और 9
(b) 32 और 36
(c) 64 और 36
(d) 9 और 64

29. दिए गए समीकरण को संतुलित करने के लिए, किन दो अंकों को एक-दूसरे से और किन दो चिह्नों को एक-दूसरे से बदलने की जरूरत है?

$75 - 13 + 19 \times 8 \div 5 = 93$

(a) 7 और 9; + और ×
(b) 5 और 8; − और ÷
(c) 3 और 5; − और ×
(d) 8 और 3; × और ÷

30. निम्नलिखित समीकरण को संतुलित करने के लिए, इनमें से कौन-से दो चिह्नों को आपस में बदलना होगा?

$12 - 8 + 4 \div 2 \times 8 = 4$

(a) − और × (b) × और +
(c) ÷ और − (d) × और ÷

उत्तर (हल/संकेत)

1. (b) चिह्नों को प्रश्नानुसार बदलने पर नया व्यंजक

$= (27 \div 3 - 6) \times 9 + 8$
$= (9 - 6) \times 9 + 8$
$= 27 + 8 = 35$

2. (c) चिह्नों को प्रश्नानुसार बदलने पर

विकल्प (a) से,
$30 - 8 \div 4 + 6 \times 1 = 32$
$30 - 2 + 6 = 32$
$34 \neq 32$
बायाँ पक्ष ≠ दायाँ पक्ष

विकल्प (b) $8 \times 5 + 20 \div 4 \times 6 = 41$
$40 + 5 \times 6 = 41$
$70 \neq 41$
बायाँ पक्ष ≠ दायाँ पक्ष

विकल्प (c) $12 + 12 - 6 \div 6 \times 3 = 21$
$12 + 12 - 1 \times 3 = 21$
या, $21 = 21$
बायाँ पक्ष = दायाँ पक्ष
अभीष्ट उत्तर (c) होगा।

3. (a) चिह्नों को प्रश्नानुसार बदलने पर,

व्यंजक $= 15 \div 5 - (78 \times 5 + 4)$\
$= 3 - (78 \times 5 + 4)$
$= 3 - (390 + 4)$
$= 3 - 394$
$= -391$

4. (c) अक्षरों को प्रश्नानुसार चिह्नों में बदलने पर प्राप्त व्यंजक

$= 117 \div 3 - 5 + 12 \times 8$
$= 39 - 5 + 96$
$= 135 - 5 = 130$

5. (c) दिए गए व्यंजक में अक्षरों की प्रश्नानुसार चिह्नों में बदलने पर प्राप्त व्यंजक $= 28 \times 6 + 34 \div 2 - 8 \times 6$

$= 168 + 17 - 48$
$= 137$

6. (c) दिए गए व्यंजक में संकेतों को प्रश्नानुसार चिह्नों में बदलने पर प्राप्त व्यंजक $= 19 + 8 \times 3 - 81 \div 9$

$= 19 + 24 - 9 = 34$

7. (d) '<' तथा '×' को क्रमशः '+' तथा '÷' चिह्नों द्वारा बदलने पर प्राप्त व्यंजक = C[(55 + 10)] ÷ 10) + 120

$= 65 \div 10 + 120$
$= 6{\cdot}5 + 120$
$= 126{\cdot}5$

8. (b)

− ⇒ ×	× ⇒ +
÷ ⇒ −	+ ⇒ ÷

विकल्प (a)
$8 + 3 \div 16 \times 36 - 6 = 14$
$\Rightarrow \frac{8}{3} - 16 + 36 \times 6 = 14$
$\Rightarrow \frac{8}{3} - 16 + 216 = 14$
$\Rightarrow \frac{8 - 48 + 648}{3} \neq 14$

विकल्प (b)
$8 - 3 + 16 \times 36 + 6 = 14$
$\Rightarrow 8 \times 3 - 16 \times 36 \div 6 = 14$
$\Rightarrow 24 - 16 + 6 = 14$
$\Rightarrow 30 - 16 = 14$
$\Rightarrow 14 = 14$

विकल्प (c)
$8 \div 3 - 16 + 36 + 6 = 14$
$\Rightarrow 8 - 3 \times 16 \div 36 + 6 = 14$
$\Rightarrow 8 - \frac{4}{3} + 6 = 14$
$\Rightarrow \frac{24 - 3 + 18}{3} = 14$
$\Rightarrow \frac{39}{3} = 14$
$\Rightarrow 13 \neq 14$

विकल्प (d)
$8 \times 3 \div 16 + 36 - 6 = 14$
$\Rightarrow 8 + 3 - 16 \div 36 \times 6 = 14$
$\Rightarrow 8 + 3 - \frac{8}{3} = 14$
$\Rightarrow \frac{24 + 9 - 8}{3} = 14$
$\Rightarrow 25 \neq 3 \times 14$

9. (a)

+ ⇒ −	− ⇒ ×
× ⇒ ÷	÷ ⇒ +

$27 - 2 + 24 \times 8 \div 4$
$\Rightarrow 27 \times 2 - 24 \div 8 + 4$
$\Rightarrow 54 - 3 + 4$
$\Rightarrow 58 - 3 = 55$

10. (d)

+ ⇒ −	− ⇒ ×
× ⇒ ÷	÷ ⇒ +

$15 - 2 \div 90 \times 9 + 10$
$\Rightarrow 15 \times 2 + 90 \div 9 - 10$
$\Rightarrow 30 + 10 - 10 = 30$

11. (a) $1 ! 9 = 20$
$\Rightarrow (1 + 9) \times 2 = 20$
$9 ! 5 = 28$
$\Rightarrow (9 + 5) \times 2 = 28$
$= 5 ! 5 = 20$
$\Rightarrow (5 + 5) \times 2 = 20$
अतः,
$7 ! 3 = ?$
$= ? = (7 + 3) \times 2 = 20$

12. (d) $12 @ 18 = (12 - 18) \times 2$
$= (-6) \div 2 = -3$
$18 @ 6 = (18 - 6) \div 2$
$= 12 \div 2 = 6$
तथा
$16 @ 8 = (16 - 8) \div 2$
$= 8 \div 2 = 4$
इसी प्रकार:,
$6 @ 10 = (6 - 10) \div 2$
$= (-4) \div 2 = -2$

13. (d) $3 \$ 8 = -50$
$\Rightarrow (3 - 8) \times 10 = -50$
$3 \$ 5 = -20$
$\Rightarrow (3 - 5) \times 10 = -20$
$2 \$ 3 = -10$
$\Rightarrow (2 - 3) \times 10 = -10$

अत:,

$9 \$ 1 = ?$

$\Rightarrow \quad ? = (9-1) \times 10 = 80$

14. (b) $18 ! 10 \Rightarrow (18-10) \div 2$

$= 8 \div 2$

$= 4$

$10 ! 4 \Rightarrow (10-4) \div 2$

$= \quad 6 \div 2 = 3$

$4 ! 8 \Rightarrow (4-8) \div 2$

$= \quad -4 \div 2 = -2$

अत:,

$16 ! 18 \Rightarrow (16-18) \div 2$

$= (-2) \div 2$

$= -1$ इकाई

15. (a) $6 \alpha 1 = 70$

$\Rightarrow \quad (6+1) \times 10 = 70$

$2 \alpha 3 = 50$

$\Rightarrow \quad (2+3) \times 10 = 50$

$4 \alpha 5 = 90$

$\Rightarrow \quad (4+5) \times 10 = 90$

अत:,

$1 \alpha 4 = ?$

$\Rightarrow \quad ? = (1+4) \times 10 = 50$

16. (d) $6 @ 16 \Rightarrow (6+16) \div 2$

$= \quad 22 \div 2 = 11$

$2 @ 14 \Rightarrow (2+14) \div 2$

$= \quad 16 \div 2 = 8$

$8 @ 8 \Rightarrow (8+8) \div 2$

$= \quad 16 \div 2 = 8$

अत:,

$10 @ 18 \Rightarrow (10+18) \div 2$

$= \quad 28 \div 2 = 14$

17. (a) $7 \Omega 6 = 84$

$\Rightarrow \quad 7 \times 6 \times 2 = 84$

$8 \Omega 7 = 112$

$\Rightarrow \quad 8 \times 7 \times 2 = 112$

$8 \Omega 4 = 64$

$\Rightarrow \quad 8 \times 4 \times 2 = 64$

अत:,

$3 \Omega 4 = ?$

$\Rightarrow \quad ? = 3 \times 4 \times 2 = 24$

18. (d) $16 \# 2 = 16$

$\Rightarrow \quad \frac{16 \times 2}{2} = 16$

$12 \# 6 = 36$

$\Rightarrow \quad \frac{12 \times 6}{2} = 36$

$6 \# 1 = 3$

$\Rightarrow \quad \frac{6 \times 1}{2} = 3$

अत:

$4 \# 4 = ?$

$\Rightarrow \quad ? \; \frac{4 \times 4}{2} = \frac{16}{2} = 8$

19. (b) $2 \% 1 \Rightarrow (2+1) \times 10$

$= \quad 3 \times 10 = 30$

$6 \% 2 \Rightarrow (6+2) \times 10$

$= \quad 10 \times 8 = 80$

$2 \% 5 \Rightarrow (2+5) \times 10$

$= \quad 7 \times 10 = 70$

अत:

$4 \% 1 \Rightarrow (4+1) \times 10$

$= \quad 5 \times 10 = 50$

20. (b) $19 ! 3 = 32$

$\Rightarrow \quad (19-3) \times 2 = 32$

$\Rightarrow \quad 16 \times 2 = 32$

$13 ! 4 = 18$

$\Rightarrow \quad (13-4) \times 2 = 18$

$\Rightarrow \quad 9 \times 2 = 18$

$12 ! 2 = 20$

$\Rightarrow \quad (12-2) \times 2 = 20$

$\Rightarrow \quad 10 \times 2 = 20$

अत:

$17 ! 3 = ?$

$\Rightarrow \quad ? = (17-3) \times 2 = 20$

$\Rightarrow \quad ? = 14 \times 2 = 28$

21. (c) $15 * 5 * 24 * 140 * 7 * 71$

$\Rightarrow \quad 15 \times 5 - 24 + 140 \div 7 = 71$

$\Rightarrow \quad 75 - 24 + 20 = 71$

$\Rightarrow \quad 95 - 24 = 71$

$\Rightarrow \quad 71 = 71$

22. (a) $31 * 2 * 60 * 30 * 15 * 49$

$\Rightarrow \quad 31 \times 2 + 60 \div 30 - 15 = 49$

$\Rightarrow \quad 62 + 2 - 15 = 49$

$\Rightarrow \quad 64 - 15 = 49$

$\Rightarrow \quad 49 = 49$

23. (b) $6 * 5 = 91$

$\Rightarrow \quad 6 \times 5 \times 3 + 1 = 91$

$\Rightarrow \quad 90 + 1 = 91$

$8 * 7 = 169$

$\Rightarrow \quad 8 \times 7 \times 3 + 1 = 169$

$\Rightarrow \quad 168 + 1 = 169$

$\Rightarrow \quad 10 * 7 = 211$

$\Rightarrow \quad 10 \times 7 \times 3 + 1 = 211$

$210 + 1 = 211$

उसी प्रकार,

$22 * 5 = ?$

$? = 22 \times 5 \times 3 + 1$

$? = 330 + 1 = 331$

24. (c) $(12 * 7 * 6) * 13 * 6$

$\Rightarrow \quad (12 \times 7 - 6) \div 13 = 6$

$\Rightarrow \quad (84 - 6) \div 13 = 6$

$\Rightarrow \quad 78 \div 13 = 6$

$\Rightarrow \quad 6 = 6$

25. (c) $(18 * 9 * 14) * 37 * 4$

$\Rightarrow \quad (18 \times 9 - 14) \div 37 = 4$

$\Rightarrow \quad (162 - 14) \div 37 = 4$

$\Rightarrow \quad 148 \div 37 = 4$

26. (d) $45 \times 24 \div 72 = 20 - 12 + 7$

$\Rightarrow \quad 15 = 27 - 12$

$\Rightarrow \quad 15 = 15$

27. (d) $36 \times 81 \div 9 - (88 \div 4) + 14 + (22 + 7) = 169$

$\Rightarrow \quad 14 \times 81 \div 9 - (88 \div 4) + 36 + (22 + 7) = 169$

$\Rightarrow \quad 14 \times 9 - (22) + 36 + (29) = 169$

$\Rightarrow \quad 126 - 22 + 36 + 29 = 169$

$\Rightarrow \quad 191 - 22 = 169$

$\Rightarrow \quad 169 = 169$

28. (a) $64 + 36 \div 3 \times 9 - 32 = 44$

$\Rightarrow \quad 64 + 36 \div 9 \times 3 - 32 = 44$

$\Rightarrow \quad 64 + 12 - 32 = 44$

$\Rightarrow \quad 76 - 32 = 44$

$\Rightarrow \quad 44 = 44$

29. (b) $75 - 13 + 19 \times 8 \div 5 = 93$

$\Rightarrow \quad 78 \div 13 + 19 \times 5 - 8 = 93$

$\Rightarrow \quad 6 + 95 - 8 = 93$

$\Rightarrow \quad 101 - 8 = 93$

$\Rightarrow \quad 93 = 93$

30. (b) $12 - 8 + 4 \div 2 \times 8 = 4$

$\Rightarrow \quad 12 - 8 \times 4 \div 2 + 8 = 4$

$\Rightarrow \quad 12 - 16 + 8 = 4$

$\Rightarrow \quad 20 - 16 = 4$

$\Rightarrow \quad 4 = 4$

❑❑❑

7

अध्याय

औसत

औसत

समान प्रकार की राशियों के योगफल को उन राशियों की संख्या से भाग देने पर प्राप्त परिणाम औसत कहलाता है।

$\therefore$ औसत $= \dfrac{\text{राशियों का योग}}{\text{राशियों की संख्या}}$

उदाहरण: एक व्यक्ति की एक सप्ताह की दैनिक मजदूरी क्रमशः ₹160, ₹220, ₹340, ₹260, ₹280, ₹160 व ₹210 है। उस व्यक्ति की औसत मजदूरी कितनी हैं?

हल: व्यक्ति की औसत मजदूरी

$= \dfrac{160+220+340+260+280+160+210}{7}$

$=$ ₹ 232.85

कुछ महत्वपूर्ण बिन्दु

(i) प्रथम 'n' प्राकृतिक संख्याओं का औसत $= \left(\dfrac{n+1}{2}\right)$

(ii) प्रथम 'n' सम संख्याओं का औसत $= (n+1)$

(iii) प्रथम 'n' विषम संख्याओं का औसत $= n$

(iv) प्रथम 'n' प्राकृतिक संख्याओं के वर्गों का औसत $= \dfrac{(n+1)(2n+1)}{6}$

(v) प्रथम 'n' प्राकृतिक संख्याओं के घनों का औसत $= n\left(\dfrac{n+1}{2}\right)^2$

(vi) 1 से लेकर 'n' तक की विषम संख्याओं का औसत

$= \dfrac{\text{अंतिम विषम संख्या} + 1}{2}$

(vii) 1 से लेकर 'n' तक की सम संख्याओं का औसत

$= \dfrac{\text{अंतिम सम संख्या} + 1}{2}$

(viii) किसी संख्या x के 'n' गुणजों का औसत $= \dfrac{(n+1)}{2} \times x$

महत्वपूर्ण स्मरणीय बिन्दु

(i) एक व्यक्ति किसी निश्चित दूरी को जाते समय a किमी. प्रति घंटा की चाल से तथा वापस लौटते समय उसी दूरी को b किमी प्रति घण्टा की चाल से तय करता है, तब,

पूरी यात्रा के दौरान व्यक्ति की औसत चाल

$= \left(\dfrac{2ab}{a+b}\right)$ किमी./घण्टा

(ii) एक व्यक्ति किसी निश्चित दूरी को तीन असमान चालों क्रमश a किमी./घण्टा, b किमी./घण्टा व, c किमी./घण्टा की चाल से तय करता है। तब,

व्यक्ति की औसत चाल $= \left[\dfrac{3abc}{ab+bc+ca}\right]$ किमी./घण्टा

(iii) यदि m संख्याओं का औसत a है तथा n संख्याओं का औसत b हैं तब, शेष संख्याओं का औसत

(i) यदि $m > n$

शेष संख्याओं का औसत $= \left[\dfrac{ma-by}{m-n}\right]$

(ii) यदि $n > m$

शेष संख्याओं का औसत $= \left[\dfrac{nb-ma}{n-m}\right]$

(iii) N व्यक्तियों के एक समूह में एक T वर्ष के व्यक्ति के स्थान पर नया व्यक्ति आ जाता है, जिससे औसत वायु में t वर्ष की कमी या वृद्धि हो जाती है। तब,

(i) यदि औसत आयु में वृद्धि होती है, तब

नए व्यक्ति की आयु $= (T+Nt)$ वर्ष

(ii) यदि औसत आयु में कमी तब होती है, तब

नए व्यक्ति की औसत आयु $= (T-Nt)$ वर्ष

हल सहित उदाहरण

उदाहरण 1. 40 लड़कों की एक कक्षा की औसत आयु 20 वर्ष थी। इनमें से 12 की औसत आयु 22 वर्ष और अन्य 18 की औसत आयु 17 वर्ष थी। शेष लड़कों की औसत आयु ज्ञात कीजिए।

हल: 40 लड़कों की एक कक्षा की औसत आयु $= (40 \times 50)$ वर्ष $= 800$ वर्ष

12 लड़कों की कुल आयु $= (12 \times 22)$ वर्ष $= 264$ वर्ष

18 लड़कों की कुल आयु $= (18 \times 17)$ वर्ष $= 306$ वर्ष

$\therefore$ शेष 10 लड़कों की औसत आयु $= \dfrac{800-(264+360)}{10}$

$= \dfrac{800-570}{10} = \dfrac{230}{10} = 23$ वर्ष

उदाहरण 2. 5 सदस्यों की एक समिति की औसत आयु 40 वर्ष है। यदि उनमें से 35 वर्ष का एक सदस्य त्यागपत्र दे दें तथा उसके स्थान पर 25 वर्ष का एक अन्य सदस्य आ जाए, तो नए सदस्यों की समिति की आयु ज्ञात कीजिए।

हलः 5 सदस्यों की कुल आयु = (50×40) वर्ष = 200 वर्ष

35 वर्ष के सदस्य के चले जाने तथा 25 वर्ष के सदस्य के आ जाने के कारण आयु में कमी = $(35 - 25)$ वर्ष = 10 वर्ष

$\therefore$ नई समिति का औसत = $\left(\frac{200-10}{5}\right)$ वर्ष = $\frac{190}{5}$ वर्ष = 38 वर्ष

उदाहरण 3. **4 लड़कों की औसत आयु 20 वर्ष है। उनके समूह में एक नया लड़का शामिल हो जाता है, तो लड़कों के समूह की औसत आयु 21 वर्ष हो जाती है। तो उस नए लड़कों की आयु ज्ञात कीजिए।**

हलः 4 लड़कों की कुल आयु = (4×20) वर्ष = 80 वर्ष

नए लड़के के शामिल हो जाने पर

5 लड़कों की कुल आयु = (5×21) वर्ष = 105 वर्ष

$\therefore$ नई लड़के की आयु = $(105 - 80)$ वर्ष = 25 वर्ष

उदाहरण 4. **पारूल ने अपनी प्रथम तीन परीक्षाओं में 88, 86 व 90 अंक प्राप्त किए, उसके चौथी परीक्षा में प्राप्तांक कितने होने चाहिए। ताकि उसका औसत प्राप्तांक 91 हो जाए?**

हलः माना पारूल के चौथी परीक्षा में प्राप्तांक = x

तब, $91 = \frac{88+86+90+x}{4}$

$\Rightarrow$ $264 + x = 364$ $\Rightarrow$ $x = 100$

उदाहरण 5. **9 छात्रों के एक समूह की औसत आयु 16 वर्ष है। 36 वर्ष की आयु के अध्यापक को सम्मिलित किए जाने पर उनकी औसत आयु में कितनी वृद्धि होगी?**

हलः 9 छात्रों की कुल आयु = (9×16) वर्ष = 144 वर्ष

(9 छात्र + 1 अध्यापक) की कुल आयु = $(144 + 36)$ वर्ष = 180वर्ष

$\therefore$ 10 लोगों की औसत आयु = $\frac{180}{10}$ वर्ष = 18 वर्ष

$\therefore$ औसत आयु में वृद्धि = $(18 - 16)$ वर्ष = 2 वर्ष

उदाहरण 6. **तीन बच्चों की औसत आयु 15 वर्ष है। यदि इनकी आयु का अनुपात 3 : 5 : 7 हो, तो सबसे बड़े बच्चें की आयु कितनी है?**

हलः माना तीन बच्चों की आयु क्रमशः $3x$ वर्ष, $5x$ वर्ष व $7x$ वर्ष, है।

प्रश्नानुसार, $\frac{3x+5x+7x}{3} = 15$

$\Rightarrow$ $15x = 45$ $\Rightarrow$ $x = 3$ वर्ष

$\therefore$ बड़े बच्चें की आयु = (7×3) वर्ष = 21 वर्ष

प्रश्नमाला

1. 20 सामानों का औसत 18 है। यदि प्रत्येक सामान से 3 घटा दिया जाए, जो सामानों का नया औसत क्या होगा?

(a) 21 (b) 15
(c) 16 (d) 17

2. निम्नलिखित सेट के परिणामों का औसत कितना है?

सेट के परिणाम : 567, 434, 323, 290, 401

(a) 398 (b) 412
(c) 407 (d) 403

3. 20 प्रेक्षणों का माध्य 65 पाया गया किन्तु बाद में यह पाया गया कि 69 के स्थान पर 96 पढ़ लिया गया। इस प्रकार सही माध्य कितना होना चाहिए?

(a) 40.27 (b) 83.20
(c) 68.60 (d) 63.65

4. प्रथम चार समविषम संख्याओं का औसत क्या होगा?

(a) 3 (b) 4
(c) 5 (d) 6

5. प्रथम पाँच सम संख्याओं का औसत क्या होगा?

(a) 4 (b) 5
(c) 6 (d) 7

6. यात्रा का एक-तिहाई हिस्सा 25 किमी/घण्टा की दर से जाता है, एक-चौथाई हिस्सा किमी/घण्टा की दर से जाता है और बचे हुए भाग का 50 किमी/घण्टा की दर से जाता है, तो पूरी यात्रा की औसत चाल क्या होगी?

(a) 30 किमी/घण्टा (b) 33 किमी/घण्टा
(c) $33\frac{1}{3}$ किमी/घण्टा (d) 32 किमी/घण्टा

7. चार संख्याओं का औसत 40 है। यदि पहली तीन संख्याओं का योग 75 है, तो चौथी संख्या बताइए।

(a) 30 (b) 45
(c) 25 (d) 85

8. कक्षा 5 के 10 विद्यार्थियों द्वारा प्राप्त अंक इस प्रकार हैं 18, 24, 36, 44, 10, 92, 17, 52, 72, 80 इनका औसत निकालिए।

(a) 43.5 (b) 44.5
(c) 45.5 (d) 46.5

9. सचिन ने 40, 86, 120 एवं 36 रन और गांगुली ने 54, 24, 140 एवं 74 रन बनाए, बताइए किसके द्वारा बनाए गए रनों का औसत अधिक है?

(a) सचिन
(b) गांगुली
(c) (a) और (b) दोनों
(d) इनमें से कोई नहीं

10. तीन संख्याओं का औसत 9 है, यदि पहली दो संख्याओं का औसत 12 हो, तो तीसरी संख्या ज्ञात कीजिए।

(a) 1 (b) 2
(c) 3 (d) 4

11. एक क्रिकेट खिलाड़ी विभिन्न मैचों में 13, 0, 19, 17 और 6 रन बनाता है, उसके रनों का मध्यमान (औसत) बताइए।

(a) 11 (b) 13
(c) 15 (d) 17

12. संख्याओं 3, 6, 9, 6 का औसत बताइए।

(a) 2 (b) 3
(c) 4 (d) 6

13. एक व्यापारी ने 5 टिन डालडा ₹ 210 प्रति टिन की दर से, 7 टिन डालडा ₹ 215 प्रति टिन की दर से और 8 टिन डालडा ₹ 200 प्रति टिन की दस से खरीदा। डालडा का औसत मूल्य ज्ञात कीजिए।

(a) ₹ 208.75 (b) ₹ 209.75
(c) ₹ 211.75 (d) ₹ 207.75

14. तीन संख्याओं का औसत 7 है, यदि पहली दो संख्याओं का औसत 5 हो, तो तीसरी संख्या ज्ञात कीजिए।

(a) 9 (b) 10
(c) 11 (d) 12

15. किसी कक्षा के 30 विद्यार्थियों की औसत आयु 15 वर्ष है, यदि अध्यापक को भी शामिल कर लिया जाए, जो औसत आयु में 1 वर्ष की बढ़त हो जाती है, तो अध्यापक की आयु ज्ञात कीजिए।

(a) 40 वर्ष (b) 45 वर्ष
(c) 46 वर्ष (d) 48 वर्ष

16. प्रथम 5 विषय संख्याओं का औसत होगा–
(a) 5 (b) 6
(c) 7 (d) 12.5

17. एक स्थान पर एक सप्ताह में सोमवार, मंगलवार, बुधवार तथा बृहस्पतिवार के तापमान का औसत 35.5°C तथा बृहस्पतिवार, शुक्रवार, शनिवार तथा रविवार के तापमान का औसत 40°C था, यदि उस पूरे सप्ताह के औसत ताप का मान 38°C रहा हो, तो बृहस्पतिवार के ताप का मान ज्ञात कीजिए।
(a) 30°C (b) 38°C
(c) 34°C (d) 36°C

18. 6 संख्याओं का औसत 8 है, एक संख्या और जोड़ देने पर उनका औसत 10 हो जाता है, अतः सातवीं संख्या ज्ञात कीजिए।
(a) 20 (b) 22
(c) 21 (d) 23

19. 15, 10, 13, 14, 5, 78, 66, 23 का औसत निकालिए।
(a) 25 (b) 26
(c) 27 (d) 28

20. दस संख्याओं का औसत 13.7 है। पहली पाँच संख्याओं का औसत 12.4 है तथा अन्त की छः संख्याओं का औसत 14.5 है। पाँचवी संख्या का मान ज्ञात कीजिए।
(a) 10 (b) 11
(c) 12 (d) 13

21. 10 दिशावरी भैसों का औसत मूल्य ₹ 950 है और 5 मुर्रा भैसों का औसत मूल्य ₹ 821 है। सभी भैसों का औसत मूल्य ज्ञात कीजिए।
(a) ₹ 907 (b) ₹ 909
(c) ₹ 908 (d) ₹ 910

22. एक भोजनालय का मासिक औसत व्यय प्रति सदस्य ₹ 60.25 है और उसके महीने भर का सभी सदस्यों पर व्यय ₹ 903.75 है। भोजनालय में सदस्यों की संख्या ज्ञात कीजिए।
(a) 14 (b) 16
(c) 15 (d) 17

23. स्कूल में उमेश की 11 महीनों की कुल उपस्थिति 396 मीटिंग है, उसकी प्रति मास की औसत उपस्थिति ज्ञात कीजिए
(a) 36 (b) 36
(c) 37 (d) 39

24. एक कक्षा के 9 लड़कों का औसत भार 42 किग्रा है। उस कक्षा में एक लड़का आ जाने से मध्यमान भार 42.5 किग्रा हो जाता है। नये लड़के का भार ज्ञात कीजिए।
(a) 45 किग्रा (b) 46 किग्रा
(c) 47 किग्रा (d) 38 किग्रा

उत्तर (हल/संकेत)

1. (b) प्रश्नानुसार
कुल सामानों की संख्या = 20
सामानों का औसत = 18
कुल सामान का मान = 20 × 18 = 360
नई व्यवस्था के अनुसार = 360 – 3 × 20
= 360 – 60 = 300
∴ नया औसत $= \frac{300}{20} = 15$

2. (d) अभीष्ट औसत
$= \frac{567 + 434 + 323 + 290 + 401}{5}$
$= \frac{2015}{5} = 403$

3. (d) 20 प्रेक्षणों का माध्य = 65
∴ 20 प्रेक्षणों का कुल मान = 65 × 20 = 1300
त्रुटि का मान = 96 – 69 = 27
अतः 27 अधिक लिया गया तब सही मान था
= 1300 – 27 = 1273
अतः सही माध्य $= \frac{1273}{20} = 63.65$

4. (b) प्रथम चार विषय संख्याएँ 1, 3, 5, 7 हैं
अतः प्रथम चार विषय संख्याओं का औसत
अतः प्रथम चार विषय $= \frac{1+3+5+7}{4}$
$= \frac{16}{4} = 4$
संख्याओं का औसत = 4

5. (c) प्रथम पाँच सम संख्याएँ 2, 4, 6, 9, 10 हैं।
अतः प्रथम पाँच सम संख्याओं का औसत
$= \frac{2+4+6+8+10}{5} = \frac{30}{5} = 6$
अतः प्रथम पाँच सम संख्याओं का औसत = 6

6. (c) माना कुल यात्रा x किमी है।
तब 25 किमी/घण्टा से $\frac{x}{3}$ भाग पूरा होता है।
30 किमी/घण्टा से $\frac{x}{4}$ भाग पूरा होता है।
शेष दूरी $x = -\frac{x}{3} - \frac{x}{4}$
$= \frac{12x - 4x - 3x}{12}$
$= \frac{5x}{12}$ दूरी 50 किमी/घण्टा से
∴ यात्रा के दौरान लगने वाला समय
$= \frac{x}{75} + \frac{5x}{120} + \frac{5x}{12 \times 50} = \frac{18x}{600}$
$= \frac{3x}{100}$ घण्टा
औसत गति $= \frac{x}{\frac{x}{100}} = \frac{100}{3} = 33\frac{1}{3}$ किमी/घण्टा
अतः यात्रा की औसत चाल $33\frac{1}{3}$ किमी/घण्टा थी।

7. (d) चार संख्याओं का औसत = 10
चार संख्याओं का कुल योग = 4 × 40 = 160 और
प्रथम तीन संख्याओं का कुल योग = 75
चौथी संख्या = 160 – 75 = 85

8. (b) 10 विद्यार्थियों द्वारा प्राप्त किए गए कुल अंकों का योग
= 18 + 24 + 36 + 44 + 10 + 92 + 17 + 52 + 72 + 80 = 445
औसत $= \frac{445}{10} = 44.5$

9. (b) सचिन का रन बनाने का औसत
$= \frac{40 + 86 + 120 + 36}{4} = \frac{282}{4} = 70.50$
गांगुली का रन बनाने का औसत
$= \frac{54 + 24 + 140 + 74}{4} = \frac{292}{4} = 73$ रन
अतः गांगुली का रन बनाने का औसत सचिन से अधिक है।

10. (c) ∵ तीन संख्याओं का औसत = 9
∴ तीनों संख्याओं का योग = 9 × 3 = 27
प्रथम दो संख्याओं का औसत = 12
प्रथम दो संख्याओं का योग = 12 × 2 = 24
अतः तीसरी संख्या = 27 – 24 = 3

11. (a) खिलाड़ी द्वारा बनाए गए रन
= 13 + 0 + 19 + 17 + 6 = 55
मैचों की संख्या = 5
रन बनाने का औसत
$= \frac{13 + 0 + 19 + 17 + 16}{4} = \frac{55}{5} = 11$

12. (d) संख्याओं का योग $= 3 + 6 + 9 + 6 = 24$

कुल संख्याएँ $= 4$

औसत $= \frac{3 + 6 + 9 + 6}{4} = \frac{24}{4} = 6$

13. (d) प्रश्नानुसार

5 टिन डालडा का कुल मूल्य

$= 210 \times 5 =$ ₹ 1050

7 टिन डालडा का कुल मूल्य

$= 215 \times 7 =$ ₹ 1505

8 टिन डालडा का कुल मूल्य

$= 200 \times 8 =$ ₹ 1600

कुल मूल्य $=$ ₹ 4155

कुल टिन $= 20$

डालडा का औसत मूल्य

$= \frac{4155}{20} =$ ₹ 207.75

14. (c) तीन संख्याओं का औसत $= 7$

तीनों संख्याओं का कुल योग $= 7 \times 3 = 21$

प्रथम दो संख्याओं का कुल योग $= 5 \times 2 = 10$

तीसरी संख्या $= 21 - 10 = 11$

अतः तीसरी संख्या 11 है।

15. (c) विद्यार्थियों की औसत आयु $= 15$

कक्षा में विद्यार्थियों की संख्या $= 30$

30 विद्यार्थियों की कुल आयु

$= 30 \times 15 = 450$ वर्ष

अध्यापक के साथ कक्षा की कुल आयु

$= 31 \times 16 = 496$ वर्ष

अध्यापक की आयु $= 496 - 450 = 46$ वर्ष

16. (a) प्रथम 5 विषम संख्याएँ 1, 3, 5, 7, 9

संख्याओं का योग $= 1 + 3 + 5 + 7 + 9 = 25$

औसत $= \frac{25}{5} = 5$

17. (d) सोमवार + मंगलवार + बुधवार + बृहस्पतिवार

$= 35.5° \times 4 = 142°C$

बृहस्पतिवार + शुक्रवार + शनिवार + रविवार

$= 40° \times 4 = 160°C$

पूरे सप्ताह का तापमान $38 \times 7 = 266°C$

सोमवार + मंगलवार + बुधवार का तापमान

$= 266° - 160° = 106°C$

बृहस्पतिवार का तापमान

$= 142° - 106° = 36°C$

18. (b) 6 संख्याओं का औसत $= 8$

6 संख्याओं का कुल योग $= 8 \times 6 = 48$

1 संख्या जोड़ देने पर कुल योग $= 10 \times 7 = 70$

सातवीं संख्या $= 70 - 48 = 22$

19. (d) संख्याओं का योग $= 224$

$$\frac{15 + 10 + 13 + 14 + 5 + 78 + 66 + 23}{8}$$

कुल संख्याएँ $= 8$

औसत $= \frac{224}{8} = 28$

20. (c) दस संख्याओं का मान

$= 13.7 \times 10 = 137$

प्रथम पाँच संख्याओं का मान

$= 12.4 \times 5 = 62$

अन्तिम छः संख्याओं का मान

$= 14.5 \times 6 = 87$

पाँचवीं संख्या का मान

$= (62 + 87) - 137 = 12$

21. (a) 10 दिशावरी भैसों का मूल्य

$= 950 \times 10 =$ ₹ 9500

5 मूर्रा भैसों का मूल्य

$= 821 \times 5 =$ ₹ 4105

सभी भैसों का मूल्य

$= 9500 + 4105 =$ ₹ 13605

औसत $= \frac{13605}{15} =$ ₹ 907

सभी भैसों का औसत मूल्य $=$ ₹ 907

22. (c) प्रश्नानुसार,

प्रति व्यक्ति मासिक औसत व्यय $=$ ₹ 6025

सभी सदस्यों पर व्यय $=$ ₹ 903.25

औसत व्यक्ति $= \frac{903.75}{60.25} = 15$

23. (a) प्रश्नानुसार,

उमेश की स्कूल में उपस्थिति $= 396$

स्कूल की उपस्थिति की अवधि $= 11$ माह

औसत उपस्थिति $= \frac{396}{11} = 36$

24. (c) 9 लड़कों का भार $= 42 \times 9 = 378$ किग्रा

10 लड़कों का भार $42.5 \times 10 = 425$ किग्रा

नये लड़के का भार $= 425 - 378 = 47$ किग्रा

❑❑❑

8

अध्याय

समय और कार्य

महत्वपूर्ण सूत्र

- यदि कोई व्यक्ति एक काम को n दिनों में पूरा करता है, तो उस व्यक्ति द्वारा 1 दिन में किया गया कार्य $= \frac{1}{n}$
- यदि कोई व्यक्ति किसी काम का $\frac{1}{n}$ भाग 1 दिन में पूरा करता है, तो व्यक्ति द्वारा पूरा काम समाप्त करने में लगा समय $= n$ दिन
- यदि A अपने काम में B से x गुना अधिक कार्यकुशल हो, तो A द्वारा कार्य पूरा करने में लगा समय $\frac{1}{x} \times B$ द्वारा कार्य पूरा करने में लगा समय।
- यदि A_1 व्यक्ति W_1 कार्य को D_1 दिनों में पूरा कर सकते हैं तथा A_2 व्यक्ति W_2 कार्य को D_2 दिन में पूरा कर सकते हैं, तब हम इसे एक सामान्य सूत्र से प्रदर्शित कर सकते हैं अतः

$$\frac{A_1D_1}{W_1} = \frac{A_2D_2}{W_2}$$

- यदि A_1 व्यक्ति W_1 कार्य H_1 घंटे करते हुए D_1 दिनों में पूरा कर सकते हैं तथा A_2 व्यक्ति W_2 कार्य H_2 घंटे प्रतिदिन करते हुए D_2 दिनों में पूरा कर सकते हैं, तब हम उपर्युक्त समीकरण को निम्न प्रकार से लिख सकते हैं।

$$\frac{A_1D_1H_1}{W_1} = \frac{A_2D_2H_2}{W_2}$$

समय एवं कार्य के लिए कुछ महत्वपूर्ण नियम

(i) यदि A किसी कार्य को a दिन में पूरा करता है तथा B उसी कार्य को b दिन में पूरा करता है। यदि दोनों मिलकर एक साथ कार्य करें तब,

$$\text{कार्य पूरा करने में लगा समय} = \left(\frac{ab}{a+b}\right) \text{दिन}$$

(ii) A और B मिलकर किसी कार्य को a दिन में पूरा कर लेते हैं तथा A अकेले इस कार्य को b दिन में पूरा कर लेता है, तो B द्वारा अकेले इस कार्य को पूरा करने में

$$\text{लगा अभीष्ट समय} = \left[\frac{ab}{b-a}\right] \text{दिन}$$

(iii) A, B व C किसी कार्य को क्रमशः a दिन, b दिन व C दिन में पूरा करते हैं। यदि तीनों मिलकर एक साथ कार्य करें, तो कार्य पूरा होने में–

$$\text{लगा अभीष्ट समय} = \left[\frac{abc}{ab+bc+ca}\right] \text{दिन}$$

(iv) A व B मिलकर किसी कार्य को a दिन में पूरा करते हैं B व C मिलकर उसी कार्य को b दिन में पूरा करते हैं तथा C व A मिलकर उसी कार्य को c दिन में पूरा करते हैं, तो $(A+B+C)$ द्वारा एक साथ कार्य पूरा करने में

$$\text{लगा अभीष्ट समय} = \left[\frac{2abc}{ab+bc+ca}\right] \text{दिन}$$

हल सहित उदाहरण

उदाहरण–1 : A और B मिलकर किसी कार्य को 30 दिन में कर सकते हैं। A ने अकेले 16 दिन तक कार्य किया और शेष कार्य को B ने अकेले 44 दिन में पूरा किया। B को अकेले पूरा कार्य करने में कितना समय लगेगा?

हल– माना B अकेले इस कार्य को x दिन में पूरा करेगा।

B द्वारा 1 दिन में किया गया कार्य $= \frac{1}{x}$

$\therefore$ B द्वारा 44 दिन में किया गया कार्य $= \frac{44}{x}$ भाग

$\therefore$ A द्वारा 16 दिन में किया गया कार्य $= \left(1 - \frac{44}{x}\right)$ भाग

$\therefore$ A द्वारा 1 दिन में किया गया कार्य $= \frac{1}{16x}(x-44)$ भाग

प्रश्नानुसार, $\frac{x-44}{16x} + \frac{1}{x} = \frac{1}{30}$

$\Rightarrow$ $x - 44 + 16 = \frac{16x}{30}$

$\Rightarrow$ $30x - 1320 + 480 = 16x$

$\Rightarrow$ $14x = 840$

$\Rightarrow$ $x = 60$

अतः B अकेले उस कार्य को 60 दिन में पूरा कर लेगा।

उदाहरण–2 : राम, रहीम व विनोद एक कमरे को बनाने में क्रमशः 5 दिन, 6 दिन व 12 दिन का समय लेते हैं। यदि तीनों मिलकर एक साथ कार्य करें, तो कमरे को बनाने में कितना समय लगेगा?

हल– राम का 1 दिन का कार्य $= \frac{1}{5}$ भाग

रहीम का 1 दिन का कार्य $= \frac{1}{6}$ भाग

विनोद का 1 दिन का कार्य $= \frac{1}{12}$ भाग

$\therefore$ (राम + रहीम + विनोद) का 1 दिन का कार्य $= \frac{1}{5} + \frac{1}{6} + \frac{1}{12}$

$$= \left(\frac{12+10+5}{60}\right) = \frac{27}{60}$$

अतः राम, रहीम और विनोद मिलकर कार्य को $\frac{60}{27}$ दिन = $2\frac{2}{9}$ दिन में पूरा करेंगे।

उदाहरण 3. 5 आदमी या 10 बच्चे किसी काम को 20 दिन में पूरा कर सकते है, तो 10 आदमी और 10 बच्चे उस काम को कितने दिन में पूरा करेगें?

हलः संक्षिप्त विधि द्वारा–

$$\text{अभीष्ट समय} = \left[\frac{DM_1B_1}{M_1B_2 + B_1M_2}\right]$$

$$= \left[\frac{20\times5\times10}{5\times10+10\times10}\right]$$

$$= \frac{1000}{150} \text{ दिन } = 6\frac{2}{3} \text{ दिन}$$

उदाहरण 4. 10 व्यक्ति एक काम को 15 दिन में पूरा कर सकते है, तो 25 व्यक्ति उससे दोगुने काम को कितने समय में पूरा करेंगे?

हलः सामान्य सूत्र–

$$M_1D_1W_2 = M_2D_2W_1 \text{ से}$$

$$\Rightarrow \quad 10\times15\times2 = 25\times D_2\times1$$

$$\Rightarrow \quad D_2 = \left(\frac{10\times15\times2}{25}\right) \text{ दिन} = 12 \text{ दिन}$$

अतः अभीष्ट समय = 12 दिन

प्रश्नमाला

1. A किसी काम को 9 दिन में समाप्त कर सकता है। B इसे 10 दिन में तथा C इसे 15 दिन में समाप्त कर सकता है। B तथा C ने मिलकर काम प्रारम्भ किया परन्तु 2 दिन बाद उन्हें काम छोड़ना पड़ा। तो शेष काम को A कितने दिनों में समाप्त करेगा?

(a) $7\frac{1}{2}$ दिन (b) $6\frac{1}{3}$ दिन
(c) 7 दिन (d) 6 दिन

2. B किसी काम को जितने समय में करता है उसके $\frac{1}{6}$ समय में A आधा काम करता है, यदि काम को पूरा करने के लिए दोनों को कुल 10 दिन लगते हैं, तो B अकेला उस काम को कितने समय में करेगा?

(a) 70 दिन (b) 30 दिन
(c) 40 दिन (d) 50 दिन

3. एक किले में 150 व्यक्तियों के लिए 50 दिन के भोजन का प्रावधान है। 20 दिन के पश्चात् 50 व्यक्ति किले को छोड़ देते हैं। शेष बचा भोजन कितने दिनों तक चलेगा?

(a) 40 दिन (b) 45 दिन
(c) 42 दिन (d) 50 दिन

4. A काम का 80%, 20 दिनों में पूरा करता है। फिर वह B को बुलाता है तथा दोनों मिलकर बचा हुआ काम 3 दिन में पूरा करते हैं। पूरा काम अकेले करने में B को कितना समय लगेगा?

(a) 75 दिन (b) 37.5 दिन
(c) 17.5 दिन (d) 35 दिन

5. A और B मिलकर एक काम 20 दिन में पूरा कर सकते हैं। B और C मिलकर यही काम 30 दिन में पूरा कर सकते हैं। A और C मिलकर यही काम 40 दिन में पूरा कर सकते हैं। यह काम अकेले A को पूरा करने में लगे दिनों की संख्या का यही काम अकेले पूरा करने में C को लगे दिनों की संख्या से क्रमशः अनुपात क्या है?

(a) 2 : 5 (b) 2 : 7
(c) 3 : 5 (d) 1 : 5

6. A उतना कार्य अकेले कर सकता है, जितना B तथा C मिलकर कर सकते हैं। A तथा B मिलकर एक कार्य 9 घण्टे 36 मिनटों में कर सकते हैं और C अकेला उसी को 48 घण्टों में कर सकता है। तद्नुसार B को अकेले वही कार्य करने में कितना समय लगेगा?

(a) 24 घण्टे (b) 30 घण्टे
(c) 12 घण्टे (d) 18 घण्टे

7. 3 पुरुष तथा 7 स्त्रियाँ एक कार्य को 5 दिनों में कर सकते हैं। जबकि 4 पुरुष तथा 6 स्त्रियाँ उसी कार्य को 4 दिनों में कर सकते हैं। तद्नुसार, 10 स्त्रियों के एक दल को उसी गति से वह कार्य पूरा करने में कितने दिन लगेंगे?

(a) 36 (b) 40
(c) 20 (d) 30

8. A और B मिलकर एक काम को 3 दिन में पूरा कर सकते हैं। वे एक साथ काम प्रारम्भ करते हैं, परन्तु 2 दिन के बाद B ने काम छोड़ दिया। यदि काम पूरा करने में 2 दिन और लगे, तो B अकेला उस काम को कितने दिन में पूरा कर सकता था?

(a) 8 दिन (b) 10 दिन
(c) 4 दिन (d) 6 दिन

9. A, B की तुलना में दोगुना सक्षम कामगार है। वे दोनों मिलकर एक कार्य 18 दिन में कर लेते हैं। तद्नुसार अकेला B वह कार्य कितने दिनों में कर सकता है?

(a) 9 दिन (b) 36 दिन
(c) 54 दिन (d) 27 दिन

10. A किसी कार्य का $\frac{1}{3}$ भाग 5 दिन में तथा B उसी कार्य का $\frac{2}{5}$ भाग 10 दिन में पूरा करता है। दोनों A तथा B मिलकर उस कार्य को कितने दिनों में पूरा करेंगे?

(a) 10 दिन (b) $9\frac{3}{8}$ दिन
(c) $8\frac{4}{5}$ दिन (d) $7\frac{1}{2}$ दिन

11. A और B मिलकर एक काम को 12 दिन में पूरा कर सकते हैं, A की कुशलता B से दोगुनी है। B अकेला उस काम को कितने दिन में पूरा कर सकता है?

(a) 36 (b) 12
(c) 18 (d) 9

12. A और B मिलकर एक काम को 12 दिन में पूरा कर लेते हैं, जबकि B अकेला उसे 30 दिन में पूरा कर सकता है। तो A अकेला उस काम को कितने दिनों में पूरा कर सकता है?

(a) 15 दिन (b) 18 दिन
(c) 20 दिन (d) 25 दिन

13. दस आदमी एक दीवार को बनाने का काम 8 दिन में पूरा कर सकते हैं। इसी काम को आधे दिन में खत्म करने के लिए कितने आदमियों की आवश्यकता होगी?

(a) 80 (b) 100
(c) 120 (d) 160

14. दो पुरुष और तीन लड़के एक कार्य 10 दिनों में कर सकते हैं, जबकि 3 पुरुष और 2 लड़के वही कार्य 8 दिनों में कर सकते हैं। तद्नुसार, 2 पुरुष तथा 1 लड़का वही कार्य कितने दिनों में कर सकते हैं?

(a) $11\frac{1}{2}$ दिन (b) $12\frac{1}{2}$ दिन

(c) 11 दिन (d) $10\frac{1}{2}$ दिन

15. $(x-1)$ व्यक्तियों द्वारा $(x+1)$ दिनों में किया गया कार्य और $(x+1)$ व्यक्तियों द्वारा $(x+2)$ दिनों में किया गया कार्य 5 : 6 के अनुपात में है। x का मान क्या होगा?

(a) 16 (b) 10

(c) 8 (d) 6

16. X और Y मिलकर किसी कार्य को 3 दिन में पूरा करते हैं। वे साथ-साथ काम प्रारम्भ करते हैं, परन्तु 2 दिन बाद Y कार्य छोड़कर चला जाता है, जिससे कार्य को पूरा होने में 2 दिन अधिक लगते हैं, तो Y उस कार्य को कितने समय में पूरा करता है?

(a) 6 दिन (b) 8 दिन

(c) 5 दिन (d) 7 दिन

17. P किसी कार्य का $\frac{1}{4}$ भाग 10 दिन में, Q कार्य का 40% 40 दिन में और R कार्य का $\frac{1}{2}$ भाग 13 दिन में पूरा कर सकता है, तो कार्य सबसे पहले कौन पूरा करेगा?

(a) P (b) Q

(c) R (d) P और R

18. 10 पुरुष एक कार्य को 15 दिन में कर सकते हैं। इसी कार्य को 15 महिलाएं 12 दिन में पूरा कर सकती हैं। 10 पुरुष व 15 महिलाएं इस कार्य को पूरा करने में कितना समय लेंगी?

(a) $9\frac{2}{3}$ दिन (b) $8\frac{1}{4}$ दिन

(c) 7 दिन (d) $6\frac{2}{3}$ दिन

19. A और B किसी कार्य को क्रमशः 9 व 12 दिन में पूरा कर सकते हैं। यदि वे बारी-बारी से एक-एक दिन कार्य करें तथा B पहले कार्य प्रारम्भ करे, तो कार्य कितने दिन में पूरा होगा?

(a) $16\frac{1}{2}$ दिन (b) $12\frac{1}{4}$ दिन

(c) $10\frac{1}{4}$ दिन (d) $11\frac{1}{2}$ दिन

20. A और B मिलकर किसी कार्य को 8 दिन में, B और C मिलकर उसी कार्य को 6 दिन में, जबकि A और C मिलकर उसी कार्य को 10 दिन में पूरा कर सकते हैं। यदि वे साथ-साथ कार्य करें, तो कार्य को पूरा करने में कितना समय लगेगा?

(a) $5\frac{7}{11}$ दिन

(b) $10\frac{1}{2}$ दिन

(c) $5\frac{5}{43}$ दिन

(d) इनमें से कोई नहीं

उत्तर (हल/संकेत)

1. (d) A का 1 दिन का काम $=\frac{1}{9}$

B का 1 दिन का काम $=\frac{1}{10}$

$\therefore$ C का 1 दिन का काम $=\frac{1}{15}$

$\because$ $(B+C)$ का 2 दिन का काम

$=2\times\left(\frac{1}{10}+\frac{1}{15}\right)$

$=\left(2\times\frac{5}{30}\right)=\frac{1}{3}$

शेष बचा काम $=\left(1-\frac{1}{3}\right)=\frac{2}{3}$

$\because$ $\frac{1}{9}$ भाग काम करने में A को लगता है $=1$ दिन

$\therefore$ $\frac{2}{3}$ भाग काम करने में A को लगेगा

$=\left(1\times9\times\frac{2}{3}\right)$ दिन $=6$ दिन

2. (c) माना B उस काम को x दिन में करता है।

$\therefore$ A उस काम का आधा $\frac{x}{6}$ दिन में करेगा।

अतः A, पूरा काम $\left(2\times\frac{x}{6}\right)$ दिन में $=\frac{x}{3}$ दिन में करेगा।

$\therefore$ $(A+B)$ का 1 दिन का काम

$=\left(\frac{1}{x}+\frac{3}{x}\right)=\frac{4}{x}$

प्रश्नानुसार,

$\frac{4}{x}=\frac{1}{10}\Rightarrow x=40$ दिन

3. (b) अभीष्ट समय $=\frac{M_1(a-b)}{(M_1-M_2)}$

$=\frac{150(50-20)}{(150-50)}$

$=\left(\frac{150\times30}{100}\right)$ दिन

$=45$ दिन

4. (b) पहली विधि-I

A द्वारा 80% काम किया जाता है $=20$ दिन में

$\therefore 1$ काम किया जाता है

$=\frac{20\times100}{80}=25$ दिन

$\therefore$ A एक काम को 25 दिन में करेगा

A व B द्वारा किया गया कार्य

$=1-\frac{4}{5}=\frac{1}{5}$

बचा हुआ कार्य $=\frac{1}{5\times3}=\frac{1}{15}$

$\therefore$ B को कार्य करने में लगा समय

$=\frac{1}{15}-\frac{1}{25}$

$=\frac{5-3}{75}=\frac{2}{75}$

$\therefore$ B उस कार्य को अकेले करेगा $=\frac{75}{2}$ दिन

$=37.5$ दिन में

दूसरी विधि-II

A कार्य का $\frac{4}{5}$ भाग 20 दिन में करेगा

$\therefore$ A का कार्य $=20\times\frac{5}{4}=25$ दिन — 3

75

A+ B का कार्य $=5\times3=15$ दिन — 5

$\therefore$ B उस कार्य को $\frac{75}{2}=37.5$ दिन में करेगा

5. (d) $(A+B)$ का 1 दिन का काम

$=\frac{1}{20}$ ...(i)

$(B+C)$ का 1 दिन का काम

$=\frac{1}{30}$ ...(ii)

$(C+A)$ का 1 दिन का काम

$= \frac{1}{40}$ ... (iii)

समी० (i), (ii) व (iii) से,

$2(A+B+C)$ का 1 दिन का काम

$= \left(\frac{1}{20}+\frac{1}{30}+\frac{1}{40}\right) = \frac{13}{120}$

$(A+B+C)$ का 1 दिन का काम

$= \frac{13}{240}$

∴ A का 1 दिन का काम

$= \left(\frac{13}{240}-\frac{1}{30}\right) = \frac{1}{48}$

C का 1 दिन का काम

$= \left(\frac{13}{240}-\frac{1}{20}\right) = \frac{1}{240}$

∴ अभीष्ट अनुपात = 48 : 240 = 1 : 5

6. (a) माना A, कार्य को x मिनट में तथा B, y मिनट में कर सकता है।

A का 1 मिनट का कार्य $= \frac{1}{x}$

B का 1 मिनट का कार्य $= \frac{1}{y}$

∴ $\frac{1}{x}+\frac{1}{y} = \frac{1}{576}$ ... (i)

तथा $\frac{1}{x}-\frac{1}{y} = \frac{1}{2880}$ ... (ii)

समी० (i) व (ii) को हल करने पर, y = 1440 मिनट = 24 घण्टे

7. (c) प्रश्नानुसार,

5 × (3 पुरुष + 7 स्त्रियाँ)

= 4 × (4 पुरुष + 6 स्त्रियाँ)

⇒ 15 पुरुष + 35 स्त्रियाँ

= 16 पुरुष + 24 स्त्रियाँ

⇒ 1 पुरुष = 11 स्त्रियाँ

∴ 3 पुरुष + 7 स्त्रियाँ

= (3 ×11 + 7) = 40

∵ 40 स्त्रियाँ एक काम को करती हैं = 5 दिनों में

∴ 10 स्त्रियाँ एक काम को करेंगी

$= \left(\frac{5\times 40}{10}\right)$ दिनों में

= 20 दिन में

8. (d) $(A+B)$ द्वारा 2 दिन में किया गया

कार्य $= \frac{2}{3}$

शेष बचा कार्य $= \left(1-\frac{2}{3}\right) = \frac{1}{3}$

∵ $\frac{1}{3}$ भाग कार्य A करता है = 2 दिन में

∴ पूरा कार्य A करेगा = 6 दिन में

B द्वारा अकेले कार्य करने में लगा समय

$= \left(\frac{1}{3}-\frac{1}{6}\right) = \frac{2}{12} = \frac{1}{6}$

अतः B अकेले उस कार्य को 6 दिन में पूरा कर लेगा।

9. (c) माना B अकेला काम x दिन में पूरा कर सकता है।

∴ A अकेला $\frac{x}{2}$ दिन में पूरा काम कर सकता है।

तब, प्रश्नानुसार

$\frac{2}{x}+\frac{1}{x} = \frac{1}{18}$

⇒ $\frac{3}{x} = \frac{1}{18}$

⇒ x = 54 दिन

10. (b) A द्वारा पूरा काम करने में लगा समय = (5 × 3) दिन = 15 दिन

B द्वारा पूरे काम को करने में लगा समय

$= \left(10\times\frac{5}{2}\right)$ दिन

= 25 दिन

∴ A और B द्वारा मिलकर कार्य करने में लगा समय

$= \left(\frac{15\times 25}{15+25}\right)$ दिन

$= \left(\frac{15\times 25}{40}\right)$ दिन

$= 9\frac{3}{8}$ दिन

11. (a) माना A काम को x दिन में कर सकता है।

तब, B काम को $2x$ दिन में कर सकता है।

∴ $(A+B)$ का 1 दिन का काम

$= \left(\frac{1}{x}+\frac{1}{2x}\right) = \frac{3}{2x}$

∵ $\frac{3}{2x} = \frac{1}{12}$

⇒ $2x = 36$

अतः B अकेला काम को 36 दिन में पूरा कर सकता है।

12. (c) $(A+B)$ का 1 दिन का काम $= \frac{1}{12}$

B का 1 दिन का काम $= \frac{1}{30}$

∴ A का 1 दिन का काम $= \left(\frac{1}{12}-\frac{1}{30}\right)$

$= \frac{3}{60} = \frac{1}{20}$

अतः A अकेला उस काम को 20 दिन में कर सकता है।

13. (d) संक्षिप्त विधि द्वारा–सामान्य सूत्र- $M_1 D_1 = M_2 D_2$ से

$10 \times 8 = M_2 \times \frac{1}{2}$

⇒ $M_2 = (2 \times 80) = 160$

अतः आवश्यक आदमियों की संख्या = 160

14. (b) (2 पुरुष + 3 लड़के) × 10

= (3 पुरुष + 2 लड़के) × 8

⇒ 20 पुरुष + 30 लड़के = 20 पुरुष + 16 लड़के

⇒ 4 पुरुष = 14 लड़के ⇒ 2 पुरुष = 7 लड़के

∵ 10 लड़के एक कार्य को पूरा कर सकते हैं = 10 दिनों में

∴ (2 पुरुष + 1 लड़का) = 8 लड़के उसी कार्य को पूरा

करेंगे $= \left(\frac{10\times 10}{8}\right)$ दिन

$= 12\frac{1}{2}$ दिन में

15. (a) प्रश्नानुसार,

$\frac{(x-1)(x+1)}{(x+1)(x+2)} = \frac{5}{6}$

⇒ $6x-6 = 5x+10$

⇒ $x = 16$

16. (a) X और Y द्वारा 2 दिन में किया गया कार्य

$= \left(\frac{1}{3}\times 2\right) = \frac{2}{3}$

शेष कार्य $= \left(1-\frac{2}{3}\right) = \frac{1}{3}$

∵ $\frac{1}{3}$ कार्य X द्वारा 2 दिन में किया जाता है

∴ कुल कार्य X द्वारा किया जायेगा = (2 × 3) दिन में = 6 दिन में

$\therefore$ Y का 1 दिन का कार्य $= \left(\frac{1}{3} - \frac{1}{6}\right) = \frac{1}{6}$

अत: Y अकेले उस कार्य को 6 दिन में पूरा कर देगा।

17. (c) P द्वारा कार्य को पूरा करने में लगा समय

$= (10 \times 4)$ दिन $= 40$ दिन

Q द्वारा कार्य को पूरा करने में लगा समय

$= \left(\frac{100}{40} \times 40\right)$ दिन $= 100$ दिन

R द्वारा कार्य को पूरा करने में लगा समय

$= (13 \times 2)$ दिन $= 39$ दिन

अत: R कार्य को सबसे पहले करेगा।

18. (d) 10 पुरुषों को 1 दिन का कार्य $= \frac{1}{15}$

15 महिलाओं का 1 दिन का कार्य $= \frac{1}{12}$

(10 पुरुष + 15 महिलाओं) का 1 दिन का कार्य

$= \left(\frac{1}{15} + \frac{1}{12}\right) = \frac{3}{20}$

अत: 10 पुरुष व 15 महिलाएं कार्य को $\frac{20}{3}$ दिन $= 6\frac{2}{3}$ दिन में पूरा करेंगी।

19. (c) (A + B) का 2 दिन का कार्य

$= \left(\frac{1}{9} + \frac{1}{12}\right) = \frac{7}{36}$

$\therefore$ (A + B) का 10 दिन का कार्य

$= \left(\frac{7}{36} \times 5\right) = \frac{35}{36}$

शेष कार्य $= \left(\frac{1-35}{36}\right) = \frac{1}{36}$

$\therefore \frac{1}{36}$ कार्य करने में A द्वारा लिया गया समय

$= \left(9 \times \frac{1}{36}\right) = \frac{1}{4}$ दिन

$\therefore$ कार्य पूरा होने में लगा कुल समय

$= \left(10 + \frac{1}{4}\right)$ दिन $= 10\frac{1}{4}$ दिन

20. (d)

❑❑❑

9 अध्याय

साधारण एवं चक्रवृद्धि ब्याज

मूलधन (Principal) : किसी बैंक, महाजन, साहूकार आदि से उधार लिया गया धन मूलधन कहलाता है।

ब्याज (Interest) : जब कोई व्यक्ति एक निश्चित समय के लिए धन उधार लेता है, तो उसे धन के साथ कुछ अतिरिक्त राशि चुकानी पड़ती है। इस अतिरिक्त धनराशि को ब्याज कहते हैं।

साधारण ब्याज (Simple Interest) : यदि पूरे ऋण अवधि के दौरान मूलधन एक समान बना रहे, तो मूलधन के साथ लौटाया गया ब्याज, साधारण ब्याज कहलाता है।

ब्याज की दर (Rate of Interest) : यदि ब्याज की गणना प्रति ₹ 100 राशि के लिए वर्ष के अंत में अदा की जाने वाली ब्याज के रूप में की जाती है तो इसे 'दर प्रतिशत प्रतिवर्ष' (Rate per cent per annum) कहते हैं।

समय (Time) : जितने समय के लिए धन उधार लिया जाता है, उसे ब्याज की अवधि कहते हैं, इसे 't' से प्रदर्शित करते हैं।

महत्वपूर्ण सामान्य सूत्र–यदि मूलधन को P से, ब्याज की प्रतिशत दर को r से समय को t से तथा साधारण ब्याज को S.I. से प्रदर्शित करें, तब

(i) $S.I. = \frac{Prt}{100}$ (ii) $r = \frac{100 \times S.I.}{P \times t}$

(iii) $t = \frac{100 \times S.I.}{P \times r}$ (iv) $P = \frac{100 \times S.I.}{r \times t}$

(v) मिश्रधन = मूलधन + ब्याज

(vi) यदि कोई धन, साधारण ब्याज की दर से t वर्षों में स्वयं का n गुना हो जाए, तब

$$\text{ब्याज की दर } (r) = \frac{100\,(n-1)}{t}\%$$

(vii) $$\text{समय } (t) = \frac{100\,(n-1)}{r}$$

साधारण ब्याज के लिए कुछ महत्वपूर्ण नियम

(i) यदि कोई धनराशि साधारण ब्याज की दर से t वर्ष में n गुनी हो जाती है, तो वह धनराशि कितने समय में n_1 गुनी हो जाएगी, तब

$$\text{अभीष्ट समय} = \frac{(n_1 - 1)t}{(n-1)}$$

(ii) यदि कोई धन साधारण ब्याज की दर से t वर्ष में n गुना हो जाता है तब,

(a) $$\text{ब्याज की दर } (r) = \left[\frac{100\,(n-1)}{t}\right]\%$$

(b) $$\text{समय } (t) = \left[\frac{100\,(n-1)}{r}\right]\%$$

(iii) यदि कोई धन r % वार्षिक ब्याज की दर से t वर्ष में ₹ A हो जाता है तब,

$$\text{अभीष्ट धन} = \left[\frac{100A}{100 + rt}\right]$$

(iv) यदि किसी धनराशि P का साधारण ब्याज $S.I.$ हो, तथा समय और दर का आंकिक मान समान हो, तब

$$\text{दर अथवा समय} = \sqrt{\frac{100 \times S.I.}{P}}$$

(v) एक व्यक्ति ₹ a_1 एक बैंक में r_1% वार्षिक साधारण ब्याज की दर से तथा ₹ a_2 दूसरे बैंक में r_2% वार्षिक ब्याज की दर से जमा करता है तब,

$$\text{पूरे धन की ब्याज दर} = \left[\frac{a_1 r_1 + a_2 r_2}{a_1 + a_2}\right]\%$$

हल सहित उदाहरण

उदाहरण–1 : ₹ 8000 में से कुछ राशि 6% प्रतिवर्ष की दर से उधार दी जाती है तथा शेष राशि को 4% प्रतिवर्ष की दर से उधार दिया जाता है। यदि 5 वर्षों के बाद ब्याज के रूप में कुल ₹ 1800 प्राप्त हो, तो 4% प्रतिवर्ष की दर से उधार दी गई राशि ज्ञात कीजिए।

हल– माना 6% प्रतिवर्ष की दर से उधार दिया गया धन = ₹ x

तब, 4% प्रतिवर्ष की दर से उधार दिया गया धन = ₹ $(8,000 - x)$

प्रश्नानुसार, $\frac{6 \times 5 \times x}{100} + \frac{(8000 - x) \times 4 \times 5}{100} = 1,800$

$\Rightarrow$ $30x + 1,60,000 - 20x = 1,80,000$

$\Rightarrow$ $10x = 20,000$

$\therefore$ $x = ₹\ 2,000$

$\therefore$ 4% प्रतिवर्ष की दर से उधार दिया गया धन = $(8,000 - 2,000)$
= ₹ 6,000

उदाहरण–2 : ₹ 1000 को दो अलग-अलग बैंकों में 2 वर्षों के लिए जमा किया जाता है। इन दोनों बैंकों से प्राप्त ब्याज में ₹ 25 का अंतर है, तो इनके ब्याज दरों का अंतर ज्ञात कीजिए।

हल– माना पहले बैंक की ब्याज दर r_1% व दूसरे बैंक की ब्याज दर r_2% है।

तब प्रश्नानुसार, $I_1 = \frac{1000 \times 2 \times r_1}{100} = 20r_1$

$I_2 = \frac{1000 \times 2 \times r_2}{100} = 20r_2$

$\Rightarrow$ $I_1 - I_2 = 20r_1 - 20r_2$

$\because \quad 20(r_1 - r_2) = 25$

$\Rightarrow \quad (r_1 - r_2) = \frac{25}{20} = 1.25\%$

उदाहरण–3 : कोई धन साधारण ब्याज की दर से 10 वर्षों में दुगुना हो जाता है, तो ब्याज दर की गणना कीजिए।

हल– माना अभीष्ट धन = ₹ x

तब, 10 वर्षों के बाद धन = ₹ $2x$

$\therefore$ ब्याज = ₹ $(2x - x)$ = ₹ x

$\therefore$ ब्याज की दर $= \left[\frac{100 \times S.I.}{P \times t}\right]$

$= \left(\frac{100 \times x}{x \times 10}\right)\% = 10\%$

उदाहरण–4 : ₹ 5000 को दो हिस्सों में इस प्रकार बांटा जाता है कि यदि एक हिस्से को 4% की दर से तथा दूसरे हिस्से को 8% की दर से निवेश किया जाता है, तो वर्ष के अंत में ब्याज के रूप में ₹ 300 प्राप्त होते हैं। प्रत्येक हिस्सा ज्ञात कीजिए।

हल– माना 4% वार्षिक दर से निवेशित धन = ₹ x

$\therefore$ 8% वार्षिक दर से निवेशित धन = ₹ $(5000 - x)$

प्रश्नानुसार,

$\frac{x \times 4 \times 1}{100} + \frac{(5000 - x) \times 8 \times 1}{100}$ = ₹ 300

$\Rightarrow \quad 4x + 40{,}000 - 8x$ = ₹ 30,000

$\Rightarrow \quad x$ = ₹ $\frac{10{,}000}{4}$ = ₹ 2,500

अत: 4% वार्षिक दर पर निवेशित राशि = ₹ 2,500

8% वार्षिक दर पर निवेशित राशि =(5000 – 2500) = ₹ 2,500

चक्रवृद्धि ब्याज (Compound Interest)

कोई धनराशि ब्याज पर इस प्रकार लगाई जाती है, कि निश्चित समय या वर्ष के अंत में ब्याज को मूलधन में जोड़ दिया जाता है और इस प्रकार से प्राप्त मिश्रधन को मूलधन मानकर इस पर ब्याज की गणना की जाती है। यह क्रिया तब तक दोहराई जाती है जब तक कि आखिरी अवधि के लिंए राशि की गणना न कर ली जाए। मूल राशि (मूलधन) व अंतिम राशि के अंतर को चक्रवृद्धि ब्याज कहते हैं। इसे C.I. से प्रदर्शित करते हैं–

महत्वपूर्ण सामान्य सूत्र–

यदि मूलधन = ₹ P, समय = n वर्ष तथा दर = $R\%$ वार्षिक हो, तब

- यदि ब्याज, वार्षिक देय हो।

$\therefore$ मिश्रधन $(a) = P\left(1 + \frac{R}{100}\right)^n$

- यदि ब्याज, अर्द्धवार्षिक देय हो, तो समय को दोगुना तथा दर को आधा कर दिया जाता है।

$\therefore$ मिश्रधन $(a) = P\left(1 + \frac{R}{200}\right)^{2n}$

- यदि ब्याज, त्रैमासिक देय हो, तो समय को चार गुना तथा दर को $\frac{1}{4}$ कर दिया जाता है।

$\therefore$ मिश्रधन $(a) = P\left(1 + \frac{R}{400}\right)^{4n}$

- यदि ब्याज, मासिक देय हो, तो समय को 12 गुना तथा दर को $\frac{1}{12}$ कर दिया जाता है।

$\therefore$ मिश्रधन $(a) = P\left(1 + \frac{R}{1200}\right)^{12n}$

- यदि समय को भिन्न $n\frac{a}{b}$ के रूप में दिया गया हो, तब

$\therefore$ मिश्रधन $(a) = P\left(1 + \frac{R}{1200}\right)^n \left(1 + \frac{R}{100}\right)^{\frac{a}{b}}$

नोट– $\frac{a}{b}$ का मान सदैव 1 से कम होगा।

(vi) यदि पहले वर्ष ब्याज की दर $R_1\%$, दूसरे वर्ष $R_2\%$ तथा तीसरे वर्ष $R_3\%$ हो, तो

3 वर्ष बाद मिश्रधन (a)

$= P\left(1 + \frac{R_1}{100}\right)\left(1 + \frac{R_2}{100}\right)\left(1 + \frac{R_3}{100}\right)$

चक्रवृद्धि ब्याज = मिश्रधन – मूलधन

$\therefore$ चक्रवृद्धि ब्याज $= P\left[\left(1 + \frac{R}{100}\right)^n - 1\right]$

चक्रवृद्धि ब्याज के लिए कुछ महत्वपूर्ण नियम

(i) कोई धनराशि चक्रवृद्धि ब्याज की दर से t_1 वर्षों में n_1 गुना हो जाती है तथा t_2 वर्ष में n_2 गुना हो जाती है तब,

$$(n_1)^{1/t_1} = (n_2)^{1/t_2}$$

(ii) यदि कोई निश्चित धनराशि, चक्रवृद्धि ब्याज की किसी दर से t वर्षों में n गुनी हो जाती है तब,

वार्षिक ब्याज की दर $= 100\left[(n)^{1/t} - 1\right]\%$

(iii) एक धनराशि ₹ P का $R\%$ वार्षिक ब्याज की दर से 2 वर्षों के चक्रवृद्धि ब्याज व साधारण ब्याज का अंतर I_D है तब,

(a) अंतर $I_D = P\left(\frac{R}{100}\right)^2$

(b) $P = I_D\left(\frac{100}{R}\right)^2$

(c) $R = 100\sqrt{\frac{I_D}{P}}$

(iv) एक निश्चित धनराशि ₹ P का $R\%$ वार्षिक चक्रवृद्धि ब्याज की दर से 3 वर्षों के चक्रवृद्धि ब्याज एवं साधारण ब्याज का अंतर I_D है तब,

(a) $I_D = \frac{PR^2(300 + R)}{(100)^3}$

(b) $P = \frac{I_D \times (100)^3}{R^2(300 + R)}$

नोट– यह नियम केवल 3 वर्षों के चक्रवृद्धि ब्याज एवं साधारण ब्याज के अंतर के लिए ही सत्य है।

(v) यदि किसी निश्चित धनराशि का $R\%$ वार्षिक ब्याज की दर से 2 वर्षों का साधारण ब्याज I_S हो तब,

$$\text{चक्रवृद्धि ब्याज एवं साधारण ब्याज में अंतर} = ₹\left[\frac{RI_S}{200}\right]$$

नोट–यह नियम केवल 2 वर्षों के लिए ही सत्य है

हल सहित उदाहरण

उदाहरण–1 : कितने वर्षों में ₹ 800 का मिश्रधन 5% प्रतिवर्ष चक्रवृद्धि ब्याज की दर से ₹ 882 हो जाएगा?

हल– $$\text{मिश्रधन} = P\left(1+\frac{R}{100}\right)^n$$

$$882 = 800\left(1+\frac{5}{100}\right)^n$$

$$\Rightarrow \left(\frac{21}{20}\right)^n = \frac{882}{800} = \frac{441}{400} = \left(\frac{21}{20}\right)^2$$

$$\Rightarrow n = 2 \text{ वर्ष}$$

उदाहरण–2 : ₹ 1000 की धनराशि का $2\frac{1}{4}$ वर्षों का 5% वार्षिक ब्याज की दर से चक्रवृद्धि ब्याज ज्ञात कीजिए।

हल– $$\text{मिश्रधन} = P\left(1+\frac{R}{100}\right)^n\left(1+\frac{R}{100}\right)^{\frac{a}{b}}$$

$$= 1000\left(1+\frac{5}{100}\right)^2\left(1+\frac{5}{100}\right)^{\frac{1}{4}}$$

$$= 1000\times\left(\frac{21}{20}\right)^2\times\left(1+\frac{5}{100}\times\frac{1}{4}\right)$$

$$= \left(1000\times\frac{21}{20}\times\frac{21}{20}\times\frac{81}{80}\right)$$

$$= 1116.28$$

$\therefore$ चक्रवृद्धि ब्याज = ₹ (1116.28 – 1000) = ₹ 116.28

उदाहरण–3 : किस वार्षिक चक्रवृद्धि ब्याज की दर से ₹ 2,304, 2 वर्षों में ₹ 2,500 हो जाएंगे?

हल– माना ब्याज की वार्षिक दर = R%

तब $$2{,}500 = 2{,}304\left(1+\frac{R}{100}\right)^2$$

$$\Rightarrow \frac{2{,}500}{2{,}304} = \left(1+\frac{R}{100}\right)^2$$

$$\Rightarrow \left(\frac{50}{48}\right)^2 = \left(1+\frac{R}{100}\right)^2$$

$$\Rightarrow 1+\frac{R}{100} = \frac{50}{48} \Rightarrow \frac{R}{100} = \frac{50-48}{48}$$

$$\Rightarrow R = \frac{200}{48}\% = 4\frac{1}{6}\%$$

प्रश्नमाला

1. एक व्यक्ति ने बैंक से कुछ धन 8% वार्षिक साधारण ब्याज की दर पर उधार लिया तथा यह धन दूसरे व्यक्ति को 12% वार्षिक दर पर उधार दे दिया। यदि 12 वर्ष बाद उसका कुल लाभ ₹ 320 हो, तो मूलधन क्या है?

(a) ₹ 765.5 (b) ₹ 746.5
(c) ₹ 648.58 (d) ₹ 666.67

2. दो बराबर राशि क्रमशः 7% और 5% के साधारण ब्याज पर उधार दी गई। दो ऋणों पर अर्जित ब्याज 4 वर्ष में ₹ 960 जुड़ते हैं। उधार दी गई कुल राशि कितनी है?

(a) ₹ 3500 (b) ₹ 2500
(c) ₹ 2000 (d) ₹ 3000

3. ₹ 91,000 की एक राशि 20% वार्षिक दर से उधार ली जाती है। यदि ब्याज वार्षिक संयोजित होता है और ऋण तीन समान वार्षिक किश्तों में लौटाना हो, तो प्रत्येक वार्षिक किस्त कितनी होगी?

(a) ₹ 43,200 (b) ₹ 43,800
(c) ₹ 42,500 (d) ₹ 42,300

4. सोनिका ने 2 वर्ष के लिए ₹ 5,800 का निवेश किया। दो वर्ष के अंत में ₹ 594.5 की राशि उसे चक्रवृद्धि ब्याज की किस दर पर मिलेगी?

(a) 5% (b) 4%
(c) 6% (d) 8%

5. किसी धन पर 4% वार्षिक की दर से 4 वर्ष का साधारण ब्याज उसी धन पर 5% की दर से 3 वर्ष के साधारण ब्याज से ₹ 80 अधिक है। वह धन ज्ञात कीजिए–

(a) ₹ 7000 (b) ₹ 7500
(c) ₹ 8000 (d) ₹ 8500

6. एक धन साधारण ब्याज की दर से 2 वर्ष में ₹ 2200 तथा 3 वर्ष में ₹ 2300 हो जाता है, तो वह धन क्या है?

(a) ₹ 2100 (b) ₹ 2400
(c) ₹ 2000 (d) ₹ 4500

7. 6 वर्षों में ₹ 5000 का साधारण ब्याज 5 प्रतिशत वार्षिक की दर से कितना होगा?

(a) ₹ 1000 (b) ₹ 1200
(c) ₹ 1500 (d) ₹ 1800

8. एक धनराशि का ब्याज 6 वर्ष में उसके $\frac{3}{8}$ के बराबर हो जाता है। साधारण ब्याज की दर क्या है?

(a) 5% (b) $6\frac{1}{4}\%$
(c) $7\frac{1}{2}\%$ (d) 7%

9. सोनी ₹ 5000 एक बैंक में जमा करती है। यदि बैंक द्वारा 12% वार्षिक ब्याज दिया जाता है तो 5 वर्ष बाद वह कुल कितनी रकम प्राप्त करेगी?

(a) ₹ 7000 (b) ₹ 7500
(c) ₹ 8000 (d) ₹ 8500

10. यदि कोई धन 16 वर्ष में दोगुना हो जाता है, तो वह धन 8 वर्ष में कितने गुना हो जाएगा?

(a) $1\frac{1}{4}$ गुना (b) $1\frac{1}{2}$ गुना
(c) $1\frac{1}{3}$ गुना (d) $1\frac{3}{4}$ गुना

11. कुछ राशि Q को 5 वर्ष एवं 4 महीनों तक 4.5% प्रतिवर्ष साधारण ब्याज पर जमा किया गया था तथा वह राशि ₹ 248 होती है, तो Q का मान होगा–

(a) ₹ 200 (b) ₹ 210
(c) ₹ 220 (d) ₹ 240

12. ₹ 1200 की राशि कुछ 6% की वार्षिक दर और कुछ 4% की वार्षिक दर पर उधार दी जाती है। यदि $3\frac{1}{2}$ वर्षों के लिए कुल ब्याज ₹ 224 हो, तो 6% ब्याज पर उधार दी गई राशि है-

(a) ₹ 800 (b) ₹ 252
(c) ₹. 224 (d) ₹ 168

13. x % प्रतिवर्ष की दर से ₹ 4,000 का 3 वर्ष का साधारण ब्याज, 12% प्रतिवर्ष की दर से ₹ 5,000 पर 2 वर्ष के साधारण ब्याज के बराबर है, तो x का मान है-
(a) 9% (b) 10%
(c) 6% (d) 8%

14. 4 वर्ष में 5% वार्षिक साधारण ब्याज की दर से देय ₹ 6,450 के ऋण के निपटारे के लिए कितना वार्षिक भुगतान करना होगा?
(a) ₹ 1,400 (b) ₹ 1,500
(c) ₹ 1,550 (d) ₹ 1,600

15, ₹ 2,600 दो भागों में उधार दिए गए। यदि पहले भाग का 5 वर्ष का 5% वार्षिक दर से एवं दूसरे भाग का $4\frac{1}{2}$ % वार्षिक दर से 6 वर्ष का साधारण ब्याज बराबर है, तो दूसरा भाग है—
(a) ₹ 1,250 (b) ₹ 1,300
(c) ₹ 1,350 (d) ₹ 1,200

16. अमित ने मकान खरीदने हेतु बैंक से ₹ 1,20,000 का ऋण लिया। मूल राशि उसे तीन समान वार्षिक किस्तों में लौटानी है, जबकि प्रत्येक किस्त के साथ शेष राशि पर 11% वार्षिक साधारण ब्याज की दर से देय है। दूसरी किस्त की कुल राशि है—
(a) ₹ 48,800 (b) ₹ 40,000
(c) ₹ 40,800 (d) ₹ 48,000

17. 4 प्रतिशत प्रतिवर्ष की साधारण ब्याज की दर से कितने वर्ष में ₹ 4,400 की राशि ₹ 5,984 बन जाएगी?
(a) 9 वर्ष (b) 6 वर्ष
(c) 8 वर्ष (d) 7 वर्ष

18. किसी धनराशि पर साधारण ब्याज मूलधन का $\frac{1}{9}$ है और वर्षों की संख्या दर प्रतिशत प्रतिवर्ष के बराबर है। दर प्रतिशत प्रतिवर्ष है—
(a) 3% (b) $\frac{1}{3}$ %
(c) $\frac{1}{10}$ % (d) $3\frac{1}{3}$ %

19. यदि ₹ 2,500 का 8% वार्षिक दर से, साधारण ब्याज पर निवेश किया जाए, तो वह कितने वर्षों में ₹ 3,300 हो जायेंगे?
(a) 6 वर्ष (b) $4\frac{1}{2}$ वर्ष
(c) 5 वर्ष (d) 4 वर्ष

20. मूलधन की एक राशि पर तीन वर्ष में 8% प्रति वर्ष की दर से उचित साधारण ब्याज ₹ 4,500 है। इस मूलधन से दोगुने पर पांच वर्ष में 6% प्रतिवर्ष की दर से उचित साधारण ब्याज क्या होगा?
(a) ₹ 11,200 (b) ₹ 12,520
(c) ₹ 11,250 (d) ₹ 12,450

21. एक धनराशि पर साधारण ब्याज उस धनराशि का $\frac{16}{25}$ है, तो वह अवधि कितनी होगी, जिसमें ब्याज की दर और अवधि के वर्ष एक-समान संख्या में हों?
(a) 8 वर्ष (b) $8\frac{1}{2}$ वर्ष
(c) 7 वर्ष (d) 9 वर्ष

22. प्रभात ने एक बैंक से कुछ राशि 8% वार्षिक साधारण ब्याज की दर पर उधार ली और उसने वही राशि 12% वार्षिक दर पर आशीष को उधार दे दी। यदि 12 वर्ष बाद उसे ₹ 960 का लाभ मिला हो, तो मूल राशि कितनी थी?
(a) ₹ 1,000 (b) ₹ 2,000
(c) ₹ 3,000 (d) ₹ 3,356

23. श्री खन्ना ने 3 प्रतिशत प्रतिवर्ष की दर से दो वर्ष के लिए साधारण ब्याज की दर से ₹ 10,000 का ऋण लिया। 2 वर्ष में उसके द्वारा अदा की जाने वाली ब्याज की कुल राशि उसके मासिक वेतन का 3% है। उसकी मासिक आय क्या है?
(a) ₹ 30,000 (b) ₹ 16,000
(c) ₹ 20,000 (d) ₹ 12,000

24. ब्याज की किस प्रतिशत वार्षिक दर से ₹ 1,000 की धनराशि 2 वर्ष में चक्रवृद्धि ब्याज से ₹ 1,102.50 हो जाएगी?
(a) 5% (b) 5.5%
(c) 6% (d) 6.5%

25. ₹ 468.75 की राशि साधारण ब्याज पर उधार दी जाती है। 1 वर्ष 8 महीने के बाद यह धनराशि बढ़कर ₹ 2,500 हो गयी। ब्याज की वार्षिक दर है—
(a) 4% (b) 8%
(c) 6% (d) 10%

26. कितने प्रतिशत चक्रवृद्धि ब्याज की दर से 3000 का ब्याज तीन वर्षों में ₹ 993 हो जाएगा?
(a) 8 (b) 10
(c) 12 (d) 6

27. वह धनराशि कितनी होगी, जो 5% वार्षिक की दर पर, दूसरे वर्ष में ₹ 410 चक्रवृद्धि ब्याज प्राप्त कर सके?
(a) ₹ 4,000 (b) ₹ 42,000
(c) ₹ 8,000 (d) ₹ 21,000

28. कम-से-कम पूर्ण वर्षों की संख्या कितनी है जिनमें कोई धन 20% वार्षिक चक्रवृद्धि ब्याज की दर से दुगुने से ज्यादा हो जाए?
(a) 3 वर्ष (b) 4 वर्ष
(c) 6 वर्ष (d) 5 वर्ष

29. कोई धन चक्रवृद्धि ब्याज पर 3 वर्ष में 8 गुना हो जाता है, ब्याज की दर क्या होगी?
(a) 100%
(b) 80%
(c) 60%
(d) आँकड़े अपर्याप्त है

30. चक्रवृद्धि ब्याज में जमा की गयी एक रकम तीन वर्षों के बाद ₹ 6,690 बनती है और 6 वर्षों के बाद ₹ 10,035 मूलधन क्या है ?
(a) ₹ 3,400
(b) ₹ 4,445
(c) ₹ 4,460
(d) ₹ 4,520

31. कोई धन किसी चक्रवृद्धि ब्याज की दर से दो वर्ष में ₹ 8820 एवं 3 वर्ष में ₹ 9261 हो जाता है। ब्याज की दर प्र.श.प्र.व क्या होगी?
(a) 4% (b) 5%
(c) 6% (d) 7%

32. एक पिता ने अपनी वसीयत में ₹ 16,400 अपने दो पुत्रों, जिनकी उम्र 17 और 18 वर्ष है, के लिये छोड़े। वसीयत के अनुसार उन दोनों को 20 वर्ष की उम्र में 5% चक्रवृद्धि ब्याज से बराबर-बराबर धनराशि मिलनी है। तो वर्तमान में (वसीयत लिखते समय) छोटे पुत्र का अंश क्या होगा?
(a) ₹ 8,000 (b) ₹ 8,400
(c) ₹ 8,200 (d) ₹ 10,000

33. ₹ 2500 का 6% वार्षिक ब्याज की दर से 2 वर्षों का चक्रवृद्धि क्या होगा?
(a) ₹ 309 (b) ₹ 318
(c) ₹ 320 (d) इनमें से कोई नहीं

34. 4% वार्षिक ब्याज की दर से ₹ 500 का 2 वर्ष में चक्रवृद्धि ब्याज क्या होगा?
(a) ₹ 40 (b) ₹ 42.50
(c) ₹ 40.80 (d) ₹ 45

35. n वर्षों के बाद 5% प्रतिवर्ष चक्रवृद्धि ब्याज की दर से प्राप्त राशि एवं मूलधन का अनुपात क्या होगा?
(a) $(22)^n : (21)^n$
(b) $(20)^n : (21)^n$
(c) $(21)^n : (20)^n$
(d) इनमें से कोई नहीं

36. ₹ 100 मूलधन पर दो वर्षों में चक्रवृद्धि ब्याज की दर से कोई धन ₹ 121 हो जाता है तो उसे किस दर पर धन दिया गया था?
(a) 10% (b) 11%
(c) 10.5% (d) 15%

37. कितने मूलधन पर 3 वर्ष में 5% वार्षिक दर से चक्रवृद्धि ब्याज ₹ 630.50 हो जायेगा?
(a) ₹ 1200 (b) ₹ 1261
(c) ₹ 4000 (d) ₹ 3000

38. ₹ 5000 का 4% वार्षिक की दर से 1 वर्ष का चक्रवृद्धि ब्याज ज्ञात करें, यदि ब्याज छमाही जोड़ा जाता हो–

(a) ₹ 101 (b) ₹ 200
(c) ₹ 202 (d) ₹ 51

39. ऋषि ने, दो वर्षों में, 8% प्रतिवर्ष चक्रवृद्धि ब्याज की दर से ₹ 83.2 ब्याज के रूप में प्राप्त किया। उसने कितने रुपयों का निवेश किया था?

(a) ₹ 600 (b) ₹ 500
(c) ₹ 540 (d) ₹ 503.2

40. यदि दो वर्षों में किसी राशि पर 5% की दर से साधारण ब्याज और चक्रवृद्धि ब्याज का अन्तर ₹ 6 हो, तो वह राशि कितनी है?

(a) ₹ 2,200 (b) ₹ 2,400
(c) ₹ 2,600 (d) ₹ 2,000

41. ₹ 45,000 पर 15% प्रति वर्ष की दर से दो वर्ष के अन्त में कितना चक्रवृद्धि ब्याज प्राप्त होगा?

(a) ₹ 14,512·50
(b) ₹ 14,461·50
(c) ₹ 16,461·50
(d) ₹ 14,661·50

42. मूलधन की एक राशि पर 8 प्रतिशत प्रतिवर्ष की दर से 2 वर्ष में प्राप्त चक्रवृद्धि ब्याज ₹ 1,996·80 है। मूलधन की राशि क्या है?

(a) ₹ 12,000 (b) ₹ 13,200
(c) ₹ 13,500 (d) ₹ 13,000

43. एक राशि पर 5% वार्षिक ब्याज की दर पर चक्रवृद्धि ब्याज और साधारण ब्याज का दो वर्षों का अन्तर ₹ 1·50 है, तो वह राशि कितनी है?

(a) ₹ 300 (b) ₹ 400
(c) ₹ 500 (d) ₹ 600

44. ज्योति ₹ 50,000 का निवेश 5% प्रति वर्ष चक्रवृद्धि ब्याज पर दो वर्ष के लिए करती है। दूसरे वर्ष के अन्त में उसके क्रेडिट में पड़ी राशि है :

(a) ₹ 52,500 (b) ₹ 55,000
(c) ₹ 55,125 (d) ₹ 55,625

45. दीपा ने 2 वर्षों के लिए ₹ 5,800 की एक रकम का निवेश किया। किस चक्रवृद्धि ब्याज पर 2 वर्ष के पश्चात् उसे ₹ 594·50 ब्याज की रकम मिलेगी :

(a) 5% (b) 4%
(c) 6% (d) इनमें से कोई नहीं

46. ₹ 5,000 पर 2 वर्षों के चक्रवृद्धि ब्याज और साधारण ब्याज का अन्तर ₹ 32 है, तो ब्याज की दर कितनी है?

(a) 5% (b) 8%
(c) 10% (d) 12%

47. ₹ 12,000 की धनराशि चक्रवृद्धि ब्याज पर जमा करने पर 5 वर्षों में दो गुनी हो जाती है, तो वह राशि 20 वर्षों के बाद कितनी हो जाएगी?

(a) ₹ 48,000
(b) ₹ 96,000
(c) ₹ 1,90,000
(d) ₹ 1,92,000

48. राकेश ने एक बैंक में ₹ 50,000, 2 वर्ष के लिए सावधि जमा करवाए। यदि ब्याज की दर 10% वार्षिक और ब्याज की गणना वार्षिक की जाती है, तो परिपक्वता भुगतान कितना होगा?

(a) ₹ 60,000 (b) ₹ 60,500
(c) ₹ 70,000 (d) ₹ 55,000

49. यदि किसी धन के 5% वार्षिक दर से 3 वर्ष के चक्रवृद्धि और साधारण ब्याज में अन्तर ₹ 11·40 हो, तो मूलधन है—

(a) ₹ 1,500 (b) ₹ 1,475
(c) ₹ 1,395 (d) ₹ 1,495

उत्तर (हल/संकेत)

1. (d) माना मूलधन = ₹ x

उधार लेने पर ब्याज $= \dfrac{x \times 8 \times 12}{100}$

दूसरे व्यक्ति द्वारा दिया गया ब्याज $= \dfrac{x \times 12 \times 12}{100}$

प्रश्नानुसार,

$$\frac{x \times 12 \times 12}{100} - \frac{x \times 8 \times 12}{100} = 320$$

$\Rightarrow$ $144x - 96x = 32000$

$48x = 32000$

$\therefore$ $x = ₹\ 666.67$

2. (c) माना उधार दी गई कुल राशि = ₹ x

प्रश्नानुसार,

7% पर साधारण ब्याज + 5% साधारण ब्याज = ₹ 960

$\therefore$ $\dfrac{P \times 7 \times 4}{100} + \dfrac{P \times 5 \times 4}{100} = 960$

$\Rightarrow$ $28P + 20P = 960 \times 100$

$\Rightarrow$ $48P = 96000$

$\therefore$ $P = ₹\ 2000$

3. (a) प्रत्येक वार्षिक किस्त

$$= \frac{P}{\left(\frac{100}{100+R}\right) + \left(\frac{100}{100+R}\right)^2 + \left(\frac{100}{100+R}\right)^3}$$

$$= \frac{91000}{\left(\frac{100}{120}\right) + \left(\frac{100}{120}\right)^2 + \left(\frac{100}{120}\right)^3}$$

$$= \frac{91000}{\left(\frac{5}{6} + \frac{25}{36} + \frac{125}{216}\right)} = \left(\frac{91000 \times 216}{455}\right)$$

= ₹ 43,200

4. (a) चक्रवृद्धि ब्याज

$$= P\left[\left(1 + \frac{R}{100}\right)^n - 1\right]$$

$\Rightarrow$ $594.5 = 5800\left[\left(1 + \dfrac{R}{100}\right)^2 - 1\right]$

$\Rightarrow$ $\left(1 + \dfrac{R}{100}\right)^2 = \dfrac{594.5}{5800} + 1$

$\Rightarrow$ $\left(1 + \dfrac{R}{100}\right)^2 = \dfrac{6394.5}{5800}$

$\Rightarrow$ $\left(1 + \dfrac{R}{100}\right) = \sqrt{\dfrac{6394.5}{5800}} = 1.05$

$\Rightarrow$ $\dfrac{R}{100} = 0.05 \Rightarrow R = 5\%$

5. (c) माना कि धन = ₹ x है।

प्रश्नानुसार,

$$\frac{x \times 4 \times 4}{100} - \frac{x \times 5 \times 3}{100} = 80$$

$\Rightarrow$ $16x - 15x = 80 \times 100$

$\Rightarrow$ $x = ₹\ 8000.$

6. (c) प्रश्न से,

1 वर्ष का ब्याज = 2300 – 2200 = ₹ 100

$\therefore$ 2 वर्ष का ब्याज = 2 × 100 = ₹ 200

परन्तु 2 वर्ष के बाद मूलधन + ब्याज = ₹ 2200

$\Rightarrow$ मूलधन = 2200 – 200 = ₹ 2000.

7. (c) साधारण ब्याज

$$= \frac{5000 \times 5 \times 6}{100} = ₹\ 1500.$$

8. (b) ब्याज-दर $= \dfrac{n(100)}{t}$

(यहाँ $n = \dfrac{3}{8}$ तथा $t = 6$)

$\therefore$ $\dfrac{3 \times 100}{8 \times 6} = \dfrac{300}{48} = 6\dfrac{1}{4}\%.$

9. (c) प्रश्नानुसार, मूलधन = ₹ 5000

दर = 12% वार्षिक

तथा समय = 5 वर्ष

$\therefore$ साधारण ब्याज $= \dfrac{\text{मूलधन} \times \text{दर} \times \text{समय}}{100}$

$$= \frac{5000 \times 12 \times 5}{100} = ₹\ 3000$$

अभीष्ट मिश्रधन = ₹ (5000 + 3000)

= ₹ 8000.

10. (b) माना कोई मूलधन P, 16 वर्षों में $R\%$ वार्षिक ब्याज की दर से दो गुना हो जाता है।

$\therefore \quad 2P = P\left(1+\frac{R\times16}{100}\right)$

$\Rightarrow \quad \frac{4R}{25} = 2-1 = 1$

$\therefore \quad R = \frac{25}{4}\%$

अब, माना 8 वर्ष बाद मिश्रधन ₹ x हो जाता है।

$\therefore \quad x = P\left(1+\frac{R\times8}{100}\right)$

$= P\left(1+\frac{25}{4}\times\frac{2}{25}\right)$

$= P\left(1+\frac{1}{2}\right)$

$= P\times\left(1\frac{1}{2}\right)$

अत: 8 वर्ष में मिश्रधन, मूलधन का $1\frac{1}{2}$ गुना हो जाएगा।

11. (a) साधारण ब्याज $= \frac{\text{मूलधन}\times\text{दर}\times\text{समय}}{100}$

$\Rightarrow \quad 248 - Q = \frac{Q\times\frac{16}{3}\times4.5}{100}$

$\Rightarrow \quad 248 - Q = \frac{Q\times16\times4.5}{100\times3}$

$\Rightarrow \quad 24800 - 100Q = 24Q$

$\Rightarrow \quad 124Q = 24800$

$\therefore \quad Q = ₹\ 200.$

12. (a) माना 6% पर उधार दी गई राशि $= 2x$
तब, 6% पर उधार दी गई राशि $= ₹\ (1200 - x)$

$\therefore \quad \frac{x\times6\times7}{2\times100} + \frac{(1200-x)\times4\times7}{200} = 224$

$\Rightarrow \quad 42x + 1200\times28 - 28x = 44800$

$\Rightarrow \quad 14x = 44800 - 33600$

$\Rightarrow \quad 14x = 11200$

$\therefore \quad x = ₹\ 800$

13. (b) प्रश्नानुसार,

$\frac{4000\times3\times x}{100} = \frac{5000\times12\times2}{100}$

$\Rightarrow \quad 4000\times3x = 5000\times24$

$\Rightarrow \quad 3x = \frac{5000\times24}{4000}$

$\Rightarrow \quad x = 10\%$

14. (b) **ट्रिकी सूत्र से,**
अभीष्ट वार्षिक किस्त

$= \frac{100\times A}{100t + rt + \left(\frac{t-1}{2}\right)}$

जहां A मिश्रधन, r दर तथा t समय है

$= \frac{100\times6,450}{\left(100\times4+5\times4\left(\frac{4-1}{2}\right)\right)}$

$= \frac{100\times6,450}{\left(400+\frac{5\times4\times3}{2}\right)}$

$= \left(\frac{100\times6,450}{430}\right)$

$= ₹\ 1,500$ वार्षिक

15. (a) माना पहला भाग $= ₹\ x$
तब धन का दूसरा भाग $= ₹\ (2,600 - x)$

प्रश्नानुसार, $\frac{x\times5\times5}{100} = \frac{(2,600-x)\times9\times6}{100\times2}$

$\Rightarrow \quad 50x = (23,400 - 9x)\times6$

$\Rightarrow \quad 104x = 23,400\times6$

$\therefore \quad x = \frac{23,400\times6}{104} = ₹\ 1,350$

$\therefore$ धन का दूसरा भाग $= ₹\ (2,600 - 1,350)$
$= ₹\ 1,250$

16. (a) अमित द्वारा बैंक से लिया गया ऋण $= ₹\ 1,20,000$

मूल राशि की तीन बराबर किस्तें

$= ₹\left(\frac{1,20,000}{3}\right) = ₹\ 40,000$

$\therefore$ दूसरी किस्त की कुल राशि

$= ₹\left(40,000 + \frac{80,000\times11\times1}{100}\right)$

$= ₹\ (40,000 + 8,800) = ₹\ 48,800$

17. (a) साधारण ब्याज $= ₹\ (5,984 - 4,400)$
$= ₹\ 1,584$

$\therefore$ अभीष्ट समय (T)

$= \left(\frac{100\times1,584}{4,400\times4}\right)$ वर्ष $= 9$ वर्ष

18. (d) माना वह धनराशि $= ₹\ x$

तब साधारण ब्याज $= ₹\ \frac{x}{9}$

प्रश्नानुसार दर (R) = समय (T)

$\therefore \quad$ दर (R) $= \frac{100\times x}{x\times9\times R}$

$\Rightarrow \quad R^2 = \frac{100}{9}$

$\Rightarrow \quad R = \left(\frac{10}{3}\right)^2$

$= \frac{10}{3}\% = 3\frac{1}{3}\%$

19. (d) साधारण ब्याज $= ₹\ (3,300 - 2,500) = ₹\ 800$

$\therefore$ समय (T) $= \left(\frac{100\times800}{2500\times8}\right)$ वर्ष $= 4$ वर्ष

20. (c) प्रथम मूलधन $= ₹\left(\frac{4,500\times100}{3\times8}\right)$
$= ₹\ 18,750$

$\therefore$ अभीष्ट साधारण ब्याज

$= \left(\frac{2\times18,750\times5\times6}{100}\right) = ₹\ 11,250$

21. (a) माना वह धनराशि $= ₹\ 100$

$\therefore$ साधारण ब्याज $= ₹\left(100\times\frac{16}{25}\right)$
$= ₹\ 64$

प्रश्नानुसार,
दर (R) = समय (T)

$\therefore \quad (T) = \frac{100\times64}{100\times T}$

$\Rightarrow \quad T^2 = 64$

$\therefore \quad T = 8$ वर्ष

22. (b) माना मूल धनराशि $= ₹\ x$
प्रश्नानुसार,

$\left(\frac{x\times12\times12}{100} - \frac{x\times8\times12}{100}\right) = 960$

$\Rightarrow \quad (144x - 96x) = 96000$

$\Rightarrow \quad 48x = 96000$

$\therefore \quad x = ₹\ 2000$

23. (c) साधारण ब्याज $= \left(\frac{10000\times2\times3}{100}\right)$
$= ₹\ 600$

$\therefore$ श्री खन्ना की मासिक आय

$= ₹\left(\frac{600\times100}{3}\right) = ₹\ 20000$

24. (a) $1,102\cdot50 = 1,000\left(1+\frac{R}{100}\right)^2$

$\Rightarrow \quad \left(1+\frac{R}{100}\right)^2 = \frac{1,102\cdot50}{1,000} = 1.1025$

$\Rightarrow \quad \left(1+\frac{R}{100}\right)^2 = (1\cdot05)^2$

$\Rightarrow \quad \frac{R}{100} = 0\cdot05$

$\therefore \quad R = 5\%$ वार्षिक

25. (a) साधारण ब्याज $= (500 - 4168\cdot75)$
$= ₹\ 31\cdot25$

$\therefore$ ब्याज की दर $= \left(\frac{100\times31\cdot25}{468\cdot75\times5}\times3\right)\%$

$= \left(\frac{100\times3125}{46875}\times\frac{3}{5}\right)\% = 4\%$

26. (b) $993 = 3000\left[\left(1+\frac{r}{100}\right)^3 - 1\right]$

$\Rightarrow \quad \frac{993}{3000} = \frac{(100+r)^3 - (100)^3}{(100)^3}$

$\Rightarrow \quad 331000 = (100+r)^3 - 1000000$

$\Rightarrow \quad 1000000 + 331000 = (100+r)^3$

$\Rightarrow \quad 1331000 = (100 + r)^3$
$\Rightarrow \quad (110)^3 = (100 + r)^3$
$\Rightarrow \quad r = 10\%$

27. (a) $\text{C.I.} = P\left[\left(1+\frac{R}{100}\right)^T - 1\right]$

$\Rightarrow \quad 410 = P\left[\left(1+\frac{R}{100}\right)^2 - 1\right]$

$\Rightarrow \quad 410 = P \times \frac{41}{400}$

$\Rightarrow \quad P = \frac{410 \times 400}{41}$

$\Rightarrow \quad = ₹\, 4000$

28. (b) माना कि मूलधन 'P' है, तो मिश्रधन $A = 2P$

$A = P\left(1+\frac{r}{100}\right)^t$

$2P = P\left(1+\frac{20}{100}\right)^t$

$2 = \left(\frac{6}{5}\right)^t$

लेकिन प्रश्न में धन को दोगुने से ज्यादा होना है। अतः

$\left(\frac{6}{5}\right)^4 = 2.0736$

$\therefore$ धन 4 वर्षों में दुगने से ज्यादा हो जायेगा।

29. (a) माना की दर r% है।
प्रश्नानुसार, तीन वर्षों में धन 8 गुना हो जाता है।

$8P = P\left(1+\frac{r}{100}\right)^3$

$8 = \left(1+\frac{r}{100}\right)^3$

$(2)^3 = \left(1+\frac{r}{100}\right)^3$

$2 = 1+\frac{r}{100}$

$2 - 1 = \frac{r}{100}$

$r = 100\%$

30. (c) माना कि मूलधन $= x$ रुपए एवं दर $= r$ % प्रति वर्ष

प्रश्नानुसार,

$6690 = x\left(1+\frac{r}{100}\right)^3 \quad ...(i)$

$10035 = x\left(1+\frac{r}{100}\right)^6 \quad ....(ii)$

समीकरण (ii) में (i) से भाग देने पर,

$\left(1+\frac{r}{100}\right)^3 = \frac{10035}{6690}$

$\therefore$ समीकरण (i) से,

$6690 = x \times \frac{10035}{6690}$

$\Rightarrow \quad x = \frac{6690 \times 6690}{10035}$

$= 4460$

31. (b) **ट्रिकी सूत्र से :** तीसरे वर्ष के लिए
ब्याज $= A - P$
$(9261 - 8820) = ₹\, 441$ ब्याज होगा

$\therefore \quad r = \frac{441}{8820} \times 100 = 5\%$ प्रति वर्ष

32. (a) माना कि छोटे पुत्र का अंश $= ₹\, x$
$\therefore$ बड़े पुत्र का अंश $= ₹\, (16400 - x)$
प्रश्नानुसार,

$x\left(1+\frac{5}{100}\right)^3$

$= (16400 - x)\left(1+\frac{5}{100}\right)^2$

$\Rightarrow \quad x\left(\frac{21}{20}\right)^3 = (16400 - x)\left(\frac{21}{20}\right)^2$

$\Rightarrow \quad \frac{21x}{20} = (16400 - x)$

$\Rightarrow \quad 21x = 328000 - 20x$

$\Rightarrow \quad 41x = 328000$

$\Rightarrow \quad x = \frac{328000}{41} = ₹\, 8000$

अतः छोटे पुत्र का भाग $= ₹\, 8000$

33. (a) $A = 2500\left(1+\frac{6}{100}\right)^2$

$= 2500 \times 1.06 \times 1.06 = ₹\, 2809$

$\therefore$ चक्रवृद्धि ब्याज

$= ₹\, (2809 - 2500) = ₹\, 309$

34. (c) चक्रवृद्धि ब्याज

$\text{C.I.} = P\left[\left(1+\frac{r}{100}\right)^n - 1\right]$

$= 500\left[\left(1+\frac{4}{100}\right)^2 - 1\right]$

$= 500\left[\left(\frac{26}{25}\right)^2 - 1\right]$

$= 500\left[\left(\frac{676}{625}\right) - 1\right]$

$= 500\left(\frac{676 - 625}{625}\right)$

$= \frac{500 \times 51}{625} = ₹\, 40.8$

35. (c) मिश्रधन $=$ मूलधन $\left(1+\frac{\text{दर}}{100}\right)^{\text{समय}}$

जब दर $= 5\%$

$\Rightarrow \quad \frac{\text{मिश्रधन}}{\text{मूलधन}} = \left(1+\frac{5}{100}\right)^n$

$\left(1+\frac{5}{20}\right)^n = \left(\frac{21}{20}\right)^n$

$\frac{\text{मिश्रधन}}{\text{मूलधन}} = \frac{21^n}{20^n}$

तब मिश्रधन और मूल धन का अनुपात $= 21^n : 20^n$

36. (a) माना कि चक्रवृद्धि ब्याज की दर $= r\%$ प्रति वर्ष

मिश्रधन $=$ मूलधन $\left(1+\frac{\text{दर}}{100}\right)^{\text{समय}}$

$\Rightarrow \quad 121 = 100\left(1+\frac{r}{100}\right)^2$

$\Rightarrow \quad \left(1+\frac{r}{100}\right)^2 = \frac{121}{100} = \left(\frac{11}{10}\right)^2$

वर्ग मूल लेने पर

$\Rightarrow \quad 1+\frac{r}{100} = \frac{11}{10}$

$\Rightarrow \quad \frac{r}{100} = \frac{11}{10} - 1 = \frac{11-10}{10}$

$\Rightarrow \quad = \frac{1}{10}$

$\Rightarrow \quad \frac{r}{100} = \frac{1}{10}$

$\Rightarrow \quad r = \frac{1}{10} \times 100 = 10\%$

37. (c) माना मूलधन P है।
चक्रवृद्धि ब्याज

$= P\left[\left(1+\frac{R}{100}\right)^T - 1\right]$

$\Rightarrow \quad 630.50 = P\left[\left(1+\frac{5}{100}\right)^3 - 1\right]$

$= 630.50 = P\left(\frac{9261 - 8000}{8000}\right)$

$\Rightarrow \quad P = \frac{630.50 \times 8000}{1261}$

अतः मूलधन $= ₹\, 4000$

38. (c) चक्रवृद्धि ब्याज

$= 5000\left(1+\frac{2}{100}\right)^2 - 5000$

जहाँ $P = 5000$, $r = 4\%$, $t = 1$ वर्ष

(प्रश्नानुसार, समय 1 वर्ष = 2 छमाही)

∴ चक्रवृद्धि ब्याज

$$= 5000\left[\left(\frac{51}{50}\right)^2 - 1\right]$$

$$= 5000\left[\frac{(51)^2 - (50)^2}{2500}\right]$$

$$= 2\,[51 + 50)\,(51 - 50)]$$

$$= 2(101 \times 1) = ₹\,202$$

39. (b) माना मूलधन = ₹ P तथा 8%, T = 2 वर्ष

∴ चक्रवृद्धि ब्याज

$$= P\left[\left(1+\frac{R}{100}\right)^T - 1\right] = 83.2$$

$$\Rightarrow P\left[\left(1+\frac{8}{100}\right)^2 - 1\right] = 83.2$$

$$\Rightarrow 83.2 = P\,[(1.08)^2 - 1]$$

$$\Rightarrow 83.2 = P\,[(1.1664) - 1]$$

$$\Rightarrow 83.2 = P \times 0.1664$$

$$P = \frac{83.2}{0.1664} = \frac{832 \times 1000}{1664} = ₹\,500$$

40. (b) मूल धन = अन्तर $\left(\frac{100}{\text{दर}}\right)^2$

$$\therefore \text{ मूलधन } = 6\left(\frac{100}{\text{दर}}\right)^2$$

$$= \left(\frac{6 \times 100 \times 100}{5 \times 5}\right) = ₹\,2,400$$

41. (a) चक्रवृद्धि ब्याज (C.I.)

$$= P\left[\left(1+\frac{R}{100}\right)^n - 1\right]$$

$$= 45,000\left[\left(1+\frac{15}{100}\right)^2 - 1\right]$$

$$= 45,000\left[\frac{23 \times 23 - 20 \times 20}{20 \times 20}\right]$$

$$= ₹\,14,512{\cdot}50$$

42. (a) चक्रवृद्धि ब्याज

$$(\text{C.I.}) = P\left[\left(1+\frac{R}{100}\right)^n - 1\right]$$

$$\therefore 1,996{\cdot}80 = P\left[\left(1+\frac{8}{100}\right)^2 - 1\right]$$

$$\Rightarrow 1,996{\cdot}80 = P\left[\left(\frac{27}{25}\right)^2 - 1\right]$$

$$\Rightarrow 1,996{\cdot}80 = P\left[\frac{729 - 625}{625}\right]$$

$$\therefore P = \left(\frac{1,996{\cdot}80 \times 625}{104}\right)$$

$$= ₹\,12,000$$

43. (d) मूलधन (P) = अन्तर $\left(\frac{100}{R}\right)^2$

$$= 1{\cdot}50\left(\frac{100}{5}\right)^2$$

$$= \left(\frac{1{\cdot}50 \times 100 \times 100}{5 \times 5}\right)$$

$$= ₹\,600$$

44. (c) ज्योति के क्रेडिट में पड़ी राशि

$$= P\left[\left(1+\frac{R}{100}\right)^n\right]$$

$$= 50,000\left(1+\frac{5}{100}\right)^2$$

$$= \left(50,000 \times \frac{21 \times 21}{20 \times 20}\right) = ₹\,55,125$$

45. (a) $\text{C.I.} = P\left[\left(1+\frac{R}{100}\right)^n - 1\right]$

$$594{\cdot}50 = 5,800\left[\left(1+\frac{R}{100}\right)^2 - 1\right]$$

$$\Rightarrow \frac{594{\cdot}50}{5,800} = \left[\left(1+\frac{R}{100}\right)^2 - 1\right]$$

$$\Rightarrow \left(1+\frac{R}{100}\right)^2 = \frac{594{\cdot}50 + 5,800}{5,800}$$

$$\Rightarrow \left(1+\frac{R}{100}\right)^2 = 1{\cdot}1025$$

$$\Rightarrow \left(1+\frac{R}{100}\right)^2 = (1{\cdot}05)^2$$

$$\Rightarrow \left(1+\frac{R}{100}\right) = 1{\cdot}05$$

$$\Rightarrow \frac{R}{100} = 0{\cdot}05$$

∴ R = 5% वार्षिक

46. (b) अन्तर = मूलधन $\left(\frac{\text{दर}}{100}\right)^2$

$$32 = 5,000\left(\frac{R}{100}\right)^2$$

$$\Rightarrow R^2 = \frac{32 \times 10,000}{5,000}$$

$$\Rightarrow R^2 = 64$$

⇒ R = 8% वार्षिक

47. (d) माना धनराशि 20 वर्ष बाद ₹ x हो जाएगी

$$\because 2P = P\left(1+\frac{R}{100}\right)^5 \quad \text{...(i)}$$

तथा $x = 12,000\left(1+\frac{R}{100}\right)^{20}$ ...(ii)

$$\Rightarrow 2 = \left(1+\frac{R}{100}\right)^5$$

$$(2)^4 = \left(1+\frac{R}{100}\right)^{20} \quad \text{...(iii)}$$

समीकरण (ii) और (iii) से,

$$x = (12,000 \times 16) = ₹\,1,92,000$$

48. (b) अभीष्ट परिपक्वता भुगतान

$$= P\left(1+\frac{R}{100}\right)^2$$

$$= 50,000\left(1+\frac{10}{100}\right)^2$$

$$= \left(50,000 \times \frac{11}{10} \times \frac{11}{10}\right)$$

$$= ₹\,60,500$$

49. (d) माना मूलधन = ₹ P

तब

$$P\left[\left(1+\frac{R}{100}\right)^n - 1\right] - \frac{P \times R \times T}{100} = 11{\cdot}40$$

$$\Rightarrow P\left[\left(1+\frac{5}{100}\right)^3 - 1\right] - \frac{P \times 5 \times 3}{100} = 11.40$$

$$\Rightarrow P\left[\frac{21 \times 21 \times 21 - 20 \times 20 \times 20}{20 \times 20 \times 20}\right] - \frac{15P}{100} = 11.40$$

$$\Rightarrow P\left[\frac{1,261}{8,000}\right] - \frac{3P}{20} = 11.40$$

$$\Rightarrow P\left[\frac{1,261 - 1,200}{8,000}\right] = 11.40$$

$$\therefore P = \left(\frac{11{\cdot}40 \times 8,000}{61}\right) = ₹\,1,495.08$$

= ₹ 1,495 (लगभग)

❑❑❑

10

अध्याय

लाभ और हानि

1. क्रय मूल्य (Cost price) : वह मूल्य जिस पर कोई वस्तु क्रय की जाती है, उस वस्तु का क्रय मूल्य कहलाता है।

2. विक्रय मूल्य (Selling price) : वह मूल्य जिस पर कोई वस्तु विक्रय की जाती है, उस वस्तु का विक्रय मूल्य कहलाता है।

3. लाभ (Profit) : किसी वस्तु को उसके क्रय मूल्य से जितने अधिक रुपए पर बेचा जाता है, वह वस्तु का लाभ कहलाता है।

लाभ = (विक्रय मूल्य – क्रय मूल्य)

4. हानि (Loss) : किसी वस्तु को उसके क्रय मूल्य से जितने कम रुपए पर बेचा जाता है, वह वस्तु की हानि कहलाती है।

हानि = (क्रय मूल्य – विक्रय मूल्य)

सामान्य सूत्र

(i) प्रतिशत लाभ $= \left(\frac{\text{लाभ}}{\text{क्रय मूल्य}} \times 100\right)\%$

(ii) हानि प्रतिशत $= \left(\frac{\text{हानि}}{\text{क्रय मूल्य}} \times 100\right)\%$

(iii) क्रय मूल्य $= \frac{100}{(100 + \text{लाभ }\%)} \times \text{विक्रय मूल्य}$

(iv) क्रय मूल्य $= \frac{100}{(100 - \text{हानि }\%)} \times \text{विक्रय मूल्य}$

(v) विक्रय मूल्य $= \frac{(100 + \text{लाभ }\%)}{100} \times \text{क्रय मूल्य}$

(vi) विक्रय मूल्य $= \frac{(100 - \text{हानि }\%)}{100} \times \text{क्रय मूल्य}$

नोट–हानि और लाभ प्रतिशत की गणना सदैव क्रय मूल्य पर की जाती है।

लाभ एवं हानि के लिए कुछ महत्वपूर्ण नियम

(i) किसी व्यक्ति द्वारा 1 वस्तु को ₹ x में बेचने पर जितना लाभ होता है उतना ही उसे उस वस्तु को ₹ y में बेचने पर हानि होती है तब,

$$\text{वस्तु का क्रय मूल्य} = ₹\left(\frac{x+y}{2}\right)$$

(ii) यदि x वस्तुओं का क्रय मूल्य y वस्तुओं के विक्रय मूल्य के बराबर हो, तब

$$\text{लाभ प्रतिशत} = \left[\frac{x-y}{y} \times 100\right]\% \text{ (जबकि } x > y)$$

(iii) यदि x वस्तुओं का क्रय मूल्य y वस्तुओं के विक्रय मूल्य के बराबर हो, तब

$$\text{हानि प्रतिशत} = \left[\frac{y-x}{y} \times 100\right]\% \text{ जबकि } (y > x)$$

(iv) एक व्यक्ति x वस्तुओं को ₹ y में खरीदता है तथा y वस्तुओं को ₹ x में बेचता है तब,

$$\text{उसका लाभ प्रतिशत} = \left[\frac{x^2 - y^2}{y^2} \times 100\right]\% \text{ जबकि } x > y$$

(v) यदि दो वस्तुओं को एक ही मूल्य ₹ R में बेचा जाए और यदि एक वस्तु पर x% लाभ तथा दूसरी वस्तु पर x% की हानि हो, तब पूरे व्यापार में सदैव हानि ही होती है अतः

(i) $$\text{कुल हानि प्रतिशत} = \left(\frac{x}{10}\right)^2 \%$$

(vi) एक दुकानदार गलत बांटों का प्रयोग करते हुए x ग्राम बांट के स्थान पर y ग्राम बांट का प्रयोग करता है और वह अपने क्रय मूल्य पर ही सामान को बेचता है तब,

$$\text{बेईमान दुकानदार का प्रतिशत लाभ} = \left[\frac{x-y}{y} \times 100\right]\%$$

हल सहित उदाहरण

उदाहरण–1 : एक व्यक्ति ₹ 4 प्रतिदर्जन की दर से 50 दर्जन अण्डे खरीदता है इसमें से 40 अण्डे टूटे पाए गए। वह शेष अण्डों को किस दर से बेचे कि उसे 5% का लाभ हो?

हल– 50 दर्जन अण्डों का क्रय मूल्य $= (50 \times 4) = ₹ 200$

40 अण्डे टूट जाने पर शेष बचे अण्डे $= (50 \times 12 - 40)$

$= (600 - 40) = 560$

$\therefore$ 5 % लाभ पर विक्रय मूल्य $= \left(200 \times \frac{105}{100}\right) = ₹ 210$

$\therefore$ 560 अण्डों को बेचा जाता है = ₹ 210 में

$\therefore$ 1 अण्डा बेचा जाता है $= ₹ \frac{210}{560}$ में

$\therefore$ 12 अण्डों को बेचा जाता है $= ₹\left(\frac{210}{560} \times 12\right) = ₹ 4.5$ में

उदाहरण–2 : एक व्यक्ति ₹ 40000 में एक खेत खरीदता है वह इसका $\frac{1}{5}$ भाग 25 प्रतिशत की हानि से तथा $\frac{3}{8}$ भाग 25 प्रतिशत लाभ से बेचता है वह शेष भूमि को कितने में बेचे कि उसे कुल मिलाकर 10 प्रतिशत का लाभ हो?

हल– $\frac{1}{5}$ भाग खेत की विक्रय मूल्य $= \left(\frac{1}{5} \times 40000 \times \frac{75}{100}\right)$

$= ₹ 6000$

$\frac{3}{8}$ भाग खेत का विक्रय मूल्य $= \left(\frac{3}{8} \times 40000 \times \frac{125}{100}\right)$

$= ₹ 18750$

पूरे खेत में 10 प्रतिशत का लाभ प्राप्त करने के लिए

विक्रय मूल्य $= \left(40000 \times \frac{110}{100}\right)$

$= 44000$

$\therefore$ अभीष्ट विक्रय मूल्य $= 44000 - (6000 + 18750)$

$= ₹ 19250$

उदाहरण–3 : एक व्यक्ति किसी वस्तु को ₹ 75 में बेचकर क्रय मूल्य का $\frac{1}{4}$ भाग लाभ उठाता है उस वस्तु का क्रय मूल्य है–

हल– माना वस्तु का क्रय मूल्य $= ₹ x$

$\therefore$ लाभ $= ₹ \frac{x}{4}$

$\therefore$ वस्तु का विक्रय मूल्य $= ₹ \left(x + \frac{x}{4}\right) = ₹ \frac{5}{4}x$

$\because$ $\frac{5}{4}x = 75$

$\Rightarrow$ $x = ₹ 60$

उदाहरण–4 : एक रेफ्रिजरेटर 10% हानि पर ₹ 8100 में बेच दिया जाता है उसे कितने रुपए में बेचा जाए कि 10 % का लाभ हो?

हल– रेफ्रिजरेटर का क्रय मूल्य $= \frac{100}{100-10} \times 8100$

$= \left(\frac{100}{90} \times 8100\right) = ₹ 9000$

$\therefore$ 10% लाभ प्राप्त करने के लिए

रेफ्रिजरेटर का विक्रय मूल्य $= \left(\frac{110}{100} \times 9000\right) = ₹ 9900$

प्रश्नमाला

1. एक व्यक्ति ₹ 5000 की वस्तु पर दो क्रमिक छूटें 20% व 10% देता है। और वह यह भी शर्त रखता है कि खरीददार, क्रमिक छूट के स्थान पर 30% की एकल छूट भी ले सकता है। तो खरीददार के लिए कौन-सा ऑफर उचित होगा?

(a) 30% की एकल छूट
(b) दो क्रमिक छूट
(c) दोनों बराबर
(d) इनमें से कोई नहीं

2. एक पियानो का अंकित मूल्य ₹ 15,000 था। उसे बेचते समय उस पर 20%, 10% व 10% की तीन क्रमिक छूटें दी गईं। तद्नुसार उसका बिक्री मूल्य कितना था?

(a) ₹ 9,720 (b) ₹ 9,750
(c) ₹ 9,760 (d) ₹ 9,780

3. नरेश ने लेवल पर लिखी कीमत पर 10% छूट पाने के बाद ₹ 11,250 में एक T.V. सेट खरीदा। उसने ट्रांसपोर्ट पर ₹ 150 और इन्स्टॉलेशन पर ₹ 800 खर्च किए। बिना छूट दिए 15% लाभ कमाने के लिए यह कितनी कीमत पर बेचा जाना चाहिए?

(a) ₹ 12,937.50 (b) ₹ 14,030
(c) ₹ 13,450 (d) ₹ 15,467.50

4. यदि किसी रचना के अंकित मूल्य पर 10% छूट देकर प्रकाशक को 20% लाभ मिले, तो उस छूट को 15% तक बढ़ाए जाने पर प्रकाशक को कितना लाभ मिलेगा?

(a) $16\frac{2}{3}\%$ (b) $13\frac{1}{3}\%$
(c) $15\frac{1}{6}\%$ (d) 15%

5. एक दुकानदार एक वस्तु की कीमत ₹ 500 अंकित करता है। उस पर वह एक खरीददार को कुछ छूट भी देता है। तद्नुसार वह खरीददार ₹ 500 देकर 10% विक्रय कर भी अदा कर देता है। अतः उस वस्तु की कीमत पर की गई छूट की दर कितने प्रतिशत है?

(a) 10% (b) $10\frac{1}{11}\%$
(c) $9\frac{1}{11}\%$ (d) 11%

6. एक रेडियो का निर्धारित मूल्य ₹ 480 है। उसका विक्रेता उस पर 10% छूट देकर भी 8% लाभ प्राप्त कर लेता है। तद्नुसार यदि छूट बिल्कुल न दी जाए, तो उसके लाभ का प्रतिशत कितना हो जायेगा?

(a) 18% (b) 18.5%
(c) 20.5% (d) 20%

7. एक फल विक्रेता ने ₹ 48 प्रति दर्जन की दर से 240 केले खरीदे। उसने उनमें से $\frac{1}{2}$ (आधे) ₹ 5 प्रति केला की दर से बेचे। शेष $\frac{1}{6}$ भाग खराब हो गए। अपने सम्पूर्ण निवेश पर 25% का लाभ पाने के लिए उसे अपने शेष केले किस कीमत पर बेचने होंगे?

(a) ₹ 5.5 (b) ₹ 6.0
(c) ₹ 5.0 (d) ₹ 6.5

8. रहीम ने उपहार की एक वस्तु 15% छूट मिलने के बाद, ₹ 510 में क्रय की। फिर वह अंकित मूल्य से 5% अधिक पर उसका विक्रय कर देता है। तो इस सौदे में अर्जित लाभ है–

(a) ₹ 150 (b) ₹ 120
(c) ₹ 100 (d) ₹ 90

9. एक आदमी ने एक घोड़ा और एक वाहन ₹ 40000 में खरीदे। उसने घोड़ा 10% के लाभ पर बेच दिया और वाहन 5% हानि पर। कुल सौदे पर उसे 1% का लाभ हुआ, तो घोड़े का क्रय मूल्य था–

(a) ₹ 20,000 (b) ₹ 15,000
(c) ₹ 16,000 (d) ₹ 18,000

10. एक व्यापारी, अपने अंकित मूल्य पर 10% छूट देकर 25% लाभ प्राप्त कर लेता है। तद्नुसार, यदि वस्तु का अंकित मूल्य ₹ 50 हो, तो उसका लागत मूल्य कितना होगा?

(a) ₹ 25 (b) ₹ 55
(c) ₹ 36 (d) ₹ 45

11. एक दुकानदार ने एक टी० वी० ₹ 2000 में और एक रेडियो ₹ 750 में खरीदा। वह टी० वी० को 20% लाभ पर और रेडियो को 5% हानि पर बेचता है। तो दुकानदार का कुल हानि या लाभ कितना होगा?

(a) लाभ ₹ 352.50 (b) लाभ ₹ 362.50
(c) हानि ₹ 332 (d) हानि ₹ 300

12. विक्रय मूल्य पर 20% की हानि लागत मूल्य की कितने प्रतिशत हानि के बराबर है?
(a) 25% (b) 15%
(c) $16\frac{2}{3}\%$ (d) $16\frac{1}{3}\%$

13. यदि बिजली के बिल का भुगतान निर्धारित तिथि से पहले किया जाए, तो बिल की राशि पर 4% की छूट मिलती है। निर्धारित तिथि से पहले भुगतान करने वाले किसी व्यक्ति को ₹ 13 की छूट प्राप्त हुई। तो उसके बिल की राशि थी-
(a) ₹ 125 (b) ₹ 225
(c) ₹ 325 (d) ₹ 425

14. एक व्यक्ति ने ₹ 34 में 8 की दर से संतरे खरीदे और उन्हे ₹ 57 में 12 की दर से बेचे। तद्नुसार ₹ 45 का लाभ कमाने के लिए उसने कुल कितने संतरे बेचे?
(a) 90 (b) 100
(c) 135 (d) 150

15. एक वस्तु का निर्धारित मूल्य उसके लागत मूल्य से 40% अधिक है और उस पर 30% छूट दी गई है। तद्नुसार उस पर लाभ या हानि प्रतिशत कितना होगा?
(a) 10% लाभ (b) 5% लाभ
(c) 2% हानि (d) 12% हानि

16. यदि किसी अंकित मूल्य पर 30% के एक बट्टे तथा 20% व 10% के दो क्रमवार बट्टे देने पर प्राप्त विक्रय मूल्यों का अंतर ₹ 72 हो, तो अंकित मूल्य होगा-
(a) ₹ 3600 (b) ₹ 3000
(c) ₹ 2500 (d) ₹ 2400

17. यदि किसी वस्तु को 200% के लाभ से बेचा जाता है, तो इसके क्रय मूल्य का इसके विक्रय मूल्य से अनुपात क्या होगा?
(a) 1 : 2 (b) 2 : 1
(c) 1 : 3 (d) 3 : 1

18. एक फुटकर विक्रेता ने एक थोक विक्रता से प्रति ₹ 400 मूल्य के रेडियो सेट खरीदे। उसने प्रत्येक सेट की कीमत 30% बढ़ा दी और उस पर 8% की छूट दी। उसे कितना लाभ होगा?
(a) 19% (b) 78.4%
(c) 22% (d) 19.6%

19. एक व्यापारी को 25 मीटर कपड़ा बेचने पर 5 मीटर कपड़े के बिक्री मूल्य के बराबर लाभ प्राप्त होता है। तद्नुसार, उस व्यापारी का लाभ कितने प्रतिशत है?
(a) 25% (b) 20%
(c) 28% (d) 29%

20. एक वस्तु को 15% लाभ पर बेचा गया है। यदि उसे ₹ 27 अधिक मूल्य पर बेचा जाता है, तो लाभ 20% हो जाता है। तद्नुसार उस वस्तु का लागत मूल्य कितना है?
(a) ₹ 500 (b) ₹ 700
(c) ₹ 540 (d) ₹ 545

21. यदि 10 वस्तुओं का लागत मूल्य 16 वस्तुओं के बिक्री मूल्य के बराबर हो, तो उन वस्तुओं की बिक्री पर कितने प्रतिशत लाभ या हानि होगी?
(a) 28% लाभ (b) $37\frac{1}{2}\%$ लाभ
(c) 28% हानि (d) $37\frac{1}{2}\%$ हानि

22. एक दुकानदार ₹ 10 प्रति 7 पेन की दर से पेन खरीदकर लाया और उसने उन्हें 40% लाभ पर बेचा, तो किसी खरीदार को ₹ 10 में कितने पेन मिले?
(a) 6 (b) 4
(c) 5 (d) 3

23. 20 वस्तुओं को ₹ 160 में बेचने पर एक व्यक्ति को 20% की हानि हो जाती है, तो 20% का लाभ प्राप्त करने के लिए उस व्यक्ति को ₹ 240 में कितनी वस्तुएं बेचनी चाहिए?
(a) 20 (b) 28
(c) 24 (d) 18

24. A, B को एक वस्तु 20% लाभ पर बेचता है। B उसे C को 10% लाभ पर बेच देता है, तो C को A की तुलना में कितने प्रतिशत ज्यादा भुगतान करना होगा?
(a) 32% (b) 35%
(c) 28% (d) 30%

25. एक फल विक्रेता ने ₹ 48 प्रति दर्जन की दर से 240 केले खरीदे। उसने उनमें से आधे ₹ 5 प्रति केले की दर से बेचे। शेष का $\frac{1}{6}$ भाग खराब हो गए। अपने सम्पूर्ण निवेश पर 25% का लाभ पाने के लिए उसे अपने शेष केले किस मूल्य पर बेचने होंगे?
(a) ₹ 5·50 (b) ₹ 6·00
(c) ₹ 5·00 (d) ₹ 6·50

26. एक विक्रेता ने अपनी वस्तुओं का $\frac{3}{4}$ हिस्सा 24% लाभ पर बेचा और शेष भाग लागत मूल्य पर बेच दिया तो उसका कुल लाभ कितने प्रतिशत रहा?
(a) 15 (b) 18
(c) 24 (d) 32

27. एक व्यक्ति ₹ 12 प्रति बांसुरी के हिसाब से 2 बांसुरी बेचता है। एक पर उसे 20% का लाभ तथा दूसरी पर उसे 20% की हानि होती है। सब मिलाकर उसको :
(a) न तो लाभ न तो हानि
(b) ₹ 1 का लाभ
(c) ₹ 1 का घाटा
(d) ₹ 2 का लाभ

28. एक वस्तु को ₹ 625 में बिक्री करने से जितना लाभ होता है, उतनी ही हानि उसको ₹ 435 में बिक्री करने से होती है, तो वस्तु की कीमत क्या होगी?
(a) ₹ 520 (b) ₹ 530
(c) ₹ 540 (d) ₹ 550

29. किसी वस्तु को बेचने पर एक आदमी को उसके विक्रय मूल्य के 25% के बराबर लाभ होता है। उसका लाभ प्रतिशत है :
(a) 20 (b) 25
(c) $16\frac{2}{3}$ (d) $33\frac{1}{3}$

30. एक आदमी एक वस्तु को 20% के लाभ पर बेचता है। यदि उसने वह 20% कम पर खरीदी होती और ₹ 5 कम पर बेची होती, तो उसे 25% का लाभ होता। वस्तु का क्रय मूल्य है :
(a) ₹ 15 (b) ₹ 20
(c) ₹ 25 (d) ₹ 30

उत्तर (हल/संकेत)

1. (a) 20% व 10% की दो क्रमिक छूट देने के बाद खरीददार के लिए वस्तु का मूल्य

$$= \left(5000 \times \frac{80}{100} \times \frac{90}{100}\right) = ₹\ 3600$$

30% की अकेली छूट देने के बाद खरीददार के लिए वस्तु का मूल्य

$$= \left(5000 \times \frac{70}{100}\right) = ₹\ 3500$$

अतः 30% की एकल छूट होना, खरीददार के लिए उचित होगा।

2. (a) 20% व 10% छूट का एकल समतुल्य बट्टा

$$= \left(20 + 10 - \frac{20 \times 10}{100}\right)\% = 28\%$$

28% व 10% छूट का एकल समतुल्य बट्टा

$$= \left(28 + 10 - \frac{28 \times 10}{100}\right)\%$$

$= 35.2\%$

∴ पियानो का विक्रय मूल्य

$= 15000 \times \left(\frac{(100-35.2)}{100}\right)$

= ₹ 9,720

3. (b) नरेश द्वारा खरीदी गई टी०वी० का कुल मूल्य

= ₹(11250 + 150 + 800)

= ₹ 12200

∴ अभीष्ट विक्रय मूल्य $= \left(12200 \times \frac{115}{100}\right)$

= ₹ 14,030

4. (b) माना रचना का अंकित मूल्य = ₹ x

तथा रचना का क्रय मूल्य = ₹ y

∵ $\frac{90}{100}x = \frac{120}{100}y$

∴ $x = \frac{4}{3}y$

तथा $\frac{85}{100}x = \frac{85}{100} \times \frac{4}{3}y = \frac{17}{15}y$

∴ अभीष्ट लाभ प्रतिशत

$= \left(\frac{17}{15}y - y\right) \times \frac{100}{y}\%$

$= \left(\frac{2}{15} \times 100\right)\% = 13\frac{1}{3}\%$

5. (c) माना वस्तु की कीमत पर दी गई छूट की दर x% थी।

∵ $\left[500 \times \frac{(100-x)}{100}\right] \times \frac{110}{100} = 500$

⇒ $[500 - 5x] \times \frac{11}{10} = 500$

⇒ $1100 - 11x = 1000$

⇒ $x = \frac{100}{11}\% = 9\frac{1}{11}\%$

6. (d) माना रेडियो का क्रय मूल्य = ₹ x

तब,

$x \times \frac{108}{100} = 480 \times \frac{90}{100}$

⇒ x = ₹ 400

$= \left(\frac{80}{400} \times 100\right)\% = 20\%$

7. (b) कुल केलों का क्रय मूल्य

= ₹ $\left(\frac{240}{12} \times 48\right)\%$ = ₹ 960

संपूर्ण निवेश पर 25% लाभ प्राप्त करने के लिए,

कुल केलों का विक्रय मूल्य

= ₹ $\left(\frac{125}{100} \times 960\right)$ = ₹ 1200

माना उसने केले ₹ x प्रति केले की दर से बेचे।

तब,

$120 \times 5 + 120\left(1 - \frac{1}{6}\right) \times x = 1200$

⇒ $600 + 120 \times \frac{5}{6}x = 1200$

⇒ $100x = 600$

x = ₹ 6 प्रति केला

8. (b) माना वस्तु का अंकित मूल्य = ₹ x

तब, वस्तु का क्रय मूल्य $= \frac{85}{100} \times$ अंकित मूल्य

$510 = \frac{17}{20} \times x$

⇒ x = ₹ 600

∴ वस्तु का विक्रय मूल्य $= \left(600 \times \frac{105}{100}\right)$

= ₹ 630

∴ अर्जित लाभ = ₹ (630 – 510) = ₹ 120

9. (c) माना घोड़े का क्रय मूल्य = ₹ x

तथा वाहन का क्रय मूल्य = ₹ y

तब, $x + y = 40,000$ ...(i)

तथा $= \frac{x \times 110}{100} + \frac{y \times 95}{100}$

$= 40,000 \times \frac{101}{100}$ ...(ii)

समी० (i) से y का मान (ii) में रखने पर

$110x + (40,000 - x) \times 95$

$= 40,000 \times 101$

⇒ $15x = 6 \times 40,000$

∴ x = ₹ 16,000

10. (c) वस्तु का विक्रय मूल्य

= ₹ $\left(\frac{50 \times 90}{100}\right)$ = ₹ 45

∴ विक्रय मूल्य $= \frac{125}{100} \times$ लागत मूल्य

$45 = \frac{125}{100} \times$ लागत मूल्य

∴ लागत मूल्य $= \frac{4500}{125}$ = ₹ 36

11. (b) दुकानदार का कुल लागत मूल्य

= ₹ (2000 + 750) = ₹ 2750

टी.वी और रेडियो ₹ का कुल बिक्री मूल्य

= ₹ $\left(\frac{2000 \times 20}{100} + \frac{750 \times 95}{100}\right)$

= ₹ 3112.50

कुल लाभ = ₹ (3112.50 – 2750)

= ₹ 362.50

12. (c) माना 1 वस्तु का विक्रय मूल्य = ₹ 100

∴ 1 वस्तु का क्रय मूल्य = ₹ 120

∴ लागत मूल्य पर हानि प्रतिशत

$= \left(\frac{20 \times 100}{120}\right)\% = 16\frac{2}{3}\%$

13. (c) माना बिजली का बिल = ₹ 100

निर्धारित तिथि से पहले भुगतान करने पर छूट 4%

∵ 4% की छूट मिलती है = ₹ 100 के बिल पर

∴ ₹ 13 की छूट मिलेगी

= ₹ $\left(\frac{100 \times 13}{4}\right)$

= ₹ 325 के बिल पर

14. (a) 1 संतरे पर लाभ $= \left(\frac{57}{12} - \frac{34}{8}\right)$

$= \left(\frac{114 - 102}{24}\right) = \frac{12}{24}$ = ₹ 0.50

∴ संतरों की अभीष्ट संख्या $= \frac{45}{0.50}$

= 90

15. (c) माना वस्तु का लागत मूल्य = ₹ 100

∴ वस्तु का निर्धारित मूल्य = ₹ 140

तथा वस्तु का विक्रय मूल्य

$= \left(\frac{140}{100} \times 70\right)$ = ₹ 98

∴ अभीष्ट हानि प्रतिशत

$= \left(\frac{100 - 98}{100} \times 100\right)\% = 2\%$

16. (a) 20% और 10% के समतुल्य बट्टा

$= \left[20 + 10 - \frac{20 \times 10}{100}\right]\% = 28\%$

∴ वस्तु का अंकित मूल्य

= ₹ $\left(\frac{72}{30 - 28}\right) \times 100$

$= \left(\frac{72}{2} \times 100\right)$ = ₹ 3600

17. (c) माना वस्तु का क्रय मूल्य = ₹ 100

तब, वस्तु का विक्रय मूल्य = ₹ 300

∴ अभीष्ट अनुपात = 100 : 300 = 1 : 3

18. (d) रेडियो सेट का अंकित मूल्य

= ₹ $\left(\frac{400 \times 130}{100}\right)$ = ₹ 520

∴ रेडियो सेट का विक्रय मूल्य

$= ₹\left(\frac{520\times 92}{100}\right) = ₹\,478.4$

∴ लाभ प्रतिशत $= \left(\frac{78.4}{400}\times 100\right)\%$

$= 19.6\%$

19. (a) 24 मीटर कपड़े का विक्रय मूल्य – 25 मीटर कपड़े का क्रय मूल्य = 5 मीटर कपड़े का क्रय मूल्य

∵ 25 मीटर कपड़े का क्रय मूल्य = 20 मीटर कपड़े का विक्रय मूल्य

∴ क्रय मूल्य ₹ 20 तथा विक्रय मूल्य = ₹ 25

∴ लाभ प्रतिशत $= \left(\frac{5}{20}\times 100\right)\%$

$= 25\%$

20. (c) माना वस्तु का लागत मूल्य = ₹ x

तब, प्रश्नानुसार,

$$\frac{120}{100}x - \frac{115}{100}x = 27$$

$\Rightarrow 5x = 2700$

$\Rightarrow x = ₹\,540$

21 (d) माना प्रत्येक वस्तु का क्रय मूल्य = ₹ 1

तब, 16 वस्तुओं का क्रय मूल्य = ₹ 16

16 वस्तुओं का विक्रय मूल्य = 10 वस्तुओं का क्रय मूल्य = ₹ 10

∴ हानि % $= \left(\frac{16-10}{16}\times 100\right)\%$

$= \left(\frac{6}{16}\times 100\right)\% = 37\frac{1}{2}\%$

22. (c) 1 पेन का क्रय मूल्य $= ₹\frac{10}{7}$

40% लाभ प्राप्त करने के लिए

1 पेन का विक्रय मूल्य

$= ₹\left(\frac{100+40}{100}\times\frac{10}{7}\right)$

$= ₹\left(\frac{140}{100}\times\frac{10}{7}\right) = ₹\,2$

∴ ₹ 10 में खरीदे गए पेनों की संख्या

$= \frac{10}{2} = 5$

23. (a) 20 वस्तुओं का विक्रय मूल्य = ₹ 160

∴ 1 वस्तु का विक्रय मूल्य = ₹ 8

∴ 1 वस्तु का क्रय मूल्य $= ₹\left(\frac{100}{80}\times 8\right) = ₹\,10$

20% लाभ प्राप्त करने के लिए,

1 वस्तु का विक्रय मूल्य $= ₹\left(\frac{120}{10}\times 10\right) = ₹\,12$

∴ ₹ 240 में बेची गई कुल वस्तुएं $= \frac{240}{12} = 20$

24. (a) **माना A के लिए वस्तु का क्रय मूल्य = ₹ x**

तब B के लिए वस्तु का क्रय मूल्य

$= \left(\frac{120}{100}\times x\right) = ₹\,\frac{6}{5}x$

∴ C के लिए वस्तु का क्रय मूल्य

$= ₹\left(\frac{6}{5}x\times\frac{110}{100}\right)$

$= ₹\,\frac{66}{50}x$

∴ अभीष्ट प्रतिशत $= \left(\frac{\frac{66}{50}x - x}{x}\times 100\right)\%$

$= \left(\frac{16}{50}\times 100\right)\% = 32\%$

25. (b) कुल केलों का क्रय मूल्य

$= \left(\frac{240}{12}\times 48\right) = ₹\,960$

सम्पूर्ण निवेश पर 25% का लाभ प्राप्त करने के लिए कुल

केलों का विक्रय मूल्य $= ₹\left(\frac{125}{100}\times 960\right)$

$= ₹\,1{,}200$

माना उसने शेष केले ₹ x प्रति केले की दर से बेचे, तब

$$120\times 5 + 120\left(1-\frac{1}{6}\right)x = 1200$$

$\Rightarrow 600 + 120x - 20x = 1200$

$\Rightarrow 100x = 600$

$\therefore x = ₹\,6$

26. (b) माना सभी वस्तुओं का क्रय मूल्य = ₹ x

तब वस्तुओं का कुल विक्रय मूल्य

$= \frac{3}{4}x\times\frac{124}{100} + \frac{1}{4}\times x$

$= \frac{1}{4}x\left(\frac{3\times 124}{100}+1\right)$

$= \frac{1}{4}x\left(\frac{93}{25}+1\right) = \frac{118}{100}x$

∴ अभीष्ट प्रतिशत लाभ $= \frac{\left(\frac{118}{100}x - x\right)}{x}\times 100\,\%$

$= \left(\frac{18}{100}\times 100\right)\% = 18\%$

27. (c) दो बांसुरी का विक्रय मूल्य = ₹ (2 × 12)

= ₹ 24

∴ दो बांसुरी का कुल क्रय मूल्य

$= ₹\left(12\times\frac{100}{120} + 12\times\frac{100}{80}\right)$

$= ₹\,(10+15) = ₹\,25$

∴ हानि = ₹ (25 – 24) = ₹ 1 की हानि

28. (b) वस्तु की अभीष्ट कीमत $= ₹\left(\frac{625+435}{2}\right)$

$= ₹\left(\frac{1060}{2}\right) = ₹\,530$

अत: वस्तु की वास्तविक कीमत = ₹ 530

29. (d) माना विक्रय मूल्य = ₹ 100

तब, लाभ = ₹ 25

∴ क्रय मूल्य = ₹ (100 – 25) = ₹ 75

∴ प्रतिशत लाभ $= \left(\frac{25}{75}\times 100\right)\% = 33\frac{1}{3}\%$

30. (c) माना वस्तु का क्रय मूल्य = ₹ 100

∴ वस्तु का विक्रय मूल्य = ₹ (100 + 20) = ₹ 120

वस्तु का दूसरा क्रय मूल्य = ₹ (100 – 20) = ₹ 80

वस्तु का दूसरा विक्रय मूल्य $= ₹\left(80\times\frac{125}{100}\right)$

= ₹ 100

∴ दोनों विक्रय मूल्य का अन्तर

= ₹ (120 – 100) = ₹ 20

∵ जब अन्तर ₹ 20 है, तब क्रय मूल्य = ₹ 100

∴ जब अन्तर ₹ 5 है, तब क्रय मूल्य

$= ₹\left(\frac{100\times 5}{20}\right) = ₹\,25$

❑❑❑

अध्याय 11

क्षेत्रमिति

क्षेत्रफल (Area) : किसी समतल आकृति द्वारा घेरे गए क्षेत्र की माप को उस आकृति का क्षेत्रफल कहते हैं। क्षेत्रफल को लम्बाई की वर्ग इकाईयों में मापा जाता है।

परिमाप (Perimeter)

किसी आकृति की लम्बाईयों के योगफल को उस आकृति का परिमाप कहते हैं। परिमाप को लम्बाई की इकाईयों में मापा जाता है।

महत्वपूर्ण सामान्य सूत्र

1. आयत (Rectangle) : ऐसी आकृति जिसके आमने-सामने की भुजाएं बराबर तथा प्रत्येक कोण 90° का हो, आयत कहलाती है।

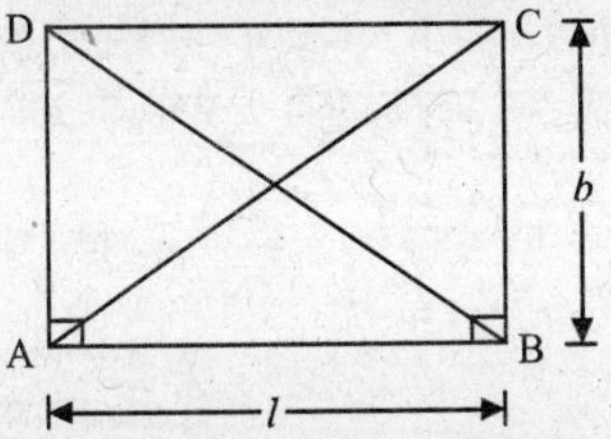

यदि एक आयत की लम्बाई l सेमी. तथा चौड़ाई b सेमी. हो, तब

(i) आयत का क्षेत्रफल = (लम्बाई × चौड़ाई)
= lb वर्ग सेमी.

(ii) आयत का परिमाप = 2 (लम्बाई + चौड़ाई)
= $2(l + b)$ सेमी.

(iii) आयत का विकर्ण = $\sqrt{(\text{लम्बाई})^2 + (\text{चौड़ाई})^2}$
= $\sqrt{l^2 + b^2}$ सेमी.

2. वर्ग (Square) : ऐसी आकृति जिसकी चारों भुजाएं आपस में बराबर तथा सभी कोण 90° के हों, वर्ग कहलाती है।

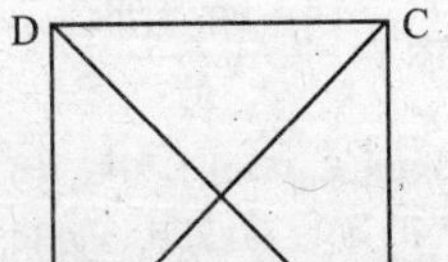

यदि वर्ग की प्रत्येक भुजा a सेमी. हो तब,

(i) वर्ग का क्षेत्रफल = $(\text{भुजा})^2 = a^2$ वर्ग सेमी.

(ii) वर्ग का परिमाप = 4 × भुजा = $4a$ सेमी.

(iii) वर्ग का विकर्ण = $\sqrt{2}$ × भुजा = $\sqrt{2}\,a$ सेमी.

(iv) वर्ग का क्षेत्रफल = $\frac{1}{2}$ $(\text{विकर्ण})^2$ वर्ग सेमी.

3. समचतुर्भुज (Rhombus) : ऐसी आकृति जिसकी सभी भुजाएं समान हों, समचतुर्भुज कहलाती है।

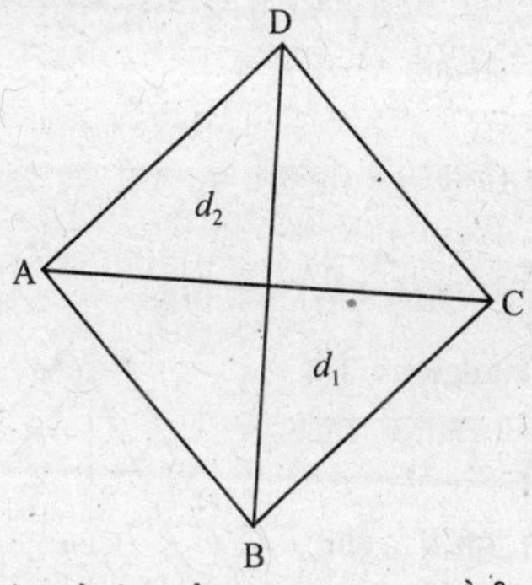

यदि समचतुर्भुज के विकर्ण क्रमशः d_1 व d_2 सेमी. लम्बे हों, तब

(i) समचतुर्भुज का क्षेत्रफल = $\frac{1}{2} d_1 d_2$ वर्ग सेमी.

(ii) समचतुर्भुज का परिमाप = (4 × भुजा) सेमी.

(iii) समचतुर्भुज की भुजा = $\frac{1}{2}\sqrt{d_1^2 + d_2^2}$ सेमी.

4. समांतर चतुर्भुज (Parallelogram) : ऐसी आकृति जिसके आमने-सामने की भुजाएं समान तथा समांतर होती हैं, समांतर चतुर्भुज कहलाती है।

यदि समांतर चतुर्भुज का आधार a सेमी. तथा ऊंचाई h सेमी. हो, तब

(i) समांतर चतुर्भुज का क्षेत्रफल = आधार × ऊंचाई
= ah वर्ग सेमी.

(ii) समांतर चतुर्भुज का परिमाप = $2(a + b)$ सेमी.

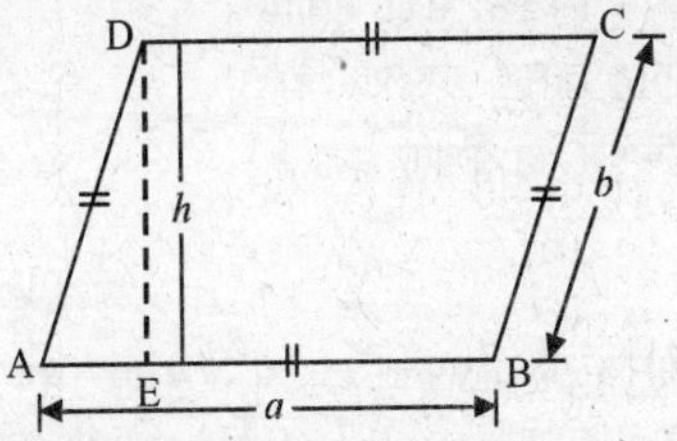

5. समलम्ब चतुर्भुज (Trapezium) : ऐसी आकृति जिसकी केवल दो सम्मुख भुजाएं समांतर हों, समलंब चतुर्भुज कहलाती हैं।

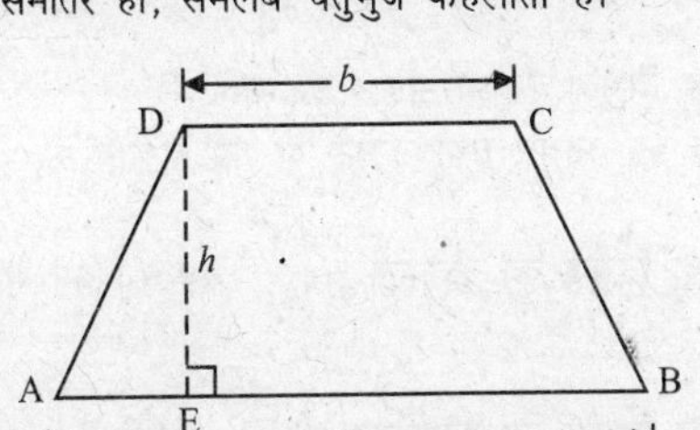

यदि समलंब चतुर्भुज की दो समांतर भुजाएं क्रमशः a सेमी. व b सेमी. हों, तब

(i) समलंब चतुर्भुज का क्षेत्रफल $= \frac{1}{2}$ (समांतर भुजाओं का योग) × ऊंचाई

$$= \frac{1}{2}(a+b)\times h \text{ वर्ग सेमी.}$$

(ii) समलंब चतुर्भुज का परिमाप $= (AB + BC + CD + AD)$ सेमी.

6. चतुर्भुज (Quadrilateral) : माना चतुर्भुज के विकर्ण पर डाले गए लम्ब की लम्बाई क्रमशः h_1 व h_2 सेमी. है तब,

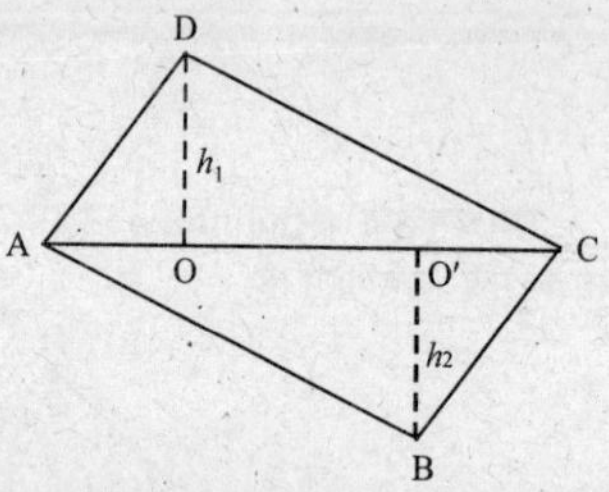

(i) चतुर्भुज का क्षेत्रफल

$$= \frac{1}{2} \text{ (विकर्ण)} \times \text{(विकर्ण पर डाले गए लम्बों का योग)}$$

$$= \frac{1}{2} AC \times (h_1 + h_2) \text{ वर्ग सेमी.}$$

7. त्रिभुज (Triangle) : ऐसी आकृति जो तीन भुजाओं से घिरी होती है, त्रिभुज कहलाती है।

यदि त्रिभुज का आधार a सेमी. तथा ऊंचाई h सेमी. हो, तब

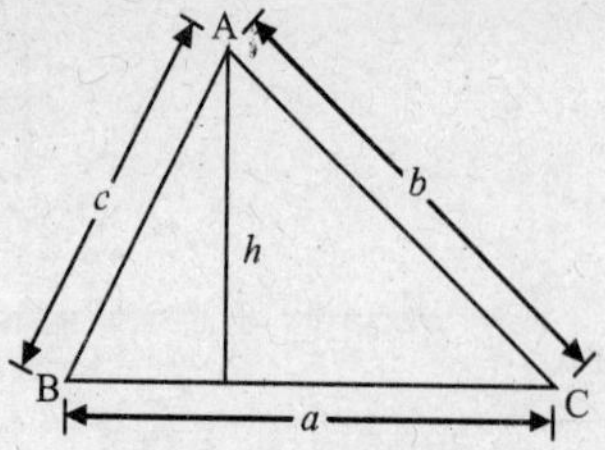

(i) त्रिभुज का क्षेत्रफल $= \frac{1}{2} \times$ आधार $\times$ ऊंचाई $= \frac{1}{2}ah$ वर्ग सेमी.

नोट– यदि त्रिभुज में केवल उसकी भुजाएं दी गई हों, तथा ये भुजाएं क्रमशः a सेमी. b सेमी. तथा c सेमी. हों, तब

(i) त्रिभुज का परिमाप $(2S) = a + b + c$

(ii) त्रिभुज का अर्द्धपरिमाप $(S) = \frac{(a+b+c)}{2}$

(iii) त्रिभुज का क्षेत्रफल $= \sqrt{S(S-a)(S-b)(S-c)}$ वर्ग सेमी.

8. समबाहु त्रिभुज (Equilateral Triangle) : वह त्रिभुज जिसकी सभी भुजाएं समान होती हैं, समबाहु त्रिभुज कहलाता है।

यदि समबाहु त्रिभुज की प्रत्येक भुजा a सेमी. हो, तब

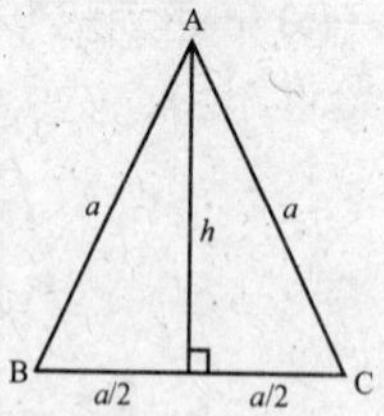

(i) समबाहु त्रिभुज का क्षेत्रफल $= \frac{\sqrt{3}}{4}(\text{भुजा})^2$ वर्ग सेमी.

$$= \frac{\sqrt{3}}{4}a^2 \text{ वर्ग सेमी.}$$

(ii) समबाहु त्रिभुज का परिमाप $= 3a$ सेमी.

नोट– यदि त्रिभुज का आधार तथा ऊंचाई दी गई हो तब,

(iii) समबाहु त्रिभुज का क्षेत्रफल $= \left(\frac{1}{2}\times a\times h\right)$ वर्ग सेमी.

(iv) समबाहु त्रिभुज का शीर्षलम्ब $= \frac{\sqrt{2}}{3}a$ सेमी.

9. समद्विबाहु समकोण त्रिभुज (Isosceles Right Angled Triangle) : यदि किसी त्रिभुज की दो भुजाएं समान हों, तो उसे समद्विबाहु त्रिभुज कहते हैं। यदि एक समद्विबाहु समकोण की दो समान भुजाएं a सेमी. तथा कर्ण h सेमी. हो तब,

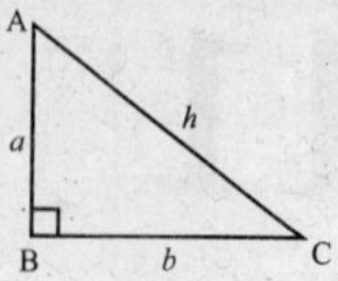

(i) समद्विबाहु समकोण त्रिभुज का परिमाप $= (2a + h)$ सेमी.

(ii) समद्विबाहु समकोण त्रिभुज का क्षेत्रफल $= \frac{1}{2}a^2$ वर्ग सेमी.

10. समकोण त्रिभुज (Right Angled Triangle) : ऐसा त्रिभुज जिसका एक कोण 90° का हो, समकोण त्रिभुज कहलाता है।

यदि एक समकोण त्रिभुज का लम्ब a सेमी., आधार b सेमी. तथा कर्ण h सेमी. हो, तब

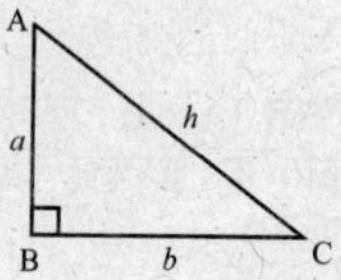

(i) समकोण त्रिभुज का क्षेत्रफल $= \frac{1}{2}$ (लम्ब × आधार) वर्ग सेमी.

$$= \frac{1}{2}(a\times b) \text{ वर्ग सेमी.}$$

(ii) समकोण त्रिभुज का परिमाप $= (a + b + h)$ सेमी.

(iii) समकोण त्रिभुज का कर्ण $h = \sqrt{b^2 + a^2}$ सेमी.

11. समषट्भुज (Hexagon) : ऐसी आकृति जो 6 समान भुजाओं से घिरी होती है, समषट्भुज कहलाती है। यदि एक समषट्भुज की प्रत्येक भुजा a सेमी. हो तब,

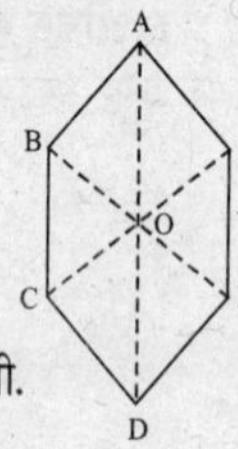

(i) समषट्भुज का क्षेत्रफल $= \frac{3\sqrt{3}}{2} \times \text{भुजा}^2$ वर्ग सेमी.

$$= \frac{3\sqrt{3}}{2}a^2 \text{ वर्ग सेमी.}$$

(ii) समषट्भुज का परिमाप $= 6a$ सेमी.

(iii) समषट्भुज के अंतः कोणों का कुल योग $= 2(n-2)\times 90°$

12. वृत्त (Circle) : किसी बिन्दु को केन्द्र मानकर उसके चारों ओर खींची गई रेखा, जिसकी केंद्र से दूरी समान हों, वृत्त कहलाती है।

यदि एक वृत्त की त्रिज्या r सेमी. हो, तब

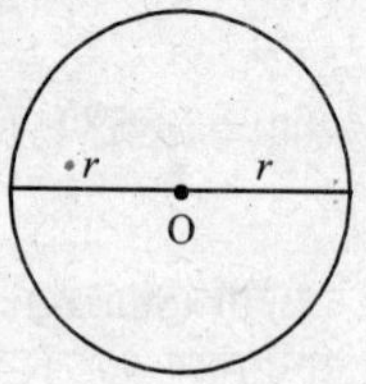

(i) वृत्त का क्षेत्रफल $= \pi r^2$ वर्ग सेमी.

(ii) वृत्त की परिधि $= 2\pi r$ सेमी.

(iii) वृत्त का व्यास $= \frac{\text{वृत्त की परिधि}}{\pi}$

13. अर्द्धवृत्त (Semi Circle) : यदि वृत्त का आधा भाग काट दिया जाए, तो प्राप्त आकृति अर्द्धवृत्त कहलाती है।

यदि अर्द्धवृत्त की त्रिज्या r सेमी. हो, तब

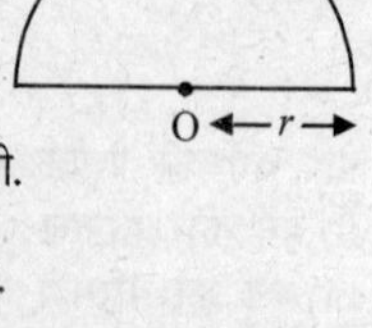

(i) अर्द्धवृत्त का क्षेत्रफल $= \frac{1}{2}\pi r^2$ वर्ग सेमी.

(iii) अर्द्धवृत्त का परिमाप $= (\pi r + 2r)$ सेमी.

14. वृत्त का त्रिज्यखण्ड (Sector of a Circle) :

(i) त्रिज्यखण्ड का क्षेत्रफल $= \left(\frac{\theta}{360°}\times \pi r^2\right)$ वर्ग सेमी.

(ii) लघुचाप की लम्बाई = $\left(\frac{\theta}{360°} \times \text{वृत्त की परिधि}\right)$

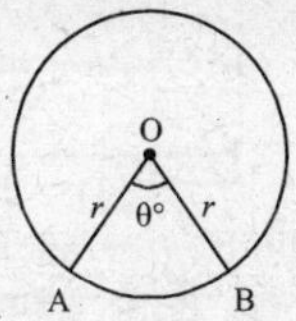

महत्त्वपूर्ण स्मरणीय बिन्दु

- एक ही आधार पर बने समान क्षेत्रफल वाले त्रिभुजों की ऊंचाई समान होती है।
- यदि किसी त्रिभुज और समांतर चतुर्भुज के आधार एवं ऊंचाई एक ही हों, तो त्रिभुज का क्षेत्रफल समांतर चतुर्भुज के क्षेत्रफल का आधा होता है।
- किसी वर्ग के विकर्ण पर बने वर्ग का क्षेत्रफल एवं मूल वर्ग के क्षेत्रफल का अनुपात 2 : 1 होता है।
- वृत्त की सबसे बड़ी जीवा वृत्त का व्यास होती है।
- यदि किसी वृत्त की त्रिज्या या व्यास को x गुना कर दिया जाए, तो वृत्त की परिधि x गुनी तथा क्षेत्रफल x^2 गुना हो जाता है।
- यदि किसी आयत, वृत्त, चतुर्भुज व त्रिभुज के परिमाप समान हों, तो इन चारों में से वृत्त का क्षेत्रफल सबसे अधिक होता है।
- यदि किसी त्रिभुज और आयत के आधार एवं ऊंचाई समान हों, तो त्रिभुज का क्षेत्रफल, आयत के क्षेत्रफल का आधा होता है।

क्षेत्रफल तथा परिमाप के लिए कुछ महत्वपूर्ण नियम

(i) यदि एक वर्ग का विकर्ण D हो, तो

$$\text{वर्ग का परिमाप} = 2\sqrt{2}D \text{ इकाई}$$

(ii) यदि किसी वर्ग का विकर्ण बढ़ाकर n गुना कर दिया जाए, तब

$$\text{वर्ग का क्षेत्रफल} = n^2 \text{ गुना}$$

(iii) यदि एक कमरे की लम्बाई l मीटर, चौड़ाई b मीटर तथा ऊंचाई h मीटर हो, तो

$$\text{कमरे की चारों दीवारों का क्षेत्रफल} = [2\,(l + b) \times h] \text{ वर्ग मी.}$$

(iv) r इकाई त्रिज्या वाले एक अर्द्धवृत्त के अंदर बने

$$\text{सबसे बड़े त्रिभुज का क्षेत्रफल} = (r^2) \text{ वर्ग इकाई।}$$

(v) a इकाई भुजा वाले एक वर्ग के अंदर बने सबसे बड़े-वृत्त का क्षेत्रफल

$$= \left(\frac{1}{4}\pi a^2\right) \text{ वर्ग इकाई}$$

(vi) यदि एक त्रिभुज के शीर्षों को केन्द्र मानकर r इकाई त्रिज्या वाले तीन समान वृत्त खींचे जाएं, तो त्रिभुज के अंदर आने वाले वृत्तों के क्षेत्र के क्षेत्रफलों का

$$\text{अभीष्ट योगफल} = \left(\frac{1}{2}\pi r^2\right) \text{ वर्ग इकाई}$$

हल सहित उदाहरण

उदाहरण–1 : उस त्रिभुज का क्षेत्रफल ज्ञात कीजिए जिसका परिमाप 32 सेमी. है। एक भुजा 11 सेमी. तथा शेष दोनों भुजाओं का अंतर 5 सेमी. है।

हल– माना त्रिभुज की भुजाएं क्रमशः a सेमी., b सेमी. व c सेमी. है।

तब प्रश्नानुसार, $2S = a + b + c = 32$

$\Rightarrow \quad 11 + b + c = 32$

$\Rightarrow \quad b + c = 21 \quad$ ...(i)

तथा $\quad b - c = 5 \quad$ ...(ii)

समीकरण (i) व (ii) से, $a = 11, b = 13$ तथा $c = 8$

$\Rightarrow$ त्रिभुज का क्षेत्रफल $= \sqrt{S(S-a)(S-b)(S-c)}$

$= \sqrt{16(16-11)(16-13)(16-8)}$ सेमी.^{2}

$= \sqrt{16 \times 5 \times 3 \times 8}$ सेमी.^{2}

$= 8\sqrt{30}$ सेमी.^{2}

उदाहरण–2 : यदि एक गुब्बारे की परिधि को 20 सेमी. से बढ़ाकर 25 सेमी. कर दिया जाए, तो इसके अर्द्धव्यास में कितनी वृद्धि होगी?

हल– गुब्बारे की परिधि $= 2\pi r_1$

$\therefore \quad 2\pi r_1 = 20$

$\Rightarrow \quad r_1 = \frac{20}{2\pi}$ सेमी.

वृद्धि के बाद–

गुब्बारे की परिधि $= 2\pi r_2$

$\therefore \quad 2\pi r_2 = 25$

$\Rightarrow \quad r_2 = \frac{25}{2\pi}$ सेमी.

$\therefore$ त्रिज्या में वृद्धि $= \left(\frac{25}{2\pi} - \frac{20}{2\pi}\right)$ सेमी.

$= \frac{5}{2\pi}$ सेमी.

उदाहरण–3 : एक वर्ग के अन्तवृत्त तथा परिवृत्त के क्षेत्रफल का अनुपात ज्ञात कीजिए।

हल– माना $ABCD$ एक वर्ग है, जिसके प्रत्येक भुजा की लम्बाई a सेमी. है तब,

अन्तर्वृत्त की त्रिज्या $= \frac{a}{2}$ सेमी.

$\therefore$ अन्तर्वृत्त का क्षेत्रफल $= \pi\left(\frac{a}{2}\right)^2$ सेमी.^{2} $= \frac{1}{4}\pi a^2$ सेमी.^{2}

परिवृत्त की त्रिज्या $= \frac{\sqrt{2}a}{2}$ सेमी. $= \frac{a}{\sqrt{2}}$ सेमी.

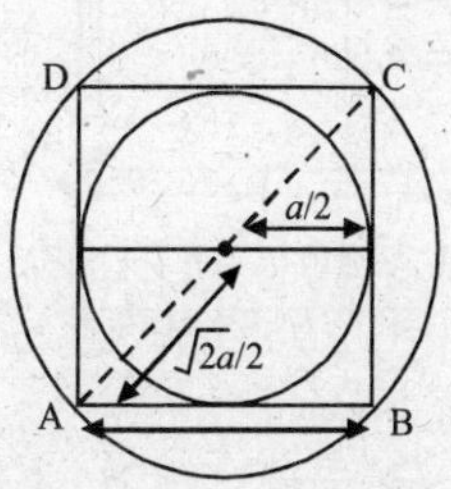

$\therefore$ परिवृत्त का क्षेत्रफल $= \pi\left(\frac{a}{\sqrt{2}}\right)^2$ सेमी.^{2} $= \frac{1}{2}\pi a^2$ सेमी.^{2}

$\therefore$ अभीष्ट अनुपात $= \frac{1}{4}\pi a^2 : \frac{1}{2}\pi a^2$

उदाहरण–4 : एक समचतुर्भुज की एक भुजा 20 सेमी. तथा एक विकर्ण की लम्बाई 24 सेमी. है। इस समचतुर्भुज का क्षेत्रफल ज्ञात कीजिए।

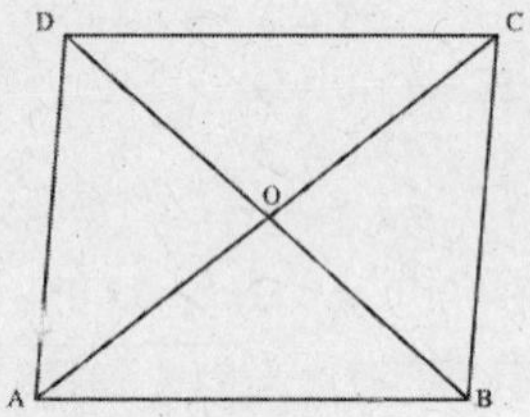

हल–एक समचतुर्भुज $ABCD$ के विकर्ण AC व BD बिन्दु O पर काटते हैं।

$\therefore$ समचतुर्भुज के विकर्ण एक-दूसरे को समकोण पर काटते हैं

$\therefore \quad OA = OC$

तथा $\quad OB = OD$

$\therefore \quad AB = 20$ सेमी.

$OA = \frac{1}{2}AC = \left(\frac{1}{2}\times 24\right) = 12$ सेमी.

$\therefore \quad OB^2 = AB^2 - OA^2 = (20)^2 - (12)^2$

$= (400 - 144) = 256$

$\Rightarrow \quad OB = 16$ सेमी.

$\therefore \quad BD = (2 \times 16) = 32$ सेमी.

$\therefore$ समचतुर्भुज का क्षेत्रफल $= \frac{1}{2}d_1 d_2$ सेमी.^{2}

$= \left(\frac{1}{2}\times 24 \times 32\right) = 384$ सेमी.^{2}

आयतन (Volume)– किसी ठोस वस्तु द्वारा घेरा गया स्थान उसका आयतन कहलाता है। आयतन को लम्बाई की घन इकाईयों में मापा जाता है।

महत्वपूर्ण सामान्य सूत्र

1. घनाभ (Cuboid)– घनाभ एक ठोस आकृति होती है, इसके पृष्ठों की संख्या 6, शीर्षों की संख्या 8 तथा किनारों की संख्या 12 होती है। माचिस, संदूक आदि इसके उदाहरण हैं।

यदि एक घनाभ की लम्बाई l सेमी., चौड़ाई a सेमी. तथा ऊंचाई h सेमी. हो तब,

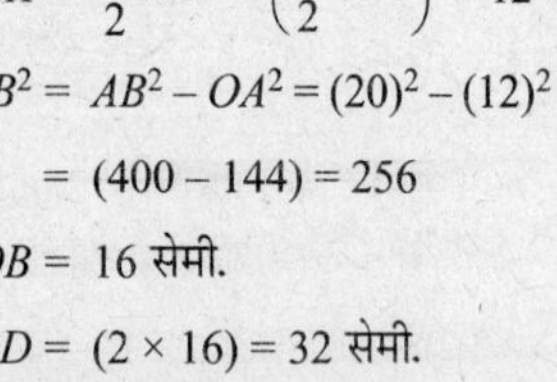

(i) घनाभ का आयतन $= lbh$ घन सेमी.

(ii) घनाभ का संपूर्ण पृष्ठीय क्षेत्रफल $= 2(lb + bh + hl)$ वर्ग सेमी.

(iii) घनाभ का विकर्ण $= \sqrt{l^2 + b^2 + h^2}$ सेमी.

2. घन (Cube)– यदि किसी घनाभ की लम्बाई, चौड़ाई व ऊंचाई समान हो तो वह घन कहलाता है। पासा, वर्गाकार बॉक्स आदि इसके उदाहरण हैं।

अतः $\quad l = b = h = a$

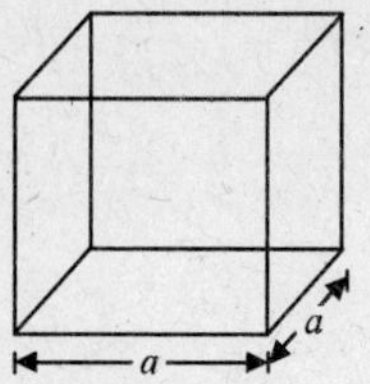

(i) घन का आयतन $= a^3$ घन सेमी.

(ii) घन का संपूर्ण पृष्ठीय क्षेत्रफल $= 6a^2$ वर्ग सेमी.

(iii) घन का विकर्ण $= \sqrt{3}a$ सेमी.

3. बेलन (Cylinder)– यदि एक बेलन की ऊंचाई h सेमी. तथा आधार त्रिज्या r सेमी. हो, तब

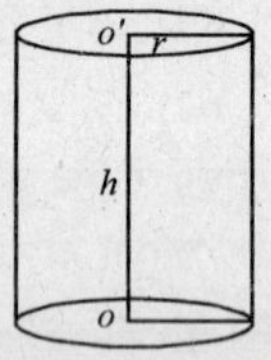

(i) बेलन का आयतन $= \pi r^2 h$ घन सेमी.

(ii) बेलन का वक्र पृष्ठीय क्षेत्रफल $= 2\pi rh$ वर्ग सेमी.

(iii) बेलन का संपूर्ण पृष्ठीय क्षेत्रफल $= 2\pi r(r + h)$ वर्ग सेमी.

4. खोखला बेलन (Hollow Cylinder)– माना एक खोखले बेलन की बाह्य त्रिज्या R सेमी., आंतरिक त्रिज्या r सेमी. तथा ऊंचाई h सेमी. है तब,

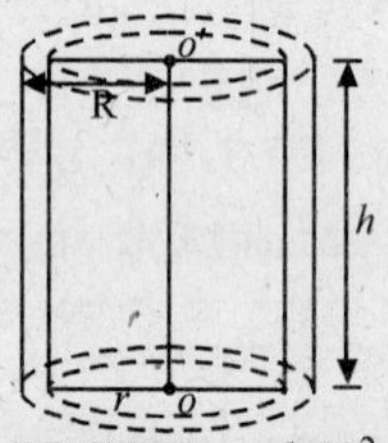

(i) खोखले बेलन का आयतन $= rh(R^2 - r^2)$ घन सेमी.

(ii) खोखले बेलन का वक्र पृष्ठीय क्षेत्रफल $= 2\pi h(R + r)$ वर्ग सेमी.

(iii) खोखले बेलन का संपूर्ण पृष्ठीय क्षेत्रफल $= 2\pi(R + r)(h + R - r)$ वर्ग सेमी.

5. लंबवृत्तीय शंकु (Right Circular Cone)– माना एक लंबवृत्तीय शंकु की आधार त्रिज्या r सेमी, ऊंचाई h सेमी. व तिर्यक ऊंचाई l सेमी. हो तब,

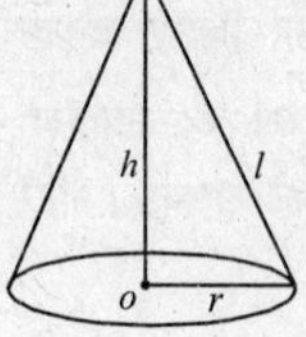

(i) शंकु का आयतन $= \frac{1}{3}\pi r^2 h$ घन सेमी.

(ii) शंकु का वक्र पृष्ठीय क्षेत्रफल $= \pi rl$ वर्ग सेमी.

(iii) शंकु का संपूर्ण पृष्ठीय क्षेत्रफल $= \pi r(l + r)$ वर्ग सेमी.

(iv) शंकु की तिर्यक ऊंचाई $(l) = \sqrt{h^2 + r^2}$ सेमी.

6. शंकु का छिन्नक (Frustum of a Cone)–माना एक शंकु छिन्नक की ऊपरी त्रिज्या R सेमी. निचली त्रिज्या r सेमी., ऊंचाई L सेमी. तथा तिर्यक ऊंचाई l सेमी. हो तब,

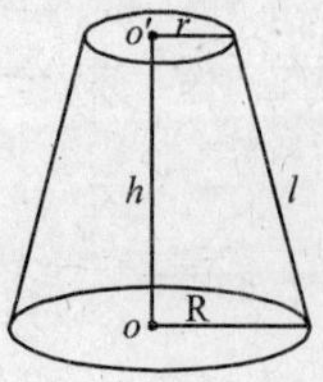

(i) शंकु छिन्नक का आयतन $= \frac{1}{3}\pi h (R^2 + r^2 + Rr)$ घन सेमी.

(ii) शंकु छिन्नक का वक्रपृष्ठीय क्षेत्रफल $= \pi l (R + r)$ वर्ग सेमी.

(iii) शंकु छिन्नक का संपूर्ण पृष्ठीय क्षेत्रफल

$= \pi \{R^2 + r^2 + l(R + r)\}$ वर्ग सेमी.

(iv) शंकु छिन्नक की तिर्यक ऊंचाई $(l) = \sqrt{h^2 + (R-r)^2}$ सेमी.

7. गोला (Sphere)– यदि एक गोले की त्रिज्या r सेमी. हो तब,

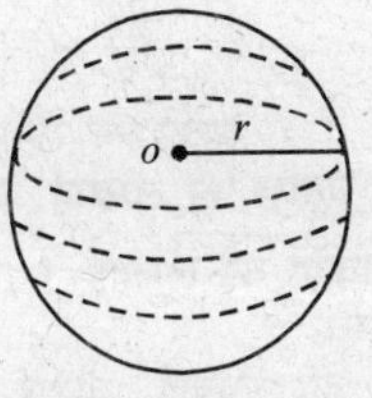

(i) गोले का आयतन $= \frac{4}{3}\pi r^3$ घन सेमी.

(ii) गोले का संपूर्ण पृष्ठीय क्षेत्रफल $= 4\pi r^2$ वर्ग सेमी.

8. अर्द्धगोला (Hemi Sphere)–यदि एक अर्द्धगोले की त्रिज्या r सेमी. हो तब

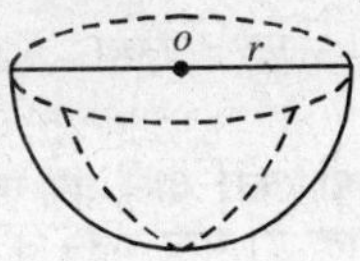

(i) अर्द्धगोले का आयतन $= \frac{2}{3}\pi r^3$ घन सेमी.

(ii) अर्द्धगोले का वक्रपृष्ठीय क्षेत्रफल $= 2\pi r^2$ वर्ग सेमी.

(iii) अर्द्धगोले का संपूर्ण पृष्ठीय क्षेत्रफल $= 3\pi r^2$ वर्ग सेमी.

9. गोलीय कोश (Spherical Shell)– यदि एक गोलीय कोश की बाह्य त्रिज्या R सेमी. व आंतरिक त्रिज्या r सेमी. हो तब,

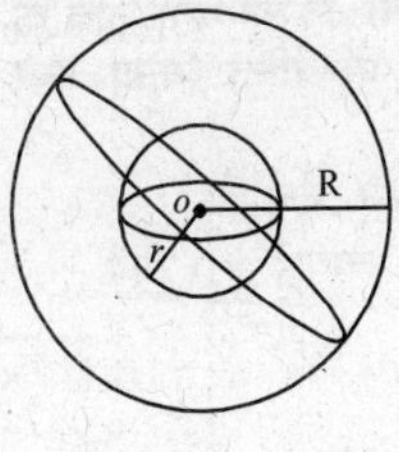

(i) गोलीय कोश का आयतन $= \frac{4}{3}\left(R^3 - r^3\right)$ घन सेमी.

(ii) गोलीय कोश का संपूर्ण पृष्ठीय क्षेत्रफल

$= 4\pi (R^2 - r^2)$ वर्ग सेमी.

10. अर्द्धगोलीय प्याला (Hemi Spherical Bowl)–यदि एक अर्द्धगोलीय प्याले की बाह्य त्रिज्या R सेमी. तथा आंतरिक त्रिज्या r सेमी. हो, तब

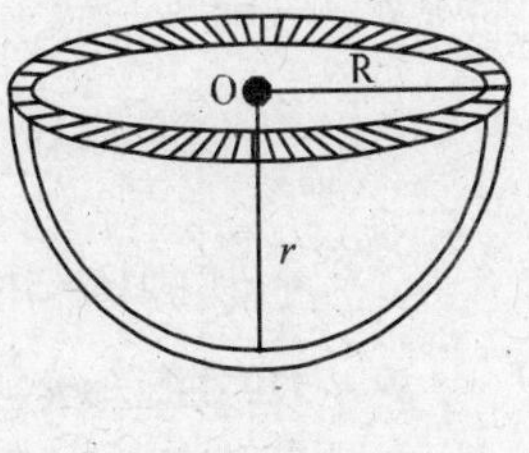

(i) अर्द्धगोलीय प्याले की धारिता $= \frac{2}{3}\pi r^3$ घन सेमी.

(ii) प्याले में लगी धातु का आयतन $= \frac{2}{3}\pi\left(R^3 - r^3\right)$ घन सेमी.

(iii) प्याले का वक्रपृष्ठीय क्षेत्रफल $= 2\pi\left(R^2 + r^2\right)$ वर्ग सेमी.

(iv) प्याले का संपूर्ण पृष्ठीय क्षेत्रफल $= \pi\left(3R^2 + r^2\right)$ वर्ग सेमी.

11. वर्गाकार पिरामिड (Square Pyramid)– माना वर्गाकार पिरामिड की ऊंचाई h सेमी. तिर्यक ऊंचाई l सेमी. व वर्गाकार आधार की प्रत्येक भुजा a सेमी. है तब,

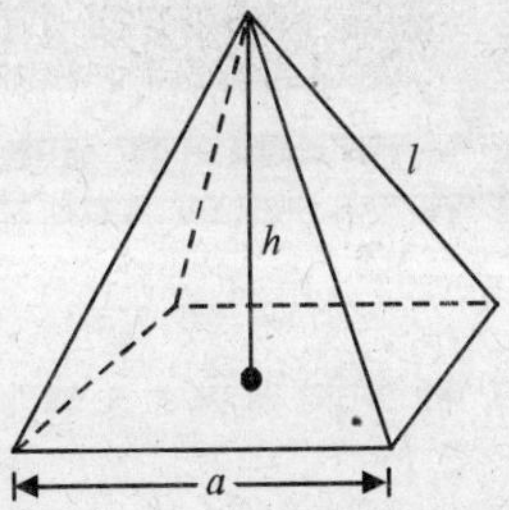

(i) वर्गाकार पिरामिड का आयतन $= \frac{1}{3}a^2 h$ घन सेमी.

(ii) वर्गाकार पिरामिड का संपूर्ण पृष्ठीय क्षेत्रफल

$= (2al + a^2)$ वर्ग सेमी.

12. आयताकार पिरामिड (Rectangular Pyramid)–आयताकार पिरामिड में यदि आधार की लम्बाई l सेमी., चौड़ाई b सेमी. तथा ऊंचाई h सेमी. हो तब,

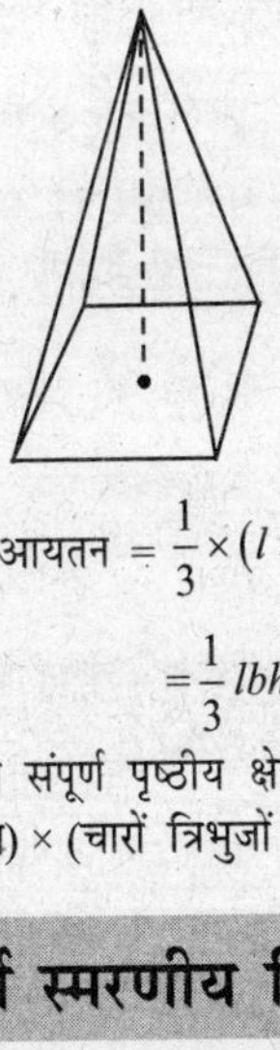

(i) आयताकार पिरामिड का आयतन $= \frac{1}{3} \times (l \times b) \times h$ घन सेमी.

$= \frac{1}{3} lbh$ घन सेमी.

(ii) आयताकार पिरामिड का संपूर्ण पृष्ठीय क्षेत्रफल

= (आधार का क्षेत्रफल) × (चारों त्रिभुजों का क्षेत्रफल)

महत्त्वपूर्ण स्मरणीय बिन्दु

- यदि किसी घनाभ के तीन संलग्न फलकों का क्षेत्रफल a, b तथा c हो तो घनाभ का आयतन (V) $= \sqrt{abc}$
- एक गोलाकार ठोस एवं इसमें से अधिकतम आयतन के काटे जाने वाले घन के आयतन में अनुपात $= \pi\sqrt{3} : 2$
- घनाकार ठोस एवं इसमें से अधिकतम आयतन के काटे जाने वाले गोलाकार ठोस के आयतन का अनुपात $= 6 : \pi$
- यदि शंकु, अर्द्ध गोला तथा बेलन की त्रिज्याएं तथा ऊंचाई आपस में समान हो, तो उनके आयतनों में अनुपात $= 1 : 2 : 3$
- यदि एक गोले का आयतन तथा पृष्ठीय क्षेत्रफल का आंकिक मान समान हों, तो गोले की त्रिज्या = 3 इकाई

● यदि एक घन का आयतन तथा पृष्ठीय क्षेत्रफल के आंकिक मान समान हों, तो घन की भुजा = 6 इकाई

● यदि किसी घन का विकर्ण d इकाई हो, तो घन का पृष्ठीय क्षेत्रफल $= 2d$ वर्ग इकाई

$$\text{घन का आयतन} = \frac{d^3}{3\sqrt{3}} \text{ घन इकाई}$$

● यदि गोले को दो समान भागों में विभाजित कर दिया जाए, तो उसके संपूर्ण पृष्ठ में 50% की वृद्धि होती है।

ठोसों के आयतन एवं पृष्ठीय क्षेत्रफल के लिए कुछ महत्वपूर्ण नियम

(i) तीन धातु के घन जिनकी भुजाएं क्रमशः a_1 इकाई, a_2 इकाई व a_3 इकाई हैं, को पिघलाकर एक नया घन बनाया जाता है तब,

$$\text{नए घन की भुजा} = \sqrt[3]{a_1^3 + a_2^3 + a_3^3}$$

(ii) एक घन का पृष्ठीय क्षेत्रफल 5 वर्ग इकाई है, तो

$$\text{घन का आयतन} = \left[\sqrt{\frac{5}{6}}\right]^3 \text{ घन इकाई}$$

(iii) एक शंकु की ऊंचाई उसकी त्रिज्या की n गुनी है। इसको गलाकर एक गोला बनाया जाता है। यदि इस प्रक्रिया में कोई धातु नष्ट न हो तो,

$$\text{गोले की त्रिज्या, शंकु की त्रिज्या} = \left[\frac{n}{4}\right]^{\frac{1}{3}}$$

(iv) एक आयताकार चादर जिसकी लम्बाई l मीटर तथा चौड़ाई b मीटर है, को लपेटकर एक बेलन की शक्ल में ढाला जाता है, तो इस प्रकार बनें,

$$\text{बेलन का आयतन} = \left[\frac{b \times l^2}{4\pi}\right] \text{घन मीटर}$$

(v) r इकाई त्रिज्या वाले गोले को, एक बेलन या तार जिसकी त्रिज्या R इकाई है, के शक्ल में ढाला गया है, तो

$$\text{बेलन या तार की लम्बाई} = \left[\frac{4}{3} \times \frac{r^3}{R^2}\right] \text{इकाई}$$

(vi) एक गोले को पिघलाकर एक बेलन की शक्ल में ढाला गया है। जिसकी ऊंचाई बेलन की त्रिज्या की n गुनी है तब,

$$\text{गोले की त्रिज्या : बेलन की त्रिज्या} = \left(\frac{3}{4}n\right)^{\frac{1}{3}}$$

(vii) यदि एक बेलन की त्रिज्या x गुनी तथा ऊंचाई y गुनी कर दी जाए, तब

$$\frac{\text{नए बेलन का आयतन}}{\text{मूल बेलन का आयतन}} = x^2 y$$

(viii) यदि एक घनाभ की लम्बाई में $a\%$ की, चौड़ाई में $b\%$ की तथा ऊंचाई में $c\%$ की वृद्धि कर दी जाए, तब

घनाभ के आयतन में वृद्धि

$$= \left[a + b + c + \frac{ab + bc + ca}{100} + \frac{abc}{(100)^2}\right]\%$$

हल सहित उदाहरण

उदाहरण–1 : एक लम्बवृत्तीय शंकु के आधार का व्यास 14 सेमी. तथा इसके वक्र पृष्ठ का क्षेत्रफल 550 वर्ग सेमी. है। इस शंकु का आयतन ज्ञात कीजिए।

हल– शंकु का पृष्ठीय क्षेत्रफल $= \pi rl$

$\therefore \quad \pi rl = 550$

$\Rightarrow \quad l = \left(\frac{550}{22} \times \frac{7}{7}\right)$ सेमी. = 25 सेमी.

$\therefore$ शंकु की ऊंचाई $= \sqrt{l^2 - r^2} = \sqrt{(25)^2 - (7)^2}$ सेमी.

$= \sqrt{625 - 49} = \sqrt{576}$ सेमी. = 24 सेमी.

$\therefore$ शंकु का आयतन $= \frac{1}{3}\pi r^2 h$ घन सेमी.

$= \left\{\frac{1}{3} \times \frac{22}{7} \times (7)^2 \times 24\right\}$ घन सेमी.

$=$ 1232 घन सेमी.

उदाहरण–2 : एक घनाभ की लम्बाई, चौड़ाई तथा ऊंचाई का योग 19 सेमी. है तथा इसके विकर्ण की लम्बाई $5\sqrt{5}$ सेमी. है। घनाभ के संपूर्ण पृष्ठ का मान ज्ञात कीजिए।

हल– माना घनाभ की लम्बाई, चौड़ाई व ऊंचाई क्रमशः l सेमी., b सेमी. व h सेमी. है।

तब, $\quad l + b + h = 19$

तथा $\quad \sqrt{l^2 + b^2 + h^2} = 5\sqrt{5}$

$\therefore \quad l^2 + b^2 + h^2 = 125$

$\therefore \quad (l + b + h)^2 = l^2 + b^2 + h^2 + 2(lb + bh + hl)$

$\Rightarrow \quad (19)^2 = 125 + 2(lb + bh + hl)$

$\Rightarrow \quad 2(lb + bh + hl) = (361 - 125)$ वर्ग सेमी.

$= 236$ वर्ग सेमी.

उदाहरण–3 : 15 सेमी. कोर वाले घन को एक आयताकार बर्तन में पानी में पूरा डुबो दिया जाता है। यदि बर्तन की तली की लम्बाई 20 सेमी. तथा चौड़ाई 15 सेमी. हो, तो पानी की सतह में कितनी वृद्धि होगी?

हल– माना पानी की सतह में वृद्धि $= x$ सेमी.

$\therefore$ पानी के आयतन में वृद्धि = घन का आयतन

$\therefore \quad 20 \times 15 \times x = 15 \times 15 \times 15$

$\Rightarrow \quad x = \left(\frac{15 \times 15 \times 15}{20 \times 15}\right)$ सेमी.

$= 11.25$ सेमी.

उदाहरण–4 : 3 सेमी. त्रिज्या वाले तांबे के गोले को पीटकर 0.2 सेमी. व्यास वाले एक तार में परिवर्तित किया गया है। तार की लम्बाई ज्ञात कीजिए।

हल– तार एक बेलन होता है।

माना तार की लम्बाई $= x$ सेमी.

तब, $\quad \frac{4}{3}\pi \times (3)^3 = \pi(0.1)^2 \times x$

$\Rightarrow \quad x = \left(\frac{4}{3} \times \frac{3 \times 3 \times 3}{0.1 \times 0.1 \times 0.1}\right)$ सेमी.

$= 3600$ सेमी.

उदाहरण–5 : धातु के तीन ठोस गोलों, जिनकी त्रिज्याएं 1 सेमी., 6 सेमी. और 8 सेमी. है, को पिघलाकर एक अन्य ठोस गोला बनाया जाता है। इस नए गोले की त्रिज्या ज्ञात कीजिए।

हल– माना नए गोले की त्रिज्या $= R$ सेमी.

तब, $\quad \frac{4}{3}\pi R^3 = \frac{4}{3}\pi r_1^3 + \frac{4}{3}\pi r_2^3 + \frac{4}{3}\pi r_3^3$

$= \frac{4}{3}\pi\left[(1)^3 + (6)^3 + (8)^3\right]$

$= \frac{4}{3}\pi[1 + 216 + 512] = \frac{4}{3}\pi(729)$

$\Rightarrow \quad R^3 = 729$ सेमी. $\Rightarrow R = 9$ सेमी.

प्रश्नमाला

1. एक घड़ी की मिनट की सुई की लम्बाई 10.5 सेमी. है। मिनट की सुई द्वारा 10 मिनट में तय किया गया वर्ग सेमी में क्षेत्रफल होगा:

(a) 56.25 (b) 57.75
(c) 58.30 (d) 60.55

2. एक तार को जब एक समबाहु त्रिभुज के रूप में मोड़ा जाता है तो S वर्ग सेमी की जगह घेरती है। यदि उसी तार को एक वृत्त के रूप में मोड़ा जाए तो वृत्त का क्षेत्रफल होगा–

(a) $\frac{\pi S^2}{9}$ (b) $\frac{3S^2}{\pi}$
(c) $\frac{3S}{\pi}$ (d) $\frac{3\sqrt{3}S}{\pi}$

3. 25 मीटर लम्बे एवं 16 मीटर चौड़े फर्श के निर्माण के लिए 20 सेमी × 10 सेमी आकार के कितने ईंटों की आवश्यकता होगी?

(a) 30,000 (b) 20,000
(c) 25,000 (d) 40,000

4. एक आयताकार खेत की लम्बाई उसकी चौड़ाई से $1\frac{3}{4}$ गुना अधिक है। खेत का परिमाप 550 मीटर हो, तो उसका क्षेत्रफल कितना होगा?

(a) 16,000 वर्ग मीटर
(b) 1,7200 वर्ग मीटर
(c) 17,500 वर्ग मीटर
(d) 18,000 वर्ग मीटर

5. 14 मीटर के व्यास वाले वृत्त का परिमाप होता है–

(a) 44 मी (b) 88 मी
(c) 22 मी (d) 154 मी

6. निम्नलिखित आकृति का क्षेत्रफल कितना है?

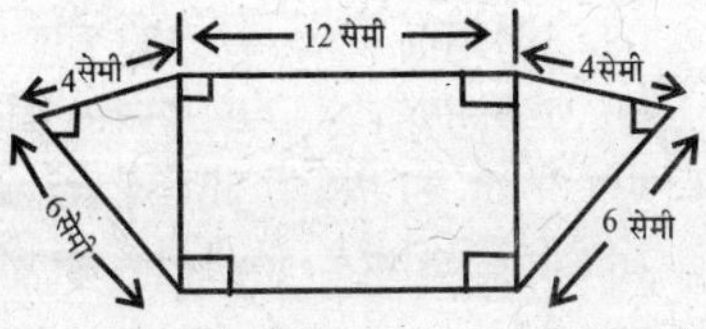

(a) 120 वर्ग सेमी
(b) 98.8 वर्ग सेमी
(c) 132.6 वर्ग सेमी
(d) 110.4 वर्ग सेमी

7. यदि एक वृत्त में एक समबाहु त्रिभुज खींचा जाए, तो त्रिभुज की भुजा और वृत्त के व्यास में अनुपात होगा–

(a) $\sqrt{2}:2$ (b) $\sqrt{3}:2$
(c) $1:\sqrt{3}$ (d) $2:3$

8. एक आयत का विकर्ण 10 सेमी है तथा उसकी लम्बाई एक भुजा की लम्बाई की दुगुनी है। आयत का क्षेत्रफल क्या होगा–

(a) 25 (b) 100
(c) $25\sqrt{3}$ (d) $10\sqrt{3}$

9. किसी वर्गाकार क्षेत्र का क्षेत्रफल 1764 वर्गमीटर है। ऐसे दूसरे वर्गाकार क्षेत्र की परिमिति क्या होगी जिसका क्षेत्रफल पहले वाले का चार गुना है ?

(a) 312 मी. (b) 336 मी.
(c) 344 मी. (d) 352 मी.

10. वृत्त की त्रिज्या *r* है, PQRS एक वर्ग है तब छायांकित भाग का क्षेत्रफल कितना होगा?

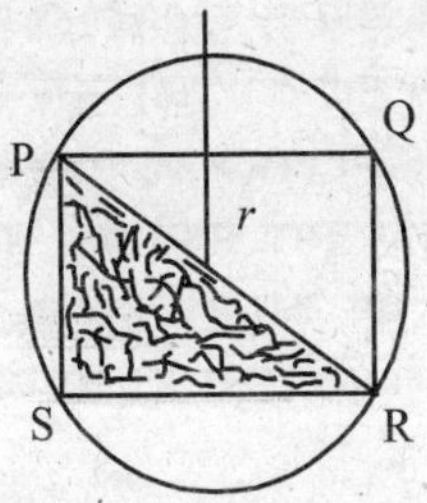

(a) $1/2r^2$ (b) $2r^2$
(c) $r^2 - r$ (d) r^2

11. 10π (पाई) की परिधि के वृत्त का क्षेत्रफल क्या होगा?

(a) 100π (b) 25π
(c) 50π (d) 40π

12. *a* त्रिज्या वाले एक वृत्त को छः बराबर भागों में बाँटा गया है। प्रत्येक भाग की जीवा पर एक समबाहु त्रिभुज खींचा गया जो वृत्त की बाहर की ओर है। प्राप्त चित्र का क्षेत्रफल है–

(a) $\frac{3\sqrt{3}\pi a^2}{2}$ (b) $\frac{3\sqrt{3}a^2}{2}$
(c) $3\pi a^2$ (d) $3\sqrt{3}a^2$

13. एक वृत्ताकार पथ का क्षेत्रफल ज्ञात कीजिये जिसके बाह्य व आन्तरिक व्यास क्रमशः 20 सेमी. तथा 6 सेमी. हो–

(a) 286 वर्ग सेमी
(b) 298 वर्ग सेमी
(c) 1144 वर्ग सेमी
(d) 285 वर्ग सेमी

14. नीचे दिए गये चित्र में AB = CD = 9 मीटर, AC = BD = 5 मीटर। अछायांकित भाग की लम्बाई व चौड़ाई क्रमशः 3 मीटर और 1 मीटर है। छायांकित भाग का क्षेत्रफल बताइये–

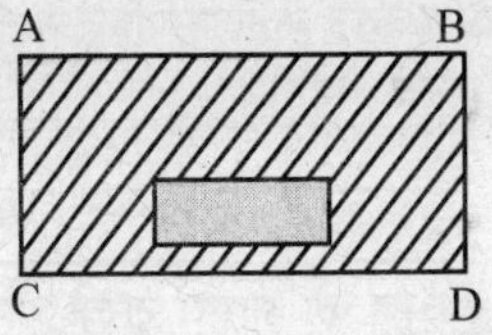

(a) 42 मीटर^2 (b) 47 मीटर^2
(c) 40 मीटर^2 (d) 48 मीटर^2

15. एक आयत की माप 140 मीटर × 70 मीटर है। उसके केन्द्र में वृत्त का व्यास 28 मीटर है। छायांकित भाग का क्षेत्रफल कितना होगा?

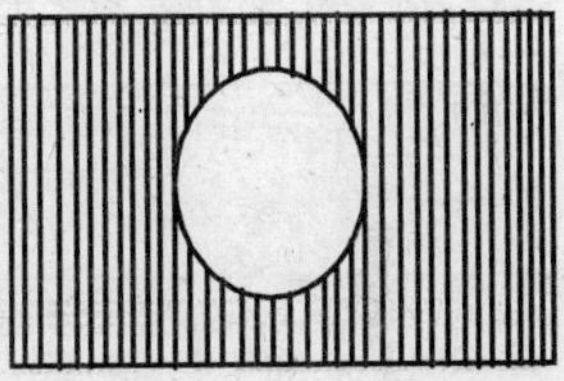

(a) 9624 मीटर^2 (b) 9184 मीटर^2
(c) 9226 मीटर^2 (d) 9824 मीटर^2

16. एक घोड़ा 40 मीटर लम्बे और 24 मीटर चौड़े आयताकार घास के खेत के एक कोने पर गाड़ी गई खूंटी से 14 मीटर लम्बी रस्सी द्वारा बाँधा हुआ है। घोड़ा खेत के कितने क्षेत्र तक चर सकता है?

(a) 154 मीटर^2 (b) 309 मीटर^2
(c) 240 मीटर^2 (d) 480 मीटर^2

17. एक त्रिभुज की भुजाओं का अनुपात 3 : 5 : 7 है और इसकी परिमिति 30 सेमी है। त्रिभुज की सबसे बड़ी भुजा की लम्बाई सेन्टीमीटर में है–

(a) 6 (b) 10
(c) 14 (d) 16

18. यदि एक वर्ग के विकर्ण की लम्बाई *a + b* हो, तो वर्ग का क्षेत्रफल होगा–

(a) $(a+b)^2$ (b) $\frac{1}{2}(a+b)^2$
(c) a^2+b^2 (d) $\frac{1}{2}(a^2+b^2)$

19. 14 मी. × 19 मी. कमरे के फर्श को ढकने के लिये 63 सेमी. चौड़ी दरी के कितने मीटर की आवश्यकता होगी?

(a) 200 मी. (b) 210 मी.
(c) 220 मी. (d) 185 मी.

20. एक वलय के वृत्तखण्ड का अर्द्धव्यास 21 सेमी है और केन्द्रीय कोण 135° है, तो वलय का परिमाप होगा–

(a) 91·5 सेमी (b) 93·5 सेमी
(c) 94·5 सेमी (d) 92·5 सेमी

21. एक पहिए का अर्द्धव्यास 22·4 सेमी है। 500 परिक्रमा करने के लिए पहिए को कितनी दूरी तय करनी पड़ेगी?

(a) 252 मी. (b) 704 मी.
(c) 352 मी. (d) 808 मी.

22. एक त्रिभुज का आधार उसके शीर्ष लम्ब के दो गुने से 2 सेमी अधिक है। यदि त्रिभुज का क्षेत्रफल 12 वर्ग सेमी हो, तो उसका शीर्ष लम्ब होगा—

(a) 4 सेमी (b) 3 सेमी
(c) 6 सेमी (d) 5 सेमी

23. 5544 वर्ग सेमी क्षेत्रफल वाले एक वृत्त की त्रिज्या का $\frac{3}{14}$ वां भाग एक वर्ग की भुजा के समान है। एक आयत का क्षेत्रफल एक वर्ग के क्षेत्रफल के समान है। इस आयत की चौड़ाई 6 सेमी है, तो इस आयत की लम्बाई क्या है?

(a) 11·5 सेमी (b) 9·5 सेमी
(c) 13·5 सेमी (d) इनमें से कोई नहीं

24. एक आयताकार मैदान का क्षेत्रफल इसकी लम्बाई एवं चौड़ाई के योग का 15 गुना है। यदि मैदान की लम्बाई 40 मीटर हो, तो मैदान की चौड़ाई क्या होगी?

(a) 24 मीटर (b) 25 मीटर
(c) 28 मीटर (d) 32 मीटर

25. किसी वृत्त की त्रिज्या में वृद्धि करने पर उसकी परिधि में 5% की वृद्धि हो जाती है, तो वृत्त के क्षेत्रफल में कितने प्रतिशत की वृद्धि होगी?

(a) 12·5% (b) 10·5%
(c) 10·25% (d) 9·25%

26. एक वृत्त की परिधि 22 सेमी लम्बी भुजा वाले एक वर्ग के परिमाप के बराबर है, तो उस वृत्त का क्षेत्रफल कितना है?

(a) 28π सेमी^{2} (b) 196π सेमी^{2}
(c) 49π सेमी^{2} (d) $\frac{49}{4}\pi$ सेमी^{2}

27. एक घोड़े को 7 मीटर लम्बी एक रस्सी से, 10 मीटर के बराबर भुजा वाले एक वर्गाकार खेत के एक कोने में बांधा गया है, तो उस खेत को चरने से बचा हुआ न्यूनतम सम्भावित क्षेत्रफल कितना होगा?

(a) 56.1 मी^{2} (b) 51.6 मी^{2}
(c) 65.1 मी^{2} (d) 61.5 मी^{2}

28. एक कागज, एक आयत A B C D के आकार में है, उसमें AB = 22 सेमी तथा BC = 14 सेमी है, तो यदि उस कागज से BC व्यास वाला एक अर्द्धवृत्ताकार भाग अलग कर दिया जाए, तो कागज का शेष क्षेत्रफल (सेमी^{2} में) कितना रह जायेगा?

(a) 241 (b) 211
(c) 221 (d) 231

29. एक वर्ग का क्षेत्रफल 1024 वर्ग सेमी है। एक आयत की लम्बाई और चौड़ाई के बीच का क्रमशः अनुपात क्या है, जिसकी लम्बाई वर्ग की भुजा से दो गुनी और चौड़ाई वर्ग की भुजा से 12 सेमी कम हो?

(a) 5 : 18 (b) 16 : 7
(c) 16 : 5 (d) 32 : 5

30. एक वृत्त की त्रिज्या 196 वर्ग सेमी क्षेत्रफल वाले वर्ग की एक भुजा से दो गुनी है। एक आयत की लम्बाई वृत्त के व्यास से दो गुनी है। आयत की चौड़ाई उसकी लम्बाई से आधी है, तो उसकी परिधि क्या है?

(a) 244 सेमी (b) 168 सेमी
(c) 336 सेमी (d) इनमें से कोई नहीं

31. एक समकोण त्रिभुज की सबसे छोटी भुजा 6 सेमी और दूसरी सबसे बड़ी भुजा 8 सेमी है। एक वर्ग की भुजा त्रिभुज की सबसे बड़ी भुजा से तिगुनी है। वर्ग का विकर्ण क्या है?

(a) $30\sqrt{2}$ सेमी
(b) $60\sqrt{2}$ सेमी
(c) 30 सेमी
(d) निर्धारित नहीं किया जा सकता

32. एक आयत की लम्बाई उसकी चौड़ाई से 25% अधिक है। इस आयत का क्षेत्रफल 1620 वर्ग सेमी है। ऐसे वर्ग का क्षेत्रफल क्या है, जिसकी भुजा आयत के लम्बाई की आधी है?

(a) 506.25 सेमी^{2}
(b) 512.75 सेमी^{2}
(c) 515.25 सेमी^{2}
(d) 509.75 सेमी^{2}

33. किसी एक वर्ग तथा एक सम षड्भुज के परिमाप बराबर है। षड्भुज के क्षेत्रफल तथा वर्ग के क्षेत्रफल में अनुपात है—

(a) $2\sqrt{3}:3$ (b) $\sqrt{3}:1$
(c) $3\sqrt{3}:2$ (d) $\sqrt{2}:3$

34. यदि किसी समबहु त्रिभुज के परिमाप का संख्यात्मक मान उसके क्षेत्रफल का $\sqrt{3}$ गुना हो, तो त्रिभुज के प्रत्येक भुजा की लम्बाई है—

(a) 2 इकाई (b) 3 इकाई
(c) 4 इकाई (d) 6 इकाई

35. एक आयत की परिधि एक वर्ग की भुजा से 7 गुनी है। वर्ग का क्षेत्रफल 576 वर्ग सेमी है। आयत की लम्बाई 56 सेमी है। ऐसे वृत्त का क्षेत्रफल क्या है, जिसकी त्रिज्या आयत की चौड़ाई के समान है?

(a) 2486 सेमी^{2}
(b) 2646 सेमी^{2}
(c) 2464 सेमी^{2}
(d) इनमें से कोई नहीं

36. यदि एक तार को वर्गाकार मोड़ दिया जाए, तो उस वर्ग का क्षेत्रफल 81 वर्ग सेमी हो जाता है, तो यदि उसी तार को अर्धवृत्ताकार मोड़ दिया जाए, तो उस अर्धवृत्त का क्षेत्रफल कितने वर्ग सेमी हो जायेगा?

(a) 22 (b) 44
(c) 77 (d) 154

37. एक त्रिभुजाकार खेत, जिसकी भुजाएं 26 मीटर, 28 मीटर व 30 मीटर हैं, के प्रत्येक कोने पर एक गाय 7 मीटर लम्बी रस्सी से बांधी गई हैं, तो उन तीनों गायों के चरने से बचे हुए खेत का क्षेत्रफल कितने वर्गमीटर होगा?

(a) 336 (b) 259
(c) 154 (d) 77

38. एक समचतुर्भुज का परिमाप 146 सेमी है और इसका एक विकर्ण 55 सेमी है, तब समचर्तुभुज का दूसरा विकर्ण होगा—

(a) 92 सेमी (b) 73 सेमी
(c) 48 सेमी (d) 72 सेमी

39. एक समबाहु त्रिभुज तथा एक समषट्भुज के परिमाप बराबर हैं। त्रिभुज तथा समषट्भुज के क्षेत्रफलों में अनुपात है—

(a) 1 : 1 (b) 2 : 3
(c) 3 : 2 (d) 3 : 4

40. एक वर्ग की भुजा 828 वर्ग सेमी क्षेत्रफल वाले आयत की लम्बाई से दो गुनी है। आयत का परिमाप 118 सेमी है। वर्ग का परिमाप कितना है?

(a) 184 सेमी (b) 288 सेमी
(c) 144 सेमी (d) इनमें से कोई नहीं

41. एक आयत का विकर्ण और चौड़ाई क्रमशः 15 सेमी व 9 सेमी है। इस आयत का परिमाप क्या है?

(a) 56 सेमी (b) 40 सेमी
(c) 42 सेमी (d) इनमें से कोई नहीं

42. एक साइकिल का पहिया 5000 चक्कर पूरे करके 11 किमी चलता है, तो उस पहिए का व्यास कितने सेमी होगा?

(a) 35 (b) 55
(c) 65 (d) 70

43. एक वर्ग की एक भुजा और एक विकर्ण को आधार बनाकर दो समबाहु त्रिभुज बनाए गए हैं, तो उन दोनों त्रिभुजों के क्षेत्रफलों का अनुपात क्या होगा?

(a) $\sqrt{3}:4$ (b) 1 : 4
(c) $1:\sqrt{2}$ (d) 1 : 2

44. यदि एक ठोस बेलन का आयतन 448π सेमी³ और इसकी ऊँचाई 7 सेंटी मीटर है, इसकी सम्पूर्ण सतह का क्षेत्रफल होगा–

(a) 128π सेंमी² (b) 176π सेंमी²
(c) 122π सेंमी² (d) 240π सेंमी²

45. एक लंब वृत्तकार शंकु की त्रिज्या 3 सेमी. और इनकी ऊँचाई 4 सेमी. है। शंकु के वक्रीय धरातल का क्षेत्रफल होगा–

(a) 12π वर्ग सेमी. (b) 15π वर्ग सेमी.
(c) 18π वर्ग सेमी. (d) 21π वर्ग सेमी.

46. 5 मीटर लम्बी 3 मीटर ऊँचाई एवं 20 मीटर चौड़ी दीवार बनाने के लिए 25 सेमी × 12.5 सेमी. × 7.5 सेमी. माप वाली कितनी ईंटों की आवश्यकता होगी?

(a) 1200 (b) 1350
(c) 128000 (d) 1400

47. एक टैंक में 36,000 घन मीटर पानी भरा जा सकता है। टैंक की लम्बाई 45 मीटर और चौड़ाई 32 मीटर है। टैंक की गहराई कितनी होगी?

(a) 20 मीटर (b) 22.5 मीटर
(c) 25 मीटर (d) 27.5 मीटर

48. एक 100 सेमी. लम्बे, 45 सेमी. चौड़े और 30 सेमी. गहराई वाले बॉक्स में 15 सेमी. लम्बे, 12 सेमी. चौड़े और 2.5 सेमी. मोटाई के कितने पैकेट भरे जा सकते हैं?

(a) 200 (b) 250
(c) 280 (d) 300

49. यदि 4 सेमी. व 8 सेमी. के अंतः एवं बाह्य व्यास वाले खोखले गोले को गलाकर एक 8 सेमी. व्यास के आधार वाला शंकु बनाया जाए तो शंकु की ऊँचाई क्या होगी?

(a) 12 सेमी. (b) 14 सेमी.
(c) 18 सेमी. (d) 15 सेमी.

50. नीचे दिये गये आकृति में, AH और BG विकर्ण हैं तथा पृष्ठ सतह ABFE का क्षेत्रफल 16 है तो आयत ABGH का क्षेत्रफल क्या है?

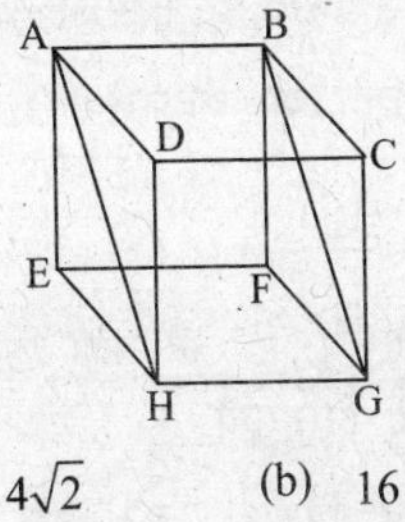

(a) $4\sqrt{2}$ (b) $16+\sqrt{2}$
(c) $16\sqrt{2}$ (d) 16

51. 11 मीटर लम्बे, 9 मीटर चौड़े और 5 मीटर ऊँचे हॉल में रखे जा सकने वाले बड़े से बड़े डंडे की लम्बाई क्या होगी?

(a) 15 मीटर (b) 14 मीटर
(c) 16 मीटर (d) 18 मीटर

52. एक बर्फ के घन के पृष्ठ का क्षेत्रफल 150 वर्ग सेमी है। इसके विकर्णों की लम्बाई सेमी में क्या होगी?

(a) $2\sqrt{3}$ (b) $5\sqrt{3}$
(c) $5\sqrt{2}$ (d) $5\sqrt{7}$

53. 16 मी. × 15 मी × 12 मी की एक फैक्ट्री में रखी जा सकने वाली सर्वाधिक लम्बी छड़ की लम्बाई कितनी होगी?

(a) 15 मी. (b) 20 मी.
(c) 27 मी. (d) 25 मी.

54. 4 सेमी भुजा वाले, चार घन को एक सीध में सटाकर एक घनाभ बनाया गया है, तो घनाभ का पृष्ठीय क्षेत्रफल बतायें।

(a) 288 सेमी² (b) 266 सेमी²
(c) 220 सेमी² (d) 120 सेमी²

55. 45 सेमी ऊँचाई और 4 सेमी व्यास वाले ठोस धात्विक बेलन को बनाने के लिए 6 सेमी व्यास वाले कितने ठोस गोलों को पिघलाना पड़ेगा?

(a) 5 (b) 4
(c) 9 (d) 6

56. एक घन का कुल सतह क्षेत्र 150 से.मी² है, उसका आयतन (Volume) होगा :

(a) 64 से.मी.³ (b) 125 से.मी³
(c) 150 से.मी.³ (d) 216 से.मी.³

57. 8 सेमी कोर वाले दो घनों को उनके सिरों से मिलाया जाता है। प्राप्त घनाभ का पृष्ठीय क्षेत्रफल होगा

(a) 1440 सेमी² (b) 830 सेमी²
(c) 640 सेमी² (d) 560 सेमी²

58. उस पिरामिड का आयतन घन सेमी. में कितना होगा, जिसके आधार का क्षेत्रफल 25 वर्ग सेमी. और ऊँचाई 9 सेमी. है ?

(a) 105 (b) 90
(c) 60 (d) 75

59. एक हॉल का आकार 24 मीटर × 8 मीटर × 6 मीटर है। इस हॉल में रखे जा सकने वाले अधिकतम डण्डे की लम्बाई ज्ञात कीजिए–

(a) 26 सेमी (b) 28 सेमी
(c) 30 सेमी (d) 36 सेमी

60. किसी घन का आयतन 125 सेमी³ है। इसके एक फलक का क्षेत्रफल है–

(a) 5 सेमी² (b) 20 सेमी²
(c) 25 सेमी² (d) 30 सेमी²

61. 14 मीटर आन्तरिक व्यास वाले एक कुएं को 15 मीटर गहरा खोदा जाता है। इससे बाहर निकाली गई मिट्टी को चारों तरफ बराबर फैलाकर 7 मीटर चौड़ाई वाले एक तटबन्ध का निर्माण होता है। इस प्रकार बने हुए तटबन्ध की ऊंचाई क्या होगी?

(a) 7 मीटर (b) 5 मीटर
(c) 14 मीटर (d) इनमें से कोई नहीं

62. एक खेत 18 मीटर लम्बे और 15 मीटर चौड़े आयत के रूप में है। खेत के एक कोने में 7·5 मीटर लम्बा, 6 मीटर चौड़ा और 0·8 मीटर गहरा गड्डा खोदा गया और उससे निकली मिट्टी को खेत के बाकी क्षेत्र पर समान रूप से फैला दिया गया, तो खेत का स्तर कितना ऊंचा हुआ?

(a) 12 सेमी (b) 14 सेमी
(c) 16 सेमी (d) 18 सेमी

63. एक तम्बू 3 मीटर की ऊंचाई तक लम्बवृत्तीय बेलन के आकार का है और फिर जमीन के ऊपर 13·5 मीटर की अधिकतम ऊंचाई तक लम्बवृत्तीय शंकु बन जाता है। यदि आधार की त्रिज्या 14 मीटर हो, तो ₹ 2 प्रति वर्गमीटर की दर से तम्बू के भीतरी भाग को पेंट करने की लागत है–

(a) ₹ 2,050 (b) ₹ 2,060
(c) ₹ 2,068 (d) ₹ 2,080

64. यदि प्रत्येक ईंट की माप 25 सेमी × 11.25 सेमी × 6 सेमी हो तो, 8 मीटर लम्बी, 6 मीटर ऊंची तथा 22.5 सेमी मोटी एक दीवार के लिए कितनी ईंटों की आवश्यकता पड़ेगी?

(a) 7000 (b) 6400
(c) 6200 (d) 6550

65. 6 सेमी × 12 सेमी × 15 सेमी विमाओं वाले एक घनाभ को बराबर घनों की पूर्ण संख्या में काटा गया है। बिना किसी हानि के घनों की न्यूनतम सम्भावित संख्या होगी–

(a) 6 (b) 16
(c) 33 (d) 40

66. आधार त्रिज्या 7 मीटर और ऊंचाई 24 मीटर वाला एक शंक्वाकार तम्बू बनाने के लिए 2·5 मीटर चौड़ाई वाला कितने मीटर कपड़ा लगेगा?

(a) 120 (b) 180
(c) 220 (d) 550

67. भीतरी व्यास 20 सेमी तथा ऊंचाई 30 सेमी वाले एक वृत्तीय बेलनाकार डिब्बे (जिसका आधार अनुप्रस्थ है) में 5 सेमी की ऊंचाई तक पानी है। डिब्बे में 5 सेमी त्रिज्या वाले

लोहे के कितने गोले डाले जाएं, जिससे पूरा डिब्बा पानी से भर जाए?

(a) 12 (b) 15

(c) 18 (d) 20

68. एक शंकु और बेलन के आधार की त्रिज्याएं तथा ऊंचाई समान हैं। यदि बेलन की त्रिज्या 6 सेमी तथा ऊंचाई 8 सेमी हो, तो बेलन और शंकु के वक्रपृष्ठों का अनुपात है–

(a) 4 : 3 (b) 5 : 3

(c) 8 : 5 (d) 8 : 3

69. 1 मीटर, 6 मीटर तथा 8 मीटर किनारे वाले 3 घन पिघलाकर एक घन में परिवर्तित किए गए हैं, तो उस नए घन की सतह का क्षेत्रफल कितना होगा?

(a) 294 मीटर^2

(b) 324 मीटर^2

(c) 486 मीटर^2

(d) 468 मीटर^2

उत्तर (हल/संकेत)

1. (b) मिनट की सुई द्वारा 10 मिनट में तय किया गया क्षेत्रफल

$= \frac{60}{360} \times \pi r^2$

$= \frac{60}{360} \times \frac{22}{7} \times 10.5 \times 10.5 = 57.75$ वर्ग सेमी.

2. (c) समबाहु त्रिभुज का क्षेत्रफल $= \frac{\sqrt{3}}{4} \times$ भुजा^{2} = S वर्ग सेमी

भुजा$^2 = \frac{4 \times S}{\sqrt{3}}$

$\therefore$ भुजा $= \frac{2\sqrt{S}}{\sqrt{3}}$

$\therefore$ परिमाप $= 2 \times 3 \times \frac{1}{\sqrt{3}} \times \sqrt{S} = 2\sqrt{3 \times S}$

$\therefore$ वृत्त की परिधि $2\pi r = 2\sqrt{3S}$

$\therefore \quad r = \frac{2\sqrt{3S}}{2\pi} = \frac{\sqrt{3S}}{\pi}$

$\therefore$ क्षेत्रफल $= \pi r^2 = \pi\left(\frac{\sqrt{3S}}{\pi}\right)^2 = \frac{3S}{\pi}$

3. (b) ईंटों की अभीष्ट संख्या

$= \frac{25 \times 16}{0.2 \times 0.1} = 20000$

4. (c) माना खेत की चौड़ाई $= y$

$\therefore$ खेत की लंबाई $= \frac{7}{4}y$

$\therefore 2\left(y + \frac{7}{4}y\right) = 550$ मीटर

या, $2 \times \frac{11}{4}$ y = 550 मीटर

$\therefore \quad y = \frac{550 \times 2}{11} = 100$ मीटर

$\therefore$ लंबाई $= \frac{100 \times 7}{4} = 175$ मीटर

$\therefore$ क्षेत्रफल = 175 × 100 = 17500 वर्गमीटर

5. (a) $2\pi r = \pi^2 r = \pi d$

$= \frac{22}{7} \times 14 = 44$ मीटर

6. (d)

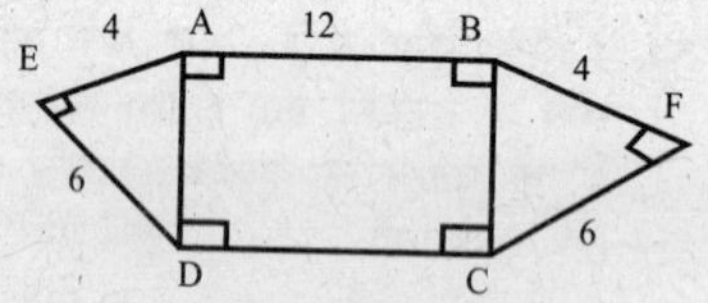

$AD = \sqrt{(6)^2 + (4)^2}$

$= \sqrt{36 + 16} = \sqrt{52} = 7.2$

$\therefore$ अभीष्ट क्षेत्रफल

$= 12 \times 7.2 + \frac{1}{2} \times 4 \times 6 \times 2$

$= 86.4 + 24 = 110.4$ वर्ग सेमी.

7. (b) माना समबाहु Δ की एक भुजा $= 2x$ तथा वृत्त की त्रिज्या $= r$

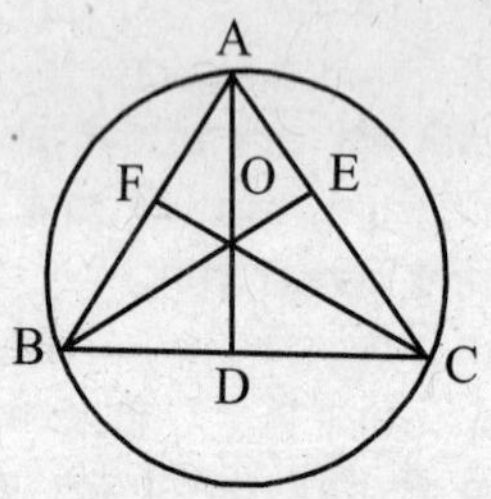

$\therefore \quad \frac{1}{2} \times 2x \times \sqrt{r^2 - x^2} \times 3$

$= \frac{\sqrt{3}}{4} \times (2x)^2$

$\Rightarrow \quad x \times \sqrt{r^2 - x^2} \times 3 \; \frac{\sqrt{3}}{4} \times 4x^2$

$\Rightarrow \quad \sqrt{r^2 - x^2} \times 3 = x\sqrt{3}$

$\Rightarrow \quad \sqrt{r^2 - x^2} \times \sqrt{3} = x^2$

$\Rightarrow \quad 3(r^2 - x^2) = x^2$

$\Rightarrow \quad 3r^2 - 3x^2 = x^2$

$\Rightarrow \quad 4x^2 = 3r^2 \Rightarrow \frac{x^2}{r^2} = \frac{3}{4}$

$\Rightarrow \quad \frac{x}{r} = \frac{\sqrt{3}}{2}$

$\therefore \quad \frac{2x}{2r} = \frac{2\sqrt{3}}{2 \times 2} = \frac{\sqrt{3}}{2} = \sqrt{3} : 2$

8. (c) आयत की एक भुजा $= \frac{10}{2} = 5$ सेमी

$\therefore$ आयत की दूसरी भुजा $= \sqrt{(10)^2 - (5)^2}$

$\sqrt{100 - 25} = \sqrt{75} = \sqrt{25 \times 3} = 5\sqrt{3}$

$\Rightarrow$ आयत का क्षेत्रफल $= 5 \times 5\sqrt{3}$

$= 25\sqrt{3}$ वर्ग सेमी

9. (b) मूलवर्ग का क्षेत्रफल = 1764 वर्ग मी.

$\therefore$ नये वर्ग का क्षेत्रफल = 1764 × 4 = 7056 वर्ग मीटर

$\therefore$ नये वर्ग की भुजा $= \sqrt{7056} = 84$ मीटर

$\therefore$ नये वर्ग की परिमिति = 4 × 84 मीटर = 336 मीटर

10. (d) छायांकित भाग का क्षेत्रफल

$= \frac{1}{2}\left[\frac{1}{2} \times \text{विकर्ण}^2\right]$

$= \frac{1}{4} \times (2r)^2 = \frac{1}{4} \times 4r^2 = r^2$

11. (b) $2\pi r = 10\pi$

या, $r = \frac{10\pi}{2\pi} = 5$

$\therefore \quad \pi r^2 = \pi \times 5 \times 5 = 25\pi$

12. (b)

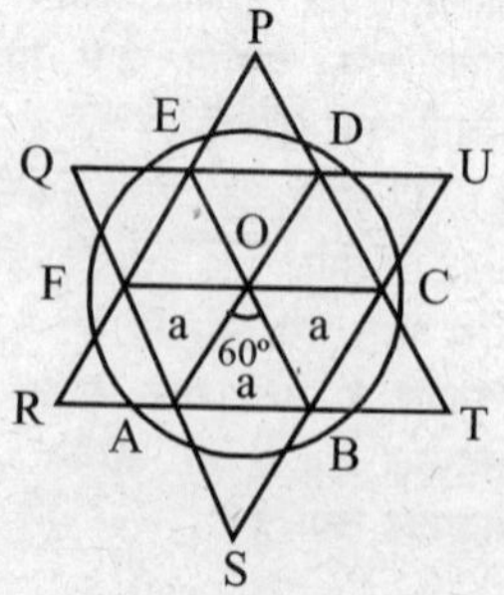

प्राप्त चित्र का क्षेत्रफल $= 6\left(\frac{\sqrt{3}}{4} \times a^2\right)$

$= \frac{3\sqrt{3}\, a^2}{2}$

13. (a) वृत्ताकार पथ की बाह्य त्रिज्या, R = 10 सेमी

आन्तरिक त्रिज्या, $r = 3$ सेमी

$\therefore$ वृत्ताकार पथ का क्षेत्रफल $= \pi\,(R^2 - r^2)$

$= \pi (R + r)(R - r)$

$= \frac{22}{7} \times 13 \times 7$ वर्ग सेमी

$= 286$ वर्ग सेमी.

14. (a) छायांकित भाग का क्षेत्रफल $= (9 \times 5 - 3 \times 1)$ वर्ग मीटर

$= 42$ वर्ग मीटर

15. (b) छायांकित भाग का क्षेत्रफल

$= (140 \times 70 - \pi \times (14)^2)$ वर्ग मीटर

$= \left(9800 - \frac{22}{7} \times 14 \times 14\right)$ वर्ग मीटर

$= (9800 - 616)$ वर्ग मीटर $= 9184$ वर्ग मीटर

16. (a)

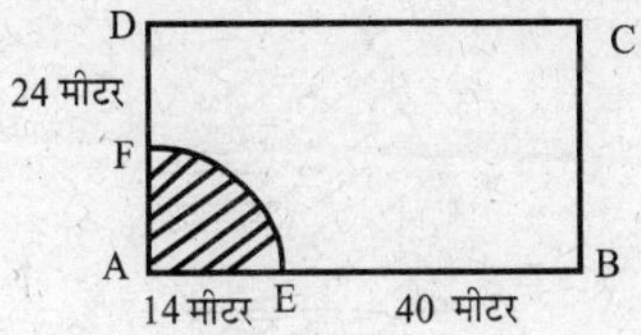

AE = 14 मीटर = चतुर्थांश वृत्त की त्रिज्या

$\therefore$ घोड़े द्वारा चरे जाने वाले भाग का क्षेत्रफल

$= \frac{1}{4}\pi r^2 = \frac{1}{4} \times \frac{22}{7} \times 14 \times 14 = 154$ वर्गमीटर

17. (c) माना कि त्रिभुज की भुजाएँ क्रमशः $3x$, $5x$ एवं $7x$ इकाई हैं।

प्रश्नानुसार,

$3x + 5x + 7x = 30$

$\Rightarrow \quad 15x = 30 \; x \Rightarrow x = \frac{30}{15} = 2$

इसलिए सबसे बड़ी भुजा

$= 7x = 7 \times 2 = 14$ इकाई

18. (b) वर्ग का क्षेत्रफल

$= \frac{1}{2} \times$ (विकर्ण)^2

$= \frac{1}{2} \times (a + b)^2$

19. (a) अभीष्ट लम्बाई $= \frac{\text{फर्श का क्षेत्रफल}}{\text{दरी की चौड़ाई}}$

$= \frac{14 \times 9}{0.63} = 200$ मी.

20. (a) वृत्त खण्ड की परिधि

$= \left(\frac{\theta}{360} \times 2\pi r + 2r\right)$ सेमी

$= \left(\frac{135}{360} \times 2 \times \frac{22}{7} \times 21 + 2 \times 21\right)$ सेमी

$= (49 \cdot 5 + 42)$ सेमी $= 91 \cdot 5$ सेमी

21. (b) एक चक्कर में पहिए द्वारा तय की गई दूरी

$= 2\pi r = \left(2 \times \frac{22}{7} \times 22 \cdot 4\right)$ सेमी

500 चक्कर में पहिए द्वारा तय की गई दूरी

$= \left(500 \times 2 \times \frac{22}{7} \times 22 \cdot 4\right)$ सेमी

$= \left(\frac{500 \times 140 \cdot 8}{100}\right)$ मीटर

$= 704$ मीटर

22. (b) माना त्रिभुज का शीर्ष लम्ब $= x$ सेमी

$\therefore$ त्रिभुज का क्षेत्रफल $= \frac{1}{2} \times$ आधार $\times$ शीर्ष लम्ब

$12 = \frac{1}{2} \times (2x + 2) \times x$

$\Rightarrow \quad 2x^2 + 2x = 24$

$\Rightarrow \quad x^2 + x - 12 = 0$

$\Rightarrow \quad (x - 3)(x + 4) = 0$

$\therefore \quad x = 3$ सेमी

23. (c) वृत्त का क्षेत्रफल $= \pi r^2$

$5544 = \frac{22}{7} \times r^2$

$\Rightarrow \quad r^2 = \frac{5544 \times 7}{22}$

$\Rightarrow \quad r^2 = 1764$

$\therefore \quad r = \sqrt{1764} = 42$ सेमी

तब वर्ग की भुजा $= \frac{3 \times 42}{14} = 9$ सेमी

$\because$ आयत का क्षेत्रफल = वर्ग का क्षेत्रफल

$= (9)^2$ सेमी^{2} $= 81$ सेमी^{2}

$\therefore$ आयत की लम्बाई $= \frac{81}{6}$ सेमी

$= 13 \cdot 5$ सेमी

24. (a) माना मैदान की चौड़ाई $= x$ मीटर

तब $40 \times x = 15 \times (40 + x)$

$\Rightarrow 40x = 600 + 15x$

$\Rightarrow \quad 25x = 600$

$\therefore \quad x = 24$ मीटर

25. (c) प्रश्नानुसार,

जब वृत्त की परिधि $= 2\pi r$

तब वृत्त की त्रिज्या $= r$

जब वृत्त की परिधि में 5% के वृद्धि करने पर,

वृत्त की परिधि $= \frac{105}{100} \times 2\pi r$

तब वृत्त की त्रिज्या $= \frac{r}{2\pi r} \times \frac{105}{100} \times 2\pi r$

$= \frac{21}{20} r$

$\therefore$ वृत्त के क्षेत्रफल में वृद्धि $= \pi \left(\frac{21}{20} r\right)^2 - \pi r^2$

$= \pi r^2 \, \frac{41}{400}$

$\therefore$ वृत्त के क्षेत्रफल में प्रतिशत वृद्धि

$= \left(\pi r^2 \times \frac{41}{400} \times \frac{1}{\pi r^2} \times 100\right)\%$

$= 10 \cdot 25\%$

26. (b) वृत्त की परिधि $= 2\pi r$

तब $\quad 2\pi r = 22 \times 4$

$\therefore \quad r = \frac{22 \times 4}{2 \times 22} \times 7 = 14$ सेमी

$\therefore$ वृत्त का क्षेत्रफल $= \pi r^2$

$= \left[\pi \times (14)^2\right]$ वर्ग सेमी

$= 196\pi$ वर्ग सेमी

27. (d) वर्गाकार खेत का क्षेत्रफल

$= (10)^2$ वर्ग मीटर $= 100$ वर्ग मीटर

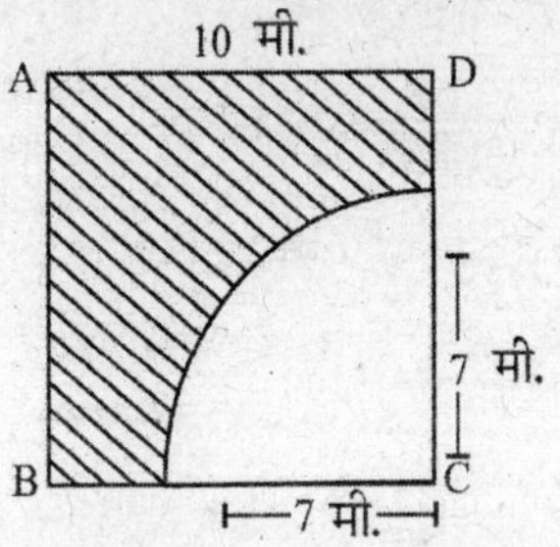

घोड़े द्वारा चरे गए भाग का क्षेत्रफल

$= \left[\frac{90^\circ}{360} \times \frac{22}{7} \times (7)^2\right]$ वर्ग मीटर

$= 38 \cdot 5$ वर्ग मीटर

$\therefore$ खेत को चरने से बचा हुआ न्यूनतम सम्भावित क्षेत्रफल

$= (100 - 38 \cdot 5)$ वर्ग मीटर

$= 61 \cdot 5$ वर्ग मीटर

28. (d) आयताकार कागज का क्षेत्रफल

$= (22 \times 14)$ वर्ग सेमी $= 308$ वर्ग सेमी

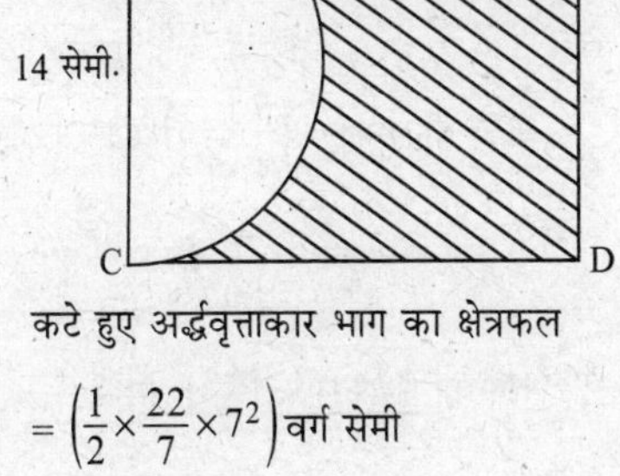

कटे हुए अर्द्धवृत्ताकार भाग का क्षेत्रफल

$= \left(\frac{1}{2} \times \frac{22}{7} \times 7^2\right)$ वर्ग सेमी

= 77 वर्ग सेमी

∴ कागज का शेष क्षेत्रफल

= (308 – 77) वर्ग सेमी

= 231 वर्ग सेमी

29. (c) वर्ग का क्षेत्रफल = 1024 वर्ग सेमी

∴ वर्ग की भुजा= $\sqrt{1024}$ सेमी = 32 सेमी

प्रश्नानुसार,

आयत की लम्बाई = (32 × 2) सेमी = 64 सेमी

आयत की चौड़ाई = (32–12) सेमी = 20 सेमी

∴ अभीष्ट अनुपात = 64 : 20 = 16 : 5

30. (c) वर्ग का क्षेत्रफल = 196 वर्ग सेमी

∴ वर्ग की भुजा = 14 सेमी

∴ वृत्त की त्रिज्या = (2 × 14) सेमी = 28 सेमी

प्रश्नानुसार,

आयत की लम्बाई = 2 × (2 × 28) सेमी

= 112 सेमी

आयत की चौड़ाई = $\frac{112}{2}$ सेमी = 56 सेमी

∴ आयत का परिमाप = 2 (112 + 56) सेमी

= 336 सेमी

31. (a) समकोण त्रिभुज की सबसे बड़ी भुजा

$$BC = \sqrt{(6)^2+(8)^2}$$

$$= \sqrt{36+64}$$

$$= \sqrt{100} = 10 \text{ सेमी}$$

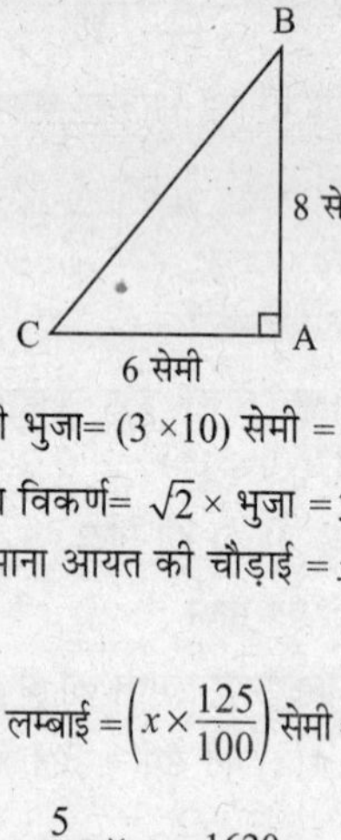

वर्ग की भुजा= (3 ×10) सेमी = 30 सेमी

वर्ग का विकर्ण= $\sqrt{2}$ × भुजा = $30\sqrt{2}$ सेमी

32. (a) माना आयत की चौड़ाई = x सेमी

तब

आयत की लम्बाई = $\left(x \times \frac{125}{100}\right)$ सेमी = $\frac{5}{4}x$ सेमी

∴ $\frac{5}{4}x \times x = 1620$

⇒ $x^2 = \frac{1620 \times 4}{5} = 1296$

∴ x = 36 सेमी

∴ आयत की लम्बाई = $\left(\frac{5}{4} \times 36\right)$ सेमी = 45 सेमी

∴ वर्ग की भुजा = $\frac{45}{2}$ सेमी

वर्ग का क्षेत्रफल = $\left(\frac{45}{2}\right)^2$ सेमी^{2}

= 506·25 सेमी^{2}

33. (a) माना समषड्भुज की प्रत्येक भुजा

= a सेमी

∴ वर्ग की भुजा = $\frac{3}{2}a$ सेमी

∴ समषट्भुज का क्षेत्रफल

= $3 \times \frac{\sqrt{3}}{2}a^2$ वर्ग सेमी

वर्ग का क्षेत्रफल = $\left(\frac{3}{2}a\right)^2$ सेमी

= $\frac{9}{4}a^2$ वर्ग सेमी

∴ अभीष्ट अनुपात= $\frac{3\sqrt{3}}{2}a^2 : \frac{9}{4}a^2$

= $6\sqrt{3} : 9 = 2\sqrt{3} : 3$

34. (c) माना समबाहु त्रिभुज की प्रत्येक भुजा

= x इकाई

तब समबाहु त्रिभुज का परिमाप = $3x$ इकाई

प्रश्नानुसार, $3x = \sqrt{3}\left(\frac{\sqrt{3}}{4}x^2\right)$

⇒ $3x = \frac{3}{4}x^2$

∴ x = 4 इकाई

35. (c) वर्ग का क्षेत्रफल = 576 वर्ग सेमी

वर्ग की भुजा = $\sqrt{576}$ सेमी = 24 सेमी

∴आयत की परिधि = (7 × 24) सेमी = 168 सेमी

∴ आयत की चौड़ाई = $\frac{1}{2}(168) - 56$

= (84 – 56) सेमी = 28 सेमी

∴ वृत्त का क्षेत्रफल = $\left[\frac{22}{7} \times (28)^2\right]$ वर्ग सेमी

= $\left(\frac{22}{7} \times 28 \times 28\right)$ वर्ग सेमी

= 2464 सेमी^{2}

36. (c) वर्ग का क्षेत्रफल = 81 वर्ग सेमी

∴ वर्ग की भुजा = $\sqrt{81}$ सेमी = 9 सेमी

तार की कुल लम्बाई = (4 × 9) सेमी = 36 सेमी

प्रश्नानुसार,

अर्द्धवृत्त का परिमाप = 36

⇒ $\pi r + 2r = 36$

⇒ $r\left(\frac{22}{7} + 2\right) = 36$

∴ $r = \frac{36 \times 7}{36} = 7$ सेमी

∴ अर्द्धवृत्त का क्षेत्रफल = $\frac{1}{2}\pi r^2$

= $\left[\frac{1}{2} \times \frac{22}{7} \times (7)^2\right]$ वर्ग सेमी

= 77 वर्ग सेमी

37. (b) माना त्रिभुजाकार खेत के तीनों कोण क्रमश: $\theta_1, \theta_2, \theta_3$ हैं।

गायों द्वारा त्रिभुजाकार खेत का चरा गया भाग

= $\frac{(\theta_1+\theta_2+\theta_3)}{360} \times \pi \times r^2$

= $\left[\frac{180}{360} \times \frac{22}{7} \times 7^2\right]$ मीटर^2

= 77 मीटर^2

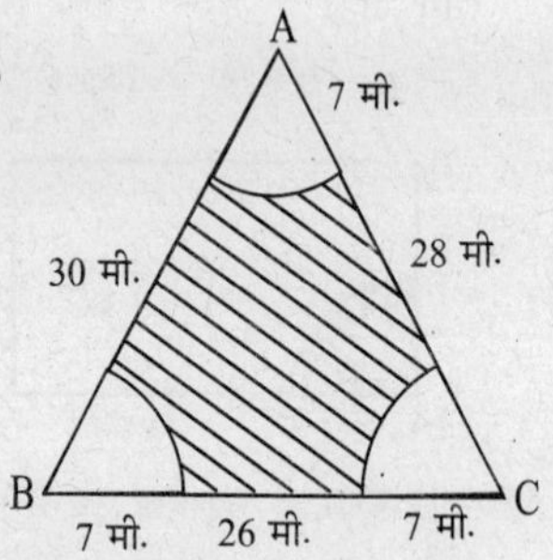

त्रिभुजाकार खेत का अर्द्धपरिमाप (s)

= $\frac{26+28+30}{2} = \frac{84}{2}$ मीटर = 42 मीटर

∴ त्रिभुजाकार खेत का क्षेत्रफल

= $\sqrt{s(s-a)(s-b)(s-c)}$

= $\sqrt{42(42-26)(42-28)(42-30)}$

= $\sqrt{42 \times 16 \times 14 \times 12}$

= $\sqrt{112896}$ = 336 मीटर^2

∴ तीनों गायों द्वारा चरने से बचा शेष क्षेत्रफल

= (336 – 77) मीटर^2 = 259 मीटर^2

38. (c) समचतुर्भुज का परिमाप = 4 × भुजा

146 = 4 × भुजा

∴ $146 = 4 \times \frac{1}{2}\sqrt{d_1^2 + d_2^2}$

⇒ $146 = 2\sqrt{55^2 + d_2^2}$

⇒ $73 = \sqrt{55^2 + d_2^2}$

⇒ $(73)^2 = 55^2 + d_2^2$

⇒ $d_2^2 = (73)^2 - (55)^2$

∴ $d_2 = \sqrt{2304}$ = 48 सेमी

39. (b)

माना समबाहु त्रिभुज की प्रत्येक भुजा = a

∴ समषट्भुज की प्रत्येक भुजा = $\frac{a}{2}$

समबाहु त्रिभुज का क्षेत्रफल $= \frac{\sqrt{3}}{4}a^2$

समषट्भुज का क्षेत्रफल

$= 6 \times \frac{\sqrt{3}}{4} \times \frac{a^2}{4} = \frac{3\sqrt{3}}{8}a^2$

$\therefore$ अभीष्ट अनुपात $= \frac{\sqrt{3}}{4}a^2 : \frac{3\sqrt{3}}{8}a^2$

$= 2 : 3$

40. (b) माना आयत की लम्बाई x सेमी तथा चौड़ाई y सेमी है, तब प्रश्नानुसार,

आयत का परिमाप $= 2(x + y)$

$\Rightarrow \quad 118 = (x + y)$

$\therefore \quad (x + y) = 59 \quad$ ...(i)

तथा $\quad x \times y = 828$ ...(ii)

$\therefore \quad x - y = \sqrt{(x+y)^2 - 4xy}$

$= \sqrt{(59)^2 - 4 \times 828}$

$= \sqrt{3481 - 3312} = \sqrt{169} = 13$

$\therefore x = \frac{59 + 13}{2} = \frac{72}{2} = 36$ सेमी

$y = \frac{59 - 13}{2} = \frac{46}{2} = 23$सेमी

$\therefore$ वर्ग की भुजा $= 2 \times x = (2 \times 36)$ सेमी

$= 72$ सेमी

$\therefore$ वर्ग का परिमाप $= (4 \times 72)$ सेमी $= 288$ सेमी

41. (c) पाइथागोरस प्रमेय में,

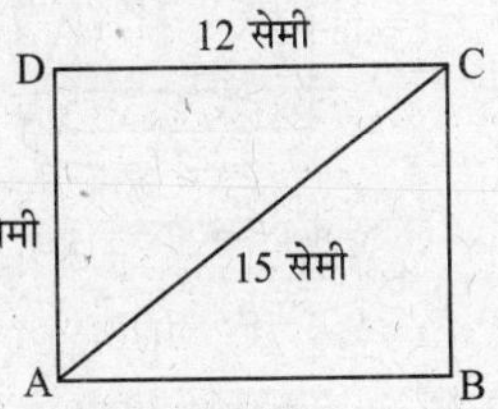

आयत की लम्बाई (DC)

$= \sqrt{(15)^2 - (9)^2}$

$= \sqrt{225 - 81} = \sqrt{144} = 12$ सेमी

$\therefore$ आयत का परिमाप $= 2(12 + 9)$ सेमी

$= 42$ सेमी

42. (d) साइकिल के पहिए द्वारा 1 चक्कर लगाने में तय की गई दूरी $= 2\pi r$

$\therefore 5000 \times \pi d = 11 \times 1000$

$\Rightarrow d = \left(\frac{11000}{5000 \times 22} \times 7\right) = 0{\cdot}7$ मीटर

$\therefore d = (0{\cdot}7 \times 100)$ सेमी $= 70$ सेमी

43. (d) माना वर्ग की प्रत्येक भुजा $= a$ सेमी

तब,वर्ग का विकर्ण $= \sqrt{2}\,a$ सेमी

$\therefore$ अभीष्ट अनुपात $= \frac{a^2}{4}\sqrt{3} : \frac{\sqrt{3}}{4} \times 2a^2$

$= \sqrt{3} : 2\sqrt{3} = 1 : 2$

44. (d) बेलन का सम्पूर्ण पृष्ठ

$= 2\pi r(h + r)$

और बेलन का आयतन $= \pi r^2 h$

अब

$\therefore \quad \pi r^2 h = 448\pi$

या $r^2 = \frac{448\pi}{7 \times \pi} = 64$

$\therefore \quad r = 8$ सेमी

$\therefore \quad$ सम्पूर्ण पृष्ठ $= 2\pi 8(7 + 8) = 240\pi$

45. (b) शंकु की तिर्यक लम्बाई

$'l' = \sqrt{r^2 + h^2}$

$= \sqrt{3^2 + 4^2} = \sqrt{9 + 16} = \sqrt{25}$

$= 5$ सेमी.

$\therefore$ शंकु का पृष्ठीय क्षेत्रफल $= \pi rl$

$= \pi \times 3 \times 5 = 15\pi$ वर्ग सेमी.

46. (c) ईंटों की संख्या $= \frac{\text{दीवार का आयतन}}{\text{एक ईंट का आयतन}}$

$= \frac{500 \times 300 \times 2000}{25 \times 12.5 \times 7.5} = 128000$

47. (c) टैंक की गहराई

$= \frac{36000}{45 \times 32} = 25$ मीटर

48. (d) **ट्रिकी सूत्र से,**

भरे जाने वाले पैकटों की संख्या

$= \frac{100 \times 45 \times 30}{15 \times 12 \times 2.5}$

$= \frac{1,35,000}{450} = 300$

49. (b) गोले के द्रव्य का आयतन

$= \frac{4}{3}\pi(R^3 - r^3) = \frac{4}{3}\pi(4^3 - 2^3)$

$= \frac{4}{3}\pi(64 - 8) = \frac{56 \times 4\pi}{3}$

यदि शंकु की ऊँचाई $=$ H सेमी हो, तो

शंकु का आयतन $= \frac{1}{3}\pi \times (4)^2 \times H$

$\therefore \quad \frac{16\pi H}{3} = \frac{56 \times 4\pi}{3}$

$\Rightarrow \quad H = \frac{56 \times 4 \times 3}{3 \times 16} = 14$ सेमी

50. (c) वर्ग ABEF का क्षेत्रफल $= 16$

$\therefore \quad$ भुजा $= \sqrt{16} = 4$

अब ADHE का विकर्ण $= \sqrt{2} \times$ भुजा

$= \sqrt{2} \times 4$

$\therefore \quad$ ABGH का क्षेत्रफल

$= AB \times BG = 4 \times 4\sqrt{2} = 16\sqrt{2}$

51. (a) सबसे बड़े डंडे की लम्बाई

$= \sqrt{l^2 + b^2 + h^2}$

$= \sqrt{11^2 + 9^2 + 5^2}$

$= \sqrt{121 + 81 + 25} = \sqrt{227}$

$= 15.07$ मीटर

$= 15$ मीटर (लगभग)

52. (c) घन का पृष्ठ क्षेत्रफल

$= 6 \times$ भुजा$^2 = 150$

या भुजा$^2 = \frac{150}{6} = 25$

$\therefore \quad$ भुजा $= \sqrt{25} = 5$ सेंटीमीटर

$\therefore \quad$ विकर्ण $= \sqrt{2} \times$ भुजा $= 5\sqrt{2}$

53. (d) छड़ की अधिकतम लम्बाई $=$ फैक्ट्री की विकर्णवत् लम्बाई होगी

$= \sqrt{l^2 + b^2 + h^2} = \sqrt{16^2 + 15^2 + 12^2}$

$= \sqrt{256 + 225 + 144}$

$= \sqrt{625} = 25$ मी.

54. (a) बने घनाभ की लम्बाई $= 4 \times 4 = 16$ सेमी चौड़ाई $= 4$ सेमी, ऊँचाई $= 4$ सेमी

पृष्ठीय क्षेत्रफल $= 2(lb + bh \times lh)$

$= 2(16 \times 4 + 4 \times 4 + 16 \times 4)$

$= 2(64 + 16 + 64)$

$= 2 \times 144 = 288$ सेमी^{2}

55. (a) बेलन की त्रिज्या $= \frac{4}{2} = 2$ सेमी

$\therefore$ बेलन का आयतन

$= \pi \times 2 \times 2 \times 45$ घन सेमी

गोले की त्रिज्या $= \frac{6}{2} = 3$ सेमी

$\therefore$ गोले का आयतन $= \frac{4}{3}\pi \times 3 \times 3 \times 3$

गोलों की संख्या $= \frac{\pi \times 2 \times 2 \times 45 \times 3}{4\pi \times 3 \times 3 \times 3} = 5$

56. (b) घन का सम्पूर्ण पृष्ठीय क्षेत्रफल

$= 6 \times$ भुजा^{2}

$\therefore \quad 6 \times a^2 = 150$

$a^2 = \frac{150}{6}$

$\Rightarrow \quad a^2 = 25$

$\Rightarrow \quad a = \sqrt{25}$

$\Rightarrow \quad a = 5$

$\therefore$ घन का आयतन $= a^3$

$= (5)^3 = 125$ सेमी^{3}

57. (c) घनाभ के पृष्ठ का क्षे. $= 2\,(lb + bh + hl)$

जहाँ $l = 8 + 8 = 16$ सेमी

$b = 8$ सेमी, $c = 8$ सेमी

$= 2\,(16 \times 8 + 8 \times 8 + 8 \times 16)$

$= 2\,(320) = 640$ वर्ग सेमी

58. (d) पिरामिड का आयतन

$= \frac{1}{3} \times$ आधार का क्षेत्रफल $\times$ ऊँचाई

$= \frac{1}{3} \times 25 \times 9 = 75$ सेमी^{3}

59. (a) अधिकतम लम्बे डण्डे की लम्बाई

$= \sqrt{(24)^2 + (8)^2 + (6)^2}$

$= \sqrt{576 + 64 + 36}$

$= \sqrt{676} = 26$ सेमी

60. (c) घन की भुजा $= \sqrt[3]{125}$ सेमी $= 5$ सेमी

$\therefore$ घन के एक फलक का क्षेत्रफल

$= (5)^2$ सेमी^{2} $= 25$ सेमी^{2}

61. (b) माना तटबन्ध की ऊंचाई $= h$ मीटर तब प्रश्नानुसार,

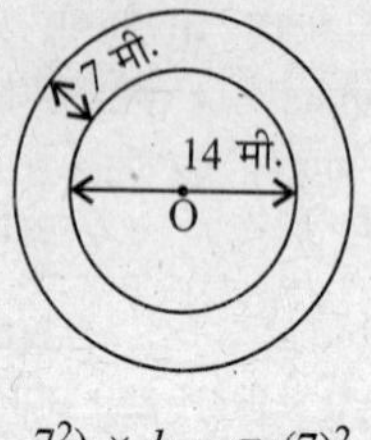

$\pi\,(14^2 - 7^2) \times h = \pi\,(7)^2 \times 15$

$\Rightarrow \pi\,(196 - 49) \times h = \pi \times 49 \times 15$

$\therefore \; h = \left(\frac{49 \times 15}{147}\right) = 5$ मीटर

अतः तटबन्ध की ऊंचाई = 5 मीटर

62. (c) प्रश्नानुसार,

गढ्ढे का सतही क्षेत्रफल $= (7{\cdot}5 \times 6)$ मीटर^2

$= 45$ मीटर^2

शेष खेत का क्षेत्रफल

$= (18 \times 15 - 45)$ मीटर^2

$= (270 - 45)$ मीटर^2

$= 225$ मीटर^2

$\therefore$ खेत का ऊंचा स्तर

$= \frac{7{\cdot}5 \times 6 \times 0{\cdot}8}{225}$ मीटर

$= 0{\cdot}16$ मीटर $= 16$ सेमी

63. (c) माना तम्बू के परि भाग (शंकु) की तिर्यक ऊंचाई = l मीटर है, तब

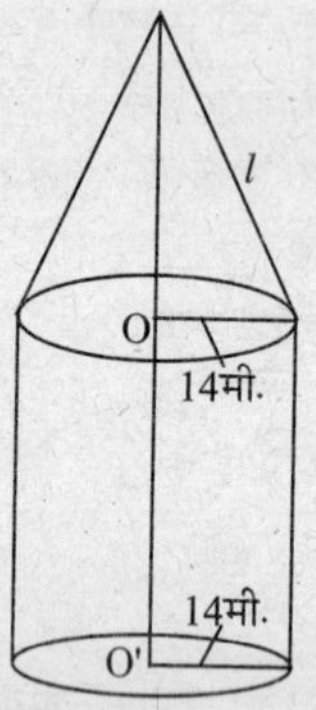

$l^2 = (13{\cdot}5 - 3) + 14^2$

$\Rightarrow \quad l^2 = (10{\cdot}5)^2 + 196$

$\Rightarrow \quad l^2 = 110{\cdot}25 + 196$

$\Rightarrow \quad l^2 = 306{\cdot}25$

$\therefore \quad l = 17{\cdot}5$ मीटर

$\therefore$ तम्बू के भीतरी भाग का क्षेत्रफल

$= \left(2 \times \frac{22}{7} \times 14 \times 3 + \frac{22}{7} \times 14 \times 17{\cdot}5\right)$

$= (264 + 770) = 1034$ मीटर^2

$\therefore$ अभीष्ट लागत

$=$ ₹ $(2 \times 1034) =$ ₹ $2{,}068$

64. (b) एक ईंट का आयतन

$= (25 \times 11{\cdot}25 \times 6)$ सेमी^{3}

दीवार का आयतन $= (800 \times 600 \times 22{\cdot}5)$ सेमी^{3}

$\therefore$ ईंटों की अभीष्ट संख्या

$= \left(\frac{800 \times 600 \times 22{\cdot}5}{25 \times 11{\cdot}25 \times 6}\right)$

$= 6400$

65. (d) प्रत्येक घन की भुजा

= 6, 12 व 15 का म.स. = 3

$\therefore$ घन की भुजा = 3 सेमी

$\therefore$ घनों की सम्भावित संख्या $= (2 \times 4 \times 5)$

$= 40$

66. (c) शंकु की तिर्यक ऊंचाई l

$= \sqrt{h^2 + r^2} = \sqrt{(24)^2 + (7)^2}$

$= \sqrt{576 + 49} = \sqrt{625} = 25$ मीटर

$\therefore$ शंकु का वक्र तल $= \pi r l$ वर्ग मीटर

$= \left(\frac{22}{7} \times 7 \times 25\right)$ वर्ग मीटर

$= 550$ वर्ग मीटर

$\therefore$ कपड़े की अभीष्ट लम्बाई

$= \frac{550}{2{\cdot}5}$ मीटर $= 220$ मीटर

67. (b) बेलन का आयतन $= \pi r^2 h$ घन इकाई

$= (\pi \times (10)^2 \times 30)$ सेमी^{3}

बेलन में पानी का आयतन $= \pi\,(10)^2 \times 5$ सेमी^{3}

शेष आयतन $= \pi \times (10)^2 \times (30 - 5)$ सेमी^{3}

$= (\pi \times 100 \times 25)$ सेमी^{3}

$= 2500\,\pi$ सेमी^{3}

लोहे के एक गोले का आयतन $= \frac{4}{3}\pi \times (5)^3$

$= \left(\frac{4}{3}\pi \times 125\right) = \frac{500}{3}\pi$ घन सेमी

$\therefore$ गोलों की अभीष्ट संख्या

$= \left(2500\pi \div \frac{500}{3}\pi\right)$

$= \left(2500 \times \frac{3}{500}\right)$

$= 15$

68. (c) शंकु की तिर्यक ऊंचाई $l = \sqrt{r^2 + h^2}$

$= \sqrt{6^2 + 8^2}$

$= \sqrt{36 + 64} = \sqrt{100} = 10$ cm

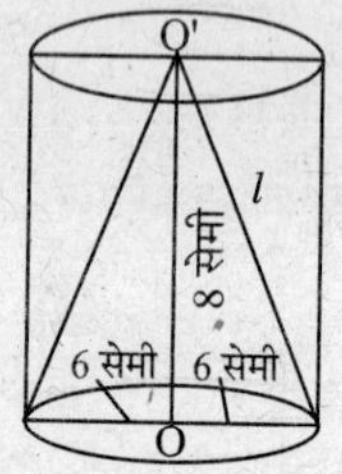

शंकु का वक्रपृष्ठ $= \pi r l$

$= \pi \times 6 \times 10 = 60\pi$

बेलन का वक्रपृष्ठ $= 2\pi r h$

$= (2 \times \pi \times 6 \times 8) = 96\pi$

अभीष्ट अनुपात $= 96\pi : 60\pi = 8 : 5$

69. (c) पिघलाकर बनाए गए नए घन की भुजा

$= \sqrt[3]{(1)^3 + (6)^3 + (8)^3}$ मीटर

$= \sqrt[3]{1 + 216 + 512}$ मीटर $= 9$ मीटर

घन की सतह का क्षेत्रफल

$= 6a^2$ वर्ग मीटर

$= 6 \times (9)^2$ वर्ग मीटर

$= 486$ वर्ग मीटर

□□□

12

अध्याय

चाल, समय और दूरी

चाल (Speed)

किसी व्यक्ति या वस्तु द्वारा तय की गई दूरी और दूरी तय करने में लगे समय के अनुपात को 'चाल' कहते हैं–

(*i*) $\text{चाल} = \dfrac{\text{दूरी}}{\text{समय}}$

(*ii*) $\text{समय} = \dfrac{\text{दूरी}}{\text{चाल}}$

(*iii*) दूरी = समय × चाल

दूरी (Distance) : किसी व्यक्ति या वाहन की चाल को, उसके द्वारा लिए गए समय से गुणा करने पर दूरी प्राप्त होती है।

∴ दूरी = समय × चाल

महत्वपूर्ण तथ्य

किलोमीटर प्रति घंटा को मीटर प्रति सेकण्ड में बदलने के लिए $\frac{5}{18}$ से गुणा किया जाता है।

जैसे– x किमी./घंटा $= \left(x \times \frac{5}{18}\right)$ मी./से.

मीटर प्रति सेकण्ड को किलोमीटर प्रति घंटा में बदलने के लिए $\frac{18}{5}$ से गुणा किया जाता है

जैसे– y मी./से. $= \left(y \times \frac{18}{5}\right)$ किमी./घंटा

दो गाड़ियां जिनकी चाल क्रमशः x किमी./घंटा तथा y किमी./घंटा है, यदि दोनों रेलगाड़ियां समान चाल से चल रही हों, तब

उनकी सापेक्ष चाल = $(x - y)$ किमी./घंटा (जहां $x > y$)

दो गाड़ियां जिनकी चाल क्रमशः x किमी./घंटा व y किमी./घंटा है, यदि दोनों गाड़ियां एक–दूसरे की विपरीत दिशा में चल रही हों, तब

उनकी सापेक्ष चाल = $(x + y)$ किमी./घंटा

चाल, समय एवं दूरी के लिए महत्वपूर्ण नियम

(i) एक व्यक्ति कोई निश्चित दूरी जाते समय a किमी./घंटा की चाल से तथा वापस आते समय उतनी ही दूरी b किमी./घंटा की चाल से तय करता है तब,

पूरी यात्रा के दौरान व्यक्ति की औसत चाल $= \left(\dfrac{2ab}{a+b}\right)$ किमी./घंटा

(ii) एक व्यक्ति किसी निश्चित स्थान तक पैदल जाने तथा वाहन द्वारा वापस आने में a घंटे का समय लेता है। यदि वह दोनों ओर वाहन का प्रयोग करे तो उसे b घंटे कम समय लगता है तब,

व्यक्ति को दोनों ओर पैदल जाने में लगा समय $= (a + b)$ घंटे

(iii) एक व्यक्ति वाहन द्वारा जाने तथा उसी स्थान पर वापस पैदल आने में a घंटे का समय लेता है। यदि वह दोनों ओर पैदल जाता है तो उसे b घंटे का समय अधिक लगता है तब,

व्यक्ति को दोनों ओर वाहन से जाने में लगा समय $= (a - b)$ घंटे

(iv) एक व्यक्ति V_1 किमी./घंटा की चाल से चलकर अपनी यात्रा t_1 घंटे में पूरी करता है। यदि वह चाल को V_2 किमी./घंटा कर दे तो उसे यात्रा पूरी करने में t_2 घंटे का समय लगता है, तब हम इसे एक सामान्य समीकरण से प्रदर्शित कर सकते हैं–

$$V_1 t_1 = V_2 t_2$$

(v) दो व्यक्ति या गाड़ियां एक ही समय में विपरीत स्थानों से चलना प्रारंभ करती हैं तथा एक–दूसरे से मिलने के बाद क्रमशः t_1 व t_2 घंटे में अपनी यात्रा पूरी करती है तब,

$$\frac{\text{पहले व्यक्ति या गाड़ी की चाल}}{\text{दूसरे व्यक्ति या गाड़ी की चाल}} = \sqrt{\frac{t_2}{t_1}}$$

(vi) एक व्यक्ति a किमी./घंटा की चाल से चलता है, यदि वह प्रत्येक किमी. चलने के पश्चात् t घंटे का विश्राम करता है तो b किमी. की दूरी तय करने में–

व्यक्ति को लगा अभीष्ट समय $= \left[\dfrac{b}{a} + (b-1)t\right]$ घंटे

(vii) एक व्यक्ति कोई यात्रा T घंटे में समाप्त करता है। वह यात्रा का पहला भाग V_1 किमी./घंटा की गति से तथा यात्रा का दूसरा भाग V_2 किमी/घंटा की गति से तय करता है तब,

यात्रा की कुल दूरी $= \left[\dfrac{2T\,V_1 V_2}{V_1 + V_2}\right]$ किमी.

(viii) एक व्यक्ति अपनी सामान्य चाल $\frac{a}{b}$ चाल से चलकर ऑफिस t मिनट देरी से पहुंचता है तब, उसे ऑफिस पहुंचने में लगा–

सामान्य समय $= \left[\dfrac{at}{(b-a)}\right]$ मिनट

हल सहित उदाहरण

उदाहरण–1 : दो घुड़सवार समान दूरी को क्रमशः 15 किमी./घंटा व 16 किमी./घंटा की चाल से तय करते हैं। यदि दूसरे की अपेक्षा, पहले घुड़सवार को 16 मिनट अधिक समय लगता है, तो दोनों के द्वारा तय की गई दूरी ज्ञात कीजिए।

हल–माना अभीष्ट दूरी $= x$ किमी.

$\therefore$ पहले घुड़सवार को लगा समय $= \frac{x}{15}$ घंटे

दूसरे घुड़सवार को लगा समय $= \frac{x}{16}$ घंटे

प्रश्नानुसार, $\frac{x}{15} - \frac{x}{16} = \frac{16}{60}$

$$\frac{16x - 15x}{15 \times 16} = \frac{16}{60}$$

$$\Rightarrow \quad x = \left(\frac{16 \times 16 \times 15}{60}\right) \text{किमी.}$$

$$= 64 \text{ किमी.}$$

उदाहरण–2 : दो बंदूकें एक ही स्थान से 5 मिनट के अंतराल पर छोड़ी गई, लेकिन उसी स्थान की ओर जाती हुई रेलगाड़ी में बैठे व्यक्ति को बंदूक की दूसरी आवाज 4 मिनट 30 सेकण्ड के बाद सुनाई पड़ती है। रेलगाड़ी की चाल ज्ञात कीजिए, यदि ध्वनि की चाल 330 मी./से. हो।

हल– ध्वनि द्वारा 30 सेकण्ड में तय की गई दूरी

$$= (330 \times 30) \text{ मीटर} = 9900 \text{ मीटर}$$

$\therefore$ ध्वनि द्वारा 30 सेकण्ड में तय की गई दूरी रेलगाड़ी द्वारा 4 मिनट 30 सेकण्ड में तय की गई दूरी के बराबर है

$\therefore$ रेलगाड़ी की चाल $= \frac{9900}{270}$ मी./से.

$$= \left(\frac{9900}{270} \times \frac{18}{5}\right) \text{किमी./घंटा} = 132 \text{ किमी./घंटा}$$

उदाहरण–3 : एक व्यक्ति कार द्वारा अपनी यात्रा 9 घंटे में पूरी करता है, जिसमें वह पहली आधी यात्रा 20 किमी./घंटा की चाल से तथा शेष आधी यात्रा 25 किमी./घंटा की चाल से तय करता है, तो व्यक्ति द्वारा यात्रा में तय की गई दूरी ज्ञात कीजिए।

हल– माना तय की गई यात्रा की कुल दूरी $= x$ किमी.

तब, $\frac{x}{2}$ किमी. की यात्रा वह 20 किमी./घंटा की चाल से तय करता है।

शेष $\frac{x}{2}$ किमी. की यात्रा वह 25 किमी./घंटा की चाल से तय करता है

$\therefore$ पूरी यात्रा तय करने में लगा समय $= \frac{x}{2 \times 20} + \frac{x}{2 \times 25}$

$$9 = \frac{x}{40} + \frac{x}{50}$$

$$\Rightarrow \quad 9x = 9 \times 200$$

$$\therefore \quad x = 200 \text{ किमी.}$$

अतः व्यक्ति द्वारा तय की गई दूरी $= 200$ किमी.

उदाहरण–4 : एक व्यक्ति बिना रुके हुए कोई निश्चित दूरी 80 किमी./घंटे की चाल से तय करता है तथा विश्राम करते हुए वह उसी दूरी को 60 किमी./घंटा की चाल से तय करता है। वह प्रतिघंटा कितने मिनट रुकता है?

हल–माना कुल अभीष्ट दूरी $= x$ किमी.

$\therefore$ 80 किमी./घंटा की चाल से दूरी तय करने में लगा समय $= \frac{x}{80}$ घंटा

60 किमी./घंटा की चाल से दूरी तय करने में लगा समय $= \frac{x}{60}$ घंटा

$\therefore$ विश्राम की अवधि $= \left(\frac{x}{60} - \frac{x}{80}\right)$ घंटे

$$= \frac{20x}{4800} = \frac{x}{240} \text{ घंटे}$$

$\therefore$ प्रति घंटे विश्राम की अवधि $= \left(\frac{x}{240} \div \frac{x}{60}\right)$ घंटा

$$= \left(\frac{x}{240} \times \frac{60}{x}\right) \text{ घंटा}$$

$$= \frac{1}{4} \text{ घंटा} = 15 \text{ मिनट}$$

अतः प्रत्येक विश्राम की अवधि = 15 मिनट

प्रश्नमाला

1. किसी दूरी को A और B द्वारा तय करने में लिए गए समय का अनुपात 3 : 5 है। यदि दोनों की चालों में 18 किमी०/घण्टे का अंतर हो, तो A द्वारा 360 किमी०. की दूरी तय करने में कितना समय लगेगा?

(a) 20 घण्टे (b) 8 घण्टे
(c) 10 घण्टे (d) 15 घण्टे

2. एक रेलगाड़ी अपनी सामान्य गति से कुछ दूरी तय करती है। यदि इसकी गति 6 किमी०/घण्टा अधिक होती तो यह दूरी 4 घण्टे कम समय में तय की जाती। यदि इसकी गति 6 किमी०/घण्टा होती तो यह दूरी 6 घण्टे अधिक समय में तय की जाती। यात्रा की कुल दूरी कितनी है?

(a) 700 किमी० (b) 740 किमी०
(c) 720 किमी० (d) 760 किमी०

3. एक व्यक्ति जो पहाड़ी के ढलान के अनुदिश $4\frac{1}{2}$ किमी०/घण्टा की चाल से तथा ढलान की विपरीत दिशा में 3 किमी०/घण्टा की चाल से चल सकता है। वह पहाड़ी के ऊपर जाकर वापस अपने स्थान पर 5 घण्टे में आता है। वह पहाड़ी पर कितनी ऊँचाई तक चढ़ा?

(a) 13.5 किमी० (b) 3 किमी०
(c) 15 किमी० (d) 9 किमी०

4. एक सिपाही किसी चोर का पीछा कर रहा है तथा चोर से 100 मीटर पीछे है। यदि सिपाही तथा चोर की चालों का अनुपात 5 : 4 हो, तो पकड़े जाने पर चोर कितनी दूरी तय कर चुका होगा?

(a) 80 मी० (b) 200 मी०
(c) 400 मी० (d) 600 मी०

5. एक समुद्री जहाज किनारे से 40 किमी० की दूरी पर है। इसमें एक छेद हो जाता है। जिससे इसमें 6 मिनट में $1\frac{7}{8}$ टन पानी अंदर भर जाता है। 60 टन पानी इस जहाज को डुबोने के लिए पर्याप्त है। किन्तु जहाज में लगा एक निकासी नल 12 टन प्रति घण्टा की दर से पानी बाहर फेंक सकता है। जहाज की वह औसत गति क्या है जिससे वह जैसे ही डूबना आरम्भ करे, किनारे पर पहुँच जाए?

(a) 4.5 किमी०/घण्टा
(b) 3.5 किमी०/घण्टा
(c) 5 किमी०/घण्टा
(d) इनमें से कोई नहीं

6. एक व्यक्ति मोटर-साईकिल द्वारा एक निश्चित दूरी तय करता है। यदि वह 6 किमी०/घण्टा धीरे चलता तो उसे 8 मिनट अधिक लगते। परंतु, यदि वह 4 किमी०/घण्टा तेज चलता तो, उसे $4\frac{1}{2}$ मिनट कम लगते। कुल दूरी कितनी है?
(a) 64 किमी० (b) 72 किमी०
(c) 84 किमी० (d) 108 किमी०

7. एक विद्यार्थी $2\frac{1}{2}$ किमी०/घण्टा की चाल से चलकर स्कूल 6 मिनट देरी से पहुँचता है। अगले दिन अपनी चाल 1 किमी०/घण्टा बढ़ा देता है और स्कूल समय से 6 मिनट पहले पहुँच जाता है। तो उसका स्कूल, घर से कितनी दूर है?
(a) $\frac{2}{3}$ किमी० (b) $\frac{1}{5}$ किमी०
(c) $\frac{7}{4}$ किमी० (d) $\frac{5}{2}$ किमी०

8. सुमित 45 किमी०/घण्टा की चाल से घर से रिसॉर्ट की ओर चला। उसी रास्ते से वापस आते हुए वह ट्रैफिक में फँस गया और उसे 1 घण्टा अधिक लगा एवं वह केवल 40 किमी०/घण्टा की चाल से गाड़ी चला सका। उसने प्रत्येक तरफ से कितने किमी० गाड़ी चलाई?
(a) 270 किमी० (b) 360 किमी०
(c) 280 किमी० (d) 450 किमी०

9. किसी बस टर्मिनल से बसें 10 मिनट के अन्तराल से 20 किमी०/घण्टा की चाल से चलती हैं। विपरीत दिशा से बस टर्मिनल की ओर आने वाले एक आदमी की चाल कितनी होगी यदि उसे बसें 8 मिनट के अन्तराल से मिलती रहें?
(a) 3 किमी०/घण्टा (b) 4 किमी०/घण्टा
(c) 5 किमी०/घण्टा (d) 7 किमी०/घण्टा

10. दो स्थानों A और B के बीच की दूरी 110 किमी० है। एक मोटर साईकिल सवार A से अपनी यात्रा 7 बजे प्रातः आरम्भ करता है और 20 किमी०/घण्टा की गति से B की दिशा में चल देता है। दूसरा मोटर साईकिल सवार B से 8 बजे प्रातः यात्रा आरम्भ करता है और 25 किमी०/घण्टा की गति से A की दिशा में चल देता है। तद्नुसार वे दोनों किस समय एक-दूसरे से मिल पाते हैं?
(a) 10 : 30 प्रातः (b) 11 प्रातः
(c) 10 प्रातः (d) 9 : 30 प्रातः

11. किसी निश्चित दूरी को किसी निश्चित समय में तय किया जाता है। यदि 40% अधिक दूरी को 37% कम समय में तय करना हो, तो दोनों स्थितियों में चालों का अनुपात है-
(a) 3 : 7 (b) 4 : 9
(c) 9 : 10 (d) 9 : 20

12. दो व्यक्ति किसी निश्चित स्थान पर 4 किमी०/घण्टा व 3 किमी०/घण्टा की गति से चलना प्रारम्भ करते हैं। यदि पहला व्यक्ति, दूसरे व्यक्ति से निश्चित स्थान पर 30 मिनट पहले पहुँच जाता है, तो वह दूरी कितनी है?
(a) 6 किमी० (b) 9 किमी०
(c) 8 किमी० (d) 7 किमी०

13. एक विमान 2500 किमी०, 1200 किमी० तथा 500 किमी० की यात्रा क्रमशः 500 किमी०/घण्टा, 400 किमी०/घण्टा तथा 250 किमी०/घण्टा की गति से करता है। तद्नुसार, उस विमान की औसत गति कितनी है?
(a) 420 किमी०/घण्टा
(b) 410 किमी०/घण्टा
(c) 405 किमी०/घण्टा
(d) 575 किमी०/घण्टा

14. हरि अपने घर से 5 किमी०/घण्टा की गति से चलकर अपने कार्यालय 3 मिनट देर से पहुँचता है। अगले दिन वह अपनी गति 1 किमी०/घण्टा बढ़ा देता है और 3 मिनट पहले पहुँच जाता है। तद्नुसार उसके घर से कार्यालय की दूरी कितनी है?
(a) 1 किमी० (b) 2 किमी०
(c) 3 किमी० (d) $3\frac{1}{2}$ किमी०

15. 40 किमी०/घण्टा की गति से एक रेलगाड़ी अपने गंतव्य स्थल तक समय पर पहुँच जाती है, किंतु यदि वह 35 किमी०/घण्टा की गति से चले, तो 15 मिनट देरी से पहुँचती है। उसकी कुल यात्रा की दूरी कितनी है?
(a) 30 किमी० (b) 40 किमी०
(c) 70 किमी० (d) 80 किमी०

16. एक ट्रेन और एक कार की गति के बीच 16 : 15 का अनुपात है। एक बस 480 किमी. की दूरी 8 घंटे में पूरी करती है तथा बस की गति, ट्रेन की गति की तीन-चौथाई है। 6 घंटे में कार द्वारा तय की गई दूरी है-
(a) 450 किमी. (b) 375 किमी.
(c) 525 किमी. (d) 475 किमी.

17. एक व्यक्ति साइकिल द्वारा एक घंटे में 18 किमी. जाता है किंतु प्रत्येक 7 किमी. चलने के पश्चात् वह 6 मिनट के लिए विश्राम करता है। 90 किमी. की दूरी तय करने में उसे कितना समय लगेगा?
(a) 6 घंटे 17 मिनट
(b) 5 घंटे 10 मिनट
(c) 6 घंटे
(d) 6 घंटे 8 मिनट

18. एक बस 11 घंटे में 58 किमी./घंटा की गति से 522 किमी. की दूरी तय करती है। यात्रा के बीच एक ठहरने के स्थल पर बस कुछ देर रुकी थी, तो बस ठहराव स्थल पर कितने समय के लिए रुकी थी?
(a) 30 मिनट (b) 1 घंटा
(c) 1 घंटा 30 मिनट (d) 2 घंटे

19. एक व्यक्ति 600 किमी. की दूरी रेल द्वारा 80 किमी./घंटे की चाल से, 800 किमी. की दूरी बस द्वारा 40 किमी./घंटे की चाल से, 500 किमी. की दूरी जहाज द्वारा 40 किमी./घंटे की चाल से, तथा 100 किमी. की दूरी कार द्वारा 50 किमी./घंटे की चाल से तय करता है, तो पूरी यात्रा के दौरान व्यक्ति की औसत चाल क्या है?
(a) $65\frac{5}{123}$ किमी./घंटा
(b) $68\frac{1}{5}$ किमी./घंटा
(c) $56\frac{1}{123}$ किमी./घंटा
(d) इनमें से कोई नहीं

20. 1200 मीटर लम्बे किसी पुल के दोनों ओर दो व्यक्ति खड़े हुए हैं। यदि वे एक-दूसरे की ओर क्रमशः 5 मी./मिनट और 10 मी./मिनट की चाल से चलें, तो एक-दूसरे से मिलने में उन्हें कितना समय लगेगा?
(a) 55 मिनट (b) 1 घंटा 20 मिनट
(c) 40 मिनट (d) 50 मिनट

उत्तर (हल/संकेत)

1. (b) A और B द्वारा लिए गए समय का अनुपात $= 3 : 5$

$\therefore$ A और B की चालों का अनुपात $= 5 : 3$

माना A व B की चाल क्रमशः $5x$ किमी०/घण्टा व $3x$ किमी०/घण्टा है

तब, प्रश्नानुसार,

$$5x - 3x = 18$$
$$\Rightarrow 2x = 18$$
$$\Rightarrow x = 9$$

∴ A की चाल $= 5x = 5 \times 9$

= 45 किमी०/घण्टा

∴ 360 किमी० की दूरी तय करने में A द्वारा लिया गया समय

$= \frac{360}{45}$ घण्टे = 8 घण्टे

2. (c) माना यात्रा की कुल दूरी $= x$ किमी० तथा यात्रा की सामान्य गति $= y$ किमी०/घण्टा

तब, प्रश्नानुसार,

$$\frac{x}{y} - \frac{x}{(y+6)} = 4$$

$$\Rightarrow \frac{(y+6)x - xy)}{y(y+6)} = 4$$

$$\Rightarrow \frac{6x}{y(y+6)} = 4 \quad ...(i)$$

तथा $\frac{x}{y-6} - \frac{x}{y} = 6$

$$\Rightarrow \frac{x(y-y+6)}{y(y-6)} = 6$$

$$\Rightarrow \frac{6x}{y(y-6)} = 6 \; ...(ii)$$

समी० (i) में समी० (ii) का भाग देने पर

$$\frac{6x}{y(y+6)} \times \frac{y(y-6)}{6x} = \frac{4}{6}$$

$$\Rightarrow \frac{y-6}{y+6} = \frac{2}{3}$$

$$\Rightarrow 3y - 18 = 2y + 12$$
$$\Rightarrow y = 30$$

समी० (ii) से

$$\frac{6x}{30 \times 36} = 4$$

$\Rightarrow 6x = 4 \times 30 \times 36$

$\Rightarrow x = 720$

∴ यात्रा की कुल दूरी = 720 किमी०

3. (d) माना वह पहाड़ी पर x किमी० चढ़ा तब प्रश्नानुसार,

$$\frac{x}{3} + \frac{x}{4.5} = 5$$

$$\Rightarrow \frac{x}{3} + \frac{2x}{9} = 5$$

$$\Rightarrow 5x = 45$$

$\Rightarrow x = 9$ किमी०

4. (c) सिपाही द्वारा 1 मीटर का अंतर पूरा करने पर चोर चलता है। = 4 मीटर

∴ सिपाही द्वारा 100 मीटर का अंतर पूरा करने पर चोर चलता है।

= (4 × 100) मी०

= 400 मी०

5. (a) 6 मिनट में पानी का भराव $= \frac{15}{8}$ टन

1 घण्टे में पानी का भराव

$= \left(\frac{15}{8} \times \frac{1}{6} \times 60\right)$ टन

$= \frac{75}{4}$ टन

1 घण्टे में पानी की निकासी = 12 टन

1 घण्टे में शुद्ध भराव

$= \left(\frac{75}{4} - 12\right) = \frac{27}{4}$ टन

∵ $\frac{27}{4}$ टन शुद्ध भराव है 1 घण्टे में

∴ 60 टन शुद्ध भराव होगा

$= \left(1 \times \frac{4}{27} \times 60\right)$ घण्टे में

$= \frac{80}{9}$ घण्टे में

अत: 40 किमी० की दूरी तय करने में लगा अधिकतम समय $= \frac{80}{9}$ घण्टे

∴ अभीष्ट औसत गति $= \frac{40}{80/9}$ किमी०/घण्टा

$= \left(\frac{40 \times 9}{80}\right)$ किमी०/घंटा

= 4.5 किमी०/घंटा

6. (b) माना अभीष्ट दूरी x किमी तथा वास्तविक चाल y किमी०/घण्टा है।

तब, प्रश्नानुसार,

$$= \frac{x}{(y-6)} - \frac{x}{y} = \frac{8}{60}$$

$$\frac{xy - xy + 6x}{y(y-6)} = \frac{8}{60}$$

$$\Rightarrow \frac{x}{y(y-6)} = \frac{1}{45} \quad ...(i)$$

$$\frac{x}{y} - \frac{x}{(y+4)} = \frac{9}{2 \times 60}$$

$$\Rightarrow \frac{xy + 4x - xy}{y(y+4)} = \frac{3}{40}$$

$$\Rightarrow \frac{x}{y(y+4)} = \frac{3}{160} \quad ...(ii)$$

समी० (i) को (ii) से भाग देने पर

$$\frac{x}{y(y-6)} \times \frac{y(y+4)}{x} = \left(\frac{1}{45} \times \frac{160}{3}\right)$$

$$\Rightarrow \frac{y+4}{y-6} = \frac{32}{27}$$

$\Rightarrow 27y + 108 = 32y - 192$

$\Rightarrow 5y = 300 \Rightarrow y = 60$

∴ अभीष्ट दूरी $(x) = \frac{y(y-6)}{45}$

$= \frac{60(60-6)}{45}$

$= \left(\frac{4}{3} \times 54\right)$ किमी०

= 72 किमी०

7. (c) माना घर से विद्यालय के बीच की दूरी $= x$ किमी०

तब, प्रश्नानुसार, $\frac{x}{\frac{5}{2}} - \frac{x}{\left(\frac{5}{2}+1\right)}$

$= \frac{(6+6)}{60}$

$$\Rightarrow \frac{2}{5}x - \frac{2}{7}x = \frac{1}{5}$$

$$\Rightarrow 14x - 10x = 35 \times \frac{1}{5}$$

$\Rightarrow 4x = 7$

∴ $x = \frac{7}{4}$ किमी०

8. (b) माना घर से रिसॉर्ट तक, एक तरफ की दूरी $= D$ किमी०

माना सुमित यह दूरी तय करने में t घण्टे का समय लेता है।

तब, प्रश्नानुसार,

$$45 \times t = 40 \times (t+1)$$
$$\Rightarrow 45t = 40t + 40$$
$$\Rightarrow 5t = 40$$

$\Rightarrow t = 8$ घण्टे

$\therefore$ प्रत्येक ओर की दूरी = (45 × 8) किमी०

= 360 किमी०

9. (c) माना आदमी की चाल

= x किमी०/ घण्टा

तब, प्रश्नानुसार,

$(20 + x) \times 8 = 20 \times 10$

$\Rightarrow 160 + 8x = 200$

$\Rightarrow 8x = 40$

$\Rightarrow x = 5$ किमी०/घण्टा

10. (c) A द्वारा 1 घण्टे में चली गई दूरी = (1 × 20) किमी० = 20 किमी०

शेष दूरी = (110 – 20) किमी०

= 90 किमी०

सापेक्ष गति = (25 + 20) किमी०/घण्टा

= 45 किमी०/घण्टा

$\therefore$ समय = $\frac{90}{45}$ घण्टे = 2 घण्टे

$\therefore$ A और B के मिलने का समय

= (7 + 2 + 1)

= 10 बजे प्रात:

11. (d) माना निश्चित दूरी D किमी० तथा निश्चित समय t घण्टे है।

$\therefore$ प्रथम स्थिति में,

चाल $(V_1) = \frac{D}{t}$

द्वितीय स्थिति में,

चाल $(V_2) = \frac{\left(D + \frac{40D}{100}\right)}{\left(t - \frac{37}{100}t\right)}$

$= \frac{20D}{9t}$

$\therefore \quad V_2 = \frac{20}{9}V_1$

$\Rightarrow \quad \frac{V_1}{V_2} = \frac{9}{20} = 9 : 20$

12. (a) माना यात्रा की कुल दूरी = x किमी०

तब, प्रश्नानुसार,

$\frac{x}{3} - \frac{x}{4} = \frac{1}{2}$

$\Rightarrow \quad 4x - 3x = \left(12 \times \frac{1}{2}\right)$

$\Rightarrow \quad x = 6$ किमी०

13. (a) कुल तय की गई दूरी = (2500 + 1200 + 500) किमी० = 4200 किमी०

दूरी तय करने में लगा समय

= (5 + 3 + 2) घण्टे

= 10 घण्टे

$\therefore$ औसत चाल = $\frac{4200}{10}$ किमी०/घंटा

= 420 किमी०/घंटा

14. (c) माना हरि के घर से कार्यालय के बीच की दूरी = x किमी०

तब, प्रश्नानुसार,

$\frac{x}{5} - \frac{x}{(5+1)} = \frac{(3+3)}{60}$

$\Rightarrow \quad 6x - 5x = \left(30 \times \frac{1}{10}\right)$

$\Rightarrow \quad x = 3$ किमी०

15. (c) माना यात्रा की कुल दूरी = x किमी०

$\therefore$ यात्रा में लगा कुल समय = $\frac{x}{40}$ घण्टा

प्रश्नानुसार,

$\frac{x}{35} - \frac{x}{40} = \frac{15}{60}$

$\Rightarrow \quad 8x - 7x = \left(\frac{1}{4} \times 280\right)$

$\Rightarrow \quad x = 70$ किमी०

16. (a) बस की चाल = $\frac{480}{8}$

= 60 किमी./घंटा

$\therefore$ ट्रेन की गति = $\left(60 \times \frac{4}{3}\right)$

= 80 किमी./घंटा

$\therefore$ कार की गति = $\left(\frac{15}{16} \times 80\right)$

= 75 किमी./घंटा

$\therefore$ 6 घंटे में कार द्वारा तय की गई दूरी = (75 × 6) = 450 किमी.

17. (a) साइकिल सवार की चाल = 18 किमी./घंटा

बिना विश्राम के 90 किमी. की दूरी तय करने में लगा समय

$= \frac{90}{18} = 5$ घंटे

विश्राम में लिया गया समय

$= \left(\frac{90}{7} \times 6\right) = 77$ मिनट

= 1 घंटा 17 मिनट

(केवल पूर्णांक मान लेने पर)

$\therefore$ कुल लिया गया समय = (5 घंटे + 1 घंटा 17 मिनट)

= 6 घंटे 17 मिनट

18. (d) बिना ठहरे बस द्वारा तय की गई दूरी = (11 × 58) = 638 किमी.

तय की गई वास्तविक दूरी = 522 किमी.

$\therefore$ दूरी में अंतर = (638 – 522)

= 116 किमी.

$\therefore$ ठहराव का समय = $\frac{116}{58} = 2$ घंटे

19. (a) व्यक्ति द्वारा तय की गई कुल दूरी = (600 + 800 + 500 + 100) = 2000 किमी.

दूरी तय करने में लगा कुल समय

$= \left(\frac{600}{80} + \frac{800}{40} + \frac{500}{400} + \frac{100}{50}\right)$ घंटे

$= \left(\frac{15}{2} + 20 + \frac{5}{4} + 2\right)$ घंटे

$= \frac{123}{4}$ घंटे

$\therefore$ औसत चाल = $\left(\frac{2000 \times 4}{123}\right)$

$= 65\frac{5}{123}$ किमी./घंटा

20. (b) सापेक्ष चाल = (5 + 10) मी./मिनट

= 15 मी./मिनट

$\therefore$ एक-दूसरे को पार करने में लगा समय

$= \frac{1200}{15} = 80$ मिनट

= 1 घंटा 20 मिनट

❑❑❑

13

अध्याय

छूट (बट्टा)

अंकित मूल्य (Marked price or List price) : किसी वस्तु पर लिखा हुआ मूल्य, उस वस्तु का सूची मूल्य या अंकित मूल्य कहलाता है। बट्टा या छूट सदैव अंकित मूल्य पर ही दिया जाता है।

सामान्य सूत्र

(*i*) बट्टा = अंकित मूल्य-विक्रय मूल्य

(*ii*) फुटकर बट्टा = अंकित मूल्य × $\frac{\text{बट्टे की दर}}{100}$

(*iii*) बट्टा प्रतिशत = $\frac{\text{अंकित मूल्य-विक्रय मूल्य}}{\text{अंकित मूल्य}} \times 100$

अथवा

बट्टा प्रतिशत = $\frac{\text{वास्तविक बट्टा}}{\text{अंकित मूल्य}} \times 100$

(*iv*) विक्रय मूल्य = अंकित मूल्य $\left(1 - \frac{\text{बट्टा}}{100}\right)$

(*v*) यदि किसी वस्तु की बिक्री पर क्रमिक दो बट्टे $a\%$ और $b\%$ हों, तो इसके समतुल्य बट्टा $(a + b)\%$ के बट्टे से सदैव कम होता है।

बट्टा के लिए कुछ महत्वपूर्ण नियम

(i) दो क्रमिक बट्टों $a\%$ व $b\%$ के समतुल्य-

$$\text{एकल बट्टा} = \left[100 - \frac{(100-a)(100-b)}{100}\right]\%$$

$$\text{एकल बट्टा} = \left[a + b - \frac{ab}{100}\right]\%$$

(ii) तीन क्रमिक छूटों $a\%$, $b\%$ व $c\%$ के समतुल्य-

$$\text{एकल बट्टा} = 100 - \frac{(100-a)(100-b)(100-c)}{100 \times 100}\%$$

(iii) एक वस्तु का अंकित मूल्य ₹ R है। यदि इस पर दो क्रमिक बट्टे $a\%$ व $b\%$ दिए जा रहे हों, तब

$$\text{उस वस्तु का विक्रय मूल्य} = ₹\left[\frac{R(100-a)(100-b)}{100 \times 100}\right]$$

(iv) एक वस्तु का अंकित मूल्य ₹ R है। इसमें तीन क्रमिक बट्टे $a\%$, $b\%$ व $c\%$ दिए जा रहे हैं। तब,

$$\text{उस वस्तु का विक्रय मूल्य} = ₹\left(\frac{R(100-a)(100-b)(100-c)}{100 \times 100 \times 100}\right)$$

(v) एक व्यक्ति अपने सामान का मूल्य, क्रय मूल्य से $x\%$ बढ़ाकर अंकित करता है और नगद भुगतान पर $y\%$ की छूट देता है। यदि वह सामान को ₹ R में बेचता है, तब

$$\text{उस सामान का क्रय मूल्य} = ₹\left[\frac{R \times 100 \times 100}{(100+x)(100-y)}\right]$$

हल सहित उदाहरण

उदाहरण—1 : एक दुकानदार वस्तु के अंकित मूल्य पर 10% की छूट देता है। लेकिन वह दी गई छूट की राशि पर 8% का कर भी लेता है। यदि कर सहित कोई भी ग्राहक उस वस्तु के ₹ 680.40 अदा करता है, तो उस वस्तु का अंकित मूल्य कितना है?

हल— माना वस्तु का अंकित मूल्य = ₹ x

∴ वस्तु का विक्रय मूल्य = ₹ $\frac{90}{100}x = \frac{9}{10}x$

∵ $\frac{9}{10}x \times \frac{108}{100} = ₹\,680.40$

⇒ $x = \left(\frac{680.40 \times 100 \times 10}{9 \times 108}\right)$

$= ₹\,700$

उदाहरण—2 : एक दुकानदार किसी वस्तु की बिक्री पर 5% की छूट देता है और 23.5% का लाभ कमाता है। यदि वह कोई भी छूट न दे, तो उसका लाभ प्रतिशत कितना होगा?

हल— माना वस्तु का क्रय मूल्य = ₹ 100

तब, वस्तु का विक्रय मूल्य = (100 + 23.5) = ₹ 123.5

माना वस्तु का अंकित मूल्य = ₹x

तब, $\frac{95}{100}x = 123.50$

⇒ $x = \left(\frac{12350}{95}\right) = ₹\,130$

अत: वस्तु का विक्रय मूल्य = उसका अंकित मूल्य = ₹ 130

∴ लाभ प्रतिशत = $\left(\frac{130-100}{100} \times 100\right)\%$

$= 30\%$

उदाहरण–3 : राजा किसी सामान को उसके अंकित मूल्य से $12\frac{1}{2}$% की छूट पर खरीदता है। वह इस सामान को इसके अंकित मूल्य से $17\frac{1}{2}$% लाभ पर बेचता है। राजा का लाभ प्रतिशत ज्ञात कीजिए।

हल– माना सामान का अंकित मूल्य = ₹ 100

$\therefore$ राजा के लिए सामान का क्रय मूल्य = $\left(100-12\frac{1}{2}\right)$ = ₹ 87.5

राजा के लिए सामान का विक्रय मूल्य = ₹ $\left(100+17\frac{1}{2}\right)$

= ₹ 117.5

$\therefore$ लाभ = ₹ (117.5 – 87.5) = ₹ 30

$\therefore$ राजा का लाभ प्रतिशत = $\left(\frac{30}{87.5}\times 100\right)\% = 34\frac{2}{7}\%$

उदाहरण–4 : एक दुकानदार अपने सामान पर इस प्रकार मूल्य अंकित करता है कि 30% का बट्टा देने के पश्चात् भी वह 40% का लाभ कमाता है। उस वस्तु का अंकित मूल्य ज्ञात कीजिए, जिसका क्रय मूल्य ₹ 150 है।

हल– वस्तु का क्रय मूल्य = ₹ 150

$\therefore$ वस्तु का विक्रय मूल्य = ₹ $\left(\frac{140}{100}\times 150\right)$ = ₹ 210

माना वस्तु का अंकित मूल्य = ₹ x

तब, वस्तु का विक्रय मूल्य = ₹ $\left(x\times\frac{70}{100}\right)$ = ₹ $\frac{7}{10}x$

$\therefore$ $\frac{7}{10}x = 210 \Rightarrow x =$ ₹ 300

प्रश्नमाला

1. 12½% और 10% की दो अनुक्रमिक छूट के बाद एक चाँदी की प्लेट को ₹ 6300 में बेचा गया। अंकित मूल्य ज्ञात कीजिए।
(a) ₹ 8000 (b) ₹ 7800
(c) ₹ 7500 (d) ₹ 8600

2. 12% की छूट देने के बाद विक्रेता को 10% का लाभ होता है। अगर वह कोई छूट नहीं देता, तो उसे कितने प्रतिशत का लाभ होगा?
(a) 20% (b) 23%
(c) 25% (d) 15%

3. एक विशिष्ट दुकान किसी वस्तु की खरीद पर 10% की छूट देता है। यदि तुरंत नकद भुगतान कर दी जाए तो 12% की और अधिक छूट दी जाती है। यदि वस्तु का मूल मूल्य ₹ 250 हो तो नकद खरीद करने पर वस्तु का मूल्य कितना होगा?
(a) ₹ 198 (b) ₹ 220
(c) ₹ 200 (d) ₹ 196

4. किसी व्यवसायी द्वारा अपने सामान पर लागत मूल्य से 20% अधिक कीमत अंकित की जाती है तथा 15% की छूट दी जाती है। व्यवसायी का लाभ प्रतिशत है–
(a) 5 (b) 4
(c) 3 (d) 2

5. 20%, 10% तथा 25% का समतुल्य बट्टा है–
(a) 40% (b) 46%
(c) 56% (d) 55%

6. एक दुकान में किसी वस्तु की खरीद पर 10% की छूट दी जाती है। तुरंत नकद भुगतान करने पर और 12% की और छूट दी जाती है। यदि किसी वस्तु का वास्तविक मूल्य ₹ 250 हो और यदि नकद खरीद की जाए, तो वस्तु का मूल्य क्या होगा?
(a) ₹ 200 (b) ₹ 195
(c) ₹ 198 (d) ₹ 190

7. एक फुटकर विक्रेता 15% छूट पर टीवी खरीदता है तथा उसे ₹ 1,955 में बेचता है। वह 15% लाभ कमाता है। तो छूट है–
(a) ₹ 270 (b) ₹ 310
(c) ₹ 300 (d) ₹ 325

8. एक व्यापारी अपनी प्रत्येक वस्तु पर इतना मूल्य अंकित करता है कि इस पर 20% छूट देने पर उसे 25% का लाभ होता है। यदि किसी वस्तु का क्रय मूल्य ₹ 432 हो, तो इसका अंकित मूल्य क्या होगा?
(a) ₹ 650 (b) ₹ 675
(c) ₹ 540 (d) ₹ 648

9. 10%, 20% तथा 25% के क्रमिक बट्टों के समतुल्य बट्टा क्या होगा?
(a) 55% (b) 45%
(c) 60% (d) 46%

10. एक विक्रेता को अपने सामान पर कितने प्रतिशत अधिक मूल्य अंकित करना चाहिये कि वह 12.5% का बट्टा (डिस्काउंट) देकर 5% का लाभ प्राप्त कर ले?
(a) 15% (b) 17.5%
(c) 20% (d) 25%

11. एक टाइप-राइटर पर जोकि बिकने के लिए है, विक्रय मूल्य ₹ 480 अंकित है। विक्रेता इस पर 10% बट्टा देता है और फिर भी 8% लाभ अर्जित करता है। यदि विक्रेता कोई भी बट्टा न देता तो कितने प्रतिशत लाभ अर्जित करता?
(a) ₹ 80 (b) ₹ 34.80
(c) ₹ 20 (d) ₹ 48

12. एक पुस्तक विक्रेता पुस्तकों पर 10% की छूट देता है। ₹ 1,000 से अधिक की खरीद पर बिल की रकम पर वह 10% की अतिरिक्त छूट भी देता है। ₹ 1,200 की खरीद पर वह कुल कितनी छूट देगा ?
(a) ₹ 220 (b) ₹ 228
(c) ₹ 235 (d) ₹ 240

13. किसी घड़ी को बेचने पर एक दुकानदार 15% की छूट देता है। यदि वह 20% छूट देता है, तो वह ₹ 51 कम लाभ कमाता है। घड़ी की वास्तविक कीमत क्या है?
(a) ₹ 920 (b) ₹ 985
(c) ₹ 1,125 (d) ₹ 1,020

14. एक दुकानदार अपने ग्राहकों को 10% डिस्काउंट देकर भी 26% लाभ कमा लेता है। एक वस्तु जिस पर ₹ 280 मूल्य अंकित की वास्तविक लागत क्या होगी?
(a) ₹ 195 (b) ₹ 200
(c) ₹ 225 (d) ₹ 215

15. घनश्याम अपने सामान पर 50% अधिक मूल्य अंकित करता है। वह अंकित मूल्य पर कितना बट्टा दे, ताकि उसे अपने क्रय मूल्य का 20% लाभ हो?
(a) 25% (b) $16\frac{2}{3}\%$
(c) 20% (d) $23\frac{1}{4}\%$

16. चंद्रभान ने एक सिलाई मशीन अंकित मूल्य पर 15% छूट प्राप्त कर खरीदी और उसे अंकित मूल्य से 10% अधिक पर बेची। उसका प्रतिशत लाभ आसन्नत: कितना हुआ?
(a) 27% (b) 30%
(c) 25% (d) 31%

17. ₹ 2400 अंकित मूल्य वाली टी.वी. पर कितना प्रतिशत बट्टा दिया जाए कि ₹ 1200 के क्रय मूल्य पर 40% का लाभ हो?
(a) 12.66% (b) 30%
(c) 36% (d) 40%

18. ₹ 3,000 लागत वाले एक सूट पर दुकानदार कितना मूल्य अंकित करे कि 25% छूट देने के बाद भी उसे 10% लाभ हो सके?
(a) ₹ 4,200 (b) ₹ 4,400
(c) ₹ 4,500 (d) ₹ 4,800

19. किसी टेलीविजन का अंकित मूल्य रुपए 24,000 है। एक खुदरा व्यापारी ने इसे क्रमश: 20% तथा 10% के क्रमागत छूट पर खरीदा। उस खुदरा व्यापारी ने तब इसे कितने में खरीदा?
(a) ₹ 17,280 (b) ₹ 18,280
(c) ₹ 12,780 (d) ₹ 19,280

20. यदि एक भोजन मेज, जिसका अंकित मूल्य ₹ 6,000 है, एक ग्राहक को ₹ 5,500 में बेच दी गई है, तो उस मेज पर दी गई छूट की दर कितनी है?
(a) 10% (b) $8\frac{1}{3}$%
(c) 8% (d) 9%

21. एक रेफ्रिजरेटर का अंकित मूल्य ₹ 4,000 है। उत्सवों के मौसम में एक दुकानदार उस पर 5% की छूट की घोषणा कर देता है, तो उस रेफ्रिजरेटर का बिक्री मूल्य कितने रुपये हो जाएगा?
(a) ₹ 3,600 (b) ₹ 3,500
(c) ₹ 3,800 (d) ₹ 3,900

22. एक दुकानदार ने एक वस्तु पर 9% छूट का प्रस्ताव किया। किंतु उसने उसका मूल्य, उसके लागत मूल्य से 25% अधिक अंकित कर दिया तो उसके लाभ का प्रतिशत होगा:
(a) 13·75% (b) 16%
(c) 12·50% (d) 13%

23. एक व्यापारी अपने अंकित मूल्य पर 10% की छूट देकर 25% लाभ प्राप्त कर लेता है, तो यदि वस्तु का अंकित मूल्य ₹ 50 हो, तो वस्तु का लागत मूल्य कितना होगा?
(a) ₹ 25 (b) ₹ 55
(c) ₹ 36 (d) ₹ 45

24. एक सोफा-सेट का अंकित मूल्य ₹ 20,000 है। दुकानदार उस पर 10%, 5% व 2% की तीन क्रमिक छूटें दे देता है, तो उसका शुद्ध बिक्री मूल्य कितना है?
(a) ₹ 17,598 (b) ₹ 16,758
(c) ₹ 17,768 (d) ₹ 16,648

25. रहीम ने उपहार की एक वस्तु 15% छूट मिलने के बाद ₹ 510 में क्रय की, फिर वह अंकित मूल्य से 5% अधिक पर उसका विक्रय कर देता है। इस सौदे में अर्जित लाभ है—
(a) ₹ 150 (b) ₹ 120
(c) ₹ 100 (d) ₹ 90

26. यदि किसी रचना के अंकित मूल्य पर 10% छूट देकर प्रकाशक को 20% लाभ मिले, तो छूट को 15% तक बढ़ाए जाने पर प्रकाशक को कितना लाभ मिलेगा?
(a) $16\frac{2}{3}$% (b) $13\frac{1}{3}$%
(c) $15\frac{1}{6}$% (d) 15%

27. एक व्यक्ति एक सेब ₹ 25 में खरीदता है। यदि उसे एक दर्जन सेब खरीदने हों, तो उसे कुल ₹ 250 अदा करने पड़ते हैं। एक दर्जन सेब खरीदने पर उसे लगभग कितने प्रतिशत की छूट मिलेगी?
(a) 17% (b) 8%
(c) 12% (d) 20%

28. किसी टेलीविजन सेट के मूल्य पर 10% की छूट दी जाती है। पुनः उस छूट वाले मूल्य पर भी 10% की छूट दी जाती है, तो यह क्रमिक छूट, एक अकेली कितने प्रतिशत छूट के बराबर है?
(a) 20% (b) 19%
(c) 18% (d) 11%

29. रहीम ने एक टी.वी. उसके सूचीगत मूल्य से 20% छूट पर खरीदा। यदि उसने वही 25% छूट पर खरीदा होता, तो उसमें उसने ₹ 500 और बचा लिए होते, तो रहीम ने वह टी.वी. कितने में खरीदा था?
(a) ₹ 16,000 (b) ₹ 12,000
(c) ₹ 10,000 (d) ₹ 8,000

30. एक वस्तु ₹ 78,350 में खरीदी गई थी। इसकी कीमत 30% अधिक अंकित की गई थी। अंकित कीमत पर 20% छूट सहित इसे बेचा गया था। लागत कीमत पर लाभ प्रतिशत क्या था?
(a) 4% (b) 7%
(c) 5% (d) 3%

31. एक ऑटो व्यापारी, जो कार के अंकित मूल्य पर 12% की छूट देता है, 10% लाभ अर्जित करता है। यदि सूची मूल्य ₹ 1,26,000 हो, तो क्रय मूल्य क्या होगा?
(a) ₹ 1,00,800 (b) ₹ 1,01,800
(c) ₹ 1,02,800 (d) ₹ 1,03,800

32. ₹ 500 पर 40% की छूट देने और उसी राशि पर क्रमश: 36% व 4% की छूट देने में कितना अन्तर है?
(a) ₹ 0 (b) ₹ 2
(c) ₹ 1·93 (d) ₹ 7·20

33. a% तथा b% की क्रमिक छूटें अकेली कितने प्रतिशत छूट के बराबर होंगी?
(a) $(a + b)$% (b) $\left(\frac{a+b}{2}\right)$%
(c) $\left(a+b-\frac{ab}{100}\right)$% (d) $\left(\frac{a+b}{100}\right)$%

34. लागत मूल्य से 50% अधिक अंकित मूल्य पर महाबाजार में थैलों पर 20% छूट दी जाती है। वहां पर अमरनाथ ने एक थैले की कीमत ₹ 840 चुकाई है, तो उस थैले का लागत मूल्य कितना था?
(a) ₹ 672 (b) ₹ 700
(c) ₹ 790 (d) ₹ 810

35. एक मिस्त्री एक स्कूटर जिसका अंकित मूल्य ₹ 2,600 है, को 10% और 5% के क्रमिक बट्टों पर खरीदता है। यदि वह इसकी मरम्मत आदि पर ₹ 477 खर्च करे और ₹ 2,835 में बेच दे, तो सौदे में लाभ अथवा हानि प्रतिशत है :
(a) 5% लाभ (b) 5% हानि
(c) 7% लाभ (d) 7% हानि

36. एक कम्पनी ने अपने विशिष्ट उत्पादों पर 50%, 60% और 25% के क्रमिक बट्टे देने की घोषणा की। यदि एक कमीज का अंकित मूल्य ₹ 800 हो, तो कमीज का अन्तिम परिणामी मूल्य है :
(a) ₹ 60 (b) ₹ 100
(c) ₹ 120 (d) ₹ 80

37. किसी निर्माता ने एक वस्तु का अंकित मूल्य ₹ 50 निर्धारित किया था। उसने वह वस्तु 20% का एक बट्टा देकर बेची। यदि उसे 25% का लाभ हुआ हो, तो वस्तु का क्रय मूल्य था—
(a) ₹ 40 (b) ₹ 35
(c) ₹ 32 (d) ₹ 30

38. **एक पुस्तक को उस पर छपे मूल्य पर 10% का एक बट्टा देकर बेचने से किसी दुकानदार को 12% का लाभ होता है। पुस्तक के क्रय मूल्य तथा छपे मूल्य का अनुपात है :**

(a) 45 : 56 (b) 45 : 51

(c) 47 : 56 (d) 47 : 51

39. **एक खिलौने के अंकित मूल्य पर 30% की छूट, उसके बिक्री मूल्य में ₹ 30 की कमी कर देता है, तो खिलौने का नया बिक्री मूल्य है :**

(a) ₹ 130 (b) ₹ 100

(c) ₹ 70 (d) ₹ 21

उत्तर (हल/संकेत)

1. (a) $12\frac{1}{2}\%$ और 10% के अनुक्रमिक छूट का एकल छूट %= 21.25

∴ मान लिया कि अंकित मूल्य = ₹ 100

विक्रय मूल्य = ₹ (100 – 21.25)

= ₹ 78.75

∴ अभीष्ट अंकित मूल्य

$= \frac{6300 \times 100}{78.75}$

= ₹ 8000

2. (c) मान लिया कि अंकित मूल्य = ₹ 100

∴ 12% छूट के बाद विक्रय मूल्य = ₹ 88

अब क्रय मूल्य $= \frac{88 \times 100}{110}$ = ₹ 80

∴ छूट नहीं देने पर विक्रय मूल्य = ₹ 100

∴ लाभ = (100 – 80) = ₹ 20

∴ लाभ % $= \frac{20}{80} \times 100 = 25\%$

3. (a) $\frac{250 \times 90}{100} = 225$

$\frac{225 \times 88}{100}$ = ₹ 198

4. (d) माना कि वस्तु का लागत मूल्य = 1 m

$\frac{m \times 120}{100} \times \frac{85}{100} = \frac{m \times 102}{100} = m$ का 102%

∴ लाभ = 2%

5. (b) ट्रिक सूत्र : $-20 - 10 + \frac{20 \times 10}{100}$

$= -30 + 2 = -28\%$

पुनः

$-28 - 25 + \frac{28 \times 25}{100}$

$= -53 + 7 = -46\%$

अतः छूट = 46%

6. (c) 10% एवं 12% के क्रमिक छूट का समतुल्य

$= 10 + 12 - \frac{10 \times 12}{100} = 22 - 1.2 = 20.8$

∴ वस्तु का मूल्य

= ₹ 250 का (100 – 20.8)%

$= 250 \times \frac{79.2}{100}$ = ₹ 198

7. (c) टी. वी. का क्रय मूल्य

$= 1955 \times \frac{100}{115}$ = ₹ 1700

टी वी का वास्तविक मूल्य

= ₹ 1700 $\times \frac{100}{85} = 2000$

छूट = 2000 – 1700 = ₹ 300

8. (b) अंकित मूल्य $= 432 \times \frac{125}{100} \times \frac{100}{80}$

= 675

9. (d) 10% एवं 20% का समतुल्य एकल बट्टा

$= \left(10 + 20 - \frac{10 \times 20}{100}\right)\%$

= (30 – 2)% = 28%

अब 28% एवं 25% का समतुल्य एकल बट्टा

$= \left(28 + 25 - \frac{28 \times 25}{100}\right)\%$

= (53 – 7)% = 46%

10. (c) माना कि क्रय मूल्य = ₹ 100

∴ विक्रय मूल्य = ₹ 105

माना कि अंकित मूल्य = ₹ y

∴ y का 87.5% = 105

$\Rightarrow y \times \frac{87.5}{100} = 105$

$\Rightarrow y = \frac{105 \times 100}{87.5}$ = ₹ 120

∴ अंकित मूल्य

= क्रय मूल्य से 20% अधिक

11. (a) टाइप राइटर का अंकित मूल्य = ₹ 480

10% बट्टा के पश्चात् विक्रय मूल्य

= 480 का 90%

$= \frac{480 \times 90}{100}$ = ₹ 432

अर्जित लाभ = 8%

∴ क्रय मूल्य $= \frac{100}{108} \times 432$ = ₹ 400

बट्टा नहीं देने पर लाभ

= ₹ (480 – 400) = ₹ 80

12. (b) ₹ 1000 से ऊपर की खरीद पर कुल छूट का प्रतिशत

$= \left(100 - \frac{(100-10) \times (100-10)}{100}\right)\%$

$= \left(100 - \frac{90 \times 90}{100}\right)\%$

= 100 – 81 = 19%

∴ ₹ 1200 की खरीद पर छूट

$= \frac{1200 \times 19}{100}$ = ₹ 228

13. (d) माना कि घड़ी का अंकित मूल्य = y

प्रश्नानुसार,

y का 85% – y का 80% = 51

$\Rightarrow \frac{y \times 5}{100} = 51$

$\Rightarrow y = \frac{5100}{5}$ = ₹ 1020

14. (b) माना कि वस्तु की वास्तविक लागत = ₹ y है।

प्रश्नानुसार,

280 का 90% = y का 126%

$\Rightarrow \frac{280 \times 90}{100} = \frac{x \times 126}{100}$

$\Rightarrow y = \frac{280 \times 90}{126}$ = ₹ 200

15. (c) बट्टा $= \left(\frac{50-20}{100+50} \times 100\right)\%$

= 20%

अन्य विधि :

मान घनश्याम का क्रय मूल्य = ₹ 100

$\therefore$ अंकित मूल्य = 100 + 100 का 50%

= ₹ 150

क्रय मूल्य पर 20% लाभ के बाद विक्रय मूल्य 100 + 100 का 20%

= 100 + 20 = ₹ 120

अब यदि घनश्याम अंकित मूल्य पर y% का बट्टा दे तो विक्रय मूल्य

= 150 – 150 का y%

$\therefore$ प्रश्न से

150 – 150 का y% = 120

या, 150 का $\frac{y}{100} = 150 - 120 = 30$

$\therefore \quad y = \frac{100 \times 30}{150} = 20$

$\therefore \quad y\% = 20\%$

16. (b) माना सिलाई मशीन का अंकित मूल्य = 100

$\therefore$ चंद्रभान द्वारा चुकाई गई कीमत

$= \frac{100 \times 85}{100} = ₹\ 85$

और चंद्रभान द्वारा प्राप्त कीमत

$= \frac{100 \times 110}{100} = ₹\ 110$

$\therefore$ कुल लाभ = 110 – 85 = 25

$\therefore$ ₹ 85 पर लाभ ₹ 25

$\therefore$ 100 पर लाभ $= \frac{25 \times 100}{85}$

$= \frac{500}{17} = 29.41 = 30\%$ लगभग

17. (b) 40% लाभ पर टी.वी. का वि. मू.

$= \frac{1200 \times 140}{100} = ₹\ 1680$

$\therefore$ बट्टा की रकम

= 2400 – 1680 = ₹ 720

$\therefore$ % बट्टा $= \frac{720 \times 100}{2400}$ 30%

18. (b) सूट की लागत = ₹ 3,000

दुकानदार का अभीष्ट लाभ =10%

अत: विक्रय मूल्य $= \frac{110}{100} \times 3000$

= ₹ 3,300

माना, अंकित मूल्य = ₹ 100

$\because$ तब विक्रय मूल्य

$= \frac{75}{100} \times 100 = ₹\ 75$

$\therefore$ विक्रय मूल्य = ₹ 3,300 है।

$\therefore$ अंकित मूल्य $= 3300 \times \frac{100}{75}$

= ₹ 4,400

19. (a) 20% एवं 10% का एकल समतुल्य बट्टा

$= \left(20 + 10 - \frac{20 \times 10}{100}\right) = 28\%$

$\therefore$ व्यापारी का क्रय मूल्य = 24000 का (100 – 28)%

$= \frac{24000 \times 72}{100} = ₹\ 17280$

20. (b) भोजन मेज पर छूट = ₹ (6,000 – 5,500) = ₹ 500

$\therefore$ छूट का प्रतिशत $= \left(\frac{500}{6,000} \times 100\right)\%$

$= 8\frac{1}{3}\%$

21. (c) रेफ्रिजरेटर का बिक्री मूल्य

$= ₹\left[4,000 \times \frac{(100-5)}{100}\right]$

$= ₹\left(4,000 \times \frac{95}{100}\right) = ₹\ 3,800$

22. (a) माना वस्तु का लागत मूल्य = ₹ 100

तब, वस्तु का अंकित मूल्य = ₹ (100 + 25) = ₹ 125

$\therefore$ वस्तु का विक्रय मूल्य

$= ₹\left(125 \times \frac{91}{100}\right) = ₹\ 113{\cdot}75$

$\therefore$ लाभ % $= \left(\frac{113{\cdot}75 - 100}{100} \times 100\right)\%$

= 13·75%

23. (c) माना वस्तु का लागत मूल्य = ₹ x

तब $x \times \frac{125}{100} = 50 \times \frac{90}{100}$

$\therefore \quad x = \left(\frac{50 \times 90}{125}\right) = ₹\ 36$

24. (b) सोफा-सेट का बिक्री मूल्य

$= ₹\left[20,000 \times \frac{(100-10) \times (100-5) \times (100-2)}{100 \times 100 \times 100}\right]$

$= ₹\left(20,000 \times \frac{90}{100} \times \frac{95}{100} \times \frac{98}{100}\right) = ₹\ 16,758$

25. (b) माना वस्तु का अंकित मूल्य = ₹ x

तब वस्तु का क्रय मूल्य

$= \frac{(100-15)}{100} \times$ अंकित मूल्य

$510 = \frac{17}{20} \times x$

$\therefore \quad x = \left(\frac{510 \times 20}{17}\right) = ₹\ 600$

वस्तु का विक्रय मूल्य $= ₹\left(600 \times \frac{105}{100}\right)$

= ₹ 630

$\therefore$ लाभ = ₹ (630 – 510) = ₹ 120

26. (b) माना रचना का अंकित मूल्य = ₹ x तथा क्रय मूल्य ₹ y है,

तब $\frac{90}{100} \times x = \frac{120}{100} \times y$

$\Rightarrow \quad 90x = 120y$

$\Rightarrow \quad x = \frac{4}{3}y$

पुन: $\frac{85}{100} \times x = \frac{85}{100} \times \frac{4}{3}y = \frac{17}{15}y$

$\therefore$ लाभ $= ₹\left(\frac{17}{15}y - y\right) = ₹\ \frac{2}{15}y$

लाभ % $= \left(\frac{2}{15 \times y} \times y \times 100\right)\%$

$= \frac{40}{3}\% = 13\frac{1}{3}\%$

27. (a) कुल छूट = ₹ [(25 × 12) – 250]

= ₹ [300 – 250] = ₹ 50

$\therefore$ अभीष्ट छूट $= \left(\frac{50}{300} \times 100\right)\%$

$\simeq \frac{50}{3}\% = 16\frac{2}{3}\%$

$\simeq$ 17% (लगभग)

28. (b) दो क्रमिक छूटों के समतुल्य अकेली छूट

$= \left[10 + 10 - \frac{10 \times 10}{100}\right]\%$

= [20 – 1]% = 19%

29. (d) माना टी.वी. का अंकित मूल्य = ₹ x

तब प्रश्नानुसार,

$\frac{80}{100}x - \frac{75}{100}x = 500$

$\Rightarrow \quad 5x = 500 \times 100$

$\therefore \quad x = ₹\ 10,000$

$\therefore$ 20% की छूट पर टी.वी. का मूल्य

$= ₹\left(\frac{10,000 \times 80}{100}\right) = ₹\ 8,000$

30. (a) वस्तु का अंकित मूल्य

$= ₹\left(78,350 \times \frac{130}{100}\right)$

$= ₹\ 1,01,855$

वस्तु का विक्रय मूल्य

$= ₹\left(1,01,855 \times \frac{80}{100}\right) = ₹\ 81,484$

$\therefore$ लाभ $= ₹\ (81,484 - 78,350) = ₹\ 3,134$

$\therefore$ लाभ % $= \left(\frac{3,134}{78,350} \times 100\right)\% = 4\%$

31. (a) कार का विक्रय मूल्य

$= ₹\left(1,26,000 \times \frac{88}{100}\right)$

$= ₹\ 1,10,880$

$\therefore$ कार का क्रय मूल्य $= ₹\left(1,10,880 \times \frac{100}{110}\right)$

$= ₹\ 1,00,800$

32. (d) 40% की छूट देने पर राशि

$= ₹\left(500 \times \frac{60}{100}\right) = ₹\ 300$

36% व 4% की छूट देने पर राशि

$= ₹\left(500 \times \frac{64}{100}\right) = ₹\ 320$

$= ₹\left(320 \times \frac{96}{100}\right) = ₹\ 307{\cdot}20$

$\therefore$ कुल अन्तर $= ₹\ (307{\cdot}20 - 300)$

$= ₹\ 7{\cdot}20$

33. (c) दो क्रमिक छूटों के समतुल्य अकेली छूट

$= \left[100 - \frac{(100-a)(100-b)}{100}\right]\%$

$= \left[\frac{(100)^2 - (100)^2 + 100a + 100b - ab}{100}\right]\%$

$= \left[\frac{100a + 100b - ab}{100}\right]\% = \left[a + b - \frac{ab}{100}\right]\%$

34. (b) अभीष्ट लागत मूल्य

$= ₹\left(\frac{840 \times 100 \times 100}{150 \times 80}\right) = ₹\ 700$

35. (a) स्कूटर का क्रय मूल्य

$= ₹\left(2,600 \times \frac{90}{100} \times \frac{95}{100}\right)$

$= ₹\ 2,223$

मरम्मत सहित स्कूटर का क्रय मूल्य $= ₹\ 2,700$

$\therefore$ लाभ प्रतिशत $= \left(\frac{2,835 - 2,700}{2,700} \times 100\right)\%$

$= \left(\frac{135}{2,700} \times 100\right)\% = 5\%$

36. (c) कमीज का अन्तिम परिणामी मूल्य

$= ₹\left[\frac{800 \times (100-50) \times (100-60) \times (100-25)}{100 \times 100 \times 100}\right]$

$= ₹\left[\frac{800 \times 50 \times 40 \times 75}{100 \times 100 \times 100}\right] = ₹\ 120$

37. (c) वस्तु का अंकित मूल्य $= ₹\ 50$

$\therefore$ वस्तु का विक्रय मूल्य $= ₹\left(50 \times \frac{80}{100}\right) = ₹\ 40$

$\therefore$ वस्तु का क्रय मूल्य $= ₹\left(\frac{100}{125} \times 40\right)$

$= ₹\left(\frac{4}{5} \times 40\right) = ₹\ 32$

38. (a) माना पुस्तक का क्रय मूल्य $= ₹\ x$

तब, पुस्तक का विक्रय मूल्य $= ₹\ \frac{112}{100}x$

पुस्तक का छपा हुआ मूल्य $= \left(\frac{100}{90} \times \frac{112}{100}x\right)$

$= ₹\ \frac{112}{90}x$

$\therefore$ अभीष्ट अनुपात $= x : \frac{112x}{90} = 90 : 112$

$= 45 : 56$

39. (c) माना खिलौने का अंकित मूल्य $= ₹\ x$

तब, $x - \frac{x \times 70}{100} = 30$

$\Rightarrow \quad 30x = 30 \times 100$

$\Rightarrow \quad x = ₹\ 100$

$\therefore$ नया बिक्री मूल्य $= ₹\left(\frac{100 \times 70}{100}\right) = ₹\ 70$

❑❑❑

14

अध्याय

त्रिकोणमिति

त्रिकोणमिति का अर्थ है 'त्रिभुज की भुजाओं का मापन', त्रिकोणमिति की सहायता से त्रिभुज की भुजाओं व कोणों को ज्ञात किया जाता है।

त्रिकोणमितीय अनुपात (Trigonometric Ratio) : यदि लम्ब को P से आधार को B से तथा कर्ण को H से प्रदर्शित करें तब,

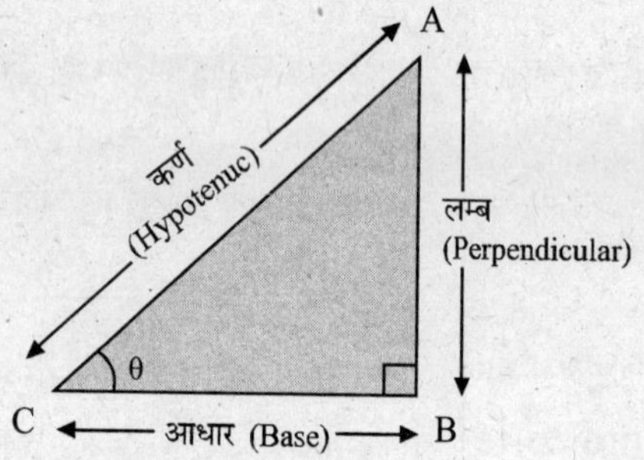

(i) $\sin\theta = \frac{\text{लम्ब}}{\text{कर्ण}} = \frac{AB}{AC} = \frac{P}{H}$

(ii) $\cos\theta = \frac{\text{आधार}}{\text{कर्ण}} = \frac{BC}{AC} = \frac{B}{H}$

(iii) $\tan\theta = \frac{\text{लम्ब}}{\text{आधार}} = \frac{AB}{BC} = \frac{P}{B}$

(iv) $\text{cosec}\,\theta = \frac{\text{कर्ण}}{\text{लम्ब}} = \frac{AC}{AB} = \frac{H}{P}$

(v) $\sec\theta = \frac{\text{कर्ण}}{\text{आधार}} = \frac{AC}{BC} = \frac{H}{B}$

(vi) $\cot\theta = \frac{\text{आधार}}{\text{लम्ब}} = \frac{BC}{AB} = \frac{B}{P}$

वृत्तीय कोण की माप (Measure of Circular Angle) : इसमें कोणों की माप रेडियन में की जाती है। एक रेडियन चाप तथा चाप के केन्द्र पर अंतरित कोण का अनुपात होता है।

1 रेडियन को 1° से प्रदर्शित करते हैं

$$\text{कोण}^\circ = \frac{\text{चाप}}{\text{त्रिज्या}}$$

2π रेडियन = 360°

π रेडियन = 180°

1 रेडियन = $\frac{180^\circ}{\pi}$ = 57.2958 (लगभग)

त्रिकोणमितीय अनुपातों के चिह्न

(i) प्रथम चतुर्थांश – सभी धनात्मक

(ii) द्वितीय चतुर्थांश – $\sin\theta$ व $\text{cosec}\,\theta$ धनात्मक

(iii) तृतीय चतुर्थांश – $\tan\theta$ व $\cot\theta$ धनात्मक

(iv) चतुर्थ चतुर्थांश – $\cos\theta$ व $\sec\theta$ धनात्मक

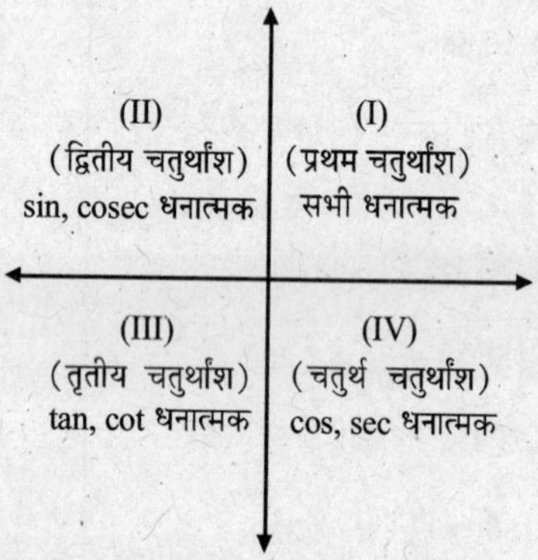

पूरक कोणों के त्रिकोणमितीय अनुपात

$\sin(90^\circ - \theta) = \cos\theta$, $\cos(90^\circ - \theta) = \sin\theta$,

$\tan(90^\circ - \theta) = \cot\theta$, $\cot(90^\circ - \theta) = \tan\theta$,

$\sec(90^\circ - \theta) = \text{cosec}\,\theta$, $\text{cosec}(90^\circ - \theta) = \sec\theta$,

त्रिकोणमितीय अनुपातों के व्युत्क्रम संबंध (Reciprocal Ratio of Trigonometric Ratios)

(i) $\sin\theta = \frac{1}{\text{cosec}\,\theta}$

(ii) $\text{cosec}\,\theta = \frac{1}{\sin\theta}$

(iii) $\text{cosec}\,\theta \sin\theta = 1$

(iv) $\cos\theta = \frac{1}{\sec\theta}$

(v) $\sec\theta = \frac{1}{\cos\theta}$

(vi) $\cos\theta \sec\theta = 1$

(vii) $\tan\theta = \frac{1}{\cot\theta}$

(viii) $\cot\theta = \frac{1}{\tan\theta}$

(ix) $\tan\theta \cot\theta = 1$

नोट–(i) $\tan\theta = \frac{\sin\theta}{\cos\theta}$, (ii) $\cot\theta = \frac{\cos\theta}{\sin\theta}$.

महत्वपूर्ण त्रिकोणमितीय सर्वसमिकाएँ (Important Trigonometric Identities)

(i) $\sin^2\theta + \cos^2\theta = 1$

(ii) $\cos^2\theta = 1 - \sin^2\theta$

(iii) $\sin^2\theta = 1 - \cos^2\theta$

(iv) $1 + \tan^2\theta = \sec^2\theta$

(v) $\sec^2\theta - \tan^2\theta = (\sec\theta + \tan\theta)(\sec\theta - \tan\theta) = 1$

(vi) $\sec^2\theta - 1 = (\sec\theta + 1)(\sec\theta - 1)$

(vii) $\sec^2\theta - 1 = \tan^2\theta$
(viii) $1 + \cot^2\theta = \text{cosec}^2\theta$
(ix) $\text{cosec}^2\theta - \cot^2\theta = 1$
(x) $\text{cosec}^2\theta - 1 = (\text{cosec}\,\theta + 1)(\text{cosec}\,\theta - 1) = \cot^2\theta$

योग व अंतर के लिए त्रिकोणमितीय अनुपात

(i) $\sin(A+B) = \sin A\cos B + \cos A\sin B$
(ii) $\sin(A-B) = \sin A\cos B - \cos A\sin B$
(iii) $\cos(A+B) = \cos A\cos B - \sin A\sin B$
(iv) $\cos(A-B) = \cos A\cos B + \sin A\sin B$
(v) $\tan(A+B) = \dfrac{\tan A + \tan B}{1 - \tan A\tan B}$
(vi) $\tan(A-B) = \dfrac{\tan A - \tan B}{1 + \tan A\tan B}$
(vii) $\cot(A+B) = \dfrac{\cot A\cot B - 1}{\cot A + \cot B}$
(viii) $\cot(A-B) = \dfrac{\cot A\cot B + 1}{\cot B - \cot A}$
(ix) $\sin(A+B)\times\sin(A-B) = \sin^2 A - \sin^2 B = \cos^2 B - \cos^2 A$
(x) $\cos(A+B)\times\cos(A-B) = \cos^2 A - \sin^2 B = \cos^2 B - \sin^2 A$
(xi) $\cos 2\theta = \cos^2\theta - \sin^2\theta = 1 - 2\sin^2\theta = 2\cos^2\theta - 1$

$= \dfrac{1-\tan^2\theta}{1+\tan^2\theta}$

(xii) $\sin 2\theta = 2\sin\theta\cos\theta = \dfrac{2\tan\theta}{1+\tan^2\theta}$
(xiii) $\tan 2\theta = \dfrac{2\tan\theta}{1-\tan^2\theta}$

योग व अंतर के गुणनफल के लिए त्रिकोणमितीय अनुपात

(i) $\sin C + \sin D = 2\sin\left(\dfrac{C+D}{2}\right).\cos\left(\dfrac{C-D}{2}\right)$
(ii) $\sin C - \sin D = 2\cos\left(\dfrac{C+D}{2}\right).\sin\left(\dfrac{C-D}{2}\right)$
(iii) $\cos C + \cos D = 2\cos\left(\dfrac{C+D}{2}\right).\sin\left(\dfrac{C-D}{2}\right)$
(iv) $\cos C - \cos D = 2\sin\left(\dfrac{C+D}{2}\right).\sin\left(\dfrac{D-C}{2}\right)$

गुणनफल का योग व अंतर में परिवर्तन के लिए त्रिकोणमितीय अनुपात

(i) $2\sin A\cos B = \sin(A+B) + \sin(A-B)$
(ii) $2\cos A\sin B = \sin(A+B) - \sin(A-B)$
(iii) $2\cos A\cos B = \cos(A+B) + \cos(A-B)$
(iv) $2\sin A\sin B = \cos(A-B) - \cos(A+B)$

पूरक एवं संपूरक कोणों की तालिका

θ	(90° – θ)	(90° + θ)	(180° – θ)	(180° + θ)	(270° + θ)	(270° + θ)	(360° – θ)
sin θ cos θ tan θ	cos θ sin θ cot θ	cos θ – sin θ – cot θ	sin θ – cos θ – tan θ	– sin θ – cos θ tan θ	– cos θ – sin θ cot θ	– cos θ sin θ – cot θ	– sin θ cos θ – tan θ

त्रिकोणमितीय अनुपात व उनके कोणों के मान

अनुपात / कोण	0°	30°	45°	60°	90°	120°	135°	150°
sin	0	$\frac{1}{2}$	$\frac{1}{\sqrt{2}}$	$\frac{\sqrt{3}}{2}$	1	$\frac{\sqrt{3}}{2}$	$\frac{1}{\sqrt{2}}$	$\frac{1}{2}$
cos	1	$\frac{\sqrt{3}}{2}$	$\frac{1}{\sqrt{2}}$	$\frac{1}{2}$	0	$-\frac{1}{2}$	$-\frac{1}{\sqrt{2}}$	$-\frac{\sqrt{3}}{2}$
tan	0	$\frac{1}{\sqrt{3}}$	1	$\sqrt{3}$	∞	$-\sqrt{3}$	–1	$-\frac{1}{\sqrt{3}}$
cot	∞	$\sqrt{3}$	1	$\frac{1}{\sqrt{3}}$	0	$-\frac{1}{\sqrt{3}}$	–1	$\sqrt{3}$
sec	1	$\frac{2}{\sqrt{3}}$	$\sqrt{2}$	2	∞	–2	$-\sqrt{2}$	$-\frac{2}{\sqrt{3}}$
cosec	∞	2	$\sqrt{2}$	$\frac{2}{\sqrt{3}}$	1	$\frac{2}{\sqrt{3}}$	$\sqrt{2}$	2

सम्पूरक कोणों के त्रिकोणमितीय अनुपात

$\sin(90° + \theta) = \cos\theta$, $\cos(90° + \theta) = -\sin\theta$

$\tan(90° + \theta) = -\cot\theta$, $\cot(90° + \theta) = -\tan\theta$

$\sec(90° + \theta) = -\text{cosec}\,\theta$, $\text{cosec}(90° + \theta) = \sec\theta$

$\sin(180° - \theta) = \sin\theta$, $\cos(180° - \theta) = -\cos\theta$

$\tan(180° - \theta) = -\tan\theta$, $\cot(180° - \theta) = -\cot\theta$

$\sec(180° + \theta) = -\sec\theta$, $\text{cosec}(180° - \theta) = \text{cosec}\,\theta$

$\sin(180° + \theta) = -\sin\theta$, $\cos(180° + \theta) = -\cos\theta$

$\tan(180° + \theta) = \tan\theta, \cot(180° + \theta) = \cot\theta$

$\sec(180° + \theta) = -\sec\theta, \operatorname{cosec}(180° + \theta) = -\operatorname{cosec}\theta$

कुछ महत्वपूर्ण संबंध

(i) $\sin 3\theta = 3\sin\theta - 4\sin^3\theta$

(ii) $\cos 3\theta = 4\cos^3\theta - 3\cos\theta$

(iii) $\tan 3\theta = \dfrac{3\tan\theta - \tan^3\theta}{1 - 3\tan^2\theta}$

त्रिकोणमितीय अनुपातों का परिसर–

(i) $-1 \le \sin\theta \le 1$ तथा $-1 \le \cos\theta \le 1$

नोट– (i) $\sin\theta$ का मान कभी भी $+1$ से बड़ा तथा -1 से छोटा नहीं होता है तथा $\cos\theta$ का मान कभी भी $+1$ से बड़ा तथा -1 से छोटा नहीं होता है।

(ii) $\operatorname{cosec}\theta \ge 1$ तथा $\operatorname{cosec}\theta \le -1$

(iii) $\sec\theta \ge 1$ तथा $\sec\theta \le -1$

(iv) $\tan\theta$ का मान कोई भी हो सकता है।

हल सहित उदाहरण

उदाहरण–1 : यदि $\sin\alpha \sec(30° + \alpha) = 1, (0 < \alpha < 60°)$ ही, तो $\sin\alpha + \cos^2\alpha$ का मान ज्ञात कीजिए।

हल– $\dfrac{\sin\alpha}{\cos(30° + \alpha)} = 1$

$\Rightarrow \dfrac{\sin\alpha}{\sin(90° - 30 - \alpha)} = 1$

$\Rightarrow \dfrac{\sin\alpha}{\sin(60 - \alpha)} = 1$

$\Rightarrow \sin\alpha = \sin(60 - \alpha)$

$\Rightarrow \alpha = 60 - \alpha$

$\Rightarrow 2\alpha = 60°$

$\Rightarrow \alpha = 30°$

$\therefore \sin\alpha + \cos^2\alpha = \sin 30° + \cos^2 30° = \left[\dfrac{1}{2} + \left(\dfrac{\sqrt{3}}{2}\right)^2\right]$

$= \left[\dfrac{1}{2} + \dfrac{3}{4}\right] = \left[\dfrac{2+3}{4}\right] = \dfrac{5}{4}$

उदाहरण–2 : यदि $\cos^4\theta - \sin^4\theta = \dfrac{2}{3}$ हो, तो $2.\cos^2\theta - 1$ का मान ज्ञात कीजिए।

हल– $\cos^4\theta - \sin^4\theta = \dfrac{2}{3}$

$\Rightarrow (\cos^2\theta + \sin^2\theta)(\cos^2\theta - \sin^2\theta) = \dfrac{2}{3}$

$\Rightarrow \cos^2\theta - \sin^2\theta = \dfrac{2}{3}$

$\Rightarrow \cos^2\theta - (1 - \cos^2\theta) = \dfrac{2}{3}$

$\Rightarrow 2\cos^2\theta - 1 = \dfrac{2}{3}$

उदाहरण–3 : यदि $A + B = 90°$ हो, तो $\dfrac{\tan A \tan B + \tan A \cot B}{\sin A \times \sec B} - \dfrac{\sin^2 B}{\cos^2 A}$ का मान ज्ञात कीजिए।

हल– $A + B = 90°$

$\Rightarrow B = 90° - A$

$\Rightarrow \sec B = \sec(90° - A) = \operatorname{cosec} A$

इसी प्रकार $\tan B = \cot A, \cot B = \tan A$

$\therefore \cos A = \sin B$

$\therefore \dfrac{\tan A \times \tan B + \tan A \times \cot B}{\sin A \times \sec B} - \dfrac{\sin^2 B}{\cos^2 A}$

$= \dfrac{\tan A \times \cot A + \cot B \times \cot B}{\sin A \times \operatorname{cosec} A} - \dfrac{\cos^2 A}{\cos^2 A}$

$= 1 + \cot^2 B - 1 = \cot^2 B$

उदाहरण–4 : $\dfrac{\cos^2 20° + \cos^2 70°}{\sec^2 50° - \cot^2 40°} + 4\operatorname{cosec}^2 58° - 4\cot 58° \tan 32°$ का मान ज्ञात कीजिए।

हल– व्यंजक $= \dfrac{\cos^2 20° + \cos^2 70°}{\sec^2 50° - \cot^2 40°}$

$+ 4\operatorname{cosec}^2 58° - 4\cot 58° \tan 32°$

$= \dfrac{\cos^2 20° + \cos^2(90° - 20°)}{\sec^2 50° - \cot^2(90° - 50°)}$

$+ 4\operatorname{cosec}^2 58° - 4\cot 58° \tan(90° - 58°)$

$= \dfrac{\cos^2 20° + \sin^2 20°}{\sec^2 50° - \tan^2 50°} + 4(\operatorname{cosec}^2 58° - \cot^2 58°)$

$= 1 + 4 = 5$

प्रश्नमाला

1. $\sin 75°$ का मान है–

(a) $\dfrac{3}{4}$ (b) $\dfrac{\sqrt{3}-1}{2\sqrt{2}}$

(c) $\dfrac{\sqrt{3}+1}{2\sqrt{2}}$ (d) $\dfrac{\sqrt{3}}{\sqrt{2}}$

2. यदि कोण 'α' प्रथम चतुर्थांश में है और $(\tan\alpha + \cot\alpha) = 2$ है, तो $\left(\sqrt{\tan\alpha} + \sqrt{\cot\alpha}\right)$ का मान होगा–

(a) -4 (b) -3

(c) 2 (d) 4

3. यदि $\sin(A + B) = \dfrac{1}{\sqrt{2}}$ तथा $\sin(A - B) = \dfrac{1}{\sqrt{2}}$ हो, तो $(\cos^2 B - \cos^2 A)$ का मान क्या है?

(a) $\dfrac{1}{2}$ (b) 1

(c) 0 (d) $\sqrt{2}$

4. यदि $\tan\theta = \dfrac{3}{4}$ हो, तो $\sec\theta + \sin\theta$ =?

(a) $\dfrac{15}{20}$ (b) $\dfrac{37}{20}$

(c) $\dfrac{8}{4}$ (d) 1

5. यदि $\tan\theta = \frac{12}{5}$ हो, तो $\sqrt{\frac{1-\sin\theta}{1+\sin\theta}}$ का मान है–

(a) $\frac{1}{4}$ (b) $\frac{1}{5}$

(c) $\frac{1}{8}$ (d) $\frac{1}{2}$

6. यदि $\sin\alpha = \frac{8}{10}$ हो, तो चित्र से $\tan\alpha$ का मान ज्ञात करें–

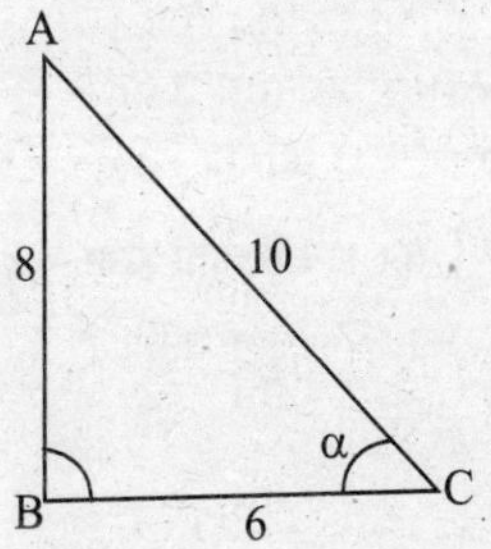

(a) $\frac{6}{8}$ (b) $\frac{8}{10}$

(c) $\frac{10}{8}$ (d) $\frac{8}{6}$

7. यदि $8\tan x = 15$ हो, तो $(\sin x - \cos x)$ का मान है–

(a) $\frac{8}{17}$ (b) $\frac{17}{7}$

(c) $\frac{1}{17}$ (d) $\frac{7}{17}$

8. यदि $\cot\theta = \frac{1}{\sqrt{3}}$ हो, तो $\left[\frac{1-\cos^2\theta}{2-\sin^2\theta}\right]$ का मान है–

(a) $\frac{2}{\sqrt{3}}$ (b) $\frac{2}{3}$

(c) $\frac{5}{3}$ (d) $\frac{3}{5}$

9. यदि α और β, $(0 < \alpha < \pi/2)$ तथा $\sin\alpha = \frac{1}{2}$ के पूरक कोण हैं, तो $(\cos\alpha \sin\beta - \sin\alpha \cos\beta)$ का मान है?

(a) $\frac{1}{2}$ (b) 1

(c) 2 (d) 0

10. $\sin\theta + \cos\theta = \sqrt{3}\cos\theta$ तो $\cos\theta - \sin\theta$ का मान क्या होगा?

(a) $\sqrt{3}\cos\theta$ (b) $-\sqrt{3}\sin\theta$

(c) $\sqrt{3}\sin\theta$ (d) इनमें से कोई नहीं

11. $\frac{\cot 40^\circ}{\tan 50^\circ} - \frac{1}{2}\left(\frac{\cos 35^\circ}{\sin 55^\circ}\right)$ का मान होगा–

(a) $\frac{1}{\sqrt{2}}$ (b) 0

(c) 1 (d) $\frac{1}{2}$

12. $\sin 76^\circ . \cos 16^\circ - \cos 76^\circ . \sin 16^\circ$ का मान है–

(a) $\frac{1}{2}$ (b) $\sqrt{3}/2$

(c) 1 (d) –1

13. किसी त्रिभुज ABC में यदि $\tan A = 1$, $\tan B = 2$ तो $a : b : c$ मान होगा–

(a) 1 : 2 : 3 (b) $\sqrt{5}:2\sqrt{2}:\sqrt{3}$

(c) $3:2\sqrt{2}:\sqrt{5}$ (d) $2\sqrt{2}:3:\sqrt{5}$

14. यदि $\theta = \frac{\pi}{4}$ हो, तो $(\sin\theta + \cos\theta) = ?$

(a) 1 (b) 2

(c) 0 (d) $\sqrt{2}$

15. निम्नलिखित समीकरण को सरल करके θ मान निकालें–

$$\frac{\cos^2\theta}{\cot^2\theta - \cos^2\theta} = 3$$

(a) 30° (b) 45°

(c) 60° (d) इनमें से कोई नहीं

16. यदि $\tan\theta = 1$ हो, तो $\frac{8\sin\theta + 5\cos\theta}{\sin^3\theta - 2\cos^3\theta + 7\cos\theta}$ का मान कितना होगा?

(a) 2 (b) $2\frac{1}{2}$

(c) 3 (d) $\frac{4}{5}$

17. यदि θ एक धनात्मक न्यूनकोण हो और $\cos^2\theta + \cos^4\theta = 1$ हो, तो $\tan^2\theta + \tan^4\theta$ का मान क्या होगा?

(a) $\frac{3}{2}$ (b) 1

(c) $\frac{1}{2}$ (d) 0

18. $\tan 4^\circ . \tan 43^\circ . \tan 47^\circ . \tan 86^\circ$ का मान कितना होगा?

(a) 0

(b) 1

(c) $\sqrt{3}$

(d) $\frac{1}{\sqrt{3}}$

19. यदि $\tan\theta = \frac{4}{3}$ हो, तो $\frac{3\sin\theta + 2\cos\theta}{3\sin\theta - 2\cos\theta}$ का मान क्या होगा?

(a) 0·5 (b) –0·5

(c) 3·0 (d) –3·0

20. यदि $5\cos\theta + 12\sin\theta = 13$ हो, तो $\tan\theta$ बराबर है :

(a) $\frac{13}{12}$ (b) $\frac{12}{13}$

(c) $\frac{12}{5}$ (d) $\frac{5}{12}$

21. यदि $x = r\cos\theta\cos\varphi$, $y = r\cos\theta\sin\varphi$ और $z = r\sin\theta$ हो, तो $x^2 + y^2 + z^2$ का मान है–

(a) r^2 (b) r

(c) $\frac{1}{r^2}$ (d) $\frac{1}{r}$

22. $\sec^2 12^\circ - \frac{1}{\tan^2 78^\circ}$ का मान है–

(a) 0 (b) 1

(c) 2 (d) 3

23. यदि $\tan\theta . \cos 60^\circ = \frac{\sqrt{3}}{2}$ हो, तो $\sin(\theta - 15^\circ)$ का मान है?

(a) $\frac{\sqrt{3}}{2}$ (b) $\frac{1}{2}$

(c) 1 (d) $\frac{1}{\sqrt{2}}$

24. $\frac{9}{\mathrm{cosec}^2\theta} + 4\cos^2\theta + \frac{5}{1+\tan^2\theta}$ का संख्यात्मक मान कितना है?

(a) 9

(b) 1

(c) 4

(d) 5

25. यदि $\sec\theta + \mathrm{cosec}(90^\circ - \theta) = 4$ $(0 < \theta < 90^\circ)$ हो, तो $\tan\theta$ का मान क्या होगा?

(a) $\frac{1}{\sqrt{3}}$ (b) 1

(c) $\sqrt{3}$ (d) $\frac{1}{\sqrt{2}}$

26. यदि $5\tan\theta = 4$ हो, तो $\left(\frac{5\sin\theta - 3\cos\theta}{5\sin\theta + 3\cos\theta}\right)$ का मान क्या होगा?

(a) $\frac{1}{7}$ (b) $\frac{2}{7}$

(c) $\frac{5}{7}$ (d) $\frac{2}{3}$

27. $(4\sec^2\theta + 9\,\text{cosec}^2\theta)$ का न्यूनतम मान कितना होगा?

(a) 1 (b) 19

(c) 25 (d) 7

28. यदि $\sin\theta + \sin^2\theta = 1$ हो, तो $\cos^{12}\theta + 3\cos^{10}\theta + 3\cos^8\theta + \cos^6\theta - 1$ का मान क्या होगा?

(a) 0 (b) 1

(c) – 1 (d) 2

29. यदि $\cos^2\theta - \sin^2\theta = \frac{1}{3}$ हो, तो $(\cos^4\theta - \sin^4\theta + 1)$ का मान क्या होगा?

(a) 1 (b) $\frac{1}{3}$

(c) $\frac{4}{3}$ (d) $\frac{5}{3}$

30. यदि $\dfrac{\sin\theta + \cos\theta}{\sin\theta - \cos\theta} = 7$ हो, तो $\tan\theta$ किसके बराबर होगा?

(a) $\frac{2}{3}$ (b) $\frac{4}{3}$

(c) $\frac{1}{3}$ (d) $\frac{5}{3}$

31. यदि $\tan\theta = \frac{1}{\sqrt{7}}$, तो $\dfrac{\text{cosec}^2\theta - \sec^2\theta}{\text{cosec}^2\theta + \sec^2\theta}$ का मान है—

(a) $\frac{3}{4}$ (b) $\frac{2}{3}$

(c) $\frac{-2}{3}$ (d) $\frac{-3}{4}$

32. $x = \cos t, y = 2\sin t\cos t$ में से t को हटाकर हम कौन-सा समीकरण प्राप्त करते हैं?

(a) $y^2 = 2x^2 + 4x^4$

(b) $y^2 = 2x^2 - 4x^4$

(c) $y = 4x^2 + 4x^4$

(d) $y^2 = 4x^2 - 4x^4$

33. यदि $\tan^4\theta + \tan^2\theta = 1$ हो, तो $\cos^4\theta + \cos^2\theta$ का मान क्या होगा?

(a) 1 (b) 3

(c) 10 (d) 2

34. $\sin(45^\circ + \theta) - \cos(45^\circ - \theta)$ का मान किसके बराबर है?

(a) 1 (b) 0

(c) $2\cos\theta$ (d) $2\sin\theta$

35. यदि $\tan(x + y)\tan(x - y) = 1$ हो, तो $\tan\left(\frac{2}{3}x\right)$ का मान कितना होगा?

(a) $\frac{1}{\sqrt{3}}$ (b) $\frac{2}{\sqrt{3}}$

(c) $\sqrt{3}$ (d) 1

उत्तर (हल/संकेत)

1. (c) $\sin 75^\circ = \sin(45^\circ + 30^\circ)$

$= \sin 45^\circ\cos 30^\circ + \sin 30^\circ\cos 45^\circ$

$= \frac{1}{\sqrt{2}}.\frac{\sqrt{3}}{2} + \frac{1}{2}.\frac{1}{\sqrt{2}} = \frac{\sqrt{3}+1}{2\sqrt{2}}$

2. (c) $\because \tan\alpha = \frac{1}{\cot\alpha}$

$\therefore \tan\alpha + \cot\alpha = 2$

$\Rightarrow \tan\alpha + \frac{1}{\tan\alpha} = 2$

$\Rightarrow \tan\alpha = 1$ and $\cot\alpha = 1$

$\therefore \sqrt{\tan\alpha} + \sqrt{\cot\alpha} = 2$

3. (a) $(\cos^2 B - \cos^2 A)$

$= \sin^2 A - \sin^2 B$

$= \sin(A + B)\sin(A - B)$

$= \frac{1}{\sqrt{2}} \times \frac{1}{\sqrt{2}} = \frac{1}{2}$

4. (b) $\tan\theta = \frac{p}{q} = \frac{3}{4}$

$\therefore h = \sqrt{p^2 + q^2} = \sqrt{3^2 + 4^2} = 5$

$\sin\theta = \frac{3}{5}, \cos\theta = \frac{4}{5}$

$\sec\theta + \sin\theta = \frac{5}{4} + \frac{3}{5} = \frac{25+12}{20}$

$= \frac{37}{20}$

5. (b) $\because \sin\theta = \frac{12}{13}$ by calculation

$\therefore \sqrt{\dfrac{1-\frac{12}{13}}{1+\frac{12}{13}}} = \sqrt{\dfrac{\frac{13-12}{13}}{\frac{13+12}{13}}}$

$= \sqrt{\dfrac{\frac{1}{13}}{\frac{25}{13}}} = \sqrt{\frac{1}{13} \times \frac{13}{25}} = \sqrt{\frac{1}{25}} = \frac{1}{5}$

6. (d) $\sin\alpha = \frac{8}{10} = \frac{P}{H} = \frac{\text{लम्ब}}{\text{कर्ण}}$

$\therefore$ आधार $(b) = \sqrt{(10)^2 - (8)^2}$

$= \sqrt{100 - 64} = 6 = \sqrt{36}$

$\therefore \tan\alpha = \frac{P}{B} = \frac{8}{6}$

7. (d) $\tan x = \frac{15}{8}$

$1 + \tan^2 x = \sec^2 x$

$\Rightarrow \sec x = \sqrt{1 + \tan^2 x}$

$\therefore \sec x = \sqrt{1 + \frac{15^2}{8^2}} = \sqrt{\frac{289}{64}} = \frac{17}{8}$

$\therefore \cos x = \frac{8}{17}$ & $\sin x = \frac{15}{17}$

$\therefore \sin x - \cos x = \frac{15}{17} - \frac{8}{17}$

$= \frac{15-8}{17} = \frac{7}{17}$

8. (d) $\cot\theta = \frac{1}{\sqrt{3}}$

$\therefore \theta = 60^\circ$

$\therefore \dfrac{1-\cos^2\theta}{2-\sin^2\theta} = \dfrac{1-\cos^2 60^\circ}{2-\sin^2 60^\circ}$

$= \dfrac{1-\left(\frac{1}{2}\right)^2}{2-\left(\frac{\sqrt{3}}{2}\right)^2}$

$= \dfrac{1-\frac{1}{4}}{2-\frac{3}{4}} = \dfrac{\frac{4-1}{4}}{\frac{8-3}{4}}$

$= \frac{4-1}{8-3} = \frac{3}{5}$

9. (a) $\sin\alpha = \frac{1}{2}$

$\therefore \alpha = 30^\circ$

$\therefore \beta = 90 - \alpha = 60^\circ$

$\cos\alpha.\sin\beta - \sin\alpha\cos\beta$

$= \cos 30^\circ.\sin 60^\circ - \sin 30^\circ.\cos 60^\circ$

$= \sin^2 60^\circ - \cos^2 60^\circ$

$= \left(\frac{\sqrt{3}}{4}\right)^2 - \left(\frac{1}{2}\right)^2$

$= \frac{3}{4} - \frac{1}{4} = \frac{1}{2}$

10. (d) $\sin\theta + \cos\theta = \sqrt{3}\cos\theta$

$\Rightarrow \sin\theta = \sqrt{3}\cos\theta - \cos\theta$

$= \cos\theta\left(\sqrt{3}-1\right)$

$\therefore \cos\theta - \sin\theta$

$= \cos\theta - \sin\theta\left(\sqrt{3}-1\right)$

$= \cos\theta\left[1-\left(\sqrt{3}-1\right)\right]$

$= \cos\theta\left[1-(\sqrt{3}-1)\right]$

$= \cos\theta\left[1-(\sqrt{3}-1)\right]$

$= \cos\theta\left(2-\sqrt{3}\right)$

$= \left(2-\sqrt{3}\right)\cos\theta$

11. (d) $\frac{\cot 40^\circ}{\tan 50^\circ} - \frac{1}{2}\left(\frac{\cos 55^\circ}{\sin 55^\circ}\right)$

$\cot(90^\circ - 50^\circ) = \tan 50^\circ$

$= \frac{\cot(90^\circ-50^\circ)}{\tan 50^\circ} - \frac{1}{2}\left(\frac{\cos(90^\circ-55^\circ)}{\sin 55^\circ}\right)$

$= \frac{\tan 50^\circ}{\tan 50^\circ} - \frac{1}{2}\left(\frac{\sin 55^\circ}{\sin 55^\circ}\right) = \frac{1}{2}$

12. (b) $\sin 76^\circ . \cos 16^\circ - \cos 76^\circ . \sin 16^\circ$.

$= \sin(76^\circ - 16^\circ)$

$= \sin 60^\circ = \sqrt{3}/2$

13. (b) $\tan A = 1, \tan B = 2$

किसी त्रिभुज ABC में,

$\because A + B + C = \pi$

$\Rightarrow A + B = \pi - C$

$\Rightarrow \tan(A+B) = \tan(\pi - C)$

$\Rightarrow \frac{\tan A + \tan B}{1 - \tan A . \tan B} = -\tan C$

$\Rightarrow \frac{1+2}{1-1\times 2} = -\tan C$

$\Rightarrow \tan C = 3$

अब, $\tan A = 1 \Rightarrow \sin A = \frac{1}{\sqrt{2}}$

$\tan B = 2 \Rightarrow \sin B = \frac{2}{\sqrt{5}}$

एवं, $\tan C = 3 \Rightarrow \sin C = \frac{3}{\sqrt{10}}$

$\therefore \frac{a}{\sin A} = \frac{b}{\sin B} = \frac{c}{\sin C}$

$\therefore a : b : c = \frac{1}{\sqrt{2}} : \frac{1}{\sqrt{5}} : \frac{3}{\sqrt{10}}$

$= \sqrt{5} : 2\sqrt{2} : \sqrt{3}$

14. (b) $(\sin\theta + \cos\theta)^2$

$= \sin^2\theta + \cos^2\theta + 2\sin\theta.\cos\theta$

$= 1 + 2 \times \sin\frac{\pi}{4}.\cos\frac{\pi}{4}$

$= 1 + 2 \times \frac{1}{\sqrt{2}} \times \frac{1}{\sqrt{2}} = 1 + 1 = 2$

15. (c)

$\because \frac{\cos^2\theta}{\cot^2\theta - \cos^2\theta} = 3$

$\Rightarrow \frac{1}{\frac{1}{\sin^2\theta} - 1} = 3$

$\Rightarrow \frac{\sin^2\theta}{1-\sin^2\theta} = 3$

$\tan\theta = 3$

$\therefore \tan\theta = \sqrt{3} = \tan 60^\circ$

$\therefore \theta = 60^\circ$.

16. (a) $\tan\theta = 1$

$\Rightarrow \sin\theta = \cos\theta$

$\because \tan\theta = \tan 45^\circ$

$\therefore \theta = 45^\circ$

व्यंजक $= \frac{8\sin\theta + 5\cos\theta}{\sin^3\theta - 2\cos^3\theta + 7\cos\theta}$

$= \frac{8\cos\theta + 5\cos\theta}{\cos^3\theta - 2\cos^3\theta + 7\cos\theta}$

$= \frac{13}{-\cos^2\theta + 7}$

$= \frac{13}{-\left(\frac{1}{\sqrt{2}}\right)^2 + 7} = \left(\frac{13\times 2}{14-1}\right) = 2$

17. (b) $\because \cos^2\theta + \cos^4\theta = 1$

$\Rightarrow \cos^4\theta = 1 - \cos^2\theta$

$\Rightarrow \cos^4\theta = \sin^2\theta$

$\Rightarrow \frac{\sin^2\theta}{\cos^4\theta} = 1$

$\Rightarrow \tan^2\theta.\sec^2\theta = 1$

$\Rightarrow \tan^2\theta(1+\tan^2\theta) = 1$

$\Rightarrow \tan^2\theta + \tan^4\theta = 1$

18. (b) $\tan 4^\circ.\tan 43^\circ.\tan 47^\circ.\tan 86^\circ$

$= \tan 4^\circ.\tan 43^\circ.\tan(90^\circ - 43^\circ).\tan(90 - 4)^\circ$

$= \tan 4^\circ . \tan 43^\circ . \cot 43^\circ . \cot 4^\circ$

$= \tan 4^\circ.\tan 43^\circ . \frac{1}{\tan 43^\circ} \times \frac{1}{\tan 4^\circ}$

$= 1$

19. (c) $\because \frac{3\sin\theta + 2\cos\theta}{3\sin\theta - 2\cos\theta} = \frac{3\tan\theta + 2}{3\tan\theta - 2}$

$= \frac{4+2}{4-2} = \frac{6}{2} = 3$

20. (c) $\because 5\cos\theta + 12\sin\theta = 13$

$\Rightarrow \frac{5}{13}\cos\theta + \frac{12}{13}\sin\theta = 1$

$\Rightarrow \frac{5}{13}\cos\theta + \frac{12}{13}\sin\theta$

$= \sin^2\theta + \cos^2\theta$

$\therefore \cos\theta = \frac{5}{13}$ तथा $\sin\theta = \frac{12}{13}$

$\therefore \tan\theta = \frac{\sin\theta}{\cos\theta} = \frac{12/13}{5/13} = \frac{12}{5}$

21. (a) $\because x^2 + y^2 = (r\cos\theta.\cos\varphi)^2 + (r\cos\theta.\sin\varphi)^2$

$= r^2\cos^2\theta\cos^2\varphi + r^2\cos^2\theta.\sin^2\varphi$

$= r^2\cos^2\theta(\cos^2\varphi + \sin^2\varphi)$

$= r^2\cos^2\theta$

$\because z = r\sin\theta$

$\Rightarrow z^2 = r^2\sin^2\theta$

$\therefore x^2 + y^2 + z^2 = r^2\cos^2\theta + r^2\sin^2\theta$

$= r^2(\cos^2\theta + \sin^2\theta)$

$= r^2$

22. (b) व्यंजक $= \sec^2 12^\circ - \frac{1}{\tan^2 78^\circ}$

$= (1 + \tan^2 12^\circ) - \frac{1}{\tan^2(90^\circ - 12^\circ)}$

$= 1 + \tan^2 12^\circ - \frac{1}{\cot^2 12^\circ}$

$= (1 + \tan^2 12^\circ - \tan^2 12^\circ) = 1$

23. (d) $\tan\theta . \cos 60^\circ = \frac{\sqrt{3}}{2}$

$\Rightarrow \tan\theta . \frac{1}{2} = \frac{\sqrt{3}}{2} \left(\because \cos 60^\circ = \frac{1}{2}\right)$

$\Rightarrow \tan\theta = \sqrt{3}$

$\Rightarrow \tan\theta = \tan 60^\circ \Rightarrow \theta = 60^\circ$

$\therefore \sin(\theta - 15^\circ) = \sin(60^\circ - 15^\circ)$

$= \sin 45^\circ = \frac{1}{\sqrt{2}}$

24. (a) व्यंजक $= \frac{9}{\operatorname{cosec}^2\theta} + 4\cos^2\theta + \frac{5}{(1+\tan^2\theta)}$

$= 9\sin^2\theta + 4\cos^2\theta + \frac{5}{\sec^2\theta}$

$= 9\sin^2\theta + 4\cos^2\theta + 5\cos^2\theta$

$= 9(\sin^2\theta + \cos^2\theta) = 9$

25. (c) व्यंजक $= \sec\theta + \operatorname{cosec}(90^\circ - \theta) = 4$

$\Rightarrow \sec\theta + \sec\theta = 4$

$\Rightarrow 2\sec\theta = 4$

$\Rightarrow \sec\theta = 2$

$\Rightarrow \quad \sec\theta = \sec 60^\circ$

$\Rightarrow \quad \theta = 60^\circ$

$\therefore \tan\theta = \tan 60^\circ = \sqrt{3}$

26. (a) व्यंजक $= \dfrac{5\sin\theta - 3\cos\theta}{5\sin\theta + 3\cos\theta}$

$= \dfrac{5\tan\theta - 3}{5\tan\theta + 3}$

$= \left(\dfrac{4-3}{4+3}\right) = \dfrac{1}{7}$

27. (c) व्यंजक $= 4\sec^2\theta + 9\,\text{cosec}^2\theta$

$= 4(1 + \tan^2\theta) + 9(1 + \cot^2\theta)$

$= 4 + 4\tan^2\theta + 9 + 9\cot^2\theta$

$= 13 + 4\tan^2\theta + 9\cot^2\theta \quad$ ...(i)

$\because$ A.M. > G.M.

$\therefore \dfrac{4\tan^2\theta + 9\cot^2\theta}{2} \geq \sqrt{4.9}$

$\Rightarrow 4\tan^2\theta + 9\cot^2\theta \geq 2 \times \sqrt{36}$

$\Rightarrow 4\tan^2\theta + 9\cot^2\theta \geq 12$

$\therefore 4\sec^2 + 9\,\text{cosec}^2\theta$ का न्यूनतम मान

$= (13 + 12) = 25$

28. (a) $\because \quad \sin\theta + \sin^2\theta = 1$

$\Rightarrow \sin\theta = 1 - \sin^2\theta = \cos^2\theta$

$\therefore \cos^{12}\theta + 3\cos^{10}\theta + 3\cos^8\theta + \cos^6\theta - 1$

$= \sin^6\theta + 3\sin^5\theta + 3\sin^4\theta + \sin^3\theta - 1$

$= \sin^3\theta(\sin^3\theta + 3\sin^2\theta + 3\sin\theta + 1) - 1$

$= \sin^3\theta(\sin\theta + 1)^3 - 1$

$= (\sin^2\theta + \sin\theta)^3 - 1$

$= (1)^3 - 1$

$= (1 - 1) = 0$

29. (c) व्यंजक $= \cos^4\theta - \sin^4\theta + 1$

$= (\cos^2\theta)^2 - (\sin^2\theta)^2 + 1$

$= (\cos^2\theta + \sin^2\theta)(\cos^2\theta - \sin^2\theta) + 1$

$= \left(1 \times \dfrac{1}{3} + 1\right) = \dfrac{4}{3}$

30. (b) $\because \dfrac{\sin\theta + \cos\theta}{\sin\theta - \cos\theta} = 7$

$\Rightarrow \sin\theta + \cos\theta = 7\sin\theta - 7\cos\theta$

$\Rightarrow 6\sin\theta = 8\cos\theta$

$\therefore \tan\theta = \dfrac{8}{6} = \dfrac{4}{3}$

31. (a) व्यंजक $= \dfrac{\text{cosec}^2\theta - \sec^2\theta}{\text{cosec}^2\theta + \sec^2\theta}$

$= \dfrac{\dfrac{1}{\sin^2\theta} - \dfrac{1}{\cos^2\theta}}{\dfrac{1}{\sin^2\theta} + \dfrac{1}{\cos^2\theta}}$

$= \dfrac{\cos^2\theta - \sin^2\theta}{\cos^2\theta + \sin^2\theta}$

$= \dfrac{1 - \tan^2\theta}{1 + \tan^2\theta}$

$= \dfrac{1 - \dfrac{1}{7}}{1 + \dfrac{1}{7}} = \dfrac{6}{8} = \dfrac{3}{4}$

32. (d) $x = \cos t$ तथा $y = 2\sin t \,.\, \cos t$

$\therefore y = 2x\sin t$

$\Rightarrow \quad y^2 = 4x^2\sin^2 t$

$\Rightarrow \quad y^2 = 4x^2(1 - \cos^2 t)$

$\Rightarrow \quad y^2 = 4x^2(1 - x^2)$

$\Rightarrow \quad y^2 = 4x^2 - 4x^4$

33. (a) $\because \quad \tan^4\theta + \tan^2\theta = 1$

$\Rightarrow \quad \tan^2\theta(1 + \tan^2\theta) = 1$

$\Rightarrow \quad \dfrac{\sin^2\theta}{\cos^2\theta} \times \sec^2\theta = 1$

$\Rightarrow \quad \sin^2\theta = \cos^4\theta$

$\Rightarrow \quad (1 - \cos^2\theta) = \cos^4\theta$

$\therefore \quad (\cos^4\theta + \cos^2\theta) = 1$

34. (b) $\sin(45^\circ + \theta) - \cos(45^\circ - \theta)$

$= \sin 45^\circ \cos\theta + \cos 45^\circ \sin\theta - [\cos 45^\circ \cos\theta + \sin 45^\circ \sin\theta]$

$= \sin 45^\circ \cos\theta + \cos 45^\circ \sin\theta - \cos 45^\circ \cos\theta - \sin 45^\circ \sin\theta$

$= \dfrac{1}{\sqrt{2}}\cos\theta + \dfrac{1}{\sqrt{2}}\sin\theta - \dfrac{1}{\sqrt{2}}\cos\theta - \dfrac{1}{\sqrt{2}}\sin\theta = 0$

35. (a) $\tan(x + y)\tan(x - y) = 1$

$\Rightarrow \dfrac{\tan x + \tan y}{1 - \tan x \tan y} \times \dfrac{\tan x - \tan y}{1 + \tan x.\tan y} = 1$

$\Rightarrow \dfrac{\tan^2 x - \tan^2 y}{1 - \tan^2 x.\tan^2 y} = 1$

$\Rightarrow \tan^2 x - \tan^2 y = 1 - \tan^2 x \tan^2 y$

$\Rightarrow \tan^2 x + \tan^2 x \tan^2 y = 1 + \tan^2 y$

$\Rightarrow \tan^2 x(1 + \tan^2 y) = (1 + \tan^2 y)$

$\Rightarrow \tan^2 x = 1 = \tan^2 45^\circ$

$\therefore x = 45^\circ$

$\therefore \tan\left(\dfrac{2x}{3}\right) = \tan\left(\dfrac{2 \times 45^\circ}{3}\right)$

$= \tan 30^\circ = \dfrac{1}{\sqrt{3}}$

❑❑❑

General English

1 CHAPTER

Fill in the Blanks

A sentence completion question consists of a sentence from which one or two words have been deleted. You must choose the lettered word or set of words that complete the meaning of the sentence most logically.

Example:

Q. They have..........up the deficit.

(A) covered

(B) filled

Exercise

Directions (Q. 1–70): Fill in the following blanks with either a single word or a group of words from the given choices such that the sentence is grammatically correct and meaningful:

1. Some of the luggage ______ not yet arrived.

(a) has (b) have

(c) is (d) are

2. One of the ______injured.

(a) player was

(b) players were

(c) players was

(d) players are

3. We should always be careful in the choice of__________.

(a) our friend (b) our friends

(c) ours friend (d) ours friends

4. Election _____by both the rival contestants was in full swing

(a) Propagonda

(b) Canvassing

(c) Campaigning

(d) Publicity

5. He __________since morning.

(a) is playing

(b) has been playing

(c) has played

(d) will be playing

6. When the meeting began, everybody took ____.

(a) his/her seat (b) their seat

(c) their seats (d) one's seat

7. I wonder whether I ________ ever see him again.

(a) shall (b) will

(c) should (d) would

8. I ________sing well when I was younger.

(a) could (b) might

(c) would (d) did

9. No sooner _________than the police handcuffed him.

(a) he came

(b) did he came

(c) did he come

(d) had he come

10. We _____ some friends in for dinner tomorrow night.

(a) have (b) are having

(c) do have (d) will have

11. "What exactly does he want?" "He would like to see you ________a good job on the project."

(a) got (b) get

(c) to get (d) will get

12. "She was sorry she didn't attend her friend's wedding." "Yes, she__________"

(a) regretted she can't have gone

(b) was regretting she does not go

(c) will regret she didn't go

(d) was regretting that she couldn't go

13. "Sujata is late in the office." "She rarely come on time_____?"

(a) don't she (b) does she

(c) doesn't she (d) won't she

14. "There is a visitor here." "All right man I __________-"

(a) shall be expecting this man

(b) am expecting this man

(c) was to expect this man

(d) had to expect this man

15. "Can we start our match? "No, we can't unless the referee ________ ____"

(a) will not give the signal

(b) gives the signal

(c) did not give the signal

(d) does not give the signal

16. "Why is he breathing so fast?" "The teacher made him _____ a mile as a measure of punishment for his coming late."

(a) running (b) to run

(c) ran (d) run

17. The ________ is working on wood.

(a) artefact (b) artiste

(c) artist (d) artisan

18. Do not look ______the poor.

(a) down (b) up

(c) upon (d) down upon

19. The dog has been ________by the car.

(a) run out (b) run over

(c) run into (d) run for

20. ____________you apologise I shall punish you.

(a) until (b) unless
(c) till (d) none of these

21. I spoke to the chairman ____he was sitting alone in the cabin.
(a) where (b) when
(c) whereas (d) whenever

22. I went directly to my boss to __________his approval.
(a) order (b) restore
(c) seek (d) collect

23. It was an unhappy life ______I lived, full of many anxieties.
(a) that (b) which
(c) as (d) where

24. My concern for Jugal's future was very _____as he was not in job then.
(a) strong (b) big
(c) good (d) powerful

25. She remained there for hours after Jayant ____ gone.
(a) had (b) did
(c) have (d) has

26. The strike in ports has ________ in a heavy loss.
(a) pushed (b) resulted
(c) gone (d) developed

27. Since he started legal practice, his knowledge of law has begun to ________but not his income.
(a) promote (b) grow
(c) develop (d) extend

28. I left home ______a walk in the garden.
(a) to (b) at
(c) for (d) by

29. Despite severe drought excellent results have been _____in the agricultural sector.
(a) given (b) visualised
(c) achieved (d) retained

30. The minister asked why medicines and grains were _________ late in relief camps.
(a) going (b) getting
(c) sending (d) reaching

31. I am interested _______some other job.
(a) in (b) to
(c) about (d) for

32. There is not much difference _______ you and me.
(a) between (b) in
(c) for (d) to

33. The shortage of essential _______ must be overcome in a short time.
(a) products (b) commodities
(c) material (d) delivery

34. Because of __________power supply the machine is lying idle.
(a) erratic (b) sudden
(c) bad (d) wrong

35. It certainly is attractive, but is it _________?
(a) genuine (b) valuable
(c) bonafide (d) rare

36. It is the duty of a physician to _________ the sick.
(a) attend (b) help
(c) serve (d) tend

37. Modesty _____a woman.
(a) becomes (b) tells
(c) call (d) rules

38. The book will help to _________ your doubts.
(a) clear (b) fulfil
(c) complete (d) supply

39. Man is a ____________of circumstances.
(a) master (b) companion
(c) slave (d) creature

40. Everybody these days complains __________corruption in public life.
(a) against (b) about
(c) of (d) off

41. He is going to remain here _______you come.
(a) unless (b) if
(c) because (d) till

42. The two sisters look so ________ that it is difficult to differ one from other.
(a) identical (b) same
(c) resembling (d) similar

43. The poet died in the _______of his life.
(a) peak (b) end
(c) youth (d) prime

44. My friend has invited me along with all the members of my family_________dinner.
(a) on (b) at
(c) upon (d) to

45. We should always stick to our decisions otherwise the people will mock _____us.
(a) on (b) at
(c) upon (d) over

46. The doctor _______him to task for his misbehaviour.
(a) made (b) reprimanded
(c) forced (d) took

47. Fate smiles ________him in all his ventures.
(a) over (b) at
(c) with (d) on

48. You should never lack confidence _____yourself otherwise life will become hell for you.
(a) about (b) upon
(c) of (d) in

49. Know for certain that she looks _______her mother.
(a) after (b) to
(c) down (d) at

50. Production of crude oil during the first six months of the last year was 15 million tonnes as ________14 million tonnes this year.
(a) of (b) per
(c) against (d) on

51. Ram is ________ or perhaps more honest than Shyam.
(a) almost as honest
(b) as honest as
(c) equally honest
(d) as honest

52. Rose is the most beautiful ________in the garden.
(a) flower
(b) of all flowers
(c) than other flowers
(d) of all the other flowers

53. Don't take my words ______.
(a) by heart (b) in heart
(c) to heart (d) at heart

54. What ______needed are not clothes but food?
(a) is (b) were
(c) are (d) was

55. The main point of his _______ was well understood.
(a) that he spoke
(b) in the speech of his
(c) made when spoke
(d) speech

56. Cassius and Brutes ________ a conspiracy to assassinate Caesar.
(a) prepared (b) cooked
(c) hatched (d) made

57. The waitress handed over two cups of ______tea and left.

(a) burning (b) steaming
(c) heating (d) sweating

58. I love ___________
(a) the literature, music and art
(b) literature, music and the art
(c) the literature, the music and the art
(d) literature, music and art

59. We must work for the ________ our city.
(a) upliftment to
(b) upliftment of
(c) uplifting
(d) uplift of

60. The winter has ______ and the days are cold.
(a) set out (b) set up
(c) set (d) set in

61. How can one ______ with a fellow like you?
(a) put on (b) put up
(c) put in (d) put out

62. The police ____searching for the notorious criminal.
(a) is (b) are
(c) was (d) has been

63. Old habits ___________.
(a) die hardly
(b) die hard
(c) die more hard
(d) die much hard

64. 'Hard Days' is his _____ novel.
(a) latest (b) latter
(c) later (d) of late

65. No one ___________ about me.
(a) has to worry
(b) need worry
(c) shall worry
(d) needs to worry

66. The officer ______ my complaint.
(a) looked of
(b) looked into
(c) looked at
(d) looked on

67. We spent good time discussing ________________.
(a) his character
(b) about his character
(c) of his character
(d) on his character

68. No sooner ________ entered the room than the intruder jumped at him.
(a) he had been
(b) he has
(c) had he
(d) he had

69. I need not buy a new ________.
(a) spectacles
(b) spectacle
(c) pair of spectacles
(d) set of spectacles

70. Mr. Dalip ________ here since 1995.
(a) has staying
(b) has been staying
(c) has stayed
(d) had staying

Answers

1. (a)	2. (c)	3. (b)	4. (c)	5. (b)	6. (a)	7. (d)	8. (a)	9. (c)	10. (d)
11. (b)	12. (d)	13. (b)	14. (b)	15. (b)	16. (d)	17. (d)	18. (d)	19. (b)	20. (b)
21. (b)	22. (c)	23. (a)	24. (a)	25. (a)	26. (b)	27. (b)	28. (c)	29. (c)	30. (d)
31. (a)	32. (a)	33. (b)	34. (a)	35. (a)	36. (a)	37. (d)	38. (a)	39. (c)	40. (c)
41. (d)	42. (a)	43. (d)	44. (d)	45. (b)	46. (d)	47. (d)	48. (d)	49. (a)	50. (c)
51. (c)	52. (a)	53. (d)	54. (a)	55. (d)	56. (c)	57. (b)	58. (d)	59. (b)	60. (d)
61. (b)	62. (a)	63. (b)	64. (a)	65. (a)	66. (b)	67. (a)	68. (c)	69. (c)	70. (b)

❑❑❑

2

CHAPTER

Errors Spotting

These types of questions are intended to test the knowledge of the students about the understanding of the basic rules of English Grammar. The knowledge of basic rules of grammar relating to Articles, Nouns, Pronouns, Adjectives, Verb, Adverbs, Conjunctions, Prepositions, Subject-Verb Agreement are, therefore, necessary to solve these type of questions.

NOUNS

A Noun is a word used as the name of a person, place or thing.

Kinds of Nouns

1. **Proper Noun :** A proper noun is the name of a particular person or place. *e.g.,* Anamika, Kolkata, India.

Note : Proper nouns are always written with a capital letter at the beginning.

2. **Common Noun :** A common noun is a name given in common to every person or thing of the same class or kind. *e.g.,* student, mother, bird.
3. **Collective Noun :** A collective noun is the name of a group of persons or things taken together and spoken of as a whole, as unit. *e.g.,* team, army, jury, fleet.
4. **Material Noun :** A material noun is the name of metal or substance, of which things are made of. *e.g.,* gold, cotton, wood.
5. **Abstract Noun :** An abstract noun is usually the name of a quality, action or state considered apart from the object to which it belongs. *e.g.,*
kindness, laughter, childhood.

Some Important Rules

Rule 1

Some nouns like furniture, information, poetry, scenery, machinery, work, wood, paper, glass, dust, traffic, electricity, food, grass, luggage, advice etc. are always singular.

Rule 2

Some nouns have the singular and the plural alike. As : sheep, deer, swine, species etc. *e.g.,*

(i) It is a rare species.
(ii) There are many species of dogs.

Rule 3

Nouns expressing number like dozen, score, hundred thousand etc. are used in singular with numerical adjective. *e.g.,*

(i) She bought three dozen oranges.
(ii) I gave him five hundred rupees.

Rule 4

Some nouns like cattle, poultry, people, police gentry, peasantry, electorate etc. are always plural. *e.g.,*

(i) Cattle are not allowed to enter this ground.
(ii) There are few gentry in this town.

Rule 5

Some nouns like committee, jury, family, crowd, government, audience etc. are used as singulars when they are thought of as a unit but they are used as plurals when their members are thought of. *e.g.,*

(i) The committee is divided and there is bitterness among the members.
(ii) The audience is requested to take their seats.

Rule 6

When the plural noun is a proper name for some single object or some collective unit, it is used as singular. *e.g.,*

(i) The United States has a big navy.

Rule 7

If a noun is used both before and after a preposition, it is in singular always. *e.g.,*

(i) Woman after woman climbed the rostrum to speak against the cruel practices of dowry and bride burning.

Rule 8

A plural noun is used after one of, either of, neither of and each of. *e.g.,*

(i) Neither of the girls has come yet.

Rule 9

The plural of compound nouns are formed by forming plural of the principal word. *e.g.,*

(i) None of the passers-by helped him.

Rule 10

Plural formation is done in both the parts of the compound nouns of man and woman. *e.g.,*

(i) None of the men-servants was present yesterday.

Possessive Case

Rule 11

The possessive case is chiefly used with the names of living things. *e.g.,*

(i) The cart's wheel was broken. (*Incorrect*)
The wheel of the cart was broken. (*Correct*)

(ii) Ravi's brother is my friend.

Rule 12

If else is used with anybody, somebody, nobody etc. the possessive sign is put to. *e.g.,*

(i) This shirt is not mine, it is somebody else's.

(ii) I follow your suggestion and nobody else's.

Rule 13

When two nouns are in opposition, the possessive sign is put to the latter only. *e.g.,*

(i) That is Dinkar, the poet's house.

(ii) He is going to James Watt, the scientist's country.

Rule 14

With compound nouns the possessive sign is attached only to the last word. *e.g.,*

(i) Her mother-in-law's health is not good these days.

(ii) His maid-servant's son has broken the pot.

PRONOUNS

A Pronoun is a word used in place of a noun.

Kinds of Pronouns

1. **Personal Pronouns :** I, we, you, he, me, her, them etc.

(a) If a pronoun acts as a subject of a verb, it is in Nominative/ Subjective Case and if it acts as an object of a verb, it is in Objective Case.
Nominative Case– I, we, you, her, she, it, they
Objective Case–me, us, you, him, her, it, them

(b) A pronoun is used in Objective Case after let. *e.g.,*
(i) Let him and me do this.

(c) A pronoun is used in Objective Case after a preposition. *e.g.,*
(i) They laughed at her and me.

(d) Nominative Case is used after than if the comparison is between two nominatives. *e.g.,*
(i) As a student of science you are far better than her.

(e) Objective Case is used after than if the comparison is between two objects. *e.g.,*
(i) She loves you more than me.

(f) Good manners require that the order of personal pronouns in a sentence should be 231 *i.e.,* the second person should come before the third and the third person before the first. *e.g.,*
(i) You and he will follow it.
(ii) You, he and I are going to Delhi.

2. **Distributive Pronouns :** Each, either, neither.

(a) **Either** and **Neither** are used for two persons or things. *e.g.,*
(i) Either of them can do this.
(ii) Neither of you will go there.

(b) **Each** is used for two or more than two persons/things. *e.g.,*
(i) Each of the students contributed fifty rupees.
(ii) Each of the two boys is doing his work.

3. **Demonstrative Pronouns :** This, that, these, those, such etc.

(a) **This** and **these** are used for the persons/things which are near the speaker.
This is used for one person/thing and these is used for more than one person/thing. *e.g.,*
(i) This bat is a present for you.
(ii) These flowers are beautiful.

(b) **That** and **those** are used for the persons/things which are away from the speaker.
That is used for one person/thing and those is used for more than one person/thing. *e.g.,*
(i) That boy is my friend.
(ii) Those skirts are mine.

4. **Indefinite Pronouns :** One, some, any, everybody, somebody, anybody, everyone, someone, anyone, no-one, everything, something, anything, nothing etc.

(a) In referring to **anybody, everybody, everyone, anyone, each** etc., the pronoun he or she is used according to the context. *e.g.,*
(i) I shall be glad to help everyone of the boys in his studies.
(ii) Everyone of the Miss World contestants tried to improve herself through rigorous training.

(b) The indefinite pronoun 'one' should be used throughout, if used as all, i.e. its nominative-one, objective - one, possessive-one's and reflexive-one-self should be used *e.g.,*
(i) One should take care of one's house.
(ii) One should help oneself.

5. **Reflexive Pronouns :** Myself, yourself, himself, herself, ourselves, itself, etc.

(a) A reflexive pronoun or an object must be put after resign, revenge, exert, apply, adjust, pride. *e.g.,*

(b) Verbs such as be, break, burst, feed, hide, make, open, qualify, rest, roll, speed, stop, turn are usually not followed by a reflexive pronoun. *e.g.,*
(i) He has qualified for the match.
(ii) You should keep a distance from bad boys.

(c) A reflexive pronoun cannot be used as a substitute for the subject. *e.g.,*
Rohit and myself decided to join the army. (*Incorrect*)
Rohit and I decided to join the army. (*Correct*)

6. **Emphatic Pronouns :** When yourself, themselves etc. are used for the sake of emphasis, they are called Emphatic Pronouns. *e.g.,*
(i) I myself went to finalise the deal.
(ii) They themselves admitted their guilt.

7. **Relative Pronouns :** Who, Whom, Whose, Which, That

(a) **Who** is used for persons only and **which** is used for things without life and for animals. *e.g.,*

(i) This is the man who brought the news.
(ii) The horse which I recently bought is an Arab.

(b) That is used for persons and things. *e.g.,*
(i) This is the man that brought the news.
(ii) The horse that I recently bought is an Arab.

(c) Who/Which is used in both defining and non-defining cases. That is used in defining case. *e.g.,*
(i) The cow which she has bought is black.

(d) That is used after superlative degree, all, same, only, none, nothing. *e.g.,*
(i) He was the most eloquent speaker that I ever heard.

(e) Who is used in Nominative Case i.e. it is followed by a verb while whom is used in Objective Case i.e. it is not followed by a verb. *e.g.,*
(i) The girl whom I met today was his friend.

8. Interrogative Pronouns : Who, Whom, Whose, Which, That etc.

(a) Who is used for persons only.
Who was knocking at the door?

(b) Which is used for both persons and things. It implies selection. *e.g.,*
Which of them has said so?

9. Exclamatory Pronoun: What,
When interrogative word **what** is used to express surprise, it is called Exclamatory Pronoun. *e.g.,*
What! you don't know Modi?

10. Reciprocal Pronouns: Each other, one another
Each other is used for two persons/things and **one another** is used for more than two persons/things.
But in modern use there is no difference in the use of **each other** and **one another**. *e.g.,*
They all loved one another.

ADJECTIVES

An **Adjective** is a word which qualifies a noun or a pronoun.

Kinds of Adjectives

1. *Proper Adjectives*: Adjectives formed from Proper Nouns are called Proper Adjectives, *e.g.,*

Proper Nouns	Proper Adjectives
India	Indian
Turkey	Turkish
Shakespeare	Shakespearian

A Proper Adjective must begin with a capital letter.

2. *Possessive Adjectives*: My, our, your, his, her, their, its are called Possessive Adjectives.
Possessive Adjectives are always used before noun. *e.g.,*
My book, Your brother, His horse

3. *Distributive Adjectives*: Each, every, either, neither are called Distributive Adjectives.

(a) Each is used for two or more than two things/persons *e.g.,*
Each boy must take his turn.

(b) Every is used for more than two persons/things. *e.g.,*
He gave every girl the same dress.

(c) Either and **Neither** are used for two persons/things. *e.g.,*
Neither of the two ministers was available for comments.

4. *Demonstrative Adjectives:* Demonstrative Adjectives are of two kinds:

(a) Definite: this, that, these, those, such, same.
These Adjectives point out a particular person or thing exactly.

(b) Indefinite: a, an, a certain, certain, some, any, any other, another, other.
These adjectives point out persons or things in a certain sense, but not exactly.

5. *Numeral Adjectives*: Numeral Adjectives are of two kinds :

(I) Definite: These adjectives denote exact number or order of persons/things.

(a) Those which denote exact number of persons/things are called Cardinals.

(b) Those which denote the serial order in which a person or thing stands are called Ordinals. *e.g.,*

(c) Ordinals are used before Cardinals, if they both are to be used in a sentence. *e.g.,*
(i) The first three pages of this book.
(ii) The last two scenes of this movie.

(II) Indefinite: These adjectives denote number of some kind without saying precisely what the number is. *e.g.,*
Many, enough, all, most, various, numerous, several etc.

NOTE : *If Definite and Indefinite both Numeral Adjectives are to be used together, Indefinite Numeral Adjectives should be used before Definite Numeral Adjectives.*

6. *Quantitative Adjectives*: These adjectives show the quantity or degree of a thing. *e.g.,*
Much, little, whole, some, enough, all etc.

(a) Much, little, whole are always used for quantity.

(b) All, some, enough, sufficient, most are used for both quantity and number.

7. *Qualitative Adjectives*: These adjectives show what quality or in what state persons or things are. *e.g.,*
Big, small, sick, good etc.

8. Interrogative Adjectives: These adjectives are used to ask questions. *e.g.,*
(i) Which picture do you like most ?
(ii) Whose wife is she ?

9. *Exclamatory Adjectives*: What is called Exclamatory Adjective when it is used to express surprise. *e.g.,*
(i) What an idea!
(ii) What a piece of work is man!

DEGREES OF COMPARISON

Positive Degree

The Positive Degree of an Adjective is the adjective in its simple form. It is used when no comparison is made. *e.g.,*
Rekha is a good singer.

Comparative Degree

The Comparative Degree of an Adjective is used when the quality of two persons or things are compared *e.g.,*
My mango is sweeter than his mango.

Superlative Degree

The Superlative Degree of an adjective denotes the highest degree of quality and is used when more than two persons or things are compared. *e.g.,*

He is the most intelligent boy in the class.

Some Important Facts

(a) **Senior, superior, junior, prior, inferior, posterior** are followed by to instead of than. *e.g.,*

All his colleagues are senior than him. (*Incorrect*)

All his colleagues are senior to him. (*Correct*)

(b) **Interior, exterior, minor, major** etc. are the adjectives of Positive Degree

Neither more/most is used before them nor then/to is used after them. *e.g.,*

His age is a matter of minor importance.

(c) **After Comparatively** or **Relatively** Positive Degree is used. *e.g.,*

The wind is comparatively faster today. (*Incorrect*)

The wind is comparatively fast today. (*Correct*)

(d) Before **enough** positive degree is used. *e.g.,*

He is smarter enough to get selected for this prestigious post. (*Incorrect*)

He is smart enough to get selected for this prestigious post. (*Correct*)

ADVERB

An Adverb is a word which modifies the meaning of a verb, an adjective or another adverb.

Kinds of Adverbs

(A) According to their use, adverbs are divided into three classes :

1. **Simple Adverb:** These adverbs modify the meaning of a verb, an adjective, or an adverb. *e.g.,*
   She can hardly believe it.
2. **Interrogative Adverb:** These adverbs are used for asking questions. *e.g.,*
   Why is she not playing ?
3. **Relative Adverb:** These adverbs are the same in form as Interrogative Adverbs, but instead of asking question, they join two sentences together.
   These adverbs relate to some antecedent, expressed or understood. *e.g.,*
   (i) Let me know the time when you will come. (The antecedent expressed)
   Let me know when you will come. (the antecedent understood.)
   (ii) I remember the house where I was born.

(B) According to there meaning, adverbs may be divided into the following classes:

1. **Adverbs of Time:** These are the adverbs which tell us when does an action takes place. *e.g.,*
   I hurt my knee yesterday.
2. **Adverbs of Place:** These are the adverbs which tell us where does an action takes place. *e.g.,*
   She left her bag here.
3. **Adverbs of Frequency:** These are the adverbs which tell us how often an action takes place. *e.g.,*
   I have called you twice.
4. **Adverbs of Degree or Quantity:** These are the adverbs which tell us how much or in what degree or to what extent. *e.g.,*
   He is kind enough to help her.

Position of Adverbs

1. **Always, often, seldom, never, just, ever, usually, hardly, already, nearly,** etc. are used before the main verb. *e.g.,*
   (i) I have told often him to write neatly. (*Incorrect*)
   I have often told him to write neatly. (*Correct*)
   (ii) He never talks ill of his friends.
   (iii) Imran always comes late.
2. Adverbs of Time/Place/Manner are generally placed after the verb or after the object if there is one. *e.g.,*
   (i) He does his work carefully.
   (ii) She looked everywhere.
   (iii) I met her yesterday.

Note : *Adverb of Manner is used before the object if a clause starting with who/which/that is used after the object. e.g.,*
She received warmly all those who had come in time.

3. If adverbs of time/place/manner, all are to be used in a sentence, the normal order is adverb of manner, adverb of place, adverb of time. *e.g.,*
   He danced in the city hall well last night. (*Incorrect*)
   He danced well in the city hall last night. (*Correct*)

Note : *With come/go/arrive etc. adverb of manner is used after adverb of place.*

4. Adverbs of quantity are usually used before the word that they qualify. *e.g.,*
   (i) The party was too dull.
   (ii) She is quite cool.

Note : But enough is always placed after the word to which it qualifies.

CONJUNCTIONS

A **Conjunction** is a word which joins two or more than two words, phrases, clauses or sentences.

Some Important Rules

***Rule* 1**

Scarcely/Hardly is always followed by **when/before**. *e.g.,*

Scarcely had he gone out of the office then he came. (*Incorrect*)

Scarcely had he gone out of the office when he came. (*Correct*)

***Rule* 2**

Lest is followed by **should. Not** is not used with it. *e.g.,*

Be careful lest you will fall. (Incorrect)

Be careful lest you should fall. (*Correct*)

***Rule* 3**

Both is followed by **and** *e.g.,*

Both Sonu as well as Pawan have done their work. (*Incorrect*)

Both Sonu and Pawan have done their work. (*Correct*)

***Rule* 4**

Rather and **other** are always followed by **than.** *e.g.,*

I have no other choice but to do it. (*Incorrect*)
I have no other choice than to do it. (*Correct*)

***Rule* 5**

And is not used before a Relative Pronoun. *e.g.*,
He is an intelligent boy and who is my friend. (*Incorrect*)
He is an intelligent boy who is my friend. (*Correct*)

***Rule* 6**

That, as to etc. are not used before Interrogative words (where, who, what, whom etc.). *e.g.*,
They asked her that where she had been. (*Incorrect*)
They asked her where she had been. (*Correct*)

***Rule* 7**

Seldom or **never** and **Seldom or ever** are used. *e.g.*,
We seldom or ever see those forsaken who trust in God. (*Incorrect*)
We seldom or never see those forsaken who trust in God. (*Correct*)

Exercise-1

Directions (1-30): In each of the following questions, some of the sentences have errors and some are correct. Find out which part of a sentence has an error and blacken the option corresponding to it (a,b,c). If a sentence is free from errors, then your answer is (d) i.e. No error.

1. The minister for Education (a) / vehemently refused (b)/ the allegation that he had taken bribes. (c)/ No error. (d)
2. If I were Zubin (a) / I would not attend (b)/ the wedding, come what may. (c)/ No error. (d)
3. He says that (a) / he reads novels (b)/ to pass away the time. (c)/ No error. (d)
4. He left for Mumbai on Sunday (a) / arriving there (b)/ on Monday. (c)/ No error. (d)
5. No sooner did the teacher (a) / enter the class room (b)/ the students got up. (c)/ No error. (d)
6. It is (a) / nothing else (b)/ than pride. (c)/ No error. (d)
7. To the ordinary man, in fact, the pealing of bells (a) / is a monotonous jangle and a nuisance (b)/ tolerably only when mitigated by remote distance and sentimental association. (c)/ No error. (d)
8. The increasing mechanisation of life (a) / have led us farther away from daily contact with nature and (b)/ the crafts of the farm (c)/ No error. (d)
9. If you have a way with words, (a) / a good sense of design and administration ability (b)/ you may enjoy working in the high pressure world of advertising. (c)/ No error. (d)
10. Last week's sharp hike in the wholesale price of beef (a) / is a strong indication for (b)/ higher meat costs to come. (c)/ No error. (d)
11. Supposing if (a) / it rains (b)/ what shall we do? (c)/ No error. (d)
12. The captain along with his team (a) / are practising very hard (b)/ for the forthcoming match. (c)/ No error. (d)
13. It was him (a) / who came running (b)/ into the classroom. (c)/ No error. (d)
14. The capital of Yemen (a) / is situating (b)/ 2190 meters above the sea level. (c)/ No error. (d)
15. Ram was (a) / senior to (b)/ Sam in college. (c)/ No error. (d)
16. You are (a) / always doing (b)/ this mistake. (c)/ No error. (d)
17. He has (a) / a large family (b)/ to care. (c)/ No error. (d)
18. These poisonous gases (a) / will effect (b)/ our health. (c)/ No error. (d)
19. The only Indian (a) / to win the Nobel Prize for the Literature (b)/ was Rabindranath Tagore. (c)/ No error. (d)
20. After his illness, (a) / the patient was (b)/ sick with life. (c)/ No error. (d)
21. I told him (a) / that I availed (b)/ the opportunity. (c)/ No error. (d)
22. I think (a) / he owns an expensive (b)/ painting by Hussain. (c)/ No error. (d)
23. It is time (a) / we should have done (b)/ something useful. (c)/ No error. (d)
24. He will tell you (a) / about it when (b)/ he will come back. (c)/ No error. (d)
25. A large sign near (a) / the entrance warns the visitors (b)/ to beware about bears. (c)/ No error. (d)
26. I am going (a) / to have this certificate (b)/ attest by the Director. (c)/ No error. (d)
27. Ravi (a) / told to his friend (b)/ to buy a car. (c)/ No error. (d)
28. I would (a) / accept the offer (b)/ if were you. (c)/ No error. (d)
29. I am more lonelier (a) / here than (b)/ I was in the USA. (c)/ No error. (d)
30. May I know (a) / to who (b)/ I am speaking? (c)/ No error. (d)

Answers

1. (a)	**2.** (d)	**3.** (c)	**4.** (b)	**5.** (c)	**6.** (d)	**7.** (c)	**8.** (b)	**9.** (b)	**10.** (b)
11. (a)	**12.** (b)	**13.** (a)	**14.** (b)	**15.** (d)	**16.** (d)	**17.** (c)	**18.** (b)	**19.** (b)	**20.** (c)
21. (d)	**22.** (d)	**23.** (b)	**24.** (d)	**25.** (c)	**26.** (c)	**27.** (b)	**28.** (c)	**29.** (a)	**30.** (b)

Exercise-2

Directions (1-30) : In each of the following questions some of the sentences have errors and some are correct. Find out which part of a sentence has an error and blacken the option corresponding to it (a,b,c). If a sentence is free from errors, then your answer is (d) i.e. No error.

1. The way to increase the production of the food (a)/ is to bring more land (b)/ under cultivation. (c)/ No error. (d)
2. The girls watched intently (a)/ as the model applied her make up (b)/ with a practiced hand. (c)/ No error. (d)
3. If he is a millionaire (a)/ he would help (b)/ the millennium project. (c)/ No error. (d)
4. The Prime Minister along with his Cabinet colleagues (a)/ have been welcomed by the Chief Minister (b)/ at a formal ceremony. (c)/ No error. (d)
5. The political candidate talked (a)/ as if she has already been elected (b)/ to the presidency. (c)/ No error. (d)
6. Several guests noticed Mr. Sharma (a)/collapsing in his chair (b)/and gasping for breath. (c)/ No error. (d)
7. This is our second reminder (a)/ and we are much surprised (b)/ at receiving no answer from you. (c)/ No error. (d)
8. You should (a)/ be always greatful (b)/ to your mentor. (c)/ No error. (d)
9. The furnitures (a)/ had become (b)/ old and rusty. (c)/ No error. (d)
10. Most people (a)/ are afraid of (b)/ swine flu these days. (c)/ No error. (d)
11. I may not be able (a)/ to attend (b)/ to the function. (c)/ No error. (d)
12. He is (a)/ residing here (b)/ since 1883. (c)/ No error. (d)
13. At his return (a)/ we asked him (b)/ many questions. (c)/ No error. (d)
14. The chief guest (a)/ entered into (b)/ the room. (c)/ No error. (d)
15. She is (a)/ very angry (b)/ on him. (c)/ No error. (d)
16. She is one of the (a)/ best mothers (b)/ that has ever lived. (c)/ No error. (d)
17. John, I and Hari (a)/ have finished (b)/ our studies. (c)/ No error. (d)
18. Neither the mouse (a)/ nor the lion (b)/ were caught. (c)/ No error. (d)
19. After you will return (a)/ from New Delhi (b)/ we will meet you (c)/ No error. (d)
20. When I was young, (a)/ I used to collect stamps (b)/ as a hobby. (c)/ No error. (d)
21. A senior doctor (a)/ expressed concern (b)/ about physicians recommended the vaccine. (c)/ No error. (d)
22. We have discussing (a)/ all the known mechanisms (b)/ of physical growth. (c)/ No error. (d)
23. Children enjoy listening to (a)/ ghosts stories (b)/ especially on Halloween night. (c)/ No error. (d)
24. I(a)/ have (b)/ many works to do. (c)/ No error. (d)
25. There are so many filths (a)/ all around (b)/ the place. (c)/ No error. (d)
26. A great many student (a)/ have been declared (b)/ successful. (c)/ No error. (d)
27. We are going to launch (a)/ this three-crores project (b)/ within the next few months. (c)/ No error. (d)
28. I hope to go to shopping (a)/ this weekend (b)/ if the weather permits. (c)/No error. (d)
29. The lawyer asked (a)/ if it was worth to take (b)/ the matter to court. (c)/ No error. (d)
30. After a carefully investigation (a)/ we discovered (b)/ that the house was infested with termites. (c)/No error (d)

Answers

1. (a)	2. (c)	3. (a)	4. (b)	5. (b)	6. (d)	7. (d)	8. (b)	9. (b)	10. (a)
11. (c)	12. (a)	13. (a)	14. (b)	15. (c)	16. (a)	17. (a)	18. (c)	19. (a)	20. (d)
21. (c)	22. (a)	23. (c)	24. (c)	25. (a)	26. (a)	27. (b)	28. (a)	29. (b)	30. (a)

❑❑❑

CHAPTER 3

Phrase Replacement

A Tool for Clearer Communication

In the vast expanse of language, words and phrases serve as the essential building blocks of communication. However, language is also fluid, and the meaning or impact of certain phrases can change depending on context, audience, or even cultural shifts. This is where phrase replacement becomes a valuable tool. Phrase replacement involves substituting one set of words with another to achieve clarity, enhance tone, or adapt the content for a specific audience. This technique is especially relevant in writing, editing, and translation, as it can help tailor messages for better understanding and impact.

The Importance of Phrase Replacement

Effective communication hinges on the ability to convey ideas clearly and appropriately. Often, the initial phrasing of a sentence may not resonate well with the audience, either because it's too complex, ambiguous, or culturally insensitive. Phrase replacement allows writers and speakers to refine their language, ensuring that the message is not only understood but also received positively. For example, consider the phrase "You're wrong." While straightforward, it may come across as harsh or confrontational in many contexts. Replacing it with a softer alternative, such as "I see things differently" or "I believe there might be another perspective," can convey the same message without potentially offending the listener. This illustrates how phrase replacement can modify the tone to suit the situation.

Enhancing Clarity

One of the primary reasons for using phrase replacement is to enhance clarity. Certain phrases, especially idiomatic expressions or jargon, may confuse or alienate readers who are not familiar with them. For instance, the phrase "kick the bucket," which is a colloquial expression for dying, might be unclear or even jarring in formal writing. Replacing it with a more straightforward phrase like "passed away" can make the message clearer and more appropriate for the context.

Similarly, in technical writing, using precise language is crucial. Replacing vague phrases like "a lot of" with more specific terms like "numerous" or "several" can significantly improve the clarity of the communication. This is particularly important in professional settings where ambiguity can lead to misunderstandings or errors.

Adapting to the Audience

Different audiences have different expectations, knowledge levels, and sensitivities. Phrase replacement enables writers and speakers to adapt their language to meet the needs of their audience. For example, when writing for a general audience, it's often necessary to replace specialized jargon with more accessible language. A phrase like "mitigate risk exposure" might be perfectly clear to a financial professional but could be replaced with "reduce risk" when addressing a lay audience.

Cultural sensitivity is another critical area where phrase replacement plays a role. Certain phrases may carry different connotations in different cultures, or they might be considered inappropriate. For instance, the phrase "hold down the fort" may seem innocuous, but its origins and implications could be problematic in certain contexts. Replacing it with a neutral alternative like "take charge" can avoid potential cultural insensitivity.

Improving Tone and Style

Tone and style are essential components of effective communication. Phrase replacement allows for adjustments to these elements, making the language more engaging, respectful, or formal, depending on the need. In creative writing, for example, replacing a dull phrase with a more vivid one can bring the text to life. Instead of saying "She was very happy," a phrase like "She was over the moon" adds color and energy to the sentence. In professional communication, maintaining a polite and formal tone is often necessary. A phrase like "I need this done by tomorrow" can be softened to "Could you please ensure this is completed by tomorrow?" The latter maintains the request's urgency while also being more polite.

Conclusion

Phrase replacement is a powerful tool in the arsenal of anyone who seeks to communicate effectively. By refining language for clarity, adapting it to suit the audience, and adjusting tone and style, phrase replacement ensures that the intended message is conveyed in the most effective way possible. Whether in writing, editing, or speech, mastering the art of phrase replacement can lead to clearer, more impactful communication that resonates with any audience.

Exercise

1. What is the primary purpose of phrase replacement?
(a) To use complex language
(b) To enhance clarity, tone, or audience adaptation
(c) To shorten sentences
(d) To avoid using idiomatic expressions

2. Why might the phrase "You're wrong" be replaced in certain contexts?
(a) It is grammatically incorrect
(b) It might come across as harsh or confrontational
(c) It is too formal
(d) It is too vague

3. Which of the following is an example of phrase replacement to enhance clarity?
(a) Replacing "kick the bucket" with "passed away"
(b) Replacing "She was very happy" with "She was over the moon"
(c) Replacing "You're wrong" with "I see things differently"
(d) Replacing "I need this done by tomorrow" with "Could you please ensure this is completed by tomorrow?"

4. In professional communication, why is it important to use precise language?
(a) To impress the audience
(b) To reduce the word count
(c) To avoid misunderstandings or errors
(d) To make the content sound more technical

5. What does phrase replacement help to achieve when adapting language to the audience?
(a) Making the content more complex
(b) Using more idiomatic expressions
(c) Ensuring the message is appropriate and understood
(d) Avoiding repetition of ideas

6. What is a potential risk of using culturally insensitive phrases?
(a) The message might become too formal
(b) The audience might not understand the message
(c) It can offend the audience
(d) The phrase might be too vague

7. Which phrase could be replaced to improve tone and style in creative writing?
(a) "Mitigate risk exposure"
(b) "Passed away"
(c) "Numerous"
(d) "She was very happy"

8. How can phrase replacement be used in technical writing?
(a) By adding more complex terms
(b) By simplifying vague phrases for clarity
(c) By increasing the use of idiomatic expressions
(d) By making the content less formal

9. Which of the following best describes the overall benefit of mastering phrase replacement?
(a) It allows for the use of advanced vocabulary
(b) It ensures communication is always formal
(c) It leads to clearer and more impactful communication
(d) It eliminates the need for editing

Answers

1. (b) **2.** (b) **3.** (a) **4.** (c) **5.** (c) **6.** (c) **7.** (d) **8.** (b) **9.** (c)

❑❑❑

CHAPTER 4

Spelling

Some spelling rules are as follows:

The knowledge of grammatical rules is essential to write perfect English but the knowledge of accurate spelling is also equally important.

Final Consonant

Rule 1

One-syllable words ending in single vowel + single consonant double the consonant before a suffix beginning with a vowel. e.g.,

(i) big + er = bigger

(ii) swim + ing = swimming

Rule 2

Words of two or three syllables ending in single vowel + single consonant double the final consonant if the last syllable is stressed. e.g.,

(i) control + er = controller

(ii) permit + ed = permitted

Rule 3

Consonant 'l' is doubled in the words ending in single 'l' before a suffix beginning with a vowel. e.g.,

(i) signal + ing = signalling

(ii) quarrel + ed = quarrelled

Rule 4

When the suffix 'full' is added to a word, one 'l' is removed. e.g.

(i) use + full = useful

If the word to which the suffix 'full' is added ends in 'll', one 'l' is removed from the word also. e.g.,

(i) skill + full = skilful

(ii) will + full = wilful

Final 'e'

Rule 5

Words ending in silent 'e' drop the 'e' before a suffix beginning with a vowel. e.g.,

(i) hope + ing = hoping

(ii) live + ed = lived

(iii) drive + er = driver

(iv) tire + ing = tiring

If the suffix begins with a consonant, 'e' is not dropped. e.g.,

(i) hope + full = hopeful

(ii) sincere + ly = sincerely

Exercise

Directions (Q. 1–60) : In each of the following words group, choose the correctly spelt word.

1. (a) Sattlite (b) Satellite (c) Sattelite (d) Satelite
2. (a) Embarasment (b) Embarassment (c) Embarrasment (d) Embarrassment
3. (a) Ocasion (b) Ocassion (c) Occasion (d) Occassion
4. (a) Distilry (b) Distillry (c) Distillery (d) Distilery
5. (a) Efflorascence (b) Efflorescence (c) Eflloresence (d) Eflorescence
6. (a) Commettee (b) Committe (c) Comittee (d) Committee
7. (a) Posesion (b) Possession (c) Posession (d) Possesion
8. (a) Forefiet (b) Forefeit (c) Forfeit (d) Forfiet
9. (a) Aliennate (b) Allienate (c) Alienate (d) Alienatte
10. (a) Greivance (b) Grievance (c) Griveance (d) Grieveance
11. (a) Comemorate (b) Commemmorate (c) Comemmorate (d) Commemorate
12. (a) Exemple (b) Exampel (c) Example (d) Exampal
13. (a) Inteligensia (b) Inteligentsia (c) Intelligensia (d) Intelligentsia
14. (a) Beligrent (b) Belligerant (c) Belligrent (d) Belligerent
15. (a) Dielectic (b) Diallectic (c) Dilectic (d) Dialectic
16. (a) Coruppt (b) Curropt (c) Corrupt (d) Currupt
17. (a) Variegated (b) Varegated (c) Varigated (d) Variagated
18. (a) Psychology (b) Sycology (c) Psykology (d) Sychology
19. (a) Liesure (b) Leisure (c) Leasure (d) Lesiure

20. (a) Accesible (b) Accessibel (c) Accessible (d) Acessible

21. (a) Desicate (b) Desiccate (c) Dessicate (d) Dessiccate

22. (a) Tresspas (b) Trespass (c) Tresspas (d) Trwspas

23. (a) Pasanger (b) Pessenger (c) Pesanger (d) Passenger

24. (a) Argumant (b) Arguemant (c) Argument (d) Arguement

25. (a) Tariff (b) Tarriff (c) Tarif (d) Tarrif

26. (a) Mustach (b) Moustach (c) Mustache (d) Moustache

27. (a) Jewelery (b) Jewellry (c) Jwellry (d) Jewellery

28. (a) Sedantry (b) Sedentery (c) Sedentary (d) Sedantary

29. (a) Grametic (b) Grammetic (c) Grammatic (d) Gramatic

30. (a) Idiosynrcrecy (b) Idiosyncrasy (c) Idiosyncracy (d) Idiosyrcracy

31. (a) Blisfull (b) Blissful (c) Blisful (d) Blissfull

32. (a) Leftinent (b) Leutinent (c) Lieutenant (d) Liutenent

33. (a) Aproched (b) Aproached (c) Appraoched (d) Approached

34. (a) Amacher (b) Ameture (c) Amateur (d) Ametur

35. (a) Comentry (b) Commentry (c) Commentery (d) Commentary

36. (a) Itinerary (b) Itinerery (c) Itinery (d) Ittinerary

37. (a) Commission (b) Comision (c) Comission (d) Commision

38. (a) Appearent (b) Appareant (c) Apparant (d) Apparent

39. (a) Scripturi (b) Skripture (c) Scripture (d) Scripcher

40. (a) Nuisance (b) Neusense (c) Neusance (d) Nuisence

41. (a) Acquiescence (b) Aquicence (c) Acquisence (d) Acquissence

42. (a) Massenger (b) Messenger (c) Messanger (d) Massanger

43. (a) Guerila (b) Gurilla (c) Gorila (d) Gorilla

44. (a) Assignmante (b) Assignment (c) Asignment (d) Asienement

45. (a) Harasment (b) Harassment (c) Harrassment (d) Harrasment

46. (a) Sustinence (b) Sustenance (c) Sustenence (d) Sustinance

47. (a) Bizarre (b) Bizaree (c) Bizare (d) Bizzare

48. (a) Achievment (b) Acheivment (c) Achievement (d) Achevement

49. (a) Perseverance (b) Preservatance (c) Perseverence (d) Preserverence

50. (a) Coreander (b) Coriander (c) Coriandar (d) Coreandor

51. (a) Sovereignty (b) Soveriegnty (c) Sovereignity (d) Soveriegnity

52. (a) Kalidoscope (b) Kalaidoscope (c) Kaleidoscope (d) Kaliedoscope

53. (a) Addultration (b) Adultration (c) Addulteration (d) Adulteration

54. (a) Acurrate (b) Accurate (c) Acurate (d) Accuratte

55. (a) Gorgean (b) Georgian (c) Gorgian (d) Georgeaen

56. (a) Buisness (b) Bussiness (c) Business (d) Buisiness

57. (a) Examplary (b) Exemplary (c) Examplery (d) Exemplery

58. (a) Rapprochmant (b) Rapprochment (c) Raproachment (d) Rapproachement

59. (a) Sabotage (b) Sabbotage (c) Sabotaze (d) Sabatage

60. (a) Forecast (b) Forcaust (c) Forcast (d) Forecaste

Answers

1. (b)	**2.** (d)	**3.** (c)	**4.** (c)	**5.** (b)	**6.** (d)	**7.** (b)	**8.** (c)	**9.** (c)	**10.** (b)
11. (d)	**12.** (c)	**13.** (d)	**14.** (d)	**15.** (d)	**16.** (c)	**17.** (a)	**18.** (a)	**19.** (b)	**20.** (c)
21. (b)	**22.** (b)	**23.** (d)	**24.** (c)	**25.** (a)	**26.** (d)	**27.** (d)	**28.** (c)	**29.** (c)	**30.** (b)
31. (b)	**32.** (c)	**33.** (d)	**34.** (c)	**35.** (d)	**36.** (a)	**37.** (a)	**38.** (d)	**39.** (c)	**40.** (a)
41. (a)	**42.** (b)	**43.** (d)	**44.** (b)	**45.** (b)	**46.** (b)	**47.** (a)	**48.** (c)	**49.** (a)	**50.** (b)
51. (a)	**52.** (c)	**53.** (d)	**54.** (b)	**55.** (b)	**56.** (c)	**57.** (b)	**58.** (d)	**59.** (a)	**60.** (a)

❑❑❑

5

CHAPTER

Synonyms and Antonyms

WORD	SYNONYMS	ANTONYMS
abbreviate	shorten, condense	lengthen, increase
ability	skill, aptitude	incompetence, inability
able	capable, qualified	incapable
above	overhead	below
abundant	ample, sufficient	scanty, insufficient
accurate	correct, right	wrong
achieve	accomplish, attain	fail
active	energetic, animated, lively	lethargic, idle, sluggish
add	increase, total	subtract
adequate	sufficient, enough, ample	insufficient, sparse
adjourn	postpone, recess	recommence, continue
adult	grown-up	child
after	following, next	before
afraid	frightened, scared	courageous, brave
aggressive	assertive, pushy, militant	passive, peaceful
always	forever	never
amateur	beginner, novice	professional
antagonize	provoke, embitter	soothe, tranquilize
apparent	obvious, evident	hidden, obscure
approve	accept, ratify, endorse	disapprove, censure
arrogant	haughty, stuck-up	humble, modest
artificial	fake, synthetic	real, authentic
ask	question, inquire	answer
atrocious	dreadful, contemptible, vile	kind, wonderful
authentic	genuine, real, factual	false, artificial
average	ordinary, fair	unusual, exceptional
awful	dreadful, atrocious	pleasant
awkward	clumsy, inappropriate	easy
ban	prohibit, forbid, outlaw	allow, permit
barren	unproductive, infertile	fertile, productive
bashful	shy, timid	outgoing, assured
beautiful	pretty, attractive, lovely	ugly
before	prior, previous	after, behind
beginning	start, initiate	finish, end

believe	trust, accept	doubt, distrust
below	under, lower	above
beneficial	helpful, favourable	harmful, adverse
best	finest, premier	worst
birth	beginning	death, end
blend	combine, mix	separate
bottom	base, foundation	top
brave	courageous, bold, heroic	cowardly, timid
break	fracture, burst	repair, heal
brief	short, concise	long
broad	wide, big, large	narrow
busy	active, occupied, working	idle, inactive
buy	purchase	sell
calm	quiet, tranquil, still	excited, turbulent
capture	apprehend, seize, arrest	free, release
care	concern, control	neglect, disregard
careful	cautious, watchful	careless, reckless
cease	stop, discontinue	continue, recommence
charming	delightful, appealing, enchanting	obnoxious, gross, vulgar
chilly	cool, nippy	warm
chubby	plump, pudgy	thin, skinny
clarify	explain, simplify	confuse
close	shut, fasten	open
close	near, not far off	far
coarse	bumpy, rough	fine, smooth
colossal	enormous, immense, mammoth	tiny, insignificant, trivial
combine	blend, unite, join	separate
comical	amusing, funny, humorous	tragic, sorrowful
complex	complicated, intricate	simple
competent	capable, qualified	incompetent, inept
comprehend	grasp	confuse, misinterpret
complex	complicated, intricate	simple
compress	crush, condense, squeeze	expand
concrete	real, tangible, solid	abstract, flimsy
concur	cooperate	disagree
condemn	censure, denounce	approve
condense	compress, concentrate	expand, enlarge
confess	acknowledge	deny
confine	contain, enclose, restrain	free, release
conflict	differ, clash	agree
conflict	fight, battle, struggle	peace, harmony
conform	comply, submit	dissent, dispute
confuse	complicate, muddle, jumble	clarify
congested	stuffed	empty, unfilled
connect	attach	separate, disconnect

conscientious	scrupulous, virtuous	neglectful, careless
conscious	aware, cognizant	unaware, unconscious
consecutive	successive, continuous	interrupted
conservative	cautious, restrained	radical, extreme
considerate	mindful	thoughtless, selfish
constantly	always, continually	scarcely, seldom
contaminate	infect	purify
contented	satisfied, pleased	dissatisfied, unhappy
convalesce	recover, heal	relapse
convenient	handy, accessible	inconvenient
conventional	traditional	unusual
correct	accurate, right, proper	wrong, incorrect
courage	bravery, valor	cowardice
courteous	polite, civil	rude
cover	conceal, hide	expose
cozy	comfortable, snug, homey	uncomfortable
cranky	irritable	good-humored
crazy	daft, mad	sane
cruel	mean, heartless, ruthless	kind, humane
cry	sob, weep	laugh
dally	linger	rush
damage	hurt, impair, harm	remedy, repair
dangerous	unsafe, hazardous, perilous	safe
daring	bold, audacious	cautious
dark	black	light
dawn	daybreak, sunrise	evening
dead	lifeless, deceased	alive, active
decay	rot, spoil	bloom, flourish
deduct	subtract, remove	add
defend	shield	attack, assault
defy	resist, challenge	obey, comply
delicate	dainty	sturdy
demolish	destroy, wreck	restore
denounce	blame, censure, indict	commend
dense	thick, heavy, compressed	sparse, empty
depart	leave, exit	arrive
deposit	place	withdraw
desolate	barren, forsaken	dense, verdant
despise	detest, loathe	love
destitute	penniless	wealthy
destroy	ruin, wreck, devastate	restore
detach	unfasten, remove	attach
deter	hinder, prevent	encourage
determined	sure, convinced, resolute	doubtful

die	expire, perish	live
different	distinct, unlike	same, alike
difficult	hard, challenging	easy
dilute	thin	strengthen
diminish	curtail, lessen, decrease	increase, amplify
dirty	soiled, messy	clean
disagree	differ, dispute	agree
dispute	debate, oppose	agree
diverse	different, distinct	same, similar
divide	separate, split	unite
docile	tame, gentle	wild, stubborn
dormant	sleeping, inactive	awake, active
doubt	dispute	believe
drab	dull, lifeless	bright
drastic	severe, extreme, tough	mild, moderate
dreadful	unpleasant	splendid, super
dry	arid, parched	wet
dubious	doubtful, questionable	certain
dull	blunt, dreary	sharp, bright
dumb	stupid, dense	smart
early	beforetime	late
easy	simple	hard
eccentric	peculiar, unusual	normal
ecstasy	joy, rapture, elation	sadness, depression
empty	drain, unload	fill, occupied
encourage	urge	discourage
enemy	opponent, foe	ally, friend
enjoy	appreciate	dislike, hate
enlarge	magnify	reduce, shrink
enormous	vast, immense, colossal	tiny, microscopic
enough	sufficient, ample, plenty	insufficient
entirely	wholly, completely, solely	partly
eternal	always, perpetual, everlasting	temporary, passing
evident	apparent, obvious, clear	doubtful, vague
evil	bad, wrong, wicked	good
exceptional	outstanding	ordinary, commonplace
excite	provoke, incite	compose, calm
exhilarated	ecstatic, elated	depressed, dejected, sad
explicit	exact, distinct, unmistakable	indefinite, unclear
exquisite	charming, lovely	revolting, repulsive
exterior	outside, outer	interior
extravagant	extreme, excessive, luxurious	meager
fabulous	marvelous, amazing	unexciting
face	confront, meet	avoid

fair	honest, just, impartial	unjust, unfair
fake	phony, artificial	real, genuine
false	incorrect, untrue	true
fancy	ornate, fussy	simple, plain
fantastic	incredible, outrageous	ordinary, usual
fast	quick, swift	slow
fat	chubby, plump, stout	thin
fatal	deadly, mortal, killing	harmless
fatigue	tire, exhaust	energy, vigor
feasible	attainable, practical	impossible
feeble	weak, frail	strong
ferocious	savage, brutal, savage	tame, gentle
fertile	productive	unproductive, barren
fill	pack	empty
fix	mend, repair	break
flaw	defect, fault, blemish	perfection
flimsy	frail, fragile, delicate	sturdy, strong
flippant	sassy	polite, respectful
fluid	liquid	solid
foe	adversary, opponent	friend
follow	succeed, trail	lead, precede
forbid	ban, bar	encourage
forgive	pardon, excuse, absolve	blame, resent
former	earlier	latter
fraction	portion, segment	whole
frank	candid, straightforward, blunt	evasive
frenzy	fury, rage	serenity, calmness
fresh	unused, new	old, stale
friend	comrade, buddy	enemy
frigid	frosty	warm, hot
frivolous	trivial, unimportant, silly	important, serious
front	fore	back
full	stuffed	empty
furious	enraged, infuriated	calm, placid
future	tomorrow	past
gain	acquire, obtain, receive	lose
gallant	chivalrous, stately	ungentlemanly
gather	collect, accumulate, compile	scatter, disperse
gaudy	showy, garish, vulgar	tasteful, refined
gaunt	scrawny, skinny, thin	overweight, plump
generous	giving, selfless, big-hearted	selfish, stingy
gentle	tender, mild	rough, harsh
genuine	real, authentic, sincere	fake, phony
gigantic	immense, colossal, enormous	tiny, minute

give	donate, present, offer	take, receive
glad	happy, pleased, delighted	sad, unhappy
gloomy	dark, dismal, depressing	cheery, bright
glorious	splendid, magnificent, superb	terrible, awful
good	nice, fine, well-behaved	bad, awful
hard	firm, solid, difficult	soft, easy
hate	loathe, detest	love
help	aid, assist	hinder, thwart
high	elevated, lofty	low
hold	grasp, grip, retain	release, discharge
honest	truthful, sincere, frank	untruthful, insincere
hospitable	welcoming, cordial, gracious	rude, unfriendly
hostile	antagonistic, aggressive, militant	friendly, cordial
huge	vast, immense, great	small, tiny
humble	modest, unpretentious	vain, proud
humiliate	embarrass, disgrace, dishonor	honor, dignify
identical	alike, duplicate	different, varied
idle	inactive, lazy	busy, ambitious
ignorant	uninformed, unaware	knowledgeable
immaculate	spotless, pure	dirty, filthy
immature	childish, inexperienced	mature, adult
immune	resistant, exempt	susceptible
impartial	neutral, unbiased, fair	prejudiced
impatient	eager, anxious, intolerant	patient
imperative	compulsory, crucial, mandatory	unnecessary, optional
impetuous	impulsive, rash, reckless	restrained, careful
important	significant, meaningful	unimportant, meaningless
independent	self-reliant, autonomous	dependent, unsure
inferior	lesser, substandard	superior
infuriate	enrage, agitate, provoke	soothe, clam
ingenious	clever, creative, original	unoriginal, dull
innocent	guiltless, blameless	guilty
insane	crazy, deranged, mad	sane
insufficient	inadequate, deficient	adequate, enough
intelligent	bright, sensible, rational	ignorant, dense
interesting	provocative, engrossing	dull, boring
intermittent	sporadic, periodic	regular, continual
internal	inner, inside	external, outer
intolerant	bigoted, prejudiced	understanding, accepting
intriguing	fascinating, enthralling	uninteresting, dull
irrelevant	inappropriate, unrelated	relevant, pertinent, applicable
irritate	annoy, agitate, provoke	soothe, calm
join	connect, unite, link	separate, disconnect, detach
jolly	merry, jovial, joyful	sad, grim, glum

jubilant	overjoyed, delighted, elated	dejected, depressed
keep	save, protect, guard	discard, lose
kind	considerate, tender, thoughtful	mean, cruel, inconsiderate
lament	mourn, grieve	rejoice, celebrate
large	big, massive, huge	small, little
last	final, end	first, beginning
least	fewest, minimum, smallest	most, maximum
legible	readable, clear	illegible, unreadable
lenient	lax, unrestrained, easy	harsh, strict
listless	lethargic, tired	active, energetic
logical	sensible, sane, rational	illogical, unreasonable
loose	slack, limp	tight
lure	attract, seduce, entice	repel
luxurious	extravagant, elegant	meager, scanty
magnify	expand, enlarge, exaggerate	reduce, minimize
mandatory	required, compulsory	optional
maneuver	manipulate, handle, scheme	destroy
maximum	greatest, uppermost, highest	minimum, least
meager	scanty, sparse, poor	abundant, generous
mean	unkind, malicious, nasty	pleasant, nice
mediocre	fair, moderate, so-so	outstanding
mend	repair, fix	break
migrant	drifting, traveling, transient	stationary, immovable
minor	lesser, inferior, secondary	major
mirth	merriment, fun, laughter	gloom, sadness
mischievous	naughty, impish	well-behaved, angelic
mobile	moveable, changeable	immobile, stationary
moderate	temperate, lenient, medium	extreme, harsh
momentous	important, powerful, outstanding	unimportant, insignificant
monotonous	boring, tedious dreary, humdrum	interesting
moral	ethical, virtuous, righteous	immoral, unethical
morbid	appalling, awful, ghastly	pleasant
morose	gloomy, sullen, moody, glum	cheerful, optimistic
mourn	grieve, lament, bemoan	rejoice
mysterious	elusive, occult, secret	obvious, known
naughty	bad, disobedient, wrong	good, appropriate
neat	clean, orderly, tidy	sloppy, disorderly
negligent	careless, derelict, inattentive	conscientious, careful
neutral	impartial, unprejudiced	prejudiced, partial
new	unused, fresh, modern	old, antique
nice	pleasing, desirable, fine	unpleasant, naughty
nonchalant	indifferent, blase, unconcerned	concerned, apprehensive
numerous	several, abundant, considerable	few, scanty
obey	mind, heed, comply	disobey, resist

oblivious	unconscious, preoccupied, dazed	mindful, aware
obnoxious	offensive, abominable, repulsive	pleasant, pleasing
observe	examine, study, scrutinize	ignore, disregard
obsolete	extinct, dated, antiquated	stylish, vogue, current
offend	displease, affront, disgust	please, delight
ominous	threatening, menacing	promising, propitious
opaque	obscure, murky, unclear	transparent, clear
open	begin, unfold, originate	close
opponent	enemy, rival, foe	ally, friend
optimistic	hopeful, confident	pessimistic
optional	voluntary, elective	required
ordinary	usual, average	unusual, remarkable
outrageous	preposterous, shocking	warranted, acceptable
painstaking	meticulous, precise, fastidious	careless, negligent
passive	compliant, submissive, yielding	forceful
past	former, previous, preceding	future
patience	tolerance, perseverance	impatience
peculiar	weird, bizarre	normal, conventional
permanent	enduring, lasting	temporary, changing
perpetual	eternal, endless, incessant	short-lived, fleeting
persuade	convince, influence	dissuade, deter
plausible	believable, reasonable, logical	unbelievable
plentiful	ample, enough, abundant	scarce, insufficient
pliable	supple, flexible, compliant	rigid, closed-minded
polite	gracious, refined, courteous	rude, discourteous
poor	destitute, needy, impoverished	rich, wealthy
portion	part, segment, piece	whole, total
possible	conceivable, feasible, plausible	impossible, unachievable
precarious	dangerous, uncertain, shaky	sure, safe
precious	cherished, valuable, prized	cheap, worthless
prejudiced	biased, opinionated, influenced	impartial
premature	early, hasty	late, delayed
premeditated	planned, intended, calculated	spontaneous, accidental
preserve	uphold, guard, save	destroy, neglect
pretty	lovely, beautiful, attractive	homely, unattractive
prevalent	customary, widespread	uncommon, unusual
prevent	thwart, prohibit, hinder	permit, allow
probable	likely, apt, liable	improbable, doubtful
proficient	skilled, adept, competent	inefficient, inept
profit	gain, earnings, benefit	loss
prohibit	forbid, bar, restrict	allow, permit
prominent	distinguished, eminent	unknown, not renowned
prosperous	thriving, successful, flourishing	unsuccessful, fruitless
push	shove, propel	pull

qualified	competent, suited, capable	unfit, unsuited
question	interrogate, inquire, ask	answer
quiet	silent, hushed, tranquil	noisy, rowdy
quit	cease, stop, withdraw	continue, remain
racket	noise, commotion, disturbance	peace, quiet
radiant	luminous, shining, lustrous	dim, not illuminated
raise	hoist, elevate	lower
ratify	approve, confirm, endorse	veto, refuse
rational	logical, level-headed, sensible	irrational, crazy
ravage	devastate, ruin, damage	restore, revitalize
raze	destroy, demolish	build, construct
recreation	amusement, pleasure, pastime	work, labor
reduce	lessen, decrease, diminish	increase, enlarge, amplify
regular	routine, customary, steady	irregular, abnormal
regulate	control, oversee, handle	decontrol
relentless	persistent, merciless, unyielding	lenient, sympathetic
relevant	pertinent, suitable, apropos	irrelevant, insignificant
reliable	trustworthy, steadfast, stable	undependable, unreliable
reluctant	unwilling, hesitant	willing, accommodating
remote	secluded, isolated, distant	close, accessible
repulsive	hideous, offensive, gruesome	pleasing, alluring
reputable	honorable, upstanding, honest	dishonest, untrustworthy
resist	oppose, withstand, defy	comply, conform
retaliate	avenge, revenge, reciprocate	pardon, forgiveness
reveal	show, disclose, divulge	hide, conceal
ridiculous	nonsensical, foolish, preposterous	sensible, believable
risky	hazardous, perilous, chancy	safe, sound
rowdy	boisterous, rambunctious	well-mannered, genteel
sad	unhappy, dejected, gloomy	happy, glad
same	identical, alike, equivalent	different, diverse
savage	uncivilized, barbarous	civilized, gentle, tame
save	preserve, conserve, keep	spend, discard
scarce	scanty, rare, sparse	plentiful, abundant
scrawny	skinny, gaunt, spindly	husky, chubby
scrupulous	meticulous, ethical, fastidious	unethical, careless
seize	apprehend, grab, snatch	release, free
separate	divide, segregate, partition	unite, join
serene	peaceful, tranquil, calm	disturbed, upset
serious	grave, solemn, pensive	flighty, fickle
shrewd	clever, cunning, crafty	unthinking, careless
shy	bashful, timid	bold, aggressive
sick	ill, ailing	well, healthy
slim	slender, thin, svelte	stout, stocky
sluggish	listless, lethargic, inactive	quick, speedy

small	little, insignificant, trivial	large, important
smooth	slick, glossy, level	rough
sociable	friendly, cordial, gregarious	unfriendly, aloof
sorrow	woe, anguish, grief	joy, ecstasy
special	exceptional, notable, particular	ordinary, usual
spontaneous	instinctive, automatic, natural	planned, rehearsed
stable	steady, unchanging, settled	unsettled
stationary	fixed, immobile, firm	movable, portable
stimulate	rouse, stir, motivate	stifle, suppress
stop	quit, cease, terminate	start, begin
strenuous	vigorous, laborious	effortless, easy
strict	stringent, severe, stern	lenient
strong	powerful, mighty, potent	weak
stupid	unintelligent, dense, foolish	knowledgeable, smart
successful	thriving, prosperous, triumphant	failing, unsuccessful
sufficient	ample, enough, adequate	lacking, insufficient
superb	magnificent, exquisite	inferior, mediocre
suppress	restrain, inhibit, squelch	foster, encourage
surplus	excess, additional, extra	lack, deficit
swift	fast, speedy, hasty	slow, sluggish
synthetic	man-made, artificial	natural
tall	high, lofty	short
tangible	concrete, definite	vague, ambiguous
taut	tense, tight, stiff	relaxed
tender	delicate, gentle, affectionate	harsh, rough
terrible	dreadful, horrible, vile	wonderful, superb
thaw	melt, defrost	freeze
thrifty	economical, frugal, prudent	wasteful, extravagant
total	whole, entire, complete	partial
trivial	insignificant, worthless	important, crucial
turbulent	tumultuous, blustering, violent	clam, peaceful
turmoil	commotion, disturbance, fracas	quiet, tranquility
unbiased	impartial, unprejudiced, fair	prejudiced, partial
upset	perturb, ruffle, agitate	soothe, calm
urgent	crucial, important, imperative	unimportant, trivial
vacant	unoccupied, empty	filled, occupied
vague	unclear, obscure, indistinct	clear, definite
valiant	courageous, brave, heroic	cowardly, fearful
vibrate	shake, quiver, tremble	firm, steady
vicious	malicious, spiteful, ferocious	kind, humane
victory	triumph, win, success	defeat
virtuous	moral, righteous, angelic	sinful, wicked
vulgar	offensive, uncouth, coarse	refined, tasteful
wealth	riches, prosperity, assets	poverty

weary	tired, fatigued, lethargic	energetic, lively
wholehearted	earnest, sincere	insincere
wild	uncivilized, savage, reckless	tame, calm
win	triumph, succeed, prevail	lose
wise	knowing, scholarly, smart	dull, uneducated
wonderful	marvelous, incredible, splendid	ordinary, blah
worn	used, impaired, old	new, fresh
wrong	incorrect, untrue, mistaken	correct, right
yield	produce, bear, provide	keep, retain
zenith	peak, pinnacle, apex	bottom, base

Exercise-1

Directions : (Q. No. 1-50) Choose the correct synonym for the word given in capital letters.

1. TRIUMPH
(a) Joy (b) Excitement
(c) Gain (d) Victory

2. APPORTIONMENT
(a) Allotment (b) Bestowal
(c) Delivery (d)Presentation

3. PREDICT
(a) Explain (b) Foretell
(c) Assert (d) Observe

4. DOCILE
(a) Stubborn (b) Stupid
(c) Gentle (d) Vague

5. KID
(a) Regulate (b) Divert
(c) Entertain (d) Cheat

6. ARTIFACT
(a) Synthetic (b) Man-made
(c) Natural (d) Exact copy

7. AMPLE
(a) Sufficient (b) Swift
(c) Detailed (d) Huge

8. PILFER
(a) Destroy (b) Damage
(c) Steal (d) Snatch

9. RESILIENT
(a) Flexible (b) Proud
(c) Separable (d) Rigid

10. CAVIL
(a) Appreciate (b) Amuse
(c) Quibble (d) Munch

11. LOQUACIOUS
(a) Sad (b) Secretive
(c) Quiet (d) Talkative

12. CELIBATE
(a) Saint (b) Widower
(c) Bachelor (d) Teetotaller

13. LUDICROUS
(a) Absurd (b) Clear
(c) Simple (d) Dismal

14. LETHAL
(a) Dreary (b) Dreadful
(c) Deadly (d) Strange

15. GAMBIT
(a) Expression (b) Trick
(c) Explanation (d) Appeal

16. EXPOSE
(a) Open (b) Reveal
(c) Declare (d) Conceal

17. DELETERIOUS
(a) Morose (b) Devious
(c) Harmful (d) Remorseful

18. AUTHENTIC
(a) Apparent (b) Intricate
(c) Stable (d) Factual

19. INFINITE
(a) Strange (b) Endless
(c) Indefinite (d) Vague

20. BAULK
(a) Identify (b) Prevent
(c) Encourage (d) Verify

21. ADMONISH
(a) Threaten (b) Praise
(c) Appeal (d) Support

22. PENCHANT
(a) Like (b) Eagerness
(c) Disability (d) Dislike

23. BARTER
(a) Deal (b) Return
(c) Lend (d) Exchange

24. RANGE
(a) Level (b) Expanse
(c) Grade (d) Standing

25. HAGGLE
(a) Postpone (b) Accept
(c) Bargain (d) Reject

26. REVISE
(a) Edit (b) Alter
(c) Correct (d) Reconsider

27. ACCUSE
(a) Absolve (b) Exonerate
(c) Vindicate (d) Impeach

28. UNCONSCIONABLE
(a) Distasteful (b) Unmanageable
(c) Excessive (d) Unmindful

29. DANK
(a) Dangerous (b) Ugly
(c) Plunder (d) Damp

30. DIVVY
(a) Selfless (b) Foolish
(c) Follower (d) Divide

31. APOGEE
(a) Climax (b) Beginning
(c) Middle (d) Bottom

32. ADVERSITY
(a) Crisis (b) Misfortune
(c) Failure (d) Helplessness

33. LIMP
(a) Kneel (b) Bend
(c) Falter (d) Stoop

34. MASSACRE
(a) Stab (b) Slaughter
(c) Murder (d) Assassinate

35. COMBAT
(a) Quarrel (b) Fight
(c) Conflict (d) Feud

36. ABSCOND
(a) Turn (b) Flee
(c) Manage (d) Avoid

37. PROFOUND
(a) Profuse (b) Boundless
(c) Deep (d) Fathomless

38. OVERSEE
(a) Supervise (b) Glance
(c) Contest (d) Look

39. **COMPUNCTION**
(a) Anger (b) Appreciate
(c) Regret (d) Wonder

40. **DILETTANTE**
(a) Opponet (b) Specialist
(c) Amateur (d) Expert

41. **HOODLUM**
(a) Pioneer (b) Criminal
(c) Devotee (d) Scholar

42. **FOSTER**
(a) Encourage (b) Fabricate
(c) Foment (d) Nurture

43. **FILTHY**
(a) Healthy (b) Ugly
(c) Dirty (d) Angry

44. **SOPORIFIC**
(a) Lethargic (b) Merry
(c) Soothing (d) Impressive

45. **ABOMINATION**
(a) Revulsion (b) Disgust
(c) Criticism (d) Attack

46. **BURLESQUE**
(a) Insult (b) Irritate
(c) Mock (d) Annoy

47. **SOLICIT**
(a) Beseech (b) Demand
(c) Claim (d) Require

48. **PRUNE**
(a) Lend (b) Reduce
(c) Expand (d) Prolong

49. **VOGUE**
(a) Fashion (b) Rejection
(c) Order (d) Satisfaction

50. **DELEGATE**
(a) Officer (b) Participant
(c) Member (d) Representative

Answers

1. (d)	2. (a)	3. (b)	4. (c)	5. (c)	6. (b)	7. (a)	8. (c)	9. (a)	10. (c)
11. (d)	12. (c)	13. (a)	14. (c)	15. (b)	16. (b)	17. (c)	18. (d)	19. (b)	20. (b)
21. (a)	22. (a)	23. (d)	24. (b)	25. (c)	26. (b)	27. (d)	28. (c)	29. (d)	30. (d)
31. (a)	32. (b)	33. (c)	34. (b)	35. (b)	36. (b)	37. (c)	38. (a)	39. (c)	40. (c)
41. (b)	42. (d)	43. (c)	44. (a)	45. (b)	46. (c)	47. (a)	48. (b)	49. (a)	50. (d)

Exercise-2

Direction : (Q. No. 1-58) In each of the following questions, choose the alternative which is opposite in meaning to the given word.

1. **OUTMODED**
(a) Polished (b) Practicable
(c) Stylish (d) Fashionable

2. **BRIDGE**
(a) Divide (b) Bind
(c) Release (d) Open

3. **TRANQUIL**
(a) Impatient (b) Agitated
(c) Vociferous (d) Noisy

4. **MALFORMED**
(a) Fetid (b) Sketchy
(c) Curvaceous (d) Shapely

5. **KNOWLEDGE**
(a) Ignorance (b) Illiteracy
(c) Foolishness
(d) Backwardness

6. **NADIR**
(a) Progress (b) Liberty
(c) Zenith (d) Modernity

7. **HOLY**
(a) Offensive (b) Orthodox
(c) Simple (d) Obnoxious

8. **LISSOME**
(a) Ungainly (b) Huge
(c) Pungent (d) Crude

9. **ALLEVIATION**
(a) Exaggeration
(b) Exasperation
(c) Magnification
(d) Intensification

10. **MINION**
(a) Master (b) Quorum
(c) Majority (d) Host

11. **LANGUID**
(a) Smart (b) Energetic
(c) Fast (d) Ferocious

12. **BAULK**
(a) Admire (b) Strengthen
(c) Clamour (d) Encourage

13. **STRINGENT**
(a) Magnanimous (b) Lenient
(c) Vehement (d) General

14. **IGNORE**
(a) Support (b) Favour
(c) Redress (d) Accept

15. **WRECK**
(a) Make (b) Build
(c) Restore (d) Relieve

16. **FLACCID**
(a) Upright (b) Taut
(c) Uneven (d) Tough

17. **AVOIDANCE**
(a) Possession (b) Passion
(c) Pursuit (d) Power

18. **RESPITE**
(a) Tension (b) Exertion
(c) Regularity (d) Delay

19. **GRATUITY**
(a) Annuity (b) Grave
(c) Discount (d) Wages

20. **ALIENATE**
(a) Gather (b) Identify
(c) Assemble (d) Unite

21. **EVANESCENT**
(a) Blooming (b) Growing
(c) Twinkling (d) Teasing

22. **MALICIOUS**
(a) Boastful (b) Indifferent
(c) Kind (d) Generous

23. **SAGACIOUS**
(a) Casual (b) Cunning
(c) Foolish (d) False

24. **PERSUASIVE**
(a) Demoralizing
(b) False
(c) Discouraging
(d) Unconvincing

25. **ZEST**
(a) Restive (b) Callous
(c) Indifference (d) Distaste

26. **REPEL**
(a) Attract (b) Concentrate
(c) Attend (d) Continue

27. BANISH
(a) Abandon (b) Harbour
(c) Intrude (d) Drop

28. REWARD
(a) Demotion (b) Forfeiture
(c) Penalty (d) Retribution

29. FOSTER
(a) Repress (b) Curb
(c) Check (d) Control

30. AUSPICIOUS
(a) Spicy
(b) Unfavourable
(c) Conspicuous
(d) Condemnatory

31. CONVEX
(a) Flat (b) Protuberant
(c) Full (d) Indented

32. MANAGE
(a) Direct (b) Avail
(c) Bungle (d) Wild

33. ARID
(a) Plentiful (b) Productive
(c) Humid (d) Agreeable

34. TENTATIVE
(a) Immediate (b) Urgent
(c) Developed (d) Final

35. STUBBORN
(a) Willing (b) Consenting
(c) Pliable (d) Easy

36. LIABILITY
(a) Treasure (b) Debt
(c) Assets (d) Property

37. JEER
(a) Mourn (b) Praise
(c) Mock. (d) Sneer

38. ADEQUATE
(a) Profuse (b) Abounding
(c) Scanty (d) Abundant

39. CONTENTED
(a) Rash (b) Narrow-minded
(c) Gloomy (d) Disappointed

40. CONCEAL
(a) Unfold (b) Reveal
(c) Open (d) Discover

41. ROUGHLY
(a) Exactly (b) Completely
(c) Pointedly (d) Largely

42. LIBERALISM
(a) Humanism
(b) Dynamism
(c) Sectarianism
(d) Totalitarianism

43. MISERLY
(a) Generous (b) Liberal
(c) Spendthrift (d) Charitable

44. SELDOM
(a) Rarely (b) Daily
(c) Often (d) Never

45. AMALGAMATE
(a) Generate (b) Repair
(c) Materialise (d) Separate

46. FRAILTY
(a) Emaciation (b) Strength
(c) Health (d) Boldness

47. PROHIBIT
(a) Accept (b) Permit
(c) Agree (d) Grant

48. EMBRACE
(a) Suspect (b) Harm
(c) Reject (d) Hurt

49. BASHFUL
(a) Daring (b) Boastful
(c) Upright (d) Confident

50. WONDER
(a) Stock
(b) Amusement
(c) Expectation
(d) Surprise

51. DENSITY
(a) Brightness
(b) Clarity
(c) Intelligence
(d) Bareness

52. APPOINTMENT
(a) Disappointment
(b) Suspension
(c) Dismissal
(d) Discharge

53. ALLURE
(a) Repulse (b) Develop
(c) Entice (d) Decoy

54. CRASS
(a) Gross (b) Refined
(c) Coarse (d) Dense

55. REPRISAL
(a) Relief (b) Forgiveness
(c) Exemption (d) Relaxation

56. FRIEND
(a) Rival (b) Acquaintance
(c) Foe (d) Competitor

57. JUSTIFY
(a) Refute (b) Infuriate
(c) Absolve (d) Vindicate

58. MONOLOGUE
(a) Dialogue (b) Prologue
(c) Epilogue (d) Catalogue

Answers

1. (d)	2. (a)	3. (b)	4. (d)	5. (a)	6. (c)	7. (c)	8. (a)	9. (c)	10. (a)
11. (b)	12. (d)	13. (b)	14. (c)	15. (b)	16. (b)	17. (c)	18. (b)	19. (d)	20. (b)
21. (a)	22. (d)	23. (c)	24. (d)	25. (d)	26. (a)	27. (b)	28. (c)	29. (a)	30. (b)
31. (a)	32. (c)	33. (c)	34. (d)	35. (c)	36. (c)	37. (b)	38. (c)	39. (d)	40. (b)
41. (a)	42. (d)	43. (a)	44. (c)	45. (d)	46. (b)	47. (b)	48. (c)	49. (d)	50. (c)
51. (d)	52. (c)	53. (a)	54. (c)	55. (b)	56. (c)	57. (a)	58. (a)		

❑❑❑

6

CHAPTER

One Word Substitution

One word substitution questions are designed to test a candidate's vocabulary as well as his ability to express in fewer words. The candidate is required to select the alternative which can be substituted for the given words/sentence.

Words and their Substitutes

Word/Sentence	Substitute
Voluntary giving up of throne in favour of someone	Abdication
Allowance paid to wife on legal separation	Alimony
A lover of others	Altruist
One who can use either hand with ease	Ambidextrous
Animals which live both on land and in water	Amphibian
One who is out to destroy all government law and order	Anarchist
One who studies the evolution of mankind	Anthropologist
A person appointed by two parties to solve a dispute	Arbitrator
A place for ammunition and weapons	Arsenal
A person who does not believe in God	Atheist
The life history of a person written by himself	Autobiography
A nation that is in a war-like mood	Belligerent
The practice of having two wives or two husbands at a time	Bigamy
The act of speaking disrespectfully about sacred things	Blasphemy
Government by the officials	Bureaucracy
A person who is bad in spelling	Cacographist
One who feeds on human flesh	Cannibal
One who draws maps	Cartographer
One who teaches dancing	Choreographer
A critical judge of any art and craft	Connoisseur
Persons living at the same time	Contemporaries
Nursery where children are cared for while their parents are at work	Creche
A religious war	Crusade
Centre of attraction	Cynosure
A room for several people to sleep in, especially in a college or public institution	Dormitory
Fit to be eaten	Edible
A poem of lamentation	Elegy
A person who leaves his own country and goes to live in another	Emigrant
Lasting one day	Ephemeral
Words which are inscribed on the grave or the tomb in the memory of the buried	Epitaph

One who is very selective in one's taste	Fastidious
One who believes in fate	Fatalist
One who works for welfare of the women	Feminist
The plants of particular region	Flora
Easily broken	Fragile
One who runs away from justice or the law	Fugitive
Murder of race	Genocide
Animals which live in flocks	Gregarious
A place for housing aeroplanes	Hangar
One who acts against religion	Heretic
A place for bees	Hive
Holding office without any remuneration	Honorary
Incapable of being read	Illegible
A person who comes to one country from another in order to settle there	Immigrant
A person who cannot be easily approached	Inaccessible
A sound that cannot be heard	Inaudible
Incapable of being corrected	Incorrigible
That cannot be erased	Indelible
One who is free from all mistakes and failures	Infallible
Murder of an infant	Infanticide
Liable to catch fire easily	Inflammable
A person who is unable to pay his debts	Insolvent or bankrupt
One who supervises in the examination hall	Invigilator
One who is too strong to be overcome	Invincible
A place for dogs	Kennel
One who cuts precious stones	Lapidist
One who is skilled in foreign language	Linguist
One who, talks continuously	Loquacious
The first speech delivered by a person	Maiden speech
One who dies for a noble cause	Martyr
Murder of mother	Matricide
A place where money is made	Mint
A hater of mankind	Misanthrope
A hater of womankind	Misogynist
The practice of marrying one at a time	Monogamy
A place where dead bodies are kept for post mortem	Mortuary
A person having same name as another	Namesake
A strong desire to return home, home sickness	Nostalgia
One new to anything, inexperienced	Novice or tyro
An account of one's achievements in the newspaper after one's death	Obituary
One who is all powerful	Omnipotent
One, who knows everything	Omniscient
One who eats everything	Omnivorous
One who has lost parents	Orphan
The study of ancient writing	Paleography

A remedy for all diseases	Panacea
Murder of father	Patricide
A person who looks at the dark side of things	Pessimist
A lover of mankind	Philanthropist
One, who does not care for art and literature	Philistine
Literary theft or passing off an author's original work as one's own	Plagiarism
The practice of marrying more than one husband at a time	Polyandry
The practice of marrying more than one wife at a time	Polygamy
One who speaks many languages	Polyglot
That can be carried easily	Portable
Child born after the death of his father, or the book published after the death of writer	Posthumous
Fit to drink	Potable
An act of separation from other persons to avoid infection	Quarantine
Murder of a king or queen	Regicide
Violating or profaning religious things/places	Sacrilege
A place for the sick to recover health	Sanatorium
A person who walks in sleep	Somnambulist
A person who talks in sleep	Somniloquist
Murder of sister	Sororicide
One who is habitual drunkard	Sot, toper
A place for horses	Stable
Murder of oneself	Suicide
One who does not take any intoxicating drink	Teetotaller
Government by religious principles	Theocracy
A person/student who absents himself from class or duty without permission	Truant
Murder of wife	Uroxicide
One extremely fond of one's wife	Uxorious
A fault that may be forgiven	Venial
Able to adapt oneself readily to many situations	Versatile
One who offers one's services	Volunteer

Exercise

Directions (Q. 1–47) : In each of the following questions, choose the alternative which can be substituted for the given words/ sentence.

1. **A man who does a thing for pleasure and not as a profession**
   (a) Veteran (b) Player
   (c) Connoisseur (d) Amateur
2. **That which can be interpreted in any way**
   (a) Ambient (b) Ambivalent
   (c) Amphibious (d) Ambiguous
3. **A light sailing boat built especially for racing.**
   (a) Dinghy (b) Canoe
   (c) Yacht (d) Frigate
4. **A person who rarely speaks the truth**
   (a) Scoundrel (b) Liar
   (c) Crook (d) Hypocrite
5. **The practice of marrying more than one wife at a time**
   (a) Polyandry (b) Polygamy
   (c) Matrimony (d) Celibacy
6. **Animals living on land and in water as well**
   (a) Ambiguous (b) Amphibian
   (c) Amorphous (d) Ambivalent
7. **An instrument for viewing objects at a distance**
   (a) Microscope (b) Telescope
   (c) Periscope (d) Kaleidoscope
8. **Be the embodiment or perfect example of**
   (a) Signify (b) Characterise
   (c) Personify (d) Masquerade

9. A man who operates on sick people
(a) Physician
(b) Operator
(c) Surgeon
(d) Physiotherapist

10. A man of odd habits
(a) Eccentric (b) Cynical
(c) Introvert (d) Moody

11. One whose attitude is : eat, drink and be merry
(a) Epicurean (b) Cynic
(c) Materialistic (d) Stoic

12. One who pretends illness to escape duty
(a) Truant (b) Malingerer
(c) Hypocrite (d) Concubine

13. Use of more words than needed to express the meaning
(a) Circumlocution
(b) Verbatim
(c) Ventriloquism
(d) Pleonasm

14. A person who is always dissatisfied
(a) Heretic (b) Felon
(c) Malcontent (d) Surrogate

15. Loss of power to move any or every part of the body
(a) Rheumatism (b) Paralysis
(c) Eczema (d) Leprosy

16. A group of three novels or plays, each complete in itself
(a) Triplet (b) Triumvir
(c) Trilogy (d) Trivet

17. A house for storing grains
(a) Cellar (b) Store
(c) Godown (d) Granary

18. A person claiming to be superior in culture and intellect to others
(a) Intellectual (b) Aristocrat
(c) Elite (d) Highbrow

19. Responsible according to law
(a) Liable (b) Eligible
(c) Legalised (d) Legitimate

20. Decision made upon a political question by the votes of all qualified persons
(a) Veto (b) Suffrage
(c) Plebiscite (d) Franchise

21. A person who is made to bear the blame due to others
(a) Innocent (b) Scapegoat
(c) Ignoramus (d) Nincompoop

22. Person holding a scholarship at a university
(a) Intellectual (b) Pedant
(c) Scholar (d) Bursar

23. Member of a band of robbers
(a) Dacoit (b) Brigand
(c) Thief (d) Pirate

24. A speech by an actor at the end of a play
(a) Epilogue (b) Monologue
(c) Duologue (d) Prologue

25. The line which a plough cuts in the ground
(a) Vale (b) Trench
(c) Furrow (d) Trough

26. A person who forsakes religion
(a) Charlatan (b) Apostle
(c) Renegade (d) Apotheosis

27. To mediate between two parties in a dispute
(a) Interfere (b) Interact
(c) Interrupts (d) Intercede

28. The place where bricks are baked
(a) Foundry (b) Mint
(c) Cemetery (d) Kiln

29. The branch of medical science which deals with the problems of the old
(a) Oncology (b) Geriatrics
(c) Obstetrics (d) Endocrinology

30. Indifference to pleasure or pain
(a) Docility (b) Stoicism
(c) Patience (d) Reticence

31. Equal in rank, merit or quality
(a) Chum (b) Contemporary
(c) Peer (d) Colleague

32. A field or a part of a garden where fruit-trees grow
(a) Park (b) Nursery
(c) Yard (d) Orchard

33. A woman of lax moral
(a) Prostitute (b) Harlot
(c) Concubine (d) Hostess

34. Present opposing arguments or evidence
(a) Rebut (b) Criticise
(c) Rebuff (d) Reprimand

35. A person who makes and sells ladies' hats, etc.
(a) Draper (b) Tinker
(c) Milliner (d) Farrier

36. A person who enters without any invitation
(a) Burglar (b) Intruder
(c) Thief (d) Vandal

37. The period between two reigns
(a) Lapse (b) Interregnum
(c) Stasis (d) Anachronism

38. Lack of enough blood
(a) Amnesia (b) Insomnia
(c) Anaemia (d) Allergy

39. A man who is having the qualities of woman
(a) Loquacious (b) Celibate
(c) Effeminate (d) Epicurean

40. One who does not know how to save money
(a) Reckless (b) Lavish
(c) Careless (d) Spendthrift

41. One who comes from a country area and is often considered to be stupid
(a) Villager (b) Rustic
(c) Bumpkin (d) Philanderer

42. Walk in a vain, self-important way
(a) Jog (b) Trek
(c) Trudge (d) Strut

43. A person working in the same place with another
(a) Comrade (b) Colleague
(c) Assistant (d) Contemporary

44. Place which provides both board and lodging
(a) Cafe (b) Inn
(c) Restaurant (d) Motel

45. A small shop that sells fashionable clothes, cosmetics etc.
(a) Booth (b) Stall
(c) Boutique (d) Store

46. A short journey made by a group of persons together
(a) Hike (b) Excursion
(c) Picnic (d) Stroll

47. Creature having both male and female organs
(a) Sodomite (b) Homosexual
(c) Masochist (d) Hermaphrodite

Direction (Q. 48–52) : In each of the following questions, find out which one of the words given below the sentence can most appropriately replace the group of words italicised in the sentence.

48. He does *unpaid work* for the Red Cross.
(a) honorific (b) honest
(c) honorary (d) honourable

49. The education in primitive Gurukuls comprised mainly of telling the stories *of old time Gods or heroes.*
(a) ode (b) epic
(c) allegory (d) legend

50. **In the olden days the king was considered *all powerful.***
(a) veteran (b) omnipotent
(c) omnivorous (d) omniscient

51. ***Those who pass through this gate without permission* will be prosecuted.**
(a) Bypassers (b) Culprits
(c) Absconders (d) Trespassers

52. ***The shelter for cow* ought to be clean and well ventilated.**
(a) hutch (b) byre
(c) hangar (d) kennel

Answers

1. (d)	**2.** (d)	**3.** (a)	**4.** (b)	**5.** (b)	**6.** (b)	**7.** (b)	**8.** (c)	**9.** (c)	**10.** (a)
11. (a)	**12.** (b)	**13.** (d)	**14.** (c)	**15.** (b)	**16.** (c)	**17.** (d)	**18.** (b)	**19.** (a)	**20.** (c)
21. (b)	**22.** (c)	**23.** (b)	**24.** (a)	**25.** (c)	**26.** (c)	**27.** (d)	**28.** (d)	**29.** (b)	**30.** (b)
31. (c)	**32.** (d)	**33.** (b)	**34.** (a)	**35.** (c)	**36.** (b)	**37.** (b)	**38.** (c)	**39.** (c)	**40.** (d)
41. (c)	**42.** (d)	**43.** (b)	**44.** (b)	**45.** (c)	**46.** (b)	**47.** (d)	**48.** (c)	**49.** (d)	**50.** (b)
51. (d)	**52.** (b)								

❑❑❑

CHAPTER 7

Phrases and Idioms Meaning

It will not be wrong to say that idioms and phrases are the soul of a language. The idiomatic words and phrases are usually independent of the dictionary definitions and often go against grammatical rules. Candidates generally commit errors in the use of idioms and phrases because they do not know their exact meaning. Every student, therefore should try to do the best of his/her capacity to achieve excellence in this field.

Important Idioms and Phrases along with their meaning are given below:

- **At daggers drawn** (*having open enmity*): These days the two friends are at daggers drawn.
- **At home in** (*familiar*): He is at home in English.
- **At one's finger ends** (*ready with knowledge of something*): The names of all boys in the class are at my finger ends.
- **At the eleventh hour** (*at the last moment*): He came to me for help at the eleventh hour.
- **A white lie** (*a harmless lie*) : To save the child from a beating by the father, the mother had to tell a white lie.
- **Well-to-do** (*rich*): He belongs to a well-to-do family.
- **At a stone's throw** (*very near*) : My house is at a stone's throw from the college.
- **At sea** (*weak*): He is at sea in all subjects.
- **Break out** (*spread*): Cholera breaks out in a dirty city.
- **Bag and baggage** (*completely leaving nothing behind*) : Last year he left his village bag and baggage.
- **To bell the cat** (*to face risk*): All cry against the officer but nobody has the courage to bell the cat.
- **To bring up** (*to rear*): Parents bring up their children.
- **To burn the midnight oil** (*to work hard till late in night*): He bums the midnight oil and must win a scholarship.
- **By leaps and bounds** (*quickly*) : India can progress by leaps and bounds if we work together.
- **Bone of contention** (*cause of quarrel*): Parental property often becomes a bone of contention between brothers.
- **Carry out** (*to obey*): The servant must carry out the orders of his master.
- **Come off** (*to happen*): His marriage comes on next Monday.
- **Call off** (*to withdraw*) : The workers have called off the strike.
- **To cut a sorry figure** (*to feel insulted*): He had to cut a sorry figure in his first speech.
- **To call a spade a spade** (*to be frank and truthful*): Political leaders never call a spade a spade.
- **A child's play** (*easy job*) : To win a scholarship in the Matriculation Examination is not a child's play.
- **Dispose of** (*to sell*): He has disposed of his old cycle.
- **Drawn game** (*in which no party wins*): The well-contested match turned out to be a drawn game.
- **To deal with** (*to behave*): He deals kindly with his friends.
- **To deal in** (to have trade in): My father is a doctor and his father deals in cloth.
- **To do without** (*to dispense with*) : I cannot do without tea.
- **Heart and soul** (*with full energy*) : He threw himself heart and soul into work.
- **Hale and hearty** (*very healthy*): Mohan was ill yesterday but today he is hale and hearty.
- **Hard and fast** (*strict*): There are no hard and fast rules in English grammar.
- **Hand in glove with** (*to have close relationship*): The two cousins are hand in glove with each other.
- **Hue and cry** (*a loud noise*): On seeing a snake he raised a hue and cry.
- **Hard up** (*in difficulties of money*): Help him because he is hard up these days.
- **A hair breadth escape** (*a narrow escape*) : He had a hair breadth escape in the car accident.
- **To hold good** (*to be true*) : The law of gravitation holds good everywhere.
- **In the long run** (*in the end*): Honesty pays in the long run.
- **In the nick of time** (*just in time*): The doctor reached the patient in the nick of time and saved him.
- **In full swing** (*in good progress*): Spring is in full swing these days.
- **In cold blood** (*without incitement from the other party*): Gandhiji was killed in cold blood.
- **Ins and outs** (*full details*): The head-clerk knows the ins and outs of office work.
- **In a fix** (*in confusion*): I am in a fix and want your help.
- **Get through** (*pass*) : An intelligent boy always gets through an examination.
- **To give a piece or a bit of one's mind** (*to scold*): The teacher gives the late comers a bit of his mind.

- **To get rid of** (*to be relieved of*) : I soon got rid of bad friends.
- **A mare's nest** (*seeming interesting but of no value; a complicated situation*): A good number of innovations turn out to be mare's nests on investigation.
- **A moot point** (*a matter that is undecided and open to discussion*) : Whether the menace of terrorism can be settled by offence or dialogue is a moot point.
- **To make a clean breast of** (*to tell the whole thing without concealing anything*): The best way to relieve yourself of mental tension is to make a clean breast of yourself.
- **To make a mess of something** (*to spoil*): If you try to do too many things too soon, you shall make a mess of everything.
- **To make a mountain of a molehill/To make much ado about nothing** (*to exaggerate something trivial*): Political business works upon the principle of making a mountain of a molehill.
- **To make both ends meet** (*to sustain one's life*) : In a well-structured society making both ends meet is the minim guarantee.
- **To fight with one's back to the wall** (*to make a desperate attempt in a no-way-out situation*): Even the most timid of persons wages a fierce battle when he has to fight with his back to the wall.
- **To flog a dead horse** (*to try in a hopeless condition*): Those who are reactive flog a dead horse when the calamity has actually struck.
- **Gift of the gab** (*eloquence*): An imposter always uses the gift of the gab to deceive innocent people.
- **To get into hot water** (*To be caught into trouble*): Why to blame others? You got into hot water yourself.
- **To get on one's nerves** (*to irritate*) : The actor had decided to look composed, but media persons got on his nerves with their personal questions.
- **To get the jitters** (*to become nervous*): Even the most well-prepared of the students get the jitters on examination day.
- **To give someone a rope** (*to give someone freedom of action or initiative*): If a manager wants innovation talent to bud, he will have to give them a rope.
- **To go begging/go to dogs** (*to do in vain*): At one stroke of misfortune, your entire effort could go a begging/go to dogs.
- **To go** (at something) **hammer and tongs** (*to try at something with full energy*): Piecemeal steps will not solve the problem of population; the government must go at it hammer and tongs.
- **To go berserk** (*to become uncontrolled and violent*): Mob psychology works in a way that the entire gathering will go berserk if just a few turn violent.
- **Hush money** (*bribe*) : The secret cameras of the investigators have revealed the deep penetration of the hush money into the system.
- **Left-handed compliment** (*criticism in the form of praise*) : Indian Cricket team is a bunch of individually talented players. It is a left-handed compliment.
- **Long and short** (*summary*): The long and short of every holy book is that man should realise his worth.
- **Man of parts** (*having great qualities*): A man of parts always acts as a source of inspiration to many.

Exercise

1. **Find the meaning of the following idiom.**
   The read between the lines
   (a) to suspect
   (b) to read carefully
   (c) to understand the hidden meaning of the word
   (d) to do useless things
2. **Select the most appropriate meaning of the given idiom.**
   A bird of passage
   (a) A person of great importance
   (b) An evil person
   (c) A person who travels widely
   (d) A weak person
3. **Find the meaning of the following idiom.**
   He is in the habit of fishing in troubled waters.
   (a) putting others in trouble
   (b) indulging in evil conspiracies
   (c) aggravating the situation
   (d) taking advantage of troubled for personal profit

Direction : In each of the following questions, some alternatives are given or suggested for the idiom/phrase in italics in the sentence. Choose the one which best expresses the meaning of the idiom/phrase in italics.

4. **She rejected his proposal of marriage *point-blank*.**
   (a) directly
   (b) pointedly
   (c) abruptly
   (d) briefly
5. **We should guard against our *green-eyed friends*.**
   (a) rich
   (b) jealous
   (c) handsome
   (d) enthusiastic
6. **The leader was popular with the audience as he had *the gift of gab*.**
   (a) a charismatic personality
   (b) the ability to speak impressively
   (c) pleasing manners
   (d) an attractive appearance
7. **He is under *duress* to finish the work in time.**
   (a) under pressure
   (b) under request
   (c) under orders
   (d) under obligation
8. **By signing this bond I have *burnt all my boats*.**
   (a) relieved myself of worries
   (b) risked everything
   (c) utilized all my resources
   (d) tried my best
9. **If you *rub him the wrong way*, he is bound to react,**
   (a) annoy him
   (b) abuse him

(c) flatter him
(d) encourage him

10. He is in the habit of *chewing the cuds.*
(a) accusing others
(b) crying over split milk
(c) forgetting things
(d) to think slowly

11. There was opposition to the new policy by *the rank and file* of the Government.
(a) the majority
(b) the ordinary members
(c) the cabinet members
(d) the official machinery

12. Bappi Lahiri's orchestra *brought the house down.*
(a) disappointed the audience
(b) was liked by the audience
(c) evoked tremendous applause
(d) created noise pollution

13. Dowry is a *burning question of the day.*
(a) a relevant problem
(b) a dying issue
(c) an irrelevant problem
(d) a widely debated issue

14. There is *no love lost* between the two neighbours.
(a) close friendship
(b) intense dislike
(c) a love-hate relationship
(d) cool indifference

15. He was *cut to the quick* when he learnt that his best friend had betrayed him.
(a) parted suddenly
(b) collapsed immediately
(c) was deeply hurt
(d) became angry

16. If you pass this difficult examination, it will be a *feather in your cap.*
(a) you will get a very good job
(b) you will feel proud of it
(c) your parents will be very happy
(d) you will get a scholarship for higher studies

17. I did not mind what he was saying, he was only *talking through his hat.*
(a) talking insultingly
(b) talking irresponsibly
(c) talking ignorantly
(d) talking nonsense

18. We should give a *wide berth* to bad characters,
(a) keep away from
(b) publicly condemn
(c) give publicly to
(d) not sympathise with

19. The boy turned *a deaf ear* to the pleading of all his well-wishers.
(a) listened carefully
(b) was deadly opposed
(c) posed indifference
(d) did not pay any attention

20. Sumit had to look *high and low* before he could find his scooter key.
(a) nowhere
(b) always
(c) everywhere
(d) somewhere

21. He is a plain, simple and sincere man. He will always call *a spade a spade.*
(a) say something to be taken seriously
(b) resist from making controversial statement
(c) find meaning or purpose in your action
(d) be out spoken in language

22. At a party, he is always in *high spirits.*
(a) talkative
(b) cheerful
(c) drunk
(d) uncontrollable

Answers

1. (c) 2. (c) 3. (d) 4. (a) 5. (b) 6. (b) 7. (a) 8. (b) 9. (a) 10. (d)
11. (b) 12. (c) 13. (d) 14. (b) 15. (c) 16. (b) 17. (d) 18. (a) 19. (d) 20. (c)
21. (d) 22. (b)

❑❑❑

8

CHAPTER

Cloze Test

Directions: In the following passages, some of the words have been left out. First read the passage over and try to understand what it is about. Then fill in the blanks with the help of the alternatives given.

PASSAGE-1

"Quit India" came not from the lips but the aching hearts of millions. In this open rebellion, the Indian **(1)** reached its climax. The British were not only **(2)** by it, but also were obliged to quit unilaterally. The importance of Quit India can be **(3)** from Lord Linlithgow's statement, "I am engaged here in meeting by far the most **(4)** rebellion since that of 1857, the gravity and extent of which we have so far **(5)** from the world for reasons of military security." Still more significant was Churchill's gloomy disclosure to the King Emperor that, "the idea of **(6)** of power had become an admitted **(7)** in the minds of British party leaders." Although his public statements were diametrically opposite. The **(8)** created by Quit India made the British **(9)** that they could no longer keep India in **(10)**.

1. (a) freedom (b) patriotism (c) liberation (d) revolution
2. (a) threatened (b) inspired (c) attacked (d) impressed
3. (a) diffused (b) gauged (c) established (d) determined
4. (a) trivial (b) magnificent (c) serious (d) auspicious
5. (a) excluded (b) elicited (c) prevented (d) concealed
6. (a) transfer (b) seizure (c) grabbing (d) retainment
7. (a) tactics (b) fantasy (c) inevitability (d) occurrence
8. (a) violence (b) taboos (c) vengeance (d) anarchy
9. (a) imagine (b) pretend (c) realise (d) anxious
10. (a) power (b) bondage (c) exile (d) suspense

PASSAGE-2

If you prefer mountains **(11)** deserts, try Darjeeling, West Bengal's hill resort that **(12)** at the foothills of the mighty Himalayas. **(13)**, while in Bengal, if your spirit of adventure gets the better of you, **(14)** the ferry to the Sunderbans, the world's largest delta. But if these places do not attract you, there's Bhutan, the quiet Himalayan Kingdom, **(15)** West Bengal.

11. (a) against (b) from (c) with (d) to
12. (a) nestles (b) cuddles (c) sleeps (d) rests
13. (a) so (b) and (c) but (d) since
14. (a) ask (b) take (c) pick (d) pay
15. (a) adjoining (b) surrounding (c) skirting (d) bordering

PASSAGE-3

It seems there was no Marina beach during the 1700's. The **(16)** developed only after the construction **(17)** the Madras harbour in the **(18)** century. It should be remembered **(19)** any kind of developmental activity **(20)** the coast will have an impact on the adjoining regions.

16. (a) beach (b) coast (c) shore (d) sea
17. (a) with (b) in (c) of (d) on
18. (a) tenth (b) nineteenth (c) fifteenth (d) sixth
19. (a) that (b) this (c) these (d) they
20. (a) within (b) therein (c) along (d) long

PASSAGE-4

Delhi **(21)** the capital of India. People from all parts of the country and the world **(22)** to Delhi. There **(23)** many historical buildings. People **(24)** the Rajghat, Shantivan and Vijayghat. We visited Delhi last year **(25)** our cousins. There **(26)** many other historical cities, Agra **(27)** one of them. We **(28)** visit Agra and Jaipur next time. The Red Fort of Delhi and the Hawa Mahal of Jaipur were **(29)** famous for their Mughal **(30)** Rajasthani architecture respectively.

21. (a) was (b) are (c) is (d) were
22. (a) came (b) comes (c) come (d) coming

23. (a) has (b) were
(c) is (d) are
24. (a) visit (b) visited
(c) visiting (d) visits
25. (a) for (b) on
(c) of (d) with
26. (a) is (b) are
(c) were (d) was
27. (a) are (b) was
(c) is (d) were
28. (a) will (b) would
(c) could (d) can
29. (a) much (b) very
(c) too (d) more
30. (a) either (b) because
(c) or (d) and

PASSAGE-5

One should always keep in mind that psychology is essentially a laboratory science, and **(31)** a text-book subject. The laboratory material is to be **(32)** in ourselves. While the text should be thoroughly mastered, its statements should always be verified **(33)** reference to one's own experience, and observation of others. Prospective teachers should constantly correlate the lessons of the book **(34)** the observation of children at work in the school. The problems suggested for **(35)** and introspection will, if mastered, do much to render practical help to find the truths of psychology.

31. (a) nor (b) neither
(c) not (d) none
32. (a) find (b) finding
(c) sound (d) finds
33. (a) to (b) at
(c) by (d) for
34. (a) with (b) until
(c) from (d) upon
35. (a) observe (b) observes
(c) observed (d) observation

PASSAGE-6

Saina Nehwal's bronze medal win **(36)** Saturday, at the London Olympics, may be seen as a lucky **(37)** after her Chinese opponent **(38)** hurt. But **(39)** Saina's father, Dr. Harvir Singh, "it's god's gift". "She was **(40)** on Friday after losing the semi-final. It was god's **(41)** that she won a medal. This is very satisfying for everyone. I was very **(42)** about Saina winning a bronze." Prime Minister Manmohan Singh **(43)** the Indian shuttler (or winning the medal. "The country is proud of your **(44)**". Singh said in his congratulatory message. Andhra Pradesh governor ESL Narasimhan and Chief Minister N. Kiran Kumar Reddy too congratulated Saina. "After Gagan Narang, Saina is the second sportsperson from AP to win a **(45)** at the Olympics," the chief minister said.

36. (a) on (b) in
(c) at (d) onto
37. (a) succeed (b) win of
(c) winning (d) victory
38. (a) retired (b) crashed
(c) injure (d) fated
39. (a) according to (b) from
(c) instead of (d) on the way
40. (a) joyous (b) appointed
(c) disappointed (d) cheerful
41. (a) prayer (b) nature
(c) notion (d) wish
42. (a) pessimistic (b) optimistic
(c) nostalgic (d) emotional
43. (a) prayed (b) congratulated
(c) wishes (d) dictated
44. (a) getting of (b) order
(c) achievement (d) position
45. (a) post (b) match
(c) entry (d) medal

PASSAGE-7

The new claim that **(46)** out of misplaced confidence that all that is in education can be **(47)** is that the 'per unit cost of outcome' is lower in private schools. Meaning that even **(48)** the learning outcomes of private schools are not better **(49)** the public schools, the cost **(50)** running private schools is much lower.

46. (a) emerging (b) emerge
(c) was emerged (d) emerged
47. (a) quantified (b) counted
(c) totalled (d) scored
48. (a) if (b) when
(c) whereas (d) as
49. (a) then (b) than
(c) to (d) as
50. (a) for (b) about
(c) of (d) with

PASSAGE-8

History rarely produces moments **(51)** epiphany, where politics appears as a creative act of redemption and the future becomes a collective act of healing. **(52)** society carries its wounds like a burden, a **(53)** reminder that justice works fragmentarily. Suddenly out of the crassness, the **(54)** of everyday politics, **(55)** a moment to treasure.

51. (a) for (b) of
(c) with (d) about
52. (a) Each (b) One
(c) All (d) A
53. (a) infinite (b) pleasant
(c) long (d) perpetual
54. (a) crudity (b) delicacy
(c) beauty (d) wonder
55. (a) came (b) went
(c) comes (d) goes

PASSAGE-9

Corruption is a **(56)** which has been spread in the mind of wrong people of the society, community and **(57)**. It is the mistreatment of public resources just for getting some (58) advantage to fulfil little wish. It is concerned with the unnecessary and wrong use of both power and (59) by anyone whether the government or non government organisation. It affects the growth and development of the nation in all aspects like socially, (60) and politically.

56. (a) havoc (b) poison
(c) pollutant (d) grassroot

57. (a) country (b) world
(c) universe (d) company

58. (a) fruitful (b) wishful
(c) favourite (d) unfair

59. (a) position (b) growth
(c) status (d) symbol

60. (a) emotionally (b) scientifically
(c) manually (d) economically

PASSAGE-10

Mother Teresa was a (61) woman and famous as "one woman, one mission" who had taken a big step to change the (62). She was born as Agnes Gnocchi Bojaxhin on 26th of August in 1910 in the Macedonia. She came (63) Kolkata when she was just 18 years old and continued (64) life's mission of caring the poorest people. She had helped a lot of poor people of Kolkata (65) from leprosy.

61. (a) big (b) beautiful
(c) fair (d) great

62. (a) universe (b) globe
(c) world (d) religion

63. (a) to (b) in
(c) at (d) on

64. (a) here's (b) her
(c) their (d) our

65. (a) enjoying (b) suffering
(c) caring (d) containing

PASSAGE-11

Crude mineral oil comes out of the Earth as a thick brown or black liquid with strong (66). It is a (67) mixture of many different substances, each with its own (68) qualities. Most of them are combinations of hydrogen and carbon in varying (69). Such hydrocarbons are also found in other (70) such as bitumen, asphalt and natural gas.

66. (a) aura (b) body
(c) smell (d) bend

67. (a) simple (b) complex
(c) varying (d) usual

68. (a) individual (b) relational
(c) rational (d) inseparable

69. (a) qualities (b) combinations
(c) proportions (d) inhibits

70. (a) relations (b) forms
(c) things (d) varieties

PASSAGE-12

India is largely an (71) based country. Farmers are the backbone of the (72) economy. They work very hard in agricultural fields where they grow (73) and vegetables. They conserve (74) in ponds and canals to irrigate crops. The life of farmers is close to nature, away from the hustle and bustle of cities. There is (75) and tranquility everywhere, except for conflicts over land and caste prejudices and the prevailing taboos and superstitions.

71. (a) agriculture (b) industry
(c) cultural (d) pisciculture

72. (a) urban (b) rural
(c) political (d) city

73. (a) machines (b) brain
(c) grains (d) trees

74. (a) gold (b) diamond
(c) electricity (d) water

75. (a) peace (b) war
(c) turbulence (d) irritation

PASSAGE-13

Let us examine the facts in the case more (76). First of all, language is no more (77) a medium it is like air to the creatures of the land or water to fishes. If it is perfectly clear and pure, we do not notice it any more than we notice pure air when the sun is shining (78) a clear sky, or the taste of pure cool water when we drink a glass (79) a hot day. Unless the sun is shining, there is no brightness; unless the water is cool, there is (80) refreshment.

76. (a) closely (b) close
(c) closed (d) closeness

77. (a) then (b) so
(c) such (d) than

78. (a) inside (b) in
(c) into (d) inner

79. (a) on (b) onto
(c) of (d) for

80. (a) not (b) no
(c) none (d) never

PASSAGE-14

Division of labour is the law in the organic world as in the industrial world. Animals (81) the lowest type, such as the amoeba, do not have separate organs for respiration, digestion, assimilation, elimination, etc. But in the (82) forins each organ not only has its own specific work, but even within the same organ each part has its own particular function assigned. (83) we have seen that the (84) parts of the neurone probably perform different functions, the cells generating energy and the fibers (85) it.

81. (a) form (b) for
(c) of (d) at

82. (a) high (b) higher
(c) highest (d) height

83. (a) Thus (b) If
(c) Than (d) Why

84. (a) twice (b) pair
(c) together (d) two

85. (a) transmit (b) transmits
(c) transmitted (d) transmitting

PASSAGE-15

The Bhopal gas tragedy has been described as the world's **(86)** _____ industrial disaster. Forty two tonnes of methyl isocyanate **(87)** _____ from the steel containers **(88)** _____ the Union Carbide factory and released a cloud of **(89)** _____ gas. It left a legacy of instant and **(90)** _____ death.

86. (a) bad (b) worst
(c) worse (d) best
87. (a) flowed (b) released
(c) emitted (d) leaked
88. (a) across (b) at
(c) beside (d) along
89. (a) merciless (b) deathly
(c) incurable (d) abominable
90. (a) averted (b) detained
(c) momentary (d) deferred

PASSAGE-16

The other day there was a heavy downpour in our town. The roads looked **(91)** small rivulets. There was a house **(92)** our locality which was in a **(93)** condition. All of a sudden it collapsed. **(94)** news spread in the whole **(95)** like wild fire.

91. (a) same (b) so as
(c) as (d) like
92. (a) in (b) to
(c) at (d) on
93. (a) destroyed (b) dilapidated
(c) dejected (d) declined
94. (a) A (b) Few
(c) One (d) The
95. (a) house (b) village
(c) valley (d) town

PASSAGE-17

"Tenizing and Hillary have done it! Mount Everest has been conquered!" This news evoked **(96)** _____ reactions. Somehow, there was a sense of disappointment **(97)** _____ the fact that the great mountain had been **(98)** _____. It would have been nice to **(99)** _____ the Everest as an **(100)** _____ part of the Earth.

96. (a) intruding (b) intimate
(c) interesting (d) inspired
97. (a) on (b) of
(c) at (d) for
98. (a) invaded (b) challenged
(c) occupied (d) conquered
99. (a) be leaving (b) left
(c) had left (d) have left
100. (a) unavailed (b) unusual
(c) unassailable (d) unruly

PASSAGE-18

If winter seems to be the season for migratory birds to flock to warmer climates, summer time is ideal for wetland birds. **(101)** _____ fifty kilometers from Warangal in Telangana, Pakhal lake **(102)** _____ to be playing host to **(103)** _____ wide variety of flora and fauna **(104)** _____ season. Wetland birds from North and Central India come **(105)** _____ the south in search of larger water bodies.

101. (a) Totally (b) But
(c) Nearly (d) Not
102. (a) will seems (b) seems
(c) was seemed (d) seem
103. (a) one (b) a
(c) the (d) an
104. (a) their (b) these
(c) this (d) that
105. (a) below (b) towards
(c) away (d) about

PASSAGE-19

The quick thinking of an animal lover saved **(106)** life of a turtle who had **(107)** a fishing hook and a safety pin. The female turtle was **(108)** on the streets of Mumbai by the animal lover, **(109)** took it to a vet. An X-ray **(110)** the presence of sharp objects in its stomach.

The turtle was operated upon successfully.

106. (a) one (b) the
(c) an (d) a
107. (a) absorbed (b) feasted
(c) drowned (d) swallowed
108. (a) finds (b) find
(c) finding (d) found
109. (a) who (b) whose
(c) whom (d) which
110. (a) revealed (b) covered
(c) protected (d) concealed

PASSAGE-20

Central Park Tower has just become the tallest residential building in the world, The views **(111)** this building are amazing. The **(112)** of apartments in this skyscraper are **(113)** as the sky. The cheapest apartment **(114)** at $6.7 million, and the most **(115)**five-bedroom apartment costs $63 million.

111. (a) above (b) up
(c) from (d) on
112. (a) prices (b) bills
(c) amounts (d) values
113. (a) as high (b) high
(c) higher (d) highest
114. (a) start (b) started
(c) starts (d) is starting
115. (a) extreme (b) economical
(c) expensive (d) excessive

PASSAGE-21

Discipline is doing any work with rules and regulations. It is **(116)** misunderstood as a restriction to freedom but it makes our life organized. Discipline is a **(117)** for students and people in different professions. A disciplined person always **(118)** in each and every field of life. Disciplined people **(119)** a disciplined society and a powerful nation. Discipline should not be **(120)** upon the people, rather it should come from within.

116. (a) happily (b) usually (c) slowly (d) proudly
117. (a) disadvantage (b) virtue (c) dream (d) curse
118. (a) succeed (b) succeeds (c) successful (d) success
119. (a) makes (b) make (c) had made (d) made
120. (a) curbed (b) adorned (c) imposed (d) reposed

PASSAGE-22

There are certainly some things in common between science and religion both want the ...**(121)**... of mankind. Only their ways and ...**(122)**... are different. Then, both of them ...**(123)**... to have truth as their basic. Religion. ...**(124)**... that the truth it ...**(125)**... should be believed in with a blind ...**(126)**... Science says that it should be studied, ...**(127)**... tested and only then relied upon. If during ...**(128)**... some new truth or new aspect of the truth ...**(129)**... science is ready to accept ...**(130)**... But religion is not ready for research, experiment and change in whatever has already been accepted or revealed.

121. (a) goodwill (b) goodness (c) welfare (d) best
122. (a) manner (b) demonstration (c) style (d) methods
123. (a) say (b) claim (c) assure (d) promise
124. (a) wants (b) promotes (c) shows (d) forces
125. (a) proclaims (b) announces (c) creates (d) ensures
126. (a) belief (b) mind (c) faith (d) trust
127. (a) touched (b) felt (c) seen (d) probed
128. (a) hypothesis (b) research (c) meditation (d) concentration
129. (a) emerges (b) comes (c) presents (d) revealed
130. (a) these (b) this (c) it (d) them

PASSAGE-23

Experts are beginning to suspect that one of the major ...**(131)**... of crime in modern cities is the actual design of the city. Oscar Newman, a professor of architecture, in his book titled 'Defensible Space' has ...**(132)**... the result of his research on this question.

The effect of environment ...**(133)**... crime is two fold. Professor Newman's research shows that some building may encourage people not only to interfere, but to allow crimes to ...**(134)**... crowded apartments in a huge block bring people physically together, but isolate them ...**(135)**... People living in what is. ...**(136)**... one building with a common entry fell isolated within their own apartments.

131. (a) expositions (b) causes (c) theories (d) results
132. (a) published (b) printed (c) predicted (d) pasted
133. (a) on (b) in (c) over (d) about
134. (a) witness (b) show (c) appear (d) happen
135. (a) spiritually (b) deliberately (c) intellectually (d) mentally
136. (a) essentially (b) deliberately (c) accidentally (d) ideologically

PASSAGE-24

...**(137)**... the common ...**(138)**... the ostrich does not bury its head in the sand to ...**(139)**... danger. A ostrich can run... **(140)**.. a speed of forty-five miles ...**(141)**... hour kick powerfully and ...**(142)**... aggressively ...**(143)**... its beak. As the ...**(144)**... and fastest bird in the world, it ...**(145)**... need to ...**(146)**... its head.

137. (a) In keeping with (b) As per (c) According to (d) Contrary to
138. (a) fact (b) view (c) expectation (d) belief
139. (a) resist (b) avoid (c) face (d) encounter
140. (a) with (b) for (c) at (d) to
141. (a) one (b) per (c) a (d) every
142. (a) peck (b) play (c) push (d) poke
143. (a) on (b) through (c) with (d) by
144. (a) larger (b) largest (c) more large (d) large
145. (a) doesn't (b) did (c) does (d) didn't
146. (a) put (b) cover (c) shield (d) bury

PASSAGE-25

In most enterprise around the world, it is the information technology infrastructure that is undergoing the most rapid upgradation. Perhaps this is a direct result of the rate of ...**(147)**... in the information technology industry ...**(148)**... with new ...**(149)**... and business ...**(150)**... invading our consciousness everyday. In this context, it is ...**(151)**... of this new technology that looms ...**(152)**.. as an issue ...**(153)**... chief information officers of end-user organisations.

147. (a) rejection (b) growth
(c) obsolescence (d) magnificence

148. (a) where (b) hence
(c) what (d) since

149. (a) armies (b) agencies
(c) enemies (d) technologies

150. (a) relations (b) prospects
(c) applications (d) agreements

151. (a) absorption (b) development
(c) delineation (d) filtration

152. (a) large (b) wide
(c) across (d) close

153. (a) eluding
(b) facing
(c) confounding
(d) comprising

Answers

1. (d)	**2.** (a)	**3.** (b)	**4.** (a)	**5.** (d)	**6.** (a)	**7.** (c)	**8.** (d)	**9.** (c)	**10.** (b)
11. (d)	**12.** (a)	**13.** (a)	**14.** (b)	**15.** (d)	**16.** (a)	**17.** (c)	**18.** (b)	**19.** (a)	**20.** (c)
21. (c)	**22.** (c)	**23.** (d)	**24.** (a)	**25.** (d)	**26.** (b)	**27.** (c)	**28.** (a)	**29.** (b)	**30.** (d)
31. (c)	**32.** (c)	**33.** (c)	**34.** (a)	**35.** (d)	**36.** (a)	**37.** (d)	**38.** (a)	**39.** (a)	**40.** (c)
41. (d)	**42.** (b)	**43.** (b)	**44.** (c)	**45.** (d)	**46.** (d)	**47.** (a)	**48.** (a)	**49.** (b)	**50.** (c)
51. (b)	**52.** (a)	**53.** (d)	**54.** (a)	**55.** (c)	**56.** (b)	**57.** (a)	**58.** (d)	**59.** (a)	**60.** (d)
61. (d)	**62.** (c)	**63.** (a)	**64.** (b)	**65.** (b)	**66.** (c)	**67.** (b)	**68.** (a)	**69.** (c)	**70.** (b)
71. (a)	**72.** (b)	**73.** (c)	**74.** (d)	**75.** (a)	**76.** (a)	**77.** (d)	**78.** (b)	**79.** (a)	**80.** (b)
81. (c)	**82.** (b)	**83.** (a)	**84.** (d)	**85.** (d)	**86.** (b)	**87.** (d)	**88.** (b)	**89.** (b)	**90.** (d)
91. (d)	**92.** (a)	**93.** (b)	**94.** (d)	**95.** (d)	**96.** (c)	**97.** (c)	**98.** (d)	**99.** (d)	**100.** (c)
101. (c)	**102.** (b)	**103.** (b)	**104.** (c)	**105.** (b)	**106.** (b)	**107.** (d)	**108.** (d)	**109.** (a)	**110.** (a)
111. (c)	**112.** (a)	**113.** (a)	**114.** (c)	**115.** (c)	**116.** (b)	**117.** (b)	**118.** (b)	**119.** (b)	**120.** (c)
121. (c)	**122.** (d)	**123.** (b)	**124.** (a)	**125.** (a)	**126.** (c)	**127.** (d)	**128.** (b)	**129.** (b)	**130.** (c)
131. (b)	**132.** (a)	**133.** (a)	**134.** (d)	**135.** (d)	**136.** (c)	**137.** (d)	**138.** (d)	**139.** (b)	**140.** (c)
141. (b)	**142.** (a)	**143.** (c)	**144.** (b)	**145.** (a)	**146.** (d)	**147.** (b)	**148.** (b)	**149.** (d)	**150.** (b)
151. (b)	**152.** (a)	**153.** (c)							

❑❑❑

CHAPTER 9

Reading Comprehension

Read the following passages (1-6) and answer the questions that follow.

PASSAGE-1

The superintendence, direction and control of preparation of electoral rolls for, and the conduct of, elections to Parliament and State Legislatures and elections to the offices of the President and the Vice - President of India are vested in the Election Commission of India. It is an independent constitutional authority.

Independence of the Election Commission and its insulation from executive interference is ensured by a specific provision under Article 324 (5) of the Constitution that the Chief Election Commissioner shall not be removed from his office except in like manner and on like grounds as a Judge of the Supreme Court and conditions of his service shall not be varied to his disadvantage after his appointment.

In C.W.P. No. 4912 of 1998 (Kushra Bharat Vs. Union of India and Others), the Delhi High Court directed that information relating to Government dues owed by the candidates to the departments dealing with Government accommodation, electricity, water, telephone and transport etc. and any other dues should be furnished by the candidates and this information should be published by the election authorities under the commission.

1. **The text of the passage reflects or raises certain questions:**
   (a) The authority of the commission cannot be challenged.
   (b) This would help in stopping the criminalization of Indian politics.
   (c) This would reduce substantially the number of contesting candidates.
   (d) This would ensure fair and free elections.
2. **According to the passage, the Election Commission is an independent constitutional authority. This is under Article No.**
   (a) 324 (b) 356
   (c) 246 (d) 161
3. **Independence of the Commission means:**
   (a) have a constitutional status.
   (b) have legislative powers.
   (c) have judicial powers.
   (d) have political powers.
4. **Fair and free election means:**
   (a) transparency
   (b) to maintain law and order
   (c) regional considerations
   (d) role for pressure groups
5. **The Chief Election Commissioner can be removed from his office under Article:**
   (a) 125 (b) 352
   (c) 226 (d) 324

Answers

1. (d) 2. (a) 3. (a) 4. (b) 5. (d)

PASSAGE-2

All political systems need to mediate the relationship between private wealth and public power. Those that fail risk a dysfunctional government captured by wealthy interests. Corruption is one symptom of such failure with private willingness-to-pay trumping public goals. Private individuals and business firms pay to get routine services and to get to the head of the bureaucratic queue. They pay to limit their taxes, avoid costly regulations, obtain contracts at inflated prices and get concessions and privatised firms at low prices. If corruption is endemic, public officials – both bureaucrats and elected officials – may redesign programmes and propose public projects with few public benefits and many opportunities for private profit. Of course, corruption, in the sense of bribes, pay-offs and kickbacks, is only one type of government failure. Efforts to promote 'good governance' must be broader than anti-corruption campaigns. Governments may be honest but inefficient because no one has an incentive to work productively, and narrow elites may capture the state and exert excess influence on policy. Bribery may induce the lazy to work hard and permit those not in the inner circle of cronies to obtain benefits. However, even in such cases, corruption cannot be confined to 'functional' areas. It will be a temptation whenever private benefits are positive. It may be a reasonable response to a harsh reality but, over time, it can facilitate a spiral into an even worse situation.

1. **The governments which fail to focus on the relationship between private wealth and public power are likely to become:**
   (a) Functional
   (b) Dysfunctional
   (c) Normal functioning
   (d) Good governance
2. **One important symptom of bad governance is:**
   (a) Corruption
   (b) High taxes
   (c) Complicated rules and regulations
   (d) High prices
3. **When corruption is rampant, public officials always aim at many opportunities for:**
   (a) Public benefits

(b) Public profit
(c) Private profit
(d) Corporate gains

4. Productivity linked incentives to public/private officials is one of the indicatives for:
(a) Efficient government
(b) Bad governance
(c) Inefficient government
(d) Corruption

5. The spiralling corruption can only be contained by promoting:
(a) Private profit
(b) Anti-corruption campaign
(c) Good governance
(d) Pay-offs and kick-backs

Answers

1. (b) 2. (a) 3. (c) 4. (a) 5. (a)

PASSAGE- 3

After almost three decades of contemplating Swarovski-encrusted navels on increasing flat abs, the Mumbai film industry is on a discovery of India and itself. With budgets of over 30 crore each, four soon to be released movies by premier directors are exploring the idea of who we are and redefining who the other is. It is a fundamental question which the bling-bling, glam-sham and disham-disham tends to avoid. It is also a question which binds an audience when the lights go dim and the projector rolls: as a nation, who are we? As a people, where are we going?

The Germans coined a word for it, zeitgeist, which perhaps Yash Chopra would not care to pronounce. But at 72, he remains the person who can best capture it. After being the first to project the diasporic Indian on screen in Lamhe in 1991, he has returned to his roots in a new movie. Veer Zaara, set in 1986, where Pakistan, the traditional other, the part that got away, is the lover and the saviour. In Subhas Ghai's Kisna, set in 1947, the other is the English woman. She is not a memsahib, but a mehbooba. In Ketan Mehta's The Rising, the East India Englishman is not the evil oppressor of countless cardboard characterisations, which span the spectrum from Jewel in the Crown to Kranti, but an honourable friend. This is Manoj Kumar's Desh Ki dharti with a difference: there is culture, not contentious politics; balle balle, not bombs: no dooriyan (distance), only nazdeekiyan (closeness).

All four films are heralding a new hero and heroine. The new hero is fallible and vulnerable, committed to his dharma, but also not afraid of failure - less of a boy and more of a man. He even has a grown up name: Veer Pratap Singh in Veer-Zaara and Mohan Bhargav in Swades. The new heroine is not a babe, but often a babe, dressed in traditional Punjabi clothes, often with the stereotypical body type as well, as in Bride and Prejudice of Gurinder Chadha.

1. Which word Yash Chopra would not be able to pronounce?
(a) Bling + bling (b) Zeitgeist
(c) Montaz (d) Dooriyan

2. Who made Lamhe in 1991?
(a) Subhash Ghai
(b) Yash Chopra
(c) Aditya Chopra
(d) Sakti Samanta

3. Which movie is associated with Manoj Kumar?
(a) Jewel in the Crown
(b) Kisna
(c) Zaara
(d) Desh Ki dharti

4. Which is the latest film by Yash Chopra?
(a) Deewar
(b) Kabhi Kabhi
(c) Dilwale Dulhaniya Le Jayenge
(d) Veer Zaara

5. Which is the dress of the heroine in Veer-Zaara?
(a) Traditional Gujarati Clothes
(b) Traditional Bengali Clothes
(c) Traditional Punjabi Clothes
(d) Traditional Madras Clothes

Answers

1. (b) 2. (b) 3. (d) 4. (d) 5. (c)

PASSAGE-4

Gandhi's overall social and environmental philosophy is based on what human beings need rather than what they want. His early introduction to the teachings of Jains, Theosophists, Christian sermons, Ruskin and Tolstoy, and most significantly the Bhagavad Gita, was to have profound impact on the development of Gandhi's holistic thinking on humanity, nature and their ecological interrelation. His deep concern for the disadvantaged, the poor and rural Perhaps, the moral principle for which Gandhi is best known is that of active non-violence, derived from the traditional moral restraint of not injuring another being. The most refined expression of this value is in the great epic of the Mahabharata, (c. 100 BCE to 200 CE), where moral development proceeds through placing constraints on the liberties, desires and acquisitiveness endemic to human life. One's action is judged in terms of consequences and the impact it is likely to have on another. Jainas had generalized this principle to include all sentient creatures and bio-communities alike. Advanced Jaina monks and nuns will sweep their path to avoid harming insects and even bacteria. Non-injury is a non-negotiable universal prescription.

1. Which one of the following have a profound impact on the development of Gandhi's holistic thinking on humanity, nature and their ecological interrelations?
(a) Jain teachings
(b) Christian sermons
(c) Bhagavad Gita
(d) Ruskin and Tolstoy

2. Gandhi's overall social and environmental philosophy is based on human beings':
(a) need (b) desire
(c) wealth (d) welfare

3. Gandhiji's deep concern for the disadvantaged, the poor and rural population created an ambience for an alternative:
(a) rural policy
(b) social thinking
(c) urban policy
(d) economic thinking

4. Colonial policy and modernization led to the destruction of:
(a) major industrial infrastructure
(b) irrigation infrastructure
(c) urban infrastructure
(d) rural infrastructure

5. Gandhi's active non-violence is derived from:
(a) Moral restraint of not injuring another being
(b) Having liberties, desires and acquisitiveness
(c) Freedom of action

(d) Nature-blind technology and enslavement of human spirit and energies

Answers

1. (c) **2.** (a) **3.** (b) **4.** (d) **5.** (a)

PASSAGE-5

The phrase "What is it like?" stands for a fundamental thought process. How does one go about observing and reporting on things and events that occupy segments of earth space? Of all the infinite variety of phenomena on the face of the earth, how does one decide what phenomena to observe? There is no such thing as a complete description of the earth or any part of it, for every microscopic point on the earth's surface differs from every other such point. Experience shows that the things observed are already familiar, because they are like phenomena that occur at home or because they resemble the abstract images and models developed in the human mind.

How are abstract images formed? Humans alone among the animals possess language; their words symbolize not only specific things but also mental images of classes of things. People can remember what they have seen or experienced because they attach a word symbol to them.

During the long record of our efforts to gain more and more knowledge about the face of the earth as the human habitat, there has been a continuing interplay between things and events. The direct observation through the senses is described as a percept; the mental image is described as a concept. Percepts are what some people describe as reality, in contrast to mental images, which are theoretical, implying that they are not real.

The relation of percept to concept is not as simple as the definition implies. It is now quite clear that people of different cultures or even individuals in the same culture develop different mental images of reality and what they perceive is a reflection of these pre-conceptions. The direct observation of things and events on the face of the earth is so clearly a function of the mental images of the mind of the observer that the whole idea of reality must be reconsidered.

Concepts determine what the observer perceives, yet concepts are derived from the generalizations of previous percepts. What happens is that the educated observer is taught to accept a set of concepts and then sharpens or changes these concepts during a professional career. In any one field of scholarship, professional opinion at one time determines what concepts and procedures are acceptable, and these form a kind of model of scholarly behaviour.

1. **The problem raised in the passage reflects on**
   (a) thought process
   (b) human behaviour
   (c) cultural perceptions
   (d) professional opinion
2. **According to the passage, human beings have mostly in mind**
   (a) Observation of things
   (b) Preparation of mental images
   (c) Expression through language
   (d) To gain knowledge
3. **Concept means**
   (a) A mental image
   (b) A reality
   (c) An idea expressed in language form
   (d) All the above
4. **The relation of Percept to Concept is**
   (a) Positive (b) Negative
   (c) Reflective (d) Absolute
5. **In the passage, the earth is taken as**
   (a) The Globe
   (b) The Human Habitat
   (c) A Celestial Body
   (d) A Planet
6. **Percept means**
   (a) Direct observation through the senses
   (b) A conceived idea
   (c) Ends of a spectrum
   (d) An abstract image

Answers

1. (c) **2.** (b) **3.** (c) **4.** (c) **5.** (c) **6.** (b)

PASSAGE-6

It should be remembered that the nationalist movement in India, like all nationalist movements, was essentially a bourgeois movement. It represented the natural historical stage of development, and to consider it or to criticise it as a working-class movement is wrong. Gandhi represented that movement and the Indian masses in relation to that movement to a supreme degree, and he became the voice of Indian people to that extent. The main contribution of Gandhi to India and the Indian masses has been through the powerful movements which he launched through the National Congress. Through nation-wide action he sought to mould the millions, and largely succeeded in doing so, and changing them from a demoralised, timid and hopeless mass, bullied and crushed by every dominant interest, and incapable of resistance, into a people with self-respect and self-reliance, resisting tyranny, and capable of united action and sacrifice for a larger cause.

Gandhi made people think of political and economic issues, and every village and every bazaar hummed with argument and debate on the new ideas and hopes that filled the people. That was an amazing psychological change. The time was ripe for it, of course, and circumstances and world conditions worked for this change. But a great leader is necessary to take advantage of circumstances and conditions. Gandhi was that leader, and he released many of the bonds that imprisoned and disabled our minds, and none of us who experienced it can ever forget that great feeling of release and exhilaration that came over the Indian people.

Gandhi has played a revolutionary role in India of the greatest importance because he knew how to make the most of the objective conditions and could reach the heart of the masses, while groups with a more advanced ideology functioned largely in the air because they did not fit in with those conditions and could therefore not evoke any substantial response from the masses.

It is perfectly true that Gandhi, functioning in the nationalist plane, does not think in terms of the conflict of classes, and tries to compose their differences. But the action he has indulged and taught the people has inevitably raised mass consciousness tremendously and made social issues vital. Gandhi and the Congress must be judged by the policies they pursue and the action they indulge in. But behind this, personality counts and colours those policies and activities. In the case of very exceptional person like Gandhi the question of personality becomes especially important in order to understand and appraise him. To us he has represented the spirit and honour of India, the yearning of her sorrowing millions to be rid of their innumerable burdens, and an insult to him by the British Government or others has been an insult to India and her people.

1. **Which one of the following is true of the given passage?**
   (a) The passage is a critique of Gandhi's role in Indian movement for independence.
   (b) The passage hails the role of Gandhi in India's freedom movement.
   (c) The author is neutral on Gandhi's role in India's freedom movement.
   (d) It is an account of Indian National Congress's support to the working-class movement.
2. **The change that the Gandhian movement brought among the Indian masses was**
   (a) Physical
   (b) Cultural
   (c) Technological
   (d) Psychological
3. **To consider the nationalist movement or to criticise it as a working-class movement was wrong because it was a**
   (a) historical movement
   (b) voice of the Indian people
   (c) bourgeois movement
   (d) movement represented by Gandhi
4. **Gandhi played a revolutionary role in India because he could**
   (a) preach morality
   (b) reach the heart of Indians
   (c) see the conflict of classes
   (d) lead the Indian National Congress
5. **Groups with advanced ideology functioned in the air as they did not fit in with**
   (a) objective conditions of masses
   (b) the Gandhian ideology
   (c) the class consciousness of the people
   (d) the differences among masses
6. **The author concludes the passage by**
   (a) criticising the Indian masses
   (b) the Gandhian movement
   (c) pointing out the importance of the personality of Gandhi
   (d) identifying the sorrows of millions of Indians

Answers

1. (b) **2.** (d) **3.** (b) **4.** (b) **5.** (a) **6.** (c)

❑❑❑

हिंदी

अध्याय 1

संधि और संधि विच्छेद

संधिः परिभाषा एवं भेद

निकटवर्ती दो वर्गों के सम्मिलन से जो विकार (परिवर्तन) उत्पन्न हो जाता है उसे सन्धि कहते हैं।

सन्धि तीन प्रकार की होती हैं—

(1) स्वर सन्धि (2) व्यंजन सन्धि (3) विसर्ग सन्धि

(1) स्वर सन्धि

स्वर के साथ स्वर अर्थात् दो स्वरों के मेल से जो विकार (परिवर्तन) होता है उसे स्वर सन्धि कहते हैं; जैसे—

महा + आत्मा = महात्मा सूर्य + अस्त = सूर्यास्त

स्वर सन्धि मुख्यतः पाँच प्रकार की होती है—

(i) गुण सन्धि (ii) दीर्घ सन्धि
(iii) वृद्धि सन्धि (iv) यण सन्धि
(v) अयादि सन्धि

(i) गुण सन्धि (अदेंगुणः आद्गुणः)

यदि प्रथम शब्द के अन्त में ह्रस्व अथवा दीर्घ अ हो और दूसरे शब्द के आदि में ह्रस्व अथवा दीर्घ इ, उ, ऋ में से कोई वर्ण हो तो अ + इ = ए, आ + उ = ओ, अ + ऋ = अर् हो जाते हैं। यह गुण सन्धि कहलाती हैं; जैसे—

- **अ + इ = ए**
  उप + इन्द्र = उपेन्द्र
  प्र + इत = प्रेत
- **आ + इ = ए**
  महा + इन्द्र = महेन्द्र
- **अ + ई = ए**
  नर + ईश = नरेश
  देव + ईश = देवेश
- **आ + ई = ए**
  रमा + ईश = रमेश
  महा + ईश = महेश
- **अ + उ = ओ**
  मानव + उचित = मानवोचित
  हित + उपदेश = हितोपदेश
- **अ + ऊ = ओ**
  नव + ऊढ़ा = नवोढ़ा
- **आ + उ = ओ**
  महा + उत्सव = महोत्सव
  महा + उदधि = महोदधि
- **आ + ऊ = ओ**
  महा + ऊर्जा = महोर्जा
- **अ + ऋ = अर्**
  देव + ऋषि = देवर्षि
  सप्त + ऋषि = सप्तर्षि
  ब्रह्म + ऋषि = ब्रह्मर्षि
- **आ + ऋ = अर्**
  महा + ऋषि = महर्षि

(ii) दीर्घ-संधि

ह्रस्व या दीर्घ 'अ', 'इ', 'उ' के पश्चात क्रमशः ह्रस्व या दीर्घ 'अ', 'ई', 'उ' स्वर आएँ तो दोनों को मिलाकर दीर्घ 'आ', 'ई', 'ऊ' हो जाते हैं; जैसे—

- **अ + अ = आ**
  स्व + अर्थी = स्वार्थी
  वीर + अंगना = वीरांगना
- **अ + आ = आ**
  नव + आगत = नवागत
  देव + आगमन = देवागमन
- **आ + अ = आ**
  सीमा + अंत = सीमांत
  रेखा + अंश = रेखांश
- **आ + आ = आ**
  विद्या + आलय = विद्यालय
  वार्ता + आलाप = वार्तालाप
- **इ + ई = ई**
  मुनि + इंद्र = मुनींद्र
  कपि + इंद्र = कपींद्र
- **इ + इ = ई**
  परि + ईक्षा = परीक्षा
  हरि + ईश = हरीश
- **ई + इ = ई**
  योगी + इंद्र = योगींद्र
  लक्ष्मी + इच्छा = लक्ष्मीच्छा
- **ई + ई = ई**
  योगी + ईश्वर = योगीश्वर
  जानकी + ईश = जानकीश
- **उ + उ = ऊ**
  भानु + उदय = भानूदय
  गुरू + उपदेश = गुरूपदेश
- **उ + ऊ = ऊ**
  धातु + ऊष्मा = धातूष्मा
  सिंधु + ऊर्मि = सिंधूर्मि

- ऊ + उ = ऊ

भू + उत्सर्ग = भूत्सर्ग
वधू + उपकार = वधूपकार

- ऊ + ऊ = ऊ

भू + ऊष्मा = भूष्मा
वधू + ऊर्मि = वधूर्मि

(iii) वृद्धि-संधि

'अ' या 'आ' के बाद 'ए' या 'ऐ' आए तो दोनों के मेल से 'ऐ' हो जाता है तथा 'अ' और 'आ' के पश्चात 'ओ' या 'औ' आए तो दोनों के मेल से 'औ' हो जाता है; जैसे–

- **अ + ए = ऐ**

लोक + एषणा = लोकैषणा

- **अ + ऐ = ऐ**

धन + ऐश्वर्य = धनैश्वर्य

- **आ + ए = ऐ**

तथा + एव = तथैव

- **आ + ऐ = ऐ**

महा + ऐश्वर्य = महैश्वर्य

- **अ + ओ = औ**

वन + ओषधि = वनौषधि
परम + ओज = परमौज

- **आ + ओ = औ**

महा + ओज = महौज

- **अ + औ = औ**

परम + औषध = परमौषध

- **आ + औ = औ**

महा + औदार्य = महौदार्य
महा + औषधि = महौषधि

अपवाद : अ अथवा आ के आगे ओष्ठ्य शब्द आए तो विकल्प से ओ अथवा औ होता है; जैसे–

बिंब + ओष्ठ = बिबोंष्ठ/बिंबौष्ठ
अधर + ओष्ठ = अधरोष्ठ/अधरौष्ठ

(iv) यण सन्धि

ह्रस्व अथवा दीर्घ इ, उ, ऋ के बाद यदि कोई सवर्ण (इनसे भिन्न) स्वर आता है तो इ अथवा ई के बदले य्, उ अथवा ऊ के बदले व्, ऋ के बदले र् हो जाता है। इसे यण सन्धि कहते हैं; जैसे–

- **इ + अ = य**

यदि + अपि = यद्यपि
इति + अर्थ = अत्यर्थ
रीति + अनुसार = रीत्यनुसार

- **इ + आ = या**

अति + आचार = अत्याचार

- **इ + उ = यु**

अति + उत्तम = अत्युत्तम

- **इ + ऊ = यू**

नि + ऊन = न्यून

- **इ + ए = ये**

प्रति + एक = प्रत्येक

- **ई + आ = या**

सखी + आगमन = सख्यागमन

- **ई + ऐ = ये**

सखी + ऐश्वर्य = सख्यैश्वर्य

- **उ + अ = व**

सु + अच्छ = स्वच्छ
अनु + अय = अन्वय

- **उ + आ = वा**

मधु + आलय = मध्वालय

(iv) अयादि संधि

यदि 'ए', 'ऐ', 'ओ', 'औ' स्वरों का मेल दूसरे स्वरों से हो तो 'ए' का 'अय', 'ऐ' का 'आय्', 'ओ' का 'अव्' तथा 'औ' का 'आव्' के रूप में परिवर्तन हो जाता है; जैसे–

- **ए + अ = अय**

ने + अन = नयन

- **ऐ + अ = आय् + अ = आय**

गै + अक = गायक

- **ओ + ई = अव् + ई = अवी**

अव् + ई = अवी

- **ओ + ई = अवी**

गो + ईश = गवीश

- **औ + अ = आव**

पौ + अन = पावन
भौ + अन = भावन

- **औ + इ = आवि**

नौ + इक = नाविक

- **औ + उ = आवु**

भौ + उक = भावुक

(2) व्यंजन संधि

व्यंजन के बाद स्वर या व्यंजन आने से जो परिवर्तन होता है, उसे व्यंजन संधि कहते हैं; जैसे–

वाक् + ईश = वागीश (क् + ई = गी)
सत् + जन = सज्जन (त् + ज = ज्ज)
उत् + हार = उद्धार (त् + ह = द्ध)
नोट : व्यंजन का शुद्ध रूप हल् वाला रूप (क्, ख्, ग्) होता है।

व्यंजन-संधि के नियम

वर्ग के पहले वर्ण का तीसरे वर्ण में परिवर्तन : किसी वर्ग के पहले वर्ण (क् च् ट् त् प्) का मेल किसी स्वर अथवा किसी वर्ग के तीसरे वर्ण (ग ज ड द ब) या चौथे वर्ण (घ झ ढ ध भ) अथवा अंत:स्थ व्यंजन (य र ल व) के किसी वर्ण से होने पर वर्ग का पहला वर्ण अपने ही वर्ग के तीसरे वर्ण (ग् ज् ड् य् ब्) में परिवर्तित हो जाता है; जैसे–

क वर्ग

दिक् + अम्बर = दिगम्बर

वाक् + जाल = वाग्जाल

च वर्ग

अच् + अन्त = अजन्त

वाक् + धारा = वाग्धारा

ट वर्ग

षट् + आनन = षडानन

त वर्ग

तत् + इच्छा = तदिच्छा

वृहत् + रथ = वृहद्रथ

प वर्ग

सुप् + अन्त = सुबन्त

अप् + ज = अब्ज

अप् + धि = अब्धि

सत् + आशय = सदाशय

सत् + उपयोगी = सदुपयोग

जगत् + ईश = जगदीश

कृत् + अन्य = कृदन्त

- **'छ' संबंधी नियम :**

किसी भी ह्रस्व स्वर या 'आ' का मेल 'छ' से होने पर 'छ' से पहले 'च्' जोड़ दिया जाता है; जैसे—

स्व + छंद = स्वच्छंद

अनु + छेद = अनुच्छेद

- **त् संबंधी नियम :**

(1) 'त्' के बाद यदि 'च' 'छ' हो तो 'त्' का 'च्' हो जाता है; जैसे—

उत् + चरित = उच्चरित

जगत् + छाया = जगच्छाया

त् या द् के बाद ज अथवा झ हो तो त् या द् के स्थान पर ज् हो जाता है; जैसे—

सत् + जन = सज्जन

विपद् + जाल = विपज्जाल

उत् + ज्वल = उज्ज्वल

उत् + झटिल = उज्झटिल

त् या द् के बाद ट या ठ हो तो त् या द् के स्थान पर ट् हो जाता है; जैसे—

तत् + टीका = तट्टीका

सत् + टीका = सट्टीका

वृहत + टीका = वृहट्टीका

- **'न' सम्बन्धी नियम :**

यदि 'ऋ', 'र', 'ष' के बाद 'न' व्यंजन आता है तो 'न' का 'ण' हो जाता है; जैसे—

परि + नाम = परिणाम

राम + अयन = रामायण

- **'म' सम्बन्धी नियम :**

'म्' का मेल 'क' से 'म' तक के किसी भी व्यंजन वर्ग से होने पर 'म्' उसी वर्ग के पंचमाक्षर (अनुस्वार) में बदल जाता है; जैसे—

सम् + गति = संगति

परम् + तु = परंतु

'म्' के बाद 'य', 'र', 'ल', 'व', 'श', 'ष', 'स', 'ह' में कोई वर्ण हो तो 'म्' अनुस्वार में बदल जाता है; जैसे—

सम् + सार = संसार

किम् + वा = किंवा

सम् + हार = संहार

सम् + यम = संयम

सम् + शय = संशय

'म्' का मेल यदि 'य', 'र', 'ल', 'व', 'श', 'ष', 'स', 'ह' से हो तो 'म्' सदैव अनुस्वार ही होता है; जैसे—

सम् + योग = संयोग

सम् + लाप = संलाप

सम् + शय = संशय

'म्' के बाद 'म' आने पर कोई परिवर्तन नहीं होता; जैसे—

सम् + मान = सम्मान

ऋ, र्, ष् के बाद न हो तथा इनके बीच में कोई स्वर, क वर्ग, प वर्ग, अनुस्वार य, व ह आता हो तो न का ण हो जाता है; जैसे—

भूष् + अन = भूषण

प्र + मान = प्रमाण

तृष + ना = तृष्णा

'स' संबंधी नियम : 'स' से पहले 'अ', 'आ' से भिन्न स्वर हो तो 'स' का 'ष' हो जाता है; जैसे—

वि + सम = विषम

वि + साद = विषाद

सु + समा = सुषमा

(3) विसर्ग संधि

विसर्ग के बाद स्वर या व्यंजन आने पर विसर्ग में जो विकार होता है, उसे विसर्ग संधि कहते हैं; जैसे—

दुः + आशा = दुराशा

मनः + योग = मनोयोग

विसर्ग संधि के प्रमुख नियम

- यदि विसर्ग के पहले 'अ' और बाद में 'अ' अथवा प्रत्येक वर्ग का तीसरा, चौथा, पाँचवाँ वर्ण अथवा 'य', 'र', 'ल', 'व', 'ह' हो तो विसर्ग का 'ओ' हो जाता है; जैसे—

मनः + अनुकूल = मनोनुकूल

वयः + वृद्ध = वयोवृद्ध

तपः + भूमि = तपोभूमि

पयः + द = पयोद

पयः + धन = पयोधन

मनः + हर = मनोहर

अपवाद : पुनः एवं अंतः में विसर्ग का र् हो जाता है; जैसे—

पुनः + जन्म = पुनर्जन्म

अंतः + धान = अंतर्धान

- **विसर्ग का 'र्' हो जाता है :** यदि विसर्ग के पहले 'अ', 'आ' को छोड़कर कोई दूसरा स्वर हो और बाद में 'आ', 'उ', 'ऊ' या तीसरा, चौथा, पाँचवाँ वर्ण या 'य', 'र', 'ल', 'व' में से कोई हो तो विसर्ग का 'र्' हो जाता है; जैसे—

निः + आशा = निराशा

निः + झर = निर्झर

दुः + गुण = दुर्गुण

निः + गुण = निर्गुण

दुः + भाग्य = दुर्भाग्य

निः + संदेह = निस्संदेह

दुः + शील = दुश्शील

निः + हार = निर्हार

दुः + यश = दुर्यश
निः + एकीभाव = निरेकीभाव
दुः + लक्ष्य = दुर्लक्ष्य
निः + गम = निर्गम
दुः + आत्मा = दुरात्मा
निः + उपाय = निरूपाय
दुः + नाम = दुर्नाम

- विसर्ग के पहले यदि इ या उ हो और विसर्ग के बाद क ख या प फ हो तो इनके पहले विसर्ग के बदले ष हो जाता है; जैसे–

निः + कपट = निष्कपट
दुः + कर्म = दुष्कर्म
निः + पाप = निष्पाप
दुः + खचित = दुष्खचित
चतुः + पद = पचुष्पद
दुः + फल = दुष्फल

- यदि विसर्ग से पहले अ, आ को छोड़कर अन्य कोई स्वर हो और बाद में र हो तो विसर्ग का लोप हो जाता है और उसके पूर्व का ह्रस्व स्वर दीर्घ में कर दिया जाता है; जैसे–

निः + रव = नीरव
निः + रोग = नीरोग
निः + रज = नीरज

- विसर्ग के बाद च या छ हो तो विसर्ग का श् हो जाता है। यदि बाद में ट् या ठ् हो तो ष् और त् या थ हो तो स् हो जाता है; जैसे–

कः + चित् = कश्चित
दुः + ट = दुष्ट
धनुः + टङकार = धनुष्टङ्कार
निः + तेज = निस्तेज
निः + चेष्ट = निष्चेष्ट
ततः + ठकार = ततष्ठकार
निः + छिद्र = निश्छिद्र
वहिः + थोडन = वहिस्थोडन

- विसर्ग का 'श्' हो जाता है; यदि विसर्ग के पहले कोई स्वर हो और बाद में 'च', 'छ' या 'श' हो तो विसर्ग का 'श्' हो जाता है; जैसे–

निः + चिंत = निश्चिंत
दुः + शासन = दुश्शासन

- विसर्ग के बाद क, ख, प, फ आता है तो विसर्ग में कोई परिवर्तन नहीं होता है; जैसे –

अन्तः + पुर = अन्तःपुर
पयः + पान = पयःपान
अन्तः + करण = अन्तःकरण
अधः + पतन = अधःपतन
अधः + फलित = अधःफलित

विसर्ग का लोप हो जाना

- यदि विसर्ग के बाद 'छ' हो तो विसर्ग लुप्त हो जाता है और 'च' का आगम हो जाता है; जैसे–

अनुः + छेद = अनुच्छेद
छत्रंः + छाया = छत्रच्छाया

- यदि विसर्ग के बाद 'र' हो तो विसर्ग लुप्त हो जाता है और उस के पहले का स्वर दीर्घ हो जाता है; जैसे–

निः + रोग = नीरोग
निः + रस = नीरस

- यदि विसर्ग से पहले 'अ' या 'आ' हो और विसर्ग के बाद कोई भिन्न स्वर हो तो विसर्ग का लोप हो जाता है; जैसे–

अतः + एव = अतएव

- **विसर्ग में परिवर्तन न होना :** यदि विसर्ग के पूर्व 'अ' हो तथा बाद में 'क' या 'प' हो तो विसर्ग में परिवर्तन नहीं होता है; जैसे–

प्रातः + काल = प्रातःकाल
अंतः + करण = अंतःकरण
अंतः + पुर = अंतःपुर
अधः + पतन = अधःपतन
प्रातः + काल = प्रातःकाल

प्रश्नमाला

1. 'निष्छल' शब्द में कौन-सी सन्धि है?
(a) विसर्ग सन्धि
(b) स्वर सन्धि
(c) व्यंजन सन्धि
(d) वृद्धि सन्धि

2. 'तिरस्कार' शब्द का सही सन्धि विच्छेद होगा–
(a) तिरस् + कार (b) तिरः + कार
(c) तीर + सकार (d) तिरसः + कार

3. निम्नलिखित सन्धि विच्छेदों में से कौन-सा एक सन्धि विच्छेद 'नीरव' शब्द के लिए सही है?
(a) निः + रव (b) नीः + रव
(c) निर् + व (d) नीर् + व

4. 'मृत + मय' विच्छेद से सन्धि करने पर जिस शब्द का निर्माण होगा, वह है–
(a) म्रितमय (b) मृतमय
(c) मृण्मय (d) मृनमय

5. 'भाग्य + उदय' विच्छेद को सन्धि करने पर जिस शब्द की रचना होगी वह है–
(a) भाग्योदय (b) भाग्यूदय
(c) भाग्यौदय (d) भाग्यदय

6. 'यथा + इष्ट' विच्छेद का सन्धि किए जाने पर जो शब्द बनेगा, वह है–
(a) यथीष्ट (b) यथैष्ट
(c) यथेष्ट (d) यथिष्ट

7. 'यथा + उचित' विच्छेद के आधार पर जिस शब्द का निर्माण सन्धि करने के बाद होगा, वह शब्द है–
(a) यथाचित (b) यथूचित
(c) यथोचित (d) यथ्यचित

8. निम्न सन्धि विच्छेदों में से कौन-सा एक सन्धि विच्छेद 'व्युत्पत्ति' शब्द के लिए सही है?
(a) वि + उत्पत्ति (b) व्यू + उत्पत्ति
(c) व्य + उत्पत्ति (d) व्युत्प + अति

9. 'संसार' शब्द का सही सन्धि विच्छेद है–
(a) सन् + सार (b) समस् + आर
(c) सम् + सार (d) सः + सार

10. निम्नलिखित सन्धि विच्छेदों में से 'समुदाय' शब्द के लिए सही सन्धि विच्छेद का चयन कीजिए—
(a) सम् + उदाय (b) सम् + दाय
(c) सम + ऊदाय (d) समु + अदाय

11. 'नीरोग' में प्रयुक्त सन्धि का नाम है—
(a) स्वर संधि (b) व्यंजन संधि
(c) विसर्ग संधि (d) इनमें से कोई नहीं

12. 'निर्जन' में प्रयुक्त संधि का नाम है—
(a) स्वर संधि (b) व्यंजन संधि
(c) विसर्ग संधि (d) इनमें से कोई नहीं

13. 'वातानुकूल' का सही संधि-विच्छेद है—
(a) वात + अनुकूल (b) वात + अनूकुल
(c) वाता + अनुकूल (d) वाता + अनूकुल

14. 'ब्रह्मास्त्र' का सही संधि-विच्छेद है—
(a) ब्रह्म + अस्त्र (b) ब्रह्मा + अस्त्र
(c) ब्रह्म + आस्त्र (d) ब्रह्मः + अस्त्र

15. 'उच्छवास' का सही संधि-विच्छेद है—
(a) उच् + श्वास (b) उत् + श्वास
(c) उद् + ध्वास (d) उच्छ + वास

16. 'प्रत्युत्तर' का सही संधि-विच्छेद है—
(a) प्र + त्युत्तर (b) प्रति + उत्तर
(c) प्रति + युत्तर (d) प्रत्यु + उत्तर

17. 'संतोष' का सही संधि-विच्छेद है—
(a) सम् + तोष (b) सम + तोष
(c) सः + तोष (d) सन् + तोष

18. 'उज्ज्वल' का सही संधि-विच्छेद है—
(a) उत् + जबल (b) उत् + ज्वल
(c) उत + जल (d) उत + ज्वल

19. 'विश्वामित्र' का सही संधि-विच्छेद है—
(a) विश्व + मित्र (b) विश्वा + मित्र
(c) विश्वः + मित्र (d) विश्व + अमित्र

20. 'संगम' का सही संधि-विच्छेद है—
(a) सम + गम (b) सम् + गम
(c) सङ् + गम (d) सन् + गम

21. 'भानूदय' में प्रयुक्त संधि का नाम है—
(a) व्यंजन संधि (b) दीर्घ संधि
(c) गुण संधि (d) वृद्धि संधि

22. 'हरिश्चन्द्र' में प्रयुक्त संधि का नाम है—
(a) स्वर संधि (b) व्यंजन संधि
(c) विसर्ग संधि (d) इनमें से कोई नहीं

23. 'उल्लेख' का सही संधि-विच्छेद है—
(a) उल् + लेख (b) उत् + लेख
(c) उल्ल + लेख (d) उ + आलेख

24. 'दिगम्बर' का सही संधि-विच्छेद है—
(a) दिग् + अम्बर (b) दिक् + अम्बर
(c) दिग + अम्बर (d) दिक + अम्बर

25. 'निर्विकार' में प्रयुक्त संधि का नाम है—
(a) स्वर संधि (b) व्यंजन संधि
(c) विसर्ग संधि (d) इनमें से कोई नहीं

26. 'श्रावण' का सही संधि-विच्छेद है—
(a) श्रौ + अण (b) श्राव + अन
(c) श्राव + अण् (d) श्रौ + अन

27. 'सत्याग्रह' का सही संधि-विच्छेद है—
(a) सत्या + ग्रह (b) सत + आग्रह
(c) सत्य + ग्रह (d) सत्य + आग्रह

28. निम्नलिखित सन्धि विच्छेदों में से कौन-सा एक 'अन्यान्य' शब्द के लिए सही है?
(a) अन्य + आन्य (b) अन्य + अन्य
(c) अन् + यान्य (d) अ + न्यान्य

29. निम्नलिखित सन्धि विच्छेदों में से कौन-सा एक 'अन्वित' शब्द के लिए उपयुक्त है?
(a) अनु + इत
(b) अनु + वित्
(c) अनु + अइत
(d) अन्य + इत

30. 'अन्वेषण' शब्द के लिए नीचे दिए गए सन्धि विच्छेदों में से सही सन्धि विच्छेद का चयन कीजिए—
(a) अन्य + एषण (b) अन् + एषण
(c) अनु + एषण (d) अन्व + एषण

31. निम्न में से कौन-सा एक सन्धि विच्छेद 'आद्यन्त' शब्द के लिए सही होगा?
(a) आद्य + अन्त (b) आदि + अन्त
(c) यदि + अन्त (d) आधि + अन्त

32. 'उन्नति' शब्द के लिए सही सन्धि विच्छेद निम्न में से कौन-सा है?
(a) उन्न + इति
(b) उन् + अति
(c) उत् + नति
(d) उन् + इति

33. 'उन्नयन' शब्द के लिए निम्न में से कौन-सा एक सही सन्धि विच्छेद है?
(a) उ + नयन (b) उन् + नयन
(c) उन्न + अयन (d) उत् + नयन

34. 'निस्तेज' का सही सन्धि विच्छेद है—
(a) निस् + तेज (b) निज + तेज
(c) निस + तेज (d) निः + तेज

35. 'उद्भव' शब्द के लिए निम्न दिए गए सन्धि विच्छेदों में से कौन-सा एक सही सन्धि विच्छेद है?
(a) उत् + भव (b) उद् + भव
(c) उद्द + भव (d) उक् + भव

36. 'तपोवन' शब्द का सही सन्धि विच्छेद क्या होगा?
(a) तप् + वन (b) तपो + वन
(c) तपः + वन (d) तप + वन

37. दो वर्णों के मेल से होने वाले विकार को कहते हैं—
(a) संधि (b) समास
(c) उपसर्ग (d) प्रत्यय

38. 'दयानन्द' में प्रयुक्त संधि का नाम है—
(a) गुण संधि (b) दीर्घ संधि
(c) व्यंजन संधि (d) यण् संधि

39. 'सदैव' में प्रयुक्त संधि का नाम है—
(a) व्यंजन संधि
(b) स्वर संधि
(c) विसर्ग संधि
(d) इनमें से कोई नहीं

40. निम्नांकित में से कौन-सा शब्द वृद्धि संधि का उदाहरण नहीं है?
(a) सदैव (b) जलौघ
(c) गुरूपदेश (d) परमौदार्य

उत्तरमाला

1. (a) 2. (b) 3. (a) 4. (c) 5. (a) 6. (c) 7. (c) 8. (a) 9. (c) 10. (a) 11. (c)
12. (c) 13. (a) 14. (a) 15. (b) 16. (b) 17. (a) 18. (b) 19. (d) 20. (b) 21. (b) 22. (c)
23. (b) 24. (b) 25. (c) 26. (d) 27. (d) 28. (b) 29. (a) 30. (c) 31. (b) 32. (c) 33. (d)
34. (d) 35. (a) 36. (c) 37. (a) 38. (b) 39. (b) 40. (c)

❑❑❑

2

अध्याय

उपसर्ग एवं प्रत्यय

उपसर्ग

'उपसर्ग' उस शब्दांश या अव्यय को कहते हैं, जो किसी शब्द के पहले आकर उसका विशेष अर्थ प्रकट करे। उपसर्ग दो शब्दों 'उप' तथा 'सर्ग' से बनता है। 'उप' का अर्थ समीप तथा 'सर्ग' का अर्थ सृजन करने वाला, अर्थात् शब्द के निकट आकर नये शब्द का सृजन करने वाले शब्दांश को 'उपसर्ग' कहते हैं:

जैसे प्र + हार = प्रहार

हिन्दी में संस्कृत, हिन्दी तथा उर्दू के उपसर्ग प्रयुक्त होते हैं। हिन्दी में उपसर्गों की संख्या 41 है, जिसमें संस्कृत के 19 उपसर्ग भी शामिल हैं।

महत्त्वपूर्ण उपसर्ग तथा उनसे बनने वाले शब्द

उपसर्ग	निर्मित शब्द
अधि	अधिकरण, अधिराज, अध्यात्म, अध्यक्ष, अधिपति, अधिकार इत्यादि।
अप	अपमान, अपशब्द, अपहरण, अपराध, अपयश, अपव्यय, अपवाद, अपकर्ष इत्यादि।
अनु	अनुशासन, अनुकरण, अनुवाद, अनुज, अनुशीलन, अनुकूल, अनुस्वार, अनुपात इत्यादि।
अति	अतिशय, अतिरिक्त, अत्यन्त, अत्याचार, अतिक्रमण, अतिव्याप्ति इत्यादि।
उप	उपकार, उपनिवेश, उपस्थिति, उपवन, उपनाम, उपासना, उपदेश, उपहार इत्यादि।
अभि	अभिभावक, अभियोग, अभिमान, अभ्युदय, अभ्यागत, अभ्यास, अभिनव, अभिलाषा इत्यादि।
अव	अवगत, अवलोकन, अवनत, अवसान, अवशेष अवतार, अवनति, अवज्ञा, अवरोही इत्यादि।
परि	परिक्रमा, परिजन, परिणाम, परिधि, परिपूर्ण, परिवर्तन, परिणय, परिचय, परिशीलन इत्यादि।
नि	निदर्शन, निपात, नियुक्त, निवास, निमग्न, निदान, निबन्ध, निषेध इत्यादि।
परा	पराजय, पराक्रम, पराभव, परामर्श, पराभूत इत्यादि।
प्र	प्रकाश, प्रचलन, प्रजनन, प्रज्ज्वलित, प्रयास, प्रस्थान, प्रणय, प्रताप इत्यादि।
प्रति	प्रतिकर्त्तव्य, प्रतिकृति, प्रतिगृह, प्रत्येक, प्रतिद्वन्द्वी, प्रतिनायक, प्रतिपालन, प्रतिज्ञा, प्रतिच्छाया इत्यादि।
वि	विकास, विज्ञान, विशुद्ध, विदेश, विराम, वियोग, विभाग, विभिन्न, विनाश, विकराल, विभूति इत्यादि।

उपसर्ग	निर्मित शब्द
सु	सुकोमल, सुडौल, सुजान, सुपात्र, सुविदित, सुवासित, सुशील, सुश्रुत, सुशब्द इत्यादि।
स	सगोत्र, सरस, सहित, सपूत, सजग, सहर्ष, सविनय, सलक्षण, सलज्ज इत्यादि।
ला	लाचार, लाजवाब, लापरवाह, लापता, लावारिस, लानत, लागत इत्यादि।
सम्	संकल्प, संग्रह, सन्तोष, संन्यास, संयोग, संस्कार, संरक्षण, सम्मेलन, संस्कृत इत्यादि।
भर	भरसक, भरपेट, भ्रमर, भरपूर, भरमार, भरपाई इत्यादि।

प्रत्यय

शब्दों के बाद जो अक्षर या अक्षर-समूह लगाया जाता है, उसे 'प्रत्यय' कहा जाता है। 'प्रत्यय' का निर्माण 'प्रति + अय' से हुआ है। प्रति का अर्थ है 'साथ में' तथा 'अय' का अर्थ चलने वाला होता है अर्थात् 'प्रत्यय' का अर्थ होता है–शब्दों के साथ चलने वाला:

जैसे दया + वान = दयावान, 'वान' यहाँ 'प्रत्यय' है।

प्रत्यय के दो भेद होते हैं 1. कृत तथा 2. तद्धित, क्रिया या धातु के अन्त में प्रयुक्त होने वाले प्रत्यय को 'कृत' प्रत्यय कहते हैं तथा इनके संयोग से निर्मित क्रिया या धातु के नवीन रूप को 'कृदन्त' कहा जाता है;

जैसे वाला (कृत-प्रत्यय) + हँसना (क्रिया) = हँसने वाला (शब्द)

हिन्दी क्रिया पदों के अन्त में कृत-प्रत्ययों के योग से (1) कर्तृवाचक (2) कर्मवाचक (3) करणवाचक तथा (4) भाववाचक संज्ञाएँ बनती हैं।

हिन्दी की कृत-प्रत्ययों के उदाहरण

प्रत्यय	धातु	शब्द
अन्त	कथा	कथान्त
आई	भल	भलाई
अ	चल	चाल
अन्त	दु:ख	दुखान्त
आन	मिल	मिलान

संज्ञा, सर्वनाम तथा **विशेषण** के अन्त में लगने वाले प्रत्यय को **'तद्धित'** कहा जाता है;

जैसे मानवीय + ता = मानवीयता

कृत प्रत्यय क्रिया या धातु के अन्त में लगता है, जबकि तद्धित प्रत्यय संज्ञा, सर्वनाम तथा विशेषण के अन्त में लगता है। उपसर्ग की तरह की तद्धित प्रत्यय संस्कृत, हिन्दी तथा उर्दू से आकर हिन्दी शब्दों का रूप

निर्मित करते हैं। अ, अक, आयन, इक, इत, इन, इम, इमा, इय, इल्, इष्ट ई, ईन, ईय इत्यादि तद्धित प्रत्यय के उदाहरण हैं। कतिपय शब्दांश भी तद्धित प्रत्यय के रूप में कार्य करते हैं; **जैसे** अतीत, अनुरूप, अर्थ, आतुर, आकुल, शाली, हीन इत्यादि।

तद्धित प्रत्यय के प्रयोग से बने शब्दों के उदाहरण

प्रत्यय	संज्ञा/विशेषण/सर्वनाम	शब्द
अ	शिव	शैव
आयन	रस	रसायन
इक	वर्ष	वार्षिक
इय	क्षत्र	क्षत्रिय
ईन	कुल	कुलीन
क	बाल, दर्श	बालक, दर्शक
ता	लघु, दृढ़, जन	लघुता, दृढ़ता, जनता
मान्	बुद्धि	बुद्धिमान
ता	शत्रु	शत्रुता
.	वीर	वीरता

संज्ञा के अन्त में आ, आना, आर, आल, ई, ईला, उआ, ऊ, एरा, एड़ी, ऐल, ओं, वाला, वी, वाँ, वन्त, हर, हरा, इला, हा इत्यादि तद्धित प्रत्यय लगाकर विशेषण बनाया जाता है। संज्ञा तथा विशेषण में आ, आई, अन, आयत, आवट, आहट जैसे तद्धित प्रत्यय जोड़कर भाववाचक संज्ञा का निर्माण किया जा सकता है: **जैसे**

अपना	+	पन	=	अपनापन
लम्बा	+	लाई	=	लम्बाई
लड़का	+	पन	=	लड़कपन

प्रश्नमाला

1. 'गुजारा' में कौन-सा प्रत्यय है?
(a) आऊ (b) आड़ी
(c) अक (d) आ

2. 'पिटाई' में प्रयुक्त प्रत्यय है–
(a) आव (b) आई
(c) आप (d) आका

3. 'चुनाव' में कौन-सा प्रत्यय प्रयुक्त हुआ है?
(a) वि (b) व
(c) अ (d) आव

4. 'संलग्न' शब्द से कौन-सा उपसर्ग जुड़ा है?
(a) सन् (b) सम्
(c) सं (d) संक्

5. 'दु:साहस' शब्द में उपसर्ग जुड़ा है–
(a) दुस् (b) दुर्
(c) दुः (d) दुस

6. 'अवलोकन' में प्रयुक्त उपसर्ग है–
(a) अप (b) अव
(c) अभि (d) अ

7. 'निर्' उपसर्ग से किस शब्द का निर्माण नहीं हुआ है?
(a) निराकरण (b) निरपराध
(c) निदर्शन (d) निर्भय

8. 'पावक' शब्द में प्रत्यय है–
(a) अक (b) आक
(c) आई (d) ति

9. तैराक में कौन-सा प्रत्यय है?
(a) आकू (b) आक
(c) अक (d) अक्कड़

10. उपसर्ग रहित शब्द कौन-सा है?
(a) सुखी (b) आरूढ़
(c) उपकरण (d) निर्विरोध

11. 'अध्यापिका' शब्द में प्रत्यय है–
(a) का (b) पिका
(c) आइका (d) इका

12. 'अक' प्रत्यय का प्रयोग किस शब्द में नहीं है?
(a) कारक (b) धारक
(c) मारक (d) शायर

13. 'उत्थान' शब्द में कौन-सा शब्द उपसर्ग है?
(a) उ (b) उत्थ
(c) उत् (d) उत्था

14. निम्नलिखित शब्दों में से कौन-सा शब्द उपसर्ग रहित है?
(a) अपमान (b) अपना
(c) आवरण (d) अपकीर्ति

15. 'अनुपस्थित' शब्द में किस उपसर्ग का प्रयोग हुआ है?
(a) अनु (b) अन्
(c) अ (d) अनुप

16. 'अधिपति' शब्द में किस उपसर्ग का प्रयोग हुआ है?
(a) अधि (b) अदि
(c) अद् (d) अद्य

17. 'उपराष्ट्रपति' शब्द में किस उपसर्ग का प्रयोग है?
(a) उप (b) पति
(c) राष्ट्र (d) उपर

18. 'दुर्जन' का उपसर्ग है–
(a) दुर् (b) दु
(c) दुज (d) दुरा

19. 'लापरवाह' शब्द में कौन-सा उपसर्ग है?
(a) ला (b) लापर
(c) लाप (d) वाह

20. 'सम्' उपसर्ग से निर्मित शब्द है–
(a) संयोग (b) संविधान
(c) संस्कृत (d) ये सभी

21. 'कु' उपसर्ग से निर्मित शब्द है–
(a) कुपात्र (b) कुलीन
(c) कुश (d) कुर्ता

22. 'निबन्ध' में कौन-सा उपसर्ग है?
(a) नि (b) निर्
(c) नि: (d) बन्ध

23. 'प्रति' उपसर्ग से बना शब्द निम्न में से कौन नहीं है?
(a) प्रतिकूल (b) प्रतिशत
(c) प्रत्येक (d) प्रशान्त

24. 'उत्' उपसर्ग से बना शब्द है
(a) उत्कर्ष (b) उत्तराधिकार
(c) उत्तरवर्ती (d) उत्तरोत्तर

25. 'अभ्यागत' में कौन-सा उपसर्ग है?
(a) अभि (b) अभ्य
(c) अभय (d) अभा

26. 'अध्ययन' शब्द में कौन-सा उपसर्ग है?
(a) अधि (b) अध्य
(c) अध् (d) अ

27. 'अनारूढ़' शब्द में प्रयुक्त उपसर्ग है–
(a) अन (b) अना
(c) अ (d) अन्या

28. 'प्रत्युपकार' शब्द में किस उपसर्ग का प्रयोग हुआ है?
(a) प्रत् (b) प्रति
(c) प्रत्यु (d) प्रत्युप

29. 'सदाचार' में प्रयुक्त उपसर्ग है–
(a) सत् (b) सद्
(c) सदा (d) सद

30. 'अपहरण' में प्रयुक्त उपसर्ग है–
(a) अ (b) अव
(c) अप (d) अपोह

31. 'आरोहण' में किस उपसर्ग का प्रयोग है?
(a) आ (b) अ
(c) अभि (d) अनु

32. 'दुष्परिणाम' में प्रयुक्त उपसर्ग है–
(a) दुर् (b) दुस्
(c) दु (d) दुष्प

33. 'अनुचर' में प्रयुक्त उपसर्ग क्या है?
(a) अनु (b) अप
(c) अव (d) अति

34. 'अवतार' में किस उपसर्ग का प्रयोग हुआ है?
(a) अपि (b) अभि
(c) अव (d) अधि

35. 'बद' उपसर्ग से कौन-सा शब्द निर्मित नहीं है?
(a) बदनाम (b) बदकिस्मत
(c) बेरहम (d) बदहजमी

36. एक भिन्न उपसर्ग के निर्मित शब्द को अलग करें–
(a) बेडौल (b) बेकसूर
(c) बेवफा (d) बाकायदा

37. 'सु' उपसर्ग से निर्मित शब्द नहीं है–
(a) सुन्दर (b) सुकोमल
(c) सुपात्र (d) सुपाच्य

38. निम्न शब्दों में कौन 'स्व' उपसर्ग से नहीं बना?
(a) स्वतन्त्र (b) स्वदेश
(c) स्वरचित (d) सज्जन

39. 'पाठक' शब्द में किस 'प्रत्यय' का प्रयोग हुआ है?
(a) अक्क (b) अक
(c) आक (d) इव

40. 'घुमक्कड़' शब्द में प्रयुक्त प्रत्यय क्या है?
(a) अक्कड़ (b) अक
(c) आक (d) अ

41. 'दाता' में प्रयुक्त प्रत्यय है–
(a) आ (b) आऊ
(c) ता (d) आता

42. 'होनहार' में प्रयुक्त प्रत्यय है–
(a) हार (b) अ
(c) अ (d) अहार

43. 'उच्चतम' में किस 'प्रत्यय' का प्रयोग हुआ है?
(a) तर (b) तम
(c) दार (d) इया

44. 'ई' प्रत्यय के लगने से निम्न में किस शब्द का निर्माण नहीं हुआ?
(a) बोली (b) देहाती
(c) गगरी (d) चुनौती

45. भिन्न प्रत्यय प्रयोग से बने शब्द को पृथक् करें–
(a) ओजस्वी (b) मेधावी
(c) मायावी (d) विद्यार्थी

46. 'गाह' प्रत्यय के प्रयोग से निम्न में से कौन शब्द नहीं बना?
(a) दरगाह (b) बन्दरगाह
(c) आगाह (d) कब्रगाह

47. 'त्व' प्रत्यय से कौन-सा शब्द निर्मित नहीं है?
(a) कवित्व (b) नेतृत्व
(c) कर्त्तव्य (d) मातृत्व

48. 'जलमय' शब्द में कौन-सा 'प्रत्यय' है?
(a) मय (b) इय
(c) अय (d) च

49. 'महीप' में किस प्रत्यय का प्रयोग हुआ है?
(a) प (b) ईप
(c) आप (d) आयप

50. 'बुढ़ापा' में किस प्रत्यय का प्रयोग है?
(a) आपा (b) पा
(c) अप (d) यापा

51. 'बदबू' में कौन-सा उपसर्ग प्रयुक्त है?
(a) ब (b) बद
(c) बा (d) बे

52. कृत प्रत्यय के मेल से बनने वाले शब्द कहलाते हैं–
(a) तद्धित (b) कृदन्त
(c) समास (d) कारक

53. 'उज्ज्वल' में कौन-सा उपसर्ग है?
(a) उत् (b) उज्
(c) उ (d) उप

54. संज्ञा के अन्त में लगने वाला प्रत्यय कहलाता है–
(a) तद्धित (b) कृदन्त
(c) समाज (d) क्त

55. 'अभ्यर्थी' में कौन-सा उपसर्ग है?
(a) अ (b) अभ्य
(c) अभि (d) अभ

56. 'अति' उपसर्ग से निम्न में से कौन-सा शब्द नहीं बना?
(a) अत्युक्ति (b) अतिशय
(c) अतिरिक्त (d) अधीन

57. 'सपरिवार' में किस उपसर्ग का प्रयोग हुआ है?
(a) स (b) सप
(c) स्व (d) सु

58. 'अनु' उपसर्ग से निर्मित शब्द है–
(a) अनाचार (b) अनुस्वार
(c) अनहद (d) अन्य

59. 'निर्भय' में किस उपसर्ग का प्रयोग हुआ है?
(a) नि (b) निर
(c) ना (d) निभ

60. 'बादरायण' में किस प्रत्यय का प्रयोग हुआ है?
(a) एय (b) एण
(c) आयन (d) ण

61. 'ग्रामीण' शब्द में किस प्रत्यय का प्रयोग हुआ है?
(a) उल (b) इल
(c) ईन (d) ईम

62. निम्न में किस शब्द में 'अन्त' प्रत्यय है?
(a) लड़ाई (b) लड़ाकू
(c) भिड़न्त (d) भीड़

उत्तरमाला

1. (d)	2. (b)	3. (d)	4. (b)	5. (a)	6. (b)	7. (c)	8. (a)	9. (b)	10. (a)
11. (d)	12. (d)	13. (c)	14. (b)	15. (b)	16. (a)	17. (a)	18. (a)	19. (a)	20. (d)
21. (a)	22. (a)	23. (d)	24. (a)	25. (a)	26. (a)	27. (a)	28. (b)	29. (a)	30. (c)
31. (a)	32. (b)	33. (a)	34. (c)	35. (c)	36. (d)	37. (a)	38. (d)	39. (b)	40. (a)
41. (c)	42. (a)	43. (b)	44. (d)	45. (d)	46. (c)	47. (c)	48. (a)	49. (b)	50. (b)
51. (b)	52. (b)	53. (a)	54. (a)	55. (c)	56. (d)	57. (a)	58. (b)	59. (b)	60. (c)
61. (c)	62. (c)								

❑❑❑

3

अध्याय

पर्यायवाची शब्द

पर्याय का अर्थ एकार्थ बोधक, तुल्यार्थक अथवा समान अर्थ देने वाले शब्दों से है अर्थात् जब एक ही अर्थ या भाव का बोध कराने वाले कई शब्द होते हैं तब वह परस्पर पर्यायवाची कहलाते हैं। पर्यायवाची शब्द को प्रतिशब्द भी कहते हैं।

अ

अभिमान – अहंकार, गर्व, मद, दर्प, गरूर, घमंड, दंभ
अभागा – भाग्यहीन, बदकिस्मत, हतभाग्य, मंदभाग्य
अधीर – आकुल, आतुर, बेचैन, उतावला
अच्छा – बढ़िया, उत्तर, उम्दा, चोखा, उचित, ठीक
अर्वाचीन – आधुनिक, नवीन, वर्तमानकालीन
अन्वेषण – खोज, शोध, अनुसंधान, गवेषण, जाँच
अचल – अटल, अडिग, अविचल, स्थिर, दृढ़
अधर्म – विधर्म, दुराचार, दुष्कर्म, कुकर्म, पाप, अन्धेर
अपयश – बदनामी, अपकीर्ति, निन्दा, अकीर्ति, अपवाद
अंग – अवयव, भाग, हिस्सा, अंश, घटक
अंतर – फर्क, भेद, फासला, भिन्नता, असादृश्य
अतिथि – पाहुन, अभ्यागत, मेहमान, आगंतुक
अध्यापक – आचार्य, शिक्षक, गुरु, व्याख्याता, अवबोधक
अनाज – धान्य, अन्न, गल्ला, शस्य
अखण्ड – समूचा, पूर्ण, अविभक्त, समग्र, सारा, पूरा
अदृश्य – तिरोहित, लुप्त, गायब, ओझल, अंतर्धान, अस्त
अनुपम – अपूर्व, अनोखा, अद्‌भुत, अनूठा, अद्वितीय
अहीर – ग्वाला, गोपाल, आभीर, गोप
अमर – नित्य, अमर्त्य, अनश्वर, अक्षय्य
अल्प – न्यून, कम, थोड़ा, अपर्याप्त
असभ्य – अशिष्ट, अभद्र, दुःशील, बर्बर, गँवार, उजड्ड
अनिवार्य – आवश्यक, बाध्यकर, उपरिहार्य, जरूरी, लाजिमी
अंधा – सूरदास, अंध, नेत्रहीन, प्रज्ञाचक्षु, चक्षुहीन
अचला – पृथ्वी, धरा, वसुधा, वसुन्धरा, महि, धरती
अतीत – गत, विगत, भूत, व्यतीत
अधीन – पराधीन, आश्रित, निर्भर, मातहत, पराश्रित
अनजान – उपरिचित, अजनबी, अज्ञात, नावाकिफ, नादान
अनुरोध – निवेदन, याचना, प्रार्थना, विनती, अभ्यर्थना

आ

आनन्द – सुख, चैन, प्रसन्नता मोद, विनोद, प्रमोद, हर्ष, आह्लाद, उल्लास
आकर्षक – दिलकशी, खिचाव, विमोहन, सम्मोहन
आज्ञा – अनुमति, मंजूरी, स्वीकृति, सहमति, इजाजत
आश्रय – अवलंब, भरोसा, सहारा, आधार, प्रक्षय
आशीर्वाद – आशीष, आशीर्वचन, मंगलकामना
आलसी – सुस्त, काहिल, ठलुआ, निकम्मा, निरूद्यमी
आख्यान – कहानी, कथा, वृत्तान्त, इतिवृत्त, किस्सा
आकाश गंगा – स्वर्गनदी, सुरनदी, मन्दाकिनी, नभोनदी, नभगंगा
आकृति – चेहरा-मोहरा, नैन-नक्श, गढ़न, डील-डौल, आकार
आदर्श – मानक, नमूना, प्रतिरूप, प्रतिमान
आदि – प्रथम, पहला, आदिम, शुरू का, आरंभिक

इ

इच्छा – चाह, कामना, अभिलाषा, आकांक्षा, मनोरथ, ईप्सा
इन्द्राणी – शची, पौलोमी, इन्द्रवधू, इन्द्रा, महेन्द्री, मधवानी
इंकार – अस्वीकृति, निषेध, अनंगीकार, प्रत्याख्यान

ई

ईश्वर – परमात्मा, भगवान, ईश, परमेश्वर, ब्रह्म, जगदीश, अज, जगन्नाथ, दीनानाथ
ईर्ष्या – डाह, जलन, कुढ़न, मत्सर, द्वेष

उ

उत्तम – बढ़िया, उत्कृष्ट, श्रेष्ठ, प्रवर, प्रदृष्ट
उत्थान – उठव, आरोह, चढ़ाव, उत्कर्ष, उत्क्रमण
उद्धार – मुक्ति, मोक्षण, निस्तार, छुटकारा, अपमोचन
उन्नति – प्रगति, तरक्की, विकास, उत्थान, बढ़ती
उपयुक्त – वांछनीय, ठीक, वाजिब, मुनासिब, उचित
उपस्थित – मौजूद, विद्यमान, प्रस्तुत, हाजिर, वर्तमान
उपाय – ढंग, युक्ति, जुगत, जुगाड़, तरीका, तरकीब
उलझन – अनिश्चय, संभ्रम, असमंजस, दुविधा, चक्कर
उदास – उन्मन, अप्रसन्न, विषण्ण, खिन्न, चिंताकुल
उपमा – सादृश्य, मिलान, समानता, तुलना
उल्लास – आह्लाद, आनंद, हर्ष, प्रमोद, मौज
उपकार – हितसाधन, भलाई, नेकी, कल्याण, परोपकार, अच्छाई, हित, उद्धार
उद्यत – तैयार, प्रस्तुत, तत्पर
उपालंभ – उलाहना, शिकवा, शिकायत
उत्कर्ष – उन्नति, उन्मेष, उत्थान, अभ्युदय, आरोह,
उग्र – प्रबल, तेज, चण्ड
उत्पात – ऊधम, बखेड़ा, उपद्रव, टंटा
उत्कंठा – आतुरता, चाव, उत्सुकता, लालसा, प्रबलेच्छा

ऊ

ऊसर - अनुर्वर, सस्यहीन, अनुपजाऊ
ऊँघ - तंद्रा, ऊँघाई, झपकी, अर्धनिद्रा, अलसाई
ऊबड़ - खाबड़, बीहड़, असम, अटपटा, ऊँचा-नीचा, उच्चावच

ऋ

ऋद्धि - संपन्नता, बढ़ती, बढ़ोत्तरी, वृद्धि, समृद्धि
ऋषि - मुनि, मनीषी, साधु, महात्मा, सन्त, मन्त्रद्रष्टा

ए

एकता - एकरूपता, एकसूत्रता, ऐक्स, अभिन्नता, अभेद
एहसान - अनुग्रह, कृतज्ञता, आभार

ऐ

ऐश - विलास, ऐयाशी, सुख-चैन
ऐच्छिक - स्वेच्छाकृति, वैकल्पिक, अख्तियारी, सावकल्प, पसन्द का
ऐंठन - मरोड़, बल, तनाव, अकड़न, उमेठन

ओ

ओस - तुषार, हिमकण, हिमसीकर, हिमबिन्दु, तुहिनकण
ओंठ - होंठ, अधर, ओष्ठ, दंतच्छद, रदनच्छ

औ

औषधि - भेषज, दवा, दवाई, औषध

क

कस्तूरी - मृगमद, मदलता, मृगनाभि
क्रोध - रोष, गुस्सा, कोप, अमर्ष, आक्रोश, तैश
कुत्ता - श्वान, कुक्कुर, श्वा, शुनक, सारमेय
केला - बदली, रम्भा, भानुफल
कबूतर - कपोत, पारावत, रक्तलोचन, हारीत, परेवा
कपड़ा - वस्त्र, वसन, पट, चीर, पहरावा, परिधान, अम्बर
कमर - कटि, श्रोणि
कोयल - कोकिला, श्यामा, बासंत
कृपा - दया, अनुग्रह, रहमत
किरण - मयूख, मरीच, रश्मि, अंशु, कर, केतु
कामदेव - मदन, मन्मथ, मयन, मार, रतिपति, मनोज, मीनकेतु, काम, अनंग, कंदर्प, कुसमेषु, प्रद्युम्न, स्मर
कर्ण - अंगराज, राधे, सूर्यपुत्र
कली - मुकुल, कलिका, गुंचा, कोरक, पंखुड़ी
कल्पवृक्ष - पारिजात, कल्पद्रुम, मन्दार
कृष्ण - माधव, राधारमण, श्याम, मुरलीधर, गिरिधर, कंसारि, हृषीकेश, मुकुन्द, वासुदेव, केशव, कन्हैया
कौआ - काग, काक, एकाक्ष, करट
कारागार - जेल, कारावास, बन्दीगृह
कर - महसूल, टैक्स, शुल्क
कंदरा - गुफा, गुहा, खोह, गह्वर
कटु - कर्कश, तीक्ष्ण, चरपरा, तीखा
कामुकता - लंपटता, व्यभिचारिता, विषयासक्ति
किनारा - तीर, कूल, तट, पुलिन
किला - दुर्ग, गढ़, कोट, कोटला
कीचड़ - पंक, कर्दम, कांदो
कुरुप - भद्दा, बदशक्ल, बेडौल
कृतज्ञ - उपकृत, कृतार्थ, ऋणी
कन्या - बालिका, कुमारी, किशोरी, बाला
कपट - छल, फरेब, झाँसा
कर्मठ - उद्यमी, कर्मपरायण, कर्मनिष्ठ
कष्ट - दु:ख, पीड़ा, क्लेश, संताप
कायर - भीरु, बुजदिल, डरपोक, सभय, पामर
कृत्रिम - नकली, अवास्तविक, दिखावटी

ख

खून - रक्त, शोणित, रुधिर, लोहू, लहू
खम्भा - थंभ, स्तम्भ, स्तूप
खतरा - आशंका, जोखिम, डर, भय, अंदेशा

ग

गरुड़ - खगेश्वर, वैनतेय, सर्पारि, नागांतक
गूढ़ - जटिल, क्लिष्ट, गंभीर, दुरूह, गहन
गौरव - गुरुता, सम्मान, बड़प्पन, महत्व, मान
गंगा - सुरसरि, जाह्नवी, मन्दाकिनी, त्रिपथगा, भागीरथी, देवनदी, देवपगा, विष्णुपदी
गदहा - खर, रासभ, वैशाखनंदन, गदर्भ

घ

घड़ा - घट, कुम्भ, कलश, गागर
घाव - जख्म, व्रण, क्षत
घी - घृत, नवनीतक, हवि, अमृत

च

चतुर - प्रवीण, कुशल, नागर, विदग्ध, पटु, निपुण
चाँदी - रजत, रूपा, रौप्य, रूप्य, रूपक, चन्द्रहास
चोटी - शिखर, तुंग, शृंग, परकोटि, शिरोबिन्दु

छ

छेद - सूराख, छिद्र, रंध्र

ज

जीभ - जिह्वा, रसना, रसज्ञा
जंग - रण, समर, युद्ध, लड़ाई, संग्राम
जंगल - विपिन, कानन, वन, अरण्य, कान्तार, अटवी

झ

झण्डा - ध्वजा, पताका, केतु, निशान

ट

टपकना - चूना, रिसना, झरना, स्रावित होना
टीस - कसक, शूल, चुटकी, दर्द, हूल

ठ

ठग - वंचक, प्रतारक, अड़मीर, प्रवंचक, जालसाज
ठगी - प्रतारणा, वंचना, मायाजाल, फरेब, जालसाजी
ठीक - उचित, उपयुक्त, मुनासिब, समीचीन

ड

डर - भय, खौफ, त्रास, भीति, आतंक

डरावना - भयंकर, भयानक, खौफनाक, भयावह, दहशतनाक

डाकू - दस्यु, लुटेरा, लुंठक, बटमार, डकैत, साहसिक

डीलडौल - रूप, आकृति, बनावट, रचना, गठन, गढ़न

डोरी - जेवरी, सुतली, तनी, रस्सी, डोर

ढ

ढंग - रीति, तरीका, विधि, मुक्ति, उपाय, तदबीर, युक्ति, ढब

ढिठाई - धृष्टता, बेशरमी, अशिष्टता, गुस्ताखी, अविनय

ढेर - जमाव, अंबार, राशि, पुंज, ओघ

त

तरुणी - युवती, मनोज्ञा, सुन्दरी, यौवनवती, प्रमदा, रमणी

तम - तिमिर, अन्धकार, ध्वान्त

तरु - वृक्ष, विटप, पेड़, पादप, द्रुम

तथापि - तोभी, फिरभी, तदपि, तिसपर भी, इसके बावजूद

तन्मय - लीन, मग्न, तल्लीन, ध्यानमग्न, लवलीन

तोता - शुक, कीर, सुआ, सुग्गा, रक्ततुण्ड, दाड़िम, प्रिय

तीखा - तीक्ष्ण, तेज, पैना, प्रखर

तत्पर - तैयार, उद्यत, मुस्तैद, कटिबद्ध, संन्नद्ध

तानाशाह - अधिनायक, निरंकुश, शासक, डिक्टेटर

तालिका - सारणी, सूची, फहरिस्त

तुरन्त - झटपट, क्षिप्र, फटाफट, तुरत

तैयार - तत्पर, उद्यत, सन्नद्ध, मुस्तैद, कटिबद्ध

थ

थल - धरती, जमीन, पृथ्वी, धरा, भूतल, भूमि

थपेड़ा - चमेटा, थप्पड़, झापड़, चाँटा, धौल

थाह - सीमा, हद, छोरा, सिरा, अन्त

थोथा - पोला, खाली, खोखला, रिक्त, छूछा

द

दुष्ट - खल, नीच, दुर्जन, पिशुन, पामर

दैत्य - असुर, सुरारि, दनुज, दानव, दैते, यातुधान, रजनीचर

द्रौपदी - कृष्णा, द्रुपदसुता, पांचाली, सैलेंध्री, याज्ञसेनी

दिनांक - तारीख, तिथि, मिति

दया - करुणा, अनुकंपा, रहम, तरस

दुविधा - धर्मसंकट, ऊहापोह, असमंजस, कशमकश

दीपावली - दीपमालिका, दीवाली, दीपमाला, दीपोत्सव

दास - भृत्य, अनुचर, सेवक, किंकर, परिचारक, नौकर

दासी - भृत्या, बाँदी, अनुचरी, सेविका, किंकरी, परिचारिका

दुःख - पीड़ा, कष्ट, संकट, क्लेश, व्यथा, विषाद, वेदना, यातना, यंत्रणा, खेद, संताप, उत्पीड़न

ध

धूप - घाम, आतप, द्योत

धंध - व्यापार, कारोबार, व्यवसाय, रोजगार

धन्यवाद - शुक्रिया, आभार, कृतज्ञता, मेहरबानी

न

नट - जन, मानव, मनुष्य, पुरुष, मत्य, मनुज

नमक - लवण, लोन, रामरस, नोन

नंगा - निर्वस्त्र, दिगम्बर, नग्न, खुला, अनावृत्त

नरेन्द - राजा, भूपति, नरपति, भूपाल, भूप, नरेश

नवल - अनोखा, विलक्षण, अजब, विचित्र, अद्भुत

नाज़ - अदा, चौचला, नखरा, हाव-भाव, बनाव, सिंगार

नाम - ख्याति, बड़ाई, कीर्ति, यश, प्रसिद्धि, मशहूरी, शोहरत

नाशवान - क्षणभंगुर, क्षणिक, विनाशी, अस्थिर, नश्वर

निकट - पास, समीप, करीब, आसन्न, निकटस्थ

निगम - निकाय, संगठन, समिति, प्रतिष्ठान, संस्था

नित्य - शाश्वत, अमर, अविनाशी, अमर्त्य, अनश्वर, सदा, सनातन, सतत्, सर्वदा, सदैव, अहर्निश, प्रतिदिन, रोज

नियम - कायदा, विधान, विधि, दस्तूर, उसूल

निरपेक्ष - अलग, निष्पक्ष, बेलाग, तटस्थ, उदासीन

निराधार - आधारहीन, बेबुनियाद, जड़हीन, निर्मूल, आधाररहित

निर्णय - निश्चय, निष्कर्ष, फैसला, परिणाम

निर्दय - दयाहीन, निर्मम, बेरहम, बेदर्द, निष्ठुर

निर्दोष - निरपराध, दोषरहित, बेकसूर, बेगुनाह, अदोष

निर्बल - कृश, कृशकाय, कमजोर, दुर्बल

निमंत्रण - बुलावा, आमंत्रण, न्योता

निश्चित - तय, निर्धारित, दृढ़, पक्का, निर्णीत

निष्कलंक - निर्दोष, बेदाग, बे-ऐब, स्वच्छ, साफ

निष्ठा - श्रद्धा, आस्था, विश्वास, यकीन

निस्संदेह - जरूर, सचमुच, वाकई, बेशक, अवश्य, बिला शक

नीचता - तुच्छता, अधमता, ओछापन, कमीनापन, क्षुद्रता

नेता - अग्रणी, मुखिया, अगुआ, सरदार, प्रधान

नौबत - दशा, अवस्था, हालत

न्यायाधीश - न्यायाध्यक्ष, मुशिफ, जज

न्यारा - अनोखा, अजीब, विलक्षण, निराला, अद्भुत

प

पंक - कीचड़, कीच, कर्दम

पंकिल - गंदला, गंदा, मैला, मलिन, मलीन

पंथ - मार्ग, रास्ता, डगर, पथ, राह

पछतावा - पश्चाताप, प्रायश्चित, अनुताप, ग्लानि, संताप

पटु - दक्ष, प्रवीण, निपुण, कुशल, होशियार

पढ़ाई - पठन-पाठन, अध्ययन, विद्याभास

पत्ता - दल, पर्ण, पल्लव, पत्र, पात, छदन

पति - भर्ता, वल्लभ, भतरि, आर्यपुत्र, ईश, स्वामी, बालम, जीवन धारा, नाथ

पण्डित - सुधी, विद्वान, कोविद्र, बुध, धीर, मनीषी, प्राज्ञ, विलक्षण, युध, विज्ञ

पर्वत - भूधर, गिरि, महिधर, शैल, नग, भूमिधर, आदि, मेरू, तुंग अचल, पहाड़

पल्ला - आँचल, छोर, दामन

पवित्र - पावन, पुनीत, साफ, पूत, विशुद्ध, पाक, शुचि, शुद्ध, स्वच्छ

पसीना - श्रमकण, श्रमसीकर, प्रस्वेद

पांडुलिपि – हस्तलिपि, मसौदा, पाण्डुलेख
पाखंड – ढोंग, स्वांग, प्रपंच, ढकोसला, आडम्बर
पाप – अध, पातक, गुनाह, अपकर्म, कलुष
पान – ताम्बुल, नागरबेल, नागबल्ली, पर्णलता, सप्तशिला, नागिनी पत्र
पुत्र – तनय, आत्मज, सुत, लड़का, बेटा, औरस, पूत
पुत्री – तनया, आत्मजा, सुता, लड़की, बेटी, दुहिता
पिक – कोयल, कोकिला, कलकंठ, बसंत, श्यामा
पुंज – राशि, ढेर, समूह, जमाव, अंबार
पुरातन – प्राचीन, पुराना, प्राक्तन, पूर्वकालीन, भूतकालीन, प्राक्कालीन
पुष्टि – समर्थन, हिमायत, अनुमोदन
पूज्य – आराध्य, अर्चनीय, उपास्य, वंद्य, वंदनीय, पूजनीय
प्रगति – विकास, उन्नति, बढ़ती, तरक्की, श्रीवृद्धि
प्रगल्भ – अहंकारी, घमंडी, अभिमानी, गर्वीला, दंभी
प्रचुरता – बहुलता, बहुतायत, प्रभूतता, इफरात, आधिक्य
प्रज्ञा – ज्ञान, प्रतिभा, मेधा, बुद्धि, समझ
पथिक – मुसाफिर, यात्री, राही, पंथी, बटोही
पद – पाँव, पाद, चाँण, पैर, पग, पगु, कदम
परन्तु – किन्तु, मगर, लेकिन, पर
पराग – रज, पुष्पराज, कुसुमराज, पुष्पधूलि
परतन्त्र – पराधीन, परवश, पराश्रित, गुलाम, अधीन
परमार्थ – भलाई, परोपकार
पराजित – परास्त, विजित, हारा हुआ
पराया – दूसरा, बेगाना, पराभूत
परिचय – मुलाकात, पहचान, वाकिफयत
परिचर्या – सेवा, टहल, शुश्रूषा, चाकरी, खिदमत
परिणाम – फल, नतीजा
परिताप – दु:ख, दर्द, पीड़ा, क्लेश, व्यथा
परिभव – अपमान, अनादर, तिरस्कार, उपेक्षा, अवमान
परिवर्तन – हेर-फेर, अदल-बदल, तबदीली
परिवाद – बदनामी, बुराई, अपयश, अपवाद, निंदा
परिष्कार – सफाई, संशोधन, संस्कार, शुद्धि, परिमार्जन
परोक्ष – अप्रत्यक्ष, ओझल, गुप्त, अगोचर, तिरोहित
प्रसन्नता – हर्ष, आह्लाद, खुशी, आनन्द, प्रफुल्लता
प्रभात – उषा, प्रात:, अरुणोदय, सवेरा
प्रकाश – प्रभा, छवी, द्युति, ज्योति, चमक, विकास, आलोक, रोशनी, उजाला
प्राणी – जीवधारी, जीव, जानदार, सजीव
प्रभा – प्रकाश, द्युति, चमक, दीप्ति, विभा
प्रिया – प्रेमिका, प्रेयसी, प्यारी, वल्लभा, प्रियतमा, सजनी, दिलरूबा, प्रिये
प्रेमी – प्रियतम, आशिक, स्नेही, प्यारा, अनुरागी
प्रौढ़ावस्था – पक्की उम्र, अधेड़ उम्र, प्रौढ़ता

फ

फणी – सर्प, साँप, फणधर, नाग, उरग
फायदा – लाभ, मुनाफा, नफा, प्राप्ति, उपलब्धि
फिर – पुन:, बहुरि, दोबारा

ब

बलात्कार – शीलभंग, सतीत्वहरण, बलात्संभोग, शीलहरण, शीलाघात
बहुतायत – बहुलता, सरसाई, आधिक्य, अधिकता, प्रचुरता
बाण – तीर, तोमर, विशिख, शिलीमुख, नाराच, शर, ईषु, सायक
बाल – बच्चा, बालक, लड़का
बालिका – बाला, कन्या, बच्ची, लड़की, किशोरी
बियाबान – निर्जन, सुनसान, उजाड़, वीरान, जनशून्य
बुद्धि – मेधा, जेहन, अक्ल, मति
बुनियाद – नींव, आधार, जड़
बड़ा – वृहत, लम्बा-चौड़ा
बेदर्द – निर्मम, निष्ठुर, दयाहीन, अकरूण
बेसुध – अचेत, संज्ञाहीन, निश्चेष्ट
बेशर्म – बेहया, ढीठ, धृष्ट, चिकनाघड़ा
बोध – बुद्धि, विवेक, समझ, जानकारी, ज्ञान
ब्रह्मांड – दुनिया, जगत, विश्व, संसार, जगती
ब्राह्मण – विप्र, भूसुर, भूदेव,
बलवान – बली, जोरावर, ताकतवर, सबल, बलशाली
बलवा – दंगा, फसाद, मारकाट
बन्दर – कपि, वानर, हरि, मर्कट, कीश
बर्तन – पात्र, बरतन, भाँडा
बहन – भगिनी, स्वसा, स्वसृ
विधाता – विधि, ब्रह्मा, प्रजापति, स्वयंभू, चतुरानन
बाघ – व्याघ्र, चित्रक, व्याल
बाज – कपोतारि, श्येन

भ

भय – भीति, डर, त्रास, आतंक, खौफ
भौंरा – अलि, मधुकर, चंचरीक, मिलिन्द, भृंग
भाँग – विजया, शिवा, भंग, जया, चपला
भगिनी – बहन, दीदी, जीजी
भोला – सीधा, निष्कपट, अकुटिल
भेदी – गुप्तचर, जासूस, दूत, भेदिया

म

माँ – माता, अम्बा, माई, मैया, जननी, अम्बिका, जन्मदात्री
मित्र – सुहृद, दोस्त, सहचर, सपक्ष, यार
मुँह – मुख, आनन, वदन, मुखड़ा, चेहरा
मूँगा – प्रवाल, लतामणिखर रक्तमणि, रक्तांग
मेढक – दर्दुर, दादुर, भेक,
मोर – मयूर, शिखी, ध्वजी, नीलकंठ, कलापी, शिखण्डी
मोक्ष – निर्वाण, कैवल्य, मुक्ति, सद्गति, परमपद, अपवर्ग
मन – चित्त, मानव, अन्त:करण, जी, अंतर
मेहनत – श्रम, परिश्रम, अध्यवसाय, उद्योग, कर्मठता
महाशय – महानुभाव, महात्मा, महापुरुष, महामना
मांगलिक – शुभकर, शुभ, कल्याणकारी, मंगलदायक
मिलन – भेंट, संयोग, मेल, मिलाप, संपर्क, सहचार
मेहमान – पाहुन, अतिथि, अभ्यागत, आगंतुक
मूढ़ – अज्ञानी, मूर्ख, जड़, गँवार, निर्बुद्धि, अज्ञ

मक्खन - नवनीत, माखन, दधिसार
मनुष्य - मानव, नर, जन, मनुज, मानुष, आदमी
मस्तक - माथा, ललाट, भाल, कपालक

य

यमुना - सूर्यतनया, तरणि-तनूजा, जमुना, कालिन्दी, रवितनया, रविसुता, भनुजा
युद्ध - रण, समर, संग्राम, जंग, लड़ाई
युवती - सुन्दरी, किशोरी, नवयौवना, रमणी
यौवन - जवानी, तारुण्य, युवावस्था
यश - कीर्ति, प्रसिद्धि, नेकनामी, ख्याति

र

रंडी - वेश्या, नगरवधू, गणिका, वारस्त्री, वारांगना, रूपजीवा, मंगलामुखी, भोग्या
रात्रि - निशा, रजनी, यामिनी, विभावरी, रैन, हियामा, रात, तमी
राधा - बृजरानी, राधिका, वृषभानु, नंदिनी
रामचन्द्र - राम, रघुपति, रघुवर, दाशरथि, रघुराज, सीतापति, जानकीवल्लभ, रावणारि
रश्मि - किरण, मयूख, मरीचि, कर, अंशु
रुग्ण - रोगी, व्याधिग्रस्त, अस्वस्थ
राका - पूनम, पूर्णमासी, पौर्णमी, पूनो
राक्षस - असुर, दैत्य, दानव, सुरारि
राय - सलाह, परामर्श, मंत्रणा, मत
रिक्त - खाली, रीता, शून्य, थोथा

ल

लक्ष्मी - कमला, रमा, हरिप्रिया, चंचला, श्री, पद्मा, भार्गवी, इन्दिरा
लाल - अरुण, रक्ताभ, रक्तिम, सुर्ख
लोहा - लौह, सार, अयस, लोह
लघु - न्यून, छोटा, हलका, थोड़ा
लहर - ऊर्मि, तरंग, बीचि, लहरी
लाचार - निरुपाय, बेबस, बाध्य, मजबूर
लाभ - मुनाफा, फायदा, प्राप्ति
लोभ - लालच, लिप्सा, लोलुपता, तृष्णा

व

वन - अरण्य, अटवी, कानन, जंगल, कांतार
वर्षा - पावस, वृष्टि, बारिस, बरसात
वसंत - मधुमास, कुसुमाकर, माधव, ऋतुपति
वस्त्र - पट, परिधान, अम्बर, चीर, बसन, कपड़ा
वाणी - गिरा, भारती, बोली, भाषा, बात
वायु - पवन, हवा, अनिल, समीर, मारुत
वक्ष - सीना, छाती, तुर, वक्षस्थल
विमान - हवाई, वायुयान, नभयान
विद्या - शिक्षा, हुनर, सरस्वती, ज्ञान, इल्म
विमल - विशुद्ध, स्वच्छ, साफ, पावन
वपु - देह, शरीर, जिस्म, वदन, तन
वर्ग - जमात, कोटि, श्रेणी, समुदाय, सम्प्रदाय
विघ्न - बाधा, रोड़ा, अड़चन, अड़ंगा, रुकावट, व्यवधान
व्याध - लीन, बहेलिया, आखेटक, लुब्धक, शिकारी
विवाह - ब्याह, शादी, पाणिग्रहण, परिणय
वीर्य - शुक्र, बीज, जीवन, तेज, सार, रेता, धातु
वृक्ष - पेड़, पादप, द्रुम, विटप, शाखी
व्यास - वेदव्यास, द्वैपायन
विद्युत - चपला, तड़ित, बिजली, क्षणप्रभा
वंदना - अर्चना, पूजा, आराधना, प्रार्थना
वस्तुतः - सचमुच, यथार्थत, वास्तव में
विलोम - उल्टा, विरुद्ध, खिलाफ

श

शीघ्र - त्वरित, द्रुत, सत्वर, अविलम्ब, आशु, लघु
शेषनाग - अहीश, शेष, फणीश
शपथ - सौगंध, सौंह, कसम, हलफ
शस्य - फसल, उपज
शिष्ट - शालीन, संभ्रांत, भद्र
शत्रु - रिपु, वैरी, अमित्र, दुश्मन
शराब - मदिरा, हाला, दारू, सुरा, वारुणी
शरीर - कलेवर, वपु, तन, बदन, देह
शृंगार - सिंगार, साजसज्जा, भूषा, रूपसज्जा
शोभा - सुषमा, छटा, मनोहरता, सुन्दरता

स

सहोदर - बन्धु, भाई, भ्राता, सोदर, सजात, सगर्भ
सेविका - दासी, भृत्या, परिचारिका, अनुचरी, किंकरी
संसार - विश्व, जग, जहान, लोक, दुनिया, जगत, भव
सधवा - सौभाग्यवती, सुहागिन, सनाथा
सिंह - शेर, केसरी, केहरि, पुण्डरीक, हरि, वनराज, व्याघ्र
सीता - वैदेही, जनकनंदिनी
सुन्दरी - सुमुखी, ललिता, सुनयना, रमणी, कामिनी, ललना
सुगंधि - सुवास, महक, इष्टगंध
स्वर्ण - कनक, कंचन, हेम, हिरण्य, कुन्दन, सोना, सुवर्ण
स्त्री - नारी, कलत्र, महिला, वामा, वधू, ललना, कामिनी, प्रमदा, सुन्दरी
संध्या - गोधूलि, निशारम्भ
समान - सदृश, बराबर
संक्षेप - सार, निचोड़
सूत - तागा, सूत्र
स्वर्ग - सुरलोक, जन्नत, गोलोक, नाक, बैकुंठ

ह

हनुमान - कपीश, मारुति, वज्रांगी, पवनसुत, कपीश्वर, पवनपुत्र
हरिण - मृग, सारंग, हिरन
हाथी - हस्ती, गज, करि, गयन्द, मातंग, कुंजर, द्विरद, हरि, नाग, दन्ती, गजेन्द्र
हिमालय - हिमाद्रि, हिमवान, हिमगिरि
हर्ष - प्रसन्नता, आह्लाद, उल्लास, आनन्द
हवा - अनिल, पवन, वायु, समीर, समीरण, प्रभंजन, बयार
हाथ - हस्त, कर, पाणि, बाहु, भुजा
हार - पराजय, शिकस्त, मात, पराभव
हितैषी - शुभचिंतक, शुभेच्छु, मंगलाकांक्षी, हितचिंतक

प्रश्नमाला

1. पावक का पर्यायवाची शब्द है—
(a) अंगारा (b) हुताशन
(c) लपट (d) ज्वाला

2. किरण का पर्यायवाची शब्द है—
(a) प्रभा (b) रवि
(c) हिमांशु (d) दिनकर

3. धरती का पर्यायवाची शब्द है—
(a) चंचला (b) विपुला
(c) सरसी (d) अचला

4. विनायक का पर्यायवाची शब्द है—
(a) सुर (b) पुत्र
(c) शत्रु (d) गणेश

5. अतनु का पर्यायवाची शब्द है—
(a) ईश्वर (b) कृष्ण
(c) कामदेव (d) वसंत

6. कानन का पर्यायवाची शब्द है—
(a) पुष्प (b) विहिप
(c) वन (d) इनमें से कोई नहीं

7. वारिद का पर्यायवाची शब्द है—
(a) कमल (b) चन्द्रमा
(c) बिजली (d) बादल

8. भुजंग का पर्यायवाची शब्द है—
(a) केंचुआ (b) गिरगिट
(c) सर्प (d) तोता

9. मीन का पर्यायवाची शब्द है—
(a) शिखि (b) शायक
(c) मत्स्य (d) विभावरी

10. दामिनी का पर्यायवाची शब्द है—
(a) वर्षा (b) नीरद
(c) बादल (d) विद्युत

11. सारंग का पर्यायवाची शब्द है—
(a) नमक (b) सारथी
(c) मोर (d) घोड़ा

12. पिशुन का पर्यायवाची शब्द है—
(a) पिशाच (b) चुगलखोर
(c) पीसना (d) बेईमान

13. केतु का पर्यायवाची शब्द है—
(a) झंडा (b) आचार्य
(c) किरण (d) दिशा

14. प्रसून का पर्यायवाची शब्द है—
(a) वृक्ष (b) पुष्प
(c) चन्द्रमा (d) अग्नि

15. अमृत का पर्यायवाची शब्द नहीं है—
(a) अमिय (b) सुधा
(c) पीयूष (d) रसाल

16. विभावरी का पर्यायवाची शब्द है—
(a) चन्द्रिका (b) तपसा
(c) क्षणदा (d) तरणि

17. दिनकर का पर्यायवाची शब्द है—
(a) दिशाचर (b) प्रभाकर
(c) सुधाकर (d) विभाकर

18. हवा का पर्यायवाची शब्द नहीं है—
(a) सलिल (b) वायु
(c) अनिल (d) समीर

19. शेर का पर्यायवाची शब्द है—
(a) चीता (b) केशरी
(c) शावक (d) मतंग

20. धाता का पर्यायवाची शब्द है—
(a) विष्णु (b) धाय
(c) पक्ष (d) हार

21. तनु का पर्यायवाची शब्द है—
(a) शरीर (b) झील
(c) चन्द्रमा (d) खटिया

22. कंचन का पर्यायवाची शब्द है—
(a) हीरा (b) कनक
(c) ताँबा (d) चाँदी

23. केदार का पर्यायवाची शब्द है—
(a) ब्रह्मा (b) विष्णु
(c) महेश (d) इन्द्र

24. घर का पर्यायवाची शब्द है—
(a) विहार (b) इला
(c) निकेतन (d) नग

25. भवन का पर्यायवाची शब्द है—
(a) मन्दिर (b) धाम
(c) महल (d) घर

26. सूर्य का पर्यायवाची शब्द है—
(a) भास्कर (b) पुष्प
(c) प्रसून (d) पुंडरीक

27. इन्द्र का पर्यायवाची शब्द है—
(a) बाजीगर (b) राजराज
(c) मधवा (d) विनायक

28. भागीरथी का पर्यायवाची शब्द है—
(a) सरिता (b) गंगा
(c) यमुना (d) निर्झरिणी

29. सरस्वती का पर्यायवाची शब्द नहीं है—
(a) शारदा (b) कमला
(c) वाणी (d) वीणापाणि

30. रक्त का पर्यायवाची शब्द नहीं है—
(a) खून (b) रुधिर
(c) शोणित (d) कासरि

31. पवन का पर्यायवाची शब्द नहीं है—
(a) वात (b) अनल
(c) वायु (d) समीर

32. आकाश का पर्यायवाची शब्द है—
(a) दृग (b) विप्र
(c) व्योम (d) हय

33. फूल का पर्यायवाची शब्द नहीं है—
(a) सुमन (b) कुसुम
(c) पुष्प (d) तनुजा

34. दिए हुए शब्दों में भिन्न अर्थ वाला शब्द है—
(a) भास्कर (b) रवि
(c) दिवाकर (d) सुधाकर

35. मर्कट का पर्यायवाची शब्द है—
(a) पानी (b) पुत्र
(c) बंदर (d) मित्र

36. शांभवी का पर्यायवाची शब्द है—
(a) दुर्गा (b) दासी
(c) पत्नी (d) पार्वती

37. कुसुमेषु का पर्यायवाची शब्द है—
(a) कबूतर (b) काला
(c) कामदेव (d) आकाश

38. चन्द्रमा का पर्यायवाची शब्द है—
(a) दिवाकर (b) निशि
(c) मार्तंड (d) शशि

39. कमल का पर्यायवाची शब्द है—
(a) रजनीगंधा (b) गुलाब
(c) अम्बुज (d) मल्लिका

40. गणेश का पर्यायवाची शब्द है—
(a) नरेश (b) सुरेश
(c) गजानन (d) दिनेश

41. दाँत का पर्यायवाची शब्द नहीं है—
(a) दाड़िम (b) दन्त
(c) दशन (d) रदन

42. घोड़ा का पर्यायवाची शब्द नहीं है—
(a) अश्व (b) घोटक
(c) हय (d) कटक

43. **कमल का पर्यायवाची शब्द नहीं है—**
(a) नलिन (b) रसाल
(c) उत्पल (d) राजीव

44. **तीर का पर्यायवाची शब्द नहीं है—**
(a) तार (b) बाण
(c) शर (d) नाराच

45. **पहाड़ का पर्यायवाची शब्द नहीं है—**
(a) पर्वत (b) भूधर
(c) शैवाल (d) नग

46. **दिन का पर्यायवाची शब्द नहीं है—**
(a) दिवस (b) दीन
(c) बार (d) बासर

47. **अनुचर का पर्यायवाची शब्द नहीं है—**
(a) भृत्य (b) चाकर
(c) सेवक (d) निर्झर

48. **वीणापाणि का पर्यायवाची शब्द है—**
(a) रंभा
(b) सरस्वती
(c) लक्ष्मी
(d) कमल

49. **दिए हुए शब्दों में भिन्न अर्थ वाला शब्द है—**
(a) उषा (b) दिन
(c) प्रभात (d) सवेरा

50. **आडम्बर का समानार्थी शब्द है—**
(a) ढोंग (b) तम्बू
(c) दर्प (d) आवाज

उत्तरमाला

1. (b)	**2.** (a)	**3.** (d)	**4.** (d)	**5.** (c)	**6.** (c)	**7.** (d)	**8.** (c)	**9.** (c)	**10.** (d)
11. (c)	**12.** (b)	**13.** (a)	**14.** (b)	**15.** (d)	**16.** (c)	**17.** (b)	**18.** (a)	**19.** (b)	**20.** (a)
21. (a)	**22.** (b)	**23.** (c)	**24.** (c)	**25.** (d)	**26.** (a)	**27.** (c)	**28.** (b)	**29.** (b)	**30.** (d)
31. (b)	**32.** (c)	**33.** (d)	**34.** (d)	**35.** (c)	**36.** (a)	**37.** (c)	**38.** (d)	**39.** (c)	**40.** (c)
41. (a)	**42.** (d)	**43.** (b)	**44.** (a)	**45.** (c)	**46.** (b)	**47.** (d)	**48.** (b)	**49.** (b)	**50.** (a)

❑❑❑

4

अध्याय

मुहावरे

मुहावरे किसी भाषा की सम्पन्नता और समृद्धि के सूचक होते हैं। सामाजिक उन्नति या परिवर्तन के साथ नए मुहावरे भी जन्म लेते रहते हैं। इनके अध्ययन से समाज के विविध क्षेत्रों की गतिविधियों का आभास होता है। लेकिन इस बात का हमेशा ध्यान रखना चाहिए कि एक बार रूप ग्रहण करने के पश्चात् किसी मुहावरे की भाषा में परिवर्तन कदापि नहीं किया जा सकता है। जैसे कलम तोड़ना एक मुहावरा है जिसका अर्थ 'बहुत अच्छा लिखना'। अब यदि कोई कलम की जगह लेखनी रख कर कहे कि 'लेखनी तोड़ना' तो मुहावरा स्वीकार्य न होगा।

लक्षण–उपर्युक्त परिभाषाओं के आधार पर मुहावरे के निम्नलिखित लक्षण सिद्ध होते हैं–

- मुहावरा एक वाक्यांश है।
- वाक्यांश का सामान्य अर्थ महत्व का नहीं होता।
- वाक्यांश किसी विलक्षण, लाक्षणिक, विशेष अथवा व्यंग्यार्थ को व्यक्त करता है।

विशेषताएँ–मुहावरे की कुछ विशेषताएँ होती हैं। इन्हें ध्यान में रखकर इनके सही प्रयोग के लिए निम्नलिखित विशेषताओं का उल्लेख किया गया है–

- मुहावरे पूर्ण वाक्य नहीं होते हैं।
- मुहावरे का प्रयोग स्वंत्रत रूप से नहीं होता, वाक्य में प्रसंगानुसार होता है।
- मुहावरे की रचना में लगे शब्द नहीं बदले जाते हैं।
- मुहावरे का सामान्य अर्थ नहीं विशिष्ट अर्थ लिया जाता है।
- **अगर-मगर करना** (टालमटोल करना)–मैं रोज तकादा करने आता हूँ और तुम अगर मगर करके टाल देते हो।
- **अपना उल्लू सीधा करना** (स्वार्थ सिद्ध करना)–राम बाबू को अभी तुम नहीं समझोगे। तुम्हारी आँखों के सामने वह अपना उल्लू सीधा कर लेंगे और तुम देखते ही रह जाओगे।
- **अग्नि परीक्षा** (कठिन जाँच)–एक मामूली धोबी के लाँछन लगाने पर सीताजी को भी अग्नि परीक्षा देनी पड़ी थी।
- **अक्ल के पीछे लट्ठ लिए फिरना** (मूर्खता करना)–तुम तो हमेशा हर काम बिगाड़ देते हो। अक्ल के पीछे लट्ठ लिए फिरते हो।
- **अक्ल चकराना** (कुछ समझ में न आना)–आँखों के सामने ट्रेन दुर्घटना देखकर उसकी अक्ल ही चकरा गई।
- **अंगारे उगलना** (क्रोध में कठोर वचन बोलना)–अपने विषय में अनर्गल सुनकर वह अंगारे उगलने लगा।
- **अंधेरे घर का उजाला** (एकमात्र पुत्र)–रमेश अपने सम्पूर्ण परिवार में अंधेरे घर का उजाला है।
- **अगिया बैताल** (कठिन और असम्भव कार्य करना)–मुकेश ने बीच नदी में डूबते बच्चे को निकालकर अगिया बैताल किया।
- **अन्धे को दिया दिखाना** (व्यर्थ के कार्य करना)– आजकल के नवयुवकों को नैतिकता का उपदेश देना अंधे को दिया दिखाना है।
- **अपना सा मुँह लेकर रह जाना** (विफल मनोरथ रह जाना)–अब मैंने उसका झूठ सिद्ध कर दिया तो वह अपना सा मुँह लेकर रह गया।
- **अन्न जल उठना** (किसी स्थान से सम्बन्ध टूटने का समय आना)–जिला बदर होने के कारण रामू बदमाश का यहाँ से अन्न जल उठ गया।
- **अंगार सिर पर धरना** (कठिन दुःख सहना)–बचपन में ही माँ-बाप का निधन हो जाने के कारण अपने आरम्भिक जीवन काल में उसे अंगार सिर पर धरना पड़ा था।
- **अन्धा होना** (जान-बूझकर किसी बात पर ध्यान न देना)–पूरे काम को बिगाड़कर रख दिया, लगता है, आप अन्धे हो गये थे।
- **अंगारों पर लोटना** (रोष और जलन के मारे कुढ़ना)–छोटे भाई की उन्नति देखकर ईर्ष्यालु बड़े भाई की स्थिति अंगारों पर लोटने जैसी हो गई।
- **अंकुश न हो** (नियंत्रण न होना)–आजकल के लड़कों पर बड़ों का अंकुश नहीं है।
- **अंग-अंग ढ़ीला होना** (फुर्ती न रहना)–कड़ा परिश्रम करने के बाद अंग-अंग ढ़ीला हो जाता है।
- **अंगूठी का नगीना** (सुन्दर और सजीला)–अरे दूल्हा तो देखो। बिल्कुल अंगूठी का नगीना है।
- **अंटी मारना** (चाल चलना)–महेश के घर में ठग ने ऐसी अंटी मारी कि उसके घर के सभी सदस्यों को बेवकूफ बनाकर पैसा ले गया।
- **अंडा फूट जाना** (भेद खुल जाना)–चोर के साथी का पुलिस से मिल जाने पर अंडा फूट गया।
- **अपना ही राग अलापना** (अपनी कहना, दूसरे की न सुनना)–अपना ही राग अलापते रहोगे या कुछ मेरी भी सुनोगे ?
- **अपनी खिचड़ी अलग पकाना/अढ़ाई चावल की खिचड़ी अलग पकाना** (सबसे अलग विचार रखना, सबके साथ न चलना)–यदि सभी अपनी खिचड़ी अलग पकाने लगे तो देश और समाज की उन्नति होने से रही।
- **अपने पाँव पर कुल्हाड़ी मारना/अपने पैर आप कुल्हाड़ी मारना** (जान-बूझकर स्वयं को संकट में डालना)–अपने अधिकारी से झगड़ा करके उसने अपने पाँव पर कुल्हाड़ी मार ली है।
- **आँधी के आम** (सस्ती चीजें)–अरे भैया, ये आँधी के आम हैं, हर माल पाँच रुपए में ले लो।
- **आँसू पोंछना** (ढाढ़स बँधाना)–बेचारे की मुसीबत में आँसू पोंछने वाला भी कोई न था।
- **आकाश चूमना या आकाश से बातें करना** (बहुत ऊँचा होना)–दिल्ली की कुछ इमारतें आकाश चूमती हैं।
- **आग पर तेल छिड़कना** (और भड़काना)–दोनों से सुलह-सफाई कराने की बजाय तुम तो लगे हो आग पर तेल छिड़कने में।
- **आग पर पानी डालना** (झगड़ा मिटाना)–मैने दोनों को समझा-बुझाकर आग पर पानी डाल दिया और उनमें सुलह हो गई।
- **आग पानी या आग और फूल का बैर होना** (स्वाभाविक शत्रुता होना) –दोनों पार्टियों में या साँप और नेवले में आग पानी का बैर है।

- **आग बबूला होना** (बहुत गुस्सा होना)–शिव धनुष टूटा तो परशुराम आग बबूला हो गए।
- **आग में कूदना** (जान जोखिम में डालना)–हमारे जवान देश के लिए आग में कूदने को तैयार रहते हैं।
- **आँख लगना** (झपकी आना)–रात 2 बजे तक जागता रहा, फिर जरा आँख लग गई।
- **आँखें चार होना** (आमने-सामने होना)–आँखें चार होते ही वह शर्मा गई।
- **आँखें तरेरना** (क्रोध से देखना)–वह आँखें तरेरकर बोली–चल, हट यहाँ से दूर हो जा।
- **आँखें नीची होना** (लज्जित होना)–तुम्हारी करतूत से मेरी आँखें नीची हो गईं।
- **आँखें पथरा जाना** (आँखें थक जाना)–तुम्हारी प्रतीक्षा में मेरी आँखें पथरा गईं।
- **आँखें बिछाना** (प्रेम से स्वागत करना)–दुलहिन वरमाला पहनाने के लिए आँखें बिछाए खड़ी थी।
- **आँखों का काजल चुराना** (गहरी चोरी कर लेना)–गार्ड सोते रह गए और चोर सेठजी की आँखों का काजल चुरा ले गये।
- **आग लगाकर तमाशा देखना** (झगड़ा पैदा करके खुश होना)–बुरे लोग पड़ोसियों में आग लगाकर तमाशा देखते हैं।
- **आगे का पैर पीछे पड़ना** (किस्मत उल्टी होना)–मैं जो भी काम करता हूँ आगे का पैर पीछे पड़ता है।
- **आपे से बाहर होना** (क्रोध में अपने वश में न रहना)–हमारा अफसर ज़रा-ज़रा सी बात पर आपे से बाहर हो जाता है।
- **आव देखा न ताव** (बिना कारण)–आव देखा न ताव, उसने बच्चे को पीटना शुरू कर दिया।
- **आसन डोलना** (विचलित होना)–धन और स्त्री पाने के लिए बड़ों-बड़ों का आसन डोल जाता है।
- **इशारों पर नाचना** (किसी की इच्छाओं का तुरंत पालन करना)–गाउदी आदमी है, अपनी पत्नी के इशारों पर नाचता है।
- **ईंट का जवाब पत्थर से देना** (क्रिया के जवाब में कड़ी प्रतिक्रिया/दुष्ट के साथ दुष्टता का व्यवहार करना बराबर कर देना)–भारत को चाहिए कि अब धैर्य छोड़कर पाकिस्तान को ईंट का जवाब पत्थर से दे।
- **उल्लू बोलना** (उजाड़ हो जाना)–गुजरात में आए भूकंप से भुज और कच्छ क्षेत्रों में उल्लू बोलने लगे।
- **उल्लू सीधा करना** (काम निकालना, स्वार्थ सिद्ध करना)–विकास कार्यालय में राम बहुत ही चालाक है। वह सभी अधिकारियों से अपना उल्लू सीधा कर लेता है।
- **उधार खाए बैठना** (प्रतीक्षा में रहना)–महेश अपने दुश्मन से बदला लेने को उधार खाए बैठा है।
- **उँगली उठाना** (आलोचना करना)–जीवन में ऐसा कार्य मत करो, जिससे लोग उंगली उठाएं।
- **उल्लू का पट्ठा** (मूर्ख)–कालिदास पेड़ की जिस डाल पर बैठे थे, उसी को काटने के कारण, उन्होंने उल्लू का पट्ठा वाला मुहावरा सिद्ध कर दिया।
- **उल्लू फँसाना** (मूर्ख बनाकर काम निकालना)–रामू ने परीक्षा के दिनों में श्याम से किताबें लेकर उसे अच्छा उल्लू फँसाया।
- **उतार चढ़ाव देखना** (अनुभव प्राप्त करना)–तुम्हें शायद नहीं मालूम कि इन सफेद बालों ने कितने उतार-चढ़ाव देखे हैं।
- **उल्लू बनाना** (मूर्ख बनाना)–रमेश ने दिनेश को उल्लू बनाकर अपना काम निकाल लिया।
- **उर्वशी होना** (प्रिय होना)–मेरी पत्नी मेरे लिए तो उर्वशी है।
- **उल्टा तवा** (अत्यधिक काला)–कलुआ तो बिल्कुल उल्टा तवा है।
- **ऐसी-वैसी बात करना** (ओछी बात करना)–आज आपने फिर ऐसी-वैसी बात करनी प्रारम्भ कर दी।
- **ऐरा-गैरा नत्थू खेरा** (सामान्य व्यक्ति)–आज ऐसा समय आ गया है कि हर ऐरा, गैरा, नत्थू खेरा भी राजनेता बनकर अधिकारियों पर रौब गाँठना चाह रहा है।
- **ऐब निकालना** (दोष निकालना)–रमेश हमेशा ही दूसरों में ऐब निकालता रहता है।
- **ऐंठ कर रह जाना** (मन मसोस कर रह जाना)–मैं निर्बल व गरीब हूँ इसलिए उसके दुर्व्यव्हार पर मैं ऐंठ कर रह गया।
- **ओखली में सिर देना** (जानबूझ कर संकट मोल लेना)–पाकिस्तान ने भारत में अपरोक्ष रूप से आतंकवाद को बढ़ावा देकर ओखली में सिर दे दिया है।
- **औघट चाल चलना** (असली रास्ता छोड़कर चलना)–वह स्कूल से आते समय हमेशा औघट चाल चलता है।
- **औंधे मुँह गिरना** (पराजित होना)–आज अखाड़े में राम को पहलवान ने ऐसा दाँव मारा कि वह फौरन औंधे मुँह गिर गया।
- **औचट में पड़ना** (संकट में पड़ना)–पाकिस्तानी टीम अपनी खराब गेंदबाजी के कारण आज औचट में पड़ गई।
- **और का और हो जाना** (बदल जाना)–मैंने सोचा कुछ था लेकिन और का और ही हो गया।
- **काजल की कोठरी** (कलंक लगने का स्थान)–वेश्या मंडी काजल की कोठरी है, उधर जो जाएगा बदनामी तो होगी ही।
- **काठ का उल्लू** (महामूर्ख)–उसे कोई क्या समझाइए, बिल्कुल काठ का उल्लू है।
- **कान कतरना** (मात करना)–चापलूसी में वह बड़े-बड़े खुशामदियों के कान कतरता/काटता है।
- **कान खोलना** (सावधान कर देना)–कान खोलकर सुना
- **कान गरम करना** (पीटना)–शरारत करोगे तो तुम्हारे कान गरम कर दूँगा।
- **कान पकड़ना** (गलती मान लेना)–मैं कान पकड़ता हूँ आइंदा ऐसी भूल नहीं होगी।
- **कदम उखड़ना** (भाग खड़े होना)–हमारी सेनाओं की मार से शत्रु के कदम उखड़ने लगे।
- **कमर कसना** (तैयार हो जाना)–उन्होंने कमर कस ली और हल चलाने निकल पड़े।
- **कलम का धनी** (अच्छा लेखक)–निराला जी कलम के धनी थे।
- **कलम तोड़ना** (बढ़िया लिखना)–प्रसाद ने 'कामायनी' क्या लिखी, कलम तोड़ दी।
- **कली खिलना** (खुश होना)–तुम आ जाते हो तो मेरे दिल की कली खिल जाती है।
- **कलेजा ठंडा होना** (मन को शांति मिलना)–बेटा पास हो गया, माँ का कलेजा ठंडा हुआ।
- **कलेजे का टुकड़ा** (बहुत प्यारा बेटा)–मेरा प्यारा बेटा मेरे कलेजे का टुकड़ा है।
- **कहा-सुनी होना** (झगड़ा होना)–मामूली-सी बात पर पड़ोसियों में कहा-सुनी हो गई।
- **काँटे बिछाना** (अड़चनें पैदा करना)–चाहे उसने मेरी राह में जितने काँटे बिछाए, पर मेरे लड़के का विवाह उसी घर में हुआ।
- **काँटों पर घसीटना** (संकट में डालना)–भाई, तुम आपस में फैसला कर लो, मुझे काँटों में मत घसीटो।

- **कोई दम भर का मेहमान होना** (मरने के क़रीब होना)–डाक्टर ने कह दिया है वह लाइलाज है और कोई दम भर का मेहमान है।
- **कोढ़ में खाज होना** (दु:ख में दु:ख होना)–लड़का खो गया, उसकी माँ बेहोश पड़ी है–कोढ़ में खाज।
- **खेत रहना** (युद्ध में मारा जाना)–महाभारत के युद्ध में अगणित वीर खेत रहे।
- **खून सवार होना** (मरने-मारने को तैयार हो जाना)–बहन के बलात्कार की घटना ने उसके अन्दर तूफान खड़ा कर दिया। अभियुक्तों के विरुद्ध बदले की भावना व आक्रोश के कारण अब उसके सिर पर खून सवार है।
- **खूनी हाथ** (हत्यारे के हाथ)–उमाकान्त की हत्या करने के बाद उसके हाथ खूनी हो गए।
- **खून के घूँट होना** (अपमान सहना)–ससुराल में अपने माँ-बाप के विषय में अपमानजनक बातें सुनकर शीला खून के घूँट पीकर रह गई।
- **खेल खेलाना** (परेशान करना)–हफ्तों से तुम्हारे ही चक्कर लगा रहा हूँ, कब तक खेल-खेलाते रहोगे।
- **खिचड़ी पकाना** (अंदर-अंदर षड्यन्त्र रचना)–पता लगाओ कि इस चुनाव में मेरे विरोधी क्या खिचड़ी पका रहे हैं।
- **खुले हाथ** (उदारता से)–सेठ जमुनादास धार्मिक कार्यों हेतु खुले हाथ से दान देते हैं।
- **गाल फुलाना** (रूठना)–मैं क्या करूँ, जरा-जरा सी बात पर गाल फुला लेता है।
- **गाल बजाना** (डींग हाँकना)–किस बल-बूते गाल बजाते फिरते हो।
- **गिन-गिन कर पैर/ कदम रखना** (बहुत सावधानी से बढ़ना)–खबरदार रहना और जो काम करो, गिन-गिन कर कदम रखो।
- **गिरगिट की तरह रंग बदलना** (एक रंग-ढंग न रखना)–आज यों कहते हो, कल कुछ और कह रहे थे, परसों और तुम तो रोज गिरगिट की तरह रंग बदलते हो।
- **गीदड़ भभकी** (दिखावटी धमकी)–वह तुम्हें जानते हैं, इसीलिए तुम्हारी गीदड़ भभकियों से डरते नहीं।
- **गुल खिलाना** (कोई बखेड़ा खड़ा करना)–बड़ा फसादी आदमी है, रोज कोई न कोई नया गुल खिलाता है।
- **गुस्सा पी जाना** (क्रोध रोकना)–बात तो बुरी लगी पर मैं गुस्सा पी गया और चुप रहा।
- **गाजर मूली समझना** (तुच्छ समझना)–मेरे हाथ चढ़ोगे तो पता चल जाएगा, क्या तुमने मुझे गाजर मूली समझ रखा है।
- **गाढ़े का साथी** (संकट का साथी)–तुम्हारे जैसे मेरे गाढ़े के साथ हैं तभी तो इस मुसीबत को भी सह लूँगा।
- **घोट कर पी जाना** (एक-एक अक्षर याद कर लेना)– परीक्षा के दिनों में नीतू पुस्तक को घोंट कर पी जाती है।
- **घूँघट की लाज** (सतीत्व की मर्यादा)–आज उसने गुंडों से जमकर मुकाबला करते हुए अपने घूँघट की लाज रख ली।
- **घिग्घी बँधना** (डर के मारे बोल न पाना)–पुलिस लॉकअप में अच्छे-अच्छे की घिग्घी बँध जाती है।
- **घोड़े के आगे गाड़ी रखना** (उल्टा कार्य करना/विरुद्ध गामी)–तुम्हारे जैसे शिक्षित एवं योग्य व्यक्ति से मैं उम्मीद नहीं करता था कि घोड़े के आगे गाड़ी रखोगे।
- **घोड़े पर चढ़े आना** (उतावली में आना)–थोड़ा धैर्य रखकर आया करो यहाँ हर काम नियमपूर्वक होता है। घोड़े पर चढ़े आने से कभी नहीं होगा।
- **घर काटने को दौड़ना** (दिल न लगना, सूनापन अखरना)–इकलौती बेटी सीमा की शादी के बाद मानों घर काटने को दौड़ता है।
- **घर करना** (पूरी तरह से रच-बस जाना)–उसका प्रदर्शन देखने के बाद ही से उसकी कला ने मेरे अन्दर घर कर लिया।
- **चार दिन की चाँदनी** (थोड़े दिनों का सुख)–धन-दौलत पर मत इतराइए, बस चार दिन की चाँदनी है।
- **चारपाई से लगना** (बीमारी से उठ न पाना)–मियादी बुखार के कारण वह चारपाई से लग गया है।
- **चिकना घड़ा** (बेशर्म)–लाख उपदेश दो, कोई असर नहीं, वह तो है ही चिकना घड़ा।
- **चित से उतरना** (भूल जाना)–रुपया नहीं लाया हूँ, चित से उतर गए थे।
- **चिराग तले अँधेरा होना** (अपने पास का वातावरण ठीक न होना) –प्रोफेसर साहब के लड़के ने चार क्लास पढ़ के छोड़-छाड़ दिया है। है न चिराग तले अँधेरा।
- **चींटी के पर निकलना** (नष्ट होने के करीब होना)–लड़का खूब गुलछर्रे उड़ा रहा है, अब चींटी के पर निकल आए हैं।
- **चुटिया हाथ में होना** (वश में होना)–जिसकी चुटिया हाथ में हो, उससे जो चाहो करा लो।
- **चुल्लुओं लहू पीना** (बहुत परेशान करना)–चुल्लुओं लहू पी रहा हूँ, उससे कैसे जान छूटे।
- **चुल्लू भर पानी में डूब मरना** (शर्म के मारे मुँह न दिखाना)–इतना भारी पाप, तुम्हें तो चुल्लू भर पानी में डूब मरना चाहिए।
- **छुरी-कटारी दिखाना** (मारने की धमकी देना)–चोरों ने उससे पैसा छीनने के लिए छुरी-कटारी दिखा दी।
- **छूछें हाथ** (रुपये-पैसे से खाली हाथ)–शादी में अधिक खर्च हो जाने के कारण दिनेश के हाथ छूछे हो गए।
- **छोटी हँड़िया** (छोटे दिल का)–महेश से ''पार्टी'' की उम्मीद करना व्यर्थ है वह तो हमेशा से ही छोटी हंड़िया है।
- **छोह दिखाना** (ऊपरी प्रेम प्रकट करना)–वह तो हमेशा ही राम के प्रति छोह दिखाती है।
- **छुरी तेज करना** (हानि करने की तैयारी करना)–ईश्वर करें कि किसी को भी छुरी तेज करने वाला पड़ोसी न मिले।
- **छुरी-तले दबाना** (कष्ट देना)–मोहन तो हमेशा ही श्याम की छुरी तले दबा रहता है।
- **छाती पर मूँग दलना** (निरन्तर दु:ख देना, पास रहकर कष्ट देना) –किराया न देकर भी मकान में रहकर वह मकान मालिक की छाती पर मूँग दल रहा है।
- **छक्का पंजा भूलना** (कुछ भी याद न रहना)–जो परीक्षार्थी कुछ देर पहले चहक रहा था। प्रश्न-पत्र देखे ही छक्का पंजा भूल गया।
- **जंगल में मंगल होना** (उजाड़ में चहल-पहल होना)–यहाँ वार्षिक मेला लगता है तो जंगल में मंगल हो जाता है।
- **जड़ खोदना/काटना** (समूल नष्ट करना)–चाणक्य ने नंदवंश की जड़ ही खोद दी।
- **जबान काट कर देना** (वादा करना)–जब जबान काट कर दे दी है तो निभाएँगे अवश्य।
- **जबान पर चढ़ना** (याद आना)–उसका नाम इस समय मेरी जबान पर चढ़ रहा है।
- **जमीन में गड़ना** (लज्जा से सिर नीचा होना)–लड़के की करतूतों का किस्सा सुना तो मैं तो जमीन में गड़ गया।
- **जलती आग में तेल डालना** (और भड़काना)–रूठे हुए लड़कों को डाँट-डपट कर तुमने जलती आग में तेल डाल दिया।
- **जली-कटी सुनाना** (बुरा-भला कहना)–जब विनोद ने व्यंग्य किया तो विमल ने उसे जली-कटी सुनाकर चुप करा दिया।

- **ज़हर उगलना** (कड़वी बातें कहना)–एक उम्मीदवार अपने विरोधी के खिलाफ ज़हर उगलता रहा।
- **ज़हर की पुड़िया** (झगड़ालू औरत)–क्रोधी बुढ़िया है ज़हर की पुड़िया है।
- **झाड़ू फेरना** (नष्ट करना)–वार्षिक परीक्षा के दौरान बुखार ने मोहन की सारी मेहनत पर झाड़ू फेर दिया।
- **झगड़ा मोल देना** (जान-बूझकर झगड़ा में पड़ना)–श्याम झगडे से बार-बार परहेज कर रहा है, किंतु रघु है कि झगड़ा मोल लेने पर उतारू है।
- **झड़ी लगा देना** (अधिक परिमाण में उपस्थित करना)–आज तो थियेटर में गंगाधर ने अपने अभिनय द्वारा पुरस्कारों की झड़ी लगा दी।
- **झाँसा देना** (टरका देना, धोखे में डालना)–लिपिक ने मुझे झाँसा देकर टरका दिया और आज के दिन कोई काम नहीं किया।
- **टका-सा जवाब देना** (साफ इन्कार करना)–मैंने उधार माँगा तो उसने टका सा जवाब दे दिया।
- **टका-सा मुँह लेकर रह जाना** (लज्जित हो जाना)–जब मैंने उसकी पोल खोली तो वह टका-सा मुँह लेकर रह गया।
- **टेढ़ी खीर** (कठिन काम)–हिमालय की चोटी पर चढ़ना टेढ़ी खीर तो है ही।
- **ढोलना हाथों पर होना** (हर समय कुरान शरीफ की कसम खाना) –(मुस्लिम कहावत)–अधिकतर झूठ बोलने वाले किसी से कुछ कहते समय ढोलना हाथों पर लिए रहते हैं।
- **ढील देना** (आजाद छोड़ देना, नियन्त्रण न रखना)–परीक्षा कक्षा में निरीक्षक ढील देकर छात्रों के जीवन से खिलवाड़ करते हैं।
- **तख्ता उलटना** (सरकार बदलना)–एक फौजी जरनैल ने उस देश का तख्ता उलट दिया।
- **तलवा खुजलाना** (यात्रा करने को होना)–मेरे तलवे खुजला रहे हैं, कहीं जाना पड़ेगा।
- **ताक पर धरना/रखना** (हटा देना)–अपनी योजना ताक पर रख दो, यह नहीं चलेगी।
- **तेवर चढ़ाना** (गुस्सा होना)–अजीब मिजाज का आदमी है,जब देखो तेवर चढ़ाए रहता है।
- **त्रिशुंक होना** (अधर में लटकना)–हम न इधर के रहे न उधर के हुए, त्रिशंकु होकर रह गए।
- **टाँगे का घोड़ा होना** (पिस-पिसकर काम करना)–यह तो अन्याय है मिल के मजदूर तांगे का घोड़ा हों, और तुम गुलछर्रे उड़ाते रहो।
- **तारीफ के पुल बाँधना** (झूठी प्रशंसा करना)–मुख्यमंत्री की प्रशंसा में विधायक जी ने तारीफ के पुल बाँध दिए।
- **तीसमार खाँ बनना** (काबिल बनना)–जतिन को टी.वी. का काम तो आता नहीं फिर भी तीसमार खाँ बना फिरता है।
- **तन पर एक सूत न होना** (वस्त्र-हीन रहना)–कुंभ मेला में भयंकर सर्दी में भी नागा साधुओं के तन पर एक सूत नहीं था।
- **थूक कर चाटना** (प्रतिज्ञा भंग करना)–कभी तो अपनी जबान पूरी किया करो, सदा ही तुम थूक कर चाट लेते हो।
- **थैली खोलना** (अधिक खर्च करना)–अपने परिवार के सुख के लिए हर व्यक्ति हमेशा ही थैला खोले रहता है।
- **थोथी बातें** (केवल बातें)–बाबाजी को बड़बड़ाने और बोलते रहने की आदत है। अब किसके पास फुर्सत है कि उनकी थोथी बातों से समय बर्बाद करें।
- **थर्रा जाना** (डर जाना)–कठोर और निर्दयी थानेदार को देखते ही चोर थर्रा गया और उसने चोरी की घटना का पर्दाफाश कर दिया।
- **थाली का बैगन** (अस्थिर चित्त का व्यक्ति)–उस पर कभी विश्वास मत करना वह तो देखने मात्र से ही थाली का बैगन लगता है।
- **थैली भर लेना** (अनुचित ढंग से धन-संग्रह करना)–अब तो लोग सरकारी नौकरियों के लिए जोड़-तोड़ करते हैं क्योंकि जानते हैं कि नौकरी मिलने के एक वर्ष के भीतर ही उनकी थैली भर जायेगी।
- **दमड़ी के तीन होना** (सस्ते होना)–वह जमाना गया जब आम दमड़ी के तीन होते थे।
- **दमड़ी के लिए चमड़ी उधेड़ना** (मामूली सी बात के लिए भारी दंड देना)–एक कलम चुराने पर सौ रुपए जुर्माना। आप तो दमड़ी के लिए चमड़ी उधेड़ते हैं।
- **दाई से पेट छिपाना** (जानकार से बात छिपाना)–कहते हो उसे कुछ न बताना, भला दाई से पेट कैसे छिपाऊँ।
- **दाना पानी उठना** (जगह छोड़ना)–मेरी तबदीली हो गई है, यहाँ से दाना पानी उठ गया।
- **दाल जूतियों में बँटना** (अनवन होना)–बच्चों में लड़ाई हुई, पर पड़ोसियों में दाल जूतियों में बँटने लगी।
- **दिमाग आसमान पर चढ़ना** (बहुत घमंड होना)–जब से लाटरी निकली है, तब से इसका दिमाग आसमान पर चढ़ गया है।
- **दूध के दाँत न टूटना** (ज्ञान और अनुभव न होना)– बिल्कुल बच्चा है, अभी दूध के दाँत नहीं टूटे।
- **दूर की कौड़ी लाना** (दूर की सोच लेना)–उसका सुझाव सबको पसंद आया, कहने लगे वह कैसे दूर की कौड़ी ले आया।
- **देवता कूच कर जाना** (घबरा जाना)–मालिक ने डाँटा फटकारा तो नौकर के देवता कूच कर गए।
- **दो टूक बात कहना** (थोड़े में साफ-साफ कहना)–मकान के किराये के बारे में मैंने उससे दो टूक बात कह दी।
- **दशरथ वचन** (**दृढ़**, प्रतिज्ञा, जिन वचनों से हटा न जाए)–सभा में विधायक बोले क्षेत्र में विद्युतीकरण करवाना हमारे लिए दशरथ वचन है।
- **दम फूलना** (परिश्रम के कारण साँस का जल्दी-जल्दी चलना)–गाड़ी पकड़ने के लिए दौड़ते-दौड़ते मेरा तो दम फूल गया।
- **दम साधना** (चुप रहना)–ज्योंही मैंने सेठजी से अग्रिम रुपये माँगे, वे दम साध गए।
- **दिन काटना** (जैसे-तैसे समय काटना)–सात सौ रुपये की तनख्याह में कैसे गुजारा होता होगा यह तुम सोच सकते हो। बस किसी तरह दिन काट रहा हूँ।
- **दुधारी तलवार कलेजे पर फिरना** (दोहरा दुःख होना)–पिता दशरथ की मृत्यु और राम के वनवास के समाचार से भरत के कलेजे पर दुधारी तलवार फिर गई।
- **धूल फाँकना** (मारे-मारे फिरना)–नौकरी छूटने के बाद आजकल वह धूल फाँक रहा है।
- **धूल में मिलना** (बर्बाद/नष्ट कर देना)–शराब की लत ने उसके परिवार को धूल में मिला दिया।
- **धब्बा लगना** (कलंक लगना)–चोरी की घटना से उसके चरित्र पर धब्बा लग गया।
- **नकेल हाथ में होना** (बस में होना)– आपका काम अवश्य हो जाएगा, तुम्हारे अधिकारी की नकेल मेरे हाथ में है।
- **नब्ज पहचानना** (स्वभाव जानना)–मैं तो उसकी नब्ज पहचानता हूँ, देख लेना वह तुम्हारा काम करेगा नहीं।

- **नमक मिर्च लगाना** (बढ़ा–चढ़ाकर कहना)–जरा सी बात थी, लड़की ने नमक मिर्च लगाकर प्रधानाचार्य से जा कही।
- **नस–नस फड़क उठना** (बहुत उत्साहित होना)–देश गान सुनकर जवानों की नस–नस फड़क उठती है।
- **नस पहचानना** (अच्छी तरह जानना)–मेरे सामने मत बनो, मैं तुम्हारी नस पहचानता हूँ।
- **नहले पर दहला मारना** (करारा जवाब देना)–क्या याद करेगा, मैंने उसके नहले पर दहला मार दिया।
- **नाक कटना** (बदनामी होना)–अगर फ्रिज का प्रबंध न हुआ और बारात लौट गई तो नाक कट जाएगी।
- **फूला न समाना** (बहुत प्रसन्न होना)–पुत्र जन्म को सुनकर वह फूला न समाया।
- **बंदर घुड़की या भभकी** (प्रभावहीन धमकी)–तुम्हारी बंदर घुड़कियों की हम परवाह करने वाले नहीं हैं।
- **बखिया उधेड़ना** (भेद खोलना)–तुम मेरे साथ मत उलझा करो, नहीं तो तुम्हारा बखिया उधेड़ कर रख दूँगा।
- **बच्चों का खेल** (सरल काम)–दिल्ली जैसे शहर में बस चलाना कोई बच्चों का खेल नहीं है।
- **बाएँ हाथ का खेल** (अति सरल काम)–यह बच्चा कहानियाँ बनाकर सुनाता है, और कविता करना तो इसके बाएँ हाथ का खेल है।
- **बाछें खिल जाना** (अत्यंत प्रसन्न होना)–पास होने की खबर आई तो लड़के की बाछें खिल गईं।
- **बाजार गर्म होना** (काम धंधा तेज होना)–आजकल तो चोरबाजारी का बाजार गर्म है।
- **बात का धनी होना** (वचन का पक्का होना)–उसने कह दिया तो समझो कि काम हो जाएगा, वह बात का धनी है।
- **भरम गँवाना** (सत्य प्रकट हो जाना)–मैं तुम्हें अपना हितैषी मानता था और तुमने मेरे विरोधी का साथ देकर अपना भरम गँवा दिया।
- **भँग खा लेना** (विवेकहीन होना)–भँग खाकर के तुम किसी विवाद का सही हल नहीं निकाल सकते ।
- **भँवर में पड़ना** (विपत्ति में पड़ना)–पिता की मृत्यु के बाद उसका भविष्य भँवर में पड़ गया।
- **भादों का मेढ़क होना** (अत्यन्त मोटा होना)–खा–पीकर आजकल वह पूरी तरह से भादों को मेढ़क हो गया।
- **भुजा उठाना** (प्रतिज्ञा करना)–आज नारियों को समाज और देश से दहेज प्रथा को समाप्त करने के लिए भुजा उठाने की आवश्यकता है।
- **भगीरथ प्रयत्न करना** (काफी कोशिश करना)–इस प्रकरण में भगीरथ प्रयत्न करने से ही सफलता मिल सकती है।
- **भागीरथ परिश्रम** (अथक परिश्रम)–सिविल सेवा की परीक्षा उत्तीर्ण करने के लिए श्रीधर ने भागीरथ परिश्रम किया।
- **भैंस के आगे बीन बजाना** (नासमझ से समझदारी की बातें करना) –गँवार से नीति की बातें करना भैंस के आगे बीन बजाना है।
- **भंडा फूटना** (गुप्त बात प्रगट होना)–अपने कुकर्मों का भंडा फूट जाने के डर से अधिकारी ने बहुत सी फाइलें जलवा दी।
- **रो–धोकर दिन काटना** (जैसे–तैसे जीवन बिताना)–विधवा बेचारी रो–धोकर दिन काट रही है।
- **रस्सी का साँप बनाना** (निराधार को बढ़ा–चढ़ा कर कहना, सिद्ध करना) –पुलिस तो अनायास ही पकड़ कर और झूठे आरोप लगाकर रस्सी का साँप बना देती है।
- **राम तले दबाना** (कब्जे में रखना)–कर्ज देकर लाला जी ने उसे राम तले दबा दिया।
- **राह लेना** (चल देना)–मुझे देखते ही उसने राह ले ली।
- **रोआँ टेढ़ा करना** (कुछ कर न सकना)–मुझे उसकी कोई चिन्ता नहीं क्योंकि मेरा रोआँ भी वह टेढ़ा नहीं कर सकता।
- **राम राज्य** (सुख–सम्पन्न होना)–बदमाश टाइगर के मुठभेड़ में मारे जाने के बाद अब क्षेत्र में पूरी तरह से राम राज्य कायम है।
- **रुस्तम होना** (शक्तिशाली होना)–बिहार में लालू प्रसाद रुस्तम हो गए हैं।
- **राम–कहानी** (आप–बीति)–कुछ मेरी भी सुनेंगे या आप अपनी ही राम–कहानी सुनाए जायेंगे।
- **रावण होना** (दुष्ट होना, पापी होना)–अपने कुकृत्यों द्वारा वह रावण हो गया है।
- **ले देकर** (किसी प्रकार)–मैंने इस कार्य को बड़ी मेहनत से ले देकर किसी तरह पूरा किया है।
- **लकीर पीटना/लीक पीटना** (अवसर निकल जाने पर व्यर्थ प्रयत्न)–वक्त गुजरता जा रहा है लेकिन गाँवों के लिए वैकल्पिक उद्योग या रोजगार की व्यवस्था सुनिश्चित नहीं की जा सकी है। आर्थिक प्रगति में पंचर्षीय योजनाओं की केवल दुहाई देकर हम लोग लकीर को पीट रहे हैं।
- **लहू के घूँट पीना** (क्रोध करना)–उसके घृणित कार्यों को देखकर मैं लहू के घूँट पीकर रह गया।
- **लोहा मानना** (महत्व स्वीकार करना)–गामा पहलवान का आज भी लोग लोहा मानते हैं।
- **लोहा लेना** (सामना करना)–आज के युग में भ्रष्टाचार से लोहा लेना आसान नहीं है।
- **लंगोटिया यार** (बहुत नजदीक का साथी)–तुम्हारे अधिकारी से तुम्हारी सिफारिश मैं कर सकता हूँ, क्योंकि वह मेरा लँगोटिया यार है।
- **लंगर जारी करना** (भोजन दान देना)–कुंभ मेला में भारी संख्या में लंगर जारी किए गए।
- **लंगड़े की लकड़ी होना** (सहारा होना)–रामू अंधे पिता का लंगड़े की लकड़ी है।
- **विष की गाँठ** (उपद्रवी, खोटा)–उससे बच के रहना, विष की गाँठ है।
- **विष के घूँट पीना** (कटु वचन सहन कर लेना)–उसके इतना जलील करने पर भी मैं विष के घूँट पीकर रह गया।
- **वज्र बेशरम होना** (निर्लज्ज होना)–उसे लाख समझाया जाए वह नहीं सुधरेगा, वह तो वज्र बेशरम हो गया है।
- **वज्रपात होना** (घोर आपत्ति का आना)–दादाजी के मरते ही सिन्हा परिवार पर मानो वज्रपात हो गया।
- **वकूल में आना** (प्रकट होना)–उसकी नीयति का ज्ञान आज उसके कार्यों द्वारा वकूल में आया है।
- **वक्त ताकना** (मौका अथवा अवसर देखना)–वह हमेशा रिश्वत के लिए वक्त ताकता रहता है।
- **शान में बट्टा लगना** (शान घटना)–बुलाया नहीं, क्या मतलब ? अरे अपने ताया का घर है, वहाँ जाने में हमारी शान में बट्टा नहीं लग जायगा।
- **शीशे में मुँह देखना** (अपनी योग्यता–अयोग्यता को समझना)–चले हैं फ्रीज खरीदने, पहले शीशे में अपना मुँह देख लेते।
- **शैतान की आँत** (लम्बी बात)–यह कहानी है या शैतान की आँत, जो खत्म होने को नहीं आ रही।
- **शाम की सुबह करना** (समय व्यतीत करना)–बिजली की ग्रिड फेल हो जाने के कारण सभी व्यग्रता से शाम की सुबह करते रहे।
- **शामत का घेरा** (दुर्दशा का समय)–ग्रह दशा खराब होने के कारण उसके परिवार में शामत का घेरा है।
- **शेर के कान कतरना** (बहुत साहसी अथवा वीर होना)–चक्रव्यूह को भेदकर अभिमन्यु ने शेर के कान कतर दिए।

प्रश्नमाला

1. **आँखों पर चर्बी छाना का अर्थ है–**
(a) आँखों में रोग होना
(b) आँख से न दिखाई देना
(c) आँखों में परदा पढ़ जाना
(d) घमंड से उपेक्षा करना

2. **आँख की किरकरी होना का अर्थ है–**
(a) आँखों के लिए कष्ट कारी होना
(b) बुरे काम करना
(c) अदर्शनीय होना
(d) जिसे देखने मात्र से कष्ट हो।

3. **आँखों में धूल झोंकना का अर्थ है–**
(a) धोखे में डालना
(b) परेशान करना
(c) आमने-सामने चुनौती देना
(d) प्रत्यक्ष रूप से अनिष्ट करना

4. **आँखों का तारा का अर्थ है–**
(a) अत्यधिक प्रिय होना
(b) आँखों की रोशनी
(c) आँख की पुतली
(d) आँख की किरकिरी

5. **आँख की पुतली का अर्थ है–**
(a) आँख की रोशनी (b) आँख का तारा
(c) अत्यन्त प्रिय (d) आँख की किरकिरी

6. **आँखें लड़ना का अर्थ है–**
(a) आँखों से लड़ाई करना
(b) प्रेम होना
(c) युद्ध-कला का एक रूप
(d) प्रेम पूर्वक देखना

7. **आँखों में गड़ना का अर्थ है–**
(a) आँख में किरकिरी पड़ना
(b) आँखों में कष्ट होना
(c) शत्रुता होना
(d) बुरा लगना

8. **आँखों में खून उतरना का अर्थ है–**
(a) आँखों का लाल हो जाना
(b) अत्यन्त क्रोधित होना
(c) आँखों की रोशनी का गायब होना
(d) आँखों में कष्ट होना

9. **आँखों से ओझल होना का अर्थ है–**
(a) नजर से दूर होना
(b) दूर तक दिखाई देना
(c) लुकी-छिपी खेलना
(d) आँखों से न दिखाई देना

10. **आँखों पर पर्दा चढ़ना का अर्थ है–**
(a) आँखों में झिल्ली बन जाना
(b) अज्ञान के अंधकार में रहना
(c) घमंड से सच्चाई की उपेक्षा करना
(d) न दिखाई देना

11. **आँखों में पानी न होना का अर्थ है–**
(a) शर्म-लिहाज होना
(b) शील-संकोच का न होना
(c) आँखों का सूख जाना
(d) एक नेत्र-रोग

12. **पेट में दाढ़ी होना का अर्थ है–**
(a) धूर्त प्राणी
(b) रोगग्रसित होना
(c) पेट तक लंबी दाढ़ी होना
(d) देखने में सीधा, किन्तु चालाक होना

13. **कान का कच्चा होना का अर्थ है–**
(a) कम सुनना
(b) सुनी बात पर विश्वास करना
(c) दूसरे की बात न मानना
(d) कान का कमजोर होना

14. **पानी न माँगना का अर्थ है–**
(a) मर्यादा की रक्षा करना
(b) तत्काल मर जाना
(c) असंभव कार्य करना
(d) इज्जत न खोना

15. **'बच्चों का खेल' मुहावरे का अर्थ है–**
(a) सरल काम (b) जरूरी काम
(c) कठिन काम (d) गैर-जरूरी काम

16. **कूपमंडूक होना का अर्थ है–**
(a) घर में ही रहना
(b) कुएँ में गिरना
(c) अत्यन्त सीमित ज्ञान होना
(d) मूर्ख होना

17. **गुड़ गोबर करना का अर्थ है–**
(a) अच्छी चीज को बुरा कहना
(b) बनाया काम बिगाड़ना
(c) अच्छा और बुरा मिलना
(d) इनमें से कोई नहीं

18. **न तीन में न तेरह में का अर्थ है–**
(a) बहुत उपयोगी होना
(b) नष्ट कर देना
(c) बुद्धिहीन होना
(d) किसी काम का न होना

19. **अपने मुँह मियाँ मिट्ठू बनना का अर्थ है–**
(a) मीठी बोली बोलना
(b) आत्म-प्रशंसा में आदर पाना
(c) अपनी बड़ाई आप करना
(d) तोते समान बोली बोलना

20. **अपना किया पाना का अर्थ है–**
(a) जो प्रारब्ध में है, वही मिलता है
(b) जैसी करनी वैसी भरनी
(c) बुरे काम का बुरा नतीजा
(d) अपने कर्म का फल भोगना

21. **अब-तब होना का अर्थ है–**
(a) मरणासन्न होना (b) आगे-पीछे करना
(c) शंका ग्रस्त होना (d) किंकर्त्तव्यविमूढ़ होना

22. **आँचल पसारना का अर्थ है–**
(a) भीख माँगना
(b) याचना करना
(c) क्षमा-प्रार्थना करना
(d) वरदान माँगना

23. **उँगली पकड़कर पोहंचा पकड़ना का अर्थ है–**
(a) एक अंग पकड़ कर पूरे शरीर पर कब्जा करना
(b) अल्पांश प्राप्तकर सर्वांश हथियाने की इच्छा करना
(c) दाँव साधना
(d) बदला चुकाना

24. **पाँचों उँगलियाँ घी में होना का अर्थ है–**
(a) मौजमस्ती में रहना
(b) खूब छक कर भोजन करना
(c) खाने में स्वादिष्ट चीजें मिलना
(d) सभी तरह से सुख ही सुख होना

25. **उल्लू बोलना का अर्थ है–**
(a) रात का आना
(b) उल्लुओं का राज होना
(c) उल्लू की बोली बोलना
(d) उजाड़ होना

26. **एड़ी-चोटी का जोर लगाना का अर्थ है–**
(a) योगाभ्यास का एक विशेष रूप
(b) एड़ी को चोटी से मिला देना
(c) भरपूर जोर लगाना
(d) सभी अंगों से कार्य में लग जाना

27. **कंधे-से-कंधे मिलाकर चलना का अर्थ है–**
(a) एक-दूसरे से कंधा मिलाकर काम करना
(b) परस्पर होड़ में आगे बढ़ना
(c) परस्पर सहयोग से काम करना
(d) आपस में प्रतिद्वन्द्विता होना

28. **कमर कसना का अर्थ है–**
(a) कमर को कस कर बाँध लेना
(b) दृढ़ निश्चय करना
(c) तैयारी करना
(d) युद्ध के लिए सन्नद्ध होना

29. **गले का हार होना का अर्थ है–**
(a) भाग्यशाली होना
(b) अत्यन्त प्रिय होना
(c) किसी के बहुत समीप पहुँचना
(d) गले का शृंगार बनना

30. **गरदन पर छुरी फेरना का अर्थ है–**
(a) कत्ल करना (b) धोखा देना
(c) अत्याचार करना (d) क्षति पहुँचाना

31. **गला भर जाना का अर्थ है–**
(a) रोने लगना
(b) बोलने में असमर्थ होना
(c) दुखी होना
(d) गला अवरुद्ध हो जाना

32. **घर का न घाट का अर्थ है–**
(a) बेकार, कहीं का नहीं
(b) जगह-जगह घूमने वाला
(c) बे-घर बार का
(d) व्यर्थ

33. **घी के दिये जलाना का अर्थ है–**
(a) अप्रत्याशित लाभ पर प्रसन्नता होना
(b) तेल के अभाव की पूर्ति घी से करना
(c) अति करना
(d) खुशी मनाना

34. **ईंट का जवाब पत्थर से देना का अर्थ है–**
(a) जम कर लड़ाई करना
(b) करारा जवाब देना
(c) एक प्रहार का उत्तर उससे दोगुना प्रहार से देना
(d) कड़ी बात का उत्तर उससे भी कड़ी बात में देना

35. **ईद का चाँद होना का अर्थ है–**
(a) अलभ्य होना
(b) दूर हो जाना
(c) बहुत दिनों पर मिलना
(d) दुर्लभ होना

36. **उड़ती चिड़िया पहचानना का अर्थ है–**
(a) चिड़ियों का विशेषज्ञ होना
(b) मन की बात जान लेना
(c) सच-झूठ में अंतर करना
(d) दूर की कौड़ी लाना

37. **उल्टी गंगा बहाना का अर्थ है–**
(a) गंगा की धारा को उल्टी दिशा में लौटा देना
(b) परम्परा विरुद्ध कार्य करना
(c) असंभव कार्य करना
(d) व्यर्थ परिश्रम करना

38. **उँगली उठाना का अर्थ है–**
(a) उंगली से इशारा करना
(b) क्षति पहुँचाना
(c) बदनाम करना
(d) अपशब्द कहना

39. **भाड़ झोंकना का अर्थ है–**
(a) अनाज भूनना
(b) काम बिगाड़ना
(c) मामूली कमाई करना
(d) व्यर्थ-समय नष्ट करना

40. **लंगोटी में फाग खेलना का अर्थ है–**
(a) पहलवानी करना
(b) व्यायाम करना
(c) ब्रह्मचारी होना
(d) दरिद्रता में आनन्द मनाना

41. **अब सुनीता के हाथ पीले करने का समय आ गया है। रेखांकित मुहावरे का अर्थ है–**
(a) सजाने का
(b) विवाह करने का
(c) प्यार करने का
(d) अत्यधिक पिटाई करने का

42. **कपटी मित्र के लिए सही मुहावरा है–**
(a) दाँत काटी रोटी (b) आस्तीन का साँप
(c) अक्ल की दुम (d) आबनूस का कुन्दा

43. **अँधेरा छाना का अर्थ है–**
(a) कोई उपाय न सूझना
(b) प्रकाश का नितान्त अभाव होना
(c) सूर्यास्त होना
(d) अंधकार फैलना

44. **अंगार बनना का अर्थ है–**
(a) प्रज्वलित होना (b) क्रोध में आना
(c) जल उठना (d) लाल हो जाना

45. **अक्ल पर पत्थर पड़ना का अर्थ है–**
(a) चोट से दिमाग खराब होना
(b) मूर्खता का परिचय देना
(c) बुद्धि भ्रष्ट होना
(d) बिना समझ का काम करना

46. **अक्ल की दुम बनना का अर्थ है–**
(a) अपने को होशियार समझने वाला
(b) बुद्धिहीन होना
(c) हर समय चंचल बना रहना
(d) अधिक सावधानी दिखाना

47. **अड़ियल टट्टू का अर्थ है–**
(a) हठधर्मी होना
(b) दूसरों के इशारे पर काम करना
(c) अटक-अटक कर काम करना
(d) डाँट-फटकार खाने का काम करना

48. **अन्न लगना का अर्थ है–**
(a) स्वस्थ बनना
(b) पराये अन्न से मोटा होना
(c) अन्न का अनुकूल सिद्ध होना
(d) अन्न का हानिप्रद सिद्ध होना

49. **आँच न आने देना का अर्थ है–**
(a) आग की लपटों से बचाना
(b) जरा भी कष्ट न आने देना
(c) नुकसान से बचाना
(d) दोष से बचाना

50. **आठ-आठ आँसू रोना का अर्थ है–**
(a) बिलख-बिलख कर रोना
(b) दारूण कष्ट में पड़ना
(c) बार-बार रोना
(d) बुरी तरह पछताना

उत्तरमाला

1. (d)	**2.** (d)	**3.** (a)	**4.** (a)	**5.** (c)	**6.** (b)	**7.** (d)	**8.** (b)	**9.** (a)	**10.** (b)
11. (b)	**12.** (d)	**13.** (b)	**14.** (b)	**15.** (a)	**16.** (c)	**17.** (b)	**18.** (d)	**19.** (c)	**20.** (d)
21. (a)	**22.** (b)	**23.** (b)	**24.** (d)	**25.** (d)	**26.** (c)	**27.** (c)	**28.** (b)	**29.** (b)	**30.** (c)
31. (c)	**32.** (a)	**33.** (d)	**34.** (b)	**35.** (c)	**36.** (b)	**37.** (b)	**38.** (c)	**39.** (d)	**40.** (d)
41. (b)	**42.** (b)	**43.** (a)	**44.** (b)	**45.** (c)	**46.** (a)	**47.** (a)	**48.** (a)	**49.** (b)	**50.** (d)

❑❑❑

5

अध्याय

लोकोक्तियाँ

लोकोक्ति का अर्थ है 'लोक में प्रचलित उक्ति'। इससे तात्पर्य एक ऐसे वाक्य से है जो चमत्कृत ढंग से संक्षेप में किसी सत्य या असत्य के आशय को स्पष्ट एवं सशक्त रूप में व्यक्त करता हो तथा अधिक समय से प्रयोग में आकर जन-जीवन में प्रचलित हो गया। जैसे– 'दूध का जला छाछ फूँक-फूँक कर पीता है।'

लोकोक्तियों के प्रयोग से बोली अधिक युक्ति-युक्त, प्रामाणिक तथा जोरदार तथा भाषा स्पष्ट तथा जीवन्त हो जाती है। किसी बात को स्पष्ट करने के लिए कहावतें बड़ी ही उपयोगी सिद्ध होती हैं।

लोकोक्तियाँ नीति विषयक और धार्मिक होती हैं अत: वे व्यक्ति पर स्थायी प्रभाव डालती हैं। सामाजिक मनोवैज्ञानिक तथ्यों को समझने-समझाने हेतु भी इनका प्रयोग भाषा में सजीवता लाने में सहायक होता है। इसके मूल में नीति मूलक सूत्र रहता है जो गद्य और पद्य में होता है।

- **अन्धा क्या चाहे दो आँखें**—इच्छित वस्तु का प्राप्त होना।
- **अन्धी पीसे कुत्ते खांय**—किसी भी कमाई अथवा परिश्रम का लाभ अयोग्य द्वारा उठाना।
- **अन्धा बाँटे रेवड़ी; फिर-फिर अपने को ही दे**—स्वार्थ-लाभ, सम्पूर्ण लाभ स्वयं उठाना।
- **अपना रख पराया चख**—अपनी वस्तु का बचाव करना और दूसरे का मनमाना उपयोग करना।
- **अक्ल बड़ी या भैंस**—शारीरिक शक्ति से बुद्धि श्रेष्ठ है।
- **अपना सोना खोटा तो परखैया का क्या दोष**—अपने ही लोग बुरे हों तो पराये व्यक्तियों को क्या दोष दिया जाए।
- **अपनी करनी पार उतरनी**—अपने कर्म का फल स्वयं भोगना पड़ता है।
- **अपना हाथ जगन्नाथ**—स्वयं द्वारा सम्पादित कार्य फलदायक होता है।
- **अपनी नाक कटे तो कटे; दूसरे का सगुन तो बिगड़े**—दूसरों को हानि पहुँचाने के लिए स्वयं की हानि के लिए भी तैयार करना।
- **अरहर की टट्टी, गुजराती ताला**—छोटी वस्तु की सुरक्षा में अधिक व्यय।
- **अटका बनिया देय उधार**—दबाव पड़ने पर सब कुछ करना पड़ता है।
- **अजगर करे न चाकरी पंछी करे न काम**—ईश्वर सबकी आवश्यकतायें पूरी करता है।
- **अंधा क्या जाने बसन्त बहार**—जिसने जो वस्तु नहीं देखी हो, वह उसका आनन्द क्या जाने।
- **अकेला हँसता भला न रोता भला**—सुख-दुख में साथी होने चाहिए।
- **अपने मरे बिना स्वर्ग नहीं दिखता है**—स्वयं अपने आप प्रयत्न करने पर ही काम बनता है।
- **अल्लाह मेहरबान तो गधा पहलवान**—ईश्वर की कृपा से नाकाबिल भी काबिल हो जाता है।
- **आँख एक नहीं कजरौटा दस**—व्यर्थ आडंबर।
- **आँख ओट पहाड़ ओट**—आँख से ओझल हुए तो समझो कि बहुत दूर हो गए।
- **आँख और कान में चार अंगुल का फर्क है**—आँखों देखी बात का विश्वास है, कानों सुनी का नहीं।
- **आँख बची माल दोस्तों का**—पलक चूकने से माल गायब हो सकता है।
- **आँख एक नहीं कलेजा टुक-टुक**—बनावटी दु:ख प्रकट करना।
- **आई है जान के साथ, जाएगी जनाजे के साथ**—लाइलाज बीमारी।
- **'आग' कहते मुँह नहीं जलता**—केवल नाम लेने से कोई हानि-लाभ नहीं होता।
- **आग खाएगा तो अंगार उगलेगा**—बुरे काम का बुरा फल।
- **आग बिना धुआँ नहीं**—हर चीज का कारण अवश्य होता है।
- **आगे नाथ न पीछे पगाहा**—पूर्णत: बंधन रहित।
- **आँख के अन्धे नाम नयन-सुख**—गुण के विपरीत नाम।
- **आप का काज महाकाज**—अपना कार्य स्वयं करना ही श्रेयस्कर है।
- **आठ कनौजिया नौ चूल्हे**—मेल से न रहना।
- **उगले तो अंधा, खाए तो कोढ़ी**—दुविधा में पड़ना।
- **उत्तर जाए कि दक्खिन, वही करम के लक्खन**—भाग्य दुर्भाग्य हर जगह साथ देता है।
- **उलटी गंगा पहाड़ को चली**—असंभव या विपरीत बात होना।
- **उसी की जूती उसी का सिर**—जिसकी करनी, उसी को फल मिलता है।
- **उल्टा चोर कोतवाल को डाँटें**—दोषी व्यक्ति निर्दोषी पर दोष लगाए/अपराध करने का लज्जित होने के बजाय अकड़ दिखाना।
- **उल्टे बाँस बरेली को**—विपरीत काम।
- **उल्टी गंगा पहाड़ को चली**—असंभव या विपरीत कार्य।
- **ऊँट किस करवट बैठता है**—निर्णय किसके पक्ष में होता है।
- **ऊँट के बगल में बिल्ली**—विपरीत वस्तुओं का मेल।
- **ऊँट के मुँह में जीरा**—खाने को बहुत कम मिलना।
- **एक तवे की रोटी, क्या छोटी क्या मोटी**—किसी प्रकार का भेदभाव नहीं है।
- **एक मुँह दो बात**—अपनी बात को पलटना/एक ही मुँह से दो प्रकार की बात करना।
- **एक हम्माम में सब नंगे**—सहयोगी एक दूसरे की दुर्बलताएँ जानते हैं।
- **काजी जी दुबले क्यों शहर के अंदेशे से**—अपनी चिंता न करके दूसरें की चिंता में घुलना।
- **काबुल में क्या गधे नहीं होते**—कुछ न कुछ बुराई सब जगह होती है।
- **काम का न काज का, दुश्मन अनाज का**—निकम्मा आदमी, खाने के लिए होशियार।
- **किस खेत का बथुआ है; किस खेत की मूली है**—अरे, वह तो नगण्य है।
- **कुंजड़ा अपने बेरों को खट्टा नहीं बताता**—कोई अपने माल को खराब नहीं कहता।
- **कुत्ता भी दुम हिलाकर बैठता है**—सफाई सब को पसंद होनी चाहिए।
- **का वर्षा जब कृषि सुखाने**—अवसर निकल जाने पर सहायता देना व्यर्थ है
- **काला अक्षर : भैंस बराबर**—अनपढ़ मुनष्य।
- **कुत्तों के भौंकने से हाथी नहीं डरते**—महापुरुष नीच मनुष्यों की बातों का बुरा नहीं मानते।
- **कुत्ते की मौत मरना**—बुरी मौत मरना।
- **कान में तेल डाले बैठे हैं**—कुछ सुनने को तैयार नहीं।

- **कंगाली में आटा गीला**—एक मुसीबत पर दूसरी मुसीबत आ पड़ना।
- **कबीर दास की उलटी बानी, बरसे कंबल भीगे पानी**—उल्टी बात करना।
- **कुत्ते के भौंकने से हाथी नहीं डरते**—महापुरुष नीचों की निंदा से नहीं घबराते।
- **कै हंसा मोती चुगे कै भूखा मर जाय**—प्रतिष्ठित व्यक्ति अपनी मर्यादा में रहता है।
- **कोई मरे या रोवे, कोई मल्हार गावे**—सबको अपने ही सुख-दुख से मतलब रहता है।
- **कोयल हाय न उजली सौ मन साबुन लाइ**—स्वभाव नहीं बदलता।
- **कौड़ी नहीं गाँठ चले बाग की सैर**—साधन नहीं तो काम क्यों करने लगे।
- **कौआ चला हंस की चाल, अपनी भी भूल गया**—दूसरों की नकल करने से अपनापन खो जाता है।
- **खग जाने खग ही की भाषा**—अपने वर्ग के लोग ही एक-दूसरे को समझ सकते हैं।
- **खरबूजे को देखकर खरबूजा रंग पकड़ता है**—देखा देखी काम करना।
- **खाक डाले चाँद नहीं छिपता**—अच्छे आदमी की निंदा करने से उसका कुछ नहीं बिगड़ता।
- **खाली बनिया क्या करे, इस कोठी का धान उस कोठी में धरे**—बेकार आदमी उलटे सीधे काम करता रहता है।
- **खुदा गंजे को नाखून न दे**—ओछा और बेसमझ आदमी अधिकार पाकर अपनी ही हानि कर बैठता है।
- **खुशामद से ही आमद है**—खुशामद से ही धन आता है।
- **खेती, खसम लेती**—कोई काम अपने हाथ से करने पर ही ठीक होता है।
- **चिड़िया अपनी जान से गई, खाने वाले को स्वाद न आया**—इतना भारी काम किया फिर भी सराहना नहीं हुई।
- **चिराग तले अँधेरा**—पास की चीज दिखाई न पड़ना।
- **चाँद को भी ग्रहण है**—सज्जन व्यक्ति में भी दोष होते हैं। उत्तम चरित्र में भी धब्बा लगता है
- **चिकने घड़े पर पानी नहीं ठहरता**—निर्लज्ज व्यक्ति पर उपदेशों का प्रभाव नहीं पड़ता।
- **चिकना घड़ा**—निर्लज्ज व्यक्ति।
- **चोरी का माल मोरी में**—काला धन अधिक समय तक नहीं रहता।
- **चोर की दाढ़ी में तिनका**—अपराधी सदैव सशंकित रहता है।
- **चोर-चोर मौसेरे भाई**—एक स्वभाव वाले शीघ्र ही मित्रता कर लेते हैं। दुष्टों की मित्रता शीघ्र होती है।
- **चील के घोंसले में मांस कहा**—यहाँ कुछ भी बचा नहीं रह सकता।
- **चुपड़ी और दो-दो**—उत्तम वस्तु और वह भी इतनी ज्यादा।
- **चुल्लू भर पानी में डूब मरो**—तुम्हें शर्म होनी चाहिए।
- **चूहे का बच्चा बिल ही खोदता है**—जन्मजात कार्य बदल नहीं सकता।
- **चूहों की मौत बिल्ली का खेल**—किसी को कष्ट देकर मौज करना।
- **चोर का भाई गठकटा**—एक जैसे बदमाश।
- **चोर को कहें चोरी कर और साहूकार से कहें जागते रहे**—दो पक्षों को लड़ाने वाला।
- **जहाँ न पहुँचे रवि वहाँ पहुँचे कवि**—कवि की कल्पना सब जगह पहुँचती है।
- **जहाँ फूल वहाँ काँटा**—अच्छाई के साथ बुराई लगी रहती है।
- **जागेगा सो पावेगा, सोवेगा सो खोवेगा**—लाभ इसमें है कि आदमी सतर्क रहे।
- **जिसका खाइए उसका गाइए**—जिससे लाभ हो, उसी का पक्ष लें।
- **जिसकी जूती उसी के सिर**—जिसकी करनी उसी को फल।
- **जब तक स्वाँसा तब तक आशा/जब तक सांस है तब तक आस है**—अन्तिम क्षण तक आशान्वित रहना।
- **जस दूल्हा तस बने बराती**—बुरों का बुरों के साथ मिलना/अपने समान ही संगत रखना।
- **जान बची लाखों पाए**—छुटकारा मिलना। किसी भी रूप में हानि उठाकर भी मुक्त होना।
- **जिसकी लाठी उसी की भैंस**—शक्ति संपन्न आदमी अपना काम बना लेता है।
- **जिसके हाथ डोई, उसका सब कोई**—धनी आदमी के सब मित्र हैं।
- **ठोकर लगे तब आँख खुले**—कुछ खोकर ही अक्ल आती है।
- **डायन को दामाद प्यारा**—अपना सब को प्यारा।
- **डायन भी अपने बच्चे को नहीं खाती**—अपनों को कोई हानि नहीं पहुँचाता।
- **ढाक से वही तीन पात**—फिर-फिर वही बात या दशा।
- **ढोल के भीतर पोल**—केवल दिखावटी शान।
- **तन को कपड़ा न पेट की रोटी**—अत्यधिक दरिद्र।
- **तलवार का खेत हरा नहीं होता**—अत्याचार का फल अच्छा नहीं होता।
- **तिरिया बिन तो नर है ऐसा, राह बटाऊ होवे जैसा**—बिना स्त्री के पुरुष का कोई ठिकाना नहीं।
- **तीन बुलाए तेरह आए, दे दाल में पानी**—समय आ पड़े तो साधन निकाल लेना पड़ता है।
- **तेरी करनी तेरे आगे, मेरी करनी मेरे आगे**—सब को अपने-अपने कर्म का फल भोगना पड़ता है।
- **तुम्हारे मुँह में घी-शक्कर**—तुम्हारी बात सच हो।
- **तुरन्त दान महा कल्यान**—जो करना हो चटपट करें, शुभ कार्य में देर कैसी।
- **तेल तिलों से ही निकलता है**—जो व्यक्ति कुछ देने लायक हो उसी से प्राप्ति होती है।
- **तेल देखो तेल की धार देखो**—सावधानी और धैर्य से काम लो।
- **तेली के बैल को घर ही पचास कोस**—घर में बहुत अधिक काम हो जाता है।
- **तीन में न तेरह में, मृदंग बजावे डेरा में**—निर्द्वन्द्व व्यक्ति सुखी रहता है, तटस्थ रहना।
- **ताँत बजी और राग बूझा**—बोलने से ही योग्यता प्रकट होती है।
- **तीन लोक से मथुरा न्यारी**—अन्य से विशिष्ट या भिन्न होना।
- **तीरथ गए मुँडाए सिर**—जहाँ हो, वहाँ की रीति-रिवाज का पालन करो।
- **थूक कर चाटना**—कही बात से मुकर जाना।
- **थका ऊँट सराय ताकता**—थकने पर विश्राम चाहिए।
- **थूक से सत्तू सानना**—कम सामग्री से काम पूरा करना।
- **दबाने पर चींटी भी चोट करती है**—जिस किसी को दु:ख दिया जाए वह बदला लेता है।
- **दर्जी की सुई, कभी तागे में कभी टाट में**—हर परिस्थिति में सहनशीलता बनाए रखना।
- **दलाल का दिवाला क्या, मस्जिद का ताला क्या**—जिसके पास कुछ है ही नहीं, उसे हानि का क्या डर।
- **दादा कहने से बनिया गुड़ देता है**—मधुर वाणी से काम बन जाता है।
- **दान की बछिया के दांत नहीं देखे जाते**—मुफ्त वस्तु के गुण-अवगुण नहीं परखे जाते।
- **दाम सँवारे सबई काम**—पैसा सब काम करता है।
- **दाल-भात में मूसरचंद**—बीच में दखल देने वाला।
- **दाल में नमक, सच में झूठ**—थोड़ा झूठ तो चल सकता है।
- **दिन भर चले अढ़ाई कोस**—समय बहुत लगा और काम बहुत थोड़ा हुआ।
- **दिल्ली दूर है**—अभी सफलता में देरी है।
- **दीवार के भी कान होते हैं**—रहस्य की बात गुप-चुप करनी चाहिए।
- **दुधारू गाय की लात सहनी पड़ती है**—जिससे कुछ पाना होता है, उसकी धौंस डपट सहनी पड़ती है।
- **न अंधे को न्योता देते न दो जने आते**—गलत आदमी को बुलावा देना।
- **पाप का घड़ा भरकर डूबता है**—पाप जब बहुत बढ़ जाता है तब विनाश होता है।

- **पीर बावर्ची भिस्ती खर**—सब तरह का काम एक को करना पड़ता है।
- **पेड़ फल से जाना जाता है**—कर्म का महत्त्व परिणाम से होता है।
- **पैसा गाँठ का, जोरू साथ की**—अपने पास पैसा और पत्नी हो तो जीवन सुखी रहता है।
- **फलेगा सो झड़ेगा**—उन्नति के पश्चात् अवनति अवश्यम्भावी है।
- **फिसल पड़े तो हर गंगा**—मजबूरी से विवश होकर काम करना।
- **फलूदा खाते दाँत टूटें तो टूटें**—स्वाद के लिए घाटा भी मंजूर।
- **फटी न जाके पाँव बिवाई सो क्या जाने पीर पराई**—जिसने स्वयं दुःख नहीं झेला है, वह दूसरे के दुःख को नहीं समझ सकता।
- **बंदर क्या जाने अदरक का स्वाद**—वह इस वस्तु का महत्व नहीं समझता।
- **बकरी की जान गई, खाने वाले को मजा न आया**—दे चिड़िया अपनी जान से।
- **बकरी ने दूध दिया पर मेंगनी भरकर**—काम किया तो अवश्य, पर सद्भाव से नहीं।
- **बड़े बरतन की खुरचन भी बहुत है**—जहाँ बहुत होता है वहाँ घटते-घटते भी काफी रह जाता है।
- **बड़े मियाँ सो बड़े मियाँ, छोटे मियाँ सुभान अल्लाह**—बड़ों से बढ़कर बात करना।
- **बनिक पुत्र जाने कहा गढ़ लेवे की बात**—छोटा आदमी बड़ा काम नहीं कर सकता।
- **बरतन से बरतन खटकता ही है**—जहाँ चार लोग होते हैं, वहाँ कभी अनबन हो ही जाती है।
- **बहती गंगा में हाथ धो लो**—मौका मिले तो तुरंत उसका लाभ उठाओ।
- **बहुत जोगी मठ उजाड़**—बहुत लोग हो जाएँ तो काम खराब हो जाता है।
- **बाँझ का जाने प्रसव की पीड़ा**—दुःख को दुःखी ही समझता है।
- **भरी थाली में लात मारना**—अभिमान से तिरस्कार करना/परिपूर्ण चीज की उपेक्षा करना।
- **भूल गए रागरंग भूल गए छकड़ी, तीन चीज याद रही नून, तेल, लकड़ी**—गृहस्थी के चक्कर में फँस जाना।
- **मन के लड्डुओं से भूख नहीं मिटती**—मन में सोचने मात्र से इच्छा पूरी नहीं होती।
- **मन चंगा तो कठौती में गंगा**—मन की शुद्धता ही वास्तविक शुद्धता है।
- **मरज बढ़ता गया ज्यों-ज्यों दवा की**—सुधार के बजाय बिगाड़ होता गया।
- **मरता क्या न करता**—मजबूरी में आदमी सब कुछ करता है।
- **मरे को मारे शाह मदार**—दुःखी को दुःखी करना बहादुरी नहीं है।
- **माँ का पेट कुम्हार का आवाँ**—संतानें सभी एक-सी नहीं होती।
- **मानो तो देव नहीं तो पत्थर**—मानो तो आदर, नहीं तो उपेक्षा।
- **माया बादल की छाया**—धन दौलत का कोई भरोसा नहीं।
- **मार के आगे भूत भागे**—मार से सब डरते हैं।
- **मिस्सों से पेट भरता है किस्सों से नहीं**—पेट को खाना चाहिए, केवल बातों से पेट नहीं भरता।
- **मुँह में राम बगल में छुरी**—ऊपर से मित्र, भीतर से शत्रु।
- **मुँह चिकना, पेट खाली**—केवल ऊपरी दिखावा।
- **मुए बैल की बड़ी-बड़ी आँखें**—जो चीज नहीं रही उसकी प्रशंसा।
- **मुफ्त की शराब काजी को भी हलाल**—मुफ्त का माल सभी ले लेते हैं।
- **मुल्ला की दौड़ मस्जिद तक**—घूम-फिरकर एकमात्र ठिकाना।
- **मेरी तेरी आगे, तेरी मेरे आगे**—चुगलखोरी।
- **मैं की गरदन पर छुरी**—अहंकार का नाश।
- **मोरी की ईंट चौबारे पर**—छोटी चीज का बड़े काम में लाना।
- **यह मुँह और मसूर की दाल**—अपनी औकात से बढ़कर बात करना।
- **योगी था सो उठ गया आसन रही भभूत**—पुराना गौरव समाप्त।
- **रघुकुल रीति सदा चली आई प्राण जाएँ पर वचन न जाई**—अपने वचन का पालन करना चाहिए।
- **रस्सी का साँप बन गया**—बात का बतंगड़ बन गया।
- **रस्सी जल गई पर ऐंठन न गई**—सर्वनाश हो गया पर घमंड नहीं गया।
- **राजहंस बिन को करे छीर नीर अलगाव**—न्याय करना बहुत कठिन काम है।
- **राजा के घर मोतियों का काल**—यहाँ किसी वस्तु का अभाव नहीं है।
- **रातों रोई एक ही मुआ**—थोड़ी चीज के लिए कष्ट अधिक।
- **शर्म की बहू नित भूखी मरे**—शर्म करने में कष्ट उठाना पड़ता है।
- **शेरों का मुँह किसने धोया**—सामर्थ्यवान् के लिए कोई उपाय नहीं।
- **सहज पके सो मीठा होए**—आराम से किया गया काम सुखकर होता है।
- **साँच को आँच नहीं**—सच्चे आदमी को कोई खतरा नहीं।
- **साँप के मुँह में छछूँदर, निगले अंधा, उगले तो कोढ़ी**—दुविधा में पड़ जाना।
- **साँप मरे न लाठी टूटे**—बिना बल प्रयोग के काम हो जाए।
- **सारी उम्र भाड़ ही झोंका**—कुछ सीख पाया नहीं।
- **सावन के अंधे को हरा ही दिखाई देता है**—पक्षपात में दूसरे पक्ष की नहीं सूझती।
- **सिंह के वंश में उपजा स्यार**—बहादुरों की कायर संतान।
- **सिर तो नहीं खुजला रहा**—(तुम्हारा) जी मार खाने को हो रहा है।
- **सिर मुँड़ाते ही ओले पड़े**—शुरू में ही विघ्न पड़ गया।
- **सीधे का मुँह कुत्ता चाटे**—सीधेपन का लोग अनुचित लाभ उठाते हैं।
- **सूखे धान पड़ा क्या पानी**—समय पर सहायता न मिली तो बेकार।
- **सूरज धूल डालने से नहीं छिपता**—गुणी व्यक्ति का गुण प्रकट हो ही जायेगा।
- **सेर को सवा सेर**—एक से बढ़कर दूसरा।
- **सोने में सुगंध/सुहागा**—गुणा के साथ कोई और विशेषता।
- **सौ सुनार की एक लोहार की**—क्रिया को फैलाने की अपेक्षा एकदम कर डालना अच्छा होता है।
- **हर्रा/हींग लगे न फिटकरी रंग चोखा होए**—खर्च भी न हो और काम भी बन जाए।
- **हथेली पर सरसों जमाना**—बात कहते ही कार्य सम्पन्न होने की इच्छा करना।
- **हजारों टाँकी सहकर महादेव होते हैं**—कठिनाइयाँ झेलते-झेलते आदमी ऊँचा पद पाता है।
- **हम साँप नहीं जो हवा पीकर जियें**—भर पेट खाना चाहिए।
- **हर मर्ज की दवा**—हर बात का उपाय है।
- **हराम की कमाई हराम में गँवाई**—बेईमानी का पैसा बुरे कामों में लग जाता है।
- **हींजड़े के घर बेटा हुआ**—असंभव बात।
- **हाँडी का एक ही चावल देखते हैं**—किसी परिवार जाति या देश के एक ही आदमी देखने से पता चल जाता है कि शेष कैसे होंगे।
- **हाथी के दाँत खाने के और दिखाने के और**—करना कुछ, कहना कुछ। दिद्वरंगी चाल।
- **हाथी निकल गया, पूँछ रह गई**—अधिकांश काम का पूरा हो जाना।
- **हिमायती की घोड़ी ऐराकी को लात मारे**—बड़े का सहारा पाकर अपने से बड़ों तथा शक्तिशाली से उलझना।
- **हवन करते हाथ जलते हैं**—भलाई के प्रतिफल में बुराई मिलना।
- **हीरे की परख जौहरी ही करते हैं**—गुण की पहचान गुणी को ही होती है।
- **हाथ सुमरनी बगल कतरनी**—मन में कुछ और प्रत्यक्ष में कुछ और। ऊपर से निर्मल भीतर से कलुषित।

प्रश्नमाला

1. चोर-चोर मौसेरे भाई का अर्थ है–
(a) चोरों के बीच मौसेरे भाईयों जैसा सम्बन्ध होता है।
(b) अपराधियों में भिन्नता अपने आप हो जाती है।
(c) जो चोर है उसका मौसेरा भाई भी चोर होगा।
(d) अपराधी प्रवृत्ति के लोगों में घनिष्ठ मित्रता होती है।

2. छछूँदर के सिर में चमेली का तेल का अर्थ है–
(a) छछूँदर के सिर में चमेली का तेल लगाने से भी उसकी बदबू नहीं जाती।
(b) अयोग्य व्यक्ति के पास अच्छी वस्तु का होना एक विडम्बना ही है।
(c) अयोग्य व्यक्ति अच्छी वस्तु की कीमत क्या जाने?
(d) जो व्यक्ति जिस वस्तु का पात्र नहीं है वह उसे नहीं देना चाहिए।

3. छोटे मियाँ तो छोटे मियाँ, बड़े मियाँ तो सुभान अल्लाह का अर्थ है–
(a) छोटे से भी बढ़कर दोष बड़े में होना।
(b) बड़े के समान छोटे की क्या बिसात?
(c) बड़े छोटे से अधिक पूज्य होते हैं।
(d) छोटे-छोटे होते हैं और बड़े-बड़े ही हैं।

4. जंगल में मोर नाचा, किसने देखा का अर्थ है–
(a) मोर की बस्ती के आस-पास नाचना ठीक रहता है।
(b) मोर का नाच देखने भला जंगल में कौन जायगा?
(c) गुण का प्रदर्शन उपयुक्त स्थान में होना चाहिए।
(d) मनोरंजन का कार्यक्रम नगर में ही ठीक होता है।

5. जाके पाँव ने फटी बिवाई सो क्या जाने पीर पराई का अर्थ है–
(a) पैर की बिवाई का कष्ट वही जानता है जिसे वह होती है।
(b) स्वयं भुक्तभोगी हुए बिना पराया दुख समझ में नहीं आता।
(c) दूसरों के दुख में सहानुभूति होने के लिए स्वयं दुख झेलना जरूरी है।
(d) पर दुख-कातरता कुछ ही लोगों में होती है।

6. नक्कार खाने में तूती की आवाज का अर्थ है–
(a) जहाँ नगाड़ा बोल रहा है वहाँ पिपहरी की आवाज सुनाई नहीं पड़ सकती।
(b) बड़े लोगों के सामने छोटो की सुनवाई नहीं होती।
(c) अपनी बात मनवाने के लिए ऊँची आवाज में कहना चाहिए।
(d) नक्कार खाने में तुती की आवाज मधुर लगती है।

7. नाम बड़े पर दर्शन थोड़े का अर्थ है–
(a) नाम बड़ा हो, पर सूरत-शक्ल बौने जैसी।
(b) नाम चारों ओर फैला हो, पर दिखाई कहीं न दे।
(c) मिथ्या प्रसिद्धि
(d) प्रचार चारों ओर, पर दर्शन कभी ही कभी।

8. नाच न जाने, आँगन टेढ़ा का अर्थ है–
(a) आँगन टेढ़ा होने पर अच्छा नृत्य-प्रदर्शन नहीं हो सकता।
(b) जिसे नाचना नहीं आता, वह आँगन टेढ़ा होने का बहाना बनाता है।
(c) कमी अपने में हो, पर उसका दोष साधनों या औरों के सिर मढ़ना।
(d) योग्यता हो तो उसकी अभिव्यक्ति बाधाओं के होते हुए भी हो जाती है।

9. हँसुए के ब्याह में खुरपी का गीत का अर्थ है–
(a) शादी का गीत गाना
(b) जश्न मनाना
(c) असंगत बातें करना
(d) निचले स्तर का कार्य करना

10. अंधे के आगे रोये, अपना नैना खोये का अर्थ है–
(a) अयोग्य व्यक्ति से कहना
(b) अभावग्रस्त व्यक्ति से याचना सफल नहीं हो सकती
(c) हृदयहीन व्यक्ति से दया की याचना करना
(d) अत्याचारी से कुछ माँगने जाने का अर्थ है कि अपने पास जो कुछ है वह भी लुट जाय

11. जस दूल्हा तस बना बराता का अर्थ है–
(a) संगठन से ही कार्य सिद्ध होता है।
(b) सुन्दर वस्तु के साथ ही सुन्दर वस्तु का मेल होना
(c) सभी साथी एक ही जैसे
(d) बेढंगा होना

12. आडम्बर बहुत, किन्तु वास्तविकता कुछ नहीं के लिए सही लोकोक्ति है–
(a) आँख का अंधा नाम नयनसुख
(b) ऊँची दुकान फीका पकवान
(c) ऊँट के मुँह में जीरा
(d) खोदा पहाड़ निकली चुहिया

13. पुचकारने पर कुत्ता सिर चढ़े का अर्थ है–
(a) पुचकारने पर कुत्ता भी प्यार दिखाता है
(b) ओछे लोग मुँह लगाने पर अनुचित लाभ उठाते हैं
(c) ओछे लोग ही इस जमाने में तरक्की कर सकते हैं
(d) नगण्य व्यक्ति को कभी अपमानित नहीं करना चाहिए

14. तीन दिन मेहमान चौथे दिन हैवान का अर्थ है–
(a) आतिथ्य थोड़े दिन का ही अच्छा होता है
(b) अतिथि का कभी अनादर नहीं करना चाहिए
(c) मेहमान भी कभी-कभी शैतान बन जाता है
(d) ससुराल में दामाद को अधिक दिन नहीं रहना चाहिए

15. तबेले की बला बन्दर के सिर का अर्थ है–
(a) किसी की शिकायत दूसरों से करना
(b) एक-दूसरे से लड़वाना
(c) किसी का अपराध दूसरे के सिर
(d) अपना दोष दूसरों पर सिर मँढ़ना

16. एक और एक ग्यारह होते हैं का अर्थ है–
(a) संसार में सब सम्भव है
(b) भीड़ में बल है
(c) गणित विद्या में निपुणता प्राप्त करना
(d) संगठन में शक्ति है

17. कुम्हार अपना ही घड़ा सराहता है का अर्थ है–
(a) अपनी ही प्रशंसा करना
(b) अपनी बनाई हुई वस्तु सबको अच्छी लगती है
(c) किसी को बोलने नहीं देना
(d) दूसरों की वस्तु को तुच्छ समझना

18. ऊँट के मुँह में जीरा का अर्थ है–
(a) ऊँट भला जीरे का स्वाद क्या जाने?
(b) ऊँट के इतने बड़े मुँह में तनिक सा जीरा क्या मालूम पड़ेगा।
(c) जरूरत बड़ी हो तो चीज की अल्प मात्रा से काम नहीं चल सकता।
(d) छोटे आदमी से बड़े आदमी का काम नहीं निकल सकता।

19. ऊँट किस करवट बैठता है का अर्थ है–
(a) ऊँट के बारे में कोई नहीं कह सकता कि वह किस बल बैठेगा।
(b) ऊँट का स्वभाव अनिश्चयात्मक होता है।
(c) जब दो पक्षों में मत-भेद या विग्रह की स्थिति हो तब कोई नहीं कह सकता कि अंत में निर्णय किसके पक्ष में होगा।
(d) अनिश्चय की स्थिति दुखदायी होती है।

20. ऊधौ की पगड़ी माधों के सिर पर अर्थ है–
(a) ऊधौ की इज्जत का भार माधो पर।
(b) एक का दोष दूसरे के सिर मढ़ना।
(c) किसी का दायित्व किसी को ओढ़ाना।
(d) एक का भाग दूसरे के सिर पर डालना।

21. **खोदा पहाड़ निकली चुहिया का अर्थ है—**
(a) आशा के विपरीत अधिक लाभ
(b) अभिलाषा की पूर्ति न होना
(c) प्रयास का विफल होना
(d) परिश्रम अत्यधिक परिणाम अति तुच्छ।

22. **एक चुप सौ को हराए का अर्थ है—**
(a) मौन एक उपयोगी मंत्र है।
(b) शत्रु को हराने के लिए मौन का सहारा लेना चाहिए।
(c) अधिक बोलना ठीक नहीं।
(d) वार्तालाप में शक्ति व्यय नहीं करना चाहिए।

23. **एक अनार सौ बीमार का अर्थ है—**
(a) दवा थोड़ी और मरीज अधिक
(b) जरा सी चीज और उसमें हिस्सा बँटाने वाले बीसियों।
(c) एक वस्तु के कई हिस्सेदार
(d) एक वस्तु कई में बँटने पर बेकार हो जाती है।

24. **एक हाथ से ताली नहीं बजती का अर्थ है—**
(a) झगड़ा दोनों या कई पक्षों के कारण होता है।
(b) एक हाथ बेकार होता है, जब तक कि दूसरा भी उसकी सहायता न करें।
(c) मित्रता के लिए कम से कम दो व्यक्ति चाहिए।
(d) बिना दो के प्रेम नहीं हो सकता।

25. **काला अक्षर भैंस बराबर का अर्थ है—**
(a) छिद्रान्वेषी होना
(b) समदर्शी होना
(c) अनपढ़ होना
(d) अदूरदर्शी होना

26. **गए थे रोजा छुड़ाने, नमाज गले पड़ी का अर्थ है—**
(a) मुश्किल में पड़ जाना
(b) कष्ट पहुँचना
(c) गरीब हो जाना
(d) उपकार करने के बदले स्वयं को दुःख भोगना पड़ा

27. **गंगा गए गंगादास, जमुना गए जमुनादास का अर्थ है—**
(a) अपने-अपने घर जाना
(b) अपना-अपना काम करना
(c) किसी की नहीं सुनना
(d) जिसका कोई दृढ़ सिद्धान्त नहीं होता।

28. **कहाँ राजा भोज कहाँ गंगू तेली का अर्थ है—**
(a) ऊटपटांग बात करना
(b) राजा और सामान्य व्यक्ति की तुलना
(c) राजा भोज और गंगू तेली के बीच तुलना करने का प्रयास
(d) आकाश-पाताल का अन्तर होना

29. **टूट चाप नहिं जुरै रिसाने का अर्थ है—**
(a) टूटा धनुष क्रोध करने से नहीं जुड़ता
(b) चिन्ता छोड़ो सुख से जिओ
(c) नुकसान के लिए परेशान नहीं होना चाहिए
(d) नुकसान हो जाने पर क्रोध करना व्यर्थ है

30. **अंधा पावै आँखें तो पतियाय का अर्थ है—**
(a) सबसे मूल्यवान वस्तु प्राप्त करके प्रसन्न होना
(b) अभीष्ट की प्राप्ति होने पर विश्वास का जमना
(c) असंभव की चाह होना
(d) असंभव को संभव कर दिखाना

31. **यह प्रेम का पंथ कराल महा के लिए सही लोकोक्ति है—**
(a) अरु नेह सों नातो बड़ावतो है
(b) तरवारि की धार पै धावनो है
(c) दुखदाई और घोर सतावनी है
(d) मन ही मन में उर भावनी है

32. **राम नाम जपना, पराया माल अपना का अर्थ है—**
(a) दान करना
(b) सर्वज्ञ होना
(c) धोखे से धन जमा करना
(d) दूसरों से सहानुभूति रखना

33. **सौ सयाने एक मत का अर्थ है—**
(a) कुछ भी निश्चय न कर पाना
(b) ज्यादा चालाक बनना
(c) अच्छे विचारों में भिन्नता होना
(d) बुद्धिमानों के विचार एक से होते हैं

34. **खाइये मनभाता पहनिये जगभाता का अर्थ है—**
(a) खाने पीने में अपनी रुचि का ध्यान रखिए, किन्तु पहनना वह चाहिए जो दूसरों को आपके ऊपर अच्छा लगे।
(b) निजी जीवन जैसी स्वतंत्रता सार्वजनिक जीवन में नहीं खोजनी चाहिए।
(c) खान-पान और पहनने-ओढ़ने के नियम भिन्न-भिन्न हैं।
(d) वेषभूषा वह होना चाहिए जो दूसरों को अच्छी लगे।

35. **कहने पर धोबी गधे पर नहीं चढ़ता का अर्थ है—**
(a) हर एक अपनी इच्छा के अनुसार कार्य करता है।
(b) किसी को कोई कार्य करने की विवश नहीं किया जा सकता
(c) धोबी का गधा लादी ढोने के लिए है, चढ़ने के लिए नहीं।
(d) धोबी स्वतंत्र प्रकृति का मनुष्य होता है।

36. **कोयले की दलाली में मुँह काला का अर्थ है—**
(a) काले धंधे में हाथ नहीं डालना चाहिए।
(b) खराब काम का नतीजा खराब होता है।
(c) कोयले के धंधे में कालिख नहीं लगेगी तो क्या होगा?
(d) बुरे काम से सिवा अपयश के कुछ नहीं मिलता।

37. **खरबूजे को देख कर खरबूजा रंग बदलता है का अर्थ है—**
(a) एक को देखकर दूसरे का उसकी नकल करना
(b) मदद के लिए तैयार रहना
(c) एक खरबूजा पकने के साथ ही सभी पकते हैं।
(d) एक-दूसरे की सहायता करना

उत्तरमाला

1. (d)	**2.** (b)	**3.** (a)	**4.** (c)	**5.** (b)	**6.** (b)	**7.** (c)	**8.** (c)	**9.** (c)	**10.** (a)
11. (c)	**12.** (b)	**13.** (b)	**14.** (a)	**15.** (c)	**16.** (d)	**17.** (b)	**18.** (c)	**19.** (d)	**20.** (b)
21. (d)	**22.** (a)	**23.** (c)	**24.** (a)	**25.** (c)	**26.** (d)	**27.** (d)	**28.** (d)	**29.** (d)	**30.** (b)
31. (b)	**32.** (c)	**33.** (d)	**34.** (b)	**35.** (a)	**36.** (d)	**37.** (a)			

❑❑❑

6

अध्याय

सामासिक पदों की रचना और समास विग्रह

समास

परिभाषा

दो या दो से अधिक शब्दों के मिलने से बने शब्द को '**सामासिक पद**' या '**समास**' कहते हैं।

समास के भेद

समास के छः भेद होते हैं–

1. **अव्ययीभाव समास**–जिस सामासिक शब्द में प्रथम पद अव्यय तथा प्रधान होता है, उसे अव्ययीभाव समास कहते हैं; जैसे–

यथाशीघ्र	शीघ्रता से
सानन्द	आनन्द सहित
आजन्म	जन्म भर

2. **तत्पुरुष समास**–जिस सामासिक शब्द में दूसरे पद की प्रधानता होती है तथा विभक्ति चिह्न लुप्त हो जाता है, उसे तत्पुरुष समास कहते हैं; जैसे–

सुखप्रद	सुख को देने वाला
जन्मांध	जन्म से अंधा
आपबीती	अपने पर बीती

3. **कर्मधारय समास**–जिस सामासिक शब्द में उत्तर पद प्रधान होता है, उसे कर्मधारय समास कहते हैं। इसमें पूर्व पद विशेषण और उत्तर पद विशेष्य होता है; जैसे–

महात्मा	महान है जो आत्मा
पुरुषोत्तम	पुरुषों में उत्तम
चंद्रमुख	चंद्रमा के समान मुख

4. **द्विगु समास**–जिस सामासिक शब्द का प्रथम पद संख्यावाची और अन्तिम पद संज्ञा हो, उसे द्विगु समास कहते हैं; जैसे–

चौमासा	चार महीनों का समूह
पंचवटी	पाँच वटों का समूह
सप्त सिंधु	सात नदियों का समूह

5. **द्वन्द्व समास**–जिस सामासिक शब्द के दोनों पद प्रधान हों, दोनों पद संज्ञाएँ अथवा विशेषण हों, उसे द्वन्द्व समास कहते हैं; जैसे–

राम-कृष्ण	राम और कृष्ण
कंद-मूल	कंद और मूल
भला-बुरा	भला या बुरा

6. **बहुब्रीहि समास**–इस सामासिक पद में कोई भी शब्द प्रधान नहीं होता, बल्कि दोनों शब्द मिलकर एक नया अर्थ प्रकट करते हैं; जैसे–

दुरंगा	दो रंगों वाला
निर्जन	निकल गए जन जहाँ से
चक्रपाणि	चक्र है हाथ में जिसके

प्रश्नमाला

1. 'राजभाषा' में समास बताइए–
(a) अव्ययीभाव (b) द्विगु
(c) द्वन्द्व (d) तत्पुरुष

2. 'रुपया-पैसा' में समास बताइए–
(a) अव्ययीभाव
(b) द्वन्द्व
(c) द्विगु
(d) तत्पुरुष

3. सामासिक पद में पूर्व पद में आए संख्या बोधक शब्द किस समास के अन्तर्गत आता है?
(a) तत्पुरुष समास (b) द्विगु समास
(c) कर्मधारय समास (d) बहुब्रीहि समास

4. सामासिक पद में दोनों पद प्रधान होते हैं?
(a) द्वन्द्व समास में
(b) द्विगु समास में
(c) बहुब्रीहि समास में
(d) तत्पुरुष समास में

5. 'मानापमान' शब्द में कौन-सा समास है?
(a) द्वन्द्व समास
(b) द्विगु समास
(c) बहुब्रीहि समास
(d) तत्पुरुष समास

6. विशेषण और विशेष्य के योग से कौन-सा समास बनता है?
(a) द्विगु (b) द्वन्द्व
(c) कर्मधारय (d) तत्पुरुष

7. 'नीललोहित' में किस प्रकार का समास है?
(a) अव्ययीभाव (b) द्वन्द्व
(c) कर्मधारय (d) बहुब्रीहि

8. 'निर्भय' शब्द में कौन-सा समास है?
(a) अव्ययीभाव
(b) तत्पुरुष
(c) द्वन्द्व
(d) द्विगु

9. 'सूर्योदय' में प्रयुक्त समास बताइए–
(a) द्विगु (b) द्वन्द्व
(c) अव्ययीभाव (d) तत्पुरुष

10. 'युधिष्ठिर' में समास बताइए–
(a) द्वन्द्व (b) बहुब्रीहि
(c) द्विगु (d) तत्पुरुष

11. 'सुख-दुख' में कौन-सा समास है?
(a) द्वन्द्व (b) द्विगु
(c) अव्ययीभाव (d) कर्मधारय

12. किस समास में दोनों पद मिलकर एक नया अर्थ प्रकट करते हैं?
(a) बहुब्रीहि (b) द्वन्द्व
(c) कर्मधारय (d) तत्पुरुष

13. निम्नांकित में कौन-सा पद अव्ययीभाव समास है?
(a) गृहागत (b) आचारकुशल
(c) प्रतिदिन (d) कुमारी

14. 'हाथोंहाथ' शब्द में कौन-सा समास है?
(a) तत्पुरुष (b) अव्ययीभाव
(c) द्वन्द्व (d) बहुब्रीहि

15. 'देशनिकाला' शब्द में प्रयुक्त समास है—
(a) तत्पुरुष (b) अव्ययीभाव
(c) द्विगु (d) बहुब्रीहि

16. 'विद्यार्थी' में कौन-सा समास है?
(a) तत्पुरुष (b) कर्मधारय
(c) बहुब्रीहि (d) द्विगु

17. 'कन्यादान' में कौन-सा समास है?
(a) बहुब्रीहि (b) तत्पुरुष
(c) द्विगु (d) कर्मधारय

18. 'पथभ्रष्ट' में कौन-सा समास है?
(a) कर्मधारय (b) तत्पुरुष
(c) द्विगु (d) द्वन्द्व

19. 'देशसेवा' में समास बताइए—
(a) कर्मधारय (b) द्विगु
(c) तत्पुरुष (d) बहुब्रीहि

20. 'पदारविन्द' में कौन-सा समास है?
(a) कर्मधारय समास
(b) द्विगु समास
(c) तत्पुरुष समास
(d) बहुब्रीहि समास

21. 'अनुराग-विराग' शब्द में कौन-सा समास है?
(a) तत्पुरुष समास (b) द्वन्द्व समास
(c) कर्मधारय समास (d) बहुब्रीहि समास

22. 'देशांतर' में कौन-सा समास है?
(a) बहुब्रीहि (b) द्विगु
(c) तत्पुरुष (d) कर्मधारय

23. 'दीनानाथ' में कौन-सा समास है?
(a) कर्मधारय (b) बहुब्रीहि
(c) द्विगु (d) द्वन्द्व

24. 'निशाचर' में कौन-सा समास है?
(a) अव्ययीभाव (b) कर्मधारय
(c) द्वन्द्व (d) बहुब्रीहि

25. 'चौराहा' में कौन-सा समास है?
(a) बहुब्रीहि (b) तत्पुरुष
(c) अव्ययीभाव (d) द्विगु

26. 'जितेन्द्रिय' में कौन-सा समास है?
(a) द्वन्द्व (b) बहुब्रीहि
(c) तत्पुरुष (d) कर्मधारय

27. 'देवासुर' में कौन-सा समास है?
(a) बहुब्रीहि (b) कर्मधारय
(c) तत्पुरुष (d) द्वन्द्व

28. 'प्रत्यक्ष' शब्द किस समास का उदाहरण है?
(a) अव्ययीभाव (b) तत्पुरुष
(c) कर्मधारय (d) द्वन्द्व

29. 'पंकज' में कौन-सा समास है?
(a) द्वन्द्व (b) कर्मधारय
(c) द्विगु (d) बहुब्रीहि

30. 'वनवास' में कौन-सा समास है?
(a) तत्पुरुष (b) कर्मधारय
(c) द्वन्द्व (d) बहुब्रीहि

31. 'पंचवटी' में कौन-सा समास है?
(a) द्वन्द्व (b) द्विगु
(c) तत्पुरुष (d) कर्मधारय

32. जिस समास का पूर्व खण्ड प्रधान हो, वह है—
(a) तत्पुरुष (b) द्वन्द्व
(c) अव्ययीभाव (d) बहुब्रीहि

33. जिस समास के दोनों खण्ड प्रधान न हों, वह है—
(a) तत्पुरुष (b) द्वन्द्व
(c) अव्ययीभाव (d) बहुब्रीहि

34. 'पाप-पुण्य' शब्दांश में कौन-सा समास है?
(a) द्वन्द्व समास (b) द्विगु समास
(c) तत्पुरुष समास (d) कर्मधारय समास

35. 'सचेत' जिसका विग्रह है, चेतना के साथ है जो, में समास है—
(a) कर्मधारय समास (b) द्विगु समास
(c) तत्पुरुष समास (d) बहुब्रीहि समास

36. 'स्वर्गवासी' में समास बताइए—
(a) तत्पुरुष (b) द्वन्द्व
(c) द्विगु (d) कर्मधारय

37. 'वक्रतुण्ड (गणेश)' में समास बताइए—
(a) द्वन्द्व (b) द्विगु
(c) बहुब्रीहि (d) तत्पुरुष

38. 'यथाशक्ति' अर्थात् शक्ति के अनुसार वाक्यांश में कौन-सा समास है?
(a) अव्ययीभाव (b) तत्पुरुष समास
(c) द्वन्द्व समास (d) द्विगु समास

39. 'मुँहतोड़' अर्थात् 'मुँह को तोड़ने वाला' शब्द में कौन-सा समास है?
(a) द्वन्द्व समास (b) द्विगु समास
(c) तत्पुरुष समास (d) कर्मधारय

40. 'नरसिंह' में समास बताइए—
(a) द्विगु (b) द्वन्द्व
(c) कर्मधारय (d) अव्ययीभाव

41. 'इकलौता' शब्द में समास बताइए—
(a) द्वन्द्व (b) द्विगु
(c) तत्पुरुष (d) कर्मधारय

42. 'हस्तलिखित' शब्द में कौन-सा समास है?
(a) कर्मधारय समास (b) तत्पुरुष समास
(c) द्विगु समास (d) बहुब्रीहि समास

43. 'मृगनयन' शब्द में कौन-सा समास है?
(a) तत्पुरुष समास (b) द्विगु समास
(c) कर्मधारय समास (d) बहुब्रीहि समास

44. 'चतुर्भुज' में कौन-सा समास है?
(a) द्वन्द्व (b) बहुब्रीहि
(c) तत्पुरुष (d) कर्मधारय

45. 'भांई-बहन' में कौन-सा समास है?
(a) द्वन्द्व (b) बहुब्रीहि
(c) द्विगु (d) तत्पुरुष

46. 'धर्माधर्म' में कौन-सा समास है?
(a) तत्पुरुष (b) अव्ययीभाव
(c) द्वन्द्व (d) द्विगु

47. 'राधाकृष्ण' में कौन-सा समास है?
(a) तत्पुरुष (b) द्वन्द्व
(c) द्विगु (d) बहुब्रीहि

48. 'सिंहवाहिनी (दुर्गा)' में कौन-सा समास है?
(a) द्वन्द्व (b) द्विगु
(c) बहुब्रीहि (d) तत्पुरुष

49. 'शरणागत' में कौन-सा समास है?
(a) कर्मधारय (b) तत्पुरुष
(c) बहुब्रीहि (d) द्विगु

50. 'संगीतज्ञ' में समास है—
(a) द्विगु (b) द्वन्द्व
(c) कर्मधारय (d) तत्पुरुष

51. 'यथासाध्य' में कौन-सा समास है?

(a) द्वन्द्व (b) अव्ययीभाव

(c) कर्मधारय (d) तत्पुरुष

52. 'गृहागत' अर्थात् 'गृह को आगत' शब्दांश में कौन-सा समास है?

(a) तत्पुरुष समास

(b) कर्मधारय समास

(c) द्विगु

(d) अव्ययी-भाव

53. 'चौराहा' में समास है–

(a) बहुब्रीहि (b) तत्पुरुष

(c) अव्ययीभाव (d) द्विगु

54. 'दिनकर' में समास है–

(a) तत्पुरुष (b) द्विगु

(c) द्वन्द्व (d) कर्मधारय

उत्तरमाला

1. (d)	**2.** (b)	**3.** (b)	**4.** (a)	**5.** (a)	**6.** (c)	**7.** (c)	**8.** (a)	**9.** (d)	**10.** (b)
11. (a)	**12.** (a)	**13.** (c)	**14.** (b)	**15.** (a)	**16.** (a)	**17.** (b)	**18.** (b)	**19.** (c)	**20.** (a)
21. (b)	**22.** (c)	**23.** (a)	**24.** (d)	**25.** (d)	**26.** (b)	**27.** (d)	**28.** (a)	**29.** (d)	**30.** (a)
31. (b)	**32.** (c)	**33.** (d)	**34.** (a)	**35.** (d)	**36.** (a)	**37.** (c)	**38.** (a)	**39.** (c)	**40.** (c)
41. (b)	**42.** (b)	**43.** (c)	**44.** (b)	**45.** (a)	**46.** (c)	**47.** (b)	**48.** (c)	**49.** (b)	**50.** (d)
51. (b)	**52.** (b)	**53.** (d)	**54.** (a)						

❑❑❑

7

अध्याय

विपरीतार्थक (विलोम) शब्द

जिस शब्द से किसी दूसरे विशिष्ट शब्द का उल्टा अर्थ निकले उसे विलोम शब्द कहते हैं। विलोम अर्थ वाले शब्दों को लिखते समय यह ध्यान रखना आवश्यक है कि शब्द जैसा हो (अर्थात् संज्ञा, सर्वनाम, विशेषण इत्यादि) उसका विलोम शब्द भी उसी कोटि का होना आवश्यक है।

शब्द	विलोम	शब्द	विलोम
अनुरक्त	विरक्त	अनुरक्ति	विरक्ति
अनुराग	विराग	अनुशासित	अनुशासनहीन
अन्यायी	न्यायी, न्यायशील	अन्वित	अनन्वित
अपकर्ष	उत्कर्ष	अपनापन	परायापन
अपमान	सम्मान	अपेक्षा	उपेक्षा
अभिज्ञता	अनभिज्ञता	अभिनंदनीय	निन्दनीय
अभिमानी	निरभिमान	अभिलषित	अनभिलषित
अभिव्यक्त	अनभिव्यक्त	अभिहित	अनभिहित
अभ्यस्त	अनभ्यस्त	अभ्यास	अनभ्यास
अमावस्या	पूर्णिमा	अमित	परिमित
अमृत	विष	अर्जित	अनर्जित
अर्थ	अनर्थ	अर्थवान	अर्थहीन, निरर्थक
अर्पण	ग्रहण	अर्हता	अनर्हता
अल्पज्ञ	बहुज्ञ	अल्पप्राण	महाप्राण
अल्पमत	बहुमत	अल्पायु	दीर्घायु
अवगत	अनवगत	अवनत	उन्नत
अवर	प्रवर	अवलंबित	अनवलंबित
अवशेष	नि:शेष	अवसर	अनवसर
अवाक्	सवाक्	अशक्त	सशक्त
अविचल	विचल, डाँवाडोल, ढुलमुल	अश्लील	श्लील
असली	नकली	असीम	ससीम
अस्त	उदय	अस्तित्व	अनस्तित्व
अस्वस्थ	स्वस्थ	अंगीकरण	अनंगीकरण
अंत	आदि	अन्तर्द्वन्द्व	बहिर्द्वन्द्व
अंतर्मुखी	बहिर्मुखी	अंदर	बाहर
अंधेरा	उजाला	अकंटक	कंटकित
अकेला	दुकेला	अक्षत	विक्षत
अक्षम	सक्षम	अगम	सुगम
अगला	पिछला	अगाड़ी	पिछाड़ी
अग्नि	जल	अग्र	पश्च
अग्रज	अनुज	अच्छा	बुरा, खराब
अच्छाई	बुराई	अच्युत	च्युत
अटल	डाँवाडोल, ढुलमुल	अतिक्रमण	अनतिक्रमण
अतिवृष्टि	अनावृष्टि	अहंकार	अनहंकार

शब्द	विलोम	शब्द	विलोम
अहंकारी	निरहंकारी	अत्यधिक	अत्यल्प
अथाह	छिछला	अदृश्य	दृश्य
अद्यतन	अनद्यतन, पुरातन	अधम	उत्तम
अधिकता	अल्पता	अधिकारी	अनधिकारी
अधिकृत	अनधिकृत	अधिगत	अनधिगत
अधिगम्य	अनधिगम्य	अधिष्ठित	अनधिष्ठित
अनंत	सांत, ससीम	अनाजी	फलाहारी
अनाथ	सनाथ	अनाहूत	आहूत
अनुकूल	अननुकूल, प्रतिकूल	अनुक्रिया	प्रतिक्रिया
अनुग्रह	विग्रह	अनुज	अग्रज
अनुदार	उदार	अनुभवी	अनुभवहीन
अनुभूत	अननुभूत	अनुमत	अननुमत
आकर्षण	विकर्षण	आपत्ति	सम्पत्ति
आस्तिक	नास्तिक	आध्यात्मिक	सांसारिक
आशा	निराशा	आक्रमण	प्रतिरक्षा
आय	व्यय	आशावादी	निराशावादी
आर्य	अनार्य	आस्था	अनास्था
आहत	अनाहत	आसीन	अनासीन
आजादी	गुलामी	आगामी	विगत
आद्य	अंत्य	आरम्भिक	अंतिम
आवश्यक	अनावश्यक	आधुनिक	प्राचीन
आगम	निर्गम	आसक्ति	विरक्ति
आकर्षण	अनाकर्षण	आमदनी	खर्च
आडम्बर	निराडम्बर	आत्मावलम्बी	परावलम्बी
आह्वान	विसर्जन	आदरणीय	निन्दनीय
आकीर्ण	विकीर्ण	आहत	अनाहत
आमदनी	खर्च	इच्छा	अनिच्छा
आवर्तक	अनावर्तक	आकाश	पाताल
आहूत	अनाहूत	आहार	निराहार
आक्रांत	अनाक्रांत	आगत	निर्गत
आदि	अंत	आपूरित	रिक्त
आभ्यान्तर	बाह्य	आनन्द	शोक
आज्ञाकारी	अवज्ञाकारी	आधिक्य	अभाव
आर्द्र	शुष्क	आराम	तकलीफ
आर्ष	अनार्ष	आधार	निराधार
आकुंचन	प्रसरण	आरम्भ	अंत
आभूषित	अनाभूषित	आहत	अनाहत
इहलोक	परलोक	इच्छा	अनिच्छा

शब्द	विलोम	शब्द	विलोम
इच्छित	अनिच्छित, अनचाहा	इज्जत	बेइज्जती
इष्ट	अनिष्ट	ईप्सित	अनीप्सित
ईमानदार	बेईमान	ईमानदारी	बेईमानी
उक्त	अनुक्त	उग्र	सौम्य
उच्चरित	अनुच्चरित	उच्च	अनुच्च, निम्न, नीचा
उच्छिष्ट	अनुच्छिष्ट	उज्ज्वल	धूमिल
उठना	बैठना	उतरना	चढ़ना
उतार	चढ़ाव	उत्कृष्टता	निकृष्टता
उत्तम	अनुत्तम, अधम	उत्तरायण	दक्षिणायन
उत्तरित	अनुत्तरित	उत्तेजन	प्रशमन
उत्तेजित	अनुत्तेजित, शांत	उत्पन्न	अनुत्पन्न, मृत
उत्पादक	अनुत्पादक	उत्साही	अनुत्साही
उत्सुक	अनुत्सुक	उत्सुकता	अनुत्सुकता
उदात्त	अनुदात्त	उदार	अनुदार, कृपण
उदासीन	आसक्त	उदारता	अनुदारता, कृपणता
उदित	अस्त	उद्धत	अनुद्धत
उद्भव	अवसान	उद्यत	अनुद्यत
उद्यम	आलस्य	उद्यमी	आलसी, निरुद्यम
उद्विग्न	अनुद्विग्न, निरुद्विग्न	उद्वेग	निरुद्वेग
उन्नत	अनुन्नत, अवनत	उन्नति	अवनति, गिरावट
उन्मूलन	रोपण	उपकारक	अनुपकारक
उपगत	अनुपगत	उपजाऊ	अनुपजाऊ
उपमित	अनुपमित	उपमेय	अनुपमेय
उपयुक्त	अनुपयुक्त	उपयुक्तता	अनुपयुक्तता
उपरि	अधः	उपयोगी	अनुपयोगी, निरुपयोगी
उपरिलिखित	निम्नलिखित, अधोलिखित	उपस्थिति	अनुपस्थिति
उपस्थित	अनुपस्थित	उपार्जित	अनुपार्जित
उल्लंघन	अनुल्लंघन	ऊँचा	नीचा
ऊपर	नीचे	ऋणग्रस्त	ऋणमुक्त
एक	अनेक	एकता	अनेकता
एकपक्षीय	बहुपक्षीय	एकार्थक	अनेकार्थक
एकेश्वरवाद	बहुदेववाद	एड़ी	चोटी
ऐच्छिक	अनैच्छिक	ऐश्वर्य	अनैश्वर्य
औचित्य	अनौचित्य	कामी	अकाम, निष्काम
काला	गोरा	किस्मतवर	बदकिस्मत
कीर्तिकार	अकीर्तिकार	कुंठित	अकुंठित, तीखा, धारदार
कुटिल	सरल	कुप्रथा	सुप्रथा
कुफल	सुफल	कुमारी	विवाहिता
कुलीन	अकुलीन	कुव्यवस्था	सुव्यवस्था
कृतकार्य	अकृतकार्य, विफल-मनोरथ	कुशल	अकुशल
कृत	अकृत	कृतज्ञता	अकृतज्ञता
कृत्रिमता	अकृत्रिमता	कृपा	अकृपा, अवकृपा
कृष्ण	शुक्ल, श्वेत	के अन्दर	के बाहर
के नीचे	के ऊपर	कोमल	कठोर
कोलाहल	शान्ति	क्रमिक	अक्रमिक
क्रूर	अक्रूर	क्रोध	क्षमा
कल्पित	यथार्थ	कृश	स्थूल
कठोर	मृदु	करुण	निष्ठुर
खंड-खंड	अखंडित	खंडनीय	मंडनीय
खरा	खोटा	खरीद	बिक्री

शब्द	विलोम	शब्द	विलोम
खाद्य	अखाद्य	खाली	भरा
खिला	मुरझाया	खुला	बंद, अवरुद्ध
खुशमिज़ाज	बदमिज़ाज	खुशी	गम, गमी
खुशी-खुशी	बेमन से	खूबसूरत	बदसूरत
गणतंत्र	राजतंत्र	गमन	आगमन
ग्रस्त	मुक्त	ग्राम	नगर
ग्राह्य	अग्राह्य	गूढ़	प्रकट
गहरा	छिछला	गरिमा	लघिमा
गगन	पृथ्वी	गोचर	अगोचर
गरल	सुधा	गर्म	ठण्डा
गहन	पुलिन	गौरव	लाघव
गोप्य	प्रकाश्य	गीत	अगीत
घना	विरल	घटित	अघटित
घनिष्ट	दूरस्थ	घटना	बढ़ना
घोषित	अघोषित	चंचल	अचंचल, स्थिर
चतुर	मूर्ख	चर	अचर
चरित्रवान	चरित्रहीन	चालाक	सीधा, भोला
चाहा	अनचाहा	चिंतनीय	अचिंतनीय
चिंत्य	अचिंत्य	चिरंतन	नश्वर
चिरस्थायी	अल्पस्थायी	चेतन	अचेतन, जड़
चैन	बेचैनी	चोर	साह
छली	निष्छल	छाँह	धूप
छुटकारा	बंधन	छूत	अछूत
छेद्य	अछेद्य	छोटा	बड़ा, लंबा
जड़	चेतन	जटिल	सरल
जल	थल	जारज	औरस
जागरण	सुषुप्ति	ज्योति	तम
ज्वार	भाटा	जल	निर्जल
जाड़ा	गर्मी	ज्येष्ठ	कनिष्ठ
जीवन	मरण	जातीय	विजातीय
जितेन्द्रिय	इन्द्रियासक्त	जवानी	बुढ़ापा
जीत	हार	जल्दी	देरी
जर्जर	सुदृढ़	जोड़	घटाना
झड़ना	उगना	टीकाकार	रचनाकार
ठीक	गलत	ठोस	तरल
ठंडा	गर्म	ठोस	पोला, खोखला, तरल
ढाढ़स	दुतकार	तंदुरुस्त	कमजोर
तद्वत	अतद्वत	तप्त	शीतल
तर	शुष्क	तरुण	वृद्ध
तर्क	वितर्क	तर्कसंगत	अतर्कसंगत
ताजा	बासी	तामसिक	सात्विक
तारीफ	बुराई	तिमिर	प्रकाश
तुकांत	अतुकांत	तुच्छ	महान्
तुल्य	अतुल्य	तृप्त	अतृप्त
तेज	हल्का, मंद	त्याज्य	अत्याज्य
थोक	फुटकर	दुर्जन	सज्जन
दुष्कर	सुकर	देयता	अदेयता
दक्षिण	उत्तर, वाम	दुष्ट	साधु
दुःख	सुख	दुर्गति	सुगति

शब्द	विलोम
दूर	निकट
दुर्दान्त	शान्त
दृश्य	अदृश्य
दुरात्मा	महात्मा
दयालु	निर्दय
दुराचार	सदाचार
द्वैत	अद्वैत
द्रुत	मंथर
दरिद्र	धनी
दुर्बल	सबल
दीर्घ	ह्रस्व
द्रव	ठोस
दुर्भाग्य	सौभाग्य
धनी	निर्धन
धार्मिक	अधार्मिक
धूप	छाँह
निरर्थक	सार्थक
निर्धनता	धनाढ्यता
निर्लज्ज	सलज्ज
निश्चय	अनिश्चय
निष्काम	सकाम
नीति	अनीति
नूतन	पुरातन
नेकी	बदी
न्यायी	अन्यायी
नास्तिक	आस्तिक
प्रधान	सहायक
प्राचीन	अर्वाचीन
प्रधान	गौण
पद्य	गद्य
पृथक	संयुक्त
प्रसार	संकोच
प्रसन्नता	अप्रसन्नता
परिश्रमी	आलसी
प्रकट	गुप्त
पराजेय	अपराजेय
प्रवेश	निकास
प्रात:	सायं
पंडित	मूर्ख
प्रवर	अवर
परकीया	स्वकीया
पाप	पुण्य
प्रश्न	उत्तर
पक्का	कच्चा
पूरा	अधूरा
प्रशस्त	अप्रशस्त
परिहार्य	अपरिहार्य
परिमित	अपरिमित
परिगृह	अपरिगृह

शब्द	विलोम
दीर्घकाय	कृशकाय
दैविक	भौतिक
दुर्मति	सुमति
देदीप्यमान	तिमिरांकित
दूरदर्शिता	अदूरदर्शिता
देश	विदेश
देवता	दानव
दुर्लभ	सुलभ
द्वेष	सद्‌भाव
दास	स्वामी
दुराग्रह	आग्रह
दुर्दिन	सुदिन
देवर	जेठ
धर्मी	अधर्मी
धीरज	उतावली
धृष्ट	विनम्र
निर्दिष्ट	अनिर्दिष्ट
निर्धारित	अनिर्धारित
निर्वचनीय	अनिर्वचनीय
निश्चित	अनिश्चित
निष्क्रिय	सक्रिय
नीरुजता	रुग्णता
नेकनामी	बदनामी
नैसर्गिक	कृत्रिम
न्यून	अधिक
प्रवैगिक	स्थैतिक
प्रगति	प्रतिगमन
पारदर्शी	अपारदर्शी
प्रेम	घृणा
प्रवृत्ति	निवृत्ति
प्रोत्साहित	हतोत्साहित
प्रामाणिक	अप्रामाणिक
पक्षपात	निष्पक्षता
पाच्य	अपाच्य
प्रशंसा	निन्दा
परिवर्तनीय	अपरिवर्तनीय
प्रगतिशील	अप्रगतिशील
प्रत्यक्ष	अप्रत्यक्ष
प्रथम	अंतिम
प्रतिबद्ध	अप्रतिबद्ध
प्रचुर	अल्प
प्रतिम	अप्रतिम
प्रस्तुत	अप्रस्तुत
परमार्थ	स्वार्थ
प्रमुख	गौण
पूर्णकालिक	अंशकालिक
प्रत्याशित	अप्रत्याशित
पतन	उत्थान
परिमार्जित	अपरिमार्जित

शब्द	विलोम
पेय	अपेय
पार्थिव	अपार्थिव
प्रस्थान	आगमन
प्रकाशन	गोपन
पक्षपातपूर्ण	निष्पक्ष
प्रगल्भ	अप्रगल्भ
पराजित	अपराजित
पाश्चात्य	पौर्वात्य
पराधीन	स्वाधीन
प्राची	प्रतीची
प्रशांत	अशांत
प्रफुल्ल	म्लान
फलित	अफलित
बंधन	मुक्ति, मोक्ष
बद्ध	अबद्ध, मुक्त
बर्बर	सभ्य
बहुधा	यदाकदा
बाधित	अबाधित
बाह्य	आभ्यंतर
बुराई	भलाई, अच्छाई
निर्भीक	भयभीत
बेदम	दमदार
बोधगम्य	अबोधगम्य, गूढ़, दुरुह
भक्ष्य	अभक्ष्य
भद्र	अभद्र
भयभीत	निर्भय
भग्न	उद्विग्न
भीतरी	बाहरी
मंद	द्रुत
मधुर	अमधुर, कटु, कर्कश
मसृण	रूक्ष
महात्मा	दुरात्मा
मान	अपमान
मान्य	अमान्य
मिथ्या	सत्य
मीठा	नमकीन, फीका
मुग्ध	अमुग्ध
मुलायम	कड़ा, कठोर, सख्त
मूर्छित	सचेत, सजग
मृत	जीवित
मौके	बेमौके
योगी	भोगी
यश	अपयश
रक्षक	भक्षक
रचित	अरचित
रहमदिल	बेरहम
राजा	रंक
रुचि	अरुचि
रूपवान	कुरूप

शब्द	विलोम
प्रयुक्त	अप्रयुक्त
पूर्वार्द्ध	उत्तरार्द्ध
प्रकाश	अंधकार
प्रदान	आदान
परुष	कोमल
पराजय	विजय
परिपुष्ट	अपरिपुष्ट
प्रकृत	कृत्रिम
प्रत्याशा	दुराशा
प्रासाद	पर्णकुटी
प्रतिकूल	अनुकूल
फूल	काँटा
फायदा	नुकसान
बढ़ना	घटना
बनना	मिटना, बिगड़ना
बहिरंग	अंतरंग
बाधक	अबाधक
बार-बार	कभी-कभी
बुरा	भला
बेचना	खरीदना
निर्मल	मलिन
बेमेल	संगत
भाग्य	अभाग्य
भोग्य	अभोग्य
भूत	भविष्य
भिन्न	अभिन्न
भावना	दुर्भावना
मंगल	अमंगल
मत्त	अमत्त
मर्यादित	अमर्यादित
महत्	लघु
महान	तुच्छ
मानवता	नृशंसता
मितव्ययिता	अमितव्ययिता
मिलना	बिछुड़ना
मुख	पृष्ठ
मुनासिब	नामुनासिब
मूक	वाचाल, मुखर
मूर्त	अमूर्त
मैत्री	अमैत्री
मौलिक	अमौलिक
यथेष्ठ	स्वल्प
योग्य	अयोग्य
रक्षित	अरक्षित
रसिक	अरसिक
रागी	विरागी
रिक्त	पूर्ण, भरा
रूक्ष	मृदु
रोचक	अरोचक

शब्द	विलोम
लघु	गुरु, दीर्घ
लुप्त	व्यक्त
लोक	परलोक
लुभावना	घिनौना
लजीला	बेशर्म
लौकिक	अलौकिक
लायक	नालायक
लाभदायक	हानिकारक
व्यष्टि	समष्टि
वेदना	आनन्द
वयस्क	अवयस्क
विकारी	अविकारी
विस्तृत	संक्षिप्त
विपुल	स्वल्प
वृद्धि	ह्रास
विख्यात	कुख्यात
विश्वास	अविश्वास
व्यावहारिक	अव्यावहारिक
वर्णनीय	वर्णनातीत
वरदान	अभिशाप
विवेकी	अविवेकी
विच्छिन्न	अविच्छिन्न
विनत	उद्धत
विवादित	अविवादित
विस्मरणीय	अविस्मरणीय
विनय	अविनय
विषाद	हर्ष
विहित	अविहित
विचारवान	अविचारी
विधिक	अविधिक
व्यस्त	अव्यस्त
वैषम्य	साम्य
विवादग्रस्त	निर्विवाद
शक्य	अशक्य
शम्य	अशम्य
शर्मदार	बेशर्म
शांति	अशांति
शालीन	धृष्ट
शिक्षित	अशिक्षित
शीर्ष	तल
शुद्धता	अशुद्धता
शूर	भीरु
शोक	हर्ष
शोषक	शोषित
श्यामा	गौरी
श्वेत	अश्वेत, श्याम
श्रव्य	दृश्य
श्रुत	अश्रुत
श्रेष्ठता	अधमता

शब्द	विलोम
लोकप्रिय	अलोकप्रिय
लंघनीय	अलंघनीय
लम्बा	ठिगना
लिप्त	निर्लिप्त
लाभ	हानि
लज्जाशील	निर्लज्ज
लिखित	मौखिक
विधवा	सधवा
व्यय	आय
विशेष	साधारण
विजय	पराजय
वैध	अवैध
वरिष्ठ	कनिष्ठ
व्यभिचारी	सदाचारी
विकल	अविकल
विरल	अविरल
विदित	अविदित
व्यक्त	अव्यक्त
विवस्त्र	वस्त्रधारी
वर्ण्य	अवर्ण्य
वियोग	संयोग
विशुद्ध	अशुद्ध
विभव	पराभव
व्यवस्था	अव्यवस्था
व्यापक	संकुचित
वांछित	अवांछित
वैयक्तिक	सार्वजनिक
विकृत	अविकृत
विजयी	परास्त
विनीत	अविनीत
व्यर्थ	सार्थक
विस्मरण	स्मरण
शकुन	अपशकुन
शत्रुता	मित्रता
शयन	जागरण
शांत	अशांत, उत्तेजित, उद्विग्न
शाप	वरदान
शास्त्रीय	अशास्त्रीय
शीतल	उष्ण
शुचि	अशुचि
शुभ	अशुभ
शूरता	भीरुता
शोधित	अशोधित
शौच	अशौच
श्लील	अश्लील
श्रद्धा	अश्रद्धा
श्रीगणेश	इतिश्री
श्रेष्ठ	अधम
सुखान्त	दुखान्त

शब्द	विलोम
सृष्टि	प्रलय
संभव	असंभव
सभय	निर्भय
स्वप्न	जागरण
सतत	असतत
स्वीकृति	अस्वीकृति
सुन्दरता	कुरूपता
सातत्य	असातत्य
सरलता	कठिनता
सनाथ	अनाथ
सदुपयोग	दुरुपयोग
सापेक्ष	निरपेक्ष
स्वकीय	परकीय
सगुण	निर्गुण
समय	असमय
सत्संगति	कुसंगति
स्वीकृत	अस्वीकृत
सुलभ	दुर्लभ
सावधानी	असावधानी
सच्चा	झूठा
संयम	असंयम
स्वतंत्रता	परतंत्रता
संगति	विसंगति
संधि	विग्रह
स्वदेशी	विदेशी
सुखभोग	दुखभोग
सहानुभूति	घृणा
सनातनी	प्रगतिवादी
संभाव्य	असंभाव्य
सदाशय	कदाशय
सामिष	निरामिष
स्थावर	जंगम
सार्थक	निरर्थक
संपन्न	विपन्न
स्वामी	सेवक
सुगंध	दुर्गन्ध
साम्यावस्था	असाम्यावस्था
सहोदर	अन्योदर्य
सहेतुक	अहेतुक
स्थायी	स्थानापन्न
स्वादिष्ट	निःस्वाद
स्वच्छता	अस्वच्छता
सुकीर्ति	अपकीर्ति
संस्कृत	असंस्कृत
सांसारिक	पारलौकिक
सक्रियता	निष्क्रियता
सत्संग	कुसंग
सम	विषम
सार्वजनिक	निजी
समाप्त	आरम्भ

शब्द	विलोम
संगत	असंगत
संघटित	विघटित
सद्भावना	दुर्भावना
समीप	दूर
सकाम	निष्काम
सुन्दर	असुन्दर
सन्निविष्टन	निस्तारण
समावेशन	अनावेशन
सुकर	दुष्कर
सक्रिय	निष्क्रिय
स्वार्थ	परमार्थ
सदाचार	दुराचार
सरस	नीरस
संगठित	असंगठित
संयत	असंयत
सुख	दुख
सीमित	असीमित
सशस्त्र	निरस्त्र
संकोच	असंकोच
समर्थ	असमर्थ
स्वीकार्य	अस्वीकार्य
सहिष्णुता	असहिष्णुता
सजीव	निर्जीव
सृजन	विनाश
स्वार्थी	परार्थी
साहचर्य	पृथक्करण
सफलता	असफलता
संश्लेषण	विश्लेषण
सद्व्यवहार	दुर्व्यवहार
समास	व्यास
साक्षरता	निरक्षरता
सदाचारी	दुराचारी
सकारात्मक	नकारात्मक
सुधा	गरल
सावधान	असावधान
स्वर्ग	नरक
सानुनासिक	निरनुनासिक
संलग्न	असंलग्न
सूक्ष्म	विशाल
स्मृति	विस्मृति
स्निग्ध	अस्निग्ध
सबाध	निर्बाध
सुषुप्ति	जागरण
सुमति	कुमति
समानता	असमानता
संभावित	असंभावित
संयमी	व्यभिचारी
स्खलित	अस्खलित
सत्यवादी	मिथ्याचारी
स्तुत्य	निन्द्य

शब्द	विलोम	शब्द	विलोम	शब्द	विलोम	शब्द	विलोम
स्थिरचित्त	चंचलचित्त	सह्य	असह्य	स्वल्पायु	चिरायु	स्वाधीन	पराधीन
सशुल्क	नि:शुल्क	सुपात्र	कुपात्र	स्पृश्यता	अस्पृश्यता	सन्निहित	असन्निहित
सस्ता	महँगा	सिद्ध	असिद्ध	सभय	निर्भय	समझदार	नासमझ
सफल	विफल	साक्षर	निरक्षर	सुकर्म	दुष्कर्म	सुबुद्धि	दुर्बुद्धि
सुडौल	बेडौल	सख्त	नरम	स्त्री	पुरुष	हवेली	झोपड़ी
संपदा	विपदा	सक्षम	अक्षम	हत	अहत	हमदर्द	बेदर्द
सतर्कता	असतर्कता	स्पर्धा	सहयोग	हार	जीत	हास	रुदन
सच्चरित्र	दुश्चरित्र	संशोधित	असंशोधित	हितकर	अहितकर	ह्रास	वृद्धि
सहनीय	असहनीय	समीपस्थ	दूरस्थ	हार	जीत	हित	अहित
सुसंगति	कुसंगति	साध्वी	असाध्वी	वीर	कायर	व्यवहृत	अव्यवहृत
सम्मानित	उपेक्षित	सहज	असहज	हतोत्साह	सहोत्साह	हत्या	जीवनदान
साम्प्रदायिक	असाम्प्रदायिक	सुसाध्य	दु:साध्य	हास	रुदन	हलका-फुलका	भारी-भरकम
सायं	प्रात:	सारथी	रथी	क्षणिक	शाश्वत	क्षम	अक्षम
सहायक	प्रधान	संसारी	असंसारी	क्षम्य	अक्षम्य	क्षुद्र	विशाल, महान्
सकारण	अकारण	सुकृति	दुष्कृति	ज्ञात	अज्ञात	ज्ञानी	मूढ़, अज्ञानी
सुखद	दुखद	सूखा	गीला	ज्ञेय	अज्ञेय		

प्रश्नमाला

निर्देश— यहाँ प्रत्येक शब्द के नीचे उसके विलोम स्वरूप चार शब्द दिए गए हैं जिनमें केवल एक शब्द सही है। उसका चयन कीजिए—

1. **अंतरंग**
(a) बहुरंग (b) अनंग
(c) बहिरंग (d) कुरंग

2. **अंधकार**
(a) दिन (b) प्रकाश
(c) ऊषा (d) प्रभात

3. **अगम**
(a) अनागम (b) आगम
(c) निर्गम (d) सुगम

4. **अग्रज**
(a) पश्चगामी (b) अनुज
(c) लघु (d) कनिष्ठ

5. **अज्ञ**
(a) पण्डित (b) अभिज्ञ
(c) विद्वान (d) सुविज्ञ

6. **अत्यधिक**
(a) नाधिक (b) कम
(c) अल्प (d) स्वल्प

7. **गरिमा**
(a) अंधकार (b) लघिमा
(c) घृणा (d) नीचता

8. **अनाथ**
(a) धनी (b) सनाथ
(c) निर्धन (d) बेकार

9. **सकारात्मक**
(a) नकारात्मक (b) आशात्मक
(c) संभावात्मक (d) निराशात्मक

10. **अथ**
(a) इतिशुभम् (b) इत्यादि
(c) इति (d) अन्त

11. **अधुनातन**
(a) पुरा (b) प्राचीनतम
(c) पुरातन (d) प्राचीन

12. **अधोमुख**
(a) ऊर्ध्वमुख (b) उन्नत
(c) प्रोन्नत (d) उच्च

13. **अनंत**
(a) सीमित (b) अंत
(c) परिमित (d) अनादि

14. **अनावृष्टि**
(a) वृष्टि (b) वर्षा
(c) बरसात (d) अतिवृष्टि

15. **अनिवार्य**
(a) अनावश्यक (b) अनभीत्सित
(c) ऐच्छिक (d) अवांछनीय

16. **अनुकूल**
(a) अप्रीतिकर (b) अनैच्छिक
(c) अवांछित (d) प्रतिकूल

17. **अनुराग**
(a) विराग (b) विरक्ति
(c) ललिमा (d) अविरक्ति

18. **आलोक**
(a) अद्भूत (b) अज्ञात
(c) अंधकार (d) रात्रि

19. **स्थावर**
(a) सचल (b) चंचल
(c) चेतन (d) जंगम

20. **अपमान**
(a) अभिनन्दन (b) स्वागत
(c) सम्मान (d) सत्कार

21. **अभिज्ञ**
(a) अनभ्यस्त (b) अनभिज्ञ
(c) अनजान (d) अज्ञान

22. **अमृत**
(a) जहर (b) अपेय
(c) हलाहल (d) विष

23. **अर्वाचीन**
(a) अनाधुनिक (b) जरठ
(c) जीर्ण (d) प्राचीन

24. **अल्पायु**
(a) दीर्घायु (b) दीर्घजीवी
(c) शतायु (d) चिरंजीवी

25. **अलभ्य**
(a) सुगम (b) प्राप्य
(c) लभ्य (d) सुलभ

26. **नीरस**
(a) रसीला (b) सरस
(c) विरस (d) अरस

27. कनिष्ठ
(a) भूतपूर्व (b) अग्रज
(c) पूर्व (d) ज्येष्ठ

28. कायर
(a) शक्ति (b) साहसी
(c) निडर (d) निर्भय

29. कुटिल
(a) उदार (b) उदात्त
(c) साधु (d) सरल

30. कृतज्ञ
(a) अबोध (b) अज्ञान
(c) कृतघ्न (d) अल्पज्ञ

31. कृत्रिम
(a) प्राकृत (b) निर्मित
(c) अप्राकृतिक (d) बनावटी

32. कृपण
(a) महानुभाव (b) उदार
(c) उदात्त (d) दानी

33. कृश
(a) पुष्ट (b) बलिष्ठ
(c) सशक्त (d) स्थूल

34. चितरंतन
(a) स्थायी (b) प्राचीन
(c) अनादि (d) सनातन

35. जड़
(a) सप्राण (b) सजीव
(c) जीवन (d) चेतन

36. महान
(a) अल्प (b) नगण्य
(c) अनुचित (d) क्षुद्र

37. उद्धत
(a) सौख्य (b) सौम्य
(c) उत्तम (d) कोमल

38. अर्वाचीन
(a) नूतन (b) नव्य
(c) प्राचीन (d) नवीन

39. शोषक
(a) शोषित (b) पोषक
(c) पोसक (d) पोषित

40. मौन
(a) मुखर (b) मौखिक
(c) मयंक (d) विकार

41. सम्पन्न
(a) आसन्न (b) विपन्न
(c) निष्पन्न (b) विषण्ण

42. आहूत
(a) उपेक्षित (b) तिरस्कृत
(c) अनाहत (d) अनाहूत

43. उत्कर्ष
(a) पतन (b) पराभव
(c) अधोगति (d) अपकर्ष

44. उत्थान
(a) पराभव (b) अधोगति
(c) पतन (d) अपकर्ष

45. उदार
(a) संकुचित (b) संकीर्ण
(c) कृपण (d) कंजूस

46. उन्मूलन
(a) उत्थापण (b) स्थापन
(c) आरोपण (d) रोपण

47. उर्वर
(a) अनुर्वर
(b) अनपयोगी
(c) ऊसर
(d) अनुत्पादक

48. ऋत
(a) असत्य (b) अनैतिक
(c) अवैध (d) अनृत

49. उर्वर
(a) उत्कृष्ट (b) उत्तमर्ण
(c) ऊसर (d) अतिवृष्टि

50. भूषण
(a) विष्णु (b) भूशक
(c) दूषण (d) भूषा

51. मृदुल
(a) कठिन (b) खराब
(c) रूक्ष (d) असभ्य

52. कलुष
(a) पापशून्य (b) निष्पाप
(c) निष्कलुष (d) निष्करुण

53. सन्यासी
(a) राजा (b) भोगी
(c) गृहस्थ (d) ब्रह्मचर्य

54. एकाधिकार
(a) अनेकाधिकार
(b) सर्वाधिकार
(c) पराधिकार
(d) परमाधिकार

55. अवनत
(a) उन्नत (b) प्रोन्नत
(c) ऊर्ध्वोन्मुख (d) ऊर्ध्व

56. असुर
(a) यक्ष (b) किन्नर
(c) सुर (d) दनुज

57. विपत्ति
(a) समृद्धि (b) हर्ष
(c) आपत्ति (d) संपत्ति

58. दक्षिण
(a) पश्चिम (b) पूरब
(c) वाम (d) दायाँ

59. परोक्ष
(a) प्रत्यक्ष (b) स्थूल
(c) द्रष्टव्य (d) अपरोक्ष

60. हर्ष
(a) खेद (b) वेदना
(c) दु:ख (d) विषाद

उत्तरमाला

1. (c)	2. (b)	3. (d)	4. (b)	5. (b)	6. (d)	7. (b)	8. (b)	9. (a)	10. (c)
11. (c)	12. (a)	13. (b)	14. (d)	15. (c)	16. (d)	17. (a)	18. (c)	19. (d)	20. (c)
21. (b)	22. (d)	23. (d)	24. (a)	25. (b)	26. (b)	27. (d)	28. (b)	29. (d)	30. (c)
31. (a)	32. (d)	33. (a)	34. (b)	35. (d)	36. (d)	37. (d)	38. (c)	39. (b)	40. (a)
41. (b)	42. (d)	43. (d)	44. (c)	45. (c)	46. (d)	47. (a)	48. (d)	49. (c)	50. (c)
51. (c)	52. (c)	53. (c)	54. (b)	55. (a)	56. (c)	57. (a)	58. (c)	59. (a)	60. (d)

❑❑❑

8

अध्याय

शब्द युग्म

परिचय

शब्द युग्म (Word Pair) का अर्थ होता है दो शब्दों का ऐसा जोड़ा, जिनका आपस में किसी न किसी रूप में संबंध होता है। ये संबंध समानार्थी (synonyms), विलोम (antonyms), या किसी अन्य प्रकार का हो सकता है। हिंदी में शब्द युग्म की परीक्षा में अक्सर शब्दों का सही संबंध पहचानने और उनके अर्थों को समझने की क्षमता का परीक्षण किया जाता है।

उदाहरण:

- **गुरु : शिष्य**
  - ❖ यह शब्द युग्म शिक्षक और विद्यार्थी के संबंध को दर्शाता है।
- **दीपक : प्रकाश**
  - ❖ यह शब्द युग्म कारण और परिणाम को दर्शाता है। दीपक जलने से प्रकाश होता है।

प्रश्नमाला

निर्देश–नीचे कुछ शब्द-युग्म दिए गए हैं। A, B, C, D वर्गों में प्रत्येक शब्द के चार वैकल्पिक अर्थ दिए गए हैं। जिस वर्ग में दोनों शब्दों के सही अर्थ हों, उन्हें चिन्हित कीजिए।

1. **अंश - अंस**
   (a) किरण — कंधा (b) भाग — कंधा
   (c) भाग — अंग (d) भाग्य — गोद
2. **अंत — अन्त्य**
   (a) मृत्यु — अंतका
   (b) अंतिम — अधम
   (c) समाप्ति — अंतिम
   (d) अंत:करण — नीच
3. **असन — आसन**
   (a) निराधार — कक्ष
   (b) अनमोल — बैठने की वस्तु गद्दी
   (c) खाद्य — सन्निकट
   (d) भोजन — गद्दी, बैठने की वस्तु
4. **अभिराम — अविराम**
   (a) आराम — निरन्तर
   (b) अनंत — अनादि
   (c) सुंदर — सुखद
   (d) सुंरद — निरन्तर
5. **भय — अभय**
   (a) निर्भय — ओनों
   (b) भयग्रस्त — भयातीत
   (c) निडर — भय-मग्न
   (d) निर्मूल — नि:शेष
6. **अब्ज — अब्द**
   (a) नवीन — पुरातन
   (b) कमल — वादल
   (c) अजन्मा — वर्ष
   (d) कमल — अवतार
7. **अविहित — अभिहित**
   (a) अनाम — अनजान
   (b) अनुचित — अनावश्यक
   (c) अवैध — कथित
   (d) अपरिचित — कथित
8. **आकर — आकार**
   (a) खान — रूप (b) कोष — लम्बाई
   (c) आयात — सूरत (d) खान — चौड़ाई
9. **आसन — आसन्न**
   (a) बैठने का स्थान — बैठा हुआ
   (b) बैठने का स्थान
   (c) गया हुआ — बैठा हुआ
   (d) दूरस्थ — निकट
10. **इति — ईति**
    (a) इतिहास — कृषि
    (b) समाप्ति — आपदा
    (c) विगत — इत्यादि
    (d) विदा — व्याकुलता
11. **उद्दत — उद्यत**
    (a) उठा हुआ — नतमस्तक
    (b) विनम्र — तैयार
    (c) उद्दण्ड — तैयार
    (d) उद्दण्ड — संस्थान
12. **कंकाल — कंगाल**
    (a) दुर्भिक्ष —कापालिक
    (b) ठठरी — गरीब
    (c) कालातीत — दरिद्र
    (d) ठठरी — नरभक्षी
13. **कृति — कृती**
    (a) यमराज — चर्म (b) रचना — पुण्यात्मा
    (c) समाप्ति — यश (d) रचना — हिरन
14. **कृत्ति — कीर्ति**
    (a) किया हुआ — निपुण
    (b) मृग — प्रसिद्धि
    (c) नक्षत्र — नाम
    (d) मृगचर्म — यश
15. **कपिश — कपीश**
    (a) कपिजैसा-सुग्रीम
    (b) भूरा — हनुमान जी
    (c) मटमैला — बंदरों का राजा
    (d) कपि से इतर — इन्द्र
16. **क्षात्र — छात्र**
    (a) जाति — विद्या
    (b) वीर — विद्यार्थी
    (c) क्षत्रिय सम्बन्धी — अन्वेषी
    (d) क्षत्रियसम्बन्धी — विद्यार्थी
17. **चिर — चीर**
    (a) प्राचीन — वृक्ष
    (b) बहुतसमय — वस्त्र
    (c) बहुत समय — चीरना-फाड़ना
    (d) नवीन — वस्त्र
18. **चूर — चूड़**
    (a) शिथिल — चोटी (b) चूर्ण — नगाड़ा
    (c) कौआ — मुर्ग (d) चूर्ण — चोटी
19. **जलज — जलद**
    (a) सिंघाड़ा — कुआँ (b) सिवार — पोखर
    (c) कमल — बादल (d) मेढ़क — बावली

20. **तरिण — तरणी**
(a) ताले वाला — तरने वाला
(b) सूर्य — नौका
(c) आकाश — नौका
(d) सूर्य — उद्धारकर्त्ता

21. **दारु — दारू**
(a) कठिन — आरा (b) लकड़ी — मदिरा
(c) कीड़ा — मदिरा (d) लकड़ी — नशा

22. **नीयत — नियति**
(a) इरादा — ईमान
(b) इरादा — भाग्य
(c) निश्चित — ईश्वर
(d) मंशा — भाग्य

23. **निर्जर — निर्झर**
(a) सूनसान — शुष्क
(b) मलिन — आर्द्र
(c) देवता — झरना
(d) देवता — बादल

24. **नहर — नाहर**
(a) पानी की कुल्या — हाथी
(b) झरना — सिंह
(c) जलमार्ग — वीर
(d) पामी की कुल्या — सिंह

25. **नेति — नेती**
(a) ईश्वर — असुर
(b) अनंत — सांत
(c) अनंत — मथानी की रस्सी
(d) जिसका अंत न हो — अद्‌भुत

26. **पथ — पथ्य**
(a) मार्ग — सुपाच्य सादा भोजन
(b) मत — जिस पथ पर जाने योग्य हो
(c) विचार — स्वादिष्ट भोजन
(d) मार्ग — यात्री

27. **प्रणय — परिणय**
(a) प्रेम — स्वयंवर
(b) पाणिग्रहण — नमस्कार
(c) प्रेम — विवाह
(d) स्नेह — बहिष्कार

28. **पूछ — पूँछ**
(a) पूछने की क्रिया — पोंछने की क्रिया
(b) पूछने की क्रिया — दुम, पुच्छ
(c) पीछे — सफाई करना
(d) जाँच — पूछ-पोंछ-पाछ

29. **प्रतिषेध — प्रतिशोध**
(a) अत्याचार — प्रतिकार
(b) मनाही — प्रत्युपकार
(c) निषेध — बदला
(d) पुन:निषेध — पुनः शोध

30. **प्रहर — प्रहार**
(a) हरण करना — घायल करना
(b) समय — चोट, आघात
(c) द्वारपाल — जयमाल
(d) समय — पराजय

31. **पावन — पाहन**
(a) पवित्र — पत्थर (b) अग्नि — देवता
(c) हवा — प्रस्तर (d) शुद्ध — निर्जीव

32. **बहन — वहन**
(a) बहिन — अपहरण
(b) सहोदरा — प्रवाह
(c) सहोदरा — ले जाना
(d) बाह्य — अग्राह्य

33. **बहु — बहू**
(a) बहुत — बधू, पुत्रवधू
(b) बाँह — पुत्रवधू
(c) अनेक — पुन:
(d) बहुत — बाहरी

34. **बाड़ — बाढ़**
(a) बढ़ती — जल प्लावन
(b) काँटा — बढ़ती
(c) कटीले तार की रोक — पानी की बढ़ती
(d) कंटीलातार — विनाश

35. **बात — वात**
(a) वार्तालाप — गँठिया रोग
(b) बातचीत — प्रभंजन
(c) वार्ता — वायु
(d) विग्रह — झंझावात

36. **बदन — वदन**
(a) अंग — बात
(b) शरीर — मुख
(c) खराब — मौन
(d) हाथ -पैर — चेहरा

37. **भारती — भारतीय**
(a) भरत-सम्बन्धी — सरस्वती का उपासक
(b) गिरा — भरत का
(c) भरती होने वाला — भारतवासी
(d) सरस्वती — भारतवासी

38. **भीत — भित्ति**
(a) दीवार — दीवार की चित्रकारी
(b) डरा हुआ — दीवार
(c) भीतर वाला — नक्काशी
(d) आतुर — स्थिर

39. **मनुज — मनोज**
(a) नर — सुन्दर
(b) प्राणी — मदन
(c) मनुष्य — कामदेव
(d) मनु-पुत्र — भाव

40. **मणि — मणी**
(a) लाल — पारखी
(b) पत्थर — जौहरी
(c) रत्न — सर्व
(d) नीलम — मणिधर

41. **निम्नलिखित में से कौन सा युग्म सही है ?**
(a) सूर्य : चंद्रमा
(b) पानी : आग
(c) शिक्षक : विद्यालय
(d) पुस्तक : लेखक

42. **निम्नलिखित में से कौन सा युग्म विलोम शब्दों का है ?**
(a) दिन : रात (b) जल : नीर
(c) पहाड़ : पर्वत (d) ग्रीष्म : गरमी

43. **निम्नलिखित में से कौन सा युग्म संबंध के आधार पर गलत है ?**
(a) वर्षा : छाता (b) भोजन : भूख
(c) कलम : स्याही (d) नींद : बिस्तर

उत्तरमाला

1. (b)	**2.** (c)	**3.** (d)	**4.** (d)	**5.** (b)	**6.** (b)	**7.** (c)	**8.** (a)	**9.** (b)	**10.** (b)	**11.** (c)
12. (b)	**13.** (b)	**14.** (d)	**15.** (c)	**16.** (d)	**17.** (b)	**18.** (d)	**19.** (c)	**20.** (b)	**21.** (b)	**22.** (b)
23. (c)	**24.** (d)	**25.** (c)	**26.** (a)	**27.** (c)	**28.** (b)	**29.** (c)	**30.** (b)	**31.** (a)	**32.** (c)	**33.** (a)
34. (c)	**35.** (c)	**36.** (b)	**37.** (d)	**38.** (b)	**39.** (c)	**40.** (c)	**41.** (a)	**42.** (a)	**43.** (b)	

□□□

9

अध्याय

वाक्यांश के लिए एक सार्थक शब्द

व्यस्त जीवन पद्धति व समायाभाव के कारण आधुनिक समय में संक्षिप्त भाषा का महत्व बहुत अधिक बढ़ गया है, क्योंकि कम से कम समय में हम अधिक से अधिक ज्ञान प्राप्त करना चाहते हैं। हिंदी में ऐसे शब्दों की बहुलता है।

अनेक शब्दों के लिए एक शब्द

मन में आप से आप उत्पन्न होने वाली प्रेरणा – **अंतःप्रेरणा**
धरती और आकाश के बीच का स्थान – **अंतरिक्ष**
मन में होने वाला या स्वाभाविक ज्ञान – **अंतर्ज्ञान**
जो किसी वस्तु के अंदर दृढ़तापूर्ण वर्तमान या स्थित है – **अंतर्निविष्ट**
जो अंतिम (शुद्र) वर्ण में जन्मा हो – **अंत्यज**
तर्क के बिना मान लिया गया विश्वास – **अंधविश्वास**
जिसमें काँटे या विघ्न बाधा न हो – **अकंटक**
जो कहा न जा सके – **अकथनीय**
जो कहा न गया हो – **अकथित**
जिसके पास कुछ भी न हो – **अकिंचन**
जिसका खंडन न किया जा सके – **अखंडनीय**
जिसके खंड या टुकड़े न किए गए हों – **अखंडित**
जो न जाना गया हो – **अज्ञात**
जिसके आने की तिथि (ज्ञात) न हो – **अतिथि**
कोई बात जो बढ़ा-चढ़ाकर कही गयी हो – **अतिशयोक्ति**
जिसकी तुलना न की जा सके – **अतुलनीय**
जो दण्ड पाने योग्य न हो – **अदंडनीय**
जो दूर की बात न सोच सके – **अदूरदर्शी**
जो दिए जाने योग्य न हो – **अदेय**
जिसके समान कोई दूसरा न हो – **अद्वितीय**
पर्वत के ऊपर की समतल भूमि – **अधित्यका**
राज्य के प्रधान शासक द्वारा दिया या निकाला गया आधिकारिक आदेश – **अध्यादेश**
वह जो विद्यार्थियों को पढ़ाने का कार्य करता है – **अध्यापक**
जिसका एक के बिना किसी दूसरे से संबंध न होता हो – **अनन्य**
जिस पर आक्रमण न किया गया हो – **अनाक्रांत**
जिसका कोई नाथ/मालिक न हो – **अनाथ**
बिना आयास किए – **अनायास**
कनिष्ठा और मध्यमा के बीच की उँगली – **अनामिका**
जो किसी वस्तु या विषय में आसक्त न हो – **अनासक्त**
जिस पर कोई नियंत्रण न हो – **अनियंत्रित**
जिसका या जिसके संबंध में कोई निर्णय न हुआ हो – **अनिर्णीत**
जो वचन या वाणी द्वारा कहा न जा सकता हो – **अनिर्वचनीय**
जो अनुकरण करने योग्य हो – **अनुकरणीय**
किसी के पीछे-पीछे चलने वाला – **अनुगामी**
जिस पर अनुग्रह किया गया हो – **अनुगृहीत**
जिसकी उपमा न की जा सके – **अनुपम**
जो किसी वस्तु या व्यक्ति के प्रति आसक्त हो – **अनुरक्त**
जो गिना न जा सके – **अगणित/अनगिनत**
जिसके अंदर या पास न पहुँचा जा सके – **अगम्य**
किसी आदरणीय का स्वागत करने के लिए चलकर कुछ आगे पहुँचना – **अगवानी**
जिसकी गहराई या थाह का पता न लग सके – **अगाध**
जो गाए जाने योग्य न हो – **अगेय**
दूर तक फैलने वाली अत्यधिक नाशक आग – **अग्निकांड**
जो सबसे आगे रहता हो – **अग्रणी**
जो चिंतन करने योग्य न हो – **अचिन्त्य**
जिसमें चेतन न हो – **अचेतन**
जो छेदा न जा सके – **अछेद्य**
जिसका कभी जन्म न हो – **अजन्मा**
जिसका कोई शत्रु पैदा ही न हुआ हो – **अजातशत्रु**
जिसे जीता न जा सके – **अजेय**
जो कुछ न जानता हो – **अज्ञ**
जो अवश्य होना वाला हो – **अवश्यंभावी**
बिना वेतन लिए-दिए किया जाने वाला कार्य – **अवैतनिक**
जो विधि या कानून के विरुद्ध हो – **अवैध**
जो व्यवहार में न लाया गया हो – **अव्यवहृत**
चंद्रमास के किसी पक्ष की आठवीं तिथि – **अष्टमी**
जो नहीं हो सकता – **असंभव**
जिसमें सामर्थ्य न हो – **असमर्थ**
जो (स्त्री) सूर्य भी नहीं देख पाती – **असूर्यंपश्या**
अहंकारपूर्वक अपने को सबसे बढ़कर समझना – **अहंमन्यता**
जिसमें किसी का कोई हेतु या कारण न हो – **अहैतुक**
जिसकी पहले से कोई आशा न हो – **अप्रत्याशित**
जो प्रमाण से सिद्ध न हो – **अप्रमेय**
जिसके लिए कोई बाधा या रोक-टोक न हो – **अबाध**
पुरुष जो अभिनय करता हो – **अभिनेता**
स्त्री जो अभिनय करती हो – **अभिनेत्री**

जिस पर अभियोग लगाया गया हो – **अभियुक्त**

जैसा या जो पहले (घटित) न हुआ हो – **अभूतपूर्व**

जो भेदा या तोड़ा न जा सके – **अभेद्य**

कोई काम स्वभाववश करते रहने की क्रिया – **अभ्यास**

जो कभी मरे नहीं – **अमर**

जिसका अस्तित्व अल्पकाल तक रहे – **अल्पकालिक**

जो कम जानता हो – **अल्पज्ञ**

जिसका वर्णन न हो सकता हो – **अवर्ण्य**

एक भाषा में कही या लिखी हुई बात को दूसरी भाषा में कहने या लिखने की क्रिया – **अनुवाद**

किसी और स्थान पर – **अन्यत्र**

जिसका मन किसी दूसरी ओर लगा हो – **अन्यमनस्क**

जिसका अपकार किया गया हो – **अपकृत**

जो पढ़ा न जा सके – **अपठनीय**

दोपहर के बाद का समय – **अपरा**

आवश्यकता से अधिक धन का ग्रहण न करना – **अपरिग्रह**

जो मापा न जा सके – **अपरिमेय**

सामान्य या व्यापक नियम के विरुद्ध बात – **अपवाद**

जिसके अंग दुरुस्त न हों – **अपांग**

जिसके उस पार की वस्तु को न देखा जा सके – **अपारदर्शी**

जो पहले न हो रहा हो या न हुआ हो – **अपूर्व**

जो किसी वंश में बराबर चलता आया है – **आनुवंशिक**

अपराधों से संबंधित – **आपराधिक**

जिसकी कामनाएँ पूरी हो गई हों – **आप्रकाश**

आभार मानने वाला – **आभारी**

प्राणियों के पेट की वह थैली जिसमें भोजन पचता है – **आमाशय**

वह जो दूसरे देशों से वस्तुओं का आयात करता है – **आयातक**

आयोजन करने वाला व्यक्ति – **आयोजक**

किसी मत का सर्वप्रथम प्रवर्तन करने वाला – **आदि प्रवर्तक**

अधिकारपूर्वक कहा गया या किया गया – **आधिकारिक**

भूतों अर्थात् जीवों द्वारा होने वाला (दु:ख) – **आधिभौतिक**

किसी वस्तु को आधुनिक रूप देने की क्रिया – **आधुनिकीकरण**

आत्मा और ईश्वर से संबंध रखने वाला – **आध्यात्मिक**

आँतों में होने वाला – **आंत्रिक**

आकाश को चूमने वाला – **आकाशचुंबी**

वह जिसका पति परदेश से लौटा हो – **आगत पतिका**

पूरे जीवन में – **आजीवन**

जिस पर किसी का आतंक छाया हो – **आतंकित**

जो अपनी हत्या कर लेता है – **आत्मघाती**

दूसरों के (सुख के) लिए अपने सुखों का त्याग – **आत्मोत्सर्ग**

धन से संबंध रखने वाला – **आर्थिक**

जो किसी वस्तु या व्यक्ति के गुण-दोष की आलोचना करता हो – **आलोचक**

जो आलोचना के योग्य हो – **आलोच्य**

किसी अवधि से संबंध रखने वाला – **आवधिक**

आशा से बहुत अधिक – **आशातीत**

वह क्लर्क जो आशुलिपि जानता है – **आशुलिपिक**

जिसे विश्वास या दिलासा दिलाया गया हो – **आश्वस्त**

प्राय: वर्षा ऋतु में आकाश में दिखायी देने वाले सात रंगों वाले धनुष – **इंद्रधनुष**

इंद्रियों पर किया जाने वाला वश – **इंद्रियानिग्रह**

जो इंद्रियों की पहुँच से बाहर हों – **इंद्रियातीत**

अपनी इच्छा के अनुसार सब काम करने वाला – **इच्छाचारी**

किन्हीं घटनाओं का कालक्रम से किया गया वृत्त – **इतिवृत्त**

किसी देश या समाज के सार्वजनिक क्षेत्र की घटनाओं, तथ्यों आदि का क्रमबद्ध विवरण – **इतिहास**

इमारत के लिए या इमारत से संबंधित – **इमारती**

जो दूसरों की उन्नति देखकर जलता हो – **ईर्ष्यालु**

पर्वत के पास की भूमि – **उपत्यका**

जिसे ऊपर कहा गया हो – **उपर्युक्त**

जिसका उल्लेख करना आवश्यक हो – **उल्लेखनीय**

सूर्योदय से पहले का समय – **उषाकाल**

वह वस्तु जिसका उत्पादन हुआ हो – **उत्पाद**

सूर्य जिस पर्वत के पीछे निकलता है – **उदयाचल**

जिस पर उपकार किया गया हो – **उपकृत**

जिससे बढ़कर ऊँचा कोई न हो – **उच्चतम**

नीचे की ओर आना या जाना – **उतरना**

ऊपर की ओर उछाया या फेंका हुआ – **उत्क्षिप्त**

जिसका संबंध किसी एक देश से हो – **एकदेशीय**

किसी एक पक्ष से संबंध रखने वाला – **एक पक्षीय**

जिसका चित्त एकाग्रित हो – **एकाग्रचित**

चन्द्रमास के किसी पक्ष की ग्यारहवीं तिथि – **एकादशी**

किसी वस्तु के क्रय-विक्रय का अकेला अधिकार – **एकाधिकार**

इंद्रियों से संबंधित – **ऐंद्रिक**

जो अपनी इच्छा पर निर्भर हो – **ऐच्छिक**

इतिहास से संबंधित – **ऐतिहासिक**

इस लोक से संबंध रखने वाला – **ऐहलौकिक**

जिसका संबंध उपनिवेश या उपनिवेशों से है – **औपनिवेशिक**

जिसका संबंध उपन्यास से हो – **औपन्यासिक**

अपनी विवाहिता पत्नी से उत्पन्न (पुत्र) – **औरस**

बहुत काम करते रहने वाला – **कर्मठ**

फूल जो अभी खिला न हो – **कली**

स्त्री जो कविता रचती है – **कवयित्री**

जिसने कोई कसूर किया हो – **कसूरवार**

सारे शरीर की हड्डियों का ढाँचा – **कंकाल**

जो कहा गया है – **कथित**

पद, वय आदि के विचार से औरों की अपेक्षा छोटा – **कनिष्ठ**

जो किए जाने या करने योग्य हो – **करणीय**

जो अपने उद्देश्य सिद्ध होने पर संतुष्ट हो – **कृतार्थ**

जिसकी उत्पत्ति स्वभावगत न हो – **कृत्रिम**

अँधेरी रातों वाला पखवारा – **कृष्णपक्ष**

जो केन्द्र से हटकर दूर जाता हो – **केन्द्रापसारी**

सुन्दर और बड़े बालों वाली (स्त्री) – **केशिनी**

केश के बालों को सजाने-सँवारने का काम – **केशविन्यास**

ठीक अपने क्रम में आया हुआ – **क्रमागत**

कारागार से संबंध रखने वाला – **कारागारिक**

कार्य करने वाला व्यक्ति – **कार्यकर्त्ता**

नियमविरुद्ध या निंदनीय कार्य करने वालों की सूची – **कालीसूची**

जिसे यह न जान पड़ता हो कि क्या करूँ और क्या न करूँ – **किंकर्तव्यविमूढ़**

जिसकी अब कीर्ति शेष रह गयी हो – **कीर्तिशेष**

जिस लड़की का विवाह न हुआ हो – **कुमारी**

जो अच्छे या ऊँचे कुल में उत्पन्न हुआ हो – **कुलीन**

व्यक्ति जिसका ज्ञान अपने ही स्थान पर सीमित हो – **कूपमंडूक**

क्षण भर में नष्ट होने (टूट-फूट जाने) वाला – **क्षणभंगुर**

क्षमा किए जाने योग्य – **क्षम्य**

जिसका हाथ बहुत तेज चलता हो – **क्षिप्रहस्त**

किसी के घर होने वाली तलाशी – **खानातलाशी**

जो खाने योग्य हो – **खाद्य**

गृह बसाकर रहने वाला – **गृहस्थ**

घर या देश के अन्दर की आपस के लोगों या दलों की लड़ाई – **गृहयुद्ध**

नए बनवाए घर में पहले-पहल होने वाला प्रवेश – **गृहप्रवेश**

संध्या काल जब गायें चरकर लौटती हैं – **गोधूलि**

जिसे दूसरे से छिपाकर रखना आवश्यक हो – **गोपनीय**

गाँव से संबंधित – **ग्रामीण**

गंगा और यमुना के जल के दो तरह के रंग का – **गंगा-जमुनी**

गणित शास्त्र का जानकार – **गणितज्ञ**

बहुत गप्पें हाँकने वाला – **गपोड़िया**

जो कठिनता से और देर में पचे – **गरिष्ठ**

जिसके पेट में बच्चा हो – **गर्भवती/गर्भिणी**

जिस पशु के पेट में बच्चा हो – **गाभिन**

जो कुछ भी बोल न सके – **गूँगा**

वह व्यक्ति जो दूसरों के घरों में फूट डालता हो – **घरफोड़ा**

घूस लेने वाला – **घूसखोर**

जिसे देखकर घृणा उत्पन्न होती हो – **घृणित**

घृणा किए जाने योग्य – **घृण्य**

किसी के इर्द-गिर्द घेरा डालने की क्रिया – **घेराबन्दी**

जिसकी घोषणा की गयी हो – **घोषित**

जिस (देवता) की चार भुजाएँ हैं – **चतुर्भुज**

जिसके चार-चार पैर होते हैं – **चतुष्पद**

वह मास जो चन्द्रमा की गति के अनुसार गिना जाता है – **चन्द्रमास**

जो आँखों से संबंधित हो – **चाक्षुष**

चिंता उत्पन्न करने वाला – **चिंताजनक**

चित्त को चुराने वाला – **चितचोर**

चिरकाल तक जीवित रहने वाला – **चिरंजीवी**

चिरकाल तक बना रहने वाला – **चिरस्थायी**

जिस पर चित लगाया गया हो – **चिति**

किसी को चेताने के लिए कही जाने वाली बात – **चेतावनी**

जिसके चूड़ा (बालों) में चंद्रमा है – **चंद्रचूड़**

जो चक्र को धारण करता है – **चक्रधर**

कर्मचारी आदि को छाँटकर निकाल देने का काम – **छँटनी**

अकस्मात कहीं भी आकर छापा मारने वाला – **छापामार**

सेना के ठहरने का स्थान – **छावनी**

किसी काम या व्यक्ति में छिद्रों, त्रुटियों व दोषों को ढूँढ़ने का काम – **छिद्रान्वेषण**

वह यान जो जल में चलता है – **जलयान**

किसी को जीतने की चाह – **जिगीषा**

किसी पर विजय पाने की इच्छा रखने वाला – **जिगीषु**

अधिक समय तक जीने की इच्छा – **जिजीविषा**

कुछ जानने या ज्ञान प्राप्त करने की चाह – **जिज्ञासा**

जिसने इन्द्रियों पर विजय पा ली हो – **जितेन्द्रिय**

जन्म से सौ वर्ष का समय – **जन्मशती**

जो जन्म से ही अंधा है – **जन्मांध**

जल में पैदा होने वाला – **जलज**

जल लेने के बदले में दिया जाने वाला टैक्स – **जलकर**

जिसे ज्ञान प्राप्त करने की प्यास हो – **ज्ञानपिपासु**

जिसे जानना आवश्यक हो – **ज्ञेय**

झूठ बोलने वाला – **झूठा**

लगातार घंटा बजने से होने वाला टन-टन शब्द – **टनाटन**

चारों ओर जल से घिरा हुआ भू-भाग – **टापू**

किराए पर चलने वाली मोटरगाड़ी – **टैक्सी**

घर-घर जाकर लोगों का डाक पहुँचाने वाला कर्मचारी – **डाकिया**

वह स्थान जहाँ तोपें और बारूद आदि रखा रहता है – **तोपखाना**

कोई काम या पद छोड़ देने के लिए लिखा गया पत्र – **त्यागपत्र**

जिसे तीनों कालों (भूत, वर्तमान, भविष्य) में होने वाली घटनाएँ दिखायी देती हों – **त्रिकालदर्शी**

किसानों को सरकार या जमींदार द्वारा दी गयी ऋण के रूप में आर्थिक सहायता – **तकावी**

विवाद या गुटबाजी से अलग रहने वाला – **तटस्थ**

अध्यात्म के तत्वों को जानने वाला – **तत्त्वज्ञ**

जो तर्क के आधार पर ठीक सिद्ध हो – **तर्कसंगत**

तर्क के द्वारा जो माना गया हो – **तर्कसम्मत**

चोरी-छिपे और चुंगी शुल्कादि दिए बिना माल लाकर बेचने वाला – **तस्कर**

जिसका होना या करना कठिन हो – **दुष्कर**

जिसका रोकना या निवारण करना कठिन हो – **दुर्निवार्य**

जिसे दबाया या सताया गया हो – **दलित**
जिसका ठीक तौर से कथन सम्भव न हो – **दुष्परिमेय**
दो बार जन्म लेने वाला – **द्विज**
किसी काम में पूर्णरूप से मन लेने वाला – **दत्तचित्त**
जिसको अपने देश से प्रेम हो – **देशभक्त**
वह रोग जिसमें सूर्य की तेज किरणों के कारण दिन में बहुत कम दिखाई देता हो – **दिनौंधी**
शीघ्र जाने वाला – **द्रुतगामी**
जो स्पष्ट न दिखाई दे – **धूमिल**
धन देने वाला – **धनद**
धर्म में आस्था रखने वाला – **धर्मात्मा**
धारण करने या रोकने वाला – **धारक**
ध्यान या विचार करने वाला – **ध्याता**
जो वस्तुओं की क्षणभंगुरता एवं बुराइयों की ओर अधिक ध्यान देता हो – **निराशावादी**
जिसका कोई आकार न हो – **निराकार**
एक देश से दूसरे देशों को वस्तुओं का भेजा जाना – **निर्यात**
रात्रि का दूसरा पहर – **निशीथ**
वह (कार्य) जिसके बदले में कुछ देना न पड़े – **नि:शुल्क**
जिसे त्याग अथवा हटा दिया गया हो – **निरस्त**
जिसकी जड़ अथवा उत्पत्ति का ज्ञान न हो – **निर्मूल**
हाल की व्याही, समान लज्जा और शील वाली नायिका – **नवोढ़ा**
नया उत्पन्न हुआ – **नवजात**
आकाश में विचरण करने वाला – **नभचर**
जो निन्दा के योग्य हो – **निन्दनीय**
जिसके विषय में विवाद न हो – **निर्विवाद**
नगर में रहने वाला – **नागरिक**
जो नष्ट होने वाला हो – **नश्वर**
जिसके कोई सन्तान न हो – **नि:संतान**
जिसे कोई इच्छा न हो – **निस्पृह**
बिना पलक गिराए – **निर्निमेष**
निर्णय करने वाला – **निर्णायक**
जिसमें ममता का अभाव हो – **निर्मम**
जहाँ किसी बात का डर या खतरा न हो – **निरापद**
जिसके मन में पाप न हो – **निष्पाप**
जिसमें दया का अभाव हो – **निर्दय, निष्ठुर**
नरक से सम्बन्धित, अत्यन्त निष्कृष्ट – **नारकीय**
जो पृथ्वी से सम्बन्धित हो – **पार्थिव**
रास्ता दिखाने वाला – **पथप्रदर्शक**
पहनने के योग्य – **परिधेय**
एक बार कहे शब्द या वाक्य को फिर कहना – **पिष्टपेषण**
इतिहास के पूर्व काल से सम्बन्धित – **प्रागैतिहासिक**
दूसरों को शिक्षा देने वाला – **परोपदेशक**
इन्द्रियों से प्राप्त निश्चयात्मक ज्ञान – **प्रत्यक्ष**

सूक्ष्मता से देखने वाला – **प्रेक्षक**
पहर-पहर का घण्टा बजाने वाला, पहरा देने वाला – **प्रहरी**
जाकर लौटा हुआ – **प्रत्यागत**
दोष या पाप मिटाने के लिए शास्त्रानुकूल कर्म या कृत्य – **प्रायश्चित**
प्राण रक्षा करने वाला – **प्राणद**
पशु के ढंग का – **पाश्विक**
जो दूसरों की भलाई करता हो – **परोपकारी**
जो दूसरों का भला चाहता हो – **परार्थी**
पुस्तक की हाथ से लिखी हुई प्रति – **पांडुलिपि**
वह (वस्तु) जिसके आर-पार देखा जा सके – **पारदर्शी**
रात्रि का प्रथम पहर – **प्रदोष**
जो तौला या मापा जा सके – **परिमेय**
बिना अधिकार के भी दूसरों की वस्तु का उपयोग करने वाला – **परिभोक्ता**
पूर्ण रूप से फूला, पका या पचा हुआ – **परिपक्व**
जो दूसरों के अधीन हो – **पराधीन**
जो प्रमाण से सिद्ध हो सके – **प्रमेय**
पत्ते की बनी हुई कुटी – **पर्णकुटी**
शीघ्र आग पकड़ने वाला – **प्रज्ज्वलनशील**
उत्तर द्वारा जिसका खण्डन किया जाए – **प्रत्युक्त**
जो फिर से या ठीक समय पर उत्पन्न हो – **प्रत्युत्पन्न**
जिसका स्पष्टीकरण किया जाए – **प्रतिपाद्य**
परपुरुष से प्रेम करने वाली नायिका – **परकीया**
बच्चा जनने वाली स्त्री – **प्रसूता**
खंडन या प्रतिवाद करने वाला, जिस पर मुकदमा चलाया गया हा – **प्रतिवादी**
उत्तर पाने पर दिया हुआ उत्तर – **प्रत्युत्तर**
प्रार्थना करने वाला – **प्रार्थी**
जिसकी कामना पूरी हो गयी हो – **पूर्णकाम**
जो पढ़ने योग्य हो – **पठनीय**
पीने की इच्छा वाला – **पिपासु**
किसी विषय या क्षेत्र का पूरा ज्ञान रखने वाला – **पारंगत**
पीने योग्य – **पेय**
प्रकृति सम्बन्धी – **प्राकृतिक**
परलोक सम्बन्धी – **पारलौकिक**
जिसका उत्तर खोजना पड़े, ऐसा कथन – **प्रहेलिका**
क्रमबद्ध इतिहास लिखने के पहले के काल का – **प्रागैतिहासिक**
प्राण (श्वास-प्रश्वास) की गति का क्रमश: दमन – **प्राणायाम**
प्रार्थना करने वाला व्यक्ति – **प्रार्थी**
देखने में प्रिय लगने वाला – **प्रियदर्शी**
फल को इस प्रकार रखना कि गलने सड़ने न पाए – **फल-परिरक्षण**
केवल फल खाकर रहने वाला – **फलाहारी**
समुद्र की आग – **बड़वानल**
जिसे समाज, जाति अथवा देश से निकाल दिया गया हो – **बहिष्कृत**

बाहर आया या निकला हुआ	**बहिर्गत**
बहुत से लोगों की मिलकर एक राय	**बहुमत**
बड़े दाम का	**बहुमूल्य**
खाने की इच्छा	**बुभुक्षा**
बहुत सी भाषाएँ जानने वाला	**बहुभाषाविद्**
किसी टूटी-फूटी इमारत या बस्ती का बचा हुआ अंश	**भग्नावशेष**
जिसका भजन करना उचित और आवश्यक है	**भजनीय**
जो भय से घबराया हुआ हो	**भयाकुल**
भारत देश से संबंधित या भारत में उत्पन्न	**भारतीय**
(किसी पद पर) जो पहले रहा हो	**भूतपूर्व**
जिसका भोग करना उचित हो	**भोग्य**
कम या नपा-तुला खर्च करने वाला	**मितव्ययी**
थोड़ा और नपा-तुला भोजन करने वाला	**मिताहारी**
मिथ्या (झूठ) बोलने वाला	**मिथ्यावादी**
जिसकी आँखें मीन के आकार की तरह सुन्दर हों	**मीनाक्षी**
जो खुले हाथों दान/व्यय करता हो	**मुक्तहस्त**
प्रदेश या राज्य के मन्त्रियों में सबसे बड़ा	**मुख्यमंत्री**
जिसे मोक्ष की कामना हो	**मुमुक्ष**
जिसे मर जाने की कामना हो	**मुमूर्षा**
जिसने मृत्यु को जीत लिया हो	**मृत्युंजय**
मेघ के समान जो गरजता हो	**मेघनाद**
असाधारण मेधा बुद्धि वाला	**मेधावी**
चुनाव में अपना मत देने की क्रिया	**मतदान**
मतिमंद होने की अवस्था	**मतिमांद्य**
जो मद्यपान करने का आदी हो	**मद्यप**
दो विरोधी मार्गों के बीच का मार्ग	**मध्यमार्ग**
मन को मोह लेने वाला	**मनमोहक**
मन के दुर्बल होने की स्थिति या भाव	**मनोदौर्बल्य**
मन और उसकी अवस्थाओं तथा क्रियाओं का अध्ययन करने वाला शास्त्र	**मनोविज्ञान**
मन को हर लेने वाला	**मनोहर**
किसी बात के मर्म (गूढ़ रहस्य) को जानने वाला	**मर्मज्ञ**
जिसके हृदय को चोट पहुँची हो	**मर्माहत**
माया संबंधी या माया के रूप में होने वाला	**मायावी**
जो युद्ध में स्थिर रहता है	**युधिष्ठिर**
युद्ध करने या लड़ने की इच्छा	**युयुत्सा**
यंत्र सम्बन्धी	**यांत्रिक**
जहाँ तक सम्भव हो	**यथासम्भव**
शक्ति के अनुसार	**यथाशक्ति**
यज्ञ करने या कराने वाला	**याज्ञिक**
रात को दिखाई न देने वाला रोग	**रतौंधी**
दूसरे देश में अपने राष्ट्र का प्रतिनिधित्व करने वाला	**राजदूत**
राज्य द्वारा आधिकारिक रूप से प्रकाशित होने वाला पत्र	**राजपत्र**
वह काव्य जिसका अभिनय हो सके	**रूपक**

लालिमा से युक्त	**रक्तिम**
राष्ट्र का प्रधान	**राष्ट्रपति**
बच्चों को सुलाने का गीत और थपकी	**लोरी**
जो लेखा-जोखा रखता हो	**लेखाकार**
इस लोक से सम्बन्धित	**लौकिक**
लुभाया या ललचाया हुआ	**लुब्ध**
चाटने योग्य वस्तु	**लेह्य**
वर्ष में एक बार होने वाला	**वार्षिक**
एक से अधिक बातों में से कोई एक	**विकल्प**
जिसमें कोई विकार या परिवर्तन नहीं होता	**विकारी**
वस्तुओं की बिक्री करने वाला	**विक्रेता**
जिसकी जानकारी बहुत अधिक हो	**विज्ञ**
जो स्त्री विद्वान् हो	**विदुषी**
वह स्त्री जिसका पति मर गया हो	**विधवा**
कानून का रूप देने के लिए प्रस्तुत किया गया प्रस्ताव या मसौदा	**विधेयक**
जिसको पत्नी का साथ न हो	**विपत्नीक**
योग या मिलन न होने की अवस्था	**वियोग**
वज्र रहता है हाथ में जिसके	**वज्रपाणि**
जो बढ़ रहा हो	**वर्द्धमान**
जो निरन्तर कई वर्षों से चलता रहे या होता रहे	**वर्षानुवर्ष**
वसंत पंचमी के दिन मनाया जाने वाला उत्सव	**वसंतोत्सव**
कन्या जिसके विवाह कर देने का वचन दे दिया गया हो	**वागदत्ता**
ऐसी व्यवस्था करना कि बाहर के तापमान का प्रभाव भीतर न पड़े	**वातानुकूलन**
वह जो किसी के विरुद्ध वाद (मुकदमा) पेश करे	**वादी**
जिसका विश्वास किया जाए	**विश्वस्त**
वीणा है जिसके हाथ में वह देवी	**वीणापाणि**
विदेश का या विदेश में होने वाला	**वैदेशिक**
जो विधि की दृष्टि से ठीक हो	**वैध**
विष्णु संबंधी या उस संप्रदाय के निमयों पर चलने वाला	**वैष्णव**
पर-स्त्री से अनुचित संबंध रखने वाला	**व्यभिचारी**
शिव की उपासना करने वाला	**शैव**
तरकारी और फलों का भोजन करने वाला	**शाकाहारी**
हरा-भरा मैदान	**शाद्वल**
शरण में जो आया हो	**शरणागत**
शब्द से निशाना मारने वाला	**शब्दवेधी**
वह स्त्री जिसका पति जीवित हो	**सधवा**
जो अपनी पत्नी के साथ हो	**सपत्नीक**
चन्द्रमास के किसी पक्ष की सातवीं तिथि	**सप्तमी**
सात दिनों की अवधि	**सप्ताह**
उसी समय में होने वाला या रहने वाला	**समकालीन**
संबंध की दृष्टि से किसी के पुत्र या पुत्री का ससुर	**समधी**
जिसका समर्थन किया गया हो	**समर्थित**

मनुष्यों का किसी विशेष विषय पर विचार के लिए मिलन – **सम्मेलन**
जो सव्य (बाएं) हाथ से भी काम कर लेता हो – **सव्यसाची**
जिसका संबंध संसार या संसार के विषयों से हो – **सांसारिक**
जो अक्षरों को पढ़ना-लिखना जानता हो – **साक्षर**
जो सिद्ध या पूरा किया जा सके – **साध्य**
वर्तमान समय या ठीक समय पर होने वाला – **सामयिक**
माँस से युक्त – **सामिष**
सर्वसाधारण से संबंधित – **सार्वजनिक**
सब भूमि या सब देशों में होने वाला – **सार्वभौम**
जो अवधानपूर्वक कोई काम करता हो – **सावधान**
जिसका गला या गले का स्वर अच्छा हो – **सुकंठ**
जो सुख देता हो – **सुखद**
सौर जगत् का सबसे बड़ा ग्रह, जिसकी अन्य ग्रह परिक्रमा करते हैं – **सूर्य**
चोरी के लिए मकान की दीवार में किया गया बड़ा-सा छेद – **सेंध**
जो एक स्थान से हटाकर दूसरे स्थान पर भेज दिया गया हो – **स्थानान्तरित**
जिसमें स्नान किया जा सके – **स्नानीय**
जिसने अस्थायी रूप से किसी का स्थान (पद) ग्रहण किया हो – **स्थानापन्न**
जो एक जगह से दूसरी जगह न ले जाया जा सके – **स्थावर**
जो दो या अधिक भिन्न तत्वों या जातियों के संसर्ग से उत्पन्न हो – **संकर**
किसी रोगी द्वारा दूसरों में रोग फैलने वाला रोग – **संक्रामक**
वह स्थान जहाँ स्थायी महत्त्व की वस्तुओं का संग्रह हो – **संग्रहालय**
संचय किया हुआ – **संचित**
जिसके संबंध में संदेह हो – **संदिग्ध**
कुछ खास शर्तों द्वारा कोई कार्य करने कराने का समझौता – **संविदा**
अलग-अलग अवयवों को एक में जोड़ना – **संश्लेषण**
नित्य दीन-दुखियों को भोजने देने की व्यवस्था – **सदावर्त**
जिसने अभी हाल ही में बच्चे को जन्म दिया हो – **सद्य-प्रसूता**
जो आप से आप उत्पन्न हुआ हो – **स्वयंभू**
जो स्वर्ग सिधार गया हो – **स्वर्गीय**
जो किसी के अधीन या पराधीन न हो – **स्वाधीन**
जो सब काम अपने भरोसे करता हो – **स्वावलंबी**
वह जिसके पास संपत्ति या अधिकार सौंपा गया हो – **हस्तांतरित**
जिसे देख सुनकर हृदय फटता हो – **हृदयविदारक**
हाथी की पीठ पर रखी जाने वाली चौकी – **हौदा**
दूसरों को जान से मार डालने वाला – **हत्यारा**
किसी व्यक्ति द्वारा हलफ (शपथ) के साथ लिखा हुआ न्यायालय में प्रस्तुत पत्र – **हलफनामा**

प्रश्नमाला

1. जो सदा दूसरे पर संदेह करता है—
(a) झगड़ालू (b) दयालु
(c) इर्ष्यालु (d) शंकालु

2. अन्तेवासी—
(a) अन्य स्थान पर रहने वाला
(b) अन्त तक रहने वाला
(c) गुरु के समीप रहने वाला शिष्य
(d) किसी विद्या को अन्त तक पढ़ने वाला

3. जिसके पास कुछ न हो—
(a) अकिंचन (b) निर्धन
(c) नंगा (d) दरिद्र

4. क्षेपक—
(a) दूसरों को क्षमा कर देने वाला
(b) शत्रु पर घातक वार करने वाला
(c) किसी ग्रन्थ में अन्य व्यक्ति द्वारा जोड़ा गया भाग
(d) किसी व्यक्ति द्वारा छोड़े गए शेष कार्य को पूरा करने वाला

5. किसी के पास रखी दूसरे की वस्तु—
(a) परवर्ती (b) बपौती
(c) थाती (d) वर्तिका

6. वह भाई जो अन्य माता से उत्पन्न हुआ हो—
(a) सहोदर (b) औरस
(c) अन्योदर (d) दूरस्थ

7. गोद में सोने वाली स्त्री—
(a) अंकशायिनी (b) अनीन्द्रिय
(c) सिदित (d) कोई नहीं

8. कष्ट से सम्पन्न होने वाला—
(a) कष्टकारी (b) कष्टप्रद
(c) कष्टसाध्य (d) कोई नहीं

9. किसी संस्था के 25 वर्ष पूरे होने पर होने वाला उत्सव के लिए शब्द है—
(a) हीरक जयंती (b) रजत जयंती
(c) शताब्दी (d) स्वर्ण जयंती

10. जो देखने में प्रिय लगता हो—
(a) समदर्शी (b) प्रियदर्शी
(c) प्रियपात्र (d) दर्शनप्रिय

11. जो आँखों के सामने न हो—
(a) प्रत्यक्ष
(b) अप्रत्यक्ष
(c) दूरस्थ
(d) परोक्ष

12. जो किए गए उपकारों को मानता है—
(a) कृतज्ञ (b) कृपापात्र
(c) उपकारी (d) सुपात्र

13. जिस स्त्री का पति जीवित हो—
(a) कामिनी (b) सुभगा
(c) सधवा (d) मधवा

14. जिसके विरुद्ध मुकदमा या केस दायर किया जाए—
(a) प्रतिवादी (b) प्रतिपक्षी
(c) अभियुक्त (d) अपराधी

15. जिसने अपने घर का ऋण उतार दिया हो—
(a) अऋण (b) उन्मुक्त
(c) उऋण (d) स्वतंत्र

16. जिसकी उपमा किसी से न की जा सके—
(a) अद्वितीय (b) अनुपम
(c) अनन्य (d) अभूतपूर्व

17. जिसमें जानने की इच्छा हो—
(a) जिज्ञासु
(b) इच्छुक
(c) अभिलाषी
(d) ज्ञानोन्मुख

18. जो इन्द्रियों की अनुभूति से परे हो—
(a) इन्द्रियातीत (b) अप्रत्यक्ष
(c) अनुभवातीत (d) ज्ञानातीत

19. जिस समय बड़ी मुश्किल से खाद्य-पदार्थ मिलते हों—
(a) दुर्भिक्ष (b) अकाल
(c) दुष्काल (d) भुखमरी

20. जिसका ज्ञान इन्द्रियों के द्वारा न हो—
(a) इन्द्रियातीत (b) इन्द्रियागम्य
(c) अगोचर (d) अगम

21. जिसका प्रयोजन सिद्ध हो चुका हो—
(a) कृतकार्य (b) सिद्धकाम
(c) वीतराग (d) सिद्धि-प्राप्त

22. जो तुरन्त कोई उपयुक्त बात या काम सोच ले—
(a) तीक्ष्ण बुद्धि (b) प्रत्युत्पन्नमति
(c) कुशाग्रबुद्धि (d) अग्रचेता

23. जिसका इन्द्रियों से अनुमान न हो सके—
(a) जितेन्द्रिय (b) अतीन्द्रिय
(c) कालजयी (d) सर्वजयी

24. दूर तक देखने वाला—
(a) दूरदर्शी (b) गिद्धदृषि
(c) भविष्यदर्शी (d) अनुभवी

25. जो माँस नहीं खाता—
(a) सात्विक (b) निरामिष
(c) अमांसभक्षी (d) फलाहारी

26. जो माँस खाता है—
(a) माँसभक्षी (b) सामिष
(c) तामसिक (d) राजसी

27. जिस पर विश्वास न किया जा सके—
(a) अविश्वसनीय (b) धूर्त
(c) धोखेबाज (d) दगाबाज

28. जिस पर विजय प्राप्त कर ली गयी हो—
(a) पराभूत (b) विजित
(c) पराजित (d) अनुशासित

29. ईश्वर की सत्ता में विश्वास न रखने वाला—
(a) ईश्वर विन्मुख (b) अधार्मिक
(c) नास्तिक (d) अविश्वासी

30. ईश्वर का कोई आकार नहीं होता है—
(a) सरोकार (b) साकार
(c) निराकार (d) इनमें से कोई नहीं

31. भारतीयों की बुरी दशा देखकर गाँधीजी का मन द्रवित हो गया—
(a) दुर्व्यवहार (b) दीनता
(c) दुर्दशा (d) दुर्दिन

32. वैभव को उस विद्यालय में इम्तिहान लेने वाला बनकर जाना है—
(a) विशेषज्ञ (b) परीक्षक
(c) अध्यापक (d) समन्वयक

33. जिसकी बाहें घुटनों तक पहुँचती हों—
(a) दीर्घबाहु (b) लम्बबाहु
(c) आजानुबाहु (d) विशालबाहु

34. जिसका कोई शत्रु नहीं जन्मा है—
(a) सर्वप्रिय (b) अजातशत्रु
(c) शत्रुहीन (d) लोकमित्र

35. किसी बात को बढ़ा-चढ़ा कर कहना—
(a) अत्युक्ति (b) अतिश्योक्ति
(c) अतिचार (d) अभिभाषण

36. जो शक्ति का उपासक है—
(a) चाटुकार (b) शाक्त
(c) अवसरवादी (d) स्वार्थोपासक

37. जिसका जन्म निम्न जाति में हुआ हो—
(a) अछूत (b) अस्वर्श्य
(c) अन्त्यज (d) शूद्र

38. पति एवं पत्नी—
(a) वर-वधू
(b) प्रेमी-प्रेमिका
(c) पति-पत्नी
(d) दम्पत्ति

39. जो कठिनाई से प्राप्त हो—
(a) दुर्लभ (b) दुष्प्राप्य
(c) अलभ्य (d) दुर्गम

40. थोड़ा जानने वाला—
(a) अल्पज्ञ (b) बहुज्ञ
(c) मूर्ख (d) अज्ञ

41. जिस तर्क का कोई जवाब न हो—
(a) जोरदार (b) तीखा
(c) सटीक (d) अकाट्य

42. जिसे बुलाया न गया हो—
(a) अनाहूत
(b) अनबोला
(c) अतिथि
(d) अभ्यागत

43. स्त्री जो अभिनय करती हो—
(a) नर्तकी (b) नटी
(c) अभिनेत्री (d) नायिका

44. आशा से बहुत अधिक—
(a) आशातीत (b) आशावान
(c) अप्रत्याशित (d) प्रत्याशित

45. जिसकी आशा न की गई हो—
(a) निराशा (b) अचानक
(c) अप्रत्याशित (d) गलत

46. दूसरे के स्थान पर कार्य करने वाला—
(a) प्रतिनिधि (b) स्थानापन्न
(c) विस्थापित (d) अस्थायी

47. वह व्यक्ति जिसके शरीर का कोई अंग बेकाम हो गया हो—
(a) लुंज (b) पंगु
(c) विकलांग (d) असहाय

48. पृथ्वी और अन्य ग्रहों के बीच का स्थान—
(a) आकाश
(b) अंतरिक्ष
(c) अवकाश
(d) द्युलोक

49. अपराध या भूल शमन के लिए किया गया धार्मिक कृत्य—
(a) प्रतिशोध
(b) प्रायश्चित
(c) प्रतिकार
(d) तपस्या

50. जिसे कठिनाई से जीता जा सके—
(a) विजित (b) अज्ञेय
(c) अजेय (d) दुर्जेय

उत्तरमाला

1. (d)	2. (c)	3. (a)	4. (c)	5. (c)	6. (c)	7. (a)	8. (c)	9. (b)	10. (b)
11. (d)	12. (a)	13. (c)	14. (a)	15. (c)	16. (b)	17. (a)	18. (a)	19. (b)	20. (c)
21. (a)	22. (b)	23. (b)	24. (a)	25. (b)	26. (b)	27. (a)	28. (b)	29. (c)	30. (c)
31. (c)	32. (b)	33. (c)	34. (b)	35. (b)	36. (b)	37. (c)	38. (d)	39. (b)	40. (a)
41. (d)	42. (a)	43. (c)	44. (a)	45. (c)	46. (b)	47. (c)	48. (b)	49. (b)	50. (d)

❑❑❑

10

अध्याय

संज्ञा शब्दों से विशेषण बनाना

संज्ञा का अर्थ है– नाम। संज्ञा उस शब्द को कहते हैं, जिससे किसी विशेष वस्तु अथवा व्यक्ति के नाम का बोध होता है। यहाँ 'वस्तु' शब्द का प्रयोग व्यापक अर्थ में है, जो केवल प्राणी और पदार्थ का वाचक नहीं बल्कि उसके धर्मो को भी व्यक्त करता है। अत: संज्ञा के अन्तर्गत वस्तु और प्राणी के नाम के साथ ही उसके धर्म-गुण भी आते हैं। संज्ञा विकारी शब्द है, क्योंकि संज्ञा शब्दों में लिंग, वचन और कारक के अनुसार विकार अर्थात् रूप परिवर्तन होता है।

उदाहरण–लिंग के अनुसार–दादा-दादी, नायक-नायिका, मोर-मोरनी।

वचन के अनुसार–लता-लताएँ, पुस्तक-पुस्तकें।

कारक के अनुसार–लड़की से पूछो, लड़कियों से पूछो।

कुछ संज्ञा शब्द ऐसे होते हैं, जिसमें अलग-अलग सन्दर्भों में प्रयुक्त होने पर भी कोई रूप परिवर्तन नहीं होता, किन्तु उनके अर्थ में पर्याप्त अन्तर होता है।

उदाहरण– 1. मुझे ठंडा पानी पिलाओ।

2. उसके मुँह में पानी भर आया।

3. उसकी आँखों में जरा भी पानी नहीं है।

4. मेरी आशाओं पर पानी फिर गया।

5. उसका चेहरा पानी-पानी हो गया।

6. तुम्हें पानी देने वाला भी न मिलेगा।

संज्ञा के भेद

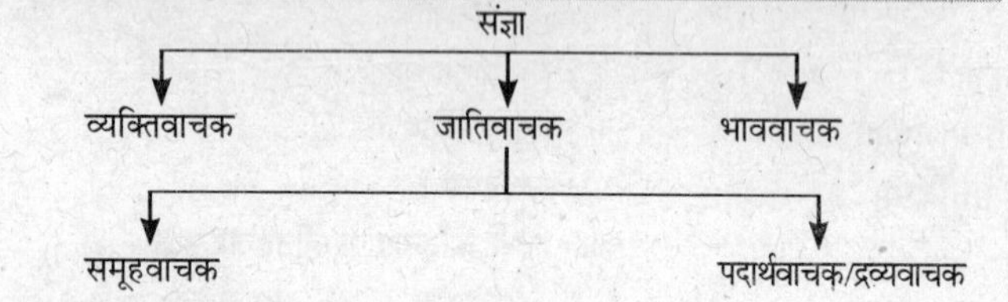

व्यक्तिवाचक संज्ञा

किसी व्यक्ति या वस्तु विशेष नाम का बोध कराने वाले शब्द व्यक्तिवाचक संज्ञा कहलाते हैं। प्रत्येक व्यक्तिवाचक संज्ञा अपने मूल रूप में जातिवाचक संज्ञा होती है, किन्तु जाति विशेष के प्राणी या वस्तु को जब कोई नाम दिया जाता है, तब वह नाम व्यक्तिवाचक संज्ञा बन जाता है। व्यक्तिवाचक संज्ञा निम्नलिखित रूपों में होती है–

व्यक्तियों के नाम–गीता, अनिल, मंजू।

दिन/महीनों के नाम–रविवार, मंगलवार, जनवरी, फरवरी।

देशों के नाम–भारत, चीन, पाकिस्तान, अमेरिका।

दिशाओं के नाम–पूर्व, पश्चिम, उत्तर, दक्षिण।

नदियों के नाम–गंगा, यमुना, गोदावरी, कावेरी, सिन्धु।

त्योहार/उत्सवों के नाम–होली, दीवाली, ईद, बैसाखी।

नगरों/रास्तों के नाम–दिल्ली, मुम्बई, कोलकाता, महात्मा गाँधी मार्ग।

पुस्तकों के नाम–रामायण, गीता, कुरान, बाइबिल।

समाचार पत्रों के नाम–अमर उजाला, दैनिक जागरण, हिन्दुस्तान।

पर्वतों के नाम–हिमालय, विन्ध्याचल, शिवालिक, अलकनंदा।

जातिवाचक संज्ञा

प्राणियों या वस्तुओं की जाति का बोध कराने वाले शब्दों को जातिवाचक संज्ञा कहते हैं। जैसे–

मनुष्य–लड़का, लड़की, नर, नारी।

पशु-पक्षी–गाय, बैल, बंदर, कोयल, कौआ, तोता।

वस्तु–घर, किताब, कलम, मेज, बर्तन।

पद-व्यवसाय–अध्यापक, छात्रा, लेखक, व्यापारी, नेता, अभिनेता।

जातिवाचक संज्ञा के दो उपभेद हैं–

1. समूहवाचक संज्ञा तथा 2. द्रव्यवाचक संज्ञा

समूहवाचक संज्ञा

जिस संज्ञा से एक ही जाति के व्यक्तियों या वस्तुओं के समूह का बोध होता है, उसे समूहवाचक संज्ञा कहते हैं। जैसे–

व्यक्ति समूह–संघ, वर्ग, दल, गिरोह, सभा, भीड़, मेला, कक्षा, झुंड, समिति, जुलूस।

वस्तु-समूह–ढेर, गुच्छा, शृंखला।

द्रव्यवाचक संज्ञा

इसे पदार्थवाचक संज्ञा भी कहते हैं। इससे उस द्रव्य या पदार्थ का बोध होता है, जिन्हें हम माप-तौल तो सकते हैं, किन्तु गिन नहीं सकते। यह संज्ञा सामान्यत: एकवचन में होती है। इसका बहुवचन नहीं होता। जैसे–

धातु अथवा खनिज पदार्थ–सोना, चाँदी, कोयला।

खाद्य पदार्थ–दूध, पानी, तेल, घी।

भाववाचक संज्ञा

व्यक्ति या वस्तु के गुण-धर्म, कर्म, अवस्था, भाव, दशा आदि का बोध कराने वाले शब्द भाववाचक संज्ञा कहलाते हैं। भाववाचक संज्ञाओं का संबंध हमारे भावों से होता है। इनका कोई रूप या आकार नहीं होता है। भाववाचक संज्ञा का प्राय: बहुवचन नहीं होता। जैसे–

मनोभाव–प्रेम, घृणा, दु:ख, शान्ति।

अवस्था–बचपन, बुढ़ापा, अमीरी, गरीबी।

भाववाचक संज्ञाओं की रचना

जातिवाचक संज्ञा से भाववाचक संज्ञा

जातिवाचक संज्ञा	भाववाचक संज्ञा
बालक	बालकपन
मनुष्य	मनुष्यत्व/मनुष्यता
देव	देवत्व
नारी	नारीत्व
विद्वान	विद्वता
मित्र	मित्रता/मैत्री
अमीर	अमीरी
व्यक्ति	व्यक्तित्व
स्त्री	स्त्रीत्व

सर्वनाम से भाववाचक संज्ञा

सर्वनाम	भाववाचक संज्ञा
आप	आपा
अपना	अपनापन/अपनत्व
पराया	परायापन
निज	निजता
स्व	स्वत्व

विशेषण से भाववाचक संज्ञा

विशेषण	भाववाचक संज्ञा
ठंडा	ठंडाई
बूढ़ा	बुढ़ापा
मधुर	माधुर्य/मधुरता
मीठा	मिठाई/मिठास
सुन्दर	सुन्दरता
तपस्वी	तप
भला	भलाई
कमजोर	कमजोरी
चतुर	चातुर्य/चतुराई/चतुरता
स्वस्थ	स्वास्थ्य
स्वतंत्र	स्वतंत्रता/स्वातंत्र्य
काला	कालिया
कंजूस	कंजूसी

क्रिया से भाववाचक संज्ञा

क्रिया	भाववाचक संज्ञा
पढ़ना	पढ़ाई
रोना	रुलाई
धोना	धुलाई
हँसना	हँसी
चिल्लाना	चिल्लाहट
खेलना	खेल
घबराना	घबराहट
सजाना	सजावट
दिखाना	दिखावट
धिक्	धिक्कार

संज्ञा की पद व्याख्या

किसी वाक्य से संज्ञा पदों का चयन कर उनके भेद और लिंग, वचन, रूप (तिर्यक या मूल), कारक तथा कारकीय संबंध दिखाना ही संज्ञा पद की व्याख्या करना कहलाता है।

संज्ञा पद की व्याख्या के कुछ उदाहरण निम्नलिखित हैं–

1. छात्रों ने विद्यालय में सभा की।

संज्ञापद–छात्रों (ने), विद्यालय (में), सभा।

छात्रों (ने)–जातिवाचक संज्ञा, पुल्लिंग बहुवचन, तिर्यक रूप, कर्ताकारक, 'ने' का संबंध क्रिया 'की'।

विद्यालय (में)–जातिवाचक संज्ञा, पुल्लिंग एकवचन, तिर्यक रूप, अधिकरण कारक।

सभा–जातिवाचक संज्ञा, स्त्रीलिंग, एकवचन, मूलरूप; कर्म कारक।

2. मोहन अपने घर गया है।

संज्ञा पद–मोहन, घर।

मोहन–जातिवाचक संज्ञा, पुल्लिंग, एकवचन, मूलरूप, कर्ता कारक।

घर–जातिवाचक संज्ञा, पुल्लिंग, एकवचन, मूलरूप।

3. देवियो ! कृपया शान्त रहें।

संज्ञा पद–देवियो।

देवियो–जातिवाचक संज्ञा, स्त्रीलिंग, बहुवचन, सम्बोधन रूप, सम्बोधन कारक।

संज्ञा प्रयोग संबंधी विशेष नियम

समूहवाचक और जातिवाचक संज्ञाओं का संबंध

सभी समूहवाचक संज्ञाएँ प्रत्येक जातिवाचक संज्ञाओं के साथ प्रयुक्त नहीं होती। दोनों में विशिष्ट संबंध होता है, जिनके आधार पर उनका परस्पर प्रयोग सुनिश्चित होता है, जैसे–

अशुद्ध प्रयोग

1. नेताओं का गिरोह प्रधानमंत्री से मिला।
2. अंगूरों का ढेर कितना ताजा है।
3. डाकुओं के शिष्टमण्डल ने आत्मसमर्पण कर दिया।
4. लताओं का झुंड बहुत सुन्दर है।

इन वाक्यों में नेताओं, अंगूरों, डाकुओं और लताओं के लिए क्रमश: गिरोह, ढेर, शिष्टमण्डल और झुंड का प्रयोग अशुद्ध है।

अत: अशुद्ध प्रयोग से बचने के लिए समूहवाचक संज्ञा और जातिवाचक संज्ञा के निम्नलिखित संबंध को ध्यान में रखें–

1. **शृंखला**–पर्वतों की (अब मानव शृंखला भी बनने लगी है)।
2. **जत्था**–सैनिक, स्वयंसेवकों का।
3. **मण्डल**–नक्षत्रों, व्यक्तियों का।
4. **गिरोह**–चोर, डाकुओं, लुटेरों, जेबकतरों का।
5. **काफिला/कारवाँ**–ऊँटों, यात्रियों का।
6. **ढेर**–अनाज, फल, तरकारी का।
7. **मण्डली**–गायकों, विद्वानों, मूर्खों की।
8. **संघ**–कर्मचारी, मजदूर, राज्यों का।

9. **झुंड**–भेड़ों या बिना सोचे-समझे काम करने वालों का।

10. **शिष्टमण्डल**–अच्छे उद्देश्यों के लिए व्यक्तियों का।

द्रव्यवाचक संज्ञाओं का वचन

द्रव्यवाचक संज्ञाओं के साथ यदि मात्रावाचक विशेषण का प्रयोग हो तो वे एकवचन में प्रयुक्त होती हैं, जैसे इन वाक्यों को देखें–

1. मुझे दो किलो मिठाइयाँ चाहिए।
2. उसने पाँच टन कोयले खरीदे।

इन वाक्यों में 'मिठाइयाँ' और 'कोयले' का प्रयोग अशुद्ध है, क्योंकि उनके साथ मात्रावाचक शब्दों 'दो किलो' और 'पाँच टन' का प्रयोग हुआ।

इसके साथ ही खाने-पीने के अर्थ में भी द्रव्यवाचक संज्ञा का प्रयोग सदैव एकवचन में ही करना चाहिए, जैसे–

1. मुझे पूड़ियाँ अच्छी नहीं लगती।
2. तेल की बनी मिठाइयाँ अच्छी नहीं होती।
3. आज मैंने रोटियाँ और मछलियाँ खायीं।

इन वाक्यों में पूड़ियाँ, मिठाइयाँ, रोटियाँ और मछलियाँ का अशुद्ध प्रयोग है। इसके स्थान पर पूड़ी, मिठाई, रोटी और मछली का प्रयोग शुद्ध होगा।

भाववाचक संज्ञाओं का वचन

प्राय: भाववाचक संज्ञाओं का प्रयोग बहुवचन में नहीं होता, जैसे–

उदाहरण– 1. बच्चों की चंचलताएँ मन को मोह लेती हैं।

2. भारत-पाक के बीच शत्रुताएँ अधिक हैं, मित्रताएँ कम।
3. इन कमरों की लम्बाइयाँ-चौड़ाइयाँ क्या हैं?
4. मरीज कमजोरियों के कारण चल-फिर नहीं सकता।
5. तुमने मेरे साथ बहुत भलाइयाँ की हैं।

इन वाक्यों में भाववाचक संज्ञाएँ–चंचलताएँ, शत्रुताएँ, मित्रताएँ, लम्बाइयाँ-चौड़ाइयाँ, कमजोरियों और भलाइयाँ का बहुवचन में अशुद्ध प्रयोग है। इनके स्थान पर इनका प्रयोग एकवचन में ही होना चाहिए। अपवाद स्वरूप भाववाचक संज्ञाओं का बहुवचन प्रयोग वहाँ उचित होता है, जहाँ विविधता का बोध होता है। ऐसे स्थलों पर भाववाचक संज्ञा का बहुवचन प्रयोग जातिवाचक संज्ञा के समान होता है।

उदाहरण– 1. मनुष्य में बहुत-सी कमजोरियाँ होती हैं।

2. 'कामायनी' की अनेक विशेषताएँ हैं।

आदरसूचक संज्ञा के लिए बहुवचन का प्रयोग–व्यक्तिवाचक और जातिवाचक संज्ञाओं के साथ एकवचन होने पर भी आदर का भाव प्रकट करने के लिए बहुवचन क्रिया का प्रयोग किया जाता है।

उदाहरण– 1. तुलसीदास समन्वयकारी कवि थे।

2. आप आजकल क्या कर रहे हैं?
3. प्रधानमंत्री आज नहीं आयेंगे।
4. पिताजी अभी लखनऊ से नहीं लौटे हैं।
5. माँजी! आप क्या सोच रही हैं?
6. आपके दर्शन के लिए रुका था।

पुल्लिंग बहुवचन की जातिवाचक संज्ञाएँ–कुछ जातिवाचक संज्ञाएँ सदैव पुल्लिंग में प्रयोग की जाती हैं। जैसे–प्राण, आँसू, अक्षत, ओंठ आदि एकवचन में होते हुए भी बहुवचन में प्रयुक्त किए जाते हैं।

उदाहरण–

1. रोगी के प्राण निकल चुके थे।
2. शेर के बाल होते हैं, शेरनी के नहीं।
3. मैंने अपने हस्ताक्षर कर दिए थे।
4. बारातियों पर अक्षत बरसाए गए।

प्रश्नमाला

1. निम्नलिखित में संज्ञा कौन-सा शब्द है?
(a) विकारी (b) अविकारी
(c) यौगिक (d) रूढ़

2. इनमें से कौन संज्ञा का भेद है?
(a) विशेषण (b) सर्वनाम
(c) जातिवाचक (d) उपसर्ग

3. 'घी' कौन-सी संज्ञा है?
(a) समूहवाचक संज्ञा
(b) जातिवाचक संज्ञा
(c) व्यक्तिवाचक संज्ञा
(d) द्रव्यवाचक संज्ञा

4. जो शब्द किसी व्यक्ति, वस्तु या स्थान की संपूर्ण जाति का बोध कराते हैं, उन शब्दों को .... कहते हैं।
(a) जातिवाचक संज्ञा
(b) व्यक्तिवाचक संज्ञा
(c) द्रव्यवाचक संज्ञा
(d) भाववाचक संज्ञा

5. निम्नलिखित में से कौन-सा शब्द भाववाचक संज्ञा है?
(a) बचपन (b) बुढ़ापा
(c) मोटापा (d) उपरोक्त सभी

6. मेरे पास 'सोने' के आभूषण हैं। इस वाक्य में कौन-सी संज्ञा है?
(a) भाववाचक संज्ञा
(b) व्यक्तिवाचक संज्ञा
(c) द्रव्यवाचक संज्ञा
(d) समूहवाचक संज्ञा

7. जिन संज्ञा शब्दों से किसी भी व्यक्ति या वस्तु के समूह का बोध होता है, उन शब्दों को .... संज्ञा कहते हैं।
(a) समूहवाचक
(b) जातिवाचक
(c) द्रव्यवाचक संज्ञा
(d) व्यक्तिवाचक संज्ञा

8. 'सफलता' शब्द में कौन-सी संज्ञा है?
(a) जातिवाचक
(b) भाववाचक
(c) द्रव्यवाचक
(d) समूहवाचक

9. किसी भी विशेष व्यक्ति, वस्तु या स्थान के नाम का बोध कराने वाली संज्ञा .... कहलाती हैं।
(a) व्यक्तिवाचक संज्ञा
(b) जातिवाचक
(c) द्रव्यवाचक संज्ञा
(d) भाववाचक संज्ञा

10. 'गाँव', 'स्कूल', 'शहर', 'बगीचा', 'नदी' शब्द से किस संज्ञा का बोध होता है?
(a) जातिवाचक (b) भाववाचक
(c) द्रव्यवाचक (d) समूहवाचक

11. संज्ञा के कितने भेद होते हैं?
(a) 3 (b) 4
(c) 5 (d) 6

12. किसी जाति, द्रव्य, गुण, भाव, व्यक्ति, स्थान और क्रिया आदि के नाम को .... कहते हैं।
(a) विशेषण (b) सर्वनाम
(c) कारक (d) संज्ञा

13. वह शब्द, जिससे किसे सजीव वस्तु का बोध हो, जिसमें प्राण हो, उसे कौन-सी संज्ञा कहते हैं?
(a) समूहवाचक संज्ञा
(b) व्यक्तिवाचक संज्ञा
(c) प्राणीवाचक संज्ञा
(d) जातिवाचक संज्ञा

14. 'बालक' शब्द से किस भाववाचक शब्द का निर्माण होगा?
(a) बालपन (b) बालिका
(c) बालमन (d) बालकत्व

15. जिस व्यक्ति, वस्तु, पदार्थ आदि की गणना नहीं की जा सकती है; जिसकी संख्या ज्ञात नहीं की जा सकती है, वह शब्द कौन-सी संज्ञा कहलायेगा?
(a) गणनीय संज्ञा
(b) अगणनीय संज्ञा
(c) जातिवाचक संज्ञा
(d) द्रव्यवाचक संज्ञा

16. 'घोडा दौड़ रहा है' वाक्य में संज्ञा कौन-सा शब्द है?
(a) घोड़ा (b) दौड़
(c) रहा (d) है

17. जिस संज्ञा शब्दों से किसी धातु, द्रव्य, सामग्री, पदार्थ आदि का बोध हो, उसे द्रव्यवाचक संज्ञा कहते हैं। निम्नलिखित में कौन-सा द्रव्यवाचक शब्द का उदाहरण है?
(a) ताँबा (b) सोना
(c) हीरा (d) उपरोक्त सभी

18. जिस वस्तु में प्राण न हो, वह .... कहलाता है।
(a) अप्राणिवाचक संज्ञा
(b) प्राणिवाचक संज्ञा
(c) जातिवाचक संज्ञा
(d) भाववाचक संज्ञा

19. 'मेज', 'रेलगाड़ी', 'मकान', 'पुस्तक', 'पर्वत' कौन-सी संज्ञा कहलायेंगे?
(a) अप्राणिवाचक संज्ञा
(b) प्राणिवाचक संज्ञा
(c) जातिवाचक संज्ञा
(d) भाववाचक संज्ञा

20. निम्नलिखित में से कौन-सा शब्द संज्ञा है?
(a) क्रोधी (b) क्रुद्ध
(c) क्रोध (d) क्रोधित

21. 'स्त्रीत्व' शब्द में कौन-सी संज्ञा है?
(a) जातिवाचक (b) भाववाचक
(c) द्रव्यवाचक (d) समूहवाचक

22. जातिवाचक संज्ञा के कितने भेद हैं?
(a) 2 (b) 3
(c) 4 (d) 5

23. भाववाचक संज्ञा बनाते समय शब्दों के अंत में किन शब्दों का प्रयोग किया जाता है?
(a) पन (b) त्व
(c) ता (d) उपरोक्त सभी

24. संज्ञा का रूपान्तर लिंग, वचन और .... के कारण होता है।
(a) विशेषण (b) भाववाचक संज्ञा
(c) कारक (d) सर्वनाम

25. 'बच्चे खिलौनों से खेल रहे हैं।' 'इस वाक्य में 'बच्चे' और 'खिलौने', शब्द किस संज्ञा की श्रेणी में आते हैं?
(a) विशेषणवाचक संज्ञा
(b) जातिवाचक संज्ञा
(c) भाववाचक संज्ञा
(d) समूहवाचक संज्ञा

उत्तरमाला

1. (a)	**2.** (c)	**3.** (d)	**4.** (a)	**5.** (d)	**6.** (c)	**7.** (a)	**8.** (b)	**9.** (a)	**10.** (a)
11. (a)	**12.** (d)	**13.** (c)	**14.** (d)	**15.** (b)	**16.** (a)	**17.** (d)	**18.** (a)	**19.** (a)	**20.** (c)
21. (b)	**22.** (a)	**23.** (d)	**24.** (c)	**25.** (b)					

❑❑❑

11

अध्याय

अनेकार्थक शब्द

एक से अधिक अर्थ देने वाले शब्द को अनेकार्थक शब्द कहते हैं। हिन्दी साहित्य में इनका प्रयोग भाषा को अलंकृत करने में प्रचुरता से किया जाता है। यमक तथा श्लेष अलंकार इन्हीं शब्दों के प्रयोग की देन हैं।

अवस्था – उम्र, दशा, स्थिति
असली – मौलिक, वास्तविक, शुद्ध
अंभोज – कमल, सारस, चन्द्रमा, कपूर, शंख
अभि – सामने, बुरा, इच्छा, समीप, बारंबार, दूर, ऊपर
अर्घ – जलदान, मूल्य, भेंट, घोड़ा, मधु, शहद
अलि – भौंरा, कोयल, कोआ, बिच्छू, कुत्ता, मदिरा, सखी
अक्रूर – कृष्ण के चाचा, मित्र, कोमल स्वभाव वाला
अधर – होंठ, आकाश, अनाधार
अक्षर – वर्ग, नाशरहित, सत्य, मोक्ष, आकाश, आन्मार्थ
अपेक्षा – इच्छा, आशा, आवश्यकता, बनिस्पत
अहि – साँप, सर्प, सूर्य, कष्ट, राहु, जल, पृथ्वी, एक वर्ण, वृत
अच्युत – स्थिर, अविनाशी, विष्णु, कृष्ण
अंकुश – नियंत्रण, दबाव, हाथी को चलाने-रोकने का अंकुश (जो लोहे का बना होता है)
अंचल – साड़ी का पल्लू, प्रदेश, सिरा
अंत – सिरा, समाप्ति, मृत्यु, भेद/रहस्य
अंधेरा – अंधकार, उदासी, प्रकाश के बिना
अकड़ना – कड़ा होना, घमंड करना, दुराग्रह करना
अपवाद – कलंक, किसी नियम के मानना
अमृत – जल, पारा, दूध, अन्न, स्वर्ण, गिलोय
अम्बर – वस्त्र, आकाश, कपास, एक इत्र, अभ्रक, एक नगर, मेघ
अर्क – सूर्य, मदार का पौधा, इन्द्र, स्फटिक, काढ़ा
अरूण – सूर्य, रक्तवर्ण
अर्थ – धन, इन्द्रिय-विषयक, मतलब, करना
अशोक – शोकरहित, अशोक सम्राट
अक्ष – पहिया, आँख, रथ, ज्ञान, मण्डल, आत्मा
अक्षत – बिना घाव, कच्चा चावल
अखंड – समूचा, निर्विघ्न, जिसका खंडन न हो
अड्डा – करघा, ठिकाना, कबूतरों की छतरी
अधर – अंतरिक्ष, तुष्छ, होंठ, बिना आधार का, नीचे का
अध्यक्ष – सभापति, विभाग का मुखिया, इंचार्ज
अनुरूप – मिलता-जुलता/सदृश, अनुकूल, उपयुक्त
अबोध – ना समझ, दुरूह, दुर्बोध, मूर्ख
अब्ज – कपूर, शंख, चन्द्रमा, कमल
अभिधान – नाम, पदनाम, नाममाला, शब्दकोष
अमल – महल रहित, नशा-पानी, कार्यान्वियन
अरिष्ट – शत्रु, विपत्ति, औषधि युक्त रस, दुर्भाग्य, कष्ट
अलग – पृथक, भिन्न, अछूता, न लगा हुआ
आज्ञा – अनुमति, आदेश
आराम – विश्राम, राहत, सुविधा, वाटिका
आली – सखी, पंक्ति, गीला, मान्यवर
आश्रम – तपोभूमि, आश्रय-स्थान, जीवन के चार अंगों में से एक
आतुर – उत्सुक, उतावला, रोगी, कमजोर, दुःखी
आत्मा – स्वरूप, ब्रह्मा, सूर्य, अग्नि, परमात्मा
आपत्ति – एतराज, विपत्ति, व्यवधान, मुसीबत
आँख – नेत्र, दृष्टि, निगरानी
आगम – आना, ज्ञान, शास्त्र
ईश – स्वामी, राजा, ईश्वर, महादेव, ग्यारह की संख्या, आर्द्रा-नक्षत्र, एक उपनिषद्, पारा
इष्ट – परमात्मा, समीपी, ध्येय, काम देवता
इन्दु – चन्द्रमा, कपूर, गणित में एक की संख्या
उपचार – व्यवहार, प्रयोग, चिकित्सा, सेवा, धार्मानुष्ठान, घूस, खुशामद
उषा – प्रभात, अरुणोदय की लालिमा, बाणासुर की कन्या
उग्र – भयानक, क्रूर, तीव्र, कष्टदायक, प्रचण्ड, महादेव, गरम, सूर्य
उच्च – श्रेष्ठ, बड़ा, जोर का, उठा हुआ
उतरना – नीचे आना, ठहरना (बरात), मद्धिम पड़ना (रंग), जगह से खिसकना (बाँह), कम होना (ज्वर)
कंकट – काँटा, कीलक, विघ्न
कक्ष – कमरा, कछौटा, काँख, सूखी घास, कक्षा (सूर्य की)
कट्टर – कठोर, दृढ़प्रतिज्ञ, अपने मत का जिद्दी
कन्या – कुमारी, एक राशि, पुत्री, लड़की
करीब – समीप, सगा, लगभग
कर्तन – करतना, कातना, काटना
कलम – लेखनी, कूँची, कनपटी के बाल, पेड़ पौधों की हरी लकड़ी
कलि – कलह, दुःख, पाप, चार युगों में चौथा युग, सूरमा, संग्राम, काला
काँटा – कीला, तौलने का एक साधन, पेड़ पौधों की नोंक, मछली की हड्डी
कायदा – नियम, तरीका, रिवाज, उर्दू का बालबोध
किनारा – तट, सिरा, पार्श्व, हाशिया
कर – किरण, हाथ, टैक्स, सूंड
काल – समय, मृत्यु, यमराज, अकाल, शत्रु, अवसर
कमल – एक फूल, उस फूल का पौधा, एक मांसपिण्ड, जल, ताँबा
कंद – मिश्री, बिना रेशे की गूदेदार जड़
कटाक्ष – व्यंग्य, अक्षेप, तिरछी नजर
कषाय – गेरू के रंग का कसैला
काम – इच्छा, कार्य, काम वासना, कृति
केतु – ध्वजा, एक ग्रह, पुच्छल तारा
कुशल – खैरियत, चतुर, प्रवीण, प्रतिक्षित
कैरव – कुमुद, कमल (श्वेत)

कोटि – श्रेणी, वर्ग, करोड़, धनुष का सिरा
कौरव – घृतराष्ट्र आदि, गीदड़
कल – मशीन, चैन, आने वाला कल/बीता हुआ कल, शान्ति
कपि – बन्दर, हाथी, सूर्य, हनुमान
ककुभ – पेड़ विशेष, एक राग, एक छंद, दिशा
कट – हाथी का गंड स्थल, खस, शव, अरथी, श्मशान, काला रंग
कपिल – भूरा, अग्नि, कुत्ता, चूहा, महादेव, सूर्य, विष्णु, एक मुनि
कर्म – क्रिया, भाग्य, मृतक संस्कार
कालिका – काली, कालिख, एक पौधा, मेघ, स्याही, मदिरा, रणचण्डी, आँख की पुतली
कूर्म – कछुआ, पृथ्वी, विष्णु का अवतार, एक ऋषि, प्रजापति का अवतार
कुंभ – प्रयोग राज का एक पर्व, घड़ा, हाथी के मस्तक का दोनों ओर का भाग
कूट – चोटी, नोक, छल, ढेर, जाली, झूठा, रहस्यमय
क्रिया – कर्म, कार्यवाई, कर्म होने का द्योतक शब्द
कंज – ब्रह्मा, कमल, अमृत, केश
खत – पत्र, लिखाई, कनपटी के बाल
खराब – गंदा, बुरा, न चालू, बरबाद नष्ट
खाली – रिक्त, जो व्यस्त न हो, अकेले, बेकार
खून – रक्त, मार-काट, हत्या
खग – पक्षी, वाण, तारा, गन्धर्व
खर – गधा, तिनका, एक राक्षस, दुष्ट, प्रखर
खंडन – टुकड़े करना, प्रत्याख्यान, विरोध, हिस्सों में बाँटना
गति – हालत, मोक्ष, चाल, रफ्तार
गंदा – बुरा, अश्लील, मैला
गंभीर – गहरा, घना, भारी, जटिल, चिंताजनक, शांत (व्यक्ति)
गद्दी – महाजन की बैठकी, शिष्य परंपरा, सिंहासन, छोटा गद्दा
गला – आवाज, निगलने का अंग, रगदन, घड़े की पकड़
गाँठ – फंदा, गठरी, गिरह, मनमुटाव, उलझन
गाड़ना – जमीन में दबाना, धँसाना, खड़ा करना (झण्डा)
गाढ़ा – घनिष्ट, दृढ़, घना, मोटा
गुलाबी – गुलाब के रंग का, हल्का (जाड़ा), गुलाब का
गोली – बंदूक की गोली, धागे की गोली, कचा, दवाई की वटिका
गंध – वास, चन्दन
गायत्री – एक वैदिक छन्द, एक वैदिक मंत्र, दुर्गा, एक वर्ण-वृत्त
गोपाल – गाय पालने वाला, कृष्ण, ग्वाला, किसी लड़के का नाम
गौतमी – हल्दी, गोदावरी नदी, गोरोचन
गुण – विशेषता, धर्म, प्रकृति के तीन भाव, निपुणता, रस्सी
ग्रह – तारे, नौ की संख्या लेना, अनुग्रह, कृपा, ग्रहण, राहु, छोटे बच्चों का रोग
ग्रहण – लेना, पकड़ना, सूर्य-चन्द्र पर राहू-केतु का प्रभाव
घोर – भयंकर, सघन, कठिन, गहरा, बहुत अधिक, गर्जन
घुटना – कष्ट सहना, साँस लेने में कठिनाई, पाँव का मध्य भाग
घड़ी – समय बताने वाला यन्त्र, 24 मिनट का समय, क्षण
घुमाना – मोड़ना, चक्कर देना, लट्टू चलाना, प्रचारित करना, सैर कराना
चाप – परिधि का एक आधा, (आलू) टिकिया, दबाव, धनुष
चिकना – साफ, सँवरा हुआ, चिकनाहट वाला, बिल्कुल समतल
चौका – चार का समूह, इकट्टे चार रन (क्रिकेट), रसोई, चार बूटी वाला पत्ता
चाक – कुम्हार का चाक, चक्की, तेल पेरने का कोल्हू, गोल वस्तु, पानी का भँवर, बवण्डर, समूह, एक प्रकार व्यूह, मण्डल, चकवा, चक्र
चंचला – लक्ष्मी, बिजली, चंचल स्त्री, चपला
चमकना – बिदकना, बिगड़ना, प्रकाश देना, (व्यापार) वृद्धि पर होना
चटकना – फूटना, खिलना, रुष्ट होना, चट-पट करना
छादन – परदा, छप्पर, वस्त्र
छाप – अँगूठी, छापे का चि
छींटा – बूँदें, हल्की वर्षा, व्यंग्य
छेड़ना – तंग करना, चिढ़ाना, आरंभ करना
छोड़ना – मुक्त करना, भूल से न लेना
छन्द – काव्य, छल, मत
जाल – फरेब, बुनावट, जाला, जमघट, बड़ी जाली
जाली – नकली, झंझरी, तंतुजाल
जड़ना – जमाना, प्रहार करना
जलना – शरीर तपना, भस्म हो जाना
जलाना – आग देना, प्रज्वलित करना, चुभती बातें कहना, ईर्ष्या उत्पन्न करना
जाँच – परीक्षण, खोज
जारी – लागू, चालू, प्रवाहित
जुड़ना – सम्मिलित होना, मिलना, जोड़ा जाना
जोड़ना – योग करना, एकत्र करना, बढ़ाना, टूटे हुए को जड़ना, मिलाना
जन – लोग, प्रजा, गंवार, अनुचर, समूह, भवन, मजदूरी, सात लोगों में से एक
जीव – प्राणी, आत्मा, वृहस्पति, जीविका, जीवात्मा
जलधर – बादल, समुद्र, जलाशय
झंझरी – झरोखा, जाली, छननी
झाड़ना – झाड़न से धूल हटाना, झाड़-फूँक (टोना) करना, झटकना, फटकारना
टाँकना – सुई, से कुछ जोड़ना, रकम लिखकर रखना, (चाकू छुरी) तेज करना
टीका – तिलक, फलदान, व्याख्या, धब्बा, बदनामी का टीका
टेक – सहारा, गीत का छोटा पद, आग्रह, आदत, सहारा देने की लकड़ी, साधुओं की अधारी
ठस – बहुत कड़ा, भारी, घनी बुनावट वाला, आलसी, झूठा, कंजूस, ठोस, गफ, कृपण
ठाकुर – देवता, ईश्वर, मालिक, क्षत्रिय, नाई, सरदार, जमींदार
डूबना – अस्त होना, पानी के नीचे जाना, नष्ट होना, समाप्त होना
ढर्रा – पद्धति, व्यवहार, रूप
ढीला – नाप से बड़ा, आलसी, शिथिल, कम कसा हुआ
तत्व – मूल, यथार्थ, सार, पञ्चभूत, ब्रह्मा
तुरंग – घोड़ा चित्त
तुला – तुलना, तराजू, तौल, एक राशि
तुहिन – पाला, बरफ, चाँदनी, शीतलता
तात – पिता, पूज्य, गुरु, भाई, मित्र, धारा, मर्म, बड़ा
तारा – नक्षत्र, आँख की पुतली, देवी-विशेष, बलि, पति, वृहस्पति, पत्नी
ताल – तालाब, लय-ताल, तलह, ताड़
तरंग – लहर, उमंग, स्वर लहरी
तलब – चाह, आवश्यकता, बुलावा, वेतन, खोज
ताव – ताप/गरमी, आवेश, कष्ट, कागज का पूरा टुकड़ा
तीर – नदी तट, बाण, समीप
तेज – पैना, शीघ्र गामी, तीखा, प्रचंड
तम – अंधकार, राहु, सूअर, पाप, क्रोध, अज्ञान, कालिख, नरक, मोह
दोष – कमी, विकार, अपराध, बुराई, ऐब

द्वार – दरवाजा, अंश, साधन, शरीर के छेद वाले अंग
दण्ड – डण्डा, सजा, समय का विभेद, यम अस्त्र
द्विज – अण्डज, प्राणी, पक्षी, ब्राह्मण, चन्द्रमा, दाँत
दल – समूह, पत्ता, पक्ष, फूल की पंखुड़ी, मंडली, सेना
द्रव्य – धन, वस्तु
दबना – भार के नीचे आना, रोब मानना, जमीन में गड़ना, हल्का पड़ना
दाम – धन, मूल्य, रस्सी
दाय – दहेज, दायित्व, उत्तराधिकार में प्राप्त सम्पत्ति
धर्मराज – न्यायाधीश, यमराज, युधिष्ठिर
धार – धारा, प्रवाह, पैना किनारा (चाकू का)
धनञ्जय – अग्नि, चित्रक, वृक्ष, अर्जुन का नाम, वृक्ष, विष्णु, शरीर की पञ्चवायु में एक
धन – सम्पत्ति, चौपात्रों का झुण्ड, स्नेह-पात्र, गणित में जोड़ का चिन्ह, मूल पूँजी
निकासी – निकलने का ढंग, माल बिकना, चुंगी
निष्कर्ष – सारांश, अंतिम, परिणाम, निश्चय
नीलकंठ – शिव, मोर, एक पक्षी-विशेष
नेपथ्य – वेशभूषा, सजावट, रंगमंच का पिछला भाग
न्यास – धरोहर, भेंट, उपस्थित करना, त्याग, ट्रस्ट
नागर – चतुर, नागर मोथा, नागरिक, सोंठ
नकली – नकल में बना, बनावटी, काल्पनिक, झूठा
नक्शा – मानचित्र, रूपरेखा, आकृति, लच्छन, नखरा
नायक – सेनापति, छोटा सेनाधिकारी, मुखिया, नाटक का मुख्य पात्र
पाठ – सबक, वाचन, शिक्षा, सीख
पार्श्व – बगल, पंजर, क्षेत्र का अंग, हाशिया, पक्ष
पालि – पंक्ति, सीमा, गाँव, एक प्रसिद्ध भाषा
प्रत्यक्ष – आँखों के सामने, साफ, सीधा
प्रभाव – सामर्थ्य, असर, महिमा, दबाव
पाक – पकाने की क्रिया, रसोई, पाचन, पवित्र, निर्दोष
पास – निकट, उत्तीर्ण, पसन्द, परिचय-पत्र
पता – ठिकाना, भेद, मालूम, सूचना
पर्चा – प्रश्न पत्र, अखबार, कागज
परिकर – समूह, करमबन्द, परिवार, नौकर-चाकर
पल्ला – आँचल, तराजू का पलड़ा, दिशा, किवाड़
पाटी – पंक्ति, रीति, तख्ती, चारपाई की पट्टी
पत्र – पत्ता, चिट्ठी, पंख, समाचार, पत्र, धातु का पत्तर
पय – दूध, पानी, अन्न
पतंग – सूर्य, पक्षी, मुड्डी, फतिंगा, नाव
पानी – जल, इज्जत, चमक, वर्षा, स्वाभिमान
पार्थिव – पृथ्वी का राजसी, मिट्टी का शिव लिंग
पोत – जहाज, बच्चा, वस्त्र, गुड़िया
पक्का – ईंटों का बना, पुष्ट, निश्चित, स्थिर
पिंजर – पिंजरा, अस्थि पंजर, सुनहरा रंग
पुराना – प्राचीन, ढेर सारे दिनों का, जीर्ण-शीर्ण, अनुभवी (व्यक्ति)
पुष्ट – पक्का, परिपूर्ण, सिद्ध, दृढ़, पाला-पोसा
पैदा – प्रकट, उत्पन्न, अर्जित
पोच – हीन, खराब, तुक, नि:सार, आवारा
फटकारना – झटके से हिलाना, पटककर धोना, डाँटना
फूटना – छेद होना, प्रकट होना, मवाद निकलना, अंकुर निकलना, अलग हो जाना, (भाग्य) बिगड़ना
बिंदी – शून्य का चिन्ह, माथे का टीका, साधारण चिन्ह, अनुस्वार
बिजली – विद्युत, तड़ित, कान का एक गहना
बौराया – पागल, जिसमें बौर लग गया हो
बंशी – बाँसुरी, मछली फँसाने का काँटा
बलि – राजा बलि, उपहार, बलिदान, चढ़ावा, कर
बहार – वसन्त ऋतु, आनन्द, रोचक, एक राग विशेष
बचाना – रक्षा करना, खर्च से बचाना, सामने न आने देना
बट्टा – पत्थर का टुकड़ा, तौल का बाट, (व्यापार में) काट
भगवान – ईश्वर, ऐश्वर्य शाली, महापुरुष, पूज्य, ज्ञान और वैराग्य से संपन्न
भुनाना – रेजगारी लेना, भूनने का काम कराना
भूत – प्रेत, शरीर के पंचभूत, बीता काल
मान – इज्जत, नाप-तौल, अभिमान, रूठना, घमंड
मित्र – दोस्त, सूर्य, प्रिय, सहयोगी
मंडल – वृत्त, सूर्य-चंद्रमा का घेरा, भूखंड, चक्कर
मर्त्य – मरने वाला, मनुष्य, शरीर
मधु – शराब, बसन्त ऋतु, शहद, चैत्यमास
माया – भ्रम, दौलत, इंद्रजाल, भगवान की लीला
मुड़ना – घूमना, लौटना, झुकना
मूक – चुप, विवश, गूँगा
मूल – कंद, जड़, पूँजी, एक नक्षत्र
मद – हर्ष, कश्तूरी, नशा, गर्व, मतवाला
मानस – मनुष्य, मन, कामदेव, दूत, मन से उत्पन्न
युक्त – जुड़ा हुआ, मिश्रित, नियुक्त, उचित
युक्ति – तरकीब, दलील, मिलन
योग – मेल, लगाव, ध्यान, कुल जोड़, शुभ काल, मन की साधना
रंग – वर्ण, शोभा, मनोविनोद, रोब, नाच-गाना, ढंग, युद्ध क्षेत्र
रस – निचोड़, स्वाद, आनन्द, सत्त, धातु का भस्म
रश्मि – किरण, डोरी
लहर – तरंग, उमंग, झोंका, झूलना
लक्ष्य – उद्देश्य, निशाना, लक्षणार्थ
लगना – सटना, जुड़ना, चिपकना, घाव/चोट करना, खर्च होना, चुभना, नियुक्त होना, आरंभ करना
विवेचन – तर्क-वितर्क, सत्-असत् विचार, विरूपण, परीक्षण
वृत्त – गोला घेरा, वृत्तान्त, चरित्र, वर्णिक छन्द
वेला – अवकाश, समय, समुद्र की लहर
वंश – बाँस, कुल, बाँसुरी गोत्र
वन – जंगल, जल, बाग, काष्ठ, फूलों का गुच्छा
विधि – कानून, भाग्य, ब्राह्मण, अग्नि, समय, विष्णु, युक्ति, व्यवस्था, तरीका, विधाता
विग्रह – लड़ाई, शरीर, देवता की मूर्ति, विश्लेषण
वार – आक्रमण, दिन, वाण, शिव, बारी, रोक
वर – दूल्हा, श्रेष्ठ, वरण करने योग्य, वरदान
विलक्षण – अलग, अजीब, विशिष्ट
शक्ति – ताकत, अर्थवत्ता, अधिकार, प्रकृति, माया, दुर्गा
शुद्ध – पवित्र, स्वच्छ, साफ, ठीक, खालिस
संबंध – जोड़, रिश्ता, ताल्लुक, मेज-जोल, व्याकरण में छठा कारक

सम्बन्ध – जोड़, मेल-जोल, रिश्ता, ताल्लुक, व्याकरण छठाकारक
सरदार – छोटा शासक, रईस, सिख, अगुआ
सारंग – सर्प, मोर, मेघ, हरिण, पानी, हाथी, रोग विशेष, स्त्री, दीपक
सुधा – अमृत, पानी
सर – तालाब, सिर, पराजित
स्थूल – मोटा, समझ में आने योग्य, सहज में दिखाई देने योग्य
संकोच – सिकुड़ना, लज्जा, हिचकिचाहट

प्रश्नमाला

निर्देश : प्रश्न संख्या 1 और 2 में, अनेकार्थी शब्द दिए गए हैं। अर्थ शब्द के साथ ही लिखा है, दूसरा अर्थ बताइए।

1. 'प्रमत्त-स्वेच्छाचारी'
(a) उन्मत्त (b) प्रपीड़ित
(c) परितप्त (d) उत्कृष्ट

2. 'कनक-धतूरा'
(a) प्रसाद (b) कसौटी
(c) आभूषण (d) सोना

3. नग का अनेकार्थक शब्द नहीं है—
(a) पर्वत (b) सूर्य
(c) सर्प (d) हाथी

4. इनमें मूक का अनेकार्थक शब्द कौन-सा नहीं है?
(a) गूँगा (b) चुप
(c) शांत (d) विवश

5. जल, प्राण, पुत्र किस शब्द का अनेकार्थी है?
(a) औषधि (b) सार
(c) तत्त्व (d) जीवन

6. निम्न में कौन-सा शब्द अनेकार्थक है ?
(a) साहस (b) पुस्तक
(c) अम्बर (d) बालक

7. निम्न में कौन-सा शब्द अनेकार्थक है ?
(a) अभिमान (b) आयु
(c) अधिक (d) अर्थ

8. निम्नलिखित अनेकार्थी शब्द का दूसरा अर्थ बताइए। 'अजन्मा'
(a) आजीवन (b) ईश्वर
(c) आजन्म (d) निर्भीक

9. निम्नलिखित में कौन-सा शब्द 'सारंग' का अर्थ नहीं है ?
(a) पपीहा (b) शहद
(c) कामदेव (d) राजहंस

10. सर्प, मेंढक, सिंह, घोड़ा, वानर, हाथी आदि को समझाने वाला शब्द है—
(a) पशु (b) शिव
(c) हरि (d) कपिश

11. निम्नलिखित में से कौन-सा शब्द 'व्याल' शब्द का अर्थ नहीं है ?
(a) साँप (b) शेर
(c) राजा (d) दुर्गा

12. 'अंक' शब्द का अनेकार्थी शब्द नहीं है—
(a) संख्या
(b) गोद
(c) पृथ्वी
(d) नाटक का एक भाग

13. 'पंच' शब्द का अनेकार्थी शब्द नहीं है—
(a) पांच
(b) ग्राम सरपंच
(c) निर्णय करने वाला
(d) पंचानन

14. निम्न विकल्पों में से अनेकार्थक शब्द का चयन कीजिए—
(a) नासिका (b) कान
(c) अंग (d) नेत्र

उत्तरमाला

1. (a) **2.** (d) **3.** (d) **4.** (c) **5.** (d) **6.** (c) **7.** (d) **8.** (b) **9.** (b) **10.** (c)
11. (d) **12.** (c) **13.** (d) **14.** (c)

❑❑❑

12 अध्याय

वाक्य-शुद्धिः अशुद्ध वाक्यों का शुद्धिकरण और वाक्यगत अशुद्धिकरण का कारण

वाक्य रचना

(लिंग, वचन, कारक, काल, वर्तनी त्रुटि से संबंधित)

वाक्य भाषा की अत्यंत महत्वपूर्ण इकाई होती है अर्थात् परिष्कृत भाषा के लिए वाक्य-शुद्धि का ज्ञान आवश्यक है। वाक्य रचना में संज्ञा, सर्वनाम, विशेषण, क्रिया, अव्यय से संबंधित या अन्य प्रकार की अशुद्धियाँ हो सकती हैं जैसे–

'संज्ञा' संबंधी अशुद्धियाँ

भाषा में एक संज्ञा की बहुत-सी समानार्थक संज्ञाएँ होती हैं। अर्थ की दृष्टि से उनमें समानता होने पर भी भाव की दृष्टि से उनमें भिन्नता रहती है; अतः प्रयोग करते समय प्रसंग के अनुकूल भाव वाली संज्ञाओं का ही प्रयोग करना चाहिए। प्रसंग के विरुद्ध भाव वाली संज्ञाओं के प्रयोग से भाषा में दोष आ जाता है। जैसे–

- सीता ने गीत की दो-चार लड़ियाँ गायी। (कड़ियाँ)
- प्रेम करना तलवार की नोक पर चलना है। (धार पर)
- नगर की सारी जनसंख्या भूखी है। (जनता)
- जिसकी लाठी उसकी भैंस वाली कथा चरितार्थ होती है। (कहावत)
- इस समस्या की औषध उसके पास है। (का समाधान)

'सर्वनाम' संबंधी अशुद्धियाँ

संज्ञा के स्थान पर प्रयुक्त होने के कारण सर्वनाम का प्रयोग ऐसी संज्ञा के स्थान पर उचित होता है, जिसका प्रयोग 'सर्वनाम' से पहले हो गया। बाद में आने वाली संज्ञा के स्थान पर उससे संबंधित 'सर्वनाम' का प्रयोग अशुद्ध होता है। जैसे–

- मेरे को यह बात पसंद नहीं। (मुझे)
- तेरे को अब जाना चाहिए। (तुझे)
- आप आपका काम करो। (अपना)
- आप जाकर ले लो। (तुम)
- आँख में कौन पड़ गया। (क्या)

  'विशेषण' तथा 'क्रिया-विशेषण' संबंधी अशुद्धियाँ
- विशेषण संज्ञा अथवा सर्वनाम की तथा क्रिया-विशेषण क्रिया विशेषता प्रकट करते हैं। जब विशेषण अथवा क्रिया-विशेषण अपने अभीष्ट अर्थ को प्रकट न करके किसी भ्रामक अथवा विरोधी अर्थ को प्रकट करने लगते हैं, तभी उनका प्रयोग अशुद्ध कहा जाता है।
- विशेषणों अथवा क्रिया विशेषणों के स्थानों पर संज्ञाओं का प्रयोग भी अशुद्ध होता है जैसे– मैं निश्चत रूप से कह सकता हूँ कि वह कब आयेगा। इस वाक्य में निश्चत के स्थान पर निश्चित होना चाहिए, क्योंकि रूप संज्ञा की विशेषता निश्चित (विशेषण) ही प्रकट कर सकता है, निश्चय (संज्ञा) नहीं।
- जिस प्रकार विशेषण के स्थान पर संज्ञा प्रयोग त्याज्य है, उसी प्रकार संज्ञा के स्थान पर विशेषण का प्रयोग भी हेय है। जैसे– लाचार-वश में लाचार के स्थान पर लाचारी का प्रयोग ही शुद्ध है; क्योंकि 'लाचार' विशेषण है।

विशेषण-संबंधी अशुद्धियाँ

- जीवन और साहित्य का घोर संबंध है। (घनिष्ट)
- मुझे बड़ी भूख लगी है। (बहुत)
- वहाँ भारी भरकम भीड़ जमा थी। (बहुत या बहुत भारी)
- इस वीरान जीवन में। (नीरस)
- राजेश आगामी बुधवार को आएगा।

'क्रिया' संबंधी अशुद्धियाँ

क्रिया वाक्य का प्रमुखतम अंग है। उसके अशुद्ध प्रयोग से सारा वाक्य ही भद्दा लगता है। प्रायः विद्यार्थी किसी संज्ञा के साथ ऐसी क्रिया का प्रयोग करते हैं, जो वहाँ पर प्रयुक्त नहीं होनी चाहिए; जैसे– मैंने स्मरण दिलाया कि उसे आज पत्र लिखना है। इस वाक्य में दिलाया के स्थान पर कराया होना चाहिए, क्योंकि स्मरण कोई ऐसी वस्तु नहीं है, जिसे किसी दूसरे से दिलाया जा सके। यदि एक वाक्य में कई क्रियाएँ हों तो उनके काल आदि में संगति का ध्यान रखना चाहिए। एक ही वाक्य में विभिन्न कालों की क्रियाओं का प्रयोग अशुद्ध होता है; जैसे– जिसे अपने कुल की मर्यादा का तनिक भी ध्यान है, वह ऐसे निन्दित कर्म नहीं करेगा। इस वाक्य में है वर्तमान काल की तथा करेगा भविष्यत काल की क्रियाएँ हैं; अतः इनका प्रयोग अशुद्ध है।

क्रिया-संबंधी अशुद्धियाँ

- वह कुरता डालकर गया है। (पहनकर)
- अपने हस्ताक्षर लगा दो। (कर)
- उपस्थित लोगों ने संकल्प लिया। (किया)
- वहाँ घना अँधेरा घिरा था। (छाया)

लिंग-संबंधी अशुद्धियाँ

- हिंदी की शिक्षा अनिवार्य कर दिया गया। (दी गयी)
- मुझे मजा आती है। (आता)
- रामायण का टीका। (की)
- लड़की ने जोर से हँस दी। (दिया)
- दंगे में बालक, युवा नर-नारी सब पकड़ी गयी। (पकड़े गये)

प्रश्नमाला

निर्देश– प्रत्येक वर्ग में चार वाक्य दिये गये हैं। इनमें एक वाक्य किसी न किसी दृष्टि से अशुद्ध है। उसकी पहचान कीजिए।

1. (a) दवा खाकर रामू आरोग्य हो गया।
(b) गोपाल यहाँ आने को मत कहना।
(c) जाड़े के दिनों में रातें बड़ी होती हैं।
(d) पुलिस ने अपराधी पर मुकदमा चलाया।

2. (a) अपना काम निकालने के लिए दूसरों की खुशामद करनी पड़ती है।
(b) अब मौसम ठीक हो गया।
(c) अपना काम समय पर निपटा देना ही अच्छा है।
(d) इस समय शंभू की आयु चालीस वर्ष है।

3. **निम्नलिखित में से वाक्य से शुद्ध रूप का चयन कीजिए।**
(a) फल बच्चे को काटकर खिलाओ।
(b) बच्चे को काटकर फल खिलाओ।
(c) बच्चे को फल काटकर खिलाओ।
(d) काटकर फल बच्चे को खिलाओ।

निर्देश– नीचे (4–7) चार वाक्य दिये गये हैं, इनमें एक वाक्य किसी न किसी दृष्टि से अशुद्ध है, उसकी पहचान कीजिए।

4. (a) बाहर से किसकी आवाज आ रही है।
(b) तुम्हीं ने ही मेरी शिकायत की है।
(c) सत्यभाषण हर एक के बूते की बात नहीं।
(d) मैं जो कहता हूँ, वही करता हूँ।

5. (a) यह बात एक उदाहरण से स्पष्ट हो जायेगी।
(b) मोहन की गाय एक बार में आठ किलो दूध देती है।
(c) जो कुछ आप जानते हों, बात दीजिए।
(d) इस समय बाहर निकलना ठीक नहीं।

6. (a) उसे तो हर समय अपनी ही पड़ी रहती है।
(b) इतना भोजन चार आदमी के लिए पर्याप्त है।
(c) बरसात में मच्छर बहुत हो जाते हैं।
(d) बिना छना पानी नहीं पीना चाहिए।

7. (a) भले लोग झगड़ों से हमेशा बचते हैं।
(b) देश की आर्थिक दशा में सुधार हो रहा है।
(c) आजकल के नेताओं का आचरण पहले के नेताओं जैसा नहीं है।
(d) प्राकृतिक छटा देखना हो तो नगर की भीड़-भाड़ से बाहर जाना होगा।

8. **निम्नलिखित में से वाक्य के शुद्ध रूप का चयन कीजिए।**
(a) आज का अवकाश कृपया देने की कृपा करे।
(b) कृपया आज का अवकाश देने की कृपा करें।
(c) आज का अवकाश देने की कृपा करें।
(d) आज का कृपया अवकाश देने की कृपा करें।

9. **निम्नलिखित में से वाक्य के शुद्ध रूप का चयन कीजिए–**
(a) वन में प्रातः काल का दृश्य बहुत ही सुहावना होता है।
(b) वन में प्रातः काल के समय बहुत ही सुहावना दृश्य होती है।
(c) वन में प्रातः काल के समय बहुत ही मनोहारी दृश्य होता है।
(d) वन में प्रातःकाल के दृश्य बहुत ही खूबसूरत होता है।

10. **निम्नलिखित में वाक्य के शुद्ध रूप से चयन कीजिए।**
(a) मैं गाने की कसरत करता हूँ
(b) मैं गाने का अभ्यास करता हूँ
(c) मैं गाने का शौक कर रहा हूँ
(d) मैं गाने का व्यायाम कर रहा हूँ

11. **निम्नलिखित में से वाक्य से शुद्ध रूप का चयन कीजिए।**
(a) बैल और बकरी घास चरती है।
(b) बैल और बकरी घास चरते हैं।
(c) बैल और बकरी घास चरता है।
(d) बैल और बकरी घास चरती है।

12. **कौन-सा वाक्य शुद्ध है?**
(a) वाह! कितना सुन्दर दृश्य है?
(b) वाह! कितना सुन्दर दृश्य है।
(c) वाह! कितना सुन्दर दृश्य है!
(d) वाह! कैसा सुन्दर दृश्य है!

उत्तरमाला

1. (b) **2.** (b) **3.** (c) **4.** (b) **5.** (c) **6.** (b) **7.** (d) **8.** (c) **9.** (a) **10.** (b) **11.** (b) **12.** (b)

वर्तनी-शुद्धि

- किसी भाषा का कोई सार्थक शब्द शब्दकोश में जिस रूप में लिखा जाता है, उसे **वर्तनी** कहा जाता है। लिखते समय वर्तनी की गलतियाँ प्रायः गलत उच्चारण करने अथवा नियमों की जानकारी न होने के कारण होती हैं। यहाँ कुछ शुद्ध एवं अशुद्ध शब्दों की सूची दी जा रही है–

अशुद्ध	शुद्ध	अशुद्ध	शुद्ध
अध्यन	अध्ययन	अर्थात	अर्थात्
आर्शीवाद	आशीर्वाद	अभीष्ठ	अभीष्ट
अजीविका	आजीविका	अनाधिकार	अनधिकार
अनुग्रहीत	अनुगृहीत	आहवान	आह्वान
अर्धांगिनी	अर्द्धांगिनी	अंगूठी	अँगूठी
आद्र	आर्द्र	आकांछा	आकांक्षा

अशुद्ध	शुद्ध	अशुद्ध	शुद्ध
छत्रिय	क्षत्रिय	छमा	क्षमा
छय	क्षय	छोभ	क्षोभ
नछत्र	नक्षत्र	रच्छा	रक्षा
श्रेष्ट	श्रेष्ठ	इकट्ठा	इकट्ठा
इष्ठ	इष्ट	चेष्ठा	चेष्टा
प्रविष्ठ	प्रविष्ट	कन्नड	कन्नड़
घोडा	घोड़ा	झाडू	झाड़ू
लुड़कना	लुढ़कना	पढता	पढ़ता
ढ़कना	ढकना	ढ़ेर	ढेर
अनुदित	अनूदित	सुश्रुषा	सुश्रूषा

अशुद्ध	शुद्ध	अशुद्ध	शुद्ध	अशुद्ध	शुद्ध	अशुद्ध	शुद्ध
उंचाई	ऊँचाई	हृदय	हृदय	निश्काम	निष्काम	निश्फल	निष्फल
प्रथक्	पृथक्	प्रक्रिति	प्रकृति	परिभाशा	परिभाषा	पुश्प	पुष्प
विक्ष	वृक्ष	तृकोण	त्रिकोण	बहिश्कार	बहिष्कार	भ्रश्ट	भ्रष्ट
कृया	क्रिया	ऐषणा	एषणा	अमावश्या	अमावस्या	कोशी	कोसी
अनेकों	अनेक	उपलक्ष	उपलक्ष्य	तपश्या	तपस्या	नमश्कार	नमस्कार
उज्वल	उज्ज्वल	उपाधी	उपाधि	पुरश्कार	पुरस्कार	प्रशन्न	प्रसन्न
एश्वर्य	ऐश्वर्य	एतिहासिक	ऐतिहासिक	फागुण	फागुन	रसायण	रसायन
श्रंग	शृंग	कवित्री	कवयित्री	राणी	रानी	प्रनाली	प्रणाली
क्रत्रिम	कृत्रिम	ग्रहीत	गृहीत	प्रमान	प्रणाम	प्रान	प्राण
गुरू	गुरु	गृहणी	गृहिणी	मरन	मरण	रनभूमि	रणभूमि
गृहण	ग्रहण	चक्षू	चक्षु	रमन	रमण	रामायन	रामायण
चिन्ह	चि	निर्दयी	निर्दय	विस्मरन	विस्मरण	वीना	वीणा
नृसंश	नृशंस	नारियां	नारियाँ	श्रवन	श्रवण	बिकट	विकट
नुपुर	नूपुर	परिक्षा	परीक्षा	बिख्यात	विख्यात	बिद्वान	विद्वान
परीशिष्ट	परिशिष्ट	परलम्बी	परावलम्बी	बिधि	विधि	अन्ग	अंग
प्राविधान	प्रावधान	प्रत्यांचा	प्रत्यंचा	अनगिन्त	अनगिनत	कन्ठ	कण्ठ
परोच्छ	परोक्ष	प्रशंशा	प्रशंसा	कुन्डली	कुण्डली	घन्टे	घण्टे
प्रतियाशित	प्रत्याशित	प्रसंशनीय	प्रशंसनीय	चन्चल	चंचल	पडता	पड़ता
पूज्यनीय ,	पूजनीय	प्रत्यच्छ	प्रत्यक्ष	पेड	पेड़	लडका	लड़का
मात्रिभूमि	मातृभूमि	मिरच	मिर्च	रोड़	रोड	षड़यंत्र	षड्यंत्र
रामचन्दर	रामचंद्र	उत्कर्श	उत्कर्ष	सोड़ा	सोडा	बूढा	बूढ़ा

प्रश्नमाला

1. **शुद्ध वर्तनी का चयन कीजिए।**
(a) परिषद (b) प्रिथा
(c) परिषद् (d) प्रिथक

2. **शुद्ध वर्तनी का चयन कीजिए।**
(a) पुष्ट (b) पुन्सत्व
(c) पुश्ट (d) पुरुष

3. **शुद्ध वर्तनी का चयन कीजिए।**
(a) विश्तार (b) बिस्तृत
(c) बिस्तार (d) विस्तृत

4. **शुद्ध वर्तनी का चयन कीजिए।**
(a) बेबश (b) विलास
(c) विलाश (d) बिलास

5. **सही वर्तनी वाला शब्द चुनिए।**
(a) अव्राजन (b) आव्रजन
(c) आवजन (d) ऑवर्जन

6. **सही वर्तनी वाला रूप है।**
(a) अनिभिज्ञ (b) अनभिज्ञ
(c) अनाभि (d) अनभिग्य

7. **शुद्ध वर्तनी का चयन कीजिए।**
(a) तहसीलदारी (b) तहिसीलदारी
(c) तहशीलदारी (d) तहीसलदारी

8. **शुद्ध वर्तनी का चयन कीजिए।**
(a) अपकर्ति (b) अपकीर्ति
(c) अपकीर्ती (d) अपकिति

9. **इनमें से सही शब्द कौन-सा है?**
(a) समपृक्त (b) संपृक्त
(c) संपक्तृ (d) सृपंक्त

10. **शुद्ध वर्तनी का चयन कीजिए।**
(a) बिशेष (b) बेकल
(c) विशेष (d) बिडाल

11. **शुद्ध वर्तनी का चयन कीजिए।**
(a) बिशाल (b) बिसाल
(c) विषाल (d) विशाल

12. **शुद्ध वर्तनी का चयन कीजिए।**
(a) वृक्ष (b) बेषुमार
(c) बृक्ष (d) बिमार

13. **शुद्ध वर्तनी का चयन कीजिए।**
(a) वृद्ध (b) बृद्ध
(c) बृटेन (d) बृटिश

14. **शुद्ध वर्तनी का चयन कीजिए।**
(a) बिषय (b) विषय
(c) वेमुख (d) बेवाद

15. **शुद्ध वर्तनी का चयन कीजिए।**
(a) तीमाही (b) विष्णु
(c) बिष्णु (d) तृश्ना

16. **सही वर्तनी कौन-सी है?**
(a) आजीविका (b) अजीविका
(c) आजिविका (d) अजीभीका

17. **इनमें से सही शब्द कौन-सा है?**
(a) पारलौकिक (b) परलौकिक
(c) पारलेकिक (d) पारलोकिक

18. **शुद्ध वर्तनी का चयन कीजिए।**
(a) बर्षा (b) वर्सा
(c) वर्शा (d) वर्षा

19. **शुद्ध वर्तनी का चयन कीजिए।**
(a) वहिरगमन (b) वहिष्कार
(c) बहिष्कार (d) वहिरगमन

20. **शुद्ध वर्तनी का चयन कीजिए।**
(a) प्रतिष्टा (b) प्रतिष्ठा
(c) परतिष्टा (d) परतिष्ठा

21. **शुद्ध वर्तनी का चयन कीजिए।**
(a) मृत्यूंजय (b) म्रित्यन्जय
(c) मृत्युंजय (d) मृत्युन्जय

22. शुद्ध वर्तनी का चयन कीजिए।
(a) परिणति (b) परणति
(c) परणिति (d) परीणीत

23. शुद्ध वर्तनी का चयन कीजिए।
(a) स्थायि (b) स्थायी
(c) स्थाई (d) स्थाइ

24. शुद्ध वर्तनी का चयन कीजिए।
(a) कुमुदनी (b) कुमुदुनी
(c) कुमुदिनी (d) कुमदुनी

25. शुद्ध वर्तनी का चयन कीजिए।
(a) ब्रतन (b) वरतन
(c) बर्तन (d) बरतन

26. शुद्ध वर्तनी का चयन कीजिए।
(a) श्रष्टि (b) शृष्टि
(c) सृष्टि (d) शृष्टि

27. शुद्ध वर्तनी का चयन कीजिए।
(a) क्रपा (b) क्रर्पा
(c) क्रिपा (d) कृपा

28. शुद्ध वर्तनी का चयन कीजिए।
(a) प्रशन्न (b) प्रसांत
(c) प्रस्न (d) प्रसन्न

29. शुद्ध वर्तनी का चयन कीजिए।
(a) सताब्दी (b) सताब्दि
(c) शताब्दि (d) शताब्दी

30. शुद्ध वर्तनी का चयन कीजिए।
(a) त्रिदोश (b) तिरदोष
(c) त्रिदोष (d) तृदोष

31. शुद्ध वर्तनी का चयन कीजिए।
(a) अभिसेक (b) अन्त्यानुप्रास
(c) अराधना (d) अस्थाई

32. शुद्ध वर्तनी का चयन कीजिए।
(a) इत्यादी (b) इच्छा
(c) इर्ष्या (d) ईन्धन

33. शुद्ध वर्तनी का चयन कीजिए।
(a) अन्तर्ध्यान (b) अंतर्ध्यान
(c) अन्तरध्यान (d) अन्त:ध्यान

34. शुद्ध वर्तनी का चयन कीजिए।
(a) अधम्र (b) अध्रम
(c) अधर्म (d) अधृम

35. शुद्ध वर्तनी का चयन कीजिए।
(a) पृथक (b) प्रिथ्वी
(c) प्रथक (d) प्रिथिवी

36. शुद्ध वर्तनी का चयन कीजिए।
(a) प्रतीयोगी (b) प्रतिकार
(c) प्रत्यूस (d) प्रकान्ड

37. सही वर्तनी के लिए विकल्प चुनिए।
(a) अवस्थापना (b) आवस्थापना
(c) अवसथापनो (d) अवास्थापना

38. इनमें से किसकी वर्तनी शुद्ध है?
(a) अभ्युत्थान (b) अभित्थान
(c) अभुत्थान (d) आभ्युत्थान

39. शुद्ध वर्तनी का चयन कीजिए।
(a) दुभासिया (b) दाहिने
(c) दहिने (d) दाहीने

40. शुद्ध वर्तनी का चयन कीजिए।
(a) दाइत्व (b) दायीत्व
(c) दाईत्व (d) दायित्व

41. सही विकल्प का चयन कीजिए।
(a) उपर्युक्त (b) उपर्युक्ता
(c) ऊपर्युक्त (d) अपयुक्त

42. निम्नलिखित शब्दों में से किसकी वर्तनी शुद्ध है?
(a) सिदहस्त (b) सिद्धहस्त
(c) सिद्धेहस्त (d) सिद्धोहस्त

43. इनमें से कौन-सा शब्द सही है?
(a) प्रादुभाव (b) प्रादुर्भाव
(c) प्रार्भुदाव (d) प्रदुर्भाव

44. इनमें से सही विकल्प चुनिए।
(a) विछोह (b) बिछोह
(c) विछेहा (d) वीछोह

45. सही वर्तनी क्या है?
(a) निवृत्ति (b) निवत्ति
(c) निर्वत्ति (d) निृवत्ति

46. कौन-सी वर्तनी सही है?
(a) प्राक्कथन (b) प्राकथन
(c) प्राक्कथेन (d) प्राक्केथन

47. शुद्ध वर्तनी का चयन कीजिए।
(a) छोभ (b) क्षुधा
(c) धुब्ध (d) छुधा

48. शुद्ध वर्तनी का चयन कीजिए।
(a) छेत्र (b) छत्रिय
(c) क्षेत्र (d) छण

49. शुद्ध वर्तनी का चयन कीजिए।
(a) गर्भीत (b) गृहिणी
(c) गार्हस्थ (d) ग्रहिणी

50. शुद्ध वर्तनी का चयन कीजिए।
(a) घनिष्ट (b) घन्टा
(c) कुन्डी (d) घनिष्ठ

51. शुद्ध वर्तनी का चयन कीजिए।
(a) जन्माष्टिमी (b) जनम
(c) जन्मष्टिमी (d) जन्माष्टमी

52. शुद्ध वर्तनी का चयन कीजिए।
(a) झंझट (b) झन्झट
(c) झांझ (d) झूरमूट

53. शुद्ध वर्तनी का चयन कीजिए।
(a) औशधि (b) कन्स
(c) अहार (d) अधीन

54. शुद्ध वर्तनी का चयन कीजिए।
(a) आच्छादन (b) अस्विकार
(c) असोक (d) आच्छदन

55. निम्न रूपों में से सही वर्तनी चुनिए।
(a) साहत्यकार (b) साहित्यिकर
(c) साहित्यकार (d) सहित्यकार

56. सही वर्तनी वाला शब्द चुनिए।
(a) सम्प्रादत (b) समादृत
(c) संमादृत (d) सम्पादृत

उत्तरमाला

1. (c)	2. (a)	3. (d)	4. (b)	5. (b)	6. (b)	7. (a)	8. (b)	9. (b)	10. (c)
11. (d)	12. (a)	13. (a)	14. (b)	15. (b)	16. (a)	17. (a)	18. (d)	19. (c)	20. (b)
21. (c)	22. (a)	23. (b)	24. (c)	25. (c)	26. (c)	27. (d)	28. (d)	29. (d)	30. (c)
31. (b)	32. (b)	33. (b)	34. (c)	35. (a)	36. (b)	37. (a)	38. (a)	39. (b)	40. (d)
41. (a)	42. (b)	43. (b)	44. (a)	45. (a)	46. (a)	47. (b)	48. (c)	49. (b)	50. (d)
51. (d)	52. (a)	53. (d)	54. (a)	55. (c)	56. (b)				

❑❑❑

13 अध्याय

वाच्य के प्रकार : कर्तृवाच्य, कर्मवाच्य और भाववाच्य प्रयोग

परिचय

वाच्य (Voice) वह रूप है जो वाक्य में क्रिया (verb) और कर्ता (subject) के संबंध को व्यक्त करता है। हिंदी में वाच्य के तीन मुख्य प्रकार होते हैं: कर्तृवाच्य, कर्मवाच्य, और भाववाच्य। इन तीनों का प्रयोग वाक्य में इस बात पर निर्भर करता है कि क्रिया का संबंध कर्ता, कर्म, या भाव से कैसे है।

1. कर्तृवाच्य (Active Voice)

जब वाक्य में कर्ता (doer) प्रधान होता है और वही क्रिया को स्वयं करता है, तब वाक्य कर्तृवाच्य (Active Voice) में होता है। इसमें क्रिया का सीधा संबंध कर्ता से होता है।

उदाहरण:

- राम ने खाना खाया।
  (यहाँ राम कर्ता है और वह क्रिया 'खाना' स्वयं करता है।)

प्रयोग के नियम:

- कर्ता (Subject) प्रधान होता है।
- क्रिया (Verb) कर्ता के अनुसार बदलती है।

2. कर्मवाच्य (Passive Voice)

जब वाक्य में कर्म (object) प्रधान होता है और कर्ता गौण होता है, तब वाक्य कर्मवाच्य (Passive Voice) में होता है। इसमें क्रिया के द्वारा जो कार्य होता है, वह मुख्य होता है, और कर्ता गौण हो जाता है।

उदाहरण:

- खाना राम के द्वारा खाया गया।
  (यहाँ 'खाना' प्रधान है, और कर्ता 'राम' गौण है।)

प्रयोग के नियम:

- कर्म (Object) प्रधान होता है।
- कर्ता को 'के द्वारा' शब्द के साथ प्रयोग किया जाता है।
- क्रिया का रूप भी 'गया', 'गई', 'गए' आदि में बदल जाता है।

3. भाववाच्य (Impersonal Voice)

जब वाक्य में कर्ता और कर्म दोनों ही गौण होते हैं, और वाक्य का मुख्य उद्देश्य केवल क्रिया या भाव को व्यक्त करना होता है, तब वाक्य भाववाच्य (Impersonal Voice) में होता है।

उदाहरण:

- यहाँ खाना खाया गया।
  (यहाँ न कर्ता प्रधान है और न ही कर्म, बल्कि सिर्फ 'खाया गया' कार्य महत्वपूर्ण है।)

प्रयोग के नियम:

- वाक्य में भाव या क्रिया प्रधान होती है।
- कर्ता और कर्म का उल्लेख नहीं किया जाता।

प्रश्नमाला

1. निम्नलिखित में से कौन सा वाक्य कर्तृवाच्य (Active Voice) का उदाहरण है?
(a) राम के द्वारा पत्र लिखा गया।
(b) श्याम ने किताब पढ़ी।
(c) स्कूल में पढ़ाई हो रही है।
(d) यहाँ पानी पिया गया।

2. निम्नलिखित में से कौन सा वाक्य कर्मवाच्य (Passive Voice) का है?
(a) बच्चे पार्क में खेल रहे हैं।
(b) रसोई में खाना पकाया जा रहा है।
(c) सोहन ने साइकिल चलाई।
(d) मैं पत्र लिख रहा हूँ।

3. निम्नलिखित में से कौन सा वाक्य भाववाच्य (Impersonal Voice) का है?
(a) सूरज उगता है।
(b) यहाँ मेला लगता है।
(c) पंछी उड़ते हैं।
(d) मैं बाजार जा रहा हूँ।

4. वाच्य होते हैं-
(a) 3 प्रकार के (b) 7 प्रकार के
(c) 6 प्रकार के (d) 5 प्रकार के

5. 'राम आम खाता है' में वाच्य का कौन-सा रूप है?
(a) कर्तृवाच्य (b) कर्मवाच्य
(c) भाववाच्य (d) उभयवाच्य

6. निम्न में भाववाच्य है-
(a) मोहन पुस्तक पढ़ता है।
(b) श्याम पत्र लिखता है।
(c) मोहन से बैठा नहीं जाता।
(d) पत्र लिखा जाता है।

7. निम्नलिखित में से कौन-सा भाववाच्य का उदाहरण है?
(a) मैंने पुस्तक पढ़ी।
(b) पुस्तक पढ़ी जाती है।
(c) आम खाया जाता है।
(d) धूप में चला नहीं जाता।

8. निम्न में भाव वाच्य बताइए—
(a) तुम फूल तोड़ोगे
(b) अब चला जाए
(c) बच्चे खेल रहे हैं
(d) पुस्तकें लिखी जाएंगी

9. निम्नलिखित में से कर्मवाच्य वाला वाक्य चुनें।
(a) ऐसा कहते हैं कि ......।
(b) तुम लिख नहीं सकते।
(c) बिल्ली के हाथों चूहा मारा गया।
(d) उसे सब कुछ बता दें।

10. जिस वाक्य में कर्ता की प्रधानता होती है, लिंग, वचन प्रायः कर्ता के अनुसार होते हैं, वे वाक्य .... कहलाते हैं।
(a) कर्मवाच्य (b) कर्तृवाच्य
(c) भाववाच्य (d) सरल वाक्य

11. निम्न में कर्मवाच्य का उदाहरण है—
(a) पत्र लिखा जाता है।
(b) राम पुस्तक पढ़ता है।
(c) सीता पत्र लिखती है।
(d) मुझसे बैठा नहीं जाता।

12. 'राम से पत्र लिखे गए।'— किस वाच्य का उदाहरण है ?
(a) कर्तृवाच्य (b) कर्मवाच्य
(c) भाववाच्य (d) कर्तृ-कर्मवाच्य

13. जिस वाक्य में कर्म के अनुसार क्रिया में परिवर्तन होता है, उस वाक्य को कहते हैं—
(a) कर्तृवाच्य (b) कर्मवाच्य
(c) भाववाच्य (d) संयुक्तवाच्य

14. कर्म वाच्य क्रिया के उस विधान को कहते हैं, जिसमें क्रिया का प्रत्यक्ष सम्बन्ध कर्म से होता है और क्रिया में रूपान्तर .... के अनुसार होता है।
(a) कर्ता
(b) कर्म
(c) भाव
(d) कर्म और भाव

15. श्याम को पुस्तक पढ़नी है। यह किस वाच्य में है ?
(a) भाववाच्य
(b) कर्तृवाच्य
(c) कर्तृ और कर्म वाच्य
(d) कर्मवाच्य

16. भाव वाच्य छाँटिए—
(a) दादाजी के द्वारा अनिल को डाँटा गया।
(b) तोते से उड़ा नहीं गया।
(c) अशोक ने आइसक्रीम खाई।
(d) चोर पकड़ा गया।

उत्तरमाला

1. (a) **2.** (a) **3.** (b) **4.** (a) **5.** (a) **6.** (c) **7.** (d) **8.** (b) **9.** (c) **10.** (b)
11. (a) **12.** (b) **13.** (b) **14.** (b) **15.** (b) **16.** (b)

❑❑❑

14

अध्याय

क्रियाः सकर्मक, अकर्मक और पूर्वकालिक क्रियाएँ

क्रिया का सामान्य अर्थ है–काम करना या होना। अतः वाक्य में जिस शब्द से कार्य करने या होने का बोध हो, उसे क्रिया कहते हैं। जैसे–सोना, जागना, खाना, हँसना, रोना, दौड़ना आदि। क्रिया विकारी शब्द है, क्योंकि इसमें लिंग, वचन और पुरुष के अनुसार रूपान्तरण होता है। जैसे–पढ़ता है, पढ़ती है, पढ़ते हैं आदि।

सामान्यतः क्रिया धातु से बनती है। मूल धातु में 'ना' प्रत्यय जोड़ने से क्रिया का सामान्य रूप बनता है। जैसे–चल (धातु) + ना = चलना। मार (धातु) + ना = मारना। सामान्य क्रिया से 'ना' हटा देने पर जो शब्द रह जाता है, वही धातु है। जैसे-पढ़ना (क्रिया)–ना = पढ़। इसके अतिरिक्त संज्ञा और विशेषण से भी क्रिया बनती है। जैसे–काम (संज्ञा) + आना = कमाना। चमक (विशेषण) + आना = चमकाना। इन वाक्यों को देखें–

वह कमा रहा है।

सुनार आभूषण चमका रहा है।

कुछ धातुओं का प्रयोग शुद्ध भाववाचक संज्ञा की तरह होता है। इन वाक्यों को देखें–

मुझे बहुत मार पड़ी।

यह बात उसकी समझ में नहीं आती।

यहाँ 'मार' और 'समझ' धातु है, जो भाववाचक संज्ञा की तरह प्रयुक्त हुई है। इनमें 'ना' जोड़ देने से इनका प्रयोग क्रिया की तरह होता है। जैसे–वह मुझे बहुत मारता है। वह मेरी बात नहीं समझता।

धातु

क्रिया के मूल रूप को 'धातु' कहते हैं। धातु से ही क्रिया पद का निर्माण होता है, इसलिए क्रिया के सभी रूपों में 'धातु' उपस्थित रहती है। जैसे–पढ़, लिख, खा, पी, जा, चल, सुन, आ, बैठ, दौड़ इत्यादि।

क्रिया धातु का सामान्य रूप

मूल धातु में 'ना' प्रत्यय लगाकर प्रयोग किए जाने वाले रूप को क्रिया का सामान्य रूप कहा जाता है; जैसे–पढ़ना, लिखना, बोलना, हँसना, भागना, चलना, खाना, उड़ना, जाना आदि।

कर्म के आधार पर क्रिया के दो भेद होते हैं–

1. सकर्मक क्रिया 2. अकर्मक क्रिया

1. सकर्मक क्रिया

सकर्मक अर्थात् कर्म सहित। सकर्मक क्रिया उसे कहते हैं, जिसमें कर्म जुड़ा हो। कर्म के बिना उसका अर्थ पूरा नहीं होता, क्योंकि सकर्मक क्रियाओं का फल कर्म पर पड़ता है। जैसे–उसने पेड़ काटा। माँ ने बेटी को मारा। इन वाक्यों में 'पेड़' और 'बेटी' कर्म हैं। यदि इन्हें (कर्म) हटा दिया जाए तो यह स्पष्ट नहीं होगा कि 'उसने' क्या काटा अथवा 'माँ' ने किसको मारा। कभी-कभी सकर्मक क्रिया में कर्म के होने की भी सम्भावना रहती है। जैसे–

वह गाता है।

वह पढ़ता है।

सकर्मक क्रिया के भी दो भेद हैं–एककर्मक क्रिया और द्विकर्मक क्रिया।

• एककर्मक क्रिया

जिस क्रिया का एक ही कर्म (कारक) हो, उसे एककर्मक क्रिया कहते हैं। जैसे–रीता रोटी खाती है।

इस वाक्य में 'खाना' क्रिया का एक ही कर्म 'रोटी' है।

• द्विकर्मक क्रिया

द्वि + कर्मक अर्थात् दो कर्म वाली क्रिया। कुछ सकर्मक क्रियाओं में दो-दो कर्म होते हैं, उन्हें द्विकर्मक क्रिया कहते हैं। जैसे–

शिक्षक ने छात्र से प्रश्न पूछा। (दो कर्म–छात्र, प्रश्न)

माँ बच्चे को दूध पिलाती है। (दो कर्म–बच्चे, दूध)

❖ अपूर्ण सकर्मक क्रिया

जिस सकर्मक क्रिया का पूरा अर्थ स्पष्ट करने के लिए वाक्य में कर्म के साथ अन्य संज्ञा या विशेषण का पूर्ति के रूप में प्रयोग होता है, उसे अपूर्ण सकर्मक क्रिया कहते हैं।

जैसे- राजा ने गंगाधर को मंत्री बनाया।

इस वाक्य में 'बनाया' सकर्मक क्रिया का कर्म 'गंगाधर' है, किन्तु इससे कर्म का आशय स्पष्ट नहीं होता। उसका आशय स्पष्ट करने के लिए उसके साथ 'मंत्री' संज्ञा भी प्रयुक्त होती है। इस वाक्य में 'बनाया' अपूर्ण सकर्मक क्रिया है,' गंगाधर' कर्म है और 'मंत्री' शब्द कर्म-पूर्ति है।

अन्य उदाहरण-

1. देश ने मोदी को प्रधानमंत्री चुना।
2. हम अपने गुरु को ज्ञानी समझते हैं।
3. हम प्रत्येक भारतीय को अपना मानते हैं।

उपर्युक्त वाक्यों में 'चुना', 'समझते हैं' और 'मानते हैं' अपूर्ण सकर्मक क्रियाएँ हैं। 'मोदी को', 'गुरु को' और 'भारतीय को' कर्म हैं और 'प्रधानमंत्री', 'ज्ञानी' और 'अपना' कर्म-पूर्ति हैं।

2. अकर्मक क्रिया

अकर्मक अर्थात् बिना कर्म के। अकर्मक क्रिया उसे कहते हैं, जिसमें कर्म नहीं होता। अकर्मक क्रिया का सीधा संबंध कर्ता से है। इसका फल स्वयं कर्ता पर पड़ता है। जैसे–

वह हँसता है।

बच्चा रोता है।

इन वाक्यों में 'हँसता है', 'रोता है' अकर्मक क्रियाएँ हैं, क्योंकि इनका फल क्रमशः 'वह' और 'बच्चा' पर पड़ता है। निम्नलिखित क्रियाएँ सदैव अकर्मक रहती हैं–

जातिबोधक क्रियाएँ–आना, जाना, घूमना, दौड़ना आदि।

अवस्थाबोधक क्रियाएँ–होना, रहना, सोना आदि।

❖ अपूर्ण अकर्मक क्रिया

जिस वाक्य में क्रिया के पूर्ण अर्थ को स्पष्ट करने के लिए कर्ता के अतिरिक्त अन्य संज्ञा या विशेषण की आवश्यकता पड़ती है, उसे 'अपूर्ण अकर्मक क्रिया' कहते हैं।

अपूर्ण अकर्मक क्रिया का अर्थ पूर्ण करने के लिए संज्ञा या विशेषण को जोड़ा जाता है, उसे 'पूर्ति' कहते हैं।

जैसे- गाँधी कहलाये।

इस वाक्य से अभीष्ट अर्थ की प्राप्ति नहीं होती। अर्थ को समझने के लिए पूछना पड़ेगा कि गाँधी क्या कहलाये? तो उत्तर होगा- गाँधी राष्ट्रपिता कहलाये। इस प्रकार अपूर्ण अकर्मक क्रिया का स्पष्ट अर्थ 'राष्ट्रपिता' शब्द द्वारा पूरा होता है। इस वाक्य में 'कहलाये' अपूर्ण अकर्मक क्रिया और 'राष्ट्रपिता' शब्द पूर्ति है।

अन्य उदाहरण-

मेरा भाई फ़ौजी हो गया।

चाँदी सफ़ेद होती है।

उपर्युक्त वाक्यों में 'हो गया' और 'होती है' अपूर्ण अकर्मक क्रियाएँ हैं और 'फौजी' और 'सफ़ेद' शब्द पूर्ति हैं।

सकर्मक और अकर्मक क्रियाओं की पहचान

सकर्मक और अकर्मक क्रियाओं की पहचान 'क्या', 'किसे' या 'किसको' आदि प्रश्न करने से होती है। यदि उत्तर मिले, तो समझना चाहिए कि क्रिया सकर्मक है और यदि उत्तर न मिले तो अकर्मक होगी।

जैसे-

'प्रियव्रत अमरूद खाता है।'

प्रश्न - प्रियव्रत क्या खाता है?

उत्तर - अमरूद।

अत: इस वाक्य में 'खाना' क्रिया सकर्मक है।

'सीमा रोती है।'

प्रश्न - 'क्या रोती है?'

उत्तर - नहीं मिला।

अत: इस वाक्य में 'रोना' क्रिया अकर्मक है।

उदाहरणार्थ- मारना, पढ़ना, खाना इत्यादि क्रियाओं में 'क्या', 'किसे' लगाकर प्रश्न करने पर इनके उत्तर निम्न प्रकार से होंगे-

प्रश्न - किसे मारा?

उत्तर - रावण को मारा।

प्रश्न - क्या खाया?

उत्तर - खाना खाया।

प्रश्न - क्या पढ़ता है?

उत्तर - किताब पढ़ता है।

इन सब उदाहरणों में क्रियाएँ सकर्मक हैं।

कुछ क्रियाएँ अकर्मक और सकर्मक दोनों होती हैं और प्रसंग अथवा अर्थ के अनुसार इनके भेद का निर्णय किया जाता है। जैसे-

अकर्मक	सकर्मक
उसका शरीर खुजलाता है।	वह अपना शरीर खुजलाता है।
बूँद-बूँद से घड़ा भरता है।	मैं घड़ा भरता हूँ।
तुम्हारा जी ललचाता है।	इन वस्तुओं को देखकर तुम्हारा जी ललचाता है।
जी घबराता है।	संकटपूर्ण स्थिति में मेरा जी घबराता है।
वह दिखा रही है।	वह तुम्हें दिखा रही है।

संरचना के आधार पर क्रिया के भेद

संरचना के आधार पर क्रिया के निम्न भेद होते हैं-

1. प्रेरणार्थक क्रिया, 2. नामधातु क्रिया, 3. संयुक्त क्रिया, 4. सहायक क्रिया, 5. पूर्वकालिक क्रिया और 6. मुख्य क्रिया।

प्रेरणार्थक क्रिया

जिस क्रिया को करने के लिए कर्ता दूसरों की प्रेरणा या सहायता लेता अथवा दूसरों को देता है-ऐसी क्रियाओं को प्रेरणार्थक क्रिया कहते हैं। जैसे-मैंने नौकर से पेड़ कटवाया। इस वाक्य में 'कटवाया' प्रेरणार्थक क्रिया है, क्योंकि कार्य कर्ता (मैंने) द्वारा नहीं 'नौकर' द्वारा किया गया है।

नामधातु या नामबोधक क्रिया

संज्ञा या विशेषण के साथ जुड़कर बनने वाली क्रिया नामबोधक या नामधातु कहलाती है। उदाहरण-

भस्म (संज्ञा) + करना (क्रिया)-भस्म करना।

निराश (विशेषण) + होना (क्रिया)-निराश होना।

'उसने मकान हथिया लिया।' यह नामबोधक क्रिया का एक शुद्ध रूप है।

नामधातु क्रिया को संयुक्त क्रिया नहीं माना जा सकता। दोनों में पर्याप्त अन्तर है। नामधातु क्रिया संज्ञा या विशेषण में क्रिया के संयोग से बनती है, जबकि संयुक्त क्रिया में केवल दो क्रियाओं का ही संयोग होता है।

संयुक्त क्रिया

दो क्रियाओं के मेल से बनी क्रिया संयुक्त क्रिया होती है। संयुक्त क्रिया की विशेषता यह है कि उसमें पहली क्रिया प्रधान होती है और दूसरी क्रिया उसके अर्थ में विशेषता उत्पन्न करती है। जैसे-मैं चल सकता हूँ। इस वाक्य में 'चल' प्रधान क्रिया है और 'सकना' सहायक क्रिया, जो प्रधान क्रिया 'चल' की विशेषता बताती है। उदाहरणस्वरूप-

श्रद्धा रोने लगी।

सिद्धार्थ घर आ गया।

उसने फूल तोड़ लिया।

सिपाही ने चोर को छोड़ दिया।

संयुक्त क्रियाएँ इन क्रियाओं के मेल से बनती हैं-आना, जाना, होना, लेना, देना, पाना, उठना, बैठना, करना, चाहना, चुकना, डालना, सकना, बनना, पड़ना, रहना, चलना आदि।

संयुक्त क्रिया के भेद-संयुक्त क्रिया के निम्नलिखित भेद हैं-

1. **आरम्भबोधक**-जहाँ कार्य आरम्भ होने का बोध हो। जैसे-

पानी बरसने लगा।

मैं पढ़ने लगा।

2. **समाप्तिबोधक**-जहाँ कार्य समाप्त होने का बोध हो। जैसे-

वह खा चुका है।

वह पढ़ चुकी है।

3. **अवकाशबोधक**-जहाँ कार्य को सम्पन्न करने में अन्तराल (अवकाश) का बोध हो। जैसे-

माला सो न पायी।

वह जा नहीं पाया।

4. **अनुमतिबोधक**-जहाँ कार्य करने की अनुमति दिए जाने का बोध हो। जैसे-

उसे घर जाने दो।

मुझे अपनी बात कहने दो।

5. **आवश्यकताबोधक**-जहाँ कार्य की आवश्यकता या कर्तव्य का बोध हो। जैसे-

तुम्हें पढ़ना चाहिए।

उसे तुरन्त जाना पड़ा।

6. **शक्तिबोधक**–जहाँ कार्य करने की शक्ति या सामर्थ्य का बोध हो। जैसे–
अब वह चल सकता है।
मैं पढ़ सकता हूँ।

7. **निश्चयबोधक**–जहाँ कार्य की निश्चयता का बोध हो। जैसे–
वह पेड़ से गिर पड़ा।
अब उसकी किताब दे ही दो।

8. **इच्छाबोधक**–जहाँ कार्य करने की इच्छा व्यक्त हो। जैसे–
मैं अब सोना चाहता हूँ।
बेटा घर आना चाहता है।

9. **अभ्यासबोधक**–जहाँ क्रिया के करने के अभ्यास का बोध हो। जैसे–
वह हमेशा पढ़ा करती है।
वह गाया करती है।

10. **नित्यताबोधक**–जहाँ कार्य के चालू रहने का बोध हो। जैसे–
वर्षा हो रही है।
वह रात भर पढ़ती रही।

11. **आकस्मिकताबोधक**–जहाँ अचानक कार्य होने का बोध हो। जैसे–
वह एकाएक रो उठी।
वह बेटे को मार बैठा।

12. **पुनरुक्तिबोधक क्रिया**–जहाँ समान वर्ग के दो कार्यों का एक साथ बोध हो। जैसे–
वह यहाँ आया-जाया करता है।
आपस में मिलते-जुलते रहो।

सहायक क्रिया

सहायक क्रियाएँ मुख्य क्रिया के अर्थ को स्पष्ट और पूरा करने में सहायक होती हैं। एक से अधिक सहायक क्रियाएँ भी प्रयुक्त होती हैं। जैसे–मैंने पढ़ा था। तुम सोए हुए थे। इन वाक्यों में 'पढ़ना' और 'सोना' मुख्य क्रियाएँ हैं। शेष 'था', 'हुए थे' सहायक क्रियाएँ हैं, जो मुख्य क्रिया के अर्थ को पूरी तरह स्पष्ट करती हैं।

पूर्वकालिक क्रिया

इसमें प्रथम कार्य की समाप्ति का बोध होता है। इसमें कर/करके/पर जैसे शब्दों का प्रयोग होता है। जैसे–

मैंने उसे जानबूझकर नहीं मारा।
यह चमत्कार देखकर मैं दंग रह गया।
सूर्योदय होने पर वह घर आया।
नौकर काम करके चला गया।

कभी-कभी पुनरुक्ति में भी पूर्वकालिक क्रिया का प्रयोग होता है। जैसे–
उसने रो-रो कर सारी बात कही।
वह खोज-खोज कर हार गया।

पूर्वकालिक क्रियाएँ विशेषण का भी काम करती हैं, क्योंकि ये क्रिया की विशेषता (कार्य करने की रीति) बताती हैं। जैसे–
वह मुझे आँखें फाड़कर देखता रहा।
उसने मुझसे हँसकर कहा।

पूर्वकालिक क्रिया से कार्य का कारण भी स्पष्ट होता है। जैसे–
रात होने पर सब लोग चले गए।
सूर्योदय होने पर अन्धकार छँट गया।

तात्कालिक क्रिया

तात्कालिक क्रिया वास्तव में पूर्वकालिक क्रिया का ही एक भेद है। जहाँ एक क्रिया की समाप्ति के अनन्तर ही दूसरी पूर्ण क्रिया का होना पाया जाये, वहाँ पहली 'तात्कालिक क्रिया' कहलाती है।

तात्कालिक क्रिया धातु के अन्त में 'ते' प्रत्यय लगाकर उसके आगे 'ही' जोड़ने से बनती है। जैसे–
भोजन करते ही वह सो गया।
दीपा काम करते ही थक गयी।

मुख्य क्रिया

क्रिया का एक अंश, जो मुख्य अर्थ प्रदान करता है, उसे मुख्य क्रिया कहते हैं अथवा कर्ता या कर्म के मुख्य कार्यों को व्यक्त करने वाली क्रिया 'मुख्य क्रिया' कहलाती है। जैसे–
नीमा पानी लाई।
दीपा ने दुकान खोली।

उपर्युक्त वाक्यों में 'लाई' और 'खोली' शब्द ही 'कर्ता' या 'कर्म' के मुख्य कार्यों को व्यक्त कर रहे हैं, अतः ये मुख्य क्रियाएँ हैं।

अपूर्ण क्रिया

कई बार वाक्य में क्रिया के होते हुए भी उसका अर्थ स्पष्ट नहीं हो पाता। ऐसी क्रियाएँ अपूर्ण क्रिया कहलाती हैं। जैसे–
तुम हो।
गाँधीजी थे।
यहाँ पर ये क्रियाएँ अपूर्ण हैं।

इन वाक्यों में क्रमशः 'बुद्धिमान' और 'राष्ट्रपिता' शब्दों को जोड़ने से शब्दों के प्रयोग में स्पष्टता आ जाएगी। ये सभी शब्द 'पूरक' हैं।

अपूर्ण क्रिया के अर्थ को पूरा करने के लिए जिन शब्दों का प्रयोग किया जाता है, उन्हें पूरक कहा जाता है।

समापिका तथा असमापिका क्रिया

समापिका क्रिया

हिन्दी में क्रिया सामान्यतः वाक्य के अंत में लगती है अर्थात् वाक्य क्रिया से समाप्त होता है, इसी कारण ऐसी क्रिया को समापिका क्रिया कहा जाता है।

जैसे- रितु घूमने गयी।
सोहन ने गाना गाया।
शिव ने भूखे को खाना खिलाया।
यहाँ 'गयी', 'गाया' तथा 'खिलाया' समापिका क्रियाएँ हैं।

असमापिका क्रिया

जो क्रिया अपने सामान्य स्थान, वाक्य के अंत में न आकर कहीं अन्यत्र आए, वह असमापिका क्रिया कहलाती है।

जैसे- उसने डूबते बच्चे को बचा लिया।
जोकर हँसते हुए सबको रुला गया।
डॉक्टर को देखकर बच्चा रोने लगा।
घर आए बेटे को उसने पहले खाना खिलाया।

इन वाक्यों में 'डूबते', 'हँसते', 'देखकर' तथा 'आए' क्रियाएँ असमापिका प्रकार की हैं।

इन उदाहरणों से स्पष्ट होता है कि क्रिया के साथ 'ते', 'ते हुए', 'कर', 'ए', 'ना' आदि लगाकर असमापिका क्रिया-रूप बनते हैं। इनका प्रयोग संज्ञा, विशेषण अथवा क्रिया-विशेषण रूप में होता है। जैसे-

उसे पढ़ना नहीं आता। .... संज्ञा
अच्छे बच्चे को टॉफी दो। .... विशेषण
वह समाचार सुनते ही चला आया। ....क्रिया-विशेषण

प्रश्नमाला

1. निम्नलिखित में से एक वाक्य में क्रिया 'भक्षण' करने के अर्थ में प्रयुक्त हुई है। यह वाक्य है–
(a) वह हराम का पैसा खाता है।
(b) वह जूते खाता है।
(c) वह कसम खाता है।
(d) वह आम खाता है।

2. क्रिया के किस रूप में कर्ता के अनुसार लिंग परिवर्तन नहीं होता है?
(a) वर्तमानकालिक रूप में
(b) भविष्यकालिक रूप में
(c) भूतकालिक रूप में
(d) आज्ञार्थक रूप में

3. 'राम सो रहा है' इस वाक्य में कौन-सी क्रिया है?
(a) अकर्मक (b) सकर्मक
(c) प्रेरणार्थक (d) द्विकर्मक

4. निम्नलिखित में से किस वाक्य में अकर्मक क्रिया है?
(a) पानी बरस रहा है।
(b) मैं गेहूँ पिसवाता हूँ।
(c) श्याम निबंध लिखता है।
(d) राम मोहन को रुला रहा है।

5. 'हथियाना' में कौन-सी क्रिया है?
(a) प्रेरणार्थक (b) संयुक्त
(c) अनुकरणात्मक (d) नामधातु

6. 'राम ने खाना खाया' में 'खाया होगा' में कौन-सी क्रिया है?
(a) अपूर्ण भूत (b) संदिग्ध भूत
(c) हेतुहेतुमद्‌भूत (d) आसन्न भूत

7. मुख्य क्रिया के अर्थ को स्पष्ट करने वाली क्रिया होती है-
(a) सहायक क्रिया
(b) प्रेरणार्थक क्रिया
(c) नामबोधक
(d) नामधातु

8. 'सीमांत पकौड़े खा रहा है।'
इस वाक्य में क्रिया का भेद बताइए–
(a) अकर्मक (b) सकर्मक
(c) प्रेरणार्थक (d) द्विकर्मक

9. मूल अकर्मक धातुओं के साथ प्रत्यय जोड़कर बनाई गई क्रिया-धातुएँ क्या कहलाती हैं?
(a) संयुक्त धातु
(b) द्विकर्मक धातु
(c) साधित सकर्मक धातु
(d) समस्त धातु

10. 'चूड़ी अच्छी थी' में 'थी' कौन-सी क्रिया है?
(a) योजक क्रिया
(b) अधिकारद्योतक क्रिया
(c) औचित्यबोधक क्रिया
(d) अप्रत्यक्ष क्रिया

11. 'मीरा जोर से हँसी।' यह वाक्य किस क्रिया का समुचित उदाहरण है?
(a) अकर्मक (b) प्रेरणार्थक
(c) द्विकर्मक (d) सकर्मक

12. 'मैंने रमेश से पत्र लिखवाया।' इस वाक्य में 'लिखवाया' कौन से प्रकार की क्रिया है?
(a) अनुकरणात्मक क्रिया
(b) नामधातु क्रिया
(c) प्रेरणार्थक क्रिया
(d) संयुक्त क्रिया

13. 'उसने नहाकर भोजन किया'-इस वाक्य में 'नहाकर' निम्नांकित में से किस क्रिया का उदाहरण है?
(a) संयुक्त क्रिया
(b) प्रेरणार्थक क्रिया
(c) द्विकर्मक क्रिया
(d) पूर्वकालिक क्रिया

14. निम्न में से प्रेरणार्थक क्रिया है–
(a) गिरना (b) बोलना
(c) सुनाना (d) कहना

15. किसी कार्य को करने या होने का बोध कराने वाले शब्द कहलाते हैं-
(a) काल (b) संख्या
(c) क्रिया (d) विशेषण

16. 'धातु' कहते हैं-
(a) क्रिया के मूल रूप को
(b) क्रिया के सामान्य रूप को
(c) क्रिया के उत्तर रूप को
(d) क्रिया के संपूर्ण रूप को

17. क्रिया चुनिए-
'मेरे घर में मेरी दादी माँ खाना बनाती हैं।'
(a) मेरी दादी (b) बनाती हैं
(c) खाना (d) घर में

18. क्रिया चुनिए-
'मेरी बहन सविता हिन्दी भाषा सीखती है।'
(a) हिन्दी (b) बहन
(c) सीखती है (d) भाषा

19. निम्न वाक्यों में से प्रेरणार्थक क्रियापरक वाक्य है-
(a) राम ने रावण को युद्ध में मारा।
(b) बिना टिकट यात्रियों को सख्त सजा दी जाएगी।
(c) गोविन्द ने राम को सोते से जगवाया।
(d) उत्पादन बढ़ने पर बोनस दिया जाएगा।

20. क्रिया चुनिए-
'अखिल घर के आँगन में खेलता है।'
(a) खेलता है (b) अखिल
(c) घर के (d) आँगन में

उत्तरमाला

1. (d)	2. (c)	3. (a)	4. (a)	5. (d)	6. (b)	7. (a)	8. (b)	9. (c)	10. (a)
11. (a)	12. (c)	13. (d)	14. (c)	15. (c)	16. (a)	17. (b)	18. (c)	19. (c)	20. (a)

❑❑❑

15

अध्याय

अंग्रेजी के पारिभाषिक (तकनीकी) शब्दों के समानार्थक हिंदी शब्द

परिचय

अंग्रेजी में प्रयुक्त तकनीकी और पारिभाषिक शब्दों का सही समझ और उनके हिन्दी समकक्ष शब्दों का ज्ञान विशेष रूप से महत्वपूर्ण है, खासकर उन लोगों के लिए जो भारतीय भाषाओं में काम करते हैं या अध्ययन करते हैं। यह विषय इंगित करता है कि कैसे अंग्रेजी के तकनीकी शब्दों को हिन्दी में सही तरीके से व्यक्त किया जा सकता है, जिससे कि संचार अधिक स्पष्ट और सटीक हो सके।

अंग्रेजी के तकनीकी शब्दों के हिन्दी समकक्ष

1. Algorithm (एल्गोरिदम)

- **हिन्दी समकक्षः सूत्र**
  - ❖ **उदाहरणः** "कंप्यूटर प्रोग्रामिंग में एल्गोरिदम का उपयोग समस्याओं को हल करने के लिए किया जाता है।"

2. Database (डाटाबेस)

- **हिन्दी समकक्षः डेटा संग्रह**
  - ❖ **उदाहरणः** "सभी जानकारी को सुरक्षित रखने के लिए एक मजबूत डाटाबेस की आवश्यकता होती है।"

3. Software (सॉफ़्टवेयर)

- **हिन्दी समकक्षः संगणक प्रोग्राम**
  - ❖ **उदाहरणः** "हमारे कंप्यूटर में कई उपयोगी सॉफ़्टवेयर इंस्टॉल किए गए हैं।"

4. Hardware (हार्डवेयर)

- **हिन्दी समकक्षः संगणक उपकरण**
  - ❖ **उदाहरणः** "कंप्यूटर का हार्डवेयर उसकी कार्यक्षमता को निर्धारित करता है।"

5. Network (नेटवर्क)

- **हिन्दी समकक्षः जाल**
  - ❖ **उदाहरणः** "इंटरनेट एक विशाल नेटवर्क है जो विश्व भर के कंप्यूटरों को जोड़ता है।"

6. Operating System (ऑपरेटिंग सिस्टम)

- **हिन्दी समकक्षः संचालन प्रणाली**
  - ❖ **उदाहरणः** "विंडोज और लिनक्स दो प्रमुख ऑपरेटिंग सिस्टम हैं।"

7. Encryption (एन्क्रिप्शन)

- **हिन्दी समकक्षः कोडन**
  - ❖ **उदाहरणः** "डेटा की सुरक्षा के लिए एन्क्रिप्शन का उपयोग किया जाता है।"

8. Server (सर्वर)

- **हिन्दी समकक्षः सेवा प्रदाता**
  - ❖ **उदाहरणः** "सर्वर उन सभी डेटा को प्रबंधित करता है जो नेटवर्क पर एक्सेस किए जाते हैं।"

9. User Interface (यूजर इंटरफेस)

- **हिन्दी समकक्षः उपयोगकर्ता इंटरफेस**
  - ❖ **उदाहरणः** "एक अच्छा यूजर इंटरफेस उपयोगकर्ता के अनुभव को बेहतर बनाता है।"

10. Application (एप्लिकेशन)

- **हिन्दी समकक्षः अनुप्रयोग**
  - ❖ **उदाहरणः** "स्मार्टफोन में विभिन्न प्रकार के अनुप्रयोग उपलब्ध होते हैं।"

उपयोग और महत्व

1. संचार में स्पष्टताः

- सही हिन्दी समकक्ष शब्दों का उपयोग करके संचार को अधिक स्पष्ट और समझने में आसान बनाया जा सकता है।

2. शिक्षा और प्रशिक्षणः

- तकनीकी शब्दों के हिन्दी समकक्ष शब्दों का ज्ञान छात्रों और पेशेवरों को उनकी शिक्षा और प्रशिक्षण में मदद करता है।

3. अनुवाद और दस्तावेज़ीकरणः

- विभिन्न तकनीकी दस्तावेज़ों और अनुवाद कार्यों के लिए सही हिन्दी समकक्ष शब्दों का उपयोग महत्वपूर्ण है।

4. सांस्कृतिक अनुकूलनः

- भारतीय संदर्भ में तकनीकी शब्दों का सांस्कृतिक अनुकूलन भारतीय उपयोगकर्ताओं के लिए अधिक प्रासंगिक और समझने में आसान बनाता है।

निष्कर्ष

अंग्रेजी के तकनीकी शब्दों के हिन्दी समकक्ष शब्दों का ज्ञान विशेष रूप से महत्वपूर्ण है, जिससे कि तकनीकी जानकारी और संवाद अधिक प्रभावी और समझने में आसान हो सके। इन शब्दों का सही उपयोग न केवल भाषा की सटीकता को बढ़ाता है, बल्कि विभिन्न तकनीकी प्रक्रियाओं और दस्तावेजीकरण में भी मदद करता है।

प्रश्नमाला

1. "Database" का हिंदी में समानार्थक शब्द क्या है ?

(a) डेटा संग्रह
(b) सूचना पटल
(c) जानकारी का संग्रह
(d) डेटा बैंक

2. "Software" के लिए हिंदी में कौन-सा शब्द प्रयुक्त होता है ?

(a) सॉफ़्टवेयर
(b) सॉफ़्टवेयर प्रोग्राम
(c) सॉफ़्टवेयर सामग्री
(d) सॉफ़्टवेयर प्रणाली

3. "Network" का हिंदी में समानार्थक शब्द क्या है ?
(a) जाल (b) संजाल
(c) नेटवर्क (d) संपर्क

4. "Protocol" का हिंदी में समानार्थक शब्द क्या है ?
(a) प्रोटोकॉल (b) नियमावली
(c) दिशा-निर्देश (d) प्रक्रिया

5. "Algorithm" का हिंदी में समानार्थक शब्द क्या है ?
(a) प्रक्रिया (b) विधि
(c) गणना पद्धति (d) योजना

6. "Encryption" का हिंदी में समानार्थक शब्द क्या है ?
(a) सुरक्षा (b) एनक्रिप्शन
(c) कोडिंग (d) छिपाना

7. "Bandwidth" का हिंदी में समानार्थक शब्द क्या है ?
(a) बैंडविड्थ (b) नेटवर्क क्षमता
(c) डेटा की गति (d) संचार क्षमता

8. "Interface" का हिंदी में समानार्थक शब्द क्या है ?
(a) संपर्क (b) इंटरफेस
(c) संवाद (d) संबंध

9. "Server" का हिंदी में समानार्थक शब्द क्या है ?
(a) सर्वर (b) सेवा प्रदाता
(c) सर्विस यूनिट (d) जानकारी केन्द्र

10. "Bug" का हिंदी में समानार्थक शब्द क्या है ?
(a) त्रुटि (b) कीड़ा
(c) दोष (d) समस्या

11. पृष्ठांकन का अंग्रेजी अनुवाद होगा—
(a) Amendment
(b) Verification
(d) Endorsement
(c) Specimen

12. Affidavit का हिन्दी अनुवाद होगा—
(a) शपथ-पत्र (b) प्रस्ताव
(c) समायोजन (d) विवरण

13. वाक्य में प्रयुक्त लोकोक्ति का उचित शाब्दिक अर्थ—
FRESH-BLOOD
(a) ताजा खून (b) स्वच्छ खून
(c) नया खून (d) साफ खून

निर्देश : (प्रश्न संख्या 14 से 16)— अंग्रेजी वाक्यांशों के सही हिन्दी अनुवाद का चयन करें।

14. According to bijak cost works out .... at the market rate.
(a) बही के अनुसार बाजारू लागत मूल्य ...... आया है।
(b) बीजक के अनुसार बाजार दर के हिसाब से लागत .... बैठती है।
(c) बाजारू कीमत .... पड़ती है।
(d) बीजक .... लागत कीमत बताता है।

15. Arrangements are being made to ensure timely submission of report.
(a) समयानुसार रिपोर्ट की प्रस्तुति वांछनीय है।
(b) रिपोर्ट जारी करने में देरी न की जाय।
(c) व्यवस्था कीजिए कि रिपोर्ट प्रकाशित हो जाय।
(d) रिपोर्ट समय पर प्रस्तुत करने की व्यवस्था की जा रही है।

16. Authorization letter with specimen signature of the bearer.
(a) वाहक के नमूना हस्ताक्षर वाला प्राधिकार-पत्र
(b) वाहक के नमूना हस्ताक्षर वाला अधिकार-पत्र
(c) वाहक द्वारा जारी किया गया प्राधिकार-पत्र
(d) नमूना हस्ताक्षर वाला अधिकार-पत्र

17. भावयुक्त शुद्ध अनुवाद चुनिए—
'I was over-joyed'
(a) मैं उल्लिसित था।
(b) मैं खुशी से ऊपर था।
(c) मेरा दिल बाग-बाग हो गया।
(d) मेरी खुशी ज्यादा थी।

18. यदि हिन्दी प्रश्नवाचक वाक्य का उत्तर हाँ/न में दिया जा सके, तो उसका अंग्रेजी अनुवाद करते समय वाक्य शुरू करते हैं—
(a) Interrogative
(b) Auxiliary verb
(c) Infinitive
(d) Finite verb

19. Agenda is sent herewith .... के लिए हिन्दी में होगा—
(a) कार्यसूची साथ भेजी जा रही है
(b) तदनुसार सूचित करे
(c) सूची नीचे रखी है
(d) कार्यसूची संलग्न कीजिए।

20. As mentioned There in .... के लिए हिन्दी में होगा—
(a) जैसा कि उसमें उल्लेख किया गया है।
(b) यथोक्त विषय
(c) जैसा कि बताया जा चुका है।
(d) समेकित रिपोर्ट प्रस्तुत की जाए।

उत्तरमाला

1. (d)	**2.** (b)	**3.** (b)	**4.** (b)	**5.** (c)	**6.** (d)	**7.** (d)	**8.** (a)	**9.** (b)	**10.** (a)
11. (d)	**12.** (a)	**13.** (c)	**14.** (b)	**15.** (d)	**16.** (a)	**17.** (c)	**18.** (b)	**19.** (a)	**20.** (a)

❑❑❑

16 अध्याय

सरल, संयुक्त और मिश्रित अंग्रेजी वाक्यों का हिंदी में रूपांतरण और हिंदी वाक्यों का अंग्रेजी में रूपांतरण

परिचय

वाक्यों का रूपांतरण एक महत्वपूर्ण भाषा कौशल है जो अंग्रेजी और हिन्दी भाषाओं के बीच समझ और संचार को बढ़ाता है। इसमें सरल, संयुक्त, और मिश्रित वाक्यों का रूपांतरण शामिल होता है। यह प्रक्रिया भाषाई ज्ञान और अनुवाद क्षमताओं को सुधारने में मदद करती है।

सरल वाक्यों का रूपांतरण

अंग्रेजी वाक्यों का हिन्दी में रूपांतरण

1. English: "She is reading a book."

- **हिन्दी:** "वह एक किताब पढ़ रही है।"

2. English: "The sun rises in the east."

- **हिन्दी:** "सूरज पूरब में उगता है।"

3. English: "They went to the market."

- **हिन्दी:** "वे बाजार गए।"

हिन्दी वाक्यों का अंग्रेजी में रूपांतरण

1. हिन्दी: "वह खाना खा रही है।"

- **English:** "She is eating food."

2. हिन्दी: "मेरे पास एक पेंसिल है।"

- **English:** "I have a pencil."

3. हिन्दी: "सूरज पश्चिम में ढलता है।"

- **English:** "The sun sets in the west."

संयुक्त वाक्यों का रूपांतरण

अंग्रेजी वाक्यों का हिन्दी में रूपांतरण

1. English: "He likes to read books, and she enjoys watching movies."

- **हिन्दी:** "उसे किताबें पढ़ना पसंद है, और उसे फिल्में देखना अच्छा लगता है।"

2. English: "They finished their homework, so they went out to play."

- **हिन्दी:** "उन्होंने अपना होमवर्क पूरा कर लिया, इसलिए वे खेलने बाहर गए।"

3. English: "I will call you when I arrive, or I will send a message."

- **हिन्दी:** "मैं तुम्हें कॉल करूंगा जब मैं पहुँचूंगा, या मैं एक संदेश भेज दूंगा।"

हिन्दी वाक्यों का अंग्रेजी में रूपांतरण

1. हिन्दी: "वह जल्दी उठता है और स्कूल जाता है।"

- **English:** "He wakes up early and goes to school."

2. हिन्दी: "उसने खाना खा लिया, लेकिन वह अभी भी भूखा महसूस करता है।"

- **English:** "He ate the food, but he still feels hungry."

3. हिन्दी: "मैं तुम्हें देखूंगा जब मुझे समय मिलेगा, या मैं तुम्हें कॉल करूंगा।"

- **English:** "I will see you when I get time, or I will call you."

मिश्रित वाक्यों का रूपांतरण

अंग्रेजी वाक्यों का हिन्दी में रूपांतरण

1. English: "Although it was raining, they went out to play, and they enjoyed themselves."

- **हिन्दी:** "हालांकि बारिश हो रही थी, वे खेलने बाहर गए, और उन्होंने अच्छा समय बिताया।"

2. English: "If you study hard, you will pass the exam, but you need to stay focused."

- **हिन्दी:** "यदि आप मेहनत से पढ़ाई करेंगे, तो आप परीक्षा पास कर लेंगे, लेकिन आपको ध्यान केंद्रित रखना होगा।"

3. English: "She will visit her grandparents, because she misses them, and she will stay there for a week."

- **हिन्दी:** "वह अपने दादा-दादी के पास जाएगी, क्योंकि उसे उनकी याद आ रही है, और वह वहां एक सप्ताह तक रहेगी।"

हिन्दी वाक्यों का अंग्रेजी में रूपांतरण

1. हिन्दी: "वह अच्छे अंक लाने के लिए मेहनत करता है, लेकिन कभी-कभी उसे कठिनाई होती है।"

- **English:** "He works hard to get good marks, but sometimes he faces difficulties."

2. हिन्दी: "मुझे जाना चाहिए, क्योंकि मुझे एक महत्वपूर्ण मीटिंग में शामिल होना है, और मैं शाम तक लौट आऊंगा।"

- **English:** "I should go because I have to attend an important meeting, and I will return by evening."

3. हिन्दी: "अगर वह समय पर पहुंचे, तो हम फिल्म देख सकते हैं, लेकिन अगर वह देर हो गया, तो हमें इंतजार करना होगा।"

- **English:** "If he arrives on time, we can watch the movie, but if he is late, we will have to wait."

निष्कर्ष

सरल, संयुक्त, और मिश्रित वाक्यों का सही रूपांतरण भाषाई दक्षता और प्रभावी संचार के लिए महत्वपूर्ण है। अंग्रेजी से हिन्दी और हिन्दी से अंग्रेजी वाक्यों का रूपांतरण न केवल अनुवाद कौशल को सुधारता है, बल्कि भाषाओं के बीच समझ और सामंजस्य को भी बढ़ाता है। अभ्यास और उचित अध्ययन से इस कौशल में सुधार किया जा सकता है, जिससे दोनों भाषाओं में संवाद और लेखन की गुणवत्ता में वृद्धि होती है।

प्रश्नमाला

1. निम्नलिखित अंग्रेजी वाक्य को हिंदी में सही रूप में अनुवादित करें:
"She goes to school every day."
(a) वह रोज़ स्कूल जाती है।
(b) वह हर दिन स्कूल जाती है।
(c) वह स्कूल हर दिन जाती है।
(d) वह हर रोज़ स्कूल जाती है।

2. निम्नलिखित हिंदी वाक्य को अंग्रेजी में सही रूप में अनुवादित करें:
"मैंने उसे कल देखा।"
(a) I saw him yesterday.
(b) I saw him today.
(c) I saw him tomorrow.
(d) I saw him yesterday.

3. निम्नलिखित संयुक्त वाक्य का हिंदी में अनुवाद करें:
"He went to the market and bought vegetables."
(a) वह बाजार गया और सब्जियाँ खरीदी।
(b) वह बाजार गया और सब्जियाँ खरीद ली।
(c) वह बाजार में गया और सब्जियाँ खरीदी।
(d) वह बाजार गया और सब्जियाँ खरीदी।

4. निम्नलिखित मिश्रित वाक्य को अंग्रेजी में सही रूप में अनुवादित करें:
"She was late, but she still attended the meeting."
(a) वह देर हो गई थी, लेकिन उसने बैठक में भाग लिया।
(b) वह देर हो गई, लेकिन उसने बैठक में शामिल हो गई।
(c) वह देर से आई, लेकिन बैठक में मौजूद थी।
(d) वह देर से आई, फिर भी उसने बैठक में भाग लिया।

5. निम्नलिखित सरल हिंदी वाक्य का अंग्रेजी में अनुवाद करें:
"वह स्कूल जाती है।"
(a) She goes to the college.
(b) She goes to school.
(c) She goes to the office.
(d) She is going to the school.

6. निम्नलिखित संयुक्त अंग्रेजी वाक्य को हिंदी में अनुवादित करें:
"She likes tea, and her brother prefers coffee."
(a) उसे चाय पसंद है, और उसके भाई को कॉफी पसंद है।
(b) उसे चाय पसंद है और उसके भाई को भी चाय पसंद है।
(c) वह चाय पसंद करती है और उसका भाई चाय पसंद करता है।
(d) उसे चाय पसंद है, जबकि उसके भाई को कॉफी पसंद है।

7. निम्नलिखित मिश्रित हिंदी वाक्य का अंग्रेजी में अनुवाद करें:
"जब वह आया, तब मैं घर पर नहीं था।"
(a) When he arrived, I was not at home.
(b) I was not at home when he arrived.
(c) I was at home when he arrived.
(d) He was not at home when I arrived.

8. निम्नलिखित संयुक्त हिंदी वाक्य का अंग्रेजी में अनुवाद करें:
"He studied hard, so he passed the exam."
(a) उसने मेहनत की, इसलिए वह परीक्षा में पास हो गया।
(b) उसने कठिनाई से पढ़ाई की, इसलिए वह परीक्षा में सफल हुआ।
(c) उसने अच्छी तरह से पढ़ाई की, और वह परीक्षा में पास हो गया।
(d) उसने कठिनाई से पढ़ाई की, इसलिए वह पास हो गया।

9. निम्नलिखित सरल अंग्रेजी वाक्य का हिंदी में अनुवाद करें:
"The sun rises in the east."
(a) सूर्य पश्चिम में उगता है।
(b) सूर्य पूरब में उगता है।
(c) सूर्य दक्षिण में उगता है।
(d) सूर्य उत्तर में उगता है।

10. निम्नलिखित मिश्रित अंग्रेजी वाक्य को हिंदी में अनुवादित करें:
"He had a headache, so he went to bed early."
(a) उसे सिरदर्द था, इसलिए वह जल्दी बिस्तर पर चला गया।
(b) उसे सिरदर्द था, इसलिए उसने जल्दी सोने का फैसला किया।
(c) उसने जल्दी बिस्तर पर चला गया क्योंकि उसे सिरदर्द था।
(d) उसे सिरदर्द था और वह जल्दी बिस्तर पर गया।

उत्तरमाला

1. (d) **2.** (d) **3.** (d) **4.** (d) **5.** (b) **6.** (d) **7.** (b) **8.** (a) **9.** (b) **10.** (a)

❑❑❑

17

अध्याय

कार्यालयी पत्रों से संबंधित ज्ञान

परिचय

कार्यालयों में पत्राचार एक महत्वपूर्ण भूमिका निभाता है, जो न केवल आंतरिक संचार को सुचारू बनाता है, बल्कि बाहरी संपर्कों को भी व्यवस्थित करता है। पत्राचार के माध्यम से सूचना आदान-प्रदान, निर्देशों का संप्रेषण, और आधिकारिक दस्तावेज़ों का प्रबंधन किया जाता है। इस विषय में कार्यालयों में प्रयुक्त विभिन्न प्रकार के पत्रों, उनके स्वरूप, और उनके उपयोग की जानकारी दी जाती है।

कार्यालय पत्रों के प्रकार

1. औपचारिक पत्र (Formal Letters)

- **परिभाषा:** औपचारिक पत्र वे पत्र होते हैं जो व्यवसायिक या आधिकारिक उद्देश्यों के लिए लिखे जाते हैं। ये पत्र एक मानक प्रारूप का पालन करते हैं और इनमें शिष्टाचार की विशेषताएँ होती हैं।
- **उदाहरण:**
  - ❖ **आवेदन पत्र:** नौकरी के लिए आवेदन या अन्य कार्यों के लिए अनुरोध।
  - ❖ **नोटिस:** कार्यालय की नीतियों या बदलावों की सूचना देने के लिए।
  - ❖ **रिपोर्ट:** प्रोजेक्ट की प्रगति या अन्य महत्वपूर्ण विषयों पर रिपोर्ट।

2. अनौपचारिक पत्र (Informal Letters)

- **परिभाषा:** अनौपचारिक पत्र व्यक्तिगत या सामाजिक उद्देश्यों के लिए लिखे जाते हैं। इनमें एक व्यक्तिगत और सहज स्वरूप होता है।
- **उदाहरण:**
  - ❖ **प्रेम पत्र:** व्यक्तिगत भावनाओं को व्यक्त करने के लिए।
  - ❖ **मित्रता पत्र:** मित्रों और परिवार के सदस्यों के साथ संवाद के लिए।

3. आवेदन पत्र (Application Letters)

- **परिभाषा:** आवेदन पत्र किसी विशेष कार्य या अवसर के लिए आवेदन करने के उद्देश्य से लिखा जाता है। इसमें विशेष रूप से इच्छाओं, योग्यताओं और अनुभवों का विवरण होता है।
- **उदाहरण:**
  - ❖ **नौकरी के लिए आवेदन:** नौकरी के पद के लिए आवेदन।
  - ❖ **छुट्टी के लिए आवेदन:** कार्यालय या स्कूल से छुट्टी प्राप्त करने के लिए।

4. धन्यवाद पत्र (Thank You Letters)

- **परिभाषा:** धन्यवाद पत्र किसी ने की गई सहायता, समर्थन या सेवा के प्रति आभार व्यक्त करने के लिए लिखा जाता है।
- **उदाहरण:**
  - ❖ **सहायता के लिए धन्यवाद:** किसी विशेष सहायता या समर्थन के लिए।
  - ❖ **उपहार के लिए धन्यवाद:** प्राप्त उपहार के प्रति आभार।

5. सूचना पत्र (Circulars)

- **परिभाषा:** सूचना पत्र एक विशेष जानकारी या निर्देश को व्यापक रूप से साझा करने के लिए लिखा जाता है।
- **उदाहरण:**
  - ❖ **प्रशिक्षण सूचना:** कर्मचारियों को किसी प्रशिक्षण कार्यक्रम के बारे में सूचित करने के लिए।
  - ❖ **नीति परिवर्तन सूचना:** कार्यालय की नीतियों में बदलाव की सूचना देने के लिए।

कार्यालय पत्रों की संरचना

1. प्रारंभिक भाग (Heading)

- **लिखने की तिथि:** पत्र की तिथि।
- **प्राप्तकर्ता का पता:** प्राप्तकर्ता के कार्यालय का पता।

2. संबोधन (Salutation)

- **औपचारिक संबोधन:** "प्रिय श्री/श्रीमती", "माननीय महोदय/महोदया", इत्यादि।
- **अनौपचारिक संबोधन:** "प्रिय दोस्त", "प्रिय भाई/बहन", इत्यादि।

3. मुख्य भाग (Body)

- **परिचय:** पत्र लिखने का कारण और उद्देश्य।
- **विवरण:** मुख्य मुद्दा, अनुरोध या जानकारी।
- **निष्कर्ष:** अपेक्षित कार्रवाई या समापन टिप्पणी।

4. समापन (Closing)

- **औपचारिक समापन:** "सादर", "भवदीय", इत्यादि।
- **अनौपचारिक समापन:** "स्नेहपूर्वक", "आपका मित्र", इत्यादि।

5. हस्ताक्षर (Signature)

- **हस्ताक्षर:** लेखक का हस्ताक्षर।
- **नाम और पद:** लेखक का नाम और कार्यालय में पद।

6. अनुलग्नक (Enclosures)

- **सूचना:** यदि पत्र के साथ कोई अन्य दस्तावेज़ संलग्न है, तो उसकी जानकारी।

पत्राचार में शिष्टाचार

1. **सटीकता:** पत्र में दिए गए विवरण और जानकारी सटीक होनी चाहिए।
2. **स्पष्टता:** संदेश स्पष्ट और बिना किसी अस्पष्टता के होना चाहिए।
3. **संक्षिप्तता:** पत्र संक्षेप में, बिना अनावश्यक विवरण के होना चाहिए।
4. **शिष्टाचार:** पत्र में शिष्ट और आदर्श भाषा का उपयोग होना चाहिए।

निष्कर्ष

कार्यालयों में पत्राचार एक महत्वपूर्ण कार्य है जो न केवल व्यवसायिक प्रक्रियाओं को सुव्यवस्थित करता है बल्कि कार्यक्षमता और पेशेवर संबंधों को भी मजबूत करता है। सही प्रकार के पत्रों का चयन और उनकी उचित संरचना के माध्यम से प्रभावी संचार को सुनिश्चित किया जा सकता है। इस ज्ञान से न केवल कार्यक्षेत्र में बल्कि व्यक्तिगत संवाद में भी सुधार किया जा सकता है।

प्रश्नमाला

1. कार्यालय पत्रों में 'प्रेषक' का क्या मतलब होता है?
(a) पत्र प्राप्त करने वाला व्यक्ति
(b) पत्र भेजने वाला व्यक्ति
(c) पत्र का विषय
(d) पत्र का तिथि

2. निम्नलिखित में से कौन-सा कार्यालय पत्र का प्रकार नहीं है?
(a) निवेदन पत्र (b) आधिकारिक पत्र
(c) व्यक्तिगत पत्र (d) अनुशंसा पत्र

3. 'संदर्भ' का कार्यालय पत्र में क्या अर्थ होता है?
(a) पत्र का विषय
(b) पत्र के लिए पूर्व में भेजा गया पत्र
(c) पत्र का प्रारूप
(d) पत्र का अंत

4. किसी पत्र की 'सहायता' में क्या जानकारी दी जाती है?
(a) पत्र का प्रारूप
(b) पत्र का उत्तर
(c) पत्र के प्रेषक की जानकारी
(d) पत्र में किए गए अनुरोध का विवरण

5. कार्यालय पत्रों में 'नम्र निवेदन' का उपयोग किसलिए किया जाता है?
(a) एक महत्वपूर्ण जानकारी साझा करने के लिए
(b) किसी वस्तु को आदेश देने के लिए
(c) विनम्रता से अनुरोध या आग्रह करने के लिए
(d) किसी शिकायत को व्यक्त करने के लिए

6. 'विषय' का कार्यालय पत्र में क्या महत्व होता है?
(a) पत्र की दिशा
(b) पत्र का समापन
(c) पत्र का मुख्य विषय
(d) पत्र का परिचय

7. निम्नलिखित में से किस प्रकार के पत्र में 'हस्ताक्षर' की आवश्यकता होती है?
(a) अनौपचारिक पत्र
(b) आमंत्रण पत्र
(c) आधिकारिक पत्र
(d) विज्ञापन पत्र

8. कार्यालय पत्रों में 'तिथि' का क्या उद्देश्य होता है?
(a) पत्र के भेजे जाने की तिथि
(b) पत्र के विषय की तिथि
(c) पत्र के अंत की तिथि
(d) पत्र के प्राप्त होने की तिथि

9. 'अनुशंसा पत्र' का उद्देश्य क्या होता है?
(a) किसी के कार्य की सराहना
(b) किसी को नौकरी पर नियुक्त करने की सिफारिश
(c) किसी उत्पाद की गुणवत्ता की जानकारी
(d) किसी शिकायत का उत्तर

10. 'अभिवादन' का कार्यालय पत्र में क्या स्थान होता है?
(a) पत्र का प्रारंभ (b) पत्र का मध्य
(c) पत्र का अंत (d) पत्र का शीर्षक

11. व्यावसायिक पत्र के सम्बन्ध में सही कथन कौन-सा है?
1. ऐसे पत्रों में किसी विशिष्ट नियम या शब्दावली अथवा रूपरेखा की कोई आवश्यकता नहीं होती है।
2. ऐसे पत्रों में सम्बोधन, 'महोदय, महाशय' आदि शब्दों द्वारा किया जाता है।
3. किसी भी कंपनी के मैनेजर से सामग्री या माल से सम्बन्धित पत्राचार होता है।
(a) केवल 1 सही है
(b) 1 और 2 सही हैं
(c) 2 और 3 सही हैं
(d) केवल 3 सही है

12. व्यक्तिगत पत्र के सम्बन्ध में असत्य कथन है—
(a) इसके अंतर्गत बड़ों की तरफ से छोटों को पत्र लिखे जाते हैं।
(b) इसके अंतर्गत छोटों की तरफ से बड़ों को पत्र लिखे जाते हैं।
(c) इन पत्रों में सरलता और अपनी कुशलता के समाचार होते हैं।
(d) इन पत्रों में आपसी सम्बन्ध का कोई प्रभाव पत्र पर नहीं पड़ता है।

13. निम्नलिखित में से कौन-सा पत्र वैयक्तिक पत्र की श्रेणी में आएगा?
(a) व्यापारिक पत्र
(b) प्रार्थना-पत्र
(c) मित्र का पत्र
(d) संपादक के नाम पत्र

14. निम्न में कौन-सा कार्यालयी पत्र नहीं है?
(a) प्रार्थना पत्र
(b) प्रेस-विज्ञप्ति
(c) सम्पादक के नाम पत्र
(d) निमंत्रण पत्र

15. कक्षा दस के छात्र ने अपना अनुपस्थिति दंड माफ करने के लिए प्रधानाध्यापक को पत्र लिखा। उसका यह पत्र किस वर्ग में आएगा?
(a) निमंत्रण पत्र
(b) आवेदन पत्र
(c) व्यावसायिक पत्र
(d) व्यापारिक पत्र

16. निम्नलिखित पत्रों में अभिनिवेदन के रूप में लिखा जाता है—
(a) आपका (c) महोदय
(b) दोनों (d) कोई भी नहीं

17. वैयक्तिक-पत्र किनके मध्य लिखा जाता है?
(a) व्यवसायियों के मध्य
(b) सरकारी अधिकारियों के मध्य
(c) सगे संबंधियों-मित्रों के मध्य
(d) पाठक और संपादक के मध्य

18. अपने विद्यालय की किसी मनोरंजक घटना का वर्णन करते हुए मित्र को लिखा गया पत्र किस कोटि के अंतर्गत आएगा?
(a) शासकीय
(b) अर्धशासकीय
(c) वैयक्तिक
(d) व्यावसायिक

19. निम्नलिखित में से कौन-सी पत्र की विशेषता नहीं है?
(a) संक्षिप्तता (b) प्रेषक
(c) क्रमबद्धता (d) विनयशीलता

20. गंदगी की समस्या से पीड़ित मुहल्लेवासियों की ओर से नगरपालिकाध्यक्ष को लिखा गया पत्र निम्नलिखित में से किस श्रेणी के अंतर्गत आएगा?
(a) प्रार्थना-पत्र (b) आवेदन पत्र
(c) व्यापारिक पत्र (d) शिकायती पत्र

21. निम्न में से कौन कार्यालय पत्रों के मुख्य भाग में शामिल नहीं है?
(a) परिचय (b) विवरण
(c) निष्कर्ष (d) समापन

22. निम्न में से असत्य कथन चुनिए-
(a) औपचारिक पत्र व्यावसायिक उद्देश्यों के लिए लिखे जाते हैं।
(b) प्रेम पत्र व्यक्तिगत भावनाओं को व्यक्त करने के लिए होते हैं।
(c) अनौपचारिक पत्रों का स्वरूप सहज होता है।
(d) कार्यालयों में पत्राचार एक महत्त्वपूर्ण भूमिका नहीं निभाता है।

23. पत्राचार में कौन-से गुण होने चाहिए-
(a) सटीकता
(b) स्पष्टता
(c) संक्षिप्तता
(d) सभी

24. कक्षा दस के छात्र ने अपना अनुपस्थिति दंड माफ करने के लिए प्रधानाध्यापक को पत्र लिखा। उसका यह पत्र किस वर्ग में आएगा ?
(a) निमंत्रण पत्र
(b) आवेदन पत्र
(c) व्यावसायिक पत्र
(d) व्यापारिक पत्र

25. वैयक्तिक-पत्र किनके मध्य लिखा जाता है ?
(a) व्यवसायियों के मध्य
(b) सरकारी अधिकारियों के मध्य
(c) सगे संबंधियों-मित्रों के मध्य
(d) पाठक और संपादक के मध्य

26. जब कोई सरकारी पत्र, कार्यालय ज्ञापन या ज्ञापन एक साथ अनके प्रेषितियों को भेजा जा रहा हो, तब उसे क्या कहा जाता है ?
(a) कार्यालय प्रदेश
(b) अधिसूचना
(c) अनुस्मारक
(d) परिपत्र

27. मच्छरों के प्रकोप के सम्बन्ध में शिकायत पत्र लिखना हो, तो किसे लिखेंगे ?
(a) माननीय स्वास्थ्य अधिकारी को।
(b) प्रधानमंत्री जी को।
(c) मा. प्रधानाध्यापक जी को।
(d) मा.शिक्षाधिकारी को।

28. शासकीय पत्र के संदर्भ में कौन-सा कथन गलत है ?
(a) पत्र के सबसे ऊपर पत्र-संख्या लिखते हैं।
(b) पत्र संख्या के ऊपर तिथि लिखी जाती है।
(c) पत्र के बायीं ओर 'सेवा में' लिखा जाता है।
(d) संबोधन 'महोदय' बायीं ओर लिखा जाता है।

उत्तरमाला

1. (b)	**2.** (c)	**3.** (b)	**4.** (d)	**5.** (c)	**6.** (c)	**7.** (c)	**8.** (a)	**9.** (b)	**10.** (a)
11. (c)	**12.** (d)	**13.** (c)	**14.** (d)	**15.** (b)	**16.** (a)	**17.** (c)	**18.** (c)	**19.** (b)	**20.** (d)
21. (d)	**22.** (d)	**23.** (d)	**24.** (b)	**25.** (c)	**26.** (d)	**27.** (a)	**28.** (b)		

❑❑❑